Arno Borst

Lebensformen im Mittelalter

Mit zahlreichen
zeitgenössischen
Abbildungen

W0236083

Ullstein

Besuchen Sie uns im Internet:
www.ullstein-taschenbuch.de

Umwelthinweis:
Dieses Buch wurde auf chlor- und säurefreiem Papier geduckt.

Ullstein ist ein Verlag der Ullstein Buchverlage GmbH, Berlin
Neuausgabe
4. Auflage 2004
Alle Rechte vorbehalten
© 2004 by Ullstein Buchverlage GmbH, Berlin
© 1973 by Verlag Ullstein GmbH, Frankfurt/M – Berlin
Umschlagentwurf: Theodor Bayer-Eynck
Umschlagabbildung: Das Mittelalterliche Hausbuch
Satz: MPM, Wasserburg
Druck und Bindung: Ebner & Spiegel, Ulm
Printed in Germany
ISBN 3-548-26513-8

Zur Erinnerung an Waldemar Besson

INHALT

VORWORT: LEBENSFORMEN

FORDERUNGEN

Wenige Monate vor seiner Ermordung, gegen Ende des Jahres 44 vor Christus, schrieb Cicero in fieberhafter Eile für seinen Sohn eine Lehre vom rechten Verhalten des Menschen, *De officiis*. Dies ist ihr Ausgangspunkt:

»Von Anfang an hat die Natur in sämtliche Lebewesen den Trieb gelegt, sich selbst, das Leben und den Leib zu erhalten, das fernzuhalten, was sich als schädlich erweisen kann, und alles zu suchen und zu besorgen, was zum Leben notwendig ist, wie Nahrung, Unterschlupf und dergleichen mehr. Weiter ist allen Lebewesen gemeinsam der Trieb zur Vereinigung um der Zeugung willen und die Sorge für die Gezeugten. Dabei besteht aber zwischen Mensch und Tier ein grundsätzlicher Unterschied: Das Tier läßt sich nur von Sinneseindrücken leiten und richtet sich allein nach dem Vorhandenen und Gegenwärtigen; für Vergangenes und Künftiges hat es ein sehr eingeschränktes Empfinden. Der Mensch aber hat Anteil an der Vernunft, und sie befähigt ihn, Folgerungen zu ziehen und Ursachen zu sehen. Mit ihrer Hilfe erkennt er Entwicklungsstufen und Vorbedingungen, vergleicht einander ähnliche Erscheinungen, verknüpft Gegenwärtiges mit Künftigem, überschaut mühelos den Lauf seines ganzes Lebens und bereitet für dessen Gestaltung das Nötige vor.

Außerdem verbindet die Natur kraft der Vernunft die Menschen miteinander zu einer Gemeinschaft des Sprechens und des Lebens und weckt in ihnen eine über das Tierische hinausgehende Liebe zu den Kindern; sie treibt zum Verlangen nach menschlicher Geselligkeit und Pflege des Beisammenseins. Daraus erwächst das Bestreben, die Voraussetzungen für eine kultivierte Lebensart zu schaffen, und zwar nicht allein für den Bedarf des einzelnen, sondern auch für den der Gemahlin, der Kinder und anderer Menschen, die ihm lieb sind und die zu schützen er sich verpflichtet fühlt. ... Und nun bemerkt Platon zutreffend, daß wir nicht nur für uns geboren sind, daß einen Teil unseres Daseins das Vaterland, einen anderen unsere Freunde beanspruchen. Zudem behaupten die Stoiker, alle Erzeugnisse der Erde seien geschaffen zum Nutzen der Menschen, die Menschen aber um der Menschen willen; sie sollten einander von Nutzen sein können. Demnach müssen wir hierin der Natur als Führerin folgen, unseren Anteil zum allgemeinen Nutzen beitragen und durch Austausch von Dienstleistungen, durch Geben und Empfangen, mit unseren Fähigkeiten, unserer Tatkraft, unserem Vermögen die Gemeinschaft der Menschen untereinander festigen.«

Der Abschnitt faßt die antike Lehre vom Menschen zusammen. Von Natur aus ist der Mensch gefährdet; Cicero nennt diese Bedrohung *Condicio humana*, einschränkende Lebensbedingungen. Über diese Beschaffenheit erhebt sich der Mensch mit Hilfe natürlicher Triebe, erst recht mit seiner Vernunft. Einsicht in die Geschichtlichkeit des Lebens führt ihn zur Vorsorge über den Augenblick hinaus; Einsicht in die Geselligkeit des Lebens veranlaßt ihn zur Teilnahme an Verbänden der *Societas humana.* Deren Stufen reichen von Freundschaft und Familie über Haus, Stadt und Volk zu Vaterland und Menschheit. Bei vernünftiger Benutzung des natürlich Gegebenen finden die Menschen in kultivierten Gemeinschaften Sicherheit für die Gegenwart und Freiheit für die Zukunft.

Überschaute der Mensch Cicero wirklich so mühelos seine Lebensbedingungen, waren seine Lebenskreise wirklich so ungestört? Die Frage stellen heißt sie verneinen; Cicero entwarf sein optimistisches Menschenbild in der turbulentesten Phase seines Lebens und der römischen Geschichte. Unser Text ist kein Erzeugnis geruhsamer Zustände, sondern ein beschwörender Aufruf an Sohn und Mitmenschen, im Ruin der Republik und im mörderischen Streit der Egoismen menschliche Haltung und Würde zu bewahren und eine gesittete Zukunft offenzuhalten. Ciceros Fall ist nicht vereinzelt; Eigenart und Ziel des Menschenlebens werden meist erst dann formuliert, wenn seine selbstverständlichen Formen erschüttert sind.

Ähnlich erging es Augustin fast ein halbes Jahrtausend später. Als er zwischen 413 und 427 sein Werk *De civitate Dei* schrieb, war kurz vorher, 410, Rom in die Hände germanischer Barbaren gefallen; kurz nachher, 430, starb Augustin während der Belagerung seiner Bischofsstadt Hippo durch andere germanische Barbaren. Von neuem stellte sich die Frage, was der Mensch sei und wofür er lebe; die antiken Leitbilder erwiesen sich als irrig. Augustin schrieb:

»»Der Herr kennt die Gedanken der Weisen, und sie sind nichtig‹ (1. Korintherbrief 3, 20). Denn welcher Strom von Beredsamkeit genügt jemals, die Drangsale dieses Lebens zu schildern? Wie jammervoll entfaltet sie Cicero nach seinem ganzen Vermögen in der Trostrede über den Tod seiner Tochter; aber wie wenig vermochte er! Die sogenannten Erstlingsgaben der Natur: wann, wo und wie können sie in diesem Leben so wohlbehalten vorkommen, daß sie nicht unter unberechenbaren Zufällen zerflössen? Welcher Schmerz, der dem Vergnügen entgegentritt, welche Beunruhigung, die die Ruhe ausschließt, kann nicht auch den Leib des Weisen treffen? Ohne Frage, jede Verstümmelung oder Schwächung der Glieder zerstört die Unversehrtheit des Menschen, jede Entstellung seine Schönheit, jede Krankheit seine Gesundheit, jede Ermattung seine Kraft, jede Lähmung oder Schwerfälligkeit seine Behendigkeit; und was von alledem kann nicht auch dem Leib des Weisen widerfahren? Auch Haltung und Bewegung des Körpers zählen, wenn sie ausgewogen und angemessen sind, zu den Erstlingsgaben der Natur; wie aber, wenn eine Krankheit die Glieder zittern macht? Wie, wenn sie das Rückgrat krümmt, daß die Hände den Boden berühren und der Mensch beinahe zum Vierfüßler wird? Wird da nicht alle Schönheit von Gestalt und Bewegung des Körpers zunichte? Wie steht es mit den sogenannten Erstlingsgaben des Geistes, unter denen man die Sinne und den Verstand an die Spitze stellt, weil sie die Wahrheit auffassen und begreifen sollen? Aber was taugen die Sinne noch, wenn der Mensch, um von anderem zu schweigen, taub und blind wird? Wohin kommen denn Vernunft und Einsicht, wo schlummern sie, wenn der Mensch durch eine Krankheit wahnsinnig wird? Geisteskranke sagen und tun viel Ungereimtes, was meist ihrem guten Vorsatz und ihrer sonstigen Haltung fernliegt, ja geradezu widerspricht; und wenn wir das bedenken oder betrachten und recht erwägen, können wir die Tränen kaum oder gar nicht zurückhalten.«

Was uns zu Tränen zwingt, ist nach Augustins Ansicht die *Humana condicio,* die Schwäche der Menschennatur, die unser redliches Streben nach menschenwürdiger Haltung durchkreuzt. Über den Moment hinaus führt die Natur den Menschen nicht; sein Leben ist ein langsames oder schnelles Sterben, und unsere Planung ist dagegen machtlos. Die Lebensbedingungen sind zu brüchig, als daß Vernunft das Leben zum Kunstwerk formen könnte. Wie fest steht der zweite Pfeiler antiker Anthropologie, die Geselligkeit? Augustin unterscheidet den Menschen von den Tieren: Während diese entweder Einzelgänger oder Herdentiere seien, habe Gott die Menschen zur Gemeinschaft und Eintracht geschaffen, die das Individuum nicht durch Naturzwang, sondern in freier Liebe zu seinesgleichen geselle. Und dennoch:

»Wenn es heißt, der Weise führe ein geselliges Leben, so stimme ich zu und gehe noch weiter. Denn wie käme die Bürgerschaft Gottes, über die ich jetzt schon das 18. Buch dieses Werkes schreibe, überhaupt zu ihrem Anfang, wie könnte sie fortschreiten, wie erreichte sie das gesteckte Ziel, wenn das Leben der Heiligen nicht ein geselliges Leben wäre? Aber in der Mühsal dieser Sterblichkeit ist menschliche Gemeinschaft überreich an vielen und schweren Übeln; wer könnte sie aufzählen, wer vermöchte sie abzuschätzen? Da hört man bei den antiken Komikern einen Menschen sagen: ›Ich nahm ein Weib, was sah ich da an Elend! Kinder kamen, neue Sorgen‹ – und alle Menschen fühlen mit und stimmen zu. Sind nicht alle Menschendinge überall voll von dem, was der gleiche Terenz Liebesleiden nennt, Kränkung, Verdacht, Feindseligkeit, Krieg und dann wieder Friede? Geschieht das nicht oft auch bei echter Freundesliebe? Sind davon die Menschendinge nicht randvoll, wobei wir Kränkung, Verdacht, Feindseligkeit und Krieg als feststehende Übel erfahren, aber den Frieden nur als schwankendes Gut? Wir kennen ja die Herzen derer nicht, mit denen wir Frieden halten wollen, und wenn wir sie heute kennen könnten, wüßten wir durchaus nicht, wie sie morgen sein werden.

Menschen, die das gleiche Haus bewohnen, sind miteinander besonders befreundet oder sollten es sein, und doch, wer ist dessen sicher? Denn oft entstand schweres Unglück aus geheimer List der Nächsten, um so bitterer, je schöner zuvor der Friede gewesen war; man hatte ihn für echt gehalten, und er war aufs verschlagenste vorgetäuscht. Darum gehen jedem die Worte Ciceros so ans Herz, daß man seufzen muß: ›Kein Hinterhalt ist so versteckt wie der geheuchelter Gefälligkeit oder angeblicher Vertraulichkeit. Denn dem offenen Feind kann man bei einiger

Vorsicht ausweichen; doch dieses intime Übel im Haus wirkt und schadet bereits, ehe man es erkennen und ergründen konnte.‹ Darum hört man auch das Wort Gottes ›Und die Feinde des Menschen sind seine Hausgenossen‹ (Matthäus 10, 36) mit großem Herzenskummer. ... Wenn nun sogar das Haus, die gemeinsame Zuflucht für alle Menschen in solchem Unheil, nicht sicher ist, wie dann der Stadtstaat, in dem, je größer er ist, der Hauptplatz desto mehr erfüllt ist von zivil- und strafrechtlichem Streit! Wenn auch die wilden und oft blutigen Aufstände und Bürgerkriege einmal aussetzen, sind die Staaten bloß manchmal von ihrem Ausbruch, niemals von ihrer Drohung frei. ... Nach dem Stadtstaat kommt der Erdkreis, der nach Haus und Stadt die dritte Stufe menschlicher Gemeinschaft sein soll. Er ist wie eine Wassermasse desto gefahrenreicher, je größer er ist. Hier trennt zuerst die Verschiedenheit der Sprachen den Menschen vom Menschen. Denn wenn sich zwei begegnen und nicht aneinander vorbeigehen können, sondern durch Not zur Gemeinschaft gezwungen werden und keiner versteht die Sprache des anderen, da würden sich stumme Tiere auch von verschiedener Art leichter zueinander gesellen als jene, die doch beide Menschen sind.«

Vollends die Kriege zwischen den Völkern! Die Verderbtheit der Menschennatur, durch Adams Ursünde des egozentrischen Hochmuts verschuldet, befällt auch menschliche Geselligkeit der *Humana societas,* am schlimmsten dort, wo das Zusammenleben am engsten ist. Augustins Anthropologie führt zu dem Schluß, daß das Ziel des Menschenlebens nicht das irdische Dasein in Natur oder Gesellschaft sein kann. Einzig zuverlässiger Partner der Menschen ist Gott, der dem Frommen ewiges Leben, der Gemeinschaft seiner Kinder ewigen Frieden schenkt. Augustins Untersuchung des Menschenlebens mündet in die entgegengesetzte Forderung wie bei Cicero, und sie kann durch die enttäuschende Wirklichkeit nicht mehr erschüttert, nur noch bestärkt werden; aber was der Mensch sei, wird von Augustin wie von Cicero durch Forderungen an das Verhalten der Menschen bestimmt. Das läßt tief blicken.

In geschichtlichen Krisenlagen, beim Untergang der römischen Republik oder beim Beginn der germanischen Völkerwanderung, schwankt so viel von dem, was ist, daß statt dessen das, was sein soll, zum archimedischen Punkt wird. Was der Mensch sein soll, wird dann an einem zeitlosen Gegenüber, Natur oder Gott, gemessen. Die geschichtlichen und gesellschaftlichen Unterschiede zwischen den Menschen werden zwar beobachtet, aber dem konstanten Bezugspunkt zugeordnet; von den Möglichkeiten menschlichen Zusammenlebens werden nur begrenzte Ausschnitte gezeigt. Von seiner organischen Beschaffenheit her erscheint der Mensch als Mängelwesen; diese Natur zu überwinden, ist Aufgabe menschlichen Wollens und Tuns, das heißt des Menschen in der Einzahl, der Persönlichkeit. Auch die Beziehungen von Menschen zueinander werden als willentliche und bewußte Zusammenschlüsse bewertet; darum sind ihre Inhalte wichtiger als ihre Formen. Cicero preist die Liebe zwischen Gatten und Bürgern, Augustin verweist auf den Streit zwischen ihnen; aber beide fällen moralische Urteile und fordern ethische Haltungen. Daß von solchen Normgefügen im geschichtlichen Leben viel abhängt, wird niemand bestreiten; aber Cicero und Augustin selbst brauchen für ihre Beschreibung Worte, die eine ganz andere Ebene menschlichen Zusammenlebens bezeichnen.

Was sind denn Freundschaft, Ehe, Familie, Hausgemeinschaft, Stadtstaat, Volk, Menschheit; Vorsorge, Gefälligkeit, Erinnerung; Hinterlist, Rechtsstreit, Krieg; Weinen, Sprechen, Bücherschreiben? Das alles sind eingeübte soziale Verhaltensweisen, die weder von der Natur oder Gott noch von menschlichem Bewußtsein oder Willen geschaffen sind und trotzdem das Zusammenleben von Menschen gestalten. Für Cicero und Augustin gelten sie als Konstanten der Menschennatur, und sicher sind sie Formen, die sich mit verschiedenstem Inhalt füllen lassen. Aber sie überdauern die Launen einzelner Personen, oft den Wandel ihrer Gemeinschaften, tragen also zum Gelingen oder Scheitern von Leben und Geschichte mehr bei, als Cicero und Augustin sehen wollten. Ihre Geschichte wird leicht übersehen, denn sie verläuft langsamer als die der Handlungen und Ereignisse, undeutlicher als die der Normgefüge. Aber auf die von Cicero und Augustin beschriebene Nötigung der Menschen, ihr Leben zu erhalten und zu vermehren, es vor Vereinzelung und Tod zu bewahren, es nicht dem Kampf aller gegen alle auszuliefern, antworten offenbar zuerst nicht ethische Forderungen an den Einzelmenschen, sondern solche eingeübten Verhaltensweisen geschichtlicher Gemeinschaften. Ich nenne derartige, geschichtlich eingeübte soziale Verhaltensweisen Lebensformen.

VARIATIONEN

Das heute vielbenutzte, seit langem unscharfe Wort *Lebensformen* ist älter als das Mittelalter. Es hat eine ähnlich langsame und undeutliche Geschichte durchlaufen wie die Sache, die es bezeichnet. Wer es verwendet, muß diese Geschichte kennen, um nicht unbewußt einem Sprachgebrauch zu verfallen, der von einer besonderen geschichtlichen Situation und ihrer einseitigen Beurteilung geprägt wurde. Sechs Beispiele aus Antike und Mittelalter genügen fürs erste.

Der Gedanke, daß Leben formbar sei, wurde in der Verfallszeit des athenischen Stadtstaats, beim Versuch einer Neuordnung nach 387 vor Christus durch Platon gefaßt. In den letzten Büchern seines Werkes über den Staat unterscheidet Platon nach den drei Grundtrieben der Menschennatur Erkenntnis, Wille und Begehrlichkeit drei Arten von Menschen, weisheitsliebende, streitliebende, gewinnliebende. Diese Gruppen verkörpern sich in ständischen Ordnungen; Platon nennt sie Lebensmuster, *Bioon paradeigmata*. Ein Mensch wird Philosoph oder Dichter, tüchtiger König oder Tyrann, guter Haushalter oder Handwerker und Bauer. Die Lebensmuster Platons sind sozial gemeint, sie wirken sich gegenüber den Mitmenschen verschieden aus und werden von ihnen mit unterschiedlichem Ansehen bewertet; sie sind zeitlos gemeint, sie hängen von göttlicher Einwirkung oder menschlicher Wahl ab, nicht von geschichtlichen Umständen oder individuellen Besonderheiten. Je nach Wahl des Lebensmusters gestalten sich für den Menschen sein soziales Dasein und sein Innenleben. Platons Wahl ist rasch getroffen. Das animalische Dasein für Begehrlichkeit, Gewinn und Genuß, das nur Bedürfnissen dient, steht weit unter der ehrenvollen Anstrengung für die politische Gemeinschaft, die Konventionen aufrechterhält. Diese wiederum wird aufgehoben in der Haltung des Philosophen, der sich den Aufgaben des Gemeinwesens nicht entzieht, sich aber nach Normen richtet. Zwar versuchen mehrere Lebensmuster, die rechte Mitte zwischen sozialem und idealem Dasein zu treffen, doch gelingt es nur dem einen Lebensmuster des Philosophen. Mit dieser Auszeichnung des theoretischen Lebens beginnt die Idealisierung und Isolierung, die dem Wort *Lebensformen* noch im 20. Jahrhundert anhaftet.

Cicero übernahm Platons Kernthesen und übersetzte das Wort Lebensmuster ins Lateinische. Im Jahre 45 vor Christus, kurz vor *De officiis*, beschrieb er das sittliche Lebensziel des gebildeten Menschen. Stärker als Platon betonte Cicero den fortbestehenden Zusammenhang zwischen sittlicher Persönlichkeit und einfachen Lebensbedingungen. »Und wie uns die Glieder so gegeben sind, daß sie zu einer sinnvollen Lebensgestaltung gegeben zu sein scheinen, so ist wohl auch das Verlangen des Geistes … nicht zum Zweck irgendeiner Art von Leben gegeben, sondern für eine bestimmte Lebensform, *Forma vivendi.*« Lebensform ist auch hier ein Versuch zur Mitte, zur Verbindung zwischen weit auseinanderliegenden Bereichen des Menschseins, zwischen Natur und Geist. Höherentwicklung des Menschen auf diesem Mittelweg ist Aufgabe von Vernunft und Willen. Die Normen, die der Gebildete zu verwirklichen strebt, setzen Richtlinien für geselliges Leben, werden aber von der Menge selten angenommen und darum in der Geschichte nicht eingeübt. Das geformte Leben des Einzelmenschen geht nicht im geselligen Leben seiner Gemeinschaft auf.

In diesem Sinn wurde das Wort *Lebensform* von spätantiken Christen aufgegriffen, zum Beispiel von Augustin. Er erläuterte 414 in einem Brief den Satz des Römerbriefs 5, 14, daß durch den ersten Menschen Adam die Sünde und mit ihr der Tod in die Welt gekommen sei, auch für die nach Adam Geborenen, die nicht wie er sündigten; Adam sei, so sagt Paulus, Vorbild des Kommenden, *Forma futuri.* Dazu Augustin: »Für diejenigen, die durch Christus erlöst werden, gilt das Vorbild des Todes von Adam her zwar zeitlich, in Ewigkeit aber wird für sie das Vorbild des Lebens, *Vitae forma,* durch Christus gelten.« Christen sterben leiblich wie Adam, aber wenn sie im Erdenleben dem Vorbild Christi tätig folgen, werden sie mit Christus ewig leben. Die Lebensform überwindet auch diesmal die menschlichen Paradoxien zwischen gebrechlicher Sündhaftigkeit einerseits und Sehnsucht nach ewigem Leben andererseits. Die geformten Christen tun sich schon auf Erden zusammen, doch ihr Ziel der Überwindung von Zeit und Tod erreichen sie erst im Himmel, wo sie Christus, das Urbild ihrer Lebensform empfängt.

Lebensform ist demnach für Platon, für Cicero und für Augustin der eine richtige Weg zwischen den zahlreichen Extremen verfehlten Lebens. Er führt den Menschen aus der Geschichte hinaus und befreit ihn von ihren Wechselfällen; Lebensform ist nicht zeitgebunden. Sie hängt auch nicht von der Gesellschaft der Mitmenschen ab; diese müßte sich, um Form zu gewinnen, ihrerseits der einen Lebensform fügen, aber das wird die Menge niemals tun. Lebensform ist ein Singular wie der gebildete Mensch auch. Dieser Wortgebrauch der Antike blieb im ganzen Mittelalter lebendig; nur engte sich die Bezeichnung dann auf die Lebensweise einer bestimmten Menschengruppe ein, auf die asketische Nachfolge Christi in der benediktinischen Mönchsgemeinschaft. Nur eine auserlesene Schar geistlicher Kämpfer schien imstande, ein geformtes Leben zu führen. In dieser Verwendung wird *Lebensform* schon konkretisiert und bezeichnet das regelrechte Verhalten von Menschen in einer geschichtlichen Gemeinschaft. Das ist der Ausgangspunkt für die mittelalterliche Wortgeschichte, von der hier nur drei Wendepunkte markiert seien.

Der Benediktiner Rather aus dem hennegauischen Kloster Lobbes wurde 931 Bischof von Verona, geriet mit seiner italienischen Umgebung in Konflikt und wurde 934–937 in Pavia gefangengesetzt. Die erzwungene Einsamkeit, in der er *Vorreden* für ein christliches Leben schrieb, machte ihm bewußt, daß zwar das himmlische Ziel, nicht aber der Erdenweg dorthin für alle Menschen gleich sein kann. »Der Herr sagt: ›Verkaufe alles, was du hast, gib es den Armen und folge mir nach!‹ (Matthäus 19, 21). Aber wenn alle dieses Gebot sofort erfüllen wollten, wer würde noch den Boden bebauen? Oder wenn alle ihre Ehefrauen verließen, woher käme der Nachwuchs? ... Soll man für das Nichtstun leben, nichts arbeiten, sollen wir alle betteln gehen? Wenn alle betteln, wer gibt?« Jeder kann und soll in seinem Kreis christlich leben, und Rather gibt dafür Ratschläge: im ersten Buch für Krieger und Richter, Handwerker und Kaufleute, Reiche und Bettler; im zweiten Buch für Männer und Frauen, Eltern und Kinder, Jugendliche und Greise; in den folgenden Büchern für Herrscher und Untertanen, besonders für Könige und Bischöfe. Für diese Gruppen prägt Rather keinen Gattungsnamen; er stellt den Menschen nicht in seine Lebensgeschichte, die ihn von der Jugend bis zum Alter gründlich wandelt, auch nicht in seine Lebenskreise, die ihn als Vater und Laien, Krieger und Untertan ganz verschieden beanspruchen. In der persönlichen Krise sieht Rather auch den Menschen überhaupt als Einzelwesen, mit seinen Lastern und Gewissensnöten alleingelassen; allein muß jeder seine Lebensform finden, die Rather *Vivendi ordo, Mos vivendi, Ritus vivendi* nennt. Aber geformtes Leben ist jetzt nicht mehr nur im Kloster, auch in zeitlichen Lebenslagen und irdischen Lebenskreisen für den Christen möglich, und das ist eine wichtige Wendung.

Bischof Anselm von Havelberg war 1135 im Auftrag von Kaiser Lothar III. zu Verhandlungen nach Konstantinopel gereist und hatte dort die fremden Gebräuche der Ostkirche kennengelernt. Dabei drängte sich ihm die Frage nach dem Sinn solcher Abweichungen auf, zumal sich auch im Westen die Zisterzienser und Anselms eigener Prämonstratenserorden nicht mehr nach benediktinischen Gewohnheiten richteten. War die Vielfalt christlicher Gemeinschaften von Gott gewollt? Anselm antwortete um 1149 mit dem Buch *Von der einen Form des Glaubens und der Vielförmigkeit des Lebens*. Die Einheit christlichen Glaubens verstand sich für Anselm wie für Augustin von selbst; aber schärfer als Augustin trennte Anselm vom Glauben das Leben, und Leben bedeutete ihm christliches Gemeinschaftsleben. Nicht alle Christen können es in gleicher Form führen; das widerspräche dem Willen des Schöpfers. »Diese Vielfalt wurde geschaffen wegen der veränderlichen Schwäche des Menschengeschlechts und der zeitlichen Veränderung von Generation zu Generation.« Gottes Vorsehung läßt zur Erziehung des Menschengeschlechts im Fortgang der Zeiten immer neue und bessere Gemeinschaften auftreten, die die christliche Wahrheit immer vollständiger verwirklichen. Die verschiedenen Lebensformen konkretisieren sich in der Kirchengeschichte stets als Gemeinschaften: zuerst die *Societas* der Apostel, danach die der Märtyrer, dann die der Ketzer und der ihnen entgegentretenden Konzilsväter, schließlich die der falschen Brüder und der sie bekämpfenden Ordensgründer. Die Epoche der Ordensgründer reicht von Augustin bis zu Bernhard von Clairvaux, also bis in die Gegenwart des Verfassers. Die augustinische Lebensregel zum Beispiel brachte viele Menschen »in Nachahmung der Apostel und nach dem Vorbild, *Forma,* dieses großen Mannes zur heiligen Gesellschaft gemeinsamen Lebens«. Diese Gemeinschaft äußert sich in Gewohnheiten, Regeln, Sitten des Singens, Fastens und Essens, in Traditionen, Zeremonien, Riten, Bräuchen und Institutionen.

Damit wurde das Wortfeld *Lebensform* beträchtlich ausgeweitet. Es bezeichnet noch Übereinstimmung zwischen Glauben und Verhalten in einem christlichen, vornehmlich mönchischen Leben; aber daß es Lebensformen in der Mehrzahl geben müsse, wird durch Anselm erst historisch und soziologisch begründet. Lebensformen sind historische Gebilde, zugeschnitten auf das Fassungsvermögen der Epoche, in der sie entstehen. Sie können veralten und überholt werden, sie sind im Kern geschichtlich:

»Nicht immer besteht dieselbe *Forma vivendi.*« Ferner sind sie von Grund auf gesellig und gestalten das Miteinanderleben in Gemeinschaften, nicht den Bildungsprozeß eines Individuums. Sie sind keine zeitlosen ethischen Normen, sondern geschichtlich bedingte Verhaltensregeln. Auch Anselm konnte sich allein im Gehäuse christlicher Kirchen geformtes Leben vorstellen, aber er stellte es, anders als Platon, Cicero und Augustin, in das geschichtliche Leben hinein, viel weiter als Rather von Verona.

Eine letzte Ausweitung des Wortfeldes ereignete sich auf dem Konzil von Lyon 1245. Unter Papst Innocenz IV. berieten die Konzilsväter besorgt über den Einbruch der Mongolen in das Abendland, die erste große Invasion von Barbaren in christliches Kulturland seit dreihundert Jahren. Daß die Mongolen nach ihrem Sieg bei Liegnitz 1241 wiederkommen und die gesamte Christenheit unterwerfen wollten, hatte man im Westen wiederholt vernommen. Vor dem Konzil erschien nun ein russischer Erzbischof Peter, der die Mongolen aus eigener Anschauung kannte; man prüfte seine christliche Rechtgläubigkeit und fragte ihn dann durch Dolmetscher nach dem Ursprung der Mongolen, der Art ihres Glaubens, ihren Kultgebräuchen und ihrer *Forma vivendi.* Peters Antwort, von Chronisten in den englischen Benediktinerklöstern Burton und Saint Albans festgehalten, lautete: »Von ihrer Lebensform sagte er, daß sie Fleisch von Stuten, Hunden und allen anderen Tieren essen, im Notfall auch Menschenfleisch, doch nicht roh, sondern gekocht. Sie trinken Wasser und Milch. Schwer bestrafen sie Verbrechen wie Unzucht, Diebstahl, Ehebruch und Mord, und zwar mit dem Tod. Frauen haben sie eine oder mehrere. Zu Familiengelagen, Geschäftsverhandlungen und Geheimberatungen lassen sie keine Fremdvölkischen zu. Ihre Lager schlagen sie abseits, von allen anderen getrennt auf, und wenn sich dort ein Fremder einschleicht, wird er unverzüglich umgebracht.« Was *Lebensform* bedeutet, ist auch ohne ausdrückliche Definition klar zu sehen: Zuerst ist es die Art, vitale Lebensbedürfnisse wie Essen und Trinken zu befriedigen; danach sind es Konventionen und Institutionen des Zusammenlebens wie Rechtsordnung und Familienstruktur; schließlich ist es das Verhalten der Gemeinschaft gegenüber Fremden. Die Prälaten aus Ost und West halten die mongolische Lebensform für primitiv; Peter erwähnt hier nicht wie in anderen Abschnitten geschichtliche Veränderungen. Gar von den Normen christlicher Moral sind diese Menschenfresser und Polygamisten himmelweit entfernt. Aber so gut wie die Benediktiner von Burton Abbey besitzen die Todfeinde des Christenglaubens und der westlichen Kultur eine Lebensform.

Hier kann die wortgeschichtliche Skizze abgebrochen werden. Denn erstens hat das Wort *Lebensform* nun eine schon umfassende und doch noch umgrenzte Bedeutung gewonnen, die für unsere Untersuchungen geschmeidig und genau genug ist; mit solchen Lebensformen wie der hier beschriebenen mongolischen haben wir es im Mittelalter von Anfang an zu tun. Zweitens geriet das Wort seit dem 16. Jahrhundert in Mißkredit oder Vergessenheit; offenbar hat es die Geschichte der Neuzeit immer seltener mit derartigen Gebilden zu tun. Das wird am Schluß des Buches anhand von Aussagen des Humanisten Erasmus und des Politikers Burke genauer zu begründen sein. Drittens geht der heutige, verwaschene Wortgebrauch von *Lebensform* erst auf Goethe und die Romantiker zurück und wurde in die Wissenschaft seit 1886 durch Anthropologen eingeführt, die ihm wieder wie die Antike eine ethische, normative Bedeutung gaben; ich komme darauf zu Beginn der beiden Teile des Buches zurück.

Die Verwendung des Wortes *Lebensformen* im folgenden läßt sich also von vornherein nicht auf die Grundannahme Platons, Ciceros, Augustins und der modernen Anthropologie ein, daß es Konstanten der Menschennatur gebe. Die hier zu untersuchenden Lebensformen im Mittelalter sind dem Wort und der Sache nach keine abstrakten Formeln, sondern historische Erscheinungen.

FOLGERUNGEN

Der wortgeschichtliche Befund erlaubt die Formulierung einer Arbeitshypothese. Seitdem und solange Menschen miteinander leben, bedienen sie sich sozialer Verhaltensweisen; es hat Lebensformen vor der Antike gegeben und wird sie nach der Neuzeit geben. Aber ihre Wirkung und Wertung ist in verschiedenen Zeitaltern unterschiedlich. In das alltägliche Verhalten der Menschen zueinander bricht manchmal Geschichte ein und zerbricht alle Gefüge; dann sind Lebensformen nicht mehr selbstverständlich, werden auf das Niveau der Sittlichkeit gehoben und überschätzt. Meistens vollzieht sich Geschichte außerhalb des alltäglichen Verhaltens der Menschen zueinander und überspielt alle Gefüge; dann sind Lebensformen gar zu selbstverständlich, werden in die Niederungen der Banalität abgedrängt und unterschätzt. Wenn *Lebensform* in der Antike vorwiegend als ethische Forderung, in der Neuzeit zunehmend als belangloser Zustand verstanden wurde, könnte das Zeitalter zwischen ihnen auch eine mittlere Ebene gehalten haben. Dann ließe sich das Mittelalter kennzeichnen als Zeitalter verwirklichter und wirksamer Lebensformen. Diese Kennzeichnung wird im vorliegenden Buch versucht.

Aus der Wortgeschichte lassen sich bereits zwei Hauptarten von Lebensformen ablesen. Zum einen treten sie in Situationen der *Condicio humana* auf, in Lebensbedingungen wie Jugend oder Krankheit, Hunger oder Arbeit, Streit oder Verständigung. Zum anderen erscheinen Lebensformen in Zuständen der *Societas humana,* in Lebenskreisen wie Dorf oder Markt, Feldlager oder Fürstenhof, Schule oder Kloster. Die Zweiteilung ist künstlich, denn man verhält sich zum Beispiel dem Tod gegenüber im Kloster anders als im Feldlager. Aber die Lebenskreise bestimmen die Lebensbedingungen nicht vollständig; man verständigt sich etwa zwischen Märkten und Höfen im Mittelalter auf dieselbe Weise, und sie ist von antiker oder moderner Kommunikation weit entfernt. Die Darstellung, die über dem Sozialen nicht das Historische vergessen will, muß beide Arten gesondert behandeln und ihre Unterscheidung wenigstens der Stoffgliederung zugrundelegen.

Schließlich liefert die Wortgeschichte drei Hauptfunktionen von Lebensformen. Sie befriedigen erstens vitale Bedürfnisse und Interessen wie Selbsterhaltung oder Selbstbestätigung. Zweitens sichern sie soziale Konventionen und Institutionen wie Ansehen oder Spiel. Drittens üben sie ethische Normen und Werte wie Hingabe oder Enthaltung ein. Diese Dreiteilung darf keine Rangfolge einschließen, wie sie der Ethik naheliegt. Menschen, die ihr Leben für andere hingeben, aufs Spiel setzen oder für sich retten, lösen durch ihr Verhalten vielleicht einhellige Werturteile, jedenfalls die verschiedensten geschichtlichen Wirkungen aus. Auf die Dreiteilung können wir indes nicht ganz verzichten, wenngleich soziale Konventionen und Institutionen den Schwerpunkt der Untersuchung bilden. Was Menschen essen oder verschmähen, ist nicht nur durch gesellige Vereinbarung oder Vorschrift festgesetzt. Das Verhalten des Hungernden hat andere Gründe und Wirkungen als das des Fastenden, und beide Haltungen wirken auf die Konventionen ihrer Mitmenschen zurück. Die Darstellung, die über dem Verhalten nicht seine Begründungen vergessen will, muß die Unterscheidung der drei Funktionen wenigstens als Raster der Fragestellung verwenden.

Die Unbestimmtheiten und Schwankungen, die sich einer systematischen Ordnung beim ersten Ansatz schon in den Weg stellen, dürfen nicht beiseite geschoben werden; denn sie sind in der Geschichte der mittelalterlichen Gesellschaft begründet. Das Mittelalter läßt sich weniger als Antike und Neuzeit aus der Vogelschau der Abstraktion betrachten, weil es kein Zeitalter intellektueller Konsequenz und definierter Sachbereiche war. Wenn es richtig ist, daß sich das Mittelalter vielmehr im sozialen Verhalten seiner Menschen konstituiert hat, dann muß es ein Kennzeichen mittelalterlicher Äußerungen sein, daß sie lebendige Menschen in eingeübten Verhaltensweisen mit Vorliebe darstellen. Tatsächlich hat der moderne Betrachter nur die Qual, aus der Überfülle solcher Paradigmen ein paar auswählen zu müssen und dem Verdacht zu entgehen, er habe sie zu einseitig ausgewählt. Weil deren Urheber zumeist keine scharfsinnigen Denker waren und sich in den Umständen ihres Augenblicks verfingen, darf man ihnen allerdings nicht blindlings folgen. Ich kann sie nicht einfach in moderner Übersetzung zu Wort kommen lassen, wie es die seit Coulton beliebten Sammlungen ausgewählter Quellen tun. Noch die neueste von Adams, *Patterns of Medieval Society,* führt den Leser nur selten hinter den Vorhang mittelalterlicher Selbsttäuschungen und Mißverständnisse.

Demnach bleibt nur der Weg, zwei Methoden zu kombinieren: mittelalterliche Menschen vom Verhalten ihrer Zeitgenossen unmittelbar erzählen zu lassen und daran eine moderne Auslegung anzuknüpfen, die »gegen den Strich« und »zwischen den Zeilen« liest und Hintergründe freilegt, von denen die Autoren nichts sagten oder nichts wußten. Bedenklich ist ein solcher Alleingang des allwissenden Interpreten, dem die Toten nicht widersprechen können und die Fachgenossen, über wichtige Spezialpapiere gebeugt, nicht widersprechen wollen. Immerhin wird die Phantasie des Interpreten recht wirksam gezügelt durch den Zwang, stets an vorgegebenen Objekten zu operieren. Dazu dürfen freilich die überlieferten Dokumente nicht willkürlich beschnitten werden. Sie sind im folgenden möglichst zusammenhängend und ungekürzt wiedergegeben; die wenigen Auslassungen sind durch drei Punkte, die knappen Sacherläuterungen durch Klammern gekennzeichnet. Ferner muß die Auswahl der Zeugnisse auf möglichste Vielfalt bedacht sein.

Die Zahl der hier vorgelegten hundert Ausschnitte erlaubt diese Vielseitigkeit.

Allerdings sind es, mit einer Ausnahme, lauter Wort- und Schriftquellen, nicht allein aus technischen Gründen. Wie das solide Buch von Schwarz *Sachgüter und Lebensformen* zeigt, kann man anhand archäologischer Funde sachliche Erfordernisse und Erzeugnisse von Lebensformen trefflich vorführen, jedoch die menschlichen Verhaltensweisen und ihre Zusammenhänge nur mittelbar erschließen. An den Prachtbänden von Rice und Evans *Morgen des Abendlandes* und *Blüte des Mittelalters* sieht man, daß mittelalterliche Kunstwerke die Lebensformen atmosphärisch illustrieren, sie aber nicht in dem Risiko ihres Vollzugs abbilden. Lebensnäher sind flüchtige Federzeichnungen, wie sie diesem Buch beigegeben werden. Ihre Auswahl beschränkt sich auf zwei Quellengruppen, die das mönchische Frühmittelalter und das bürgerliche Spätmittelalter beispielhaft vertreten. Im Mittelpunkt der einen Gruppe steht der sogenannte Utrechtpsalter, ein Lesebuch für das benediktinische Chorgebet in der Kirche, das um 830 im Kloster Hautvillers bei Reims, im Kreis um Erzbischof Ebo von Reims entstand und der karolingischen Hofschule nahesteht. Der unbekannte Zeichner übertrug die liturgische Sprache der Psalmverse in erregte zeitgenössische Wirklichkeit. Zentrum der anderen Gruppe ist das sogenannte Mittelalterliche Hausbuch, eine Art Bilderbuch für Büchsenmeister, das um 1480 am Mittelrhein angelegt wurde und von der burgundischen Hofkultur um Karl den Kühnen angeregt ist. Als Autor wird der Utrechter Zeichner Erhard Reuwich vermutet, der in Mainz arbeitete und 1483/84 eine Pilgerfahrt ins Heilige Land unternahm. Er stellte die Geschäftigkeit seiner Zeitgenossen gern unter die ewige Ordnung der Gestirne. Zwischen antiker Tradition und moderner Spekulation stehend, beschreiben diese Bilder, wie mittelalterliche Menschen einander gegenübertraten; aber wenn wir sie verstehen wollen, müssen wir sie miteinander sprechen hören. Sprache ist, auch wenn die heutige Mode es nicht glauben will, vielseitiger, vielschichtiger, menschlicher als Geräte oder Bilder.

Die Auswahl der Sprachzeugnisse darf weder durch literarische Qualität noch durch Quantität der Informationen bestimmt sein; am brauchbarsten sind Stellen, die das Verhalten von Menschen zueinander und des Autors zu ihnen verdeutlichen. Weil geschichtliche Wandlungen ebenso wie gesellschaftliche Zustände zu untersuchen sind, muß die Eigenart der literarischen Gattungen beachtet werden. Von den hundert Texten ist knapp die Hälfte historisch orientierten Schriften entnommen, also Chroniken, Biographien, Memoiren und Legenden; dabei nehmen schlichte Berichte über Selbsterlebtes etwas mehr Raum ein als nachdenkliche Betrachtungen aus größerem Abstand. Die andere Hälfte stammt aus Büchern, die Strukturen wiedergeben, etwa zu gleichen Teilen aus zwei Quellengruppen: praxisnahe, teils offiziöse Urkunden, Akten, Briefe und Handbücher einerseits, andererseits fiktive und abstrakte, dafür oft persönlich gefärbte poetische und gelehrte Werke. Freilich läßt sich die lateinische Gelehrsamkeit für unser Thema nur behutsam auswerten; darum wird in der Auswahl das erdrückende Übergewicht des lateinisch Geschriebenen nicht ganz respektiert. Wenn immerhin ein Viertel unserer Texte volkssprachlich abgefaßt war, wird ihre Zahl dem Laien zu klein, dem Kenner zu groß erscheinen.

Fast alle Dokumente sind von mir neu übersetzt, auch wenn dabei stets ältere Übersetzungen herangezogen sind. Jede Übersetzung ist Auslegung in bestimmter Richtung; das ist in diesem Buch nicht anders. Die bequeme Lösung des Paralleldrucks von Original und Übersetzung hätte den Umfang des Buches gesprengt. So steht meine Übersetzung ungeschützt und muß Farbe bekennen. Sie will auf deutsch sagen, wie ich den fremden Wortlaut am verständlichsten finde. In erster Linie soll der Kontext mit Gedankengang und Gewichtsverteilung vollständig und genau erhalten bleiben; in zweiter Linie soll etwas vom persönlichen Stil und Charakter der Verfasser gewahrt werden. Die Wiedergabe formaler Einzelheiten, besonders bei Wortstellung und Satzbau, tritt in den letzten Rang. Daß mittelalterliche Verse diesmal nicht in deutsche Professorenreime umgeschmiedet werden, wird mancher gelehrte Leser bedauern, mancher sensible begrüßen.

Die Ausleuchtung der Hintergründe versucht die Überfülle neuerer Spezialliteratur zu jedem Autor auszunutzen, aber nicht auszubreiten. Der Versuch im ganzen, seit 1963 aus meinem Beitrag zur Propyläen-Weltgeschichte erwachsen, profitiert methodisch am meisten von neuen Gesamtdarstellungen einiger ausländischer Kollegen. Sie haben vor allem erwiesen, daß sozialgeschichtliche Themen besser nicht im chronologischen Längsschnitt, sondern im strukturellen Querschnitt behandelt werden. Hauptproblem ist die Abgrenzung des Untersuchungsfeldes; es muß für allgemeingültige Aussagen groß genug, für genaue Aussagen klein genug sein. Die bisherige Literatur scheint mir mit zwei Einschränkungen zu kurz zu greifen, die in der verständlichen Scheu vor Grenzüberschreitungen begründet sind. Die erste ist die räumliche, etwa in dem Buch von Evans *Life in Medieval France* oder in dem mehrbändigen Sammelwerk *Società e Costume* von Barni, Fasoli und Viscardi. Mit der nationalen Blickrichtung wird in das Mittelalter unwillkürlich eine Abgrenzung hineingetragen, die ihm fremd war; gerade weil sie uns Heutigen naheliegt, müssen wir sie um jeden Preis vermeiden. Deshalb erstrebt mein Versuch europäische Blickweite und richtet sich nach Wirkung, Menschenzahl und Hinterlassenschaft der mittelalterlichen Völker. Von den hundert Quellen stammen zwei Drittel aus dem Kernraum des Mittelalters, zu ungefähr gleichen Teilen aus dem französischen, dem deutschen und dem italienischen Bereich; beim letzten Drittel haben England und Spanien den Vortritt vor Nord- und Osteuropa.

Eine zweite Verengung des Blickfelds ist die zeitliche, etwa in den Büchern von v. d. Steinen *Der Kosmos des Mittelalters* und Le Goff *Kultur des europäischen Mittelalters*. Sie schildern beide das europäische Hochmittelalter, vernachlässigen die lokalen Frühphasen seit dem 6. Jahrhundert und klammern die universale Bewegung bis zum 16. Jahrhundert völlig aus. Doch erweist sich erst in Grenzsituationen die Tragweite und Integrationskraft von Lebensformen. Deshalb sind im folgenden von den hundert Zeugnissen immerhin drei Siebtel dem Hochmittelalter vom 11. bis 13. Jahrhundert gewidmet, je zwei Siebtel dem frühen und dem späten Mittelalter. Wenn ich räumlich und zeitlich das ganze abendländische Mittelalter zum Untersuchungsfeld mache, erheben sich Bedenken, über die sich lange diskutieren ließe; wie berechtigt sie sind, muß sich am Ergebnis des durchgeführten Versuchs zeigen.

Wenn die Dokumente mehr als subjektive und lokale Stimmungen wiedergeben sollen, müssen sie in ein Netz von Vergleichen gespannt werden. Vergleiche erstens innerhalb des Mittelalters, insbesondere im Bereich der Lebenskreise, die ja für dieses Zeitalter teilweise spezifisch sind. Wenn zu einem Sachthema stets zwei Zeugnisse aus möglichst verschiedenen Zeiten, Räumen und Lebenslagen nebeneinandergestellt werden, lassen sie historische Entwicklungen und strukturelle Brüche erkennen. Das ermöglicht eine Geschichte mittelalterlicher Lebensformen in Umrissen, die nicht auf anthropologische Konstanten zurückfallen. Was nach Ausscheidung der Besonderheiten an Gemeinsamkeiten

bleibt, ist historisch zu erklären und mit Ergebnissen anderer Strukturanalysen zu vergleichen. Das allein genügt jedoch nicht.

Vergleiche sind zweitens zu nichtmittelalterlichen Lebensformen zu
ziehen, vor allem im Bereich der Lebensbedingungen, die ja teilweise
allgemeinmenschlich zu sein scheinen. Das Mittelalter muß gegen seine
archaischen Verwandten abgegrenzt werden, ebenfalls durch Vergleiche.
Hier klaffen allerdings große Lücken in diesem Buch, denn die bisherige
Konzentration der Mittelalterforschung auf Nachwirkungen der klassischen Antike hat fast verdeckt, daß mittelalterliche Lebensformen eher
mit primitiven Ordnungen wie etwa den mongolischen vergleichbar sind.
Leider hat sich die völkerkundliche und kulturanthropologische Forschung bisher kaum mit dem Mittelalter befaßt; die Volkskunde ist
bisweilen hilfreicher, verwischt aber leicht die Zeitgrenzen. Umgekehrt ist
vieles, was uns Heutigen als mittelalterlich erscheint, in Wirklichkeit
archaisch schlechthin und nur für uns moderne Europäer fremdartig. Wir
müssen unsere heutigen Erfahrungen ganz bewußt zum Vergleich heran-
ziehen und sie nicht hinter dem Streben nach Objektivität verstecken;
Fremdes begreifen wir erst, indem wir uns begreifen. Hierbei hilft dem
Historiker, vorerst noch schüchtern, die gegenwartsbezogene Soziologie
und Psychologie.

Wer von heute her das Mittelalter als fremdes Zeitalter betrachtet,
kommt nicht leicht in Versuchung, es zum anthropologischen Modell zu
erklären. Trotzdem muß sich aus allen Abgrenzungen durch Vergleich
schließlich herausheben lassen, was uns noch mit dem Mittelalter verbindet. Derartige Gemeinsamkeiten könnten entweder durch die Trägheit
geschichtlicher Veränderungen oder durch ein gemeinsames Grundmuster menschlichen Lebens bedingt sein. Solange wir selbst noch im
geschichtlichen und sozialen Wandel stehen, ist die eine Bedingung von
der anderen nicht leicht zu trennen. Soviel ist aber von vornherein klar:
Alle konkreten Situationen sind einmalig und unwiederholbar; die Gedanken Rathers von Verona im Gefängnis zu Pavia, die Erfahrungen
Anselms von Havelberg auf der Reise nach Byzanz, die Entscheidungen
des Konzils von Lyon über die Einschätzung der Mongolen lassen sich
nicht verallgemeinern. Identisch sind ferner nur ganz wenige Institutionen: Die Päpste und die Benediktiner aus Rathers Zeit haben heute noch
Nachfolger, nicht aber die Kaiser in Ost und West, mit denen Anselm von
Havelberg umging. Mit den Lebenskreisen haben sich schließlich auch

die meisten Lebensbedingungen gründlich verändert: Noch heute treiben Bauern Landwirtschaft wie zu Rathers Zeit; noch heute fahren Schiffe übers Mittelmeer wie zu Anselms Zeit. Aber die Erträge der Wirtschaft und die Geschwindigkeiten der Kommunikation haben heute nicht allein quantitativ einen ganz anderen Stellenwert als damals. Wer also nur fragen wollte, was von den Lebensformen des Mittelalters heute übriggeblieben ist, bekäme unendlich zerfaserte und widersprüchliche Auskünfte. Wahrscheinlich erfahren wir über unsere eigene Situation mehr, wenn wir das Verhalten mittelalterlicher Menschen zu ihren Zeitgenossen beobachten; vielleicht ist die Aufgabe, die sie schlecht und recht bewältigten, noch die unsere?

CONDICIO HUMANA

CONDICIO HUMANA

Die *Gesta Romanorum,* eine um 1300 wohl in England entstandene und in ganz Europa verbreitete Sammlung lateinischer Kurzgeschichten, enthalten eine Erzählung »Vom Lebenslauf des Menschen«, von der hier der erste Teil wiedergegeben wird.

»Man liest von einem König, der wollte vor allem die Natur des Menschen kennenlernen. In seinem Reich war ein sehr scharfsinniger Philosoph, nach dessen Rat handelten viele. Als der König von ihm hörte, sandte er ihm einen Boten, er solle unverzüglich zu ihm kommen. Der Philosoph vernahm den Willen des Königs und kam. Der König sprach zu ihm: ›Meister, ich will von dir Weisheitslehre hören. Sag mir zuerst: Wie geht es dem Menschen?‹ Jener sprach: ›Der Mensch ist elend die ganze Zeit seines Lebens. Betrachte deinen Anfang, deine Mitte und dein Ende, und du wirst finden, daß du voller Elend bist. Darum sagt Hiob (14, l): Der Mensch ist vom Weibe geboren usw. Wenn du den Anfang betrachtest, wirst du finden, daß du armselig und hilflos warst. Wenn du die Mitte betrachtest, wirst du finden, daß die Welt dich ängstigt und vielleicht deine Seele verdammt. Wenn du das Ende betrachtest, wirst du finden, daß dich die Erde aufnehmen wird. Und darum, mein Herr König, richte dein Sinnen nicht auf Hochmut!‹ Der König sagte: ›Meister, nun stelle ich dir vier Fragen; wenn du sie gut löst, will ich dich zu Würde und Reichtum erheben. Die erste Frage lautet: Was ist der Mensch? Die zweite: Wem gleicht er? Die dritte: Wo befindet er sich? Die vierte: Mit welchen Gefährten lebt er?‹

Der Philosoph sprach: ›Herr, ich will auf die erste Frage antworten. Wenn du fragst, was der Mensch ist, sage ich: Er ist ein Knecht des Todes, ein Gast im Raum, ein Wanderer unterwegs. Ein Knecht heißt er, weil er dem Zugriff des Todes nicht entrinnen kann; weil ihm der Tod alle Arbeiten und Tage wegnimmt; weil er nach Verdienst Lohn oder Marter erhalten wird. Ferner ist der Mensch ein Gast im Raum, weil er dem

Vergessen überliefert wird. Ferner ist er ein Wanderer unterwegs; ob er schläft oder wacht, ißt oder trinkt oder etwas anderes tut, immer eilt er dem Tode zu. Deshalb müssen wir uns für die Reise mit Lebensmitteln versorgen, nämlich mit guten Eigenschaften. – Die zweite Frage lautet: Wem gleicht der Mensch? Er gleicht dem Eis, weil er sich bei Wärme rasch auflöst. So löst sich der Mensch, der aus Erde und Elementen zusammengefügt ist, in der Hitze der Krankheit rasch auf und verdirbt. Ferner gleicht er einem jungen Apfel. Der junge Apfel, der am Baum hängt, soll das gehörige Wachstum erreichen; indessen wird er von einem geringen Wurm im Innern zernagt, fällt plötzlich herunter und ist wertlos. Ebenso wächst der Mensch in seiner Kindheit heran, und plötzlich entsteht drinnen Krankheit, die Seele entweicht und der Leib verdirbt. Warum also ist der Mensch hochmütig? – Die dritte Frage heißt: Wo befindet sich der Mensch? Ich sage: Im vielfachen Krieg, nämlich gegen Welt, Teufel und Fleisch. – Die vierte: Mit welchen Gefährten lebt der Mensch? Ich antworte: Mit sieben, die ihn ständig bedrängen. Das sind Hunger, Durst, Hitze, Kälte, Müdigkeit, Krankheit und Tod.‹«

Das Motiv der Erzählung ist alt. Die fünf Fragen und einige Formulierungen aus den Antworten finden sich schon in dem Zwiegespräch, das Karls des Großen gelehrter Ratgeber Alkuin angeblich mit Karls Sohn König Pippin geführt hat; Alkuin dürfte es um 800 aufgezeichnet haben. Er benutzte seinerseits einen *Wortwechsel zwischen Kaiser Hadrian und dem Philosophen Epiktet,* der in der römischen Spätantike entstanden sein mag und den Menschen ebenfalls als Knecht des Todes, als Gast im Raum, als unreifen Apfel bezeichnet hatte. Immerhin hat erst das Hochmittelalter die tausendjährigen Formeln rhetorisch geordnet und erbaulich erläutert. Unser Text liest sich wie die Gliederung einer Predigt und wurde von Predigern aufgegriffen. Eine ausführlichere Fassung steht unter dem Thema »Gebrechlichkeit der *Condicio humana*« in dem *Moralspiegel,* der um 1310–1320 an die Enzyklopädie des Dominikaners Vinzenz von Beauvais angehängt wurde. Das Predigtmärlein hat also schnell Anklang gefunden.

Im zweiten Teil der Geschichte ziehen die *Gesta Romanorum* die Folgerungen aus dem Befund, daß die Feinde des Menschen seine Hausgenossen sind, und ermahnen die Hörer auf augustinische Weise, den Verlockungen des Fleisches und der Eitelkeit dieser Welt zu widerstehen und allein auf Christus zu bauen. In dieser Moralpredigt zum Schluß ist die Gesprächssituation des Beginns, überhaupt die Geschichte vergessen; der König, der gefragt hat, wird nicht mehr erwähnt. Es scheint, als gäbe es nach der Rede des Philosophen nichts mehr zu fragen und zu tun. Und doch müssen schon den mittelalterlichen König zwei Schlußfragen gequält haben, die noch dem modernen Leser auf der Zunge liegen.

Die erste heißt: Ist die *Condicio humana* richtig beschrieben? Ins Historische gewendet: Waren mittelalterliche Menschen von ihrer Geburt an wirklich so radikal von Wechselfällen und Vergessen, Krankheiten und Tod bedroht, daß sie sich als Wanderer unterwegs empfanden? Die folgenden Kapitel werden im einzelnen zeigen, daß die Antwort Ja lauten muß. Schon das Echo auf den vorliegenden Text spricht dafür, daß er allgemeine Lebenserfahrungen des Mittelalters spiegelt. Die zweite Frage heißt: Wenn der Philosoph recht hat, sollte dann der König nicht demütig vom Thron steigen und ins Kloster gehen? Historisch formuliert: Kannten mittelalterliche Menschen als Abhilfe gegen ihre Gebrechlichkeit allein die asketische Flucht aus dieser sündigen Welt? Die folgenden Kapitel wollen im einzelnen zeigen, daß diese Frage mit Nein zu beantworten ist. Schon die sprachlich geschliffene Form unseres Textes spricht dafür, daß er auf Menschen wirken wollte, die Hochmut und Sinnenfreude nicht leicht ablegten.

Am meisten befremdet heutige Leser nicht die blumige Sprache, sondern die umständliche Einleitung; ist sie nicht überflüssig? Da sitzt also ein König und weiß in einer lebenswichtigen Frage nicht weiter. Seine Hofleute empfehlen ihm einen tüchtigen Philosophen. Ein schneller Bote wird entsandt. Der Philosoph hört ihn an. Der ungeduldig Erwartete kommt an den Hof. Eine erste tastende Frage des Königs, fast unser übliches »Wie geht's, wie steht's?« Eine gewichtige Antwort. Sie überzeugt den Frager. Er verspricht Belohnung und packt seine Hauptprobleme aus. Der Philosoph teilt mit, daß er antworten wolle, rekapituliert noch einmal »Wenn du fragst …« und erst dann antwortet er wirklich. Will der Prediger durch Hinhalten der Hörer Spannung erzeugen? Nein, hier wird geziemendes Verhalten von Menschen zueinander vorgeführt, und das entschärft den Pessimismus der Philosophenrede, schon bevor sie beginnt. Auf die Gefährdung des Lebens und die Hilflosigkeit des Menschen antworten eingeübte Verhaltensweisen anderer Menschen, Lebensformen.

Weil das seit dem 19. Jahrhundert nicht mehr selbstverständlich ist, aber für alle älteren Kulturen selbstverständlich war, mußte das Wort

Lebensformen erst durch die Völkerkunde wieder in die Wissenschaft eingeführt werden. Der Psychologe Wilhelm Wundt tat es seit 1886 in dem Buch *Ethik*. Anhand vieler völkerkundlicher Beispiele stellte er den bis heute umfassendsten Katalog von Lebensformen auf. Freilich gab Wundt nicht nur eine Beschreibung; er faßte Lebensformen als Verwirklichung von Sittlichkeit auf, ordnete sie deshalb nach ihren Zwecken und unterteilte den Bereich der Sitte, der normierten Gewohnheit, vierfach. Individuelle Lebensformen nannte er jene Sitten, die von der Selbsterhaltung ausgehen, also vitale Bedürfnisse stillen: die Beschaffung von Nahrung, Wohnung, Kleidung, Arbeit. Verkehrsformen sind nach Wundt den Mitmenschen zugewandt, doch noch vorwiegend individuell bestimmt: Tauschverkehr in der Arbeitswelt, Spiel, gesittetes Benehmen, Umgangsformen, alles in allem also Konventionen. Soziale Lebensformen sodann dienen den Zwecken der Gattung und bilden rechtlich geordnete Institutionen: Familie, Männerbund, Staat. Ein viertes und umfassendstes Gebiet sind humane Lebensformen, die auf die ideale Menschheit insgesamt zielen: Freundschaft, Gastlichkeit, Wohltätigkeit.

Die Figuren der *Gesta Romanorum* tun, was Wundt aufzählt: Der Mensch ißt und arbeitet, der Philosoph benimmt sich umgänglich, der König sorgt für sein Reich, alle drei bemühen sich um humane Haltung. Dennoch stimmt Wundts Systematik der Zwecke nicht zu unserem Text, und schon Wundt selbst konnte das System für die Darstellung mittelalterlicher Sittlichkeit nicht brauchen. Der Mensch des mittelalterlichen Philosophen tritt zwar in der Einzahl auf, aber ein autonomes Individuum, das sich selbst erhält, ist dieses gehetzte und unbehauste Wesen nicht. Auf den Gruß seiner Weggefährten baut der Wanderer keine Hoffnung, denn man wird ihn betrügen und vergessen. Für soziale Gruppen, schon für die Familie macht ihn jede Krankheit wertlos. Schließlich rettet ihn die Gastlichkeit der ganzen Welt nicht vor seinen Ängsten, im Gegenteil. Auf dieser Erde sieht sich der mittelalterliche Mensch nicht von ethischen Ordnungen gehalten, die wie bei Cicero und Wundt schön vom Individuellen bis zum Humanen, von konkreten Bedürfnissen bis zu abstrakten Normen gestuft wären. Einen sittlichen Eigenwert haben die Lebensformen auch für den Erzähler nicht. Gerade weil er Moral predigen will, verletzt er das einfachste Gebot der Sitte und führt die angefangene Geschichte nicht zu Ende. Ob der König dem Philosophen das versprochene Geschenk auch gab und ob er nach den empfangenen Lehren auch lebte, ist plötzlich gleichgültig geworden; auf die langatmige Einleitung antwortet am Schluß gar nichts. In das Gebiet der Ethik gehören die mittelalterlichen Lebensformen nicht zuerst. Wohin dann?

Eine berühmte Antwort gab 1919 ein völkerkundlich interessierter Historiker, der als Leipziger Student 1896 kurz mit Wundt zusammengetroffen war, Johan Huizinga, dessen Buch *Herbst des Mittelalters* das Wort *Lebensformen* in der Geschichtswissenschaft eingebürgert hat. Huizinga erkennt im Spätmittelalter keinen Stufenbau von Ist- und Soll-Zuständen, sondern den krassen Gegensatz zwischen grausamer Wirklichkeit der Bedürfnisse und Wünsche und edler Konvention der Geselligkeit. Die unerträgliche Härte des Daseins wurde durch eine Welt des schönen Scheins überwölbt und erst sinnvoll gemacht, geformt, durch Träume vom Rittertum, Stilisierung der Liebe, religiöse Phantasie, ästhetische Empfindung, überhaupt durch Kunst. In Huizingas zentrale Kapitel über die Spannung des Lebens oder das Bild des Todes würde unser Predigtmärlein vorzüglich passen, denn es versucht, eine häßliche Realität formal zu stilisieren. Das Bild vom unreifen Apfel und vom kleinen Wurm hat morbide Schönheit; das Gespräch zwischen König und Philosoph über menschliche Not ist gravitätisch gefaßt.

Ist aber schönes Spiel wirklich schon Lebensform? Wird ein fieberndes Kind im Mittelalter durch Gleichnisse geheilt? Muß das Gespräch nicht Taten nach sich ziehen, andere als die Belohnung des Philosophen? Warum sprengt der Erzähler selbst am Schluß die poetische Illusion? Sieht man sich die Hauptzeugen in Huizingas Buch näher an, so entpuppen sich die meisten als burgundische Höflinge; auch unser Predigtmärlein gibt sich anfangs als Gespräch bei Hofe. Über das Elend des Menschenlebens kann der schön schreiben, dessen Leben nicht elend ist. Er kann stilisieren, woran andere laborieren. Das macht sein Zeugnis nicht falsch, aber einseitig. Ästhetik trifft so wenig wie Ethik den Kern mittelalterlicher Lebensformen. Wie er zu treffen ist, das weiß der Erzähler der *Gesta Romanorum* selbst nicht.

Wenn wir wissen wollen, wie mittelalterliche Menschen mit ihrem gefährdeten Leben fertig wurden, dürfen wir also nicht zuerst Prediger und Dichter fragen. Es melden sich genug andere, mitleidende Zeugen, denen wir die Fragen des Königs noch einmal stellen können: Wie geht es dem Menschen, also wie verhielten sich mittelalterliche Menschen in ihrem Lebenslauf zwischen Geburt und Tod? Wo befindet sich der Mensch, also wie richteten sich die Menschen ihre Lebensräume zwischen Landstraße und Gaststube ein? Mit welchen Gefährten lebt der Mensch, also in welchen Gemeinschaften vollzog sich das Zusammenleben zwischen Knechtschaft und Krieg? Und welche Beziehungen bestanden dabei zwischen Bedürfnissen, Konventionen, Institutionen und Normen?

ZEIT UND LEBENSLAUF

AUGENBLICKE

Der Benediktiner Beda erzählte in seiner lateinischen *Kirchengeschichte des englischen Volkes* von der Christianisierung seiner northumbrischen Heimat unter König Edwin und Bischof Paulinus im Jahre 627:

»Während Paulinus das Wort Gottes verkündete, schob der König die Annahme des Glaubens hinaus. Eine Zeitlang setzte er sich, wie gesagt, zu passender Stunde allein hin und überlegte lang und gründlich, was er tun, welchem Glauben er folgen solle. Da trat eines Tages der Mann Gottes (Paulinus) bei ihm ein, legte ihm die rechte Hand aufs Haupt und fragte, ob er dieses Zeichen kenne. Der König wollte ihm zitternd zu Füßen fallen, doch Paulinus hob ihn auf und sprach ihm freundschaftlich zu: ›Siehst du, der Hand der Feinde, die du gefürchtet hast, bist du mit Gottes Hilfe entronnen; siehst du, das Reich, das du gewünscht hast, wurde dir durch sein Geschenk gegeben. Nun denk daran, daß du das Dritte, dein Versprechen, nicht hinausschiebst, seinen Glauben annimmst und seine Gebote hältst. Er befreite dich von zeitlichen Gegnern, er erhöhte dich zur Würde zeitlicher Herrschaft; wenn du nun seinen Willen, den er dir durch mich verkündet, folgen willst, wird er dich auch von den ständigen Qualen des Unheils erlösen und zum Teilhaber seines ewigen Reiches im Himmel machen.‹ Darauf antwortete der König, er wolle und müsse ja den Glauben, den Paulinus lehrte, annehmen. Er werde aber jetzt mit den ihm verbundenen Fürsten und seinen Räten darüber reden, damit, wenn auch sie seine Meinung teilten, alle zugleich im Quell des Lebens für Christus geweiht würden. Paulinus stimmte zu, und der König tat, wie er gesagt hatte. Er hielt mit den Weisen eine Beratung und fragte alle einzeln, was sie von dieser bislang unerhörten Lehre und der neuen, jetzt verkündeten Art des Gottesdienstes hielten. Sofort erwiderte Coifi, der oberste seiner Priester: ›König, deine Sache ist es zu erwägen, wie die Lehre ist, die uns jetzt gepredigt wird. Meinesteils bekenne ich dir ganz ehrlich, was ich gewiß weiß, daß der Glaube, den wir bis jetzt hielten, gar keine Kraft und keinen Nutzen hat. Denn niemand von den Deinen hat sich eifriger als ich dem Dienst unserer Götter gewidmet; trotzdem gibt es viele, die von dir reichere Gaben und höhere Würden als ich erhalten, und es glückt ihnen besser bei allem, was sie tun oder gewinnen wollen. Wenn unsere Götter etwas taugten, hätten sie lieber mir helfen sollen, da ich ihnen aufwendiger und fleißiger diente. Daraus folgt: Wenn du bei deiner Erwägung zu der Einsicht kommst, daß der neue Glaube, der uns jetzt verkündet wird, besser und stärker ist, dann wollen wir ihn sofort, ohne jedes Zögern annehmen.‹

Dem Rat des Priesters und seinen klugen Worten stimmte ein anderer von den Würdenträgern des Königs bei und sagte anschließend: ›König, das gegenwärtige Menschenleben auf Erden kommt mir beim Vergleich mit derjenigen Zeit, die für uns ungewiß ist, so vor, wie wenn du zur Winterszeit mit deinen Fürsten und Mannen beim Essen sitzt. In der Mitte brennt zwar das Herdfeuer, und der Speisesaal ist warm; aber draußen toben überall Stürme mit Winterregen oder Schnee. Nun kommt ein Spatz und fliegt ganz schnell durch die Halle; zur einen Tür fliegt er herein, gleich darauf zur anderen wieder hinaus. Solange er drinnen ist, packt ihn das Winterwetter nicht, doch hat er nur in einem ganz kleinen Raum für einen Augenblick Geborgenheit. Aus dem Winter gekommen, kehrt er sogleich in den Winter zurück und entschwindet deinen Augen. So kurz erscheint unser Menschenleben; was folgen wird und was vorangegangen ist, das wissen wir ganz und gar nicht. Wenn nun diese neue Glaubenslehre dazu etwas Zuverlässiges beiträgt, verdient sie wohl, daß man ihr folgt.‹ Ähnliches brachten auf Gottes Antrieb auch die übrigen Edlen und Räte des Königs vor.

Zusätzlich wollte Coifi den Paulinus ausführlicher über den Gott, den er verkündete, reden hören. Paulinus tat es auf Befehl des Königs; nach der Predigt rief Coifi: ›Schon längst weiß ich es: Nichtig ist, was wir verehrten. Denn je eifriger ich in unserem Kult die Wahrheit suchte, desto weniger fand ich sie. Jetzt aber sage ich frei heraus, daß in dieser Verkündigung jene Wahrheit leuchtet, die uns Leben, Heil und ewiges Glück zu schenken vermag. Darum schlage ich vor, König, daß wir die Kultstätten, die wir ganz nutzlos geweiht haben, schnell dem Fluch und dem Feuer übergeben.‹ Kurzum, der König gab dem heiligen Missionar Paulinus öffentlich seine Zustimmung, widersagte dem Götzendienst und bekannte sich zum Christenglauben. ... König Edwin empfing also mit allen Adligen seines Stammes und sehr zahlreichem Volk den Glauben und das Bad der heiligen Wiedergeburt, und zwar in seinem elften Regierungsjahr; das ist das Jahr der Fleischwerdung des Herrn 627, seit der Ankunft der Angeln in Britannien ungefähr das 180. Jahr. Getauft wurde er in York am heiligen Ostertag, am Tag vor den Iden des April (12. 4.), in der Kirche des Apostels Petrus, die er dort eilig aus Holz hatte bauen lassen.«

Man möchte meinen, Beda sei am Königshof dabeigewesen. Aber er sagt, daß er sein Buch hundert Jahre danach, 731 schreibe und daß er, in der Nähe des Doppelklosters Wearmouth und Jarrow geboren, mit sieben Jahren ins Kloster gekommen sei und es nicht mehr verlassen habe. Woher er seine Kenntnisse nahm, verrät er nicht. Andere Schriften sprechen zwar über Vorgeschichte und Ergebnis der Beratung von 627; aber die Einzelheiten dürfte Beda aus mündlicher Überlieferung erfahren haben, aus jener verbreiteten *Fama,* die getreulich wiederzugeben er für die Hauptaufgabe des Historikers hielt. Mit Stilmitteln sorgte er dafür, daß auch der Leser den Abstand der Zeiten vergißt. Wir sehen den König stundenlang brüten und beim plötzlichen Besuch des Bischofs erschrecken; wir hören Coifi rasch daherreden; wir folgen dem schwerfälligen Sinnieren des Edelmanns; wir erleben den festlichen Tauftag des ganzen Volkes. Die Erzählung ist in Vergangenheitsform gehalten, weist aber mit dem Versprechen des Königs in eine Vorvergangenheit, mit der Verheißung des Bischofs in eine jenseitige Zukunft. Sie zeigt an den Temperamenten von König, Priester und Edelmann das unterschiedliche Verhalten einzelner Menschen zur Zeit und lehrt, wie sich diese Menschen dennoch zusammenfinden, um etwas Entscheidendes zu tun, jetzt, sofort, schnell, ohne Zögern. Bedas feierliche Datierung am Schluß unterstreicht die Bedeutung des Augenblicks von 627; er führte in der Tat das angelsächsische Inselreich, besonders Bedas Heimat Northumbrien, aus der Zersplitterung und Isolierung gentiler Kleinreiche in weltgeschichtliche Zusammenhänge.

   Trotzdem hat Beda dramatisiert; wir wissen von ihm selbst, daß sich die Taufe von York seit einem Menschenalter anbahnte. Katholische

Sendboten von Papst Gregor dem Großen aus Rom faßten seit 597 in England Fuß, zuerst am Hof des Königs von Kent, dessen merowingische Frau bereits Christin war. Nach Canterbury kam 601 der aus Rom nachgeschickte Paulinus; von hier zog er 625 nach Northumbrien, zusammen mit der Königstochter von Kent, die Edwin von Northumbrien heiraten sollte und ebenfalls Christin war. Edwin war in jungen Jahren aus der Heimat vertrieben worden und im Exil einem Unbekannten begegnet, der ihm Sieg prophezeit, das Versprechen zur christlichen Taufe abgenommen und die Hand aufgelegt haben soll, ein Zeichen, an das er sich erinnern möge. Seit 616 war Edwin seiner Feinde Herr geworden und im Umkreis der Kleinreiche mächtig; die Heirat mit der Königstochter von Kent sollte seine Stellung festigen. Konnte ihm nicht auch der Übertritt zum Christentum dabei nützen? Der Christengott war hilfreich und mächtiger als Wodan, von dem Edwin wie andere angelsächsische Könige seine Abstammung herleitete. Was ihn zehn Jahre zögern ließ, war weniger der Skrupel, den Glauben der Väter zu verraten, als die Besorgnis vor der Reaktion von Priesterschaft und Adel. Der König konnte nicht ohne die Mächtigen handeln und mußte sie fragen, wie die Zukunft aussehen solle, die sie mitgestalten wollten.

Die Rede des Priesters Coifi wirkt auf uns abschreckender als Beda sie meinte; er nennt sie klug, und der sympathische Edelmann stimmt ihr zu. So raffgierig und ehrgeizig war der alte Mann nicht, daß er wie mancher Kalvinist die Macht seines Glaubens an der Höhe seines Vermögens gemessen hätte. Das Leben ist kurz und bedrängt; die Menschen planen, was sie tun und gewinnen wollen, doch das Gelingen liegt nicht in ihrer Hand. Die germanischen Götter aber sind nicht mächtiger als die Menschen und können ihren Gläubigen nicht helfen. Coifi hat bei ihnen mehr als Gewinn und priesterliches Ansehen gesucht, nämlich Leben, Heil und ewiges Glück, Sicherheit über ein Menschenleben hinaus. Dasselbe hat Paulinus dem König nahegelegt: Der Christengott kann zwar zeitliche Sicherheit und Macht verleihen, aber wichtiger ist seine Kraft, vom ständigen Bösen zu erlösen und zum ewigen Heil zu führen.

Dasselbe meint die Bilderrede des Edelmanns. Auch er unterscheidet mehrere Zeitebenen, allerdings deutlicher als Coifi. Die erste ist die Lebenszeit, das gegenwärtige Menschenleben. Der Adlige achtet weniger als der Priester auf überkommene Lehren und gewagte Pläne und erfreut sich seiner Gegenwart; sie gewährt ihm reichere Gaben und höhere

Würden als dem Priester. Er empfindet sie als hell und warm, als heitere Geborgenheit. Beda schreibt *Serenitas* und meint damit zunächst schönes Wetter, Trockenheit bei Regen, Wärme im Winter, Helligkeit in der Nacht. Geselligkeit kommt hinzu, das Behagen einer ausgedehnten Mahlzeit, das Gespräch in der Runde, die Geborgenheit unter Vertrauten. Das ist viel, doch nicht alles; Leben wird durch Geburt und Tod eingegrenzt, durch diejenige Zeit, die für uns ungewiß ist. Der Redner trennt sie von der Lebenszeit und beschreibt sie auf bäuerliche Weise als Naturzeit, als Winter, Regen und Nacht. Im lateinischen Urtext betont Beda diese Gedankenverbindung durch das Wortspiel mit *Tempus*, Zeit und *Tempestas*, Wetter. Archaische Zeitmessung und Zeitrechnung ist ja an wiederkehrende Naturerscheinungen geknüpft, Frühlingsanfang, Mondphasen, Sonnenaufgang. Aber der Edelmann findet in der zyklischen Wiederkehr keine Hoffnung auf Dauer; die Naturzeit, die den Spatzen beherrscht, hat mit dem erfüllten Augenblick wenig gemein. Übrigens erinnert keiner der Sprecher an jene Zeitebene, die zwischen Lebenszeit und Naturzeit liegt und sie verbindet, an die Reihe der Generationen. Sie verbände die Männer am Hof mit dem Ursprung und ihrem alten Glauben, mit dem Ahnherrn Wodan. Dennoch sagt der Priester, in diesem Glauben sei keine Wahrheit, und der Adlige bekennt, daß man nicht wisse, was vorangegangen sei – als gäbe es keine germanischen Mythen vom Urmenschen, keine angelsächsischen Sagen von den Göttersöhnen Hengist und Horsa. Im Chaos der Kleinreiche und in der Chance northumbrischer Herrschaft verblaßten jedoch die Traditionen; um einer besseren Zukunft willen wandten sich die Großen gemeinsam gegen ihre Vergangenheit. Diese Hoffnung erfüllte ihre Gegenwart und machte den Augenblick in der Königshalle bedeutsam.

Das Zeitbild des Benediktiners von 731 ähnelt dem der Würdenträger von 627; Bedas Datierung beweist es. Auch er ging von der Lebenszeit des Menschen aus, hier von der des Handlungsträgers Edwin: »In seinem elften Regierungsjahr«. Nachher hielt Beda fest, daß der König am 12. Oktober 633 nach 17 Regierungsjahren mit 48 Lebensjahren fiel; er fand es auch erwähnenswert, daß er selbst sein Buch 731 als 59jähriger schrieb. Er datierte erfüllte Augenblicke genauer als der Edelmann an Edwins Hof. Dazu benutzte Beda die kosmische Naturzeit, den Monat April, den Ostertag. Er hatte sich intensiv mit Fragen der Zeitrechnung befaßt und wußte, daß seine Angaben auf den Zyklen von Sonne und

Mond beruhten; danach berechnete er das Osterfest so wie wir heute. Deshalb stimmt sein Datum; der 12. April 627 war nach unserem Kalender Ostersonntag. Dem alten Streit um die Osterberechnung hat Beda für immer ein Ende gemacht. Doch überschätzte er solche Festtage nicht, wie es für den Mönch im Rhythmus des liturgischen Jahres nahegelegen hätte. Auch Festtage sind wie Frühlingssonnenwende und Neumond wiederkehrende Haltepunkte im Menschenleben, aber sie gestalten es nicht. Das tut nur die historische Zeit. Sie markiert menschliche Taten, die über das Einzelleben hinauswirken. Die Ankunft der Angeln in Britannien, von Beda um das Jahr 450 angesetzt, ist ein solches, freilich lokales Datum, näher am Einzelleben als an der Weltzeit. Beda suchte einen allgemeineren Fixpunkt.

Er entnahm ihn nicht der Schöpfungsgeschichte, obwohl er den Ursprung unserer Welt präzis auf den 18. März 3952 vor Christus datiert hatte. Er machte damit die Welt jünger als der Kirchenvater Hieronymus, der 5198 vorchristliche Jahre zusammenzählte. Mit Hieronymus und Augustin hätte Beda annehmen können, daß es analog zu Gottes Schöpfungstagen sechs Zeitalter der Welt gebe. Wenn vor Gott tausend Jahre wie ein Tag sind, hatte dann die Welt nicht 6000 Lebensjahre zu erwarten? Beda lehnte solche Rechnungen entschieden ab. Seine Neuberechnung öffnete dem irdischen Dasein eine weite, allerdings stets vorläufige Zukunft, die nicht schon in der übernächsten Generation mit dem Weltende abschloß. Sowenig wie die Weltschöpfung war das Jüngste Gericht für Beda Bezugspunkt menschlicher Geschichte. Angelpunkt seiner Zeitrechnung war vielmehr die Fleischwerdung des Herrn, die menschliche Mitte. Niemand anders als Beda hat zuerst in diesem Buch die heute gebräuchliche Jahreszählung nach Christi Geburt als Maßstab historischer Zeit eingeführt und durchgesetzt.

Er übersetzte damit das Spatzengleichnis des heidnischen Edelmanns ins Christliche. Zeit ist nicht linearer Fluß der Ereignisse oder Informationen, nicht nur kosmischer Zyklus der Gestirne oder Ablauf des Menschenlebens, sondern vor allem Chance gemeinsamen Handelns in der Gegenwart. Deshalb konnte Beda die Zeithorizonte von 627 und 731 miteinander verschmelzen. Am Schluß seines Buches schrieb er, England erlebe heute unter Führung der Mönche friedliche und geborgene Zeiten; dabei fiel noch einmal wie in der Rede des Adligen das Wort *Serenitas.* Die Geborgenheit in der Gegenwart führte auch den Benediktiner nicht zur Bequemlichkeit; emsig schrieb er sein Leben lang an vielen Büchern. Sie sollten seinen Zeitgenossen erklären, daß in den »Ereignissen unserer heutigen Zeiten« ein Aufruf zu christlicher Aktivität liege. Seine Mitmönche verstanden ihn; Bedas Enkelschüler verließen die beschauliche Klausur und wanderten hinüber ins Frankenreich, um den karolingischen Kontinent zu geistlicher und kultureller Eintracht zu versammeln.

RUINEN

Francesco Petrarca erinnerte seinen Freund Giovanni Colonna in einem lateinischen Brief 1341 an gemeinsame Erlebnisse in Rom:

»Zusammen streiften wir durch die riesengroße Stadt, die wegen ihrer Weite leer zu sein scheint und doch eine unermeßliche Bevölkerung enthält. Wir durchstreiften nicht nur die Stadt, auch ihre Umgebung, und jeder Schritt brachte Anregungen für Gespräch und Besinnung: Hier war der Hof des Euander, hier der Bau der Carmentis, hier die Höhle des Cacus; hier die nährende Wölfin und der ruminalische Feigenbaum, der richtiger romularisch heißen würde. Hier war der Tod des Remus, hier das Kampfspiel und der Raub der Sabinerinnen, hier der Ziegenpfuhl und das Entschwinden des Romulus. Hier die Unterredung Numas mit Egeria, hier das Gefecht der Drillingsbrüder. ... Hierher wurde das Perserheer zusammengetrieben, von hier Hannibal zurückgetrieben, von hier Jugurtha weggetrieben, wie einige meinen; andere lassen ihn im Kerker sterben. Hier triumphierte Caesar, hier ging er zugrunde. Im hiesigen Tempel sah Augustus die Könige zusammenströmen und den Erdkreis Abgaben zahlen. Hier war der Pompeiusbogen, hier die Halle, hier das Kimbernmal des Marius. Hier ist die Traianssäule, wo der einzige unter allen Kaisern, wie Eusebius schreibt, in der Stadt begraben ist; hier ist seine Brücke, die dann Sankt Peters Namen bekam, und der Hadriansbau, unter dem Hadrian liegt und den man Engelsburg nennt. ... Hier begegnete Christus seinem fliehenden Stellvertreter; hier wurde Petrus ans Kreuz geschlagen, hier Paulus enthauptet, hier Laurentius geröstet; hier machte der Begrabene dem Ankömmling Stephanus Platz. Hier verachtete Johannes das siedende Öl; hier verbot Agnes, nach dem Tode lebendig, den Ihren zu weinen; hier verbarg sich Silvester, hier genas Konstantin vom Aussatz; hier plagte Kalixt die ruhmvolle Leichengöttin.

Aber wozu fahre ich fort? Kann ich Dir auf diesem kleinen Blatt Rom abschildern? Jedenfalls, auch wenn ich es könnte, gehört es sich nicht. Du kennst ja alles, nicht etwa als Bürger Roms, sondern weil Du gerade nach solchen Dingen von Jugend auf besonders neugierig warst. Wer weiß denn heute weniger von römischen Dingen als die Bürger Roms? Ich sage es ungern: Nirgends kennt man Rom schlechter als in Rom. An dieser Tatsache stimmt mich nicht die Unwissenheit allein traurig – obwohl es nichts Schlimmeres als Unwissenheit gibt –, sondern die Verdrängung vieler Vorzüge. Denn wer kann daran zweifeln, daß sich Rom auf der Stelle wieder erheben würde, wenn es anfinge, sich selbst zu erkennen? Aber das ist eine Klage für andere Gelegenheit.

Wenn wir vom Durchwandern des ungeheuren Stadtgebietes müde waren, pflegten wir öfter bei den Bädern Diokletians Halt zu machen; manchmal stiegen wir sogar auf das Dachgewölbe dieses einstmals prachtvollen Hauses, denn nirgends fand man besser als dort gesunde Luft, freie Aussicht, Schweigen und erwünschte Einsamkeit. Dort sprachen wir nie von Geschäften, nicht von häuslichen Sorgen, nicht von Politik, die wir schon genug beweint hatten. Wenn wir zwischen den Mauern der gebrochenen Stadt umhergingen, wenn wir uns dort oben niederließen, immer hatten wir die Trümmer und Ruinen unmittelbar vor Augen. Da sprachen wir viel von Geschichte, und es sah so aus, als hätten wir sie uns aufgeteilt, denn in der neuen warst Du, in der alten war wohl ich beschlagener. Alte Geschichte soll dabei alles heißen, was vor der Feier von Christi Namen und vor seiner Verehrung durch die römischen Kaiser lag; neue Geschichte von da an bis zu unserer Zeit.

Viel sprachen wir auch von demjenigen Teil der Philosophie, der Sittlichkeit lehrt und davon den Namen Moralphilosophie trägt; bisweilen war die Rede von den Künsten, ihren Urhebern und Grundsätzen. Eines Tages, als wir zufällig auf dieses Thema kamen, verlangtest Du, ich solle meine Vermutungen über den Ursprung der Freien Künste und des Handwerks ausführlich darlegen; Du hattest darüber nur ab und zu von mir gehört. Nicht ungern erfüllte ich Deinen Wunsch, denn die Stunde des Tages, die Freiheit von unnützen Sorgen und der Platz selber luden zum Vortrag einer ziemlich langen Rede ein, und Deine Aufmerksamkeit zeigte, daß Dir die Sache sehr gefiel. Dennoch beteuerte ich, daß ich nichts Neues, fast nichts Eigenes sagte, jedoch auch nichts Fremdes; denn alles, woher wir es auch wissen, gehört uns, wenn es uns das Vergessen nicht stiehlt.

Jetzt möchtest Du, daß ich das damals Gesagte wiederhole und aufschreibe. Offen gestanden, vieles habe ich gesagt, was ich so nicht mehr sagen kann, wenn ich es unverändert sagen will. Gib mir den Ort von damals wieder, die Muße, den Tag, Deine Aufmerksamkeit, meinen Einfallsreichtum – und ich werde können, was ich jemals konnte. Aber verändert ist alles; fort ist der Ort, dahin ist der Tag, weg ist die Muße. Nicht Dein Gesicht sehe ich mehr, nur stumme Lettern; meinen Geist behindert das Getöse zurückgelassener Dinge, das mir noch in den Ohren dröhnt. Und doch floh ich von dort vor allem deshalb, daß ich Dir ungestört antworten könnte. Trotzdem gehorche ich Dir, so gut ich kann. Ich könnte Dich an antike und moderne Autoren verweisen, bei denen Du fändest, was Du suchst; aber Du hast schon vorgesorgt, daß ich mich nicht so aus der Schlinge ziehe; denn Du bittest mich, alles mit meinen Worten zu sagen, weil Dir, wie Du behauptest, aus meinem Mund alles gefälliger und verständlicher klingt. Ob es nun so ist oder ob Du das nur zu meiner Aufmunterung sagst, ich danke Dir. Nun vernimm also, was ich damals sagte, vielleicht mit anderen Worten, jedenfalls im gleichen Sinn. Doch was tun? Es ist keine kleine Aufgabe, dieser Brief ist schon überlang, ich habe kaum angefangen und schon geht der Tag zur Neige. Wollen wir nicht meine Finger und Deine Augen noch ein bißchen schonen? Verschieben wir den Rest auf demnächst, teilen wir die Arbeit und den Brief, um nicht ganz verschiedene Dinge auf demselben Blatt unterzubringen.«

Man sollte denken, daß sich die beiden Freunde seit Jahren nicht gesehen hätten und weit voneinander getrennt lebten. Wann und wo Petrarca schrieb und welchen seiner Rombesuche er meinte, sagt sein Brief nicht; die Schlußzeile heißt: »30. November, unterwegs«. Ist es denn für den Leser der Briefsammlung, die Petrarca selber anlegte, nicht wichtig zu wissen, wann er unterwegs bedrängt und wann er in Rom von der politischen Misere bedrückt war? Waren die Spaziergänge mit dem Freund, war die Abfassung des Briefes an ihn denn nicht erfüllte Gegenwart? Die Fragen verschärfen sich, wenn wir der plausiblen These folgen, daß Petrarca den Brief am 30. November 1341 aus der Gegend von Parma schrieb und sich auf den Rombesuch vom April desselben Jahres bezog. Ein halbes Jahr liegt der Tag zurück, ein paar Tagereisen ist der Ort entfernt – und doch trennen diese wenigen Monate die Zeiten für Petrarca tiefer als jene hundert Jahre für Beda.

Von seiner Lebenszeit sagt der 37jährige Schreiber wenig. Er fühlt sich vom Alltagstrubel gestört und hat sich zurückgezogen, vermutlich von Parma aufs Land nach Selvapiana, um diesen Brief zu schreiben; darüber ist es Abend geworden und die erbetene Abhandlung ist nicht zustande gekommen. Indem er scheinbar doch noch dazu ansetzt, verschiebt er sie auf einen anderen Tag; Petrarca wird sie nie schreiben. Er ist auf der Flucht vor seiner Gegenwart und wird den Augenblick nicht zum Verweilen einladen; sein Lebenslauf erklärt die Gründe. Als Exilant geboren, besaß Petrarca nirgends eine Heimat und war zeitlebens unterwegs; obwohl ihn wie 1341 in Rom und Parma immer wieder Freunde seines Genies einluden und verwöhnten, lebte er in keiner sozialen Gruppe wie Beda. Der Einzelgänger suchte Freundschaften, hielt aber keine Treue, nicht einmal den Colonna, die ihm seit 1326 in Avignon und Rom zwanzig Jahre lang alle Wege ebneten.

Auch die Höhepunkte seiner Freundschaft sind flüchtig und liegen in der Vergangenheit. Der dominikanische Freund Giovanni Colonna, den Petrarca Anfang der 1330er Jahre in Avignon kennengelernt hatte, war seit 1338 in italienische Klöster, nach Rom und Tivoli zurückgekehrt; Petrarca traf ihn wohl wieder, als er am 8. April 1341 in Rom zum Dichter gekrönt und von seinen Colonna-Gönnern festlich empfangen wurde. In den wenigen Wochen bis zu Petrarcas Abreise nach Parma fanden vermutlich die Spaziergänge statt. Der Brief gibt dafür keine zeitlichen Anhaltspunkte. Ob sich die Gespräche auf dem Dach der Diokletiansthermen wirklich öfter wiederholten? Welche Tagesstunde war es, die zu längerem Verweilen einlud? Im Gespräch wurde die Zeit so unwirklich wie die zeitgenössische Politik Roms, das 1341 von Päpsten und Kaisern verlassen, vom neapolitanischen König bedroht, von streitenden Adelsparteien gequält war. Petrarcas älterer Freund gehörte zu einer der mächtigsten Adelsfamilien Roms, befaßte sich aber im Kloster mit anderen Fragen. Er schrieb 1340 eine ungefüge Weltchronik mit dem Schwerpunkt in der Geschichte des Gottesvolkes, der Juden im Alten, der Christen im Neuen Bund. Historisches Interesse vereinte die Freunde und machte Petrarca die Erinnerung kostbar, aber er konnte sie nicht wie ein

Historiker schriftlich festhalten. Nur Stimmungen, räumliche und opti-
sche Eindrücke waren ihm im Gedächtnis geblieben; sie reichten nicht
hin, um das Gespräch der Freunde als Ereignis zu beschreiben und damit
für Dritte fruchtbar zu machen. Wie ihm sein vergangenes Leben vor den
Augen verschwamm, so auch sein künftiges. Obwohl er über seine Zeit
verfügen konnte, wußte er nicht, ob ihm der morgige Tag die Stimmung
bescheren würde, das heute Vorgenommene zu vollenden. Der Intellektuelle lebte auf der Suche nach der verlorenen Zeit; die Klage über ihre
Flüchtigkeit durchzieht seine Briefe.

Der Blick über die Ruinen des antiken Rom bewog ihn freilich nicht zu
ähnlicher Klage über die Vergänglichkeit irdischer Größe. Er genoß noch
nicht wie so viele Schöngeister und Antiquare nach ihm die Ruinen-
romantik; die Überreste zeugten ihm für menschliche Leistungen, die für
die Gegenwart sogleich Vorbild werden könnten, wenn sie sich nur daran
erinnern möchte. Die Stadt Rom hatte Platz für zwei Millionen Menschen;
aber auch die rund 30 000 Einwohner waren für Petrarcas Zeit höchst
eindrucksvoll. Nach Giovannis Tod kündigte Petrarca 1347 den Colonna
die Freundschaft, um ihrem Widersacher Cola di Rienzo beizutreten, der
die Macht des römischen Altertums wiederbeleben wollte. Petrarca hoffte
auf ein solches Zeitalter politischer Wiedergeburt und forderte es nachher
auch von dem zaudernden Kaiser Karl IV. Die historische Zeit bot also
jene Verbindung zwischen Vergangenheit und Zukunft, die Petrarca in
seiner Lebenszeit vermißte; die Kluft, die die Geschichte überbrücken
mußte, war ja gerade Petrarcas bejammernswerte Lebenszeit, war schon
wie bei späteren Humanisten das finstere Mittelalter überhaupt. Das
Zeitalter, da Barbaren über Rom herrschten, galt ihm als schmutzig und
schurkisch, eher der Satire als der Historie würdig. Viel schroffer als die
Lebenszeit ist für Petrarca die historische Zeit zweigeteilt; Erfüllung
findet sie in einer nur als Ruine faßbaren Vergangenheit, vielleicht auch
in einer Zukunft, jedenfalls nicht hier und jetzt. Ich kann Petrarcas
Geschichtsbild nicht, wie neulich vorgeschlagen wurde, zyklisch nennen,
denn es benötigt die Gestirne nicht und läßt offen, ob sich das Rad der
Fortuna wirklich bis zum klassischen Höhepunkt von einst zurückdrehen
wird; Petrarcas Geschichte besteht nicht aus Kreisen, sondern aus Brü-
chen.

Der Brief zählt die historischen Denkmäler Roms chronologisch geordnet auf; aber die Reihe, von der hier Anfang, Mitte und Ende herausgegrif-

fen sind, bricht schlagartig mit dem Zeitalter Konstantins des Großen ab, genau an der durch Petrarca definierten Wende von der alten zur neuen Geschichte. Hat Rom danach, zum Beispiel im Umkreis der Colonna, keine Bauten und keine Geschichte mehr vorzuweisen? Auch was Petrarca vom frühchristlichen Rom erwähnt, dürfte er von seinem dominikanischen Freund erfahren haben, denn es stammt samt und sonders aus der *Legenda aurea,* einer Sammlung von Heiligenlegenden, die Giovannis Ordensbruder, der Genueser Dominikaner Jacobus a Voragine im späten 13. Jahrhundert angelegt hatte. Da steht die Frage des fliehenden Petrus an den wiedererscheinenden Christus »*Quo vadis?*«; die Episode von den Laurentius-Reliquien, die 425 bei der Überführung der Stephanus-Reliquien bereitwillig zur Seite rückten; die Notiz, daß der Apostel Johannes bei der Porta Latina in siedendes Öl geworfen wurde und unverletzt blieb; die Nachricht, daß Agnes acht Tage nach dem Martyrium den trauernden Freunden strahlend erschien; der Bericht von der Verfolgung des Papstes Silvester, die dem Kaiser Konstantin den Aussatz brachte, bis er bereute; das Martyrium des Papstes Kalixt, bei dem zahlreiche seiner Verfolger wunderbar ums Leben kamen. Legenden, die Petrarca nicht anzweifelt, bezeugen die Präsenz des Jenseits in Rom; aber kein einziges sichtbares Bauwerk bekundet sie. Daß Traiansbrücke und Hadriansgrab heute christliche Namen tragen, vermerkt Petrarca mit leichtem Mißfallen.

Im Mittelpunkt von Roms Geschichte stehen die großen Männer der ausgehenden Republik und frühen Kaiserzeit, von Marius bis Hadrian, die von Rom aus die Welt beherrschten. Die Liste ist so sehr an der Macht orientiert, daß Petrarca die Schriftsteller Roms vergißt, den geliebten Cicero ebenso wie Livius, von dessen Geschichtswerk alles entlehnt ist, was aus römischer Frühzeit zitiert wird: die Geschichten von König Euander und seiner seherischen Mutter Carmentis, von Romulus und Remus, von den frühen Königen und ihrem Umgang mit Göttern. Auch diese Hinweise beschwören überirdische Macht, und Petrarca zweifelt auch an der Wahrheit dieser Sagen nicht. Er bringt bloß einige philologische Fußnoten an, über den Namen des Feigenbaums und den Tod Jugurthas, dazu ein Zitat aus der Chronik des Eusebius von Caesarea. Denn die Aneignung von Geschichte über Kontinuitätsbruch und Vergessen hinweg bedurfte gelehrter Anstrengungen; nur sie erweckten das erloschene Leben in den Ruinen. Beda hatte solche Brücken nicht gebraucht, weil er die Zeiten miteinander verschmolz und nur durch Datie-

1 GEBET FÜR DIE ZUKUNFT DES KÖNIGS

2 UHRMACHER MIT SEXTANT UND STANDUHR

rung gliederte. Petrarca trennte die Zeiten und spannte sie nicht in ein Kontinuum; seine Wiederbelebung des klassischen Altertums brauchte keine Jahreszahlen, nur den einen Schnitt bei Konstantin, einen zweiten vielleicht demnächst, wenn die Zukunft zur antiken Form zurückfinden würde. Bis dahin führte der Literat seine Zwiegespräche mit dem gelehrten Freund, als lebte er unter antiken Autoren.

ZEIT

Die antiken, christlichen und germanischen Überlieferungen, die man gern als Komponenten des Mittelalters bezeichnet, flossen nicht in einen mächtigen Traditionsstrom zusammen; Beda und Petrarca begriffen ihre Diskrepanzen als Diskontinuität der Geschichte. Die Geschichtsbilder beider Schriftsteller, durch sechshundert Jahre voneinander getrennt, sind so verschieden, daß man sie fast zwei gesonderten Zeitaltern zuweisen möchte, aber Beda gab den germanischen Traditionen sowenig den Abschied wie Petrarca den christlichen. Der Mönch, der in seiner klösterlichen Gemeinschaft verwurzelt war, verstand seine Gegenwart auf adlige Weise als Geborgenheit und maß sie auf bäuerliche Weise an den Naturgewalten; der Literat, der ein unsteter Einzelgänger war, begriff seine Gegenwart auf christliche Weise als undeutlichen Übergang und maß sie auf gebildete Weise an antiken Texten. Beide wollten mit ihrer Schrift auf Mitmönche und Freunde einwirken und taten es, indem sie ihr Verhalten nicht am täglichen Schlendrian, sondern an einer ausgewählten Vergangenheit orientierten; das ist mittelalterlich.

Verschieden waren für beide die Möglichkeiten der Zeitmessung. Bedas Jahrhundert benutzte dafür die Sonnenuhr, die je nach Jahreszeit ungleiche Zeitabschnitte anzeigte, und auch das nur bei Tage und wenn die Sonne wirklich schien. Ähnlich ungenau verliefen das liturgische Jahr, das durch den wechselnden Ostertermin in veränderliche Teile zerfiel, und der Arbeitstag, der sich nach den Horen des liturgischen Stundengebets, nach Prim, Sext, Vesper richtete und nicht exakter zu messen war. Doch wozu erfüllte Gegenwart noch messen? Petrarcas Jahrhundert brauchte keine verwickelten Zeitberechnungen mehr; mechanische Räderuhren an den Kirchtürmen gliederten zuerst in Italien Tag und Nacht in gleichlange Stunden und machten sie mit dem Zeiger sichtbar, mit dem Glockenschlag hörbar. Zeit war meßbar geworden, für Petrarca vielleicht gerade deshalb öde und verloren. Aber schon Beda hatte Zeit nicht zuerst chronometrisch aufgefaßt; die kosmische, fließende Naturzeit bestimmte im Mittelalter das Geschichtsdenken nicht, weder im kleinen noch im großen.

Beda und Petrarca gingen von der Lebenszeit des Einzelmenschen aus, der unumkehrbaren und unwiederholbaren Strecke zwischen Geburt und Tod. Beide empfanden die Flüchtigkeit dieses Daseins und suchten es auf eine zweite Zeitebene zu heben, in die historische Zeit geschichtlicher Gemeinschaften, der angelsächsischen Reiche, der römischen Weltmacht von Kaiser und Papst. Diese geformte Zeit ist nicht durch Weltschöpfung und Weltende bestimmt, sie wird nicht zu gesetzmäßigen Abläufen und geometrischen Figuren abstrahiert; Beda lehrt kein lineares, Petrarca kein zyklisches Zeitschema. Zeit ist ihnen zuerst menschlicher, vor allem sozialer Handlungsspielraum, Horizont geschichtlicher Gemeinschaften. Auch wenn die historische Zeit länger dauert als die kurze Lebenszeit, unbeschränkt ist sie nicht. Ihr Bezugspunkt liegt in der Vergangenheit, und zwar nicht im mythischen Ursprung, sondern in der geschichtlichen Fülle und Mitte, der Lebenszeit Christi und des Augustus, in der Epoche der Urkirche und des Weltreichs. Von diesem Höhepunkt ist die geschichtliche Gegenwart durch Brüche getrennt, die es nun zu überbrücken gilt; deshalb wenden sich Beda und Petrarca gegen die nächstliegende Vergangenheit, das germanische Heidentum in der Völkerwanderung, den barbarischen Provinzialismus seit der Völkerwanderung. Aus dieser Frontstellung gegen die unmittelbare, in die Lebenszeit der Autoren hineinragende Vergangenheit gewinnen beide die Freiheit zur Zukunft, die Befreiung aus der Befangenheit der Zeitgenossen.

Dennoch entwerfen Beda und Petrarca keine Zukunft, denn Zeit erscheint ihnen nicht als verfügbar, von Menschen machbar, wie es für antike und moderne Zeitbilder typisch ist. Beda und Petrarca setzen keine neuen menschlichen Zeitmaße für die Geschichte, nicht einmal die uns geläufige Aufteilung in Jahrhunderte. Wenn sie von *Saeculum* reden, meinen sie nicht einen meßbaren Zeitabschnitt von hundert Jahren, sondern das irdische Dasein in seiner zeitlichen Erstreckung überhaupt. Dieses Dasein ist eingezwängt zwischen eine Vergangenheit, die erstarrt oder vergessen ist, und eine Zukunft, die bedrohlich oder abwegig sein kann; um so dringlicher ist die Aufforderung an die Mitmenschen, sich jetzt aus dem formlosen Alltag zu erheben. Das Mittelalter findet sich nicht mit der Diskontinuität wiederkehrender Gegensätze ab, die bei Naturvölkern das Zeitbild beherrscht. Beda und Petrarca bieten neue Kontinuitäten an, die aber erst noch verwirklicht werden müssen, und heben Traditionen hervor, die erst noch angeeignet werden müssen. Geschichte ist für sie weder so einmalig und abgegrenzt wie ein Menschenleben noch so wiederkehrend und zusammenhängend wie Naturprozesse. Zeit muß von den Menschen durch geformtes Zusammenleben erfüllt werden.

VORFAHREN

Die Vorrede zum lateinischen Gesetzbuch des Langobardenkönigs Rothari beschwor 643 die Familiengeschichte des Königs:

»Ich in Gottes Namen Hrotarit, hocherhaben und 17. König des Langobardenvolkes. Im achten Jahr meiner Herrschaft mit Gottes Gnade und im 38. Lebensjahr, in der zweiten Indiktion; seit der Ankunft der Langobarden im Land Italien, seitdem sie vom damaligen König Alboin, meinem Vorgänger, durch Gottes Kraft hergeführt wurden, im 76. Jahr. Ich wünsche euch Glück. Gegeben zu Pavia im Palast. Wie ernst unsere Sorge für das Wohl unserer Untertanen war und ist, das macht der Wortlaut im folgenden deutlich. Vor allem sind wir besorgt wegen der unablässigen Bedrängnis der Armen und wegen der überflüssigen Besteuerung durch die Mächtigen; wir wissen, daß sie Gewalt leiden. Deswegen und in Anbetracht der Gnade des allmächtigen Gottes haben wir es für notwendig befunden, das bestehende Gesetz zu berichtigen; es soll ›alle früheren Gesetze erneuern und verbessern, Fehlendes hinzufügen und Überflüssiges weglassen‹ (Justinian, Novelle 7). Wir haben vorgesehen, daß es in einem Band zusammengefaßt werde, auf daß jedermann nach Recht und Gesetz in Frieden leben, im Vertrauen darauf sich gegen Widersacher wehren und sich und sein Land schützen könne.

Obwohl es um diese Dinge geht, haben wir es dennoch für nützlich erachtet und befohlen, zur Erinnerung für künftige Zeiten auf diesem Pergament die Namen unserer königlichen Vorgänger zu verzeichnen, von der Zeit an, in der bei unserem Langobardenvolk der Königstitel eingeführt wurde, und soweit wir sie von alten Männern erfahren konnten. Der erste König war Agilmund, Guginger von Geschlecht. Der zweite war Laamisio. Der dritte war Leth. Der vierte war Kildeoch, Sohn des Leth. Der fünfte war Godeoch, Sohn des Kildeoch. Der sechste war Claffo, Sohn des Godeoch. Der siebente war Tato, Sohn des Claffo. Söhne des Claffo waren Tato und Winigis. Der achte war Wacho, Sohn des Winigis, Neffe des Tato. Der neunte war Walthari. Der zehnte war Audoin, Gaus von Geschlecht. Der elfte war Alboin, Sohn des Audoin, der das Heer, wie oben gesagt, nach Italien führte. Der zwölfte war Klef, vom Geschlecht Beleos. Der 13. war Authari, Sohn des Klef. Der 14. war Agilulf, Thüringer vom Geschlecht Anawas. Der 15. war Adalwald, Sohn des Agilulf. Der 16. war Hariwald, vom Geschlecht des Caup.

Der 17. bin ich, in Gottes Namen, wie oben, König Hrotarit, Sohn des Nandoin, Harude von Geschlecht. Nandoin war Sohn des Nozo, Nozo Sohn des Adalmund, Adalmund Sohn des Alaman, Alaman Sohn des Hilzo, Hilzo Sohn des Wehilo, Wehilo Sohn des Weho, Weho Sohn des Froncho, Froncho Sohn des Facho, Facho Sohn des Mammo, Mammo Sohn der Ustbora.«

Die selbstbewußte Einleitung erweckt den Eindruck, als verkünde ein Monarch seinen allergnädigsten Willen, der nur dem viermal zitierten allmächtigen Gott, aber keinem menschlichen Verband verpflichtet wäre. Der germanische König schmückt sich mit Requisiten des römischen Kaisertums, die ihm zusätzliche Würde verleihen: der Titel *Vir excellentissimus,* die Verwendung des Indiktionszyklus, den Kaiser Justinian für sein Reich vorgeschrieben hatte, ein Zitat aus Justinians Gesetzgebung, die lateinische Sprache, die schriftliche Fixierung einer Ordnung, die bisher nur mündlich, durch alte Männer weitergegeben worden war. Weit zäher, als Petrarca es hätte zugeben wollen, klammerte sich dieser Barbarenherrscher an römische Traditionen des Verhaltens und beschwor mit der Erneuerungsformel sogar eine Renaissance-Idee. Aber Rothari begnügte sich nicht mit der Anrufung des christlichen Gottes und des antiken Staates.

Die zweite Hälfte der Vorrede beginnt mit dem Eingeständnis, daß das Folgende nicht zu den üblichen Prolegomena eines Gesetzbuches paßt. Rothari erklärt nicht, warum er hier zwei genealogische Linien niederschreiben läßt; wirklich nur zur Erinnerung für künftige Zeiten? Die

Sorge vor dem Vergessen lag nahe, weil beim Übergang von mündlicher Überlieferung zur Kodifikation alles, was nicht mit aufgeschrieben wurde, leicht als überflüssig erschien. Doch warum lagen dem König diese dürren Namenslisten so sehr am Herzen und warum ließ er sie gerade in ein Rechtsbuch eintragen? Eine Antwort ergibt sich erst bei genauerem Zusehen.

Beide Listen enthalten keine Jahreszahl; nur der knappe Hinweis bei Alboin erlaubt die Datierung. Wir wissen aus anderen Quellen, daß die Langobarden unter Alboin im Jahr 568 nach Christus Italien betraten, und können so Rotharis relative Chronologie umrechnen; er lebt im 76. Jahr danach. Einen universalen Fixpunkt benutzt er nicht, weder die erst durch Beda verbreitete Datierung nach Christi Geburt noch die bis dahin übliche nach Jahren der Stadt Rom. Zeitlicher Bezugspunkt beider Listen ist die Gegenwart Rotharis, zu der die erste von fernen Ursprüngen hinführt und von der die zweite zu fernen Ursprüngen zurücklenkt. An welcher Stelle der Zeitskala diese Ursprünge einzuordnen wären, hat in Pavia niemand gefragt; erst wir Heutigen rechnen nach, daß die Königsliste vielleicht bis in das frühe 5. Jahrhundert, die Familienliste bis etwa 350 zurückreicht. Für Rothari bezeichnen die Namen keine Vergangenheit, überhaupt keine Geschichte. Er sagt unumwunden, daß die Königsliste seiner Gewährsmänner möglicherweise unvollständig sei, und weist nur bei Alboin kurz auf die Geschichte dieser Könige und ihres Volkes hin.

Wir können die Königsliste in Geschichte verwandeln, weil anderthalb Jahrhunderte nach Rothari Paulus Diaconus die langobardischen Traditionen im Augenblick des Untergangs, beim Übergang ins Karolingerreich schriftlich festhielt. Von ihm erfährt man, daß das Geschlecht der Guginger als vornehmstes langobardisches überhaupt galt. Darum also verweist Rothari auf die Familie des ersten Königs Agilmund; sie verleiht dem König mehr Ansehen, als es seine persönlichen Taten könnten. Von Laamisio berichtet Paulus, er sei einer von sieben Söhnen einer Hure gewesen und von ihr in den Brunnen geworfen worden; der zufällig vorbeireitende König Agilmund habe ihn mit dem Speer aus dem Wasser gezogen. Laamisios Herkunft ist also dunkel, vielleicht nicht so unedel, wie der Mönch Paulus meint; die germanische Fruchtbarkeitsgöttin Nerthus hatte ebenfalls sieben Söhne, ihr Kult stand auch mit dem Wasser in Verbindung. Der Findling könnte also ein mythischer Göttersproß sein, nur will der Christ Rothari darüber nichts Genaueres sagen.

Der dritte Name eröffnet eine Blutbahn durch sieben Generationen, denn nach Paulus Diaconus ist noch Walthari Sohn seines Vorgängers Wacho. Eine neue Linie beginnt mit Audoin, und wieder wird die Familie genannt, Gaus. Dieser Name der ersten Herzöge von Friaul ist mit dem schwedischen Stammesnamen Gauten verwandt und zugleich Beiname Odins; wir haben also in Audoin wieder einen Abkömmling der Götter vor uns. Auch beim nächsten Dynastiewechsel, zu den Herzögen von Pavia, nennt Rothari die Familie, ebenso bei Agilulf. Daß er als *Turingus* bezeichnet wird, könnte ein Mißverständnis sein, denn er war vor der Thronbesteigung Herzog von Turin und wird nirgends sonst als Thüringer geführt. Jedenfalls legt die Liste weniger Wert auf Wohnsitz oder Amt als auf den Sippenzusammenhang der Könige.

Was diese Liste erreichen will, verrät sie durch das, was sie verschweigt. Erstens spricht sie nicht vom Tod der Könige. Tato wurde von seinem Neffen Wacho erschlagen und beerbt. Mit Walthari starb die alte Königssippe noch nicht aus; Tatos Enkel Hildigis widersetzte sich der Usurpation Audoins und wurde beseitigt. Ermordet wurden Alboin und Klef; von Authari und Adalwald vermutet Paulus Diaconus dasselbe; Adalwald wurde durch einen Aufstand der Großen verjagt. Die Liste verschleiert also die Diskontinuität des langobardischen Königtums, die Fehden in der Königssippe und die Machtgelüste anderer Adelssippen. Zweitens verschweigt Rothari die Versuche einzelner Könige, auf dem Weg über die Frauen Kontinuität zu stiften. Mindestens Agilulf und Rothari selbst heirateten die Witwen ihrer Vorgänger; zahlreiche Könige suchten sich Frauen in den vornehmsten Familien anderer Germanenstämme. Die kognatische Blutbahn über die Mütter ist sonst dem frühmittelalterlichen Adel wichtig, aber für Rothari geht es um Königsherrschaft, und sie ist Männersache. Diese agnatische Herrschaftsordnung wird auf genealogische Art mit den Göttern der Stammesreligion verbunden, wie bei den angelsächsischen Königen auch. Herrschaft und Religion garantieren das Kontinuum der Zeugungen und das Ansehen der Könige; der Erbgang sichert die Rechtsordnung. Deshalb eröffnet die Genealogie der Könige das Gesetzbuch eines Germanenvolkes; das ist dort am nötigsten, wo die Königssippen rasch wechseln und Königsmord die Fundamente des Zusammenlebens erschüttert.

Wenn die Deszendenz der Könige hinreichende Beglaubigung verschafft hätte, würde Rothari nicht seine eigene Aszendenz hinzugefügt haben. Die zweite Liste enthält außer Rothari selbst keinen Namen aus der Königsreihe zuvor und bekundet noch einmal deren Diskontinuität. Dafür häuft hier Rothari alle vorhin einzeln genannten Sippenbeziehungen, er nennt seinen Vater und dessen Familie, die Haruden. Sie ist hochvornehm, selbst wenn sie nicht unmittelbar mit den Haruden aus Nordjütland zusammenhängen sollte, die Caesar siebenhundert Jahre vorher erwähnt hat. Dann freilich folgen in der zu den Vätern fortschreitenden Reihe fast nur noch Namen, die uns historisch nichts besagen. Wahrscheinlich ist die Namensliste ähnlich konstruiert wie südostafrikanische Häuptlings-Genealogien des frühen 20. Jahrhunderts. Dort ließen sich durch andere Quellen Namen von 350 Jahren Alter verifizieren; allerdings waren die Listen unvollständig, denn sie boten für diesen Zeitraum nur acht bis zehn Generationen; Verkürzungen sind also denkbar. Unklar ist auch, oh es sich überhaupt um Personen handelt, nicht eher um Stammesnamen wie den alemannischen oder um mythische Verkörperungen. Denn an der Spitze der zwölf Generationen steht die einzige Frau, und Ustbora ist wahrscheinlich eine Frühlingsgöttin.

Rotharis Vorfahrenliste vertieft den Eindruck, den die Königsreihe erweckt und der sich um ein Vielfaches verstärken würde, wenn wir alle Sagen präsent hätten, die den Zeitgenossen zu jedem Namen der Liste einfielen. Das Ansehen des Königs beruht auf der Herkunft von seinem Vater, seiner Familie, letztlich einem Gott. Die Kette der Zeugungen lebt im Blut des Herrschers weiter und sichert über Mord und Umsturz, über die Geschichte hinweg die Lebensformen der Rechtsordnung; sie wurzeln im sakralen Mythos. Beim Rückblick auf den Anfang der Vorrede zeigt sich der Widerspruch zwischen antiker und germanischer Auffassung. Die politisch-chronologische Datierung nach Ereignissen paßt nicht zum biologischen Rhythmus. Die Anrufung des Christengottes paßt auch nicht zu Odin, Nerthus und Ustbora, die ihre Potenz in den Genealogien verbergen. Und doch war Rotharis Rückgriff mehr als Inkonsequenz oder Verstocktheit; er schützte seine Herrschaft und das Zusammenleben seines Volkes gegen Wechselfälle der Geschichte und Übergriffe der Mächtigen. Gewalt kann den Menschen Land und Leben nehmen, aber Blut überlebt alle Gewalt.

NACHKOMMEN

Der Franziskaner Johannes von Winterthur erzählte in seiner lateinischen Chronik von einem soeben bekanntgewordenen Familiendrama:

»Im Jahr der Fleischwerdung des Herrn 1343 in der Fastenzeit geschah ein entsetzliches Verbrechen des Vatermordes in der Gegend von Estavayer (?). Da war ein wohlhabender Familienvater, der mehrere Söhne hatte; er war von seinen Herren so sehr geschunden und besteuert worden, daß von seinem Vermögen fast nichts mehr übrigblieb und er in bitterste Armut fiel. Nun ging er zu seinem ältesten Sohn und bat ihn um den Lebensunterhalt, weil er große Not leide; oder wenigstens möge er ihm eine Kuh abgeben, mit der er seinen Mangel einigermaßen lindern könne. Er fand bei dem Sohn nur Abweisung und Verweigerung beider Bitten und sagte ihm: ›Jetzt muß ich, vom Hunger getrieben, den Leuten ihre Sachen stehlen; da sollte ich lieber bei dir stehlen, denn du hast Besitz und Leben nächst Gott von mir.‹ Dann ging der Vater weg; der Sohn hatte ihn noch mit dem Tod bedroht, wenn er ihm irgend etwas von seinem Eigentum stehle oder raube. Trotzdem führte der Vater von einem ihm bekannten Platz dem Sohn zitternd eine Kuh fort.

Der Sohn hörte davon und folgte den Spuren des Vaters so geschwind, daß er ihn einholte; er packte ihn mitsamt dem Diebesgut, schleppte ihn zum nächsten Gericht und zeigte ihn beim Richter an. Als das der jüngere Sohn hörte, sagte er zum Bruder: ›Das kann doch nicht dein Ernst sein, daß du unseren Vater zu Tode bringst, denn wenn du das tätest, würdest du Gott beleidigen und unsere ganze Nachkommenschaft entehren.‹ Er sah aber, daß sich der Bruder durch diese Worte keineswegs besänftigen ließ, sondern in seinem bösen Vorhaben nur noch mehr versteifte; deshalb kehrte er ihm den Rücken und ging davon, um seine Freunde zu rufen, damit sie den Bruder von der begonnenen Freveltat abbrächten. Mittlerweile bedrängte der erwähnte Bruder den Richter, daß er ihm für den Diebstahl rechtliche Genugtuung verschaffe. Der Richter redete ihm zusammen mit allen Beisitzern und Anwälten gut zu, er solle doch gegen den Vater nicht strafrechtlich vorgehen, weil das ein großes Unrecht in der Kirche Gottes wäre; aber es half nichts. So eröffnete der Richter widerwillig das Verfahren und verurteilte den Vater zum Tode durch den Strang.

Als er hingerichtet werden sollte, versuchte der Scherge dem Vater das Leben zu retten. Er gebot dem Volk Schweigen und rief, als es still geworden war, lauthals: ›Was meint ihr? Ich halte es für vernünftig, daß unter den hier Anwesenden der schlimmste Übeltäter das Urteil vollstreckt.‹ Alle riefen zustimmend, daß die Rechtsordnung und das Gebot der Vernunft dies erforderten, und der Scherge rief wieder: ›Der ist's, der Teufelssohn, der dem Vater den Strick gedreht hat!‹ Der war dadurch nicht im geringsten eingeschüchtert und knüpfte seinen Vater eigenhändig auf. Inzwischen kam der jüngere Bruder mit den Freunden, die er gerufen hatte, zurück und sah, was geschehen war. Sofort stürzte er sich vor aller Augen auf den ruchlosen Bruder, durchbohrte ihn mit dem Schwert und nahm ihm das Leben. Die Leiche ließ er dort unbestattet liegen, Hunden und anderem Getier zum Fraß. Doch sogar sie schauderten vor seiner Bosheit und rührten ihn nicht an, als wäre er vergiftet.«

Und die Moral von der Geschichte? Du sollst Vater und Mutter ehren, auf daß es dir wohlergehe auf Erden. Daß die Erzählung des Bettelmönchs ein Kommentar zum vierten Gebot ist, bestätigen die biblischen Anklänge der Sprache. Der Vater bittet um Lebensunterhalt mit den Worten des Frommen, der in Salomons Sprüchen 30, 8 nur das Nötigste erfleht. Der Sohn zerrt den Vater so vor Gericht, wie es nach Jakobusbrief 2, 6 reiche Gotteslästerer tun. Der Richter urteilt den Vater ab wie der böse Herodes die Apostel; der Vater wird zur Hinrichtung geschleppt wie der fromme Greis Eleazar im 2. Makkabäerbuch 6, 28. Den Leichnam des Vatermörders trifft, was Gott dem Übertreter seiner Gebote im 5. Buch Moses 28, 26 androht. Die Chronik des Franziskaners, im Lindauer Konvent seit etwa 1340 niedergeschrieben, ist voll von solchen zeitgenössischen Anekdoten, in denen sich biblische Ereignisse spiegeln. Johannes will damit dem städtischen Laienvolk, aus dem er stammt, moralische Richtlinien für das Verhalten in seiner verworrenen Zeit geben.

Wir lesen die Geschichte anders; uns dient der Winterthurer als Zeuge für den zeitgenössischen Alltag des bäuerlichen Lebenskreises, dessen Sorgen um Wetter und Ernte ihm vertraut waren. Seine Niederschrift bringt uns Gruppen nahe, die selbst nicht schreiben. Auch unsere Geschichte, sonst nirgends bezeugt, entstammt mündlicher Überlieferung und wurde vermutlich durch einen wandernden Ordensbruder unmittelbar nach der Tragödie in Lindau bekannt. Wo sie sich abspielte, ist dem lateinischen Ausdruck *in territorio Eistavensi* nicht sicher zu entnehmen; räumlich näher als Eichstätt liegt Estavayer oder Stäffis am Neuenburger See, Sitz einer savoyischen Kastellanei, die den Herren von Estavayer-Chenaux zu Lehen gegeben war. Vielleicht haben sie den Bauern um Hab und Gut gebracht; aber kein Beteiligter sucht die Schuld für die Bluttat bei der drückenden Herrschaft der Vögte, und Johannes tadelt nur indirekt durch das Bibelzitat den Richter, vermutlich einen Beamten des Grundherrn.

Aller Zorn fällt auf den älteren Sohn, obwohl er nicht einfach einen Generationskonflikt, sondern einen bäuerlichen Rechtsstandpunkt verficht. Der Vater hat seine Söhne aus der Hausgewalt entlassen, »abgeschichtet«, und ihnen das zukommende Vermögen ausgehändigt. Dadurch verlor er den Zugriff auf das Kindesgut, zumal die Söhne nicht mehr im Haus des Vaters wohnten und eigene Familien hatten. Zur Unterstützung des verarmten Vaters ist der erwachsene Sohn nicht verpflichtet; das Recht der Zeit fördert die Kleinfamilie und deren Eigentum, nicht mehr den Sippenverband und dessen Wirtschaftsgemeinschaft. Wenn der Vater dem Sohn eine Kuh wegnimmt, begeht er offenen und vorsätzlichen Diebstahl. Ein Notstand, der unter besonderen Umständen einer schwangeren Frau, einem Durchreisenden oder einem Fuhrmann die Wegnahme fremder Sachen erlauben würde, liegt nicht vor; zwischen seßhaften Bauern stehen festere Zäune. Wegen des hohen Wertes einer Kuh handelt es sich um ein Kapitalverbrechen; auch hier wirkt das Eigentumsdenken verschärfend. Hinzu kommt die Tendenz der Landfrieden seit dem 12. Jahrhundert, anstelle von Bußgeldern harte Leibesstrafen zu verhängen.

Der Sohn steht nicht allein; jemand muß ihm die Tat des Vaters so schnell hinterbracht haben, daß er ihn noch auf »handhafter Tat« ertappen konnte. Er wird bei der Festnahme das »Gerüft« erhoben haben, auf das »Schreimannen« hinzuliefen; sie beschworen dann vor dem Richter das Faktum als Eideshelfer des Klägers, der den Dieb wie üblich selbst vor Gericht schleppte. Für Richter und Schöffen war die Rechtslage einfach. Bei handhafter Tat wird keine höhere Instanz der Blutgerichtsbarkeit angerufen, der Dieb vielmehr sofort verurteilt und gehängt, wenn der Kläger nicht um Gnade bittet. Zur Vollstreckung braucht man nicht einmal den ordentlichen Galgen, der nächste Baum genügt. Wohl aber muß die Gerichtsgemeinde zugegen sein, denn im Grund vollstreckt sie das Todesurteil. Deshalb die Frage des Schergen nach dem Vollstrecker, die auf zweideutige Weise rechtmäßig ist. Denn bisweilen vollziehen Verbrecher das Todesurteil, bisweilen rächt sich der Kläger mit eigener Hand. Beides zugleich geschieht hier.

Von all diesen Formen rechtlichen Verhaltens will der Franziskaner nichts wissen, weil ihm die Gestalt des Vaters heilig ist. Das meint auch der jüngere Sohn, der ein gerichtliches Vorgehen für eine Beleidigung Gottes erklärt; das meinen Richter und Schöffen, die von Unrecht in der Kirche Gottes reden; das meint der Scherge, der den Kläger als Teufelssohn beschimpft. In der Person des Familienvaters wird der Schöpfergott gekränkt. Daß diese patriarchalische Vorstellung nicht spezifisch christlich ist, lehren schon die alttestamentlichen Zitate des Erzählers, erst recht die Erwartungen der aufgewühlten Dorfgemeinde. Innerhalb einer Familie gelten nicht die üblichen sozialen Verhaltensweisen, denn die Familie ist eine Einheit. Wenn eines ihrer Mitglieder in Not gerät, müssen alle anderen Mitglieder einspringen, ohne Rücksicht auf das, was der Pfarrer oder der Richter dazu meint. Unmittelbar nach dieser Episode berichtet Johanns Chronik von einer fürchterlichen Hungersnot in Schwaben, bei der Bauern mit ihren Familien darbten und ebenfalls stahlen; aber weil sie alles mit ihren Kindern teilten, fand der Franziskaner nichts daran auszusetzen. Wer diese Notgemeinschaft nicht anerkennt, stellt sich außerhalb sämtlicher Lebensformen, wird friedlos und kann straflos getötet werden. Der jüngere Sohn vollstreckt die Blutrache in der dafür vorgeschriebenen Öffentlichkeit. Er verweigert dem erschlagenen Bruder das Begräbnis, das auszurichten vornehmste Pflicht der Nächstverwandten ist und das bloß dem hingerichteten Verbrecher verweigert wird. Sogar die verächtlichsten Tiere bestätigen durch ihr Verhalten das natürliche Recht dieser Rache. Unser Chronist billigt sie und denkt nicht daran, jetzt das fünfte Gebot zu zitieren oder gar an das Strafmonopol eines weltlichen Gerichtsherrn zu erinnern.

Der frühmittelalterliche Sippenverband ist längst aufgelöst. Die betroffene Bauernfamilie hat, wie es scheint, keine Vorfahren; kein Onkel greift in den Konflikt ein, erst recht nicht die Schwiegertöchter oder deren Verwandte; der jüngere Sohn ruft keine Vettern, sondern seine Freunde zu Hilfe. Die Instanzen, die er seinem Bruder gegenüber beschwört, sind nicht mehr wie bei König Rothari die Vorfahren, sondern die Nachkommen, die dereinst das Erbe und die Ehre der Familie übernehmen sollen.

Nicht nur unter Bauern, auch im Adel und Bürgertum des Spätmittelalters beruht der Zusammenhalt der Familie über Generationen hinweg mehr auf dem gemeinsamen Vermögen als auf der gemeinsamen Herkunft. Denn die Existenz der Menschen wird jetzt seltener als im Frühmittelalter durch Sippenhaß und Totschlag gefährdet, häufiger durch Brotneid und Hungersnot. In den Wirtschaftskrisen des 14. Jahrhunderts erwies sich die Familie noch einmal als beste Sicherung gegen Wechselfälle des Lebens; freilich war ihr Schutzpatron nun kein mythischer Spitzenahn der Vorzeit mehr, sondern der allgegenwärtige Gott Vater.

FAMILIE

Die beträchtlichen Unterschiede in der Familienauffassung der beiden Texte sind nur zum kleineren Teil dadurch bedingt, daß der erste Text hochadlige, der zweite bäuerliche Familien betrifft. Im wesentlichen liegen zeitliche Veränderungen der Familienstruktur zugrunde. Die Familie des Frühmittelalters, die sich selbst als »Geschlecht« zu bezeichnen pflegte, war in erster Linie Abstammungsgemeinschaft, Sippenfamilie. Ihr Zusammenhang folgte aus der gemeinsamen Blutbahn zurück zu einem Spitzenahn von göttlicher Kraft. Da dieser Bezugspunkt weder in einer abgesonderten Vergangenheit noch in der jeweiligen Gegenwart lag, ließ sich eine solche Familie schlecht abgrenzen; ein alter Spitzenahn hat heute viele Nachkommen, auch solche, die nicht mehr in einem Haus oder einem Dorf beisammenwohnen. Wohngemeinschaft ist im Frühmittelalter nicht das wichtigste Attribut der Verwandtschaft. Zwischen Familie, Sippe, Stamm und Volk zerfließen die Unterschiede; denn die Abstammungsgemeinschaft umfaßt viele Seitenverwandte und verzweigt sich ständig weiter. Sie besitzt keinen eigenen Sippennamen. Rotharis Listen zeigen wie alle anderen Zeugnisse der Frühzeit nur Personennamen, die wir heute als Vornamen bezeichnen würden. Wenn es weiterer Unterscheidungen bedarf, wird der Eigenname des Vaters oder ein anderer Hinweis auf das Geschlecht angefügt, ein System, das die skandinavische Namengebung besonders zäh bewahrt hat. Oft vererben sich die Eigennamen als »Leitnamen« in der Blutbahn, vielfach auch von der Mutterseite her. Die frühmittelalterliche Familie ist aufs engste mit größeren Verbänden verquickt, die ebenfalls Abstammungsgemeinschaften sind. Recht ist Stammesrecht, Religion ist Kult des göttlichen Spitzenahnen, Herrschaft ist Vorrang derjenigen Sippe, die dem Ahn am nächsten verwandt ist. Die Einbettung in diesen umfassenden Horizont läßt die Menschen leichter über die zahllosen Bluttaten auch unter nächsten Verwandten hinwegsehen; sie gefährden vielleicht die Zukunft, aber nicht die Herkunft des Geschlechts.

Seit dem 11./12. Jahrhundert nennt man Familie immer häufiger mit diesem Namen. Zu den individuellen Vornamen, die sich weiterhin oft als »Leitnamen« vererben, tritt jetzt ein eigener Familienname; seit dem 13. Jahrhundert ist dieser Brauch allgemein verbreitet. Nun wird die Familie vornehmlich Hausfamilie, nämlich Gemeinschaft von Wohnung und Besitz; sie konstituiert sich um sächliches Eigentum. Vorangegangen ist damit der Adel, der sich seit dem 11. Jahrhundert nach einer Stammburg, also einem »Haus« zu nennen begann. Dadurch ließ sich die familiäre Gruppe weit schärfer als früher abgrenzen und gewann als »Haushalt« höhere Dichte im Innern. Die durchschnittliche Familie, bestehend aus Mann, Frau und minderjährigen Kindern, hat wohl immer schon etwa 3,5 Köpfe gezählt; doch wird diese kleinere Einheit nun Familie schlechthin und gliedert die Seitenverwandten und die erwachsenen Kinder aus. Das Gedächtnis der Hausfamilie reicht selten über die Generation der Großväter zurück; um so empfindlicher reagiert die Besitzgemeinschaft auf die Gefährdung ihrer Zukunft. Sie braucht Söhne, die das Erbe weitertragen und neues Erbe erheiraten. Erst solche abgegrenzten Familien können gegründet werden und aussterben, weil sie nicht mehr in weitere Verbände eingebettet sind. An die Stelle des Stammes und des Volkes ist inzwischen die territoriale Gliederung getreten, die auf saubere Abgrenzung der Güter achtet und den Familienegoismus bestärkt. Die versachlichte Rechtsordnung greift in das innere Gefüge der Familie nicht ein; Rechtsnorm und Familiensitte können einander widersprechen. Auch die Verbindung der Familie zur Religion ist lockerer geworden, weil sich kirchliche Verbände wenigstens dem Grundsatz nach weder als Abstammungsgemeinschaften noch gar als Besitzgemeinschaften verstehen können.

Trotz aller Unterschiede läßt sich ein allgemein mittelalterliches Grundmuster der Familie erkennen. Sie ist und bleibt eine patriarchalische Gemeinschaft, in der der Vater bestimmend wirkt, sei es als Erzeuger oder als Ernährer; er repräsentiert die Mächte der Herkunft und des

3 SCHUTZ BEI VATER UND MUTTER

4 MANN UND FRAU BEIM TAFELN

Herkommens. Die Familie ist eine Erziehungsgemeinschaft, in der die hergebrachten Verhaltensweisen an die nächste Generation weitergegeben werden, seien es kultische oder technische Haltungen. Die Familie ist eine Lebensgemeinschaft, die kein Mitglied ausschließt und wenig Arbeitsteilung oder Altersschichtung fordert, aber in der Not das Letzte verlangt, sei es Blut oder Brot. Sie ist eine über das Einzelleben hinausreichende Gemeinschaft, die mehrere Generationen aneinanderkettet und sie zur Weitergabe des Ererbten zwingt, sei es die Ehre oder die Habe. Die Familie ist als Sippenfamilie oder als Hausfamilie so selbstverständlich und allgegenwärtig, daß mittelalterliche Zeugen selten ausführlich über sie sprechen. Gerade diese stillschweigend geübten Lebensformen sind der wirksamste Schutz gegen Not und Tod.

VERGEWALTIGUNG

Das kastilische Epos vom Cid erzählte um 1140 von den zwei Infanten von Carrión. Auf ihren Wunsch hatte ihnen König Alfons die Töchter des Cid gegeben. Seit der Vermählung hielten sie sich, reich beschenkt, bei der Familie des Cid in Valencia auf. Als dort ein Löwe ausbrach, versteckten sie sich und versagten auch, als der Cid vor Valencia Rückeroberungsversuche der Mohammedaner abwehrte. Seitdem wurden die Infanten von den Getreuen des Cid verspottet; sie beschlossen heimlich, sich zu rächen:

»Gehen wir nach Carrión, hier verweilen wir zu lang. Die Schätze, die wir haben, sind groß und unübersehbar. Wir können sie nicht ausgeben, solange wir leben. Wir wollen den Cid Campeador um unsere Frauen bitten und sagen, daß wir sie ins Land Carrión führen wollen; wir möchten ihnen zeigen, wo ihre Erbländereien liegen. Wir werden sie wegnehmen aus Valencia, aus der Macht des Campeador; danach, unterwegs, werden wir nach unserem Gefallen handeln, anstatt daß man uns vorwirft, was mit dem Löwen war. Wir sind vom Geschlecht der Grafen von Carrión! Wir werden große Schätze mitnehmen, die großen Wert haben; Schande werden wir bringen über die Töchter des Campeador. Mit diesen Schätzen werden wir immer reiche Herren sein; wir können uns verheiraten mit Töchtern von Königen oder von Kaisern. Denn wir sind vom Geschlecht der Grafen von Carrión!‹ (Der Cid gewährt arglos ihre Bitte und entläßt sie mit seinen Töchtern und einer weiteren großen Mitgift.) Erreicht haben die Infanten den Eichenwald von Corpes. Die Berge sind hoch, die Zweige reichen bis in die Wolken, und da sind wilde Tiere und streifen umher. Sie fanden eine schöne Wiese mit einer klaren Quelle. Das Zelt lassen sie aufschlagen, die Infanten von Carrión. Mit all ihrem Gefolge ruhen sie dort diese Nacht, mit ihren Frauen in den Armen, bezeigen ihnen Liebe. Doch Böses taten sie ihnen, als die Sonne aufging.

Sie ließen die Lasttiere beladen mit namhaften Schätzen und das Zelt abschlagen, wo sie die Nacht verbracht hatten. Vorausgegangen waren die von der Dienerschaft; so hatten es befohlen die Infanten von Carrión, daß niemand dort bleibe, nicht Frau und nicht Mann, nur ihre beiden Frauen, Doña Elvira und Doña Sol. Ihren Spaß wollten sie an ihnen haben, ganz nach ihrem Gefallen. Alle waren gegangen, die vier sind allein geblieben. Große Untat planten die Infanten von Carrión: ›Glaubt es nur, Doña Elvira und Doña Sol, hier werdet ihr geschändet in diesen wilden Bergen. Heute werden wir gehen und verlassen werden wir euch; keinen Anteil bekommt ihr am Land Carrión. Davon wird Nachricht kommen zum Cid Campeador, so werden wir uns rächen für das mit dem Löwen.‹

Nun entreißen sie ihnen Mäntel und Pelze und lassen sie entblößt, nur in Hemd und Unterrock. Sporen haben sie angelegt, die bösen Verräter, in die Hand nehmen sie Sattelgurte, harte und feste. Als die Damen das sahen, sprach Doña Sol: ›Bei Gott bitten wir euch, Don Diego und Don Fernando: Ihr habt da zwei Schwerter, starke und scharfe, das eine Colada mit Namen, das andere Tizón; schlagt uns die Köpfe ab, dann sind wir Märtyrer. Mauren und Christen werden über die Sache reden, daß wir nicht das empfangen, was wir verdienten. So böse Taten verübt an uns nicht; werden wir geschlagen, so erniedrigt ihr euch. Zur Rechenschaft wird man euch ziehen bei Gericht oder bei Hof.‹

Soviel die Damen auch bitten, es hilft ihnen gar nichts. Nun schlagen sie sie schon, die Infanten von Carrión. Mit den geschmeidigen Gurten treffen sie sie gefühllos; mit den scharfen Sporen, die ihnen weh tun, zerrissen sie Hemden und Fleisch den beiden Frauen. Das helle Blut floß über die Röcke; schon spüren sie den Schmerz bis ins Herz hinein. Welches Glück wäre es, wenn es dem Schöpfer gefiele, daß jetzt erschie-

ne der Cid Campeador! So schwer schlugen sie sie, daß sie ohne Bewußtsein liegen, voller Blut die Hemden und die ganzen Unterröcke. Müde
sind vom Schlagen die beiden Männer, denn beide haben versucht, wer
besser als der andere schlägt. Schon können sie nicht mehr sprechen,
Doña Elvira und Doña Sol; für tot ließen sie sie im Eichenwald von
Corpes liegen.

Sie nahmen ihnen die Mäntel und die Pelze aus Hermelin und ließen
sie bewußtlos liegen im Rock und im Hemd, für die Vögel des Waldes
und die Tiere der Wildnis. Für tot ließen sie sie liegen, merkt's euch, nicht
für lebendig. Welches Glück wäre es, wenn jetzt der Cid Ruy Díaz
erschiene! Die Infanten von Carrión ließen sie für tot liegen, so daß die
eine der anderen nicht Hilfe leisten konnte. Unterwegs in den Bergen, wo
sie ritten, prahlten die Männer: ›Für unsere Heirat sind wir jetzt gerächt.
Nicht zu Kebsweibern hätten wir sie ohne Aufforderung genommen,
denn unseresgleichen waren sie als Ehefrauen nicht. Die Schmach mit
dem Löwen wird so gerächt sein.‹«

So hat sich das Ereignis nicht wirklich zugetragen, aber die Personen
lebten keine fünfzig Jahre, bevor der unbekannte Dichter schrieb. Er
verschmolz den Horizont der Zeiten, schon mit dem ständigen Wechsel
zwischen Gegenwarts- und Vergangenheitsform, der im Mittelalter sehr
beliebt war; auch der Rückgriff auf bekannte Namen sollte die Zeitnähe
des Epos steigern. Rodrigo Díaz de Vivar, von Zeitgenossen als *Cid,* Herr
oder *Campeador,* Kämpe bezeichnet, war in der Tat Vasall König Alfons'
VI. von Kastilien, seit 1081 von ihm verbannt und eigenwillig um Ausbau
seiner Macht bemüht. Höhepunkt seines unsteten Lebens war Eroberung
und Behauptung von Valencia gegen die Almoraviden 1092–94. Zur
Aussöhnung mit Alfons kam es freilich erst 1102, drei Jahre nach dem
Tod des Cid, als seine Witwe dem König Valencia übergab. Kurz vor dem
Tod, 1098, vermählte der Cid seine Töchter Christina und Maria mit dem
Neffen des Königs von Navarra und dem Grafensohn von Barcelona, und
es ist unwahrscheinlich, daß die Töchter, die im Epos andere Namen
tragen, vorher auf Veranlassung des kastilischen Königs mit den Infanten
von Carrión verheiratet waren. Diego und Fernando González von Carrión waren und blieben wie andere hochadlige Familien von Leon mit
dem Cid tief verfeindet. Der Dichter brauchte die Heirat für seine Konzeption: Aus bescheidenen Anfängen hat sich der Cid durch Tapferkeit zu

Ansehen und Reichtum aufgeschwungen, er hat sich seinem König durch unerschütterliche Vasallentreue empfohlen; nun verzeiht ihm der wankelmütige Herrscher und bestätigt den Rang des Cid durch Vermittlung der vornehmen Heirat. Eben sie stürzt den Cid in neues Ungemach, erst nach langem Rechtsstreit mit seinen Widersachern von Leon triumphiert er und führt seine Töchter, wie das Epos meldet, den Königssöhnen von Navarra und Aragon zu.

Die Differenzen zwischen Dichtung und Wirklichkeit betreffen nicht die für beide Ebenen gültigen Lebensformen, hier den Umgang mit Frauen. Eine Heirat besiegelt nicht die Zuneigung zweier Menschen, sondern das Bündnis zweier Familien. Die Infanten rechnen sich als Grafenkinder zu den *Ricos hombres,* den reichen Herren vom Hochadel; sie können sich Frauen aus königlichen und kaiserlichen Familien suchen, mit denen sie bei Hof verkehren. Der Cid gehört auch zu den adligen *Hidalgos,* wörtlich Söhnen von jemand, nämlich von jemand, den man kennt, *Nobilis.* Seine Schicht ist nicht die unterste der *Caballeros,* er hat selbst solche Ritter in seinem Gefolge und ordnet sich damit der Schicht der *Infanzones,* der Edelmänner, zu. Deren Abstand zum Hochadel ist undeutlich, vor allem dann, wenn erhebliche Herrschafts- und Besitztitel der Edelmänner hochadlige Familien locken, ihr Erbe durch eine Heirat aufzubessern und wirklich reiche Herren zu bleiben. Auf die Beute des Cid, im Kampf gegen die Almoraviden gesammelt, haben es die Infanten von Carrión denn auch abgesehen und bitten deshalb den König um die Heirat, die er als Lehensherr des Cid sanktioniert. Die jungen Paare haben sich bei Hofe kennengelernt, doch bedeutsamer ist die Eheabmachung als politischer Friedensschluß zweier Adelssippen. Daß ihre Interessen, hier Vermehrung des materiellen Erbes, dort Steigerung des sozialen Ansehens, weiterhin auseinanderklaffen, schürt den Knoten des Konflikts, der nun erst zwischen Mann und Frau ausgetragen wird.

Von Liebe spricht das Epos selten. Aufrichtige Liebe erweist der Cid seiner Frau und seinen Töchtern, seiner Familie. Wenn die Infanten im Wald von Corpes ihren Gattinnen »Liebe bezeigen«, befriedigen sie, die kaum älter als ihre sehr jungen Frauen sind, nur ihre Sinnlichkeit, nicht ihren Wunsch nach legitimen Erben. Nicht von ungefähr findet das körperliche Spiel der Gatten im wilden Wald statt; dorthin und nicht ins wohlbestellte »Haus« paßt solche Brunst, der sonst Kebsweiber und Mägde zu dienen haben. Sitte zu Hause, Unzucht unterwegs. Daß die

Infanten ihre Ehefrauen so behandeln, ist schon Auftakt zu ihrer Rache, zum Handeln »nach unserem Gefallen«. Die Frau ist dem Mann ausgeliefert, er ist der Herr. Nur mit Worten kann sie sich wehren; Doña Sol tut es mit dem Hinweis auf den guten Ruf. Sie erwartet keine persönliche Rücksichtnahme, sondern soziale Verhaltensweisen. Wer andere schlägt, diffamiert sich selbst. Auch die Frauen werden ja nicht als Einzelmenschen gezüchtigt; an der Sache mit dem Löwen sind sie unschuldig, doch sie gehören zur Familie des Cid. Der Cid selbst hatte den aufkommenden Spott gegen die Schwiegersöhne unterdrücken wollen, aber seine Getreuen hatten es nicht lassen können. Wie die Beleidigung auf die ganze Sippe zurückfällt, so die Rache. Die mißhandelten Frauen wissen, daß dies keine private häusliche Szene ist, sondern öffentliche und gerichtliche Folgen haben muß. Die Infanten haben zwar die Öffentlichkeit, sogar die der Subalternen ausgeschlossen und üben ihre Rache im Niemandsland zwischen feudal zerklüfteten Herrschaftsbereichen, etwa auf halber Strecke zwischen Valencia und Carrión im Wald; aber sie wollen bloß nicht gestört werden. Daß der Fall zur öffentlichen Affäre wird, ist den Männern genauso erwünscht wie den Frauen. Der Cid soll es erfahren; Mauren und Christen, das heißt alle Welt soll darüber reden.

Der Dichter verurteilt das Verhalten der bösen Verräter als Hinterlist und Feigheit; sie belügen den Cid, anstatt ihm den Fehdehandschuh hinzuwerfen, und erproben ihre Kraft an Wehrlosen anstatt an Löwen und Heiden. Der Cid wird die Schändung seiner Töchter dann nicht durch persönliche Racheakte, sondern durch Rechtsspruch bei Hofe sühnen lassen. Damit gewinnt er für seine Töchter noch vornehmere, königliche Schwiegersöhne, zur materiellen Macht höchstes Sozialprestige. Auch für den Cid und seinen Dichter ist also die Ehe ein Mittel zur Mehrung von Besitz und zur Steigerung von Ansehen, nicht eine Gemeinschaft zweier Menschen. Weil das Frühmittelalter überall ähnlich dachte, blieb für die Frau, auch für die verheiratete, die Rolle des sexuellen Objekts, das gebären kann und geprügelt wird. Man versteht erst vor diesem Hintergrund Heloise, die sich einige Jahre, bevor der Dichter des Cid schrieb, hartnäckig weigerte, den geliebten Abaelard zu heiraten. Sie liebte diesen Menschen, nicht seine Herkunft oder seine Habe; warum also sollte sie seine Ehefrau werden? Was im Wald von Corpes hätte geschehen sein können, erklärt auch, daß zur gleichen Zeit die Entdeckung der Frau durch Troubadours und Minnesänger nicht zur Apotheose der Ehe führte und daß statt dessen die vergötterte Geliebte meist die Gemahlin eines Dritten war. Natürlich galt die Frau nicht überall als Sache, und Liebe zwischen Eheleuten kam gewiß nicht seltener als in anderen Epochen vor; nur eine Lebensform, eine sanktionierte soziale Verhaltensweise war eheliche Liebe im Frühmittelalter nicht. Die Frau hatte zuerst dafür zu sorgen, daß die Familie mit ihrem Erbe den Wandel der Generationen unbeschädigt überstand.

VERSORGUNG

Um 1393 ermahnte ein reicher Pariser Bürger seine weit jüngere Ehefrau in einem Hausbuch auf französisch:

»Schönes Schwesterchen, wenn Ihr nach mir einen anderen Mann habt, dann müßt Ihr sehr auf seine Behaglichkeit achten. Denn wenn eine Frau ihren ersten Ehemann verloren hat, ist es gewöhnlich für sie schwer, einen zweiten nach ihrem Stande zu finden, und dann bleibt sie für lange Zeit allein und ungetröstet, und noch mehr, wenn sie den zweiten verliert. Deshalb pflegt Euren Ehemann sorgsam und bitte, haltet ihn in sauberer Wäsche, denn das ist Eure Aufgabe. Und weil die Sorge für die Geschäfte draußen Männersache ist, muß der Ehemann darauf achtgeben, er muß gehen und kommen und hierhin und dorthin reisen, bei Regen, Wind, Schnee und Hagel, einmal durchnäßt, dann wieder ausgedörrt, einmal in Schweiß gebadet, dann wieder frierend, schlecht verpflegt, schlecht untergebracht, schlecht gewärmt und schlecht gebettet. Und alles macht ihm nichts aus, denn ihn tröstet die Hoffnung auf die Fürsorge seiner Frau, wenn er zurückkommt, und auf die Gemütlichkeit, die Freuden und Vergnügen, die sie ihm bereitet oder in ihrer Anwesenheit bereiten läßt: die Schuhe beim warmen Feuer ausziehen, die Füße waschen lassen, frische Schuhe und Strümpfe anziehen, gutes Essen und Trinken vorgesetzt bekommen, schön bedient und versorgt werden, fein gebettet sein in weißen Bettüchern und weißen Schlafmützen, anständig zugedeckt sein mit guten Pelzen, verwöhnt durch andere Freuden und Unterhaltungen, Vertraulichkeiten, Liebesdienste und Heimlichkeiten, über die ich nicht rede. Und am nächsten Morgen neue Hemden und Kleider.

Fürwahr, schönes Schwesterchen, solche Dienste halten die Liebe eines Mannes wach und lassen ihn gern wieder heimkommen und seine Hausfrau wiedersehen und sich von anderen Frauen fernhalten. Und deshalb rate ich Euch, verbreitet um Euren nächsten Ehemann gute Laune, jedesmal wenn er kommt und geht, und bleibt immer dabei; und seid auch friedfertig mit ihm und denkt an den Bauernspruch, daß es drei Dinge gibt, die den Hausherrn von daheim verjagen, nämlich ein schadhaftes Dach, ein qualmender Kamin und ein zankendes Weib. Deswegen bitte ich Euch, liebes Schwesterchen, wenn Ihr mit Eurem Mann in Liebe und gutem Einvernehmen leben wollt, seid zu ihm sanft, liebenswürdig und fügsam. Tut ihm, was unsere braven Landfrauen vom Schicksal ihrer Söhne behaupten, wenn sie anderswo verliebt sind und die Mütter sie nicht davon abbringen können. Es ist klar: Wenn Väter oder Mütter tot sind und Stiefväter und Stiefmütter mit ihren Stiefsöhnen streiten, sie auszanken und zurückweisen und sich nicht um ihr Nachtlager, um Essen und Trinken, um Strümpfe und Hemden und die anderen Bedürfnisse und Anliegen kümmern, und wenn diese Kinder anderswo ein sicheres Heim und guten Rat bei einer anderen Frau finden, die sie bei sich aufnimmt und sich bemüht, sie mit einem armseligen Haferschleim zu wärmen und ihnen ein Bett zu geben und sie sauber zu halten, indem sie ihnen Strümpfe, Hosen, Hemden und andere Kleider flickt – dann hängen diese Kinder an ihr und wollen bei ihr bleiben und warm an ihrer Brust schlafen und wenden sich ganz und gar von ihren Müttern und Vätern ab, die vorher nicht auf sie achtgaben und sie nun zurückbekommen und wiederhaben wollen. Aber so geht das nicht, denn diese Kinder fühlen sich wohler in Gesellschaft von Fremden, die für sie sorgen, als in Gesellschaft von Verwandten, die sich nicht um sie kümmern. Dann klagen und weinen die Eltern und sagen, diese Frauen hätten ihre Kinder verhext, sie seien festgebannt und kämen nicht los und seien nur bei ihnen zufrieden. Aber was man immer darüber sagen mag, das ist keine Hexerei, sondern hat seinen Grund in Liebe, Fürsorge, Vertraulichkeiten, Freuden und Vergnügen aller Art, die diese Frauen ihnen bieten, und meiner Seel, eine andere Verzauberung gibt es nicht. …

Deswegen, liebes Schwesterchen, bitte ich Euch: Auf diese Weise bezaubert Euren künftigen Mann und tut es immer wieder und bewahrt ihn vor dem schadhaften Dach und dem qualmenden Kamin und seid zu ihm nicht zänkisch, sondern sanft, liebenswürdig und friedfertig! Sorgt im Winter dafür, daß er ein gutes Feuer ohne Qualm hat und sicher ruht und gut zugedeckt ist an Eurer Brust, und so bezaubert ihn! Und nehmt Euch in acht, daß es in Eurem Zimmer und Eurem Bett keine Flöhe gibt.«

Der Verfasser war über sechzig Jahre alt und hatte kürzlich eine 15jährige Frau geheiratet, eine Vollwaise ohne Familienanhang von adliger Herkunft, verarmt und von weither. Er hatte sie anscheinend auf Handelsreisen kennengelernt und nicht durch Familienabreden bekommen. Er nahm sie väterlich in sein reiches Haus auf und sah ihr die Unerfahrenheit im Haushalt nach. Sie bat ihn, er möge ihre Fehler nicht in Gegenwart des Personals monieren, und so begann er zu ihrer Belehrung dieses Buch zu schreiben; lesen und schreiben konnten sie beide. Das Hausbuch handelt vom religiösen und sittlichen Verhalten einer Hausfrau, die ihren Frieden mit Gott nach außen kundzutun hat; es handelt von Spiel und Zeitvertreib, mit dem die Frau gesellschaftlich wirken kann; am gründlichsten handelt es von der Haushaltführung, mit der die Gattin den Hauptzweck ihres Lebens, die Zufriedenheit des Hausherrn erreichen kann. Hier ist das Private und Intime, das Häusliche und Gemütliche Bestandteil einer Lebensform geworden. Die Bürgersfrau hat keine öffentliche Funktion; die beste Hausfrau ist die, von der man am wenigsten spricht. Sie wohnt in einer Weltstadt von mindestens 60 000, wenn nicht weit mehr Einwohnern, aber sie vermeidet es, mit Nachbarinnen oder Verwandten über häusliche Sorgen zu sprechen und erwartet, daß auch ihr Mann darüber nicht vor Dritten redet.

Der Ehemann besorgt die Geschäfte draußen und schafft die materiellen Grundlagen für ein ordentliches Daheim. Er schärft es der Frau ein, daß ihr tägliches Gleichmaß von seiner täglichen Rastlosigkeit abhängt und daß er selbst die Geborgenheit zu Hause am meisten braucht. Die treusorgende Gattin ist für ihn der ruhende Pol. Was er von den drei Gefährdungen des Hausfriedens sagt, ist kein bloßer Bauernspruch; schon Papst Innocenz III. hatte ihn als allgemeine Erfahrung zitiert. Wer sich Frankreichs Lage im späten 14. Jahrhundert vergegenwärtigt, begreift solche Sehnsüchte. Das Land hat unter den Schlachten, Kontributionen und Söldnerbanden des Hundertjährigen Krieges schwer gelitten; der soziale Friede ist erschüttert, durch Aufstände der Bauern und Handwerker, durch Verarmung und Dezimierung der Adligen, schließlich durch Geisteskrankheit des Königs und eigensüchtiges Regiment seiner Verwandten. Der Autor lebt noch in den 1390er Jahren nicht ärmlich; neben dem behäbigen Stadthaus besitzt er draußen ein Landgut und verfügt über einen Schwarm von Dienstpersonal, das auch seiner Frau die niedrige Arbeit abnimmt. Aber alles, was von draußen durch die Bediensteten ins Haus kommt, bringt Unruhe und Bedrohung.

Wir belauschen hier kein Bettgeflüster zweier Liebenden, sondern beobachten die Einübung einer Lebensform, die allgemein gilt; es hat seinen guten Sinn, daß uns die Eigennamen des Autors und seiner Frau verborgen bleiben. Der alte Mann erzieht die junge Frau nicht zu seiner eigenen Bequemlichkeit; er rechnet nüchtern damit, daß sie ihn überleben und wieder heiraten wird. Das reiche Erbe, das er ihr hinterläßt, ist ihm nicht genug; auch sein Nachfolger soll mit dieser Frau ein schönes Leben führen, auf daß es ihr weiterhin gut gehe. Von sexueller Leidenschaft redet er nicht, er verachtet sie nicht; sie gehört zu den heimlichen Freuden und Vergnügen der Ehe. Aber er glaubt sogar den jungen Burschen nicht die Übermacht der Sinnlichkeit; sie wollen bloß warm an der Brust einer verständnisvollen Frau schlafen, wenn auch außerehelich. Im Elternhaus finden sie diese Nestwärme nicht lange, denn Vater und Mutter sterben gewöhnlich früh, und Verwandte kümmern sich wenig um die Jungen. Die große Sippe des Frühmittelalters ist dahin, Familie bedeutet jetzt Zusammenleben von Mann und Frau, schon kaum noch mit älteren Kindern und Großeltern.

Um so wichtiger wird die Gestaltung der kurzen, aber intensiven Lebensgemeinschaft zweier Menschen. Sie beruht auf Rücksichtnahme, die vorwiegend von der Frau gefordert, aber auch vom Mann geübt wird. Er verlangt von ihr nichts Unwürdiges; niedere Dienste soll sie ihm »in ihrer Anwesenheit bereiten lassen«. Er sorgt für sie und hält sich von anderen Frauen fern. Ausschließlichkeit der Liebe ist nichts Widernatürliches, wie besorgte Mütter im Zeitalter der beginnenden Hexenverfolgung gern glauben; die Monogamie gehört zu den Regeln eines Miteinanderlebens, das nicht lange dauern wird. Deshalb soll jeder Tag ein Fest der guten Laune sein. Viel vom Verhalten der Ehegatten ist adligen, höfischen Ursprungs, hat aber alles Öffentliche abgestreift. Die Konvention freundlichen Umgangs ist privatisiert bis zur respektvollen Anrede des schönen Schwesterchens; die saubere Wäsche dient nicht mehr der Repräsentation, sondern dem Wohlbehagen. Individuell bedingt ist an unserem Dokument nur die plastische Schreibweise, vielleicht noch die Lebenserfahrung des Autors, nicht die Zärtlichkeit. Daß sich Greis und junges

Blut wirklich innig liebten, wird durch das Pariser Hausbuch nicht bewiesen, sowenig wie es durch Ehebruch-Geschichten Boccaccios widerlegt wird. Hier geht es um eine Lebensform, die eine Musterehe erzwingt, weit wirkungsvoller, als es Predigten oder Novellen könnten.

Noch immer ruht die Ehe auf einer wirtschaftlichen Basis; der Mann heiratet erst, wenn er eine Frau versorgen kann. Doch in der Ehe selbst stehen Mehrung des Besitzes und Weitergabe des Erbes nicht mehr im Mittelpunkt; die Arbeitsteilung zwischen Mann und Frau zielt letztlich auf Lebensgenuß, also bei aller bürgerlichen Sparsamkeit auf Verzehr. Das Jahrhundert der Pest und des Krieges hat gelernt, daß das Zusammenleben der Menschen kurz und gefährdet ist, und versucht, daraus das Beste zu machen, solange es eben währt.

FRAU

Die mittelalterlichen Veränderungen der Familienstruktur wirkten auch auf das Verhalten der beiden Geschlechter zueinander ein. Die frühmittelalterliche Sippenfamilie betrachtete den Einzelmenschen als Glied einer Kette; Geschlechtlichkeit diente dann, soweit sie institutionalisiert wurde, der Fortsetzung dieser Ahnenreihe. Deshalb wurde auf Ebenbürtigkeit des Ehepartners geachtet, weil sich Rang und Wert der Menschen durch das Blut fortpflanzten. An der Eheschließung hing außerdem Erhalt und Erwerb von Grundbesitz, also von Macht; auch deshalb stand Geschlechtlichkeit unter schärfster Kontrolle der Sippe und durfte sich nicht frei ausleben, es sei denn in flüchtigem Sinnenrausch ohne Folgen. Die spätmittelalterliche Hausfamilie ist von der Forderung nach Kontinuität weithin entlastet und erstrebt eher den Austausch in der Gegenwart. Noch immer können sich dabei adlige Abstammung und bürgerlicher Reichtum zusammentun, doch wird die soziale Kontrolle jetzt weniger von der Verwandtschaft als von der öffentlichen Meinung ausgeübt, die standesgemäßes Leben und musterhafte Einehe verlangt. Geschlechtlichkeit wirkt nicht mehr isoliert, Ehe und Liebe rücken näher aneinander, sobald das Beisammenleben zweier Menschen als Lebensform anerkannt wird. Dann schafft häusliche Fürsorge jenen Raum der Geborgenheit, den frühere Zeiten in der Kontinuität der Blutbahn gefunden hatten.

Unbeschadet derartiger Wandlungen hat die mittelalterliche Ehe durchgehende Züge. Sie wird vom Mann beherrscht, weil er Träger öffentlichen Lebens ist. Der Adlige kann dreinschlagen, und wäre es nur, um seine Ehefrau zu züchtigen; der Bürger kann Besitz vorweisen, und wäre es nur, um seine Ehefrau zu verwöhnen. Aufgabenfeld der Frau ist weniger das Notwendige als das Erwünschte, Auftreten im Hermelin oder Sorge für die Schlafmütze. Die mittelalterliche Ehe ist keine langwährende Einrichtung, trotz aller kirchlichen Gebote nicht. Die Ehe der Infanten war durch kirchliches Zeremoniell gesegnet; religiöse Weihe konnte die rasche Auflösung der vollzogenen Ehe nicht verhindern. Seit dem 12. Jahrhundert wurde das Ehesakrament zusehends ernster genommen, aber noch der Pariser Geschäftsmann begründete seine Treue nicht mit der Unauflöslichkeit des Sakraments. Wenn mittelalterliche Ehen zusammenhielten, dann zuerst aufgrund der skizzierten sozialen Kontrollen, in zweiter Linie aufgrund ihrer biologischen Kurzlebigkeit.

Für eine Reihe hochadliger deutscher Familien hat Isenburg Durchschnittszahlen errechnet. Das Heiratsalter der Männer lag bei 30,5, das der Frauen bei 22,1 Jahren. Die Zahlen gelten annähernd auch für andere Kreise und Länder; nach Russell heirateten in einem englischen Dorf des 16. Jahrhunderts die Männer durchschnittlich mit 27,6, die Frauen mit 24,5 Jahren. Männer heirateten also später als Frauen und als heute. Nun starben aber Frauen im heiratsfähigen Alter früher als Männer und als heute. Sie hatten eine Lebenserwartung von 23,2 Jahren gegenüber den 28,4 Jahren der Männer. Nehmen wir die Extreme unserer beiden Dokumente hinzu, einerseits gleichjunge Partner, die es miteinander nicht lange aushielten, andererseits durch ein ganzes Menschenalter getrennte Partner, deren einer bald sterben wird. Das Ergebnis ist in allen Fällen dasselbe: Länger als zwanzig Jahre lebten Eheleute selten zusammen.

Die ausgewählten Texte geben ein einseitiges Bild, weil gerade für Adel und Bürgertum die Ehe besonderes soziales Gewicht besaß; sie war der Punkt, der Veränderungen im Strom der Generationen bewirkte. Die Bauersfrau hatte eine in manchem andere Position. Sie war in die alltägliche Plage des Lebensunterhalts gnadenlos mit eingespannt und kein Luxusweibchen; vor dem Geschlechtstrieb mußte der Hunger gestillt werden. Auch im Dorf hörte man von der Frau wenig; bei dem Familiendrama von Estavayer ist die Mutter mit keiner Silbe erwähnt. Dennoch konnte sie matriarchalisch wirken, zumal auf dem Land erheblicher Männerüberschuß herrschte, in den Dörfern der Abtei Saint-Germain des

Prés um 820 etwa im Verhältnis 132 : 100. Im bäuerlichen Kreis zählte die Frau offenbar weit mehr als in höher spezialisierten Gemeinschaften. Beim Adel, der kriegerische Kraft schätzte, ist die Benachteiligung der Frau sowenig verwunderlich wie beim Bürgertum, das kaufmännische und handwerkliche Arbeitsteilung brauchte. In beiden Kreisen hatte die Frau nur ein Lebensziel, die Ehe.

In mittelalterlichen Städten bestand ansehnlicher Frauenüberschuß, zum Beispiel 1449 in Nürnberg im Verhältnis 100 : 88. Unter solchen Bedingungen wurde die Frau zur billigen ungelernten Arbeitskraft und zum Objekt männlicher Sinnlichkeit. Sie galt ja auch bei Geistlichen als Eva, die den Mann verführt. In der städtischen Wirtschaft konnte sie ihren Unterhalt nur kümmerlich, etwa durch Prostitution bestreiten. Der Frauenüberschuß machte also die Ehe erst recht zur Lebensversicherung für die Frau, zur Belastung für den Mann. Allerdings besaß auch im Adel und im Bürgertum die Frau eine Chance, ihre Minderbewertung zu überwinden; doch führte sie dann der Weg gewöhnlich ins Kloster. Das war auch Heloisens Weg, nachdem sie nicht heiraten wollte. Die Alternative Ehe oder Kloster zeigt, daß es für die Frau im Mittelalter nur zwei Lebensformen gab, die auf die Bedrohung des Lebens antworteten, Auskosten des kurzen Augenblicks oder Dienst für die zeitlose Gemeinschaft. Beides bedeutete Verzicht auf ein volles Leben.

TROTZIGER JUNGE

In der altisländisch geschriebenen *Geschichte der norwegischen Könige* schilderte um 1220–1230 Snorri Sturluson die Jugend des künftigen Königs Olaf des Heiligen, der um 995 geboren wurde:

»Als Harald ins Land gegangen war, war Hrani bei den Schiffen geblieben, um die am Strand gelassene Mannschaft zu beaufsichtigen. Als sie erfuhren, daß Harald gefallen war, fuhren sie schleunigst ab und nach Norwegen zurück, um dort diese Vorgänge zu melden. Hrani suchte Asta auf und teilte ihr den Verlauf ihrer Fahrt mit, auch, mit welcher Absicht Harald die Königin Sigrid besucht hatte. Asta zog sofort, als sie diese Vorgänge erfahren hatte, in das Oberland zu ihrem Vater, und der nahm sie wohl auf. Beide waren äußerst aufgebracht über die Ränke, die in Schweden gesponnen worden waren, besonders darüber, daß Harald sie hatte verstoßen wollen. Asta Gudbrandstochter brachte da im Sommer einen Knaben zur Welt. Der Knabe wurde Olaf genannt, als man ihn mit Wasser begoß. Hrani tat das. So wurde der Knabe zuerst bei Gudbrand und seiner Mutter Asta erzogen. ...

Asta Gudbrandstochter hatte sich bald nach dem Tod Haralds des Grenländers mit einem Mann namens Sigurd Sau vermählt. Der war König in Ringerike. Sigurd war der Sohn Halfdans, und dieser war ein Sohn von Sigurd Busch, dessen Vater Harald Schönhaar war. Bei Asta hielt sich Olaf auf, ihr Sohn von Harald dem Grenländer. Er wurde während seiner Kindheit bei seinem Stiefvater Sigurd Sau aufgezogen. Als aber König Olaf Tryggvasson nach Ringerike kam, um das Christentum zu verkünden, ließen sich auch Sigurd Sau und dessen Frau Asta mit ihrem Sohn Olaf taufen. Olaf Tryggvasson vertrat die Patenstelle bei Olaf Haraldssohn. Der war damals erst drei Jahre alt. ...

Olaf, der Sohn Haralds des Grenländers, wuchs auf bei seinem Stiefvater Sigurd Sau und seiner Mutter Asta. Bei Asta lebte Hrani der Weitfahrer, der erzog Olaf Haraldssohn. Olaf war frühzeitig ein rüstiger Mann, schön von Anblick, von mittlerer Größe. Klug und redegewandt war er schon in jugendlichem Alter. Sigurd Sau war ein tüchtiger Hauswirt und hielt seine Leute gut zur Arbeit an. Er ging selbst oft nach den Äckern und Wiesen zu sehen oder nach dem Vieh oder den Werkstätten oder dorthin, wo seine Leute Arbeiten zu verrichten hatten. Einst wollte König Sigurd vom Haus wegreiten, aber niemand war daheim im Gehöft. So bat er seinen Stiefsohn Olaf, ihm ein Pferd zu satteln. Olaf ging zum Ziegenstall und holte den kräftigsten Geißbock von dort. Er brachte ihn zum Haus und legte ihm den Sattel des Königs auf. Dann ging er zu diesem und meldete, das Reittier sei für ihn gesattelt. Nun kam König Sigurd her und sah, was Olaf angerichtet hatte. Da sprach er: ›Es ist klar, du willst dich um keines meiner Gebote mehr kümmern. Vielleicht meint deine Mutter, ich hätte dir keine Befehle zu erteilen, die nicht nach deinem Sinn wären. Klar zeigt sich, wie verschieden unsere Denkart ist: du willst viel höher hinaus als ich.‹ Olaf antwortete nichts und ging lachend davon.

Als Olaf Haraldssohn herangewachsen war, war er nicht hochgewachsen, nur von Mittelgröße, doch von stämmigem Aussehen und voll Leibeskraft. Er hatte lichtbraunes Haar und ein breites Gesicht; sein

Antlitz war frisch und von gesunder Farbe. Er hatte recht wundersame Augen, glänzend und durchdringend, so daß es ein Schrecken war, ihm ins Gesicht zu schauen, wenn er in Wut war. Olaf war ein Mann, der sich auf viele Fertigkeiten verstand. Er wußte wohl mit dem Bogen umzugehen und war ein guter Schwimmer. Es gab keinen besseren Handschützen als ihn; dazu war er geschickt und umsichtig in jedem Handwerk, ob er es selbst ausübte oder durch andere. Man nannte ihn ›Olaf der Dicke‹. Er wußte klug und klar zu reden, frühzeitig war er in allem gereift, an Kraft wie an Weisheit. Alle seine Verwandten und Bekannten liebten ihn. Er war Meister in jedem Spiel und wollte stets der erste sein, wie ihm das auch zukam bei seinem Rang und seiner Abstammung.

Olaf Haraldssohn war zwölf Jahre alt, als er zum ersten Mal an Bord eines Kriegsschiffes ging. Seine Mutter Asta bestimmte Hrani, den man Königs-Ziehvater nannte, zum Führer des Heeres. Er sollte Olaf begleiten; denn Hrani hatte oft vorher an Wikingerzügen teilgenommen. Als Olaf Heer und Schiffe bekam, gaben ihm seine Leute den Königsnamen, wie es damals Brauch war. Heerkönige nämlich, die Wikinger wurden, führten ohne weiteres den Königsnamen, wenn sie aus königlichem Blut waren, auch wenn sie noch kein Land zur Herrschaft besaßen. Hrani saß am Steuer. Deswegen sagen einige, Olaf sei nur Ruderer gewesen; doch war er König des Heeres.«

Die Biographie Olafs war Ausgangspunkt und ist Mittelpunkt des bedeutendsten Geschichtswerkes im skandinavischen Mittelalter. Der isländische Politiker Snorri Sturluson schrieb es, nachdem er in Norwegen und Schweden Olafs Wirkungsstätten besucht und Berichte über ihn gesammelt hatte. Niederschriften lagen seit dem späten 12. Jahrhundert vor, teils kirchlich gefärbte, die den heiligen König priesen, teils politisch geprägte, von denen manche auf Sippentradition von Olafs Feinden, andere auf Preislieder von Olafs Skalden zurückgingen. Auf die weltliche, letztlich mündliche Überlieferung stützte sich Snorris Darstellung, die in Olafs Jugend kaum eine Heiligenlegende ahnen läßt. Snorris großbäuerliche Jugend war mit der des Königs noch vergleichbar gewesen; politisch hatte sich freilich Norwegens Königtum von der isländischen Bauernrepublik fortentwickelt, und nach Snorris Meinung hatte eben Olaf der Heilige den Umbau Norwegens zu einem christlichen und monarchischen Reich begonnen, das nun im 13. Jahrhundert gebieterisch nach Island griff. In

Olafs Jugend fand Snorri das ihm Vertraute noch wirksam, bei Wikingern und Gaukönigen, deren jeder ein Herrscher für sich war.

Wie friedlos die Zeit vor zweihundert Jahren war, deutet Snorri nur verschämt an. Olafs Vater Harald war ein selbstherrlicher Großbauer gewesen, Herr im südnorwegischen Vestfold, und ein ehrgeiziger Wikinger, der bei der Werbung um die reiche schwedische Erbin Sigrid ums Leben kam. Die zu Hause gelassene Asta erschien ihm als nicht ebenbürtig, denn er rühmte sich der Abkunft von Norwegens vornehmster Sippe, der des Königs Harald Schönhaar. Er strebte nach Machtzuwachs, den ihm Astas Sippe, in Mittelnorwegen seßhaft, nicht bieten konnte. Haralds treuester Helfer, von klein auf mit ihm zusammen, war Hrani, der Asta die doppelt schmerzliche Nachricht brachte, daß ihr Mann auf der Jagd nach einer vornehmeren Frau gefallen war. Hrani übertrug seine Treue auf Haralds Kind, das Asta trug, und zog mit ihr zum väterlichen Hof, wo sie niederkommen wollte.

Snorri übergeht, was wir von anderen Autoren wissen, daß die Geburt schwer war und Asta sich hilflos am Boden krümmte. Als die Hebammenkunst der Nachbarinnen versagte, griff Hrani zu magischen Mitteln und legte der Kreißenden den Gürtel eines vor Generationen verstorbenen Verwandten namens Olaf auf den Leib; da konnte sie gebären. Sie erlaubte dem Helfer, was sonst Vorrecht des Vaters war, das Kind in die Sippe aufzunehmen. Es geschah durch einen Reinigungsritus, Besprengen mit Wasser, vor allem durch Namengebung. Hrani gab dem Kind jenen Leitnamen der Sippe, der ihm die Kraft des toten Ahnen übertrug, Olaf. Die Zeremonie war keine christliche Taufe, wie man meinen könnte; die kam erst viel später. Germanischer Ahnenkult bannte die Gebrechlichkeit des Menschen dinghafter als das christliche Sakrament danach. Wann Olaf zur Welt kam, sagt die Überlieferung nicht; es war Sommer. In welchem Jahr christlicher Zeitrechnung, das können wir uns nur ungefähr zusammenreimen. Doch wieviele Lebensjahre Olaf zählte, als ihm dies und jenes widerfuhr, wurde genau vermerkt. Denn es bedeutete viel, daß die Kraft der königlichen Ahnen schon früh in dem Kind sichtbar wurde. Darum keine Anekdoten über drollige Unbeholfenheit; die erste Episode zeigt gleich den Mann im Kind, der dem Stiefvater schon weit überlegen ist.

Asta hatte sich wieder verheiratet, denn das Vaterhaus bot ihr wenig Einfluß, der unbehauste Hrani wenig Sicherheit. Ihr zweiter Mann war wie der erste Gaukönig, in Mittelnorwegen ansässig, auch er aus Harald Schönhaars Sippe; doch Sigurd Sau wollte nichts weiter sein als er war, ein erfolgreicher Landwirt. Er ließ seine Leute nicht auf dem Gehöft herumlungern, bis sie von selbst auf kriegerische Gelüste kamen; er arbeitete mit ihnen draußen auf den Feldern, in blauem Wams, blauen Hosen, hohen Schnürschuhen, grauem Mantel und grauem Hut mit breiter Krempe. Auch seinen Stiefsohn Olaf wollte er zum genügsamen Landleben erziehen, doch das war vergebene Liebesmüh. Der wortkarge Bauer hat Olafs höhnischen Streich rasch verstanden; nicht nur der Junge, auch die Mutter will höher hinaus und die Macht von Harald Schönhaars Herrschaft erneuern. Landwirt will Olaf nicht werden, sondern Wikinger; Hrani hat dafür gesorgt.

Nicht die Sippe, nicht die Mutter, nur einer, ein Mann kann den Heranwachsenden lenken. Hrani tut es so lautlos, daß man nichts von Erziehung, nur bereits eingeübtes Verhalten sieht. Es ist die Haltung eines Herrn. Bogenschießen, Schwimmen, im Rat der Männer klar seine Meinung sagen, das wurde seit den Zeiten der Perser immer als Herrentugend gerühmt.

Natürlich kann Olaf auch ein Pferd satteln und wird nachher sein Lebtag selten aus dem Sattel kommen. Er hat keine Stubenfarbe, denn Lesen und Schreiben muß er nicht lernen. Als König wird er sich die Gesetze seiner Vorgänger aufsagen lassen; Geschriebenes werden ihm Hofgeistliche vorlesen. Er wird nicht Akten blättern, sondern Menschen führen und muß deshalb der erste sein, wo es auf Kraft und Weisheit ankommt. Mit einem zornigen Blick muß er andere in die Schranken weisen; Olaf wird es noch in der Schlacht von Stiklestad 1030 tun, in der er fällt. Hochmütig wie sein Zorn ist sein Gelächter, das dem Stiefvater trotzt. Hier wächst kein Heiliger heran, auch wenn Olaf für schöne Frauen nicht schwärmt. Er hat keine Zeit dafür, er ist schon vor der Reifezeit erwachsen.

Dem Zwölfjährigen ordnet sich um 1007 sein Erzieher schon schweigend unter; auch die Mutter befiehlt, was er will. Es treibt ihn aus der bäuerlichen Seßhaftigkeit, auch aus der Sippenkontrolle hinaus. Vollenden kann nur er selbst seine Erziehung durch »Erfahrung«, die ihn nun bis zum 20. Lebensjahr heimatlos macht. Zwischen Finnland, England und Spanien zieht er mit seiner freiwilligen Gefolgschaft kämpfend und plündernd umher. Am Steuer des Schiffes sitzt Hrani, aber die Neider haben Unrecht. Hrani war Erzieher zur Herrschaft, Herr ist der Erzogene. Mit zwölf Jahren ist Olaf König, auch wenn er erst später Norwegen im Kampf zusammenzwingen und dem Land als Klammer der Einheit den

Christenglauben aufzwingen wird. Mit Olafs Aufbruch zur Wikingerfahrt ist schon ein Drittel seines Lebens zu Ende, und es scheint, als wüßten alle Beteiligten, daß er nicht sehr alt werden wird. Seine Mutter sagt es ihm voller Stolz, dem bescheidenen Stiefvater zum Trotz in der Versammlung, die den ruhmreich heimkehrenden Wikinger 1015 empfängt: Lieber kurz gelebt und König von Norwegen als in hohem Alter sterben wie Sigurd Sau. Darauf zielte Olafs Leben, auch seine kurze Jugend. Sie war keine Gegenwart für sich, von den Sorgen der Erwachsenen getrennt, sondern schon Auftakt eines herrischen Lebens. Man kann auch umgekehrt sagen, daß die Jugend dieses Mannes zeitlebens dauerte.

BRAVES KIND

Abt Guibert von Nogent erzählte um 1115 in seinen lateinischen Lebenserinnerungen von seiner Geburt, vielleicht im Jahre 1064, und von seiner Erziehung:

»Meine Mutter hatte beinahe die ganze Fastenzeit über mit ungewöhnlichen Schmerzen im Kindbett gelegen – und oft hat sie mir diese Beschwerden vorgeworfen, als ich vom Weg abkam und bedenkliche Pfade ging –. Endlich kam der Karsamstag, der Tag vor Ostern (11. 4.). Sie wurde von langdauernden Martern gequält, und wie ihre Stunde kam, steigerten sich die Wehen. Als man nach dem natürlichen Verlauf meinen konnte, ich käme heraus, wurde ich nur höher hinauf in ihren Leib gepreßt. Vater, Freunde und Verwandte waren über uns beide ganz tief betrübt, denn das Kind brachte die Mutter dem Tod nahe, und ebenso gab der drohende Tod des Kindes, dem der Ausgang versperrt war, für alle Anlaß zu Mitleid. Es war ein Tag, an dem außer dem einzigen Gottesdienst, den man zur festgesetzten Zeit feiert, gewöhnlich keine Messen für persönliche Anliegen gelesen werden. In der Not berät man sich, eilt gemeinsam zum Altar der Gottesmutter, bringt ihr, der einzigen, die gebar und doch für immer Jungfrau blieb, ein Gelübde dar und legt es anstelle eines Geschenkes auf den Altar der gnädigen Herrin: Wenn ein Junge geboren werden sollte, würde er Gott und ihr dienen und Kleriker werden; wenn es etwas Schlechteres würde, sollte das Mädchen in einen passenden Orden gebracht werden.

Gleich darauf kam ein schlaffes Etwas, beinahe eine Fehlgeburt zum Vorschein, und weil es endlich heraus war, freute man sich, einem so verächtlichen Wurm angemessen, bloß über die Entbindung der Mutter. Dieses neugeborene Menschlein war so winzig klein, daß es wie eine tote Frühgeburt aussah, so klein, daß damals, ungefähr Mitte April, das Schilfrohr, das in dieser Gegend besonders dünn wächst, neben die Fingerchen gehalten dicker als sie erschien. Am selben Tag, als ich zum Taufbecken gebracht wurde, wog mich eine Frau von der einen Hand in die andere – man hat es mir als Knaben und noch als jungem Mann oft zum Spaß erzählt – und sagte: ›Glaubt ihr von dem da, es werde am Leben bleiben? Die Natur hat es fehlerhaft, fast ohne Glieder gemacht und ihm etwas gegeben, was eher wie ein Strich als wie ein Körper aussieht.‹ ...

Nach der Geburt hatte ich kaum mit der Rassel zu spielen gelernt, da machtest du, guter Gott und mein künftiger Vater, mich zum Waisen. Denn nach etwa acht Monaten starb mein leiblicher Vater. Großen Dank schulde ich dir, daß du diesen Mann in christlichem Zustand sterben ließest; denn wenn er am Leben geblieben wäre, hätte er den Plan deiner Vorsehung mit mir sicher durchkreuzt. Denn mein Körperbau und eine diesem zarten Alter natürliche Lebhaftigkeit ließen mich für irdische Aufgaben tauglich erscheinen, und niemand zweifelte, daß mein Vater, wenn die Zeit für literarische Ausbildung reif wäre, das für mich abgelegte Gelübde nicht halten würde. Gütige Vorsehung, zum Segen für uns beide hast du dafür gesorgt, daß für mich die Unterweisung in deiner Zucht begann und daß er das dir gegebene Versprechen nicht brach.

Also zog mich die Witwe, die wirklich dir Geweihte, mit großer Sorgfalt auf. Schließlich bestimmte sie das Fest des heiligen Gregor (12. 3.), um mit dem Unterricht zu beginnen. Sie hatte gehört, daß dieser dein Diener, o Herr, durch wunderbares Verständnis hervorragte und durch unendliche Weisheit gedieh. Deshalb bemühte sie sich, mit eifrigem Almosengeben den Beistand deines Bekenners zu gewinnen, damit er, dem du Einsicht geschenkt hattest, für mich Eifer bei der Aneignung von Verstand erwirkte. Ich fing also mit den Buchstaben an und lernte irgendwie die Schriftzeichen; aber kaum wußte ich die Buchstaben zusammenhängend zu lesen, da beschloß meine fromme und bildungsbeflissene Mutter, mich einem Sprachlehrer zu übergeben. Kurz vorher und teilweise auch noch zu meiner Zeit gab es so wenige Sprachlehrer, daß auf den Burgen fast keiner, in den Städten kaum einer zu finden war, und wenn man zufällig einen fand, dann wußte er nicht viel; mit den wandernden Scholaren unserer Tage waren sie nicht zu vergleichen. Auch der, in dessen Obhut mich meine Mutter zu geben beschloß, hatte erst als Erwachsener Grammatik zu lernen begonnen und war in dieser Kunst um so unerfahrener, je weniger er darin von früh an aufgewachsen war. ...

Er erzog mich, seinen Zögling, so züchtig und bewahrte mich vor allem Übermut, der in diesen jungen Jahren überzuschäumen pflegt, so gewissenhaft, daß ich an gemeinsamen Spielen überhaupt nicht teilnehmen und ohne seine Begleitung nicht ausgehen durfte. Außer Haus durfte ich nichts essen und ohne seine Erlaubnis von niemandem Geschenke nehmen; alles mußte ich wohlgemessen tun, in Worten, Blicken und Werken, und es hatte den Anschein, als wolle er mich nicht nur zum Kleriker, sondern gleich zum Mönch machen. Meine Altersgenossen streunten überall nach Belieben herum, für ihre altersbedingten Neigungen wurden ihnen die Zügel freigelassen; währenddessen wurde ich an derlei Dingen durch wachsame Befehle gehindert, saß im geistlichen Ornat da und betrachtete die Scharen spielender Kinder wie ein gelehrtes Lebewesen. Sogar an Sonntagen und Heiligenfesten stand ich unter der Zucht der Schulübungen; keinen Tag, fast keine Stunde ließ er mir Ferien, immerfort wurde ich nur zum Studieren gedrängt. Er hatte mich als einzigen zur Erziehung übernommen und durfte selber keinen anderen Schüler halten.

Da er mir so zusetzte, hätte jeder Beobachter glauben müssen, daß mein kleiner Geist durch solche Hartnäckigkeit vorzüglich geschliffen würde; aber die Hoffnung aller schlug fehl. Denn vom Briefeschreiben und Versemachen verstand er überhaupt nichts. Indessen wurde ich fast täglich mit einem wüsten Hagel von Ohrfeigen und Schimpfworten zugedeckt; so zwang er mich zu lernen, was er nicht zu lehren verstand. Fast sechs Jahre verbrachte ich mit diesem vergeblichen Ringkampf bei ihm, aber der Ertrag stand in keinem Verhältnis zum Zeitaufwand. In anderer Beziehung freilich, in allen Bereichen anständigen Verhaltens waren mir seine Bemühungen von großem Nutzen: Bescheidenheit, Keuschheit und guten Geschmack brachte er mir getreulich und liebevoll bei.«

Diese erste regelrechte Autobiographie des Mittelalters nahm sich Augustins *Bekenntnisse* zum Vorbild. Deshalb faßte Guibert seine Erinnerungen als Lebensbeichte, die dem Vatergott für die Lenkung des strauchelnden Menschen dankte. Dabei hatte die Kindheit besonderes Gewicht. Während aber Augustin eine Art Psychologie des Kindesalters gab, von allgemeinen Beobachtungen ausgehend, nur der eigenen Erfahrung trauend, familiäre Anekdoten aussparend, lebt Guiberts Bericht von den Erzählungen der Mutter und der Mägde, die seit Jahrzehnten im Haus dienen, und hält diese Kindheit für ungewöhnlich. Stärker als Augustin ist Guibert an seine Familie gekettet; seine Bindung an die Mutter ist sinnlicher als Augustins Verhältnis zu Monika. Durch Guiberts Darstellung hindurch hören wir das Urteil der sittenstrengen und gefühlskalten Mutter über ihren Mann; die Ehe war unglücklich. Der Vater Evrard, vermutlich Verwandter und Vasall der Herren von Clermont bei Beauvais, hatte sehr jung geheiratet, bei seiner gleichjungen Frau wenig Befriedigung gefunden und sie anderswo gesucht; für diesen Fehltritt sah ihn nachher Guiberts Mutter im Fegefeuer brennen. Er starb, nachdem er zu seiner Ehefrau zurückgekehrt war, also in christlichem Zustand; doch war ihm zuzutrauen, daß er auch andere als eheliche Zusagen bräche.

Die negative Vaterfigur verkörperte für Guibert Geschlecht in doppeltem Sinn: Unkeuschheit und Sippenbindung. Guibert hatte mehrere Brüder, erwähnte aber ihre Schicksale nur nebenbei und liebte auch die weitverzweigte Verwandtschaft nicht, obwohl sie sich um sein Fortkommen bemühte. Er hing allein an der Mutter, deren Taufnamen er nie nannte; sie erschien ihm als Inbegriff von Schönheit und Tugend. In der weltfrohen Adelssippe ihres Mannes fand sie wenig Anklang. Nach Evrards Tode verteidigte sie Erbe und Witwenschaft geradezu verbissen gegen die Verwandten. Ihre Kinder liebte sie nicht; selbst Guibert, der ihr als Nesthäkchen am nächsten stand, klagt über die Härte, mit der sie den Zwölfjährigen alleinließ, um ins Kloster zu gehen und ihm Vorwürfe zu machen. So blieb denn als künftiger Vater, bei dem Guibert Geborgenheit finden konnte, nur Gott.

Er griff schon bei der Geburt sichtbar ein; die genaue Einordnung des Geburtstags in das Kirchenjahr bereitet gleich darauf vor. Das Geburtsjahr braucht nicht genannt zu werden. Wie bei Olafs Geburt wurden, nachdem die Hebammen nicht weiterwußten, himmlische Mächte zu Hilfe gerufen. Noch nicht der Kult des Jesuskindes, aber die Verehrung der jungfräulichen Mutter Gottes begann bereits im 11. Jahrhundert neben den Kult Gottvaters zu treten. Dennoch hätte nach adligem Familiensinn die Geburt eines Mädchens ein Mißgeschick bedeutet. Das Gelübde schnitt keine Karriere ab, denn dem adligen Jungen würden kirchliche Führungsstellen offenstehen; er würde an der Macht seiner Sippe, wenn auch nicht an ihrer Fortpflanzung teilhaben. Beinahe ein Drittel aller Männer aus adligen Familien ging diesen Weg. Bei der raschen Taufe erhielt das Kind denn auch einen adligen Namen, keinen heiligen wie Peter, Paul, Remigius oder Nikolaus, was Guibert im Rückblick lieber gesehen hätte und sich erst seit dem 13. Jahrhundert einbürgerte. Guibert, der als Abt die gregorianische Kirchenreform unterstützte, wehrte sich gegen die übliche Verflechtung von Adel und Kirche und begriff seine Lebensaufgabe völlig anders als der Vater.

Die Mutter stellte die Weichen bereits mit dem Entschluß, das etwa sechsjährige Kind solle Lesen und Schreiben lernen. Wieder wurde himmlischer Beistand herbeigerufen; der Mönchspapst Gregor der Große galt als Patron der Schule, besonders des Schulanfangs. Wer literarisch ausgebildet wurde, war unterwegs zum geistlichen Stand. Der Sprachlehrer, den die Mutter mit einiger Mühe einer verwandten Adelsfamilie abspenstig machte, sollte Grammatik, das heißt Latein lehren, und wenn er auch zunächst Briefkunst und Verslehre übte, Ziel war das Verständnis der lateinischen Bibel und Liturgie. Die Erziehung diente zugleich der Einübung geistlichen Verhaltens, der Bescheidenheit und Keuschheit. Haupttugenden eines Adligen waren das nicht. Ein Adliger hätte sich auch nicht schlagen lassen, was mittelalterlicher Schulbildung unerläßlich schien; sogar Guiberts Mutter reagierte einmal auf Prügelmale des Kindes mit der Frage, ob er nicht doch lieber Ritter werden möchte. Doch inzwischen hatte der Sprachlehrer seine Wirkung getan.

Guiberts Urteil über ihn ist zwiespältig und nicht ganz gerecht. Aus niederem Stand gebürtig, wirtschaftlich abhängig von der Herrschaft, in deren Haus er wohnte, geistig der strengen Witwe beinahe hörig, aß er das harte Brot des Hauslehrers, der an seinen Zögling gefesselt ist und sich höchstens durch Schläge Luft machen darf. Die Mutter wünschte Einzelunterricht, wie er in adligen Häusern noch in der Neuzeit üblich war; Guibert lebte Tag und Nacht mit dem Erzieher zusammen und fand keinen Freund, keine Schulklasse. Daß sich mit dem Aufschwung der Domschulen, zum Beispiel in Laon, im frühen 12. Jahrhundert die Qualität der Ausbildung besserte, hat Guibert richtig gesehen; was aber seine Erziehung noch quälender machte, wagte er sich nicht einzugestehen. Kein Psychologe wußte damals, wie wichtig nichtfamiliäre Bünde und Banden für den Übergang von der Kindheit zur Reifezeit sind. Auf die Spiele anderer Kinder sähe der 50jährige Guibert ohne Neid, sogar mit Hochmut, hätte ihm der Zwang der Isolierung nur mehr Kenntnisse eingebracht. Am Hauptergebnis seiner Erziehung, an der Schüchternheit und Unselbständigkeit eines Stubenhockers, hatte der Benediktiner erst recht nichts auszusetzen.

Mit zwölf Jahren allerdings hatte er anders reagiert, als die Mutter und gleich danach der Hauslehrer sich ins nächste Kloster zurückzogen. Da genoß Guibert die ungewohnte Freiheit, ging nicht mehr zur Kirche, schloß sich verwandten Altersgenossen an, machte deren Ritterspiele mit und – sein schlimmstes Vergehen auf der schiefen Bahn – schlief sich gründlich aus. Der alte Mann prangerte dann diese Jugendsünden an, nicht bloß aus augustinischer Überzeugung von der Verderbtheit des Menschen, sondern aufgrund einer Erfahrung. Denn alsbald, schon mit 13 Jahren, besann sich Guibert auf das Gelübde des Vaters, hörte auf die Vorwürfe der Mutter und trat in das Kloster ein, wo er den Hauslehrer wiederfand. Es war wohl im Jahre 1077, auf dem Höhepunkt der gregorianischen Kirchenreform; soeben hatte der deutsche König Heinrich IV. den Bußgang nach Canossa zum Papst angetreten. Guiberts Weg war leichter. Als er zum ersten Mal den Mönchskonvent in der Klosterkirche versammelt sah, wußte er, wo er eigentlich zu Hause war, denn dies war die Gemeinschaft, auf die allein seine Jugend zielte. Der 13jährige setzt als Mönch nur fort, was der Sechsjährige begonnen hat, und seine Kinderträume vom gelehrten und züchtigen Menschen werden noch die Ideale des Greises sein. Eine eigene Jugend hat er nicht gehabt.

JUGEND

Obwohl die Lebensläufe Olafs und Guiberts nur zwei Generationen auseinanderliegen und beide im adligen Lebenskreis beginnen, sind sie gegensätzlich ausgerichtet. Der eine strebt jenes herrische Kriegerdasein an, das der andere um der geistlichen Demut willen ausschlägt. Aus dem unterschiedlichen Erziehungsziel folgen fast alle weiteren Nuancen. Für

Olaf ist schon bei der Geburt die Abstammungsgemeinschaft Richtpunkt; in ihre Kraft und Überlieferung soll und will er eintreten. Die Sippe freut sich über seine Ankunft, sie feuert ihn an und dient ihm. Anderen Gruppen gegenüber will er der Überlegene sein; an ihrem Widerstand bildet er sich, bis auch sie sich ihm unterordnen. Seine Erziehung zur Herrschaft vollzieht sich fast schweigend durch Vorbild und Nachahmung, ohne Schriftwissen; ihr Ergebnis ist das selbstbewußte und selbständige Handeln eines aktiven, ja aggressiven Mannes.

Die Geburt des künftigen Geistlichen erscheint als Eintritt in das irdische Jammertal, als Zeugnis wider alles Geschlechtliche. Die Erziehung beginnt mit Literatur und vollzieht sich im Gespräch; sie erstrebt den kontemplativen Menschen, der zu den Mitmenschen Distanz hält und sich selbst beobachtet, in skrupulöser Gewissenserforschung, die sich literarisch ausdrücken läßt. Sie führt zum selbstkritischen und bescheidenen Verhalten, das Jugend und Ausgelassenheit geringschätzt. Das kirchliche Ideal richtet sich nach der bereits von Cicero verkündeten Norm vom Knaben als Greis, vom gelehrten Lebewesen, das alles Spielerische in Kampf und Liebe als Abschweifung empfindet.

Sobald man nicht auf die Erziehungsziele, sondern auf die Lebensbedingungen mittelalterlicher Jugend blickt, überwiegen die Gemeinsamkeiten beider Lebensläufe. Es zeigt sich, daß die Männer ihr Übergewicht im Sozialgefüge mit raschem Verschleiß bezahlen. Beide Kinder wachsen ohne Vater auf, und die fehlende Vaterbindung ist desto gravierender, je lockerer die Bindung zwischen den Eltern ist. Die Jugend Olafs und Guiberts hat keine Heimat im Elternhaus. Zwar sind beide selbstverständlich in der elterlichen Wohnung zur Welt gekommen, von allen Verwandten und Nachbarn umringt; aber die Ohnmacht der Umstehenden zeigt sich gleich bei der Geburt. Viele Mütter sterben im Wochenbett, noch höher ist die Kindersterblichkeit. Sie schwankt je nach Stand, Jahrhundert und Landschaft, doch läßt sich allgemein vermuten, daß jedes zweite bis vierte Kind vor dem zehnten Lebensjahr starb, ein Verhältnis, das bis zum 19. Jahrhundert bestehen bleibt. In unreifen Äpfeln saß tatsächlich sehr oft der Wurm. Um so höher war allerdings die Zahl der Geburten, mindestens beim Adel; hier kam die fruchtbare Ehe im Durchschnitt auf annähernd acht Kinder, während etwa ein Fünftel der Ehen kinderlos blieb. Es herrschte also wie in allen Kulturen außer der modernen ein ständiges Kommen und Gehen des Nachwuchses. Da medizinische Hilfe

5 Mutter Erde mit Kindern

6 Vater und Sohn zu Pferde

nicht zu erreichen war, hielt man sich an die Verheißungen des Glaubens, des germanischen oder des christlichen, die den Lebensweg des Kindes beschützen sollten; Taufe und Namengebung dienten vornehmlich dieser Absicht.

Auch wer seine Kinder zärtlich liebte, erzog sie nicht selbst, soweit man sich einen Mentor oder Hauslehrer leisten konnte. Der ältere Erzieher brachte dem Zögling im täglichen Zusammenleben rasch selbstverständliche Haltungen bei. Das ist am sinnvollsten für den künftigen Adelsherrn; weniger fruchtbar ist die Symbiose, wenn es um Einübung intellektueller Methoden geht. Theoretisch sollten, wenn nicht die Familie die Erziehung leitet, sich die Jugendlichen zu eigenen Gruppen Gleichaltriger zusammenschließen; wir werden bei jungen Mönchen und Studenten solche Gruppen vereinzelt antreffen, aber typisch sind sie nicht. Denn alle Gruppen jenseits der Familie, im Grund auch die Familie selbst, haben das Verhalten des Erwachsenen, ja des Greises zum Leitbild. Man darf annehmen, daß im Mittelalter, ähnlich wie bei Naturvölkern, die Hälfte der Gesamtbevölkerung jünger als 20 Jahre war; graues Haar war kostbar. Darum richtete sich alle Erziehung auf die Bildung des Mannes im Kind.

Diese Erziehung war kurz, und hier sind die Lebensläufe Olafs und Guiberts ganz typisch: Mit zwölf oder dreizehn Jahren können die Zöglinge schon in den Lebenskreis eintreten, der sie festhalten wird. Langwierige Einübung von Gehirnleistungen ist nicht vonnöten, besonders beim Adel nicht, der wenig auf geistige Differenzierung und technische Spezialisierung gibt. Das ändert sich im Spätmittelalter vor allem in zwei Bereichen: Bei Handwerkern werden bis zu sieben Jahren Lehrlingszeit gefordert, bei Gelehrten an die zehn Studienjahre. Hier sammelt sich dann Sprengstoff, während sonst die Mündigkeit schon mit der Reifezeit erreicht wird. Die Konflikte danach belasten meist nicht mehr die Familie, sondern den Lebenskreis.

Spannungen treten vornehmlich in den Führungskreisen zutage, wenn zwischen dem Ende der Erziehung und der Übernahme von Herrschaft und Besitz einige Jahre klaffen. Sie werden vielfach wie im Fall Olafs dadurch überbrückt, daß sich der junge Mann auf Wanderschaft begibt, um Erfahrungen zu sammeln und sich aus der Obhut der Familie zu lösen. Schwieriger ist die Lage jüngerer Söhne, die kein Erbe zu erhoffen haben; für sie ist wie für Guibert die geistliche Laufbahn der beste

Ausweg. Hätte sich Guibert zum Ritterleben entschlossen, so hätte er die kindlichen Ritterspiele vielleicht im Kampf um eine reiche Erbin sehr ernsthaft fortsetzen müssen. Im allgemeinen sind jedoch mittelalterliche Lebenskreise flexibel genug, um jugendlichem Ehrgeiz Raum zu lassen. Der von Wikingerfahrt heimgekehrte Olaf hätte sich mit dem Ansehen eines Großbauern begnügen können; aber er wollte König werden und wurde es. Der ins Kloster eingetretene Guibert hätte sich mit dem Amt eines Abtes zufriedengeben können; aber er wollte Gelehrter sein und war es. Elternhaus und Erziehung konnten dem Lebenslauf eine Richtung weisen, aber seine Wendungen nicht vorwegnehmen. Mittelalterliches Leben war zu kurz, als daß sich Kindheit und Jugend zu geschlossenen Lebenskreisen auswachsen konnten, und es war zu gesellig, als daß man die Einübung von Lebensformen allein Eltern und Lehrern überlassen wollte.

KAISERS HOFTAG

Gislebert von Mons schilderte 1196 in seiner lateinischen *Chronik des Hennegaus* den Hoftag, den Kaiser Friedrich Barbarossa im Mai 1184 in Mainz hielt:

»Als im selben Zeitraum und Jahr der Pfingsttermin näherrückte, bat der Graf (Balduin V.) von Hennegau, der wegen seiner Erbschaftssache zum anberaumten Mainzer Hoftag gehen wollte, den Grafen (Philipp) von Flandern nichtsahnend, dieser, der zu diesem Hoftag seine Boten schicken mußte, möge sich durch die Boten beim Herrn Kaiser und bei König Heinrich, seinem entfernt Verwandten und dem Sohn des Kaisers, für ihn einsetzen. Das gewährte und versprach ihm der Graf von Flandern zwar, aber durch seine Boten, den Kleriker Gerhard von Messines, seinen Siegelbewahrer und Propst von Lille, und den Ritter Radulf von Hazebrouck, hätte er dem Grafen von Hennegau, dem zu helfen er versprochen hatte, geschadet, wenn er gekonnt hätte. Der Graf von Hennegau aber machte sich zu diesem Hoftag auf, zusammen mit den tüchtigen und vornehmen Männern Eustach dem Jüngeren von Roeulx, Osto von Trazegnies, Walter von Wargnies, Nikolaus von Barbençon, Reiner von Trith, Hugo von Croix, Almann von Prouvy, Polius von Villers, Godfrid von

Esch, einer Burg in den Ardennen, Nikolaus Mönch, Walter von Steenker-
que und dem Bruder des Grafen, Heinrich, der eben Ritter geworden war.
Sie waren mit Seidengewändern angetan. Über Namur, Lüttich, Aachen
und Koblenz traf der Graf am Tag vor Pfingsten (19. 5.) ein, mit großer
und angesehener Mannschaft, mit viel Silbergeschirr und anderem Bedarf
und mit stattlich bekleideter Dienerschaft. Auf diesem Hoftag hatte der
Graf von Hennegau viele Adlige aus dem Land Luxemburg bei sich.

Wegen der übergroßen Menschenmenge, die zusammen kam, ließ der
Herr Kaiser auf den Mainzer Wiesen jenseits des Rheins für sich und alle
Besucher Zelte aufschlagen; dort ließ der Kaiser für seinen Bedarf eigene
Häuser errichten. Da hatte der Herr Graf von Hennegau zahlreichere und
schönere Zelte als die übrigen. Nun versammelten sich zum Hoftag aus
dem ganzen Reich diesseits der Alpen Fürsten, Erzbischöfe, Bischöfe,
Äbte, Herzöge, Markgrafen, Pfalzgrafen, andere Grafen, Edelherren und
Ministerialen; nach wahrheitsgetreuer Schätzung waren bei diesem Hof-
tag die Ritter 70 000 an der Zahl, ohne Geistliche und Menschen anderer
Stände.

Am heiligen Pfingsttag aber (20. 5.) trugen Herr Friedrich, Kaiser der
Römer, und seine Frau Kaiserin (Beatrix) mit großer und gebührender
Feierlichkeit die Kaiserkrone. Auch König Heinrich, ihr Sohn, trug mit
ihnen die Königskrone. Bei dieser Festkrönung beanspruchten die mächtigsten Fürsten das Recht, das Reichsschwert zu tragen, nämlich der
Böhmenherzog (Friedrich), der auf dem Hoftag mit 2000 Rittern erschien;
Herzog Leopold (V.) von Österreich, ein tüchtiger und freigebiger Ritter,
mit 500 Rittern; der neue Sachsenherzog Bernhard (IV.), mit 700 Rittern;
Pfalzgraf Konrad bei Rheine, des Kaisers eigener Bruder, mit 1000 und
mehr Rittern, sowie der Landgraf (Ludwig III.) von Thüringen, ein wacke-
rer Mann und Neffe des Kaisers, der mit 1000 oder mehr Rittern kam. Da
gab der Herr Kaiser dieses Schwert dem Grafen von Hennegau zu tragen,
und niemand widersprach; denn er war ein Mann von großem Ansehen
in aller Welt, war zum ersten Mal auf einem Hoftag und hatte auf
demselben Hoftag unter den Fürsten und anderen Adligen viele hochmö-
gende Verwandte.

Am Pfingstmontag (21. 5.) wurden Herr Heinrich, König der Römer,
und der Schwabenherzog Friedrich (V.), die Söhne von Herrn Friedrich,
Kaiser der Römer, zu Rittern geweiht. Zu ihren Ehren gaben sie und alle
Fürsten und anderen Adligen viele Geschenke an Ritter, Gefangene,

Kreuzfahrer, Gaukler und Gauklerinnen, nämlich Pferde, kostbare Gewänder, Gold und Silber. Denn die Fürsten und anderen Adligen gaben nicht nur zu Ehren ihrer Herren, nämlich des Kaisers und seiner Söhne, sehr freigebig das Ihre aus, sondern auch zur Verbreitung ihres eigenen Ansehens und Ruhmes. Am Montag und Dienstag (22. 5.) nach dem Essen veranstalteten die Kaisersöhne ein Schauturnier, und daran nahmen schätzungsweise 20 000 Ritter und mehr teil. Es war ein Turnier ohne scharfe Waffen; die Ritter führten ohne Stoß und Hieb ihre Schilde, Lanzen und Banner vor und tummelten die Pferde. Bei diesem Turnier zeigte auch Herr Kaiser Friedrich selber geziemend vor den anderen seinen Schild, obwohl er von Gestalt nicht größer oder ansehnlicher als die übrigen war; der Graf von Hennegau, der ihn bei diesem Turnier bediente, trug ihm die Lanze.

An diesem Dienstag aber gegen Abend kam ein starker Wind auf und warf die Kapelle des Herrn Kaisers und ein paar Häuser zu Boden, die dort auf den Rheinwiesen für die Volksmenge neu errichtet worden waren. Bei ihrem Einsturz starben einige Menschen; der Wind zerriß viele Zelte und jagte allen Schrecken ein. ... Aber der Herr Kaiser der Römer gewährte dem Grafen von Hennegau seine Zustimmung betreffend alle Güter seines Onkels, des Grafen (Heinrich IV.) von Namur, sowohl Eigengüter wie Lehen, und bekräftigte dies nach dem Rat seiner Fürsten und deren Anordnung und nach dem Entwurf Gisleberts, des gräflichen Notars, durch seine Urkunde. ... Der Graf von Hennegau hatte bei diesem Hoftag seine Geschäfte nach Wunsch abgewickelt und war dort vor anderen Fürsten geehrt worden. Er nahm nun vom Herrn Kaiser Urlaub, verließ den Hoftag am Freitag nach Pfingsten (25. 5.) und kehrte über Bingen, Trier und Luxemburg heim.«

Als Gislebert die Chronik kurz nach dem Tod seines Grafen, wahrscheinlich in ziemlicher Eile, zusammenschrieb, stand ihm die Pfingstwoche vor zwölf Jahren noch lebendig vor Augen. Der Historiker konzentrierte jetzt die Landesgeschichte seiner Heimat auf die Taten Balduins V.; den Politiker, Balduins Kanzler, hatten damals territoriale Probleme beschäftigt, die inzwischen glücklich entschieden waren. Balduin beerbte 1192 seinen mißtrauischen Schwager und Lehensherrn Philipp als Graf von Flandern; 1190 endete auch der Streit um die Grafschaft Namur-Luxemburg zu Balduins Gunsten. Der blinde Heinrich IV. von Namur war

zunächst kinderlos geblieben und hatte Balduin, den Sohn seiner Schwester, als Erben ausersehen, dann 1186 eine Tochter bekommen und sich
anders besonnen; das Erbe drohte an einen französischen Schwiegersohn
zu fallen. Das konnte man 1184 noch nicht wissen, aber um sich gegen
Eventualitäten zu sichern, hatte sich Balduin schon damals an Barbarossa
gewandt. In Mainz wurde im Mai 1184 die Vereinbarung geschlossen, von
der Gislebert sagt, daß er sie aufgesetzt habe; fünf der vornehmen
Begleiter des Grafen wirkten als Zeugen mit. Barbarossa würde die
Grafschaft Namur-Luxemburg zum deutschen Reichslehen machen und
Balduin samt Erben mit ihr belehnen. Bis dahin aber mußte der Kaiser
den Hennegauer unterstützen, in politischen Besprechungen und in der
Öffentlichkeit. Darum also kam der Graf mit stattlichem Gefolge, vornehmlich aus Luxemburg; darum zeichnete ihn Barbarossa so sichtbar
aus, als wäre der Graf schon sein vornehmster Lehensmann; denn der
trug sonst dem Kaiser das Schwert.

Das Fest hatte demnach politische Funktionen, auch für Barbarossa,
der die Majestät und Macht seines Hauses und seiner Erben allem Adel
und Volk glanzvoll demonstrierte. Der weitgereiste Gislebert führte in
Mainz, wie vorher und nachher, mit Reichsfürsten und leitenden Männern der Reichskanzlei Verhandlungen und knüpfte Beziehungen an,
denn von überallher kamen die einflußreichsten Herren zusammen. Aber
ein Kongreß der Politiker war der Hoftag auch für Gislebert nicht. Es war
ein Fest für alle Menschen aus vielen Ständen und Ländern und fand
deshalb nicht in den Sälen der Kaiserpfalz, sondern unter freiem Himmel
auf weiten Wiesen statt. Die zusammenströmende Menge war so überwäl-
tigend, daß sogar der nüchterne Gislebert ihre Zahl überschätzte. Wo
sonst kamen im 12. Jahrhundert Zehntausende zusammen? Naivere
Zeitgenossen konnten sich nicht genug wundern über die riesigen Men-
gen von Wein und Geflügel, die rheinauf, rheinab nach Mainz geschafft
wurden; daß man in Mainz drei tolle Tage lang nach Herzenslust schmausen und bechern durfte, hob das Fest noch mehr ins Märchenhafte.
Gislebert vermerkte die Festgelage nicht, auch nicht das seit Otto dem
Großen herkömmliche Krönungsmahl, bei dem die Herzöge als Marschall, Schenk, Kämmerer und Truchseß Tischdienste taten; Graf Balduin
hatte dabei keine offiziöse Funktion.

Wichtiger nahm Gislebert als Propst von Mons die geistlichen Veranstal-
tungen. Auch sie heben wie das gemeinsame Tafeln einen solchen Tag aus

dem Gleichmaß des Jahres heraus. Es ist Pfingsten, eines der drei kirchlichen Hauptfeste, mit traditionell schönem Wetter. Geistliche Würdenträger sind zu Tausenden versammelt. Seit dem 11. Jahrhundert war es Brauch, daß sich an solchen Hochfesten Kaiser und Kaiserin in einer Nebenkirche von einem Kirchenfürsten die Krone aufsetzen ließen und in feierlicher Prozession, wie es byzantinische Kaiser auch taten, zum Hochamt in den Dom zogen. Dieser Festzug vereint Hoch und Niedrig, Schreitende und Schauende zu einem bewegten Schauspiel, bei dem der kleine Mann aus nächster Nähe die Großen dieser Erde und ihr Gehabe betrachten kann. Man mag sich den Eindruck ausmalen, den das Glitzern der Edelsteine, das Rascheln der Seidengewänder, das Dröhnen der Domglocken auf alle machte. Anwesende Dichter wie Henric van Veldeke oder Guiot de Provins versicherten, dergleichen habe man lange nicht gesehen, vielleicht seit den sagenhaften Tagen Alexanders des Großen oder des Königs Artus nicht mehr. Jeder wußte, daß er so viel Gewimmel und Glanz sein Lebtag nicht wieder sehen würde, und auch das gehört zum großen Fest. Es ist einmalig, und die Dichter werden von ihm noch nach hundert Jahren singen.

Gislebert verstand auch die Absicht des dritten und wichtigsten Festteils, der ritterlichen Aufzüge. Wie die zwei Kaisersöhne mit dem Schwert gegürtet und zu Rittern geweiht wurden, beschreibt er freilich nicht näher. Höher schlägt sein Herz bei der daran anschließenden Darbietung von adliger Kraft, schon bei der Ausgabe von Geschenken. Die hohen Herren treten hier wieder unters Volk und beweisen Freigebigkeit und Reichtum. Wer sich mehr als andere leisten kann, schämt sich dessen nicht, und die Beschenkten neiden es ihm nicht, denn die Verschwendung kommt allen zugute, sogar Spaßmachern und Spielleuten. Mancher Fürst mag dabei gedacht haben, was der Mainzer Erzbischof Konrad nachher sagte, daß er durch diese Festlichkeit zu unendlichen Aufwendungen gezwungen gewesen sei; aber niemand von ihnen durfte sich anmerken lassen, daß ihn sein Gebaren ruinierte. Dem Volk zuliebe wurde auch das Turnier gehalten, damit ein weiterer Grundzug von Festlichkeit, das zweckfreie Spiel zur Geltung komme. Es sollte heiter sein und wurde deshalb nicht wie andere Turniere mit scharfen Waffen gefochten; es war ein Schaureiten von Tausenden, noch einmal eine Prozession, nun aber im modernen Geschmack. Hier gab die ritterliche Jugend den Ton an, vorweg der 18jährige König Heinrich. Gislebert sah mit leichtem Befremden, daß der 62jährige Kaiser auch in den Ring ritt, wo er sich doch vor anderen nicht auszeichnen konnte. Aber das mittelalterliche Fest kennt nicht die Loge des unbeweglichen Monarchen; der Kaiser spielt mit und hebt auch dadurch die Konventionen des Alltags aus den Angeln. Am dritten Tag wiederholen sich die Spiele, damit der Eindruck nicht zu flüchtig sei; ein großes Fest währt lange.

Man hätte die drei Tage nicht besser planen können. Sie vereinen so gut wie alles, was sich als Kontrast zum gewöhnlichen Leben im Mittelalter ausdenken läßt. Anstelle der Vereinzelung von Sippen, Siedlungen und Ständen die Menschenmenge, die niemand zählen kann. Anstelle des kärglichen Lebensunterhalts Überfülle von Speis und Trank, kostbare Geschenke obendrein. Anstelle des grauen Alltags ein kirchliches Fest ohnegleichen, gesteigert durch den magischen Glanz der Kaiserkrone, durch die blühende Jugend der Kaisersöhne, eine heilige Verheißung. Anstelle eintöniger Arbeit Feier und Spiel, nicht immer heiter, doch stets stimulierend. In einem solchen Festtag ist die entgleitende Zeit festgemacht, der gebrechliche Mensch in einen Rausch von Kraft und Freiheit versetzt. Für wie lange? Auch das Ende des Hoftags hätte nicht mittelalterlicher ausfallen können, gerade weil es alle Planungen durchkreuzte. Der Sturm am Pfingstdienstag, als das Fest zu Ende ging, kostete fünfzehn Menschen das Leben, und alle waren bestürzt. Niemand erwog, daß der Tribut an Menschenleben noch viel höher hätte sein können und daß die meisten Glück gehabt hatten. Die einen nahmen den Vorfall als böses Vorzeichen für die kaiserliche Familie; andere meinten, Gott habe die vom Prunk benommenen Menschen an ihre Ohnmacht erinnern wollen. Für die Woche darauf war als Nachfeier ein Turnier in Ingelheim vorgesehen; es wurde abgesagt. Der harte Alltag war plötzlich wieder da, für Balduin und Gislebert mit den Verhandlungen, die die Reise veranlaßt hatten. Trotzdem, was die nüchternen Politiker mit in den Hennegau nahmen, war mehr als eine Kaiserurkunde; es war einer von den Eindrücken, die man nicht wieder vergißt.

SCHNAPPHAHNS HOCHZEIT

Wernher der Gartenaere schilderte im dritten Viertel des 13. Jahrhunderts in einer mittelhochdeutschen Dichtung, wie der Strauchdieb Helmbrecht seine Schwester Gotelind mit einem Kumpan vermählt:

»Nun hört von etwas Furchtbarem! Viele Witwen und Waisen wurden um ihr Gut gebracht und in Trauer versetzt, als sich der Held Lämmerschling und seine Gemahlin Gotelind auf den Brautstuhl setzten. Was sie tranken und aßen, wurde von weither zusammengeholt. Sie blieben damals nicht untätig: Die Burschen schleppten und trieben auf Wagen und Pferden früh und spät ihre Beute ins Haus von Lämmerschlings Vater. Als König Artus seine Gemahlin Ginovere heiratete, war es ein ärmliches Fest, gemessen an dem von Lämmerschling; sie lebten nicht von Luft! Als alles vorbereitet war, sandte Helmbrecht seinen Boten, der sputete sich sehr und brachte ihm die Schwester. Als Lämmerschling hörte, daß Gotelind kam, ging er ihr sogleich entgegen. Hört nur, wie er sie begrüßte: ›Willkommen, Frau Gotelind!‹ Sie sprach: ›Vergelt's Gott, Herr Lämmerschling!‹ Nun gingen freundliche Blicke zwischen beiden hin und her. Er sah hinüber, sie herüber. Lämmerschling schoß mit artigen und feinen Worten einen Pfeil auf Gotelind ab, und sie vergalt es ihm mit fraulichen Reden, so gut sie es verstand.

Nun wollen wir Gotelind dem Lämmerschling zur Frau und Lämmerschling der Gotelind zum Mann geben. Da stand ein alter Mann auf, der verstand sich aufs Reden und wußte, wie man das macht. Er stellte sie beide in einen Kreis und sprach zu Lämmerschling: ›Wollt Ihr Gotelind zur Ehe nehmen, so sagt Ja.‹ – ›Gern‹, sprach der Bursche gleich. Er fragte ihn zum zweiten Mal: ›Gern‹, sagte der Bursche. Zum dritten Mal sprach er da: ›Nehmt Ihr sie gern?‹ Der Bursche sagte: ›So lieb mir Seele und Leib sind, so gern nehme ich diese Frau.‹ Nun sprach er zu Gotelind: ›Wollt Ihr Lämmerschling gern zum Mann nehmen?‹ – ›Ja, Herr, wenn Gott ihn mir gönnt.‹ – ›Nehmt Ihr ihn gern?‹ sprach wiederum er. – ›Gern, Herr, gebt mir ihn her!‹ Zum dritten Mal: ›Wollt Ihr ihn?‹ – ›Gern, Herr, nun gebt mir ihn schon!‹ Da gab er Gotelind dem Lämmerschling zur Frau und gab Lämmerschling der Gotelind zum Mann. Da fingen alle an zu singen, und er trat ihr auf den Fuß.

Nun ist das Essen fertig. Wir wollen nicht vergessen, Bedienstete für Bräutigam und Braut zu bestellen. Schlingdengau war Marschall, der fütterte die Pferde gut. Schenk war Schluckdenwidder. Höllensack machte die Sitzordnung für die Fremden und die Bekannten; zum Truchseß war er gewählt. Rüttelschrein, der nie zuverlässig war, wurde Kämmerer. Kühfraß war Küchenvorstand, der gab alles aus, was aus der Küche kam, Gebratenes und Gesottenes. Knickekelch verteilte das Brot. Armselig war die Hochzeit nicht. Wolfsgaumen, Wolfsdarm und Wolfsrüssel leerten viele Schüsseln und viele große Humpen bei dieser Hochzeit. Vor den Burschen schwand die Speise so hin, wie wenn der Wind sie ganz schnell vom Tisch geweht hätte. Ich fürchte, jeder aß alles, was ihm sein Truchseß aus der Küche auftrug. Ob nach ihrem Essen der Hund am Knochen noch etwas zu nagen fand? Sicher nicht, denn ein weiser Mann sagt: ›Jedermann beeilt sich mit dem Essen ganz unmäßig, wenn ihm sein Ende naht.‹ Darum stürzten sie sich darauf; es war ihr Henkersmahl. Nie wieder sollten sie tafeln und fröhlich beisammensitzen.

Plötzlich sagte die Braut Gotelind: ›Ach, lieber Lämmerschling, mir graust in meiner Haut. Ich fürchte, daß fremde Menschen in der Nähe sind, die uns verderben wollen. Ach, Vater und Mutter, daß ich von euch beiden so weit weg bin! Ich fürchte, Lämmerschlings Säcke bringen mir viel Unglück und Schande; davor fürchte ich mich gar sehr. Wie wohl wäre mir, wenn ich daheim sein könnte! Mein Herz ist mir so schwer. Die Armut meines Vaters wäre mir viel lieber, als hier besorgt im Reichtum zu sitzen. Denn immer habe ich alle Leute sagen hören, daß der gar nichts bekommt, der zuviel begehrt. Die Habgier stößt uns in den Abgrund der Hölle, denn sie ist sündhaft. Doch ich besinne mich zu spät. O weh, daß ich so eilig meinem Bruder hierher gefolgt bin! Das werde ich immer bereuen müssen.‹ So rasch sehnte sich die Braut danach, lieber daheim am Tisch ihres Vaters das Kraut als Lämmerschlings Fische zu essen.

Als sie nach dem Essen eine Weile gesessen und die Spielleute von Braut und Bräutigam ihre Gabe empfangen hatten, sah man plötzlich den Richter mit vier Mann kommen. Ohne Gegenwehr überwältigte er die zehn. Der eine wollte sich hinter dem Ofen verstecken, der andere schlüpfte unter die Bank; jeder drängte den anderen weg. Wer sonst vor vier Männern nicht geflohen wäre, den zog ein Knecht des Schergen allein an den Haaren hervor.«

Von dem Dichter Wernher wissen wir nur, was seine Verse verraten. Der Beiname des Gärtners und andere Andeutungen lassen vermuten, daß er nicht vom Herrenstande war, vielleicht ein Fahrender, der auf den Burgen im bayerisch-österreichischen Grenzgebiet sein Lied vortrug. Er kannte die Not der Heimatlosen, die niemand verwöhnt; er sehnte sich nach der festen Ordnung alter Zeiten und klagte über Ritter und Bauern, die sich heute dieser Ordnung entziehen. Der junge Helmbrecht will nicht mehr wie sein gleichnamiger Vater – und schon der Großvater hieß Helmbrecht – das Einerlei des Bauernlebens ertragen; er zieht fast wie Olaf der Dicke hinaus in das Abenteuer. Freilich findet er nur ein paar verkommene Strauchritter, mit denen er zu rauben beginnt, was er findet. Schließlich vermittelt er, den seine neuen Freunde Schlingdengau nennen und durch den Namenswechsel in ihren Kreis aufnehmen, die Heirat seiner Schwester mit einem dieser Herren; die Bauernkinder glauben, die Ehe bringe ihnen sozialen Aufstieg.

Man sollte denken, daß eine Räuberbande nicht auf Zucht und Sitte achte, wenn Mann und Frau in ihr zusammenleben wollen. Weit gefehlt! Die Vermählung wird umständlich vorbereitet; lange lebt die Bande auf das Fest hin. Es wird wie der Mainzer Hoftag, wenn auch ironisch, mit den Höhepunkten der Artussage verglichen, es ist eine *Hôchzît*. Das bedeutet nicht, wie der moderne Sprachgebrauch erwarten ließe, nur Heirat, sondern Hohe Zeit, festlichen Höhepunkt. Zu einem Fest gehören Riten, die von den Wegelagerern peinlich genau eingehalten werden. Zunächst finden Verhandlungen über die Morgengabe des Bräutigams statt; drei Ballen gestohlener Kleiderstoffe werden der Braut zugesagt. Dann wird sie von Helmbrechts Boten eingeholt. Sie bringt keine Mitgift mit, weil sie wie Helmbrecht dem Elternhaus entlaufen ist. Wir lesen auch nichts von einem Trauring, doch alles andere verläuft korrekt; der Dichter macht seine Zuhörer fast mitverantwortlich, daß alles ordentlich vonstatten geht. Die kirchliche Zeremonie ist im 13. Jahrhundert noch entbehrlich, vor allem unter Außenseitern; sie nehmen auf den liturgischen Jahreslauf keine Rücksicht und brauchen keine Pfarrkirche. Das Zeremoniell dürfte sich im Freien vollzogen haben. Die Räuber sind alle zehn versammelt, dazu eine Reihe von Fremden; sie bilden einen Kreis wie sonst Verwandte und Nachbarn, um die Eheschließung zu bezeugen. Natürlich kennt ein alter Mann die hergebrachten Formeln am besten. Der Dichter breitet die lange Wechselrede aus, denn Umständlichkeit ist Festlichkeit; die Ungeduld der Braut stört den gemessenen Ablauf. Formelhaft ist auch der Tritt auf den Fuß; damit ergreift der Mann Besitz von der Frau. Vielleicht trägt er sie dann zum Brautstuhl und setzt sie darauf; auch dies war Brauchtum. Wer es wiederholte, überwand die flüchtige Zeit und setzte Dauer; das wollte der Ritus überhaupt. Daß die Garanten von Dauer und Recht, die Eltern, fernblieben, fiel der raschen Braut erst hinterher ein.

Nun folgt der Hauptteil des Festes, das Essen in der Nähe des Ofens, also im geschlossenen Raum. Höfische Sitten werden kopiert und vom Dichter parodiert, wenn die Gesellen mit Helmbrecht an der Spitze dem Brautpaar dieselben Tischdienste tun wie 1184 die Herzöge in Mainz. Das ausgedehnte Mahl hatte früher auch bei führenden Kreisen im Mittelpunkt von Festlichkeiten gestanden; für Bürger und Bauern blieb es dabei, weit über das Mittelalter hinaus. Der Dichter verschont uns mit den üblichen Aufzählungen der Speisenfolge; daß außer Fisch auch Braten aufgetragen wurde, bekundet das Ausmaß der Schmauserei. Auch hier dürfen die Gäste wie in Mainz alles Vorhandene aufessen und leertrinken. Das Fest wird sich nie wiederholen, deshalb ist es maßlos. Nur knapp streift der Dichter den dritten Teil, der von Spielleuten gestaltet wurde, also Kurzweil bot; in diesem Zusammenhang bewies das Brautpaar durch Geschenke seinen Reichtum, auch wenn er geraubt war. Noch Habgier mußte gesellig sein.

Man ist es von mittelalterlichen Bauernhochzeiten gewohnt, daß sie mit Prügeleien enden; sonst läge der Braten gar zu schwer im Magen. Einen Tumult erleben wir auch diesmal, nur ist es der Richter des Landesherrn, der das Gelage unterbricht. Neun von den zehn Spießgesellen werden gehängt, Helmbrecht kommt geblendet davon; doch als ihn der Vater vom Hof verstößt, wird auch er von zornigen Bauern aufgeknüpft. Wie beim Mainzer Hoffest platzt die Katastrophe in das ausklingende Fest und verkehrt es. Die langatmig geschlossene Ehe hält keinen ganzen Tag; das Festessen ist Henkersmahl; die Kurzweil schlägt um in kurzen Prozeß. So dramatisch der Wandel des Schicksals hier ist, so glaubhaft wirkt er. Die Hochzeit des Schnapphahns fand so nirgends statt, und doch hat Wernher recht mit der Versicherung, er berichte, was er mit eigenen Augen sah. Niemand konnte aus der täglichen Plage in das unbeschwerte Genießen fliehen, es sei denn zu Lasten der Mitmenschen, der Witwen und Waisen; auch dann war das Fest kurz und die Strafe kam wie das Amen in der Kirche.

HÖHEPUNKTE

Zwischen dem allgemeinen Hoftag eines Kaisers der Römer und dem Gelage einer kleinen Räuberbande liegt der größtmögliche soziale Abstand. Darum unterscheiden sich die beiden Feste in vielen Äußerlichkeiten, Publikum, Aufwand, Dauer, Reichhaltigkeit des Programms. Trotzdem ist die Grundstruktur beider Feste dieselbe, schon weil sie zeitlich und räumlich nahe beieinander lagen. Das Räuberfest war sichtlich Kontrafaktur der höfischen Feier, wie denn auch sonst kleine Leute und Außenseiter noch lange Bräuche nachahmten, deren die Oberschichten schon überdrüssig waren. Doch auch der Hoftag war nicht originell und verwies auf ältere, ottonisch-salische Formen; wir werden ihre Anfänge bei der Krönungsfeier Ottos des Großen 936 in Aachen wiederfinden. Ein Fest muß in konventionellen Riten ablaufen und braucht zeremoniöse Gesten, Ritterweihe und Tritt auf den Fuß. Trotzdem ist das beiden Festen Gemeinsame, das für mittelalterliche Feste Kennzeichnende nicht die Wiederholung uralten Herkommens.

Archaische Feste würden deutlich an religiöses Weltdrama und urzeitlichen Mythos anknüpfen, ursprüngliche Vollkommenheit rituell wiederherstellen und vergegenwärtigen. Religiöse Handlungen leiten das Mainzer Hoffest zwar ein, konstituieren es aber nicht. Noch weniger hat das Räuberfest mit Religion zu tun; die dahergeplapperten Redensarten der Braut »Vergelt's Gott! ... wenn Gott mir ihn gönnt« sind Blasphemie, wenn sie überhaupt etwas bedeuten. Die Akteure des festlichen Schauspiels sind eben nicht Priester, die ein Kultdrama vollziehen, sondern Menschen, die sich miteinander einen guten Tag machen. Beide Feste markieren nicht wiederkehrende Zyklen, sondern einen unwiederholbaren Zeitpunkt, nämlich die Stelle des Lebenslaufes, an der junge Menschen in ihren künftigen Lebenskreis eintreten. Dieser Lebenskreis der Ritter und der Räuber, der das Fest eigentlich ausrichtet, ist gegenwartsbezogen. Er will keinen neuen Jahresring ansetzen, sondern Erinnerung an einen einmaligen Vorgang stiften.

Genau besehen, stehen im Mittelpunkt der Feste nicht die zwei Kaisersöhne und das junge Brautpaar, sondern die Mitfeiernden, die sich um sie scharen und dabei ihrer eigenen Gemeinschaft erst voll bewußt werden. Denn zu anderen Zeiten befinden sich die Ritter und die Räuber nicht alle an einem Ort. Mittelalterliche Feste werden meist noch nicht wie neuzeitliche für eine exklusive Gruppe veranstaltet, die sich ohnedies täglich trifft und deshalb bizarrer Einfälle bedarf, um sich verzaubern zu lassen. Künstliche Stimulantien braucht das mittelalterliche Fest nicht. Das Außergewöhnliche der Zusammenkunft wird durch Hinzuziehung von Gästen und Fremden gesteigert; die versammelte Gemeinschaft sprengt ihre eigene Abgrenzung. Auf Entgrenzung richten sich alle Festakte, Kleidung, Ernährung, Wohnung, Geschenke und Spiele. Das Fest spiegelt den Alltag, aber durch Umkehrung. Zur Entgrenzung des gewöhnlichen Lebens tritt seine Verdichtung, nach langer Vorbereitung und weiter Anreise rasche Abfolge an einem Ort.

Ähnliches gilt für Feste anderer Zeiten und Kulturen; spezifisch mittelalterlich ist aber das Verhältnis der Festgemeinschaft zur Zeit. Die alten Riten und die langen Vorbereitungen möchten eine Dauer einüben, die dann nicht zustande kommt; die Feste brechen zusammen, weil der Alltag in sie einbricht. So drastisch wie in unseren Texten geschah das nicht immer, doch es kennzeichnet mittelalterliches Leben im ganzen, daß Höhepunkte dicht am Absturz liegen. Man verstellt sich diese Einsicht, wenn man das große Fest mit gewöhnlichen Feiertagen verwechselt, den zahlreichen Sonntagen und Heiligentagen des Mittelalters. Jedes Jahr am 12. März, am Tag des heiligen Gregor, konnte schulfrei sein oder ein Schulfest stattfinden; aber da traten die Menschen nicht aus ihrer sozialen Gruppe heraus und ließen nur die Arbeit ruhen, oft nicht einmal das, wie es dem jungen Guibert von Nogent widerfuhr. Feiertage sind eine Gewohnheit. Aber nur das Fest ruft nach dem Dichter und Historiker, der es mitgestaltet und für Spätere festhält; nur das Fest entgrenzt und verdichtet soziales Leben; nur das Fest ist mehr als Besinnungspause, nämlich Hohe Zeit, und sie ist selten. Die Inbrunst, mit der im Mittelalter Höhepunkte im Menschenleben gefeiert wurden, hing zusammen mit der Angst vor dem nahen Wendepunkt.

ZUFÄLLIGER REICHTUM

Um 1050 erzählte ein unbekannter Dichter in lateinischen Versen, vermutlich für einen niederländischen Fürstenhof im Maas-Schelde-Raum, den Schwank vom armen Bauern *Unibos,* Einochs:

»Von lächerlichen Eltern ist er geboren als Bauer von Bauern; die Natur hat ihn zum Menschen gemacht, das Glück aber zum Wunderwesen. Im Handel mit seinem schweren Schicksal kauft der arme Mann Ochsen; nach dem Vorbild des Ackermanns müht er sich, das Land zu pflügen. Aufgrund entsetzlicher Zufälle besitzt er niemals zwei Ochsen;

7 AUFBRUCH DER KRIEGER

8 REIGENTANZ DER PAARE

nie treibt er zwei zugleich mit der Peitsche und spannt sie zusammen ins
Joch. Vergeblich sucht er, mit seiner Armut das Glück zu zwingen; in
harter Kette von Schlägen verliert er ständig Ochsen. Er geht bloß hinter
einem Ochsen, die anderen sind abgehäutet, von den Nachbarn wird er
verspottet, der Unglückliche, und Einochs genannt.

Das traurige Los der Rinder raubt ihm auch den letzten Ochsen; jetzt
ist sein Zustand noch dürftiger als die Elendsbezeichnung. Der Name ist
sinnlos geworden, der Kuhstall steht ganz leer; er beschließt, den Kadaver
zu häuten und die Haut zu verkaufen. Das Aas läßt er am Kreuzweg
liegen, er nimmt den Umhang des Ochsen; auf den Sattel eines Maultiers
legt er die Hoffnung seines Lebens. Zum Markt der Grenzstadt bringt er
das Kleid des toten Ochsen; unterwegs hält er sich nicht auf und eilt zum
Markttag. Sobald er den Marktplatz betritt, bietet er das Leder feil; er
schätzt es hoch im Preis, als wäre es eine glänzende Decke. Die Handelspartner messen den Umfang des Leders nach Fußlängen, wie es die
Schuster tun. Niemand stimmt dem Einochs zu, allein rühmt er den Wert
des Fells; für acht Pfennige gibt er den schmutzigen Rock des Ochsen her.
Nach dem Abschluß des Handels besteigt er sein Maultier, dem der
Bauch prall heraussteht, und wendet den Schritt heimwärts.

Immer noch hofft er auf Silber und betritt einen Laubwald; während
er die Magengrube entleert, bekommt er zum Lohn einen Münzfund.
Beim Abwischen des Hintern will er schnell Gras rupfen; doch beim
Ausreißen findet er, was habgierige Leute lieben. Auf drei versteckte
Metzen Münzen stößt er alsbald; er steckt sie in den schlaffen Sack, und
der wird davon straff. Hastig packt der Mann mit aller Kraft den zufällig
gefundenen Schatz aufs Maultier und kehrt zum Herd seiner Väter
zurück. Daheim bindet er den Sack ab, der Dummkopf ruft seinen Sohn
herbei; er schickt ihn zum Vogt, um den geeichten Scheffel zu holen. Der
Junge fragt nach dem Scheffel, der Vogt fragt nach dem Zweck; der Junge
verrät die Silbergeschichte gar zu arglos. Der Vogt leiht das Gefäß her
und gibt es schnell dem Jungen; er ist verblüfft, daß Einochs vom
ärmsten zum reichsten Mann geworden ist. Er läuft hinter dem Jungen
her, der das Weizenmaß trägt; er erblickt den Silberhaufen, wie er in die
verräucherte Stube schaut.

Beim Anblick des Münzenberges schlägt er die Hände zusammen und
sagt: ›Die Freude dieses Armen kommt vom Diebstahl, nicht vom Handel.
In den Truhen der Kaiser und den Behältern der Päpste liegt kein solcher

Silberschatz, wie ihn diese Hütte birgt.‹ Gereizt antwortet Einochs dem
Vogt, der vor Neid ganz blaß ist: ›Das kommt nicht von nächtlichem
Diebstahl, sondern vom Lederhandel. Hinter der Reichsgrenze wird regel-
mäßig Markt gehalten; dort winkt für den Ochsenrock, den man bringt,
Silber in Fülle. Keine Handelsware geht gleich gut wie Ochsenleder;
wenn du an mir Armem ein Exempel statuieren willst, mach es wie ich!‹«

Mit dieser Herausforderung an die Dorfobrigkeit beginnt der eigentliche
Schwank, dessen einzelne Motive sich seit der Antike vielerorts finden.
Der Vogt, der als Gerichtsbeamter der Grundherrschaft das Eichmaß für
Getreideabgaben verwahrt, versucht aus Neid und Habgier, den Einochs
nachzuahmen, ebenso die zwei übrigen Dorfhonoratioren, der Pfarrer
und der Meier, der als Wirtschaftsverwalter des Grundherrn fungiert. Die
drei stechen ihre Ochsen ab und tragen deren Haut zu Markte, ernten
dort aber nur Streit und Strafe. Wütend wollen sie Einochs umbringen.
Der hat inzwischen, wie es scheint, seine Frau ermordet und weckt sie mit
einer Wunderflöte zu verjüngtem Leben. Gleich ist der Zorn der Drei
verraucht, sie kaufen die Flöte und erstechen ihre Frauen, voran der
Pfarrer, der eine adlige, aber ältliche Gattin hat und von einer knusprigen
Schönen träumt. Natürlich wachen die drei Damen nicht wieder auf. Der
Rache der Witwer kommt Einochs mit einem neuen Kunststück zuvor;
seine Stute produziert Geld. Wieder mißlingt den Neidern die Nachahmung; sowie sie die Stute gekauft haben, fördert sie nur Mist zutage. Jetzt
wird Einochs gepackt und kann bloß noch die Todesart wählen: Man soll
ihn, wie bei Verwandtenmord üblich, in einem Faß im nahen Atlantik
ersäufen. Während sich die Drei mit dem letzten Geld aus Einochs' Beutel
betrinken, gelingt es ihm, den Sauhirten an seiner Stelle ins Faß zu
locken; der wird ertränkt. Den angeblich toten Einochs zieht es zu seiner
Frau zurück; er erscheint mit der Schweineherde wieder im Dorf und
verkündet, am Meeresgrund habe man ihm zahllose Schweine geschenkt.
Daraufhin stürzen sich Pfarrer, Vogt und Meier gierig ins Meer und
ertrinken.

Dieser schwankhafte Hauptteil gelangte unter dem Titel *Das Bürle* in
Grimms Hausmärchen, erhielt aber unterwegs einen unmittelalterlichen,
bürgerlichen Zuschnitt. Im Märchen kommt der Bauer, der anfangs keine
Kuh besaß, allein durch Klugheit allmählich zu Wohlstand, nicht durch
plötzlichen Schatzfund; am Ende ist er Eigentümer des ganzen Dorfes.

Solch ein Aufschwung aus eigener Kraft wird im mittelalterlichen Schwank nicht empfohlen. Der Dichter, der die altchristliche Hymnenstrophe mit so derbem Inhalt füllt, warnt deutlich vor der Habgier, die alle Menschen der dörflichen Hinterwelt antreibt. An der fürstlichen Tafel, wo das Gedicht zu Speis und Trank gereicht wurde, wird man überlegen gelächelt haben, über den törichten Vogt, der nie einen wohlsortierten Fürstenschatz sah und keine städtische Marktordnung kennt, über die dummen Bauern, die ihr Geld mit dem Hohlmaß zählen wie Weizen oder Wein; sie glauben an die seltsamsten Wunder und verbergen doch voreinander ihre armseligen Schätze.

Wer sich einmal nicht auf literarische Motive von Lügenmärchen, sondern auf die Lebensformen der dargestellten Menschen einläßt, dem vergeht das Lächeln. Sogar der Vogt, der Herr der Bauern im Dorf, träumt bloß davon, nicht mehr im Regen pflügen zu müssen. Auch der Dorfpfarrer führt mit der Frau und den Ochsen kein idyllisches Leben und betrinkt sich gern. Gar Einochs, der Ärmste im Dorf, hat von den Vätern nur eine verräucherte Hütte mit Stall geerbt und wäre glücklich, wenn er wie die Nachbarn mit zwei Ochsen pflügen könnte, von Pferden ganz zu schweigen. Er hat sich mit Frau und Sohn abgemüht und ist darüber alt geworden, aber Glück hatte er nie. Die *Fortuna* des Gedichts ist nicht die römische Göttin, die das Rad dreht; sie ist der simple Zufall, der das Vieh krepieren läßt. In der örtlich geschlossenen Dorfgemeinschaft sind die sozialen Nuancen besonders scharf ausgeprägt; der Ärmste hat von den nur wenig reicheren Nachbarn bloß Spott zu erwarten. Warum sagt er zu Hause nicht ehrlich, daß er einen Schatz fand? Noch gehörte im 11. Jahrhundert ein solcher Fund meistens dem Finder, erst seit dem 12. Jahrhundert dem König; Einochs hätte ihn wohl behalten dürfen. Warum beschwört er den Verdacht des Diebstahls geradezu herauf? Warum ist er überhaupt so dumm, den Vogt und damit die Dorfpolizei auf die plötzliche Wendung seines Schicksals hinzuweisen? Offenbar geht es nicht um Geld, sondern um soziales Verhalten.

Durch den Zufall im Laubwald ist Einochs nicht nur vom ärmsten zum reichsten, sondern vom verachtetsten zum angesehensten Mann im Dorf geworden. Er hat damit schlagartig die gesamte Sozialordnung des Dorfes umgestülpt und muß seine neue Stellung gegen die bisherige Oberschicht behaupten, koste es, was es wolle. Es geht von vornherein um Leben und

Tod, die Vernichtung der einen oder der anderen Partei. Die Entsendung des Sohnes zum Vogt ist fast schon die Kampfansage; denn Einochs wird sich seines Schatzes nicht im Stillen freuen können, sein Glück wird sich herumsprechen. Einochs muß den Honoratioren nun immer voraus sein, der erste an Habe und Klugheit. Einochs zittert schon bei der Rückkehr der drei Gewaltigen vom Markt um sein Leben; später liegt er des Nachts seufzend im Bett und überlegt neue Schliche; am Ende versteckt er sich vor den Wütenden im Stroh. Er spürt die Faust im Nacken; keine höhere Instanz kann ihn retten, jeder neue Einfall verschafft ihm nur eine Atempause. Der Dummkopf, der so plötzlich listig geworden ist, hat Angst um sein Leben und schont deshalb das Leben der Unschuldigen nicht, der drei Frauen und des Schweinehirten. Der Kampf endet mit der Vernichtung der Widersacher; aber was hat Einochs am Schluß gewonnen?

Er hat sich eine Stute leisten können, sie aber wieder verkauft. Als ihn die Drei zum Ertränken schleppten, trug er im Beutel nur noch zwölf Pfennige, nicht viel mehr als den Erlös für die Ochsenhaut. Wo der Silberschatz geblieben ist, wie Einochs ihn genutzt hat, davon hören wir nichts. Wir sehen ihn zum Schluß nicht als Dorfkrösus, sondern als Sauhirten; diese Tätigkeit galt im Dorf als unehrenhaft, so wie die des Abdeckers, die Einochs am Anfang ausübte. Er hat Glück gehabt, wie er zuvor Unglück hatte, und ist noch einmal davongekommen; der dörflichen Gemeinschaft ist er nicht entronnen. In ihr gibt es Festtage und Zufälle, aber keine Wunder und Wendepunkte menschlichen Lebens. Eine wirkliche Wendung des Lebenslaufes hätte erfordert, daß Einochs mit Weib und Kind in den Marktort hinter der Reichsgrenze zog, in einen Lebenskreis der Händler und Handwerker, der ihm fremd war. Er wollte am Herd seiner Väter und im Kreis seiner Nachbarn bleiben, Unglück hin, Glück her. Bloß eine Dichtung? Predigt eines Geistlichen, der im Vorfeld gregorianischer Kirchenreform auf den einzig festen Halt im Jenseits verweisen will? Gewiß auch, aber zugleich Spiegelbild dörflicher Lebensformen.

FREIWILLIGE ARMUT

Die bis 1219 geführte lateinische Weltchronik eines unbekannten Prämonstratensers aus der Diözese Laon berichtet vom Ursprung der Waldenser:

»Während desselben Jahres 1173 nach der Fleischwerdung des Herrn lebte in Lyon in Frankreich ein Bürger namens Valdes, der durch ungerechte Zinsleihe viel Geld angehäuft hatte. Eines Sonntags mischte er sich unter die Menge, die er um einen Spielmann versammelt sah. Er wurde von dessen Worten erschüttert, nahm ihn mit sich nach Hause und bemühte sich, ihm aufmerksam zuzuhören. Denn was er erzählte, war die Geschichte vom heiligen Alexius, wie er im Haus seines Vaters ein seliges Ende fand. Am nächsten Morgen eilte der erwähnte Bürger zur Domschule, um seelischen Beistand zu suchen. Viele Arten des Weges zu Gott wurden ihm erklärt, und er fragte den Magister, welcher Weg der allersicherste und vollkommenste sei. Der Magister legte ihm den Satz des Herrn dar: ›Willst du vollkommen sein, so geh hin und verkaufe alles, was du hast‹ usw. (Matthäus 19, 21). Als er zu seiner Frau kam, stellte er sie vor die Wahl, was von all seinem Besitz sie lieber für sich behalten wolle, die fahrende oder die liegende Habe, nämlich Äcker, Gewässer, Wälder, Wiesen, Häuser, Einkünfte, Weinberge, Mühlen und Backöfen. Sie war zwar sehr betrübt, daß sie wählen mußte, entschied sich aber doch, und zwar für die Liegenschaften.

Von der Fahrhabe gab er einen Betrag an die zurück, denen er ihn weggenommen hatte; einen großen Teil seines Geldes übertrug er auf zwei kleine Töchter, die er ohne Wissen der Mutter beim Orden von Fontevrault anmeldete. Den größten Teil aber wandte er zugunsten der Armen auf. Denn es herrschte damals übergroße Hungersnot in ganz Frankreich und Deutschland. Der erwähnte Bürger Valdes verschenkte nun an je drei Wochentagen in der Zeit zwischen Pfingsten (27. 5.) und Petri Kettenfeier (1. 8.) Brot und Zukost mit Fleisch an alle, die zu ihm kamen. An Mariae Himmelfahrt (15. 8.) streute er auf den Gassen einen bestimmten Geldbetrag unter die Armen und rief: ›Niemand kann zwei Herren dienen, Gott und dem Mammon‹ (Matthäus 6, 24). Da liefen die Bürger herbei und meinten, er habe den Verstand verloren. Er stieg auf eine etwas höhergelegene Stelle und sagte: ›Meine Mitbürger und Freunde, ich bin nicht wahnsinnig, wie ihr glaubt; ich habe mich nur an diesen meinen Feinden gerächt. Sie haben mich zu ihrem Sklaven gemacht, so daß ich mich stets mehr um Geld als um Gott kümmerte und mehr dem Geschöpf als dem Schöpfer diente (Römerbrief 1, 25). Ich weiß, die meisten werden mich tadeln, daß ich das öffentlich tat. Aber ich tat es meinetwegen und euretwegen: meinetwegen, damit jeder, der mich fortan im Besitz von Geld sieht, sagen soll, ich sei von Sinnen; aber zum Teil tat ich es auch euretwegen, damit ihr lernen sollt, eure Hoffnung auf Gott und nicht auf den Reichtum zu setzen‹ (1. Timotheus 6, 17).

Am nächsten Tag, beim Heimweg von der Kirche, bat er einen Bürger, der sein Geschäftspartner gewesen war, er möge ihm um Gottes Lohn zu essen geben. Der führte ihn ins Gasthaus und sagte: ›Solange ich lebe, räume ich Euch das Nötige ein.‹ Als seine Frau davon erfuhr, wurde sie tief betrübt; wie von Sinnen lief sie zum Erzbischof (Guichard) der Stadt und beklagte sich, daß ihr Mann bei einem anderen als ihr um Brot gebettelt habe. Das rührte alle Anwesenden zu Tränen, auch den Oberhirten. Auf dessen Befehl führte der Bürger seinen Gastfreund mit sich vor den Erzbischof. Die Frau aber ergriff ihren Mann beim Rock und sagte: ›Ist es denn nicht besser, Mann, daß ich meine Sünden durch Almosen an dich wieder gutmache, als daß es Fremde tun?‹ Von da an durfte er auf Befehl des Erzbischofs in der Stadt mit niemandem anders zusammen essen als mit seiner Frau. ...

Der Bürger Valdes von Lyon, von dem oben berichtet wurde, tat vor Gott im Himmel ein Gelübde, er werde fortan in seinem Leben kein Gold und Silber mehr besitzen und an den morgigen Tag nicht mehr denken (Matthäus 6, 34). Danach begann er für sein Vorhaben Gefährten zu finden. Sie folgten seinem Beispiel, verschenkten alles an die Armen und legten das Gelübde freiwilliger Armut ab. Allmählich begannen sie in privaten und öffentlichen Mahnreden ihre und fremde Sünden zu mißbilligen. ... Dieses Konzil (das Dritte Lateranum 1179) verdammte die Ketzereien und alle Förderer und Verteidiger von Ketzern. Den Valdes umarmte der Papst (Alexander III.) und billigte das Gelübde der freiwilligen Armut, das er geleistet hatte; aber er untersagte ihm selbst und seinen Genossen die Ausübung des Predigtamtes, es sei denn auf Verlangen von Priestern. An diese Vorschrift hielten sie sich kurze Zeit; danach wurden sie ungehorsam und gereichten vielen zum Ärgernis und sich zum Untergang.«

Die rührselige Geschichte klingt für moderne Ohren so unglaubwürdig, daß manche Gelehrte sie kurzerhand zur Legende erklären. Man kennt die hier versammelten Motive aus anderen Heiligenlegenden: Der ungerechte Reiche, der plötzlich vom schlechten Gewissen gepackt wird und sein Leben von Grund auf ändert, soll als erbauliches Vorbild dienen. Ist es dem angesehenen Kaufherrn Valdes zuzutrauen, daß er sich auf der Straße durch einen verächtlichen Spielmann und dessen Volkslied umstimmen ließ? Lag der Anstoß für seine Wendung nicht eher im Bibelstudium, das Valdes nach späteren Berichten zusammen mit zwei Klerikern in Lyon betrieb? Weil er nicht viel Latein und nicht gut lesen konnte, übersetzten sie ihm die Evangelien; fand er nicht hier die Herausforderung, ein neues Leben im Sinn der Apostel zu führen und es sogleich zu predigen? War dann nicht Predigt der Kern waldensischer Lebensform, Armut nur eine Folgerung? Sind die Episoden von dem edlen Geschäftsfreund und der weinenden Gattin nicht bloß sentimentale Zutaten? Haben wir nicht einen waldensischen Ursprungsmythos vor uns, willig aufgegriffen von dem Prämonstratenser, der in der Legende seines Ordensgründers Norbert von Xanten eine ähnlich plötzliche Bekehrung zum apostolischen Leben geschrieben fand?

Einiges muß man zugeben. Unser Chronist stammte aus England und kannte die französischen Verhältnisse nicht genau. Lyon gehört nicht zum französischen Reich, sondern zu Burgund, damit zum deutschen Reich. Eine lokale, keineswegs allgemeine Hungersnot ist für Mittelfrankreich zum Jahr 1176, nicht 1173 überliefert. Auch die Predigt des Valdes ist wohl erdichtet. Daran allerdings ist nicht zu zweifeln, daß Valdes seine Töchter wirklich nach Fontevrault schickte, in das inzwischen vornehm gewordene Damenstift, das 1101 ein Gesinnungsgenosse Norberts von Xanten zur Übung apostolischer Armut gegründet hatte. Das macht die Sympathie unseres Zeugen für Valdes begreiflich. Aber gerade dann lautet die Kernfrage für den Chronisten und für uns: Wenn Valdes predigen wollte, warum wurde dann nicht auch er Priester oder Mönch?

Wir haben Valdes' persönliche Antwort in einem Glaubensbekenntnis, das er 1180 in Lyon schriftlich abgab: »Und weil der Glaube nach dem Apostel Jakobus (2, 17) ohne Werke tot ist, haben wir der Welt entsagt und das, was wir hatten, nach dem Rat des Herrn für die Armen ausgegeben und beschlossen, arm zu sein, so daß wir uns um den morgigen Tag nicht kümmern wollen und kein Gold und Silber oder

derartiges, sondern nur die tägliche Nahrung und Kleidung von irgend
jemandem annehmen wollen.« Deutlicher konnte Valdes nicht sagen, daß
er nicht vom bürgerlichen zum geistlichen Lebenskreis überwechseln,
sondern sämtlichen Konventionen und Institutionen radikal absagen
wollte. Ein Blick auf seine Umwelt erklärt sein Verhalten. Lyon war im
12. Jahrhundert politisch umstritten zwischen dem Erzbischof und dem
Grafen von Forez, zwischen der französischen Krone und dem deutschen
Reich, ohne Mitspracherecht der Bürger. Wirtschaftlich war es eine Textilstadt von vermutlich über 10 000 Einwohnern, mit hohem Prozentsatz
von Stadtarmen, eine Gemeinde mit hektischem Betrieb, großem Geldbedarf und unsicherer Konjunktur, von Hungersnöten geschüttelt, zum
Umland in gespanntem Verhältnis. Denn Adlige und Bauern verarmten;
sie verloren Teile ihres Grundbesitzes an städtische Patrizier wie Valdes,
die ihre Einkünfte in Immobilien anlegten. Auch diese Kaufleute waren
ihrer Zukunft nicht sicher und sorgsam auf Kredit bedacht. Wer von
ihnen öffentlich bettelte, war ruiniert und verachtet; der Bankier, der dem
Bettler den Unterhalt zusagte, handelte nicht nur aus Nächstenliebe,
sondern bewies Zahlungsfähigkeit. Kaum anders reagierte die Ehefrau,
die das Gerede der Leute fürchtete und intaktes Familienleben spielte;
der Erzbischof half ihr, in der Palastaula thronend, bei der Aufrechterhaltung bürgerlicher Lebensformen. Es war der Tanz auf dem Vulkan.

Alle hatten von der Forderung nach apostolischer Armut gehört und
unterstützten sie; Lyon unterhielt damals fünf Spitäler für Arme, Kranke
und Pilger und ließ sich die Fürsorge etwas kosten. Seit 1123 machte das
Domkapitel regelmäßig Lebensmittelzuwendungen an Arme, Witwen
und Waisen; auch Bürger beteiligten sich bald durch Legate. Das fromme
Stiftungswesen war Bestandteil der bürgerlichen Lebensformen. Hätte
Valdes sein Geld einer Stiftung zugewandt, im Familienkreis gefastet und
daheim so wie zu Anfang Arme gespeist, die Zuneigung der Patrizier, erst
recht der Geistlichen wäre ihm erhalten geblieben. Wenn er mehr tun
wollte, gab es Klöster, in die eintreten konnte, wer freiwillig arm zu leben
gedachte. Dafür standen nicht gerade die alten, reichen Abteien in der
Stadt bereit, aber draußen neue Konvente, zum Beispiel Fontevrault. Was
aber Valdes tat, zerstörte die bürgerliche Lebensform; nichts anderes
bedeutete der Vorwurf, er sei wahnsinnig. Wie der Kaisersohn Alexius der
Legende als Bettler im Haus seines Vaters lebt und stirbt, so bleibt Valdes
in seinem Lebenskreis, sogar im Haus seiner Frau; doch er entledigt sich

aller Sorgen und Güter, die ihn hier sichern. Statt dessen schafft er eine neue Gemeinschaft der Besitzlosen, geht auf die Straße und macht sich mit den Stadtarmen gemein. Das ist der neuralgische Punkt, an dem unser Chronist genau wie Erzbischof, Papst und Mitbürger empfindlich reagiert: In dem Augenblick, wo Valdes eine Laienbruderschaft der freiwillig Armen bildet, wird er gefährlich. Reiche Leute sind manchmal schrullig, aber es ist ihre Sache, was sie mit ihrem Vermögen tun, wenn sie nur die öffentliche Ordnung nicht stören. Valdes jedoch mißachtet Rangstufen, Zuständigkeiten, Arbeitsteilung der bürgerlichen Erwerbsordnung und der geistlichen Hierarchie; das ist Ketzerei.

Es wäre zu billig, die Gegner des Valdes als Klerikale und Kapitalisten abzutun. Sie leben nicht nur von, auch in der Angst vor dem morgigen Tag. Wer diese Angst überwinden will, braucht viel Hoffnung, Valdes sagt es. Der arm Geborene besitzt diese Hoffnung selten; die freiwillig Armen kommen aus gehobenen Schichten, die ihre Kraft im Kampf ums Besserleben schon erprobt haben. Und selbst Valdes stürzte sich nicht Hals über Kopf in sein Abenteuer. Der wohlhabende Herr ließ sich von Geistlichen beraten und brachte seine Töchter standesgemäß unter; er bestellte überhaupt sorgfältig und patriarchalisch sein Haus. Er wußte nicht, wohin sein Weg führen würde, und hatte keine Eile, ihn zu gehen. Erst der wachsende Widerspruch seiner Umgebung trieb ihn hinaus auf Wanderpredigt. Erst draußen ging er weiter, wollte nicht mehr nur für sich apostolisch leben, kritisierte das kurzatmige Leben der Mitbürger und entwickelte ein Sendungsbewußtsein. Er konnte es, weil er eine neue Gemeinschaft von Gleichgesinnten fand, die der Wendung seines Lebens Dauer und Folge gab. In ihrem Kreis löste er sich vom Auf und Ab der Fortuna, allerdings um einen Preis, den er anfangs nicht hatte zahlen wollen: Seine nächsten Verwandten und Freunde blieben in ihrem Lebenskreis und stießen ihn in die Fremde.

WENDEPUNKTE

Der Abstand zwischen 1050 und 1180, zwischen Maas und Rhone ist nicht groß; trotzdem ist der Abstand zwischen unseren Dokumenten erheblich, und die geistlichen Verfasser sind nicht dafür haftbar. Vielmehr äußern sich hier soziale Unterschiede zwischen einem bäuerlich geschlossenen

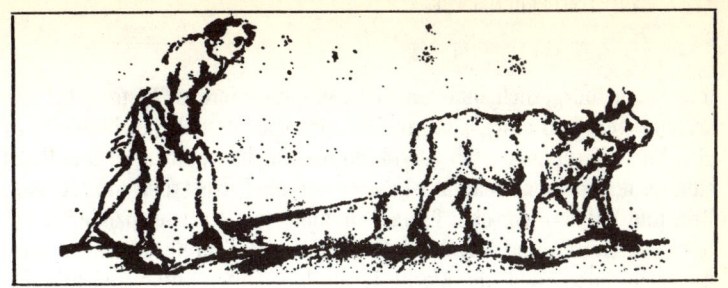

9　Mühsal des Pflügens

10　Almosen für den Blinden

und einem bürgerlich mobilen Lebenskreis, außerdem historische Verschiebungen vom einen zum andern. Das Dorf des 11. Jahrhunderts ist eine lokale Gruppe, weitab von Markt und Stadt; sogar Kaiser und Papst sind ferne Schemen. Realität ist zum einen die harte Arbeit um tägliches Brot und Zugtiere vor dem Pflug, zum anderen die starre soziale Schichtung von Herren und Knechten, Gemeinde und Familie. Der Austausch, materiell durch Geld und Markt, ideell durch Information und Bildung, berührt die bäuerlichen Lebensformen nur von außen; zwar löst sich unter diesem Einfluß die dörfliche Solidarität der Notgemeinschaft schon auf, doch hilft es dem einzelnen nicht weiter, daß er alleinsteht. Sozialen Wandel könnte auch ein Glückszufall nur vorübergehend bringen; die Zukunft ist jedenfalls ungewiß, und Planung lohnt sich nicht. Man lebt von Tag zu Tag, hart und verschlossen, ohne Lachen und Weinen, ohne Mitleid und Überschwang, von der Last der Lebensbedingungen bedrückt.

Die Stadt des 12. Jahrhunderts lebt vom Austausch. Auf dem Markt treffen sich Handwerker und Händler, das Geld fließt. Durch Schulen und Spielleute verbreiten sich neue Gedanken, auch von weither; für den Kaufmann ist der Weg in die Ferne, selbst zum Papst nach Rom, kein Wagnis. Freilich wohnen in der Stadt auch Arme, die sich nicht einmal notdürftig wie Einochs ernähren können und anderen zur Last fallen; sie treten nicht wie auf dem Dorf als einzelne, sondern als Gruppe auf. Und die Stadt ist eng, Steinreiche und Bettelarme begegnen einander auf den Gassen. Aber hier wirken soziale Beschwichtigungen und religiöse Sublimierungen, Armenfürsorge und Armutsbewegung. Die Lebensbedingungen sind differenzierter, leichter zu verändern als auf dem Dorf. Man kann Zukunft zu gestalten versuchen, auch wenn es mißlingt. Das Verhalten zu den Mitmenschen ist weicher, exaltierter, zu Tränen und Ausbrüchen geneigter.

Für die Menschen in Dorf und Stadt ist trotz aller Unterschiede das Wichtigste gemeinsam: Ihr sozialer Rang wird durch ihre Habe bestimmt. Der Bauer ohne Ochsen gilt nichts, der Kaufmann mit Kredit gilt alles. Damit stehen Bauern und Bürger nicht allein; der nachmalige Papst Innocenz III., der aus begütertem Landadel stammte, seufzte als Kardinal um 1195: »O Schande, der Wert eines Menschen wird nach seinem Vermögen eingeschätzt.« Auch Innocenz, der für die apostolische Armutsbewegung viel Sympathie aufbrachte, hielt das Los eines Bettlers für menschenunwürdig. Das Vermögen nun, das Macht über die Zukunft geben soll, heißt auch bei Innocenz *Fortuna*. Es ist launisch wie das Glück und stets gefährdet; der einzelne, der heute angesehen ist, kann morgen verachtet sein, seltener kommt es umgekehrt. Die Menschen in Stadt und Land kennen ihre Unsicherheit und reagieren darauf affektiv, emotional, impulsiv. Lachen und Weinen, Grausamkeit und Mitleid wohnen dicht beieinander.

Aber so schwankend sie als einzelne stehen, ihre Gemeinschaft braucht Stabilität des Vermögens. Der Vogt im Dorf muß mehr Ochsen haben als der Arme, damit er ihm befehlen kann; der Kaufherr in der Stadt kann die Armen unterstützen, solange er selbst Kredit hat. Das Vermögen weist jedem seinen festen Platz in der Gemeinde zu. Wenn dieser Rang erst einmal zugeschrieben und eingeübt wurde, kann ihn der Erwachsene nicht mehr so rasch wie der Jugendliche verändern, vor allem nicht durch Zufall verbessern. Und an der Hinnahme einer Verschlechterung hindert ihn die Sorge für die Familie. Als Familienväter haben sich Einochs und Valdes auf die Jagd nach Vermögen eingelassen und können sie jetzt nicht aufgeben, ohne Frau und Kinder versorgt zu haben; denn niemand nimmt ihnen diese Fürsorgepflicht ab. Der Erwachsene, der seinen Platz in Gemeinde und Familie plötzlich verläßt, erschüttert die mühsam gewahrte Balance der ganzen Gemeinschaft und wird von ihr vor die Alternative gestellt, ob er die hergebrachten Lebensformen einhalten oder aus seinem bisherigen Lebenskreis austreten will. Dann fragt es sich, wovon der einzelne sein Leben fristet, wenn ihn seine Gemeinschaft nicht mehr schützt. Vielleicht findet er wie Valdes einen neuen Lebenskreis, der ihn aufnimmt; sonst tut er besser, wie Einochs die Kirche im Dorf zu lassen. Frei ist der einzelne nur bei seinesgleichen; der Außenseiter ist vogelfrei und ein Knecht des Todes.

VON GOTT GESCHLAGEN

Die letzte Eintragung der lateinisch verfaßten sogenannten *Xantener Annalen* lautet:

»Im Jahr 873. Ludwig (der Deutsche), der Ostkönig, feierte in Frankfurt einen Reichstag der Bischöfe und Laienfürsten. Dorthin kamen zwei seiner Söhne, Ludwig und Karl (der Dicke), voll böser Pläne gegen ihn. Sie führten Gewalt im Schild, wollten frühere Eide mißachten, den Vater um die Herrschaft bringen und in Gewahrsam nehmen. Aber ›Gott, der gerechte und geduldige Richter‹ (Psalm 7, 12) ließ dort öffentlich ein großes Wunder sehen: Ein Teufel fuhr vor aller Augen in Karl und trieb ihn schrecklich mit wirren Lauten um. An demselben Tag noch wurde der Dämon durch Gebete und Beschwörungen verschiedener Priester ausgetrieben. Beim Anblick dieses schrecklichen Zeichens fiel der ältere Bruder dem Vater zu Füßen, bekannte die ruchlose Schuld und bat um Gnade. Der gütige Vater klärte nun den ganzen Fall mit weiser Umsicht.

In der gleichen Winterszeit schwoll das Wasser bei der Schneeschmelze plötzlich zur Überschwemmung an, vor allem an den Ufern des Rheins. In den gewaltigen Wasserfluten kamen viele Menschen mit zahllosen Gebäuden und Erntevorräten um.

In der Sommerszeit desselben Jahres hielt der erwähnte König zu Aachen in der Pfalz noch einen zweiten Reichstag. Als alles dort zweckmäßig geregelt worden war, erschien beim König ein blinder Kleriker (Karlmann), der Sohn seines Bruders Karl (des Kahlen), des westfränkischen Königs. Der eigene Vater hatte ihn blenden und mit der Drohung, ihm noch Schlimmeres anzutun, ins Kloster stecken lassen; nun bat er um Schutz. Ferner kam zu ihm Rorik, die Galle im Christenvolk; doch stellte er ihm auf einem Schiff sehr viele Geiseln, unterwarf sich dem König und verpflichtete sich eidlich, ihm unverbrüchliche Treue zu halten. Nicht lange danach fiel Ruodold, der Neffe dieses Wüterichs. Er richtete schreckliche Verwüstungen an in sehr vielen Gebieten jenseits des Ärmelkanals, allenthalben im Frankenreich, im Westreich und fast im gesamten Friesland. In dieser Gegend, im Ostergau, wurde er mit fünfhundert Mann vom Friesenvolk behende niedergemacht und endete, wiewohl getauft, sein Hundeleben mit einem verdienten Tod.

Nachher, in der Mitte des Monats August, kam die alte Plage der Ägypter aus dem Osten von neuem über unsere Länder, nämlich ein unendlicher Schwarm von Heuschrecken, wie Bienen aus dem Korb ausschwärmen. Wenn sie durch die Luft schwirrten, machten sie ein feines Geräusch wie kleine Vögelchen. Und sobald sie aufflogen, konnte man den Himmel kaum noch wie durch ein Sieb sehen. An sehr vielen Orten zogen ihnen die Oberhirten und die ganze Geistlichkeit mit Reliquienschreinen und Kreuzen entgegen und erflehten Gottes Barmherzigkeit, daß er sie vor dieser Plage bewahre. Sie richteten aber nicht überall, sondern nur strichweise Schaden an. Ferner lag vom 1. November bis zum Sonntag Sexagesima (14. 2.) Schnee auf der ganzen Erdoberfläche. Mit verschiedenen Plagen schlug der Herr ohne Unterbrechung sein Volk; er strafte ›mit der Rute ihre Missetaten und mit Hieben ihre Sünden‹ (Psalm 88, 33).«

Augustin hätte über so viel Elend geweint, aber in trockene Jahrbücher paßten keine Tränen, kaum die zwei pathetischen Psalmzitate. Mit ihnen war alles erklärt, was über die Menschen kam; der gerechte Gott strafte ihre Sünden. Den Annalisten, wohl einen fränkischen Geistlichen in Köln, traf die Not draußen nicht unmittelbar; er schrieb sie nur sofort auf, mit möglichst genauen Daten. Denn dies war die Aufgabe von Annalen, durch die Jahrzehnte eine Kette datierter Ereignisse zu legen, damit man später im Kloster oder Stift zurückverfolgen könne, was sich im Umkreis zutrug. Unser Annalist schrieb nicht für eine Öffentlichkeit, nur für einen späteren Mitbruder; von seinem Werk existierte eine einzige Handschrift. Und er setzte bloß fort, was vor ihm die *Fränkischen Reichsannalen* begannen und neben ihm im Westen Hinkmar von Reims, im Osten Mönche von Fulda weitertaten, Jahr für Jahr. So ausführlich der Kölner über die politischen Angelegenheiten des lothringischen Mittelreichs und die Länder am Niederrhein berichtete, wir müssen seine Notizen aus anderen Annalen ergänzen, um das Ausmaß der Bedrängnisse zu ermessen.

Knapp berichtet der Schreiber von dem aufsehenerregenden Vorfall am 26. Januar 873; da fuhr in den jüngsten Sohn Ludwigs des Deutschen der Teufel. Ein Pfaffenmärlein? Ausführlichere Schilderungen machen stutzig. Der 34jährige Karl, erst seit dem 12. Jahrhundert »der Dicke« geheißen, fühlte sich verfolgt, versteckte sich in einem Haus, floh in die Kirche, begann in der Versammlung wirre Reden zu führen, sich zu entkleiden und in Krämpfe zu fallen. Sechs starke Männer hielten ihn fest; er schlug um sich, schrie und wimmerte und versuchte, die ihn Haltenden zu beißen. Nachher stöhnte er anscheinend im Dämmerzustand ständig »Weh, Weh«; allmählich klang der Anfall ab. Die Symptome sind eindeutig, der griechische Arzt Hippokrates hatte sie fast dreizehnhundert Jahre vor unserem Autor exakt beschrieben: Epilepsie. Später, als Karl Kaiser geworden war, zog er wohl einen Arzt zu Rate und ließ 887 auf seiner Pfalz Bodman am Bodensee wegen »Kopfschmerzen« einen »Einschnitt« vornehmen. Er konnte von Glück sagen, daß er davonkam und erst im nächsten Jahr starb.

Man wundert sich über unseren Annalisten nicht mehr, wenn dies der Stand der Medizin war, bei einem Patienten, der über alle Kapazitäten der Zeit verfügen konnte. Da sich gegen Krankheiten nichts unternehmen ließ, mußten sie von Gott geschickt sein, und Gott allein konnte sie heilen. Karls Krankheit trat in dem Augenblick zutage, als er mit seinem Bruder eine Verschwörung gegen den Vater plante; niemand hätte sich da einreden lassen, die Ursache liege in Vererbung oder Gehirnschädigung bei der Geburt. Nein, der Teufel befiel den Prinzen, und mit geistlichen Waffen trieben ihn Bischöfe wieder aus. Wenn der Kaiser später langsam, umständlich und untätig war, dachten seine Zeitgenossen und noch gestrige Forscher nicht an die epileptische Wesensveränderung; selbst wenn sie davon gewußt hätten, was konnten sie dagegen tun? Einen Smaragd um den Hals hängen oder Asche eines verbrannten Igels einflö-ßen, was 1472 der Renaissancearzt Bagellardi gegen Epilepsie empfahl? War die Erklärung durch den Teufel nicht erfolgreicher? Sie bewog den Vater zur Milde, den Sohn zu künftigem Gehorsam.

Wie die Krankheit, so kam der Tod von Gott, vor allem der durch Naturereignisse hervorgerufene. Der Annalist spricht von der Über-schwemmung nur kurz, von den späten Nachtfrösten des Frühlings 873 gar nicht. Man muß anderswo nachlesen, daß schon diese beiden Kata-strophen in Westdeutschland eine Hungersnot auslösten; da starben weitere Menschen, nicht allein durch Ertrinken. Wer hätte im 9. Jahrhun-dert den Rhein regulieren, die Zufuhr von Lebensmitteln organisieren sollen? Gar die Wanderheuschrecken, mitten im August zur Erntezeit! Aus dem Vorderen Orient kommen sie tatsächlich noch heute; im zehn-ten Kapitel des zweiten Buches Moses kann man sich vergewissern, daß diese Plage schon ehedem Ägypten verwüstete. Welche Mittel zur Schäd-lingsbekämpfung konnte man anwenden, und was halfen Mittel, wenn es um Menschen ging? Allein die fromme Prozession versprach Rettung. Der Kölner berichtet wieder kaum von den Folgen der Plage, von den Getreidefeldern um Mainz, die die Heuschrecken in kürzester Frist kahl-fraßen, und von der Seuche am Atlantik, die von ihren verwesenden Haufen ausging. Von dem ständigen Schneefall schreibt der Annalist so nüchtern wie ein moderner Meteorologe, aber für die Menschen bedeute-te Schnee nicht Wintersport. Die Wälder schneiten zu und gaben kein Brennholz mehr her; Mensch und Vieh erfroren. Die Hungersnot hielt, wie im Mittelalter meist, zwei bis drei Jahre an; die lange Dauer lähmte die Widerstandskräfte und verschlimmerte die Folgen. Freilich wird das Notstandsgebiet begrenzt gewesen sein, aber im Katastrophenzentrum Fulda meinte ein Annalist, an diesen Übeln sei fast ein Drittel der Menschheit gestorben. Wer sollte es genauer wissen, wer hätte über die Toten Buch geführt?

Der Kampf gegen den Tod wäre aussichtsreicher gewesen, hätte er sich nur gegen die Natur gerichtet. Der Text zeigt, wie wenig ein Menschenleben auch den Mitmenschen wert war. Was Rotharis Königsliste sorgsam verschleiert hatte, sagt der Annalist schonungslos: Im Bannkreis der Macht zerbrechen sogar Familienbindungen; die Söhne wollen den Vater stürzen, der Vater blendet den Sohn. Daß der Geblendete danach noch drei Jahre lebte, war beinahe ein Kunstfehler; nach der nächsten westfränkischen Verschwörung im folgenden Sommer starb der Bretonenherzog gleich an der Blendung. Zum inneren Krieg kam die Verwüstung durch normannische Eindringlinge. Auch hier untertreibt der Berichterstatter, obwohl die Bemerkung vom Hundeleben des Wüterichs seinen Grimm spüren läßt. Ruodold, Sohn eines getauften Dänenherrschers, saß mit seiner Wikingerschar seit spätestens 864 an der Rheinmündung und plünderte und mordete nach Herzenslust, rabiater als nachmals Olaf der Dicke. Als ihm die Friesen im Juni 873 den verlangten Tribut verweigerten, schwor Ruodold, alle Männer zu erschlagen, alle Güter wegzunehmen, Frauen und Kinder gefangen zu deportieren. Den Tod vor Augen, rief die ziemlich kleine Schar der Friesen Gott um Hilfe an und wagte – gar nicht behende – den Kampf, bei dem die meisten Friesen schwer verwundet wurden. Wo waren die Ärzte, sie zu heilen?

Damit schließt sich ein Teufelskreis. Gegen Krankheit und Tod konnten keine menschlichen Heilmittel entwickelt werden, solange die Bändigung der Naturgewalt nicht von größeren Verbänden unternommen wurde. Die Konsolidierung solcher Verbände war unmöglich, solange zwischen Dörfern und Wäldern vornehmlich fränkische Verschwörer und normannische Räuber ritten. In der Vereinzelung kleiner Gruppen blieb kein anderer Helfer als Gott; das Vertrauen auf ihn verlieh Unverzagten Kraft zu lokaler Gegenwehr. Leibniz meinte zur Erzählung von der Frankfurter Teufelsaustreibung, da habe der Annalist wachend geträumt; richtiger könnte man sagen, daß sich allein durch solche Träume die Menschen des späten 9. Jahrhunderts wach und am Leben erhielten. Ob sie dem alten Feind noch eine Zukunft abtrotzen könnten, wußten sie nie.

Daß die Bedrängten in Fulda und Friesland aus Köln keinen Beistand erhoffen durften, war ihnen klar. Nur das eine konnte sie trösten, daß Gott nicht den einzelnen schlug, sondern die Gruppe. In diesen gefährlichen Zeiten erkrankten und starben nicht viele Menschen einsam; sie trugen Gottes Hiebe gemeinsam.

VON MENSCHEN VERLASSEN

Giovanni Boccaccio leitete seine italienisch geschriebene Novellensammlung *Decamerone* um 1350 mit der Schilderung der Pest ein:

»Ich sage also, daß seit der heilbringenden Fleischwerdung des Gottessohnes schon 1348 Jahre vergangen waren, als in die ausgezeichnete Stadt Florenz, die vor jeder anderen Stadt Italiens besonders edel ist, die todbringende Pest eindrang. Sie hatte - entweder durch Einwirkung der Himmelskörper verursacht oder im gerechten Zorn Gottes über unsere bösen Taten zu unserer Züchtigung über die Sterblichen verhängt - einige Jahre früher in den östlichen Ländern begonnen, eine unendliche Menge von Menschen getötet, sich ohne Aufenthalt von einem Ort zum anderen fortgepflanzt und sich jämmerlich nach dem Abendland ausgedehnt. Gegen die Pest half keine Klugheit oder menschliche Vorkehrung, obwohl man die Stadt durch eigens dazu ernannte Beamte von vielem Unrat reinigen ließ, jedem Kranken den Eintritt verwehrte und viele Ratschläge zur Erhaltung der Gesundheit erteilte. Nichts halfen auch die demütigen Gebete, die von frommen Leuten nicht nur einmal, sondern vielmals bei feierlichen Prozessionen und auf andere Weise Gott vorgetragen wurden.

Etwa zu Frühlingsanfang des genannten Jahres begann die Pest ihre verheerenden Wirkungen auf schreckliche und erstaunliche Weise zu zeigen. Sie verlief nicht wie im Orient, wo Nasenbluten das klare Zeichen unvermeidlichen Todes war; sondern zu Anfang der Seuche bildeten sich, bei Männern und Frauen in gleicher Weise, in der Leistengegend oder in den Achselhöhlen bestimmte Schwellungen, die manchmal so groß wie ein gewöhnlicher Apfel, manchmal so groß wie ein Ei wurden, bei den einen in größerer, bei den anderen in geringerer Anzahl; das Volk nannte sie *Gavoccioli*. Von diesen zwei Körperteilen aus begannen die todbrin-

genden Pestbeulen in kurzer Zeit auf alle anderen Körperteile über-
zugreifen. Daraufhin änderten sich allmählich die Anzeichen dieser
Krankheit; es erschienen schwarze oder blau unterlaufene Flecken, die
bei vielen auf den Armen, an den Schenkeln und allen anderen Körperteilen auftraten; bei manchen waren sie groß und selten, bei anderen
klein und zahlreich. Und so, wie anfänglich die Pestbeule das sicherste
Zeichen des baldigen Todes gewesen war und weiterhin blieb, so waren
es nun auch diese Flecken für jeden, den sie befielen.

Es schien, als wäre zur Heilung dieser Erkrankungen kein Rat eines
Arztes, keine Kraft einer Arznei wirksam oder förderlich. Im Gegenteil,
entweder ließ es die Natur der Seuche nicht zu; oder die Unwissenheit
der Ärzte – ihre Zahl war, abgesehen von den studierten, an Frauen wie
an Männern, die nie eine ärztliche Unterweisung erhalten hatten, sehr
groß geworden – erkannte die Ursache der Seuche nicht und wandte
folglich kein wirksames Heilmittel an; jedenfalls genasen nur wenige.
Fast alle starben binnen drei Tagen nach dem Auftreten der beschriebenen Zeichen, der eine etwas früher, der andere etwas später, die meisten
ohne jedes Fieber oder andere Symptome. Diese Pest war um so verhee-
render, weil sie durch den bloßen Umgang mit Kranken auf Gesunde
übersprang, so wie das Feuer trockene oder fettige Stoffe ergreift, wenn
sie ihm sehr nahegebracht werden. ...

So nahmen die Überlebenden notgedrungen Verhaltensweisen an, die
den früheren Bürgergewohnheiten zuwiderliefen. Es war Brauch gewesen
– wie es noch heute ist –, daß sich die Frauen aus der Verwandtschaft
und Nachbarschaft im Totenhaus versammelten, um dort mit den nächsten Angehörigen die Totenklage zu halten; andererseits versammelten
sich draußen vor dem Totenhaus die Männer, Angehörige, Nachbarn und
andere Bürger in Menge, und je nach dem Stand des Toten erschien dort
auch die Geistlichkeit. Der Tote wurde von Männern seines Standes auf
die Schultern gehoben und mit Leichengepränge, Kerzen und Gesängen
zu der Kirche getragen, die er vor dem Tod angegeben hatte. Als nun die
Pest immer gefährlicher wurde, unterblieben diese Bräuche ganz oder
zum größten Teil, und sehr andere traten an ihre Stelle. Die Leute
starben nicht nur, ohne von vielen Frauen umgeben zu sein; es gab ihrer
genug, die ohne Zeugen aus diesem Leben schieden, und nur ganz
wenigen wurden die mitleidigen Klagen und bitteren Tränen ihrer Verwandten zuteil. Statt dessen hörte man meist Gelächter, Witze und

gesellige Kurzweil; auch die Frauen hatten es um ihrer Gesundheit willen gründlich gelernt, daran teilzunehmen und weibliches Mitgefühl großenteils zurückzustellen.

Nur wenige Leichen wurden noch von mehr als zehn oder zwölf Nachbarn zur Kirche geleitet, und auch ihre Bahren wurden nicht mehr von angesehenen und befreundeten Bürgern auf den Schultern getragen, sondern von einer Art Totengräbern, die aus der Unterschicht kamen, sich *Becchini* nannten und ihre Dienste bezahlen ließen. Sie nahmen die Bahre und brachten sie mit eiligen Schritten nicht etwa in die Kirche, die er vor dem Tod bestimmt hatte, sondern meistens in die nächste. Hinterher kamen vier oder sechs Geistliche mit wenigen Kerzen, manchmal mit gar keiner, und legten ihn mit Hilfe der erwähnten Pestknechte, ohne sich mit einer langen oder feierlichen Zeremonie aufzuhalten, möglichst schnell in irgendein leeres Grab. Mit der Rücksicht auf die Unterschicht und wohl auch einen großen Teil der Mittelschicht war es noch viel schlimmer bestellt. Weil sie voller Hoffnung oder aus Armut meist in ihren Häusern und inmitten ihrer Nachbarschaft blieben, erkrankten sie jeden Tag zu Tausenden, und da ihnen keinerlei Pflege oder Hilfe zukam, starben sie fast alle rettungslos. Tag und Nacht verendeten zahlreiche Menschen auf offener Straße, und viele, die wenigstens in ihren Häusern umkamen, machten erst durch den Gestank ihrer verwesenden Körper die Nachbarn darauf aufmerksam, daß sie tot waren. ...

Diese Toten wurden nicht mit Tränen, Kerzen oder Geleit geehrt; vielmehr war es so weit gekommen, daß man sich um sterbende Menschen nicht mehr kümmerte als heutzutage um krepierende Ziegen. Da sieht man es sehr deutlich: Was der gewöhnliche Lauf der Dinge mit kleinen und seltenen Schäden nicht einmal den Weisen hatte beibringen können, nämlich daß man derlei mit Geduld ertragen muß – ein Unheil solchen Ausmaßes bringt sogar die einfachen Leute dazu, es teilnahmslos hinzunehmen. Für die große Menge Leichen, die täglich und fast stündlich bei jeder Kirche zusammengetragen wurden, reichte der geweihte Boden zur Beerdigung nicht aus, besonders wenn man nach altem Brauch jedem Toten einen eigenen Platz geben wollte. Deshalb hob man auf den Kirchhöfen, als alles belegt war, ganz große Gruben aus und warf die hinzukommenden Leichen zu Hunderten hinein. Da wurden sie aufgehäuft wie Waren in einem Schiff, Schicht auf Schicht, mit ein wenig Erde bedeckt, solange bis die Grube randvoll war. ...

Mehr kann man nicht sagen, nur dies noch: Die Grausamkeit des Himmels und zum Teil vielleicht auch die der Menschen war so groß, daß zwischen dem März und dem darauffolgenden Juli teils durch das Wüten der Pestseuche, teils durch den Mangel an Pflege – weil die Gesunden viele Kranke in ihrer Not aus Angst verließen – sicher mehr als 100 000 menschliche Geschöpfe in den Mauern der Stadt Florenz ums Leben kamen. Vor dem todbringenden Ereignis hätte man vielleicht nicht einmal die Einwohnerzahl so hoch geschätzt.«

Hier spricht ein Augenzeuge mit jener Distanz, die sich wohl wirklich, wie er sagt, nur im größten Unglück einstellt. Nach Boccaccios Ansicht bestand dieses Unglück nicht in der unheimlichen Krankheit und dem sicheren Tod. Er redet von der Seuche so nüchtern wie ein Annalist und stimmt nicht in das Klagelied Augustins und der *Gesta Romanorum* ein. Die medizinischen Kenntnisse sind inzwischen beträchtlich gewachsen; Boccaccio kann den Krankheitsverlauf, besonders bei Beulenpest, gut beschreiben und beinahe eine Geschichte ihrer Verbreitung skizzieren – sie begann wohl wirklich ihren Lauf von Indien aus, seit 1332. Die Seuche ist nicht völlig unberechenbar; sie hat Ursachen. Welche genau, will der Dichter nicht entscheiden, aber der Zorn Gottes über menschliche Sünden steht nicht mehr an erster Stelle. Davor drängt sich die neue Wissenschaft des Spätmittelalters, die Astrologie, deren Anfänge keinen Rückfall in Aberglauben, sondern einen Fortschritt zur Berechnung von Wirkungskräften darstellten. Der beste Arzt der Zeit, der päpstliche Leibarzt Guy de Chauliac, begründete 1363 den Ausbruch der Pest mit der im März 1345 eingetretenen Konjunktur der Planeten Saturn, Jupiter und Mars im Sternbild des Wassermanns.

Daß die Seuche durch Ansteckung entstand, wußte Boccaccio; daß aber die ansteckende Lungenpest durch die Luft, die weit weniger ansteckende Beulenpest durch Ratten und Insekten übertragen wurde, ahnte er sowenig wie Chauliac. Immerhin begriffen die Behörden von Florenz, daß die Beseitigung städtischen Unrats und die Isolierung Erkrankter geboten waren. Der Einfluß studierter Ärzte wurde schon spürbar, auch wenn dann die Ausbreitung der Epidemie ihrem Ansehen schadete und anderen Heilkundigen Oberwasser gab; sie warteten wie eh und je mit Kräutern der Volksmedizin auf. Boccaccio gab wenig darauf, hielt sich überhaupt alle Hysterie vom Leibe. Daß sich die Pest als Flämmchen, als Tier oder Dämon verkörpere, daß sie aus giftigen Dünsten entstehe oder von den Juden durch Brunnenvergiftung angezettelt sei, daß schon der böse Blick eines Kranken anstecke, das glaubten viele seiner Zeitgenossen, nicht er. Er vertraute auch nicht auf religiöse Handlungen und Prozessionen, die den Himmel bestürmten. Näher lag seiner eigenen Stimmung ein profaner Gegenzauber: Durch Gelächter und Kurzweil kann man sich am ehesten lebendig erhalten. Boccaccio setzte diesen Pestbericht an den Beginn seiner lebensfrohen Geschichten, damit sich die Leserinnen an der überstandenen Qual erfreuten. Was das Dasein lebenswert macht, ist Geselligkeit hier und jetzt.

Von Geselligkeit lebt der Dichter, weil er Publikum braucht. Vom Hof in Neapel hat Boccaccio eine aristokratisch-ständische, gepflegte und künstliche Schreibweise mitgebracht; im heimischen Florenz wird sie von einer bürgerlich-realistischen Sprechweise überlagert. Sie bewirkt, daß Boccaccios Buch zuerst bei Kaufleuten, nicht in Adelsbibliotheken Anklang findet. Sie bewirkt auch, daß der Tod in diesem Buch nicht makaber ist. Erst im 15. Jahrhundert werden ihn die Totentänze personifizieren und zum Menschenfeind erklären; Boccaccio predigt kein Memento mori. Er fragt nicht nach dem Seelenheil der Pesttoten, nicht danach, ob sie ohne Beichte und Letzte Ölung die unheimliche Schwelle des Lebens überschritten. Zwischen Leben und Tod besteht eine viel schlichtere Verbindung, Geselligkeit. Herkommen und Vorsorge bewerkstelligen, daß der Tod keinen Einzelmenschen trifft. Der Sterbende hat längst seinen Grabplatz bestimmt, und im Sterben umgeben ihn gestufte Gruppen von Mitmenschen. Voran stehen die Angehörigen seiner Hausfamilie, dahinter die der weiteren Sippe, gleich daneben die Nachbarn der Wohngemeinschaft, schließlich die weitesten Kreise der Standesgenossen und Mitbürger. Jede Gruppe hat auch bei der Bestattung ihre besondere Pflicht. Ein Toter muß beweint werden, dann gibt man ihm die letzte Ehre; so bekundet sich Gemeinschaft der Mitlebenden über den Tod hinaus. Sie wird den Verstorbenen nicht vergessen, sein Grab und seinen Jahrtag pflegen. Deshalb macht der Tod nicht wie dann im Totentanz alle Menschen und Stände gleich; noch während der Epidemie macht er soziale Unterschiede. Daß Reiche besser sterben als Arme, gehört sich so; daß viel mehr Arme als Reiche der Pest zum Opfer fielen, bemerkt Boccaccio kaum.

Nicht Krankheit und Tod als solche erschüttern den Dichter. Wenn es

11   Ausrottung der Übeltäter

12   Bestattung des Kardinal Marramaldo (1416)

nicht die Pest ist, dann sind es Kriege und Hungersnöte, die im 14. noch immer wie im 9. Jahrhundert das Leben bedrohen, einmal diese Landschaft, dann jene; niemand kann das vorhersehen oder verhindern. Die nächste Generation wird die Lücken füllen, zumal die Pest mehr Erwachsene und Alte als Junge packt; deshalb ist sie erträglich. Fürchterlich ist aber das Versagen bürgerlicher Lebensformen im Übermaß des Sterbens. Wir wissen heute, daß diese Erschütterungen in Florenz nicht von der Pest kamen. Seit etwa 1338 geriet die Stadt in eine schwere politische, wirtschaftliche und soziale Krise, aus der sie sich in den 1350er Jahren rasch, freilich nur kurz herauswand. Boccaccio durchschaute diese Wandlungen nicht, aber er spürte den Gegensatz zwischen der Pestatmosphäre vor wenigen Jahren und der jetzigen gehobenen Stimmung. Wenn Tradition und Vorsorge außer Kraft treten, lebt jeder egoistisch für sich; dann sterben viele allein, in aller Stille, und das ist das Schlimmste. Wenn die Pest schrecklich wütet, mag der Himmel Gründe für seine Grausamkeit haben; aber daß die Menschen ihre Nächsten verlassen, macht den schwarzen Tod erst unheimlich.

Boccaccio gab die Zahl der Opfer nicht exakt an; nach der Schätzung seines Zeitgenossen Villani hatte Florenz um 1338 überhaupt bloß 90 000 Einwohner. Es können also nicht 100 000 gestorben sein, vermutlich rund 50 000. Wir schätzen heute die Pestverluste von 1348/49 je nach der betroffenen Gegend auf ein Achtel bis zwei Drittel der Gesamtbevölkerung; in den asiatischen Pestgebieten der Neuzeit sterben an der Lungenpest beinahe 100 Prozent, an der Beulenpest 60 bis 90 Prozent der Befallenen. Boccaccio hätte solche Prozentrechnungen freilich nicht verstanden, denn sie gehören zu den Tendenzen, die er scharf verurteilt; sie machen die Toten zur Ware. Das ist glücklich überstanden; schon mildern die alten Sitten wieder den Abschiedsschmerz; die Menschen wissen, einander zugewandt, wieder mit dem Tod zu leben.

TOD

Die Unterschiede zwischen den Zeugnissen sind zunächst durch die Lebenskreise ihrer Verfasser bedingt. Der Geistliche nimmt in seiner Klausur am Menschengeschick ringsum weniger unmittelbar Anteil als der städtische Literat. Dahinter zeichnen sich weiterreichende Wandlungen der Lebensbedingungen ab. Im niederrheinischen 9. Jahrhundert bietet selbst die geistliche Klausur nur prekäre Sicherheit; die Isolierung lokaler Gruppen voneinander läßt sie alle der Krankheit und dem Tod ohnmächtig gegenüberstehen. Ärztliche Kunst ist in Bischofspfalzen und Klöstern nicht völlig ausgestorben; einige Krankenstuben sind hier Refugien griechischer Medizin. Ansonsten hört man von orientalischen Wanderärzten; denn dem byzantinischen und mohammedanischen Osten blieb von antiker Heilkunde vieles geläufig. Im Westen und unter Laien muß der gesamte Bereich von Krankheit und Tod der Geistlichkeit überlassen werden, die vom irdischen Dasein ohnedies nicht viel hält. Ihre Betreuung besteht aus religiösen Verhaltensweisen, aus Gebeten und Prozessionen. Immerhin führt diese Anrufung Gottes die ganze Gemeinde zusammen, und gemeinsam muß sie die Lebensgefahr bestehen.

In der italienischen Stadt des 14. Jahrhunderts herrschen längst abgegrenzte und gestufte Ordnungen, die von politischen Behörden, nicht mehr vom Klerus überwacht werden. Die Bürgergemeinde nimmt sich der Kranken energisch an; seit dem 12. Jahrhundert schießen in allen Städten Europas Bürgerspitäler und Siechenhäuser aus dem Boden. Im Gefolge der Johanniter kümmern sich Bruderschaften und Orden um Pflege der Kranken, Bestattung der Toten, Betreuung von Findlingskindern, Alten und Geisteskranken. Seit dem 11. Jahrhundert hat die griechische Medizin in Salerno ihre erste Heimstätte gefunden und wird an Universitäten wie Montpellier, Bologna, Padua von gelehrten Kollegien weiterentwickelt. Zwar sind studierte Ärzte zuerst mit Theorie befaßt, mit Diagnose, Arzneimittelkunde und diätetischen Vorschriften; dennoch sammeln sie mehr Erfahrungen als unstudierte Bader und halten sie, etwa in Krankengeschichten, für das nächste Mal schriftlich fest. Vorsorge und Erfahrungsaustausch machen die Anrufung Gottes und die Tröstungen des Klerus nicht überflüssig, verleihen aber den noch immer bedrohten Verbänden mehr Selbstgefühl und Zusammenhalt.

Jenseits solcher Divergenzen bezeugen Chronist und Dichter eine gemeinsame, mittelalterliche Grundhaltung zu Krankheit und Tod. Wenn die mittelalterliche Literatur tausendfach den Satz wiederholt, daß wir in einer alternden, rasch ihrem Ende entgegeneilenden Welt leben, so ist das kein literarischer Gemeinplatz, sondern Lebenserfahrung. Die durchschnittliche Lebenserwartung eines Neugeborenen lag – wie in Europa bis ins 19., anderswo bis ins 20. Jahrhundert – bei höchstens 35 Jahren; das

Mittelalter erreichte diesen Höchststand wahrscheinlich nur im 13. Jahrhundert. Wer die Schwelle der hohen Kindersterblichkeit, die ersten zehn Jahre, überstanden hatte, konnte durchschnittlich vierzig bis fünfzig Lebensjahre erhoffen, und das wußte man ohne moderne Statistik. Innocenz III. korrigierte um 1195 die Angabe von Psalm 89, 10, daß der Mensch 70 bis 80 Jahre alt werde: »Wenige erreichen jetzt 60, ganz wenige 70 Jahre« – und starb mit 56. Ein Vierzigjähriger war alt. Wer krank wurde, war auf das baldige Ende gefaßt; daß es bei der Lepra lange auf sich warten ließ, bestärkte die Scheu vor Aussätzigen, die uns noch beschäftigen wird. Ansonsten erleichterte das enge Beieinanderleben von Gesunden und Kranken die Ansteckung bei Seuchen und Tuberkulose und senkte die Lebenserwartung weiter. Das war ein hoher Preis für soziales Verhalten, das die Todesangst minderte.

Schon die Kindersterblichkeit ließ den Tod nicht ins Greisenalter entrücken; er drohte jedem zu jeder Zeit und war als »Jedermann« vertraut. Das kleine Kind stand am Sterbebett des Vaters; die Toten ruhten nicht am Stadtrand oder im Wald, sondern rund um die Pfarrkirche, wo jeden Sonntag die Gemeinde zusammenkam. Die Toten gehörten noch zu der Gemeinde, die sich nicht nur sonntags zur Gemeinschaft der Lebenden und Toten bekannte. Daraus folgte eine Auffassung vom Tod, die heute gerade religiösen Menschen schwer verständlich ist. Selbst im Spätmittelalter setzte man ungern ein Testament auf und sorgte für die Nächsten selten über die eigene Lebenszeit hinaus. Vor dem 15. Jahrhundert fragten wenige danach, wie es der Seele des einzelnen Toten drüben im Jenseits und seinem Nachruhm im Diesseits ergehen werde. Die Vorbereitung des einzelnen auf seinen Tod, die »Kunst des Sterbens« hatte noch nicht das Gewicht wie später, als Montaigne sein ganzes Leben zur Einübung des Sterbens nutzte. Nicht erst nach dem Tod fielen die Würfel über den Menschen; schon im Leben wurden Lohn und Strafe verteilt, am sichtbarsten im Augenblick des Sterbens. Der arge Sünder stirbt hündisch, der Brave ehrenvoll; jeder stirbt im Angesicht seiner Mitmenschen »seines eigenen Todes«, wie man das in vielen archaischen Kulturen ausgedrückt findet. Dieser Tod war ein Stück Miteinanderleben. Erst der moderne Tod, dem der Einzelmensch allein gegenübersteht und der in Kliniken und Leichenhallen seine abgeschirmten Residenzen hat, wird entsetzlich, weil er unförmig ist.

NACHRUHM

Einhard schrieb zwischen 830 und 836 folgendes Vorwort zu seinem lateinischen *Leben Karls des Großen:*

»Den Lebenslauf, die Lebensführung und die wichtigsten Taten meines Herrn und Ernährers Karl, des hocherhabenen und mit Recht weitberühmten Königs, wollte ich beschreiben; ich habe sie in möglichster Kürze zusammengefaßt. Dabei war ich bemüht, nichts auszulassen, was mir zur Kenntnis kam, doch auch nicht durch weitschweifige Erzählung diejenigen zu verletzen, die alles Neue anekelt – wenn es sich überhaupt vermeiden läßt, durch ein neues Buch diejenigen zu verletzen, die schon der alten, von beredten Gelehrten verfaßten Schriftdenkmäler überdrüssig sind. Ohne Zweifel halten zahlreiche Männer, die ihre Muße der Literatur widmen, den Zustand der Gegenwart für so bedeutend, daß sie nicht alles jetzt Geschehende dem Schweigen und Vergessen überlassen möchten, als wäre es keiner Erinnerung wert. Sie lieben das Langdauernde und ziehen es vor, in Schriften, gleich welcher Qualität, herrliche Taten anderer festzuhalten, anstatt nichts zu schreiben und den Ruhm ihres eigenen Namens so der Erinnerung der Nachwelt vorzuenthalten.

Trotzdem glaubte auch ich, ein derartiges Buch schreiben zu sollen, denn ich wußte wohl, daß niemand wahrheitsgetreuer als ich über Dinge schreiben kann, die ich miterlebt habe und mit gleichsam sichtbarer Zuverlässigkeit kenne. Ich konnte ja nicht sicher wissen, ob sie von einem anderen beschrieben würden oder nicht. Dieselben Dinge sozusagen gemeinsam mit anderen aufzuschreiben und der Erinnerung der Nachfahren zu überliefern, hielt ich für besser, als das glänzende Leben und die hervorragenden, für Menschen von heute fast unnachahmlichen Taten des hocherhabenen und seinerzeit allergrößten Königs im Dunkel des Vergessens untergehen zu lassen.

Noch ein anderer, meines Erachtens vernünftiger Grund, der allein schon hätte hinreichen können, verpflichtete mich zur Abfassung dieses Buches, nämlich seine Fürsorge für mich und die Freundschaft mit ihm und mit seinen Kindern, die seit meiner ersten Einführung an seinem Hof unverändert besteht. Dadurch hat er mich eng an sich gebunden und mich im Leben und nach dem Tod zu seinem Schuldner gemacht. So könnte ich jetzt mit Recht für undankbar gehalten werden, wollte ich die zahlreichen mir erwiesenen Wohltaten vergessen, die glänzenden und berühmten Taten meines besten Förderers verschweigen und sein Leben ohne Aufzeichnung und schuldiges Lob bleiben lassen, als hätte er nie gelebt.

Freilich, um dieses Leben aufzuschreiben und zu entwickeln, hätte es nicht nur meines Talentchens bedurft, das geringfügig, beinahe nichtig ist, sondern einer ciceronischen Sprachgewalt. Nun, hier liegt das Buch vor, das die Erinnerung an den herrlichen und großen Mann festhält. Außer seinen Taten ist nichts Erstaunliches darin, höchstens das eine: Obwohl ich ein Barbarenmensch und in römischer Schreibweise fast ganz ungeübt bin, meinte ich mich doch auf lateinisch angemessen und zweckmäßig ausdrücken zu können und trieb die Unverfrorenheit bis zur Mißachtung von Ciceros Worten im ersten Buch der Tusculum-Gespräche. Dort schreibt er bei der Behandlung lateinischer Schriftsteller: ›Ein Mensch, der seine Gedanken niederschreibt und sie nicht ordnen, klarmachen und dem Leser unterhaltend und anziehend darbieten kann, mißbraucht Muße und Literatur maßlos.‹ Dieser Satz des hervorragenden Redners hätte mich zwar vom Schreiben abhalten können, doch hatte ich mich schon entschlossen, lieber das Urteil der Mitmenschen zu riskieren und als Biograph mein Talentchen aufs Spiel zu setzen als mich zu schonen und die Erinnerung an den großen Mann zu unterlassen.«

Das vielschichtige Gedankengefüge dieses Vorworts ist nicht auf Anhieb zu durchschauen, aber sofort spürbar ist seine Absicht, die folgende Lebensbeschreibung gegen Einwände abzusichern. Einhard schrieb nicht als stiller Gelehrter vor sich hin, sondern rechnete auf öffentlichen Widerhall, auf Wirkung und Widerspruch, auf Nachruhm. Nur wollte er nicht den Ruhm seines eigenen Namens der Nachwelt übermitteln. Zwar schrieb er wiederholt in der Ichform, aber seinen Namen Einhard kennen wir erst aus dem Vorspruch, den wenig später Walahfrid Strabo diesem Vorwort beigab. Einhard distanzierte sich schon dadurch von jenen Zeitgenossen, die nur um ihres Autorenruhms willen fremde Taten beschrieben. Sie überschätzten ihre eigene Gegenwart und übersahen, daß die Menschen von heute manches kaum mehr nachahmen können, was noch im letzten Menschenalter Wirklichkeit war. Ferner achteten sie wenig auf Qualität ihrer Werke, weil sie dem Augenblick verhaftet blieben. Diese Gesinnung aber kann kein bleibendes Denkmal des Nachruhms schaffen; das ist Einhards verdeckte Kritik an der neuen Generation um Ludwig den Frommen.

Mit mehr Schärfe wendet sich Einhard gegen zeitgenössische Verächter der Gegenwart, die weder Neues anerkennen noch Altes lesen wollen. Gemeint sind die strengen Mönchsreformer um Ludwig den Frommen, die alle antike Profanliteratur verachten. Ihr Maßstab ist der heilige Mensch, ihre Literatur die Hagiographie, vorweg die Musterbiographie eines Heiligen, die von Sulpicius Severus um 397 verfaßte Vita Martins von Tours. Einhard setzt sich, wieder sehr hintergründig, mit der Martinsvita auseinander. Ein Heiliger strebt aus der Welt hinaus und achtet nicht auf irdischen Nachruhm; seine Lebensführung ist keine Geschichte, sondern ein Beispiel für jeden Christen. Auch Einhard möchte Karl als Denkmal aktiver Lebensführung darstellen, nur nachahmen kann sie kein Mensch von heute, denn sie ist Geschichte und hat Geschichte gemacht. Deshalb kann Einhard auch das andere, antike Muster einer Biographie nicht zugrunde legen, Suetons Kaiserviten, denen er Einzelheiten entnimmt. Sie stellen die römischen Herrscher, vor allem Augustus, statisch und statuarisch dar, in Charakter und Regiment; sie erzählen nicht die Entwicklung ihrer Taten und Wirkungen, und gerade von Karls Taten will Einhard reden, fünfmal sagt er es schon im Vorwort.

Wer einen Menschen vom Idealtyp des Heiligen oder des Herrschers her betrachtet, sieht nicht zuerst darauf, wie dieser Mensch auf Mitmenschen wirkt; das darf auch vernachlässigen, wer die Individualität eines Mannes herausarbeiten will. Einhard aber muß auf Karls Handlungen und Wirkungen achten, weil noch sein Buch den toten Kaiser in die Geschichte stellen möchte; es will Erinnerung stiften. Das Wort *Memoria* erscheint im Vorwort fünfmal; mehrfach wird auch das Vergessen erwähnt. Einhard nennt mehrere Gründe für seine Absicht, aber der wichtigste ist weder der persönliche, Freundschaft und Dankbarkeit, noch der sachliche, Information aus erster Hand. Karls Aktionen sind der Erinnerung vornehmlich deshalb wert, weil sie bedeutender sind als die seiner Kinder und weil sie nachwirken. Diese Wirkung ist jedoch durch die Jungen bedroht, die nur im Augenblick leben; für sie ist mit Karls Tod dieses Leben vorbei, als hätte er nie gelebt.

Darum schreibt Einhard als Laie das Leben eines Königs, als Barbarenmensch das Leben eines Franken. Ironisch wendet er sich gegen die
Frommen und ihre Forderung nach dem immergleichen Ideal, aber auch
gegen die Literaten und ihre Betonung der klassischen Form. Weil er
Ungewöhnliches wagt, häuft sein Vorwort viele Gedankenschemata, die
damals jeder lateinisch Gebildete kannte. Solche Topoi sind die affektier-
te Bescheidenheit, mit der Einhard seine Minderwertigkeit gegenüber
Cicero eingesteht; das proklamierte Stilideal der Kürze, damit der Leser
nicht ungeduldig werde; das Lob der Gegenwart, die hinter früheren,
literaturfähigen Epochen nicht zurückstehen muß; die Beteuerung, daß
sich der Autor mit der sprachlichen Formung abgemüht hat. Einhard
braucht diese Topoi, denn er muß, um seine Wirkung zu tun, gebildete
Leser ansprechen; doch die literarische Form ist ihm tatsächlich sekundär, und darum bringt er jeden Topos gleich mit Einschränkungen vor.
Neben Cicero und karolingischen Literaten kann sich sein Buch wohl
sehen lassen; so kurz darf es nicht werden, daß Wichtiges ausgelassen
würde; Thema ist nicht das Heute, sondern das Gestern; wichtiger als das
literarische Bemühen des Autors ist der Mann, von dem er handelt. Alle
Einschränkungen zielen auf den Kern des Buches: Es soll die Taten und
Wirkungen des toten Helden darstellen, damit sie in der Erinnerung
weiterwirken.

Als Einhard schrieb, hatte er nicht mehr viel Zeit; er war etwa 60 Jahre
alt. Bald würde sein Tod die lebendige Erinnerung abschneiden. Er kann
sich nicht wie andere mittelalterliche Autoren hinter dem Auftrag eines
bedeutenden Lebenden verschanzen, um die Kritik mundtot zu machen;
niemand – am wenigsten Karls Sohn Ludwig der Fromme – hat ihm dieses
Buch abverlangt, niemand wird es in Schutz nehmen. Doch wenn er es nicht
schriebe, könnte er mit Recht für undankbar gehalten werden. Von wem,
wenn nicht von der öffentlichen Meinung der Höflinge und Literaten? Er ist
Karls Freund und Gefolgsmann gewesen, er muß die Nachwirkung des
toten Freundes durch sein eigenes Wagnis bekunden, solange er noch lebt.
Karl lebt nicht so sehr in seinem Sohn fort als in der Erinnerung seiner
Freunde. Indem Einhard sie aufs Pergament bannte, blieb zusammen mit
ihr sein Buch lebendig. Seit der Erfindung des Buchdrucks wurde es über
dreißigmal neu aufgelegt. Diese Zahl kann modernen Bücherkonsumenten
und -produzenten nicht sonderlich imponieren; befremden wird sie eine
zweite Zahl: Von Einhards Buch haben sich aus dem Mittelalter etwa acht-

zig Abschriften erhalten; es gehörte damit zu den verbreitetsten Geschichtswerken des Zeitalters. Achtzig, nicht mehr? Nun, so einfach wie heute pflanzte sich damals Erinnerung nicht fort; aber die mühsamer angeeignete stand in höheren Ehren.

NACHREDE

In seinen französisch geschriebenen *Memoiren* erzählte Philippe de Commynes um 1490 von Niederlage und Tod Herzog Karls des Kühnen von Burgund in der Schlacht vor Nancy am 5. Januar 1477 und fuhr fort:

»Vor kurzer Zeit habe ich ihn noch als großen und ehrenhaften Fürsten gesehen, der von seinen Nachbarn so sehr geschätzt und gesucht war wie kein Fürst der Christenheit oder vielleicht darüber hinaus. Ich habe keinen Anlaß bemerkt, womit er so früh den Zorn Gottes auf sich zog, als den einen, daß er glaubte, alle Gnaden und Ehren, die er auf dieser Welt empfangen hatte, seien aus seinem Geist und seiner Tüchtigkeit erwachsen, ohne sie Gott zuzuerkennen, wie er es hätte tun sollen. Denn er hatte wirklich gute und tüchtige Seiten. Kein Fürst übertraf ihn jemals in dem Wunsch, Edelleute heranzuziehen und in guter Gesittung zu halten. Seine Wohltaten waren nicht sehr groß, weil er wollte, daß jeder etwas davon hätte. Niemals schenkte ein Fürst seinen Dienern und Untertanen großzügiger Gehör als er. Zu der Zeit, als ich ihn kannte, war er keineswegs grausam; aber er wurde es vor seinem Tod, was ein schlechtes Zeichen für lange Dauer war. Er war sehr prunkvoll in seinen Kleidern und allen anderen Dingen, und zwar ein wenig zu sehr. Gesandten und Fremden erwies er sehr viel Ehre; sie wurden bei ihm besonders gefeiert und gut aufgenommen. Er wollte großen Ruhm erwerben, und mehr das als alles andere verwickelte ihn in diese Kriege. Gern hätte er jenen alten Fürsten gleichen wollen, von denen nach ihrem Tod so viel gesprochen worden ist. Er war so kühn wie keiner, der zu seiner Zeit regierte.

Jetzt sind alle seine Gedanken zu Ende, und alles ist in seinen Nachteil und seine Schande verkehrt; denn die Sieger haben immer die Ehre. Ich wüßte nicht zu sagen, gegen wen sich unser Herrgott zorniger gezeigt hat, gegen ihn, der rasch und ohne langes Leiden auf diesem Schlachtfeld starb, oder gegen seine Untertanen, die seitdem keine Ruhe mehr hatten. Ständig lagen sie im Krieg und waren nicht stark genug, ihm zu widerstehen; die einen standen verwirrt gegen die anderen, in einem grausamen und tödlichen Krieg. Was für sie noch schwerer zu tragen war: Ihre Verteidiger waren Ausländer, die eben noch ihre Feinde gewesen waren, nämlich die Deutschen. Und in der Tat gab es seit dem erwähnten Tod niemanden mehr, der ihnen wohlgesonnen war, von wem sie auch immer unterstützt wurden. Und wenn man ihre Werke ansieht, so scheint es, daß sie ebenso verwirrt waren wie ihr Fürst. Denn kurz vor seinem Tod haben sie alle guten und sicheren Ratschläge abgelehnt und nur solche Wege gesucht, die ihnen schädlich waren. Und sie sind so auf dem Weg, daß diese Verwirrung für sie noch lange nicht aufhört oder wenigstens die Furcht, wieder dorthin zu kommen.

Ich teile weitgehend die Meinung eines anderen Mannes, den ich kannte: Gott verleiht einen Fürsten, je nachdem er die Untertanen strafen oder züchtigen will, und dem Fürsten verleiht er die Untertanen und ihre Haltung ihm gegenüber, je nachdem er die Fürsten erheben oder erniedrigen will. Und so hat er es mit diesem Haus Burgund ganz gerecht gemacht. Denn sie hatten langes Glück und großen Reichtum und drei große, gute und weise Fürsten, die Vorgänger dieses letzten, und das dauerte 120 Jahre lang. Dann gab er ihnen diesen Herzog Karl, der sie ständig in großen Kriegen, Mühen und Unkosten hielt, und das fast ebenso zur Winterszeit wie im Sommer. Viele reiche und wohllebende Leute wurden in diesen Kriegen getötet oder durch Gefangenschaft zugrunde gerichtet. Große Verluste begannen vor Neuß (1474) und setzten sich fort durch die drei oder vier Schlachten bis zu seiner Todesstunde, so sehr, daß bei dieser letzten Schlacht die ganze Kraft seines Landes erschöpft war und alle seine Leute tot, zugrundegerichtet oder gefangen lagen, wenigstens diejenigen, welche die Macht und Ehre seines Hauses hätten verteidigen können oder wollen.

Und so scheint es auch, wie ich sagte, daß dieser Verlust für sie gleich groß war wie ihr früheres Glück. Denn wenn ich sage, daß ich den Fürsten groß, reich und geehrt gesehen habe, kann ich ebenso sagen, daß ich all das an seinen Untertanen gesehen habe. Denn ich glaube, den besseren Teil von Europa gesehen und kennengelernt zu haben, und trotzdem habe ich keine Herrschaft und kein Land kennengelernt, sei es ebenso groß oder noch viel weiter ausgedehnt, das so viel Überfluß besaß an Reichtum, Hausrat, Bauten und auch an aller Art von Verschwendung, Aufwand, Festen und Gelagen, wie ich sie in der Zeit erlebte, als ich dort war. Wer in der Zeit, von der ich rede, nicht dort war, könnte meinen, daß ich zu viel behaupte; andere, die wie ich dabei waren, werden sagen, daß ich zu wenig sage.«

Der flandrische Diplomat Commynes machte sich um literarische Formung seines Buches keine Sorge; er konnte kein Latein und diktierte das Werk im Auftrag des Erzbischofs Angelo Cato von Vienne, der aus Commynes' Materialien ein geschliffenes Geschichtswerk in schönem Latein konstruieren würde. Wenigstens behauptete Commynes das, um sich vor Kritikern zu schützen. Auch er fühlte sich wie Einhard verpflichtet, seinem Herrn und Wohltäter König Ludwig XI. von Frankreich nach dessen Tod ein Denkmal zu setzen; auch er berief sich wie Einhard darauf, daß er zur Niederschrift als Vertrauter des Königs und Augenzeuge der Ereignisse befugt sei. Auch in Commynes' Vorwort kommt wie bei Einhard das Wort »Erinnerung« fünfmal vor. Aber hier klingt es anders. Einmal noch ist die Erinnerung an den König gemeint, der eines hocherhabenen Andenkens würdig sei. Sonst geht es jedoch um Geschehnisse, an die sich der Autor erinnert, und um deren Fixierung. Commynes gab dem Buch keinen Titel, doch das Wort *Memoire* im ersten Satz des Vorworts wurde mit Recht dem Buch und dann einer ganzen Gattung zur Kennzeichnung gegeben. Commynes hat die Gattung der Memoiren geschaffen, Erinnerungen eines Verfassers an miterlebte Zeitgeschichte. Er spricht ständig in der Ichform, gibt aber keine Autobiographie, nicht einmal ein Bild seiner Aktionen. Er betrachtet vielmehr die Taten der Mächtigen, vergleicht das Erreichte mit dem Erstrebten, die Realität mit dem Mythos und weist auf die große Lücke zwischen Plänen und Verwirklichungen hin.

In dieser Lücke steht Gott, der die Schicksale der Fürsten und Völker lenkt, nicht als jenseitiger Richter über Himmel und Hölle, sondern als Herr irdischer Geschichte; hier auf Erden belohnt und bestraft er gerecht. Deshalb hat Commynes' Buch keinen Helden, auch Ludwig XI. ist es nicht. Indes hat der König am besten begriffen, daß die Erfolge der Mächtigen nicht nur von ihren Wünschen abhängen, daß auch ein König Risiken vermeiden, die Zukunft wie ein Kaufmann kalkulieren muß; dem Vorsichtigen bringt die Zeit Zinsen. Ludwig XI. ist für Commynes der

Prototyp des erfolgreichen Politikers und neuzeitlichen Monarchen, der mit seinen Machtmitteln sachlich haushält. Gegenbild ist Karl der Kühne, der letzte Fürst, der ein mittelalterliches, locker gefügtes, ständisch-höfisches Staatswesen auf persönliche Beziehungen gründen wollte. Commynes hatte auch ihm gedient; 1464 wurde der 17jährige dem jungen Karl als Knappe beigegeben und war acht Jahre lang einer der nächsten Vertrauten des Herzogs. In der Nacht vom 7. zum 8. August 1472 ging Commynes plötzlich zum Hauptfeind des Burgunders über und blieb Kammerherr und Vertrauensmann des französischen Königs bis zu dessen letztem Atemzug.

Durch den Übertritt zum Feind hat sich für den 43jährigen Autor das Bild des toten Herzogs verdunkelt; mit der Nachrede auf Karl rechtfertigt Commynes seinen Verrat als Entscheidung für die Zukunft. Gleichwohl behält der Herzog persönliche Anziehungskraft; vor allem war er nicht so menschenscheu und mißtrauisch wie Ludwig XI. Karl der Kühne war das Muster eines Ritters. Allerdings ist das Rittertum für Commynes ein Mythos, und Karl, der ihm verfallen war, überschätzte Ideen, Pläne und Fiktionen; er nahm sich zuviel vor und bildete sich zuviel ein. Commynes empfand seinen Aufwand und sein Selbstvertrauen beinahe als luziferisch. Zum Verhängnis wurde dem Herzog die Ruhmsucht. Wenn er alten Fürsten gleichen wollte, von denen die Dichter sangen, dachte er zuerst an seinen Namenspatron Karl den Großen und stürzte sich wie dieser und sein Recke Roland in gewagte Kriege. Doch der einzige Garant des Nachruhms ist Gott; wer zu Lebzeiten für mythischen Nachruhm sorgen will, bringt sich selbst ums Leben.

Der Fürst ist mächtig; seine Untertanen müssen leiden, was er ihnen befiehlt. Aber das Schicksal der Untertanen entscheidet über den Nachruhm des Fürsten. Das Menetekel der Grausamkeit warnt Karl nicht nur vor frühem Tod – er fiel mit 44 Jahren –, sondern vor dem Ende aller Träume von Ruhm und Ehre. Karls drei Vorgänger hatten das Herzogtum Burgund seit 1363 in der Tat zum blühendsten Verband der Zeit, fast zu einem biblischen Land der Verheißung gemacht; dieser Vorrang bestätigte sich im Ansehen bei den Mitlebenden. Im Urteil der Nachlebenden erweist sich nun, daß Karl der Kühne das Erbe seiner Väter vertan, die Kraft seines Landes ruiniert hat. Der Ruhm gehört dem überlebenden Sieger Ludwig, und als Freunde findet Burgund nur noch Erbschleicher wie Maximilian von Habsburg, Karls Schwiegersohn. Tatsächlich hat das

Ringen um die burgundische Erbschaft seit 1477 zwischen Frankreich und Habsburg nicht nur die politische Konstellation des 16. Jahrhunderts vorbereitet, sondern auch die Spätblüte Burgunds für immer gebrochen.

Commynes hat diese Zukunft scharfsichtig kommen sehen und rechtzeitig genutzt. Dennoch ist seine wichtigste Lehre aus dem Sturz Karls des Kühnen, daß Zukunft nicht machbar ist, weil erst der Tod eines Menschen über seine Wirkung entscheidet. Bis dahin verdecken ererbte Mythen und ehrgeizige Pläne die wirklichen Chancen. Der Tod legt bloß, wie ein Mensch sein Leben genutzt hat. Wie Karls persönliches Konto im Jenseits verrechnet wird, daran will Commynes nicht rühren. Er sieht das Leiden der Untertanen; es ist vorbei mit ihrem behaglich-maßvollen Lebensgenuß, den Commynes ebenso wie die Hektik der Macht zu schätzen versteht. Commynes prunkt nicht mit Erinnerungen eines burgundischen Höflings, der in der guten alten Zeit dabei gewesen ist; vielmehr führen seine Memoiren zu einem Memento mori. Daß er die moderne Politik vorausgesehen hat, machte sein Buch für zweihundert Jahre zum berühmtesten politischen Lehrbuch Europas; es erlebte etwa 125 Ausgaben. Heute gründet sein Nachruhm auf der tieferen Einsicht in den Zwiespalt zwischen Lebensplan und Nachleben. Indem Commynes diese Erfahrungen für die Erinnerung festhielt, sprach er nicht nur das Urteil über Karl den Kühnen, sondern einen Epilog zum Mittelalter.

ERINNERUNG

Die literarischen Gattungen, die Einhard und Commynes neu begründeten, erfordern unterschiedliche Haltungen der Verfasser. Während die Herrscherbiographie mit literarischem Ehrgeiz auftritt, erzählen Memoiren in lockerer Form. Während bei Einhard die Taten des Herrschers, besonders die Kriege im Mittelpunkt stehen und der Autor zurücktritt, kann Commynes aus persönlicher Lebenserfahrung die Taten des Fürsten abwägen und mit ihrem Ergebnis vergleichen. Der Grad der Monumentalisierung drückt unterschiedliche anthropologische Wertungen aus. Einhard blickt gebannt auf den einen großen Mann, der sein Schicksal selbst gestaltet hat und dessen Wirkung von der heutigen Generation nicht mehr erreicht wird. Commynes betrachtet das hektische Streben der Fürsten vor dem Hintergrund von Gottes Vorsehung, die viele Blütenträume zunichte macht, und hält sich angesichts menschlicher Unvollkommenheit die Hoffnung auf die Zukunft offen. Ein schwerwiegender Unterschied trennt das Verhältnis der Dargestellten zum Ruhm. Bei Karl dem Großen erwecken auch andere Quellen nicht den Anschein, als hätte er es auf irdisches Nachleben abgesehen; er lebte in seiner Gegenwart und deren Bewältigung. Karl der Kühne hingegen dachte bereits zu Lebzeiten an die Förderung seines Nachruhms. Inzwischen hat nämlich die Angst vor dem Tod den Mythos vom Ruhm geboren. Er soll das Leben verlängern und erscheint als etwas von ihm Abgelöstes; Lohn und Strafe werden erst nachträglich verteilt, durch die Nachwelt. Daß Commynes diesem modernen Mythos nicht glaubt, stellt ihn neben Einhard und in das Mittelalter, von dem er Abschied nimmt.

Die Parallelen zwischen Einhard und Commynes sind auch sonst zahlreich. Beide waren durch den Herrscher an den Hof gezogen und als Vertraute an allen wichtigen Entscheidungen beteiligt worden. Sie waren für Entschlüsse und Erfolge ihrer Fürsten mitverantwortlich gewesen und hatten sich in dem Ruhm gesonnt, der zu Lebzeiten ihrer Herren auf den Hof gefallen war. Nun sind die Fürsten tot, und ihre Höflinge werden vom Nachfolger nicht mehr gebraucht. Aus dem Lärm der Macht, den sie gesucht hatten, sind sie in die Stille des Nachdenkens verbannt. Ihre Bücher dienen der Selbstrechtfertigung und vor allem bei Commynes dem Versuch, sich dem Thronfolger zu empfehlen; erfahrene Berater gewährleisten stetige Politik. Auch die Autoren wollen weiter wirken; deshalb schreiben sie auf, was man sich bisher nur erzählt hat. Doch sie tun es nicht nur ihrer sozialen Stellung zuliebe.

Mündliche Überlieferung wurde von schriftscheuen Laien im Mittelalter sehr wichtig genommen; aber was sie tradierte, waren nur Fragmente von Lebensformen: Anekdoten, menschliche Züge eines Fürsten, Siege und Niederlagen einer Gemeinschaft. Fortdauernde Wirkungen eines Mannes auf seine Mitmenschen waren Voraussetzung für die Tradition, aber nicht deren Thema. Dasselbe gilt für die sorgfältig gehüteten Überreste Verstorbener. Die Gebeine bedeutender Männer werden wie Heiligenreliquien verwahrt. Im Hauskloster eines vornehmen Geschlechts liegen die Gräber der Vorfahren, dort betet die Mönchsgemeinschaft täglich für ihr Seelenheil. Deshalb schaffen sich die Herrscherhäuser ihre berühmten Grablegen in Pavia, Aachen, Speyer, Wien, Saint-Germain des Prés, Saint-Denis, Winchester, Westminster, Escorial, Champmol. Wieder ma-

chen sie weniger die geschichtliche Wirkung eines Toten als die Kontinuität seines Geschlechtes sichtbar. Ebenso steht es mit Herrschaftszeichen
wie Karls des Großen Schwert oder seiner Krone. Man bewahrt sie
ehrfürchtig auf, denn sie spiegeln den Nimbus ihrer Träger. Barbarossa
schmückt sich 1184 in Mainz mit den angeblichen Insignien Karls des
Großen; für Commynes enthüllt es Karls des Kühnen ganze Schande, daß
kurz nach seinem Tod ein Orden, den er selbst getragen hatte, in Mailand
für zwei Dukaten verkauft wurde. So handgreiflich derartige Erinne-
rungsstücke und »Denkmale« sind, sie erfassen doch die Nachwirkung
geformten Lebens nicht.

Einhard und Commynes schreiben, weil sie diese Wirkung für eine
neue Generation bewahren wollen. Sie wissen, daß Ruhm vergänglich ist,
vor allem der zu Lebzeiten erreichte und erstrebte. Was von der Wirkung
eines Lebens bleibt, darüber entscheidet nicht die Selbsteinschätzung,
vielleicht nicht einmal die wirkliche Leistung, sondern das Urteil der
überlebenden Mitmenschen. Beide Schriftsteller betrachten ihre Herrscher nicht als Individuen; das verbietet ihnen die Hofperspektive. Der
Herrscher braucht viele, vor allem adlige Helfer, aber er verkörpert sie
auch. Sein Erfolg manifestiert sich im Schicksal seiner Getreuen, und sie
sprechen ihm nachher das Urteil. Was in erhöhtem Maß vom Fürsten gilt,
trifft im Kern für alle Menschen zu. Wenn zahlreiche mittelalterliche
Texte wie das Predigtmärlein der *Gesta Romanorum* Angst vor dem
Vergessenwerden äußern, begreifen wir Nachlebenden diese Sorge kaum
mehr; in der Überfülle der Informationen sprechen wir seit Nietzsche vom
Glück des Vergessenkönnens. Aber im Mittelalter ging es um Erinnerung,
nicht zuerst an Fakten, sondern an Menschen. Der Lebenskreis, in dem sie
gewirkt hatten, überlebte sie und konnte sie rasch vergessen. Dann war
das Einzelleben wie der junge Apfel, der vom Baum gefallen ist, wertlos
und wirkungslos. Die Gemeinschaft der Überlebenden brauchte indes
auch ihrerseits Erinnerung, um des augenblicklichen Zufalls Herr zu
werden. Beda hatte es schon erfahren, Petrarca noch erhofft: Was Menschen über den Ablauf des Lebens hinaus miteinander verband, war
weder die Kette der Generationen oder Ereignisse noch die Konstanz der
Lebensbedingungen oder Lebenskreise, sondern der Eindruck eines einmal gelungenen Zusammenlebens auf Nachkommende, die künftiges
Gelingen nur durch Erinnerung antizipieren konnten.

RAUM UND UMWELT

INSEL DER SELIGEN

Die lateinische Legende *Seereise des heiligen Brendan* aus dem 10. Jahrhundert beginnt damit, daß eines Abends der irische Abt Barinthus weinend bei seinem Onkel Brendan im Kloster Clonfert am Shannon ankommt und den Grund seiner Trauer erzählt:

»Mein Söhnchen Mernoc war Verwalter bei den Armen Christi; er floh vor meinem Angesicht und wollte Einsiedler sein. Er fand eine Insel bei einem Berg von Stein, Köstliche Insel mit Namen. Lange danach wurde mir berichtet, daß er mehrere Mönche bei sich habe und Gott durch ihn viele Wunder wirke. So machte ich mich auf, mein Söhnchen zu besuchen. Als ich nach drei Tagereisen ankam, eilte er mir mit seinen Brüdern entgegen, denn Gott hatte ihm mein Kommen offenbart. Als wir auf dieser Insel landeten, liefen uns aus verschiedenen Klausen die Brüder wie ein Bienenschwarm entgegen. Denn ihre Wohnungen waren zerstreut, doch einmütig war ihr Lebenswandel in Glaube, Hoffnung und Liebe, vereint aßen sie, gemeinsam war immer ihr Gottesdienst. An Nahrung wird ihnen nichts als Obst, Nüsse, Wurzeln und andere Kräuter gereicht. Nach dem Abendgebet blieb jeder in seiner Klause bis zum Hahnenschrei oder zum Glockenläuten. Nachdem ich übernachtet und die ganze Insel durchwandert hatte, führte mich mein Söhnchen zum Meeresstrand gen Westen, wo ein Kahn lag, und sagte mir: ›Vater, steig ins Schiff, wir wollen zum Westland hinüberfahren, zu der Insel, die Land der Verheißung für die Heiligen genannt wird; Gott wird sie unseren Nachfolgern am Ende der Zeiten geben.‹ Wir stiegen ein und fuhren los; da kam von allen Seiten so dichter Nebel über uns, daß wir kaum mehr Heck oder Bug des Schiffchens sehen konnten. Fast eine Stunde war vergangen, als uns gewaltiger Lichtschein umgab und Land in Sicht kam, weiträumig, mit Wiesen und viel Obstbäumen. Das Schiff wurde festgemacht, wir stiegen aus und machten uns auf den Weg.

Fünfzehn Tage lang durchstreiften wir diese Insel und konnten ihr Ende nicht finden. Wir sahen keine Wiese ohne Blumen, keinen Baum ohne Früchte. Sogar die Steine dort sind von kostbarer Art. Endlich am 15. Tag fanden wir einen Fluß, dessen Lauf von Ost nach West ging. Wir betrachteten das alles, wußten nicht, was wir tun sollten, und wären gern durch den Fluß gestiegen, aber wir warteten auf Gottes Rat. Wie wir das noch überlegten, erschien plötzlich vor uns ein Mann in hellem Glanz. Er nannte uns sogleich bei unseren Namen, begrüßte uns und sprach: ‹Vortrefflich, gute Brüder! Der Herr hat euch dies Land enthüllt, das er seinen Heiligen geben wird. Die Mitte der Insel ist hier bei diesem Fluß. Weiter dürft ihr nicht gehen. Kehrt also um, dorthin, woher ihr kamt.› Als er das sagte, fragte ich ihn gleich, woher er komme und welches sein Name sei. Er sagte: ›Warum fragst du mich nach Herkunft und Namen? Warum nicht nach dieser Insel? Wie du sie jetzt siehst, so liegt sie seit Beginn der Welt. Brauchst du etwas zu essen, zu trinken oder anzuziehen? Ein ganzes Jahr bist du auf dieser Insel und hast noch nichts von Speis und Trank gekostet. Nie überkam dich Schlaf, nie bedeckte dich Nacht. Denn hier ist immer Tag, nicht blindes Dunkel. Unser Herr Jesus Christus ist das Licht hier.‹

Unverzüglich machten wir uns auf den Weg, und besagter Mann kam mit uns bis zum Strand, wo unser Kahn lag. Als wir einstiegen, verschwand er vor unseren Augen, und wir gelangten durch den erwähnten Nebel zur Köstlichen Insel. Wie aber die Brüder uns sahen, frohlockten sie sehr über unsere Ankunft und klagten sehr über unsere lange Abwesenheit; sie sagten: ›Ihr Väter, warum ließet ihr in diesem Wald eure Schafe ohne Hirten herumirren? Wir wissen, daß uns unser Abt oft verläßt, aber wohin er geht, wissen wir nicht, und dort bleibt er einen Monat, zwei Wochen, eine Woche, einmal länger, einmal kürzer.‹ Ich hörte es und begann sie zu trösten: ›Denkt euch nichts Schlechtes dabei, Brüder. Euer Lebenswandel vollzieht sich ohne Zweifel vor dem Tor zum Paradies. Hier in der Nähe liegt die Insel, die man Land der Verheißung für die Heiligen nennt; dort bricht die Nacht nicht ein, der Tag geht nicht zu Ende. Dorthin fährt euer Abt Mernoc oft. Ein Engel des Herrn bewacht sie. Merkt ihr nicht am Duft unserer Kleider, daß wir in Gottes Paradies waren?‹ Da antworteten die Brüder und sprachen: ›Abt, wir wissen, daß du in Gottes Paradies warst, in der Weite des Meeres, aber wo es liegt, wissen wir nicht. Oft haben wir den Duft in den Kleidern unseres Abtes bemerkt, nach vierzig Tagen, wenn er von dort zurückkam.‹ Zwei ganze Wochen blieb ich noch dort bei meinem Söhnchen und brauchte nicht Speise und Trank. So gesättigt fühlten wir uns, daß die anderen meinten, wir hätten uns mit Most gefüllt. Nach vierzig Tagen empfing ich den Segen der Brüder und des Abtes und bin mit meinen Gefährten zurückgekommen; morgen will ich zu meiner Zelle gehen.« (Das Fernweh nach dem Paradies, das Barinthus weinen ließ, packte auch Brendan; mit 14 Mönchen stach er in See und erreichte nach siebenjährigen Abenteuern die Insel der Seligen.)

Wir fragen die Legende nicht, wie in der Forschung üblich, nach dem Anteil von Wahrheit und Fiktion. Wir nehmen hin, daß Abt Barinthus von Drumcullen tatsächlich gelebt hat und im Jahr 548 oder 552 starb und daß er wirklich verwandt war mit Abt Brendan von Clonfert, der nach etlichen Seereisen, sicher nach Schottland, vielleicht nach England, 577 oder 583 starb. Wir nehmen hin, daß die Legende wahrscheinlich erst im frühen 10. Jahrhundert in Lothringen von einem Wandermönch aus Irland geschrieben wurde und trotzdem alte Erinnerungen festhalten könnte. Wir nehmen hin, daß man die Färöer-Inseln, Island, Neufundland, sogar das üppige Florida hat wiedererkennen wollen und daß ein moderner Gelehrter den Fluß auf der Insel der Verheißung mit dem Ohio River identifiziert hat. Wir nehmen hin, daß die Legende nicht nur Erfahrungen widerspiegelt, sondern auch antike Literatur über Elysion, Atlantis, die Insel der Seligen und daß vor allem Vergils *Aeneis* unserem Autor für ein christliches Gegenstück Pate stand. Auch dann bleibt an dem Text genug Erstaunliches.

Das Land der Verheißung, *God's own country,* zeigt viele Merkmale der antiken Ideallandschaft: unzugängliche Lage, Abschirmung durch Dunkelheit und Nebel, Fehlen der Nacht, süßer Duft, tropische Fruchtbarkeit, schattenspendende Bäume, schöne Blumen, frische Gewässer. Aber es fehlt auch viel, was für Vergil und Lukian unentbehrlich schien: Weinreben, Getreidefelder, Singvögel, weidendes Vieh und vor allem Menschen, die hier singen, feiern und wohnen. Ein Engel des Herrn begrüßt die Wanderer, aber wenn sich die Iren so, wie sie zu Hause einen Gast empfangen, nach Herkunft und Namen erkundigen, weist er sie zurück und bietet ihnen keine Herberge. Das Land liegt seit der Weltschöpfung menschenleer, erst am Ende der Zeiten wird Gott es den Menschen geben. Der Engel erläutert später Brendan, daß es ein Refu-

13 Des Schöpfers Lob

14 Die Gaben der Schöpfung

gium der Frommen für die wirren Zeiten sei, in denen der Antichrist mit seinen Anhängern die wahren Christen verfolgen werde. Bis dahin ist die Insel zeitlos. Die Seefahrer rechnen sich aus, daß sie 15 Tage umhergingen; der Engel sagt ihnen, es sei ein Jahr gewesen. Wo Tag und Nacht nicht wechseln, läßt sich Zeit nicht messen. Barinthus und Mernoc nehmen nichts von der Insel mit, nicht einmal ein paar Früchte und edle Steine, mit denen nachher Brendan sein Boot füllt. Sie fühlen sich für zwei Wochen satt, doch Nektar und Ambrosia, Milch und Honig wurden ihnen nicht gereicht. Ein Paradies für asketische Mönche, die sich am liebsten um Nahrung, Kleidung, Wohnung gar nicht kümmern, aber selbst für sie ein totes Paradies ohne Mitmenschen.

Deshalb ist das Gegenstück, die Köstliche Insel, nicht zu verachten. Sie ist felsig wie die vielen kleinen Inseln vor der irischen Westküste; da wächst nicht viel außer Wurzeln und Kräutern. Aber da wohnen Menschen. Sie haben sich wie so viele irische Mönche als Einsiedler in die »Wüste«, den äußersten Westen der bewohnten Welt, zurückgezogen, doch dort leben sie zusammen; alle gehen dem Gast entgegen, bewirten und beherbergen ihn. Ihre Hütten sind klein, wohl aus Stein und rund wie Bienenkörbe; winzig sind auch die Kirche und der Raum für die gemeinsame Mahlzeit. Die Mönche haben Obst gezogen und neben dem Fischfang für Eier, Honig und Wolle gesorgt; darauf verweist ihre Bildersprache – Bienenschwarm, Schafherde, Hahnenschrei. Hier summt und blökt es; die Insel legt sich abends schlafen und wacht mit der Sonne wieder auf. Hier stehen nicht elysische Haine wie drüben, sondern Urwälder, in denen sich der Einzelgänger verirren kann. Trotzdem ist die Insel klein; Barinthus braucht keinen Tag, um sie zu durchwandern. Die Weite des Meeres ist unendlich, niemand kennt seine Grenzen; deshalb vermuten die Mönche das Paradies im fernen Westen, nicht wie sonst im Osten. Aber die tobende See ist wüst und leer; so drängen sich die Mönche aneinander wie eine Familie, Vater, Brüder, Söhne. Frauen wohnen hier nicht; die Asketen sind unter sich. Wer den leeren Raum überwinden will, findet überall am Strand einen Kahn. Man besteigt ihn nicht, um zu verreisen, sondern um bei Freunden anzukommen. Wieviele Meilen Barinthus fuhr, bis er von der Westküste Irlands zum Eiland von Mernocs Mönchen kam, ist eine moderne, unangemessene Frage; es waren drei Lebenstage der Gefährdung und Erwartung, abhängig von Wind und Strömung und von Gottes Hand. Die Zeit wurde im Mittelalter nicht mit

Menschenmaß gemessen, aber der Raum war vom menschlichen Durchleben bestimmt.

Die Brendanslegende war keine Ausgeburt abseitiger Mönchsphantasie. Allein von der lateinischen Fassung wurden im Mittelalter mindestens 120 Abschriften hergestellt, und seit dem 12. Jahrhundert häuften sich Übersetzungen in viele Volkssprachen. Noch Kolumbus zog das Buch zu Rate, und 1493, als er soeben Amerika wiederentdeckt hatte, gab der deutsche Humanist Hartmann Schedel seiner Weltchronik einen Holzschnitt bei, auf dem man westlich von Afrika die Inseln der Seligen erkennt. Sie liegen für das mittelalterliche Empfinden nicht wie für das antike jenseits menschlicher Reichweite. Nur knapp eine Stunde westlich der letzten irischen Inselchen sind sie zu finden, auch wenn es sieben Jahre dauern mag, bis man den richtigen Kurs steuert. Mittelalterlicher Lebenswandel vollzieht sich räumlich dicht vor dem Tor zum Paradies; es liegt nicht droben über dem Sternenzelt.

Die irischen Mönche der Brendanslegende haben Verwandte und Erbschaft verlassen und den irischen Clan gesprengt, um nach den Worten des Hebräerbriefes 11, 13 auf dieser Erde wie Gäste und Pilger zu leben. »Wir haben beschlossen, unser Lebtag Pilger zu sein«, sagen sie. Durch diese Haltung wurde alle bäuerliche Seßhaftigkeit grundsätzlicher in Frage gestellt als zuvor durch die germanische Völkerwanderung. Der historische Brendan zog nicht nach Westen an die Grenzen der Erdscheibe, sondern nach Norden und Osten zu anderen Völkern, um ihnen zusammen mit der christlichen Askese den heiligen Wandertrieb zu vermitteln. Die Auswirkungen dieser irischen Wanderbewegung zeigen sich am Beispiel unserer Legende; nie hätte Kolumbus von ihr erfahren, wenn nicht im 10. Jahrhundert ein irischer Wanderer nach Lothringen gekommen wäre. Was Bedas Schüler von England aus im 8. Jahrhundert fortsetzten, haben irische Mönche im 6. Jahrhundert begonnen. Zunächst schufen sie über weite Strecken leeren Raumes hinweg Inseln menschlicher Gemeinschaft; allmählich wurde auch der Zwischenraum überbrückt und dann ausgefüllt, durch Rodung der Wälder, Anlage von Feldern und Wegen, die anderen Menschen Nahrung und Zusammenhalt gaben. Die rastlosen Insulaner aus dem äußersten Nordwesten zogen aus, um das Paradies zu suchen, und fanden einen Kontinent, der sich besiedeln ließ.

ERDKREIS

Für die Kirche des Benediktinerinnenklosters Ebstorf in der Lüneburger
Heide wurde im Mittelalter ein ungewöhnliches Altarbild gemalt, eine
buntfarbige Erdkarte von doppelter Mannshöhe, mehr als dreieinhalb
Meter im Durchmesser. Das Original ging im Zweiten Weltkrieg zugrunde; die ursprünglichen Farben waren seit langem verblaßt. Ungewiß sind
bis heute Auftraggeber und Zeitpunkt der Anfertigung. Was die Karte
darstellt, berührt sich einerseits mit literarischen Ansichten des Etländ-
ers Gervasius von Tilbury, der dem Welfenkaiser Otto IV. nahestand und
möglicherweise um 1230 Propst von Ebstorf war. Andererseits erinnert
die Karte an politische Ambitionen des Welfenherzogs Magnus II. von
Braunschweig-Lüneburg und seines Beraters Hinrich von Offensen, der
1373 Propst von Ebstorf war. Der gelehrte Streit um die Karte hat nur
eines sicher ergeben, daß diese größte und schönste Weltkarte des Mittelalters für weitverbreitete Anschauungen des Zeitalters repräsentativ ist.

Die kreisrunde Weltscheibe wird rundum von einem Wasserband
eingefaßt, schwimmt also auf dem Weltmeer. Was auf der anderen Seite
ist, darf man nicht fragen; Antipoden sind nicht erwähnt. Dieser Erdkreis
ist keine Kugel, sondern nach allgemeiner mittelalterlicher Auffassung
eine flache Scheibe. Sie wird mit Christus identifiziert und von ihm
getragen; man erkennt am oberen Rand sein Haupt, rechts und links die
ausgestreckten Hände, unten die Füße. Die Erde ist Christi Leib. In der
Scheibenmitte erscheint Christus noch einmal, nach Norden blickend, als
Auferstandener auf seinem Grab sitzend, inmitten eines viereckigen
Mauerkranzes mit zwölf Türmen; dahinter strahlt der blaue Himmel. Das
ist also Jerusalem. Hieronymus hatte schon im 4. Jahrhundert behauptet,
daß die Stadt am Nabel der Erde, in ihrer Mitte liege; ins Kartenbild
übertrug man diese Meinung seit dem frühen 12. Jahrhundert, als die
Kreuzzüge Jerusalem in den Mittelpunkt der Aufmerksamkeit rückten.
Der moderne Betrachter muß, um sich zurechtzufinden, die Karte im
Uhrzeigersinn drehen, denn sie ist »orientiert«: Osten ist oben, wo das
Haupt Christi leuchtet und die Sonne aufgeht. Nicht alle Christen »orientierten« sich so, doch im abendländischen Mittelalter war die Ostung die
Regel; sie hatte hier wie in anderen Kulturen mythisch-religiöse, nicht
praktische Gründe.

Als Binnengliederung der Erdscheibe dient das aus der Antike stam-

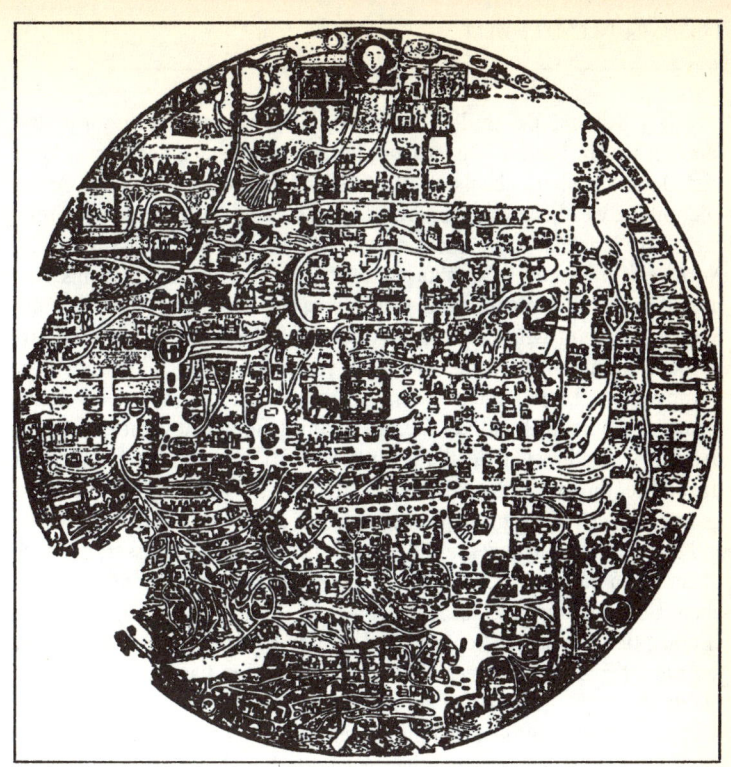

15 DIE EBSTORFER WELTKARTE

mende T-Schema. Durch die Kreismitte zieht sich waagerecht an Jerusalem vorbei ein breites Wasserband, Rotes Meer, Agäis, Schwarzes Meer und Don. Was oberhalb, also östlich dieses Gürtels liegt, gehört zu Asien. Die untere, westliche Hemisphäre ist in sich zweigeteilt durch das Mittelmeer, auf unserer Karte nicht symmetrisch. Der Teil links unten, im Nordwesten, ist Europa; Afrika erstreckt sich von rechts unten bis weit hinauf nach rechts oben, also in den asiatischen Teil. Das T, nach dem das Schema benannt wird, gebildet aus den drei Meeresachsen, die die drei antiken Kontinente trennen, ist also verschoben, vor allem um dem europäischen Erdteil mehr Raum zu gewähren, als ihm geometrisch zustünde. Denn nach antiker Lehre, die am Rand der Ebstorfer Karte mit den Worten Isidors von Sevilla lateinisch zitiert wird, nähme Asien genau die Hälfte, Europa und Afrika je ein Viertel der Erdoberfläche ein. Aber geometrisch ist eben mittelalterlicher Raum nicht gegliedert.

Die auffälligsten Akzente setzen breit gezeichnete Gewässer; dennoch überwiegen bei weitem die Landmassen. Das entspricht der mittelalterlichen Überzeugung, daß sechs Siebtel der Erde Land seien. Auf dem Globus, den wir heute kennen, sind es nur 29 Prozent. Das Mittelalter kannte die gesamte Wasserhalbkugel der Erde vom Pazifik zum Atlantik nicht; aber daß auch auf der euro-asiatisch-afrikanischen Landhalbkugel Wasser fast die Hälfte des Raumes einnimmt, wollte man trotz aller irischen, englischen, italienischen Seefahrerberichte nicht wahrhaben. Die mittelalterliche Erde ist Land, durch Wasser lediglich umrahmt und gegliedert. Besonders zahlreich sind die Flüsse Europas; hier fehlt auf der Ebstorfer Karte kein großer Strom, auch Elbe und Weichsel nicht. Das Bild Afrikas wird vom Nil beherrscht; in Asien sticht der Ganges mit vielen Quellarmen hervor. Überall drängen sich an den Ufern die Siedlungen. Die Gebirge bilden dünne, aber markante Ketten, in Europa am ausgeprägtesten Alpenfront und Pyrenäen; in Asien ragt der Kaukasus hervor, den sich der Zeichner bis ans nordöstliche Weltende verlängert denkt. Berge sind wie Mauern, sie trennen die Länder schärfer voneinander als Flüsse.

Zwischen Ganges und Kaukasus, ganz in der Nähe von Christi Haupt ist das Paradies angesiedelt; dort essen gerade Adam und Eva vom verbotenen Apfel. Weiter unten, nach Jerusalem zu steht der Turm von Babel mit kühnem Obergeschoß, nach dem beigegebenen Text 4000 Schritt hoch. Vor dem Kaukasus hängt am Berg Ararat die Arche Noah.

So sind die wichtigsten Begebenheiten der biblischen Geschichte eingezeichnet. Die antike Geschichte fehlt nicht. Unweit der Arche Noah hausen die Amazonen; hinter den Bergen des Kaukasus lauern, von Alexander dem Großen eingesperrt, die kannibalischen Völker Gog und Magog; zwischen Alpenkranz und Mittelmeer erhebt sich das gewaltige Rund der Stadt Rom mit den sieben Hauptkirchen. Sind in Asien und Afrika mehr die Völker dargestellt, so in Europa ausschließlich Bauwerke, gar keine Menschen; es ist die Städtelandschaft schlechthin. Im Nordwesten, wo die Karte heute schadhaft ist, sieht man Lüneburg und Braunschweig, und daneben ist klein *Ebbekesstorp* selbst eingetragen. Auf den Britischen Inseln, woher die Karte inspiriert sein soll, fehlt freilich die größte Siedlung London.

In Asien ist Babylon vermerkt; hier sieht man zivilisiert gekleidete, meist bewaffnete Menschen, doch fehlen Mongolen und Chinesen. Je weiter es nach Osten geht, desto mehr nehmen wilde Tiere wie Löwen, Tiger, Bären und nackte Fabelwesen überhand. Dasselbe gilt für Afrika, wo am Mittelmeer Alexandria und Karthago ihren Rang behaupten, aber nach Süden zu menschliche Monstra das Feld beherrschen. Hier kommt auch die Pflanzenwelt zum Vorschein, die in Europa gänzlich fehlt; an Tieren treten zum Beispiel Elefant, Strauß, Affe und Krokodil auf. Politische Grenzen sind nirgends eingetragen, die politischen Verhältnisse selbst in Europa nicht beachtet. In Spanien sind die Reiche Kastilien, Aragon und Portugal nicht gesondert ausgewiesen, in Skandinavien die Reiche Dänemark, Schweden, Norwegen nicht eingezeichnet, nur als Völkernamen am Rand notiert.

Was will die Karte darstellen? Offenbar nicht den natürlichen Zustand der Erdoberfläche, nicht einmal impressionistisch; sonst müßten Wege und Wälder, Sümpfe und Wüsten deutlicher hervortreten. An Maßstabstreue ist nicht im entferntesten gedacht. Palästina erscheint um ein Vielfaches größer als das handförmige Griechenland, zu dem Konstantinopel geschlagen ist; Italiens und Siziliens Ausmaße überragen in ähnlichem Verhältnis die der Britischen Inseln. Den meisten Raum nehmen die geschichtlich bedeutsamsten Landschaften ein, und diese Geschichte ist christlich und römisch gesehen. Aber ein Geschichtsgemälde ist das Altarbild auch nicht, jedenfalls nicht im modernen Sinn einer historischen Karte. Die Kreuzfahrer hatten bemerkt, daß im 13. Jahrhundert der Turm von Babel, der fackelähnliche Leuchtturm von Alexandria und die

Mauern Trojas nicht mehr aufrechtstanden; unseren Zeichner störte es nicht, und zu Troja notiert die Beischrift sogar ausdrücklich, daß es zerstört sei. Das vor anderthalb Jahrtausenden verschwundene Karthago ist ebenso mit aufgenommen wie Lüneburg, seit höchstens zweihundert Jahren Stadt, und das 1201 gegründete Riga. Nicht einmal Realität ist das Thema. An den Kartenrändern, in das Band des Weltmeeres hineinragend, sind die verschiedensten Wunschräume lokalisiert. Da ist der Göttergarten der Hesperiden zu sehen, nicht wie in der antiken Mythologie westwärts hinter Spanien, sondern im Südwesten hinter Afrika; Vergils Inseln der Seligen haben ihren eigenen Platz und davon gesondert die »Verlorene Insel«, Brendans Inscl, wo heute die Kanarischen Inseln einzuzeichnen wären.

Man kann das mit Hilfe von Quellen und Vorbildern erklären, mit dem Erbe der römischen Kartographie, die sich von der griechischen trennte. Während bei Byzantinern und Mohammedanern im Osten das Vermächtnis des Ptolemäus und praktische Geodäsie gepflegt wurden, führte im Westen die Verquickung mit christlicher Theologie zu einem halb geistlichen, halb phantastischen Erdbild. Diese Erklärung befriedigt aber keinen Betrachter der Karte, der von den Einzelheiten ein paar Schritte zurücktritt. Hier soll Umwelt des Menschen abgebildet werden, so wie er sie erblickt, auch wenn er über ihre Natur und Geschichte in Büchern nichts liest. Es ist eine enge Welt, in europäischen Breiten dicht bebaut und besiedelt, modern nur im nächsten Umkreis. Es ist eine bunte Welt, die Altertum, Ferne und Geheimnis birgt; sie ist größer, als du in Ebstorf denkst, und fast überall bewohnbar. Es ist eine fromme Welt, die den Heiland verkörpert; überall ragen Kirchen empor. Aber es ist bei weitem keine katholische Welt. Das Paradies liegt nicht eine Wegstunde vor den Toren, sondern am anderen Weltende; sogar vom Zentrum Jerusalem sind wir bei Lüneburg weit entfernt. Es ist keine europazentrische Welt, doch gerade von den europäischen Rändern her als ganze überschaubar. Es ist eine schöne Welt mit stattlichen Bauwerken, wenn auch von Raubtieren und Monstren bedroht. Es ist mit einem Wort eine Menschenwelt, und ihr Raum ist eine Chance für humane Gestaltung, für Tat und Betrachtung, für Erinnerung und Vorsorge.

Fast überall auf der Karte, wo Menschen und ihre Werke abgebildet sind, stehen mehrere beieinander; nicht einmal Monstren leben allein. Von oben nach unten, vom Paradies bis zu Christi Auferstehung, ist die

Erde durch Heilsgeschichte geprägt; doch von Rom ausgehend wirkt bis in den fernen Osten und Süden eine zweite Kraftlinie urbaner Zivilisation. Diese dynamische Welt ist noch nicht fertig. Der auferstandene Christus blickt nach Norden; Menschen, die helle Haut und blondes Haar wie die Niedersachsen tragen, leben im äußersten Süden. Für die weißen Flecken unbekannten oder toten Raumes hat das Ebstorfer Altarbild keinen Platz; es zeigt ein Land der Verheißung für die Menschen.

RAUM

Zwischen den Raumbildern der Brendanslegende und der Ebstorfkarte liegt eine geschichtliche Entwicklung, die kein Zeitgenosse im ganzen bemerkt hat und die trotzdem erstaunlich ist. Zu Brendans Zeit liegt die Welt im Nebel, sie ist endlos weit, nur hie und da von Inseln menschlicher Behausung durchsetzt. Die wenigen Menschen kämpfen mit den Elementen, mit Meer, Ödland und Urwald. Die Wege zum nächsten Unterschlupf sind schlecht und gefährlich; um so freundlicher wird der Fremdling empfangen, der von draußen in die kleine Lichtung Kunde bringt. In den lokal gesicherten Raum kann jederzeit das Wirken Gottes und der Natur einbrechen; nur das Fleckchen Erde, das sich die Menschen ausgegrenzt haben, gehört ihnen. So etwa sah das Raumbild bis zur Bevölkerungsvermehrung und Wanderungsbewegung des 11. Jahrhunderts aus, deren wichtigstes Anzeichen die Kreuzzüge sind. Danach ist die Erde überschaubarer und belebter geworden. Die Siedlungen liegen nahe beieinander, Wege und Flüsse erleichtern den Verkehr. Das Land wird gerodet und fruchtbar gemacht; die Elemente wüten nur noch an den Rändern der Kulturlandschaft. Auch die Ferne hat ihre Schrecken verloren, seitdem sich Kreuzfahrer und Händler in fremde Kontinente wagen.

Dennoch stimmen beide Raumbilder in grundsätzlichen Punkten überein, vor allem in dreien: der Auffassung von Grenze, der Messung von Strecken, der Ambivalenz des Raumes. Die Auffassung von Grenze berührt sich mit der von Turner für die neuere amerikanische Geschichte postulierten. Das Mittelalter versteht Grenze nicht als Linie, kaum als Saum. An den Rändern Europas findet sich kein fest abgegrenztes, in sich geschlossenes Territorium. Sogar das Meer, die stärkste Naturgrenze, ist vor allem eine Aufforderung zur Überwindung leeren Raumes und Ge-

winnung von Neuland; Ödland, Sumpf und Wald warten darauf, durch
Menschenhand bewohnbar gemacht zu werden. Dieser Vorgang der Rodung und des Landesausbaus dauert mit wandernden Schwerpunkten das
ganze Mittelalter über an; er verhindert innere Verkrustung durch scharfe
Absonderung und eröffnet Randzonen von erhöhter Freiheit und intensiver Zusammenarbeit. Innerhalb Europas zeichnen sich Grenzen zunehmend klarer ab, insbesondere an Bergzügen entlang. Doch bleibt der
Raum jenseits der Binnengrenzen weiterhin dynamisch; das Gefühl des
Eingeschlossenseins kommt selten auf.

Wer im Mittelalter Strecken messen will, tut es nicht mit dem metri-
schen System, das vom Erdumfang als reinstem Raummaß abgeleitet ist,
auch nicht mit archaischen Naturmaßen. Fast niemand braucht geodäti-
sche oder astronomische Präzisionsinstrumente zur Erdvermessung. Vielmehr beziehen sich fast alle Maßeinheiten auf den Menschen, der in
diesem Raum arbeitet. Das beginnt mit Elle und Yard, der Länge des
menschlichen Unterarms, und dem Klafter, der Spannweite menschlicher
Arme. Fuß und Schritt erinnern noch unmittelbarer an den Weg des
Wanderers; die Meile aus tausend Doppelschritten ist gängigstes Längen-
maß. Bei der Tagereise steht es nicht anders. Flächenmaße schätzen die
Fläche, die man an einem Tag mit dem Gespann pflügen kann: Tagwerk,
Joch, Morgen. Ähnlich die Hohlmaße: Scheffel, Eimer, Malter, »die Menge,
die auf einmal gemahlen wird«. Kennzeichen all dieser Maße ist, daß sie
sich zum Ärger moderner Metrologen nicht exakt angeben lassen. Ein
Fuß kann 25, auch 34 Zentimeter lang sein, eine Meile 1½ oder 7½
Kilometer, eine Tagereise 20 oder 100 Kilometer; ein Joch ist vielleicht 12,
vielleicht 65 Ar groß. Das verrät Dehnbarkeit des Raumes, Chance für die
arbeitenden Menschen.

Der dynamische und dehnbare Raum bleibt ambivalent. Zwar steht die
Erde als ganze für mittelalterliche Vorstellung fest; die Sonne geht im
Osten auf und im Westen unter, auch die Sterne umkreisen die Erde.
Dieses geozentrische Weltbild ist aber nicht eindeutig sinngerichtet. Um
auf Erden leben zu können, brauchen die Menschen Luft, Licht, Wärme,
Wasser, Wälder für tierische, Felder für pflanzliche Nahrungsmittel, fer-
ner Siedlungsboden. Doch alles an diesem Raum hat ein Doppelgesicht.
Das Meer liefert Fische und verschlingt den Fischer; der Wald gibt
Brennholz und führt den Sammler in die Irre. Die Erde wird also nicht
durch ihre Nutzung bestimmt, sondern durch die Menschen, die von ihr

Nutzen und Schaden erfahren. Daß Landschaft eine Geschichte haben und sich von der Naturlandschaft zur Kulturlandschaft wandeln könne, fiel niemandem ein, denn das hätte dem Raum eine Richtung gegeben, und die Erfahrung lehrte, daß auf Fortschritte meist Rückschläge folgten. Deshalb galt die Erde selten als Objekt unbeschwerten Genusses, etwa der Vergnügungsreise oder der Landschaftsmalerei, sondern fast immer als Objekt gemeinsamer Arbeit und Erprobungsfeld verbindlicher Lebensformen. Auch das Mittelalter kennt Utopien, Wunschräume wie die Brendaninseln oder das Schlaraffenland, für die das Gebot an Adam und Eva nicht gilt, daß sie im Schweiße ihres Angesichts ihr Brot essen sollen. Paradiesische Räume liegen auf unserer Erde, wenn auch am Ende der Welt; vielleicht wird man sie eines Tages erreichen, wenn auch am Ende der Zeit. Aber bis dahin ist noch viel zu tun.

BILDUNGSREISE

Der Benediktiner Richer von Reims schob in seine lateinische Geschichte Frankreichs den Bericht von einer Reise ein, die er im März 991 von Reims nach Chartres unternahm:

»Während ich oft und viel über das Studium der Freien Künste nachdachte und gern die Logik des Hippokrates von Kos kennenlernen wollte, traf ich eines Tages, als ich zufällig in der Stadt Reims war, einen Reiter aus Chartres. Ich fragte ihn, wer er sei, in wessen Diensten er stehe, warum und woher er komme. Er antwortete, er sei der Bote des Klerikers Heribrand in Chartres und wolle mit Richer, einem Mönch im Kloster des heiligen Remigius, sprechen. Sowie ich den Namen des Freundes und den Anlaß der Sendung erkannte, sagte ich ihm, daß ich der Gesuchte sei, küßte ihn und zog ihn beiseite. Nun holte er einen Brief hervor, eine Einladung zur Lektüre der Aphorismen. Darüber freute ich mich sehr, nahm mir zu dem Reiter aus Chartres noch einen Burschen und beschloß, mich nach Chartres aufzumachen.

Bei der Abreise gewährte mir mein Abt bloß ein Packpferd. Ohne Bargeld, ohne Kleider zum Wechseln und ohne andere notwendige Dinge kam ich nach Orbais. Der Ort ist für große Gastfreundschaft berühmt. Dort erholte ich mich im Gespräch mit Herrn Abt D. und wurde freigebig unterstützt. Am nächsten Tag brach ich nach Meaux auf. Aber als ich mit meinen zwei Begleitern auf verschlungene Waldwege geriet, häuften sich die Widerwärtigkeiten. Denn an den Wegkreuzungen gingen wir fehl und machten einen Umweg von sechs Meilen. Nachdem wir an Château-Thierry vorbeigekommen waren, verfiel das Packpferd, das bisher wie ein Bukephalos erschien, in Eselstrott. Die Sonne hatte die Mittagshöhe überschritten und wollte untergehen, die ganze Luft schien sich in Regen aufzulösen; da brach dieser starke Bukephalos, von äußerster Anstrengung erschöpft, zwischen den Schenkeln des reitenden Burschen zusammen und verendete, wie vom Blitz getroffen, sechs Meilen vor der Stadt. Welche Verwirrung und Angst mich ergriff, mögen diejenigen ermessen, die einmal ähnliche Unfälle erlitten und sie mit verwandten Situationen vergleichen können. Der Bursche, der noch nie eine so weite und schwierige Reise mitgemacht hatte, lag nach dem Verlust des Pferdes völlig ermattet da. Für das Gepäck gab es kein Tragtier mehr. Der Regen goß in Strömen herab. Der Himmel war mit finsteren Wolken überzogen. Der Sonnenuntergang brachte die Androhung der Nacht.

Während ich inmitten all dieser Bedrängnis überlegte, kam Gottes Rat. Ich ließ den Burschen mit dem Gepäck da, schrieb ihm vor, was er auf Fragen Vorbeikommender antworten solle, und schärfte ihm ein, daß er trotz seiner Müdigkeit nicht einschlafen dürfe. Dann machte ich mich allein mit dem Reiter aus Chartres auf und kam nach Meaux. Als ich die Brücke betrat, war es kaum mehr hell genug, sie zu sehen, und wie ich sie genauer betrachtete, befielen mich neue Sorgen. Auf ihr klafften so viele und so große Löcher, daß an diesem Tag kaum die Ortskundigen hinüberkamen. Der Mann aus Chartres, unverdrossen und beim Reisen recht umsichtig, suchte allenthalben nach einem Kahn, fand aber keinen, riskierte doch den Weg über die Brücke und brachte mit Hilfe des Himmels die Pferde heil hinüber. Wo Löcher waren, legte er den Pferdehufen seinen Schild oder weggeworfene Bretter unter, und bald gebückt, bald aufgerichtet, bald vorwärtsgehend, bald zurücklaufend kam er tatsächlich mit den Pferden und mir hinüber.

Die Nacht war hereingebrochen und bedeckte die Welt mit abscheulicher Finsternis, als ich die Kirche des heiligen Faro betrat. Dort bereiteten die Mönche gerade einen Freundschaftstrunk. Sie hatten an diesem Tag festlich gespeist und sich dabei das Kapitel ›Vom Kellermeister des Klosters‹ vorlesen lassen; deswegen fand der Umtrunk so spät statt. Sie

nahmen mich wie einen Bruder auf und erquickten mich mit freundlichen Gesprächen und genug Speisen. Den Reiter aus Chartres schickte
ich mit den Pferden zu dem verlassenen Burschen zurück; er mußte die
eben überstandene Gefahr an der Brücke noch einmal auf sich nehmen.
Ebenso geschickt wie vorher kam er hinüber und fand den Burschen
während der zweiten Nachtwache schließlich mit Mühe nach einigem
Herumirren und häufigem Rufen. Er nahm ihn mit und kam zur Stadt.
Aber mißtrauisch wegen der gefährlichen Brücke, deren Tücken er aus
Erfahrung kannte, bog er mit dem Burschen und den Pferden zur Hütte
eines Menschen ab; dort wurden sie nach einem ganzen Tag ohne
Verpflegung für die Nacht zum Schlafen, aber nicht zum Essen aufge-
nommen.

Wie schlaflos ich die Nacht verbrachte und welche Qualen ich in ihr
litt, können diejenigen ermessen, die einmal aus Sorge für ihre Lieben
um den Schlaf gebracht wurden. Als der ersehnte Morgen kam, trafen sie
sehr früh und völlig ausgehungert ein. Auch ihnen gab man zu essen und
schüttete den Pferden Hafer und Stroh vor. Ich ließ den Burschen, weil er
zu Fuß war, bei Abt Augustin und gelangte, nur von dem Mann aus
Chartres begleitet, rasch nach Chartres. Von hier schickte ich die Pferde
sogleich zurück und ließ den Burschen aus der Stadt Meaux holen. Als er
angekommen und alle Sorge beseitigt war, studierte ich eifrig in den
Aphorismen des Hippokrates bei Herrn Heribrand, der sehr liebenswürdig und gelehrt war. Weil ich aber darin nur medizinische Diagnosen
fand und meiner Wißbegier die einfache Kenntnis der Krankheiten nicht
genügte, bat ich ihn, auch das Buch mit mir zu lesen, das den Titel trägt
Von der Übereinstimmung zwischen Hippokrates, Galen und Suran.
Das erreichte ich auch, denn er war ein sehr erfahrener Gelehrter, der
die Methoden der Pharmazeutik, Botanik und Chirurgie durchaus beherrschte.«

In Richers Geschichtswerk ist dies der einzige Abschnitt, der vom Verfasser selbst handelt. Im Auftrag seines Lehrers Gerbert von Aurillac, der
eben Erzbischof von Reims geworden war, wollte Richer die Annalen
Hinkmars von Reims bis in seine Gegenwart fortsetzen und kam bis 998.
Gerbert hatte in Reims naturphilosophische und medizinische Kenntnisse
heimisch gemacht, und alsbald weckte ein anderer seiner Schüler, Ful-
bert, diese Interessen auch in Chartres. Richer wollte nun seinem Lehrer

zeigen, wie groß seine Begeisterung für Medizin und wie eng seine Verbindung zu Chartres waren; deshalb fügte er nachträglich auf eigenen Blättern obigen Bericht in das Werk ein, das uns im Original erhalten ist. Der Mönch hatte vor sieben Jahren seine Klausur verlassen, weil in der Dombibliothek von Chartres seltene medizinische Handschriften lagen, die zum Teil heute noch dort liegen; im Zeitalter kostbarer Handschriften mußte reisen, wer unbekannte Texte lesen wollte. Auch dem Abt Arbod lag am Herzen, daß sich Richer medizinisch weiterbildete; das war für die Krankenstube des Klosters nützlich.

Die gelehrte Kommunikation war durch Briefe Richers nach Chartres wohl schon eingeleitet, als er den Boten traf. Briefe mußten durch solche Boten befördert werden, einen Postdienst gab es nicht. Der Mönch, der etwas in der Stadt zu besorgen hatte, ließ keine Gelegenheit aus, Fremde nach Namen, Herkunft und Neuigkeiten zu fragen; auf diese Weise mußte der Historiker Richer Informationen sammeln. Die ummauerte Stadt, vornehmlich der Markt, war Treffpunkt für den Austausch von Waren, Nachrichten und Gerüchten. Wenn Richer den Boten eigens beiseitezog, kann man sich das Gedränge vorstellen. Hier auf dem Markt fand Richer wohl gleich einen Burschen, der ihn bei dem unerhörten Abenteuer begleiten wollte. Der Weg wurde durch Räuber in den Wäldern riskant gemacht, deshalb reiste Richer nicht allein. Man mußte in Waffen reiten, selbst wenn der Bote nachher seinen Schild zu anderem Zweck benutzte. Als Transportmittel, auch für Lasten, stand nur das Pferd zur Verfügung. Richer ritt wie der Bote auf eigenem Pferd, doch auch der Bursche mußte beritten sein, wenn man vorankommen wollte. Die Strecke von Reims nach Chartres, ungefähr 250 Kilometer, nahm schon zu Pferd fast eine Woche in Anspruch.

Der Abt bewilligte kein Reservepferd und keine Reiseausrüstung; ein Kloster hat im späten 10. Jahrhundert nicht viele Pferde und noch weniger Bargeld. Dafür rechnet man damit, daß die Nachbarklöster die Kapitel 53 und 61 der Benediktsregel beherzigen, die die Aufnahme von Gästen und reisenden Mönchen zur Pflicht machen. So geschah es am Abend des ersten Tages in dem von Reims etwa 50 Kilometer entfernten Kloster Sankt Peter in Orbais. Der Abt, dessen vollen Namen uns keine Quelle verrät, erhielt für die Bewirtung der Reimser als Gegenleistung Informationen, die im Frühjahr 991 wichtig sein konnten. Der erste Kapetingerkönig Hugo stand kurz vor der Abrechnung mit dem letzten

Karolinger Karl von Niederlothringen, und in der Champagne spielte sich dieses Ringen ab. Die politisch zersplitterte Landschaft wurde dadurch nicht sicherer. An der Burg Château-Thierry, die die Grafen von Vermandois vor Jahrzehnten dem König weggenommen hatten, ritt Richer vorbei; dort bat er nachher nicht um Hilfe, und wenn er seinem Burschen einschärfte, beim Gepäck nicht einzuschlafen, dachte er wohl nicht nur an Diebe niederen Standes. Sicherster Stützpunkt, der ohnedies als Endstation der Tagereise von etwa 60 Kilometern feststand, war das nächste Benediktinerkloster, Sankt Faro in Meaux, das mit Richers Heimatkloster freundschaftliche Beziehungen pflegte. Zuvor führte der Weg freilich durch Urwälder, wo niemand Wegweiser aufstellte, und über die Marnebrücke, für deren Instandhaltung niemand sorgte. Zwar begegnete man auf der alten Römerstraße zwischen Châlons und Meaux anderen Reisenden, aber Mißtrauen war ratsam und Selbsthilfe nötig. Vielleicht lag am Marneufer ein herrenloser Nachen, mit dem man die Brücke vermeiden konnte, doch auf Fährleute ließ man sich besser nicht ein; man hörte noch im 12. Jahrhundert von Fährleuten, die sogar arme Pilger auf dem Weg nach Santiago schröpften und bestahlen.

Richer hat bei Gerbert von Aurillac seinen Sallust studiert und weiß dramatisch zu schildern, aber wer sich mittelalterliche Nächte ohne jede Beleuchtung plastisch vorstellt, glaubt es ihm gern, daß in dieser Regennacht voll abscheulicher Finsternis das Kloster in Meaux wie eine strahlende Hochburg der Liebe auftauchte. Da saßen die Mönche noch spät beim Umtrunk, obwohl Kapitel 41 der *Regula sancti Benedicti* vorschrieb, ihn noch bei Tageslicht einzunehmen. Doch der Regelverstoß war begründet; wie fromm die Brüder waren, sieht man ja an der Verlesung eines Regelkapitels (es war das 31., das in den Klöstern meist am 8. März drankam). Auch diese Abtei sorgte für den fremden Mitbruder, seine Begleiter und Pferde. Die nächtliche Suche, zu der Richer den Boten ausschickte, dauerte stundenlang; die liturgische Nachtwache der Mönche, nach der Richer rechnete, fiel auf zwei Uhr morgens. Aber auch früher hätten die Hungrigen nirgends mit einem gedeckten Tisch rechnen dürfen, denn Gasthäuser und Herbergen gab es nicht, allenfalls wie hier einen mitleidigen Bauern, der sich aus dem Schlaf trommeln ließ, aber selber wenig zu beißen hatte. Reiseproviant befand sich offenbar nicht im Gepäck. So war auch für die Laien das Kloster einziges Refugium unterwegs. Richer kommandierte den umsichtigen Boten und den ratlosen Burschen recht militärisch, aber er sorgte auch für seine Leute, die er erst seit ein paar Tagen kannte, und atmete auf, als alle wieder beisammen waren.

Er hat seine Erzählung etwas zu schnell abgebrochen. Die Strecke von Meaux nach Chartres führte zwar über das Gebiet der Krondomäne und war halbwegs sicher, vielleicht schon so gut ausgebaut wie spätere Königsstraßen rund um Paris; doch über die etwa 150 Kilometer dürften sogar Reiter ohne Gepäck nicht an einem Tag gekommen sein. Wo Richer in Chartres wohnte, sagt er erst recht nicht; denn jetzt vergaß er alles, um in der Dombibliothek zusammen mit Herrn Heribrand über Handschriften zu sitzen. Die Reise, die sie nun zusammen antraten, war erfreulicher, eine Reise in die antike Wissenschaft. Der Dombezirk von Chartres war vollends eine Insel des Friedens; der Domherr, der einen eigenen Boten befehligte, konnte leicht Unterkunft und Verköstigung des Gastes und seines Burschen sichern. Hätte es solche Inseln nicht gegeben, dann wäre das Reisen noch lebensgefährlicher gewesen und es hätte niemand Muße gefunden, uns davon zu erzählen.

PILGERFAHRT

Geoffrey Chaucer begann um 1387 seine mittelenglischen *Canterbury-Geschichten* so:

»Wenn der April mit seinem milden Regen die Dürre des März bis zur Wurzel getränkt und jede Ader mit Saft gebadet hat, aus dessen Kraft die Blume hervorgebracht wird; wenn auch Zephyr mit seinem süßen Atem in jedem Wald und Feld die zarten Spitzen aufgeweckt hat und die junge Sonne ihren Lauf im Widder halb vollendet hat und kleine Vögel Melodien singen, die die ganze Nacht mit offenen Augen schlafen – so stachelt sie die Natur in ihren Herzen an –, dann sehnen sich die Leute danach, auf Wallfahrt zu gehen und als Pilger fremde Strände aufzusuchen, zu fernen Heiligen, in verschiedenen Ländern berühmt; und vor allem, aus allen Ecken und Enden von England ziehen sie nach Canterbury, um den heiligen, segensreichen Märtyrer (Thomas Becket) zu besuchen, der ihnen geholfen hat, als sie krank waren. Es traf sich in dieser Jahreszeit an einem Tag, als ich in Southwark im Gasthaus *Tabard* lag, in der Absicht, auf meiner Wallfahrt mit ganz frommem Herzen nach Canterbury zu ziehen, daß abends in dieses Gasthaus wohl 29 auf einmal kamen, verschiedenartige Leute, die zufällig als Gesellschaft zusammentrafen, und alle waren Pilger, die nach Canterbury reiten wollten. Die Zimmer und die Ställe waren geräumig, und sehr gut waren wir untergebracht. Und in kurzer Zeit, als die Sonne untergegangen war, hatte ich mit jedem von ihnen besprochen, daß ich jetzt zu ihrer Gesellschaft gehörte und bereit sei, früh aufzustehen, um des Weges zu ziehen; wohin, das sagte ich euch. ...

Unser Wirt machte uns alle sehr vergnügt und ließ uns jetzt zum Abendessen hinsetzen und bediente uns aufs beste mit Speisen; der Wein war stark und gefiel uns beim Trinken gut. Zudem war unser Wirt ein wohlerzogener Mann, als wäre er Marschall bei Hofe gewesen. Er war ein großer Mann mit hellen Augen; einen ansehnlicheren Bürger gibt es nicht einmal in *Chepe*. Er sprach geradezu und klug und wohlgesetzt, und an Männlichkeit fehlte es ihm keineswegs. Noch dazu war er ein sehr freundlicher Mann und begann nach dem Abendessen zu scherzen und plauderte fröhlich von diesem und jenem, als wir unsere Rechnungen bezahlt hatten, und sagte folgendes: ›Nun wahrlich, Herrschaften, ihr seid mir sehr herzlich willkommen. Denn bei meiner Treu, wenn ich nicht lügen soll, ich sah dies Jahr noch keine so freundliche Gesellschaft in dieser Herberge beisammen wie diese jetzt. Ich würde euch gern erheitern, wenn ich wüßte, wie. Und auf einen Spaß bin ich eben verfallen, der euch gefallen wird, und er soll nichts kosten. Ihr geht nach Canterbury; Gott gebe euch Glück, und der selige Märtyrer gewähre euch euren Lohn! Ich weiß, wenn ihr unterwegs seid, fangt ihr an zu erzählen und zu spaßen, denn wahrlich, kein Behagen und Vergnügen ist es, daherzureiten stumm wie ein Stein. ...

Es geht, um kurz und klar zu reden, darum, daß jeder von euch, um euren Weg zu kürzen, auf dieser Reise zwei Geschichten erzählen soll, und zwar, so will ich sagen, auf dem Weg nach Canterbury, und heimwärts soll er noch zwei erzählen, von Abenteuern, die einst vorgefallen sind. Und wer von euch das am allerbesten macht, das heißt in diesem Fall die bedeutungsvollste und erfreulichste Geschichte erzählt, soll ein Abendessen auf unser aller Kosten bekommen hier an diesem Ort, an dieser Stelle sitzend, wenn wir von Canterbury wiederkommen. Und um euch noch lustiger zu machen, will ich selber gern mit euch reiten, ganz auf meine eigenen Kosten, und euer Führer sein.‹«

Wie Richer erzählt Chaucer Selbsterlebtes, auch wenn die *Canterbury Tales* kein Geschichtswerk, sondern Dichtung sind; man hat vermutet, daß Chaucer selber 1387 eine Pilgerfahrt von London nach Canterbury unternahm. Mindestens kannte er die Schauplätze genau: das Gasthaus *Tabard* in Southwark, südlich der Themse, in einem der ältesten Stadtteile des noch ländlichen, aber etwa 35 000 Einwohner zählenden London; *Chepe*, heute Cheapside, Zentrum des Londoner Wirtschaftslebens nördlich der Themse; die Schwemme von Sankt Thomas am zweiten Meilenstein, wo man die Pferde tränkte; Deptford, Greenwich, Rochester und Sittingbourne, die Flecken und Städtchen an der großen Pilgerstraße. Auch von den Personen sind einige sichtlich nach dem Leben gezeichnet, wie der Wirt Harry Bailly aus Southwark.

Es war Frühling, als sich die 29 Pilger zufällig trafen. Die Angabe des Sonnenstands im Widder erinnert an die mittelalterliche Bedeutung der Astrologie und gibt eine Datierung in die erste Aprilhälfte; unsere Pilgerfahrt begann, wie Chaucer nachher präzisiert, erst am 25. April. Sie galt dem Grab Thomas Beckets, wurde aber nicht zum Hauptfest des Heiligen, zum 29. Dezember, unternommen; denn da war Winter, und in der trüben Jahreszeit erinnerte man sich des Märtyrers eher im Krankenbett. Der Frühling weckte die Reiselust; dann löste man sein Gelübde ein, ohne Sturm und Frost fürchten zu müssen. Die Strecke von London nach Canterbury mißt 90 Kilometer, zu viel für eine Tagereise; außerdem ließ man sich gern etwas Zeit. Hochstehende Pilger des 14. Jahrhunderts pflegten dreimal unterwegs zu übernachten, in Dartford, Rochester und Ospringe; auf vier Tage, also auf Tagereisen von weniger als 25 Kilometern haben sich auch unsere nicht ganz so vornehmen Pilger eingestellt. Überall liegen wie in Southwark einladende Schenken und Gasthäuser an der Straße, mit vielen Gästezimmern und Stallungen; hier kann man gegen Rechnung essen und trinken und braucht keinen Reiseproviant. Das sonstige Reisegepäck bedarf kaum eigener Packpferde. Wie primitiv die Herbergen auch sein mögen, sie gestatten bequemeres Reisen als früher, vorausgesetzt, daß die Wirte nicht selbst etwas anderes zu tun haben und spontan ihre Raststätte schließen.

Noch immer reist man zu Pferd; keiner von unseren Pilgern kommt zu Fuß, obwohl ein ganz frommer Büßer das vorzöge. Die Straße ist im Umkreis Londons recht belebt, doch nicht gepflastert, also nach Regen aufgeweicht. Straßen und Brücken zu reparieren, wäre zwar ein frommes

Werk, bleibt aber dem Zufall überlassen. Noch immer fährt niemand gern allein. Ritter und Priorin kommen mit je zwei Begleitern, und im Gasthaus formiert sich ein ganzer Geleitzug. Jeder Neuankömmling fragt dort sogleich nach Namen, Herkunft und Ziel der Mitgäste; sie sind keine »Menschen im Hotel«, die schweigend aneinander vorbeigehen. Gemeinsames Ziel und Risiko führen sie zusammen. Die politischen Verhältnisse sind unter König Richard II. ziemlich beruhigt; wirtschaftlich blühen wenigstens Handel und Gewerbe, während die Krise der Landwirtschaft soeben im Bauernaufstand von 1381 zutage getreten ist; er hat sich, gerade in Southwark, auch auf Städte ausgewirkt. Unsere Pilger haben adlige Räuber und kleine Strauchdiebe zu fürchten; allerlei Gesindel treibt sich auf den Straßen herum, und der Zufall ist launisch. Sie haben Glück. Ihr gemächlicher Zug führt an verschlafenen Dörfern vorbei, durch wohlbestellte Felder, selten durch Wald. Die einzige Überraschung unterwegs ist, daß ein Kanoniker mit seinem Diener die Gruppe überholt, ebenfalls auf Pilgerfahrt; das gibt neuen Stoff für Fragen und Erzählungen.

Chaucers Pilgergruppe ist sozial höchst gemischt; aber alle sind so mobil wie der rasch entschlossene Wirt. Ein gutes Stück Wegs haben sogar die Seßhaftesten hinter sich, ein Landverwalter aus Norfolk, ein südenglischer Dorfpfarrer und sein bäuerlicher Bruder, ganz zu schweigen von der preziösen Priorin Eglentyne, einem jagdlustigen Benediktinerpater und dem sangesfrohen Bettelmönch Hubert, die in Stadt und Land gut Bescheid wissen. Andere haben sogar Auslandserfahrung. Der ranghöchste Pilger, ein Ritter, war zwischen Ägypten, Türkei, Lettland und Spanien auf Kreuzzügen dabei und fand vor der Wallfahrt nicht einmal Zeit, den verstaubten Wappenrock zu säubern. Sein Sohn, ein Junker, kennt von Ritterfahrten her einige Landschaften Frankreichs und Flanderns. Ein Kaufmann mit flandrischem Hut ist ebenso weltläufig wie ein Schiffer, der auf der See zwischen dem schwedischen Gotland und dem spanischen Cap Finisterre zu Hause ist. Ein Ablaßhändler kehrte soeben aus Rom zurück. Am weitesten gereist ist Hausfrau Alisoun aus Bath, eine fröhliche Sünderin, die schon alle Wallfahrtsstätten der Christenheit, in verschiedenen Ländern berühmt, besucht hat: das heilige Grab in Jerusalem, die Gräber der Apostelfürsten in Rom, das Grab des Apostels Jakobus im spanischen Santiago, den Schrein der Heiligen Drei Könige in Köln. Sie ist für die ganze Gesellschaft repräsentativ; sie will sich auf Pilgerfahrt nicht kasteien, sondern unterhalten, Menschen aus aller Welt, Schicksale aus allen Zeiten kennenlernen und dazu den Segen Gottes und seiner Heiligen nach Hause tragen.

Der Dichter dachte kaum anders. Chaucer hatte seit 1367 in königlichen Diensten Spanien, Frankreich, die Niederlande und Oberitalien durchquert und dort Humanisten vom Schlage Boccaccios kennengelernt; er teilte ihr Interesse an menschlichen Charakteren und ihr Schmunzeln über menschliche Schwächen. Der Zollinspektor im Londoner Hafen fiel, während er an seiner Dichtung schrieb, in Ungnade und aus dem Wohlstand in drückende Armut, doch drangen die Schwankungen des Tages nicht in sein Herz. So behaglich und vergnügt, wie Chaucer die Pilgerfahrt beschreibt, ging es im England seiner Tage nicht zu, aber gegen Schicksalsschläge halfen die Lebensformen unterwegs, die Chaucer schildert. Auf der Reise führt Geselligkeit die verschiedensten Lebenskreise zusammen. Im Gasthaus essen und trinken die Pilger miteinander, und dann erzählen sie ihre derben und besinnlichen Geschichten, nicht wie Boccaccios Figuren auf einem Landgut rastend, sondern auf der Straße reitend. Sie lachen und streiten sich, sie reden mit Vorliebe von längstvergangenen Menschen, und darüber geht die Zeit hin. Gelegentlich warnt Chaucer vor Zeitverschwendung: Wer schläft oder rastet, dem zerrinnt die Zeit, und nie kehrt sie wieder; das Leben ist kurz. Aber der Reisende nutzt es. Er erwartet nicht viel vom Ziel. Chaucers Erzählung ist nie bis zur Ankunft an Beckets Grab gediehen, geschweige denn bis zum Schlußessen in Southwark. Was unterwegs in der Gemeinschaft der Pilgernden geschah, war schon das ganze Leben.

VERKEHR

Ein seßhafter, an seine Klausur gebundener Mönch findet die Ortsveränderung aufregender als ein Diplomat und Großbürger, der seinen Wohnsitz öfter wechselt; aber die Unterschiede zwischen Richers und Chaucers Raumbild spiegeln auch veränderte Wirklichkeiten der Raumdurchdringung. In der Zeit frühmittelalterlicher Klosterkultur ist die Lebensweise bäuerlich, der Lebensunterhalt agrarisch. Man macht sich ohne Bargeld auf den Weg und reist ungern, nicht nur weil die Wege schlecht und die Wälder finster sind, sondern weil allenthalben Autarkie lokaler Gruppen herrscht. Jeder Ortswechsel ist fast eine Weltreise, und dann kommt es auf die Entfernung kaum an; die paar Meilen bis Meaux ziehen sich unendlich in die Länge, die viel weitere Strecke bis Chartres vergeht wie im Flug. Die erwünschte Seßhaftigkeit wird aus vielen Gründen verlassen, von friedlichen Pilgern auf dem Fußmarsch nach Tours oder gar nach Santiago, von Fernhändlern oder neugierigen Gelehrten, oft von bewaffneten Trupps, die nicht leicht von Räuberbanden zu unterscheiden sind. Wer reisen muß, hastet von Stützpunkt zu Stützpunkt; sicheres Unterkommen ist lediglich bei Standesgenossen oder Mitbrüdern des eigenen Lebenskreises, also wieder bei umgrenzten Gruppen.

In der Blütezeit der spätmittelalterlichen Stadtkultur hat sich das Aussehen der Landschaft verändert, durch größere Zahl und Dichte menschlicher Siedlungen, Ausbau der Verbindungen zwischen ihnen und Rodung des Umlands. Die Gefährdung durch Räuber hat dank politischer Konzentration der Verbände nachgelassen. Die Wege sind nicht mehr nur für Pferde benutzbar; der zunehmende Warenverkehr erfordert anstelle des Packpferds den vierrädrigen Wagen und einen festeren Unterbau wenigstens für vielbefahrene Straßen. Hauptmotiv des Ortswechsels ist nun Austausch, nicht mehr Kampf. Verfügbarkeit des Geldes steigert die Mobilität; allenthalben kann man in Gasthäusern unterkommen. Ist der Verkehr sicherer geworden, so doch nicht billiger; Chaucer braucht nicht von der Hauptplage des spätmittelalterlichen Verkehrs zu sprechen, von den unzähligen Zöllen und Abgaben, die an jeder Brücke, jedem Paß, jedem Stadttor von neuem erhoben werden. Wer sich eine Reise leisten kann, findet immerhin nicht nur bei Freunden Unterschlupf und Gespräch; die Menschen aller Kreise sind beweglicher geworden und reisen lieber und länger, auch wenn es von London nach Canterbury nur ein Katzensprung ist.

So einschneidend die Veränderungen sind, sie berühren nur am Rand das mittelalterliche Verhalten auf Reisen. Schon technisch sind wenig Fortschritte zu sehen. Die durchschnittliche Reisegeschwindigkeit von täglich 25 bis 60 Kilometern hat sich nicht erhöht und wird sich bis zum 18. Jahrhundert nicht erhöhen. Die erste Nachricht vom Fall Konstantinopels traf 1453 in Venedig, 1400 Kilometer Luftlinie entfernt, genau einen Monat danach ein, und sie kam in Windeseile! Noch immer ist das Pferd wichtigstes Beförderungsmittel; es braucht Hafer, Stroh, eine Tränke und Ruhepausen und ist nicht viel schneller als der Fußgänger, der sich, wenn er gesund und die Straße eben ist, mitunter über 30 Kilometer täglich zutraut. Reisen bleibt langsam und mühsam; selbst im schweren Wagen, der ungefedert ist, kann der vornehmste Reisende Überraschungen erleben wie Papst Johannes XXIII., dem 1414 am Arlberg der Wagen umkippte. »Hier liege ich in Teufels Namen«, schrie der Heilige Vater. Was spätmittelalterliche Herbergen an zusätzlicher Bequemlichkeit bieten, wird wettgemacht durch geringere Gastfreundschaft, die im Frühmittelalter unbedingter gewesen war. Und wenn im 14. Jahrhundert mehr Reisende differenziertere Nachrichten über weitere Strecken austauschen, es ist doch immer noch die Information von Mund zu Mund, die im 10. Jahrhundert mit der Frage nach Namen und Herkunft des Fremden eingeholt wurde.

Deshalb gleicht sich in allen mittelalterlichen Jahrhunderten das Verhalten der Reisenden. Einzelne vermochten wenig, sie schlossen sich zu Gruppen zusammen, um Gefahren zu bestehen. Je größer die Gesellschaft war, desto langsamer kam sie voran, desto schwieriger wurde ihre Versorgung, aber desto sicherer und interessanter war sie auch. Es ist kein Zufall, daß Richer und Chaucer die durchmessene Landschaft kaum erwähnen; sogar Chaucer kommt auf die zartgrünen Wälder und Felder und die Nachtigallen der Einleitung nicht mehr zurück. Was die Reisenden beachten, sind vor allem Siedlungen und Bauwerke, Brennpunkte menschlichen Zusammenlebens. Denn das wichtigste Erlebnis bei einer Ortsveränderung ist das Zusammentreffen mit Menschen, die nicht der vertrauten lokalen Gruppe angehören und bloß für ein paar Tage oder Wochen zusammenbleiben.

Die Geselligkeit der Reisenden wird vom gemeinsamen Reiseziel her bestimmt, das in einer zuverlässigen Vergangenheit verankert ist, seit langem berühmt. Die Reise selbst bleibt Ausnahmesituation, vorläufig, vorübergehend, gefährlich. So kann sie zum Abbild menschlichen Lebens überhaupt werden, zur Pilgerschaft auf Erden wie in den *Gesta Romanorum*. Wir dürfen aber das Pilgern nicht einseitig als religiöses Streben, als Reise aus dem irdischen Jammertal in die himmlische Heimat betrachten, wie es seit Bunyans *Pilgrim's Progress* von 1678 in Mode kam. Das Mittelalter dachte handfester. Die Pilgerreise Richers von Reims diente letztlich der Heilung von Kranken, und Chaucers Pilgerfahrt war zwar fromm, aber nicht zerknirscht. Beide Reisen waren, genau genommen, keine Pilgerfahrt für Lebenszeit, sondern Wallfahrten, schon zu Beginn auf Heimkehr angelegt. Hier und jetzt war der Mensch ein Wanderer unterwegs; Gefahr drohte ihm von allen Seiten, doch er fand Schutz vor ihr bei seinesgleichen.

KLOSTERBAU

Der italienische Mönch Jonas von Susa beschrieb um 642 die Gründung des Klosters Bobbio durch den Iren Kolumban im Jahre 612:

»Als nun der heilige Kolumban sah, daß, wie gesagt, Theudebert (II. von Austrien) von Theuderich (II. von Burgund) besiegt worden war, verließ er Gallien und Germanien und wanderte nach Italien; dort wurde er von Agilulf, dem König der Langobarden, ehrenvoll empfangen. Er stellte ihm frei, innerhalb Italiens überall zu wohnen, wo er wolle. Während er nun im Umkreis der Stadt Mailand verweilte und den Trug der Ketzereien, nämlich des arianischen Unglaubens, zerpflücken und entlarven wollte und gegen sie auch ein kenntnisreiches Buch verfaßte, geschah es auf Gottes Ratschluß hin, daß ein Mann namens Jocundus zum König kam und ihm anzeigte, er habe in den einsamen Landstrichen des Apennin eine Kirche des heiligen Apostelfürsten Petrus entdeckt und die Vorzüge des Platzes festgestellt; der Ort sei sehr fruchtbar, gut bewässert und fischreich. Diesen Ort nannte die antike Überlieferung Bobbio, nach einem gleichnamigen Fluß, der dort fließt; ein anderer Fluß in der Nähe ist die Trebbia, an der einst (Dezember 218 v. Chr.) Hannibal bei der Überwinterung schreckliche Verluste an Menschen, Pferden und Elefanten erlitt.

Kolumban kam dorthin, fand die Kirche halb verfallen und begann, ihr mit allem Eifer durch Erneuerung ihren alten Glanz wiederzugeben. Bei ihrem Wiederaufbau wurde die wunderbare Kraft Gottes offenbar. Denn an den steilen, felsigen Abhängen mußten für die Balken Tannen mitten im dichten Urwald an unwegsamen Plätzen geschlagen werden, oder sie waren anderswo gefällt worden, mit hartem Fall heruntergestürzt und versperrten die Zufahrt mit Wagen. Da lagen Balken, die auf völlig ebenem Gelände kaum 30 oder 40 Mann hätten von der Stelle bewegen können; der Mann Gottes aber packte sie mit zweien oder dreien, je nachdem der steile Waldpfad den Zugang erlaubte, und legte sich und den Seinen das ungeheure Gewicht auf die Schultern. Und wo man vorher als Wanderer in der Wildnis kaum frei hatte ausschreiten können, da gingen sie jetzt, mit den Balken schwer beladen, eilends daher, als ob die Lasttragenden umgekehrt von anderen getragen würden und auf gebahnten Wegen fröhlich spazierend schlenderten. Als der Mann Gottes diese große zusätzliche Hilfe bemerkte, spornte er die Seinen an, das begonnene Werk freudig zu vollenden und sich dann, im Geist gestärkt, dort in der Einsamkeit niederzulassen; das sei, so betonte er, im Willen Gottes. Demnach ließ er das Dach der Kirche neu decken, die eingefallenen Mauern wiederherstellen und alles für das Klosterleben Nötige aufbauen.«

Jonas hat das Berichtete nicht selbst erlebt; er kam etwa sechs Jahre nach Bobbios Gründung, drei Jahre nach Kolumbans Tod in das Kloster. Aber er hörte die Erzählungen der Gründermönche und sah den Schauplatz der Handlung, und seine piemontesische Heimat lag in einem ähnlichen Gebirgstal. Als er sein Buch, das *Leben des heiligen Kolumban,* schrieb, hatte er Bobbio längst verlassen und missionierte in Nordfrankreich als Wanderer in Christo wie sein irischer Mönchsvater. Die religiöse Unrast, die wir aus der Brendanslegende kennen, hatte Kolumban aus seinem Heimatkloster Bangor auf den Kontinent getrieben, wo er im Frankenreich Klöster wie Luxeuil gründete. Nach dem Tod König Theudeberts, seines Förderers, hatte sich Kolumban nach Italien zum Langobardenkönig Agilulf gewandt. Der Ire legte nicht blindlings in der Wildnis Klöster an; er suchte Unterstützung bei Hof und fand sie bei Königin Theudelinde, einer bayerischen Herzogstochter, die bereits katholisch war und seit Jahrzehnten die arianische Sonderkirche der Langobarden bekämpfte. Im Mailänder Königspalast überlegte man sorgfältig, wo man den fremden Missionar ansiedeln könne, denn man wollte ihn halten.

Was empfahl das einsam am Saum des langobardischen Einflußbereichs gelegene Bobbio? Zunächst das Vorhandensein einer zerfallenen Peterskirche. Vielleicht stammte sie noch aus spätrömischer Zeit und war verlassen worden, als sich im Trubel der Völkerwanderung die Menschen aus den Bergtälern in die Städte der Poebene oder der Toskana zurückzogen; dennoch war hier geweihter Boden. Hinzu kam die geschichtliche Bedeutung des Ortes, der bereits in den Punischen Kriegen eine Rolle gespielt hatte. Freilich hat Jonas die Nachricht über Hannibals Aufenthalt an der Trebbia entstellt, die er wohl indirekt aus Livius schöpfte; denn damals hatte Hannibal die Römer geschlagen. Die Notiz sollte ja vor allem beweisen, daß der Winter im Apennin hart sein kann. Schließlich sprach für Bobbio die topographische Lage an der Einmündung des reißenden Bergbachs in die Trebbia. Hier floß Wasser, um menschliches Zusammenleben zu erleichtern; Fische boten Menschen in der Fastenzeit Speise, auch Feldfrüchte ließen sich anbauen und bewässern. Ganz gottverlassen kann die Gegend nicht gewesen sein, denn die ältesten Urkunden, die den Mönchen das Land in vier Meilen Umkreis um die Peterskirche schenkten, erwähnten schon Schneisen und eine Saline zur Salzgewinnung. Von Piacenza und von Pavia mögen über den Penice-Paß Pfade das Trebbiatal aufwärts geführt haben; nur menschliche Siedlungen mit deutlichen Abgrenzungen können weit und breit nicht gelegen haben. Wozu auch? Im Frühmittelalter muß man überall mit dünner Besiedlung rechnen; die wenigen Menschen fanden in den fruchtbaren Ebenen Platz genug für Wohnung und Ernährung.

Wer in das einsame Bergtal zog, tat es, weil er Einsamkeit suchte. Deshalb schlug sich Kolumban in den Urwald, wo kreuz und quer Tannen herumlagen und kein Wagen fahren konnte. Man möchte sich den damals etwa 70jährigen Iren wie einen mittelalterlichen Robinson denken, doch war er kein neuzeitlicher Eigenbrötler und kam mit seinen Mönchen, und vor allem war der allmächtige Gott zur Stelle. Niemand empfand die Schönheit der Landschaft; dieser finstere Tannenwald war so unheimlich und unwirtlich wie der Wald auf Mernocs Insel, an Richers Straße zwischen Orbais und Meaux oder wie der Eichenwald von Corpes. Aber Kolumban fürchtete sich nicht; der Mann, der Europa von Bangor bis Bobbio zu Schiff und zu Fuß durchmessen hatte – 1600 Kilometer Luftlinie –, war im fränkischen Urwald unbewaffnet Wolfsrudeln und Bären entgegengetreten. Der Wald hatte wie alle Natur den Bedürfnissen menschlicher Gemeinschaften zu dienen, wenn Gott es wollte. An den bewaldeten Berghängen fanden die Mönche Steine, um die Mauern der Klosterkirche auszubessern, und Holz, um den Dachstuhl des Gotteshauses neu zu errichten und ihre Wohngebäude zu zimmern.

Steinbau war im frühen Mittelalter vorwiegend den Kirchen vorbehalten; Wohngebäude wurden meist aus Holz gefertigt. Erst durch die steinernen Adelsburgen wurde in den Städten des Hochmittelalters das steinerne Wohnhaus üblich, wenigstens für wohlhabende Kreise; dann erwuchsen auch die steinernen Kreuzgänge gotischer Klöster. In Bobbio aber ging es noch nicht um reiche Ausstattung und Schmuckfassaden; hier brauchte man keine ausgebildeten Bauhandwerker, und alle faßten mit an. Gott half, wie es schien, beim Abtransport der schweren Firstbalken wunderbar mit. Das ist das einzige Wunder, das Kolumban nach Jonas' Schilderung in Bobbio widerfuhr, und es war viel nüchterner als seine 34 fränkischen Mirakel zuvor, aus der Begeisterung gemeinsamer Arbeit erwachsen. Man sieht den Alten und seine Mitbrüder förmlich vor sich, wie sie unter der Riesenlast sich gegenseitig anfeuern und beschwingt wie Spaziergänger über die Hänge hinabeilen, im sicheren Bewußtsein, daß hier Gott wohnt. Die Kirche behält ihren Platz und ihr Petrus-Patrozinium; in ihr wird Kolumban 615 beigesetzt. Neben den Mönchszellen werden Schreibstube und Bibliothek eingerichtet; denn so einsam die Mönche wohnen, sie kapseln sich nicht ab. Wie Kolumban schon in Mailand ein Buch gegen die Arianer geschrieben hatte, so wird Bobbio schnell zum geistigen Zentrum der Katholisierung Oberitaliens. Dreißig Jahre nach der Gründung, 643, wohnen hier 150 Mönche. Sie sammeln arianische und antike Handschriften und schaben manches alte Pergament sparsam ab, um anstelle unnützer oder verderblicher Literatur Erbauliches festzuhalten. Viele Besucher kommen vom langobardischen Königshaus, aus den Klöstern Irlands und des Frankenreiches und bringen neue Handschriften mit. Zum Beispiel stammt das älteste heute erhaltene Exemplar von Rotharis Gesetzbuch wahrscheinlich aus Bobbio. Schreiben und Lesen sind die Hauptarbeit der Mönche, von denen viele wie Jonas von Susa nach ein paar Jahren in andere, vorwiegend fränkische Klöster abwandern.

Aber daneben vergessen sie die Landwirtschaft am Ort nicht. Zwei Jahrhunderte nach Kolumban liegen im weiten Umkreis Bobbios zahlreiche Klosterhöfe mit Äckern, Weinbergen, Salinen, Gärten und Wäldern; hier wohnen Hunderte von Menschen, die unter Aufsicht der Mönche für das Kloster arbeiten: Hirten, Töpfer, Müller, Schuster, Sattler, Drechsler, Schmiede, Zimmerleute, Waffenschmiede und viele Bauern, die Frondienste tun. Hier sind die Asketen nicht mehr wie auf den irischen Inseln unter sich. Wer heute in die liebliche Sommerfrische Bobbio kommt, sieht nichts mehr von Urwäldern und glaubt es kaum, daß die Siedlung in einer kleinen Lichtung begann. In den Jahrhunderten seitdem hat wie an vielen anderen Orten Europas das Kloster den Wald gerodet, das Feld gedüngt, die Wege befestigt, eine dörfliche Siedlung an der Klostermauer gefördert und aus der Wüstenei Kulturlandschaft gemacht. Aber der Anfang von alledem war kärglich und nur zu bewältigen, weil das Häuflein, das zu Fuß die Trebbia entlang hinauf in den Bergwald zog, auf Gedeih und Verderb zusammenhielt. Auch dann noch durften sie nicht auf den Erfolg hoffen, den wir heute vor uns sehen, und blickten zum Himmel wie Bauern, die gerodet und gesät haben und nun warten müssen, ob je die Ernte kommt.

DORFPLANUNG

König Kasimir III. von Polen stellte am 27. Oktober 1359 folgende lateinische Urkunde aus:

»Im Namen des Herrn, Amen. Was die hochherzige Macht der Könige zu tun gebot, muß auch bei den Nachfahren für immer gültig und unwandelbar bleiben. Wir Kasimir, von Gottes Gnaden König von Polen, auch Herr und Erbe der Länder Krakau, Sandomir, Sieradz, Łeczyca, Kujawien, Pommerellen und Rotreußen, verkünden daher durch vorliegende Urkunde, allen Gegenwärtigen und Zukünftigen zur Kenntnis: Eingedenk der treuen Dienste des edlen Ritters Paul Gladisch, die er Unserem Vater seligen Andenkens, dem ehrwürdigen Herrn Wladislaw (I.), von Gottes Gnaden weiland erlauchtem König von Polen, und Unserer königlichen Majestät zeit seines Lebens getreulich erwiesen hat, haben Wir seinem Sohn Johann, mit dem väterlichen Beinamen Gladisch genannt, Unserem Vizeprokurator zu Sandetz, einen Teil Unseres Waldes an beiden Ufern der Großen und Kleinen Zdynia gegeben, damit er sich Dörfer nach deutschem und Magdeburger Recht errichte, die er und seine ehelichen Nachkommen für immer erblich besitzen sollen.

Und weil lange Zeit trotz vieler aufgewandter Mühen wegen des Hinsterbens der Menschen wie auch wegen der Verwüstungen durch Heuschrecken dort kein Ertrag erzielt werden konnte, haben Wir in Anbetracht seiner treuen Dienste, die er Uns sehr oft geleistet hat, und somit zur Belohnung seiner Dienste Unser Dorf namens Łosie mit allem Recht und mit allen Einkünften, so wie es mit Grenzrainen und Grenzzeichen eingegrenzt ist, ohne Uns darin irgend etwas vorzubehalten, dem vorgenannten Johann zur Versorgung für ihn und seine Nachkommen zu erblichem Besitz für immer gegeben. Außerdem haben Wir ihm aus Unserer besonderen Huld Unseren ganzen Hain und Urwald an beiden Ufern des Flusses namens Ropa flußaufwärts und an sämtlichen Ufern aller in die Ropa mündenden Bäche übertragen (es folgen deren Namen), und zwar so, daß er dort ringsherum Dörfer ansiedeln, Städte gründen und Gehöfte anlegen kann nach deutschem und Magdeburger Recht; dabei kann er den Dörfern und Städten Namen geben und für einen Tag, der ihm zusagt, den Markt ansagen. Und dort soll er ständiger Erbe und Herr sein mit seiner ehelichen Nachkommenschaft und alle Einkünfte, die ebendort erfließen werden, für immer erblich besitzen.

Damit aber vorgenannter Johann Gladisch diesen obenerwähnten Wald sowohl an der Zdynia wie an der Ropa, den besagten Flüssen, leichter und bequemer fällen oder roden und damit er dortselbst Leute ansiedeln kann, geben Wir allen Ankömmlingen, den jetzigen wie den zukünftigen Siedlern, gerechnet von dem Tag, an dem sie ebendort ihren festen Wohnsitz nehmen, eine Frist von 20 Jahren und gewähren ihnen solange volle und umfassende Freiheit, wobei Wir sie ausnehmen von all Unseren Abgaben, Steuern, Umlagen, Forderungen, Dienstleistungen, Arbeiten, Hand- und Spanndiensten, mit welchem Namen sie auch immer bezeichnet werden. Wir wollen auch, daß keiner von den Richtern, Unterrichtern, Palatinen, Kastellanen und deren Stellvertretern, Dienstmannen oder Amtsleuten sich herausnehme, über einen Einwohner dieser Dörfer oder einen Bürger dieser Städte zu richten; lediglich der Schulze soll über seine Bauern richten, der Vogt über seine Bürger, deren Erbherr aber über Vogt und Schulzen. Sie alle sollen sich gegenüber ihren Widersachern nach dem deutschen und Magdeburger Recht verantworten, und der Erbherr soll sich, wenn er durch Unseren Brief vorgeladen wird, ausschließlich vor Unserer königlichen Majestät nach dem Recht der anderen edlen Erbherren gegenüber seinen Widersachern verantworten. Ferner wollen Wir, daß besagter Johann Gladisch oder seine Nachfolger nach Ablauf der Befreiungsfrist bereit sind, Uns zur Verteidigung Unseres Landes mit Lanze und guter Armbrust zu dienen. Wir geben also und übereignen Unsere vorerwähnte Schenkung Unserem treuen Johann Gladisch und seiner ehelichen Nachkommenschaft mit aller Herrschaft und mit allen Einkünften und mit allem Erbrecht für immer zu Besitz, Eigentum, Verkauf, Schenkung, Tausch und freier Verfügung nach seinem und seiner Nachkommen Willen.

Und zur Bestätigung und zum Zeugnis beständiger Rechtskraft geben Wir diese Urkunde und bekräftigen sie durch Anhängen Unseres Siegels. Geschehen in Sandetz, am Vortag der Apostel Simon und Judas im Jahr des Herrn 1359. Anwesend sind Unsere Getreuen Herr Johann Kastellan von Krakau, Herr Andreas Unterkämmerer von Krakau, Herr Vizga Starost von Sandetz, Herr Johann Sohn des Boguta, Herr Klemens und Herr Michael, Söhne des Geczcze, und sehr viele andere glaubwürdige Männer. Gegeben durch die Hand Herrn Johanns Unseres Kanzlers.«

An dieser Urkunde kann man ablesen, warum ihr Aussteller später als »der Große« gerühmt wurde. Schon die Aufzählung seiner Länder ist aufschlußreich. Vom Vater, Wladislaw Łokietek, hatte der Thronerbe 1333 nicht viel mehr als Kleinpolen um Krakau und das widerspenstige Großpolen übernommen. Durch geschickte Kompromisse erwarb er die meisten hier genannten Länder hinzu und konnte das Staatsgebiet fast verdoppeln. In unserem Zusammenhang ist die Neuerwerbung von Rotreußen (Halitsch-Wladimir) in den 1340er Jahren die wichtigste; sie wies Polens Politik entschieden nach Osten und ließ die Grenzwildnis zwischen dem südlichen Kleinpolen und Rotreußen zur Brückenlandschaft werden. Kasimirs innenpolitische Bedeutung liegt überhaupt darin, daß er begann, die heterogenen Landschaften seines Reiches rechtlich zusammenzufassen, sozial zu gliedern und wirtschaftlich zu nutzen.

Im südlichen Kleinpolen waren damit, wie die Urkunde eigens erwähnt, andere vorangegangen. Das Gebiet zwischen der Weichsel-Ebene und den Bergketten von Tatra und Beskiden, um die Flüsse Dunajec und Wisłoka und deren Zuflüsse Zdynia, Bjała und Ropa lag zwar dem Zentrum der kleinpolnischen Königsmacht nahe, war aber mit riesigen Urwäldern bedeckt und für menschliche Siedlung kaum genutzt. Herzog Heinrich I. der Bärtige von Krakau, zugleich Herzog von Schlesien, hatte 1234 im Quellgebiet des Dunajec Deutsche aus Schlesien anzusiedeln versucht, und solche Ansätze wurden im späten 13. Jahrhundert mehrfach gemacht. Dabei wurde 1292 die Stadt Neu-Sandetz durch zwei Deutsche gegründet. Von Neu-Sandetz aus sollten 1299 die Wälder am Dunajec gerodet und Dörfer zu deutschem Recht angesetzt werden, für »Leute jeder Sprache und jedes Volkes«. Denn inzwischen hatte der Zustrom deutscher Einwanderer nachgelassen, doch ihr Sonderrecht lockte auch polnische und böhmische Siedler. Es garantierte anstelle unbeschränkter Arbeits- und Naturalleistungen begrenzte Steuerzahlungen, persönliche Freiheit, rechtliche Immunität und korporative Selbstverwaltung durch Schulzen und Vögte. Kasimir setzte diese Siedlungsversuche 1345 fort, weil ihm sonst die königlichen Wälder an der Wisłoka keinerlei Nutzen brachten. Aber was an Dörfern bisher entstanden war, auch was Johann Gladisch im Wald an der Zdynia besiedelt hatte, wurde durch Einfälle der Mongolen, durch Wanderheuschrecken und 1348/49 durch die Pest ruiniert. Was nun?

Kasimir verfuhr ähnlich wie Agilulf im Fall Bobbio, indem er das Waldland einem anderen schenkte, um es urbar machen zu lassen. Der *Locator,* der die Siedlung organisieren und finanzieren sollte, war ein deutscher Adliger, möglicherweise aus einer Naumburger Ministerialenfamilie Gladitz stammend; jedenfalls ist Johanns Vater Paul seit 1316 in Neu-Sandetz bezeugt. Die Gladisch gehören zu den Ritterbeamten, mit deren Hilfe Kasimir die Grenzhut gegen Mongolen und Litauer sowie den Landesausbau sichert. Bei den Urkundenzeugen finden wir diese Gruppe adliger Palatine, Staroste und Kastellane wieder; sie bildet den königlichen Hof. Johann Gladisch kann nun durch Rodung und Siedlung eine eigene Herrschaft begründen, allerdings Herrschaft auf Hoffnung. Denn ob ihm das Werk gelingen wird, läßt die Urkunde offen; viele solche Planungen sind in der Vergangenheit gescheitert, und es bedarf starker Anreize, um Menschen zu finden, die das Wagnis von neuem unternehmen. Diesen Anreiz bieten Freiheit und Gewinnchance.

Die Urkunde verspricht den Siedlern vor allem Magdeburger Recht, das heißt die Schaffung eines nach außen freien, in sich geschlossenen Lebenskreises. Der König wird 20 Jahre lang seinen Geldbedarf nicht aus den Einkünften der Neubauern decken und seine Bestrebungen zur Vereinheitlichung des Rechts nicht auf diese Gebiete ausdehnen. Er garantiert ein Sonderrecht, das durch einen eigenen Oberhof in der Krakauer Königsburg kontrolliert wird. Auch der adlige Eigentümer des Landes wird von feudalen Diensten weitgehend ausgenommen und später nur zur Landesverteidigung herangezogen. Das Immunitätsgebiet ist allerdings genau abgegrenzt, insbesondere rund um die Ropa, einen Nebenfluß der Wisłoka, und dabei werden nicht nur natürliche Berg- und Flußgrenzen eingeschärft. Das Dorf Łosie, in dem schon Siedler wohnen, ist mit Grenzrainen abgesteckt; jeder Siedler besitzt seine eigene Hufe, alle gehören zur gleichen Gemarkung. Das lateinische *Granicia,* in der Urkunde für Grenzzeichen gebraucht, ist ein gemeinslavisches Wort, das etwa »Ecke, Mark« bedeutet; es wurde seit dem 13. Jahrhundert ins Lateinische und vom Staat des Deutschen Ordens aus ins Deutsche übernommen. Unser Wort *Grenze* stammt daher.

Wie Johann Gladisch den Wald besiedelt, ist seine Sache. Er mag kleine ummauerte Städte gründen und ihnen einen Wochenmarkt zugestehen wie es in diesem Raum zwischen Neumarkt und Zmigród schon einige gibt; er mag Waldhufendörfer, auch Weiler oder Einzelgehöfte anlegen. Er kann diesen Siedlungen Namen geben, was anderswo der König selbst tut; ein deutscher Ortsname Schönberg (Szýmbark) erinnert noch daran, daß er das Privileg genutzt hat. Aber weniger solche Details der Siedlungs- und Rechtsgeschichte faszinieren an dieser Urkunde als die Einsicht des Königs, daß er aus dem Land den größten Nutzen ziehen wird, wenn er es nicht als Teil seines Territoriums liegen läßt, sondern einer Gruppe von Siedlern überläßt. Kasimir weiß inzwischen, was sich seit dem 12. Jahrhundert immer wieder erwies: Solche Siedler, die in der dichtbewohnten Mitte Europas keinen Platz mehr finden, bringen in die Wälder am Beskidenkamm die landwirtschaftliche Technik ihrer Heimat, Eisenpflug, Dreifelderwirtschaft, Anbindung an den Fernhandel. Sie verwandeln in konzentrierter Arbeit die Wüstenei in fruchtbaren Boden, bauen backsteingotische Kirchen, dazu Wirtshäuser und Mühlen; sie steigern den Bodenertrag, machen eine stattliche Bevölkerungsvermehrung möglich und stehen hinter dem König, der ihre Freiheit gegen den Adel schützt. Man wird dann von Kasimir sagen, er habe ein hölzernes Polen vorgefunden und ein steinernes hinterlassen.

Der polnische Bischof Martin Kromer weiß 1589 zu melden, König Kasimir der Große, der Bauernkönig, habe im Land unter dem Gebirge und in Rotreußen Ackerland verteilt an Leute, die man herbeirief und die auch von selber kamen, Leute mit einer rauhen Sprache, wie man sie aus Schlesien, Böhmen, Mähren kenne; sie hätten Polen kultiviert und seine Volkszahl vermehrt. Die moderne Forschung hat es nachgerechnet: Im Land östlich der Bjała und südlich der Weichsel-San-Niederung, in dem Gebiet, zu dem Gladischs Rodungsland gehörte, stieg zwischen 1326 und 1400 die Zahl der Pfarrgemeinden von 14 auf etwa 112, die Zahl der Bewohner von rund 8900 auf ungefähr 47 000, die Siedlungsdichte von etwa 2,1 auf 11,2 Menschen je Quadratkilometer. In diesem Sinn ist das, was der König hochherzig gebot, für immer gültig geblieben.

SIEDLUNG

Das Land an der Trebbia sah um 600 nicht viel anders aus als das Land an der Wisłoka um 1350. Beide Landschaften waren früher einmal besiedelt gewesen, dann aber dem Urwald zurückgegeben worden, weil sich die Mehrzahl der Menschen in den fruchtbaren Stromtälern von Po und Weichsel drängte. Im Italien des 14. Jahrhunderts fände man freilich einen so unkultivierten Bergwald wie in Polen nicht mehr; dafür sind hier landwirtschaftliche Technik und Bevölkerungsdichte zu hoch entwickelt, die Wälder bereits vom Kahlschlag bedroht. Das mittelalterliche Landschaftsbild kennt viele derartige Phasenverschiebungen, Gleichzeitigkeit des Ungleichzeitigen. Ich kann aber solche von der Umwelt ausgehenden Differenzen nicht zu hoch veranschlagen; bemerkenswerter ist doch, daß angesichts derselben Landschaftsstruktur Menschen verschiedener Jahrhunderte ganz Verschiedenes unternehmen, und hierin ähneln die Polen ihren italienischen Zeitgenossen.

Die Iren sind aus ihrer dünn besiedelten Insel aufgebrochen, um den christlichen Glauben zu bezeugen und zu verbreiten; sie gehören alle demselben mönchischen Lebenskreis an und lassen sich gern in der Einsamkeit nieder. Sie wollen im Bergwald keine Heimat, sondern ein Sprungbrett für weitere Wanderungen und Missionen schaffen. Ihre Arbeit ist zuerst geistlich, Schreiben und Lehren; die Rodung des Umlands ist sekundär und wird von bäuerlichen Hilfskräften fortgeführt. Bobbio braucht lange, bis es mit der Landschaft verwächst; intensiver bleiben die Kontakte zu irischen und fränkischen Mitmönchen. Der Langobardenkönig beabsichtigt ebenfalls keine flächige Bebauung, sondern will den Glaubensboten einen Stützpunkt in der Wildnis geben. Weil er eine Personengruppe fördert, braucht er das Gelände nicht scharf abzugrenzen; der verbleibende Urwald ist Grenzsaum genug.

Die Siedler in Polen kommen aus volkreichen Gegenden, um freiere Lebensbedingungen zu finden. Wo sie sich niederlassen, das hängt von der zu erwartenden Freiheit und vom möglichen Ertrag ab. Sie stammen aus verschiedenen Gemeinden und schließen sich unter Führung des adligen Herrn erst hier zu einem Lebenskreis zusammen. Sie richten sich für die nächsten Jahrzehnte häuslich ein und wollen nichts anderes, als das Land fruchtbar und bewohnbar machen. Sie ordnen sich sogleich der königlichen Landesplanung unter, die auf Erschließung der gesamten

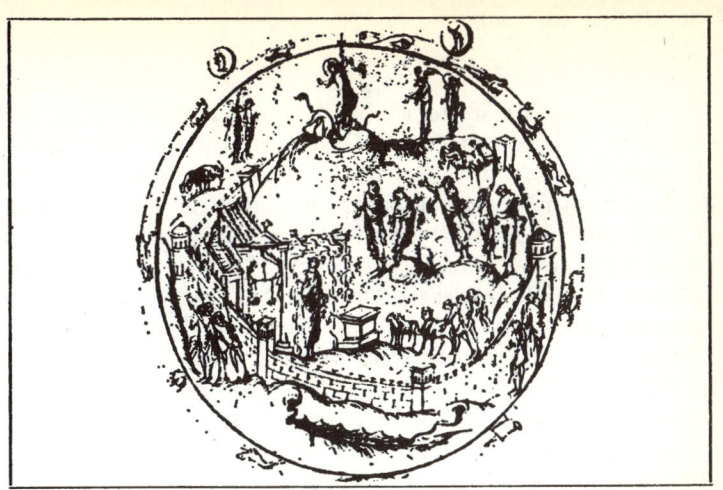

16 GOTTES SEGEN ÜBER HAUS UND FLUR

17 BETRIEB DER MÜHLEN

Staatsfläche zielt; sie läßt auf der Landkarte ungern weiße Flecken und denkt territorial. Deshalb wird auf Grenzlinien geachtet, natürliche wie Flüsse und Berge, aber auch vereinbarte und markierte. Während die Iren an ökonomischer Nutzung anfangs kaum interessiert waren, läßt umgekehrt Kasimirs Urkunde keine religiöse Motivierung erkennen; Gott ist in die Kanzleiformeln verwiesen.

Die Unterschiede bezeichnen Entwicklungen. Die erste ist die vom Personenverband zum Territorialstaat, die das Land zunehmend aller politischen, rechtlichen und sozialen Ordnung zugrunde legt. Wo einer wohnt, wird wichtiger als seine Herkunft; die Mobilität wird eingeschränkt. Damit hängt eine zweite Entwicklung zusammen, die Bevölkerungsvermehrung. Sie verläuft im Mittelalter höchst ungleichmäßig, darum sagen Durchschnittszahlen wenig. Europa insgesamt könnte um 700 vielleicht 27 Millionen Einwohner, 2,7 Menschen je Quadratkilometer beherbergt haben, im frühen 14. Jahrhundert vielleicht 70 Millionen Einwohner, 7 Menschen je Quadratkilometer. Aber städtische Ballungsräume weisen sogar in Polen unter Kasimir dem Großen bereits 25 Menschen je Quadratkilometer auf, und daneben lebt an den Rändern der polnischen Kulturlandschaft im selben Raum je eine Person.

Trotz aller räumlichen Unterschiede verdichtet sich im Lauf der Zeit die Bevölkerung überall. Für Westeuropa läßt sich abschätzen, daß sich die Einwohnerzahl vom 7. bis zum 14. Jahrhundert ungefähr verdreifacht hat. Der Zuwachs traf die ohnedies dichtbesiedelten Zonen am stärksten. Deshalb überschätzen mittelalterliche Autoren meist die Bevölkerungsdichte; sie urteilen nach den städtischen Zentren, in denen sie selbst dicht beisammen wohnen. Die Ernährung der wachsenden Menschenzahl ist nur möglich gewesen dank der Arbeit der beiden kolonisatorischen Pioniergruppen, der Mönche und der Neusiedler. Sie haben neue Felder, Wege und Märkte angelegt und dadurch im Mittelalter jene Übervölkerung verhindert, die in der Neuzeit eintritt.

Die Gemeinsamkeit unserer Zeugnisse besteht darin, daß beide von Pioniergruppen handeln, die sich aus Freiwilligen zusammensetzen. Sie verlassen ihre heimischen Lebenskreise nicht aus nackter Not, sondern aus Freiheitsdrang. In ihrer Heimat sind soziale und rechtliche Abgrenzungen so verfestigt, daß zum Beispiel niemand alle in einem Gebiet wohnenden Menschen zählen würde; die Unterschiede zwischen den beisammenwohnenden Gruppen sind zu groß dafür. Wer dieses Gefüge verläßt, tut es nicht mit dem Individualismus eines Eremiten; er schließt sich an Gruppen an, die als Fremde besonders eng zusammenhalten. In beiden Ländern geht Besiedlung und Rodung von ortsfremden Gruppen aus. Wie die irischen Mönche zuvor im Frankenreich Station gemacht hatten und dann nach Italien weiterzogen, so waren die meist niederdeutschen Siedler zunächst in Schlesien angesetzt worden und dann nach Polen gegangen. Solche mobilen Gruppen wagen sich eher als die einheimische Bevölkerung an die Kultivierung schwierigen Geländes. Sie knüpfen gern an örtliche Traditionen an, schaffen sich aber ihre eigenen Lebensformen des Siedelns, durch nüchterne und rationelle Ordnungen. Es sind genossenschaftliche Ordnungen, so einflußreich in Bobbio der Abt Kolumban, in Łosie der Erbherr Johann Gladisch auch sein mag. Die Hoffnung, auf die alle setzen, ist ein Wagnis, das keiner allein bestehen könnte; die Spuren verlassener Siedlungen im Bergwald lehren drastisch, daß das Zusammenleben hier scheitern kann. Man wird es trotzdem noch einmal versuchen.

HEIMWEH

In der lateinischen *Geschichte der Langobarden* erzählte der Benediktiner Paulus Diaconus um 790 von Einfällen der Avaren in Friaul, bei denen sie um 610 langobardische Siedlungen plünderten, die Männer erschlugen und die Frauen und Kinder davonschleppten.

»An dieser Stelle muß ich nun die allgemeine Geschichte unterbrechen und etwas Persönliches über meine, des Verfassers, Herkunft sagen; weil es die Sache erfordert, greife ich in der Zeitfolge der Erzählung etwas weiter zurück. In jener Zeit, als das Volk der Langobarden von Pannonien nach Italien kam (568), zog mit ihnen auch mein Ururgroßvater Leupchis, der aus demselben Langobardenvolk stammte. Er lebte einige Jahre in Italien, dann starb er und hinterließ seine fünf Söhne noch als Kleinkinder. Jener Sturm der Gefangenschaft, von dem ich gerade sprach, packte sie und verschlug sie alle aus der festen Siedlung Cividale in das Land der Avaren. In dieser Gegend erduldeten sie viele Jahre lang das Elend der Gefangenschaft und wuchsen schließlich zu Männern heran. Die anderen vier, von denen wir die Namen nicht mehr wissen, blieben in der Bedrängnis von Gefangenen; aber ihr fünfter Bruder, Lopichis mit Namen, der nachher unser Urgroßvater wurde, fand sich damit nicht ab, und zwar, wie wir glauben, auf Eingebung des barmherzigen Gottes. Er beschloß, das Joch der Gefangenschaft abzuschütteln; er wollte nach Italien ziehen, wo nach seiner Erinnerung das Langobardenvolk saß, und zu Freiheit und Recht zurückkehren. Er brach aus und nahm auf die Flucht nur Köcher und Bogen und etwas Wegzehrung mit.

Er wußte überhaupt nicht, in welche Richtung er gehen sollte; da begegnete ihm ein Wolf und wurde sein Reisebegleiter und Führer. Er lief vor ihm her, blickte sich oft nach ihm um, machte Halt, wenn er stehenblieb, und lief voraus, wenn er weiterging. Da merkte Lopichis, daß ihm der Wolf von Gott gesandt war, um ihm den unbekannten Weg zu zeigen. So zogen sie einige Tage durch einsame Berge; da ging dem Wanderer das Brot, von dem er nur knappen Vorrat hatte, gänzlich aus. Nüchtern ging er weiter und wurde vor Hunger ganz schwach. Schließlich spannte er seinen Bogen und wollte den Wolf mit einem Pfeil erschießen, um ihn zu verzehren. Doch der Wolf wich dem tödlichen Schuß aus und verschwand aus seinen Augen. Lopichis aber wußte nun ohne den Wolf nicht mehr, welchen Weg er einschlagen sollte, und war überdies vom Hunger völlig ermattet; schon hoffte er nicht mehr, mit dem Leben davonzukommen, warf sich zu Boden und schlief ein.

Im Schlaf sah er einen Mann, der sprach so zu ihm: ›Steh auf! Wozu schläfst du? Nimm den Weg in die Richtung, wohin deine Füße zeigen, denn dort liegt Italien, dein Ziel.‹ Sogleich stand er auf und wandte sich in die Richtung, die er im Schlaf vernommen hatte. Nicht lange, und er kam zu einer menschlichen Behausung. Denn in dieser Gegend war eine Siedlung von Slawen. Eine alte Frau sah ihn und merkte sofort, daß er auf der Flucht war und schweren Hunger litt. Sie hatte Mitleid mit ihm, versteckte ihn in ihrem Haus und gab ihm insgeheim und allmählich zu essen; sie wollte ihn nicht gleich sattfüttern, um nicht dadurch seinen Tod herbeizuführen. So maß sie ihm die Nahrung zu, bis er wieder zu Kräften gekommen war. Als sie sah, daß er gesund und reisefähig war, gab sie ihm Lebensmittel mit und zeigte ihm den weiteren Weg.

Nach einigen Tagen erreichte er Italien und kam endlich zu dem Haus, in dem er zur Welt gekommen war. Es war ganz verlassen, stand ohne Dach und war voller Brombeersträucher und Dornenhecken. Er schlug sie ab, ging hinein und fand inmitten der Hauswände eine mächtige Esche; an ihr hängte er seinen Köcher auf. Seine Blutsverwandten und Freunde halfen ihm dann durch Geschenke, und so baute er das Haus wieder auf und führte eine Frau heim. Aber von den Dingen, die seinem Vater gehört hatten, konnte der Ausgeschlossene bei denen, die sie an sich genommen hatten und seit langem ständig besaßen, nichts mehr herausbekommen. Er wurde, wie ich oben schon sagte, mein Urgroßvater. Dieser nämlich zeugte meinen Großvater Arichis, Arichis aber meinen Vater Warnefrit, Warnefrit zeugte mit seiner Frau Theudelinde mich, Paulus, und meinen Bruder Arichis, dessen Name an unseren Großvater erinnert. Nach diesem kurzen Ausschnitt aus der eigenen Familiengeschichte wollen wir nun zum Gang der allgemeinen Geschichte zurückkehren.«

So beiläufig, wie sich dieser einzige persönliche Exkurs des Historikers gebärdet, ist er nicht. Paulus Diaconus hatte sich ins Kloster zurückgezogen, als seit 774 Karl der Große das Langobardenreich eroberte; aber sein Bruder Arichis hatte sich dem neuen Herrn widersetzt und war von ihm ins Frankenreich verbannt und des väterlichen Erbes beraubt worden. In einem Bittgedicht legte Paulus 782 dem Frankenkönig dar, daß seine Schwägerin heimatlos und mittellos auf der Straße um Brot für ihre vier Kinder bettelte. In dem beschlagnahmten Haus dürfte um 720 auch unser Autor geboren worden sein, und die Geschichte dieses Hauses bewog wenigstens unter anderem den alten Mönch auf dem Monte Cassino, die Geschichte seines sterbenden Volkes zu schreiben.

Zunächst ist es verwunderlich, daß die Familie so sehr an einem Haus hängt, nicht erst die fünfte Generation, die des Verfassers, sondern schon die zweite, mehr als 150 Jahre früher. Aus Rotharis Gesetzesprolog wissen wir doch, daß die Langobarden mindestens anderthalb Jahrhunderte quer durch Europa gewandert waren, bevor sie sich in der Donauebene zwischen Theiß und Drau niederließen, um 568 dieses Gebiet den Avaren zu räumen und nach Italien weiterzuziehen. Seßhaftigkeit ist es gewiß nicht, was man von den Kindern des Wanderers Leupchis erwarten sollte. Sie gehören zwar alle demselben Volk und derselben Sippe an, aber Verwandtschaft ist noch nicht örtliche Lebensgemeinschaft. Von den fünf Brüdern, wohl nach 600 geboren, die ins Avarenland verschleppt wurden, ist es nur einer, der ausbricht; er läßt die anderen im Stich – oder sie ihn.

Was ihn unwiderstehlich nach Hause zieht, ist weniger das Elternhaus als die Sehnsucht nach Freiheit im Kreis der Landsleute. In dem Augenblick, vielleicht um 625, als Lopichis flieht, ist er bereits von den guten Geistern seiner Heimat umgeben; sie zeigen ihm den Weg durch die fast menschenleeren Ostalpen nach Hause. Paulus schildert den Wolf als Abgesandten Gottes, aber ursprünglich war er eher ein Totemtier, mit der Sippe befreundet oder verwandt; ein solches Tier durfte nicht getötet und verzehrt werden und verschwand, wenn das Tabu gebrochen wurde. Auch der Mann, der dem Erschöpften im Traum weiterhalf, wird ein Freund, vielleicht ein Vorfahre der Sippe gewesen sein.

Bis hierher ist die Erzählung ein Beispiel für Zusammenhalt einer Sippe; Raum und Umwelt fungieren lediglich als Widerstand. Erst der nackte Hunger verweist den Flüchtling auf den Segen der Umwelt. Wie im Märchen die im Urwald Verirrten eine Lichtung betreten und ein bewohntes Haus erblicken, so findet Lopichis mit letzter Kraft eine Slawensiedlung, vielleicht in Kärnten, wo seit etwa 590 Slawen hausen. Sie sind den Avaren unterworfen und beginnen soeben aufzubegehren; schon deshalb weisen sie einen fliehenden Gefangenen nicht ab. Hinzu kommen mütterliche Gefühle der alten Frau, die ihn vor Anzeigern versteckt. Sie führt ihn an den Herd des Hauses, wo er Asyl genießt und ohne Verrechnung bewirtet wird; sie füttert ihn wie eine Mutter ihr krankes Kind. Dem Erzähler liegt nichts daran, wie das Slawenhaus aussieht und eingerichtet ist; wichtig ist aber, daß das gastliche Haus eine Friedensinsel im bedrohlichen Urwald ringsum darstellt. Die alte Slawin zeigt Lopichis den weiteren Weg zu seinem eigenen Vaterhaus, und wieder fällt die Fremdheit zwischen Slawen und Langobarden, der Unterschied der Sprachen und Völker nicht ins Gewicht. Neben die Abstammungsgemeinschaft der Generationen tritt die Lebensgemeinschaft der Zeitgenossen an einem Ort.

Endlich steht der Heimkehrer vor seinem Geburtshaus. Der Urwald ist mit seinem Dickicht inzwischen bis zur Herdstätte vorgedrungen. Gleichwohl ist der Platz nicht trostlos, denn da steht eine Esche, ein besonders schnell und hoch wachsender Baum. In der germanischen Mythologie gilt er als Lebensspender; unter den breiten Ästen der Weltenesche Yggdrasil liegen die Heimstätten der Götter und Menschen geschützt. Lopichis hängt seinen Köcher auf, um Besitz zu ergreifen, aber auch wie Arminius, der die Waffen im heiligen Hain den Göttern weiht. Hier ist heiliger Boden, auch wenn von Hausrat und Feldern nichts übrigblieb. Diese Rechte auf Zubehör zu Haus und Hof sind längst verjährt, doch der Boden ist geblieben. Von der Siedlung ringsum, die man sich ummauert und stadtähnlich denken wird, hören wir nichts, wohl aber von Verwandten und Freunden der Sippe, die hier wohnen. Auch beim Elternhaus kommt es dem Erzähler nicht auf das Drum und Dran, auf Dachstuhl, Wohnstube, Küche, Stall, Scheune und Zaun an. Sie sind Bestandteile des Hauses, doch lebendig wird das Gehöft erst, wenn Verwandte und Freunde mithelfen und Lopichis eine Frau heimführt. Das Leben, das nun wieder einkehrt, umfaßt vielerlei von der Landwirtschaft und Hausarbeit bis zum Feierabend und zu den Höhe- und Wendepunkten eines Menschenlebens, und im Alltag erscheint das Haus wie ein selbstverständlicher Schauplatz für all das.

Der Flüchtling im Avarenland und sein gelehrter Nachfahre im Kloster sehen es anders. Das Haus sammelt Erinnerung und stiftet Kontinuität. Das Haus, in dem die Urväter gestorben sind und die Urenkel geboren werden, ist die einzige Stelle, wo sich Zeit und Raum miteinander verbünden, um dem kurzlebigen und wandernden Menschen Geborgenheit zu geben. Für die Familie des Paulus Diaconus, die zum stadtsässigen Adel gehörte, bedeutet diese Geborgenheit nicht einfach Herrschaft über andere Menschen oder wirtschaftliche Unabhängigkeit; um das Haus des Lopichis dürfte sich in den folgenden Menschenaltern weder vielköpfiges Gesinde noch ausgedehnter Grundbesitz gesammelt haben, von prunkvoller Ausstattung eines Herrenhauses ganz zu schweigen. Das Entscheidende ist der Halt in einem schützenden Raum, der dauern soll; das Erschütternde ist die Erfahrung, daß sogar dieser Schutz im Sturm der Geschichte nicht dauern kann. Aus diesen zwei Gründen hat die Sippe unsere Erzählung von Generation zu Generation weitergereicht und hat Paulus sie am Ende aufgeschrieben.

PLATZANGST

Ulrich von Hutten schilderte dem Nürnberger Patrizier Willibald Pirckheimer in einem lateinischen Brief am 25. Oktober 1518 sein Ritterleben:

»In den Städten könnt ihr nicht nur friedlich, sondern auch bequem leben, wenn ihr es euch vornehmt. Aber glaubst Du, daß ich unter meinen Rittern jemals Ruhe finden werde? Und hast Du vergessen, welchen Störungen und Aufregungen die Menschen in unserem Stand ausgesetzt sind? Glaube das nicht und vergleiche nicht Dein Leben mit meinem! Um uns steht es so, daß mir die Zeitläufte keine Ruhe ließen, sogar wenn ich ein höchst ansehnliches Erbe besäße und von meinen Einkünften leben könnte. Man lebt auf dem Feld, im Wald und in den bekannten Burgen auf dem Berg. Die uns ernähren, sind bettelarme Bauern, denen wir unsere Äcker, Weinberge, Wiesen und Wälder verpachten. Der einkommende Ertrag ist, gemessen an der aufgewandten Mühe, geringfügig; aber man sorgt und plagt sich sehr, daß er großmächtig werde. Denn wir müssen höchst sorgsame Hausväter sein.

Sodann müssen wir uns in den Dienst eines Fürsten stellen, von dem wir Schutz erhoffen. Wenn ich das nicht tue, glaubt jeder, er könne sich alles gegen mich erlauben. Aber auch wenn ich es tue, ist diese Hoffnung täglich mit Gefahr und Furcht verbunden. Gehe ich nämlich von Hause fort, so muß ich fürchten, auf Leute zu stoßen, mit denen der Fürst, wie bedeutend er auch sein mag, Fehde oder Krieg führt und die mich seinetwegen anfallen und wegschleppen. Wenn es dann mein Unglück will, geht leicht mein halbes Vermögen als Lösegeld darauf, und so droht eben von dorther ein Angriff, von wo ich Abwehr erhoffte. Deswegen halten wir uns Pferde und Waffen und umgeben uns mit zahlreichem Gefolge, alles unter großen und spürbaren Kosten. Unterdessen gehen wir nicht einmal im Umkreis von zwei Joch ohne Waffen aus. Kein Dorf können wir unbewaffnet besuchen, auf Jagd und Fischfang nur in Eisen gehen. Außerdem entstehen häufig Streitigkeiten zwischen fremden Meiern und unseren; kein Tag vergeht, an dem uns nicht ein Zank hinterbracht wird, den wir dann möglichst vorsichtig beilegen müssen. Denn sobald ich zu eigensinnig das Meine behaupte oder Unrecht ahnde, gibt es Krieg. Wenn ich aber zu sanftmütig nachgebe oder etwas vom Meinen preisgebe, bin ich sofort den Rechtsbrüchen aller anderen ausgeliefert, denn dann will jeder als Beute für sein Unrecht haben, was dem einen zugestanden wurde. Doch unter welchen Menschen geschieht dies? Nicht unter Fremden, mein Freund, nein, zwischen Nachbarn, Verwandten und Angehörigen, ja sogar unter Brüdern. Das sind unsere ländlichen Freuden, das ist unsere Muße und Stille!

Die Burg selbst, ob sie auf dem Berg oder in der Ebene liegt, ist nicht als angenehmer Aufenthalt, sondern als Festung gebaut. Sie ist von Mauer und Gräben umgeben, innen ist sie eng und durch Stallungen für

Vieh und Pferde zusammengedrängt. Daneben liegen dunkle Kammern, vollgepfropft mit Geschützen, Pech, Schwefel und sonstigem Zubehör für Waffen und Kriegsgerät. Überall stinkt es nach Schießpulver; und dann die Hunde und ihr Dreck, auch das – ich muß es schon sagen – ein lieblicher Duft! Reiter kommen und gehen, darunter Räuber, Diebe und Wegelagerer. Denn fast für alle stehen unsere Häuser offen, weil wir nicht wissen, was das für Leute sind, oder uns nicht groß danach erkundigen. Man hört das Blöken der Schafe, das Brüllen der Rinder, das Bellen der Hunde, das Rufen der auf dem Feld Arbeitenden, das Knarren und Rattern der Fuhrwerke und Karren; ja sogar das Heulen der Wölfe hört man in unserem Haus, weil es nahe am Wald liegt.

Der ganze Tag bringt vom Morgen an Sorge und Plage, ständige Unruhe und dauernden Betrieb. Äcker müssen gepflügt und umgegraben werden, Weinberge müssen bestellt, Bäume gepflanzt, Wiesen bewässert werden; man muß eggen, säen, düngen, mähen und dreschen; jetzt steht die Ernte bevor, jetzt die Weinlese. Wenn aber einmal ein schlechtes Ertragsjahr kommt, wie in dieser mageren Gegend meistens, dann haben wir fürchterliche Not und Armut; dann hört es gar nicht mehr auf mit banger Unruhe und zermürbendem Umtrieb. In dieses Leben rufst Du mich aus dem unwürdigen Hofleben zurück, als wäre es für das Studium geeignet!«

Hutten erzählt hier von seinem Geburtshaus, in dem er am 21. April 1488 als ältester von vier Söhnen eines fränkischen Reichsritters zur Welt kam und die ersten elf Lebensjahre verbrachte; auch als 25jähriger wohnte er hier längere Zeit. Es war die Burg Steckelberg über dem oberen Kinzigtal, unweit von Fulda, auf einem bewaldeten Hügel westlich vor der Hochrhön gelegen. Mauerreste von dem einfachen rechteckigen Bering und Teile eines Wohnbaus haben sich bis heute erhalten. Seit dem 17. Jahrhundert zerfiel die Burg, weil die Hutten sich drunten im Tal, in Ramholz, im 16. Jahrhundert ein Schlößchen gebaut hatten. Als Hutten schrieb, war freilich die Trennung zwischen Wehrbau und Wohnbau noch nicht vollzogen; vielmehr baute in Ulrichs Jugendjahren sein gleichnamiger Vater die Burg neu aus, damit sie auch gegen Artilleriebeschuß gerüstet sei. Ein Geschützturm von 1509 ist noch heute von diesem Ausbau erkennbar.

Huttens Burg war schon infolge der Bautätigkeit alles andere als still. Zudem war sie, 1388 in der Nähe einer älteren, 1276 zerstörten angelegt,

1423 Ganerbenburg geworden; das heißt, die Nachkommen des verstorbenen Hausherrn blieben als Erbengemeinschaft zusammen auf der Burg wohnen und nahmen für ihre Familien einzelne Quartiere des Berings in Besitz. Da trafen sich die Vettern täglich auf engstem Raum – für Familienstreit Anlaß in Fülle. Hutten erwähnt denn auch die Schmuckstücke einer romantischen Burg gar nicht, den stolzen Pallas mit dem Rittersaal, die efeuumrankte Burgkapelle und den ragenden Bergfried; statt dessen blicken wir in überfüllte Wohngebäude. Sie dienen außerdem nicht allein der Unterkunft; die Burg steht in Friedenszeiten für jedermann als Zentrum der Herrschaft und Gerichtsbarkeit offen. Bauern holen sich Befehl, Schutz und Urteil und bringen Naturalabgaben und Pachtzins; denn die Burg ist auch wirtschaftlicher Mittelpunkt, ein Gutshof. Daran erinnern Stallungen für Vieh, Pferde und Hunde, ferner Vorratsscheunen. Vom Ernteertrag hängt das Wohlbefinden aller, der Adligen und der Bauern, auch Huttens eigene Lebensführung ab. Vor allem ist die Burg eine Festung, die außer starken Mauern Waffenkammern und Geräteräume braucht. Die Enge, über die sich Hutten ärgert, kommt von dieser militärischen Funktion; man hat die Burg auf eine Bergnase gesetzt und mit Wall und Graben umschlossen, damit sie bei Fehde und Krieg unzugänglich ist. Weil der einzelne Ritter zuerst Krieger ist, muß auch er wie eine wandelnde Festung daherreiten, ob er im Tal die Feldwirtschaft inspiziert oder im Bergwald Hochwild jagt.

Hutten sieht die mittelalterliche Burg von zwei modernen Gegenbildern her und kritisiert jene, weil er diese verklärt: die bürgerliche Stadt, die Patriziern behagliches Wohnen und vornehme Stille schenkt, und der Hof des Fürsten, der mit adligen Helfern in einem weiträumigen Schloß wohnt, Fürsten und Bürger bedienen sich der neuen militärischen Mittel Kanonen und Landsknechte, gegen die sich Ritterburgen mühsam schützen; Fürsten und Bürger profitieren von der Geldwirtschaft, die ihnen weit mehr Aufwand und Muße gestattet als das altmodische Landleben dem Adel. Hutten selbst schreibt den Brief als Mitglied eines Fürstenhofs aus einer Reichsstadt, als Begleiter des Mainzer Erzbischofs auf dem Augsburger Reichstag; er stellt sich auf die Seite der Zukunft. Aber ganz gelingt es ihm nicht, denn seine Herkunft haftet ihm an. Zu der Burg, auf der seit Menschenaltern seine Väter und Vettern hausen, zieht es den 30jährigen nicht mehr, doch auch in der neuen Welt von Schloß und Stadt schlägt er keine Wurzeln, ein Wanderer zwischen den Zeiten. Von den Vorrechten seines Standes spricht Hutten nicht, weil er nach Humanistenart seinen Ruhm nur sich selbst verdanken möchte. Was er verschweigt, holt nach dem Bauernkrieg 1534 der aufsässige Sebastian Franck nach. Er schreibt, der Adel wohne auf seinen Burgen, ohne sich den Ordnungen einer Gemeinschaft zu fügen, und genieße doch die Privilegien der Freiheit, von der Kemenate bis zum Erbbegräbnis. Franck prangert als Folge dieser Lebensform Stolz und Rechthaberei an und spürt, daß sie ihre Wurzel in den festen Häusern des Adels haben.

Was Franck übersieht und Hutten hervorkehrt, ist Folge der Freiheit: die tägliche Sorge um Leben, Recht und Auskommen, die Unsicherheit von Anspruch und Vermögen, die Nötigung zum Zusammenschluß der Eigenbrötler. Noch immer heulen im nahen Wald die Wölfe, doch andere Widersacher sind schrecklicher geworden, Nachbarn und Verwandte, Fürsten und Städter. Zu begreifen sind beide Ulriche, der Hausvater, der einen Geschützturm baut, und der Humanist ohne Heimat. Lebendiges Mittelalter verkörperte nur der erste noch, und nicht mehr lange; dann kamen 1525 die bettelarmen Bauern und brachen die meisten Burgen.

HAUS

Beide Verfasser sehen als adlige Herren das Haus im Zusammenhang mit der Familie. Am Haus hängen die Traditionen der Abstammungsgemeinschaft ebenso wie die Interessen der Wirtschaftsgemeinschaft; insbesondere die Rolle des Hausgründers und Hausvaters verbindet Familie und Haus. Dennoch sind Haus und Familie nicht dasselbe. Die Sippe kann anderswo weiterleben, während das Haus zerfällt; das bewohnte Haus nimmt nicht nur Vettern auf, sondern Gäste, Gesinde, Räuber. Es ist zu kleinräumig, um einen ganzen Lebenskreis zu formen, aber vielschichtig genug für eine lokale Gruppe. Beide Autoren kennen die Mittelstellung des Hauses zwischen Raum und Gemeinschaft und sehen die häuslichen Lebensformen daher unter dem Aspekt der Arbeit.

Die Unterschiede zwischen Friaul und Franken, dem 7. und dem 15. Jahrhundert, sind allerdings groß, weil sich Bedingungen und Bedürfnisse gewandelt haben. Das Haus des Paulus Diaconus hatte nur ein Dach, wahrscheinlich wenige Räume mit vielen Funktionen. Das Haus Ulrichs von Hutten ist ein ganzer Gebäudekomplex, in dem für Wohnen, Wirtschaften, Kämpfen je besondere Räumlichkeiten dienen. Weil sich die Bedürfnisse der Bewohner differenziert und auseinanderentwickelt haben, empfindet Hutten in seinem Haus eine Enge, die dem Flüchtling aus dem Avarenland in seinem viel kleineren Bau nicht auffiel. Trotzdem hat sich das Haus mehr im Grundriß des Architekten verändert; die Grundzüge häuslichen Verhaltens sind dieselben geblieben.

Das Haus, das fest auf dem Boden steht, verspricht Dauer, weil es Vererbung des Früheren und Vorsorge für Späteres gestattet. Auf den Grundmauern, die der Vater legte, kann der Sohn weiterbauen, wenn der alte Dachstuhl einbrach; an die Burgmauer der Vorfahren kann der Hausherr einen Geschützturm anbauen, wenn neue Waffen drohen. Mittelalterliche Häuser werden eher umgebaut als abgerissen und neuerrichtet. Dem Bauen steht das Sparen zur Seite. Das Haus bewahrt Hausrat und Vorräte auf, also die durch Arbeit geschaffenen Lebensmittel. Wer heute von Ökonomie und Wirtschaft redet, hat meist vergessen, woher diese Worte stammen; sie bezeichnen den Haushalt des Hauswirts, die Vorsorge dessen, der den ihm Anvertrauten Arbeit und Ertrag zuweist. Wer im Haus wohnt, hat an dieser Gemeinschaft von Produktion und Konsum teil, ob er mit dem Hausvater verwandt ist oder nicht.

Die Vorsorge richtet sich vor allem auf Sicherung der Ernährung; das lehrt der Hunger von Paulus' Schwägerin ebenso wie Huttens Angst vor Mißernten. Aber so wichtig die Früchte der Felder sind, das Haus ist nicht identisch mit Grundbesitz, der näher oder ferner liegen kann und oft weder eingezäunt noch abgegrenzt ist. Das Haus hingegen ist schon im Frühmittelalter eingezäunt oder ummauert. Der Zaun bietet Schutz für Menschen und Vorräte gegen Einbrüche der Naturgewalten und der geschichtlichen Gegner; er umschließt einen Bezirk besonderen Friedens. Das Wort *Zaun* selbst bedeutet eingefriedeten Raum, und daran hält das ganze Mittelalter fest. In das Haus darf die Fehde nicht von draußen eindringen; noch die Hütte des armen Einochs muß für ihn eine Festung sein. Sie steht unter Immunität, und der Zaun, oft auch die Dachtraufe, faßt diesen Raum der Geborgenheit nach außen zusammen.

Huttens Brief läßt ahnen, daß sich dieser Sonderbereich häuslichen Friedens zugunsten weiträumiger Bezirke auflöst, die durch Landesgrenzen und Stadtmauern abgesteckt sind. Aber auch für Hutten ist menschliches Zusammenleben an ein Haus, nicht an eine Fläche gebunden. Noch für ihn ist die Hausgemeinschaft nicht auf privaten Verzehr und Feierabend eingeschränkt; sie trägt noch alle Lebensbereiche, vor allem die Sicherung der vitalen Lebensbedürfnisse. Die Umwelt ist ungefüge und bedroht die Hausgenossen ständig; dieser Gefährdung setzen sie gemeinsame Arbeit und Vorsorge entgegen.

LIEBESMAHL

In den *Vorfällen von Sankt Gallen* erzählte um 1050 der Benediktiner Ekkehard IV. von einem Besuch, den der deutsche König Konrad I. dem Kloster 911 abstattete. Er wurde von zahlreichem Gefolge begleitet; darunter befanden sich Bischof Salomon III. von Konstanz, einige andere Bischöfe und zwei Pfalzgrafen, Brüder, die Schwager des Königs waren.

»Am Tag der Kindlein (28. 12.) kam der König mit zwei Bischöfen zur Essenszeit in den Speisesaal der Brüder und richtete an die Mönche, die vor ihm aufstanden, einige fröhliche Worte: ›Mit uns werdet ihr zu teilen haben, ob ihr wollt oder nicht.‹ Den Dekan aber, der für ihn den Abtstisch freimachen wollte, umarmte er, hielt ihn zurück und setzte ihn neben sich. Er nahm, was man ihm vorsetzte, blickte ringsum alle an, lachte ihnen zu und sagte: ›Einstweilen wollen wir hier teilnehmen.‹ Er sandte aber rasch zu Salomon, dieser solle nicht hier dazukommen, sondern jeder solle anstelle des anderen Tafel halten (der Bischof also im Gästehaus). Dann befahl er dem Propst, ihm nichts anderes vorzusetzen als was für die Brüder hergerichtet war. Der sagte: ›Ach König, es ist ein Unglück für uns, daß du nicht den nächsten Tag abgewartet hast. Morgen nämlich werden wir vielleicht Brot und enthülste Bohnen bekommen, aber heute nicht.‹ – ›Immerhin‹, sagte der König, ›wird Gott auch morgen sich über euch erbarmen können.‹ Dann vollzogen die Kinder der Reihe nach die Tischlesung, und wenn sie vom Lesepult herunterstiegen, hob er sie zu sich empor und legte ihnen Goldmünzen in den Mund. Als eines, das noch recht klein war, das Gold schreiend ausspuckte, sagte er: ›Der da wird, wenn er es erlebt, einmal ein guter Mönch.‹ Schließlich stand er von der Tafel auf, sprach noch lange heiter mit den Brüdern und ermunterte sie, recht guten Mutes zu sein, denn wenn er das Leben behalte, wolle er solche Tischgenossen weiterhin erfreuen. Er ging zu seinem

Gefolge zurück und rühmte vor Salomon und ihnen allen, daß er nie ein fröhlicheres Gastmahl gehalten habe. ...

Nachdem der König den Abend und die Nacht heiter verbracht hatte, ersuchte er bei Tagesanbruch um eine Versammlung der Brüder und wurde dort durch einstimmigen Beschluß als Mitbruder eingetragen. Jedem Bruder teilte er als Beitrag für die Kleidung ein Pfund Silber zu. Den Knaben verordnete er für damals und fortan drei Spieltage. Dann betrat er die Basilika des heiligen Gallus und bekleidete die Altäre mit Decken. Auch die Immunität des Ortes, die schon von Grimald ange-strebt, aber noch nicht gesichert war, machte er mit Einwilligung des Bischofs durch sein Handzeichen und Siegel fest und beständig. Schließ-lich trat er in die Kapelle des heiligen Otmar, der mit römischer Geneh-migung zum Heiligen erhoben worden war. Wie ein Schuldiger – denn seine Verwandten waren es, die Otmar gequält hatten – stand er vor dessen Altar, als wäre er selbst an den Untaten beteiligt gewesen, und besänftigte den Heiligen auch durch Decken, Gold und Silber. Um das Dorf Stammheim aber, das dem heiligen Otmar von Karl (dem Dicken) geschenkt worden war, standen noch etliche Stellen dem König zu; Konrad hat nun alles, was dort Königsgut war, zu Händen des Kloster-vogts auf dem Altar des Heiligen niedergelegt und die Schenkung mit seinem Siegel bestätigt. Und zu Salomon gewandt sagte er: ›Das ge-schieht unter der Bedingung, daß unsere eingetragenen Mitbrüder die von Karl (dem Dicken) bestimmte Festwoche für diesen meinen Herrn (Otmar) mit einem reichlicheren Essen begehen, als unser gestriges war; das sollen sie auch zur Erinnerung an mich tun.‹ Lächelnd setzte er hinzu: ›Denn auch ich will heute als eingetragener Mitbruder mit den Brüdern zu Mittag essen und unsere Bohnen aus dem Meinigen würzen.‹

Schnell werden dem König auf diesem selben Altar von den Brüdern Messen gelesen. Früher als sonst wird das Mittagessen angesetzt; der Speisesaal füllt sich. Kaum einen Satz hat der Tischlektor vortragen können. Die Liebe, die nichts Falsches tut, hat sich frei über die Ordnung hinweggesetzt. Niemand sagt, dies oder jenes sei ungewöhnlich, obwohl man es niemals zuvor gesehen oder gehört hat. Niemals schlürfen die Mönche in diesem Haus sonst den würzigen Geruch von Wildbret und Fleisch. Es springen Gaukler, es spielen Musikanten; noch nie hat der Gallus-Speisesaal solchen Jubel erlebt. In dem Getöse blickt der König auf die gesetzteren Brüder und lacht, denn einige Gesichter sind wegen der ungewöhnlichen Vorgänge verzogen. Die beiden Brüder wieder sind wegen der Einbuße an Königsgut bedrückt. Denn längst hatten sie oberhalb von Stammheim eine Burg gebaut und nahmen sie nun vor dem König als Eigentümer in Anspruch. Ihnen sagte der König: ›Die Burg könnt ihr ohne Schaden für die Dorfleute nicht behalten, und wenn ihr ihnen Unrecht tut, werde ich euch meine Huld entziehen.‹ Abends zog der König davon, begleitet von tränenreichen Lobpreisungen seiner Mitbrüder. Er hatte ihnen versprochen, wenn er am Leben bleibe, werde er ihnen noch mehr als einmal Gutes tun.«

Der Klosterchronist hatte gewichtige Gründe, alles genau zu berichten. Als er schrieb, war die Glanzzeit seines Klosters vorbei; die strengen Mönchsreformer aus Burgund und Lothringen, die schon am Ottonenhof die großzügige Lebensweise der Sankt Galler Mönche gerügt hatten, bekamen um 1050 unter Kaiser Heinrich III. vollends Oberwasser. Diesen Neuerern war entgegenzuhalten, daß nicht der tote Buchstabe der Ordensregel, sondern der lebendige Geist der Liebe dem mönchischen Dasein Wärme und Fülle verlieh. Den Jungen im eigenen Haus mußte gezeigt werden, daß die frühere Blüte dem Kloster nicht im Schlaf geschenkt worden war. Nach unsicheren Anfängen unter dem Einsiedler Gallus, einem Schüler Kolumbans, hatte der Alemanne Otmar im Steinachtal benediktinische Ordnungen eingeführt und den Güterbestand der Abtei gegen fränkische Grafen verteidigt, bis er 759 in der Haft seiner Feinde starb. Spätere Herrscher hatten das Unrecht wieder gutgemacht, besonders Karl III., der dem Kloster 879 den Hof Stammheim im Thurgau geschenkt und dem heiligen Otmar besondere Verehrung erwiesen hatte. Dem Kloster hatte auch Ludwig der Deutsche nahegestanden, dessen Erzkanzler Grimald zugleich Abt von Sankt Gallen gewesen war. Und endlich amtierte Konrads I. Kanzler Salomon nicht nur als Bischof von Konstanz, sondern ebenfalls als Abt dieses Klosters. In den Schmollwinkel hatten sich die alten Mönche nicht gesetzt und waren dort auch nicht sitzen gelassen worden.

Nun ja, in der *Regula sancti Benedicti* war der Fall nicht vorgesehen, daß der Diözesanbischof in Personalunion Klostervorstand ist und deshalb der Dekan als sein Vertreter Gäste begrüßt. Auch schrieb die Regel vor, daß Gäste zusammen mit dem Abt gesondert speisen sollten, um die Mönche nicht zu stören. In ihrem Speisesaal hätte der König nicht mitessen sollen; die Mönche hätten mit dem hohen Gast nicht sprechen müssen. Bei den Mahlzeiten der Mönche sollte strengstes Schweigen herrschen und nur der Vorleser reden. Dieses Amt sollte während der Woche nicht gewechselt und von einem Mönch bekleidet werden, nicht von einem jungen Klosterschüler, schon gar nicht von mehreren der Reihe nach. Das wußte man in Sankt Gallen so gut wie zu Richers Zeit in Meaux; aber warum nicht Feste feiern, wie sie fallen? Der Tag der unschuldigen Kindlein war ein Fest der Klosterjugend; warum sollte sie ihre Lateinkenntnisse nicht vorführen? Der König, der den Knaben Goldstücke in den Mund legte, verstieß gegen die Regelvorschrift, daß niemand im Kloster etwas besitzen dürfe; er wußte es, sonst hätte er den Witz nicht gemacht. Daß es beim heiligen Gallus nicht zu üppig zuging, bekam er rasch zu merken, nämlich beim Essen.

Der 28. Dezember 911 war Samstag, kein Fasttag wie der Freitag vorher. Trotzdem stand auf dem Tisch nur der übliche Brei, nicht einmal Brot und Gemüse, das die Regel für jeden Tag zuließ. Gewiß trieb man in Sankt Gallen Eigenbau und zog im Klostergarten Bohnen und Pfefferkraut selber; doch wie sollte zusätzlich zu den etwa hundert Mönchen und zweihundert Laien das unangemeldet einfallende Gefolge des Königs gesättigt werden, mitsamt Gauklern und Musikanten? Der Propst als Leiter der Klosterwirtschaft dachte mit Bangen an den Speisezettel vom Sonntag; fest stand er noch am Samstagabend nicht, wenn nicht der König ... Konrad begriff die Lektion schnell; schon Karl der Dicke hatte dem Kloster zusätzliche Lebensmittel aus Stammheim verschafft, und gegenüber dem heiligen Otmar stand der Franke Konrad sozusagen in Sippenhaftung. Wer die Mönche mit besserem Essen erfreuen wollte, mußte ihnen dörflichen Grundbesitz schenken, auch wenn es Ärger mit den Schwagern gab. Das galt für lange Sicht; für den Augenblick tat der König ein übriges, und die Mönche staunten, wie rasch und reibungslos der königliche Nachschub kam.

Wenn Konrad am Sonntag plötzlich die Bohnen der Mönche aus dem Seinigen würzte, wer mochte pedantisch an die Ordensregel erinnern, die den Genuß von Fleisch vierfüßiger Tiere strikt verbot? Am Sonntagmorgen hatten die Mönche den König ins Verbrüderungsbuch der Abtei eingetragen, und am schönsten war Bruderschaft zu feiern durch ein Fest der Liebe. Aus einem Akt notdürftiger Sättigung wird die Mahlzeit – im Mittelalter immer wieder – zur Feier der Geselligkeit. Man spürt noch durch Ekkehards nachträgliche Schilderung die fieberhafte Erregung im Kloster. Wie schnell lesen sie ihre Sonntagsmessen, wie entschlossen verlegen sie die für 12 Uhr festgesetzte Essenszeit vor! Sie strömen in den Speisesaal und freuen sich an der Heiterkeit des königlichen Gastgebers; sie beziehen sogar die vergrämten Pfalzgrafen mit ein. Vielleicht ahnen sie schon, was der Chronist mittlerweile erfahren mußte, daß um die Grundlage kommender Liebesmähler, um Stammheim, bald erbitterter Streit ausbricht. Doch gerade weil die Versorgung des Klosters nicht ein für allemal sichergestellt ist, wird dieses Festessen zu einem Höhepunkt klösterlichen Lebens. Der König verspricht wiederholt, den Mönchen auch künftig zu helfen, aber niemand weiß, wie lange er am Leben bleiben und ob er wiederkommen wird; wir haben keine Hinweise auf einen zweiten Besuch Konrads I. Die Mönche werden für ihren Wohltäter täglich beten, doch ihre Tränen beim Abschied sind so echt wie zuvor ihre Freude; nur ist die Freude kürzer.

Neue Jahrgänge von Mönchen kommen und finden den Tisch im Speisesaal nicht immer ausreichend gedeckt. Ein Kritiker der Ottonenzeit gesteht ihnen zu, sie hätten in der Kirche des heiligen Gallus täglich Sonntag, im Speisesaal aber täglich Freitag. Um so mehr verklärte sich in der Erinnerung des Klosters das Gastmahl vom Sonntag nach Weihnachten 911. Seit fast fünf Menschenaltern sind Bratenduft und Schalmeienklänge verweht; aber die Mönche erzählen einander noch immer von dem Zeichen der Hoffnung, daß die Gebrechlichkeit der Menschen und die Misere ihres Alltags nicht allein durch asketische Regeln, sondern besser durch festliche Geselligkeit zu heilen seien.

VÖLLEREI

In der mittelhochdeutschen Predigt *Über fünf schädliche Sünden* kam der Franziskaner Berthold von Regensburg zwischen 1250 und 1264 auf Essen und Trinken zu sprechen:

»Nun überlegt, ob es für euren Leib etwas Besseres und Lieberes gibt als Gesundheit und langes Leben. Wer von den Anwesenden dauernd gesund bleiben und lang leben möchte, der hüte sich vor zwei Sünden. Die eine heißt Unmäßigkeit im Essen und Trinken, die andere Unmäßigkeit des Fleisches mit unkeuschen Sachen. Sie tun der Gesundheit des Leibes so vielerlei Schaden, daß niemand es ganz beschreiben kann. Trotzdem will ich euch einiges davon mitteilen, so viel ich weiß. Die Unmäßigkeit im Essen und Trinken heißt in der Bibel Völlerei und ist eine der sieben Todsünden. Wer beim Essen und Trinken allzuviel des Guten tut und sich gar zu gierig sattißt, hat eine schwere Sünde begangen. Wenn er ihrer überführt wird und keine andere Sünde je begangen hätte, ist seiner Seele nicht mehr zu helfen, immer ausgenommen, daß er Buße tut. Zu alledem nimmt dir die Sünde zwei von den allerliebsten Gaben deines Leibes. Und deshalb spricht der weise Salomon, der viel mehr Weisheit besaß als einer, der alle Weltweisheit zusammen im Herzen trüge – doch besaß Salomon noch mehr Verstand und Weisheit –; der spricht von dieser Sünde so: ›An Völlerei sind schon viele zugrunde gegangen‹ (Jesus Sirach 37, 34). Das sagt nun Salomon, dem doch Gott in einer Nacht alle seine Weisheit verlieh!

Ihr armen Leute, mit dieser Sünde habt ihr nichts zu tun, denn ihr habt selten das, was ihr braucht. Denn das, was ihr in eurer Not haben müßtet, das vertilgen die Vielfraße in ihrer Maßlosigkeit. Der allmächtige Gott hat von allem zu essen und zu trinken genug geschaffen, ganz wie all die Vögel in den Lüften genug Nahrung haben. Sie führen weder Pflug noch Wagen, mühen sich nie ab und haben doch alle genug Nahrung und sind wohlgenährt und schön. Seht ihr, das kommt daher: Wenn einer selbst genug hat, läßt er auch den anderen teilhaben. Von diesen Vielfraßen aber schlingt einer wohl täglich so viel in sich hinein, daß davon drei oder sechs Leute gut auskämen. Wo ihrer zehn beisammen sind, verprassen sie in einem Tag, was gut und gern für 40 Menschen reichen würde. Sie müssen darauf verzichten, es fehlt ihnen am Leib. Und wenn ein armer Bedürftiger um einen Mund voll Brot oder einen Schluck Wein bittet, um sein krankes Herz zu laben, so verjagt ihn der andere mit unverschämtem Spott. Dafür wirst du in der Hölle begraben wie jener, der sich ständig auf Völlerei verlegte und dem Lazarus die Brotkrumen nicht gönnte, die von seinem Tisch fielen. O Lazarus, dir geht es gut! Doch wo sehe ich jetzt dich sitzen, du Genosse des Lazarus? Hütet euch bloß vor den schweren Sünden, dann hat dein Mangel und deine Krankheit gleich ein Ende; doch dein Wirtschaften kommt dann nie ans Ende, während solche Vielfraße in der Hölle begraben liegen und für alle Völlerei, die sie in dieser Welt verübten, gern einen Wassertropfen nähmen. ›Tauch deine Fingerspitze ins Wasser‹ usw. (Lukas 16, 24); seht ihr, so ruft er Lazarus zu, dessen Armut und Not für alle Ewigkeit vorbei sind.

Freilich, mancher Vielfraß ist ganz arm und verschafft sich's nur durch Lug und Trug, durch Diebstahl und Raub und überlegt an vielen Stellen, wie er seiner Völlerei Genüge tue. Und manches, was seiner Hausfrau und seinem Kind verlorengeht, jagt er allein durch seinen Schlund und läßt seine Hausfrau hungern und sein Kind frieren. Nun seht ihr, wie vielerlei Schaden die Sünde anrichtet, die Völlerei heißt; an Leib und Seele, an Ehre und Gut. Auch wenn es sich einer mit seinem Gut wirklich leisten kann, es nimmt ihm doch die Ehre, wenn man sagt: ›Der da ist ein Vielfraß oder ein Schlauch, oder die da ist eine Vielfräßin.‹ Früher einmal waren die Frauen sehr gut erzogen und maßvoll im Essen und Trinken. Aber jetzt ist's vorbei und sogar zur Gewohnheit geworden: Während der Mann das Schwert vertrinkt, hat sie Ring und Kopftuch vertrunken. Und so haben sich beide, Frau und Mann, durch ihre Völlerei um die Ehre gebracht und um Seele, Leib, Leben, Gesundheit und hohes Alter.

Wie, Bruder Berthold? Ich möchte doch meinen, je besser einer äße und tränke, desto kräftiger und gesünder sähe er aus und desto länger lebte er!‹ Dem ist aber nicht so, und ich sage euch den Grund. (Es folgt ein ausführlicher Vergleich des menschlichen Magens mit einem Kochtopf, der beim Überlaufen rundum Schaden anrichtet.) Beachtet noch etwas: Von Kindern reicher Leute werden viel weniger alt oder auch nur erwachsen als armer Leute Kinder; das kommt daher, daß man reicher Leute Kinder völlig überfüttert. So viel kann man ihnen ja gar nicht geben, daß man sicher wäre, genug gegeben zu haben. Das kommt von der Zärtlichkeit, mit der man sie umgibt, und von der Fülle, die man reichlich zur Verfügung hat. Da bereitet dem Kind die Schwester ein Breichen und streicht's ihm hinein. Nun ist sein Töpfchen, nämlich sein Mägelchen, klein und schnell gefüllt. Da fließt's ihm wieder heraus; gleich streicht sie's ihm weiter hinein. Hinterher kommt die Tante und macht mit ihm dasselbe. Hinterher kommt die Amme und sagt: ›Ach, mein armes Kind, nichts hat es heute bekommen!‹ und fängt von vorne an und streicht's ihm hinein. Da weint es und zappelt. Aber so füttert man reicher Leute Kinder um die Wette, daß sehr wenige alt werden. Also hütet euch davor um Gottes willen, der euch erschaffen hat, wenn euch eure Seele lieb ist. Wollt ihr's aber um Gott und eurer Seele willen nicht tun, so tut's, wenn euch Ehre und Gut lieb sind. Wollt ihr's aber aus allen diesen Gründen nicht tun, so tut's, wenn euch Leib und Leben, Gesundheit und hohes Alter lieb sind. Denn ihr möchtet doch allesamt gern gesund bleiben und alt werden.«

Sicher gibt dieser Schrifttext die frei gehaltene Predigt des berühmtesten mittelalterlichen Volkspredigers nicht im Wortlaut wieder, aber er wurde 1264, zu Bertholds Lebzeiten, von einem Augsburger Franziskaner unter dem unmittelbaren Eindruck seiner Predigten aufgeschrieben. Sie rissen das Publikum mit und sprachen seine Wünsche und Sorgen aus. Das hatte mehrere Gründe. Wir kennen zwar Bertholds Herkunft und Familie nicht genau, dürfen aber annehmen, daß er um 1210 in Regensburg geboren und dort erzogen wurde, in einer Großstadt mit mehr als 10 000 Einwohnern. Jedenfalls lebte er in diesem europäischen Fernhandelszentrum, das vielseitige Verbindungen nach Italien und Osteuropa besaß und von einem reichen Patriziat beherrscht war. Ferner war Bertholds Regensburger Ordenskonvent einer der frühesten und lebendigsten Mittelpunkte der Volksseelsorge. Schließlich kam Berthold als Prediger in halb Europa herum, von Schlesien bis Ungarn, von Graubünden bis Paris, und hielt die Augen offen. Er wußte, wie seine Zuhörer lebten.

Berthold ging die Probleme der Ernährung nicht vom religiösen Standpunkt aus an. Angelpunkt der ganzen Predigt, die an einem siebten Sonntag nach Pfingsten gehalten wurde, war zwar der Satz aus der Sonntagsepistel, daß der Preis für die Sünde der Tod sei (Römerbrief 6, 23); auch das Gleichnis vom reichen Prasser und vom armen Lazarus fehlte nicht. Doch wurde wie in den *Gesta Romanorum* der jenseitige Tod, hier die Höllenstrafe für Völlerei, weniger deutlich ausgemalt als der leibliche Tod. Auf ihn verweist die zitierte Salomonstelle, deren Fortsetzung lautet: »Wer aber enthaltsam ist, verlängert sein Leben.« Der Franziskaner Berthold verlangt von den Laien nicht zuerst Askese um der Nachfolge Christi und himmlischen Lohnes willen und gibt unumwunden zu, daß Essen und Trinken Freude machen und Leib und Seele zusammenhalten. Sein Aufruf zur Mäßigung häuft deshalb medizinisch-biologische Begründungen und tritt der verbreiteten Volksweisheit entgegen, daß Vielessen gesund erhalte. Sie war einigermaßen sinnvoll in der Ernährungslage des Frühmittelalters gewesen, in der jederzeit Hungersnot drohte und schwere, nicht sehr gehaltvolle Breinahrung überwog.

Berthold hat nicht ganz unrecht; man lebte in der guten alten Zeit enthaltsamer, aber aus Not, nicht aus Tugend.

Im 13. Jahrhundert ist Ernährung zum sozialen Problem geworden. Arme Leute haben noch jetzt kaum das Nötigste zu essen, sind aber nicht vor Völlerei gefeit. Andere Zeugen melden, daß gerade die Armen an einer reichbestellten Tafel keine Grenzen des Appetits kannten; manche starben an der Übersättigung, die die slawische Wirtin des Lopichis zu verhindern wußte. Hauptangeklagte in Bertholds Predigt sind allerdings andere Kreise; in einem Paralleltext nennt er sie beim Namen: in deutschen Landen die Herren auf den Burgen und die Bürger in den Städten. Die Oberschichten hatten nie Not gelitten, aber ihren Überfluß früher den weniger Begünstigten mitgeteilt; noch Valdes war ein Beispiel dafür gewesen. An die Armutsbewegung des 12. Jahrhunderts knüpft Berthold mit dem Zitat aus der Bergpredigt an: Die Vögel des Himmels säen nicht, ernten nicht, werden trotzdem satt und – das ist hinzugefügt – gönnen auch anderen einen Anteil. Wer sein Hab und Gut verpraßt, stört das soziale Gleichgewicht. Berthold versucht es auch mit einer wirtschaftlichen Begründung: Wer Speis und Trank nicht überschätzt, behält sein Schwert und seinen Ring und muß in seiner Haushaltsführung kein böses Ende fürchten. Doch diese Warnung klingt nicht überzeugend. Die Vorratskammern sind in Adels- und Patrizierhäusern wohlgefüllt; Sparsamkeit ist nicht vonnöten, wo die Kinder vom Personal gefüttert werden. Nein, die Ernährungsweise ist in erster Linie eine Frage sozialen Verhaltens.

Berthold weiß es. Er redet von dem einsamen Vielfraß, der Frau und Kind hungern läßt; aber sogar wer Lebensmittel stiehlt und raubt, tut es wie Helmbrechts Spießgesellen um der Geselligkeit willen. Völlerei ist ein Laster, bei dem Mann und Frau zusammen trinken oder zehn miteinander essen. Hier verfängt die Drohung nicht mehr, ein Vielfraß gelte als bescholten. Wir wissen das Gegenteil aus zahlreichen Berichten über öffentliche Gelage. Reichliches Essen und Trinken war seit dem 13. und blieb bis ins 17. Jahrhundert Ausweis von Ansehen und Reichtum und wurde zur Schau gestellt. Erlesene Schmausereien hoben den eigenen Lebenskreis gegen zudringliche Nachbarn ab, vor allem bei Adligen und Bürgerlichen, die weder wie die Fürsten alle Welt freihalten konnten noch wie das Volk sich freihalten lassen wollten. Der soziale Zwang zur kulinarischen Repräsentation wirkte vor allem im Kleinbürgertum verheerend, wenn das Haus lange auf ein gewaltiges Fest sparte und danach völlig entblößt war – ähnlich wie bei Potlatch-Festen australischer Stämme. Völlerei hätte sich im Hoch- und Spätmittelalter nicht so allgemein verbreitet, wenn sie nicht durch die Lebensformen provoziert worden wäre.

Berthold will das nicht sehen, erkennt aber den springenden Punkt. Beim Essen und Trinken führt Geselligkeit zu einem Verhalten, das der menschlichen Beschaffenheit Hohn spricht und den Lebenslauf des einzelnen und das Zusammenleben aller gefährdet. Ob Gottes ausgleichende Gerechtigkeit wirklich so statistisch am Werke war, daß die Reichen infolge Überfütterung schneller starben als die Armen? Man kann Bertholds Behauptung nicht nachprüfen, weil bei den unteren Schichten Anhaltspunkte für die durchschnittliche Lebenserwartung fast ganz fehlen; aber Zweifel an der allgemeinen Richtigkeit dieser Behauptung sind erlaubt. Sie paßt besser in das ethische Weltbild des Franziskaners als in die Sozialstruktur seiner Umwelt. Und selbst wenn er recht hätte: besser kurz geschlemmt als lang gedarbt!

ERNÄHRUNG

Wenn Mönche über Ernährung sprechen, träumen sie immer ein wenig vom Paradies der Brendanslegende, in dem die Menschen satt sind, ohne gegessen zu haben. Weil es auf Erden anders steht, fordern die Mönche wenigstens Mäßigung des animalischen Triebs, weil sich der Mensch, anders als das Tier, nicht auf diesseitige Sinnengenüsse stürzen soll. Diese Ansicht, aus der antiken Sittenlehre übernommen, beherrscht die Sankt Galler Mönche, die nach der Benediktsregel leben, genauso wie Berthold, der sie im Franziskanerorden eingeübt hat. Allerdings lehnt franziskanische Heiterkeit das vitale Bedürfnis weniger asketisch ab und sucht es in der Gemeinschaft zu läutern; doch prägt auch diese mildere Norm nicht den Alltag. Daß für den Bereich der Ernährung ethische Normen stärker als anderswo betont werden, liegt indes nicht nur an der mönchischen Herkunft unserer Dokumente, sondern auch daran, daß dieser Bereich im Mittelalter besonders labil ist und stabilisiert werden muß.

Blicken wir auf die vitalen Bedürfnisse und ihre Befriedigung, so

18 GOTTES GABEN BROT UND WEIN

19 GELAGE IM LIEBESGARTEN

zeichnet sich ein gewisser Fortschritt ab. Im 13. Jahrhundert ist Brot kein Leckerbissen mehr wie im 10. Jahrhundert, wo selbst vornehme Mönche nicht jeden Tag Brot bekommen; auch der Arme hat Anspruch auf Brot. Ähnliches gilt für Wein, dessen Qualität freilich fast durchweg bescheiden ist. Brot und Wein sind so verbreitet, weil Rodung und Landesausbau die Vermehrung der Ackerflächen und Weinberge ermöglicht haben; technische Verbesserungen an Mühlen und Keltern tragen dazu ebenso bei wie Transporterleichterungen durch Straßenbau und Marktverflechtung. Trotzdem bestehen noch im Hochmittelalter und in wohlhabenden Häusern die Grundnahrungsmittel aus Brei und Mus. Bestehen bleiben außerdem die sozialen Differenzierungen im Speisezettel; Fleisch ist vornehmen Kreisen vorbehalten, die Wildbret jagen, während Bauern nur einmal im Jahr ihr Schlachtfest mit Schweinefleisch halten und sich sonst mit Pflanzenkost und Milchprodukten begnügen. Von ihren Bestandteilen her gesehen war die mittelalterliche Ernährung, wie in archaischen Kulturen überall, gemischt, doch überwog pflanzliche Nahrung die tierische bei weitem. Bei aller Verbesserung der Quantität blieb die Qualität ziemlich gleich. Wer satt werden wollte, mußte viel essen; der Reiche aß nicht besser, sondern mehr. Vielleicht waren für die Gesundheit mittelalterlicher Menschen Hungersnöte und Epidemien auf lange Sicht nicht verhängnisvoller als die einseitigen Ernährungsgewohnheiten, die ihrerseits für Epidemien und Infektionen anfällig machten; von Vitaminen wußte man nichts.

Hier und da gab es Feinschmecker; insbesondere bei Hofe schätzte man fremdländische Gewürze und Saucen und exquisite Weine. Hier verbreitete sich die Sitte, jedem Esser seine besondere Holz- oder Zinnplatte zuzubilligen. Begehrt war bei Tisch selten der naturreine Geschmack; öfter wurden in noblen Kreisen die Speisen parfümiert, die Getränke gewürzt. Man wollte über die rohe Natur hinauskommen. Solche Freude an Verfeinerung wurde in der Ordensregel Franzens von Assisi ausdrücklich in Schutz genommen; darüber sollten sich Bettelmönche nicht ärgern. Empörend ist die Zahl der Gänge bei Gelagen der Mächtigen; sie reicht im italienischen 13. Jahrhundert bis zu vierzig. Das Hauptproblem ist für Helmbrechts Zeitgenossen noch immer dasselbe wie für die Wirtin des Lopichis: nicht wie gut oder schlecht, sondern wie viel oder wenig es zu essen gibt. Und hier war keine Stabilität zu erreichen, solange sich Lebensmittel nicht für längere Zeit konservieren ließen; man lebte von der Hand in den Mund.

Hungernden helfen Erinnerungen und Überlieferungen nicht. Der Braten von 911 steht 1050 in Sankt-Gallen nicht mehr auf dem Tisch; der Vielfraß, der gestern sechs Portionen verzehrte, muß heute wieder auf Suche gehen. Weil niemand sicher weiß, ob er auch morgen satt wird, ist die Mahlzeit, die heute aufgetragen wird, Fest der Zeitgenossen, Feier der Geselligkeit, bei der sogar der König nicht nach antiker und byzantinischer Herrschersitte allein am Tisch, sondern in der Runde mit anderen tafelt. In Zeiten der Not ist Freigebigkeit des Hauswirts eine besondere Tugend; sie wird am intensivsten in Gastmählern geübt und gezeigt. Liebe und Zuneigung äußern sich im kulinarischen Aufwand. Freilich ist im Frühmittelalter der Verzehr in andere Konventionen der Freundlichkeit eingebettet: Heiterkeit des Gastgebers, fröhliches Gespräch der Gäste, Spiel und Tanz, gesittetes Benehmen im Speisesaal. Im Hochmittelalter dringen solche Tischsitten über den Adel in Bürgerhäuser ein; sogar bei der Hochzeit des Schnapphahns bemüht man sich um geregelte Bedienung und Kurzweil. Allerdings drängt nun die Völlerei alles andere in den Hintergrund. Wenn die Fülle der aufgetragenen Speisen über den sozialen Rang von Gastgeber und Gästen entscheidet, spielt noch immer der Wunsch nach Freigebigkeit mit, die alle Not im geselligen Augenblick überwindet; doch ist sie nicht mehr öffentlich, wie noch das Mainzer Hoffest 1184. Die Prasser überschütten den Bettler mit Hohn; die kostbaren Diners versammeln ohnedies Übersättigte. Bezeichnend dafür sind Schaugerichte, die nicht eßbar sind, und kostbare Tafelaufsätze, die nur dem Gepränge dienen.

Auf diese Weise werden die Konventionen des Essens und Trinkens zu sozialen Barrieren, insbesondere zwischen adliger Herrenschicht und bäuerlicher Bevölkerung. Die Stadtbürger sehen das Dilemma, aber sie lösen es nicht; die einen geben wie Valdes an Arme Fleisch aus, die anderen gleichen sich adligen Gewohnheiten exklusiven Tafelns an. Dennoch bleiben auf diesem Sektor selbst die ständischen Konventionen bemerkenswert schwankend. Man möchte animalische Not gern durch Geselligkeit überwinden, aber Zusammenessen ist nie so selbstverständlich wie Zusammenwohnen. Es mag noch hingehen, daß ein Convivium zwischen Slawen und Langobarden, zwischen Laien und Mönchen ungewöhnlich ist; aber der Bauernsohn von Estavayer gibt seinem Vater, Bertholds Vielfraß seiner Frau und seinem Kind nichts zu essen. Die gemeinsame Mahlzeit wird nicht zur Gewohnheit, sie bleibt ein Geschenk, selbst in der kleinsten Gruppe.

ALLTAGSKITTEL

Notker der Dichter, Mönch in Sankt Gallen, schrieb für Kaiser Karl den Dicken kurz vor dessen Sturz, zwischen 884 und 887, ein lateinisches Buch *Über die Taten Kaiser Karls des Großen.* Darin steht eine Anekdote über Karls Aufenthalt 776 in Friaul, der Heimat des Paulus Diaconus:

»In dieser Gegend hielt sich Karl, der rüstigste unter allen rüstigen Franken, eine Zeitlang auf, bis er für den verstorbenen Bischof (Sigwald von Aquileia) einen würdigen Nachfolger bestellen konnte. An einem Festtag sagte er nach der Meßfeier zu seinem Gefolge: ›Um nicht durch Müßiggang zu erlahmen und in Trägheit zu verfallen, wollen wir jagen gehen, bis wir etwas fangen, und uns alle in der Kleidung aufmachen, die wir gerade tragen.‹ Es war aber ein kalter Regentag. Karl selbst trug einen Schafpelz, der nicht viel mehr wert war als der Rock des heiligen Martin, mit dem er, die Brust bedeckt, die Arme nackt, Gott ein Opfer brachte, was durch die göttliche Zustimmung erwiesen ist. Die übrigen aber waren feiertäglich angezogen. Einige waren eben von Pavia gekommen, wohin neulich die Venezianer aus Übersee alle Schätze des Orients eingeführt hatten, und schritten einher in phönizischen Vogelbälgen mit Seidenbesatz, in Pfauenhälsen und -rücken mit Schwanzfedern, die bald zu leuchten anfingen, geschmückt mit tyrischem Purpur oder zitronenfarbigen Bändern; andere hüllten sich in Marderpelze, einige in Hermelinfelle.

Sie durchzogen die Waldschluchten und kamen zurück, zerfetzt von Baumzweigen, Dornenhecken und Stachelkräutern, vom Regen aufgeweicht, dazu beschmiert vom Blut des Wildes und vom Dreck der Häute. Da sprach der listige Karl: ›Keiner von uns soll seinen Pelz ausziehen, bis wir schlafen gehen, denn am Körper können sie besser trocknen.‹ Nach diesem Befehl sorgten die einzelnen mehr für ihren Leib als für ihre Kleider und bemühten sich, überall Feuerstätten zu finden und sich zu wärmen. Und bald kamen sie wieder und standen in Karls Dienst bis tief in die Nacht; dann wurden sie in die Unterkünfte entlassen. Nun begannen sie, die ganz feinen Felle oder die recht dünnen Seidenhüllen auszuziehen; dabei rissen ihnen Falten und Nähte weithin hörbar, wie wenn trockene Zweige brechen. Dazu stöhnten und seufzten sie und klagten, daß sie so viel Geld an einem Tag verloren hätten.

Sie hatten aber vom Kaiser den Befehl bekommen, am nächsten Tag in den gleichen Pelzen vor ihm zu erscheinen. Als das geschah, glänzten sie alle nicht in Kleidern, sondern in Lumpen und starrten vor entfärbter Häßlichkeit. Da sprach Karl mit voller Absicht zu seinem Kammerdiener: ›Reibe doch unseren Pelz mit den Händen ab und bring ihn vor unsere Augen!‹ Ganz unversehrt und blütenweiß wurde er hergebracht. Karl nahm ihn in die Hände, zeigte ihn allen Umstehenden und verkündete folgendes: ›Ihr Dümmsten unter den Sterblichen, welcher Pelz ist jetzt wertvoller und nützlicher, meiner da, der um einen Schilling gekauft ist, oder eure dort, die euch nicht bloß Pfunde, sondern viele Talente gekostet haben?‹ Da schlugen sie die Augen nieder und konnten seiner furchtbaren Rüge nicht standhalten.

Diesem Beispiel ist Euer frommer Vater (Ludwig der Deutsche) nicht nur einmal, sondern sein ganzes Leben lang so treu gefolgt, daß keiner, der seiner Beachtung und Belehrung wert schien, im Heereszug gegen den Feind etwas anderes zu tragen wagte als Dienstwaffen und Kleider aus Wolle und Leinen. Wenn ihm zufällig einer vom niederen Volk begegnete, der seine strenge Auffassung nicht kannte und etwas Seidenes, Goldenes oder Silbernes an sich trug, wurde er wie folgt angefahren und ging besser und klüger geworden davon: ›Ach sieh dir den zweimal goldenen an, den silbernen, den ganz scharlachfarbenen! Du Unglückswurm, dir reicht es noch nicht, daß du allein im Krieg umkommen kannst; du gibst sogar noch die Habe, mit der deine Seele erlöst werden könnte, in die Hand der Feinde, auf daß sie damit ihre Götzenbilder schmücken.‹«

Karl dem Dicken erging es bei seinem Besuch in Sankt Gallen so wie Konrad I. eine Generation später. Die Mönche erinnerten den Herrscher an nachahmenswerte Tugenden seines fast ins Mythische entrückten Vorgängers. Dabei fand der Karolinger so viel Gefallen an den Erzählungen über seinen Urgroßvater, daß er den größten Schriftsteller im Kloster um Aufzeichnung dieser Geschichten von Karl dem Großen bat. Notker hatte sie in den 840er Jahren als kleiner Junge von einem Veteranen aus Karls Heer gehört. Er schrieb aus weiterem zeitlichen und persönlichen Abstand als Einhard, aber auch sein Karlsbild war nicht so zeitlos und allgemein menschlich, wie es sich gab. Aus einer aufstrebenden ländlichen Adelssippe stammend, blickte Notker entsetzt auf die Selbstherrlichkeit des Hochadels, der den Kaiser zu stürzen plante, und stellte warnend das Gegenbeispiel auf, einen auf Leistung und Schlichtheit gegründeten Adel der Tat, der sich in Karl dem Großen am reinsten verkörpert hatte. Der Kaiser – und das war auf seinen schlaffen Urenkel gemünzt – glich dem allwissenden und schrecklich richtenden Herrschergott und stand himmelhoch über den Schwächen seiner Hofschranzen.

So, wie Notker die Geschichte pointiert, hat sie sich vermutlich nicht abgespielt. An einem kirchlichen Feiertag sollte man nicht auf die Jagd gehen, schon gar nicht in Festgewändern; die Höflinge erwiesen durch ihre Prunkkleider Gott mehr Ehre als der Kaiser im Schafpelz. Selbstverständlich trug auch Karl an Festtagen sonst golddurchwirkte Kleider. Aber Notker empfahl eine schlichte Tracht, die man nicht ständig modisch wechseln muß, wie ja auch der Mönch seine Kutte zu allen Gelegenheiten trägt. Die Adligen bei Hofe sind, auch wenn sie nicht in die Schlacht ziehen, zuerst eine Gruppe von Kämpfern, und Jagd ist vor allem Übung für den Kriegsfall. Deshalb schließt der Dichter an die erste gleich die zweite Anekdote an, die von wirklichen Kriegszügen handelt, vermutlich von den Kämpfen Ludwigs des Deutschen gegen Obodriten und Normannen seit 844. Kampf gegen wilde Tiere in Urwäldern ist nichts grundsätzlich anderes als Kampf gegen heidnische Leichenschänder.

Kleidung muß nach Notkers Meinung auf Selbstbehauptung des Menschen gegen seine Umwelt zugeschnitten sein. Von Tierschutz keine Spur; der Mann hüllt sich – eher als die Frau – in die Haut des Tieres, das er erlegen muß, wenn er überleben will. Daß dafür auch unschuldige Schafe und Pfauen sterben müssen, bewegt den Mönch nicht, obwohl seine zweite Erzählung zeigt, daß einfachere Leute sich nicht in Leder oder Häute kleideten. Aus Wolle und Leinen bestand auch die altfränkische Tracht Karls des Großen und Ludwigs des Deutschen, ebenso der Rock Martins von Tours, von dem Notker nach Sulpicius Severus berichtet; kurz und grob war er und kostete fünf Silberstücke. Gemeint ist ein Unterkleid des Bischofs, nicht der berühmte Kriegermantel, den fränkische Könige im Krieg als Schutz mit sich führten; doch erinnert Notker auch so an die magisch schützende Funktion der Kleidung, die nicht von ihrem Geldwert abhängt.

Wir wissen aus anderen Quellen, daß sich im 9. Jahrhundert tatsächlich das Schmuckbedürfnis auch der Männerkleidung bemächtigte; goldene Ringe, Spangen und Wehrgehenke waren verbreitet wie schon einmal zu Chlodwigs Zeit. Der Mönch Notker lehnte dieses Schmuckbedürfnis

ebenso rundheraus ab wie Karl der Große selbst. Aber läßt sich soziale
Rangbezeichnung als Funktion der Kleidung ganz unterdrücken? Reichtum kann sich am auffälligsten dort kundtun, wo exotische und buntfarbige Materialien verwendet werden. Die erste Anekdote beweist, daß
hierfür bereits im 9. Jahrhundert der Orienthandel tätig war. Byzantinische Seiden- und Purpurstoffe sowie orientalische Vogelfelle wurden
damals in der Tat zu Schiff nach Oberitalien gebracht, zumal das Langobardenreich enge Beziehungen nach Byzanz pflegte. Wir werden es am
Beispiel Liudprands von Cremona bestätigt finden, daß Konstantinopel
für das Frühmittelalter Vorbild modischen Geschmacks war.

Die Höflingskleider, die Notker beschreibt, unterscheiden sich gründlich von altfränkischer und geistlicher Tracht. Ihre schreienden Farben
machen von weitem auf den Träger aufmerksam; ihr enger Zuschnitt
hebt die Körperform des Trägers hervor. Man denke sich daneben die
weiten Gewänder der Geistlichen, die ihren Leib schamhaft verstecken,
und die Zeremonialkleider der Fürsten, die sich in wallende Stoffe hüllen.
Notkers scheinbar so biedere Geschichte steht vor dem Hintergrund, daß
Karls III. Onkel, der westfränkische König Karl der Kahle, in betontem
Unterschied zum Bruder Ludwig derartigen Kleiderprunk liebte. Nach
seiner Kaiserkrönung trat er 876 im Westfrankenreich im fußlangen
byzantinischen Prachtgewand auf, was die Zeitgenossen wunderlich fanden. Mit seiner herrscherlichen Prachtentfaltung machte Karl der Kahle
rasch Mode; die Ornate abendländischer Kaiser, Könige, Päpste und
Prälaten nahmen seitdem immer prunkvollere, vielfach von Byzanz angeregte Formen an. Daß solcher Aufwand unschicklich sei, wollte Notker
auch seinem kaiserlichen Auftraggeber diskret nahelegen: Der wahre
Herrscher erweist sich durch Haltung, nicht durch Kleidung.

Der Weg zurück zu den ländlichen Sitten der Väter wurde durch die
hohen Kosten der Importkleider sicher erleichtert; die Höflinge selbst
stöhnten darüber, und Karl der Große machte ihnen die Rechnung auf.
Notker rechnet mit der erst durch Karl veränderten Währung, die im
Frankenreich den byzantinischen Goldsolidus durch den Silberdenar
verdrängte; historisch exakt ist das nicht, weil bei den Langobarden,
schon wegen des Außenhandels mit Byzanz, die Goldwährung nicht
schlagartig verschwand. Aber für Notker ist der Solidus keine Goldmünze
mehr, sondern eine Rechnungseinheit von 12 Silberdenaren. Ein Pfund
hat 20 derartige Schillinge; andere zeitgenössische Quellen bestätigen,

daß 20 Schafpelze ein Pfund wert waren. Unser Text zeigt keine klare Relation zwischen Pfund und Talent, weder die altrömische 1 : 100, noch die hochmittelalterliche 1 : 1. Die Größenordnung läßt sich deshalb nur anhand anderer karolingischer Angaben ermitteln, denen zufolge orientalische Stoffe und Pelze zwischen 30 und 600 Schilling wert sind. Die Höflingskleider kosteten also rund das Hundertfache von Karls Schafpelz. Zudem war Bargeld im Frühmittelalter ziemlich rar.

Karls Strafpredigt hatte es also einfach, wenn sie auf das Mißverhältnis zwischen Geldwert und praktischem Nutzen von Luxuskleidung hinwies. Eine ethische Norm oder soziale Empfehlung wird in den Erzählungen nicht formuliert, etwa daß der Wohlhabende Ärmeren von seinem Überfluß abgeben solle, wie es Martin von Tours mit seinem Mantel tat. Auch Ludwig der Deutsche empfiehlt für Überschüsse nur einen einzigen Zweck: Der Krieger soll für sein Seelenheil Messen lesen lassen. Alle Beteiligten bewerten demnach Kleidung nur nach ihrer vordergründigsten Aufgabe, dem Schutz in kalter und nasser Witterung. Sie hat dieselbe Bestimmung wie das Haus mit wärmender Feuerstätte und Unterkünften zum Schlafen. Ihre gesellschaftliche Funktion, das Streben nach Schmuck, modischem Wechsel und ständischer Unterscheidung wird zwar längst praktiziert, aber nicht anerkannt. Kleidung soll keine Lebensform werden, sondern sich allein nach den Lebensbedingungen richten – so sagt man. In Wirklichkeit richtet sie sich dann nach der Mode der Urgroßväter.

STANDESTRACHT

Jean de Joinville erzählte 1305 in seiner altfranzösischen Lebensbeschreibung Ludwigs IX. von Frankreich einen Vorfall, der sich um 1260 ereignet hatte:

»Einmal an Pfingsten war der heilige König in Corbeil, und achtzig Ritter waren da. Nach dem Essen ging der König auf den Anger hinab, unterhalb der Kapelle, und sprach am Eingang der Pforte mit dem Grafen (Johann I.) von der Bretagne, dem Vater dessen, der jetzt Herzog ist (Johann II.), Gott beschütze ihn! Da holte mich Meister Robert de Sorbon; er nahm mich am Saum meines Mantels und führte mich zum König, und alle anderen Ritter kamen uns nach. ›Meister Robert‹, fragte ich, ›was habt Ihr mit mir vor?‹ Er sagte zu mir: ›Ich will Euch fragen, wie es wäre, wenn sich der König auf diesem Anger niederließe und Ihr ginget hin und setztet Euch auf seine Bank weiter oben als er, ob Ihr deswegen nicht sehr zu tadeln wäret?‹ – ›Ja‹, erwiderte ich ihm. ›Nun‹, sagte er, ›dann muß man Euch sehr tadeln, denn Ihr seid vornehmer gekleidet als der König. Ihr tragt Grau- und Grünwerk, was der König nicht tut.‹ Da sagte ich zu ihm: ›Meister Robert, mit Verlaub, ich bin keineswegs zu tadeln, wenn ich mich in grünes Tuch und Grauwerk kleide, denn dieses Gewand haben mir Vater und Mutter hinterlassen. Aber Ihr seid zu tadeln. Denn Ihr seid der Sohn eines Bauern und einer Bäuerin und habt das Kleid Eures Vaters und Eurer Mutter abgelegt und Euch mit kostbareren Wollstoffen bekleidet als der König.‹ Da faßte ich den Schoß seines Oberrockes und den des Königs und sagte zu ihm: ›Überzeugt Euch selbst, ob ich die Wahrheit sage!‹ Alsbald übernahm es der König, Meister Robert mit nachdrücklichen Worten zu verteidigen.

Danach rief der Herr König Herrn Philipp, seinen Sohn, den Vater des jetzt regierenden Königs (Philipps des Schönen), und König Theobald (II. von Navarra) und nahm am Eingang seines Betzimmers Platz; er wies mit der Hand auf den Boden und sagte: ›Setzt euch hierher ganz nahe zu mir, daß man uns nicht hört!‹ – ›Ha, Herr‹, sagten sie, ›wir würden niemals wagen, uns so nahe zu Euch zu setzen.‹ Er aber sagte zu mir: ›Seneschall, setzt Euch hierher!‹ Und das tat ich und nahm so dicht bei ihm Platz, daß mein Kleid das seine berührte. Und auch die anderen mußten sich auf sein Geheiß dazusetzen. Da sagte er zu ihnen: ›Ihr habt euch ganz falsch verhalten; da ihr meine Söhne seid, hättet ihr auf den ersten Wink das tun sollen, was ich euch befohlen habe. Hütet euch, daß das nicht noch einmal vorkommt!‹ Und sie sagten, sie würden das nicht wieder tun.

Und dann sagte er zu mir, er habe uns gerufen, um mir zu bekennen, daß er Meister Robert zu Unrecht gegen mich in Schutz genommen habe. ›Aber ich sah, daß er so betroffen war; da hat er es wohl verdient, daß ich ihm zu Hilfe kam. Haltet ihr euch aber nicht an das, was ich zur Entschuldigung Meister Roberts angeführt habe. Ihr sollt euch vielmehr, da hat der Seneschall recht, gut und sauber kleiden, damit eure Frauen euch um so mehr lieben und euer Gesinde euch um so höher achtet. Denn der Weise sagt, man müsse sich in Kleidern und Waffen so schmücken, daß die Biedermänner dieser Welt nicht sagen, man tue dafür zu viel, und die jungen Leute dieser Welt nicht sagen, man tue zu wenig.‹«

Joinvilles Werk erinnert in manchem an Einhards Buch. Der treue Diener hat seinen König, übrigens auch sieben von neun eigenen Kindern überlebt und diktiert im Greisenalter seine Erinnerungen. Aber Joinville arbeitete nicht wie Einhard ohne Auftrag; Johanna von Navarra, die Gemahlin Philipps des Schönen förderte das Werk, und nach ihrem Tod widmete Joinville es ihrem Sohn, dem Thronfolger Ludwig, als Bild des Urgroßvaters, dessen Namen er trug. Ferner trat der selbstbewußte Joinville nicht wie Einhard in den Hintergrund und gab seine Ansichten auch dann zum besten, wenn sie mit denen des Königs nicht übereinstimmten. Joinville war ältestes Kind einer altadligen Familie der Champagne, besaß eine schöne Burg und ausgedehnte Ländereien und trug den in der Familie erblichen Ehrentitel eines Seneschalls der Champagne. Er tat sich auf seine Herkunft viel zugute und notierte auch sonst jedesmal, wie die heute, 1305, Regierenden mit den damals, um 1260, Handelnden verwandt waren. Als ihn Ludwig der Heilige einmal fragte, ob er am Gründonnerstag den Armen die Füße wasche, gab Joinville die ehrliche Antwort: »Schwerenot, Herr! Diesen Bauern werde ich nie die Füße waschen.« Damit weiß man, wie Joinville in Kleiderfragen denkt: Einfache Arbeitskittel für Bauern, vornehm zurückhaltende Standestracht für Herren von Adel, jeder nach Stand und Sitte, nicht nach der wechselnden Mode, auch nicht nach der Laune des Königs. Kleidung ist Herkommen und eben dadurch Rangabzeichen.

In Corbeil ging es nicht nur um Joinville, der seit dem siebten Kreuzzug dem König nahestand, nach der Heimfahrt 1254 auf seine Burg zurückgekehrt war und nun gelegentlich am Hof erschien. Sein Widerpart Robert de Sorbon war ein Mann des Hofes, einer der engsten Berater des Königs und ständig in dessen Umgebung. Er verdankte seine Stellung nicht der Herkunft; zwar stammte er vielleicht nicht von Bauern, sondern von Bürgern ab, aber jedenfalls von Nichtadligen. Im Sprachgebrauch Joinvilles schwingt bei »Bauer«, *Vilain,* noch die ursprüngliche Bedeutung mit, die von *Villa,* Dorf herkommt, aber auch schon der abschätzige Beiklang, den das Wort heute im Französischen hat, analog wie das deutsche *Tölpel,* das auf *Dörfler* zurückgeht. Robert war als Kaplan an den Königshof gelangt; noch mußten vorwiegend Geistliche die Verwaltungsarbeiten bei Hofe leisten, weil sie am besten lesen und schreiben konnten. Robert war Domherr an der Pariser Kathedrale, ferner Theologieprofessor an der Pariser Universität geworden; 1257 hatte er, von König Ludwig unterstützt, ein Kolleg für arme Theologiestudenten errichtet, um den sozialen Aufstieg, den er erreicht hatte, auch andern zu ermöglichen. Das Kolleg gab später der ganzen Universität Paris den Namen *Sorbonne* – den Namen eines Selfmademan. Der geistliche Herr trug an Pfingsten keinen bunten Jägeranzug mit Pelzbesatz, sondern wohl den dunklen Talar seines Standes; daß er sich dabei kostbare Wollstoffe leisten konnte, mochte nur einem Kenner wie Joinville auffallen.

Der Emporkömmling Robert hatte bloß Farbe und Zuschnitt im Auge, als er Joinvilles Anzug beanstandete, aus der Hofperspektive übrigens mit Recht. Zwar konnte und wollte Ludwig der Heilige nicht mehr wie Karl der Große als gottgleicher Richter über den Höflingen thronen. Er setzte sich mit ihnen auf den Boden, aber er duzte sie nicht mehr. In dem komplizierten System feudaler Beziehungen mußte er ausgleichend wirken und regierte wie alle talentierten Monarchen durch Nuancierung seiner Gunstbeweise; sie hielten den Hof ständig in ehrgeiziger Spannung und labilem Gleichgewicht. Deshalb nahm Ludwig Robert öffentlich in Schutz und verschob danach im kleinsten Kreis die Akzente. Immer aber war der König unbedingter Bezugspunkt des Hofes; er verlangte selbst, daß man seinen Winken ohne Rücksicht auf Sitte und Herkommen gehorche. Die alles entscheidende Frage bei Hofe war also nicht, welche Kleidung dem Festtag angemessen war und dem Stand eines Höflings entsprach, sondern welche Kleidung der König trug.

Nun wissen wir, daß Ludwig der Heilige in jungen Jahren der Mode Konzessionen gemacht hatte, zum Beispiel durch den Hut mit weißer Pfauenfeder. Nach der Rückkehr vom Kreuzzug aber kleidete er sich fast geistlich schlicht; insbesondere trug er kein graues Pelzwerk, keine goldenen Sporen, keine Scharlachfarben mehr, sondern einfache Taftstoffe, blau oder schwarz gefärbt. Seine provenzalische Gattin machte ihm deshalb Vorwürfe, die er mit einem Blick auf ihre pompöse Garderobe zurückgab. Jedenfalls waren sowohl der adlige Joinville, was Farben und Pelze betraf, wie der geistliche Robert, was die Tuchqualität anging, besser als der König gekleidet, und insofern störte jeder von ihnen das höfische Gleichgewicht. Aber so nahm es der König nicht; er wollte nicht als Person Maßstab des Hofes sein, sondern ein Prinzip aufstellen, nach dem sich alle, auch er selber, richten sollten.

Ludwigs ganze Regierung will Recht und Gerechtigkeit üben, jedem das Seine geben und Entfaltung seines Eigenwerts gestatten. Was er zu Roberts Verteidigung öffentlich sagte, können wir erraten: Bei einem so klugen und frommen Manne komme es nicht auf die Qualität des Anzugs, sondern auf Kopf und Herz an. Ludwigs abschließendes Urteil hingegen erfuhren nur seine hochadligen Standesgenossen, sein Sohn, der spätere König Philipp III., sein Schwiegersohn Theobald, der zugleich Graf der Champagne, also Joinvilles Lehensherr war, und eben Joinville. (Daß in der Runde der älteste Königssohn Ludwig fehlt, der vor 1259 starb, scheint mir die Szene später zu datieren, als es üblich ist.) Wenn Joinville genauer hingehört hätte, müßte ihm aufgefallen sein, daß er nicht in allen Punkten recht bekam: Kleidung ist auch für den Adel keine Frage der Abstammung und des Herkommens, sondern ausschließlich der sozialen Geltung. Wie Ludwig sonst auf die öffentliche Meinung hört und sie sich jederzeit von seinen Beratern sagen läßt, so argumentiert er hier mit ihr. Die Tracht bezeichnet keinen feststehenden Rang, sondern regelt die Beziehung zu Frauen und Gesinde; sie verlangt also eine soziale Haltung, die von der Öffentlichkeit akzeptiert werden kann, hier und jetzt.

Diese Lebensform stützt sich nicht auf geschichtliche Vorentscheidungen, sondern auf eine ethische Norm, die aristotelisch-thomistische des mittleren Maßes. Ist sie allgemein durchzusetzen? Auf der einen Seite stehen die jungen Leute, die sich für modischen Wechsel begeistern und im *Rosenroman* lesen, wie wichtig anziehende Kleidung für die Verführungskünste der Liebe sei – Kleidung als Spiel. Auf der anderen Seite stehen die Biedermänner, redliche und gesetzte Herren wie Joinville und der 60jährige Robert, die in der Kleidung ihren Stand ausdrücken. Beide Seiten treffen die Mitte nicht, die der König meinte. Sein Sohn Philipp III., bei dem Gespräch in Corbeil wenig über 15 Jahre alt, trug später einen Rock, der nach der Mode mit seinem in Gold und Silber gestickten Wappen verziert war und ihn 800 Pfund Pariser Währung gekostet hatte. Ihm sagte Joinville biedermännisch, solch einen Rock habe sein Vater nie getragen, und das Geld hätte er besser verwenden können, wenn er es in Gottes Namen den Armen gegeben hätte. Aber Joinville hatte nichts

20   Bauern im Arbeitskleid

21-22   Modische Promenade

einzuwenden, als derselbe Philipp III. 1279 den Bürgern das Tragen von
Pelzwerk und Goldschmuck verbot, in einer jener Kleiderordnungen, die
im Spätmittelalter von Amts wegen soziale Rangunterschiede zementie-
ren wollten. Daß der überhand nehmende Kleiderluxus unmittelbar aus
der ständischen Fixierung der Kleidung folgte, daß sich fortan im Wett-
lauf mit der Mode die Stände gegenseitig übertrumpfen mußten, hat nur
der heilige König geahnt; seine Söhne und Freunde haben es nicht
durchschaut.

KLEIDUNG

Beide Berichte wenden sich an einen Fürsten und seinen Hof und handeln
von einem Fürsten und seinem Hof; das intensive und spannungsreiche
Zusammenleben einer lokalen Gruppe bringt die Probleme der Kleidung
am deutlichsten zum Vorschein. Die höfische Zuspitzung hat eine Einschränkung zur Folge; vom zweckmäßigen Anzug der Bauern und Hand-
arbeiter ist hier nicht wie in Snorris Beschreibung von Sigurd Sau die
Rede, demgemäß auch nicht vom Unterschied des Anzugs am Werktag
und am Feiertag, zu Hause und auf der Straße. Vielmehr handelt es sich
um Kleidung einer exklusiven, öffentlich agierenden Gruppe, die nicht
Handarbeit tut. Wie sich andere Kreise kleiden, erfahren wir nur in der
höfischen Spiegelung; immerhin ist zu spüren, daß Herrscher und Hof in
Kleidungsfragen maßgebend waren und von Bürgern und Bauern nachgeahmt wurden, so gut sie konnten und so weit sie durften.
　Der Hof Karls des Großen stand bäuerlicher Auffassung von Kleidung
noch nahe. Menschliche Bekleidung dient in erster Linie dem Schutz
gegen Naturgewalten und soll möglichst dieselbe sein, gleichgültig, ob die
Menschen in den Krieg, auf die Jagd oder in die Messe ziehen. Die
Gegenbewegung, auf Schmuck und Differenzierung bedacht, flüchtet sich
in ausländische Angebote und grellen Aufwand, der unsicheren Geschmack verrät. Demgegenüber ist am Hof Ludwigs des Heiligen die
Schutzfunktion der Kleidung ganz zurückgetreten; sie versteht sich mittlerweile von selbst. Für grobe wie feine Stoffe ist man nicht mehr auf
Importe angewiesen; der mächtige Aufschwung der Weberei, Schneiderei
und Kürschnerei hat für breitere Schichten ein erschwingliches und
weitgefächertes Angebot geschaffen. Verfeinerter Geschmack fordert im

13. Jahrhundert gegenüber dem Aufdringlichen eher das vornehm Zurückhaltende.

Stillschweigend setzt Joinville voraus, was Notker noch nicht zugeben wollte, daß zu verschiedenen Anlässen verschiedene Anzüge passen. Auf dem Kreuzzug trug König Ludwig natürlich kein Taftgewand, sondern die Ritterrüstung; für die Jagd gab es eigene Kleidung, genauso für Freudenfeste und Trauertage. Der junge Mann trug nicht das gleiche wie der alte. Damit war der Weg zur Mode beschritten; warum nicht auch je nach Jahreszeit wechselnde Kleider? Bei Frauen wurde Mode seit eh und je als Schmuckbedürfnis leichter toleriert als bei Männern; bei diesen bedeutete Kleiderwechsel zugleich Wandel der öffentlichen Stellung. Solche sozialen Beziehungen wechseln im 13. Jahrhundert schneller als im 9., doch wird gerade deshalb der Wandel gern kaschiert. Bei der Männerkleidung kommt es selten zur Betonung der Leiblichkeit; das weit herabwallende Prunkgewand des Fürsten verleiht noch immer mehr Ansehen als der hauteng geschnittene Rock des Stutzers.

Die Konventionen des 13. Jahrhunderts gelten nicht lange; bereits das 14. Jahrhundert gibt der Mode den Vorrang. Die Limburger Chronik führt die Freude am modischen Wechsel unmittelbar auf die Erfahrung der großen Pest von 1348 zurück, auf ein Boccaccio-Erlebnis: Die Welt habe wieder leben und fröhlich sein wollen. Spätmittelalterliche Mode ist in ihrer Vielgestalt und raschen Änderung nur noch auf zwei Nenner zu bringen: Sie unterstreicht bei Männern und Frauen aufreizend, teils entblößend, teils verhüllend, die Geschlechtsmerkmale, ist also betont aggressiv. Sie erfordert immer größeren Aufwand, je strenger königliche und städtische Kleiderordnungen ihn verbieten, ist also betont luxuriös. Lassen wir uns durch diese Entwicklung den Blick für die gemeinsame Lebensform schärfen!

Kleidung soll im Mittelalter kompensieren. Sie verschafft, anders als in archaischen Kulturen, keine magische Macht über Menschen; im Grund machen Kleider keine Leute. Unsere Berichterstatter schreiben gerade den Mächtigsten dieser Erde einfache Kleidung zu, und das ist keine höfische oder mönchische Verkürzung der Perspektive. Kleidung muß wettmachen, was unsicheren Menschen an Macht fehlt; wer keine hat, zeigt sie. Das verursacht den Wettstreit der Höflinge, nachher den Aufwand der Bürger und Bauern. War im Frühmittelalter Ohnmacht gegen Angriffe die schlimmste Angst, so wurde es im Spätmittelalter Niederlage im sozialen Wettbewerb. Jetzt dachte man – wie angesichts der Völlerei – mitunter an die Armen, die in dieser Konkurrenz nicht mithalten konnten; aber zuerst hatte jeder auch innerhalb der kleinen Gruppe für sich selbst zu sorgen, damit man ihm sein Unvermögen nicht ansah.

So wurde im Lauf des Mittelalters immer deutlicher, was von Anfang an galt, daß die Kleidung weit weniger als die Ernährung bloß vitale Bedürfnisse befriedigte und weit festere soziale Konventionen schuf. *Conventio* bedeutet Übereinkunft, Versammlung, Zusammenschluß der Betroffenen gegen gemeinsame Gefährdung; sie wurde im Bereich der Kleidung schnell zur Konvention in anderem Sinn, zu Herkommen und Sitte, die kein Betroffener verändern sollte. Man hätte am liebsten die Kleider der Urgroßväter weiter getragen und hätte es tun können, denn ein Kleidungsstück vergeht nicht so schnell wie eine Mahlzeit. Eben dadurch wurde die permanente Veränderung der Mode hervorgerufen, denn das Allernötigste an Kleidung fand sich leichter als die notdürftigste Nahrung, und so blieb Raum für Spiele. Niemandem fiel freilich ein, daß Kleidung Ausdruck für die originelle Person eines Menschen sein oder seinem Wunsch nach Verwandlung, seiner Neu-Gier entsprechen könnte. Wer derlei wollte, konnte sich verkleiden, als König das Gewand eines Pferdehändlers, als Ritter die Lumpen eines Aussätzigen anlegen; er wurde trotzdem rasch an seinem Verhalten als der erkannt, der er wirklich war. Denn Kleidung war Verhaltensweise und bezeichnete den Platz des Menschen in seiner Gruppe.

BÄR ALS HIRTE

Papst Gregor der Große schrieb 593/94 lateinische *Dialoge* mit Wundergeschichten und nahm darin eine Begebenheit aus der Gotenzeit Italiens auf, die ihm ein glaubwürdiger Priester Sanctulus erzählt hatte:

»Zur selben Zeit wohnten in der Gegend des Landes Nursia zwei Männer in der Lebenshaltung heiligen Wandels zusammen; der eine von ihnen hieß Eutychius, der andere Florentius. Eutychius tat sich durch geistlichen Eifer und Leidenschaft für die Tugend hervor und war bemüht, durch seine Ermahnungen viele Seelen zu Gott zu bringen; Florentius führte ein Leben der Herzenseinfalt und des Gebetes. Unweit lag ein

Kloster (Valcastoriana), das durch den Tod seines Leiters verwaist war; deshalb wollten die Mönche diesen Eutychius zu ihrem Abt haben (um 527). Er gab ihren Bitten nach, lenkte viele Jahre lang das Kloster und übte die Seelen der Jünger im Streben nach heiligem Wandel. Und weil die Kapelle, bei der er bisher gewohnt hatte, nicht leerstehen sollte, hinterließ er dort den ehrwürdigen Florentius. Während er einsam an diesem Ort hauste, warf er sich eines Tages zum Gebet nieder und bat den allmächtigen Gott, er möge ihm einen Trost schenken, damit er es dort aushalten könne.

Sowie er das Gebet beendete und aus der Kapelle trat, fand er vor der Tür einen Bären stehen; der senkte den Kopf zu Boden und verriet in seinen Bewegungen keinerlei Wildheit. Damit gab er klar zu verstehen, daß er zum Dienst bei dem Mann Gottes gekommen sei, und der Mann des Herrn erkannte das auch sofort. Und weil bei dieser Zelle vier oder fünf Schafe zurückgeblieben waren, denen jeglicher Hirte und Hüter fehlte, gab er dem Bären den Befehl: ›Geh und treibe diese Schafe auf die Weide, aber um zwölf Uhr komm wieder heim!‹ Das geschah fortan unablässig. Einem Bären war die Hirtensorge anvertraut und das Tier weidete die Schafe, die es sonst gefressen hatte, jetzt nüchternen Magens. Wenn der Mann Gottes fasten wollte, dann trug er dem Bären auf, mit den Schafen erst um drei Uhr nachmittags heimzukommen, wenn nicht, dann um zwölf Uhr mittags. Und so genau gehorchte der Bär in allem dem Gebot des Gottesmannes, daß er nicht um drei ankam, wenn ihm zwölf Uhr, und nicht um zwölf, wenn ihm drei Uhr befohlen war. Das ging lange so zu, und allmählich verbreitete sich ringsum in der Gegend die Kunde von diesem großen Wunder.

Aber der alte Feind reißt dort, wo er die Guten Ruhm erreichen sieht, die Schlechten durch Neid in die Pein. Deshalb packte grimmiger Neid vier Jünger des ehrwürdigen Eutychius, weil ihr Meister keine Wunder tat und der von ihm Alleingelassene durch dieses große Wunder berühmt wurde. Sie stellten dem Bären nach und brachten ihn um. Als er zur befohlenen Stunde nicht heimkam, schöpfte der Mann Gottes Florentius Verdacht. Er wartete bis zur Abendstunde auf ihn und wurde traurig, weil der Bär, den er in großer Herzenseinfalt seinen Bruder zu nennen gewohnt war, gar nicht wiederkam. Am anderen Tag ging er aufs Feld, um den Bären und die Schafe zu suchen, und fand ihn erschlagen. Bei sorgfältiger Untersuchung bekam er ziemlich schnell heraus, wer ihn umgebracht hatte. Da gab er sich dem Jammer hin und beweinte mehr die Bosheit der Brüder als den Tod des Bären. Nun ließ ihn der ehrwürdige Eutychius zu sich bringen und suchte ihn zu trösten; aber in seiner Gegenwart wurde der Mann des Herrn von den Qualen des großen Kummers so aufgebracht, daß er eine Verwünschung aussprach: ›Ich hoffe zu Gott dem Allmächtigen, daß sie noch in diesem Leben vor aller Augen Rache für ihre Bosheit empfangen, weil sie meinen Bären erschlagen haben, der ihnen nichts zuleide tat!‹

Seinen Worten folgte die Strafe Gottes auf dem Fuß. Die vier Mönche, die den Bären totgeschlagen hatten, wurden alsbald von Elephantiasis befallen; ihre Glieder begannen zu faulen und daran starben sie. Über dieses Ereignis erschrak der Mann Gottes Florentius heftig und fürchtete sich, weil er die Brüder verflucht hatte; sein Lebtag weinte er über seine Erhörung und bezichtigte sich wegen ihres Todes als grausamen Mörder. Nach unserer Meinung hat der allmächtige Herr so gehandelt, damit ein Mann von solcher Herzenseinfalt nie mehr, auch nicht in der größten Betrübnis und Erregung, die Schleuder des Fluches zu schwingen wage.«

Gregor schrieb das Buch in arger Bedrängnis, in den ersten Jahren seines Pontifikats. Zeitlebens kränklich, kannte er die Gebrechlichkeit des Menschen, zumal in Rom die Pest gewütet hatte; nun belagerten Agilulfs Langobarden die Papststadt, nachdem sie seit Jahrzehnten Italien verwüsteten. Das Kloster des Mönchsvaters Benedikt auf dem Monte Cassino war ihnen zum Opfer gefallen, auch die Kirche in Benedikts Heimat Nursia; den Priester Sanctulus von Nursia, der Gregor öfter besuchte und während der Abfassung der *Dialoge* starb, hätten die Langobarden um ein Haar hingerichtet. Unterdes bahnten sich, vom Papst sorgsam gefördert, bei den Barbarenstämmen selbst, in Spanien und England, Bekehrungen zum katholischen Glauben an; doch auf die Menschen in ihrer elenden Körperlichkeit war kein Verlaß. Der leidende und betende Mensch fand nur bei Gott Halt; er lenkte die Seinen zum Ziel ihrer Sehnsucht. Diesen Gedanken Augustins führen Gregors Wundergeschichten aus: Heiligen Mönchen hilft der Herr mit Wundern, aber stets zu geistlicher Läuterung, nicht zu kreatürlicher Macht.

Unsere Geschichte gehört zu den ältesten des Buches, in die Zeit vor zwei Menschenaltern, als Benedikt von Nursia noch unterwegs zum

Monte Cassino gewesen war. Klöster gab es schon damals viele, aber noch nicht in benediktinischer Schärfe von Einsiedeleien getrennt. Florentius blieb, während sein Mitbruder Abt war, im Wald, wo Braunbären hausten. Viel Wirtschaft brauchte er nicht; eine Lichtung im Wald, wo seine Schafe weiden konnten, genügte. Wenn sie zu seinen Mahlzeiten bei der Klause eintreffen sollten, wird er von Schafmilch und Schafkäse gelebt haben. Die Einsamkeit behagte ihm freilich weniger als Brendans irischen Mönchen; er erbat sich von Gott einen neuen Genossen. Daß ihm ein Bär gesandt wurde, war ein Wunder, lag aber der Mentalität der Zeitgenossen nahe. In Mythologie und Sage galt der Bär als menschenähnlich, mitunter als verwunschener Mensch; er war klug und anstellig, ließ sich dressieren und gehorchte. Mit Bären ging Kolumban in fränkischen Wäldern um, seinem Schüler Gallus brachte wenig später ein Bär Holz zum Feuer. Das Raubtier als Menschenfreund begegnete sogar dem Langobarden Lopichis, in Gestalt eines Wolfes.

Wenn ein Tier hungrig ist, zerreißt es Schafe und Menschen; das hat ihm Gott ins Herz gelegt. Aber Gott kann in den Triebmechanismus eingreifen. Von einem anderen Bären erzählte Gregor, er habe auf Befehl des Gotenkönigs Totila einen frommen Bischof im Zirkus zerfleischen sollen und ihm statt dessen demütig die Füße geleckt. Menschen verhalten sich bestialischer als Tiere. Denn Tiere sind zuverlässig und brechen aus der ihnen einmal gesetzten Ordnung freiwillig nicht mehr aus. Der Einsiedler begreift an den menschenähnlichen Gesten des Bären, daß dies der erbetene Genosse ist. In dem fürsorglichen Hirten spiegelt sich der gute Hirte Christus, und Florentius kann ihn Bruder nennen, wie er die Mönche des Nachbarklosters nennt. Ebenso redet später Franz von Assisi die Tiere als seine Brüder und Schwestern an, sie verstehen die Sprache des Heiligen genau wie unser Bär. Das Zusammenleben führt allerdings nicht schon als solches Mensch und Tier zueinander; das bewirkt der gemeinsame Herr der Schöpfung, vor dem alle Geschöpfe Brüder sind.

Wo Gott nicht eingreift, ist menschliches Verhalten weniger durch Liebe und Treue als durch Hochmut und Neid bestimmt; an den vier Mönchen zeigt sich der Einfluß des Teufels. Das Tier ist ihnen gleichgültig, es bedroht sie ja nicht; sie schlagen den Bären und treffen seinen Herrn. Nach dem Verlust »seines« Bären reagiert der Einsiedler allzu menschlich. Auch ihm geht die Bosheit der Mitmenschen tiefer zu Herzen als der Tod des Tieres, das sein Diener war; auch er hat im

Gehorsam des Bären zuerst die Wunderkraft des Menschen gesehen, wie seine Widersacher. Indem Gott zum zweitenmal seinem Gebet willfährt, enthüllt er das Herz des Einfältigen: Der Mensch ist dem Menschen ein Wolf.

Was soll da noch Natur? Zunächst ist sie Feind der Menschen, in Gestalt des Urwalds und des wilden Bären. Mit Gottes Hilfe machen sich Menschen die Natur untertan; das gerodete Feld liefert Früchte, die Schafe geben Milch und Wolle, der Bär tut Handreichungen. Doch das Zusammenspiel bleibt vorläufig, Übergriffen der nicht eingefriedeten Umwelt und vor allem der Mitmenschen ausgesetzt. Sogar der Einsiedler im Wald lebt in einer Menschenwelt, zwischen Kapelle und Feld; die Natur ist Gegenstand seiner Herrschaft und Arbeit oder, wenn es hoch kommt, Exempel seiner Situation. Dann erleidet das Tier die Strafe für den Menschen. Der Bär war unschuldig, fast ein Märtyrer; aber dem Papst wäre diese Kennzeichnung blasphemisch erschienen. In einer anderen Wundergeschichte Gregors zieht ein junger Gottesmann, der bei seiner Mutter wohnt, Hühner auf; ein Fuchs aus der Nachbarschaft raubt sie. Da betet der Fromme zu Gott: »Herr, willst du, daß ich vom Lebensunterhalt meiner Mutter nicht essen kann? Denn der Fuchs frißt die Hühner, die sie aufzieht.« Prompt kommt der Fuchs zurück, das Huhn in der Schnauze, und fällt tot zu Boden. Ob der Mensch mit dem Huhn etwas anderes tut als der Fuchs, ist eine Frage, die in Gregors Dialogen nicht gestellt wird. Die Natur ist für den Menschen geschaffen.

Mit der Tierverehrung nicht nur primitiver Völker, auch hochstehender Frühkulturen ist diese Einstellung unvereinbar. Noch der Wolf des Lopichis opfert sich nicht dem verhungernden Menschen. In den asketischen Wundergeschichten des hochgelehrten Papstes hingegen wird bereits ein Anspruch angemeldet, der uns modernen Europäern wohlvertraut ist; er hat, im Mittelalter beginnend, die Natur in eine Menschenwelt verwandelt.

FUCHS IM HÜHNERHOF

Im ältesten Teil der altfranzösischen Tierdichtung *Roman de Renart*, den Pierre de Saint-Cloud 1176 verfaßte, klagt der Bär Brun anderen Tieren, welchen Streich ihm der Fuchs Renart gespielt hat:

»Renart, der Vielgehaßte, hatte in der Nähe eines Zaunes ein reiches Dorf erkundet, das kürzlich erbaut worden war. Beim Wald stand ein Gehöft, da wohnte ein Bauer, der viele Hähne und Hühner hatte. Renart richtete bei ihnen ein Blutbad an, er verschlang wohl mehr als 30 davon. Sein ganzes Trachten hat er darauf gerichtet. Der Bauer läßt Renart auflauern, seine Hunde hatte er abrichten lassen. In dem Wald gab es weder Weg noch Steg, wo er nicht Fallen jeder Art spannte, Baumfallen, Hängefallen, Schlingen oder große und kleine Netze auslegte. Renart war bedrückt, als er es erfuhr und nicht mehr zum Dorf gehen konnte. Deshalb erwog der gemeine Teufel, daß ich groß und gut sichtbar bin und er klein und dünn ist. So würde zuerst ich auffallen, ob es im Wald wäre oder im Freien; man würde eher mich ergreifen, wo wir beide zusammen wären. Man achtete mehr auf mich als auf ihn, und ich würde da leichter gefangen und er würde schneller entkommen. Er wußte, daß ich Honig liebe über alles in der Welt. Diesen Sommer kam er zu mir vor dem Sankt Johannisfest (24. 6.): ›Ach‹, sagte er, ›Herr Brun, was für einen Topf Honig ich kenne!‹ – ›Und wo ist er?‹ – ›Bei Constant de Noes.‹ – ›Könnte ich mit den Tatzen hineinkommen?‹ – ›Ja, ich habe es genau erkundet.‹

Das Getreide stand in Ähren, wir fanden das Kornfeld dicht bewachsen; durch eine offene Tür traten wir ein. Bei einer Scheune in einem Obstgarten, da mußten wir uns aufhalten und zwischen den Kohlköpfen bis abends ganz ruhig liegen bleiben. Beim Einbruch dieser Nacht sollten wir den Topf zerbrechen und den Honig essen und behalten. Aber der Vielfraß konnte nicht an sich halten, er sah die Hühner im Strohhof und begann das Maul aufzureißen. Eines überfällt er, die anderen schreien. Die Bauern, die im Hof waren, schlugen im Dorf Lärm, bald waren mehr als 2000 da. Zum Hof kamen sie gerannt und jagten Renart mit Geschrei, mehr als 40 in einer Rotte. Es war kein Wunder, wenn ich Angst bekam; im Galopp habe ich kehrtgemacht. Renart hatte sich schnell davongestohlen, er kennt ja die Wege und Schleichpfade; der ganze Ansturm kam über mich.

Als ich ihn das Weite suchen sah, sagte ich: ›Wie, Herr Renart, wollt Ihr mich hier auf dem Platz lassen?‹ – ›Rette sich jeder, so gut er kann, lieber Herr Brun! Nun heißt es rennen, denn Not bringt ein altes Weib in Trab. Lauft so schnell Ihr könnt, falls Ihr spitze Sporen habt und ein gutes Pferd für schnellen Ritt. Diese Bauern werden Euch einsalzen wollen;

hört nur, welch großen Lärm sie machen! Wenn Euer Pelz Euch zu sehr drückt, dann seid darüber ja nicht betrübt; jemand anders wird ihn Euch tragen. Ich will zur Küche vorausgehen und dieses Huhn hinbringen. Ich will es Euch zubereiten; sagt, womit ich es würzen soll!‹ Darauf rannte der Verräter weg und verließ mich in dieser Bedrängnis. Der Lärm wurde immer größer, die Hunde rannten mir entgegen; sie hängen sich an mich, einer über dem anderen, und Pfeile fliegen wie Hagel. Die Bauern blasen und schreien so laut, daß davon das Feld ringsum hallt.«

Die Figur des Fuchses als Beispiel menschlicher Arglist ist alt; in den Fabeln Aesops erscheint sie ebenso wie in der spätantiken Allegorien-sammlung *Physiologus,* wo der Fuchs mit dem Teufel verglichen wird. Aber wie der Dichter unseres Epos das Verhältnis zwischen Tier und Mensch schildert, das ist neu. Betrachten wir zuerst die Menschenwelt, das Leben der Bauern. Wir sehen, aus dem Wald heraustretend, ein reiches Dorf vor uns, auf Rodungsland neu angelegt, durch den Zaun mit Toren gegen den Urwald und dessen Raubtiere abgeschirmt. Zur Jagd nutzen die Bauern auch den Wald, doch wird ihr Gesichtskreis durch die eingefriedete Ebene des freien Feldes bestimmt. In ihrer Mitte liegt der Siedlungsverband der Nachbarn mit seinen Gehöften, dicht bevölkert, auch wenn die Zahl 2000, Einwohnerzahl einer respektablen Kleinstadt, komisch übertreibt. Die Bauern leben von Landwirtschaft: Getreide, Obst und Kohl, Hühner und Bienen. Auch Haustiere dienen nur ökonomischen Zwecken; die abgerichteten Hunde sollen wilde Tiere jagen, damit sich die Hauswirtschaft ohne Wildschaden entfalten kann. Sogar die Jagd auf Schädlinge bringt wirtschaftlichen Nutzen; das Fleisch eines erlegten Braunbären wird eingepökelt, sein Pelz als Kleidungsstück verwendet. Die Bauern kennen nur materielle und animalische Interessen der Ernäh-rung und Fortpflanzung; sie bilden keine Gemeinde, nur eine Rotte und verkörpern menschliche Dumpfheit. Zwar sind sie zahlreich, aber nicht klug genug, um den Fuchs zu fangen; er tappt nicht in ihre heimtücki-schen Fallen. Sogar der plumpe Bär entkommt ihrer lärmenden, planlos durcheinanderrennenden Meute. Allerdings dient das Leben der *Vilains* nur als negative Folie, von der sich die Tierwelt abhebt. Ist sie positiver gezeichnet?

Es ist eine höfische und ritterliche Welt, beherrscht vom König, dem Löwen Noble, und von edlen Baronen. Brun und Renart sprechen einander noch in höchster Gefahr mit »Ihr« und dem Adelsprädikat »Herr« an, wie die Höflinge in Corbeil. Freilich ist der höfische Lebenskreis brüchig, das ritterliche Gehabe fiktiv; der Fuchs bemerkt sarkastisch, daß der Bär jetzt spitze Sporen und ein gutes Pferd brauchen könnte. Der Außenseiter Renart durchschaut die Fiktion; der vornehmere und stärkere Brun führt die aristokratischen Vokabeln noch volltönend im Mund, bezeichnet den Fuchs als feigen Verräter auf dem Schlachtfeld und prahlt mit seinem Heldenkampf gegen die vielen Bauern. Daß Renart sein Trachten ausschließlich auf animalische Bedürfnisse richtet, rückt ihn für Brun auf die Ebene der gemeinen Bauern; er träumt nur vom Sattsein. Doch warum ließ sich Brun auf das Unternehmen ein? Auch sein Beweggrund war nicht Abenteuer, sondern Diebstahl; wie sich zu diesem Zweck der feine Herr im Kohl versteckt, erzählt er selbst nicht ohne Scham.

Der Dichter hütet sich, den Lebenskreis der Tiere zu vermenschlichen. Daß Tiere in Menschensprache miteinander reden, ist dem Mittelalter längst geläufig; auch die Erwähnung des Johannisfestes, eines bäuerlichen Lostages, dient eher der Orientierung des Lesers über die Jahreszeit als der Charakterisierung eines tierischen Festkalenders. Jedes Tier vertritt seine Art; Renart ist der Fuchs schlechthin, Brun der Bär an sich. Sie erleben keine Entwicklung und Geschichte wie Menschen und bleiben immer, wie sie sind, von ihren Trieben beherrscht. Darum sind sie ungesellig, sorgen alle nur für ihre eigene Brut und bilden keinen Verband. Die paar Konventionen höflichen Umgangs vertuschen nicht die Brutalität ihres Streites, der wie bei den Bauern im Dorf um Ernährung und Fortpflanzung geht. Nirgends geschieht ein Wunder, wie es zur Tierfabel, auch zur höfischen Epik gehören würde; alles geht mit sehr natürlichen Dingen zu. Der Fuchs überragt Tiere und Menschen nur dadurch, daß er seine körperliche Unterlegenheit durch Bauernschläue wettmacht; von Vernunft ist solche Hinterlist weit entfernt.

Das Gesamtbild ist schillernd. Einerseits werden nicht Tiere in ihrer Eigenart vorgeführt; es sind Vermenschlichungen, wenn der Fuchs »schlau« ist und Hühner »stiehlt« oder der Bär »tolpatschig« ist und Honig »liebt«: Anderseits werden nicht Menschen mit vorgebundenen Tiermasken dargestellt wie im Mittelalter so oft; der Fuchs ist kein Bauer, der Bär kein Baron. Dennoch ergibt sich eine zwingende Analogie zwischen dem Verhalten der Tiere und der Menschen, und sie läuft nicht auf einen Lobpreis der natürlichen Schöpfung hinaus. Es bleibt dem Leser überlassen, welchen Schluß er daraus zieht, ob er das Tierepos als Spiegelung seines Vegetierens oder als Aufruf zur Zähmung seiner schlechteren Hälfte betrachten will; der Dichter verkündet keine moralische Norm. Der verhaßte Fuchs lebt am Ende der Dichtung immer noch, er ist als Typ unsterblich, insofern nicht menschlich. Aber er verkörpert – völlig anders als der Fuchs in Gregors des Großen Wundergeschichte – keine konträre Gegenwelt zur menschlichen mehr, sondern jenen Bereich der *Condicio humana,* der nicht durch die *Societas humana* kultiviert wird, den Kampf ums Dasein. Gar zu leicht verwandelt sich die Menschenwelt in Natur.

NATUR

Der lateinische Kirchenvater und der volkssprachliche Laiendichter schreiben für ein unterschiedliches Publikum und mit verschiedener Absicht. Aber beide distanzieren sich auf ähnliche Art von der Hinnahme des Naturgegebenen. Während der Papst den Aufschwung des Menschen in die Geborgenheit von Gottes Wunder predigt, kritisiert der Dichter die Dumpfheit vegetativen Daseins; beide fordern die Leser auf, sich nicht als Naturwesen zu begreifen. Dabei wird eine paradoxe Entwicklung sichtbar: Im Lauf des Mittelalters rücken die Menschen der Natur näher auf den Leib und werden besser mit ihr fertig; aber dabei rückt ihnen der Eigenbereich des Natürlichen ferner und wird ihnen fremder.

Wir sondern anhand unserer Beispiele die unbelebte von der belebten Natur. Die Veränderungen der Landschaft spiegeln sich deutlich in den Texten, ohne daß eigentlich darüber gesprochen wird. Der Eremit des 6. Jahrhunderts lebt in einer nahezu unberührten, sich selbst überlassenen Gegend; er bearbeitet sie kaum, fühlt sich ihr aber noch ohne scharfe Abgrenzung verbunden. Sie hat fast keine andere Grenze als den Horizont. Deshalb empfindet er sie als ungegliedert und unheimlich und wünscht sich einen Gefährten. Zu sagen hat ihm die unbelebte Natur nichts, doch bedroht sie ihn auch kaum; mehr Gefahr kommt von lebenden Geschöpfen. Die Bauern des 12. Jahrhunderts haben rund um ihr Dorf eine Kulturlandschaft geschaffen, die in sich gegliedert, bebaut und bewohnt und gegen Sumpf, Wald und Wildnis eingezäunt ist. Die Gegend ist Objekt bäuerlicher Arbeit, Feld, Besitz, Territorium; was die Bauern nicht auf diese Art unterworfen haben, wagen sie nur in Gemein-

23 Junge Löwen beim Frass

24 Gehetzte Hirsche

schaft zu bekämpfen. Aber auch wenn sie in die Wildnis ausgreifen, erwarten sie keinen Widerhall. Wenn die Natur einen Sinn hat, dann Bereitstellung von Lebens-Mitteln für Menschen.

Fast niemand genießt Landschaft ästhetisch. Zwar beschrieb die Literatur öfter wie die Brendanslegende ein malerisches Fleckchen Erde; doch entweder sah sie dabei mehr mit der Brille antiker Rhetorik oder biblischer Paradieslyrik als mit eigenen Augen, oder sie pries als schön das vom Menschen gestaltete Land. Weil der Blick zuerst auf menschliche Bauten fiel, die Kapelle im Urwald und das Gehöft am Waldrand, kam es selten zum Blick in die Runde und in die Ferne. Von der schönen Aussicht sprach König Peter III. von Aragon nicht, nachdem er im späten 13. Jahrhundert den Mont Canigou zu besteigen gewagt hatte; er erzählte nur von einem fürchterlichen Drachen, der ihm auf dem Pyrenäengipfel entgegentrat – Personifikation eines Unwetters. In den ersten Versen von Dantes *Divina Commedia* erscheint der Wald als Sinnbild menschlicher Sündhaftigkeit; er versperrt dem irrenden Wanderer den geraden Weg zu Gott. Mittelalterliche Menschen sind der Natur nahe genug, um ihre bedrohliche und ihre gebändigte Wirkung zu spüren; sie stehen ihr aber nicht fern genug, um sie als Einheit zu sehen. Sie suchen in der unbelebten Natur zuerst Gottes Schöpfungswerk, das ihnen untertan sein soll; danach suchen sie in ihr sich selber, und zwar nicht als Individuum, das sein kompliziertes Innenleben in die Harmonie des organischen Kosmos verströmt, sondern als Gemeinschaft, die der unheimlichen Umwelt Heimat abtrotzt.

Unsere Texte sind dafür typisch, daß man fast überall so wie auf der Ebstorfer Weltkarte Tiere weit interessanter als Landschaften fand; sie wurden geboren und starben, fraßen und schliefen, sie lebten. Dem Tierbestand gegenüber machten sich menschliche Einwirkungen viel weniger bemerkbar als in der Landschaft; der *Roman de Renart* erwähnt noch dieselben Tierarten, die Papst Gregor geschildert hatte, Bären, Wölfe und Füchse im Wald, Pferde, Hunde, Schafe und Hühner beim Haus. Die Zweiteilung in wilde Tiere und Haustiere liegt allenthalben zugrunde: Entweder bedroht das Tier den Menschen oder es dient ihm; es wird entweder gejagt oder gezähmt. Der Triumph der Menschen ist dort am größten, wo sie mit gezähmten Tieren andere Tiere jagen. Der Eremit dressiert den Bären, der Bauer den Hund, der Adlige den Falken. Auch hierbei wuchs im Lauf des Mittelalters die Effizienz des Eingreifens. Daß sich der Bär zum Hirten erziehen ließ, konnte Gregors Zeitgenossen noch als Wunder Gottes erscheinen; die Bauern, die Hunde zur Bärenhatz abrichteten, brauchten nicht mehr den lieben Gott, nur ein bißchen Verstand. Je genauer man Tiere zu manipulieren lernte, desto seltener begriff man sie als Mitgeschöpfe und Brüder der Menschen.

Die religiös begründete Tierliebe des heiligen Franz von Assisi ist weder für das Christentum noch gar für das Mittelalter typisch. Wenn das Tier als verwandt empfunden wurde, dann so wie im Spatzengleichnis Bedas und im *Roman de Renart*, als Analogon menschlicher Schwäche. Meist lenkte gerade religiöse Denkweise rasch zur geistlichen Allegorie über, die in den Tieren menschliche Tugenden und Laster gespiegelt fand. Tiere grasten zwar im Paradies, und in Kirchen wurden sie oft abgebildet, aber in den Himmel kommen sie nicht. Es fehlt ihnen die Fähigkeit zu geschichtlicher Entfaltung, die über festgelegte Instinkte hinaus zu höheren Zielen führen könnte, und es fehlt ihnen die Fähigkeit zur Geselligkeit der Ungleichartigen. Alle Tiere unserer Dokumente sind schweifende Einzelgänger und bekämpfen andere Tiere; daß sie als soziale Wesen mit genauen Verhaltensregeln in abgesteckten Lebensräumen miteinander umgehen, ist eine Einsicht moderner Forschung, die man im Mittelalter kaum verstanden hätte. Wenn man hie und da Ameisen und Bienen als Muster sozialen Lebens pries, dann nicht aufgrund von Tierbeobachtungen, sondern im Blick auf Moralforderungen: Seid so fleißig und keusch wie sie!

Die christlich-asketische und die weltlich-sinnenhafte Naturbetrachtung unterscheiden sich zwar erheblich in Begründung und Zielrichtung, aber so gut wie gar nicht in den Folgerungen für menschliche Verhaltensweisen. Mittelalterliche Lebensformen hatten weit stärker als moderne mit der natürlichen Umwelt zu rechnen, weil die Naturbeherrschung noch nicht bis zur Perfektion gediehen war; um so einhelliger war die Meinung, daß sich menschliche Geschichtlichkeit und Geselligkeit im Kampf gegen die Natur, im Sieg über sie verwirklichen müsse. Sehr groß ist der Unterschied dann nicht zwischen dem Asketen, der sich über natürliche Bedingungen hinwegsetzt, und dem Techniker, der sie umbiegt.

TEUFELSSCHMIEDE

Als der englische Benediktiner Thomas Marleberge in den 1220er Jahren
die lateinische Chronik seines Klosters Evesham schrieb, stellte er ihr eine
Legende des Klostergründers voran, des 717 gestorbenen Bischofs Egwin
von Worcester. Thomas verwendete dabei eine Schriftfassung von etwa
1125, deren mündliches Vorbild aus dem 10. Jahrhundert stammen
könnte. Ein Abschnitt der Legende lautet:

»Bei Evesham lag eine befestigte Siedlung namens *Alnecestre*, die
damals in England hochberühmt war. Sie war nämlich ein Königshof und
für eine Königswohnung sehr geeignet, zum Beispiel von Wäldern umgeben, von fischreichen Flüssen und hübschen Bächen umrahmt, mit Mauern und Türmen befestigt. Weil aber oft aus fettem Wohlstand Ungerechtigkeit hervorgeht, waren die Bewohner dieses Ortes, je mehr sie in
reicher Habe und irdischen Gütern schwammen, desto mehr der Schlem-
merei und Ausschweifung verfallen; sie lebten für Bauch und Lenden,
übten sich in Geiz und Gier und verscherzten sich so Gottes allerbarmen-
de Milde. ... Zu diesem Ort kam nun der heilige Egwin. Er beschwor,
tadelte, verkündete Gottes Wort, ob es gelegen kam oder nicht; in aller
Sanftmut und Güte, mit aller Geduld und Gelehrsamkeit predigte er
diesen Leuten das Himmelreich und verschwieg ihre Laster nicht. Aber
dieses Volk war unberaten und unbesonnen, hartnäckig, ja verstockt und
wollte die gewohnten Laster nicht aufgeben und den heilsamen Ermahnungen des Heiligen nicht folgen. Es konnte allerdings dessen heilbrin-
gende Lehre nicht begründet widerlegen und dem Geist der Weisheit, der
aus ihm sprach, nicht widerstehen. Die Leute vermochten und wagten
nicht zu sagen: ›Weiche von uns, denn deine Wege mögen wir nicht‹
(Hiob 21, 14); daher liefen sie auseinander zu ihren verschiedenen Handwerken, damit Gottes Wort nicht ausgesät werde.

Diese Siedlung war, beispielsweise wegen der umgebenden Wälder
rundum, besonders zum Eisenschmelzen geeignet und vorwiegend von
Schmieden und Eisenscheidern bewohnt; die ungläubigen Leute benah-
men sich noch abscheulicher als das Volk, das sich bei der Predigt des
heiligen Stephanus die Ohren verstopfte, um Gottes Wort nicht zu hören
(Apostelgeschichte 7, 57). Sie schlugen nämlich auf die Ambosse, die sie
überall auf den Plätzen und in den Gassen der Siedlung zahlreich stehen

hatten, mit den Eisenhämmern fortwährend so dröhnend ein, daß man die Predigt des Heiligen nicht hören konnte und er den Ort verlassen mußte. Beim Weggang aus der Siedlung, ja schon in weitem Abstand von ihr klangen dem heiligen Egwin immer noch beide Ohren von dem dröhnenden Durcheinander der Hämmer und Ambosse, als ob ihm dröhnende Ambosse nachliefen; aber als er sich umblickte, sah er niemanden außer seinen Schülern. Da hob er die Augen zum Himmel,. beugte die Knie zur Erde und flehte gegen das Schmiedehandwerk dieser Siedlung den Herrn an. Etwas Wunderbares und ganz Bewundernswertes geschah: Der Herr vergaß nicht seine Rede ›Wer euch verachtet, verachtet mich‹ (Lukas 10, 16) und fühlte sich selbst in seinem Diener verschmäht und abgewiesen; darum verfluchte er nicht nur das Schmiedehandwerk dieser Siedlung, sondern zerstörte auch die Siedlung selbst. Denn die Erde verschlang sie.

Sie wurde am alten Platz irgendwie wieder neu aufgebaut, und bis auf den heutigen Tag findet man beim Bau neuer Häuser in ihren Fundamenten altes Gemäuer. Ferner hat Gottes gerechtes Urteil den Ort und seine Bewohner in dem gestraft, worin sie sich verfehlten; die Strafe, die er ihnen für 500 Jahre und länger bis in unsere Zeit auferlegte, wird dauern, solange es ihm gefällt: Nie mehr seitdem übte nämlich an diesem Ort jemand das Schmiedehandwerk ordentlich aus, und keiner, der es wollte, konnte hier gedeihen; obwohl es viele versuchten, ist es ihnen bis zum heutigen Tag nicht geglückt. Bis jetzt besitzt diese Siedlung kein Schmiedehandwerk, so daß man von ihr wahrlich sagen kann: ›Die Schuld kann erlassen werden, die Strafe bleibt ewig‹ (Ovid).«

Abgesehen von Urkunden, die eisenhaltige Äcker erwähnen, ist diese Legende das einzige Zeugnis aus dem Frühmittelalter, das sich mit Eisenproduktion befaßt. Das ist merkwürdig und nicht mit Weltfremdheit von Mönchen zu erklären. Wie in allen Benediktinerklöstern las man in Evesham die Regel des heiligen Benedikt, die eigens schonende Behandlung eiserner Werkzeuge einschärfte. Ohne Beile und Hacken aus Eisen konnte weder Kolumban den Wald von Bobbio noch Egwin den Urwald von Evesham roden; ohne Sägen und Meißel aus Eisen konnten die Mönche keine Steine für ihre Kirchen glätten; ohne Sicheln und Messer aus Eisen konnten sie kaum Getreide ernten und Brot schneiden. Überdies gedieh in Benedikts Klöstern das Kunstgewerbe, insbesondere die

Fertigung kirchlicher Metallgeräte, die im frühen 12. Jahrhundert das technische Handbuch *Von verschiedenen Handwerken* des norddeutschen Benediktiners Theophilus beschrieb. In den Klöstern des frühen Mittelalters wurde nicht nur gebetet und geschrieben, auch geschmiedet und gehämmert. Vom berühmtesten englischen Benediktiner des 10. Jahrhunderts, dem heiligen Dunstan, erzählt eine Legende, daß er den Teufel, der ihn beim Schmieden störte, mit der glühenden Zange zwickte. Grundsätzlich verachten also die Asketen die Technik keineswegs – warum dann hier?

Die Abtei Evesham lag rund 60 Kilometer nordöstlich des größten frühmittelalterlichen Eisenzentrums von England, des *Forest of Dean* und kämpfte seit der Gründung ständig um ihr Territorium gegen den lokalen Adel und den König von Mercia, mit dem schon Egwin zu ringen hatte. Die Eisenproduktion fand auf königlichem Gelände statt und griff leicht auf Klosterland über. Wenn zudem die Legende das Dröhnen der Hämmer so anschaulich beschreibt, darf man vermuten, daß es den Mönchen die Waldeinsamkeit des Klosters noch ebenso verdarb wie schon ihrem Heiligen. Dennoch muß die grimmige Abneigung gegen das ungläubige und gierige Volk der Schmiede tieferliegende allgemeine Gründe haben; dafür sprechen zwei Traditionen aus der weiteren Nachbarschaft des Klosters.

Nach der Erzählung der Brendanslegende segelten die irischen Mönche eines Tages an einer Insel der Grobschmiede vorbei. Das Dröhnen der Hämmer und das Zischen der Blasebälge war den Frommen unheimlich, erst recht das struppige, rußgeschwärzte Aussehen der Schmiede, die den Kyklopen aus Vergils *Aeneis* glichen und mit glühenden Brocken nach dem Mönchsschifflein warfen. Die Iren meinten, diese Welt von Feuer und Rauch liege ganz nahe bei der Hölle. Hierbei klangen Erinnerungen an antike Sagen nach, an den Schmied Vulkan und Götter, die den Christen teuflisch vorkamen. Näher bei Evesham, in Kenilworth, war bis ins 19. Jahrhundert ein Stück germanischer Heldensage lebendig, von Wieland dem Schmied. Er hatte das Schmieden kostbaren Geschmeides und scharfer Waffen im fernen Hunnenland, dann bei tückischen Zwergen gelernt und blieb auch als Handwerker am nordischen Königshof unheimlich. Der hinkende Schmied stand chthonischen Mächten, Zwergen und Riesen nahe, denn seine Kunstfertigkeit gab ihm unbegreifliche Macht, nicht so sehr über die Natur als über Mitmenschen. Auch wenn der Schmied im frühmittelalterlichen Dorf nicht wie bei afrikanischen Stämmen teils als Heros der Kultur verehrt, teils als unreiner Zauberer gefürchtet wurde, er war doch als einziger Handwerker unter Bauern ein Außenseiter mit geheimnisvollen Fähigkeiten.

Seine Arbeit kam selten dem gewöhnlichen Bauern zugute. In der Egwinslegende tritt ein Bauer auf, der eine Eisensichel besitzt; doch er ist eine Ausnahme und nimmt sie wahrscheinlich deshalb stolz überallhin mit, sogar vor Gericht. Im übrigen braucht das Dorf wenig Eisen, weder für den Holzpflug noch für das Holzhaus. Was die Schmiede hämmern, sind vor allem Schwerter und andere Teile der Reiterrüstung vom Helm und Kettenhemd bis zum Hufeisen und Steigbügel. Schmiede arbeiten also weniger für den täglichen Bedarf als für die Herrschaft von König und Adel. Im 10. Jahrhundert, als unsere Sage entstand, schrieb ein anderer englischer Benediktiner, Aelfric Grammaticus, vom Schmied: »Wir alle kehren lieber beim Bauern ein als bei dir. Denn der Bauer gibt uns Brot und Trank, aber was gibst du uns in deiner Werkstatt? Nur sprühende Funken und den Klang stampfender Hämmer und blasender Bälge.« Egwin hatte keinen Anlaß zur Dankbarkeit, als er sich der Legende zufolge zur Buße »eiserne Fesseln, die mit einem Schlüssel abgeschlossen und wieder geöffnet werden konnten« um die Füße schlug. Kunstvoll geschmiedete Geräte, aber für die Knechtung der Menschen gemacht. Weil Eisen Macht verleiht, verdirbt es Menschen, die mit ihm umgehen. Sogar der Bischof, der nur sanfte Werke der Liebe tun will, muß Gottes Übermacht durch Strafwunder erweisen, die auch Unschuldige treffen.

Was die Legende vom Leben der Schmiede weiß, ist wenig, aber das Grundmuster scheint durch. *Alnecestre* ist ein befestigter Ort mit römischer Tradition, an die bereits die Namensendung, vom lateinischen *Castrum*, erinnert. Es lag dort, wo heute Alcester zu finden ist, etwa neun englische Meilen nördlich von Evesham, nicht im Flußtal des Avon, sondern mitten im Wald, im *Arden Forest;* denn die Schmiede benötigten im Frühmittelalter noch wenig Wasserkraft. Sie brauchten vor allem Holz für Holzkohle; darum war *Alnecestre* für eine Eisenhütte besonders geeignet. Der Bedarf an Holz war gewaltig, schätzungsweise 16 Pfund Holzkohle für die Gewinnung von 1 Pfund Eisen; schon nach einem Menschenalter Arbeit konnte ein ganzer Wald abgeholzt sein. Woher das Erz kam, verrät die Legende nicht; vermutlich schürfte man es an Ort und

Stelle im Übertagebau, denn im Frühmittelalter wurde Roherz nirgends
an entfernte Orte zur Verhüttung gebracht. Die Schmelzhütten arbeiteten
mit dem sogenannten Rennfeuer: In einer Grube oder einem täglich neu
entzündeten Ofen wurde das Erz, mit Holzkohle vermischt, erhitzt und
ausgeschmolzen. Der teigige Stahlblock wurde meist wie hier am Ort
ausgeschmiedet und zusammengeschweißt; auch die Geräteschmiede befand sich nahebei.

Trotz der Arbeitsteilung zwischen Köhlern, Eisenscheidern und
Schmieden war *Alnecestre* ein in sich geschlossener Lebenskreis hekti-
scher, ohrenbetäubender Schwerarbeit für wohl 40 Wochen im Jahr. Man
konnte den Stückofen nicht ausgehen, das Eisen auf dem Amboß nicht
kaltwerden lassen, um in der Hauptarbeitszeit die Predigt eines freundlichen Herrn anzuhören. Städtisch war das Eisenfach nicht, eher ein
ländliches Gewerbe, aber in seinem Rhythmus schon für die nächsten
Nachbarn unverständlich. Man erkennt keine soziale Gliederung, weder
Namen von Meistern noch von Zünften; für Außenstehende war diese
Versammlung der Schmiede eine anonyme Gruppe, die in den Tag
hineinlebte, nach der Arbeit gierig aß und trank und keine höheren
Interessen kannte. Sie hatte auch keine Heimat; wenn der Erzvorrat
erschöpft oder der Wald abgeholzt war, zog sie weiter und hinterließ
Ruinen, über die bald Gestrüpp wuchs. Vielleicht kamen inzwischen
normannische Plünderer, vielleicht traf ein Hüttenbrand die Siedlung.
Glaubwürdig ist es jedenfalls, daß der Lärm des 8. Jahrhunderts ein paar
Menschenalter danach verstummte. Für die Bauern der Umgebung, die
später nach Alcester zum Wochenmarkt kamen, war die Zeit der Schmiede nur noch eine finstere Erinnerung wie all die Heidenschmieden oder
Teufelsschmieden mittelalterlicher Flurnamen. Erst seit dem 17. Jahrhundert wurden in Alcester wieder Nägel und Nadeln hergestellt.

Im 13. Jahrhundert war die Legende allerdings schon etwas altmodisch; der Chronist schien selbst leise zu zweifeln, ob Alcester in alle
Ewigkeit ohne Schmied auskommen werde. Denn seit dem 12. Jahrhundert wandelte sich die Einstellung zum Eisen. Man begann in ganz
Europa gründlich nach Erzvorkommen zu suchen und verbesserte die
technischen Zurüstungen beträchtlich: Untertageabbau der Erze, Verwendung von Steinkohle, Einführung des indirekten Schmelzverfahrens, Benutzung der Wasserkraft für Blasebalg und Hammerwerk, Herstellung
von Gußeisen, dazu Verdichtung des Eisenhandels quer durch Europa. In

den Städten fand man Eisen unentbehrlich, und Macht lag jetzt bei sachlicheren Verbänden. Um 1240 schrieb, wahrscheinlich in Magdeburg, der englische Franziskaner Bartholomaeus Anglicus: »In mehrerlei Hinsicht ist Eisen für den Menschen nützlicher als Gold, obwohl habsüchtige Menschen Gold lieber haben. Denn ohne Eisen kann der Staat nicht sicher leben. Ohne Furcht vor Eisen ist man vor Feinden nicht sicher. Mit Eisen wird das gemeine Recht geübt, die Unschuld geschützt, die Frechheit der Bösewichter gezähmt. Ohne Eisen kommt fast kein Handwerk aus, kann kein Haus gebaut, kein Feld bestellt werden.« Aber so nötig Eisen nun war, wie stand es mit den Schmieden? Sie galten weiterhin – im Unterschied zu den frommen Bergleuten – als Meister einer schwarzen Kunst, die dem Schöpfer ähnlich die Natur verändern, nicht viel anders als jener geheimnisvolle Berthold, der im frühen 14. Jahrhundert das teuflisch knallende Schießpulver erfand. Das soziale Verhalten hinkte hinter der technischen Entwicklung her und konservierte alte bäuerliche Vorurteile, aber doch auch die grundsätzliche Frage, wie weit die Künste des Homo faber dem friedlichen Zusammenleben der Sterblichen dienen.

DOMBAUMEISTER

Am 5. September 1174 brannte der Mönchs-Chor zwischen dem Westquerbau mit Hauptturm und dem Ostquerhaus der Kathedrale von Canterbury aus. Die Mönche des Kathedralklosters Christ Church berieten alsbald mit englischen und französischen Architekten über den Wiederaufbau; bei diesem Wettbewerb kam es zu Diskussionen darüber, ob die Ruinen wiederverwendet werden könnten, was die Mönche am liebsten gesehen hätten. Einer von ihnen, Gervasius von Canterbury, beschrieb wohl 1185 lateinisch den Fortgang des Vorhabens:

»Unter anderen Baumeistern war auch einer aus Sens, Wilhelm mit Namen, angekommen, ein recht rühriger Mann, der im Holzbau und Steinbau höchst einfallsreich war. Sie (die Mönche) ließen die anderen fahren und stellten ihn wegen seines lebhaften Geistes und seines guten Rufes für die Arbeit ein. Ihm und der Vorsehung Gottes wurde die Vollendung des Werkes anvertraut. Er lebte viele Tage bei den Mönchen, betrachtete das versengte Mauerwerk sorgfältig von oben und unten, innen und außen, behielt aber eine Zeitlang das, was er tun würde, für sich, um die kleinmütig Gewordenen nicht noch schmerzlicher zu treffen. Aber das für die Arbeit Notwendige bereitete er selbst oder durch andere unablässig vor. Erst als er die Mönche ein wenig beruhigt sah, gestand er ihnen, daß man die vom Brand beschädigten Pfeiler und alle Überbauten abbrechen müsse, wenn die Mönche ein sicheres und unvergleichliches Bauwerk haben wollten. Sie beugten sich schließlich der Vernunft und willigten ein, denn sie wünschten das von ihm versprochene Bauwerk und vor allem Sicherheit zu erhalten. Sie gaben also nach, wenn auch ungern, und stimmten dem Abbruch des verbrannten Chores zu. Nun richtete sich die Arbeit auf die Beschaffung von Steinen aus Übersee. Für Beladung und Entladung der Schiffe und Beförderung von Mörtel und Steinen baute er die Winden sehr sinnreich. Auch gab er den zusammengekommenen Steinmetzen Vorlagen für die Gestaltung der Steine und traf andere Vorbereitungen dieser Art sorgfältig. Der für die Zerstörung bestimmte Chor wurde abgebrochen, und außerdem wurde in diesem ganzen Jahr nichts unternommen. ...

Im folgenden Jahr, das heißt beginnend mit dem Fest des heiligen Bertin (5. 9. 1175), richtete er vor dem Winter vier Pfeiler auf, und zwar auf beiden Seiten zwei. Nach Winterschluß fügte er noch zwei hinzu, so daß hüben und drüben drei in der Reihe standen. Auf sie und die Außenwand der Seitenschiffe setzte er fachmännisch Bögen und Gewölbe, und zwar beiderseits drei Schlußsteine. Ich sage für das ganze Gewölbejoch Schlußstein, weil der Schlußstein in der Mitte die von überallher kommenden Teile zusammenzuschließen und zusammenzuhalten scheint. Mit diesen Arbeiten verging das zweite Jahr. Im dritten Jahr (ab 5. 9. 1176) fügte er beiderseits je zwei Pfeiler hinzu, deren letzte zwei im Umgang er mit Marmorsäulen verkleidete und als Hauptpfeiler ausbildete, weil sich in ihnen Chor und (Ost-)Querhäuser treffen mußten. Nachdem er hier Schlußsteine und Gewölbe angebracht hatte, gestaltete er vom Hauptturm bis zu den besagten Pfeilern, das heißt bis zum Querhaus, das untere Triforium mit vielen Marmorsäulen aus. Darüber setzte er ein zweites Triforium aus anderem Material und die Fenster des Obergadens; dann wölbte er das Mittelschiff ein, und zwar drei Schlußsteine zwischen Turm und Querhäusern. Das alles erschien uns und allen, die es sahen, unvergleichlich und höchst lobenswert.

Dieser prächtige Anfang stimmte uns heiter, wir faßten gute Hoffnung auf künftige Vollendung und sorgten in eifrigem Herzensverlangen für Beschleunigung der Abschlußarbeit. Mit diesen Arbeiten verging das dritte Jahr, und das vierte fing an (ab 5. 9. 1177). In dessen Sommer stellte er, beim Querhaus beginnend, zehn Pfeiler auf, nämlich beiderseits fünf. Deren erste zwei verkleidete er mit Marmorsäulen und machte sie zu Hauptpfeilern, den zwei anderen gegenüber. Über diese zehn Pfeiler setzte er Bögen und Wölbungen. Er führte dann die beiden Triforien und die Fenster des Obergadens aus und hatte zu Beginn des fünften Jahres (5. 9. 1178) bereits die Baugerüste für die Einwölbung der Vierung vorbereitet; da brachen plötzlich unter seinen Füßen die Balken ein, und zusammen mit Steinen und Hölzern stürzte er zu Boden, von den Kapitellen in Höhe des oberen Gewölbes 50 Fuß tief. Die Schläge der Hölzer und Steine trafen ihn so hart, daß er für sich selbst und sein Werk nichts mehr tun konnte; niemand außer ihm wurde irgendwie verletzt. Gegen den Meister allein wütete entweder die Strafe Gottes oder der Neid des Teufels. Wegen dieser Verletzung hütete der Meister unter Aufsicht der Ärzte eine Zeitlang das Bett und hoffte, wieder gesund zu werden. Die Hoffnung trog; er konnte nicht genesen. Doch weil der Winter bevorstand und die Vierung vollends eingewölbt werden mußte, betraute er mit dem Abschluß des Werkes einen fleißigen und talentierten Mönch, der die Maurer anleitete. Deswegen kam es zu viel Neid und Bosheit, weil er zwar jung, aber anscheinend klüger als mächtigere und reichere Leute war.

Obwohl der Meister im Bett lag, ordnete er an, was zunächst und was danach getan werden mußte. So wurde das Gewölbejoch zwischen den vier Hauptpfeilern errichtet, in dessen Schlußstein Chor und Querhäuser sozusagen einander treffen. Zwei weitere Gewölbejoche hüben und drüben wurden vor dem Winter fertiggestellt. Aber die stark anhaltenden Regenfälle ließen keine weiteren Arbeiten mehr zu. Mit diesen verging das vierte Jahr, und das fünfte fing an. Im selben vierten (!) Jahr fand eine Sonnenfinsternis statt, am 6. September (1178) gegen Mittag, noch vor dem Sturz des Meisters. Als der besagte Meister merkte, daß keine Kunst und Mühe der Ärzte ihn heilen konnte, gab er das Werk auf, überquerte das Meer und kehrte nach Frankreich in seine Heimat zurück. An seine Stelle als Bauleiter trat ein anderer Wilhelm, von englischer Herkunft, der körperlich zwar klein, aber in verschiedenen Arbeiten sehr einfallsreich und tüchtig war.«

Der neue Architekt hatte mit der Fertigstellung von Querhäusern, Altarraum, Kapellen, Altären, Krypta und Dach noch bis 1184 zu tun. Kurz darauf schrieb Gervasius unseren Text und nahm ihn so wichtig, daß er ihn an die Spitze seiner Chronik von England im 12. Jahrhundert setzte. Wir verdanken diesen ausführlichsten Baubericht des Mittelalters dem brennenden Interesse eines Mönchs an seiner Kirche. Gervasius war vor dem Brand 1163 jung ins Kathedralkloster gekommen und in der Kathedrale durch Thomas Becket geweiht worden; seitdem war sie für ihn tägliche Heimat, aus deren Schatten er sein Leben lang selten herauskam. Daß diese für die Ewigkeit gebaute Kirche hinfällig war, erschütterte ihn um so mehr, als er entdeckte, daß große Teile der Kathedrale schon 1011 und 1067 durch Brände vernichtet worden waren; erst vor einem Menschenalter, 1130, war der neue Mönchschor feierlich eingeweiht worden, der den Höhepunkt von Gervasius' Leben mit ansah und nun 1174 unterging. Die Mönche mußten wieder für unabsehbare Jahre ihre Gottesdienste im Lärm und Schmutz einer Großbaustelle feiern und für den Neubau gewaltige Kosten aufbringen. Der Bau käme, wie es dann 1183 wirklich geschah, sofort ins Stocken, wenn der reichen Abtei die Bargelder ausgingen. Von der Hochstimmung, mit der mittelalterliche Kathedralen angeblich gebaut wurden, ist bei den verzagenden Bauherren von Christ Church wenig zu spüren. Und von den Volksmassen, die angeblich die Kathedralen in frommer Begeisterung auftürmten, hören wir in der Mittelstadt Canterbury mit ein paar tausend Einwohnern auch nichts. Gesucht wurden jedenfalls nicht Enthusiasten, sondern Sachverständige.

Der Franzose aus Sens, der den zögernden Konvent schließlich mitriß, war freilich mehr als Spezialist. Was Gervasius an seinem Entwurf als geistreich und unvergleichlich rühmte, können wir am ausgeführten Werk noch nachempfinden: ein schwebender, scheinbar vom Himmel herabhängender Baldachin auf hohen schlanken Säulen, durchscheinende Wände mit viel Licht und dennoch ein Gebäude mit sicherer Statik. Ganz unvergleichlich war Wilhelms Plan allerdings nicht. In Sens, wo vor einem Jahrzehnt der verbannte Thomas Becket freundlich beherbergt worden war, hatte man soeben die erste gotische Kathedrale vollendet; Wilhelm kannte auch die anderen französischen Neubauten, Notre-Dame in Paris, Saint-Remi in Reims, und brachte die ganze Gotik nach England, wo man dergleichen noch nicht gesehen hatte. Auch persönlich faszinierte der Baumeister die Mönche durch psychologisches Geschick, Beweglichkeit der Einfälle und vor allem Universalität des Könnens. Als Künstler entwarf er Risse und Schablonen, als Techniker erfand er Maschinen; er baute kühn und doch gründlich. Wie völlig er den Konvent, bei dem er wohnte, für sich gewann, zeigt sich an Wilhelms weitreichenden Befugnissen, bereits bei der Materialbeschaffung. Harte Steinsorten für Pfeiler und Wände, weiche für Kapitelle und Kreuzrippen lagen in englischen Steinbrüchen auch; für die Marmorverkleidung der Vierungssäulen verwendete Wilhelm den einheimischen Purbeck-Stein. Aber er durfte trotz enormer Transportkosten auch den ihm vertrauteren Stein vom normannischen Caen jenseits des Ärmelkanals holen. Gervasius war vom Genie des Meisters, dem er den akademischen Titel *Magister* zugestand, so hingerissen, daß der Leser fast meinen muß, Wilhelm habe die Pfeiler eigenhändig aufgerichtet.

Von den Männern seiner Bauhütte erfahren wir wenig. Der Bericht legt nahe, daß Wilhelm ohne französische Bautrupps herüberkam; die Steinmetzen, seine wichtigsten Helfer, strömten wohl aus Steinbrüchen der weiten ländlichen Umgebung von Canterbury zusammen. Wilhelm zeigte ihnen, was Gervasius anderswo stolz vermerkt, wie man »subtile Skulpturen« zu meißeln hat, nicht mit der groben Steinaxt wie bislang, sondern mit dem Stahlmeißel. Wilhelm schrieb auch den Zimmerleuten die Baustelleneinrichtung mit Gerüsten und Aufzügen vor. Nur die mechanischere Arbeit der Steinsetzer und Maurer wurde von einem jungen Mönch des Klosters beaufsichtigt, der allerdings immer Wilhelms Gehilfe blieb und nicht sein Nachfolger wurde. Obwohl Gervasius als Benediktiner stets in Gemeinschaft lebte, erwähnte er bei der Bauhütte keine genossenschaftlichen Ordnungen, schon gar keine Maurerloge; ihn kümmerten weder Entlöhnung und Unterbringung noch Ausbildung und Einstufung der zahlreichen Bauhandwerker, als wäre Wilhelm jenseits von Hochmut und Neid mit seinem Genie und dem widerspenstigen Material allein gewesen.

Daß im Winter Kälte, im Sommer Regen wenigstens Steinsetzer und Maurer am Weiterarbeiten hinderten, verstand sich für Gervasius von selbst; mit den Unbilden der Natur wurde Wilhelm schon fertig. Aber was bedeutete sein Sturz vom Gerüst? Gervasius erwog die Möglichkeit nicht, daß Zimmerleute beim Gerüstbau leichtfertig arbeiteten oder daß die Last der droben bereitgelegten Wölbungssteine zu schwer wurde; dem genialen Meister kann nur Gott oder der Teufel in den Weg getreten sein.

Aus vielen mittelalterlichen Sagen kennen wir den Neid des Teufels gegen Kirchenbaumeister, aber auch hilfreiche Engel, die einen Diener Gottes beim Fall vom Baugerüst auffangen. Wilhelm überlebte den Sturz in ungefähr 15 Meter Tiefe, doch warum konnten ihm danach die Ärzte nicht helfen? Was besagte die Sonnenfinsternis kurz vor dem Unglück, die Gervasius nachher richtiger auf den 13. September 1178 datierte und wie ein böses Omen beschrieb? Wollte Gott die Mönche treffen, die sich das unvergleichliche Werk so viel kosten ließen und es mit Freude und Stolz fortschreiten sahen? Aber warum wurde allein der Meister geschlagen? Ragte seine Genialität, vielleicht sein Hochmut ins Luziferische, wenn schon sein Gehilfe von Neid umwittert war? Gervasius wagte keine Antwort, doch sein Unbehagen galt nicht der Person Wilhelms; sonst hätte er irgendwo mitteilen müssen, daß Wilhelm bald nach der Heimkehr nach Sens am 11. August 1180 starb, also die Vollendung seines Lebenswerkes nicht mehr sah. Nein, das Beklemmende lag im Bau der Kathedrale selbst.

Ein Landsmann des Baumeisters, der Domkantor Petrus von Notre-Dame in Paris, sprach es um 1190 aus, während seine Kathedrale ihre strahlende gotische Form erhielt. Das Menschenleben sei, so schrieb er, kurz und das Weltende nahe; es sei nicht einzusehen, daß man jetzt Kirchen so aufwendig baue, als sollten sie niemals untergehen. Ein Geistlicher in Reims, wo man ebenfalls emsig baute, habe dazu gemeint: »Würden diese Baumeister daran glauben, daß die Welt ein Ende nehmen wird, dann würde man nicht eine so gewaltige Steinmasse bis in den Himmel errichten und die Fundamente nicht so tief in den Abgrund treiben. Darin gleichen sie den Riesen, die den Turm von Babel bauten und sich gegen den Herrn auflehnten; deshalb müssen sie befürchten, daß auch sie ebenso ›zerstreut werden über die Oberfläche der Erde‹ (1. Buch Moses 11, 9), das heißt der Kirche, und sich dann im Chaos des Höllenfeuers treffen.« Petrus Cantor fuhr fort, wir seien nicht reich genug, um derartige Kirchen zu bauen und gleichzeitig die Armen zu unterstützen; deshalb hätten wir heutzutage wenig Mitleid und Gaben für die Armen übrig. Die Menschen könnten sich gegen Gott versündigen, sogar indem sie Kirchen bauen.

Bernhard von Clairvaux, den Petrus Cantor dabei zitierte, hatte nur den üppigen Kirchenbau der Benediktiner von Cluny kritisiert, die schlichte Gotik wurde gerade von Bernhards Zisterziensern überall gefördert; auch Wilhelms Kathedrale von Canterbury prunkte nicht mit wuchernder Plastik und hybridem Streben in schwindelnde Höhen. Nüchternheit und Beschränkung auf das praktisch Mögliche kennzeichnen den Bau des Architekten ebenso wie den Bericht des Mönches. Trotzdem blieb ein Unbehagen, eher bei den Beteiligten als beim Volk der Pilger und Touristen, das sich staunend im vollendeten Gotteshaus drängte. Aber schließlich mußte es auch Chaucer und seinen Mitpilgern auffallen, daß seit 1379 wieder Baugerüste um die Kathedrale von Canterbury standen, für länger als ein Jahrhundert. Die gotische Kathedrale war die eindrucksvollste Leistung mittelalterlicher Kunst und Technik; sie sollte darüber hinaus ein irdisches Abbild des Himmels werden. Die Frage, die modernen Ästheten und Gläubigen nie käme, ließ sich im Mittelalter nicht abweisen, ob verwitternde Steine und feuergefährdete Hölzer wirklich Gott in der Höhe die Ehre gaben und den Menschen auf Erden wirklich Frieden schenkten. War das Unvergleichliche nicht vielleicht doch ein Fortschritt in die falsche Richtung?

TECHNIK

Ob die beiden Aussagen für mittelalterliches Verhalten zur Technik repräsentativ sind, läßt sich aus zwei Gründen bezweifeln. Beide Berichte stammen aus demselben Lebenskreis der Benediktinermönche, dessen asketische und kontemplative Haltung keinen Eigenwert der Technik anerkannte, und beide stammen aus räumlich und zeitlich benachbarten englischen Klöstern. Die Äußerung eines italienischen Goldschmieds oder Schusters im 14. Jahrhundert wäre vermutlich anders ausgefallen; aber solche Aussagen sind uns nicht überliefert. Man muß deshalb die Frage umdrehen: Warum schreiben ausgerechnet englische Mönche so viel über technische Probleme? Nun, das benediktinische Arbeitsethos des *Ora et labora* hat sich in der Rodungs- und Bautätigkeit irischer und englischer Mönche bewährt und verstärkt; sie machten mit der antiken Abwertung der Arbeit und des handwerkenden Banausen ein Ende und erhoben Arbeit zum sittlichen Wert. Dieses monastische Ethos wirkt heute noch nach. Denn das lateinische Wort *Professio,* das zunächst Mönchsgelübde meinte, wurde in den romanischen Sprachen zur Bezeichnung jeder beruflichen Arbeit, und auch das deutsche Wort *Beruf* ver-

dankt seinen Ursprung der lateinischen *Vocatio,* der geistlichen Berufung, und zwar ohne den Umweg über neuzeitliche Säkularisation. Deshalb schrieben die Benediktiner von Evesham und Canterbury über
wirkliche Arbeit und verdünnten sie nicht zur Allegorie für Sünde,
verdammten sie auch nicht als Strafe des Sisyphus. Was die Asketen
ablehnten oder anerkannten, waren nicht Arbeit und Technik an sich,
sondern deren Absicht und Auswirkung; danach richtete sich mittelalterliches Verhalten zur Technik allgemein.

Menschliche Arbeit muß nicht zuerst der Bewältigung oder gar Um-
wandlung von Naturkräften dienen, sondern dem Zusammenleben der
Mitmenschen; technischer Fortschritt ist nur dann begrüßenswert, wenn
er diesem Ziel nützt. Die kunstvolle Tätigkeit von Schmieden und Baumeistern kommt nur mittelbar und teilweise den Menschen zugute; das
liegt schon am Rohmaterial. In einem Zeitalter des Holzes sind Eisen und
Stein Luxus, einerseits für den Adel und seinen Wehrdienst, andererseits
für den Klerus und seinen Gottesdienst. Demgemäß ziehen Techniker
ihren hochmögenden Auftraggebern nach und führen ein Wanderleben
außerhalb des sozialen Zusammenhangs lokaler Gruppen. Sie fügen sich
keinem weiträumigeren Lebenskreis ein und bleiben nicht nur den
Bauern fremd; auch vornehme Mönche betrachten sie am liebsten als
Handlanger, und wir werden später sehen, daß sogar städtische Handwerker sich nicht als Männer der Technik empfanden. Dabei spielte die
Erfahrung mit, daß immer übergenug menschliche Arbeitskraft verfügbar, technische Rationalisierung unnötig war. Hinzu kam der konservative Grundzug des Zeitgefühls, der altbewährte und umständliche Verfahren eher empfahl als kühne Neuerungen; die Bauern von Evesham
brauchten keine Eisenwaren, und selbst die ehrgeizigen Mönche von
Canterbury hätten ihre Kirche am liebsten genau so wieder aufgebaut,
wie sie gewesen war. Technische Neuerungen hatten wenig Chancen; so
einfache Prinzipien wie Kurbel oder Schraube setzten sich nur ganz
langsam und ungleichmäßig durch, weil man sie nicht brauchte.

Wo es jedoch um Verbesserung der unmittelbaren Lebensbedingungen
und Bedürfnisse ging, suchte man im Mittelalter technische Fortschritte
und entlehnte Erfindungen teilweise von weither, aus Byzanz und vom
Islam. In diesen humanen Bereich gehört die Mühle, die die Verwertung
des Brotgetreides erleichtert; das Spinnrad, das bei der Herstellung der
Kleidung hilft; das Glas, das die Wohnung hell und warm macht. Auch

25 SCHWERTSCHLEIFER

26 SCHMELZHÜTTE BEIM BERGWERK

Eisen und Stein können wohltätig wirken, wenn sie der Verteidigung einer Stadt oder der Verminderung der Brandgefahr dienen. Darauf kommt es jedesmal an: Wem nützt der Fleiß des Homo faber? Dem dämonischen Hochmut von Zwergen und Riesen, die sich in die Erde hineingraben und in den Himmel hinaufgreifen, anstatt die Umwelt menschlich zu machen? Die Unterschiede zwischen unseren Quellen zeigen eine geschichtliche Richtung an, die stetige Ausweitung des Anwendungsbereichs dienender Technik. Ich glaube nicht wie White, daß technische Revolutionen die Gesellschaft des Mittelalters verändert haben. Weder der Steigbügel noch der Eisenpflug noch die Uhr haben das soziale Verhalten umgestürzt; aber sie haben allesamt allmählich das Menschenbild verwandelt. Es liegt ein weiter Weg zwischen der anonymen, halbtierischen Rotte rußgeschwärzter Schmiede und dem weltberühmten, fast übermenschlichen Genie des Architekten. Spürbar ist auch der Unterschied zwischen dem stets geringfügigen Bedarf an Eisen und der seit der Jahrtausendwende rapide wachsenden Nachfrage nach Stein; sie kennzeichnet zunehmende Stabilisierung des Lebens. Dabei lernte man die Eigenschaften natürlicher Stoffe immer besser nutzen und immer vielseitiger verwerten. Dennoch fallen solche Entwicklungen nicht allzusehr ins Gewicht.

Alle Technik blieb mit den Menschen verbunden, auch insofern, als zwischen praktischem Handwerk und theoretischer Naturerkenntnis noch kein Bruch, kaum eine Arbeitsteilung bestand. Die Schmiede von *Alnecestre* dachten sich Schlösser und Schlüssel selbst aus, und Meister Wilhelm kletterte täglich auf dem Baugerüst herum. Diese Personalunion löste sich allmählich seit dem 13. Jahrhundert, wieder von England ausgehend, mit den naturwissenschaftlichen Interessen von Robert Grosseteste und Roger Bacon. Sie waren nur noch Gelehrte, Künstler, Alchimisten und Literaten. Währenddessen organisierten sich die Handwerker, nun auch Schmiede und Maurer, in seßhaften Zünften, die kaum mehr Erfindungen zuließen. Theorie und Praxis trennten sich. Tiefster Grund dieser Spezialisierung war wohl das Verstummen der Frage nach dem menschlichen Nutzen; gelehrte Erkenntnis der Naturkräfte aus Neugier und zünftlerische Verwaltung geheimgehaltener Kunstgriffe aus Habgier wurden zu Selbstzwecken. Die Versachlichung der Technik erreichte ihren ersten Höhepunkt bei Leonardo da Vinci und seinem Satz, daß der Mensch eine Maschine sei; der Anatom, der sie untersuche, solle nicht darüber betrübt sein, daß er davon durch den Tod eines anderen Menschen Kenntnis erhalte, sondern sich freuen, daß Gott seinen Geist auf ein so vortreffliches Werkzeug gerichtet habe. Hier ist das Mittelalter vorbei.

Wer über seine technische Rückständigkeit lächelt, sollte nicht vergessen, daß demselben Mittelalter die Erschließung des europäischen Kontinents für das dichte Zusammenleben der Menschen gelungen ist. So finster ist die Ansicht nicht, daß die Zähmung der natürlichen Umwelt kein sich selbst genügender unendlicher Prozeß sein sollte, sondern eine humane Aufgabe. Die aus der Antike stammende Vorstellung von der Welt als Maschine, *Machina mundi,* war dem Mittelalter schon vor der Mechanisierung des modernen Weltbilds geläufig. Nur war der Konstrukteur dieser Maschine nicht der Mensch, ihr Zweck nicht das Perpetuum mobile. Brendanslegende und Ebstorfer Weltkarte, Geistliche und Laien waren sich darin einig, daß die Welt die Lebensbedingungen für Menschen zu erleichtern habe, deren Geschichte unbeständig war und deren Gemeinschaft stabil sein sollte.

MENSCH UND GEMEINSCHAFT

KÖNIGSLIST

Gregor von Tours beschrieb um 575 in den lateinischen *Zehn Büchern Geschichten,* wie der salische König Chlodwig um 508/11 mit seinen verwandten Rivalen im Frankenreich umging:

»Als nun aber Chlodwig seinen Sitz in Paris hatte, schickte er heimlich zu (Chloderich) dem Sohn Sigiberts und ließ ihm sagen: ›Sieh, dein Vater ist alt geworden und hinkt auf einem gelähmten Bein. Wenn er stürbe, würde dir zusammen mit unserer Freundschaft rechtens seine Herrschaft zufallen.‹ Dadurch wurde er zur Begehrlichkeit verführt und sann auf Mord am Vater. Da verließ dieser die Stadt Köln, ging über den Rhein und wollte den Buchenwald durchstreifen; als er mittags in seinem Zelt einschlief, schickte der Sohn gedungene Mörder über ihn und ließ ihn dort umbringen, um seine Herrschaft in Besitz zu nehmen.

Aber nach Gottes gerechtem Urteil fiel er selber in die Grube, die er gehässig dem Vater grub (Psalm 7, 16). Er schickte nämlich Boten zu König Chlodwig, ließ ihm den Tod des Vaters melden und bestellen: ›Mein Vater ist tot, und ich habe seine Schätze und seine Herrschaft in der Hand. Sende einige von deinen Leuten zu mir, und ich will dir aus freien Stücken schicken, was dir von seinen Schätzen gefällt.‹ Und Chlodwig sagte: ›Ich danke dir für deinen guten Willen und bitte, zeig unseren Leuten, wenn sie kommen, alles; danach kannst du es selbst behalten.‹ Als sie kamen, schloß er ihnen die Schätze des Vaters auf. Sie betrachteten dies und jenes, und er sagte: ›In dieser Truhe hier pflegte mein Vater die Goldmünzen zu sammeln.‹ Sie sagten: ›Stecke doch einmal deine Hand bis zum Boden hinein und ergründe das Ganze!‹ Das tat er und beugte sich tief vornüber; da hob der eine die Hand und zerschmetterte ihm mit der Doppelaxt das Hirn. So traf den Schändlichen, was er seinem Vater angetan hatte.

Als Chlodwig davon hörte, daß Sigibert und sein Sohn umgebracht waren, kam er an diesen Ort (Köln), rief das ganze Volk zusammen und sprach: ›Hört, was geschehen ist. Während ich eine Schiffsreise auf der Schelde unternahm, stellte Chloderich, der Sohn meines Blutsverwandten, seinem Vater nach. Er redete ihm ein, daß ich ihn ermorden möchte; da floh der Vater durch den Buchenwald. Der Sohn schickte Straßenräuber über ihn, ließ ihn sterben, ja tötete ihn. Er selber wurde dann, während er die Schätze des Vaters öffnete, von einem mir Unbekannten ebenfalls erschlagen. Aber ich bin an diesen Vorgängen in keiner Weise beteiligt. Ich darf ja das Blut meiner Blutsverwandten nicht vergießen; Frevel wäre es, wenn es geschähe. Weil es nun aber so geschehen ist, gebe ich euch einen Rat: Wenn es euch genehm ist, wendet euch zu mir, damit ihr unter meinem Schutz lebt.‹ Als sie das hörten, schlugen sie an ihre Schilde, riefen Beifall, hoben ihn auf den Schild und setzten ihn zum König über sich. So erhielt er Sigiberts Herrschaft und Schätze, und auch dessen Leute brachte er unter seine Macht. Gott unterwarf ja seine Feinde Tag für Tag seiner Hand und mehrte sein Reich, denn er wandelte vor ihm mit rechtschaffenem Herzen und tat, was in Gottes Augen wohlgefällig war.

Damals lebte zu Cambrai König Ragnachar. Er war in seiner Ausschweifung so zügellos, daß er kaum seine nächsten Verwandten in Ruhe ließ. Als Vertrauten hatte er den Farro, der vom gleichen Unflat besudelt war. Wenn man dem König eine Mahlzeit, ein Geschenk oder sonst etwas brachte, soll er immer gesagt haben, das genüge für ihn und seinen Farro. Bei seinen Franken wuchs die Entrüstung darüber gewaltig. So kam es, daß ihnen Chlodwig goldene Armspangen und Wehrgehenke schenkte; allerdings sahen sie nur ganz ähnlich wie Gold aus und waren in Wirklichkeit aus künstlich vergoldetem Erz. Die schenkte er den Gefolgsleuten Ragnachars, damit sie ihn gegen ihren König ins Land riefen. Als er daraufhin mit seinem Heer heranzog, sandte Ragnachar mehrfach Kundschafter aus und fragte sie nach der Rückkehr, wie stark diese Truppe sei. Sie antworteten: ›Für dich und deinen Farro genügt es bei weitem.‹ Chlodwig kam und begann den Kampf gegen ihn. Als Ragnachar sein Heer besiegt sah, wollte er entfliehen, sein Heer jedoch packte ihn, fesselte ihm die Hände auf dem Rücken und schleppte ihn mit seinem Bruder Richar vor Chlodwigs Angesicht. ›Wie konntest du‹, sprach dieser, ›unsere Königssippe so entehren. daß du dich fesseln ließest? Besser wäre für dich der Tod gewesen.‹ Und hob das Wurfbeil und schlug es ihm in den Schädel. Dann wandte er sich zum Bruder und sagte:

›Wenn du deinem Bruder Beistand geleistet hättest, wäre er nicht gebunden worden‹, und erschlug auch ihn mit dem Wurfbeil.

Nach deren Tod merkten ihre Verräter erst, daß das Gold, das sie vom König erhalten hatten, unecht war. Als sie es ihm sagten, soll er geantwortet haben: ›Verdient hat solches Gold, wer seinen Herrn absichtlich in den Tod führte.‹ Sie sollten damit zufrieden sein, daß sie noch lebten, sonst würden sie den Verrat an ihrem Herrn schwer büßen und qualvoll sterben. Als sie das hörten, wollten sie nur noch seine Huld erlangen und versicherten, es genüge ihnen, wenn sie am Leben bleiben dürften. Die genannten Könige waren Chlodwigs nahe Verwandte; der dritte Bruder, mit Namen Rignomer, wurde bei Le Mans auf Chlodwigs Befehl umgebracht. Als alle tot waren, erhielt Chlodwig ihre ganze Herrschaft und alle ihre Schätze. Auch viele andere Könige ließ er töten, sogar seine nächsten Verwandten; denn er war eifrig darauf bedacht, daß sie ihm nicht die Herrschaft nähmen, und breitete so seine Herrschaft über ganz Gallien aus. Dennoch soll er, als einmal sein Gefolge versammelt war, von den Verwandten, die er selber vernichtet hatte, gesagt haben: ›Weh mir, ich stehe wie ein Pilger mitten unter Fremden und habe keinen Verwandten mehr, der mir, wenn ein Mißgeschick kommt, behilflich sein könnte.‹ Aber das sagte er nicht aus Mitleid mit ihrem Tod, sondern aus List, ob sich vielleicht noch einer fände, den er töten könnte.«

Gregor wurde um 540, eine Generation nach Chlodwigs Tode, geboren und war kein Franke, sondern Abkömmling einer vornehmen gallo-römischen Familie; den Zusammenhalt einer Sippe schätzte er sehr hoch. Vor allem leitete er seit 573 die bedeutendste gallische Diözese Tours und wurde einer der einflußreichsten Kirchenpolitiker der Zeit. Der Verband, in dem er sich jenseits der Familie heimisch fühlte, war die katholische Kirche; er verteidigte sie erbittert gegen die arianische Sonderkirche, der die übrigen Germanenstämme auf römischem Boden huldigten. König Chlodwig aber war Katholik und verhalf dem katholischen Glauben zum Sieg. Darum wandelte Chlodwig vor Gott mit rechtschaffenem Herzen und erhielt von Gott Herrschaft über seine Feinde. Aber nicht Rechtgläubigkeit allein bestach Gregor an Chlodwig, auch Intelligenz. Gregors Werk handelt mit sinnenhafter Anschaulichkeit vom Verhalten der Menschen zueinander, in einem nicht gerade klaren, aber volkstümlichen Latein, dem man die ersten Elemente des Französischen ansieht. Die

handelnden Personen reden ständig miteinander, in direkter Rede, obwohl Gregor bei den geschilderten Szenen nicht anwesend war. In diesen
Reden enthüllen und verbergen die Menschen ihre Leidenschaften, und
auf die Reden folgen sogleich Taten. Alle Menschen stehen am Rand des
Todes; ihr Spiel miteinander kennt fast keine sozialen Regeln. Zwischen
feiner psychologischer Berechnung und brutaler Schlächterei steht so gut
wie nichts; die Leidenschaft des Augenblicks entscheidet. Die anderen
Mitspieler folgen bloß ihren Trieben Macht, Habgier, Wollust; Chlodwig
ist nicht habgierig oder wollüstig, aber machtgieriger als alle anderen
und klüger. Er verschmäht momentane Vorteile, berechnet seine Schach-
züge langfristig und macht durch beharrliche und verschwiegene Taktik
alle anderen zu seinen Werkzeugen, ohne jede Rücksicht auf das fünfte,
achte und neunte der Zehn Gebote. Rechtgläubig ist er, aber christlich ist
sein Lebenswandel nicht.

Dennoch lügt, betrügt und mordet der Franke nicht ganz so gewissen-
los, wie es christliche Moral nennen müßte. Welche Normen gelten für
ihn? Offenbar nicht die der Sippe als Notgemeinschaft mit erhöhtem
Frieden, überhaupt weit weniger als für den Langobarden Rothari die
Normen des Herkommens. Er benutzte sie, ohne sich auf sie zu verlassen.
Der ripuarische König Sigibert, der bedeutendste, vielleicht einzige rhein-
fränkische Fürst, hatte Chlodwig in den 490er Jahren in der Schlacht
gegen die Alemannen beigestanden und war dabei am Knie verletzt
worden. Das war ehrenwert, aber konnte der Lahme noch ein Pferd
besteigen, ein Heer in den Kampf führen, Heerkönig sein? Sein Sohn
Chloderich hatte soeben, 507, an Chlodwigs Seite gegen die Westgoten
mitgefochten; aber war Chlodwig sein Hüter und durfte er seinen Vater
umbringen? Chlodwig sicherte sich sorgfältig die Zustimmung der öffentlichen Meinung: Der alte Sigibert bekam es mit der Angst und floh in
östliche Wälder, und der blindwütige Vatermörder war als König nicht
tauglicher; er war so unbesonnen, die Schwerthand in der Goldtruhe zu
vergraben. Am Ende des Spiels erweist sich, wer der Stärkere ist, würdig,
König zu sein, fähig, das Volk zu schützen. Immerhin, Chlodwig lügt, und
vielleicht wissen die Kölner, daß er sie belügt, indem er sich für unschuldig erklärt. Aber er ist so stark, daß er seine Lüge kaum vertuschen und
die Mitwisser nicht beseitigen muß; sonst wäre die mündliche, bereits
sagenhafte Überlieferung dem Bischof nicht so zugetragen worden. In ihr
schwingt geradezu Stolz auf die Königslist mit.

Ragnachars Fall liegt einfacher. Dieser Gaukönig von Cambrai ist zwar Chlodwigs leiblicher Vetter und hat ihm 486 im Kampf gegen den Römer Syagrius geholfen. Aber er ist ein Schurke, der mit seinem Günstling vielleicht heidnische Riten, vielleicht Homosexualität übt, jedenfalls bei seinem Volk den Rückhalt verlor; die Kundschafter lassen es ihn schlagfertig spüren. Chlodwig hilft auch diesmal nach, mit dem Flitter, den er wie Ludwig der Deutsche verachtet. Ragnachars Gefolgsleute lassen sich von ihrer Treupflicht so leicht abbringen, weil Chlodwig freigebiger und königlicher ist als ihr geiziger Herr. Untauglich ist ein König, der den Krieg verliert, feige flieht, anstatt zu sterben und sich ehrlos von den eigenen Leuten fesseln läßt. Ihn darf Chlodwig eigenhändig totschlagen; hier wird die Volksmeinung nicht über Verwandtenmord lamentieren. Chlodwig benutzt für sein Spiel auch die Gefolgschaftsbindung, wenn er Treubrüchige um den Judaslohn prellt; er selbst glaubt an die Treue seines Gefolges sowenig wie an die Hilfe seiner Sippe. Solange er der Stärkste ist, wird er nie wie ein Pilger unter Fremden stehen, sondern mit dem lockenden Hort der Goldschmiede oder dem drohenden Wurfbeil alle um sich scharen. Wenn er einen Fehler macht, wird ihm ohnehin niemand mehr helfen.

Das Schockierendste an unserem Text ist die Überlagerung zweier Menschenbilder, des königlichen und des bischöflichen. Chlodwig denkt und handelt nach den germanischen Grundsätzen des Königsheils, wonach der Tüchtigste König sein soll. Wer das ist, kann nur der ständige Versuch, also Krieg als Lebensform erweisen; es ist nicht von alters her und nicht für immer festgelegt. Was der Mensch ist, zeigt sich an dem, was er über Mitmenschen vermag. Weil die Menschen nicht gut sind, muß einer stark sein. Wer in diesem Spiel gewinnen will, braucht einen listigen Verstand und eine schnelle Axt; wer verliert, büßt mit dem Leben. Vom Tod verschont bleibt, wer sich willenlos als Werkzeug verwenden läßt. Richter im Spiel ist das Volk, das den Besten auf den Schild hebt und ihm gehorcht, solange er der Stärkste und Klügste bleibt. Gregor hingegen denkt und handelt nach den Grundsätzen kirchlichen Glaubens, wonach Gott die Welt regiert. Er verhängt Lohn und Strafe schon auf Erden und gibt den Vatermörder und den Lüstling in Chlodwigs Hand, als verträte der König den ewigen Richter. Aber nicht Chlodwig allein verwirklicht Gottes Ordnung; er ist kein Heiliger und kann keine Wunder tun. Gregor von Tours glaubt nicht weniger treuherzig als sein Zeitgenosse Gregor der Große an Gottes Wunder im Alltag; aber sie sind Waffen der Wehrlosen, der Geistlichen. Auch Chlodwig war nur Werkzeug Gottes, und wenn seine Erben zwar noch rechtgläubig, aber ohnmächtig sind, muß die Kirche über sie richten, auch sie hier auf Erden und im Namen Gottes. Was der Mensch ist, zeigt sich an seiner Beziehung zu Glauben und Kirche. Weil die Menschen nicht gut sind, müssen alle fromm sein.

Beide Menschenbilder begegnen sich in der Geringschätzung christlichen und humanen Verhaltens nach Normen. Der Einzelmensch und sein Leben bedeuten wenig; es zählt der Platz des Menschen in seinem Verband. Christliche Kirche und fränkisches Reich berufen sich zwar auf alte Vorschriften, auf die Zehn Gebote und auf Sippen- und Mannentreue; aber ihre Rangordnung wird nicht wie in einer Familie oder Gemeinde von Herkunft und Herkommen allein bestimmt, sondern muß täglich neu aufs Spiel gesetzt werden, im Kampf um irdisches Leben und ewigen Tod. Jenseits der lokalen Gruppe gelten keine Konventionen oder Normen mehr, sogar der Psalmist hat nicht ganz recht: Wer anderen keine Grube gräbt, fällt auch hinein. Die Gefährdung mittelalterlichen Daseins ging eben keineswegs nur von biologischen oder geographischen Bedingungen aus, die in den bisher untersuchten kleinen Gruppen zu meistern waren, sondern vom Ringen der Menschen um größere Verbände. Die erste mittelalterliche Antwort auf diese Bedrohung hieß Herrschaft und Hierarchie. Sie lag nach dem Chaos der Völkerwanderungen und Landeskirchen nahe und verschaffte den Franken, die sie seit Chlodwig am konsequentesten in Wirklichkeit umsetzten, Vorrang im ganzen Frühmittelalter. Wir werden das Erbe Chlodwigs und Gregors später bei Bischof Leodegar von Autun und König Karl dem Großen wiederfinden. Aber so einfach die Lösung aussah, sie war zweideutig. Wer bewahrte die Menschen davor, sich gegenseitig in die Grube zu stoßen, wenn der König und der Bischof nicht taten, was vor Gott und den Menschen Gefallen fand?

SCHELMENSTREICHE

Die lateinische Chronik des Franziskaners Salimbene de Adam berichtete 1283 über die Begeisterung, die der dominikanische Prediger Johannes van Vicenza 1233 in Oberitalien erregte, und fuhr fort:

»In jener Zeit gab es auch sehr viele Schelme und Spötter, die gern versucht hätten, ›den Auserwählten einen Makel anzuhängen‹ (Jesus Sirach 11, 33). Einer von ihnen war der Florentiner Boncompagno, ein bedeutender Magister der Grammatik in der Stadt Bologna und Autor von Büchern über die Briefschreibkunst. Da er nach Art der Florentiner ein ganz großer Schelm war, machte er ein Spottgedicht auf Bruder Johannes von Vicenza. Anfang und Ende weiß ich nicht mehr, denn lange Zeit habe ich es nicht gelesen, und als ich es las, merkte ich es mir nicht genau, weil ich mich nicht viel darum kümmerte. Was mir davon einfällt, sind folgende Verse: ›Und Johannes johannst und springt und tanzt. Jetzt spring, jetzt spring, da du in Himmelshöhen willst! Es springt dieser, es springt jener, tausend Scharen springen nach. Es springt der Damenreigen, es springt der Doge von Venedig‹ und so weiter. Als ferner dieser Magister Boncompagno sah, daß Bruder Johannes sich aufs Wunderwirken einließ, wollte er sich auch darauf einlassen und kündigte den Bolognesen an, er wolle vor ihren Augen fliegen. Ohne weiteres verbreitete sich die Kunde durch Bologna. Der festgesetzte Tag kam; die ganze Stadt, Männlein und Weiblein, Jung und Alt versammelte sich am Fuß des Hügels Santa Maria in Monte. Er hatte sich zwei Flügel gemacht, stand auf der Hügelkuppe und schaute sie an. Lange schauten sie sich gegenseitig an; dann ließ er sich so vernehmen: ›Geht mit Gottes Segen! Es möge euch genügen, das Antlitz des Boncompagno erblickt zu haben.‹ Sie gingen und merkten, daß sie zum Besten gehalten waren. ... Nun aber zu Bruder Johannes von Vicenza, den wir oben erwähnten. Infolge der Berühmtheit, die er genoß, und der Predigtbegabung, die er besaß, war er so übergeschnappt, daß er meinte, auch ohne Gott richtiggehende Wunder wirken zu können. Das war eine ganz große Dummheit, denn der Herr sagt bei Johannes 15, 5: ›Ohne mich könnt ihr nichts tun.‹ Ferner Sprüche 26, 8: ›Wie einer, der einen Edelstein auf einen Steinhaufen legt, so handelt, wer dem Toren Ehre erweist.‹ Als aber Bruder Johannes von den Brüdern wegen der vielen Albernheiten, die er tat, getadelt wurde, antwortete er ihnen: ›Ich habe euren Dominikus erhöht, den ihr zwölf Jahre unter der Erde versteckt hieltet; wenn ihr nicht still seid, werde ich euren Heiligen schlechtmachen und eure Taten bekanntgeben.‹ Als sie das hörten, ertrugen sie ihn, bis er starb, und fanden kein Mittel, gegen ihn anzugehen. Als er eines Tages ins Franziskanerkloster kam und ihm der Barbier den Bart rasierte, nahm er es sehr übel, daß die

Brüder seine Barthaare nicht auflasen, um sie als Reliquie aufzubewahren.

Aber Bruder Gottbehütdich aus Florenz vom Franziskanerorden, der nach Art der Florentiner ein großer Schelm war, gab dem Dummkopf sehr gut ›nach seiner Dummheit heraus, damit er sich nicht weise dünke‹, Sprüche 26, 5. Denn als er eines Tages ins Dominikanerkloster ging und sie ihn zum Mittagessen einluden, sagte er, er bleibe auf keinen Fall da, wenn sie ihm nicht ein Stück Kutte des Bruders Johannes gäben, der diesem Konvent angehörte; er wolle es als Reliquie aufbewahren. Das versprachen sie und gaben ihm ein großes Stück von der Kutte. Damit wischte er sich den Hintern ab, als er nach dem Essen den Darm entleerte, und warf das Stück hinunter in den Kot. Dann nahm er eine Stange, rührte den Kot um und schrie: ›Weh, weh! Zu Hilfe, ihr Brüder, ich suche die Reliquie des Heiligen, die ich in der Latrine verloren habe.‹ Sie beugten ihre Gesichter hinab zu den Kammerdeckeln, und er rührte mit der Stange kräftig im Kot, daß sie den Gestank röchen. Sie waren schließlich von diesem Räucherwerk durchdrungen, merkten, daß der Schelm sie zum Narren gehalten hatte, und schämten sich verwirrt.

Diesem Bruder Gottbehütdich wurde einmal der Auftrag gegeben, zum Wohnen in die (Ordens-)Provinz Penne zu gehen, die in Apulien liegt. Er aber ging in die Krankenstube, zog sich aus, öffnete ein Kissen, legte sich in die Federn *(pennae)* und blieb den ganzen Tag darin versteckt. Als ihn die Brüder suchten, fanden sie ihn da, und er sagte, seinen Auftrag habe er schon ausgeführt. Und aufgrund dieser Schelmerei wurde ihm der Auftrag erlassen, und er ging nicht hin. Als er aber eines Tages zur Winterszeit durch die Stadt Florenz wandelte, geschah es, daß er auf Glatteis ausrutschte und der Länge nach hinfiel. Das sahen die Florentiner, die ganz große Schelme sind, und fingen an zu lachen. Einer von ihnen fragte den gefallenen Bruder, ob er noch mehr unter sich haben wolle. Ja, erwiderte der Bruder, nämlich die Frau des Fragers. Als das die Florentiner hörten, nahmen sie keinen Anstoß daran, sondern lobten den Bruder und sagten: ›Gepriesen sei er, denn er ist einer von uns!‹«

Wir haben noch das Original von Salimbenes Chronik, das er bei den Franziskanern in Reggio di Emilia schrieb. Nachträge und Einschübe zeigen, daß hier ein redseliger, 62jähriger Greis erzählt, was er selbst erlebte und was ihm andere mitteilten, so wie es ihm einfällt. Sein Buch ist von allem etwas: Autobiographie, Geschichte des Ordens, der oberitalienischen Städte, Bericht von Reisen in Italien und Frankreich, Weltchronik um Kaiser Friedrich II. Salimbene kommt aus wohlhabender Kaufmannsfamilie in Parma und rühmt sich angeheirateter adliger Verwandtschaft; er liebt die kleinen Leute nicht und mißtraut als Patrizier von Parma den plebejischen Bolognesen doppelt. Doch die Familie ist nicht sein Lebenskreis; gegen den Widerstand des Vaters ist er Franziskaner geworden. Seitdem blickt er auf dominikanische Rivalen nicht ohne Eifersucht. Er hält nicht viel vom Landleben, um so mehr vom Gewimmel auf dem Marktplatz, wo schnelle Witzworte hin und her fliegen; sein Buch spiegelt bei aller Selbstgefälligkeit keine Individualität, sondern die Lebensformen der Stadt im 13. Jahrhundert.

Hier wird viel geredet, laut gestritten und gelacht, denn die Stadt ist ein Verband verschiedener Gruppen und Kreise, die alle gegeneinander kämpfen: Gelehrte gegen Mönche, Mönche gegen Mönche, Laien gegen Geistliche. Hier wird nicht mehr nur mit Schwert und Gift, auch mit Witz und Galle gemordet. Gerade deshalb machte auf den 11jährigen Salimbene wie auf seine Zeitgenossen die Friedensbewegung von 1233 tiefen Eindruck. Da zogen Bettelmönche von Stadt zu Stadt und versöhnten durch das Predigtwort alte Feinde, befreiten Gefangene und riefen die befriedeten Gemeinden zum Kampf gegen gemeinsame Widersacher, zuerst gegen Ketzer, die man zahlreich verbrannte, dann gegen Friedrich II., gegen dessen Herrschaftsanspruch sich die kirchlich gesonnenen Kommunen zusammenschlossen. Unter den Predigern, von denen Salimbene in Parma einige hörte, war der bedeutendste Johannes von Vicenza, der Anfang 1233 in Bologna das »Große Halleluja« zu triumphalen Erfolgen führte. In der etwa 70 000 Einwohner zählenden Riesenstadt putschten seine im Freien gehaltenen Predigten Tausende von kleinen Leuten auf, denn der Advokatensohn redete agitatorischer als Berthold von Regensburg. Fanatische Anhänger brachten ihn zu politischer Macht in Bologna, dann in seiner Heimat Vicenza, endlich in Verona. Salimbene sagt davon nichts; andere Zeitgenossen tadeln Johannes, er habe getan, was die Bibel verbot, eine Herrscherstellung unter Menschen gefordert. Noch im Herbst 1233 brach seine Macht zusammen.

Was Salimbene harmlos erzählt, war im Grund der Sturz des Demagogen. Der übermütige Mönch übersah, daß er nur in seiner Gruppe stark war. Er hätte sich den Mahnungen seiner Ordensbrüder fügen und nicht darauf pochen sollen, daß er 1232 den Leichnam des Ordensgründers Dominikus in der Bologneser Konventskirche ausgraben ließ und damit die Heiligsprechung von 1234 in Gang brachte. Da indes die Dominikaner zu schwach und zu eitel waren, um ihren großen Mann zu zügeln, zog die ganze Gruppe die Kritik auf sich. Der erste Angriff kam von einem Auswärtigen, dem Universitätsprofessor Boncompagno. Den eitlen und ruhmsüchtigen Gelehrten, den wir aus seinen Schriften gut kennen, reizte Neid auf den Ruhm des Volksredners zur Opposition. Boncompagno wollte mit allen Späßen nur das eine sagen, daß Johannes zu hoch hinaus möchte. Sein Himmelssprung ist nicht frömmer als tanzendes Hopsen und führt nicht weiter als auf die Schultern anderer Menschen, die etwa den Dogen in Venedig bei der Einsetzung tragen. So hoch wie Johannes kann Boncompagno auch fliegen. Er ahmt Daedalus nach, ist aber nicht so tollkühn, seine Schwingen wirklich auszubreiten, wie 1811 der Schneider von Ulm. Freilich ist es kaum weniger tollkühn, daß Boncompagno die ganze Gemeinde Bologna wegen ihrer Begeisterung für den hochfahrenden Johannes verspottet. Daß Boncompagno nicht auf den Scheiterhaufen geworfen wurde, ist fast ein wirkliches Wunder. Aber gegen Witz hilft keine Gewalt; er entwaffnet selbst die Menge.

Noch dreister ist Bruder Gottbehütdich, der den Wunder- und Reliquienkult direkt aufs Korn nimmt. Auch er macht jene Witze, die schon Ragnachars Kundschafter kannten und die das ganze Mittelalter liebte: Ein Satz des Gegners wird in veränderter Lage wörtlich wiederholt und stellt das Verhalten des Widersachers bloß. Der Franziskaner attackiert nicht nur Johannes persönlich, sondern dessen ganzen Konvent mit einem jener fäkalischen Scherze, über die man sich im Mittelalter halb totlachen konnte. Harmloser ist der Spaß, den sich Gottbehütdich im eigenen Konvent leistet, obwohl er ein Kerngebot des Mönchslebens, den sinngemäßen Gehorsam, verletzt; das Gelächter über das Wortspiel mit den Federn steckt offenbar sogar die Ordensoberen an und bestärkt die Solidarität der Franziskaner. Wo Ordensleute beisammensitzen, kann man solche Witze heute noch hören. Die Vieldeutigkeit der Sprache wird dabei ebenso ausgenutzt wie bei der Winterszene in Florenz. Zunächst lachen die Laien, wenn ein Franziskaner hinfällt, denn er gehört nicht zu ihnen und weckt Schadenfreude. Einer bringt den uralten Witz vom Gefallenen, der die Erde umklammert, sie also anscheinend in Besitz nehmen möchte. Die schlagfertige Erwiderung des Fraters ist eigentlich beleidigend, führt aber noch unmittelbarer als bei Boncompagno in Bologna zur Solidarisierung: Schelme sind wir alle.

Salimbene erzählte es irritiert. Das Witzwort, das inzwischen zur Wanderanekdote geworden, also beliebt gewesen sein muß, schickt sich für einen Ordensmann nicht; es ist überflüssiges und unehrenhaftes Gerede. Der schlechte Ruf fällt auf den ganzen Orden zurück; das gilt für den kleinen Franziskaner genauso wie für den großen Dominikaner. Zur Entschuldigung des Witzbolds sagte Salimbene, Gottbehütdich sei Florentiner gewesen und habe den Spaß unter Landsleuten riskieren können; in einer fremden Stadt wäre das gleiche Verhalten anstößig. Niemand möge in ähnlicher Lage diese Äußerung wiederholen! Natürlich war das inzwischen geschehen, denn man verfuhr im Mittelalter nicht zimperlich bei Weiterverwendung von Witzen. Salimbenes Folgerung war sehr ernsthaft: Ein harmloser Scherz ist lediglich in der Gruppe Gleichgesinnter als solcher kenntlich; sobald sich der Witz gegen andere Gruppen richtet, ist er eine gefährliche und zweischneidige Waffe. Er ist die Waffe der Wehrlosen, zieht die Mächtigen auf die Ebene des Allzumenschlichen herab und hängt den Auserwählten einen Makel an.

Der Patrizier Salimbene sah diese Wirkung ungern; dem Franziskaner Salimbene kam sie recht. Kein Mensch ist von sich aus stark oder fromm. Niemand ist gut, aber viele halten sich für groß. Sie werden fallen, wenn sie sich nicht in ihre Gruppe fügen und am Wettstreit der Gruppen in größeren Verbänden beteiligen. Den Menschen, der fliegen will, trifft nicht der Blitz des Richtergottes, sondern der zeitgenössische Witz. Die zweite Antwort des Mittelalters auf die Labilität der Mitmenschen ist die Umkehrung der ersten; sie heißt Einordnung in die Genossenschaft. Am vollständigsten wurde sie in italienischen Städten des Spätmittelalters verwirklicht; die früher besprochenen Zeugnisse von Petrarca und Boccaccio wären ohne diese Lebensform nicht denkbar, die sich den universalen Befehlen nicht mehr nur von Bischof und König, sondern von Papsttum und Kaisertum versagte.

27　Wortwechsel der Hirten

28　Gaukler auf dem Markt

MITMENSCHEN

Gregor von Tours und Salimbene zeigen eine Gemeinsamkeit, die den Wert ihrer Aussagen über mitmenschliches Verhalten zunächst einschränkt. Beide stellen als Geistliche ihren Lesern religiöse Normen vor, die die Welt überwinden sollen. Es sind keine ethischen Normen, die individuelles oder soziales Verhalten im Sinn der Selbstbeherrschung einüben; denn die Menschen sind im Kern unbeherrscht und böse, darum kann nur der Blick zu Gott ihr Zusammenleben regeln. Beiden Verfassern liegt deshalb Weinen näher als Lachen; Witz, der Mitmenschen auslacht, liegt ihnen näher als Humor, der über menschliche Schwächen lächelt. Sie lachen unter Tränen, denn sie kennen sich selbst; da sie aber nicht wie Asketen nur das Jenseits, sondern als Seelsorger auch die Mitmenschen betrachten, hat ihre Meinung allgemeine Bedeutung.

Sie sehen ihre Mitmenschen unter verschiedenen Blickwinkeln. Der Bischof aus senatorischem Adel steht Königen näher als kleinen Leuten und betont schon deshalb die Notwendigkeit personaler und hierarchischer Unterordnung; der Franziskaner aus ritterlichem Haus kennt die Kreise der Herrschenden nur als Zaungast und unterstreicht schon deshalb die Möglichkeit sachlicher und genossenschaftlicher Gleichstellung. Hinter den Erfahrungshorizonten werden geschichtliche Veränderungen sichtbar: Im 6. Jahrhundert lebten die Franken in ländlich weiten Räumen und in kompakten Gruppen zwischen Gewalt und Gehorsam; Spannungen entluden sich am ehesten im unbegreiflichen Wunder. Im 13. Jahrhundert erforderte das dichte Zusammenleben der Italiener in Städten weit mehr soziale Absprachen und Überredungen unter Gleichen; die nicht geringer gewordenen Spannungen zwischen den Gruppen entluden sich am leichtesten im schlagfertigen Witz. Doch so tiefgreifend, wie sie zunächst erscheinen, sind die Unterschiede nicht, was das Bild vom Mitmenschen anlangt.

Von seinen kreatürlichen Wünschen und Lastern, von Unzucht und Völlerei, von Versehrtheit und Krankheit ist hier nur nebenbei die Rede. Beherrschend sind vielmehr soziale Laster, die mit dem Machttrieb zusammenhängen: einerseits der Hochmut dessen, der über andere Menschen Gewalt haben will, andererseits der Neid derer, die sich mit ihrer Ohnmacht vor anderen Menschen nicht abfinden. Hoffart und Mißgunst werden von unseren Zeugen nicht wie etwa von Papst Innocenz III. auf verschiedene Schichten, Obere und Untertanen verteilt; sie greifen ineinander, weil kein Mensch einen festen Standpunkt hat. Das Rad der Fortuna dreht sie alle; wer heute verächtlich nach unten blickt, schielt morgen gehässig nach oben. Weil im mitmenschlichen Verhalten keine Kontinuität liegt, hilft die Berufung auf altes Herkommen nicht, das bei der Bewältigung von Zeit und Raum segensreich wirkt; wo Menschen einander Auge in Auge gegenüberstehen, ist pure Gegenwart. Einen archimedischen Punkt bietet auch die Individualität nicht, denn Ragnachar und Johannes vertreten Typen. Niemand schont die persönliche Sphäre des Mitmenschen, weil sie alle angeht. Rücksicht auf die öffentliche Meinung ist sogar die einzige soziale Konvention, die mitmenschliches Verhalten zu regeln scheint.

Aber diese Öffentlichkeit ist nicht intakt. Die Menge läßt sich belügen und fanatisieren; sie handelt im Rausch, wenn sie den König auf den Schild, den Prediger in den Himmel hebt. Volkes Stimme mag mitunter Gottes Stimme sein, sie reagiert doch launisch und töricht. Unablässig reden Menschen aufeinander ein, aber ihre Sprache spiegelt weniger vernünftige Verabredung als blinde Leidenschaft; darum trügt sie oft und ist vieldeutig. Selten treten Menschen zueinander in rein sachliche Beziehungen; deshalb ist ihr Umgang emotional aufgeladen. Emotionen zu beherrschen, gar zu unterdrücken, versuchen wenige; unseren Zeugen mißlingt es. Im Mittelalter wird viel gelacht und geweint, in raschem Wechsel und in aller Öffentlichkeit. Die Tränen sitzen bei den stärksten Männern locker; im altfranzösischen Rolandslied weinen Karl der Große und der Recke Roland. Gelächter schüttelt auch die Schwächsten mitten in der Not, den Fuchs Renart angesichts der Bauernmeute, die Frauen von Florenz in Boccaccios Pestbericht. Lachen und Weinen sind soziale Verhaltensweisen in Krisen, die nicht eindeutig durchschaubar und nicht klar beantwortbar sind. Das Reden bleibt unverbindlich und wird vom Handeln Lügen gestraft; das Handeln selbst, nach dem man Mitmenschen beurteilen muß, bleibt inkonsequent und triebhaft; darüber kann man nur lachen oder weinen.

Die Impulsivität des Miteinanderlebens verleiht dem Augenblick größeres Gewicht, als er im Ablauf der Zeit haben würde. Jede Situation wird in vollen Zügen ausgekostet: Man freut sich eines Gewinnes derbsinnlich und trauert hemmungslos über einen Verlust. Das geschieht in Gesellschaft, die mit der örtlichen kleinen Gruppe weniger identisch ist, als es die Konzentration des Raumes erwarten ließe. Der König, dem an seinem Hof niemand zu widersprechen wagt, kommt doch auch zur Kirche, in der der Bischof gegen ihn predigt; der Dominikaner, der seinen Konvent tyrannisiert, kommt doch auch in die Stadt, wo der Professor über ihn spottet. Das Nebeneinander der Gruppen ist nicht übersichtlich geordnet und führt zu heftigen Spannungen und Entladungen; doch dieses labile Gleichgewicht zwingt die Menschen zueinander und schützt sie voreinander. Das Zusammenleben ist spannend, weil niemand des Verhaltens seiner Mitmenschen sicher sein kann: Vielleicht sagen sie die Wahrheit, wahrscheinlich lügen sie; vielleicht verstehen sie Spaß, wahrscheinlich geraten sie in Wut. Die Spannung dieses Lebens wäre unerträglich, wenn es nicht auf der Bühne dargestellt würde und alle Mitmenschen zusähen. Der Spielraum ist durch die Kürze der Lebenszeit und die räumliche Begrenzung der Horizonte abgesteckt; aber für das Spiel selbst, das jeden Augenblick beginnt und endet, ist nichts abgesprochen und eingeübt. Jeder Mitspieler trägt das Kostüm seiner Gruppe und seines Verbandes; aber was er bei der Begegnung mit anderen Mitspielern sagen und tun wird, hängt nicht vom Kostüm ab und weiß er selbst noch nicht.

WAHNSINN

In dem altfranzösischen Versroman vom Löwenritter Yvain schilderte um 1180 Chrestien de Troyes das Verhalten des höfischen Ritters, der über seinen Heldentaten die versprochene Heimkehr zu seiner Frau versäumt hat und dem nun deren Botin vor König Artus und seinen Baronen Treubruch vorwirft:

»Yvain kann ihr nicht antworten, denn Verstand und Sprache versagen ihm. Und das Mädchen springt vor und nimmt ihm den Ring vom Finger. Dann befiehlt sie den König und alle anderen Gott, nur den nicht, den sie in großem Leid zurückläßt. Und schnell verschlimmert sich sein Leid; alles, was er hört, vermehrt es, und alles, was er sieht, quält ihn. Am liebsten wäre er ganz allein in ein so wildes Land geflohen, daß man nicht wüßte, wo ihn suchen, daß weder Mann noch Frau dort lebte und niemand etwas von ihm wüßte, ganz so, als hätte ihn der Abgrund verschlungen. Nichts haßt er mehr als sich selber; er weiß nicht, wer ihn trösten soll über sich, den er selbst getötet hat. Aber eher will er den Verstand verlieren als sich an dem nicht rächen, der ihm die Freude zerstört hat.

Er verläßt den Kreis der Barone, denn bei ihnen fürchtet er den Verstand zu verlieren. Und keiner achtete darauf; so ließen sie ihn allein fortgehen. Sie wissen wohl, daß ihr Gespräch und ihr Treiben ihn nicht kümmern. Und er eilt fort und läßt die großen und kleinen Zelte weit hinter sich. Da steigt ihm ein Wirbel so gewaltig ins Hirn, daß er den Verstand verliert; da reißt er seine Kleider in Fetzen und flieht querfeldein und hinterläßt sein Gefolge bestürzt; sie wundern sich, wo er sein mag. Sie durchsuchen nach ihm die ganze Gegend, die Herbergen der Ritter, die Hecken und die Gärten; sie suchen ihn dort, wo er nicht ist. Er aber flieht und rennt weiter, bis er bei einem Gehege einen Burschen fand, der trug einen Bogen und fünf gefiederte Pfeile, die hatten sehr scharfe und breite Spitzen. Soviel Verstand hatte er noch, daß er dem Burschen da seinen Bogen abnahm und die Pfeile, die er trug. Aber trotzdem erinnerte er sich an gar nichts, was er getan hatte. Er jagt die Tiere im Wald, erlegt sie und verzehrt ihr Fleisch völlig roh. Und so weilte er im Wald als verrückter und wilder Mann, bis er eine ganz niedrige kleine Hütte fand, die einem Eremiten gehörte; der Einsiedler fällte gerade Holz.

Als er den nackten Mann erblickte, konnte er leicht und zweifelsfrei bemerken, daß der nicht mehr bei Sinnen war; und so geschah es, er erkannte es sehr wohl. So groß war die Angst, die ihn da befiel, daß er in seine Hütte floh. Von seinem Brot und reinem Wasser nahm der Biedermann aus Mitleid und stellte es ihm draußen vor ein kleines Fenster. Und jener kommt; sehr verlangt ihn nach Brot, er nimmt es und beißt hinein. Ich glaube nicht, daß er je ein so derbes und so grobes versucht hatte. Keine fünf Sous hatte der Scheffel Korn gekostet, aus dem das Brot gebacken war; bitterer war es als Hefe, aus Gerste mitsamt dem Stroh geknetet, und außerdem war es noch verschimmelt und trocken wie Baumrinde. Doch der Hunger treibt und quält ihn so, daß ihm das Brot so gut schmeckt wie Brei. Denn für alles Essen ist Hunger eine gut abgestimmte und fein zubereitete Würze. Das ganze Brot des Einsiedlers verzehrte Herr Yvain, weil es ihm gut schmeckte, und trank vom kalten Wasser aus dem Krug.«

In Chrestiens Werk treffen sich recht verschiedene Strömungen des 12. Jahrhunderts. Er schrieb zwischen 1164 und 1190 an den Höfen der Grafen von Champagne und Flandern, wohin die Tochter Eleonores von Aquitanien die provenzalische Auffassung höfischer Liebe gebracht hatte. Wie Eleonore durch die Heirat mit dem Anjoukönig Heinrich II. von England, so kam auch Chrestien mit dem bretonischen Sagenkreis um den Heldenkönig Artus in Berührung. Manche heimliche Parallele zwischen Artus und Heinrich II. läßt sich erraten; zu Beginn unserer Szene hält sich der Artushof in Chester auf, dem Hauptstützpunkt Heinrichs II. im Kampf gegen walisische Barone 1157. Zu den auf Minne und Ruhm gerichteten adligen Konventionen kommt noch Chrestiens Herkunft aus dem Stadtmilieu, vermutlich aus Troyes selbst, einer Messestadt des internationalen Handels; von ihrem Markt wird später noch zu sprechen sein. Der rechnende Realismus der Bürger macht sich in unserem Abschnitt bei der Schätzung des Kornpreises bemerkbar, überhaupt bei dem hintergründigen Humor, der die tragische Szene fast zu einer *Comédie humaine* verwandelt. Der Dichter läßt sich von seinem höfischen Stoff nicht verzaubern und stellt sich nicht namenlos in den Dienst an der Überlieferung; selbstbewußt nennt er seinen Namen und seine Werke, und das versteht sich im Mittelalter nicht von selbst.

Der Roman kreist wie Chrestiens andere Werke um die Ideale der Adelsschicht und den Konflikt zwischen höfischer Liebe und heldischer Ehre. Yvain hatte sich eine schöne und edle Frau erkämpft, wie es im 12. Jahrhundert viele jüngere Söhne von Adelsfamilien erträumten; aber es hatte Yvain nicht lange auf der erheirateten Burg gehalten. Er war wie ein ewiger Jüngling zu neuen Abenteuern an den Artushof geritten und hatte darüber seine Zusage vergessen, nach einem Jahr heimzukehren. Die Vergeßlichkeit des jungen Ehemanns klingt merkwürdig, aber für mittelalterliches Ungestüm glaubwürdig. Die herausgegriffenen Verse bezeichnen nun die Krise des Romans, den Umschlag von den Ruhmestaten im Artuskreis zu völliger Verzweiflung, in manchem mit der Peripetie des Epos vom Cid, der Szene im Eichenwald von Corpes vergleichbar. Die Beschuldigung der Botin trifft Yvain deshalb so tief, weil sie sowohl den Verlust der geliebten Frau wie den Verlust der Ritterehre bedeutet; Hartmann von Aue betont das in seiner deutschen Bearbeitung alsbald noch eindringlicher als Chrestien. Yvain selbst hat seine Lebensfreude, den Einklang zwischen Liebe und Ehre zerstört.

Sein Verhalten wird zwar mit psychologischer Raffinesse beschrieben, enthüllt aber nicht einen psychologischen, sondern einen sozialen Konflikt. Heute würde man gelehrt sagen, Yvains Neurose sei eine Soziose. Was er denkt, erfahren wir nicht; wir sehen nur seine Reaktionen, und die allererste ist Flucht aus dem Freundeskreis. Diese Elite edler Herren käme dem Klubfreund bei allen Waffentaten besinnungslos zu Hilfe; aber für sein jetzt auftauchendes persönliches Problem finden sie keinen Trost, nicht einmal Verständnis, darüber spricht man nicht. Sie führen ihre zierlichen Gespräche weiter und blicken gar nicht auf. Schon Hartmann von Aue hat Chrestien nicht mehr verstanden und läßt König Artus besorgt nach Yvains Verbleib fragen. Nein, damit muß er allein fertig werden. Anders reagiert Yvains Gefolge, das sofort die Bestürzung des Herrn bemerkt und ihn vermißt, weil es viel persönlicher an ihn gebunden ist als die Standesgenossen; aber die Diener suchen ihn immer noch im kultivierten Umkreis des Hofes, bei Siedlungen und Feldern, als wäre nicht gerade diese Menschenwelt der Sitte für Yvain unerträglich geworden. Was sucht er in der Wildnis?

Ein neuzeitliches Individuum möchte in kritischer Lage mit sich allein sein, zu sich kommen, Abstand gewinnen, Folgen bedenken. Yvain aber verkriecht sich bloß wie ein waidwundes Tier, damit niemand seine Zerrissenheit sehen kann. Und so viel sonst im Mittelalter und in diesem Roman geredet wird, fast im Moment, wo Yvain die Gemeinschaft verläßt, sagt er kein Wort mehr. Wenn er sich die Kleider vom Leib reißt, zerstört er auch dadurch seine soziale Stellung. Er schlägt nicht wie ein Ritter sonst einen Weg ein, den rechten Weg zu einem Ziel; er rennt querfeldein irgendwohin. Alles, was in ihm noch lebt, ist animalisches Bedürfnis; um sich ernähren zu können, entreißt er wortlos und unritterlich dem verdutzten Burschen Pfeile und Bogen. Er lebt im Wald wie ein Tier von anderen Tieren und ist wahnsinnig, das heißt, ein Mensch, der sich an seine Taten nicht erinnern kann oder, was dasselbe ist, auf dessen Verhaltensweisen sich niemand verlassen kann. Der nackte, struppige Kerl im Wald ist einer von den Wilden Männern, die dem Mittelalter wohlvertraut sind; Chrestien hat zu Beginn des Romans schon einen vorgeführt. Er gleicht den Waldhirten, Köhlern, Holzhütern, Schindern, die abseits der Gemeinden hausen und sich wie halbtierische Waldschrate benehmen. Sie brechen urplötzlich aus finsterem Gestrüpp hervor, sprechen kaum ein Wort und verschwinden so schnell, wie sie kamen. Die

Wilden Männer sind Menschen im Rohzustand, das heißt ohne jede Lebensform, und eben dies ist Yvains Lage.

Der erste, der ihm begegnet, ist ein Eremit; er reagiert auf die Erscheinung mit dem Schreck des normalen Menschen, denn er ist einer. Warum er einsam im Wald haust, braucht Chrestien nicht zu erläutern; diese Gestalt ist keine Fiktion. In den Wäldern Europas hausen im 12. Jahrhundert viele fromme Männer, um Gott zu dienen. Sie ernähren sich und arbeiten wie Florentius im Zeitalter Gregors des Großen; sie sind keine Außenseiter, vielleicht sogar Herren von Geblüt. Wer zu ihnen findet, dem raten und helfen sie aus überlegenem Abstand. Sie fürchten sich vor den Waldtieren nicht, scheuen aber auch gewöhnliche Menschen nicht und halten Verbindung zu den Siedlungen. Das Brot des Einsiedlers wird auf seinen Wert geschätzt; er hat es auf dem Markt der nächsten Gemeinde gekauft. Ein paar Verse nach unserem Ausschnitt wird mitgeteilt, daß der Eremit Häute erlegter Tiere verkauft und dafür Brot einhandelt. Ihn hat nicht tierische Dumpfheit, sondern höchstes Streben in die Einsamkeit geführt; er ist selbstlos und liebevoll, zuverlässig in seinem Verhalten, der reine Gegentyp zum Wilden Mann.

Er zieht den wahnsinnigen Yvain wieder in soziale Kontakte hinein. Das Gerstenbrot, das er wortlos vors Fenster stellt, ist dem Ritter ungewohnt, der an der höfischen Tafel feineren Brei erhalten hat. Aber dafür, daß der Einsiedler Brot und Wasser gibt, zeigt sich Yvain erkenntlich: Er legt ihm seine Jagdbeute vor die Tür, und der Alte brät für ihn das Fleisch und verkauft die Häute um Brot. Eine ökonomische Gemeinschaft entwickelt sich, fast robinsonhaft, bloß viel weniger rational und konventionell; man setzt sich nicht zusammen zu Tisch. Der Wald, sonst in Chrestiens Romanen als Schauplatz märchenhafter Begebenheiten verstanden, bezeichnet hier das Fehlen menschlicher Gesellschaft. Bald werden notleidende Menschen von draußen, sogar Tiere, die Hilfe Yvains brauchen; dann wird sich der Wald wieder mit sprechenden Menschen füllen. Dann wird Yvain zwar seinen Namen ablegen, aber mit dem Löwen, dem er geholfen hat, auf rechten Wegen zu Burgen und Siedlungen reiten, um anderen zu helfen. Diese »Erfahrung«, das Umherziehen des fahrenden Ritters, erzieht ihn dann durch eine Kette von Abenteuern zur Einsicht in seine Lebensaufgabe, Liebe und Ehre durch Dienst für andere miteinander zu verbinden; dann kehrt er heim zum Artuskreis und zur Frau, zur höfischen Lebensform.

Chrestien erzählt das alles behaglich und heiter, mit Schmunzeln über den feinen Ritter, der in seiner stilvollen Märchenwelt nie ums tägliche Brot hat hungern müssen. Aber der Grundgedanke der Episode und des Romans ist mit Ernst und Nachdruck ausgesprochen: Der Mensch ist kein Einzelgänger, es sei denn, die höchste asketische Norm oder der tiefste kreatürliche Trieb beherrschten ihn. Den Einzelgänger treibt es in extreme Verhaltensweisen; sie liegen dem Menschen nur zu nahe, aber sie können ihn zerstören. Die höfische Konvention mag noch so exklusiv und märchenhaft sein, ihr Prinzip ist doch dasselbe, das geschichtliche und gesellschaftliche Wirklichkeit gestaltet: Konvention als Zusammenkunft, Vereinbarung, Übereinstimmung mit anderen Menschen. Sie ist nicht selbstverständlich vorhanden, vom geschichtlichen Herkommen nicht vorgegeben; sie muß gestiftet werden. Es war diese Überzeugung, die Chrestien de Troyes zum eigentlichen Begründer des europäischen Romans gemacht hat.

BESINNUNG

Ein Kapitel des lateinischen Buches *Von der Nachfolge Christi,* in den Niederlanden um 1420 von Thomas von Kempen verfaßt oder mindestens redigiert, handelt »Von der Liebe zur Einsamkeit und Stille«:

»Suche dir eine passende Zeit, in der du Muße für dich hast, und bedenke immer wieder die Wohltaten Gottes. Laß das, was bloß die Neugier befriedigt; lies nur über Themen, die mehr der Reue als der Beschäftigung dienen. Wenn du dich zurückhältst von überflüssigem Reden, von müßigem Umherschlendern, vom Zuhören bei Neuigkeiten und Gerüchten, wirst du genug passende Zeit finden, um gute Betrachtungen anzustellen. Die größten Heiligen vermieden, wo sie konnten, die Gesellschaft mit Menschen und zogen es vor, im Stillen Gott zu dienen. Jemand hat gesagt: ›Sooft ich unter Menschen war, kam ich als kleinerer Mensch heim‹ (Seneca). Das erfahren wir öfter, wenn wir lang miteinander plaudern. Es ist leichter, ganz zu schweigen als im Reden nicht zu weit zu gehen. Es ist leichter, daheim verborgen zu leben als sich draußen hinreichend zu beherrschen. Wer daher bestrebt ist, zu inneren und geistlichen Gütern zu gelangen, der muß mit Jesus der Menge aus dem Wege gehen.

Nur der kann öffentlich sicher auftreten, der gern verborgen lebt. Nur der kann Reden sicher halten, der gern schweigt. Nur der kann sicher Vorgesetzter sein, der gern Untergebener ist. Nur der kann Befehle sicher geben, der gern gehorchen gelernt hat. Nur der hat sicher Freude, der den Beweis des guten Gewissens in sich trägt. Doch war die Sicherheit der Heiligen stets voller Gottesfurcht, und sie waren nicht deshalb gegen sich weniger behutsam und demütig, weil sie durch große Tugenden und Gnade hervorragten. Die Sicherheit der Schlechten aber entspringt aus Hochmut und Anmaßung und verkehrt sich am Ende in Selbstbetrug. Versprich dir nie Sicherheit in diesem Leben, auch wenn du als guter Mitmönch oder als frommer Einsiedler giltst! Oft sind die von den Menschen höher Eingeschätzten wegen ihres allzugroßen Selbstvertrauens in größere Gefahr geraten. Für viele ist es deshalb nützlicher, wenn sie nicht ganz ohne Versuchungen leben, sondern öfter angefochten werden, damit sie nicht zu sicher sind und sich etwa übermütig erheben oder auch allzu unbekümmert äußerlichen Tröstungen zuneigen.

Wer nie eine vergängliche Freude suchte, wer sich nie mit der Welt beschäftigte, was für ein gutes Gewissen würde der behalten! Wer alle nichtige Sorge abschnitte, nur an Heilsames und Göttliches dächte und seine ganze Hoffnung auf Gott setzte, wieviel Frieden und Ruhe würde der besitzen! Nur der ist himmlischen Trostes würdig, der sich fleißig in heiliger Reue geübt hat. Wenn du von Herzen Reue empfinden willst, geh in deine Kammer und schließe den Lärm der Welt aus, wie es geschrieben steht: ›In euren Kammern sollt ihr Reue empfinden‹ (Psalm 4, 5). In der Zelle wirst du finden, was du draußen so oft verlierst. Die Zelle wird angenehm, wenn man in ihr bleibt; zum Ekel wird sie nur, wenn man sie schlecht behütet. Wenn du sie am Anfang deiner Bekehrung recht bewohnst und behütest, wird sie dir nachher eine liebe Freundin und der schönste Trost sein. Im Schweigen und in der Stille macht die fromme Seele Fortschritte und lernt die Geheimnisse der Bibel begreifen. Da findet sie die Tränenströme, in denen sie sich Nacht für Nacht wäscht und reinigt, damit sie ihrem Schöpfer um so vertrauter werde, je ferner sie allem irdischen Getümmel lebt. Wer sich also von Bekannten und Freunden zurückzieht, den wird Gott mit heiligen Engeln besuchen.

Verborgen leben und für sich besorgt sein, ist besser als Wunder wirken und sich vernachlässigen. Für den gläubigen Menschen ist es löblich, wenn er selten ausgeht, sich ungern sehen läßt und auch andere nicht sehen möchte. Wozu willst du sehen, was du doch nicht behalten darfst? ›Die Welt vergeht mit ihrer Lust‹ (1. Johannesbrief 2, 17). Sinnliche Bedürfnisse verlocken dich zum Spazierengehen; aber wenn die Stunde vorüber ist, was trägst du anderes nach Hause als ein schweres Gewissen und ein zerstreutes Herz? Fröhlicher Aufbruch bringt oft traurige Heimkehr, und ein fröhlicher Abend macht einen traurigen Morgen. So schleicht sich jede Sinnenfreude schmeichelnd ein, doch zum Schluß beißt sie und tötet. Was kannst du anderswo sehen, was du hier nicht siehst? Sieh doch den Himmel, die Erde, die Elemente alle; denn daraus ist alles gemacht. Was kannst du anderswo sehen, was lange unter der Sonne Bestand hat?

Du glaubst vielleicht einmal gesättigt zu werden, aber dahin wirst du es nicht bringen. Wenn du alle Dinge auf einmal vor dir sähest, was wäre es für ein nichtiger Anblick! Hebe deine Augen zu Gott in der Höhe und bete für deine Sünden und Nachlässigkeiten. Überlaß das Nichtige den Nichtigen, du aber achte auf das, was Gott dir befahl. Schließ die Tür hinter dir und rufe deinen geliebten Jesus zu dir. Bleib mit ihm in der Zelle, denn nirgends sonst findest du so viel Frieden. Wärst du nicht ausgegangen und hättest von den Gerüchten nichts gehört, du wärst leichter im lieben Frieden geblieben. Weil es dich freut, manchmal Neuigkeiten zu hören, mußt du alsdann Verwirrung des Herzens leiden.«

Dieses berühmteste Buch des Mittelalters, in 3000 Ausgaben gedruckt und in Dutzende moderner Sprachen übersetzt, wird gern als Bekenntnis zur neuzeitlichen Persönlichkeit und Subjektivität mißverstanden; ein Mißverständnis ist auch der bis heute andauernde Streit um die Person des Verfassers. Der Autor nannte seinen Namen absichtlich nicht: »Frag nicht, wer dies gesagt hat, sondern achte auf das, was gesagt wird!« Er schwieg darüber wie so viele mittelalterliche Schriftsteller und Künstler nicht aus der von Einhard beschworenen affektierten Bescheidenheit, sondern als Glied einer Gemeinschaft, deren Überzeugungen er nur noch in eine Form brachte und nicht erst erfand. Das Buch spiegelt die Frömmigkeitsbewegung der *Devotio moderna,* die um 1380 in Deventer ihr erstes Zentrum fand und sich rasch über ganz Nordwesteuropa ausdehnte. Sie war keine abstrakte Doktrin, sondern verwirklichte sich in den Gruppen der »Brüder vom gemeinsamen Leben«. In den ältesten dieser Brüderzirkel in Deventer kam um 1392 der etwa 13jährige Thomas von Kempen, bevor er 1399 ins Stift der Augustinerchorherren bei Zwolle ging. Zwischen den in Krankenpflege und Armenfürsorge tätigen Laienbrüdern und den strenger abgesonderten Augustinern der Windesheimer Kongregation bestanden enge Beziehungen; der Chorherr Thomas blieb als Lehrer, Schreiber und Seelsorger den Laien nahe. Er war kein Einzelgänger: »Der tut eine Sache recht, der mehr der Gemeinschaft als seinem Willen dient.« Zusammenleben im Kloster ist geradezu Hohe Schule mitmenschlichen Verhaltens: »Du bist zum Dienen gekommen, nicht zum Herrschen; du mußt wissen, daß du berufen bist zum Dulden und Arbeiten, nicht zum Müßiggehen und Plaudern.« Auch unser Ausschnitt wendet sich an Mönche und »Einsiedler«, also wohl Augustiner-Eremiten, denen die Einfügung in die Gruppe selbstverständlich ist.

Allerdings ist das Kloster alltäglicher Sorgen enthoben. Thomas muß sich nicht um Ernährung und Kleidung bemühen; er hat eine ruhige Zelle und kann die Tür hinter sich schließen. Er muß ein Einzelzimmer haben, wie es fast jeder spätmittelalterliche Konvent seinen Mönchen anstelle des früher üblichen gemeinsamen Schlafsaals bietet; sonst führt das enge Zusammenleben zu jener Veräußerlichung, die im 13. Jahrhundert Bonaventura beklagt. Dieselbe Verflachung wirft Thomas der Kirche seiner Zeit vor. Sie erstickt in Betriebsamkeit und Sozialarbeit: »Wer viele Wallfahrten macht, wird selten selig.« Wer an Chaucers Pilgerinnen denkt, begreift diesen Satz. Die Kritik richtet sich gegen die Mönche Salimbenes, die sich gern unter das Laienvolk mischen und sich dem bürgerlichen Lebenskreis zugehörig fühlen. Von dieser niederländischen Umwelt, die gleichzeitig durch die Brüder van Eyck abgemalt wird, sieht der Mönch nur die Sonntagsseite, aber er durchschaut sie.

Da trifft sich am Sonntag nach dem Gottesdienst das ganze Städtlein. Man steht noch eine Weile auf dem Kirchplatz und plaudert; dann ziehen die Älteren in die Schenke zum Frühschoppen, die Jüngeren tragen ihre neue Garderobe auf der Hauptstraße spazieren. Jeder sieht jeden und will gesehen werden; alle kämpfen um Rang und Aufsehen. Einer prahlt vor dem anderen, und wo das unglaublichste Gerücht erzählt wird, sammeln sich die meisten. Denn die Straße ist noch wie zu Richers Zeit Nachrichtenbörse; hier wird die ewige Frage beantwortet: »Was gibt es Neues?« In intensives Zusammenleben greifen Nachrichten von draußen doppelt erschütternd ein. Der fröhlich und selbstsicher scheinende kleinbürgerliche Lebenskreis ist in Wahrheit labil, vielerlei politischen Ambitionen und wirtschaftlichen Schwankungen ausgesetzt; Fröhlichkeit wandelt sich rasch in Trauer, zumal die Menschen selbst in ihrer Impulsivität unberechenbar sind. Ein echt augustinischer Satz: »Die heute mit dir sind, können morgen wider dich sein und umgekehrt; sie drehen sich oft wie der Wind.« Ihre nervöse Unrast treibt sie zum Reisen, letztlich zum Tod; die *Gesta Romanorum* sagen es auch.

Was Thomas schreibt, hebt diese Situation ins Bewußtsein. Selbstsicherheit ist Selbstbetrug. Die Besinnung auf den Tod, seit den Epidemien des 14. Jahrhunderts immer aktuell, verweist auf die Grenzen menschlicher Geschichte und Gesellschaft; wir können einander nur verderben, nicht läutern. Unser einziger Gesprächspartner ist Jesus; er wohnt, wenn du willst, mit den Engeln des Himmels in deiner Zelle. Was du dafür tun mußt, ist nichts Konventionelles, nur innere Haltung der Demut, die sich von vitalen Bedürfnissen möglichst löst und bloß noch Liebe ist. Verinnerlichung erzwingt allerdings Abstand von den Mitmenschen; der einzelne sorgt für Seelenheil und Selbsterkenntnis im stillen Kämmerlein, auch seine Tränen sind nächtlich verschwiegen. Aber egozentrisch ist diese mystische Besinnung nicht, sie ordnet menschliches Zusammenleben neu. Wenn jeder sich selbst erkennt und von sich absieht, blicken alle auf Gott als den einzigen Bezugspunkt; dann ist die Menschenwelt heil. Dann wird sie eine Welt der erfüllten Normen, ohne Bedürfnisse und Konventionen. Christus ist, wie Augustin gesagt hatte, der vollkommene Mensch, und alle Lebensformen sollen dazu führen, »unser ganzes Leben ihm gleichförmig zu machen«. Die Einsamkeit, in die Thomas seine Leser begleiten möchte, ist nicht protestierend, protestantisch, humanistisch; sie ist konformistisch, mittelalterlich. Durch die entschiedene Wendung aus der geschichtlichen Umwelt zu dem einen Gott sollen die Menschen jenseits all ihrer Gruppen und Verbände eins werden, Brüder vom gemeinsamen Leben. Diese Sehnsucht hat dem Buch von der Nachfolge Christi bis heute eine große und stille Lesergemeinde verschafft.

EINZELMENSCH

Ich kenne keinen mittelalterlichen Text, der vor dem 11. Jahrhundert vom Verhalten des Einzelmenschen zu sich selbst spräche. Die frühmittelalterlichen Personenverbände achten auf Beziehungen zwischen Menschen, nicht auf die Eigenart des einzelnen; die autobiographischen Ansätze bei Rather von Verona zeigen, daß auch im Mönchtum die Beziehung der Menschen zu Gott wichtiger war als das Wesen des Menschen. Der einzelne wird erst zum Thema, wenn die bergenden Lebensformen zerbrechen, wie zu Zeiten Ciceros und Augustins; ähnliches geschieht im Zeitalter der gregorianischen Kirchenreform, die persönliche Entscheidung eines jeden fordert. Er soll sich zu der Gemeinschaft, die sein Leben formt, bewußt bekennen und sie nicht über sich ergehen lassen. Sich als Individuum von der Gruppe zu dispensieren, fällt ihm nicht ein; er hält nur noch entschlossener zu ihr und verhält sich danach. Es kommt nicht von ungefähr, daß unsere Dokumente Forderungen an den Ritter und den Mönch erheben. Ritter und Mönch werden seit Erasmus und Burke oft als »die« mittelalterlichen Menschen bezeichnet, zu Unrecht. Beide Gruppen sind bereits durch ihren *Habitus,* durch Haltung und Tracht als Mitglieder eines »Ordens«, einer Elite gekennzeichnet. Sie üben eigene Auslese- und Aufnahmeriten; sie fordern von ihren Mitgliedern ein bestimmtes Verhalten, das bis in die geformte Sprache hinein sichtbar ist. Sie stellen an Selbstbewußtsein und Charakterbildung hohe Anforderungen und können es, weil sie für ihre materielle Existenz nicht zu sorgen brauchen. Unsere Autoren halten Lesern, die diesen Eliten angehören, Ideale und Normen vor Augen und grenzen den Ritter vom gewöhnlichen Adligen, den Mönch vom normalen Geistlichen schärfer ab, als es der sozialen Wirklichkeit entspräche. in diesem Kontext taucht die Rede vom Einzelmenschen auf.

Ein Ritter braucht keine Gewissenserforschung zu betreiben, um die Maßstäbe elitären Verhaltens zu erkennen. Sie werden ihm ohne viel Aufhebens von seinem adligen Lebenskreis demonstriert; ob er ihnen gerecht wird, erfährt er, wieder ohne langes Gerede, aus der Einschätzung durch Standesgenossen. Wir werden dieser Ansicht Chrestiens noch bei Muntaner und Burke wiederbegegnen. Der Ritter sehnt sich nach seinen Freunden, wenn er allein ist; er verläßt ihren Kreis nur, um ruhmbeladen zurückzukehren. Die Adligen des 12. Jahrhunderts sitzen allerdings nicht

29 EIN GRÜBLER VOR GOTT

30 EIN BÄURISCHER RITTER

dichtgedrängt am Königshof, sie wohnen weit im Land verstreut; gerade deshalb streben sie zu ihresgleichen, weil es für ihre Schicht keine anderen Gesprächspartner gibt. Denn die gewöhnliche Alternative zur adligen Konvention ist animalische Sicherung von Lebensunterhalt und Herrschaft, also tierische Dumpfheit, Plackerei ohne Freude, mißgünstige Isolierung. Das ritterliche Menschenbild selbst verhindert beim Versuch seiner Verwirklichung den Individualismus des Einzelmenschen. Hier erhebt sich die Gefahr, der Yvain zu erliegen droht, die glatte Anpassung an äußere Erfordernisse einer Rolle, deren innerer Zusammenhang nicht beachtet, geschweige denn eingeübt wird. Auf Verinnerlichung kommt es Chrestien an, wenn er Episoden reiht, um ritterliche Gesinnung in wechselnden Umgebungen zu lehren.

Ein Mönch erfährt die Maßstäbe idealen Verhaltens anders, durch Gewissenserforschung, Sündenbekenntnis, Selbstkritik. Wie weit er sie wirklich einhält, erfährt er auf Erden nie, als Einsiedler nicht, weil er keinen Gefährten hat, als Klosterbruder nicht, weil die Ordensgemeinschaft ihre eigenen Institutionen braucht, die ihn beschäftigen. Der Mönch sehnt sich aus dem Kreis seiner Mitbrüder hinaus, in dem er lebt; er kehrt zurück, wenn er sich selbst vor Gott geprüft hat. Die Geistlichen des 15. Jahrhunderts sitzen in ihren Klöstern und Stiften nahe beieinander; sie werden als Seelsorger und Prediger zusätzlich in die städtische Umwelt hineingezogen und finden dort wie in ihrem eigenen Kreis mehr als genug Gesprächspartner. Die Alternative zur geistlichen Konzentration ist geschwätzige Geschäftigkeit und Betulichkeit. Auch das mönchische Menschenbild läßt keinen Individualismus zu und ist noch mehr als das ritterliche der Gefahr ausgesetzt, in Äußerlichkeiten des Verhaltens steckenzubleiben und die Rückbeziehung aller Tätigkeiten auf die Nachfolge Christi zu vergessen. Um diese Bindung an Gott einzuüben, hämmert Thomas in sprichwortartigen Sentenzen die Unabhängigkeit mönchischer Gesinnung von wechselnden Umgebungen ein.

So verschieden die Anforderungen an den Ritter und den Mönch sind, sie verlangen immer die Übereinstimmung zwischen Norm und Verhalten. Die hergebrachten Konventionen der Gemeinschaft genügen nur oberflächlichen Ansprüchen und können die tiefere Aneignung des Menschenbilds geradezu verhindern. Diese innere Aneignung ist Aufgabe des Einzelmenschen; sie bedarf des persönlichen Entschlusses und der ständigen Selbstkontrolle. Die Elite bei Hofe und im Kloster kann nur Einhaltung äußerer Regeln erzwingen, im Grund nicht einmal das, weil sie aus Freiwilligen besteht und keinen »Vorgesetzten« hat. Es fehlt in Ritterepen und Mönchslegenden nicht an ausgeprägten Profilen und eigenwilligen Charakteren, zumal die Zugehörigkeit zur Elite Beharrlichkeit und Willenskraft voraussetzt. Zusammengehalten wird die elitäre Gruppe durch das gemeinsame Ideal, dessen Verwirklichung alle Mitglieder gleichförmig machen würde. Der Rückzug des Einzelmenschen in sich selbst hat nur den Sinn, fortan diesem Ideal besser als bisher, besser als die Freunde gerecht zu werden.

Wenn das schon für die beiden mittelalterlichen Idealtypen zutrifft, die am meisten Freiheit zur Lebensgestaltung gewährten und am eindringlichsten Treue des Menschen zu sich selbst verlangten, muß das Wort *Persona* im Mittelalter viel von seiner ursprünglichen Bedeutung behalten haben, in der es die Maske eines Schauspielers meinte. Das Wort konnte im Mittelalter den sozialen Rang oder Rechtsstatus eines Menschen, etwa die kirchenrechtliche Stellung eines Geistlichen, auch die Repräsentation einer Menschengruppe bedeuten; der Zisterzienser Alanus von Lille schrieb um 1200 zusammenfassend, *Persona* sei der Schauspieler insofern, als er auf verschiedene Weise die verschiedenen Zustände der Menschen vergegenwärtige. Der Einzelmensch ist als solcher nicht Person; er wird es erst, indem er eine Rolle übernimmt, die nicht er geschrieben hat, und sie sich zu eigen macht. Erst dadurch tritt der einzelne wirklich in seine Gemeinschaft ein und hat am geformten Leben teil; erst dadurch unterscheidet er sich vom Wilden Mann, der nur für sich lebt, und vom Mitläufer, der nur auf andere sieht.

HOSPITALBRÜDER

Am 7. März 1182 beschloß das Generalkapitel der Johanniter in Jerusalem eine lateinisch und altfranzösisch geschriebene Ordnung. Die französische Fassung lautet:

»Im Namen des Vaters und des Sohnes und des Heiligen Geistes, Amen. Im Jahr der Fleischwerdung unseres Herrn 1181 (!) im Monat März, an dem Sonntag, wo man *Laetare Jerusalem* singt, verkündet Roger (de Molins), Diener der Armen Christi, Vorsitzender im Generalkapitel der ihn umgebenden Geistlichen, Laien und Konversen, zur Ehre Gottes und Zierde des Glaubens, für Zuwachs und Nutzen der armen Kranken das Folgende: Ich befehle, daß die Vorschriften der vorgenannten Gemeinde und die Vorteile der nachgenannten Armen alle Tage ohne irgendeinen Verstoß eingehalten und gewahrt werden. Was die Kirchen betrifft, so befehle ich, daß ihre Einrichtung und Ordnung dem Prior der Hospitalgeistlichen am Ort untersteht, also die Sorge für Bücher, Geistliche, Gewänder, Priester, Kelche, Weihrauchfässer, Ewiges Licht und anderen Schmuck.

Zweitens setzte er mit Zustimmung der Brüder fest, daß für die Kranken des Hospitals Jerusalem vier kundige Ärzte angestellt werden, die die Eigenarten des Harns und die verschiedenen Krankheiten zu unterscheiden verstehen und dafür Heilmittel verabreichen können. Drittens ordnete er an, daß die Krankenbetten in Länge und Breite so bequem wie möglich zum Ruhen gemacht werden; jedes Bett soll mit seiner Zudecke bedeckt sein und seine passenden Bettücher haben. Danach setzte er als vierten Befehl fest, daß jeder Kranke einen Pelz zum Anziehen und Schuhe haben soll, wenn er austreten muß, auch Wollmützen. Es wurde festgesetzt, daß kleine Wiegen angefertigt werden für Kinder weiblicher Pilger, die im Haus geboren werden, so daß sie gesondert allein liegen und Säuglinge nicht durch die Krankheit ihrer Mutter in Mitleidenschaft gezogen werden. Dann wurde als sechstes Kapitel aufgeschrieben, daß die Bahren der Toten künstlerisch vergittert werden, so wie die Bahren der Brüder; es soll ein rotes Tuch mit weißem Kreuz darübergelegt werden.

Im siebten Kapitel befahl er, daß überall, wo Krankenhäuser errichtet werden, die Hausvorstände die Kranken guten Mutes bedienen, ihnen darreichen, was sie brauchen, und ihnen ohne Zank und ohne Klage Dienst tun; durch diese Wohltat können sie sich die Teilhabe an der Himmelsglorie verdienen. Und wenn ein Bruder die Befehle des Meisters in diesen Dingen mißachtet, soll man es dem Meister melden, der die Buße dafür nach den Vorschriften des Hausrechts verhängt. ... Abgesehen von der Hut und den Wachen bei Tag und Nacht, die die Brüder des Hospitals für die armen Kranken wie für vornehme Herren eifrig und liebevoll leisten müssen, wurde danach im Generalkapitel beigefügt, daß für jeden Flur und Raum im Hospital, wo Kranke liegen, neun Helfer für ihren Dienst bereitstehen sollen, die ihre Füße schön waschen, ihre

Tücher reinigen, ihre Betten richten, den Schwachen die nötigen und bekömmlichen Speisen reichen, ihnen liebevoll zu trinken geben und in allen Dingen dem Wohl der Kranken gehorchen.

Alle Brüder des Hospitals, die es jetzt sind und künftig sein werden, sollen wissen, daß als gute Bräuche im Haus Jerusalem die folgenden im Schwang waren: Erstlich pflegte das heilige Haus kranke Männer und Frauen aufzunehmen und Ärzte zu halten, die für die Kranken sorgten, Medikamente anfertigten und das bei Kranken Notwendige vorsahen. An drei Wochentagen pflegten die Kranken frisches Schweine- oder Hammelfleisch zu bekommen, und wer davon nicht essen konnte, erhielt Hühnerfleisch. Und je zwei Kranke pflegten einen Schafpelz zu haben, den sie anzogen, wenn sie zu den Klosetts gingen; weiter je zwei Kranke ein Paar Schuhe. Jedes Jahr pflegte das Haus den Armen 1000 Felle von dicken Schafen zu schenken. Auch alle von Vätern und Müttern ausgesetzten Kinder pflegte das Hospital aufzunehmen und aufziehen zu lassen. Wenn sich Mann und Frau verheiraten wollten und für ihre Hochzeit nichts hatten, schenkte ihnen das Haus zwei Schüsseln oder die Portionen von zwei Brüdern. Das Haus pflegte ferner einen Schusterbruder und drei Helfer zu halten, die alte Schuhe instand setzten, um sie für Gotteslohn zu verschenken. Auch der Almosenpfleger hielt gewöhnlich zwei Helfer; sie richteten alte Kleider her, die er den Armen gab. Und der Almosenpfleger schenkte gewöhnlich jedem Gefangenen zwölf Pfennig, wenn er zum ersten Mal aus Gefangenschaft kam.

Jede Nacht pflegten fünf Geistliche für die Wohltäter des Hauses den Psalter zu lesen. Und jeden Tag pflegten 30 Arme bei einer Tagesmahlzeit um Gotteslohn mitzuessen, und die fünf vorgenannten Geistlichen gehörten zu diesen 30 Armen. Die 25 anderen aßen vor dem Konvent. Und jeder von den fünf Geistlichen bekam zwei Pfennig und aß mit dem Konvent. Und an drei Wochentagen gab man als Almosen allen, die zum Betteln herkamen, Brot, Wein und Gekochtes. In der Fastenzeit pflegte man jeden Samstag 13 Arme zu bewirten; man wusch ihnen die Füße und gab jedem ein neues Hemd, neue Hosen und Schuhe, und drei Kaplänen oder drei Geistlichen unter diesen 13 gab man drei Pfennig und jedem von den anderen zwei Pfennig. Dies ist das besondere Almosen, das im Hospital besteht. abgesehen von den Waffenbrüdern, die das Haus in Ehren freihielt. Dazu kamen mehrere andere Almosen, die sich überhaupt nicht jedes einzeln anführen lassen. Und daß das wahr ist, bezeugen vertrauenswürdige und rechtschaffene Männer, nämlich Bruder Roger der Hospitalmeister, der Prior Bernart und das ganze Generalkapitel.«

Fünf Jahre, bevor Sultan Saladin 1187 die Johanniter aus Jerusalem vertrieb, hielt unser Dokument zum ersten Mal fest, was seit über hundert Jahren täglich geleistet wurde in dem Haus, das auf Steinwurfweite südlich der Auferstehungskirche lag. Nach Berichten von Kreuzfahrern und Pilgern wurden 1170 hier 2000 Kranke betreut und ebensoviele Arme beschenkt; das stimmt ungefähr zu der Angabe des Meisters Roger von 1179, das Hospital beherberge schon 900 Kranke und nehme 750 Verwundete neu auf. Seit der Gründung durch Kaufleute aus Amalfi sorgte das »Haus« für erschöpfte, vielleicht ausgeplünderte Pilger aller Länder; seit der Eroberung Jerusalems durch die Kreuzfahrer 1099 löste es sich von dem Benediktinerkloster, mit dem es verbunden gewesen war. Denn nun waren nicht mehr nur Durchreisende unterzubringen. Die ständigen Grenzkämpfe mit Mohammedanern erforderten Pflege von Kriegsverletzten und Gefangenen, die halbtot und abgerissen zurückkamen. Während solche adligen Kreuzfahrer eines Tages absegelten, blieben die Armen, die schon den ersten Kreuzzug in hellen Scharen begleitet und gestört hatten; diesen Unterschichten des Heiligen Landes galt die andere Hauptsorge des Hospitals. Sie hatten nichts zu essen und nur Lumpen anzuziehen; sie wußten nicht, womit sie einen Hochzeitsschmaus bestreiten und Kinder großziehen sollten; sie freuten sich über jede Sach- und Geldspende. Die Fürsten des Heiligen Landes kümmerten sich kaum um sie; für eine Gesamtbevölkerung der Hauptstadt von etwa 10 000, des Königreiches von über 120 000 Menschen reichten auch die herkömmlichen Maßnahmen kirchlicher Fürsorge nicht aus. Während es sozial, wirtschaftlich, sittlich im Heiligen Land drunter und drüber ging, sprang ein Bund von Freiwilligen in die Bresche und schuf eine Insel christlicher Nächstenliebe, ein Haus für alle.

Ihr Dienst ist hart. »Unsere Herren Kranken«, wie sie im großen Krankensaal und in den weitläufigen, soeben aufgestockten Häusern des Hospitalkomplexes angesprochen werden, sind nackt und schmutzig gekommen, liegen vielleicht zum ersten Mal in einem sauberen Bett, bekommen Fleisch, Weißbrot und – wovon Papst Coelestin III. 1191 schwärmt – sogar Äpfel oder Trauben, auch wenn sie noch so teuer sind.

Den Brüdern hingegen, die sie bedienen, ist aufwendige Kleidung unter-
sagt; beim Eintritt wird ihnen nur Brot und Wasser zugesichert. Nörgeln-
de Kranke reizen manchen Bruder bis zur Weißglut, zumal die Johanniter
aus Kreisen stammen, die eher herrschen als dienen gelernt haben; es
sind Verwandte Joinvilles, der keinem Armen die Füße waschen würde.
Die etwa 400 adligen Brüder tun es. Allerdings werden für die Pflege am
Krankenbett vorwiegend nichtadelige Helfer auf Zeit angestellt und besoldet. Solche Schichtungen im Haus beginnen sich eben erst abzuzeich-
nen; es ist noch nicht lange her, daß auch ein Schuster als Vollbruder die
Helfer befehligte.

Es ist auch noch nicht lange her, seitdem ins Haus Waffenbrüder
kamen, die von karitativen Pflichten entbunden wurden. Seit den 1130er
Jahren halten Johanniter Grenzwacht auf einzelnen Burgen; seit den
1160er Jahren werden ihnen überall im Heiligen Land Gebiete geschenkt,
die für den Wirtschaftsbetrieb des Hauses unerläßlich, aber ohne militärischen Schutz wertlos sind. Wenn also die Pflege der Kranken und die
Sicherung von Pilgerzügen unter anderem den Dienst mit der Waffe
einschließen, kann man es Ritterbrüdern kaum verdenken, daß sie sich
den Himmel lieber im Harnisch zu Pferd als bei Nachtwachen im Krankensaal verdienten. Auch Roger de Molins, seit 1177 Johannitermeister,
der dann 1187 im Kampf gegen Saladin fiel, widmete sich militärischen
Aufgaben so gern, daß ihn schon 1178/80 Papst Alexander III. warnte:
Das Hospital werde besser durch Barmherzigkeit gegenüber den Armen
als durch die Macht der Waffen verteidigt; Roger möge zu »den heiligen
Sitten und guten Bräuchen« seiner Vorgänger zurückfinden. Noch war
jedoch nicht wie im 13. Jahrhundert Aristokratisierung die Hauptgefahr,
sondern die vom Papst geförderte Klerikalisierung; auch sie brachte
Schichtungen mit sich.

Das Haus braucht Geistliche, die Messe lesen, Beichte hören, mit
Kranken beten, Sterbende versehen, Tote aussegnen – manchmal fünfzig
täglich. Geistliche führen die Verwaltung und schreiben Dokumente wie
das vorliegende. Die Päpste haben sie spätestens 1154 unter die Mönchsgelübde Keuschheit, Armut und Gehorsam gestellt. Aber ein Hospital ist
kein Kloster. Da liegen kranke Frauen, die man nicht abweisen kann, um
die Keuschheit der Brüder zu schützen. Da müssen landauf, landab
Spenden gesammelt werden, auf die man nicht verzichten kann, um
Armut und Besinnung zu zeigen. Da sterben Menschen, die man nicht

lang fragen kann, ob sie exkommuniziert seien, und nicht lieblos verscharren kann, um kirchlichen Gehorsam zu üben. So grandios die Grundsätze des Hospitals sind, ihre Verwirklichung bringt Ärger, nicht nur mit den militärischer orientierten Templern. In Jerusalem wettert in den Jahren unseres Statuts der königliche Kanzler Wilhelm von Tyrus, daß die Johanniter Exkommunizierte bestatten, in bischöfliche Interdikte oder Predigten mit Glockenschall einbrechen, Zahlung von Kirchenzehnten verweigern, alles der kirchlichen Ordnung zum Trotz. Umgekehrt empört sich im Abendland Papst Alexander III. über Bischöfe und Pfarrer, die den Johannitern bei Spendensammlungen die Kirchentür weisen, lieber lokale Hilfswerke unterstützen und den Dienern der Armen Geld abnehmen, anstatt es ihnen zu geben. Man würde ihnen ja helfen, wenn sie nur eine anständige Ordensverfassung hätten. Wer aber allen ohne Unterschied helfen will, sitzt schnell zwischen allen Stühlen.

Vor diesem Hintergrund ist das Bewegendste an dem Statut nicht so sehr die karitative Gesinnung als die Eintracht der Brüder. Sie reden wenig von dem, was sie schon trennt. Mag sich der Klerus unter dem Prior mit dem Kirchenschmuck, die Mannschaft der Waffenbrüder unter dem Marschall mit der Burghut befassen, das Wichtigste tun alle gemeinsam, nicht auf Kommando des Meisters, dessen »Ich« schon beim zweiten Kapitel verstummt und dessen »Befehl« im siebten Kapitel nur eine Bitte um Unverdrossenheit ist. Im mohammedanischen Hospital von Damaskus wirkten 978 schon 24 Mediziner; da wird es Zeit, auch bei uns fachkundigere Ärzte anzustellen, und alle stimmen zu. Der Antrag, die Zahl der Krankenwärter zu erhöhen, kommt aus der Mitte der Versammlung, nicht von oben. Und nachdem alles beschlossen ist, wird als zweiter Teil eine Antwort auf den päpstlichen Vorwurf angehängt, nicht von dem angegriffenen Meister, sondern wieder von den Umstehenden ausgehend. Hier sind die »guten Bräuche« des Hauses zusammengestellt. Niemandem wird ihre Einhaltung aufgetragen, sie sind alle in Vergangenheitsform gefaßt, als sollten sich Jetzige und Künftige nicht dadurch belastet fühlen. Und doch gibt es keine bindendere Verpflichtung für alle als das Zeugnis des ganzen Kapitels, »daß das wahr ist«.

Man hat dieses Statut die erste uns bekannte Krankenhausordnung genannt. Zwar hat es auf das mittelalterliche Spitalwesen vorbildlich und nachhaltig eingewirkt, aber eine Hausordnung ist es nicht. Wenn es um Verwaltung von Haus und Material ginge, würden mehr ökonomische

Probleme erörtert; wenn es um Heilung der Kranken ginge, kämen mehr medizinische Anweisungen vor. Daß sich die Versammelten hinter der Bezeichnung »Haus« verstecken, ist für uns kein Grund, sie dahinter verschwinden zu lassen. Im Kern ist das Statut ein Bund von Menschen, die ihren Lebenskreis verließen, um freiwillig den Verlassenen zu dienen. Dieses Ziel, nicht ein institutionelles System von Kompetenzen, begründet ihre Gemeinsamkeit. Die Johanniter wissen das. Wenn sie sich im 12. Jahrhundert überhaupt eine Bezeichnung geben, heißt sie nicht *Ordo*, Ordnung und Orden, sondern *Fraternitas*, Brüderlichkeit und Bruderschaft.

GILDENBRÜDER

Am 1. November 1388 forderte König Richard II. von England alle Gilden und Bruderschaften des Reiches auf, binnen drei Monaten über ihre Entstehung, Verfassung und Vermögenslage Bericht an die Königskanzlei in Westminster zu erstatten. Die Schneidergilde von Lincoln antwortete im Januar 1389 lateinisch:

»Die Gilde wurde im Jahr des Herrn 1328 gegründet. Alle Brüder und Schwestern sollen am Fronleichnamsfest mit der Prozession gehen. Niemand soll als Vollmitglied in die Gilde eintreten, bis er für seinen Eintritt ein Viertel Gerste entrichtet hat; es muß zwischen Michaeli (29. 9.) und Weihnachten entrichtet werden. Und wenn es dann noch nicht entrichtet ist, soll er den Preis für das beste Malz bezahlen, wie es auf dem Johannismarkt (am 27. 12.) in Lincoln verkauft wurde. Und jeder soll zwölf Pfennig für die Kannen zahlen.

Wenn einer von der Gilde in Armut fällt – was Gott verhüten möge – und nicht die Mittel zum Lebensunterhalt hat, soll er jede Woche, solange er lebt, aus dem Gildenvermögen sieben Pfennig bekommen; davon muß er auch die Zahlungen bestreiten, die an die Gilde fällig werden. Wenn jemand innerhalb der Stadt stirbt, ohne die Mittel für das Begräbnis zu hinterlassen, wird die Gilde die Mittel je nach Rang des Verstorbenen bereitstellen. Wenn jemand eine Pilgerfahrt zum Heiligen Land nach Jerusalem zu machen wünscht, soll ihm jeder von den Brüdern und Schwestern einen Pfennig geben, und wenn nach Santiago oder Rom, einen halben Pfennig. Und sie sollen mit ihm bis vor die Tore der Stadt Lincoln gehen, und bei seiner Rückkehr sollen sie ihn abholen und mit ihm zu seiner Pfarrkirche gehen. Wenn ein Bruder oder eine Schwester außerhalb der Stadt, auf Pilgerfahrt oder sonstwo stirbt und die Brüder von seinem Tod sichere Nachricht haben, sollen sie für seine Seele dasselbe tun, wie wenn er in seiner eigenen Pfarrei gestorben wäre. Wenn einer von der Gilde stirbt, soll er, je nach seinen Mitteln, der Gilde fünf Schilling oder elf Pfennig oder wieviel er will vermachen. Jeder von den Brüdern und Schwestern soll beim Eintritt in die Gilde dem Kaplan dasselbe wie die anderen zahlen.

In jedem Jahr sollen vier Morgensprachen gehalten werden, um Maßnahmen für die Wohlfahrt der Gilde zu treffen, und jeder, der seiner Einladung nicht nachkommt, soll zwei Pfund Wachs zahlen. Wenn irgendein Meister der Gilde irgend jemanden bei sich als Lehrling aufnimmt, damit er die Arbeit des Schneiderhandwerks erlernt, soll der Lehrling an die Gilde zwei Schilling zahlen, oder sein Meister für ihn; sonst soll der Meister seine Mitgliedschaft verlieren. Wenn zwischen irgendwelchen Brüdern oder Schwestern der Gilde irgendein Zank oder Streit ausbricht – was Gott verhüten möge –, sollen die Brüder und Schwestern nach dem Rat des Vorstehers und der Verwalter ihr Bestes tun, um zwischen den Parteien Frieden zu schließen, vorausgesetzt, daß der Fall von der Art ist, daß er ohne Bruch des Gesetzes auf diese Weise beigelegt werden kann. Und jeder, der sich dem Urteil der Brüder nicht fügt, soll seine Mitgliedschaft verlieren, wenn er sich nicht innerhalb von drei Tagen eines Besseren besinnt, und dann soll er einen Stein Wachs zahlen, falls es ihm nicht erlassen wird.

An Festtagen sollen die Brüder und Schwestern mit ihren Gebeten drei Töpfe und sechs Kannen haben, und das Bier in den Töpfen soll den Armen, die es am meisten brauchen, gegeben werden. Nach dem Fest soll eine Messe gelesen und ein Opfer für die Seelen der Verstorbenen gegeben werden. Beim Tod von Brüdern oder Schwestern sollen bis zum Begräbnis vier Wachskerzen rund um die Leiche gestellt werden, und die üblichen Gottesdienste und Opfer sollen folgen.

Wenn irgendein Meister vom Handwerk irgendeinen Jungen oder Näher eines anderen Meisters behält, einen Tag, nachdem er erfahren hat, daß der Junge zu Unrecht seinen Meister verlassen hat und daß sie sich nicht auf freundliche und vernünftige Weise getrennt haben, soll er einen Stein Wachs zahlen. Wenn irgendein Meister vom Handwerk irgendeinen Jungen als Näher verwendet, soll dieser Näher sechs Pfennig zahlen, oder sein Meister für ihn.

Jeder von den Brüdern und Schwestern der Gilde soll jedes Jahr einen Pfennig als milde Spende geben, wenn der Dekan der Gilde es verlangt; und er soll an der Stelle gegeben werden, wo es der Geber für besonders nötig hält, zusammen mit einem Krug Bier aus dem Biervorrat der Gilde. Amtsträger, die gewählt sind und ihr Amt nicht übernehmen, sollen Geldstrafen zahlen.

Dessen zum Zeugnis und auf besonderes Verlangen der Gilde wird hierzu das Siegel des katholischen Dekanats Lincoln gesetzt. (Auf französisch:) Geschrieben zu Lincoln in sehr großer Eile.

Hier endet die Gildenrolle der Schneider von Lincoln.

(Von anderer Hand:) Die Brüder haben keinen Grundbesitz oder Hausbesitz, weder unveräußerlichen noch sonstigen, und kein Gildenvermögen, nur was sie dafür brauchen, das Dargestellte auszuführen; sie halten auch keinerlei Feste ab außer den vorgenannten, die dazu dienen, Liebe und Mildtätigkeit untereinander zu pflegen.«

Die königliche Anordnung traf die Schneider von Lincoln offenbar unvorbereitet; schriftliche Unterlagen besaßen sie nicht. Zwar erinnerten sie sich, daß ihre Gilde jetzt 61 Jahre alt war, aber die Walker von Lincoln konnten genauer angeben, daß sie ihre Gilde am Sonntag, 28. April 1297, gegründet hatten. Auch pflegten die Schneider nicht wie zwei Lincolner Pfarrgilden beim jährlichen Gildenessen die Statuten vorlesen zu lassen. Ferner hatten sie kein eigenes Gildensiegel und mußten sich, wenn etwas zu beglaubigen war, ein Kirchensiegel ausleihen. Jetzt mußten sie aufschreiben, was alle wußten. Lateinisch sollte es auch noch sein; vielleicht half ihnen der Kaplan, den sie unterstützten. Die Frist war fast verstrichen, bis das Wichtigste ungeordnet zusammengestellt war, und die Frage der Behörde nach Liegenschaften und Vermögen wurde ganz vergessen. Die Verwirrung ist verständlich. Die Schneider wußten nicht einmal genau, in welche Kategorie des Vereinsrechts ihre Gilde gehörte, denn nur Bruderschaften mußten Statuten einreichen, Handwerkszünfte nicht. Man entschied sich für die Bruderschaft und schickte die obigen Statuten ab.

Eine Zunft ist sie in der Tat nicht, auch wenn sie Schneidergilde heißt.

Denn die Mitgliedschaft ist nicht wie bei anderen Gilden ausdrücklich auf Berufsausübende beschränkt, und es fehlt eine Bestimmung wie bei Webern und Maurern von Lincoln, daß kein Berufsgenosse in der Stadt bleiben dürfe, ohne der Gilde beizutreten. Die Schneider sagen auch nichts über Verbot bestimmter Arbeitsmethoden und Begrenzung der Arbeitszeit wie die Walker der Stadt. Anscheinend leiden die Schneider weniger unter der Wirtschaftskrise als andere Textilgewerbe. Lincoln hatte bei der Pest 1349 etwa 60 Prozent seiner Einwohner verloren und sich nicht wieder erholt. Der König nannte die Stadt 1365 unsauber und übelbeleumdet; sie war ungepflastert, ihre Türme und Mauern verfielen. Mit 5400 Einwohnern war sie 1377 zwar noch die siebtgrößte Stadt Englands, aber seit 1369 nicht mehr Mittelpunkt der Wollproduktion und Stapelplatz des Wollexports. Der neuerliche Aufschwung der Textilindustrie vollzog sich weiter im Westen Englands und auf dem Land. Weber und Walker litten unter der Marktverschiebung und reagierten durch Kapazitätsbeschränkungen; doch für eine Handvoll Schneider, die den individuellen örtlichen Bedarf befriedigten, blieb genug Arbeit und sogar zusätzlicher Bedarf an Nähern, wie die Abwerbungsklausel zeigt; auch die Zahl der Lehrlinge wurde, wenigstens durch unsere Statuten, nicht beschränkt. Aber Förderung des Schneiderhandwerks war nur nebenbei beabsichtigt; Hauptzweck der Gilde war die Wohlfahrt ihrer Mitglieder.

Reich sind sie nicht. Sie nennen keine Gildenfahne ihr eigen wie eine der Pfarrgilden, auch kein Gildenhaus wie die St. Mary's Gild und keine Gildentracht von jener Pracht, in der zur selben Zeit Chaucer fünf seiner Pilger einherstolzieren läßt. Sie ziehen bei der Fronleichnamsprozession mit, die seit den 1320er Jahren in England zur Selbstdarstellung der Stadtgemeinde in ihren Vereinen geworden ist; aber schwerlich rüsten sie dafür wie andere Gilden einen eigenen Bühnenwagen mit lebenden Bildern und beteiligen sich wohl auch nicht führend beim Fronleichnamsspiel. Sie lassen in der Kirche nicht wie andere Vereine zu bestimmten Feiertagen besonders viele oder dicke Wachskerzen brennen. Kurzum, sie gehören nicht zu den stolzen Innungen, die ihre Wohlfahrt aufwendig nach außen zur Schau stellen.

Die Ärmsten sind sie allerdings auch nicht. Gott wird es schon verhüten, daß sie am Hungertuch nagen. Im Notfall zahlen sie wie die Schneider von Norwich bedürftigen Mitgliedern täglich auf Lebenszeit einen Pfennig, während die Walker von Lincoln dafür nur sechs Pfennig jährlich erübrigen, selbst das nur für höchstens drei Jahre. Ein Schneider kann bis Jerusalem pilgern und darf jeden Tag von der Gilde vors Tor geleitet werden, nicht wie bei den Walkern bloß nach Rom und bloß an Ruhetagen. Die Bestimmung über Pilger erinnert daran, daß Wohlfahrt nicht nur materielle Unterstützung meint: An den religiösen Verdiensten einer frommen Pilgerfahrt sollen alle Brüder und Schwestern teilhaben, darum helfen sie dem Pilgernden finanziell und begleiten ihn am Anfang und am Schluß wenigstens ein Stück weit. Genauso geleiten sie die Toten ins Jenseits, mit Geldspenden und Gebeten. Das sieht nach Gruppenegoismus aus; die Schiedsgerichtsbarkeit, die friedfertiges Verhalten der Schneider untereinander erzwingt und ruinöse Konkurrenz unterbindet, paßt dazu auch. Die Gilde sorgt für leibliche und geistige Wohlfahrt ihrer Mitglieder. Aber wozu dann Armenfürsorge?

Selbsthilfe zwingt zur Nächstenliebe. Wenn die Schneidergilde ihren Toten den Himmel erkaufen will, muß sie regelmäßig denen Gutes tun, die es auf Erden am nötigsten haben. Das wird bei Todesfällen sichtbar, bei den Schneidern freilich nur angedeutet; die Walker sagen es klipp und klar: Stirbt ein Gildenmitglied, so zahlt die Gilde Seelenmessen und kauft außerdem Brot, das an Arme verteilt wird »für das Seelenheil des Toten«. Das Vergelt's Gott des Armen wiegt im Jenseits so viel wie die Totenmesse des Kaplans. Dasselbe geschieht für die Lebenden beim jährlichen Gildenfest. Die Schneider machen kein üppiges Gelage daraus; sie schmausen vielleicht in der städtischen *Gildehalle,* die baufällig und finster ist und 1390 ersatzlos abgerissen wird, weil es an Geld fehlt. Die Schneider laden zu diesem Liebesmahl nicht ebensoviele Arme ein, wie sie Mitglieder zählen, was eine der Pfarrgilden tut; aber wie alle anderen verteilen auch die Schneider Bier an die Armen, nicht ohne Segensgebete. Sie halten einen eigenen, aus den Gerstenabgaben gebrauten Biervorrat, denn Engländer sind durstig; aber wenn sie ihm zusprechen, trinken Arme mit. So schließt sich der Kreis: Keine irdische Wohlfahrt ohne himmlische Fürsorge, keine Schneiderwohlfahrt ohne Armenfürsorge.

Anders als die Fürsorge des Valdes bleibt die der Schneidergilde im Rahmen städtischer Rechts- und Sozialordnung; die Gilde beläßt jeden Menschen in seinem Rang. Sie rechnet nicht damit, daß ein Lehrling Gildenmitglied wird; wo sie die Bestattungskosten übernimmt, bemißt sie den Aufwand am Rang des Toten, und da stehen die Meister obenan. Dafür erwartet man von ihnen wohl auch höhere Zuweisungen im

Testament. Sonst freilich leisten und erhalten alle dasselbe, auch Frauen, wie es in fast allen Gilden dieser Art üblich ist. Institutionelle Macht hat keiner, am wenigsten ein Amtsträger, der jährlich neu gewählt und notfalls in sein Amt gezwungen wird. Was zur Wohlfahrt der Gilde dient, beschließen alle zusammen in den vier Jahresversammlungen. Weltbewegendes wird da nicht erörtert; die Regierung kann beruhigt sein. Sie hat ihre Anordnung aus Furcht vor Geheimbünden erlassen, nicht ganz ohne Anlaß; beim Bauernaufstand von 1381 waren auch Honoratioren aus Lincoln beteiligt gewesen. Aber die Schneidergilde ist keine Verschwörerbande.

Ihre geschichtliche Wirkung ist bescheiden, aber nicht verächtlich. Alle diese Gilden Lincolns haben in den Verfallszeiten einen Bereich menschlicher Solidarität gewahrt, jenseits der Familie, diesseits der Gemeinde. Es sind kleine Bünde, zum Teil Pfarrgilden, also Nachbarschaften, die trotzdem nicht mit den 46 Pfarrgemeinden Lincolns identisch sind, und zum Teil Berufsvereine, die trotzdem nicht mit Handwerkszünften zusammenfallen. Wenn die Regierung in Westminster und noch ein Teil der modernen Forschung säuberlich zwischen religiösen oder sozialen Bruderschaften einerseits und Gewerbeverbänden andererseits unterscheiden, übersehen sie, daß der Zusammenhalt dieser Bünde auf ihrer unspezialisierten Freiwilligkeit beruht. Sie sind keine Interessengruppen derer, die sowieso miteinander leben; sie suchen an einer Stelle zwischen den Gruppen Sicherheit und Frieden zu stiften, »Liebe und Mildtätigkeit untereinander zu pflegen«. Und welche Bezeichnung führen die Gilden von Lincoln, wenn sie das altenglische Wort *Gilde,* das etwa Opfergelage bedeutet, ins Lateinische übersetzen lassen? *Fraternitas,* Bruderschaft.

BÜNDE

Was beweist der vage Name »Bruderschaft« und die unverbindliche Anrede »Bruder« für die Gemeinsamkeit so verschiedenartiger Bünde wie der Johanniter in Jerusalem und der Schneider in Lincoln? Nach Herkunft und Zielsetzung nicht viel. Wie die meisten religiösen Bünde knüpfen die Johanniter unmittelbar an den Benediktinerorden an, in dem die Anrede »Bruder« auf den gemeinsamen Vater im Himmel und auf Christus verweist, der die Geringsten seine Brüder nennt. Laienbruderschaften wollen meist wie die Johanniter keine exklusiven Mönchsorden zur Selbstheiligung werden, doch ist ihr religiöser Dienst für andere eine Selbstbeschränkung und verlangt asketische Umkehrung adliger Konventionen von Herrschaft, Sippschaft und Reichtum. Gehorsam, Keuschheit und Armut beherrschen das Zusammenleben dieser Bünde, reiner Männerbünde. Ihre Blütezeit ist die Epoche der Kreuzzüge, ihre tragende Schicht der Adel, der in die Ferne aufbricht, um in der Fremde eine Gemeinschaft von Wandernden zu bilden.

Die Gilde von Lincoln dagegen entstammt wie die meisten Sozialbünde der Selbsthilfe von seßhaften Bauern und Kleinbürgern. Die Thanes' Gilde in Cambridge bildet sich im 10. Jahrhundert als Schwurverband von Bauern, die einander bei Streit und Mord beistehen und für ermordete Genossen Blutrache üben, was sonst die Sippe tut. Ähnliche Ziele der Selbstbehauptung verfolgen im Hochmittelalter zahlreiche Heiliggeist-Bruderschaften in Dörfern rund um die Alpen. Sie knüpfen fast alle an den Zusammenhalt von Familie und Gemeinde an, begegnen einander nicht als Brüder in Christo, sondern wie leibliche Brüder und nehmen Frauen mit auf. Die gemeinsame Mahlzeit vereint die Mitglieder, vielleicht zu einem Opfermahl, aber ohne asketische Absicht, eher als Fest der Selbstbestätigung. Die Blütezeit solcher Gilden ist das Spätmittelalter mit seiner schon stagnierenden bürgerlichen Mentalität, die in der Heimat Gemeinschaft der Zuverlässigen sucht.

Doch lassen sich beide Typen nicht scharf voneinander trennen, was bündisches Verhalten betrifft. Die Selbsthilfe-Gilde der Thanes von Cambridge spendet schon im 10. Jahrhundert beim Tod eines Genossen Almosen für Arme; die karitative Bruderschaft der Johanniter verteidigt sich schon im 12. Jahrhundert durch Waffenbrüder selbst. Mittelalterliche Bünde praktizieren Selbsthilfe und Nächstenliebe zugleich. Diese Verquickung macht die Bünde größeren, institutionalisierten Verbänden verdächtig; darin sind sich Papst Alexander III. und König Richard II. einig. Die Johanniter sollten ein Orden werden, um ihre hohen Ideale zu pflegen; die Schneidergilde sollte eine Zunft werden, um ihre materiellen Interessen zu verfechten. Aber durch solche Festlegungen würden sich die Bünde selbst aufgeben. Ihre Praxis richtet sich auf das Miteinanderleben von Menschen, die nicht miteinander leben müssen, jedenfalls nicht durch Familie oder Beruf, durch religiöse Ideale oder soziale Interessen aneinander gefesselt sind. Sie kommen an einem Ort zusammen, in einem Haus; Bünde sind stationär. Aber exklusiv sind sie nicht; sie siedeln sich zwischen kleinen Gruppen und großen Verbänden an, als überschaubare, freiwillige Einungen.

Ihre selbstgewählte Aufgabe umfaßt nicht alle Lebensbereiche, verengt sich aber nicht wie bei kultischen Männerbünden der Naturvölker auf rituelle Verrichtungen oder wie bei privaten Vereinen der Neuzeit auf zufällige Steckenpferde. Selbsthilfe und Nächstenliebe lassen sich nicht aus der alltäglichen Praxis lösen; deshalb zeichnen unsere Dokumente kein Idealbild vom »bündischen Menschen«, sondern reihen praktische Anweisungen von Fall zu Fall. Sie können rasch geändert werden, denn die Bünde haben zwar geschichtliche Traditionen, berufen sich aber nicht gern auf sie. Man tut, was gerade im Schwang ist, dasselbe wie die anderen. Solche Konventionen können Mitläufer züchten; es fehlt ihnen der innere Zwang, der in Eliten Menschen formt oder zerbricht. So haftet den Bünden eine gewisse Beliebigkeit an. Schafsfelle oder Bierflaschen für die Armen können zwar die alltägliche Stimmung einer ganzen Stadt verwandeln, aber deren geschichtliche und soziale Probleme allenfalls beschwichtigen, nicht lösen. Freilich garantiert Beliebigkeit auch Freiheit. Die zahlreichen Spitalbruderschaften, die den Johannitern nacheifern, führen ihren besonderen Umständen entsprechend ihr Eigenleben; die Gilden der Schneider in Lincoln und Norwich, die Gilden der Schneider und der Walker in Lincoln haben sehr verschiedene Statuten. Wegen ihrer Mannigfaltigkeit sind die mittelalterlichen Bünde schwer greifbar und schlecht erforscht. Aber wo im Mittelalter Gemeinschaften dem Einzelmenschen über Abhängigkeit und Unfreiheit hinaushelfen, tragen sie Züge der Bruderschaft.

HERREN

Chorbischof Thegan von Trier eiferte um 837 in seiner lateinischen Lebensbeschreibung Ludwigs des Frommen« gegen einige bischöfliche Amtsbrüder:

»Alles tat er (der Kaiser) klug und umsichtig, nichts unüberlegt; nur seinen Ratgebern vertraute er mehr, als es nötig gewesen wäre. Das kam von seiner Beschäftigung mit dem Psalmensingen und von seiner unablässigen Lektüre und noch von etwas anderem, was nicht erst er aufbrachte. Denn schon längst bestand die schlimme Gewohnheit, daß aus den niedrigsten Knechten die höchsten Bischöfe wurden; er verhinderte das nicht. Und doch ist es ein ganz großer Übelstand im Christenvolk; das bezeugen die Geschichten der Könige von Jeroboam (I. von Israel), dem Sohn Nabats. Er war Knecht König Salomons und hatte nach ihm die Herrschaft über zehn Stämme der Kinder Israel inne. Von ihm nun berichtet die Bibel: ›Nach diesen Worten ließ Jeroboam nicht von seinem schlimmen Wandel; im Gegenteil, aus den Geringsten im Volke machte er Hohepriester. Wer nur wollte, füllte ihm die Hand und wurde Hoherpriester. Und dadurch fiel das Haus Jeroboams in Sünde und wurde vernichtet und vom Erdboden vertilgt‹ (3. Buch der Könige 13, 33–34).

Solche Leute mögen vorher noch so sanftmütig und umgänglich gewesen sein; wenn sie den Gipfel der Herrschaft erklommen haben, fangen sie sofort an, jähzornig, streitsüchtig, verleumderisch, halsstarrig und ungerecht zu werden, stoßen gegen alle Untergebenen Drohungen aus und wollen durch derartiges Gehabe erreichen, daß alle sie fürchten und rühmen. Sie geben sich Mühe, ihre höchst schmutzige Verwandtschaft aus dem Joch verdienter Knechtschaft zu ziehen und ihr die Freiheit zu schenken. Dann unterrichten sie einige von ihnen in den Wissenschaften, andere vermählen sie mit vornehmen Frauen und zwingen die Söhne von Adligen, ihre Verwandten zu heiraten. Denn nur die können mit ihnen auf gleichem Fuße leben, die mit ihnen in solcher Verbindung stehen; die übrigen aber verbringen ihre Tage in großer Trübsal mit Seufzen und Weinen. Sobald aber die Verwandten der genannten Leute ein bißchen studiert haben, verspotten und verachten sie sogar adlige Greise. Sie sind hoffärtig, unbeständig, unkeusch, unverschämt, unbescheiden. Immerhin bleibt an jedem noch ein wenig Gutes.

Wenn sie aber erst einmal die heilige Furcht des Herrn von sich geworfen haben, dann wollen sie die anerkannte Schrift nicht mehr studieren, die *Apostelkonzil* heißt; sie schreibt da nämlich vor: ›Wenn ein Bischof arme Verwandte hat, soll er sie auch wie Arme behandeln, damit kein Kirchenvermögen verderbe.‹ Sie mögen auch das Buch des heiligen Gregor mit dem Titel *Hirtensorge* nicht annehmen. Wie sie sich betragen, das können überhaupt nur die glauben, die dieses Elend ununterbrochen erdulden müssen. Sowie ihre Verwandten ein bißchen studiert haben, werden sie in den Priesterstand aufgenommen, was für Spender und

Empfänger eine ganz große Gefahr bedeutet. Auch wenn sie von manchem etwas verstehen, wird ihre Gelehrsamkeit doch von der Vielzahl ihrer Verbrechen überboten. Es kommt oft vor, daß es ein Oberhirte nicht wagt, in der Kirche einige nachlässige Schädlinge nach kirchlichem Recht zu rügen, und zwar wegen der Verbrechen seiner eigenen Verwandten. Dieses heilige Amt wird von manchen Menschen gänzlich verachtet, weil es von solchen Leuten verwaltet wird. So möge denn der allmächtige Gott gnädig sein und diese schlimme Gewohnheit bei Königen und Fürsten jetzt und künftig ausrotten und ersticken, daß sie nicht weiter im Christenvolk bestehe, Amen.«

Im Lebensbild eines Kaisers würde man eine solche Philippika kaum erwarten, aber die Abschweifung verrät die Absicht von Thegans ganzem Buch. Er will Ludwig den Frommen davor warnen, sich weiterhin mit Emporkömmlingen zu umgeben. Thegan nennt ungeniert seinen Hauptfeind, Erzbischof Ebo von Reims, und sagt ihm nach, er stamme aus einer Familie von Knechten; seine Väter seien Ziegenhirten, nicht Ratgeber der Könige gewesen. Thegan selbst kommt aus vornehmem fränkischen Geschlecht im Maas-Mosel-Gebiet. Sein Vater hat ihm die ganze Ahnenreihe Karls des Großen und Hildegards, der Eltern von Kaiser Ludwig, hergezählt; auch sonst achtet er wie Joinville darauf, aus welchem Geschlecht jemand stammt. Der hochgewachsene, etwas grobschlächtige Herr stand mit Bildungszentren wie dem Kloster Reichenau in Kontakt, doch der dortige Abt Walahfrid Strabo meinte, Thegan sei zwar durch ausgedehnte Lektüre gebildet, aber mit Predigt und Kirchenzucht beschäftigt gewesen und habe sein Buch etwas hölzern geschrieben. Sein Muster Einhard erreichte er nicht, aber Bildung galt ihm ja als Alibi der Knechte.

Thegans Menschenbild ist schlicht. Zwei Stände gibt es im Christenvolk, Herren und Knechte. Beiden wird durch die Geburt ihr Verhalten ein für allemal zugewiesen, den Herren Herrschaft, Richteramt oder Beratung der Könige, den Knechten Unterwürfigkeit, Frechheit und Handarbeit. Wer diese ewige Ordnung durchbricht, schafft Verwirrung, denn wer das Herrschen nicht in langer Sippentradition erlernt hat, kann nicht einmal sich selbst beherrschen, geschweige denn andere. Die Geburtsstände sind nichts Individuelles; auch Knechte können nur in Sippen denken und ziehen, wenn sie zur Herrschaft kommen, ihre ganze Verwandtschaft nach. Die natürlichen Ständeschranken werden nach Thegans Meinung auch von der christlichen Kirche nicht aus den Angeln gehoben. Denn geistliche Führungsstellen bedeuten Herrschaft über Menschen, wie Thegan unmißverständlich sagt; darum stehen die Bischofsämter den geborenen Herren zu. Daß Religion und Herrschaft zusammengehören, ergibt sich für Thegan nicht aus der Geschichte des frühen Mittelalters, in der die Christianisierung der germanischen Stämme von Königen und Adligen eingeleitet wurde; Thegan schlägt es im Alten Testament nach und entzieht seine Ständelehre damit dem geschichtlichen Wandel. Jeroboam stammte zwar selbst aus vornehmem Geschlecht, machte sich aber zum Sprecher des unzufriedenen Volkes im Norden und trennte um 925 v. Chr., nach Salomons Tod, Israel vom Südreich Juda ab. Sein Königtum mißachtete die Erbfolge des Stammes David; die Priester des Höhenkults, die er berief, kamen nicht wie die Hohenpriester des Tempels in Jerusalem aus der Familie Sadoks. Das mußte böse enden; die davidischen Bibelbücher bezeugen es.

Lebte denn das Christenvolk nach den Normen des Alten Testaments? Noch um 1150 hörte Tengswich, Vorsteherin eines Andernacher Damenstifts, befremdet von der geburtsständischen Exklusivität, die im Kloster der berühmten Hildegard von Bingen herrschte, und schrieb an sie, Jesus Christus habe für die Leitung seiner Kirche unansehnliche und arme Fischer auserwählt. Deren erstes Oberhaupt, der Fischer Petrus, habe betont, daß es bei Gott kein Ansehen der Person gebe (Apostelgeschichte 10, 34). Und dem Völkerapostel Paulus sei aufgefallen, daß sich unter den Auserwählten nicht viele Mächtige und Hochgeborene befänden, wohl aber viele Einfältige und Unedle (1. Korintherbrief 1, 26–28). Schon Thegan wäre imstande gewesen zu erwidern, was Hildegard zur Antwort gab: »Welcher Mensch sammelt seine ganze Herde in einen einzigen Stall, Ochsen, Esel, Schafe, Böcke, ohne daß sie auseinanderlaufen?« Das war eher die Denkweise von Viehzüchtern als von Seelsorgern; aber wozu sonst hatte Gott die Menschen unterschiedlich geschaffen? Er ließ sie doch immer noch als Freie oder als Unfreie zur Welt kommen?

Nicht von biblischen Normen drohte dem Herrschaftsanspruch der Hochgeborenen die Hauptgefahr, sondern von geschichtlichen Erfordernissen. Denn die karolingischen Könige brauchten für ihren Dienst Männer, die ungeachtet persönlicher Versippungen sachliche Ordnungen durchsetzten und breite Bildung besaßen. Ebo von Reims war ein sächsischer Bauernjunge, den Karl der Große an seinen Hof zog, mit Ludwig dem Frommen zusammen aufwachsen ließ und zum Freien machte; denn nur als persönlich Freier konnte Ebo Priester werden. Noch Karl der Kahle rühmte ihn, weil er »Adel eines tatkräftigen Geistes, Kraft im Dienst und geistige Beweglichkeit« bewies; sinnenfällig bezeugt der Utrechtpsalter, der aus Ebos Kreis hervorging, die nervöse Kraft des Erzbischofs. Königsdienst machte frei, sogar adlig, auch wenn Thegan protestierte, es sei unmöglich, daß ein solcher Mann adlig werde.

Thegans Ärger ist begreiflich. Der hochgebildete Ebo verfocht die Reichseinheit rücksichtslos gegen adlige Sonderbünde; zudem kämpfte er für kirchliche Reformen, die unter anderem auf Abschaffung des funktionslosen, überholten Titels Chorbischof drängten. Chorbischof Thegan schätzte Reformen nicht und hätte gewünscht, daß der Kaiser edle Greise zu Rate zöge. Er diente stets loyal seinem angestammten Kaiser und bemerkte, daß die Emporkömmlinge das Bestehende nicht respektierten; er sah bloß nicht, was sie Neues leisteten. Sogar als Ebo dem von Thegan gerügten Nepotismus verfiel und das Sippendenken des Adels imitierte, dachte er an eine große Aufgabe: Sein Verwandter Gozbert, den er 845 zum Bischof von Osnabrück erheben ließ, trieb wie Ebo selbst die christliche Mission in Skandinavien voran. Um des Reiches willen wandte sich Ebo sogar gegen seinen kaiserlichen Jugendfreund, der lieber Psalmen sang als herrschte, und wurde deshalb 835 abgesetzt. Später holte ihn Ludwig der Deutsche doch wieder auf den Hildesheimer Bischofsstuhl, denn Ebo und seinesgleichen waren unbequem, aber unentbehrlich, wenn sich Herrschaft nicht nach Sippschaft richten sollte.

Dennoch verbrachte auch Thegan seine Tage nicht in großer Trübsal mit Seufzen und Weinen; ohne Mithilfe seiner vornehmen Verwandtschaft wäre er schwerlich Chorbischof von Trier und Propst des Cassiusstifts in Bonn geworden. Und sein Verhalten gibt Anlaß zu der Frage, ob ihm die hohe Geburt mehr Selbstbeherrschung als Ebo in die Wiege legte; sagen wir es mit den noblen Worten Walahfrid Strabos: »Es kann nicht verschwiegen werden, daß er in einigen Sätzen für einen adligen und scharfsinnigen Mann offenbar zu hemmungslos und zu leidenschaftlich redet und daß seine Verachtung der kleinen Leute weh tut.« Dahinter stand wohl Thegans Angst vor dem Unbeherrschten im Menschen, und sie war nicht unbegründet in der turbulenten Zeit, als er schrieb und im Widerstreit egoistischer Gruppen das Reich Karls des Großen zu zerbrechen drohte. Thegan hätte bei mehr Selbstsicherheit sehen müssen, daß die Freilassung von Knechten und ihre Einheirat in Adelsfamilien alles andere als eine Revolution war; sie bestärkte ja die Geltung des Grundsatzes, daß Gott die Menschen nicht nur unterschiedlich geschaffen, sondern dadurch auch zu verschiedenen Lebensformen bestimmt habe. Weit größer war die Gefahr, daß sich Hochgeborene, königliche und adlige Sippen, nicht mehr beherrschten, und Thegan scheint das gespürt zu haben. Denn sonst hätte er kein abstraktes Prinzip des Geburtsstands verkündet, sondern auf das lebendige Vorbild seiner hochgeborenen Verwandten hier und jetzt verwiesen.

KNECHTE

Jean Froissart beschrieb 1387 in seiner französisch geschriebenen *Chronik* die Anfänge des englischen Bauernaufstands von 1381:

»Aus wunderlichem Anlaß und geringem Grund begann diese Pest in England, und um braven Leuten aller Art ein Beispiel zu geben, will ich es erzählen und vor Augen führen, nach den Berichten, die ich von den Ereignissen und Zwischenfällen erhalten habe. Es ist Brauch in England und ist es auch in mehreren Ländern, daß die Adligen weitgehende Verfügung über ihre Leute haben und sie in Knechtschaft halten. Sie müssen nämlich nach Recht und Gewohnheit die Ländereien der Edelleute pflügen, das Korn schneiden und zum Hof fahren, in die Scheune bringen, dreschen und worfeln, ebenso das Heu mähen und zum Hof fahren, ferner das Holz schlagen und zum Hof fahren und all diese Arbeiten. Die Leute müssen das alles als Herrendienst tun, und von solchen Leuten gibt es in England sehr viel mehr als anderswo. Es sind die Edelleute und die Prälaten, die so bedient werden müssen, und besonders in den Grafschaften Kent, Essex, Sussex und Bedford gibt es deren mehr als im inneren und übrigen England.

Diese bösen Leute begannen sich in den genannten Gegenden zu erheben, weil sie sagten, daß man sie in gar großer Knechtschaft halte und daß es am Anfang der Welt keinen Knecht gegeben habe und daß es auch keinen geben dürfe, wenn er nicht Verrat an seinem Herrn begehe, so wie es Luzifer gegen Gott tat. Sie aber hätten diesen Zuschnitt nicht, denn sie seien keine Engel oder Geister, sondern Menschen, genau so beschaffen wie ihre Herren, und man halte sie wie Tiere. Diesen Zustand wollten und könnten sie nicht mehr hinnehmen, sondern wollten alle eins sein, und wenn sie für ihre Herren pflügten oder sonstige Arbeiten täten, dann wollten sie dafür ihren Lohn haben. In solche Ungereimtheiten waren sie geraume Zeit vorher hineingehetzt und gestoßen worden durch einen irren Priester aus England, aus der Grafschaft Kent. Er hieß Johann Balle und war wegen seiner irren Reden wiederholt beim Erzbischof (Simon) von Canterbury eingesperrt worden. Denn dieser Johann Balle kam gewöhnlich sonntags nach der Messe, wenn alle Leute aus der Kirche strömten, an die Kirchentür und predigte dort; er sammelte das Volk um sich und sagte zu ihm:

Ihr braven Leute, die Dinge können nicht gutgehen in England und werden nicht gutgehen, bis es so weit ist, daß aller Besitz gemeinsam wird und es weder Bauern noch Edelleute gibt und wir alle eins sind. Aus welchem Grund sind die, die wir Herren nennen, größere Meister als wir? Womit haben sie das verdient? Warum halten sie uns in Knechtschaft? Und wenn wir alle von einem Vater und einer Mutter, Adam und Eva, abstammen, inwiefern können sie behaupten und beweisen, daß sie mit besserem Grund als wir Herren sind? Höchstens damit, daß sie uns erbringen und erpflügen lassen, was sie ausgeben.

Sie sind in Samt und Seide gekleidet, mit grauen und dunklen Pelzen, und wir tragen ärmliches Tuch. Sie haben Weine, Gewürze und Weißbrot, und wir haben Roggen, Kleie und Stroh und trinken Wasser. Sie haben Freizeit und schöne Landsitze, und wir haben Mühe und Arbeit, Regen und Wind auf den Feldern, und von uns und unserer Arbeit muß das kommen, womit sie den Aufwand treiben. Wir werden Knechte geheißen und geschlagen, wenn wir ihren Dienst nicht auf der Stelle tun, und haben keinen Oberherrn, bei dem wir uns beklagen könnten und der uns anhören und uns Recht geben wollte. Gehen wir zum König (Richard II.), er ist jung, und führen wir ihm unsere Knechtschaft vor Augen und sagen wir ihm, daß wir wollen, daß es anders werden soll, oder wir werden selbst für Abhilfe sorgen. Wenn wir wirklich alle zusammen da hingehen, werden uns alle möglichen Leute, die Knechte geheißen und in Knechtschaft gehalten werden, folgen, damit sie frei werden. Und wenn der König uns sieht oder hört, gütlich oder anders, dann wird er für Abhilfe sorgen.‹

Solche und ähnliche Worte sprach dieser Johann Balle gewöhnlich sonntags, wenn die Leute aus der Messe zu ihren Dörfern gingen, und gar viel kleine Leute hörten darauf. Manche, die nichts Gutes im Sinn hatten, sprachen: ›Er redet wahr!‹ und raunten und verabredeten sich auf den Feldern oder auf gemeinsamen Wegen vom einen Dorf zum anderen oder in ihren Häusern: ›Solche Sachen redet Johann Balle und redet sehr wahr!‹ Der Erzbischof von Canterbury, dem davon berichtet wurde, ließ den Johann festnehmen und ins Gefängnis werfen und behielt ihn zwei oder drei Monate da, um ihn zu züchtigen. Besser wäre gewesen, daß er ihn gleich beim ersten Mal zu ewigem Gefängnis oder zum Tod verurteilt hätte, als das, was er mit ihm machte. Denn er ließ ihn laufen und brachte es nicht übers Herz, ihn sterben zu lassen. Und als Johann aus dem Gefängnis des Erzbischofs heraus war, betrieb er seine arglistigen Pläne wieder wie zuvor.

Von seinem Reden, Leben und Wirken wurden gar viel kleine Leute in der Stadt London verständigt und unterrichtet, die voller Neid auf die Reichen und die Adligen waren. Sie fingen an, miteinander zu reden, daß das Königreich England gar schlecht regiert werde und daß ihm Gold und Silber geraubt würden von denen, die sich Adlige nannten. So begannen diese bösen Leute in London aufzubegehren und denen aus den obengenannten Gegenden mitzuteilen, sie sollten nur kühn nach London kommen und ihr Volk mitbringen; sie würden London offen finden und das gemeine Volk auf ihrer Seite, und beim König würden sie so viel ausrichten, daß es in England keinen Knecht mehr geben werde.«

Wer diesen Text genau gelesen hat, weiß schon, daß die Verachtung der kleinen Leute nicht aus dem Hochmut eines Wohlgeborenen, sondern aus dem Übereifer eines Renegaten kam. Froissart stammte aus der hennegauischen Textilstadt Valenciennes, aus dem Milieu der Londoner Kleinhändler, und wurde niederer Geistlicher wie Johann Balle. Er kannte die Not des kleinen Mannes, verehrte aber schwärmerisch alles Fürstliche und Adlige und verkehrte gar zu gern an westeuropäischen Höfen. Hier fand er in den 1360er Jahren Anstellung als Fürstensekretär und Anregung für seine Chronik; die Gönner verschafften ihm 1373 die ersehnte Pfarrpfründe im Hennegau, wo er für den Rest des Lebens, bis etwa 1410, an seiner Chronik schrieb. So opportunistisch er im politischen Streit zwischen Franzosen, Engländern und Burgundern Partei bezog, so bedenkenlos wechselte er die soziale Stellungnahme; dabei konnten schon sein prosaischer, glanzloser Stil und seine Neugier für den vulgären Alltag kaum verschleiern, wie nahe er den kleinen Leuten stand. Deswegen haßte er sie.

Von seinen Gewährsleuten mußte er wissen, was andere Zeitgenossen sagten, daß der Bauernaufstand 1381 nicht einfach aus Überdruß an Recht und Gewohnheit erwuchs, sondern aus Störungen der hergebrachten Ordnungen. Um Kriegsausgaben gegen Frankreich zu bestreiten, beschloß das englische Parlament eine Kopfsteuer, die dritte binnen fünf Jahren; sie traf die Bauern besonders hart. Zwar ging es ihnen wirtschaftlich besser als den Webern und Walkern von Lincoln; doch ihren wachsenden Reichtum suchten die verarmenden Adligen abzuschöpfen, auch durch Wiedereinführung von Frondiensten, die eingeschlafen oder durch Zahlungen abgelöst waren. Nachdem sich viele Bauern allmählich aus persönlicher Abhängigkeit herausgewunden hatten, griffen jetzt viele Adlige in ihrer Notlage auf verjährte Rechte zurück. Es ging also nicht um klassenkämpferische Abschaffung aller Regelungen, sondern um die Frage, welche Gewohnheit die rechtmäßige sei. Die Bauern waren vielfach keine Knechte mehr und wollten zumeist keine Herren werden; sie wollten für die Herren das Land bebauen wie zuvor, aber sie wollten auch Geld verdienen wie zuvor. Man sollte ihnen, um mit den *Gesta Romanorum* zu reden, nicht die Tage und Arbeiten wegnehmen und ihnen nach Verdienst nicht Marter, sondern Lohn geben.

Der Kaplan Johann Balle redete wie einer von ihnen. Er arbeitete mit Bauern auf dem Feld und predigte ihnen dort; wie armselig er lebte, sagt er selbst. Er gehörte zu dem Heer kleiner Vikare ohne Pfründe, die heimatlos umherzogen, insofern zur Unterschicht. Aber er hatte studiert und nahm die geschichtliche Lage nicht so konkret, wie sie war, sondern ähnlich wie Thegan anthropologisch abstrakt. Wie Thegan zog er dazu das Alte Testament heran und achtete weniger auf die Nachfolge Christi als auf die Beschaffenheit des Menschen und seine Erschaffung: Zu Zeiten Adams und Evas waren alle Menschen gleich, und von ihnen stammen wir alle ab. Balles Argument ist so unhistorisch wie das konträre Thegans, denn es verlangt, daß alles so werden müsse, wie es im Ursprung war. In einer anderen Predigt sprach Balle über den Vers, der damals seinen Siegeszug begann: »Als Adam grub und Eva spann, wo war denn da der Edelmann?« Vom Graben und Spinnen zu reden, war inmitten der spezialisierten Landwirtschaft und Textilindustrie des spätmittelalterlichen England ein heilloser Anachronismus, der alles über einen Leisten schlug. Es gehörte viel paradiesische Unschuld dazu, die Engländer des 14. Jahrhunderts in zwei Stände, Edelleute und Bauern, einzuteilen. Balle ließ selbst durchblicken, daß es außer Adligen noch andere Herren, zum Beispiel den König gab, und außer Bauern noch andere Knechte, zum Beispiel Handwerker in London. Aber Froissart sprach es ihm unbesehen nach, daß alle Bauern kleine Leute seien und alle Edelleute reich. Um den Lesern seine Ständelehre zu suggerieren, feilte ja Froissart die Predigt des Bösewichts so genau aus.

Wie die Verallgemeinerung wirkte, hat Froissart meisterhaft beobachtet, denn er kannte die dörflichen Lebensformen so gut wie der Dichter des Schwankes vom Einochs. Die Bauern saßen in ihren Dörfern, arbeiteten auf ihren Feldern, wanderten sonntags zur nächsten Pfarrkirche, allein oder in wortkargen kleinen Gruppen. Der Gebildete sprach sie am einzigen Ort an, wo viele von ihnen zusammenstanden, sonntags am Kirchplatz; erst als ihnen der Geistliche gesagt hatte, daß ihre Sorgen die allgemeinen der kleinen Leute seien, begannen sie, sich zu verabreden und auf den Weg zu machen. Sie wollten den König zwingen, alle aus der Knechtschaft zu entlassen; danach wollten sie ihre Arbeit weitertun und keinesfalls wie Luzifer ihre Herren verraten. Sie erreichten, was sie wollten, und zogen befriedigt heim. Aber die Radikalen drängten weiter und schlugen unter Balles Führung den milden Erzbischof Simon von Canterbury tot. Damit erreichten sie die Solidarisierung aller anderen Schichten, die die ganze Bewegung blutig niederschlugen. Nun begann der Adel, die Bauern wirklich zu unterdrücken und zu verknechten, bis weit in die Neuzeit hinein. Denn es gab ja nur zwei Stände, Herren und Knechte; das eine waren die Adligen, das andere die Bauern. Derbe Kontraste waren dem Landleben nie fremd gewesen: Im Epos vom Cid demütigen adlige Herren ihre Standesgenossinnen schlimmer als ihre Bauern; in der Dichtung vom Helmbrecht prassen Bauern ärger als ihre Herren. Zwischen Adligen und Bauern schlief der Argwohn ebenfalls nie; Joinvilles bissige Bemerkung zu Robert de Sorbon stand nicht allein. Nur daß solche Spannungen aus einem permanenten wirtschaftlichen Gegensatz der Stände erwüchsen, daß Ausbeutung der Arbeitenden die Lebensform der Herren, Gemeinsamkeit des Besitzes die Lebensform der Knechte sei, hatte man bis dahin weder gelesen noch erlebt.

STÄNDE

Wenn »Stand« eine Gemeinschaft ist, deren Zusammenhalt auf der Gleichheit sozialer Wertschätzung ihrer Mitglieder beruht, dann kam im Mittelalter der Klerus, dem unsere beiden Zeugen angehörten, einem Stand am nächsten. Zwar war auch in der Geistlichkeit die Spanne zwischen Herrschaft und Knechtschaft weit, und der Chorbischof Thegan stand dem einen, der Bauernkaplan Balle dem anderen Pol nahe; doch bestand hier am ehesten eine Chance für Aufstieg und Ausgleich, die Ebo von Reims und Robert de Sorbon nutzten. Ein Stand mit eigenen Verhaltensweisen waren die Geistlichen infolge ihrer besonderen ethischen Normen und rechtlichen Ordnungen, ihrer Anforderungen an Bildung und Weihe, aufgrund ihres Berufes. Deshalb versuchten Geistliche immer wieder, die ganze Gesellschaft berufsständisch zu gliedern, etwa in Wehrstand, Nährstand, Lehrstand, womit eine Dreiteilung in Adel, Bauern und Geistlichkeit gerechtfertigt werden sollte. Die Wirklichkeit war viel verwickelter, aber es konnte Geistlichen so scheinen, als ließe sie sich unter dem Aspekt der Freiheit ordnen.

Denn auf die Frage, worauf die Wertschätzung eines Menschen in den Augen der Mitmenschen beruhe, gaben Thegan und Balle dieselbe Antwort: auf seiner Chance zur Selbstbestimmung, zur Freiheit. So mannigfaltig sie sich verwirklichte, die Möglichkeit zur Freiheit schien auf nur zwei Stände verteilt: Herren können sich selbst mit der Waffe schützen, sind durch ihre Geburt Menschen eigenen Rechts, üben politische Herrschaft über andere aus, verfügen wirtschaftlich über die Dienste anderer. Knechte können sich nicht selbst verteidigen, haben nur ein zugestandenes Recht, sind durch ihre Geburt zu politischer Abhängigkeit bestimmt, werden wirtschaftlich ausgenutzt. Beide Freiheitsprediger, Chorbischof und Kaplan, leiten den Gegensatz zwischen Herr und Knecht aus der Beschaffenheit des Menschen ab und begründen ihn aus Gottes Schöpfung, nicht aus menschlicher Geschichte; beide fragen nicht danach, ob die Herren miteinander, die Knechte miteinander geschichtliche Gemeinschaften bilden.

Die erstaunlichen Gemeinsamkeiten zwischen den Predigten verschwinden, sobald man ihre geschichtliche Situation betrachtet. Im Frühmittelalter wurden soziale Spannungen in lokalen Gruppen ausgetragen, in denen Freiheit Verfügung über Menschen hieß; hier konnte die Sym-

31 BÖSE HERREN, FROMMER KNECHT

32 EDELLEUTE UND BAUERN

biose von Adligen und Bauern, von Schutz und Verbrauch einerseits, von Gehorsam und Produktion andererseits leicht zu einem Kampf zwischen Hochmut und Neid, zwischen Abstammungsgemeinschaften stilisiert werden. Im Spätmittelalter wurden Spannungen zwischen größeren Verbänden akut, in denen Freiheit vornehmlich Verfügung über Sachen hieß; solche Krisen in Königreichen und Städten um die Verteilung von Boden, Waren und Geld ließen sich als Kampf zwischen Überfluß und Habgier, zwischen Wirtschaftsgemeinschaften verstehen. In Wirklichkeit war der frühmittelalterliche Adel zwar durch familiäre Herkunft definiert, aber kein Stand der Herren schlechthin. Er mußte es zulassen, daß Königsdiener an ihm vorbei in jene Freiheit aufrückten, die aus der Nähe zur Herrschaft folgt, und verstand sich selbst als dem König dienstbar. Das spätmittelalterliche Bauerntum war zwar durch ländliche Ökonomie geprägt, aber keine Klasse der Knechte schlechthin. Es hielt sich als »Volk« den unmittelbaren Zugang zum König offen und hielt sich erfolgreicher als der Adel die von unten nachdrängenden Habenichtse vom Leib.

Ständisches Verhalten, das den sozialen Rang der eigenen Gruppe behauptete, kam nur in Krisensituationen, in Zeiten schwacher Königsmacht zustande, als gegenseitige Abwehrreaktion zwischen absteigenden und aufstrebenden Gruppen. Es stand in striktem Gegensatz zu bündischem Verhalten. Indem es die Freiheit der Gruppe zu wahren oder zu erringen suchte, verwarf es jede Freiwilligkeit. In einen Stand tritt man nicht ein, man ist hineingeboren. Er orientiert sich nicht an Erziehungszielen, sondern an Urzuständen. Er schlägt keine Brücken zwischen Zusammenlebenden, sondern zwingt die Auseinanderwohnenden in eine fiktive zeitlich-räumliche Gruppe, als wären alle Adligen Söhne einer einzigen Familie, alle Bauern Arbeiter auf einem einzigen Hof. Diese Fiktion scheiterte immer wieder daran, daß es keine geschichtlichen Gemeinschaften von lauter Herren und keine von lauter Knechten gab; aber die ständische Fiktion war unausrottbar, weil sie zu erklären schien, was man ständig vor Augen sah, die Spannung zwischen Herrschaft und Knechtschaft. Die Spannung zwischen diesen Polen durchzog in der Tat alles mittelalterliche Miteinanderleben, das von Chlodwigs Adligen wie das von Salimbenes Bürgern; aber der einzelne Pol Unterdrückung oder Auflehnung war zu negativ aufgeladen, um konstante soziale Gruppen und Verhaltensweisen an sich zu ziehen, wie es Fürsorge und Zuneigung in den Bünden taten. Die Ethnologie hat bei Naturvölkern zweigeteilte, gegeneinander undurchlässige Gruppierungen entdeckt; das Mittelalter hat sie sich manchmal gewünscht, aber nicht eingerichtet. Wer mit Thegan und Balle die Spannung zwischen Herrschaft und Knechtschaft auf Stände reduziert, verkennt die soziale Dynamik und Problematik des Mittelalters. Es wurde durch die vage Gegenüberstellung von Herren und Knechten irritiert, nicht geordnet.

WIDERSTANDSRECHT

Nach dem isländischen Bericht von Snorri Sturluson fand im Februar 1019 in Uppsala ein schwedisches Allthing statt. Dort überbrachte ein Abgesandter des norwegischen Königs Olaf des Dicken, des späteren Heiligen, den Schweden ein Friedensangebot. Jarl Rögnvald unterstützte den Antrag im Namen der Bauern von Vestergötland. Dann stand der Schwedenkönig Olaf Schoßkönig auf.

»Er antwortete ungnädig, was den Frieden betraf, und erhob gegen den Jarl große und schwere Vorwürfe, wie er es habe wagen können, ein festes Bündnis mit dem dicken Mann zu schließen und sein Freund zu werden. Er beschuldigte den Jarl offenbaren Landesverrats gegen sich und sagte, es sei in der Ordnung, wenn Rögnvald aus dem Reich gejagt würde. Dies alles sei durch die Aufreizung seiner Frau Ingibjörg veranlaßt. Den törichtesten aller Pläne habe er gefaßt auf die Bitte dieser Frau hin. Er sprach lange und barsch und wandte die Spitze seiner Rede gegen Olaf den Dicken. Als er sich niederließ, war es zunächst eine Weile still. Dann stand Thorgnyr auf (der Gesetzesmann der schwedischen Zentrallandschaft um Uppsala). Als sich dieser erhob, sprangen alle Bauern auf, die vorher gesessen hatten, und alle drängten vorwärts, die vorher auf anderen Plätzen gestanden hatten, denn sie wollten hören, was Thorgnyr zu sagen hatte. Zuerst entstand großer Lärm in dem Menschengewühl und Geklirr der Waffen. Als wieder Ruhe eingetreten war, sprach Thorgnyr:

Auf anderes ist jetzt das Sinnen des Schwedenkönigs gerichtet, als es früher zu sein pflegte. Mein Großvater Thorgnyr erinnerte sich noch an Erich, den Uppsalakönig, Eymunds Sohn, und erzählte von ihm, daß, als er im besten Alter stand, er jeden Sommer ein Kriegsheer sammelte und in die verschiedensten Länder zog. Er unterwarf sich Finnland und Karelien, Estland und Kurland und weithin andere Länder im Osten. Jetzt noch kann man die Erdfestungen dort sehen und andere große Schanzwerke, die er aufführen ließ. Doch er war nicht so hochmütig, daß er nicht auf Männer gehört hätte, die ihm wichtige Dinge vorzutragen hatten. Mein Vater Thorgnyr war lange Zeit mit König Björn zusammen; er kannte dessen Art wohl. Während Björn lebte, stand sein Reich in großer Macht da, und an nichts fehlte es ihm. Er aber war gütig zu seinen Freunden. Ich selbst kann mich gut auf König Erich den Siegreichen besinnen und war bei ihm auf manchem Kriegszug. Auch er vergrößerte das Schwedenreich und wußte es kräftig zu schirmen. Und es war leicht für uns, ihm unsere Wünsche vorzutragen.

Dieser König aber, der jetzt herrscht, läßt niemanden freimütig zu sich reden; nur das darf man sagen, was ihm zu erlauben gefällt. Danach strebt er mit aller Macht; aber seine Schutzländer läßt er aus seinen Händen aus Mangel an Tüchtigkeit und Tatkraft. Er strebt danach, das Norwegerreich in seiner Gewalt zu haben. Aber kein Schwedenkönig hat danach früher Verlangen getragen, und das bringt nun vielen Leuten Unbehagen. Wir Bauern wünschen nun, daß du Frieden schließt mit Olaf dem Dicken, dem Norwegerkönig, und ihm deine Tochter Ingigerd zur Frau gibst. Wenn du dir aber die Reiche im Osten wiedergewinnen willst, die deine Verwandten und Vorväter dort besessen haben, dann wollen wir dir dazu gern alle Gefolgschaft leisten. Willst du das aber nicht tun, was wir dir vorgeschlagen haben, dann werden wir einen Aufstand machen und dich erschlagen und keinen Unfrieden und keine Gesetzwidrigkeit weiter von dir dulden. Dasselbe taten auch unsere Vorväter in alter Zeit; sie versenkten auf dem Mula-Thing in einem Graben fünf Könige, die vorher voll Hochmuts gegen sie gewesen waren, wie du jetzt gegen uns. Sag nun schleunig, was für eine Wahl du treffen willst.‹

Da erhob die Menge des Volkes gewaltiges Waffengeklirr und brausenden Beifall. Der König stand nun zur Erwiderung auf. Er sagte, er wolle alles nach dem Willen der Bauern geschehen lassen. Er sagte, ebenso hätten in der Vorzeit alle Schwedenkönige gehandelt, daß sie die Bauern hätten gewähren lassen in allen Dingen, die sie sich vorgenommen hätten. Da kam das Murren der Bauern zur Ruhe. Nun besprachen sich die Häupter des Volkes, der König, der Jarl und Thorgnyr, untereinander und schlossen einen Friedensvertrag für den Schwedenkönig ab.«

Der Verdacht liegt nahe, daß der isländische Gesetzessprecher Snorri Sturluson im frühen 13. Jahrhundert seine Ansichten von Bauernrepublik, Gewohnheitsrecht und Allthing bei dieser Erzählung in das Schwedenreich des frühen 11. Jahrhunderts zurückprojiziert habe. Der Verdacht verstärkt sich, wenn man bei Snorri liest, was dem Thing voranging und nachfolgte; es nimmt sich wie eine wohlinszenierte Intrige großbäuerlicher Politiker aus. Olaf Schoßkönig hatte den norwegischen König Olaf Tryggvasson gestürzt und sah nun zornig, daß sich in Norwegen Olaf der Dicke durchsetzte. Sympathien mit dem Norweger regten sich im westschwedischen Grenzgebiet Vestergötland, dessen Jarl Rögnvald mit Ingibjörg, der Schwester Tryggvassons verheiratet war. Der uralte Thorgnyr, Rögnvalds Verwandter und Ziehvater, wurde schließlich ins Vertrauen gezogen, um Olaf Schoßkönig von seiner antinorwegischen Politik abzubringen. Der in Uppsala erpreßte Schoßkönig gab seine Tochter Ingigerd lieber dem Großfürsten Jaroslaw von Kiew zur Frau; Olaf der Dicke nahm diese Brüskierung friedlicher hin als die schwedischen Bauern, die in einem neuen Thing Schoßkönigs Sohn zum König wählten und seinen Vater nicht mehr anerkannten. Nun erst gelang der Ausgleich, sowohl zwischen Vater und Sohn wie zwischen dem schwedischen und dem norwegischen Olaf. Das ganze Spiel sieht wie eine rein politische Machtprobe aus, und wenn dabei Recht und Gesetz erwähnt werden, hört es sich nach ideologischer Verbrämung handfester Interessen an.

Snorri selbst gibt Hinweise auf archaischere Hintergründe, die er nicht mehr verstand. Das schwedische Allthing war keine demokratische Volksversammlung, sondern eine Kultfeier. In Uppsala stand das Heiligtum, das Schweden aus dem Norden und Goten aus dem Süden des Landes besuchten; der König, der in Uppsala saß, leitete die gemeinsamen Feiern, bei denen Menschenopfer für den Frieden im Land und den Sieg des Königs gebracht wurden. Die bewaffneten Freibauern, die sich hier versammelten, feierten ihren Verband, auch den mit den Göttern, von denen die Königssippe abstammte. Bei diesem Thing wurde Gericht gehalten und Recht gesprochen; dieses Recht war keine willkürliche Satzung, sondern erfloß aus der kultischen Einung. Das hieß nicht, daß es uralt und göttlich sein mußte; Recht war formal richtiges Verhalten und Verfahren im Umgang miteinander, also Lebensform. Es war nicht universal gültig; die verschiedenen Landschaften Schwedens hatten ihr eigenes Thing, wo die freien Männer unter Leitung des Gesetzessprechers jeweils Recht sprachen. Von den Landschaften war freilich eine besonders vornehm, Tiundaland, das Gebiet um Uppsala, das am dichtesten besiedelt und der Platz der Opferstätte war. Darum war Thorgnyr von Tiundaland Obmann der schwedischen Gesetzessprecher und ihr Wortführer, wenn es um das gemeinsame Fundament alles Rechts ging, um die Wahrung des Friedens zwischen den Kultgenossen, zwischen ihren Lebenskreisen Königtum und Bauerntum, zwischen ihren lokalen Gruppen Tiundaland und Vestergötland.

Olaf Schoßkönig verletzte nicht nur die Interessen westschwedischer Bauern, denen sein Kriegszug die Ernte störte, und der Opferpriester von Uppsala, die ihm den Übertritt zum Christentum verargten, sondern den Frieden zwischen den verwandten skandinavischen Stämmen. Friede und Recht vererbten sich in der Blutbahn, lagen allerdings nur in der Hand der Männer; Einmischung der Frauen galt als verächtlich. Thorgnyr wies eigens darauf hin, daß er nicht aus der Lebenserfahrung eines Greises sprach, sondern als Repräsentant dieser Blutbahn; das Amt des Gesetzessprechers war seit Menschenaltern in seiner Familie erblich, wie das Amt des Königs in Olafs Sippe, und Thorgnyr erinnerte auch ihn an seine Vorfahren bis hinauf zu Eymund im 9. Jahrhundert. Was sich da vererbte, war das rechte Verhalten zwischen den Kultgenossen einerseits, zwischen ihnen und Fremden andererseits.

Wir wissen von den ältesten Schwedenkönigen nicht viel, doch christliche Quellen des 9. und 11. Jahrhunderts bestätigen Snorris Darstellung, daß die Könige von Thingbeschlüssen abhängig waren. Adam von Bremen schrieb um 1070 lapidar: »Könige haben sie aus altem Geschlecht, aber ihre Macht hängt vom Spruch des Volkes ab. Was alle gemeinsam gebilligt haben, das müssen sie bestätigen.« Die Beziehung zwischen König und Volk ruht auf sakralem Grund; auch Thorgnyrs Drohung meint keinen Volksaufstand, sondern ein Königsopfer: Der kraftlose König wird preisgegeben. Das von Thorgnyr erwähnte Mula-Thing dürfte das Thing auf der Mora-Wiese bei Uppsala gewesen sein, bei dem die schwedischen Könige »gewählt«, nämlich von den Gesetzessprechern rituell ausgerufen wurden. Olaf Schoßkönig respektierte trotz seiner christlichen Neigungen die magische Vorstellung vom Königsheil ebenso wie ein halbes Jahrtausend früher Chlodwig. Als er sich dem Beschluß des Uppsala-Things nicht fügte, prahlte er mit seinem Jagdglück, um zu zeigen, daß ihn das Königsheil noch nicht verlassen habe. Wenn ihn die Bauern trotzdem absetzten, dachten sie nicht daran, die Königssippe auszuschalten; hat der Vater versagt, so ist die Wahrung von Friede und Recht Sache des Sohnes und niemandes sonst.

Gegenüber Fremden gelten Friede und Recht nicht; das ist bei den Germanen nicht anders als bei den Mongolen später. Snorri war zutreffend informiert; seit dem 9. Jahrhundert griffen die Schweden weit nach dem slawischen Osten aus, bis nach Rußland. Olaf Schoßkönig wechselte als erster die Front und suchte den Ehebund mit Russen anstatt mit Norwegern. Thorgnyr schärfte ihm wieder anhand der Ahnenreihe ein, daß er gegenüber Fremden Heerkönig ist. Bei Eroberungen im Osten wird ihm zwar nicht der sakrale Verband, aber die Gefolgschaft der Kampfeswilligen gern behilflich sein, und hier herrscht strikter Gehorsam. Wieder faßt Adam von Bremen prägnant zusammen: »Daheim rühmen sie sich ihrer Gleichheit; wenn sie in den Kampf ziehen, leisten sie dem König jeden Gehorsam.« Die Kriegsmacht des Königs ist von seiner Friedenspflicht nicht zu unterscheiden, denn der innere Friede wirkt nach außen als Macht des Verbandes.

Nur der schwache König läßt sich nicht beraten und ist hochmütig; der starke hört auf den Rat seiner Freunde, denn aus ihnen spricht, was seine eigene Kraft ausmacht: ein Rechtsempfinden, das sich in keiner Person oder Gruppe verkörpert und nicht auf Geschriebenes pocht, sondern sich in der Beratung aller stets neu herausbildet und durch die Kette der Geschlechter weitergereicht wird. Das ist eine archaische und bäuerliche Auffassung vom Recht als Lebensform, die das Mittelalter nie ganz verwirklicht und nie ganz vergessen hat – bis hin zum Marsch der Bauern von Kent vor den englischen König 1381.

GESETZBUCH

Das lateinische Gesetzbuch Kaiser Friedrichs II. für Sizilien wurde im September 1231 mit folgendem Vorspruch veröffentlicht:

»Kaiser Friedrich der Zweite; immer erhabener *Caesar* der Römer, König Italiens, Siziliens, Jerusalems, des Arelats; der Glückliche, der Sieger, der Triumphator.

Die Maschine der Welt war durch die göttliche Vorsehung geformt und der ursprüngliche Stoff mit der Aufgabe, eine bessere Natur zu bilden, auf die Gestalten der Dinge verteilt. Da beschloß Er, der, was zu tun war, vorausgesehen hatte, im Anblick seiner Taten und mit ihrem Anblick zufrieden, unterhalb der Sphäre des Mondkreises den Menschen als der Geschöpfe würdigstes Geschöpf, das er nach dem eigenen Bild und Gleichnis geformt und nur wenig unter die Engel gestellt hatte, nach wohlerwogenem Plan den übrigen Geschöpfen voranzustellen. Er belebte ihn, aus einem Klumpen Erde gestaltet, mit Geist und gesellte ihm, der mit dem Diadem von Ehre und Ruhm gekrönt war, die Frau und Gefährtin als Teil seines Leibes. Beide zeichnete er durch das Geschenk eines so großen Vorranges aus, daß er sie von Anbeginn unsterblich machte. Unter eines Gebotes Gesetz jedoch stellte er sie; weil sie dies zu halten hartnäckig verschmähten, bestrafte er sie als der Übertretung schuldig mit Entzug der Unsterblichkeit, die er ihnen vorher verliehen.

Indessen wollte die göttliche Gnade das, was sie zuvor geformt hatte, nicht so vollständig, endgültig und plötzlich vernichten und nicht nach Zerstörung der menschlichen Gestalt die Vernichtung des übrigen folgen lassen – das Unterstellte entbehrte ja nun des Übergeordneten, und sein Nutzen diente niemandes Bedürfnissen mehr. Deshalb bevölkerte Er aus beider Samen die Erde mit Sterblichen und unterstellte sie ihnen. Diese kannten die väterliche Entscheidung wohl, aber das Laster der Übertretung war von den Vätern auf sie fortgepflanzt; darum faßten sie gegeneinander Haß, trennten den nach natürlichem Recht gemeinsamen Besitz der Dinge, und der Mensch, den Gott aufrecht und einfach geschaffen hatte, scheute sich nicht, auf Streitigkeiten einzugehen.

Und so, unter dem notwendigen Zwang der Dinge selbst und nicht minder auf Antrieb der göttlichen Vorsehung, wurden die Fürsten der Völker gewählt, damit durch sie die Freiheit zu Verbrechen eingeschränkt werden könne. Sie sollten als Richter über Leben und Tod den Völkern – jedem nach Gebühr – Glück, Schicksal und Zustand gleichsam als Vollstrecker der göttlichen Vorsehung sichern. Damit sie über die ihnen anvertraute Verwaltung vollauf Rechenschaft geben können, fordert der König der Könige und Fürst der Fürsten von ihren Händen vor allem, daß sie die hochheilige Kirche, die Mutter des christlichen Glaubens, nicht durch geheime Machenschaften der Religionsverleumder beflecken lassen und sie vor Einfällen der allgemeinen Feinde durch die Macht des weltlichen Schwertes schützen, daß sie nach Vermögen unter den Völkern Frieden und, sobald sie befriedet sind, Gerechtigkeit bewahren; denn diese beiden umarmen einander wie zwei Geschwister.

Wir also – da Uns allein die rechte Hand der göttlichen Macht wider menschliches Hoffen zu den Gipfeln des römischen Kaisertums und den Würden anderer Reiche erhoben hat und da Wir die Uns anvertrauten Pfunde dem lebendigen Gott verdoppelt erstatten wollen – beschließen in Verehrung Jesu Christi, von dem Wir alles erhalten haben, was Wir besitzen, zur Pflege der Gerechtigkeit und Setzung von Rechten ein beredtes Dankopfer darzubringen, indem Wir zuerst für den Teil Unserer Reiche sorgen, der gegenwärtig Unserer Fürsorge in der Gerechtigkeit sichtlich am meisten bedarf. Das Königreich Sizilien nun, die kostbare Erbschaft Unserer Majestät, wurde bisher wegen der Ohnmacht Unserer Jugend, vor allem auch wegen Unseres Fernseins vom Einbruch nun vergangener Wirrnisse heimgesucht; deshalb hielten Wir es für richtig, für seine Ruhe und Gerechtigkeit mit größter Anstrengung zu sorgen. Wir fanden es ja zu den Diensten Unserer Erhabenheit allzeit bereit und ergeben, wenn auch einige widerstanden, die nicht aus dem umfriedeten Raum des genannten Königreiches und nicht aus dem Unsrigen stammten.

Die vorliegenden Gesetze unter Unserem Namen sollen daher nach Unserem Willen nur in Unserem Königreich Sizilien gelten. Unter Aufhebung der Gesetze und Gewohnheiten im besagten Königreich, die diesen unseren Bestimmungen widersprechen und nun veraltet sind, sollen sie in Zukunft von allen unverletzlich eingehalten werden. Wir haben befohlen, daß in sie alle früheren Satzungen der Könige von Sizilien und die Unseren, soweit Wir sie aufrechterhalten wollen, eingebracht werden, damit aus dem, was im gegenwärtigen Band Unserer Gesetze nicht enthalten ist, kein Anspruch und keine Geltung vor Gericht oder außergerichtlich entnommen werden kann.«

Der Anfang erinnert an Friedrichs Vorbild. Kaiser Justinian hatte 530 im Vorspruch seiner Digesten die majestätischen Titel ähnlich gehäuft und Gott als Schöpfer der Weltelemente und der Staatsordnung gepriesen. Dann freilich hatte der Byzantiner Richtlinien der Gesetzgebungsarbeit skizziert, Schwierigkeiten der Kodifikation erwähnt, die sich nach vierzehnhundert Jahren lebendiger Rechtsgeschichte einstellten, und von künftiger Weitergeltung alter Gesetze gesprochen. Von Einordnung in die Rechtsgeschichte sprach Friedrich nicht. Nur der Schluß des Buches, obendrein ein Nachtrag, nannte als Leiter der Redaktionsarbeiten Petrus de Vinea. Bloß aus anderen Quellen weiß man, daß über das geltende Gewohnheitsrecht Ende 1230 greise Rechtskenner aus den Provinzen vernommen wurden und daß im Juni 1231 eine Ständeversammlung in Melfi unterrichtet wurde. Und erst gründliche Einzelanalyse lehrt, daß Friedrich nicht schlichtweg neues Recht setzte, sondern in vielen Punkten des Strafrechts, Zivilrechts und Lehnrechts auf römische und normannische Quellen zurückgriff. Der Vorspruch aber ließ das Werk als traditionslos und freischwebend erscheinen.

Nur knapp erwähnte er die Gegenwart, in der die Kodifikation entstand und die sie mitverwandeln sollte, die Adelsanarchie, die der anfangs ohnmächtige, dann durch deutsche Probleme ferngehaltene Fürst 1220 im ehedem normannischen Sizilien vorfand. In den elf Jahren seitdem hatte er sie durch vielerlei Experimente und Gesetze einzudämmen begonnen. Aber nichts verlautet von der fieberhaften Eile, mit der das Gesetzbuch binnen Jahresfrist zusammengestellt wurde, so daß es nachher vieler Ergänzungen bedurfte; nichts verlautet von dem Konkurrenzunternehmen, dem Friedrich zuvorkam, der Sammlung päpstlicher Verfügungen, die Gregor IX. seit 1228 vorantrieb und 1234 publizierte. Die zeitgenössischen Verbände sind nur als abstrakte Gebilde erwähnt, die Kirche als Gefäß christlicher Lehren, die Völker als Empfänger fürstlicher Weisungen, nicht als Gemeinschaften der Gläubigen und der Landsleute. Menschen im Plural tauchen bloß als Außenseiter, als Religionsverleumder und Reichsfeinde auf. Auch über seiner Gegenwart schien Friedrichs Gesetzbuch frei zu schweben. Aber es schien nur so.

Der Vorspruch entwickelt eine Anthropologie, eine Lehre vom Menschen im Singular, und entrückt sie wie Thegan und Balle in paradiesische Urzeit. Der erste Mensch war gottgleicher König, unsterblich und frei; nur ein Gebot gab ihm Gott, und das übertrat er. Adams Sündenfall war keine moralische Schuld, sondern Verstoß gegen ein Gesetz und wurde mit dem Tode bestraft. Die nunmehr sterblichen Nachkommen Adams erbten das Laster der Übertretung; auch sie verletzten Gottes Gesetz durch Haß und Spaltung. Zur Strafe wurde ihnen die Freiheit entzogen, die sie zu Verbrechen mißbrauchten. Seitdem ist der Mensch ein Knecht des Todes. Friedrich erläuterte seinen Gedanken 1239: Die *Humana condicio* würde die naturgegebene Freiheit stets einer rechtlichen Ordnung vorziehen, doch dieselbe menschliche Beschaffenheit führt bei rücksichtsloser Willkür zum Untergang des Menschengeschlechts.

Sorge für die Gemeinschaft erzwingt Einschränkung triebhafter Freiheit, und zwar nicht durch Herrschaft, sondern durch Gerechtigkeit. Friedrichs Exkurs ins Paradies erweist sich als Begründung der geschichtlichen und gesellschaftlichen Zustände und Erfordernisse, nicht als Flucht vor ihnen.

Heute sind die Fürsten Richter über Leben und Tod; in ihnen lebt der paradiesische Mensch fort, sie sind gekrönt, frei und in gewissem Sinn unsterblich. Denn der Fürst ist verkörpertes Recht. Er ist nicht an positive Gesetze gebunden, wohl aber an »die Vernunft, die Mutter des Rechts«, und kann nichts anderes wollen als jene vernünftige Ordnung zwischen den Menschen, die durch die Anarchie der einzelnen zerstört würde. Darum ist der Fürst herausgehoben; vor ihm sind alle Menschen gleich, nicht als Knechte, aber als Untertanen; auch zwischen Mann und Frau wird kein Unterschied gemacht. Recht ist nun zuerst Status, nicht mehr Verhalten; es wird nicht mehr vorgefunden, sondern zugewiesen. Nur der Fürst kann als lebendige Mitte der Rechtsordnung die Rechtswahrung kontrollieren; er bestimmt Richter und Beamte, die den allgegenwärtigen Fürsten vertreten. Deshalb ist Friedrichs Gesetzbuch besonders originell und durchgreifend im Prozeß- und Verwaltungsrecht. Es sorgt für staatliches Monopol der Rechtsprechung, zugleich für rasches und gleichmäßiges Verfahren der Gerichte; es sieht Juristen für spezialisierte Behörden, zugleich für eine zentralisierte Verwaltung vor. Es schützt die Untertanen und überwacht sie auch. Personales Gewohnheitsrecht der Vorväter muß vernünftiger Argumentation und schriftlichen Rechtsquellen Platz machen; aber auch einzelne Gesetze früherer Könige sind kraftlos. Es herrscht ein und dasselbe Recht, nur im umfriedeten Raum des Königreichs, hier jedoch ausnahmslos. Volkes Stimme verstummt; die fürstlichen Gesetze werden einer schweigenden Versammlung bekanntgemacht, Beratungen bleiben intern. Diese Sachlichkeit wirkt modern, und so hat Friedrichs Gesetzbuch weitergewirkt als früher Entwurf juristischer, bürokratischer, monarchischer Ordnung.

Trotzdem blickt der Vorspruch nicht in die Zukunft, sondern auf die Vergangenheit. Vernunft ist uralt; auch nach dem Sündenfall vererbt sich zusammen mit der Übertretung das Recht. Friedrich hat Sizilien von der Mutter ererbt und will sich in die Reihe der normannischen Könige, der deutschen Kaiser stellen. Sein Sohn Manfred betont 1261, daß die Kette der Geburten die Unbeständigkeit und den Tod des einzelnen zu überwinden vermöge. Weil Friedrich das Recht für geschichtlich hielt, änderte er es, auch nach 1231, nicht willkürlich, sondern aufgrund von Erfahrungen. Denn er hielt Recht für gesellig, dem friedlichen Zusammenleben der Menschen dienlich. Friede und Recht sind zwar miteinander verschwistert, aber – auch in der Gliederung des Gesetzbuches – voneinander getrennt, und den Vorrang hat der Friede. Weil die Menschen in verschiedenen Verbänden leben, gilt nicht für alle gleiches Recht; das Gesetzbuch betrifft ausschließlich Sizilien. Seine willigen Untertanen dort behandelte Friedrich anders als die Städter Oberitaliens, anders als die deutschen Fürsten. Daß er Kaiser war, erhöhte seine Legitimation zur Gesetzgebung; doch die Kaiserwürde begründete keine Weltmonarchie. Als Kaiser schützte Friedrich das ganze Christenvolk mit dem Schwert, gegen Ketzer im Innern und gegen Nichtchristen draußen; aber er wünschte, es in einer Gemeinschaft christlicher Fürsten zu tun. Von Friedrichs Modernität geblendet, liest man schnell über die Sätze hinweg, die das Fundament alles Zusammenlebens andeuten: Erst die Verantwortung eines jeden Fürsten vor dem König der Könige schafft zwischen den Völkern Frieden und danach Gerechtigkeit. Sizilien ist keine Welt und Friedrich kein Gott; das wußte er besser als mancher seiner modernen Interpreten.

Der Vorspruch klingt totalitär und hybride, wenigstens optimistisch; aber man darf sich von der prunkvollen Rhetorik nicht überrollen lassen. Dieses Gesetzbuch ist keine Setzung eines genialen Übermenschen, sondern ein Versuch, das Verhalten der Menschen zueinander in ihren verschiedenen Gruppen und Verbänden nach geschichtlichen Erfahrungen zu regeln. Wie Rothari eröffnet Friedrich sein Gesetzbuch mit einem Blick auf die *Condicio humana*. In der frühen Neuzeit soll Kaiser Ferdinand I. gesagt haben: »*Fiat justitia, et pereat mundus.*« Der mittelalterliche Kaiser Friedrich II. könnte gesagt haben: »*Fiat justitia, ne pereant homines.*«

RECHTE

Zwischen Schweden und Sizilien liegt ganz Europa; zwischen Olaf Schoßkönig und Friedrich II. liegt ein Traditionsbruch. Das nordische Rechtsdenken ist noch in Snorris rationalisierender Umdeutung von irrationalen Kräften beherrscht. Es bemüht keinen Schrifttext, kein Urgesetz wie die Zwölf Tafeln und die Zehn Gebote, keinen mythischen Gesetzgeber.

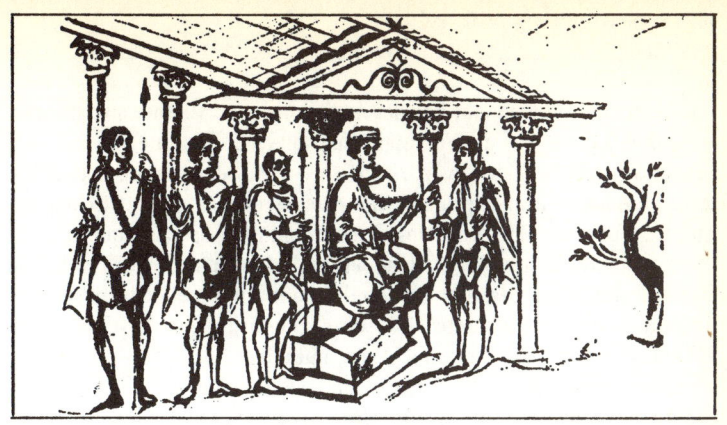

33 König Saul bei Mordbefehlen

34 Richter, Büttel und Parteien

Das Recht scheint vielmehr von der Auslegung alter Männer abzuhängen, die sich erinnern, was die Vorväter taten. Diese Erinnerung, etwa die des Gesetzessprechers Snorri, war trügerisch; im Fall des sächsischen Volksrechts können wir nachprüfen, wie grundlegend es sich zwischen der Aufzeichnung zur Zeit Karls des Großen und dem Sachsenspiegel Eikes von Repgow verändert hat, in den vierhundert Jahren, die auch zwischen Eymund und Snorri liegen. Die Angleichung an neue Bedürfnisse und Interessen vollzog sich unbewußt, durch Verfärbungen im Gedächtnis. Allerdings wurde das Recht nicht nur mündlich überliefert, sondern in gemeinsamer Beratung stets neu gefunden; niemand war Herr über das Recht, der König gewiß nicht, aber Gesetzessprecher und Volk auch nicht. Stets bezeichnete Recht das Verhalten in Einzelfällen, nie allgemeine Normen; stets betraf es Personen in ihren Lebenskreisen, nie Institutionen. Es galt nur im Verband der Kultgenossen und sicherte ihren Frieden; nach außen wirkte es als Macht des Verbandes.

Friedrichs sizilische Gesetzgebung dagegen achtet nicht auf bodenständige Traditionen, zum Beispiel auf arabische oder byzantinische Relikte in Sizilien. Er hält sich an die Normen kirchlichen und römischen Rechts, weil er geschriebenes Recht braucht, das durch gelehrte Juristen ausgelegt und angewandt wird. Von der Rechtsprechung löst sich die Gesetzgebung, die allein Sache des Fürsten ist. Sein Gesetz regelt den Zustand der Untertanen, die vor ihm alle gleich sind; sie wurzeln nicht in ihren Lebenskreisen, sondern haben der Gerechtigkeit zu dienen, nicht dem König zu raten und zu helfen. Das im Grundsatz lückenlose Recht wird bewußt geändert; seine Rationalität macht vor Landesgrenzen nicht halt, auch wenn die Kompetenzen des Fürsten auf ein Territorium beschränkt sind. Sachlichkeit ist nicht an Gemeinschaften gebunden, sondern an Institutionen, die sich im Europa der Universitäten überall ähnlich ausbilden. Mit der Gründung der Landesuniversität Neapel schafft sich Friedrich 1224 ein Instrument zur Auslese und Einübung seiner Beamten. Das ist der Weg zur Moderne, und man wäre versucht, den Bruch zwischen Olaf und Friedrich als Schwelle zwischen Mittelalter und Neuzeit zu bezeichnen. Doch das wäre falsch.

Die Gemeinsamkeiten sind nämlich gravierend, liegen freilich weniger in theoretischen Grundsätzen und institutionellen Verfahrensweisen als im sozialen Verhalten bei der Findung und Anwendung des Rechts. Es ist in beiden Zeugnissen der Verfügung einzelner Menschen oder Gruppen entzogen, sei es Fürst oder Volk; es ist kein Instrument von Herrschaft oder Knechtschaft, kein Ergebnis von Willkür oder Vertrag. Es wird von Friedrich wie von Thorgnyr gefunden im Blick auf geschichtliche Traditionen; es wird von beiden angewandt im Blick auf den Frieden der Gemeinschaft. Diese Gemeinschaft ist vielschichtig und spannungsreich. Sogar in dem einfachen schwedischen Fall stehen nicht nur König und Bauerngemeinde oder zwei Landschaften einander gegenüber; die verwandten skandinavischen Stämme und die östlichen Feinde spielen ebenfalls mit. Noch weniger ist der sizilische König mit seinen Untertanen allein; er hat mit der universalen Kirche und mit den Fürsten anderer Territorien zu rechnen. Auch wenn die Anwendung des Rechts auf konkrete Personen oder Länder beschränkt ist, bedarf seine Findung des allgemeinsten Fundaments. Deshalb begründen Thorgnyr und Friedrich rechtliches Verhalten religiös, auch wenn sie ihre Rechtssätze keinem Gott in den Mund legen.

Im Alltag mittelalterlicher Geschichte ist die Durchsetzung von Rechten sehr oft eine Machtprobe zwischen sozialen Gruppen. Sie streiten darum, auf wessen Seite das Recht stehe, sie mißachten es auch und werden dafür längst nicht immer bestraft. Aber keine Gruppe hat das Recht für sich gepachtet, auch der Fürst nicht. Indem er es feststellt, bindet er sich selbst daran. Im Mittelalter wurde selten genau zwischen Recht und Gerechtigkeit einerseits, Urteil und Gesetz andererseits unterschieden; so mußte sich jede spezielle Verfügung sofort an allgemeinsten Grundsätzen messen lassen und umgekehrt. Deshalb blieb die Spannung zwischen der ethischen Norm der Gerechtigkeit und den sozialen Konventionen der Vereinbarung ungelöst. Diese Spannung verquickte sich leicht mit der zwischen Herrschaft und Knechtschaft, zwischen Willkür des einzelnen und Bedürfnis der Menge, zwischen Macht und Frieden. Recht konnte deshalb nie zur Lebensform einer sozialen Gruppe werden, sondern blieb eine Forderung, die sich nur ab und zu im rechtlichen Verhalten zwischen Einzelmenschen und Gruppen verwirklichte. Das war schon viel in einer Zeit der Privilegien, da Recht häufig nur war, was sich einer ungestraft nehmen konnte und lang genug behauptete. Wäre man mehr Gerechten begegnet, man hätte weniger vom Recht geredet.

VATERLAND

Kosmas von Prag erzählte um 1120 in seiner lateinischen *Chronik der Böhmen,* daß Böhmenherzog Vratislav II. im Juni 1068 einen aus Sachsen stammenden Hofkaplan Lanzo zum Prager Bischof erheben wollte. Seine Brüder, die Mährenherzöge Konrad und Otto, plädierten dagegen für ein Familienmitglied, ihren Bruder Jaromir. Um sie zu überspielen, verlegte Vratislav die Entscheidung in das Feldlager, wo sich Adel und Volk zu einem Zug gegen Polen sammelten.

»Kurzum, man war beim Eingang der Pässe angekommen, wo der Weg nach Polen weitergeht. Und im Dorf Dobenina beruft der Herzog eine Versammlung von Volk und Adel ein. Seine Brüder sitzen zur Rechten und Linken, die Geistlichen und die Kastellane im weiten Kreis, und hinter ihnen stehen alle Krieger. Der Herzog ruft Lanzo auf; als er in der Mitte steht, rühmt und empfiehlt er ihn dem Volk mit folgenden vernehmlich vorgebrachten Worten: ›Deine hervorragende Treue, die ich Tag für Tag geprüft habe, fordert es und zwingt mich zu tun, was ich heute tun werde, auch in der Absicht, daß die Nachkommen daran lernen, wie treu sie ihren Herren sein müssen. Nimm hier Ring und Stab, du sollst Bischof des Bistums Prag und Hirt der frommen Schafe sein.‹ Im Volk erhebt sich Gemurmel; der Ruf des Glückwunschs, den man sonst immer im Augenblick der Bischofswahl zu hören pflegt, bleibt aus.

Da kann Pfalzgraf Kojata, Všebors Sohn, nicht länger an sich halten, ein Mann von aufrechter Rede und schlichtem Wort. Er stößt dem Herzogsbruder Otto, zu dessen Rechten er steht, kräftig in die Seite und sagt: ›Was stehst du da wie der Esel mit der Laute (Zitat nach Boethius)? Warum trittst du nicht für deinen Bruder ein? Siehst du denn nicht, daß dein Bruder, Sohn eines Herzogs, verschmäht wird und ein Neuling und Fremdling, der ohne Hosen in dieses Land kam, auf den Thron gehoben wird? Und wenn der Herzog den Eid seines Vaters bricht, wir wollen es nie zulassen, daß die Seelen unserer Vorfahren bei Gott für diesen Eid zur Rechenschaft gezogen oder bestraft werden. Wir wissen nämlich und berufen uns nach Kräften darauf, daß euer Vater Břetislav (I.) uns und unsere Väter mit Eidschwur darauf verpflichtet hat, daß nach dem Tod von Bischof Severus euer Bruder Jaromir Bischof werden soll. Oder wenn dir dein Bruder mißfällt, warum schätzt du unseren bedeutenden Klerus gering, der genau so mit Wissen begabt ist wie dieser Deutsche da? Ach, hättest du nur so viele Bischofssitze, wie du ihrer würdige Kapläne hast, die in diesem Land geboren sind! Glaubst du denn, daß ein Ausländer uns mehr liebt und diesem Land gewogener ist als ein Einheimischer? So ist ja die Menschennatur, daß jeder, aus welchem Land er auch sein mag, nicht nur sein eigenes Volk mehr als ein fremdes liebt, sondern sogar, wenn er könnte, die fremden Flüsse in sein Vaterland lenken würde. Da wollen wir doch, ja da wollen wir doch lieber einen Hundeschwanz oder einen Eselsdreck auf den heiligen Stuhl bringen als den Lanzo! Dein Bruder Spytihněv seligen Andenkens hat etwas davon begriffen, als er sämtliche Deutschen an einem Tag aus dem Land jagte. Noch lebt der römische Kaiser Heinrich (IV.) und möge am Leben bleiben! Zu ihm machst du dich selber, wenn du dir seine Befugnis anmaßt und Bischofsring und Bischofsstab dem hungrigen Hund gibst. Wahrhaftig, das wirst du und dein Bischof nicht ungestraft durchhalten, wenn Kojata, Všebors Sohn, am Leben bleibt!‹

Da nahm Smil, Božens Sohn und Kastellan in der Stadt Saaz, zusammen mit Kojata die Drei, Konrad, Otto und Jaromir, bei der Hand und sprach: ›Wir wollen gehen und zusehen, ob die Verschlagenheit und geheuchelte Billigkeit eines einzigen Mannes die Oberhand gewinnt oder ob sich die Gerechtigkeit und bewundernswerte Billigkeit der drei Brüder durchsetzt, die durch gleiches Alter, gleichen Willen, gleiche Kraft verbunden und von der Mehrheit des Heeres gestützt werden.‹ Ein großer Volksaufruhr erhebt sich im Lager, einzelne rufen ›Waffen, Waffen!‹, alle sind über die unbedachte Bischofswahl erbittert. Deshalb lief der Großteil des Heeres zu diesen drei Herren über und schlug rund um die Burg Opočno und unterhalb ein Lager auf. Und weil ein anderer Teil der Krieger schon in die Wälder vorausmarschiert war, sah der Herzog, daß er fast ganz im Stich gelassen und vor einem Angriff der Brüder nicht sicher genug war, und floh, so schnell er konnte; denn er fürchtete, sie kämen ihm mit der Besetzung der Stadt Prag oder Vyšehrad zuvor.«

Als der Prager Domdechant seinem Geschichtswerk, dem ältesten Böhmens, diese Episode einverleibte, stand er im achten Jahrzehnt seines Lebens; er könnte also 1068 als junger Mann dabeigewesen sein. Vielleicht hielt er sich aber damals zur Ausbildung an der Lütticher Schule auf, der er seinen gewundenen Stil und seine literarischen Zitate ver-

dankt. Schon hier stutzt ein Leser, der Kosmas zum tschechischen Natio-
nalisten im modernen Wortsinn erklären möchte, und die Ungereimtheiten häufen sich. Kosmas erhob keine grundsätzlichen Einwände gegen
deutsche Bischöfe von Prag; gleich den ersten, Thietmar, der wie Lanzo
aus Sachsen kam, rühmte er überschwenglich, zumal er die slawische
Sprache beherrschte. Und als Kosmas zum Jahr 1098 wieder von der Wahl
eines Ausländers, aus Utrecht, zum Prager Bischof zu berichten hatte,
mißfiel ihm das Argument von Vratislavs Sohn und Nachfolger durchaus
nicht: »Wenn er nur Gast ist, nutzt er dem Bistum mehr; die Verwandtschaft wird ihn nicht aussaugen, die Sorge für Kinder nicht beschweren,
der Schwarm der Angehörigen nicht ausplündern.« Allergisch reagierte
Kosmas auf den Hochmut mancher Deutschen, die sich nicht um die
Landessprache bemühten; doch wenn sie sich höflich verhielten, respektierte Kosmas sie ebenso wie den deutschen Kaiser, dessen Rechte auch
Kojatas Rede nicht vergaß. Im späten 11. Jahrhundert hatte es in der
Priesterschaft viel Streit gegeben, vor allem um die lateinische oder
kirchenslawische Liturgiesprache; aber es hält schwer, in Kosmas' Äußerungen einen klerikalen Nationalismus zu finden, Konkurrenzstimmung
zwischen böhmischen und deutschen Geistlichen. War also Kojata der
Nationalist?

Doch im böhmischen Hochadel finden sich keine stärkeren Indizien.
Herzog Břetislav I., den Kojata rühmend hervorhebt, hatte eine Deutsche
zur Frau; deutsch waren die Namen seiner Söhne Konrad und Otto. Sein
ältester Sohn Spytihněv hat die ihm nachgesagte Vertreibung aller Deutschen nie durchgeführt. Jaromir schließlich, der infolge der Verschwörung 1068 doch noch Prager Bischof wurde, nahm daraufhin den deutschen Namen Gebhard an und machte einen Deutschen zum Dompropst.
Die Ursachen des Konflikts lagen anderswo. Vratislav hatte beim Regierungsantritt 1061 diesem Bruder, der damals studierte, also zum Geistlichen bestimmt war, die geforderte Teilherrschaft versagt und ihn gewalt-
sam scheren und zum Diakon weihen lassen. Jaromir floh nach Polen, das
trotz seiner verwandten Sprache im 11. Jahrhundert Böhmens Hauptfeind
war, und erst die mährischen Brüder holten ihn 1068 zurück. Vratislav
befürchtete von der Vergabe des Bistums an seinen Bruder Streit im
Familienklüngel und Zerfall der Herzogsmacht; er wußte besser als
Thegan, daß hohe Geburt nicht vor Nepotismus schützte, und suchte
dieser Gefahr, wie seit Karl dem Großen viele kluge Herrscher, durch

Erhebung eines Unbeteiligten zu begegnen, der zudem sein treuer Diener war. Politik war allenthalben Auswahl der richtigen Menschen, nicht so sehr der Prinzipien und Institutionen, auch für Kosmas, der Böhmens Frühgeschichte als Geschichte der Beziehungen zwischen Fürsten und Großen schrieb.

Auch Kojatas Nationalismus war kein Prinzip, sondern ein Argumentum ad hominem. Der Pfalzgraf würde sich so wenig wie Kosmas darüber empören, daß der Herzog seinen Bischof aussucht; Mitspracherecht des Adels, vollends freie Wahl durch den Klerus kam in diesen Jahrzehnten vor dem Investiturstreit nicht in Betracht. Wenn aber der Herzog die Ernennung seines Bischofs durch die Akklamation der Heeresversammlung gegen Einwände sichern möchte, gibt er der Gegenpartei dieselbe Chance, die 1019 Thorgnyr in Uppsala wahrgenommen hatte; eine Versammlung läßt sich durch Emotionen umstimmen. Kojata beginnt ähnlich wie Thorgnyr mit Berufung auf die guten Sitten der Väter und Erinnerung an Vater Břetislavs Hausordnung, die die Großen eidlich bekräftigt haben. Dieser erste Teil der Rede ist noch an Otto und die Herzogsfamilie gerichtet. Im zweiten Teil, scheinbar an Vratislav adressiert, benutzt Kojata denselben Kunstgriff wie soeben der Herzog, der Lanzo so laut anredete, daß es alle hörten. Lanzo wird lächerlich gemacht durch Anspielung auf eine allbekannte, uns unverständliche Hosenaffäre und durch deftige Vergleiche, die brüllendes Gelächter provozieren. Und dazwischen etwas, was sich tiefsinnig anhört, eine kleine Anthropologie des Nationalismus.

Was »Volk« heißt, ist noch doppeldeutig, und Kosmas verwendet dafür zwei verschiedene Wörter, *Populus* für das gemeine Volk, das im Hintergrund steht, im Unterschied zu den Adligen, die im Kreis sitzen, und *Gens* für die Abstammungsgemeinschaft, im Unterschied zu fremden Völkern. Eindeutig ist der Begriff »Land«: Hier muß geboren sein, wer zu uns gehören soll; dies heißt Vaterland. Böhmen ist geographisch klar abgegrenzt, und Kosmas freut sich zu Beginn seiner Chronik, daß in dieses Land kein fremder Fluß hineinfließt; es hat seine eigenen Quellen und braucht fremde nicht abzulenken. Daß die Eintracht der Nation geographische Stützen erforderte, war vielleicht auch Vratislavs Motiv, die Versammlung an der Grenzscheide zu den polnischen Wäldern abzuhalten. Doch ist selbst die gemeinsame Bedrohung durch die Polen nicht stark genug, um die Versammelten zusammenzuschließen. Es bestehen

Gruppen, einerseits die Herzogsfamilie, von einem gemeinsamen Vater gezeugt und der Tradition verpflichtet, andererseits das Heer in Waffen, von Adel und Klerus für den Augenblick zusammengeführt. Doch zu einer vaterländischen Aktion ringen sie sich nicht durch, auch die Gegner des Herzogs nicht. Er hat, von seinem Heer verlassen, noch nichts verloren, solange seine Hauptstadt nicht besetzt ist. In Prag allerdings, in Kosmas' Domkirche auf dem Hradschin, liegt ein Kraftzentrum, das Menschen, nicht bloß Ländereien zusammenhält, das Grab des Landesheiligen, des Herzogs Wenzel.

Frühmittelalterlicher Nationalismus bedurfte der Anknüpfung an Personen. Aber in dem Hin und Her zwischen Herzog, Herzogssippe, Adligen, Geistlichen, Kriegern, gewöhnlichem Volk fand sich kein Lebender, der das Land, seinen Frieden und sein Recht auf Dauer verkörperte. Der zerfaserten Gesellschaft der Lebenden half dann der heilige Ahnherr, dessen Gebeine mitten im Land ruhten. Böhmen war das Land des heiligen Wenzel, und Kosmas wußte, daß er schon 1002 den angreifenden Polen einen gewaltigen Schrecken eingejagt und sie aus dem Land vertrieben hatte. Bald danach, 1124, bewies auch Sankt Dionysius in Frankreich seine Integrationskraft, als König Ludwig VI. in Saint-Denis das Banner des Heiligen ergriff; da folgten ihm die zerstrittenen Großen aus dem ganzen Lande der Franzosen in den Krieg gegen die Deutschen.

ERBFEIND

Im Trierer Exil schrieb seit 1471 der Normanne Thomas Basin an einer lateinischen *Geschichte der Zeit Karls VII., Königs von Frankreich.* Dabei erzählte er zu Beginn von dem Jahr 1415, in dem König Heinrich V. von England an der Seinemündung landete und Basins Heimat verwüstete.

»Die Fürsten und Großen Frankreichs hielten es für eine große Schande, wenn sie den Feind abziehen ließen, der auf weite Strecken alles verwüstet und geplündert hatte und mit Beute beladen auch viele Gefangene davonschleppte. Deshalb stellten sie aus dem Adel und den Knappen des ganzen Reiches ein sehr großes Heer zusammen. Zahlenmäßig übertraf es das englische Heer um mehr als das Vierfache; aber auf die Engländer traf der Vers Vergils zu: ›Klein an Zahl, doch höchst kriegs-

tauglich.‹ Die Franzosen hingegen waren zwar recht kräftig, waffenkun-
dig und mutig, aber ohne kriegerische Zucht und Ordnung und nach der
langen Friedenszeit im Waffengebrauch ungeübt. Sie sammelten aus den
verschiedenen Reichsteilen eine gewaltige Zahl von Fürsten, bedeutenden
und unbedeutenden, von Herzögen, Grafen, Freiherren, Rittern und Adligen und beschlossen, sich dem englischen König und seinem Heer entge-
genzuwerfen und ihn am weiteren Vormarsch zu hindern. Das taten sie
auch, um ihn zum Kampf zu zwingen. Manche behaupten - aber wir
haben nicht genau genug erfahren, ob es zutrifft -, daß der englische
König auf die Kunde vom Anrücken dieses großen und starken Heeres
den französischen Führern angeboten habe, er wolle die Stadt Calais
zurückgeben und eine schwere Summe Goldes zahlen, wenn man ihn frei
und ohne Schaden für seine Leute in sein Reich zurückkehren lasse. Das
sei jedoch abgelehnt worden, und so habe er sich notgedrungen auf
Kampf und Kriegsentscheid vorbereitet.

Als nun der Tag heranrückte, an dem es zum Kampf kommen sollte,
wurden die Heere beiderseits eingewiesen und aufgestellt. Der englische
König hielt angeblich vor der Schlacht ungefähr folgende Ansprache an
sein Heer: ›Meine guten, tapferen Mitstreiter, jetzt kommt die Stunde, da
ihr kämpfen müßt, nicht um Ehre und Ruhm eures Namens, sondern um
euer Leben. Denn wir haben die anmaßende Denkweise der Franzosen
zur Genüge kennengelernt und wissen genau, daß sie keinen von euch
schonen werden, wenn ihr euch durch Feigheit und Angst von ihnen aus
der Fassung bringen laßt. Sie werden euch alle gleich gemeinem und
nichtadligem Volk abschlachten wie das Vieh. Ich selber und die Fürsten
meines Blutes haben dieses Schicksal gewiß nicht zu befürchten, denn
bei ihrem Sieg werden die Feinde auf schwere Lösegelder für uns hoffen
und uns viel eher aufsparen als töten lassen. Wenn ihr nun dieser Gefahr
sicher entgehen möchtet, müßt ihr alle Furcht aus dem Herzen werfen
und dürft nicht hoffen, daß dieser Feind euch verschont, um euer Leben
gegen Geld einzulösen. Denn sie hegen gegen unser Volk stets einen
alteingewurzelten, ganz grimmigen Haß. Wenn ihr also lieber leben als
sterben wollt, dann erinnert euch wie tapfere Männer an euren alten Adel
und an den glorreichen Kriegsruhm der Engländer und kämpft als
Männer tapfer und tüchtig um euer Leben.‹

Diese Worte des Königs verstärkten den Mut der Engländer auf wunderbare Weise, denn sie erkannten, daß sie geradezu ihr Leben in Gefahr

brachten, wenn sie nicht tapfer kämpften und die Feinde schlugen. So erhoben sie ein schreckliches Gebrüll und begannen mit aller Kraft, die Bogen zu spannen und auf die Feinde zu schießen, mit so viel Pfeilen, daß sie wie eine Wolke den Himmel verdunkelten und man meinen konnte, plötzlich sei auf dem Feld eine üppige Saat von Pfeilen aufgegangen. Schießend gingen sie vor, verwundeten zahlreiche Pferde, auf denen Franzosen saßen, und Menschen dazu und töteten viele. Deshalb wandten sich die Franzosen, noch bevor sie ins Handgemenge kommen konnten, zur Flucht und traten sich im allgemeinen Gedränge gegenseitig tot. Ohne viel Mühe und fast ohne Aufwand wurden die Engländer Sieger. Ein jämmerlicher Anblick war es, wie im französischen Heer die Ordnung zerbrach, Verwirrung herrschte und die meisten zu fliehen versuchten; wie zehn Engländer hundert verfolgten und einer zehn Franzosen. Wenn sie von den Engländern gefaßt wurden, leisteten sie keinen Widerstand und setzten ihre ganze Hoffnung davonzukommen auf die Flucht. Sie wurden abgeschlachtet oder scharenweise wie das Vieh gefangen abgeführt. ... Geschlagen wurde diese unglückliche Schlacht bei der Stadt Hesdin, auf den Äckern zweier Dörfer, von denen das eine Azincourt, das andere Ruisseauville heißt, im Jahr des Herrn 1415, am Tag der heiligen Märtyrer Crispin und Crispinian (25. 10.).«

Über die Schlacht bei Azincourt berichteten mehrere Mitkämpfer ausführlicher, nicht zuverlässiger als Basin, der zum Zeitpunkt der Schlacht drei Jahre alt war. Er informierte sich aus zweiter Hand und erfuhr nicht viel Genaues; in den Jahrzehnten seitdem waren die Wunden vernarbt, für die anderen, nicht für Basin. Denn mit der Schlacht von 1415 hatte seine Wanderung durch die »Wüste dieses Lebens« begonnen, die noch in Trier nicht zu Ende war. Heinrich V. war nämlich 1415 nahe bei Basins Geburtsort Caudebec gelandet, und vor seiner Plünderung flohen die Basins, wohlhabende Gewürzhändler und Hausbesitzer. Thomas begann ein unstetes Leben, Studium in Frankreich und Italien, Gesandtschaften bis Ungarn, eine Professur für Kirchenrecht an der neuen Universität Caen, Erhebung zum Bischof von Lisieux, Beraterdienste am Hof Karls VII. in der Schlußphase des Hundertjährigen Krieges, Ungnade des Thronfolgers Ludwig XI., vor dem er nach Trier floh. Ist es ein Wunder, daß sich der Intellektuelle schließlich nach der normannischen Heimat und ihren Bauern sehnte?

Basin empfand wie die Bauern die französische Herrschaft in der Normandie als natürlich, denn sie dauerte seit 1204; vergessen war, daß von hier aus 1066 die Normannen England erobert hatten. Wenn sie 1415 zurückkamen, erschienen sie den Bewohnern der Normandie als »natürliche Feinde«, den Bauern sogar als wilde Tiere, die Menschen fressen. Der gelehrte Bischof lächelte über das naive Volk, auch über das Bauernmädchen Jeanne d'Arc; er haßte die Engländer nicht und ließ sich auch für Frankreich nicht totschlagen. Denn wer ist Frankreich? Der schwache König, der hochmütige Adel, die gequälten Bauern tun einander alles Böse an. Man könnte neidisch werden auf die Engländer, in deren Heer König, Adel und Volk eisern zusammenhalten. Freilich ging es damals 1415 für alle Engländer um Leben und Tod, nicht um einen ritterlichen Kampf, bei dem Besiegte mit Lösegeld davonkamen. Wir wissen aus anderen Quellen, daß auch der König schwor, niemand in England werde für ihn Lösegeld zu zahlen haben, er werde siegen oder sterben. Basin kann sich derlei nicht vorstellen und denkt wie die Franzosen von 1415, die zwischen Adel und gemeinem Volk genau unterschieden und mit einem reinen Adelsheer anrückten. Im englischen Heer aber befanden sich kaum tausend Ritter; das Gros bestand aus der Miliz von Freibauern mit Langbogen, und die Franzosen scheinen wirklich gedroht zu haben, sie würden die Masse des englischen Heeres totschlagen oder verstümmeln.

Bramarbasierende Prahlereien gehören zum Krieg, aber diesmal war es ernst; Basins Schätzung von der vierfachen Übermacht der Franzosen übertreibt nicht. Da die Engländer, seit Tagen auf Eilmärschen bei knapper Verpflegung im Dauerregen unterwegs, den Rückweg versperrt fanden, konnte nur der Mut der Verzweiflung sie retten. Wir wissen, daß ihnen der König diesen Mut in einer Ansprache einflößte; was er im einzelnen sagte, ist nur hypothetisch zu rekonstruieren, denn dies war nicht der Moment zum Mitschreiben. Nach anderen Quellen rief Heinrich den göttlichen Schlachtenlenker für seine gerechte Sache an. Nun gut, aber was war gerecht? Der Krieg war wieder aufgeflammt, weil der Lancaster dieselben Erbansprüche auf Frankreich anmeldete, die seit 1328 der Plantagenet Edward III. als Sohn einer französischen Königstochter erhoben hatte. Hätten jedoch die von Edward verfochtenen Grundsätze des Erbrechts allgemein gegolten, dann hätte Heinrich nicht einmal in England, geschweige denn in Frankreich nach der Krone greifen dürfen. Aber um dynastisches Erbrecht ging es bei Azincourt längst nicht mehr; Heinrich V. trat für die Rechte der Krone ein, die über allen Einzelmenschen standen und nie verjährten. Basin ignoriert sie.

Weiter soll der König die Minderwertigkeit der Franzosen betont, ihr Heer als zusammengewürfelten Haufen bezeichnet haben. Darin stimmt ihm Basin zu, denn die Niederlage von 1415 hat die Untüchtigkeit der Franzosen erwiesen. Freilich war Heinrich weitergegangen; er soll an die früheren englischen Siege über denselben Gegner erinnert haben, an die Schlachten von Crécy 1346 und Poitiers 1356. Diesen Gesichtspunkt streift Basin nur ganz allgemein, wenn er vom alten Kriegsruhm spricht. Viel wichtiger ist ihm die historische Argumentation Heinrichs, daß die Feindschaft zwischen Engländern und Franzosen alteingewurzelt sei. Hier begreift Basin den Gedankengang des Gegners kongenial: Der Feind ist nicht der König von Frankreich, der vorsichtshalber in Rouen in der Etappe geblieben ist; der Feind sind die Franzosen als Nation, eine Masse Mensch, die nach Blut dürstet und keine ritterliche Gnade kennt. Basin versucht gar nicht erst, hier die Franzosen in Schutz zu nehmen. Dabei hatte das Adelsheer dem englischen König durch Herolde eine ritterliche Schlacht angeboten; es sollte ein ehrlich verabredeter Kampf um das Recht, ein Gottesurteil werden. Nur auf englischen Pöbel würde man keine Rücksicht nehmen. Basin versteht, daß das der entscheidende Fehler der Franzosen war: Dies war kein Pöbel, sondern ein Volk. Jetzt konnte Heinrich V., der dem Kampf wirklich gern ausgewichen wäre, den Spieß umdrehen; man würde den Adel Frankreichs schlachten.

Anfangs verlief die Schlacht normal; die Franzosen begannen mit einer Attacke der Ritter. Sie brach im englischen Pfeilhagel zusammen. In dem frisch eingesäten, regennassen Ackerboden waren die Pferde mit den schwer Gepanzerten den flinken Engländern zu Fuß nicht gewachsen. Die Bogenschützen streckten nun aber nicht nur aus der Ferne mit Pfeilen die Ritter nieder, sondern zogen die Schwerter und erschlugen Gefangene, »ohne Ansehen der Person«, wie ein englischer Augenzeuge schreibt. Bei einer kurzen Krise gab gar der englische König selbst Befehl, alle Gefangenen umzubringen. Einige murrten, weil sie an entgehendes Lösegeld dachten; aber die meisten Gefangenen, mehrere Tausende, mußten sterben, die restlichen wurden wie das Vieh behandelt. Basin verweist den Leser mit den einfachsten Mitteln der Wortwahl auf das Spiegelbildliche aller Grausamkeit: Die plebejischen Sieger verfuhren mit den adligen Gefangenen

35 Der Patriarch belehrt König und Volk

36 Kriegsvolk mit Brotwagen

genau so, wie es ihnen im Fall der Niederlage angedroht worden war. Weil die Feinde ständisch ungleich sind, ist ihr Krieg miteinander kein Spiel nach Konventionen, sondern eine Orgie des Hasses.

Dieser Haß selbst ist aber nicht ständisch, er ist national. Er ist im Hundertjährigen Krieg durch Generationen allmählich gewachsen, in einem Prozeß der Polarisierung. Einerseits scharte sich das Volk im Verlauf staatlicher Konsolidierung enger als früher um seinen Repräsentanten; das war nicht mehr ein heiliger Landespatron, in England etwa der heilige Georg, auch schon nicht mehr die Person des Königs, sondern die Institution der Krone, die alle Einzelmenschen überlebt. Bei Azincourt siegt nicht dieser Heinrich oder jener Karl, sondern die englische oder die französische Krone. Andererseits ist damit der Erbfeind gegeben, der seit Menschengedenken den Rechten der eigenen Krone widerstreitet; auch er nimmt dauerhafte, das heißt abstrakte Züge an. Bei Azincourt fällt nicht dieser oder jener Mitkämpfer, sondern eine Masse Mensch, ohne Ansehen der Person. Man kann jetzt »Volk« sagen; Basin benutzt das eine Wort *Gens,* wenn der englische König von »seinen Leuten« redet, die in seinem Heer als Mannschaften marschieren, und von »unserem Volk«, das die Franzosen seit alters hassen. Basin kann sich in den Gegner hineindenken, weil er selbst von der angestammten Krone Frankreich in seiner Heimat und von deren natürlichem Feind England spricht. Als Patriot ist Basin in das Knäuel von Blut und Natur verstrickt, aber als Bischof schaudert er vor den tierischen Konsequenzen nationaler Polarisierung. Er rettet sich aus dem Dilemma, indem er schreibt, er wolle sich nicht anmaßen, die Geheimnisse der göttlichen Vorsehung zu ergründen. Als Historiker sieht er weiter und beobachtet das Auf und Ab von Sieg und Niederlage, Übermut und Verzagtheit auf beiden Seiten: Nationales Verhalten hat einmal eine entscheidende Schlacht gewinnen helfen, aber nicht die Geschichte des Jahrhunderts bestimmt.

VÖLKER

Die meisten Gemeinsamkeiten beider Berichte lassen sich aus der besonderen Situation vor einer politischen oder militärischen Entscheidung erklären. Die Herrschenden treten vor die Menge und wecken deren Emotionen, um sie in die gewünschte Aktion zu lenken. Beide Redner,

Pfalzgraf und König, beschwören zu diesem Zweck die Gemütswerte Vaterland, Blutsverwandtschaft und gemeinsame Geschichte. Diesen positiven Werten werden negative gegenübergestellt, die sich in ausländischen Feinden verkörpern; sie sind lächerlich, hündisch, unmenschlich. Die Polarisierung ruft ein rauschhaftes Wir-Gefühl der Menge hervor. Doch wird es nicht auf das Ziel der Herrschaft ausgerichtet, eher umgekehrt auf Befreiung von Knechtschaft. Ständisches Verhalten wird provoziert, wenn gegen die Willkür des Herzogs die Solidarität der Herzogssippe, gegen den Hochmut des Adels die Freiheit der Bauern gesetzt wird. Rechtliches Verhalten wird provoziert, wenn die Feinde in unerträglichem Hochmut Eide und Verträge mißachten; freilich besteht das Recht hier nur aus Privilegien und Konventionen der eigenen Gruppe und begründet den Konflikt, nicht den Frieden. Volk konstituiert sich als Partei in einer Auseinandersetzung, und das heißt im Mittelalter, es konstituiert sich nur von Fall zu Fall. Dieser Eindruck wird durch die beiden geistlichen Berichterstatter verstärkt, die in der lateinischen Sphäre internationalen Austausches leben und in völkischem Verhalten eher eine Taktik als einen Grundsatz sehen.

Auch für die politisch Handelnden, den Pfalzgrafen des 11. und den König des 15. Jahrhunderts, ist Volk nicht die immer gleiche und allumfassende Gemeinschaft von Abstammung, Geburtsland und Schicksal, die sie predigen. Volk sind zuerst immer noch die in diesem Dorf, auf jenem Schlachtfeld beisammenstehenden Menschen in ihren unterschiedlichen Gruppen und Kreisen; die Fürsten von Geblüt lassen sich von den adligen Herren, diese vom gewöhnlichen Volk stets sauber abheben, auch wenn sie Mißfallen und Beifall wie aus einem Munde äußern. Volk ist auch als geschichtlicher Verband keine Familie von Kindern eines Urvaters; die Heiratsverbindungen sowohl der böhmischen Herzöge wie der englischen Könige sind vielmehr gerade zu den geschmähten Ausländern besonders eng. Nationales Verhalten wird nicht von denen geübt, die es verkünden; es wird den Zuhörern abverlangt.

Im zunehmenden Erfolg dieser Forderung spiegeln sich weitreichende geschichtliche Wandlungen. Im böhmischen 11. Jahrhundert ist Volk noch keine annähernd feststehende Größe, sondern ein Gemenge lokaler Gruppen und Personenverbände. Wie bei Naturvölkern herrscht im Frühmittelalter eher Feindschaft zwischen Verwandten und Nachbarn als zwischen weiträumigen Gemeinschaften. Im innenpolitischen Streit kann ein nationales Argument zünden; umgekehrt kann die Heranziehung von Ausländern behilflich sein, wenn die Verfilzung familiärer Interessen überhandnimmt. Für Böhmen insgesamt besteht eine ebenso undeutliche wie unbestreitbare Verflechtung mit dem deutschen Kaisertum; Grenzen sind geographischer, nicht eigentlich politischer Natur. Im englischen 15. Jahrhundert haben sich die innenpolitischen Beziehungen versachlicht, territorial verdichtet und auf die Krone konzentriert. Unbeschadet aller inneren Schichtungen sind nach außen klare Abgrenzungen eingeführt. England insgesamt ist von keiner anderen Macht abhängig; der König hat es im Spätmittelalter nur mit gleichberechtigten Partnern zu tun.

Die Konsolidierung der Völker als politischer Aktionseinheiten gedieh nicht überall in Europa gleichweit. Die westeuropäischen Monarchien verdrängten im Bund mit dem Papsttum seit der gregorianischen Kirchenreform die Instanz des deutschen Kaisertums, an die noch Kojata appelliert hatte. Gegen die deutsche Kaiserpolitik regte sich seit dem Angriff auf Frankreich 1124 in Westeuropa ein politischer Nationalismus, der König, Adel und Volk zusammenband. Im Hundertjährigen Krieg zwischen Frankreich und England spitzte sich dieses Nationalgefühl zum Nationalhaß zu. In der Mitte und im Osten Europas blieb es weiterhin bei vielschichtigen Verhältnissen, die nicht zur Abkapselung politischer Nationen führten. Noch im Polen des 14. Jahrhunderts konnte Kasimir der Große deutsche Adlige und Bauern unbefangen privilegieren, und selbst die Schlacht bei Tannenberg 1410 war kein Pendant zu Azincourt.

Im ganzen trug die innere Stabilisierung der Völker dazu bei, daß sie nicht nur extreme Pole in einem Spannungsfeld blieben, sondern allmählich Kreise um je einen Mittelpunkt wurden. Deshalb hatte nationales Verhalten nicht nur exklusive, sondern auch integrierende Wirkungen. Dennoch waren im Mittelalter die Völker noch keine Verbände von täglich Zusammenlebenden; nur in Ausnahmesituationen reagierten sie einheitlich. Es bedurfte noch langwieriger Bemühungen nivellierender Politik und abstrahierender Gelehrsamkeit, bis die Völker in der Neuzeit wirklich zu Lebenskreisen wurden.

LATEIN

Bischof Isidor von Sevilla behandelte in der lateinischen Enzyklopädie, die er um 620 begann und bei seinem Tod 636 unvollendet hinterließ, auch »Die Sprachen der Völker«:

»Die Verschiedenheit der Sprachen ist nach der Sintflut beim Bau des Turmes (von Babel, 1. Buch Moses 11, 9) entstanden. Denn bevor der Hochmut dieses Turmes die menschliche Gemeinschaft in verschiedene Zeichenlaute zerteilte, besaßen alle Stämme nur die eine Sprache, die heute Hebräisch heißt. Patriarchen und Propheten benutzten sie, nicht nur für ihre Reden, sondern auch in den Heiligen Schriften. Anfangs gab es so viele Sprachen wie Völker, nachher mehr Völker als Sprachen; denn aus einer Sprache gingen viele Völker hervor. Man sagt an dieser Stelle ›Sprachen‹ *(linguae)* und meint die Wörter, die durch die Zunge *(lingua)* gemacht werden. Das geschieht mit jener Redefigur, die das Bewirkte durch den Bewirker ausdrückt, so wie man gewöhnlich ›Mund‹ für ›Wörter‹ sagt oder ›Hand‹ für ›Buchstaben‹.

Drei Sprachen sind heilig, Hebräisch, Griechisch und Latein; sie ragen auf der ganzen Welt am meisten hervor. Denn in diesen drei Sprachen ließ Pilatus den Grund der Kreuzigung des Herrn auf sein Kreuz schreiben (Johannes 19, 20). Deshalb ist die Kenntnis dieser drei Sprachen nötig, ferner wegen der Unklarheit der Heiligen Schriften, damit man auf eine andere Sprache zurückgreifen kann, wenn der Ausdruck in der einen Sprache einen Zweifel an Namen oder Übersetzungen geweckt hat. Griechisch gilt unter den Volkssprachen als besonders klar und deutlich. Es ist nämlich klangreicher als Latein und alle anderen Sprachen. Seine Vielfalt gliedert sich in fünf Teile. Der erste heißt *Koine,* das heißt Mischsprache oder Gemeinsprache, die alle gebrauchen. Der zweite heißt Attisch, gemeint ist Athenisch, das alle Schriftsteller von Griechenland benutzten. Der dritte ist Dorisch, das Ägyptern und Syrern eigen ist. Der vierte ist Jonisch, der fünfte Äolisch, das die *Aiolisti* gesprochen haben sollen. Bei der Untersuchung des Griechischen findet man derartige bestimmte Unterscheidungsmerkmale; ihre Sprechweise ist jedenfalls auf diese Art unterteilt.

Lateinische Sprachen gibt es nach Angabe einiger Autoren viererlei: Altlatein, Latinisch, Römisch, Mischlatein. Altlatein, das die ältesten Bewohner Italiens unter Janus und Saturn benutzten; es war regellos, so wie die Salierlieder. Latinisch, das die Tuscier und andere in Latium zur Zeit des Latinus und der Könige sprachen; darin wurden die Zwölftafelgesetze aufgeschrieben. Römisch, das nach Vertreibung der Könige vom römischen Volk eingeführt wurde; darin äußerten sich Naevius, Plautus, Ennius, Vergil von den Dichtern, Gracchus, Cato, Cicero und andere von den Rednern. Mischlatein, das nach der Ausbreitung des Imperiums zugleich mit den Bräuchen und Menschen in die Stadt Rom eindrang; es verdarb durch Konstruktionsfehler und Wortänderungen die Reinheit des Ausdrucks.

Alle Völker des Ostens pressen die Laute in der Kehle zusammen, so Hebräer und Syrer. Alle Mittelmeervölker lassen die Sprache an den Gaumen schlagen, so Griechen und Kleinasiaten. Alle Völker des Westens brechen die Wörter an den Zähnen, so Italer und Hispanier. Syrisch-Chaldäisch steht dem Hebräischen im Ausdruck nahe, es klingt im wesentlichen und in der Aussprache der Buchstaben gleich. Einige meinen aber, Hebräisch sei mit Chaldäisch identisch, weil Abraham aus dem Land der Chaldäer stammte. Wenn man das annimmt, wieso erhalten dann bei Daniel (1, 4) hebräische Kinder den Befehl, Chaldäisch zu lernen, das sie nicht konnten? Jedermann kann jede beliebige Sprache, Griechisch, Latein oder eine andere Volkssprache, entweder beim Hören behalten oder durch Lesen mit einem Lehrer aufnehmen. Die Kenntnis sämtlicher Sprachen ist zwar für jeden schwierig zu erreichen, aber niemand ist so träge, daß er in seinem Volk lebt und die Sprache seines Volkes nicht beherrscht. Sonst müßte man ihn für geringer als die dummen Tiere halten. Denn sie bringen die ihrer Gattung eigenen Laute hervor; unterlegen ist ihnen der Mensch, der seine eigene Sprache nicht kennt.

Was für eine Sprache Gott am Anfang der Welt geredet hat, als er sagte: ›Es werde Licht!‹ (1. Buch Moses 1, 3), das ist schwierig herauszufinden; denn da gab es noch keine Sprachen. Ähnlich steht es mit dem Problem, in welchem Idiom Gott später den Menschen von außen in die Ohren redete, vor allem, als er zum ersten Menschen oder zu den Propheten sprach oder als leibhaftig die Stimme Gottes erschallte, der sprach: ›Du bist mein geliebter Sohn‹ (Markus 1, 11). Einige glauben, es sei in der einen und einzigen Sprache geschehen, die vor der Sprachverschiedenheit bestand. Allerdings kann man annehmen, daß Gott die verschiedenen Völker in genau der Sprache anredet, die die Menschen selber gebrauchen, damit sie ihn verstehen. Gott spricht aber zu den Menschen nicht durch ein unsichtbares Wesen, sondern durch ein leibhaftiges Geschöpf; in solcher Gestalt wollte er auch den Menschen sichtbar werden, als er sprach. Das sagt auch der Apostel: ›Wenn ich mit den Sprachen der Menschen und der Engel rede‹ (1. Korintherbrief 13, 1). Hier fragt es sich, in welcher Sprache Engel reden; aber es ist nicht so, daß es eigene Engelssprachen gäbe, das ist nur übertreibend gesagt. Ferner läßt sich fragen, in welcher Sprache die Menschen in Zukunft reden. Darüber finde ich nirgends Aufschluß. Denn der Apostel sagt: ›Auch die Sprachen werden aufhören‹ (1. Korintherbrief 13, 8).«

So gelehrt, konservativ, katholisch, wie dieser Abschnitt klingt, war der Verfasser. Isidor stammte aus vornehmer romanischer Beamtenfamilie im byzantinischen Teil Spaniens und wuchs in der lateinischen Bildungstradition auf; wie sein älterer Bruder Leander, der die Westgoten vom Arianismus zum Katholizismus bekehrte, mühte sich Isidor als Bischof von Sevilla um Zusammenfassung des Landes unter kirchlicher Leitung. Der kleinen westgotischen Herrenschicht wollte seine Enzyklopädie, auf Veranlassung des Königs Sisebut begonnen, die klassische und kirchliche Überlieferung handlich erschließen. Das Werk, noch heute in fast tausend Handschriften erhalten, erklärte die Dinge der Welt aus ihren Namen und band sie so an Gottes Schöpfung und die lateinische Sprache. Dennoch war Sprache für Isidor nichts göttlich Abstraktes.

Gleich der zweite Satz unterstreicht, daß Sprache das Band der *Humana societas* ist, nicht nur Offenbarung, Theorie oder Norm. Sie verkörpert sich leibhaftig im Menschen, der seinen Namen *Homo* vom konkreten *Humus* hat. Sprache ist an Atem, Mund, Zunge, Zähne, Gaumen, Kehle gebunden und nur irdischen Menschen gegeben. Gott spricht sowenig wie die Engel oder wie Menschen im Jenseits; Gott redet nur durch irdische Menschen und deren Sprache. Sie ist nicht dem Einzelmenschen verliehen; man lernt sie im Hören oder Lesen von anderen Menschen und braucht sie für jede Gemeinschaft. Sprachgemeinschaften sind heute nirgends universal; sie sind eingeschränkt, weil sie gesellig und geschichtlich sind. Das verstand sich für einen lateinischen Theologen nicht von selbst.

Die kleine Menschengruppe der Urzeit brauchte nur eine Sprache; Isidor übernahm Augustins Lehre, daß diese Ursprache das Hebräische gewesen sei, sagte aber genauer: die Sprache, die heute Hebräisch heißt. Sogar sie blieb wie andere orientalische Idiome nicht von Wandlungen verschont; schon zu Daniels Zeiten verstand ein Hebräer nicht mehr Chaldäisch. Ursache solcher Differenzierung war zuerst menschlicher Hochmut, der den Turm von Babel baute. Im Bauherrn Nimrod sah Isidor die Spaltung verkörpert, die zum Vielgötterdienst und zur Ständescheidung zwischen Herrschaft und Knechtschaft führte; sie teilte auch die Sprachen. Später kamen Umweltfaktoren hinzu; deshalb gliederte Isidor das Griechische nach Landschaften und wies die gutturale, palatale und dentale Aussprache verschiedenen Himmelsstrichen zu. Aber gründlicher als durch die Geographie wurden Eigenart und Reichweite der Sprachen seither durch die Politik verändert.

Isidor gab den ersten Abriß einer lateinischen Sprachgeschichte, der uns überhaupt erhalten ist. Er unterteilte sie nach politischen Epochen: Frühzeit, Königszeit, Republik, Kaiserzeit; sowie nach vorrangigen Lebensbereichen: Religion, Recht, Literatur, Macht. Es gibt kein zeitloses Latein; jede Sprachstufe ist Ausdruck ihrer Epoche und ihres Verbandes. Die für Isidor aktuelle Sprache ist noch Latein, obgleich es eine barbarisch verwaschene Form angenommen hat; es ist indes nicht mehr die Sprache des Weltreichs Rom. Seinen heutigen Rang als Weltsprache verdankt es dem Christentum, vor allem der lateinischen Bibelübersetzung des Kirchenvaters Hieronymus. Auch als Bibelsprache besitzt es kein Monopol; die drei Versionen der Heiligen Schrift sind gleichrangig und stützen einander. Dieses Latein ist für Isidor – wie kurz zuvor für Gregor von Tours – keine tote Gelehrtensprache, sondern wie einst die Ursprache zugleich Umgangssprache. Für den Spanier des 7. Jahrhunderts begannen Lateinisch und Romanisch zwar auseinanderzutreten, waren aber noch beiderseits verständlich. Isidors Latein ist nicht mehr die kompliziert gestufte und fein abtönende Literatursprache Ciceros, sondern eine nüchterne, schwerfällige Redeweise mit kärglichem Wortschatz und einfachem Satzbau. Auch darin spiegelt sich zeitgenössische Politik.

Im spanischen Westgotenreich ist Latein nicht Herrensprache. Darum redet Isidor so oft von der Volkssprache, die jedem Menschen zugänglich ist. Kein Mensch kann alle Sprachen beherrschen, und sogar der Gelehrte braucht nur drei; aber jeder muß die Sprache seines Volkes und Stammes pflegen. Die Vielfalt der Sprachen war früher, beim Turmbau von Babel, Sündenstrafe, ist aber heute Bedingung menschlicher Gesellung über-

haupt, wie bei Tieren, die die Laute ihrer Gattung beherrschen. Sprachgemeinschaften des 7. Jahrhunderts sind nicht mehr so universal wie die
der hebräischen Urzeit, der griechischen Ökumene und des römischen
Imperiums; die Vielfalt der Sprachen kann das Gleichgewicht zwischen
den Völkern sichern. Wie sie römisch-byzantinischen Imperialismus verhindert, so wirkt sie westgotisch-romanischem Separatismus entgegen,
denn nicht jedes heutige Volk hat eine besondere Sprache.

Soviel Isidor von Augustin übernahm, er klagte nicht mehr darüber,
daß sich Herr und Hund leichter verständigen als Mitmenschen verschiedener Sprachen. Sprache schafft Gemeinschaft, schließt sie aber nicht
hermetisch ab. Nach Isidors Meinung wird kein kirchliches Pfingstwun-
der auf Erden die paradiesische Universalität wiederherstellen; irdische
Menschen können nur in überschaubaren Gruppen zusammenleben. Ihre
Sprache demonstriert ihnen die ursprünglichen Normen ethischen Verhaltens, aber auch die jeweiligen Konventionen des Umgangs miteinander. Zwischen hochstilisierter universaler Tradition und lebenskräftigen
lokalen Gruppen vermittelte zu Isidors Zeit nicht so sehr die Wahlmonar-
chie von Toledo und der partikularistische Adel als vielmehr die katholische Kirche und deren Latein. Isidor ist vielleicht der Hauptverantwortli-
che dafür, daß die lateinische Sprache diese Aufgabe im ganzen Mittelalter zu erfüllen hatte, auch später, als sie es nicht mehr konnte.

DIALEKTE

Dante Alighieri stellte wohl um 1305 in seinem lateinischen Traktat *Die
Volkssprache* fest, daß Europa in drei große Sprachfamilien zerfalle, eine
südliche romanische, eine nördliche slawisch-germanische und eine östliche byzantinische; Unterscheidungsmerkmal sei das Wort für »Ja«. Er
fuhr fort:

>»Jetzt aber müssen wir unseren eigenen Verstand auf die Probe stellen,
>weil wir etwas untersuchen möchten, worin uns keine Autorität unter-
>stützt, nämlich die Veränderung, die mit der anfangs einzigen und
>einheitlichen Sprache nachher vor sich ging. Und weil man auf bekann-
>teren Wegen sicherer und schneller vorankommt, wollen wir das Problem
>nur für unsere (romanische) Sprache weiterverfolgen und die anderen

beiseite lassen. Denn was in der einen Sprache vernünftig ist, ist in den anderen wohl auch begründet. Die Sprache, die wir fortan behandeln, ist also, wie oben gesagt, dreigeteilt, denn die einen sagen *Oc*, die anderen *Sì*, wieder andere *Oil*. Daß sie – was nun zuerst zu beweisen ist – zu Beginn der Verwirrung eine einzige Sprache war, geht daraus hervor, daß wir bei vielen Wörtern übereinstimmen; beredte Autoren zeigen es. Diese Übereinstimmung widersteht sogar der Verwirrung, die beim Turmbau von Babel vom Himmel stürzte. Die Autoren der drei Sprachen stimmen in vielem überein, vor allem in dem Wort für ›Liebe‹. (Es folgen drei Beispiele für *Amor* im Provenzalischen, Französischen und Italienischen.)

Nun wollen wir untersuchen, warum diese Sprache in drei Hauptteile abgewandelt wurde, warum jede dieser Varianten in sich wieder verschieden ist, zum Beispiel die Sprechweise des östlichen Italien von der des westlichen – denn die Paduaner reden anders als die Pisaner –, und warum ziemlich nahe beieinander Wohnende heute sprachlich voneinander abweichen, wie Mailänder und Veronesen, Römer und Florentiner; sogar Leute derselben Stammesart wie die von Neapel und Gaeta, von Ravenna und Faenza; ja, was noch verwunderlicher ist, Angehörige derselben Gemeinde, wie in Bologna die vom Vorort San Felice und die von der Hauptstraße. Daß alle diese Abweichungen und Unterschiede der Rede vorkommen, wird ein und denselben vernünftigen Grund haben. Wir behaupten, daß keine Wirkung ihre Ursache übertrifft, soweit sie tatsächlich Wirkung ist, denn die Ursache kann nichts bewirken, was sie nicht selbst ist.

All unsere Rede wurde ja – außer der einen, die Gott dem Menschen zu Beginn anerschuf – nach jener Verwirrung, die nur das Vergessen der Ursprache war, durch unser Gutdünken neu gebildet; ferner ist der Mensch das unbeständigste und veränderlichste Lebewesen. Aus diesen Gründen kann keine Sprache dauerhaft oder beständig sein, sondern muß sich wie unser sonstiges Gebaren – zum Beispiel Sitten und Haltungen – nach den Abständen in Zeit und Raum ändern. Ich halte das genannte Kriterium der Zeiten nicht für zweifelhaft, sondern vielmehr für erweisbar. Denn wenn wir unsere sonstigen Werke überprüfen, wird klar, daß wir weit stärker von unseren uralten Mitbürgern abweichen als von weit entfernten Zeitgenossen. Deswegen behaupten wir kühn, daß die früheren Bewohner von Pavia, wenn sie jetzt auferstünden, in anderer, ja grundverschiedener Sprache reden würden als die modernen Pavesen.

Unsere Behauptung ist nicht erstaunlicher als die Wahrnehmung, daß ein Jugendlicher zum Erwachsenen geworden ist, auch wenn wir ihn nicht wachsen sahen. Denn was sich langsam bewegt, können wir am wenigsten beobachten, und je mehr Zeit es braucht, um die Veränderung einer Sache zu beobachten, desto feststehender stellen wir uns die Sache vor.

Wir wundern uns nicht, wenn Menschen, die sich nicht sonderlich von Tieren unterscheiden, die Meinung vertreten, daß dieselbe Stadt immer mit derselben Sprache zusammengelebt habe. Denn die Veränderung der Sprache in derselben Stadt vollzieht sich allmählich in sehr langer Zeitenfolge, und das Menschenleben ist ja seiner Natur nach sehr kurz. Wenn sich also, wie gesagt, schon im selben Volksstamm die Sprache im Lauf der Zeiten verändert und auf keine Weise feststehen kann, dann muß sie sich zwischen getrennt und entfernt Lebenden sogar in mehrfacher Weise verändern. Ebenso mehrfach verändern sich Sitten und Haltungen, die weder durch die Natur noch durch das Beisammensein festgelegt werden, sondern durch menschliches Gutdünken und örtlichen Bedarf entstehen.

Dies gab den Anstoß für die Erfinder der grammatischen Methode. Denn die Grammatik ist nichts anderes als die Festlegung einer Sprache, die in verschiedenen Zeiten und Räumen unwandelbar dieselbe ist. Da die Grammatik in gemeinsamer Verabredung vieler Völkerstämme geregelt worden ist, hängt sie offenbar nicht vom Einzelermessen ab und kann folglich nicht veränderlich sein. Ihre Erfindung sollte verhindern, daß wir uns die Weisungen und Taten der Alten oder der durch räumlichen Abstand von uns Geschiedenen gar nicht oder bloß unvollkommen aneignen können, nur weil die Sprache nach dem Ermessen einzelner schwankt und sich ändert.«

Der größte Dichter Italiens, den Petrarca bald den »Wegbereiter unserer Volkssprache« nannte, schrieb seine Gedanken über ebendiese Volkssprache lateinisch nieder, und unser Ausschnitt begründet die Paradoxie mit einer gelehrten Theorie, die aus Dantes geschichtlicher Lage erwuchs. Der Florentiner liebte seine geschäftige Heimatstadt, für die er politisch tätig war, und seinen Dialekt. In ihm fanden sich Dantes Eltern liebevoll, als sie dem Sohn das Leben schenkten; in ihm unterhielt er sich mit Freunden und hörte die Weiblein auf den Gassen schwätzen. Er konstituierte nicht Heimat, war aber Teil dieser Heimat. Dante kam nicht aus adligem, doch begütertem Haus und lernte bei den Bettelmönchen auch lateinische Bildung. Doch sie war theologisch, normativ, literarisch; das tägliche Leben in Dantes Jugend, wie es Salimbene beschreibt, spielte sich in der Mundart ab, nicht mehr nur das mündliche. Rechnungen, Urkunden, Zunftordnungen, Prozeßakten wurden vielfach volkssprachlich aufgezeichnet; ein italienischer Geschäftsbrief aus Dantes Geburtsjahr 1265 wird uns später interessieren. Die Mundart war Medium des Miteinanderlebens.

Was daran bedenklich war, erfuhr Dante nach 1302, als ihn die Vaterstadt mit Verbannung und Güterentzug bestrafte. Der Emigrant nahm auf die Pilgerfahrt nichts als seine Mundart mit. Freunde seiner politischen Partei gewährten ihm Asyl, doch selbst in der Nachbarstadt sprach man nicht seinen Dialekt. In den Orten, die unser Ausschnitt nennt, in Verona, Bologna, Padua, später in Ravenna hörte Dante mit eigenen Ohren, wie zersplittert Italiens Sprache war; er zählte 14 Hauptdialekte mit über 1000 lokalen Varianten. Da mußte ihn die Frage bedrängen, ob Sprache das Zusammenleben der Menschen fördere oder sogar in der lokalen Gruppe blockiere. Zunächst tröstete Isidors Lehre von der zeitlichen und räumlichen Veränderung seit dem Turmbau von Babel. Selbst wenn ein Dialekt sich alle fünfzig Jahre gründlich ändert, erfüllt er seine Aufgabe, Menschen zusammenzuführen, die miteinander leben müssen; die alten Pavesen werden heute nicht auferstehen. Auch wenn weit auseinanderwohnende Zeitgenossen einander nicht verstehen, ist das kein Unglück, denn sie teilen nicht die Alltagssorgen, und für allgemeine Fragen steht ihnen die durch Grammatik und Schrift vereinheitlichte Sprache der Normen zur Verfügung. Für seine Zeit hatte Dante recht, wenn er das Lateinische nicht mehr wie Isidor am geschichtlichen Wandel teilnehmen sah; es war reine Schrift- und Bildungssprache geworden. Die Aufgaben der Sprache, lebendiger Austausch zwischen Zeitgenossen hier, gelehrte Überlieferung durch die Zeiten dort, waren für Dante so säuberlich getrennt, daß er ihren geschichtlichen Knotenpunkt in Isidors Zeit übersah, als das Spätlatein zur Grundlage der romanischen Sprachen wurde.

Aber Dantes Hauptproblem war eben nicht der geschichtliche, lateinische Pol dieses zweigeteilten Kosmos, sondern der gesellige, volkssprachliche, denn er fand ihn nirgends. Vielleicht kamen die Sprachdivergenzen zwischen nächsten Nachbarn von der Arbeitsteilung; schon bei der Arbeit am Babelturm dürfte die Fachsprache der Architekten eine andere als die der Steinmetzen gewesen sein. Daher mochte es rühren, daß Kaufherren der Hauptstraße anders sprechen als Handwerker der Vorstadt. Andere Gründe lagen in politischen Sonderungen: Florenz vertrug sich nie mit Rom, Faenza kämpfte um kirchliche Unabhängigkeit von Ravenna. Natürlich band sich Sprache an soziale Gruppen; aber warum blieben sie in Italien so lokal? Dante sah, daß sich anderswo an Fürstenhöfen Mittelpunkte größerer Verbände bildeten und von hier die höfische Dichtersprache normierend ausstrahlte. Er trauerte dem Versuch Kaiser Friedrichs II. nach, am sizilischen Hof eine Dichterschule zu schaffen. Aber nun, nach der staufischen Katastrophe, standen sich Aragonesen in Sizilien, Anjous in Neapel, Päpste in Rom so gehässig und ohnmächtig gegenüber wie die Stadtgemeinden Oberitaliens, mit ähnlich unprofilierten Mundarten, in denen Willkür triumphierte.

Das Gutdünken, das nach Dantes Meinung Sprachen einrichtet, ist an sich keine Willkür. Zwar glaubte Dante nicht mehr wie Isidor, daß sich an Wörtern ablesen lasse, wie Dinge beschaffen sind und Menschen sich verhalten müssen; aber eine Sprache entstand doch immer noch durch Zustimmung einer Gemeinde zu einer Konvention, an die sich fortan alle halten wollen; es ist dieselbe verpflichtende Vereinbarung, die Sitten und Haltungen, also Lebensformen, einübt und weiterreicht, sowohl an die Nachbarn wie an die Kinder. Aber lokaler Egoismus entwürdigt Vereinbarung zur Willkür, Gemeinsprache zur Vulgärsprache und klammert sich an eine vermeintlich seit Adams Zeiten unveränderte Tradition. Borniert Patrioten blicken rückwärts, anstatt sich umzusehen und einzusehen, daß für den Menschen die ganze Welt Vaterland ist wie für den Fisch das ganze Meer. Darum muß Dante in der lateinischen Sprache des internationalen Consensus schreiben. Sie zwingt ihn freilich in literarische Normen und macht seinen Stil in Wortstellung und Satzbau gekünstelt. Schließlich nimmt die lateinische Regelhaftigkeit dem Dichter den Atem; er hat sein Buch nicht vollendet. Statt dessen verquickt er nun in der Volkssprache das Vulgäre mit dem Sublimen in der Weltdichtung der *Divina Commedia,* die das ganze Menschenleben seiner Zeit umschließt. In ihr sprechen, anders als sich Isidor das Jenseits dachte, die Menschen auch im Paradies noch ihren Dialekt, verstehen sich aber alle in der Sprache der Liebe.

Allerdings gelang diese Verschmelzung von Muttersprache und Gemeinsprache vorerst nur in Dantes Buch und Dantes Jenseits. Erst viel später führten seine Dichtung und seine Sprache Italien zu einem wenigstens kulturellen Verband zusammen. Im Mittelalter blieb Dantes Problem ungelöst. Wenn sich geschichtliches und geselliges Leben jahrhundertelang vornehmlich in kleinen Gruppen vollzog, wurde die Umgangssprache provinziell; dann führte kaum ein anderer Weg zu größeren Verbänden als der Umweg über eine alte, literarische, kirchliche Universalsprache.

SPRACHEN

Wenige Schriftstücke des Mittelalters geben über ihr Thema so durchdachte, von der allgemeinen Anthropologie bis zur punktuellen Lebenslage reichende Auskünfte wie die Aussagen Isidors und Dantes über Sprachen als Medien von Lebensformen. Sie markieren Stationen der Sozialgeschichte überhaupt. Für den Bischof des 7. Jahrhunderts ordnet sich die Vielfalt sprechender Menschen zwanglos dem katholischen Latein unter. Wo jenseits ländlich-örtlicher Gruppen allgemeine Ziele zu besprechen sind, stehen in Römerstädten und Bischofssitzen lateinisch und geistlich Gebildete dafür bereit. Isidor will in der geistlichen Einheit die politische Mannigfaltigkeit nicht untergehen lassen; seine vereinfachende Auswahl aus der geschichtlichen Tradition läßt Spielraum für Gemeinschaften der Gegenwart. Hauptziel des Zusammenlebens ist indes die sittliche Haltung des Menschen, und Erziehungsmittel dazu ist das lebensnahe und gestrenge Latein. Da die Kirche mit der lateinischen Liturgie auch die klassische Literatur lebendig erhielt, wurde Latein zur Schriftsprache von klarer Form und allgemeiner Geltung; in feierlich geraden Linien schrieb man sie auf kostbares Pergament.

Der Laie des 14. Jahrhunderts muß immer noch Latein lernen, wenn er schreiben will, und lateinisch schreiben, wenn er allgemeine Fragen erörtern will. Doch hat sich aus der geistlich-gebildeten Sphäre das Zusammenleben der Zeitgenossen gelöst. Ihr mündlicher Austausch bedarf der alten Traditionen weniger als der Verabredung an Ort und Stelle; denn die Regelung der Beziehungen zwischen den Menschen ist jetzt das Hauptproblem, und Kommunikationsmittel dafür ist die geschmeidige und sinnliche Mundart. Man kann sie aufschreiben, doch dann am

37 Gespräch in Gottes Wohnungen

38-39 Unterhaltung der Spaziergänger

liebsten in der flüchtigen Kursivschrift der Alltagsgeschäfte und auf rasch vergilbendem Papier. Den Mundarten und den Gruppen, die sie sprachen, blieb etwas vom Odium des Dörflichen und des Vergänglichen, solange, bis königliche Höfe die Sprache wie das Land zu ordnen und zu sammeln begannen. Damit fing die Tyrannei der Schulgrammatik über die Volkssprachen an; sie bedient sich des Buchdrucks und ist erst neuzeitlich.

Zwischen Isidor und Dante wurden viele Versuche unternommen, die wachsende Kluft zwischen Latein und Mundart zu überbrücken. Bei den germanischen Völkern taten die Angelsachsen zu Bedas Zeit, dann unter Karl dem Großen die Franken erste Schritte zu volkssprachlicher Literatur, die größere Verbände zusammenführen sollte. Doch blieb das Schreiben zu sehr Sache der Geistlichen, deren Sprache Latein, deren Thema die Kirche war. *Litteratus* heißt *Clericus;* noch heute erinnert das englische *Clerk* für »Schreiber« daran. Der *Laicus* ist der Nichtgeistliche, der nicht lesen und schreiben kann. Weil das Latein im sozialen Kreis der Geistlichen Medium des Zusammenhalts war, blieb es freilich im ganzen Mittelalter höchst lebendig; die höfische Dichtung des Archipoeta, die saftige Chronik Salimbenes bezeugen es. Latein war die einzige Sprache, mit der man sich in allen Jahrhunderten und sämtlichen Ländern des Mittelalters verständigen konnte, denn Geistliche lebten überall. Ähnlich überlokale, allerdings bescheidenere Reichweite wurde einzelnen Volkssprachen erst seit dem 12. Jahrhundert zuteil, als ritterlicher Adel und städtisches Bürgertum die Probleme ihrer Lebenskreise in geformte Sprache und auf Pergament brachten; die Versromane von Chrestien de Troyes brachen dafür die Bahn.

Trotzdem ist es im ganzen Mittelalter dabei geblieben, daß Volkssprachen nicht mit sozialen Gruppen und Verbänden zu identifizieren waren. Isidor wehrte sich gegen die Gleichung Sprache = Volk, weil eine Sprache mehrere Völker umfaßte; Dante wies die Gleichung Sprache = Stadt zurück, weil in einer Stadt mehrere Sprachen bestanden. Menschen gleicher Sprache lebten nicht täglich zusammen; darum führten Sprachunterschiede nur selten zu sozialen Konflikten. Herren zwangen Knechten nicht ihre Sprache auf; Normannen regierten Süditalien auf italienisch, England auf französisch. Das Böhmen des 11. Jahrhunderts kreidete dem verhaßten Lanzo nicht seine deutsche Muttersprache an; im Lincoln des 14. Jahrhunderts verfiel man beim eiligen Schreiben in die Sprache der französischen Erbfeinde. Nur eine Gleichung galt unbestritten: Alle Kleriker sprachen und schrieben Latein, und wer über örtliche Mundart und augenblickliche Situation hinaus gehört werden wollte, tat es ihnen nach, der Laie Einhard ebenso wie der Laie Dante.

Sprache als Fähigkeit des Menschen, die ihn vom Tier unterscheidet, galt Isidor und Dante als Voraussetzung für geformtes Zusammenleben schlechthin. Sprache erzieht zu sittlicher Haltung, überliefert Erfahrungen, vermittelt Vereinbarungen, teilt Bedürfnisse mit; sie erhebt den Menschen über sein kurzes Leben und sein beschränktes Blickfeld in die Kommunikation der Mitmenschen. Aber Sprache als geschichtlich veränderliches und örtlich wechselndes Idiom besitzt diese Kraft nicht, weil sie zwischen zwei Polen steht, die sich in keiner geschichtlichen Gemeinschaft des Mittelalters decken. Am einen, deutlich markierten Pol stand das Latein der Geistlichkeit, mit geordneter Grammatik, kalligraphischer Schrift, ethischem Anspruch, universaler Reichweite. Am anderen, höchst diffusen Pol standen die Mundarten der Laien, der Adligen und Bauern, der Könige und Bürger, die das Zusammenleben in der kleinen Gruppe und im Augenblick regelten. An dieser Polarität hat sich im Mittelalter so wenig geändert, daß sie fast als selbstverständlich empfunden wurde und nirgends zu akuten Spannungen wie zwischen Ständen, Rechten und Völkern führte. Dennoch ließ sie im vielleicht wichtigsten Medium für Lebensformen eine Lücke, in die kein sozialer Verband vermittelnd trat. So blieb nur ein Verband, der diese Lücke nicht schloß, sondern überwölbte: das Gottesvolk aus vielen Sprachen.

KREUZZUG

Der Benediktiner Robert von Reims beschrieb um 1107 lateinisch die Synode von Clermont-Ferrand, an der er im November 1095 teilgenommen hatte:

»Im Jahr der Fleischwerdung des Herrn 1095 wurde auf französischem Boden ein großes Konzil gefeiert, und zwar in der Auvergne, in einer Stadt namens Clermont. Den Vorsitz führte Papst Urban II., begleitet von römischen Bischöfen und Kardinälen. Dieses Konzil war von Bischöfen und auch Fürsten aus Frankreich und Deutschland ganz ungewöhnlich stark besucht. Nachdem die kirchlichen Angelegenheiten erledigt waren, ging der Herr Papst (am 27. 11.) auf einen weiträumigen Platz hinaus, denn kein geschlossener Bau konnte die ganze Menge fassen. Hier setzte der Papst zu folgender Ansprache an, die sich voll Überzeugungskraft und Redekunst an alle und jeden wandte:

Ihr Volk der Franken, ihr Volk nördlich der Alpen, ihr seid, wie eure vielen Taten erhellen, Gottes geliebtes und auserwähltes Volk, herausgehoben aus allen Völkern durch die Lage des Landes, die Katholizität das Glaubens und die Hochschätzung für die heilige Kirche. An euch richtet sich unsere Rede, an euch ergeht unsere Mahnung; wir wollen euch wissen lassen, welcher traurige Anlaß uns in euer Gebiet geführt, welche Not uns hierher gezogen hat; sie betrifft euch und alle Gläubigen. Aus dem Land Jerusalem und der Stadt Konstantinopel kam schlimme Nachricht und drang schon oft an unser Ohr: Das Volk im Perserreich, ein fremdes Volk, ein ganz gottfernes Volk, eine Brut von ziellosem Gemüt und ohne Vertrauen auf Gott (Psalm 77, 8), hat die Länder der dortigen Christen besetzt, durch Mord, Raub und Brand entvölkert und die Gefangenen teils in sein Land abgeführt, teils elend umgebracht; es hat die Kirchen Gottes gründlich zerstört oder für seinen Kult beschlagnahmt. Sie beflecken die Altäre mit ihren Abscheulichkeiten und stürzen sie um; sie beschneiden die Christen und gießen das Blut der Beschneidung auf die Altäre oder in die Taufbecken. Denen, die sie schändlich mißhandeln und töten wollen, schlitzen sie den Bauch auf, ziehen den Anfang der Gedärme heraus, binden ihn an einen Pfahl und treiben sie mit Geißelhieben solange rundherum, bis die Eingeweide ganz herausgezogen sind und sie am Boden zusammenbrechen. Sie binden manche an Pfähle und erschießen sie mit Pfeilen. Sie ziehen manchen den Hals lang, gehen mit bloßem Schwert auf sie los und versuchen, ob sie sie mit einem Streich köpfen können. Was soll ich von der ruchlosen Schändung der Frauen sagen? Davon reden ist schlechter als schweigen. Schon haben sie das Griechenreich verstümmelt und sich ein Gebiet einverleibt, das zu durchwandern zwei Monate Reise nicht hinreichen.

Wem anders obliegt nun die Aufgabe, diese Schmach zu rächen, dieses Land zu befreien, als euch? Euch verlieh Gott mehr als den übrigen Völkern ausgezeichneten Waffenruhm, hohen Mut, körperliche Gewandtheit und die Kraft, den Scheitel eurer Widersacher zu beugen. Bewegen und zu mannhaftem Entschluß aufstacheln mögen euch die Taten eurer Vorgänger, die Heldengröße König Karls des Großen, seines Sohnes

Ludwig und eurer anderen Könige. Sie haben die Heidenreiche zerstört und dort das Gebiet der heiligen Kirche weit ausgedehnt. Besonders bewegen mögen euch das Heilige Grab unseres Herrn und Erlösers, das von unreinen Völkern besetzt ist, und die heiligen Stätten, die jetzt ohne Ehrfurcht behandelt und mit dem Unrat dieser Leute frech beschmutzt werden. Ihr überaus tapferen Ritter, ihr Sprößlinge unbesiegter Ahnen, entartet nicht, sondern denkt an die Tatkraft eurer Vorfahren! Wenn euch zärtliche Liebe zu Kindern, Verwandten und Gattinnen festhält, dann bedenkt, was der Herr im Evangelium sagt: Wer Vater oder Mutter mehr als mich liebt, ist meiner nicht wert (Matthäus 10, 37); jeder, der sein Haus, Vater, Mutter, Gemahlin, Kinder oder Äcker um meines Namens willen verläßt, wird Hundertfältiges erhalten und ewiges Leben haben (Matthäus 19, 29).

Kein Besitz, keine Haussorge soll euch fesseln. Denn dieses Land, in dem ihr wohnt, ist allenthalben von Meeren und Gebirgszügen umschlossen und von euch beängstigend dicht bevölkert. Es fließt nicht vor Fülle und Wohlstand über und liefert seinen Bauern kaum die bloße Nahrung. Daher kommt es, daß ihr euch gegenseitig beißt und bekämpft, gegeneinander Krieg führt und euch meist gegenseitig verletzt und tötet. Aufhören soll unter euch der Haß, schweigen soll der Zank, ruhen soll der Krieg, einschlafen soll aller Meinungs- und Rechtsstreit! Tretet den Weg zum Heiligen Grab an, nehmt das Land dort dem gottlosen Volk, macht es euch untertan! Gott gab dieses Land in den Besitz der Söhne Israels; die Bibel sagt, daß dort Milch und Honig fließen (2. Buch Moses 3, 8). Jerusalem ist der Mittelpunkt der Erde, das fruchtbarste aller Länder, als wäre es ein zweites Paradies der Wonne. Der Erlöser der Menschheit hat es durch seine Ankunft verherrlicht, durch seinen Lebenswandel geschmückt, durch sein Leiden geweiht, durch sein Sterben erlöst, durch sein Grab ausgezeichnet. Diese Königsstadt also, in der Erdmitte gelegen, wird jetzt von ihren Feinden gefangengehalten und von denen, die Gott nicht kennen, dem Heidentum versklavt. Sie erbittet und ersehnt Befreiung, sie erfleht unablässig eure Hilfe. Vornehmlich von euch fordert sie Unterstützung, denn euch verlieh Gott, wie wir schon sagten, vor allen Völkern ausgezeichneten Waffenruhm. Schlagt also diesen Weg ein zur Vergebung eurer Sünden; nie verwelkender Ruhm ist euch im Himmelreich gewiß.‹

Als Papst Urban dies und derartiges mehr in geistreicher Rede vorgetragen hatte, führte er die Leidenschaft aller Anwesenden so sehr zu einem Willen zusammen, daß sie riefen: ›Gott will es, Gott will es!‹ Wie der ehrwürdige Papst von Rom dies hörte, hob er die Augen zum Himmel, dankte Gott, gebot mit der Hand Schweigen und sprach: ›Meine geliebten Brüder, heute hat sich an uns erwiesen, was der Herr im Evangelium sagt: Wo zwei oder drei in meinem Namen versammelt sind, da bin ich mitten unter ihnen (Matthäus 18, 20). Wenn nicht der Herrgott in euren Herzen gewesen wäre, wäre euer aller Ruf nicht eins gewesen. Denn auch wenn euer Ruf vielstimmig ertönte, sein Ursprung war eins. Deshalb sage ich euch, daß Gott, der ihn euch in die Brust senkte, ihn aus euch herauszog. Dieser Ruf soll euch nun im Kampf das Losungswort sein, denn dieses Wort hat Gott gesprochen. Wenn ihr den Feind angreift und bekämpft, werden alle vom Heere Gottes dies eine rufen: Gott will es, Gott will es!‹«

Zwischen 1101 und 1107 fiel dem Abt Bernhard von Marmoutier die älteste, anonyme Geschichte des ersten Kreuzzugs in die Hände. Sie mißfiel ihm, weil sie von den Anfängen in Clermont wenig wußte; er bat den Augenzeugen Robert, Mönch im Reimser Remigiuskloster, um Neubearbeitung. Dessen Kreuzzugsgeschichte, im Mittelalter weitverbreitet, begann denn auch mit obigem Text. Von der Ansprache des Papstes haben wir acht ausführliche Berichte; daß sie nicht übereinstimmen, wundert nur ganz weltfremde Gelehrte. Noch diese Diskrepanz bezeugt ja, ähnlich wie bei der Rede von Azincourt, die Erregung der Teilnehmer, von denen keiner nüchtern zuhörte. Inzwischen war der Kreuzzug gelungen, Jerusalem 1099 für die Christen zurückerobert, und so projizierte Robert das Ergebnis in den Plan zurück, als wäre es dem Papst von Anfang an um Eroberung des Heiligen Grabes gegangen. Aber Roberts Text selbst läßt ahnen, was wir heute sicher wissen, daß Urban vom Echo seiner Rede überrascht war; er hatte das Unternehmen sorgfältig vorbereitet, aber in Clermont entglitt es ihm. Die Zeitgenossen fanden dafür keine andere Erklärung, als daß Gott selbst gesprochen habe.

Die türkischen Seldschuken hatten 1055 Bagdad erobert (weshalb Urban sie Perser nennt), in Kleinasien 1071 die Byzantiner geschlagen, 1076 Jerusalem und 1085 Antiochia besetzt. Sie hatten christliche Pilger beim Heiligen Grab nicht ärger behindert als andere Mohammedaner zuvor; Bischof Ademar von Le Puy, in Clermont eine Schlüsselfigur, hatte 1086/87 seine Wallfahrt nach Jerusalem ordentlich ausführen können.

Alarmierender waren Hilferufe des byzantinischen Kaisers Alexios Komnenos, der westliche Söldner brauchte. Die katholische Kirche hatte sich 1054 feierlich von der orthodoxen getrennt, doch Urban II. erstrebte die Wiedervereinigung der Christen und hörte darum auf die byzantinischen Gesuche. Zudem sah der Papst, der selbst aus französischem Ritteradel stammte, wie sich im Land die Lage des Adels verschlechterte: Der Boden reichte zur Ernährung der wachsenden Bevölkerung nicht aus, noch weniger zur Versorgung jüngerer Söhne von Adelsfamilien, die ihren Landbesitz straff zusammenhielten. Gegen die daraus erwachsenden Adelsfehden hatte die Kirche bereits den Gottesfrieden zum Schutz der Waffenlosen proklamiert und in Clermont neu eingeschärft; doch ein Krieg gegen Heiden würde die überschüssigen Kräfte sinnvoller einsetzen. Friede im Innern, Krieg nach außen hieß nicht nur Thorgnyrs Maxime für Recht und Politik des Volkes.

Freilich sollte kein König die Ritter in die Fremde führen. Obwohl Urban an die sagenhaften »Kreuzzüge« Karls des Großen erinnerte, wurde in Clermont der derzeitige König von Frankreich, Philipp I., wegen eines Ehehandels exkommuniziert. Aber den mächtigsten Grafen Frankreichs, Raimund IV. von Toulouse, hatte Urban im September in Saint-Gilles besucht; er sollte und wollte die bewaffnete Wallfahrt militärisch leiten, von Bischof Ademar als päpstlichem Legaten geistlich unterstützt. Auch bei ihm war Urban zuvor, im August, in Le Puy abgestiegen; von hier aus hatte er die Synode nach Clermont einberufen und dazu auch die Großen des Landes eingeladen. Saint-Gilles und Le Puy waren Wallfahrtsorte, Ausgangspunkte für die Pilgerstraßen nach Santiago, und zu einer Pilgerfahrt sollte auch die Menge in Clermont aufgerufen werden.

Wie sie auf die Ansprache Urbans reagieren würde, war ungewiß. Entgegen Roberts Angaben waren nach Clermont keine Deutschen gekommen, unter den Franzosen keine großen Herren. Neben den zwei- bis dreihundert Geistlichen standen auf dem Platz überwiegend Ritter und kleine Leute, Volk. Der Papst redete sie in seiner und ihrer Muttersprache an und erhob schon dadurch jeden einzelnen über seine tägliche Misere in den Zusammenhang eines immensen Verbandes. Die Menge auf dem Platz empfand sich selbst als Volk der Franken, als Erben geschichtlichen Ruhmes seit Karl dem Großen, als auserwählte Gemeinschaft der Lebenden und Toten. Und weit über ihr beengtes Land hinaus reichte die heilige Kirche, deren Gebiet Karl in den Orient ausgedehnt hatte. Zu dieser Gemeinschaft der Gläubigen zählten die Christen exotischer Länder; ihre Kirchen hatten dieselben Altäre und Taufbecken wie die französischen. Auch dies war noch nicht die umfassendste Gemeinschaft. Gott selbst stand im Bund, früher mit den Söhnen Israels, jetzt mit den lateinischen Christen, und das Heilige Land war der Ort, wo sich im Leben Jesu Himmel und Erde berührten.

Urban dürfte in Clermont das Heilige Grab und Jerusalem noch nicht in den Mittelpunkt gestellt haben; aber bald danach ließ er sich vom Taumel der Menge mitreißen. Jerusalem war das ferne Paradies auf Erden, wie auf der Ebstorfer Weltkarte Mitte der Welt, Ziel aller Sehnsüchte. Manche wollten Jerusalem sehen und dann sterben, als führte dort die Leiter zum blauen Himmel hinauf. Wer dorthin als Büßer zöge, würde seine Sündenstrafen los und empfinge den Lohn seines Wanderns in der himmlischen Heimat. Vom himmlischen wurde das irdische Jerusalem kaum unterschieden; in diesem Vaterland der Christen, wo Milch und Honig fließen, ließe sich wie im Schlaraffenland leben, Beute machen, Herrschaft gründen, der Traum vom Ruhm wahrmachen. Jerusalem war die konkrete Utopie vom gelingenden Leben. Im Weg stand bloß ein Feind, den Robert wohl noch grausamer darstellte, als es Urban getan hatte; der Adel war im Zeitalter des Cid und seines Dichters durch Greuelnachrichten ziemlich abgebrüht. Aber das Bild des ruchlosen, unritterlichen Feindes, der die ekelhafte jüdische Beschneidung übte, schloß die Menge auf dem Platz vollends zusammen: Wir sind nicht wie diese. Der Blutrausch, der 1099 die Eroberer von Jerusalem packte, hatte hier seine Wurzel. Plötzlich empfand sich die Menge als das Gottesvolk, ihr Schrei bezeugte es, und Urban, selbst erschüttert, sprach es aus. Er bekam rasch zu spüren, daß sich dieses Gottesvolk von keinem Papst, Grafen oder Legaten lenken ließ, daß hier eine elementare Bewegung entfesselt war.

Wir Modernen zögern, sie fromm zu nennen, weil dieser Glaube nicht der unsere ist. Aber versetzen wir uns einmal auf den Platz in Clermont, und lassen wir uns vom Papst sagen, wie mühselig der Alltag ist, wie zermürbend die familiäre Sorge ums tägliche Brot, wie niederdrückend der Haß der Nachbarn, das Bewußtsein eigener Unzulänglichkeit, die Erfahrung des kurzen engen Lebens. Schon der Papst im Ornat, umringt von der goldenen Schar der Bischöfe, kommt in diesen Alltag wie aus einer anderen Welt. Und nun wird diese Menschenmenge selbst mitten in die andere Welt gestellt, wo Macht und Ruhm nicht von Frömmigkeit und Seligkeit zu trennen sind. Vielleicht wären wir nicht wie die meisten unter Tränen niedergekniet, um das gemeinsame Schuldbekenntnis zu sprechen und mit Ademar das Stoffkreuz entgegenzunehmen; vielleicht hätten wir wie einige Anwesende erst miteinander über den päpstlichen Vorschlag diskutiert. Aber vielleicht begreifen wir, daß es da nichts mehr zu besprechen gab.

KONZIL

Ulrich Richentals deutschsprachige *Chronik des Konstanzer Konzils* erzählt in der älteren Fassung von der Papstwahl, die am 8. November 1417 in dem als Konklave eingerichteten Konstanzer »Kaufhaus« begann:

»Nun ist zu berichten vom Beginn der Wahl, nach einer Aufzeichnung, die mir nachher (Peter von Lemberg) der Notar des Erzbischofs (Nikolaus Tramba) von Gnesen gab; er war mit ihm im Konklave dabei. Es war so eingerichtet, daß zum Papst gewählt sein sollte, wer zwei Drittel der Kardinäle und von jeder Nation ebenfalls zwei Drittel für sich hätte. In der Zwischenzeit liefen die Notare hin und her von einem Wähler zum anderen; vor allem der Erzbischof von Gnesen und (Johann von Wallenrode) der Erzbischof von Riga bemühten sich. Sie konnten keine Einigung erreichen, und viele bekamen Stimmen. Einer hatte zwölf Stimmen, einer neun, einer sechs, einige vier, so daß die Wahl nicht zustande kam. Das ging bis zum Vorabend von Sankt-Martin (10. 11.). Dann kam die Nation der *Germani* zu einem Beschluß: Nachdem das Konzil in ihr Land und ihren Herrschaftsbereich gelegt worden sei, wollten sie die Wahl auf keine Weise stören. Sie ließen ihre Kandidaten fallen und wollten keinen aus ihrer Nation zum Papst wählen, damit man nicht behaupten könne, er sei unter Druck ins Amt gestoßen worden. Sie kamen zu den Italienern und teilten ihnen ihre Absicht mit, daß sie die Wahl keinesfalls stören wollten. Darüber freuten sich die *Italici* sehr. Als nun die *Anglici* das vernahmen, kamen sie alsbald zu den Deutschen und Italienern und beschlossen dasselbe. Darüber freuten sich die drei Nationen sehr.

Nun wandten sich die *Germani* und *Anglici* an die *Italici* (!) und

Spanier und baten sie um Gottes und des Rechtes willen: Sie selbst seien zurückgetretcn und wollten keinen Papst aus ihren Reihen wählen, das sollten die anderen auch tun. Die wollten nicht. Die von Spanien meinten, sie hätten in ihrem Bereich sieben Königreiche, die alle christlich seien, und wenn jetzt keiner aus ihrer Nation Papst würde, so erregte das den Unwillen der Könige, und dann würde es noch viel schlimmer als je zuvor. Genauso antworteten die *Gallici,* das heißt Franzosen: Sie besäßen die höchste Schule in Paris, ferner seien ihr König und die Angehörigen ihrer Nation die mächtigsten Fürsten und die besten Christen, und sie wollten auch einen Papst aus ihrem Kreis haben. So verblieb man an diesem Tag bis in die Nacht. ...

Die anderen Konzilsteilnehmer, der Patriarch (Jean Mauroux, Titularpatriarch von Antiochia), die Erzbischöfe, Bischöfe und dazu die gesamte Geistlichkeit machten jeden Tag eine Kreuzprozession vom Münster bis zum Fischmarkt vor das Rathaus, gleich beim Kaufhaus. Dabei zog immer unser Herr der König (Sigmund) mit und alle Fürsten, Herren und Prälaten, geistliche und weltliche. Und wenn sie vor das Kaufhaus gekommen waren, knieten sich alle davor nieder, und der Patriarch fing an zu singen, so leise, daß man ihn nicht gut hören konnte; er sang die Wechselstrophe ›Komm, Heiliger Geist‹ und ein Gebet dazu. Am Dienstag (9. 11.) und Mittwoch (10. 11.) zogen sie an der Stadtmauer entlang zum Dominikanerkloster und danach ins Münster zurück. An Sankt Martins Tag (11. 11.) nach dem Gottesdienst zogen sie wieder mit dem Kreuz vor das Kaufhaus, und als man die Wechselstrophe gesungen und das Gebet gesprochen hatte, zogen sie an den Schranken ums Kaufhaus vorbei, die Marktstätte hinauf und wieder in das Münster.

Währenddessen blieben die zwei Nationen *Germani* und *Anglici* fest bei ihrer Meinung und sprachen zu den Spaniern und Franzosen: Wenn die Wahl scheiterte, so wäre daran niemand anders schuld als sie, und das würde ihnen zu ewigem Fluch gereichen, daß sie die heilige Christenheit so in Verzug gebracht hätten. Sie betrieben die Sache am Vorabend von Sankt Martin (10. 11.) die ganze Nacht durch und immer mit großer Hartnäckigkeit. Damit brachten sie die Spanier und die *Gallici* auch so weit, daß sie sich anschließen wollten. Doch das zog sich bis zum Morgen von Sankt Martins Tag hin. Gerade zwischen der zehnten und elften Stunde, als man mit dem Kreuz vor dem Kaufhaus kniete und die Wechselstrophe sang, waren auch alle 53 Wähler in der Kapelle im

Kaufhaus versammelt und feierten Gottesdienst. Und nach der Messe sangen auch sie leise die Wechselstrophe ›Komm, Heiliger Geist‹ und das Gebet dazu. Danach einigten sie sich sogleich, und in der elften Stunde an Sankt Martins Tag, noch bevor das Kreuz wieder in das Münster gebracht worden war, schrie und rief man aus dem Konklave: ›Wir haben einen Papst, Otto von Colonna!‹ Da lief jedermann vor das Kaufhaus, Frauen und Männer, wohl mehr als 80 000 Menschen.

Da geschah ein großes Wunder mit den Vögeln. Bevor die Herren in das Kaufhaus eingezogen waren, saßen auf dem Dach des Kaufhauses jede Nacht Raben und Dohlen, Krähen, Saatkrähen und andere derartige Vögel. Und sobald die Herren eingezogen waren, kam keiner von diesen Vögeln mehr. Danach und bis zur Wahl des Papstes lag Nebel um das Haus. Er löste sich um Mittag auf, und nun kamen ganz viele kleine Vögel, Meisen, Zeisige, Buchfinken, Distelfinken, Blaumeisen, Dompfaffen und alle Arten kleiner Vögel, immer eine Schar nach der anderen, an die 2000. Und sie flogen auf das Kaufhausdach, so daß es ganz bedeckt war mit kleinen Vögeln. Alle sahen es und wunderten sich darüber sehr. Da hieß man alle heimgehen und etwas essen; nach dem Imbiß sollten alle in das Münster kommen, und um ein Uhr nachmittags sollten sich alle Fürsten, Herren und Prälaten, geistliche und weltliche und jedermann versammeln. Und nach Mittag in der ersten Stunde läuteten alle Glocken, und es versammelten sich alle Herren, der Patriarch, alle Erzbischöfe und Bischöfe mit der gesamten Geistlichkeit, unser Herr der König, alle Fürsten, Herren, Grafen, Ritter und Knechte, die Stadträte und alle Bürger mit den Zunftkerzen, die Domherren mit ihren Kerzen.«

Richental hat nicht durchschaut, was da vor seinen Augen geschah. Wer ihm aber Oberflächlichkeit vorwirft, muß auch fragen, welcher Zeuge denn sonst das Ereignis vom Martinstag 1417 begriff. Wir kennen heute die Einzelheiten der Papstwahl durch das Tagebuch des Kardinals Fillastre und Berichte des aragonesischen Gesandten Malla genauer, als sie Richental, wohl durch Bestechung, vom Konklavisten des Gnesener Erzbischofs erfuhr. Aber auch für uns bleibt derselbe Rest unerklärt, den Richentals naive Erzählung umschreibt. Doch rücken wir zunächst die kirchenpolitischen Fakten zurecht, die dem Konstanzer Bürger weniger wichtig waren als der Prozessionsweg, Dienstag und Mittwoch rechts herum, Donnerstag links herum.

Das Konstanzer Konzil hatte das Papstschisma von 1378 und die daraus folgende Spaltung der Christenheit zu heilen. Die Zeitgenossen schrieben die Hauptschuld daran dem Kardinalskollegium zu, das seit der Doppelwahl von 1378 keine Eintracht mehr zuwege brachte und von weltlichen Fürsten, vorweg vom deutschen König Sigmund, erst zur Einigung gezwungen werden mußte. Drei streitende Päpste waren schließlich ausmanövriert, aber wer sollte den einen Papst der Zukunft wählen? Wieder die Kardinäle? Sigmund und die Engländer sprachen dagegen; die Italiener, die von den 23 Kardinälen 15 stellten, sprachen dafür. Die Franzosen, die sieben Kardinäle hatten, machten am 22. Oktober 1417 einen Kompromißvorschlag, dem in der Woche darauf alle Nationen, schließlich sogar die Kardinäle beitraten: Papst sollte sein, wer zwei Drittel der Kardinalsstimmen auf sich vereinigte; aber zusätzlich sollten von jeder der fünf Konzilsnationen sechs Delegierte mitwählen, und auch von jeder Nation sollten zwei Drittel für den Gewählten stimmen. Denn die Konzilsnationen repräsentierten die europäischen Fürsten (beileibe nicht die Völker; Hauptvertreter der deutschen Nation war der Pole Tramba). Das Wahlverfahren zeugt vom Mißtrauen aller gegen alle, und italienische Kardinäle rechneten es vor: Drei Deputierte einer verstockten Nation konnten ein einträchtiges Votum der übrigen 50 Wähler blockieren. Aber anders war nicht zu erreichen, daß die Mehrheit der kirchlichen und weltlichen Regenten Europas den neuen Papst und die Einheit des Christenvolkes unterstützte.

Alle richteten sich auf ein langes Konklave ein, als sie am Montagnachmittag in das neue Lagerhaus am See zogen, dessen Obergeschoß behaglich hergerichtet war. Trotzdem froren manche Südländer und dachten schaudernd an einen Winter im Konklave, zumal es jetzt schon regnete und nebelte – Konstanzer kennen das. Der erste Wahlgang, am Mittwoch vormittag, ergab in der Tat breite Stimmenstreuung auf sechs Kandidaten. Richentals Gewährsmann ist insofern ungenau, als weder ein Deutscher noch ein Spanier irgendwelche Chancen besaß; die meisten Stimmen, und zwar aus allen Wählergruppen, fielen von Anfang an auf Otto Colonna, es waren nur nicht genug. Der zweite Wahlgang, am Donnerstagmorgen, zeigte, daß sich zwar alle Engländer, die meisten Italiener und einige Deutsche Colonna zuwandten, aber die Franzosen und ein Teil der Spanier hartnäckig bei französischen Kandidaten blieben. In dieser festgefahrenen Lage am 11. November um 10 Uhr waren es nun nicht die

Deutschen und Engländer, die den Umschwung herbeiführten, sondern die Kinder von Konstanz, und das ist die Situation, die draußen der Bürger Richental miterlebte, ohne es recht zu merken.

An der Spitze der täglichen Prozession vom Münster zum Kaufhaus zogen etwa 200 Sängerknaben und sangen mit hohen Stimmen den aus der Karolingerzeit stammenden Pfingsthymnus »Komm, Schöpfer Geist«, dessen erste Strophe meist kniend gesungen wurde. Man hatte sie im Konklave schon am Dienstag singen hören, am Mittwoch auch, aber da war man drinnen gerade beim Auszählen der Stimmen, in Hochspannung. Am Donnerstag kamen sie wieder, und wieder hatte man drinnen einen Wahlgang beendet; aber diesmal horchten die ratlosen Wähler alle auf und sahen sich an. Sie meinten Engelsstimmen zu hören und fielen auf die Knie, manche weinten, einige begannen mitzusingen. Das mochte man nicht laut tun, damit draußen nicht der Eindruck entstünde, die Wahl sei gelungen; doch mit gedämpften Stimmen sangen die 53 Wähler nun auch »Komm, Schöpfer Geist«. Der älteste Kardinal sprach ein Gebet zum Heiligen Geist. Dann ging es schnell. Die letzten Zögernden übertrugen ihre Stimme auf Colonna; auch die halsstarrigsten Franzosen besannen sich nicht länger, als man gebraucht hätte, um zwei Vaterunser zu beten. Dann war Colonna gewählt und nahm den Namen des Tagesheiligen an, noch bevor draußen die Prozession zum Münster zurückgekehrt war. Es war eines der kürzesten Konklave der Kirchengeschichte, und Martin V. wurde sofort allerseits anerkannt. Denn der aragonesische Gesandte Malla, der im Konklave für seinen König mitgewählt hatte, schrieb seinem Herrn beschwörend: »Ich sage Euch, Herr, wahrhaftig, ich glaube, dies war ein außergewöhnlicher Eingriff des Heiligen Geistes, der da erschien«; Alfons V. antwortete, die Eintracht aller Papstwähler habe ihm große, außergewöhnliche Tröstung und Freude gebracht und bringe sie noch. Und Colonna war der Favorit der Spanier nicht gewesen!

Richental sagt kein Wort vom Heiligen Geist. Fast möchte man meinen, er sei unter die Ornithologen gegangen und habe nur noch Vögel gezählt. Symbolik lag ihm fern, sonst hätte er das Tier des Heiligen Geistes, die Taube, sicher in Konstanz auch fliegen sehen. Aber warum kamen anstelle der schwarzen Satansvögel die Singvögel in hellen Scharen und dann die Menschen, nicht 80 000, wie Richental im Taumel meinte, aber zu Tausenden? Das war nach fast vierzig Jahren Spaltung der Welt eine Prozession der Schöpfung, der Tiere und der Menschen in allen ihren Gruppen, eine Versammlung des Gottesvolkes, die mit einem Schlag alle Nebel zerteilte. Die Freude hielt nicht lange an. Der Hundertjährige Krieg zwischen Frankreich und England ging weiter; die Konzilsväter zerstreuten sich und hinterließen, König Sigmund an der Spitze, den Konstanzern nur Schulden; der graue Alltag der etwa 6–8000 Einwohner zählenden Reichsstadt machte sich nach Jahren des großen Fremdenverkehrs und Geschäfts bedrückend breit. Richental, Sohn eines Konstanzer Stadtschreibers, zehrte noch zwanzig Jahre vom Vermögen des Vaters und von der Erinnerung an das Konzil. Er übte anscheinend kein öffentliches Amt und keinen Beruf mehr aus und dürfte schon deshalb in seiner Vaterstadt nicht hoch geschätzt worden sein. Er saß und schrieb zwischen 1424 und 1433 nieder, was er in den vier aufregenden Jahren auf den Straßen von Boten und Schreibern erfahren hatte. Es wurde die einzige Konzilschronik des Mittelalters daraus, ein ungenaues, oberflächliches Machwerk mit vielen farbigen Einzelheiten über Bagatellen – und mit einem verschämten Bericht vom Wunder des Gottesvolkes.

GOTTESVOLK

Der Mönch in seiner Zelle erlebt und beschreibt eine Massenszene ergriffener als der weitgereiste Kaufmann; allgemein wirkt im ländlichen Frühmittelalter die Versammlung einiger tausend Menschen eindrucksvoller als im städtischen Spätmittelalter. Sie ist in Clermont auch anders zusammengesetzt und gegliedert als in Konstanz. In Clermont ist das Volk der Franken angesprochen, eine Abstammungsgemeinschaft mit geschichtlichen Erinnerungen, die freilich sonst nicht leicht auf einem Platz zusammenkam. Ihr politischer Leiter, der französische König, ist nicht anwesend, wird auch nicht erwähnt. Häufiger wird die heilige Kirche genannt, zu der dieses Volk gehört; deren geistlicher Leiter, der Papst, spricht persönlich, umgeben von der geistlichen Hierarchie. Sie ist mit dem Christenvolk durchaus nicht identisch, denn die Laien auf dem Platz fühlen sich sowohl der politischen wie der geistlichen Gemeinschaft zugehörig und kennen vermutlich ihre Grafen und Bischöfe viel besser als Könige und Päpste mit Hofstaat. Doch für einen berauschenden Moment macht sich der Papst zum Sprecher der Menge, die sich dadurch in den universalen Zusammenhalt des Gottesvolkes auf Erden erhöht

40 KONZIL, VIELLEICHT VON NIKAIA (325)

41 WEIHNACHTSPROZESSION KÖNIG SIGMUNDS (1414)

sieht. Dieses christliche Gottesvolk dürstet nach Eintracht im Innern und Krieg nach außen; die Feinde kommen von den Rändern der Welt und sind Untermenschen. Wenige auf dem Platz haben bis dahin einen leibhaftigen Mohammedaner gesehen, deshalb schweißt das abschrekkende Feindbild sie alle zusammen zum Kreuzzug.

Es ist ein Ergebnis der Kreuzzüge, daß die Menge in Konstanz nüchterner gestimmt ist. Seit dem Hochmittelalter kamen nicht nur kleine Gruppen, sondern große Verbände miteinander und mit der Außenwelt in Berührung; seitdem kann sich keine Versammlung mehr als Verkörperung der gesamten Menschheit empfinden. Daß die lateinische Christenheit nicht die Menschheit war, spürte in Konstanz jeder; der lateinische Patriarch von Antiochia trug einen klingenden Titel, aber Antiochia lag längst wieder in den Ländern der Ungläubigen; auch die paar orthodoxen Prälaten gaben dem Konzil keine ökumenische Allmacht. Die christlichen Nationen, das heißt Fürsten, haben ihre Vertreter entsandt, und König Sigmund fehlt bei keiner Prozession; doch der Hader der Könige läßt keinen von ihnen zum weltlichen Sprecher des Christenvolkes werden, auch Sigmund nicht. Noch weniger verkörpern Papst und Kardinäle das Gottesvolk, schon seit dem Scheitern der letzten Kreuzzüge nicht mehr; seit dem Schisma ist sogar der hierarchische Anspruch verstummt. In Konstanz treffen sich lauter selbstherrliche, widerstreitende Gruppen, die zwar in der Prozession einträchtig einherschreiten, aber eifersüchtig ihren Sonderstatus wahren, bis hin zum Stadtrat und zum Domkapitel der Konzilsstadt.

Trotz solcher Wandlungen im einzelnen hatte sich im ganzen bereits in Clermont entfaltet, was in Konstanz verfestigt war. Fromme Christen wollten sie alle sein, Päpste und Könige, Bauern und Knechte, aber zu christlichem Verhalten ließ das Alltagsgezänk wenig Zeit. Ja, es bemächtigte sich der Parole vom Christenvolk. Waren denn zum Beispiel die Engländer des Jahres 1095 weniger allerchristlichst als die Franzosen, die der Papst für besonders auserwählt erklärte? Mußten sich die Deutschen des Jahres 1417 von den Franzosen sagen lassen, daß in Paris nicht nur die klügsten Gelehrten und mächtigsten Fürsten, sondern auch noch die besten Christen säßen? Die Bürgerschaft Gottes, wie Augustin sie sich dachte, hätte eine Bruderschaft der Heiligen sein sollen, die durch die Geschichte pilgert; aber viel deutlicher sah man in der Geschichte das Gegeneinander christlicher Stände, Rechte, Völker, die zwar lateinisch miteinander sprachen, sich aber nicht einigten. Wir finden also im Bereich des Glaubens dieselbe Polarisierung, die uns bisher beim Studium größerer mittelalterlicher Verbände begegnete und die die Einübung konstanter Lebensformen jenseits lokaler Gruppen behinderte. Augustin behielt recht, und Gregor von Tours wie Salimbene bestätigten ihn: Die *Condicio humana,* die Neigung zu Absonderung und Gegensatz, nahm um so mehr überhand, je größer die menschlichen Verbände waren, und ließ selbst unter Christen keinen dauernden Frieden der Liebe zu.

Trotzdem zeigte sich, in seltenen Augenblicken, die Einheit des Gottesvolkes. Die Übereinstimmung aller mochte gemeinsame Aktionen zur Folge haben oder nicht; man empfand sie nicht als Menschenwerk und geschichtliches Ereignis, sondern als Wunder. Die beiden Wunder unserer Berichte sind keine Durchbrechungen von Naturgesetzen; kein Toter steht auf, kein Blinder wird sehend. Es sind »Zufälle«: plötzliches Zusammenströmen vieler Menschen auf einem Platz, ein Ruf, den sie gleichzeitig ausstoßen, eine Hymne, die sie miteinander singen, ein Vogelzug, den sie miteinander sehen. Das heißt oft im Mittelalter Wunder: Aufhebung menschlicher Gegensätze und Besonderheiten, Übereinstimmung aller, Einklang zwischen Gott und Geschöpfen. Das Wunder kann provoziert werden, durch liturgisches Verhalten, durch Gottesdienst, Glockenklang, Gesang und Prozession; aber es ereignet sich nicht im liturgischen Rahmen des Gotteshauses, sondern im Freien. Gott wird dabei nicht sichtbar, im Lauf des Mittelalters immer weniger; den in Jerusalem wandelnden Jesus konnte man sich vorstellen, den Heiligen Geist in Konstanz nicht. Aber für einen intensiv erlebten Augenblick schlossen sich alle Brüche zwischen den Schicksalen und Gruppen des umfassenden Verbandes. Geschichtliche Dauer und geselliger Austausch ließen sich freilich daraus nicht entfalten.

CONDICIO HUMANA

Die Zusammenfassung der bisherigen Ergebnisse kann auf die Frage nach den Lebensformen im Bereich der *Condicio humana* nicht mit einer Formel antworten, auch mit der Formel nicht, die dem Philosophen der *Gesta Romanorum* vorschwebte: Überwindung des irdischen Jammertals durch christlichen Glauben. Ein Bezugspunkt ist damit allerdings bezeichnet, denn christlicher Glaube zeigte im Mittelalter das jenseitige Ziel, an dem sich menschliches Leben zu orientieren suchte. Dieses Ziel des Daseins machte jedoch noch nicht seine Form aus. Der Glaube als Norm darf nicht ausgeklammert werden, denn die Unzulänglichkeiten des Einzellebens und Gruppenverhaltens lenkten die Hoffnung immer wieder auf den Schöpfergott, bei dem Ruhe und Friede zu finden wären. Aber Gott stand jenseits der Menschenwelt; Pantheismus hatte in diesem Jahrtausend fast nirgends Raum. Stärker beschäftigte der Teufel die Gemüter, denn sein Einfluß schien die Menschen gegeneinanderzuhetzen, nie für lange, aber stets von neuem. Es blieb also ein eigener diesseitiger Bereich, der im wesentlichen durch vitale Bedürfnisse und soziale Konventionen geformt wurde. Dabei verschoben sich im Lauf des Mittelalters die Gewichte von den einen zu den anderen; die zunehmende Unabhängigkeit von physischen Bedingungen führte zu wachsender Abhängigkeit von sozialen Bindungen. Doch läßt sich die Entwicklung genauer beschreiben, wenn wir die drei Hauptfragen des Königs der *Gesta Romanorum* einzeln beantworten.

Wie geht es dem Menschen? Der Ablauf des Menschenlebens blieb das ganze Mittelalter hindurch von Eingriffen der Natur und Geschichte aufs höchste gefährdet; im Bereich von Jugend und Alter, Gesundheit und Krankheit hat sich zwischen den Epidemien des 6. und denen des 15. Jahrhunderts fast nichts geändert. Der einzelne Mensch erschien deshalb mit gutem Grund als gebrechlich und kurzlebig; er hatte die Zukunft sowenig im Griff wie die Gegenwart. Halt und Dauer suchte er in kleinen Gruppen, deren Prototyp die Familie war, die lebenslange Gemeinschaft von Verwandten. Auch die Begegnung zweier Freunde und die Festversammlung der Tausende hielt sich gern an das familiäre Muster. Die Kontinuität dieser meist patriarchalisch gestuften Gruppen reichte über das Einzelschicksal hinaus, zurück zur Überlieferung der Vorväter, hinüber zur Erinnerung der Enkel, aber eher in feststehende Vergangenheit als in unsichere Zukunft. Im Bereich des zeitlichen Ablaufs zwischen Geburt und Tod suchten herkömmliche Verhaltensweisen wenigstens eine gewisse Dauer zu stiften, die jedoch selten über vorläufige Sicherung elementarster Bedürfnisse und Interessen hinauskam. Sicherheit gewährte im Grund doch nur das tägliche Zusammenleben von Menschen, die einander persönlich kannten und ihre Bedürfnisse und Wünsche nicht einzeln verfolgten; in solchen familiären Gruppen lebten Männer und Frauen, Kinder und Greise zusammen, am Festtag und am Werktag, in der Arbeitszeit und am Feierabend. Was derartige überschaubare und umfassende Gruppen verbürgen konnten, war nicht viel mehr als der Augenblick, der intensiv und gesellig ausgelebt wurde. Für alles weitere war im zeitlichen Sektor die Hinwendung zu dem ewigen und allmächtigen Gott oder den heilenden Kräften der Natur besonders dringlich.

Wo befindet sich der Mensch? Er befand sich in einer räumlichen Umwelt, die der Befriedigung menschlicher Bedürfnisse und Wünsche dienlich war und in der Arbeit kleiner Gruppen immer erfolgreicher dafür genutzt wurde. Prototyp dieser Gruppen war die Gemeinde, die örtliche Gemeinschaft von Zusammenwohnenden. Auch das Einzelgehöft und der wandernde Trupp richteten sich gern nach diesem lokalen Muster. Hier gelang im Mittelalter eine zwar nicht atemberaubende, aber im ganzen stetige Entwicklung, die oft genug abgebrochen, doch wieder aufgenommen wurde, meist eher im Rückgriff auf altbewährte Verfahren als in verwegenen Planungen. Die Rodungsinseln des Frühmittelalters wurden ausgeweitet, bis im Spätmittelalter das Land weithin für Siedlung, Verkehr und Ernährung erschlossen war. Die räumlichen Lebensbedingungen verbesserten sich nicht gleichmäßig, differenzierten sich aber. Neben der fortdauernden Not schuf die Domestizierung der Umwelt neue soziale Freiheitsräume und beseitigte alte physische Gefährdungen. In der Durchdringung des Kontinents und seiner Nutzbarmachung für die Menschen lag wohl die bedeutendste Leistung des Mittelalters. Da sich Dynamik und Mobilität lohnten, kam selten Resignation auf; nur wenige flohen in Träume vom urzeitlichen Paradies oder endzeitlichen Schlaraffenland. Die Wunschräume lagen auf Erden. Die menschlichen Verhaltensweisen im Bereich der Umweltnutzung waren immer noch streng kontrolliert, aber mehr am Übereinkommen als am Herkommen festgemacht und darum flexibel. Zudem waren solche lokalen Gruppen stärker als familiäre arbeitsteilig gegliedert und erreichten größeren Umfang. Sie umfaßten ganz verschiedene Lebenskreise, adlige, bäuerliche, bürgerliche, geistliche. Obwohl dabei persönliche Bindungen bei weitem überwogen, bahnten sich sachliche und institutionelle Verfestigungen an.

Mit welchen Gefährten lebt der Mensch? Das war und blieb das Hauptproblem; es verschärfte sich sogar im Lauf des Mittelalters. Familiäre und lokale Gruppen gewährten mehr Dauer und Frieden als das Einzelleben und erweiterten den gemeinsamen Spielraum durch stete Arbeit an der Umwelt; sie halfen der Gebrechlichkeit des Menschen auf. Aber sie waren zu konkret und zu eingeschränkt, um der Weltoffenheit des Menschen zu genügen. Je sichtbarer ihre Erfolge wurden, je zahlreicher sich in Familien und Gemeinden die Menschen drängten, desto empfindlicher wurden ihre Beziehungen zueinander. Zum einen wurden nun wirklich die Feinde des Menschen seine Hausgenossen, zum anderen spielten sich Beziehungen zwischen Menschen ein, die nicht derselben Familie und Gemeinde angehörten. Für das Zusammenleben und Verhalten in größeren Gemeinschaften läßt sich kein einzelner Prototyp mehr namhaft machen; statt dessen zeichnen sich mindestens zwei entgegengesetzte Grundmuster ab.

Das eine sind Bünde, genossenschaftliche Zusammenschlüsse von Freiwilligen, die sich ähnlich wie Gemeinden aufgrund von Verabredungen um einen lokalen Schwerpunkt sammeln, aber nicht die Nutzung der Umwelt, sondern die soziale Erziehung der Mitmenschen zum Hauptziel haben. Sie setzen stabile Lebensformen und mildern Spannungen zwischen den Gruppen, bilden aber entweder wie die Orden exklusive Zirkel, die nur einer Elite zugänglich sind, oder wie die Bruderschaften karitative Vereine, die nur punktuell wirken. Im ganzen ist entweder ihr sozialer oder ihr historischer Radius klein. Viel weiter greift der geschichtliche und gesellschaftliche Anspruch bei dem anderen Grundmuster, bei Verbänden, die meist herrschaftlich geordnet sind und in die man hineingeboren ist. Sie ähneln auch sonst der patriarchalischen Familie durch ihre Tendenz zu Kontinuität und Integration, bemühen sich aber nicht um Sicherung des Einzellebens, sondern um Aufbau sozialer Institutionen. Ihre Lebensformen bleiben jedoch labil und verwirklichen sich nur in einzelnen Augenblicken; im geschichtlichen Alltag provozieren sie zusätzliche Spannungen. Denn überall in ständischen, rechtlichen, völkischen, sprachlichen und religiösen Verbänden verkörpert sich die allgemeine Norm nur in einem kleinen Führungskreis, dem eine ungegliederte Menge gegenübersteht: Pöbel der kleinen Leute, Untertanenvolk, Haufe des Fußvolks, volkssprachliche Laien, Menge des Gottesvolkes. Diese Verbände hatten mehr Zukunft als archaische Bünde; aber im Mittelalter klafften Anspruch und Verwirklichung von Kontinuität und Integration noch weit auseinander. Denn auch hier galten die Verhaltensweisen entweder nur für die jeweilige Führungsgruppe oder nur für Momente.

Das Zusammenleben der Menschen ließ sich demnach im Mittelalter weder familiär und lokal stabilisieren noch universal und ideell. Vielleicht gelang es auf einer mittleren Ebene zwischen Bedürfnissen und Normen, zwischen kleinen Gruppen und großen Verbänden, im Bereich von Konventionen, die verbindlich und doch unterscheidend wirkten? Die Frage stellten sich schon mittelalterliche Denker; nur darf man klare Antworten nicht von der volkstümlichen Philosophie der *Gesta Romanorum* erwarten. Man muß schon dem bedeutendsten Philosophen des Mittelalters dabei zuhören, wie er einem König Ratschläge zur Bewältigung sozialen Lebens gibt. Das Menschenbild des Dominikaners Thomas von Aquin war theologisch orientiert und deutete die aristotelische Anthropologie christlich um. Aber der Primat religiöser Ziele für die Menschen führte ihn nicht zur Geringschätzung diesseitigen Lebens. Weil Thomas die Menschenwelt klar von Gottes Weltordnung unterschied, sah er nicht allein die religiöse Bindung der Menschen an Gott, sondern ebenso deutlich die soziale Bindung der Menschen aneinander. 1266 schrieb Thomas von Aquin für König Hugo II. von Zypern das Buch *Von der Herrschaft der Fürsten;* das erste Kapitel behandelt die *Condicio humana* und die Möglichkeit ihrer Bewältigung. Thomas formulierte seine geschichtlichen Erfahrungen zeitlos, als gäbe es eine immergleiche menschliche Natur; wenn wir seine Sätze jedoch als Spiegelungen der mittelalterlichen Situation lesen, fassen sie genauer als Sätze von Herder oder Gehlen, Wundt oder Huizinga die Folgerungen aus unserer bisherigen Untersuchung zusammen.

»Ein jeder Mensch ist von Natur aus mit dem Licht der Vernunft begabt, durch das er in seinen Handlungen zum Ziel geführt werden soll. Wenn nun für den Menschen zuträfe, was für zahlreiche Lebewesen zutrifft, daß er als einzelner leben könnte, dann bräuchte er niemanden andcrs, dcr ihn zum Ziel leitet; dann wäre ein jeder sein eigener König und nur Gott, dem höchsten König, unterstellt, soweit er sich in seinen Handlungen durch das gottgegebene Licht der Vernunft selbst lenken würde. Doch gehört es zur Natur des Menschen, daß er als geselliges und gruppenbildendes Wesen in der Menge lebt. Daß dies für ihn mehr als für alle anderen Lebewesen gilt, wird an seinen natürlichen Bedürfnissen deutlich. Denn für andere Lebewesen hat die Natur Nahrung bereitgestellt, dazu schützende Haarkleider, Schutzwaffen wie Zähne, Hörner, Klauen oder wenigstens Schnelligkeit zum Fliehen. Von alledem hat der Mensch nichts von der Natur mitbekommcn; statt dessen ist ihm die Vernunft gegeben, damit er durch sie mit Hilfe seiner Hände all dies für sich bereitstellen könne. Dieser Aufgabe ist der Einzelmensch nicht gewachsen. Denn wer auf sich allein angewiesen wäre, könnte mit dem Leben nicht fertigwerden. Deshalb gehört es zur Natur des Menschen, daß er in Gemeinschaft vieler lebt.

Weiter: Anderen Lebewesen ist eine Witterung für all das angeboren, was ihnen nützlich oder schädlich ist; ein Schaf zum Beispiel hält von Natur aus einen Wolf für seinen Feind. Manche Tiere kennen aus natürlichem Trieb auch bestimmte Heilkräuter und anderes für sie Lebensnotwendige. Der Mensch aber hat nur allgemein eine natürliche Kenntnis des für ihn Lebensnotwendigen; dafür ist er durch die Vernunft befähigt, von allgemeinen Grundsätzen ausgehend schließlich die Einzelheiten dessen zu erkennen, was für das Menschenleben notwendig ist. Für den Einzelmenschen ist es aber unmöglich, mit seiner Vernunft eine umfassende Kenntnis dieser Einzelheiten zu erlangen. Deshalb ist es für den Menschen notwendig, in der Menge zu leben; einer soll vom anderen unterstützt werden, verschiedene Menschen sollen mit ihrem Verstand an der Erfindung von Verschiedenem arbeiten, einer in der Heilkunde, andere in anderen Bereichen.

Diese Veranlagung des Menschen zeigt sich am deutlichsten daran, daß allein er das Sprachvermögen besitzt, wodurch der einzelne seine Gedanken anderen Menschen vollständig mitteilen kann. Andere Lebewesen drücken einander nur allgemein ihre Affekte aus, zum Beispiel ein Hund seinen Zorn durch Bellen; auch andere Tiere äußern ihre Affekte auf verschiedene Weise. Der Mensch ist also mehr auf Mitteilung an den Mitmenschen angelegt als irgendein Herdentier, zum Beispiel Kranich,

Ameise und Biene. Das bedachte Salomon und sprach im Buch Prediger (4, 9): ›Zu zweit sein ist besser als allein; beide haben Nutzen von der wechselseitigen Gesellligkeit.‹ Wenn es also zur Natur des Menschen gehört, daß er in Gemeinschaft vieler lebt, muß unter Menschen etwas vorhanden sein, wodurch die Menge gelenkt wird. Denn es gibt viele Menschen, und ein jeder würde nur für das sorgen, was ihm paßt; die Menge würde in verschiedene Richtungen zerstreut, wenn niemand da wäre, der auch für das Wohl der Menge sorgt.«

Mit diesem Lenker der Menschen meint Thomas allerdings den König. Die Familie des kampanischen Grafensohns war mit Kaiser Friedrich II. verschwägert gewesen; das begrenzte den Horizont des Aquinaten, auch wenn er sich aus der familiären und politischen Bindung völlig löste. Thomas wollte menschliches Zusammenleben nicht wie Friedrich vom Recht her ordnen, aber die Herrschaft der Fürsten war ihm so selbstverständlich wie dem Gesetzbuch des Kaisers. Der Mensch als solcher hat keine Königswürde mehr. Kann denn aber der Fürst die Menschenmenge gliedern und ihrem Leben stabile Form geben? Der Empfänger des Fürstenbuches konnte es nicht; König Hugo starb mit 15 Jahren und fiel vom Baum des Lebens wie ein unreifer Apfel. Daß sich allein auf die Herrschaft einzelner stabile Verbände vieler gründen ließen, glaubte auch Thomas nicht. Er gab den Fürsten einen Kreis von Helfern bei, und zwar nicht von adligen Herren. Wenn jeder Mensch mit dem Licht und der Waffe der Vernunft begabt ist, sind die Sachverständigen für Vernunft die besten Ratgeber der Fürsten. Deshalb schrieb ja der Philosoph Thomas sein Buch für den König. Daß sich mehrere spezialisierte Lebenskreise gegenseitig unterstützen müssen, um soziales Leben zu stabilisieren, ist eine grandiose Einsicht des Aquinaten; wir müssen sie aber über Thomas hinaus verfolgen. War denn Rationalität die alles durchwaltende Form mittelalterlicher Zusammenarbeit? Intellektuelle und institutionelle Zucht, wie sie Thomas im Dominikanerorden erfuhr, herrschte doch nur in elitären Bünden. Die meisten anderen Lebenskreise aber, die der Menge, waren nicht wie Verbände und Bünde gebaut. Wie dann? Das müssen wir wieder einen volkstümlichen Philosophen fragen.

SOCIETAS HUMANA

SOCIETAS HUMANA

Wir greifen noch einmal zu der lateinischen Sammlung von Kurzgeschichten, den *Gesta Romanorum,* die um 1300 vermutlich in England
zusammengestellt wurden. Die Erzählung »Von der Vorsorge, der Mutter
allen Reichtums« beginnt so:

»Ein König wollte wissen, wie er sich und sein Reich beherrschen solle.
Er rief einen Mann zu sich, der andere an Weisheit überragte, und sprach
zu ihm: ›Mein Lieber, teile mir die Form mit, mich und mein Reich zu
beherrschen.‹ Jener sagte: ›Gern, Herr.‹ Sogleich ließ er an die Wand
einen König malen, der eine Krone auf dem Haupte trug, und zwar so: Er
saß in Purpur gekleidet auf einem Thron und hielt in der linken Hand
eine Kugel, in der rechten ein Zepter; über ihm sah man eine brennende
Leuchte. Zu seiner Linken saß eine schöne Königin, gekrönt und in ein
buntes, vergoldetes Kleid gehüllt. Auf der anderen Seite saßen auf Armsesseln Räte mit offenem Buch. Vor ihnen, unterhalb des Königs, saß auf
einem Roß ein Ritter im Schmuck der Waffen. Auf dem Haupt trug er
einen Helm, in der Rechten einen Speer, zur Linken hing ein Schutzschild, an der rechten Seite das Schwert; er trug einen Panzer am Leib,
Spangen auf der Brust, Eisenschienen am Bein, Sporen an den Füßen,
eiserne Fäustlinge an den Händen und hatte ein zum Kampf dressiertes
Pferd mit Brustschmuck. Direkt unterhalb des Königs waren die Statthalter abgebildet; einer saß wie der Ritter zu Pferd und trug Mantel, Kapuze
und verschiedene Pelze, in der rechten Hand ausgestreckt eine Rute.
  Unter den Statthaltern dann Landvolk in folgender Gestalt: Ein Mann,
der wie ein normaler Mensch aussah, hielt in der rechten Hand eine
Hacke, mit der man Erde aufgräbt, in der linken eine Rute, mit der man
Viehherden treibt, im Gürtel eine Sichel, mit der man Korn mäht und
wuchernde Reben und Bäume beschneidet. Vor dem Ritter, rechts vom
König, sah man einen Handwerker, und zwar so: Ein gewöhnlicher
Mensch trug in der Rechten einen Hammer, in der Linken eine Axt, im

Gürtel eine Maurerkelle. Vor den Landleuten stand ein Mann, in der Rechten eine Zange, in der Linken ein großes, breites Schwert, im Gürtel Schreibtafel und gebranntes Tintenfaß, hinter dem rechten Ohr eine Schreibfeder. Ebenfalls vor den Landleuten war noch ein Mann gemalt; er hielt in der Rechten eine Waage mit Gewichten, in der Linken eine Elle, im Gürtel eine Börse mit verschiedenen Münzsorten. Vor der Königin standen Ärzte und Apotheker in folgender Gestalt: Ein Mann auf einer Lehrkanzel, ein Buch in der Rechten, Krug und Büchse in der Linken, im Gürtel Instrumente für Geschwüre und Wunden. Nahe bei ihm dann ein Mann dergestalt: Die rechte Hand hielt er in die Höhe, um Vorbeigehende in die Herberge einzuladen; seine Linke war gefüllt mit schönem Brot und obendrein mit einem Weinfaß; am Gürtel trug er Schlüssel. Auf der linken Seite vor dem Ritter war noch ein Mann folgenden Aussehens: in der Rechten große Schlüssel, in der Linken eine Elle, am Gürtel eine Börse mit Pfennigen. Und dann stand vor dem König noch einer mit struppigen und verwirrten Haaren, in der Rechten ein bißchen Geld, in der Linken drei Würfel und am Gürtel ein Ränzlein mit Büchern.

Als der König dieses Gemälde besichtigt hatte, studierte er es so eifrig, daß er große Weisheit fand.«

Die zweite Hälfte der Erzählung deutet das Gemälde als Ratschlag für den Lebenswandel eines guten Christen, als stelle jede Figur eine Grundtugend des Menschen dar; doch sind Erläuterungen beigefügt, die erkennen lassen, daß ursprünglich die menschliche Gemeinschaft in ihren verschiedenen Tätigkeiten und Interaktionen gezeigt werden sollte. Das hatte auch die Vorlage beabsichtigt, das Schachbuch des Reimser Dominikaners Jacques de Cessoles, der in der Mitte des 13. Jahrhunderts eine christliche Ständelehre schrieb. Er verdeutlichte sie anhand des Schachspiels, weil auf dem Schachbrett dieser Welt alle Menschen und Gruppen einen festen Platz einnehmen und sich nach eingeübten Spielregeln bewegen sollen. Von Bewegung ist auf unserem Gemälde freilich nichts mehr zu sehen; die Figuren sitzen oder stehen, und ihre Zuordnung zueinander ist halb verwischt. Das Schachmuster ist an der Achtzahl der einfachen Leute noch erkennbar, aber unter den Würdenträgern verwirrt sich bei Rittern und Statthaltern die Symmetrie. Die Ständetrennung zwischen Offizieren und Bauern, nach der die einen durch mehr oder minder feine Kleidung, die anderen durch ihr Werkzeug gekennzeichnet wären, ist ebenfalls aufgelockert; sämtliche Figuren außer der Königin, die nur schön sein muß, haben etwas zu tun.

Beim König bedeutet die Kugel seine Tätigkeit in Verwaltung und Fürsorge, das Zepter sein Amt als Richter, die Leuchte seine Barmherzigkeit. Die Räte sind vornehmlich Rechtsgelehrte, die Statthalter üben praktische Justiz. Die höfische Sphäre ist jedoch nicht nur vom Recht beherrscht; die martialische Gestalt des Ritters, besonders liebevoll beschrieben, gemahnt an Macht und Krieg. Friedlich geben sich hingegen alle Untertanen, von denen der Bauer durch die Werkzeuge für Ackerbau, Viehzucht und Obstbau am klarsten charakterisiert ist. Halb ländlich wirkt auch der Handwerker, der Schmiede, Zimmerleute und Maurer repräsentiert. Schillernder ist der Mann mit der Zange, der nicht nur die Waffenschmiede, sondern auch die Weber, dazu die Schreiber vertritt. Städtische Typen sind alle übrigen, der Geldwechsler, der für die Gebildeten stehende Arzt und der Gastwirt, auch der Stadtknecht mit Torschlüssel, Normalmaß und Zollbörse und der Außenseiter, der als Spieler und fahrender Scholar gezeichnet ist.

Die Figuren stehen nicht wie auf dem Schachbrett in zwei Reihen, sondern sind in drei Kolonnen und vier Reihen gestaffelt, freilich nicht konsequent: In der Mitte von oben nach unten König, Statthalter, Bauern, vielleicht Schreiber; rechts Räte, vielleicht Ritter, Handwerker, vielleicht Wechsler; links Königin, Ärzte, vielleicht Gastwirte, vielleicht Stadtknechte; irgendwo am Rand ohne festen Platz der Außenseiter. In den unteren Rängen sind die Zuordnungen unklar; der Wirt könnte auch neben dem Arzt stehen, der Stadtknecht neben dem Handwerker. Das kleine Volk – wir wissen es schon – hat trotz seiner Arbeitsteilung keinen genau zugewiesenen sozialen Rang. Auch die Beziehungen von unten nach oben sind nicht eindeutig; der Arzt hat mit der Königin, der Schreiber mit dem Bauern wenig zu tun. Die erste Weisheit, die wir beim Studium des Gemäldes finden, ist die, daß es ein klares Koordinatensystem sozialer Ränge im Mittelalter nicht gab.

Die zweite Weisheit betrifft die Tätigkeiten der Figuren. Wenn die Überschrift der Erzählung nicht völlig fehlgreift, soll vorsorglich geordnetes Zusammenwirken der Wohlfahrt, ja dem Reichtum aller dienen. Doch dies geschieht nicht durch sachliche Spezialisierung von Berufen; genau besehen, ist sogar der Geldwechsler auch Warenhändler, der Gastwirt auch Bäcker. Jede Figur trägt mehrere, meist drei Attribute, die manchmal wie beim Bauern zueinandergehören, manchmal wie beim Schreiber nicht. Die Werkzeuge selbst haben mehrere Funktionen; eine Rute tragen Richter und Bauer, eine Elle Wechsler und Stadtknecht, ein Buch Jurist und Arzt. Das soll doch wohl darauf hinweisen, daß der Reichtum aller nur durch Interaktion der sozialen Gruppen zu erreichen ist und daß es ein klares Koordinatensystem ökonomischer Aufgaben im Mittelalter nicht gab.

Die dritte Weisheit, die das Gemälde mitteilt, ist der Zusammenhang zwischen der Tätigkeit der Menschen und ihrer Eigenart, zwischen ihrer Gestalt und Gesinnung, zwischen Form und Inhalt. Was abgebildet wird, sind keine abstrakten Normen, keine sachlichen Institutionen, sondern repräsentative Menschen. Wie auf dem Gemälde findet man sie in der Wirklichkeit, die Fürsten, Adligen, Gelehrten, Bürger, Bauern, Außenseiter. Die Erzählung unterstreicht die Korrespondenz, wenn sie den wißbegierigen König bei der Betrachtung seines Bildes zum Weisen werden läßt; vielleicht kehrt auch der weise Maler bei den gemalten Räten wieder. Nicht jeder ist, wie er sein sollte; mindestens der struppige Außenseiter wird kritisiert. Aber es gibt solche Typen, und man sieht ihnen von außen an, wie sie sind. Es gab im Mittelalter Lebenskreise, die die Menschen so sehr in ihrem Verhalten prägten, daß sie sich durch profilierte Einzelmenschen bildhaft darstellen ließen. Aber was unterscheidet diese Lebenskreise voneinander, wenn es die ökonomische Funktion nicht ist, und was verbindet sie miteinander, wenn es die soziale Struktur nicht ist? Darauf gibt unsere Erzählung keine Antwort, denn sie sagt nicht, daß es mehrere Formen gebe, in denen der Mensch sich selbst beherrschen und mit anderen zusammenwirken könne.

Der Philosoph Eduard Spranger hat die Frage seit 1914 in dem Buch *Lebensformen* beantwortet. Die Menschen gliedern sich nach psychologischen Typen der Persönlichkeit, nach ewigen Einstellungen der menschlichen Natur zu den verschiedenen Lebensbereichen. Man kann sechs Grundtypen der Individualität herausschälen: den theoretischen, den ökonomischen, den ästhetischen, den sozialen Menschen, den Machtmenschen, den religiösen Menschen. Als grobes systematisches Raster ist dieses Schema vielleicht nützlich; doch Sprangers anthropologisches System ist aus der griechischen Philosophie und der deutschen Klassik gewonnen, am Maßstab Platons und Goethes, an der geprägten Form, die lebend sich entwickelt. Vor dem Gemälde der *Gesta Romanorum,* das doch auch Typen darstellt, läßt uns Sprangers Methode fast völlig im

Stich, zumal Spranger dem Mittelalter nur ein paar Seitenblicke gegönnt hat. Vielleicht ist der Bauer notgedrungen ein ökonomischer Mensch, der die Nützlichkeit seines Tuns obenanstellt. Vielleicht ist der Ritter durch seine Geburt ein Machtmensch. Aber er ist sowenig wie der Bauer eine individuelle Persönlichkeit, die sich für die eine oder andere Lebensform frei entschiede und sie kultivierte. Er folgt feststehenden Überlieferungen und steht mitten unter anderen Menschen; davon hängt Fülle oder Enge seines Lebens mit ab. Und wohin mit dem König, wohin mit dem Arzt? Genug, Sprangers individuelle Lebensformen passen nicht ins Mittelalter; die *Gesta Romanorum* beschreiben soziale Lebensformen und nicht den sozialen Menschen an sich.

Durch Einbeziehung der Geschichte, insbesondere der mittelalterlichen, korrigierte der Pädagoge Wilhelm Flitner seit 1961 Sprangers Idealisierung und Isolierung, vor allem in dem Buch *Die Geschichte der abendländischen Lebensformen*. Er versteht Lebensformen als geschichtlich entstandene, sozial wirksame Gebilde und analysiert deren mindestens sieben: aus der Antike den Geistlichen, den Mönch und den Regenten; aus dem Mittelalter den Ritter und den Handwerker; aus der frühen Neuzeit den Humanisten und den Hofmann. Schon die Benennung der Figuren stimmt zu dem Gemälde der *Gesta Romanorum* gut, auch die anthropologische Grundhaltung; denn Flitner versteht Lebensformen als menschenprägend, als Gemeinsamkeiten sittlichen Verhaltens und Urteilens, die von Menschen eingeübt und verwirklicht werden und so die institutionellen Gehäuse beleben. Die Figur des Königs, der sich selbst erziehen will, ist auf ein solches Normgefüge der Fürsorge, Gerechtigkeit, Barmherzigkeit angelegt. Aber wie, wenn die Typen nicht an Normen orientiert sind? Hat denn der vagabundierende Außenseiter keine Lebensform? Und wenn Flitner die Bauern bei den freien christlichen Werkleuten einreiht, sind nicht einmal die Normen der abhängigen, abergläubischen Bauern des Mittelalters getroffen, geschweige denn ihr Typ. Flitners normative Konzeption verzerrt mit dem sozialen Zueinander auch das geschichtliche Nacheinander. Flitner sieht in der abendländischen Entwicklung einen Dreitakt am Werk, dem die einzelnen Lebensformen zugeordnet wären. Demnach hätte in der abendländischen Frühzeit die christliche Kirche, die Verchristlichung der Einzelseele, das Mönchtum dominiert, dann seit Petrarca das vom griechischen Denken ausgehende Ideal humanistischer Menschenbildung, endlich seit dem 17.

Jahrhundert die an römischer Staatlichkeit orientierte politisch-soziale Fragestellung. Auf dem Gemälde der *Gesta Romanorum* erblicken wir indes keinen Mönch, der hier dominieren sollte; ob der Erzähler selbst Mönch war, ist ungewiß. Statt dessen sehen wir bereits um 1300 Buchgelehrte und Hofmänner vor uns, bevor ihr Normgefüge – darin hat Flitner recht – ganz ausgebildet ist.

Wir müssen also nicht nur geschichtliche Wandlungen und Gewichtungen von Lebensformen, sondern auch ihre sozialen Binnengliederungen und Wechselwirkungen untersuchen. Wenn wir wissen wollen, wodurch sich mittelalterliche Lebenskreise voneinander abheben und miteinander verbinden, helfen uns Philosophen und Erzieher weniger als der Erzähler vom Schachspiel und seine Figur mit den Würfeln. Jede Figur ist durch einen Lebenskreis geformt und bewegt sich nach dessen Verhaltensregeln, aber alle zusammen spielen und entscheiden die Partie. Wer wie wir die Formen mittelalterlichen Zusammenlebens noch nicht genau kennt, muß die Schritte der einzelnen Figuren und den Verlauf das ganzen Spiels geduldig mit ansehen, bevor er Spielregeln formuliert.

BAUERN UND BÜRGER

HÖRIGE

Um 820 legte Abt Irmino ein lateinisches Verzeichnis der Ländereien seines Benediktinerklosters Saint-Germain des Prés bei Paris an. Der Abschnitt über den Ort *Nuviliacus,* wahrscheinlich das heutige Nully (Orne), lautet:

»Das Kloster hat in *Nuviliacus* eine Herrenhufe mit reichlichen Nebengebäuden. Es hat dort zehn kleine Felder mit 40 Gewannen, darauf können 200 Scheffel Hafer gesät werden; Wiese neun Joch, von denen an Heu zehn Karren geerntet werden können. Es hat dort an Wald schätzungsweise drei Meilen in der Länge, in der Breite eine Meile, in dem 800 Schweine gemästet werden können. – Der Knecht Electeus und seine Frau, die Kolonin Landina, Eigenleute von Saint-Germain, bleiben in *Nuviliacus.* Er hat eine halbe Hufe, bestehend aus Ackerland sechs Gewann, aus Wiese ein halbes Joch. Er pflügt bei der Winterbestellung vier Ruten, bei der Frühjahrsbestellung 13. Er fährt Mist auf das Herrenfeld und tut und zahlt sonst nichts, wegen des Dienstes, den er übernimmt. –

Der Knecht Abrahil und seine Frau, die Litin Berthild, Eigenleute von Saint-Germain. Das sind ihre Kinder: Abram, Avremar, Bertrada. Und der Lite Ceslin und seine Frau, die Litin Leutberga. Das sind ihre Kinder: Leutgard, Ingohild. Und der Lite Godalbert. Das sind ihre Kinder: Gedalcaus, Celsovild, Bladovild. Die drei bleiben in *Nuviliacus.* Sie haben eine Hufe, bestehend aus Ackerland 15 Gewann, aus Wiese vier Joch. Sie machen Spanndienst nach Angers und im Monat Mai nach Paris. Sie erbringen für die Heeressteuer zwei Hammel. Neun Hühner, 30 Eier, 100 Bretter und ebensoviele Schindeln, 12 Dauben, sechs Reifen, 12 Fackeln; und an Holz fahren sie zwei Karren nach Suré. Auf dem Herrenhof umzäunen sie vier Ruten mit Latten, auf der Wiese vier Ruten mit Hecke, zur Ernte aber nach Bedarf. Sie pflügen zur Winterbestellung acht Ruten, zur Frühjahrsbestellung 26 Ruten. Neben dem normalen und außerordentlichen Feld-

dienst fahren sie Mist aufs Herrenfeld. Jeder erbringt vier Pfennig Kopfzins. –

Der Knecht Gislevert und seine Frau, die Litin Gotberga. Das sind ihre
Kinder: Ragno, Gausbert, Gaujoin, Gautlinde. Und der Knecht Sinopus und
seine Frau, die Magd Frolaica. Das sind ihre Kinder: Sicland, Frothard,
Marellus, Adalwild, Frotlild. Und die Magd Ansegud. Das sind ihre Kinder:
Ingalbert, Frotbert, Frotlaik, Frotherga. Die drei bleiben in *Nuviliacus*. Sie
haben eine Hufe, bestehend aus Ackerland 26 Gewann, aus Wiese acht
Joch. Sie erbringen dasselbe. – Der Lite Maurifius und seine Frau, die
Kolonin Ermengard; ihr Sohn ist Ermengild. Und der Lite Gaudulf und
seine Frau, die Litin Celsa; ihr Sohn ist Gaudild. Die zwei bleiben in
Nuviliacus. Sie haben eine Hufe, bestehend aus Ackerland 28 Gewann, aus
Wiese vier Joch. Sie erbringen dasselbe. – Der Knecht Ragenard und seine
Frau, die Kolonin Dagena; ihr Sohn ist Ragenaus. Und der Knecht Gaus-
bold und seine Frau, die Litin Faregild. Die zwei bleiben in *Nuviliacus*. Sie
haben eine Hufe, bestehend aus Ackerland elf Gewann, aus Wiese vier
Joch. Sie tun dasselbe. – Der Knecht Feremund und seine Frau, die Kolonin
Creada. Und der Knecht Feroard und seine Frau, die Litin Adalgard; ihre
Tochter ist Illegard. Und der Knecht Faroen und der Knecht Adalgrim. Die
vier bleiben in *Nuviliacus*. Sie haben eine Hufe, bestehend aus Ackerland
acht Gewann, aus Wiese vier Joch. Sie tun dasselbe. –

Der Knecht Gautmar und seine Frau, die Litin Sigalsis. Das sind ihre
Kinder: Siclevold, Sicleard. Der bleibt in *Nuviliacus*. Er hat eine Viertel-
hufe, bestehend aus Ackerland anderthalb Gewann, aus Wiese ein Joch.
Er erbringt ein Viertel von der Leistung einer ganzen Hufe. – Der Knecht
Hildebold und seine Frau, die Litin Bertenild. Das sind ihre Kinder:
Aldedram, Adalbert, Hildegaud, Trutgaud, Bernard, Bertram, Hildoin,
Haldedrud, Martinga. Und der Knecht Haldemar und seine Frau, die
Kolonin Motberga. Das sind ihre Kinder: Martin, Siclehild, Bernegild. Die
zwei bleiben in *Nuviliacus*. Sie haben eine halbe Hufe, bestehend aus
Ackerland sechs Gewann, aus Wiese ein halbes Joch. Sie leisten die Hälfte
der Schuld von einer ganzen Hufe. – Der Lite Bertlin und seine Frau, die
Kolonin Lantsida. Das sind ihre Kinder: Creatus, Martin, Lantbert. Der
bleibt in *Nuviliacus*. Er hat eine Viertelhufe, bestehend aus Ackerland
drei Gewann, aus Wiese zwei Joch. Er macht außerordentlichen Feld-
dienst. Er muß ein Viertel von einer ganzen Hufe erbringen, aber für
diese Schuld hütet er die Schweine. –

Es gibt in *Nuviliacus* sechseinhalb besetzte Hufen, die andere halbe ist unbesetzt. An Feuerstellen sind es 16. Sie erbringen für die Heeressteuer zwölf Hammel, für Kopfzins fünf Schilling vier Pfennig; 48 Hühner, 160 Eier, 600 Bretter und ebensoviele Schindeln, 54 Dauben und ebensoviele Reifen, 72 Fackeln. Sie machen zwei Weinfuhren und zweieinhalb Bretterfuhren im Mai, und einen halben Ochsen. –

Das sind die Knechte: Electeus, Gislevert, Sinopus, Ragenard, Gausbold, Feremund, Gedalbert, Faroard, Abrahil, Faroin, Adalgrim, Gautmar, Hildevold. Die erbringen die Fackeln und machen den Fuhrdienst. – Das sind die Liten: Maurifius, Gaudulf, Bertlin, Ceslin, Gedalbert. – Das sind die Mägde: Frotlina, Ansegund, Alda, Framberta. Die mästen die Hühner und machen die Tücher, wenn ihnen Wolle gegeben wird. – Das sind die Litinnen: Berthild, Leutberga, Gotberga, Celsa, Faregild, Sigalsis, Bertenild. Die erbringen vier Pfennig Kopfzins. –

Ragenard hat vom Herrengut ein Gewann. Gislevert hat zusätzlich zu seiner Hufe zwei eingezäunte Gärten.«

Der Urbarschreiber des Klosters war nicht zu beneiden angesichts dieser irrationalen Verfilzung von Bodengrößen, Sacherträgen, Menschenzahlen, Arbeitsleistungen. Am einfachsten ließen sich die Flächen feststellen, auch wenn wir sie heute nur höchst hypothetisch in Hektar umrechnen können; wie groß ein Gewann, ein Joch, eine Rute war, wußte jeder. Mit der Hufe, an sich der Ackernahrung für eine Familie, war es schon schwieriger. Die normale Hufe in Nully umfaßte zwölf Gewann, sagen wir 18 Hektar Ackerland; aber die Hufe des Maurifius hatte 42 Hektar, die Vollhufe von Gautmars Anteil 9 Hektar. Hoffen wir, daß Gautmars Boden mehr trug! Mit der Hufenzahl ließ sich die Menschenzahl der 37 Erwachsenen, erst recht der 42 Kinder überhaupt nicht verrechnen. Electeus hatte mit seiner Frau allein genauso eine Halbhufe wie Hildebold samt Anhang, zwei Ehepaare mit zusammen zwölf Kindern. Nun war Electeus etwas Besseres; sonst teilten sich in die Wirtschaftsgemeinschaft meist zwei bis drei Familien oder Feuerstellen. Aber auch der Rangletzte Bertlin, der Sauhirt, saß mit Familie allein auf einer Viertelhufe.

Und dann der Rechtsstatus! Die Knechte »bleiben« am Ort, weil sie schollengebunden sind; die Männer sind in Nully allesamt unfreie Knechte oder halbfreie Liten. Wenn aber mehrere ihrer Ehefrauen dem freien Kolonat angehören, droht die Vermengung spätestens bei den Kindern;

deshalb wirkt sich der Rechtsstand gar nicht auf Arbeit und Landzuweisung, kaum mehr auf die Abgaben aus. Überhaupt die Abgaben: Jeder der 13 Liten und Litinnen zahlt vier Pfennig Kopfzins; zwölf Pfennige machen einen Schilling; macht die Schlußsumme fünf Schilling vier Pfennig? Wie treibt man sie ein, wenn in der Liste am Schluß die Litin Adalgard vergessen ist? Wenn sechs Hufen jeweils neun Hühner und 30 Eier zu entrichten haben, wie kommt es zur Summe von 48 Hühnern und 160 Eiern? In welchem Haushalt mästen die Mägde Alda und Framberta Hühner? Ein Alptraum für jeden Bürokraten.

Beim Blick auf die Wirtschaftsbedingungen wird das Gewirr aus starren Leistungen und raschen Schwankungen allerdings begreiflich. Das Klostergut liegt auf Rodungsland, das den riesigen Perche-Wäldern erst kürzlich abgerungen worden sein dürfte; vielleicht 1200 Hektar zusammenhängender Wald gehören dazu. Da nehmen sich die allenfalls 220 Hektar Ackerland, die höchstens 15 Hektar Wiese bescheiden aus. Auch wenn auf dem Herrenhof viele weitere, hier nicht genannte Knechte und Mägde arbeiten, selbst wenn im Dorf noch Hörige anderer Grundherren oder Freibauern wohnen, es ist eine kleine Siedlung ohne Außenposten in Nachbargemeinden, ohne komplizierte Schichtung der Bauern, sogar ohne die obligate, meist zum Fronhof gehörige Kirche, die im Dorf des Einochs nicht fehlt. Der Boden bringt wenig. Man treibt wohl Dreifelderwirtschaft, eine Frühjahrssaat mit Hafer, vielleicht Gemüse und eine Wintersaat mit Brotgetreide; nach den Pflugdiensten zu schließen, bleibt vor allem im Winter das meiste Ackerland brach. Hauptprodukt der extensiven Wirtschaft ist die billigste Getreidesorte Hafer, die auch auf dem Herrenhof ziemlich dünn gesät wird und trotz Mistdüngung bei der Ernte allenfalls das Anderthalbfache des Saatgutes einbringt. Von diesem Getreide leben die Menschen im Dorf. Sie mahlen das Korn von Hand und haben noch keine Wassermühle, die in anderen Gütern der Abtei soeben eingeführt worden ist. Trotz des Haferanbaus benutzen sie als Zugtiere wohl keine Pferde, nur die langsameren Ochsen, von denen Einochs träumt; mehr als ein bis zwei Stück Großvieh ernährt das schmale Wiesenland der Vollhufe nicht. Vermutlich benutzen sie noch nicht den schweren Räderpflug, der stärkere Zugkraft erfordert und schnellere Feldbestellung erlaubt; viel Feld wird mit dem Spaten umgegraben. Man braucht also zahlreiche Arbeitskräfte für schwere Arbeit mit geringem Ertrag, und doch müssen sie davon satt werden, um arbeiten zu können.

Das Doppelproblem von Arbeitskraft und Versorgung ist in Nully wie anderswo so gelöst, daß die Unfreien nicht alle auf dem Herrenhof das ganze Land bebauen und nicht alle von dort versorgt werden. Das Kloster hat zwei Drittel des Grundbesitzes, etwa 160 Hektar Ackerland und elf Hektar Wiesen, an seine Grundholden ausgegeben. Diese Hufen, einge-zäunt, mit Fachwerkhütten, sind übervölkert. Jede muß durchschnittlich zwölf Menschen ernähren, doppelt so viele wie damals üblich; dafür ist die Hufe mit 24 Hektar doppelt so groß wie anderswo. Rechnet man als Existenzminimum pro Kopf bei intensiver Bebauung zwei Hektar Acker-land, so reichen die ausgegebenen Flächen eben hin, nicht für die Hilde-bolds, aber im Durchschnitt. Die Eigenwirtschaft der Bauern trägt neben Getreide vorwiegend Kleinvieh, Hammel und Schafe, wichtig auch für die Kleidung, die zu spinnen und zu weben Frauensache ist. Dazu Hühner; die Hufe hat hier zwei- bis dreimal so viel an den Fronhof abzuliefern wie anderswo. An der Schweinemast im Wald beteiligen sich die Bauern nicht, denn sie zahlen dafür keine Abgaben ans Kloster wie in anderen Dörfern; die vielen Schweine gehören dem Herrenhof wie der Wald, in dem Bertlin sie weidet. Für ihre Eigenwirtschaft, die kaum mehr als Hafergrütze, Milchprodukte und Schafwolle bringt, brauchen die Bauern viel Zeit; sie müssen ja noch Geld für die Abgaben verdienen, das heißt, auf dem nächsten Wochenmarkt Teile ihres Eigenertrags verkaufen. Die raschen Schwankungen kommen von der Hinfälligkeit bei Mensch und Vieh; bei Godalbert starb die Mutter von drei, bei Ansegud der Vater von vier Kindern. Aber es genügt eine Viehseuche.

Die starren Leistungen hängen am Boden. Zwei bis drei Tage arbeiten die Hörigen für den Herrenhof, bestellen die Felder und schützen wie im *Roman de Renart* das freie Feld durch Zäune gegen Schweine und Wild. Der Hauptertrag, den das Kloster aus Nully zieht, besteht nicht aus Getreide, das zum guten Teil an Ort und Stelle vom Gesinde aufgezehrt wird, sondern neben Fleisch und Eiern aus Holzprodukten. In der Wald-gegend um Nully wächst kein Wein – von dem die 120 Mönche der Abtei jährlich 1300 Hektoliter brauchen –, aber unsere Bauern stellen Weinfäs-ser dafür her. Ferner verarbeiten sie Holz für Zäune, Bretter und Schin-deln, also für die Wohnbauten des Frühmittelalters, und für Harzfackeln, also die übliche Lichtquelle der Zeit, sowie Brennholz für Herd und Ofen. Dieses Holz muß ins Kloster nach Paris geschafft werden, der billige Wasserweg ist nicht wie bei günstiger gelegenen Gütern benutzbar; so machen die Grundholden von Nully viele Spanndienste, manchmal nur nach Suré, 20 Kilometer entfernt, aber ein paarmal im Jahr bis Angers im Südwesten und bis Paris im Nordosten. Beide Städte liegen etwa 150 Kilometer entfernt, mit dem Ochsenkarren vielleicht zwei Wochen Fahrzeit. Dabei sehen die Bauern die Welt jenseits der Zäune; doch die ihre ist sie nicht.

Das Kloster muß die Wirtschaft seiner Güter koordinieren, rationalisieren, spezialisieren; dafür haben die Bauern den Kopf nicht frei. Frondienste für den Herrenhof, nicht so willkürlich, wie dann Johann Balle meint, aber zeitraubend, und die Ernährung der Familie, in der nicht einmal eine Tante oder Großmutter mitgefüttert werden kann, das ist der Alltag. Was an Problemen der Arbeitsverteilung und Gemeindeordnung anfällt, soll Electeus klären, der eine Art Meier ist. Jede Plünderung, die bald in der Normannenzeit zur Regel wird und die ganze Klosterwirtschaft ruiniert, auch jede Mißernte bringt das Dorf an den Rand des Hungertodes. Schon der friedliche Alltag ist mühselig. Ragenard und Gislevert versuchen, zusätzliche Länder zu kultivieren; aber ohne technische Hilfsmittel wird der Überschuß klein bleiben. Die Wirtschaft ist zu anstrengend, als daß sie über den Verzehr des Erzeugten hinauskäme, und zu umweltabhängig, als daß sie vernünftig zu planen wäre. Und nur solche Vorsorge könnte die Arbeit leichter und einträglicher machen. Anderswo geschah das schon im 9. Jahrhundert; aber was man heute etwas zu fröhlich die landwirtschaftliche Revolution des Frühmittelalters nennt, kam nicht bis Nully.

PÄCHTER

In langatmigem Juristenlatein wurde 1342 in Lucca folgende Notariatsurkunde ausgefertigt:

»Im Namen des Herrn, Amen. Bernardo, Sohn des verstorbenen Vanello Asquini, Bürger von Lucca aus dem Viertel San Simone e Giuda, hat dem Dino, Sohn des verstorbenen Colluccio, genannt Brennessel, aus der Gemeinde Cappella San Bartolomeo al Gello, Pfarrei Massa Pisana, der als Pächter anwesend ist, ein Stück Weinland geliehen und eingeräumt, mit einem Steinhaus samt Dachstube, mit Olivenbäumen, Feigenbäumen und anderen Obstbäumen darauf und mit Hof und Brunnen darin, gelegen in Grenzen und Gebiet der besagten Gemeinde San Bartolomeo al Gello, Pfarrei Massa wie oben, an der Stelle, die ›beim Kastanienhain‹ heißt und angrenzt an Land von Lemmo di Portico aus Lucca, weiter an Land und Haus von Bartolomeo, Sohn des verstorbenen Ugolino, vom verstorbenen Magister Bartolomeo von Lucca, weiter an den öffentlichen Weg und weiter an Land der Söhne Asquini, mit der kleinen Grube dazwischen. Ferner ein anderes Grundstück, das zum Teil Olivenhain, zum Teil Wald, zum Teil Gebüsch umfaßt, gelegen in Grenzen und Gebiet der Gemeinde San Giovanni di Scheto, selbe Pfarrei, das angrenzt an Land der Söhne Asquini, weiter an Land des Pietro Paganelli von Lucca, weiter an Arbeitsland von San Giovanni Maggiore in Lucca, weiter an Land des Klosters San Giorgio in Lucca, weiter an den öffentlichen Weg an der Stelle, die ›Steinbruch‹ oder ›Kastanienhain‹ heißt, oder was es sonst an genaueren Grenzen gibt.

Ferner hat er dem genannten Dino mit besagten Ländern folgende Geräte geliehen und eingeräumt: ein Weinfaß von etwa 104 Schoppen Wein Fassungsvermögen, eine Kufe von etwa 36 Schoppen Wein, ein kleines Faß von etwa 12 Schoppen Wein, einen Weidenkorb von etwa 24 Scheffeln Korn, die alle in dem besagten Haus liegen. Er soll die genannten Länder und Grundstücke jeweils gut bestellen, verbessern und nicht absichtlich verschlechtern und die genannten Dinge und Geräte nach bestem Wissen benutzen und nicht verschlechtern, und zwar vom nächsten 1. Oktober dieses Jahres an für die nächstfolgenden zehn Jahre. (Es folgt die Verpflichtung des Verpächters, das Pachtgut dem Dino und seinen Erben für die gesamte Frist zu überlassen.)

Und seinerseits hat der vorgenannte Pächter Dino versprochen und mit dem vorgenannten Verpächter Bernardo feierlich abgemacht: Er wird die besagten Grundstücke, soweit sie Ackerland sind, zu den üblichen Zeiten und ganz auf seine, des Pächters Dino, Kosten getreulich pflügen, düngen und besäen; das Weinland aber zu seiner Zeit pflügen, hacken, beschneiden und hochbinden, dafür alle Kosten übernehmen, auch für Pfähle, Stangen, Stützen, Stricke und Arbeiten, und diesen Weingarten überall erneuern und absenken, wo es nützlich sein wird; die Hecken und Gräben am Ort instand halten; die Kastanienbäume, Olivenbäume und Obstbäume am Ort nicht ohne Erlaubnis oder gegen den Willen des besagten Verpächters Bernardo oder seiner Erben beschneiden; das Korn ernten, die Weintrauben lesen, pressen oder treten, die Oliven, Kastanien und Früchte der besagten Grundstücke zu den üblichen Zeiten pflücken; die Hälfte von allen Früchten, von Korn, Wein, Öl, Kastanien, Feigen und anderem Obst, die von besagten Grundstücken im erwähnten Zeitraum geerntet werden, nach bestem Wissen und ganz auf seine, des genannten Pächters, Kosten dem besagten Bernardo oder seinen Erben oder anderen Ermächtigten abgeben, anfahren und im obengenannten Haus einhändigen; sowie alle besagten Dinge und Geräte in diesem Haus in dem Zustand, in dem sie sind, diesem Bernardo oder seinen Erben am Ende der besagten Frist zurückgeben und tatsächlich einhändigen.

(Es folgen Bestimmungen zur Vertragssicherung.) Geschehen zu Lucca im Amtszimmer des Hauses von Herrn Rustici, Sohn des verstorbenen Notars Francesco Rustici von Lucca, das ich, unterfertigter Notar, im Viertel San Benedetto bewohne; in Anwesenheit der eigens gerufenen und gebetenen Zeugen Herrn Lapo Giacomo di Pontito, Notar und Bürger von Lucca im Viertel San Quirico d'Oliva, und Puccinello, Sohn des verstorbenen Nello Datucci di Montechiaro, ebenfalls Bürger von Lucca; im Jahr der Geburt des Herrn 1342, am zweiten Tag des Monats September, in der elften Indiktion. Ich, Francesco, Sohn des verstorbenen Herrn Aldebrandino Salani, kaiserlich bestallter ordentlicher Richter und Notar, Bürger von Lucca, war bei der gesamten vorgenannten Verhandlung zugegen und habe sie auf Verlangen amtlich niedergeschrieben.«

Kurz vor Vertragsschluß hatte sich das politische Schicksal Luccas und seines Umlands entschieden; im Juli 1342 hatte Pisa im Streit der zwei führenden toskanischen Kommunen die Oberhand gewonnen und den Florentinern Lucca abgenommen. Seit August 1342 mußte die Gemeinde einen Großteil ihrer Einkünfte nach Pisa abführen. Die Wirtschaft der Lucchese Bankiers, Fernhändler und Seidenweber erlitt Einbußen; darum ging die Ausbeutung des agrarischen Umlands verstärkt weiter. Lucca hatte im 13. Jahrhundert den Landgemeinden geholfen, sich aus den rechtlichen und ökonomischen Bindungen feudaler Grundherrschaft zu lösen; der Bauer kann vor dem Notar als ebenbürtiger Partner auftreten und zahlt keinen Kopfzins. Inzwischen hat die Stadt jedoch die Landgemeinden zerschlagen. Von den fast dreihundert Gemeinden des lucchesischen Umlands werden im Vertrag zwei erwähnt, aber nur zur topographischen Identifizierung der Grundstücke; sie liegen wie Massa Pisana etwa eine Wegstunde südwestlich von Lucca, am Fuß der Monti Pisani, die Lucca von Pisa trennen. Dino ist in die Stadt gekommen, allein, dem lateinischen Schriftwesen des Notars, den vornehmen Zeugen, dem noblen Haus gewiß nicht gewachsen. Er stammt aus dem Dorf, in dem er Haus und Weinberg pachtet; alle Grundstücke dort im Umkreis gehören Bürgern von Lucca. Der »verstorbene Magister Bartolomeo« könnte fast der gelehrte Dominikaner Tholomeus von Lucca gewesen sein, der 1326/27 hochbetagt, von gewissenlosen Verwandten ausgebeutet, als Bischof gestorben war. Auch unter den Eigentümern der Nachbargemeinde befinden sich kein Bischof und kein Graf mehr, noch eine Kirche und ein Kloster; der Rest ist städtischer Privatbesitz in Streulage.

Mit der Fronhofverfassung wurde die Bewirtschaftung großer Flächen obsolet. Jedes Grundstück gehört einem anderen; die Familie Asquini hat das gemeinsame Erbe aufgeteilt. Später wird man wieder die Zusammenfassung des Grundbesitzes anstreben; jetzt hat jeder sein Land mit Hecken eingezäunt und läßt es intensiv bebauen. Überall Feldwege, nur ab und zu ein Steinhaus im Hügelland. Die Asquini dürften zu den Kaufleuten Luccas gehören, die wie die Paganelli ihre Überschüsse in Land angelegt haben und die Agrarerträge weiterverkaufen; Bernardo nutzt sein Landhaus nicht wie einige Mitbürger als adlige Sommerresidenz, es soll Gewinn bringen. Der Boden soll fruchtbar sein und bleiben. Diese Tendenz hat das Umland italienischer Städte verwandelt. Überall treibt man Gartenbau mit Weintrauben einerseits, mit Oliven, Kastanien und Obst andererseits. Im Weingarten, der an einem Hügel liegen und Bewässerungsgräben brauchen wird, werden die Reben mit Stangen und Stricken zu Baumhöhe hochgezogen, um der Sonne prall ausgesetzt zu sein. Das zweite Grundstück dient als Olivenhain, wird aber in der toskanischen Mischkultur auch gepflügt und mit Korn besät. Im Zentrum der Wirtschaft steht Weinbau. Auch wenn die Behälter mit vielleicht 500 Litern nicht den ganzen Jahresertrag fassen sollten, kann man sich die Ausmaße vorstellen: ein paar Hektar Rebfläche, die wenige Hektoliter gibt. Kastanienwälder waren schon damals wie bis vor kurzem zahlreich; hingegen fehlten noch die vielen Maulbeerbäume, die der Seidenindustrie von Lucca dienten. Noch führte man Rohseide großenteils aus China ein, wir werden den Handelsweg später kennenlernen.

Dino hat Erben, also vielleicht Familie; den Notar geht das nichts an.

Dino wird in Bernardos Haus wohnen, denn wahrscheinlich besitzt er wie
die meisten Bauern dieser Zeit und Gegend kein eigenes Land. Obwohl
gerade die Erntezeit vorüber ist, hat ihm Bernardo nicht, wie manchmal
üblich, einen Vorschuß an Geld oder Lebensmitteln bis zur ersten eigenen Ernte bewilligt; ob der vorige Pächter alles mitnahm? Bernardo
verpachtet weder eine Weinkelter noch ein Ochsengespann mit Pflug, wie
es solche Verträge auf Halbpacht oft vorsehen. Zum Maischen wird Dino
die eigenen Füße benutzen; für Viehhaltung fehlt es in dieser Gartenkul-
tur an Weideplätzen und Heuwiesen. Wenn er nicht mit Hacke und
Spaten vorlieb nimmt, wird er sich ein Gespann mieten müssen. Es wird
an Viehdung fehlen. Abbrennen der Stoppelfelder und Laubstreuen werden den Bodenertrag kaum steigern, zumal Fruchtwechsel und Brache
nicht mehr im Schwang sind; jahraus, jahrein trägt das Land dieselben
Früchte. Doch Weintrauben und Kastanien wird es immer geben; Dino
wird eher davon und von *Polenta* leben als von Weizenbrot.

Wenn ihm Bernardo nicht ständig auf die Finger sieht, wird er ihm
vielleicht nicht ganz die Hälfte der Erträge abliefern und den Überschuß
auf dem Markt verkaufen. Er muß ja, anders als sonst bei Halbpachtver-
trägen, die Kosten seiner Wirtschaft allein tragen. Für Boden und Haus
wird er nicht viel unternehmen, denn nach zehn Jahren soll er wieder
gehen. Aber er muß vorsichtig sein; manche Verpächter spionieren eifrig,
und bei Streitfällen haben sie alle Vorteile. Auch hinterher muß sich
Dino, wenn er sein Dorf nicht verlassen will, mit städtischen Landeignern
vertragen und ihre Solidarität fürchten. Er kann von Glück reden, daß
sein Vertrag zehn Jahre unkündbar läuft, die längste gängige Frist;
manche verpachten nur für ein oder zwei Ernten und schreiben von
vornherein genauer als Bernardo vor, wann der Pächter säen und ernten,
zu welchen Festtagen er volle Krüge und Fässer abliefern muß.

Das Halbpachtsystem dient den Stadtbürgern, die sich anstelle feudaler Grundherren das Umland unterworfen haben. Sie brauchen es zur
Ernährung der Stadt – in Lucca knapp 15 000 Menschen – und als
Kapitalanlage. Die Teilung der Erträge bringt zwar eine vorübergehende
Interessengemeinschaft zwischen Eigentümer und Pächter zustande,
denn beide sind auf hohe Rendite bedacht; auf die Dauer gewinnt aber
dabei der Eigner, denn der Pächter erhält nur die Hälfte seines Mehrauf-
wands. Bei gleichbleibend fixierten Abgaben, wie sie die alte Fronhofwirt-
schaft und noch die Toskana im 14. Jahrhundert kannte, könnten sich

Pächter durch Mehrarbeit größeren Spielraum schaffen. Sie sind jetzt rechtlich nicht mehr schollengebunden, können aber nur den Ort aussuchen, an dem sie wirtschaftlich ausgenutzt werden. Auf lange Sicht führt der Raubbau am Boden auch zu gesamtwirtschaftlichen Schäden. Die restlichen Wälder werden abgeholzt, denn Pisa baut Schiffe; die Erosion nimmt zu, die Düngung reicht nicht hin. Italienische Autoren des frühen 14. Jahrhunderts wie der Bolognese Pietro de Crescenzi beginnen schon die antike Ackerbaukunde zu erneuern und rationelle Bodenpflege zu lehren; aber Dino kann wohl nicht lesen und Bernardo, der es in der Stadtschule von Lucca gelernt haben konnte, denkt schwerlich weiter.

Die Aufspaltung der Grundstücke ist ein Symptom spätmittelalterlicher Landwirtschaft. Jeder arbeitet für seinen kleinen Vorteil; das Land wird dabei zerstückelt. An Spezialisierung und Koordinierung denkt man etwa in der Poebene, wo Viehzucht und Milchwirtschaft konzentriert werden; aber sonst wird nur für lokalen Bedarf produziert. Zwischen den Wirtschaftsräumen mit ihren verschiedenen Anbaubedingungen gedeiht wenig Austausch; Lebensmittelhandel über weite Strecken lohnt sich nicht. Italienische Weine des Spätmittelalters werden zwar in fremde Länder exportiert, aber der Wein von Massa Pisana ist nicht dabei. Der erste Anschein trügt also nicht: Dieser Halbpachtvertrag steht für eine Agrarwirtschaft, die nur für den Augenblick und für einzelne sorgt. Der Grund solcher Kurzsichtigkeit ist nicht mehr nackte Not, sondern Gewinnsucht. Juristisch hat der berühmte Zeitgenosse unseres Vertrags, Bartolo von Sassoferrato, recht, wenn er die Halbpacht eine *Societas* nennt, die die Wirkung einer Bruderschaft besitze; aber in der sozialen Wirklichkeit der Zeit ist dieser hohe Anspruch nicht eingelöst.

LANDWIRTSCHAFT

Das Seinebecken war im 9., die Toskana im 14. Jahrhundert die am dichtesten besiedelte Landschaft Europas, und die Landwirtschaft ernährte diese Menschenansammlungen, aber hier und dort auf unterschiedliche Weise. Im ländlichen Frühmittelalter leben Grundherren und Bauern sozusagen auf überfüllten Inseln zwischen weiten Leerräumen. Die Landwirtschaft bedarf auch bei einfacher und extensiver Dreifelderwirtschaft einer rohen Koordination von Flurzwang und Hufensystem, um möglichst stabile Erträge zu erzielen. Die Produktion bleibt jedoch unspezialisiert; die Bauern des 9. Jahrhunderts betreiben Ackerbau und Viehhaltung, oft noch Obst- und Weinbau nebeneinander. Nach dem 9. Jahrhundert erweitern dann Rodung und Siedlung die Anbauflächen; fleißige Bauern können die feststehenden Abgaben immer leichter entrichten, immer mehr Überschüsse erarbeiten und sich zunächst wirtschaftlich, im Lauf des Hochmittelalters auch rechtlich aus der Fron der Grundherrschaft befreien.

Im 14. Jahrhundert ist der Fronhofverband weithin aufgelöst, und die Bauern sind persönlich frei, jedoch in den Sog städtischer Geldwirtschaft geraten. Um hohe Erträge zu bringen, muß das Land fast wie ein Garten intensiv genutzt werden. Das wird immer mehr zur Aufgabe von Individuen, die sich nicht mehr an Flurzwänge halten und verstreute Parzellen bebauen, aber ihren städtischen Partnern wirtschaftlich ausgeliefert sind. Die Spezialisierung der Produktion ist weit getrieben, weder zum Vorteil des strapazierten Bodens noch der menschlichen Ernährung; meist konzentrieren sich die Bauern entweder auf Ackerbau oder Viehzucht oder Obstbau, jedoch ohne Koordination. Die Schwerpunkte wechseln je nach Marktlage; war im allgemeinen bis zum 14. Jahrhundert die Getreideproduktion immer weiter gestiegen, so trat im Spätmittelalter der Fleischkonsum, dementsprechend die Viehwirtschaft in den Vordergrund. Der Profit lenkte die Bauern, die ihm wohl gern in die Städte nachzogen; aber zugute kam er ihnen selten. Die Krisen des 14. Jahrhunderts betrafen die Landwirtschaft an sich kaum, beschnitten jedoch den rechtlichen und politischen Spielraum der Bauern; Johann Balles Predigt von 1381 charakterisierte die Lage, die sich dann durch Landflucht auch auf Intensität und Umfang der Produktion auswirkte.

Der auffälligste Unterschied zwischen unseren Zeugnissen ist im Grund eine Gemeinsamkeit: die starke Abhängigkeit der Landwirtschaft von äußeren Faktoren. Landschaft und Klima zwingen den Bauern das Gesetz auf; die vielgestaltigen Bedingungen des Kontinents, Sonnentage und Regenmenge, Maxima und Minima der Temperatur bestimmen die Vegetation und damit schon die Wirtschaftsweise. Die Klimaschwankungen im Mittelalter sind schwer festzustellen und vermutlich nicht sehr einschneidend gewesen; trotzdem dürfte etwa die Trockenheit gegen Ende des ersten Jahrtausends oder die Kälteperiode im 13. und frühen

42 BAUERN BEI DER GETREIDEERNTE

43 BAUER IM OBSTGARTEN

14. Jahrhundert sogleich erhebliche Schwankungen der Erträge nach sich gezogen haben. Wenn die Produktion zwischen dem 10. und 13. Jahrhundert anstieg, dann mehr aufgrund der Gewinnung zusätzlicher Anbauflächen als technischer Verbesserungen. Der Getreideertrag je Hektar liegt mit sechs bis sieben Doppelzentnern im späten Mittelalter nicht höher als im frühen; das niedrige Verhältnis zwischen Saatgut und Erntegut, durchschnittlich 1 : 3, hat sich bei allen Abweichungen einzelner Landstriche im ganzen kaum verändert.

Technische Neuerungen dürfen deshalb nicht überschätzt werden. Der eiserne Räderpflug war ein Fortschritt wie die Windmühle auch; das Zugpferd mit dem Kummet erleichterte die Arbeit ebenso wie die Einführung des Dreschflegels statt des Schlagstocks, der Sense statt der Sichel. Aber im Mittelalter verbreitete sich keine Erfindung bloß deshalb, weil sie gemacht worden war. Die *Gesta Romanorum* hatten recht, als sie den Repräsentanten des Landvolkes noch um 1300 nicht mit Pflug und Sense, sondern mit Hacke und Sichel abbildeten. Die Bauern waren die letzten, die sich die Arbeit erleichtern konnten; denn sie waren nicht nur von der Natur abhängig.

Sie essen ihr Brot im Schweiße ihres Angesichts, aber sie ernten auch das Brot, das ihre Herren essen werden. Die Bauern müssen für alle anderen Lebenskreise mitproduzieren; im Durchschnitt bleibt ihnen kaum die Hälfte ihres Ertrags zum Eigenverbrauch. Die Plackerei der Bauern wird von den sekundären Lebenskreisen immer wieder anerkannt, im 10. Jahrhundert von dem Mönch Aelfric Grammaticus, von dem Dichter Wernher dem Gartenaere im 13. Jahrhundert. Dennoch bleibt die Einstellung zur bäuerlichen Arbeit zwiespältig. Zum einen erscheint sie als Folge von Adams Sündenfall oder Kains Missetaten; das deutsche Wort *Arebeit* bedeutet ursprünglich »Mühe, Plage«, und die Dichtung vom Einochs ist eine einzige Illustration dieses Zusammenhangs. Zum andern war auch der unschuldige Hirte Abel ein Bauer; der Bauer allein könnte friedlich von seiner Hände Arbeit leben, als Ideal autarker Wirtschaft. Denn Lebenskreis und Arbeitsstätte sind bei ihm eins; der Bauernhof ist zugleich Ort des Familienlebens, Sinnbild für »Haus« schlechthin. Johann Balles Predigt ist noch als Anklage ein Hymnus auf das paradiesische Bauernleben.

Infolge der doppelten Abhängigkeit von Natur und Mitmenschen können die Bauern dieses Ideal nirgends verwirklichen. Sie leben am Rand des Existenzminimums und haben keine Zeit und Kraft zur Rationalisierung ihres Lebens; es wird vielmehr auf ihre Kosten durch geistliche, adlige und bürgerliche Herren rationalisiert. Bauern atmen auf, wenn der Hagel ihr Kornfeld, die Maul- und Klauenseuche ihren Viehstall verschont, wenn sie dem Grundherrn die Zinshühner, dem Verpächter die Kastanien abgeliefert haben und danach mit ihrer Familie noch satt werden. Da kann ihr Horizont nicht weiter reichen als bis zur Klosterkirche von Saint-Germain, zum Marktplatz von Lucca. Verwunderlich ist daran höchstens die Tatsache, daß im Mittelalter mindestens drei Viertel aller Menschen dieses Leben führen, als verstünde es sich von selbst. Aber mittelalterliche Wirtschaft ist kein Selbstzweck und keine Ideologie; was sie den Bauern vorenthält, gibt ihnen ihr Zusammenleben. Die Bedürftigen reden weniger von Bedürfnissen als von Konventionen.

NACHBARN

Im niederdeutschen *Sachsenspiegel* Eikes von Repgow lautet der Abschnitt über dörfliche Rechtsbestimmungen in der ältesten Fassung von 1221/24:

»Wenn immer einer eines anderen Mannes Land unabsichtlich bestellt oder ein anderer es ihm übergeben hat und er deshalb beschuldigt wird, während er es pflügt, verliert er seine Arbeit daran, wenn es jener behält. Wenn es aber einer ihm übergeben hat, soll der ihm seinen Schaden erstatten. Wenn er das Land besät, während er verklagt wird, verliert er seine Arbeit und sein Saatgut. Wenn er sät und nicht verklagt ist, behält er die Saat und gibt seinen Zins an den Halter des Landes. Jeder, der eingesätes Land eines anderen Mannes umpflügt, soll ihm den Schaden nach Recht erstatten und Buße zahlen. Wer immer sein Vieh auf eines anderen Mannes Korn oder Gras treibt, soll ihm seinen Schaden nach Recht erstatten und drei Schilling Buße zahlen. Wenn der Halter nicht dort anwesend ist, wo das Vieh Schaden anrichtet, kann es gepfändet werden; den Schaden sollen die Viehhalter erstatten, soweit er ihnen sofort nachgewiesen wird, und zwar nach Schätzung der Bauern; außerdem zahlt jeder für sein Vieh sechs Pfennig Buße. Wenn das Vieh in solchem Zustand ist, daß man es nicht heimtreiben kann, wie ein brünstiges Pferd, eine Gans oder ein Eber, soll der Geschädigte zwei Männer dazubitten und ihnen seinen Schaden zeigen und dann dem Vieh ins Haus seines Halters folgen und ihn deshalb beschuldigen; dann muß der Halter für das Vieh Entschädigung leisten, wie wenn es gepfändet wäre. Wenn immer einer sein Vieh in eine andere Gemarkung auf die Gemeindewiese treibt und es gepfändet wird, zahlt er sechs Pfennig. Jeder, der über unbestelltes Land fährt, bleibt straffrei, außer wenn es eine umzäunte Wiese ist. Alles, was der Hirt in seiner Hut verliert, muß er erstatten. Wenn ein Mann sein Korn draußen stehen läßt, während alle Leute ihr Korn eingefahren haben, und es ihm gefressen oder zertreten wird, erhält er keine Erstattung.

Niemand darf seine Dachtraufe in eines anderen Mannes Hof hängen lassen. Jedermann soll auch seinen Hofteil einhegen; wenn er es nicht tut und daraus Schaden erwächst, muß er ihn bessern. Geschieht ihm selber Schaden, bleibt er straflos. Jeder, der Malbäume oder Grenzsteine setzt, soll den hinzuziehen, der das Land auf der anderen Seite hat. Jeder, der einen Zaun setzt, soll die Äste in seinen Hof kehren. Ofen, Abtritte und Schweinekoben sollen drei Fuß Abstand vom Zaun haben. Jedermann soll auch seinen Ofen und seine Feuermauern verwahren, daß die Funken nicht in eines anderen Mannes Hof fliegen und dort Schaden stiften. Abtritte soll man bis zum Boden beplanken, wenn sie zu eines anderen Mannes Hof hin stehen. Rankt sich der Hopfen über den Zaun, dann darf der, der die Wurzeln in seinem Hof hat, so nahe wie möglich an den Zaun treten, hinübergreifen und den Hopfen herüberziehen; was er erreicht, gehört ihm; was auf der anderen Seite hängenbleibt, gehört seinem Nachbarn. Die Zweige seiner Bäume sollen auch nicht über den Zaun hängen, seinem Nachbarn zum Schaden. Alles, was ein Mann auf fremdem Gut baut und wofür er Zins zahlt, kann er abbrechen, wenn er davonfährt, und nach seinem Tod darf es sein Erbe; ausgenommen bleiben der Zaun vorn und hinten, das Haus und der Mist. Das kann der Hausherr nach Schätzung der Bauern einlösen; tut er es nicht, führt der Zinsmann auch dies mit dem übrigen davon.

Niemand darf Vieh zu Hause lassen, das dem Hirten folgen kann, ausgenommen Sauen, die ferkeln; die soll man sichern, daß sie keinen Schaden tun. Niemand darf auch einen eigenen Hirten halten, der dem Gemeindehirten seinen Lohn mindern würde, es sei denn, daß einer drei Hufen oder mehr hat, die sein Eigen oder sein Lehen sind; dann darf er einen eigenen Schafhirten halten. Überall, wo dem Hirten der Lohn nicht nach Viehzahl, sondern nach Hufenzahl versprochen ist, darf ihm niemand den Lohn vorenthalten, damit das Dorf nicht seinen Hirten verliert. Alles, was man vor den Hirten treibt und er nicht wieder ins Dorf bringt, muß er erstatten. Wenn immer es ihm Wölfe oder Räuber nehmen, muß er sie, solange er nicht selbst gefangen ist, mit dem Hilferuf anschreien, so daß er dafür Zeugen beibringen kann; sonst muß er es erstatten. Wenn ein Vieh ein anderes vor dem Hirten verletzt und man den Hirten deshalb beschuldigt, muß er das Vieh, das den Schaden getan hat, nachweisen und das beschwören. Dann muß der Viehhalter das verwundete Vieh in seine Pflege nehmen, bis es wieder gut aufs Feld gehen kann. Wenn es stirbt, muß es der Halter nach seinem festgesetzten Wert erstatten. Wenn man den Hirten beschuldigt, daß er ein Vieh nicht zu Dorfe gebracht habe, und er seine Unschuld beschwören will, ist er die Klage los. Wenn immer aber jemand etwas von seinem Vieh vermißt, sofort zum Hirten geht und ihn vor zwei Zeugen deshalb beschuldigt, darf der Hirt in dieser Sache nicht schwören, sondern muß dem Halter sein Vieh erstatten. Wenn aber der Hirt sagt, daß es nicht vor ihn getrieben wurde, muß es der Halter mit zwei Männern besser bezeugen können, die sahen, daß man es in seine Hut trieb; sonst gilt der Hirt als unschuldig.

Was immer der Bauermeister zum Nutzen des Dorfes mit Zustimmung der Mehrheit der Bauern anordnet, dagegen darf die Minderheit nicht Einspruch erheben. Jedes von den Dörfern, die am Wasser liegen und einen Damm haben, der sie vor der Flut sichert, muß seinen Teil des Dammes vor der Flut befestigen. Wenn aber die Flut kommt und den Damm einreißt und die innerhalb des Landes Ansässigen zu Hilfe gerufen werden, dann hat jeder, der bei der Ausbesserung des Dammes nicht mithilft, dasjenige Erbe verwirkt, das er innerhalb des Dammes besitzt.«

Eike von Repgow kam als Rechtsberater anhaltischer Grafen in vielen Dörfern seiner ostfälischen Heimat herum; aber sein Buch wollte ihren Alltag nicht abschildern, wie er war. Die Aufzeichnung selbst brach mit ländlichem Herkommen und folgte der juristischen Neigung der Zeit zur Kodifikation. Eike wollte, anders als Friedrich II., das gute alte Gewohnheitsrecht festhalten, überdies in der Volkssprache und in unserem Ausschnitt ohne Anleihen beim gelehrten Recht; dennoch mußte er abstrahieren und harmonisieren. Das Landrecht, das er aufschrieb, setzte ja allgemeine Normen und war nicht ins Belieben einer Gemeindeversammlung gestellt. Um so erstaunlicher ist die Treffsicherheit, mit der Eike auch die faktischen Verhältnisse und Verhaltensweisen wiedergibt, die seit der Mitte des 12. Jahrhunderts in seiner Heimat an der mittleren Elbe und unteren Saale herrschten. Schon die Gliederung ist aufschlußreich: Zuerst kommt Grund und Boden, dann Haus und Hof, dann Vieh und Hirt, zum Schluß die Gemeinde. Trotzdem geht es eigentlich immer um sie.

Die Menschen im Dorf sind nicht so gleich, wie Johann Balle möchte. Die Oberschicht hat mehr Besitz, mehr Rechte; wer drei Hufen innehat, darf sich einen eigenen Hirten halten. Ständisch sind die Oberen schöffenbar frei, beraten im Grafengericht als Schöffen mit und stehen im Rang Rittern gleich; Eike ist einer von ihnen. Als Bauern arbeiten von ihnen nicht allzuviele. Die Mehrheit im Dorf besteht aus Freien mit eigenem Erbe, kleiner als drei Hufen; der Sachsenspiegel nennt sie Pfleghafte. Dann trifft man freie Landsassen, die kein Anwesen am Ort haben, wie der Zinsmann davonfahren und das Erwirtschaftete mitnehmen können. Darunter stehen verschiedene Gruppen von Halbfreien und schollengebundenen Unfreien. So scharf nun aber die rechtlichen Grenzen zwischen den Ständen sind, in unserem Ausschnitt kommen sie nicht vor. Genausowenig kommt es hier darauf an, wer im Dorf Landesherr oder Grundherr ist, ob im Umkreis eine oder mehrere, adlige oder geistliche Herrschaften liegen. Schließlich wird bei der Festsetzung der Bußen nicht nach der wirtschaftlichen Potenz des Sünders gefragt. Statt dessen agiert hier das, was eine anhaltische Urkunde 1285 *Universitas rusticorum* nennt, Bauerngemeinde.

Wir erfahren nicht, ob einerseits die Schöffenbaren, andererseits die Unfreien dazugehören, auch nicht, wann und wie oft sich diese Gemeinde versammelt. Das schwankt vielleicht von Dorf zu Dorf, sicher von Zeit zu Zeit. Aber das Wichtigste steht fest: Die Gemeinde berät und beschließt zum Nutzen des Dorfes mit einfacher Mehrheit. Ihr Vorsteher ist von der Zustimmung der Mehrheit abhängig. Ob er von den Bauern gewählt oder wie ein Schultheiß vom Grundherrn eingesetzt wird, ist wieder örtlich und zeitlich verschieden; jedenfalls handelt er im Auftrag der Gemeinde. Sie braucht wenig landwirtschaftliche Fragen zu entscheiden, Flurzwang, Erntetermine, Waldnutzung; auch Flurschäden sind hier nicht wie im *Roman de Renart* die Hauptsorge; die Ordnungen von Grund und Boden stehen eisern fest. Aber zu regeln ist das Zusammenwohnen der Men-

schen, vor allem, wenn die Höfe wie im Mittelelbegebiet in einer Grup-
pensiedlung Zaun an Zaun stehen. Da wird jedem Nachbarn streng sein
Eigenbereich gesichert, jede Behinderung und Belästigung durch wuchernde Hopfenranken und stinkende Abtritte geahndet. Dachtraufe und
Zaun machen Haus und Hof zur unantastbaren Festung des Eigentümers.
Ganz anders beim Vieh. Die Gemeindeweide gehört allen, deshalb muß
ein Gemeindehirt bestellt und besoldet werden, dem alle ihr Vieh zutrei-
ben und den ausgemachten Lohn zahlen. Auch hier wird penibel auf den
Schutz des Vieheigentums geachtet; aber hier herrscht rigoroser Zwang
für alle.

Diese Ordnung braucht wenig Funktionäre, keine Institutionen. Der
Bauermeister fungiert als Richter in Bagatellsachen, bei leichtem Diebstahl, leichter Körperverletzung, Grenzverletzungen, bei falschem Maß
und Kauf; bei ihm erheben die Bauern Klage, sagen als Zeugen aus, legen
Eide ab und zahlen Bußen. Neben Bauermeister und Gemeindehirten
mag es noch eigens bestellte Schätzer geben, die das Ausmaß eines
Schadens feststellen. Doch im Grund wird die Ordnung vom ganzen Dorf
überwacht. Jeder kann sehen, wieviele Schweine der Nachbar dem Hirten
zutreibt; irgend jemand hört in der ländlichen Stille sogar den Hilferuf
des Hirten draußen, wenn er überfallen wird. In Dörfern, wo selten mehr
als dreihundert Menschen zusammenwohnen, erzwingt die Nachbarschaft Konformität, auch ohne jenen Korpsgeist, den Johann Gladischs
Siedler nach Kleinpolen mitbringen. Der Eigenbrötler schadet sich selbst.
Ohne allen Flurzwang fährt keiner sein Korn später als die Nachbarn ein,
weil ihm nachher die Gemeindeherde das Feld zertrampelt; jeder hält
seinen Hauszaun ganz von selbst instand, damit ihm die Schweine vom
Nachbarn nicht den Hof zerwühlen. Der Nutzen des Dorfes verlangt, daß
keiner aus der Reihe tanzt, damit jedem sein Freiraum erhalten bleibe.

Diese scheinbare Paradoxie reicht über das einzelne Dorf hinaus. Wer
Gemarkung und Gemeindeweide des Nachbardorfes mitbenutzt, wird
bestraft; auch hier sind Zäune gesetzt. Sie behindern wieder nicht die
Zusammenarbeit aller, wenn jedes Dorf das Seine tut. Die abschließende
Bestimmung über den Deichbau gibt die beste Begründung und Zusammenfassung nachbarlichen Verhaltens. Solange der Bauer seinen Nachbarn weder benötigt noch belästigt, ist die Gemeinschaft der vielen nicht
so naturnotwendig, wie Thomas von Aquin meint. Doch gibt es Aufgaben,
denen der einzelne nicht gewachsen ist: die Viehweide, die ohne allgemei-

ne Regelung dem Dorf Durcheinander, dem einzelnen Zeitverlust brächte; den Deichbau, der im Überschwemmungsgebiet das ganze Land und das Erbe eines jeden schützt. Bei derartigen Gemeinschaftsaufgaben darf keiner abseitsstehen; die Strafen greifen hier sogar in Rechtsstatus und Besitzordnung ein, die sonst von der Bauerngemeinde ausgespart werden. Diese Landgemeinde erfaßt, anders als eine städtische Kommune, nicht alle Lebensbereiche; sie beschränkt sich auf Probleme, die eine Absprache unter Nachbarn erfordern. In dieser Begrenzung liegt ihre Stärke und ihre Schwäche. Die Dorfgemeinde entscheidet nicht darüber, wie die Hufen verteilt und vererbt, welche Getreidesorten angebaut, welche Viehrassen gezüchtet werden, sondern darüber, wie groß der Schaden ist, den der Zuchteber des Bauern Hinz am Korn des Bauern Kunz angerichtet hat und was Hinz und Kunz dem Gemeindehirten an Lohn zahlen müssen. Denn solche Fragen sind es, die das Zusammenleben von Nachbarn trüben können und deshalb geklärt werden müssen.

EIDGENOSSEN

Der lateinisch verfaßte Bundesbrief der Schweizer Eidgenossen vom August 1291 lautet:

»Im Namen des Herrn, Amen. Für Ehrbarkeit und allgemeinen Nutzen wird gut gesorgt, wenn Verträge zur Sicherung von Ruhe und Frieden auf gebührende Weise verankert werden. Es mögen also alle zur Kenntnis nehmen, daß die Männer des Tales Uri, die Gemeinde des Tales Schwyz und die Gesamtheit der Unterwaldener Männer des Tales Nidwalden angesichts der bösen Zeit, um sich und ihre Habe leichter verteidigen und besser auf gebührende Weise bewahren zu können, nach bestem Wissen versprochen haben, sich gegenseitig mit Hilfe und jeder Art von Rat und Gunst beizustehen, mit Leib und Gut, innerhalb und außerhalb der Täler, mit aller Macht und Kraft, gegen alle und einzelne, die ihnen oder einem von ihnen Gewalt, Beschwer oder Unrecht antun und gegen Leib und Gut etwas Böses ersinnen.

Und jede Gemeinde hat versprochen, der anderen in jedem Fall beizuspringen, wenn Hilfeleistung nötig sein sollte, und, soweit erforderlich, auf eigene Kosten den Angriffen von Böswilligen zu widerstehen und

Unrecht zu ahnden. Dies ohne Hintergedanken zu halten, haben sie mit leiblichem Eid beschworen und erneuern durch vorliegende Abmachungen den alten, eidlich bekräftigten Inhalt des Bundes, und zwar derart, daß ein jeder Mann nach seinem Rang und Stand gehalten ist, seinem Herrn in angemessener Weise untertan und dienstbar zu sein. In gemeinsamer Beratung und einmütiger Zustimmung haben wir auch versprochen, festgesetzt und verordnet, daß wir in den genannten Tälern unter keinen Umständen einen als Richter annehmen oder anerkennen, der dieses Amt um irgendeinen Preis oder irgendwie um Geld erkauft hat oder der nicht unser Landsmann ist. Wenn aber unter Eidgenossen Streit ausgebrochen ist, müssen die Einsichtigsten unter den Eidgenossen hinzutreten, um die Zwietracht zwischen den Parteien so zu schlichten, wie es ihnen förderlich erscheint; und der Partei, die diesen Spruch zurückweisen würde, müßten die anderen Eidgenossen entgegentreten.

Zu alledem aber wurde zwischen ihnen festgesetzt, daß einer, der einen anderen heimtückisch und ohne Grund ermordet hat, wenn er ergriffen ist, das Leben verliert, wenn er nicht seine Unschuld an dem genannten Verbrechen beweisen kann, wie es seine ungeheure Schuld erfordert; und wenn er etwa entwichen ist, darf er nie mehr heimkehren. Alle, die den genannten Verbrecher aufnehmen und schützen, sind aus den Tälern zu verweisen, bis sie von den Eidgenossen mit Vorbedacht zurückgerufen werden. Wer aber einen Eidgenossen bei Tag oder in der Stille der Nacht heimtückisch durch Brandstiftung geschädigt hat, darf nie mehr als Landsmann gelten. Und wer den genannten Verbrecher innerhalb der Täler begünstigt oder beschützt, muß dem Geschädigten Genugtuung leisten.

Wenn zudem ein Eidgenosse einen anderen seiner Habe beraubt oder irgendwie geschädigt hat, muß die Habe des Schuldigen, wenn sie innerhalb der Täler auffindbar ist, in Verwahr genommen werden, um dem Geschädigten nach dem Recht Genugtuung zu verschaffen. Überdies darf keiner vom anderen ein Pfand nehmen, wenn er nicht offenkundig sein Schuldner oder Bürge ist, und auch das darf nur mit besonderer Erlaubnis seines Richters geschehen. Außerdem muß jeder seinem Richter gehorchen und, wenn es nötig sein sollte, den zuständigen Richter innerhalb des Tales bezeichnen, vor dem er sich rechtlich zu verantworten hat. Und wenn sich einer gegen einen Rechtsspruch aufgelehnt hat und wegen seines Starrsinns ein Eidgenosse zu Schaden gekommen ist, sind alle Eidgenossen gehalten, den genannten Widerspenstigen zur Leistung der Genugtuung zu zwingen. Wenn aber Fehde oder Zwietracht zwischen Eidgenossen ausgebrochen ist und die eine Partei der Streitenden die Erfüllung von Gerechtigkeit oder Genugtuung verweigert, sind die Eidgenossen gehalten, die andere Partei zu verteidigen.

Die obenstehenden Bestimmungen, die zum Wohl des allgemeinen Nutzens verordnet sind, sollen, wenn Gott will, für immer dauern. Zum Beweis dafür wurde die vorliegende Urkunde auf Verlangen der Genannten ausgefertigt und mit den Siegeln der genannten drei Gemeinden und Täler bekräftigt. Geschehen im Jahr des Herrn 1291, zu Beginn des Monats August.«

Die Urkunde wäre weniger berühmt und umstritten, wenn sich die geläufige Formel von der immerwährenden, das heißt unbefristeten Dauer des Bundes nicht so sichtlich verwirklicht hätte. An die *Confederatio* von 1291 erinnert heute jeder Schweizer Kraftwagen mit dem internationalen Kennzeichen »CH«. Doch schweifen wir weder zu den langfristigen Folgen noch zur verwickelten Vorgeschichte der Urkunde ab und achten nur auf das Verhalten derer, die sie 1291 einem wohl geistlichen Schreiber diktierten. Sie nennen sich, wie die Schneider von Lincoln, nicht mit Namen; Tell und Geßler haben hier keinen Platz. Statt dessen beraten, beschwören, besiegeln ganze Gemeinden, *Universitates.* Es sind örtliche Zusammenschlüsse, freilich keine Dörfer. Die Talschaften umfassen nicht nur die an einem Flußlauf zwischen Bergketten Wohnenden, sie erstrecken sich auch auf Seitentäler und auf unterschiedliche Siedlungen: alte Kirchdörfer mit weiten Äckern in der Nähe des Vierwaldstätter und Urner Sees; dann Gebiete mit Einzelhöfen und Almwirtschaft, die Täler hoch hinaufreichend und seit dem 12. Jahrhundert zunehmend erschlossen; schließlich zwischen Einzelhof und Dorf kleinräumige Nutzungsgenossenschaften. Um diese lokalen Bezirke geht es hier weniger als im Sachsenspiegel; ebensowenig wie dort geht es um den Rechtsstatus ständischer Gruppen. In den drei Talschaften wohnen wenige Adlige wie die Attinghausen; daneben siedeln viele freie Bauern wie die Stauffacher; daneben hausen Unfreie der Äbte von Engelberg oder Einsiedeln, der Meier von Silenen oder der Ritter von Malters.

Die Urkunde spricht ausdrücklich von diesen Schichtungen, von Rang und Stand, von der Unterordnung unter die Herren, von zuständigen

Richtern, die je nach Stand verschieden und ihrerseits freien Standes sind; auch die besonders »Einsichtigen« gehören zu einer adlig-groß-bäuerlichen Oberschicht von Ammännern. Ohne sie, die hochgerichtliche Kompetenzen wahrnehmen, könnten die Talschaften nicht über Todesstrafe und Verweisung befinden. Der Bund läßt Ständeordnung und Gerichtsverfassung unberührt; er beschränkt sich wie alle Bünde auf ein selbstgewähltes Ziel, das allerdings weiter geht als bei Orden oder Bruderschaften: Zusammenschluß zur Selbsthilfe, Wahrung des Landfriedens durch alle Betroffenen. Ähnliche Einungen kannten die Städte Oberitaliens, des Oberrheingebiets und der Schweiz selbst seit Jahrzehnten. Die Formulierungen der Urkunde weisen Spuren solcher städtischen Vorbilder auf, denn der Ausbau der Gotthardstraße im frühen 13. Jahrhundert hat die Urschweiz zum Durchgangsland des Fernverkehrs zwischen Oberrhein und Oberitalien gemacht. Trotzdem ist dieser Bauernbund stärker als städtische Bünde auf Abschließung nach außen bedacht.

Er wendet sich weniger gegen habsburgische Landesherren und große Grundherren als gegen andere Täler und Streithähne in den Tälern selbst. Rudolf von Habsburg hatte den Landleuten von Uri 1257/58 helfen müssen, eine tödliche Blutrachefehde zwischen zwei einheimischen Sippen, den Izzeli und den Gruoba, niederzuschlagen; mit halsstarrigen Bauern, die sich keinem Schiedsspruch und Rechtsspruch beugen, rechnet auch der Bundesbrief. Doch eben die Autonomie kleiner Gruppen stört den Frieden in solchen bösen Zeiten wie unmittelbar nach dem Tod Rudolfs von Habsburg, wo die großen Verbände das Recht nicht wahren können. An der Rechtsordnung selbst wird nicht gerüttelt, denn nicht an Institutionen hängt die Sicherung von Leben und Habe, sondern an Menschen. Die Richter in den Tälern, wohl die adligen Landammänner, mögen nach wie vor von den Gerichtsherren eingesetzt werden; aber sie müssen Landsleute sein, Zugehörige, Eidgenossen. Die Zugehörigkeit wird zum obersten Privileg, die Verweisung zur strengsten Strafe. Und neben der beschworenen Gemeinschaft wird kein zweiter Bund geduldet. Wer dem Verbrecher Hilfe gewährt, sondert sich selbst aus, desgleichen Gruppen, ja ganze Täler, die sich einem Spruch widersetzen. Das Verbot der Heimkehr trifft Bauern an der Wurzel; wer sich in den Bergen isoliert, hält nicht lange durch.

Eine solche Gemeinschaft ohne Widerpart kann inneren Frieden erzwingen und den Menschen das Leben sichern. Weil sie bäuerlich ist, sichert sie ihnen auch die Habe; die zweite Hauptstrafe neben der Verweisung ist die Leistung von Genugtuung, Schadenersatz, der jedem das Seine garantiert. Und weil die Gemeinschaft bündisch ist, dehnt sie ihr Friedensgebot auch auf Streitfälle aus, wo einander nicht Recht und Gewalt, sondern Recht und Recht gegenüberstehen. Auch Schiedsgerichtsbarkeit kommt in städtischen Landfrieden der Zeit vor, meist zwischen Körperschaften. Hier jedoch endet wie bei der Schneidergilde von Lincoln jeder Streit zwischen Eidgenossen vor dem Schiedsrichter. An die Stelle der Selbsthilfe des einzelnen, seiner Familie, seiner Gemeinde tritt die Entscheidung des Schiedsmanns. Sie liegt in seinem freien Ermessen, und gegen seinen Spruch gibt es keine Appellation; das macht ihn mächtig. Aber er steht unter dem Zwang zum Erfolg und muß jeden Streit schlichten; das macht ihn gerecht. Damit werden neue Bereiche des allgemeinen Nutzens unter öffentliche Kontrolle gebracht, neue Bindungen zwischen Höfen und Dörfern, Adligen und Bauern geschlossen, nicht mehr nur zwischen Nachbarn, nicht mehr nur um Weiderechte. Wenn nun ein Verband aus dem Flachland im modernen territorialstaatlichen Stil in diesen alpinen Bund eingreift, provoziert er den Aufstand. Er regt sich 1315 gegen Habsburg.

Zunächst jedoch, 1291, will der Bund nichts anderes als sein Bundesbrief sagt, Ehrbarkeit auf gebührende Weise wahren, jedem Zugehörigen die zustehenden Rechte gewährleisten, Übergriffe der Nachbarn verhindern, nicht irgendeine Freiheit erkämpfen, sondern den Frieden zwischen den eingesessenen Gruppen schützen.

LANDGEMEINDEN

Im Gegensatz zu den für die Landwirtschaft herangezogenen Zeugnissen stammen die für die Landgemeinde aus lockeren Verbänden von Herrschaft und Siedlung, aus Zeiten, in denen die Bauern nicht mehr feudalen Grundherren hörig, noch nicht Städten oder dem Staat untertan waren, und aus Räumen am Rand, die erst seit hundert Jahren intensiv erschlossen wurden. Während die Hörigen von Nully als Kollektiv wie der Pächter von Massa Pisana als Person von einer nahen Herrschaft kontrolliert wurden, konnten Ostfalen und Schweizer ziemlich selbständige Gemeinden bilden, ähnlich wie die Bauern von Vestergötland 1019 und die

44 WEINLESE VOR DER STADT

45 PLÜNDERUNG EINES DORFES

Neusiedler in Kleinpolen 1359, nur daß sich unsere Landgemeinden nicht
als Rechtsverband oder Wirtschaftsgruppe verstanden.

Wirtschaftliche Zusammenarbeit ließ sich nicht generell vom Grundherrn oder Landesherrn verfügen; Bestimmungen am Ort über Fruchtfol-
ge, Allmendenutzung, Viehweide, Wegerechte, Deichbau waren allenthalben nötig. Dennoch beabsichtigen die Landgemeinden keine ökonomische Kooperation und Spezialisierung zum Zweck der Ertragssteigerung
und Risikominderung. Mittelalterliche Bauern sind zwar Landwirte, aber
keine Agronomen. Und sie behaupten zwar ihr Recht, aber wie die von
Estavayer als einzelne, nicht als juristische Körperschaft. Ihre Satzungen
greifen kaum in die Rechtsordnung größerer Verbände über und tangie-
ren ständische oder politische Spannungen nur nebenbei. Ihr Gemeinde-
leben regelt hauptsächlich das Verhalten zwischen Nachbarn, über die
Familie hinaus in vielseitige soziale Verbindungen und Verpflichtungen
führend, aber am bäuerlichen Besitz, an der überschaubaren Landschaft,
am örtlichen Dialekt haftend. Diese Gemeindeordnung ist schwerlich
rational zu nennen, in unseren Fällen soeben von halben Außenseitern zu
Pergament gebracht und bloß mühsam geordnet. Der konkrete Einzelfall
ist wichtig: die Hopfenranke überm Zaun. Gravierendes wird eingehäm-
mert: die Bestrafung des Rechtsverweigerers. Recht und Friede heißt hier
nur: Jedem das Seine, das wollen alle. Grenzüberschreitung ist Unrecht
zwischen Seßhaften und Erben, die nichts usurpieren, nichts verschenken
wollen. Ihre Ordnung ist nicht alt, aber defensiv.

Die Landgemeinde besteht nicht aus Gleichen, die alles gemeinsam
täten; sie kennt Bauernadel und Habenichtse und läßt ständische Verschiebungen im Stil von Einochs und Helmbrecht nicht zu. Sie proklamiert keine Freiheit, nicht nach außen gegen die Herren, noch weniger
nach innen für die Tüchtigen; sie fordert Öffentlichkeit, Mehrheit, Konformität. Die Landgemeinde hat Bauermeister und Ammänner, jedoch keine
Führer. Die Sprecher, die in den Bauernaufständen des 14. Jahrhunderts
auftreten, sind Außenseiter wie Johann Balle, die die örtliche Gebunden-
heit und soziale Statik insgesamt in Frage stellen. Dies ist die Sache der
Bauern nicht mehr, denn es ist Grenzüberschreitung. Zeitlich dagegen
kennen beide Satzungen keine Grenzen; sie nennen keine Fristen, etwa
bis wann ein Schaden gemeldet, ein Schiedsspruch anerkannt sein muß.
Was zu tun ist, wird sofort getan; was gelten soll, gilt für immer.

Gemessen an diesen grundsätzlichen Gemeinsamkeiten, verlieren die

Unterschiede zwischen Ostfalen und Schweizern an Gewicht und unterstreichen nur noch einmal, daß die Landgemeinde ein örtlicher Bund ist, dessen Satzung von seiner Umwelt abhängt, von Landschaft und Wirtschaft, Herrschaft und Gesellschaft ringsum. Weil die Niederungen an Elbe und Saale weniger abgeschlossen liegen als die Hochtäler der Alpen, spielen in der Gemeinde des Sachsenspiegels mobile Landsassen eine größere Rolle als im Schweizer Bundesbrief, der nur Landsleute zuläßt. Weil in den Alpen große Verbände weniger Ausstrahlungskraft als im Flachland besitzen, greifen eidgenössische Ammänner weiter in juristische und politische Kompetenzen über als sächsische Bauermeister. Hierbei wirkt der zeitliche Abstand mit, der nicht groß ist, aber tief geht. Das staufische Kaisertum, die Rechtsordnung unter Friedrich II., an der Eike von Repgow und die Landleute von Schwyz festgehalten haben, ist untergegangen; wenn nun die Deiche brechen, müssen die Gemeinden selbständiger als zuvor für örtlichen Frieden sorgen und um ihr bündisches Zusammenleben weitere Kreise ziehen. Deshalb nicht mehr nur Flurfrevel und Geldstrafe, sondern Mord und Todesstrafe. Trotzdem ist das Verhalten in der Landgemeinde hier und dort dasselbe. Es erstrebt friedliches und ehrbares Zusammenleben mit denen, die nahebei bauen – denn das bedeutet *Nachbar*.

ABERGLAUBE

Wenige Jahre nach 816 schrieb Erzbischof Agobard von Lyon ein kleines lateinisches Buch *Über Hagel und Donner*. Darin heißt es:

»Hierzulande glauben fast alle Menschen, Adel und Volk, Stadt und Land, Alt und Jung, daß Hagel und Donner von Menschen gemacht werden können. Sie sagen nämlich, sobald sie Donner hören und Blitze sehen: ›Das ist Hebewetter.‹ Wenn man sie dann fragt, was Hebewetter sei, versichern die einen verschämt und mit etwas schlechtem Gewissen, die anderen aber so zuversichtlich, wie Unkundige gewöhnlich sind, der Sturm habe sich erhoben aufgrund der Zaubersprüche von Leuten, die Wettermacher heißen, und werde deshalb Hebewetter genannt. Ob das wahr ist, wie man im Volk glaubt, muß sich mit der Autorität der Heiligen Schrift beweisen lassen. Wenn es aber nicht wahr ist, wie wir ohne Schwanken glauben, muß mit größtem Nachdruck hervorgehoben werden, daß sich derjenige einer ganz großen Lüge schuldig macht, der Gottes Werk einem Menschen zuschreibt. ...

Wir haben es ja gesehen und gehört, wie die meisten von solchem Wahnsinn gepackt, von solcher Dummheit besessen sind, daß sie glauben und sagen, es gebe ein Land namens *Magonia.* Aus dem kämen Schiffe in den Wolken gefahren; in ihnen würden die Früchte, die vom Hagel abgeschlagen werden und im Gewitter verkommen, nach diesem Land gebracht; die Luftschiffer gäben nämlich den Wettermachern eine Belohnung und bekämen dafür das Getreide und die sonstigen Früchte. Wir haben mehrere von denen gesehen, die von dieser abgrundtiefen Dummheit verblendet sind und das für möglich halten. In einer Versammlung führten sie vier gefesselte Menschen vor, drei Männer und eine Frau, die angeblich aus diesen Schiffen gefallen waren; die hatten sie einige Tage lang gefangen gehalten und führten sie schließlich, wie gesagt, der versammelten Menschenmenge in unserer Gegenwart vor, um sie steinigen zu lassen. Aber nach langem vernünftigen Zureden siegte doch die Wahrheit, und die Leute, die sie vorgeführt hatten, standen so verwirrt da wie nach dem Wort des Propheten (Jeremia 2, 26) ein Dieb, der ertappt ist. ... Wir sehen in unseren Zeiten manchmal auch, daß die Bauern, nachdem Ernte und Weinlese eingebracht sind, wegen der Dürre nicht an die Aussaat gehen können. Warum bringt ihr da eure Wettermacher nicht dazu, daß sie ein Hebewetter schicken, damit der Boden bewässert wird und ihr dann säen könnt? Aber das habt ihr nicht getan und habt nie gesehen und gehört, daß es einer tut. ...

Dummheit ist ein gutes Stück Unglauben, und dieses Übel ist schon so weit verbreitet, daß es an den meisten Orten ganz erbärmliche Menschen gibt, die behaupten, sie verstünden zwar nicht, Gewitter zu machen, aber die Bewohner des Ortes vor Gewitter zu schützen. Man hat festgesetzt, wieviel vom Ernteertrag man ihnen gibt, und nennt das kanonische Abgabe. Viele geben den Geistlichen niemals freiwillig den Zehnten und gewähren den Witwen, Waisen und sonstigen Bedürftigen kein Almosen, obwohl man es ihnen häufig predigt, oft vorliest, sie wiederholt dazu ermahnt, und sie tun es nicht. Aber die sogenannte kanonische Abgabe leisten sie ihren Beschützern, die sie nach ihrer Meinung vor Gewitter schützen, und das tun sie freiwillig, ohne daß einer predigt, aufruft und ermahnt; nur der Teufel verführt sie dazu. Zum Teil setzen sie auf solche

Leute die große Hoffnung ihres Lebens, als ob sie ihnen das Leben verdankten. Das ist schon kein Stück mehr, sondern fast das Ganze des Unglaubens.

Erst vor wenigen Jahren verbreitete sich eine Welle von Dummheit anläßlich eines Viehsterbens. Da sagte man, Herzog Grimald (IV.) von Benevent habe Leute mit einem Pulver herübergeschickt, das sie über die Felder, Berge, Wiesen und Quellen ausstreuten, und zwar, weil er mit dem allerchristlichsten Kaiser Karl (dem Großen) verfeindet sei, und an diesem ausgestreuten Pulver stürbe das Vieh. Wir haben es gehört und gesehen, wie aus diesem Grund viele verhaftet und einige umgebracht wurden; die meisten wurden auf Bretter gebunden, in den Fluß geworfen und getötet. Und was sehr erstaunlich ist, die Verhafteten selbst sagten gegen sich aus, sie besäßen ein solches Pulver und streuten es aus. Nach dem verborgenen und gerechten Ratschluß Gottes hat der Teufel so viel Gewalt über sie erhalten und sie so völlig in seine Hand gebracht, daß sie als falsche Zeugen sich selbst in den Tod schickten; weder Belehrung noch Marter noch gar der Tod hielten sie von der Verwegenheit ab, wider sich selbst zu lügen. Das wurde so allgemein geglaubt, daß es nur ziemlich wenigen ganz albern erschien. Man überlegte nicht vernünftig, wie denn ein Pulver herzustellen wäre, an dem nur Vieh stirbt, andere Tiere nicht, oder wie es über so riesige Flächen zu verbreiten wäre, die doch Menschen gar nicht ganz mit Pulver bestreuen können, auch dann nicht, wenn die aus Benevent mit Mann und Weib, mit Alt und Jung, jeder mit drei Karren voll Pulver losgezogen wären. So große Dummheit beherrscht schon die erbärmliche Welt, daß jetzt Christen ein so albernes Zeug glauben, wie man es früher den Heiden, die den Weltschöpfer nicht kannten, niemals glaubhaft hätte machen können.«

Wegen dieser Sätze wurde Agobard noch vor hundert Jahren als Aufklärer und Wegbereiter neuzeitlicher Vernunft gepriesen; heute sieht man ein, daß sie auf die Krise des Karolingerreiches antworteten und zeitgebundener waren als die Meinungen, die sie bekämpften. Agobard stammte vielleicht aus westgotischer Familie und kam jedenfalls als Ausländer nach Lyon. In der Großstadt, die seit dem 2. Jahrhundert eine christliche Hochburg war, fand er Halt an der weltweiten Gemeinschaft des Gottesvolkes, die sich im Karlsreich zu verkörpern schien, und an der Einheit katholischen Glaubens, die Kirche und Reich verklammerte. Gegen die

Universalität von Religion und Herrschaft wehrten sich spätestens bei Karls Tod 814 bodenständige Kräfte, Adlige und Bauern. Agobards Zorn wandte sich gegen ihren Separatismus, nach dem das Recht eines Menschen von Herkunft und Stand abhängen und im Reich nicht einheitlich gelten sollte, und gegen ihren Materialismus, der an Gottesurteile glaubte und auf magische Praktiken schwor. Agobards Widersacher saßen überall, auch unter Adligen und Städtern. Thegan von Trier war einer von diesen. Doch Hauptziel seines Angriffs war die bäuerliche Mentalität. Indem er die Dummheit seiner Mitchristen mit der Rationalität antiker Heiden verglich, erinnerte er an den Ursprung des Wortes *Paganus*. Das war derjenige, der im ländlichen Gau *(pagus)* auf den Feldern Naturgottheiten frönte. Die Heiden sitzen auf dem flachen Land.

Die beiden kritisierten Fälle gehören nicht in die Hauptbereiche des Aberglaubens. Sie wollen nicht wie gleichzeitige Zaubersprüche Schäden am Leib von Tier oder Mensch durch Beschwörung urzeitlicher Göttertaten heilen, auch nicht Macht über andere Menschen und damit über die eigene Zukunft gewinnen. Vielmehr geht es um das tägliche Brot heute, um verhagelte Kornfelder und verendetes Vieh. Die beiden Fälle haben allerdings verschiedene Anlässe, hier einen zeitlos-klimatischen, dort einen menschlich-historischen; trotzdem sind sie enger miteinander verquickt, als Agobard sieht. Schaden abwehren ist für Bauern dringlicher als Nutzen steigern; deshalb denkt der Wetterzauber weniger an den ersehnten Regen bei Dürre als an den gefürchteten Hagel vor der Ernte. Wenn der Hagel vom verborgenen und gerechten Ratschluß Gottes kommt, sind liturgische Zeremonien angebracht, ähnlich denen gegen Heuschrecken am Niederrhein 873, vor allem Hagelprozessionen. Mancherorts erhielten bis ins 19. Jahrhundert Geistliche, die an solchen Abwehrriten teilnahmen, eigene Abgaben; auch Getreideopfer zum Schutz der Feldfrucht kommen vor. Wenn Agobards Bauern ihr Getreideopfer kanonisch nennen, können sich unter den Empfängern Geistliche befinden, und nicht jeder Bischof würde daran Anstoß nehmen. So unchristlich ist ja die Frage nicht, was den Vater im Himmel veranlassen könnte, seinen Kindern das tägliche Brot wegzunehmen. Gottes Zorn ist eine Sache; die Heimtücke der Wettermacher und Giftstreuer ist eine ganz andere Sache. Hier hoffen die Bauern nämlich nicht auf Menschen, die Gottes Werk tun könnten, sondern sie fürchten sich vor Menschen, die ihnen schaden wie der böse Nachbar, der durch fremdes Kornfeld trampelt.

Agobard könnte den Glauben an Wettermacher aus seiner Jugend gekannt haben, denn das westgotische Volksrecht des 7. Jahrhunderts sprach schon von denen, »die Gewitter senden und angeblich durch bestimmte Beschwörungen Hagel in Weinberge und Erntefelder schicken«; auch Karl der Große erwähnte 789 Zauberer und Wettermacher. Das Volk hatte vor allem Fremde im Verdacht, auch Pfarrer und andere Studierte, die Geschriebenes lesen können; so kam später der Dominikaner Albertus Magnus in den Geruch, er habe durch die Luft fliegen können und ein Zauberbuch für Mensch und Vieh verfaßt. Wenn es »die anderen« sind, die den Einheimischen schaden können, müssen ihre Stützpunkte in nebelhafter Ferne liegen. Das Land *Magonia* dürfte seinen Namen von den Magiern tragen, den Zauberern des Alten Orients; noch im 15. Jahrhundert ist bei dem franziskanischen Volksprediger Bernhardin von Siena ein Wolkenschiff namens *Mago* erwähnt, das Seefahrern schadet, und gegen diese Wasserhose (denn das ist es) wehren sich die Matrosen mit Schwert und Beschwörung. Ein paar Fremde, die sich im Dorf nicht auskennen und verdächtig benehmen, sind schnell zu Luftschiffern erklärt, und gegen den Volkszorn hilft dann nur Agobards Rezept: vernünftiges Zureden eines studierten Mannes, der auch in Büchern liest, den die Bauern aber seit langem kennen. Ich denke, sie glaubten dem Mann, nicht seinen Argumenten; denn was helfen Argumente gegen Angst?

Das Viehsterben läßt sich nachweisen. Zum Jahr 810 berichten die *Fränkischen Reichsannalen* von einer Rinderpest, die das ganze Reich ergriff. Von Viren wußte damals niemand; aber zur selben Zeit wiederholte Grimald den langobardischen Aufstand gegen Karl, den schon die Verwandten des Paulus Diaconus geprobt hatten. Bis 812 zogen immer wieder fränkische Truppen in die Ferne mit dem höllischen Klima; war man zu Hause vor den bösen Feinden sicherer? Für Agobard bedeuteten die 900 Kilometer Luftlinie zwischen Benevent und Lyon eine vorstellbare Distanz, nicht für seine Bauern, denen schon die Fahrt nach Lyon zur Weltreise wurde. Die führenden Männer im Karlsreich überblickten die Lage; im flandrischen Kloster Saint-Bertin, das direkte Verbindungen zum Karlshof besaß, schüttelte der Annalist den Kopf über das Märchen vom Pulver, und in Aachen selbst beriet Karls Stab über die Lynchjustiz der »gewöhnlichen Leute«, die an das todbringende Pulver glaubten. Aber die Bauern brauchten wieder nur ein paar Wanderer aus der Fremde aufzugreifen und auszufragen; wer weiß, ob die erschreckten Ausländer die Mundart im Dorf richtig verstanden! Die ersten italienischen Franziskaner wurden 1219 in Deutschland gefragt, ob sie Ketzer seien, und antworteten freundlich mit der einzigen deutschen Vokabel, die sie kannten: »Ja!«

Der ganze Vorfall ist vielleicht symptomatischer, als die Geschichtsforschung bislang sah. Karls des Großen Politik zwischen Dänemark und Süditalien muß die Menge der Bauern heillos überfordert haben; sie fürchteten das Schlimmste von Leuten, die irgendwoher aus der Ferne kamen, und töteten aus kollektiver Angst. Warum Nächstenliebe für Unbekannte, warum Abgaben und Almosen ins Ungewisse? Wenn jeder für das Seine sorgt, können alle in Frieden leben. Agobards Empörung über diese Mentalität ist begreiflich; aber auch er überforderte die kleinen Leute. Er predigte Glauben an die Offenbarung und Entzauberung der Natur vor Menschen, die von ihren Mitmenschen nichts Gutes zu erwarten hatten.

BAUERNSCHLÄUE

Petrus Alfonsi, der jüdische Leibarzt des Königs von Aragon, stellte bald nach seiner christlichen Taufe 1106 in Huesca lateinisch die älteste Novellensammlung des Mittelalters zusammen. Darunter befindet sich die Geschichte »Von zwei Bürgern und einem Bauern«:

»Der Araber wies seinen Sohn zurecht: ›Mein Sohn, wenn du mit einem Gefährten unterwegs bist, so liebe ihn wie dich selbst und sinne nicht auf Täuschung des anderen, damit nicht auch du getäuscht wirst, wie es zwei Bürgern mit einem Bauern erging.‹ Der Sohn: ›Vater, erzähl mir's, damit Spätere einen Nutzen daraus ziehen!‹ Der Vater: ›Man hat von zwei Bürgern und einem Bauern berichtet, die nach Mekka zogen, um zu beten. Sie teilten die Kost miteinander, bis sie in die Nähe von Mekka kamen. Da ging ihnen die Speise aus, und es blieb ihnen nur so viel Mehl übrig, daß sie davon bloß noch ein kleines Brot machen konnten. Die Bürger sahen das und sagten zueinander: ›Wir haben nicht genug Brot, und unser Gefährte ißt viel. Deshalb müssen wir darüber beraten, wie wir ihm seinen Anteil Brot wegnehmen können und das, was ihm ebenso wie uns zusteht, allein essen.‹ Dann einigten sie sich auf folgenden Plan: Sie wollten das Brot machen und backen, und während des Backens wollten sie schlafen, und wer von ihnen im Schlaf das Wunderbarste träumte, sollte das Brot allein aufessen. Das sagten sie ganz geschickt, denn sie hielten den Bauern für zu einfältig, als daß er bei derlei erdichteten Geschichten mithalten könne. Und sie machten das Brot und legten es ins Feuer; dann legten sie sich zum Schlafen nieder.

Der Bauer aber hatte ihre List begriffen, und als seine Gefährten schliefen, holte er das halbgare Brot aus dem Feuer, aß es auf und legte sich wieder hin. Nun erwachte einer von den Bürgern, wie wenn er im Schlaf sehr erschrocken wäre, und rief nach dem Gefährten. Der andere Bürger fragte ihn: ›Was hast du denn?‹ Er aber sagte: ›Ich hatte einen wunderbaren Traum. Denn mir träumte, daß zwei Engel die Pforten des Himmels öffneten, mich nahmen und zu Gott führten.‹ Da entgegnete der Gefährte: Das ist schon ein wunderbarer Traum, den du da hattest. Aber ich habe geträumt, daß ich von zwei Engeln geführt wurde, die Erde sich auftat und ich in die Hölle geleitet wurde.‹ Der Bauer aber hörte das alles, doch tat er so, als schlafe er weiter. Die Bürger, betrogene Betrüger, riefen nun den Bauern an, er solle aufwachen. Der Bauer antwortete schlau, mit der Miene eines Erschrockenen: ›Wer ist es, der mich ruft?‹ Die aber: ›Wir sind's, deine Gefährten.‹ Darauf der Bauer: ›Seid ihr schon zurück?‹ Sie wieder: ›Wohin sind wir denn gegangen, daß wir zurückkehren müßten?‹ Darauf der Bauer: ›Jetzt hat mir doch geträumt, daß zwei Engel einen von euch nahmen, die Pforten des Himmels öffneten und ihn zu Gott führten; und dann nahmen zwei andere Engel den anderen, die Erde öffnete sich, und sie führten ihn zur Hölle. Und als ich das sah, dachte ich, daß keiner von euch je wiederkehren werde, stand auf und aß das Brot.‹

Nun der Vater: ›Mein Sohn, so erging es denen, die ihren Gefährten täuschen wollten, denn sie wurden durch seinen klugen Einfall getäuscht.‹ Darauf der Sohn: ›Da ging es ihnen, wie es im Sprichwort heißt: Wer alles will, verliert alles. Was die Zwei anstrebten, ist ja die Art von Hunden; bei denen möchte auch einer dem anderen das Essen wegschnappen. Wenn sie der Art des Kamels gefolgt wären, hätten sie sich eine sanftere Natur zum Vorbild genommen. Denn es ist die Art der Kamele, wenn vielen zugleich Futter gegeben wird, daß keines von ihnen frißt, bevor alle zugleich fressen können; und wenn eins so krank ist, daß es nicht fressen kann, werden die anderen nüchtern bleiben, bis es weggeschafft ist. Nachdem diese Bürger schon die Art von Tieren anneh-men wollten, hätten sie sich die des sanftesten Tieres aneignen müssen; so sind sie mit Recht ums Essen gekommen.‹«

Petrus Alfonsi gehört zu denen, die im Mittelalter zwischen den Men-schen Brücken schlugen und dafür heute von den Gelehrten zwischen allen Stühlen sitzengelassen werden. Er bewegte sich in vermutlich drei Sprachen, Hebräisch, Arabisch, Lateinisch, in drei Religionen, der mosai-schen, islamischen, christlichen, und in drei Berufen, dem ärztlichen, literarischen, geistlichen. Aber seine Novellensammlung ist angeblich im Stil fast unlateinisch, in der Darstellungsweise fremdartig, im Inhalt wenig geschmackvoll. Das Mittelalter schätzte das Buch höher, brachte es in lateinische Verse, in französische Prosa und zitierte es unermüdlich. Denn man verstand den Autor, der im Vorwort von der Gebrechlichkeit, Engstirnigkeit und Vergeßlichkeit der Menschen sprach. Seine Geschich-ten, einem sterbenden Araber als Vermächtnis der Lebenserfahrung für seinen Sohn in den Mund gelegt, sollten die Leser behutsam zu Men-schenkenntnis, Lebensweisheit und geselligem Verhalten erziehen.

Die meisten Beispiele haben wie das vorliegende orientalische Paralle-len und spielen im islamischen Kulturkreis, dessen Mittelpunkt Mekka ist. Doch die soziale Konstellation ist christlich-spanisch. Dem Islam ist die Spannung zwischen Bürgern und Bauern fremd, weil dort die Stadt ein riesiges Dorf, kein sozial, rechtlich, politisch, geistig vom Umland abge-grenzter Verband war. Im christlichen Spanien der beginnenden Recon-quista hingegen konnten Bauern neugewonnenes Land ziemlich frei besie-deln, doch führte das zu Spannungen mit dem stadtsässigen Adel und dem Bürgertum, dem die Fürsten des 10. und 11. Jahrhunderts rechtliche Frei-räume schufen; besonders in Aragon verhärtete sich der Gegensatz zwi-schen Stadt und Land. Vielleicht liegt die geheime Pointe unserer Anekdo-te in Alfonsis Bestreben, die islamische Gleichstellung von Bürger und Bauer auch seinem königlichen Patienten und Taufpaten Alfons I. von Aragon zu empfehlen? Die offen verkündete Pointe stimmt nicht weniger nachdenklich: Im Spanien des Cid neideten einander die Menschen nicht nur den sozialen Rang, auch das Stück Brot wie die Hunde; wer Tischsitten einüben wollte, brauchte die Holzhammermethode.

Das Verhalten der zwei Bürger ist von denselben Vorurteilen be-stimmt, die wir aus den Dichtungen vom Einochs und vom Helmbrecht kennen. Erstens sind Bauern gefräßig und von animalischer Gier besessen; zweitens sind sie einfältig und zu geistigen Leistungen unfähig. Auch wenn sie nicht geradezu tierisch sind, kennen sie humane Geselligkeit nicht. Der Bauer aber verhält sich zu seinen Reisegefährten wie daheim zu seinen Nachbarn, stets auf den ihm zustehenden Anteil erpicht, doch ohne Neigung zu Übergriffen. Man sieht den Arzt Alfonsi bedenklich den Kopf wiegen; wer halbgares Brot ißt, bekommt Magenschmerzen. Aber der Autor begreift, warum der Bauer plötzlich so gierig schlingt: weil ihm »die anderen« sein Recht mißgönnen. Der gutmütige Bauer wird mißtrauisch wie Einochs, wenn die Gefährten miteinander zu tuscheln beginnen, und verhält sich wie der Fuchs Renart, um doch noch satt zu werden, freilich unter strenger Einhaltung der Spielregeln.

Alfonsis Buch sollte christliche Unterweisung mit orientalischer Sinnenfreude verquicken; auch dafür ist das Exempel typisch. Die beiden Bürger reden von Gott und Teufel, Himmel und Hölle; die lateinische Versfassung hat denn auch aus den Bürgern Kleriker gemacht. Den Bauern schreckt das Jenseits nicht. Der angeblich so Abergläubische glaubt bloß, was er vor Augen sieht, und überläßt Geistiges und Geistliches, Träume und Schäume getrost den anderen. Er verhält sich ähnlich wie Bauern Asturiens im ausgehenden 8. Jahrhundert. Da fürchtete die Pfarrgemeinde Liébana das nahe Weltende und bereitete sich fastend darauf vor, bis einer der Büßer sagte: »Essen und trinken wir wieder! Wenn wir dann tot sind, sind wir doch wenigstens auch satt.« Nicht die Erwartung der anderen Welt, sondern das Zusammenleben in dieser ist Aufgabe der Menschen, auch der Christen.

Geschmackvoll ist die ganze Erzählung nicht; der derbe Realismus mißfiel schon mittelalterlichen Geistlichen. Deshalb brachten die *Gesta Romanorum* eine Neufassung. Sie zitierten Alfonsi nicht und ließen Mekka weg; aus Bürgern und Bauern machten sie drei gleichberechtigte Gefährten. Nachdem alle örtlichen und sozialen Verflechtungen abgeschnitten waren, erschienen die drei Pilger als Repräsentanten des Menschengeschlechts. Der erste, der vom Himmel träumt, vertritt ausgerechnet Alfonsis nächste Nachbarn, Mohammedaner und Juden, die an einen trügerischen Himmel glauben. Der zweite, der sich mit gutem Grund vor der Hölle fürchtet, bedeutet die Reichen und Mächtigen dieser Erde. Der dritte, der weder durch falschen Glauben noch durch böse Taten sündigt, ist der wahre Christ. Er ißt in der Eucharistie das Brot, das ihm den Weg durch das Leben zum Himmelreich weist. Aus dem Beispiel für den Umgang mit Menschen ist ein Weltdrama des Glaubens geworden; die Sorgen und Freuden des Bauern sind verschwunden, mit ihnen die Weisheiten eines spanischen Juden. Nun ist die Erzählung geschmackvoll, nicht wahr?

MISSTRAUEN

Bei wirtschaftlichen und sozialen Verhaltensweisen mittelalterlicher Bauern zeigten sich räumliche Unterschiede und zeitliche Entwicklungen; die bäuerliche Mentalität aber scheint immer und überall dieselbe zu sein. Das liegt in erster Linie daran, daß die Bauern nicht zur Feder greifen und ihre Selbstdarstellung anderen Lebenskreisen überlassen. Ihre Schriftscheu wäre kein Hindernis für die Interpretation, wenn sie nicht eine grundsätzliche Schranke setzte. Für alle übrigen Lebenskreise sind die Bauern eben dadurch gekennzeichnet, daß sie kein Buch zur Hand nehmen; ihre Denkweise gilt von vornherein als ungeistig. Daß sie einfältig sei, davon geht der Erzbischof von Lyon ebenso aus wie der Leibarzt von Aragon. Das heißt, ins Objektive übersetzt: Das Verhalten der Bauern gegenüber anderen Lebenskreisen ist einheitlich. Verschiedenheit der Zeiten und Räume ändert daran nicht viel. Ein Fremder kann im Dorf noch im Spätmittelalter derselben Kollektivabwehr begegnen wie in der Karolingerzeit; gegen Adlige und Bürger kann sich ein tschechischer Bauer mit derselben Bauernschläue zur Wehr setzen wie ein spanischer. Das Außenverhalten der Bauern ist so stereotyp, weil sie nur in ihrem Kreis halbwegs sicher sind. Der Bologneser Jurist Odofredus hat das im frühen 13. Jahrhundert genau gesehen: »Das ist die Art der Bauern: Wenn sie beisammen sind, tun sie alles Böse und würden vereint sogar Karl (den Großen) in Verwirrung bringen. Aber wenn sie einzeln auftreten, sind sie keine Henne wert und verbeugen sich vor jedem Ritter.«

In ihrem eigenen Kreis gelten starre Sitten der Rechtlichkeit, Gewissenhaftigkeit, Gastfreundschaft; es sind formale Konventionen, von der Öffentlichkeit kontrolliert, nicht sittliche Normen, die eine persönliche Entscheidung erfordern würden. Vielmehr dient alle Gemeinschaft der Aufrechterhaltung und Sicherung des eingezäunten Horizonts. Durch das ortsgebundene Verhalten werden persönliche Beziehungen auch innerhalb der Gemeinde stark eingeschränkt; man hält sich die Nachbarn möglichst vom Leib. Die Vielzahl knorriger Charaktere auf dem Land widerspricht der Konformität der Lebensformen keineswegs, denn diese ordnen nur begrenzte Bereiche. Zum Beispiel kümmert sich das Dorf nicht um Familienangelegenheiten, die Tragödie von Estavayer zeigt es: Alle reden darüber, aber keiner greift ein. Die patriarchalische Struktur der Familie spiegelt sich in der Ordnung der Landgemeinde nicht. Eher nimmt sie bündische Formen an, ohne sich allerdings auf Freiwilligkeit und Nächstenliebe einzulassen; Agobards Bauern geben keine Almosen für Arme, auch der Bund der Mekkapilger ist mehr Konsumgenossenschaft als Bruderschaft. Es dreht sich meistens um Hab und Gut, Essen und Trinken, also um Sicherung der Lebensbedingungen, und nur ihretwegen kommt es zu bäuerlichen Vereinbarungen jenseits örtlicher Gruppen. Während aber kleine Gruppen, die nach Art der Familie dem Einzelleben Kontinuität verschaffen wollen, sich an die Vergangenheit klammern, ist die bäuerliche Mentalität überraschend geschichtslos. Zwar beruft sich die Sitte auf alte Abreden und möchte das Derzeitige für immer befestigen, aber dabei übersieht sie die Chancen bewußter Tradition. Alle starren auf den Hagelschlag dieses Sommers, auf den Laib Brot heute; die Dürre vom vorigen Jahr, sogar das gute Auskommen in den letzten Wochen sind vergessen. An die Ernte des nächsten Jahres, an die morgige Ankunft in Mekka denkt sowieso niemand.

Die Kurzsichtigkeit ist leichter verständlich bei den schollengebundenen Bauern des 9. Jahrhunderts, die über das Lyonnais nie hinausgekommen sind, als bei dem Mekkapilger des 12. Jahrhunderts, der eine weite Reise tut. Aber am Austausch der Lebenserfahrungen nehmen auch die mobilsten Bauern kaum teil; was sie anderswohin tragen und anderswoher mitbringen, bezieht sich auf die Sicherung nachbarlichen Daseins. Die Zauberer im fernen *Magonia* müssen so hungrig sein wie unsereiner, sonst nähmen sie uns die Feldfrüchte nicht weg; die Mohammedaner im Vorderen Orient müssen so knausern wie unsereiner, sonst nähmen wir auf die Reise nicht unseren Mehlvorrat mit. Was von draußen kommt, bringt meistens Gefahr, mitunter auch Schutz, aber das entscheidet sich von Fall zu Fall. Persönliche Autorität der Fremden wird rückhaltlos anerkannt; vor Agobard stehen die Bauern wie ertappte Diebe. Wäre den zwei Bürgern ein schlagfertiger Witz nach Art des Schelms Gottbehütdich eingefallen, dann hätte der Bauer am lautesten gelacht. Geistiges und Grundsätzliches bleibt anderen anheimgestellt; Bauern lassen sich ihre Gehirne von Fremden füttern. Sie glauben nicht nur den aufrührerischen Reden Johann Balles; sie lassen sich von Franziskanern auch sagen, daß ihre Arbeit das Schöpfungswerk Gottvaters fortsetze und Christus ein Sämann gewesen sei. Sie hören es, aber sie machen es sich innerlich nicht zu eigen, obwohl man es ihnen häufig predigt, oft vorliest, sie wiederholt dazu ermahnt, und sie tun es nicht. Schon Berthold von Regensburg hat mit Erstaunen festgestellt, daß kaum ein mittelalterlicher Bauer heiliggesprochen worden ist.

So liegt es nicht nur an dem Unverständnis der anderen, daß die bäuerliche Mentalität als feststehend erscheint; sie ist es. Gewandelt hat sich eher das Urteil der anderen, und zwar nicht so, wie die Forschung annimmt, daß Bauern im germanischen Frühmittelalter allgemein höheres Ansehen genossen hätten als in der hochmittelalterlichen Konkurrenz zum Stadtbürgertum; Petrus Alfonsi versteht die bäuerliche Denkweise viel besser als Agobard von Lyon dreihundert Jahre zuvor. Aber das Verhalten der Bauern im sozialen Gefüge bleibt dasselbe. Auf ihre Abhängigkeit von Natur und Herren antworten sie mit dem Aberglauben derer, die niemandem trauen können, und mit dem Humor derer, die nichts zu lachen haben.

HANDWERKER

Ein Bediensteter der Königskammer in Pavia notierte um 1027 die Pflichten der Kaufleute und Handwerker. Der die Handwerker betreffende, durch spätere Abschreiber bisweilen korrumpierte lateinische Text besagt:

>»Das Dienstgewerbe der Münze in Pavia muß neun Meister haben, die edler und reicher als alle anderen Münzer sind. Sie müssen zusammen mit dem Meister der Kammer alle anderen Münzer beaufsichtigen und befehligen, damit sie nie schlechtere Pfennige machen, als sie immer gemacht haben, was Gewicht und Silbergehalt betrifft, nämlich im Verhältnis 12 : 10. Und diese neun Meister müssen jedes Jahr an Pacht für die Münze zwölf Pfund Paveser Pfennige an die Königskammer abführen,

ebenso vier Pfund an den Grafen von Pavia. Wenn übrigens ein Münz-
meister einen Fälscher entdeckt, muß er zusammen mit dem Grafen von
Pavia und dem Meister der Kammer dafür sorgen, daß dem Fälscher die
rechte Hand abgeschlagen und sein ganzes Vermögen der Königskammer
übereignet wird. Und die neun Meister müssen, wenn sie ihr Amt antre-
ten, der Kammer des Königs drei Unzen allerbesten Goldes geben. Die
Münzer von Mailand aber müssen vier edle und reiche Meister haben
und mit dem Rat des Kämmerers von Pavia die Mailänder Pfennige so
gut im Silbergehalt und Gewicht machen wie die Pfennige von Pavia und
sie je Schilling für einen Pfennig eintauschen. Und sie müssen dem
Meister der Kammer von Pavia als Pacht jedes Jahr zwölf Pfund gute
Mailänder Pfennige geben. Und wenn sie einen Fälscher entdecken,
müssen sie dafür sorgen, daß ihm die rechte Hand abgeschlagen und sein
ganzes Vermögen der Königskammer zugewiesen wird.

Es gibt auch Goldwäscher, die alle der Kammer in Pavia Rechenschaft
ablegen. Sie dürfen auf ihren Eid niemandem Gold verkaufen und
müssen diesen Eid (?) vor dem Kämmerer ablegen. Und sie müssen das
ganze Gold aufbereiten, den Tiegel für zwei Schilling, das heißt eine
Achtelunze für zweieinhalb Pfennig oder elf Unzen für 16 Schilling, und
zwar an den Flüssen, wo sie Gold fördern, nämlich: Po, Ticino, Dora
Baltea, Sesia, Stura di Demonte, Stura di Lanzo, Orco, Malone mit
Seitenarm, Elvo, Dora Riparia, Belbo, Orba, Cervo, Sesedia (?), Bormida,
Agogna, Ticino vom Lago Maggiore bis zur Einmündung in den Po. Dazu
gehören auch die Flüsse Adda, Oglio, Mincio, Sorne, Adige, Brenta,
Trebbia. Und an all den genannten Flüssen müssen sie Gold fördern.

Weiter gibt es Fischer in Pavia, die aus der Zahl der Angesehenen
einen Meister haben müssen. Sie müssen 60 Schiffe haben und je Schiff
zwei Pfennig zum Monatsersten geben. Diese Monatspfennige müssen
ihrem Meister übergeben und so verwahrt werden, daß sie, wenn der
König in Pavia ist, von diesen Pfennigen Fische zubereiten und sie als
Geschenk einmal in der Woche bringen und jeden Freitag dem Meister
der Kammer geben.

Es gibt auch zwölf Gerber, Lederhersteller, mit ihren zwölf Gesellen in
Pavia. Sie müssen jährlich zwölf Leder aus bester Ochsenhaut anfertigen
und an die Königskammer geben, dafür daß niemand sonst Leder anfertigen darf. Und wer zuwiderhandelt, soll 100 Paveser Schilling an die
Königskammer zahlen. Und wenn einer von diesen Gerbern ins Gewerbe

eintritt, müssen die Vorsteher vier Pfund geben, die Hälfte an die Königskammer und die andere Hälfte an die anderen Gerber.

Es gibt noch andere Dienstgewerbe. Alle Seeleute und Fährleute müssen zwei angesehene Männer als Meister haben, unter der Aufsicht des
Kämmerers von Pavia. Wenn der König in Pavia ist, müssen sie mit dem
Schiff gehen, und diese zwei Meister müssen zwei große Schiffe ausrü-
sten, eines für den König und das andere für die Königin, und einen
Aufbau mit Brettern herrichten und gut abdichten. Die Lotsen sollen ein
eigenes Schiff haben, damit man auf dem Wasser sicher sein kann, und
müssen mit ihren Gesellen den Aufwand täglich vom Königshof erhalten.
Ferner waren dienstverpflichtete Seifensieder in Pavia, die Seife machten.
Sie gaben jährlich als Pacht 100 gewogene Pfund Seife an die Königs-
kammer und zehn Pfund an den Kämmerer, dafür daß kein anderer in
Pavia Seife machen darf. ...

Ihr müßt wissen, daß alle diese Dienstgewerbe von keinem Menschen
ausgeübt werden dürfen, der nicht Diensthandwerker ist. Und wenn sie
ein anderer Mann ausübt, muß er die Bannbuße an die Königskammer
zahlen und schwören, sie künftig nicht mehr auszuüben. Auch darf kein
Kaufmann, der nicht zu den Paveser Kaufleuten gehört, auf irgendeinem
Markt seine Geschäfte früher als die Paveser Kaufleute abschließen. Und
wer zuwiderhandelt, soll die Bannbuße zahlen. Und die obengenannten
Leute, die zu den oben beschriebenen Dienstgewerben gehören, dürfen
vor kein Gericht gehen oder zitieren, nur vor den König oder den Meister
der Kammer. Und von allen oben beschriebenen Dienstgewerben steht
der Königskammer der Zehnte zu ...«

Pavia war mit seinen vielleicht 12 000 Einwohnern im 11. Jahrhundert
eine Großstadt, die Hauptstadt des Langobardenreiches, in der schon
Rothari residiert hatte. Die Königspfalz, deren Bau man Theoderich
zuschrieb, beherbergte selten den Herrscher, ständig seine Behörden,
obenan den Pfalzgrafen, dann den Kämmerer, die Richter und die Schreiber. Vielleicht vernachlässigte Kaiser Heinrich II. die wohl aus dem 9.
Jahrhundert überkommene Organisation der Pfalzdienste; jedenfalls
meinten 1024 bei seinem Tod die Pavesen, sie seien der alten Dienst-
pflichten ledig, der alten Schutzrechte nicht bedürftig und zerstörten die
Pfalz bis zum Grundstein. Konrad II. mußte die Stadt in mehrjährigem
Streit zur Wiedergutmachung zwingen; die Pfalz blieb in Trümmern.

Damals wurde vermutlich unser Text verfaßt, damit das Herkommen nicht weiter verfalle. Die Glanzzeiten Pavias waren dahin, und mindestens bei den Seifensiedern fiel es dem Autor selbst auf; wahrscheinlich waren sie weggezogen wie die Goldschmiede, die er gar nicht mehr nannte. Im ganzen ist freilich die Liste so geschrieben, als arbeiteten die Handwerker von Pavia immer noch nur für die Königspfalz, als wären sie ähnliches Gesinde wie auf einem ländlichen Fronhof Zimmermann und Weberin.

Wie die königlichen Schmiede von *Alnecestre* im 8. Jahrhundert, so waren auch jetzt Handwerker schutzlos, wenn sie sich nicht einem mächtigen Fürsten unterstellten; aber die Freien in Pavia schuldeten dem König nur als Gruppe gemessene Dienste. Deren Regelung erinnert allerdings an spätantike und byzantinische Gewerbeordnungen, an bürokratisch straff gelenkte Zwangsverbände, deren Meister der Behörde haften; deshalb sollen sie besonders reich sein. Der Kämmerer, Leiter der königlichen Verwaltung, kümmert sich um Einzelheiten wie die Gewinnspanne der Münzer und den Eid der Goldwäscher. Aber die strenge Aufsicht kommt nicht allein von oben, sondern aus der handwerklichen Wirtschaftsweise selbst. Die Meister, wohl von ihren Kollegen frei gewählt, müssen besonders angesehen sein, weil ihr guter Ruf für die Ehrbarkeit des Handwerks bürgt. Im Kollegenkreis werden sie diesen Ruf wenig anders gewahrt haben als Jahrhunderte später die Schneidermeister von Lincoln, durch Versammlungen, die Richtlinien und Bußen festlegen; aber solche Binnenbeziehungen beachtet unser außenstehender Beamter nicht. Die Meister sorgen jedenfalls für saubere Arbeit und Ausmerzung von Fälschern; sie liefern der Königskammer bloß feinstes Gold und schönste Ochsenhäute. Hohe Qualität wird durch Arbeitsteilung und Kapazitätsbeschränkung erreicht und von der Obrigkeit kontrolliert.

Ihre Gegenleistung an die Handwerker ist garantiertes Monopol für Herstellung und Verkauf und ständische Fixierung der Ränge. Ein soziales Gefälle besteht zwischen den Gewerben, deren vornehmstes, die Münzer, viele Meister zählt, während kleinere Gewerbe mit wenigen Vorstehern vorlieb nehmen; ein Gefälle besteht vor allem zwischen dem erfahrenen Meister und seinen jungen Gesellen. Nur der Meister kennt die exakte Legierung der Münze, den besten Gerbstoff, die Tücken der Fahrrinne. Diese Erfahrung wird nicht mehr und noch nicht wieder in Familien vererbt, aber auch nicht in freien Bünden ausgetauscht; sie wird

von wenigen Eingeweihten an wenige Zugelassene in langjähriger Zusammenarbeit übertragen. Diese Art der Tradition schließt Wettbewerb
und Werbung zwischen den Etablierten aus und gibt allen die gleiche
Chance des Auskommens. Technische Fortschritte sind nicht ausgeschlossen, aber belanglos, weil sie die Situation der Handwerker kaum ändern.
Diese Grundzüge handwerklichen Wirtschaftens haben sich im Zeitalter
der Zünfte erhalten, auch nachdem die obrigkeitliche Organisation zerfallen war; sie galten auch in Mailand und Venedig, nachdem das kleinere
Pavia als Marktort verdrängt war.

Aber Handwerker bleiben nicht wie Bauern unter sich. Sie liefern an
den Hof neben Waren auch Geld; woher nehmen sie es? In unserer Liste
fehlen die Produzenten des Lebensnotwendigen, Bäcker und Metzger,
Weber und Schuster, Zimmerleute und Schmiede. Nur Flußfischer sorgen
für die Fastenspeise am Freitag, die jedermann ißt. Aber Gold wird für die
Silbermünzen nicht gebraucht, nur für den höfischen Schmuck; Leder
und Seife sind Luxusartikel, und mit Seeleuten fährt, auch wenn das
Königspaar fern ist, nicht das Volk von Pavia spazieren. Für den Wochenmarkt, der in der Stadt den täglichen Bedarf bereitstellt, arbeiten unsere
Handwerker nicht, vielmehr für den Jahrmarkt, der vor den Stadttoren
beim Kloster Sankt Martin stattfindet. Auf Straßen, die von Alpen und
Apennin herabsteigen, und auf dem bis hierher schiffbaren Po kommen
Kaufleute aus vielen Gegenden nach Pavia, cholerische Angelsachsen mit
Metallwaren und Windhunden, Händler aus den Seestädten Salerno,
Gaeta und Amalfi, vor allem Venezianer. Sie bringen wie zur Zeit Karls
des Großen byzantinische Seidenstoffe und sind vom Zwischenhandel,
auch mit Sklaven, so reich geworden, daß sie Getreide und Wein nicht
anbauen müssen, sondern aufkaufen können. Unser an agrarische Zustände gewöhnter Verfasser bemerkt es verwundert: »Dieses Volk pflügt
nicht, sät nicht, hält nicht Weinlese.« Solche Händler, die ferner orientalische Gewürze wie Pfeffer und Zimt, Heilkräuter wie Galgant und Ingwer
importieren, nehmen den Diensthandwerkern von Pavia ihre Leder und
Seifen ab. Kurz, diese Handwerker sind an einen internationalen Markt
angeschlossen, der über das agrarische Umland weit hinausreicht, bis
nach England und Byzanz.

Wie der Absatz der Fertigwaren, so ist die Gewinnung der Rohstoffe
nicht auf den Bezirk eines Grafen oder Bischofs beschränkt. Goldwäscher
arbeiten an zahlreichen Flüssen zwischen Kottischen und Venezianischen

Alpen; die Verbindung zum König entzieht das Handwerk lokalen Placke-
reien. Der Markt unter Königsschutz bringt ihnen Rohstoffe, Abnehmer
und Geld von weither ins Haus; dafür leisten sie ihre Abgaben und
Dienste, die den Königshof und seine Würdenträger an schönen Überflüs-
sigkeiten teilhaben lassen. Dieses Kartell zwischen Königtum und Handwerk wurde bald von der Kommune gekündigt, aber seine Spuren haben
sich erhalten, in einer Weltläufigkeit der Handwerker, die ihrem zünfti-
schen Gebaren zu Hause widerspricht, und in einem Stolz auf Dienstbarkeit, der unter Bauern undenkbar wäre. Aus dem Wort *Ministerium* für
Dienstgewerbe, das auch unser Autor gebraucht, entstanden im Italienischen *Mestiere* im Französischen *Métier,* im Englischen *Mystery,* und alle
diese Wörter bedeuten »Handwerk«.

HÄNDLER

Der Kaufmann Andrea de' Tolomei schrieb 1265 aus der Messestadt
Troyes in der Champagne einen italienischen Brief an seinen Neffen in
Siena. Die Anschrift lautet: »Auszuhändigen an Herrn Tolomeo, Sohn des
Herrn Giacomo, oder an die Teilhaber.«

»Im Namen des Herrn, Amen. Brief (befördert) durch den ersten Boten
von der Messe von Troyes im Jahr 65, geschrieben am Sonntag, dem
vorletzten Tag im November, und zu befördern am nächsten Tag. Herr
Tolomeo und Ihr anderen Teilhaber, Andrea grüßt Euch. Und Ihr sollt
wissen, daß die Leute aus Siena, die an diesem Ort sind, nach der letzten
Messe von Sankt Aigulf (3. 9.) wie gewöhnlich gemeinsam einen Boten
schickten. Auch ich sandte Euch ein Bündel Briefe durch den Kurier
Balza aus Siena. Wenn Ihr sie noch nicht erhalten habt, so bemüht Euch,
sie zu bekommen. ... Ihr sollt wissen, daß ich von Federico Doni einen
Brief bekam. Er teilte mit, daß er heil und gesund in London angekommen ist und einen Boten nach Coventry geschickt hat; der war aber noch
nicht zurückgekommen. Und ich glaube, daß dank der Güte von Herrn
Ottobuono (Fieschi), dem Kardinal, die Schuldner von Coventry richtig
zahlen werden, wenn es Gott gefällt; nachher habe ich keine Nachrichten
mehr davon bekommen. Gott der Herr möge uns gute senden, nach
Eurem Wunsch; und wenn ich nächstens mehr davon weiß, so werde ich

es Euch mitteilen. Und wenn Ihr mir noch nicht angegeben habt, wieviel Geld die Schuldner von Coventry aufgrund ihrer Vereinbarung mit uns gezahlt haben, so teilt es mir mit, wie ich Euch in einem anderen Brief schon geschrieben habe. Und der König von England (Heinrich III.) und Herr Eduard sind in ihrem Land völlig obenauf, wie es sich gehört. ... Der Bote der Kaufmannsgilde ist noch nicht gekommen. Gott möge ihn uns mit guten Nachrichten senden, denn es dauert schon zu lang. Und wenn er hier ist, so will ich die Briefe durchsehen, die Ihr uns durch ihn schickt, und in dem, was sie mitteilen, eifrig veranlassen, was ich kann. Möge es für Euch von Vorteil sein!

Herr Simon (de Brion), der Kardinal, bemüht sich nach Kräften, den Zehnten zu bekommen, der für das Unternehmen von König Karl (I. von Anjou) gezahlt werden soll. Und ich glaube, man wird zwischen jetzt und nächster Lichtmeß (2. 2.) eine große Menge davon sammeln, und ich glaube, der besagte König wird viel davon verkaufen lassen, um dafür in Rom und in der Lombardei Geld zu bekommen. Und wenn es so wäre, so scheint es, daß die Währung von Provins im Preis fallen müßte. Und andererseits glaube ich, daß die Leute dieses Landes, die dem besagten König zu Hilfe kommen, jetzt schon in der Lombardei sind, und sie haben einen großen Bestand an Geld und Wechseln bei sich. Und da glaube ich, sie werden eine große Menge davon ausgeben, so daß die Währung von Tours und die Wechsel dort ganz billig zu haben sein müssen; das habe ich Euch in einem anderen Brief schon mitgeteilt. Und wenn Ihr einen Weg seht, daraus Nutzen zu ziehen, so versucht es sogleich. Und man sagt, daß noch viele angesehene Männer dieses Landes das Kreuz nehmen werden, um dem besagten König zu Hilfe zu kommen. Ob das wahr ist oder nicht, weiß ich nicht. Gott der Herr möge dafür sorgen und daraus für uns und die ganze Christenheit das Beste machen.

Gewichtwaren gehen hier schlecht, so daß es scheint, man könne hier überhaupt nichts verkaufen, und das Angebot ist ziemlich groß. Und Pfeffer ist hier 46 (?) Pfund die Ladung wert und läßt sich nicht gut verkaufen. Ingwer: zwischen 22 und 28 Pfennig, je nach Qualität. Safran war hier sehr gefragt und geht für 25 Schilling das Pfund ab, und es gibt hier keinen! Wachs aus Venedig: 23 Pfennig das Pfund. Wachs aus Tunis: 21½ Pfennig. Wachs aus Byzanz: 21½ Pfennig. Der Teilhaber von Scotto hat einen großen Posten Gewichtwaren hier und kann kein Bargeld dafür bekommen; und jetzt verhandelt er, um ihn zum Verkauf nach England zu schicken. Sterling, Wechsel: 59 Schilling die Mark. Freiburger Feinsilber: 57 Schilling 6 Pfennig die Mark. Gold nach *Tarì* (sizilische Goldmünze): 19 Pfund 10 Schilling die Mark. Goldstaub: je nach Qualität. Augustalen: 11 Schilling das Stück. Florentiner Gulden waren bei der Sankt Aigulfsmesse 8 Schilling plus 1 Pfennig das Stück wert, wegen des Kreuzzugs; und jetzt glaube ich nicht, daß man sie für mehr als 8 Schilling minus 3 Pfennig verkaufen könnte. Geld von Le Mans ist ein Fünfzehntel wert, das heißt 15 (Schilling) von Le Mans (entsprechen) 2 Schilling von Tours. Mischgeld: ein Fünfzehntel und einhalb.

Wenn Ihr der Frau des Giacomino del Carnaiuolo die zehn Pfund Sieneser Kleinwährung noch nicht gezahlt habt, wie ich Euch bei der letzten Sankt Aigulfsmesse mitteilte, so zahlt sie ihr, denn sie sind für die drei Pfund Provinswährung, die ich von besagtem Giacomino erhielt. Und schreibt sie zu meinen Lasten für die letzte Sankt Aigulfsmesse, denn ich habe sie für die besagte Messe eingetragen und vergessen, es in dem Brief zu schreiben, den ich Euch von der besagten Sankt Aigulfsmesse schickte. Und wenn Ihr der besagten Frau des Giacomino den Kamelin geliefert habt, wie ich Euch mitteilte, so gebt mir davon Nachricht, denn dann würde ich mir dafür den Betrag zahlen lassen, den Ihr mir angebt; und er (Giacomino) hofft nach wie vor, daß sie den besagten Kamelin erhalten hat. Deswegen, wenn Ihr ihn noch nicht geliefert habt, so tut es, wenn Ihr es für richtig haltet, und teilt mir die Kosten mit. ...«

Der Briefschreiber war nervös. Es war erster Advent, die seit Allerheiligen laufende Handelsmesse war fast vorüber, und die Bilanz war schlecht. Die Sienesen hatten wie üblich orientalische Gewürze mitgebracht – Waren, die nach Gewicht, nicht nach Maß oder Stück verkauft wurden –, aber zu viel; die Preise sanken. Scottos Partner versuchte nun die Engländer, die man in Troyes traf, zu einem Abschluß drüben zu bewegen, wo der Pfefferpreis höher lag. Dagegen wäre an dem Farb- und Würzstoff Safran, der zu Hause in Italien wuchs und fast zehnmal so teuer wie Pfeffer war, glänzend zu verdienen gewesen, wenn man sich rechtzeitig darauf eingestellt hätte. Als Rückfracht pflegten die Italiener sonst flandrische Wollstoffe einzukaufen; aber was war zu tun, wenn die Post mit Marktberichten und Weisungen von daheim ausblieb?

Die Sienesen, auf den Champagnemessen besonders stark vertreten, hatten einen gemeinsamen Botendienst organisiert, weil Zeit Geld war;

aber wo steckten denn die Briefe? Giacomino wurde schon ungeduldig, daß die verabredeten Transaktionen zu Hause noch nicht abgewickelt waren. Solche schriftlichen Geldüberweisungen waren bequem: Giacomino lieh den Überschuß aus, den er in Provins, der zweiten Messestadt der Champagne, bei der Aigulfsmesse von Mitte September bis Ende Oktober erzielt hatte, und daheim bekam seine Frau ein paar Wochen später den Gegenwert von der Firma des Schuldners. Umgekehrt würde Andrea den wertvollen orientalischen Stoff, den Giacominos Frau in Siena bekam, mit dem Landsmann in Troyes verrechnen. Die Händler brauchten unterwegs keine großen Geldsummen bei sich zu tragen, und bei der Handelsgesellschaft der Tolomei wurde über alles ordentlich Buch geführt, mit Soll und Haben. Sie schrieben fleißig Rechnungen und Briefe; der älteste Schrifttext, den wir in italienischer Prosa haben, ist ein Rechnungsbruchstück von 1211 aus Siena. Aber wie, wenn Briefe verloren gingen? So viel sicherer waren die Straßen nicht als zur Zeit Richers von Reims.

Die politische Lage war heikel. Sienas rund 20 000 Einwohner wurden von Ghibellinen regiert, die mit dem staufischen König Manfred verbündet waren und 1260 die große guelfische Rivalin Florenz geschlagen hatten. Die Tolomei aber gehörten zu jenen guelfischen Patriziern, die mit Papst Klemens IV. die sizilischen Invasionspläne Karls von Anjou unterstützten. Diese Vorhaben steigerten die Gewinnchancen der Bankiers von Siena, bei denen zahlreiche französische Adlige hoch verschuldet waren. Wenn jetzt Kardinal Simon (nachmals, mit Karls von Anjou Hilfe, Papst Martin IV.) große Summen in französischer Währung sammelte, waren für die Firma hohe Wechselgewinne zu erzielen, weil Karl in Rom italienische Münzen brauchte. Aber seit 1262 regten sich in Siena selbst Widerstände gegen die Politik der Bankiers; es war ungewiß, ob die zögernden Teilhaber das Risiko eingingen.

Andrea glich dem Wechsler der *Gesta Romanorum*. Er handelte vor allem mit Geld, das er auslieh und eintauschte, nur nebenbei mit Pfeffer und Wachs; seine ungünstig gelegene Heimatstadt war kein Zentrum der Exportindustrie. Überhaupt dienten die Champagnemessen seit der Mitte des 13. Jahrhunderts mehr dem Kapitalhandel als dem Warenmarkt. Freilich hieß es dabei höchst behutsam sein. Da hatte sich die Firma auf Geldgeschäfte in England eingelassen, und der dortige päpstliche Legat Ottobuono (der spätere Papst Hadrian V.) half den guelfischen Freunden, auch dadurch, daß er zwischen dem König und den aufständischen Baronen Frieden vermittelte. Aber ob die Schuldner in Coventry zahlen würden, hing von der weiteren Entwicklung ab. Ständig mußte Andrea zwischen den Währungsblöcken balancieren; sein Brief nennt die wichtigsten: Frankreich mit den Silbermünzen von Tours, Provins, Le Mans; England und die Niederlande mit Sterlingwährung; die italienischen Goldmünzen. Sie sind eben erst für den Fernhandel geschaffen worden neben der unpraktisch kleinen und zersplitterten Silberwährung: der *Augustalis*, 1231 von Kaiser Friedrich II. eingeführt, und der Florentiner Goldgulden, 1252 zuerst geprägt. Trotzdem schwanken die Wechselkurse unkontrollierbar, bei Silbermünzen durch Manipulationen des Feingehalts, bei konstanteren Goldmünzen durch politische Ereignisse und Marktverschiebungen.

Immerhin wurde erst durch diesen kombinierten Geld- und Warenhandel die Provinzialität der Marktwirtschaft ganz durchbrochen. Alle Märkte, Währungen und Waren traten miteinander in Verbindung: Pfeffer aus Indien, Goldstaub von Senegal, Wolle aus England, Silber aus dem Schwarzwald, demnächst Seide aus China. Die Champagnemessen schlugen Brücken zwischen mediterranem und nordalpinem Handel. Nur eingeübt war dieses System keineswegs; um es zu stören, genügte ein Unfall des Kuriers und eine Sperrung der Straße von London nach Coventry. Deshalb hatten die Tolomei eine der üblichen Handelsgesellschaften gegründet, um Risiko und Gewinne zu teilen. Die *Compagnia* hatte noch manches von einer Familie, die ihr Brot gemeinsam erwirbt und verzehrt, aber sie war einerseits nicht auf Blutsverwandte beschränkt, andererseits auf Wirtschaft spezialisiert, keine Gemeinschaft des Zusammenlebens. Die zahlenden Teilhaber saßen zu Hause im Kontor, der Kaufmann reiste wie Andrea von einer Messestadt zur anderen; er war schon 1262 in Frankreich gewesen und würde 1269 wieder dort sein. Sein Verhalten ist nüchtern; er schreibt den Teilhabern höflich, drängt sie aber energisch. Dem Landsmann Giacomino begegnet er sachlich. Als ehrbarer Kaufmann sucht er sich auch unter den ausländischen Partnern angesehene, das heißt zahlungskräftige aus; aber wie lange sie zuverlässig bleiben, kann man nie wissen.

Darum kommt in dem Geschäftsbrief viermal der liebe Gott vor, und das ist keine Heuchelei. Das Glück liegt nicht in Andreas Hand; er kann nur wünschen, daß Gott die Geschäfte segne. Daß die Firma an Kreuzzugsgeldern verdient, bedrückt den Kaufmann nicht, wohl aber die Spannung zwischen Profit und Risiko, Zupacken und Abwägen. Die Zeit drängt, so sehr, daß Andrea inmitten langatmiger Sätze die Jahreszahl abkürzt; einem Urkundenschreiber oder Chronisten fiele das nicht so leicht. Der Kaufmann denkt in Tagen, nicht in Jahrhunderten, an Zahlen, kaum an Mitmenschen. Trotzdem macht seine Aktivität Geschichte. Die Tolomei werden im frühen 14. Jahrhundert die eine der beiden führenden Familien von Siena sein; sie werden ihre Frauen in kostbare Stoffe hüllen, Grundbesitz auf dem Land kaufen und in der Stadt den Palazzo Tolomei bauen, der vor staunenden Bauern und skeptischen Geschäftsleuten Ehrbarkeit, Reichtum und Sicherheit der Firma verkörpert. Er steht heute noch.

MARKTWIRTSCHAFT

Obwohl beide Zeugnisse aus der italienischen Stadtlandschaft stammen, die im Mittelalter für die Marktwirtschaft tonangebend war und blieb, zeigen sie große Unterschiede. Die Stadt des 11. Jahrhunderts, in der vornehmlich Handwerker wohnen, ist noch wie in Spätantike und Frühmittelalter Herrschaftszentrum, ein Ort mit Pfalz und ausgedehntem Hofstaat, der versorgt werden muß. Die Handwerker bilden patriarchalische Gewerbe mit strenger sozialer Stufung und wirtschaftlichem Monopol, ohne hektische Konkurrenz, aber auch ohne Existenzsorge. Vor der Labilität ländlichen Wirtschaftens sind die Handwerker geschützt durch Bindung an weiträumigere Fürstenherrschaft und Marktverbund. Sie stehen zwischen Bauern, denen sie Rohstoffe abkaufen wie die Schuster dem Einochs seine Ochsenhaut, und Fernhändlern, denen sie ihre Fertigwaren verkaufen. Die Seßhaftigkeit verbindet sie mit den Bauern, doch ist ihre Arbeit spezialisierter, deshalb stärker auf lange Einübung und präzise Weitergabe von Erfahrungen angewiesen. Es ist der Stolz der Münzer von Pavia, daß ihre Pfennige nie schlechter sind, als sie immer waren; ihre Exklusivität rettet sie auch über politische Schwankungen und wirtschaftliche Krisen hinweg. Von den Handwerkern haben sich die Kaufleute schon getrennt, doch sind sie auf einzelne Stützpunkte, den Schutz des Fürsten und den Austausch mit Handwerkern angewiesen.

Die Stadt des 13. Jahrhunderts ist wirtschaftlich längst autonom und

46 SILBERSCHEIDER

47 GOLDSCHMIED

tritt dem Fürsten sogar als Gläubiger gegenüber. Der soziale Abstand
zwischen Kaufmann und Handwerker ist gewachsen; der Brief des Tolomei spricht von Stoffen, nicht von Schneidern. Das Netz der Fernhandels-
märkte ist verdichtet; zwar wird fürstlicher Schutz des Marktes, zum
Beispiel in Troyes durch den Grafen der Champagne, gern hingenommen,
doch braucht die internationale Marktwirtschaft kaum mehr lokale Verwurzelung. In der Fremde halten Landsleute zusammen, die Sienesen
führen auf den Champagnemessen seit 1246 ein eigenes Konsulat; doch
nimmt der scharfe Wettbewerb wenig familiäre Rücksichten. An die
Stelle strenger Dienstordnungen ist das freie Spiel der Risiken getreten,
das durch Handelsgesellschaften abgefangen wird; jedoch muß jeder
seine Erfahrungen selbst machen und mit nervöser Unrast bezahlen.
Davon weiß 1393 der Großbürger in Paris ein Lied zu singen. Die
Schwankungen von Politik und Wirtschaft treffen zuerst den hochempf-
findlichen Fernhandel, schlagen aber vielfach bis zum Handwerk durch;
ein Beispiel ist die Misere der Weber und Walker von Lincoln im späten
14. Jahrhundert.

Gegenüber der ländlichen Wirtschaft weist die mittelalterliche Stadtwirtschaft trotz aller geschichtlichen Veränderungen fundamentale Gemeinsamkeiten auf. Die wichtigste ist der Markt, das heißt der Waren-
tausch in einem Wirtschaftsverband, der seinen Lebensbedarf nicht selbst
produziert. Die Stadt Venedig beschafft sich Getreide und Wein für die
Ernährung ihrer Bürger durch Kauf vom agrarischen Umland. Dieser
Austausch sichert Städter nicht besser als Bauern vor plötzlicher Hungersnot, zum Beispiel in Lyon zur Zeit des Valdes; doch setzen unsere
beiden Dokumente die Versorgung mit dem Lebensnotwendigen, auch
mit Salz, schlichtweg voraus. Denn die Stadtwirtschaft selbst konzentriert
sich auf Weckung verfeinerter Bedürfnisse und deren Befriedigung. Das
heißt Qualität der Verarbeitung anstelle von Quantität der Erzeugung.
Der Handwerker beschränkt seine Kapazität, der Händler geizt mit Lade-
raum; kostbare und kleine Fertigwaren für einen Kundenkreis in aller
Welt werden hergestellt und verkauft. Diese sekundäre, spezialisierte,
geldbezogene Wirtschaft braucht Bauern, die ihr die Existenzgrundlage
verschaffen, aber sie löst sich aus bäuerlichen Verhaltensweisen.

Weitergabe fachmännischen Wissens und Beurteilung der Marktchan-
cen erfordern eine Rationalität, die Bauern fremd ist. Städtische Wirtschaft ist von Menschen gemacht und von natürlichen Faktoren weithin

unabhängig; Herstellung von Leder läßt sich stetiger organisieren als Fütterung von Ochsen. Gleichwohl bleibt ein großer Rest von Unsicherheit. Viel stärker als das flache Land ist die Stadt von politischen Schwankungen abhängig; die Macht des salischen Kaisertums beeinflußt die Arbeit der Paveser Handwerker so direkt wie die Ohnmacht der letzten Staufer den Gewinn der Sieneser Händler. Auf die Gefährdung durch überregionale Veränderungen reagieren Handwerker und Händler durch Bildung von örtlichen Gemeinschaften, von Zünften und Handelsgesellschaften; doch versichern sie vorwiegend gegen wirtschaftliche Verluste und gewähren selten Kontinuität. So hilft sich der einzelne und seine Familie selber: Wer überschüssiges Geld besitzt, investiert es selten für Verbesserungen von Handwerkszeug oder Kommunikationsmitteln, er hortet es lieber für Zeiten des Rückschlags. Daher die Landkäufe, die frommen Stiftungen, die Rückversicherung im Jenseits. Was morgen geschehen wird, weiß niemand.

Obwohl also in der Stadt die Wirtschaft mehr Eigengewicht als auf dem Land besitzt, wickelt sie sich nicht nach Regeln reiner Rationalität ab. Während sich die räumliche Reichweite vor allem des Handels vergrößert, verringert sich die zeitliche Stabilität selbst des Handwerks. Die internationale Messe bringt die Partner in ein vorübergehendes ökonomisches Zusammenspiel; der lokale Markt beschafft den Spezialisten für heute das Lebensnotwendige. Aber Kontinuität des Zusammenlebens, wie sie im Dorf selbstverständlich ist, gedeiht auf dem Markt nicht von selbst. Auch die Stadt bedarf wie das Dorf eines sozialen Zusammenschlusses, der über Wirtschaftsinteressen hinausgreift. Angesichts der städtischen Spezialisierung und Rationalisierung ist zu erwarten, daß diese Gemeinschaft umfassender und bewußter auf die Menschen einwirkt als die Landgemeinde.

GESCHWORENE

Das älteste deutsche Stadtrecht, das von Freiburg im Breisgau, besteht aus einer lateinischen Handfeste des Zähringers Konrad von 1120/22 und aus Einzelbestimmungen, die vermutlich vor 1218 in die Handfeste eingeschoben wurden. Diese Einschübe stehen hier in eckigen Klammern.

»Aller Nachwelt und Mitwelt sei kundgemacht, daß ich, Konrad, an dem Platz, der mir als Eigengut gehört, nämlich *Friburg*, einen Marktort gegründet habe, im Jahr der Fleischwerdung des Herrn 1120. Nachdem angesehene Geschäftsleute von überallher zusammengerufen worden waren, habe ich angeordnet, diesen Marktort durch eine Art Schwurverband anzufangen und auszubauen. Daher habe ich jedem Geschäftsmann für den Hausbau zu Eigengut in dem angelegten Marktort eine Hofstätte zugeteilt und angeordnet, daß mir und meinen Nachkommen von jeder Hofstätte ein Schilling gängiger Währung als Zins jährlich am Fest des heiligen Martin (11. 11.) zu zahlen ist. [Die einzelnen Hofstätten sollen in der Länge 100 Fuß haben, in der Breite 50.] Es sei nun allen kundgemacht, daß ich ihnen auf ihren Antrag und Wunsch folgende Vorrechte zugestanden habe. Dabei erschien es mir aus freiem Entschluß ratsam, sie in einer Vertragsurkunde aufzuzeichnen, damit sie für lange Zeit im Gedächtnis bleiben, so daß meine Geschäftsleute und ihre Nachkommen dieses Privileg für immer von mir und meinen Nachkommen behaupten können.

Ich verspreche also allen, die meinen Marktort aufsuchen, im Bereich meiner Macht und Herrschaft Frieden und sichere Reise. Wenn einer von ihnen in diesem Raum ausgeplündert wird und mir den Räuber namhaft macht, werde ich das Entwendete zurückgeben lassen oder den Schaden selbst bezahlen. – Wenn einer von meinen Bürgern stirbt, darf seine Frau mit ihren Kindern alles besitzen und ohne jede Bedingung alles, was ihr Mann hinterließ, behalten. [Wenn aber einer ohne Frau und Kinder oder ohne rechtmäßigen Erben stirbt, sollen die 24 Marktgeschworenen seinen gesamten Besitz für ein ganzes Jahr in ihrer Hand und Obhut halten, und zwar damit jemand, der von ihnen nach Erbrecht das Erbe fordert, es rechtmäßig bekommen und besitzen kann. Wenn kein Erbe die Herausgabe des Verwahrten fordert, soll ein Drittel für das Seelenheil des Verstorbenen zum Nutzen der Armen aufgewandt werden, das zweite Drittel soll für den Ausbau der Stadt oder den Schmuck ihrer Kirche verwendet werden, das dritte dem Herzog zufallen.]

Allen im Marktort Begüterten bewillige ich die Teilhabe an den Lehen meiner Landleute, soweit ich das vermag; sie sollen nämlich ohne Verbot Wiesen, Flüsse, Weiden und Wälder nutzen dürfen. – Allen Geschäftsleuten erlasse ich den Marktzoll. – Ich werde meinen Bürgern niemals ohne Wahl einen anderen Vogt und einen anderen Priester vorsetzen, sondern

wen immer sie dazu wählen, werden sie von mir bestätigt bekommen.
Wenn zwischen meinen Bürgern Rechtshandel und Streit entsteht, wird
er nicht nach meinem Ermessen oder dem ihres Leiters behandelt;
sondern der Fall wird nach dem anerkannten Gewohnheitsrecht aller
Geschäftsleute, vor allem der Kölner, entschieden. – Wenn der Mangel
am Notwendigsten jemanden dazu zwingt, darf er seinen Besitz verkaufen, an wen er will. Der Käufer soll aber für die Hofstätte den festgesetzten Zins zahlen.

[Wer in seiner eigenen Hofstätte überfallen wird, bleibt ohne jede
Strafe, gleichgültig, was er dem Eindringling Schlimmes tut. – Wenn
jemand innerhalb der Stadt den Stadtfrieden bricht, das heißt im Zorn
und Ernst einen blutig schlägt, wird dem Überführten die Hand abge-
hauen; hat er den anderen getötet, so wird er enthauptet. Wenn er aber
entkommt und nicht gefaßt wird, so wird sein Haus bis auf den Grund
zerstört. Die Nebengebäude sollen ein volles Jahr unberührt bleiben;
nach Ablauf des Jahres können seine Erben, wenn sie wollen, das zerstörte Haus wieder aufbauen und frei besitzen; vorher müssen sie jedoch
dem Herzog 60 Schilling Pfennige zahlen. Der Schuldige aber unterliegt
der vorgenannten Strafe, wann immer er in der Stadt gefaßt wird. –
Wenn der Herzog zum Aufgebot des Königs zieht, kann sein Diener auf
dem öffentlichen Markt für den Bedarf des Herzogs bei jedem Schuster
die besten Sandalen nach Wahl bekommen. Ebenso kann er bei den
Stiefelschneidern die besten Stiefel nach Wahl bekommen.

Jede Frau soll dem Mann in der Erbfolge gleichgestellt sein und
umgekehrt. – Auch darf jeder, der an diesen Ort kommt, hier frei
wohnen, wenn er nicht jemandes Knecht ist und den Namen seines Herrn
zugibt. Dann kann der Herr den Knecht in der Stadt belassen oder nach
Wunsch wegführen. Wenn aber der Knecht den Herrn verleugnet, soll der
Herr mit sieben Nächstverwandten vor dem Herzog beschwören, daß es
sein Knecht ist; dann kann er ihn haben. Wenn einer aber über Jahr und
Tag ohne solche Hemmung geblieben ist, soll er sich fortan sicherer
Freiheit erfreuen. – Wenn (draußen) ein Aufruhr entsteht und zufällig
jemand in Waffen dazukommt, braucht er keine Buße zu leisten. Wenn
er aber nach Hause zurückkehrt und Waffen herbeiholt, ist ihm die Huld
des Herzogs entzogen, wenn er der Tat überführt wird. – Keiner von den
Lehensleuten oder Ministerialen des Herzogs und kein Ritter kann in der
Gemeinde wohnen, es sei denn nach gemeinsamer Verabredung und

Zustimmung aller Städter. - Kein Auswärtiger kann gegen einen Bürger Zeuge sein, sondern nur Bürger gegen Bürger; jedes Zeugnis ist von zwei rechtsfähigen Personen beizubringen, und zwar aufgrund von Sehen und Hören. - Wenn Bürger als Freunde die Stadt verlassen und (draußen) miteinander zanken, soll jeder dem Schultheißen drei Schilling Buße zahlen. Wenn sie aber als Feinde hinausgehen und einander in die Haare geraten, sich beleidigen oder verletzen, ist ihnen die Huld des Herzogs entzogen. ...]

Damit nun meine Bürger den obengenannten Zusagen nicht zu wenig Glauben schenken, habe ich mit zwölf meiner namhaftesten Ministerialen, die auf die Reliquien der Heiligen gemeinsam einen Eid schworen, zugesichert, daß ich und meine Nachkommen die obengenannten Punkte stets einhalten werden. Und damit ich diesen Eid in keiner Notlage breche, habe ich dem freien Mann (vielleicht folgte hier ein Name) und den Marktgeschworenen mit Handschlag darüber unverbrüchliche Treue gelobt, Amen.«

Auf das scheinbar kostbare Pergament kam es den Bürgern des 12. Jahrhunderts nicht an. Sie trauten keinem lateinischen Schriftstück, das sie kaum lesen konnten, sondern dem Handschlag des Stadtherrn und dem Eid seiner Getreuen. Sobald sich Zusätze ergaben, ließ man sie aufschreiben; aber erst nach dem Aussterben der Zähringer 1218, beim Übergang an einen neuen Stadtherrn wurden Handfeste und Zusätze zusammengefaßt, in einem Verfahren, das strenggenommen eine Fälschung war. Denn Konrad, 1152 gestorben, sollte nun für alles bürgen, auch was er so nicht gesagt hatte; er hatte noch vom Vogt gesprochen, nicht vom Schultheiß, von Marktort, nicht von Stadt und hatte »ich« diktiert, nicht »der Herzog«. Wieder fiel es den Freiburgern nicht ein, diese erweiterte Handfeste im Archiv zu hüten; deshalb muß man sie heute mühsam rekonstruieren. Man kann es, weil das Freiburger Stadtrecht für andere Zähringer Gründungen vorbildlich wurde, für Freiburg im Üchtland, Bern, Diessenhofen im Thurgau, Flumet in den Savoyer Alpen. Auch dort schrieb man es nicht wörtlich ab, denn mittelalterliches Stadtrecht war eine Vereinbarung unter Lebenden, so wie der Schwur, mit dem sich kurz nach 1120 die ersten Geschäftsleute in Freiburg zusammentaten, so wie das Kölner Kaufmannsrecht, das sich auf den Märkten eingespielt hatte, ohne daß es irgendwo geschrieben stand. Die Stadtgemeinde selbst trat nicht durch

diese »Gründungsurkunde« ins Leben, sondern durch die Absprache
zwischen dem Zähringer und seinen Geschäftsleuten.

Was unterscheidet sie von einer Dorfgemeinde, etwa dem Weiler mit
Wirtschaftshof und Mühle, der vor 1120 zu Füßen der Zähringer Freiburg
lag? Gleich der Name Bürger, *Burgenses,* der hier zum ersten Mal in
Deutschland auftaucht und Städter von Landleuten abhebt. Dann brauchen die Geschäftsleute für ihren Markt einen besonderen Stadtfrieden.
Tauschverkehr wird durch Unsicherheit der Zugangswege, Zölle und
willkürliche Forderungen des Stadtherrn beeinträchtigt; er muß durch
einen Ausschuß von Fachleuten, die Marktgeschworenen, rechtlich überwacht werden. Zur Marktordnung kommt ferner die Besitzordnung.
Wenn Kaufleute und Handwerker seßhaft werden sollen, müssen sie
Eigentum nicht nur herstellen und tauschen, sondern auch anlegen,
veräußern und vererben können. Nicht der Boden, aber die Häuser sollen
ihnen zu Erb und Eigen gehören. Wenn sie für Transporttiere oder eine
kleine Viehhaltung Wiesen und Wälder brauchen, sollen sie wie Bauern
des Umlands an den Allmenden teilhaben, aber von bäuerlichen Lasten
und Abgaben freigestellt sein. Denn ihre Arbeit ist nicht bäuerlich.

Die ökonomische Freisetzung läßt aber dem einzelnen Bürger keineswegs Freiheit, zu tun und zu lassen, was sein Geschäft erfordert; gleich zu
Beginn greift die Gemeinde in das Leben jedes Einwohners gründlicher
ein als auf dem Dorf. In der Urkunde ist das halb verdeckt, weil hier der
Stadtherr spricht. Er redet von »seinen« Bürgern, denn er darf hoffen, daß
ihre wirtschaftliche Tüchtigkeit Freiburg rasch zum zentralen Ort seiner
Landesherrschaft macht. Sie werden ihm zudem helfen, mit Räubern
fertig zu werden, das heißt mit den adligen Herren seines Machtbereichs
zwischen Offenburg und dem Thuner See. Der Herzog kann, wie die
Zusätze zeigen, vom städtischen Geldumlauf und Warenverkehr auch
direkt profitieren, ähnlich wie in Pavia der Pfalzgraf. Nur mischt sich in
Freiburg der Fürst nicht in die Regelung bürgerlichen Miteinanderlebens
ein; er überläßt sie den Bürgern, und sie nehmen sie in den Zusätzen
Schritt für Schritt vor.

Die Stadt wächst rasch, die Größe der Bauplätze muß begrenzt werden. Sie übersteigt mit etwa 450 Quadratmetern den mittelalterlichen
Durchschnitt von 400 Quadratmetern kaum mehr, und hier sind Wohnhaus, Höfe, Läden, Werkstätten, Speicher, Ställe und Gärten unterzubringen. Immer mehr Zuziehende haben in der Stadt keine Erben, keine

Verwandten. Edelfreie und Ministerialen des Umlands werden stadtsässig und stören als Waffenträger mit privilegiertem Recht den Verband. Weit stärker ist der Zustrom von Bauern, dem mittelalterliche Städte gewöhnlich ihr Wachstum verdanken; darunter sind viele entlaufene Hörige. Freiburg verhält sich gegen alle Zugereisten reserviert, wohl im Einvernehmen mit dem Herzog, der den Sonderfriedensbezirk nicht ins Uferlose ausdehnen darf. Die Gemeinde selbst zieht einen scharfen Schnitt zwischen drinnen und draußen. Draußen braucht jeder unterwegs Waffen, aber drinnen herrscht unbedingter Friede; er schützt nicht nur wie auf dem Dorf Haus und Hof vor Eindringlingen, er schützt die Bürger als Menschen. Die Strafen gegen Verbrecher sind rabiater als im Schweizer Bundesbrief; aber unschuldige Erben sollen nicht mithaften. Bürger dürfen sich nicht einmal wie Bauern in die Haare geraten; Schlägereien, die auf dem Dorf die Freundschaft festigen, führen in Freiburg gleich vor den Schultheißen. Denn Bürger lieben den Kampf nicht.

Sie ziehen in Freiburg nicht mit dem Herzog in den Krieg. Adlige Mönche spotten wie Lampert von Hersfeld 1074 über die Kölner Bürger, die nach dem Verkauf ihrer Waren am Stammtisch bei Wein und Braten kriegerische Reden schwingen und keinerlei Kriegserfahrung haben. Aber ihr Friede des Arbeitens und Handelns kostet sie viel, nicht so sehr Stiefel für Reisige des Herzogs als Aufwendungen für die Stadtbefestigung, an der Freiburg seit der Jahrhundertmitte arbeitet. Mit dieser Schutzmauer grenzt sich die Stadt am sichtbarsten als Friedensbezirk ab. Aber sie ist kein Territorium, sondern eine Genossenschaft ohne Führer; bezeichnenderweise hat die Überlieferung unserer Urkunde außer dem Namen des Stadtherrn keinen einzigen Personennamen der Beteiligten aufbewahrt. Alle wählen den Priester, alle finanzieren die Kirche; das kommt die Bürger nicht billiger als die Mönche von Canterbury zur selben Zeit. Das Freiburger Münster, seit dem späten 12. Jahrhundert als Pfarrkirche im Bau, wurde mit Stiftungen aller städtischen Schichten bezahlt; die Bürgerkirche mit dem 115 Meter hohen Turm ist hier wie in Ulm Wahrzeichen der Gemeinde. Sie verlangt mehr und vermag mehr als alle Zünfte und Handelsgesellschaften.

Sozial ist die Stadtgemeinde infolge ihrer geldwirtschaftlichen Ausrichtung schärfer als die Landgemeinde geschichtet. Die Marktgeschworenen, jetzt 24 an der Zahl, sind Nachfahren der angesehenen Gründerväter, ein Ausschuß von Treuhändern, deren Enkel dann als Patrizier im Stadtrat sitzen werden. Von den Kaufleuten trennen sich die Handwerker, vielleicht auch sie noch Grundeigentümer, aber mit stärkeren Belastungen, wohl nicht nur beim Abliefern von Schuhen und Sandalen. Außerdem lebt in Freiburg schon eine unbestimmte Zahl von Armen, um die sich die Gemeinde kümmern muß. Hier wie im Lyon des Kaufmanns Valdes erleichtern die Wohlhabenden durch Almosen und Legate das Los der Armen und ihr eigenes Gewissen, das nicht so schlecht wäre, wenn sie nicht so gut verdienten. Hier wie in Lincoln hängt das Seelenheil von Verstorbenen, das die Gemeinde ebenfalls betreut, an der Wohlfahrt der Lebenden.

Der Satz »Stadtluft macht frei«, der nicht wörtlich, aber sinngemäß und mit dem Zusatz »nach Jahr und Tag« auch in Freiburg vorkommt, ist mißverständlich. Er bedeutet rechtliche Gleichstellung der Bürger, auch der Frauen, die genauso erben und vererben können wie Männer; er bedeutet politischen Spielraum. Aber soziale Emanzipation ist nicht gemeint. Die Beziehungen zwischen den Menschen sind übersichtlicher und rationaler als auf dem Dorf, wenn schon der Stadtgrundriß sauber um den Straßenmarkt geplant und die Größe der Bauplätze normiert wird; wenn anstelle adliger Eideshelfer, die ihren Standesgenossen unterstützen, das Sehen und Hören von Tatzeugen verlangt wird. Aber die Beziehungen sind auch enger und empfindlicher in einer Stadt, wo mehr Menschen als in Dörfern dichter beisammenwohnen, selbst wenn es in Freiburg noch dreihundert Jahre später nur 5000 sind. Der Marktplatz wäre täglich, wie Augustin von der antiken Stadt sagt, mit blutigem Streit erfüllt, wenn man nicht jedem Schläger die Hand abschlüge.

VERSCHWÖRER

In den *Genter Annalen* schilderte 1308/10 ein unbekannter Franziskaner lateinisch den Umsturz von 1302 in seiner Vaterstadt:

»Im Jahr des Herrn 1301 gegen Ende Mai kam König Philipp (der Schöne) mit seiner Frau (Johanna), der Königin von Navarra, als neuer Fürst und direkter Herr nach Flandern, und mit ihm kam auch Graf Johann (II.) von Hennegau, der seinen Onkel (Graf Guido von Dampierre) vielfach geschädigt und bei dessen Vertreibung aus seinem Land mitgeholfen hatte. Der König kam mit großem Prunk und Glanz zum Turnierspiel und zur Besichtigung des Landes und der besten Städte Flanderns; aber dieses Spiel wurde ihm und seinem Gefolge nachher Grund und Anlaß für höchst traurige und schwere Ereignisse. Zuerst kam er nach Douai, dann nach Lille und darauf nach Gent. Die Genter zogen ihm in würdiger Prozession entgegen, alle mit neuen Kleidern angetan, die Herren in zweierlei Tracht, weil sie untereinander uneins waren, und die Gemeinde in ihrer eigenen Tracht. Sie richteten ihm verschiedene Turniere aus, und die Schöffen sandten ihm großartige und teure Geschenke. Die Genter Schöffen und Herren gaben für die Geschenke an König und Königin und für die Turniere zu ihren Ehren wohl an die 27 000 Pfund aus. Als nun der König in Gent einzog, schrie die ihm begegnende Gemeinde laut und bat ihn inständig um Befreiung von einer schweren Steuer, die in Gent und Brügge auf alle Waren, besonders auf Bier und Met erhoben wurde; die Genter nennen sie Ungeld, die Brügger *Assise*. Der König, für den der Einzug etwas Erfreuliches und Neues war, gewährte den Rufenden ihre Bitte. Das mißfiel den Herren der Stadt sehr, denn gewöhnlich zogen sie hier wie in Brügge aus der genannten Steuer große Einnahmen. ...

Während die Dinge in der Stadt Brügge so standen, kam es etwa Mitte März (1302) in der Stadt Gent zu schweren Unruhen, die den Brüggern sehr willkommen und tröstlich waren. Denn die Schöffen und Herren wollten die Schulden, die sie für die Geschenke an den König gemacht hatten, aus der besagten Steuer aufbringen und ließen am vierten Fastensonntag (1. 4.) öffentlich im Namen des (Statthalters) Jacques de Saint-Pol und in Anwesenheit des Bailli verkünden, daß die genannte Steuer, die der König der Gemeinde nachgelassen und sozusagen getilgt hatte, in alter Frische weiterlaufe und bestehen bleibe. Als die Gemeinde das hörte, begann sie wild zu toben und heftig zu klagen und zu murren, vor allem, weil bekanntgegeben wurde, daß jeder, der dem Erlaß der Herren zuwiderhandle, aus Stadt und Heimat verbannt oder enthauptet werde. In der Abenddämmerung versammelten sich die Leute der Gemeinde, berieten und verabredeten miteinander, daß sie am nächsten Tag keine Handarbeit tun, sondern müßig sein und miteinander besprechen wollten, wie sie die genannte Steuer beseitigen könnten.

Der Bailli des Königs und die Schöffen und Herren merkten das und berieten zusammen, und im Morgengrauen bewaffneten sich etwa 800

und zogen bei Sonnenaufgang in Scharen von 30, 40 oder 50 Mann durch
Gassen und Plätze mit der Drohung, sie würden die Leute der Gemeinde,
die nicht arbeiten wollten, fangen oder umbringen. Wie die Gemeinde die
Herren in Waffen sah und einzelne Schmähreden hörte, hielt sie für den
Augenblick still; viele von ihnen gingen zur Arbeit. Aber gegen neun Uhr
vormittags an diesem Montag nach dem vierten Fastensonntag (2. 4.)
bewaffneten sich heimlich einige von der Gemeinde; sie nahmen ihre
Fahnen und Feldzeichen und marschierten auf. Dazu schlugen sie an ihre
Metallbecken, weil sie sich nicht an die Stadtglocke heranwagten; so
alarmierten sie die ganze Gemeinde. Sie stand insgesamt von ihrer Arbeit
auf, nahm die Waffen, versammelte sich und begann mit den Herren zu
kämpfen. Sie gewann die Oberhand über sie und zwang den Bailli, die
Schöffen und die meisten Herren, etwa 500, zur Flucht in die alte
Grafenburg bei Sankt Pharahild. Die restlichen verzogen sich jeder in
sein Haus. Die Gemeinde bestürmte nun, in rasender Wut zusammen-
geschart, mit Armbrüsten von allen Seiten die genannte Burg und besetzte sie noch vor drei Uhr nachmittags. Die Herren ergaben sich; von ihnen
erschlug die Gemeinde zwei Schöffen und elf andere, etwa 100 verwundete sie schwer. Die übrigen und den Bailli zwang sie, ihr Treue zu
schwören, sonst hätte sie alle umgebracht. Jacques de Saint-Pol, ein
anmaßender und hochmütiger Mann, nahm diese Tat höchst ungnädig
auf; einigen Leuten, die zwischen ihm und der Gemeinde Gent Frieden
vermitteln wollten, antwortete er scharf und trug ihnen an diese Gemeinde drohende, volltönende und maßlose Worte auf. ...
Nach dieser Schlacht (bei Kortrijk, 11. 7. 1302) nahmen die Verhandlungen zwischen Jacques und den Gentern einen milderen und sanfteren
Verlauf. Er schickte nämlich aus seinem Gefolge betriebsame Leute nach
Gent, die der Gemeinde bei allen ihren Forderungen freundlich nachga-
ben. Das geschah, damit nicht auch die Genter wie die Brügger gegen
den König und ihn aufstünden. Damals wurde die Stadtverfassung von
Gent geändert. Seit alten Zeiten hatte man hier 39 Schöffen aus den
Reihen der Herren und Vornehmeren gehabt, die die Gemeinde sehr
unterdrückten und die Stadt jeweils drei Jahre lang regierten; einmal
ernannt, blieben sie auf Lebenszeit Schöffen. Aber nun wurden auf
Antrag der Gemeinde von ihr und aus ihren Reihen 13 Schöffen im
Namen des Königs gewählt; sie sollten die Stadt für ein Jahr regieren und
danach nie mehr, wenn sie nicht wiedergewählt würden.«

Der Franziskaner beteuerte zwar im Vorwort, daß er zuverlässige Geschichten von den Taten der Alten gern lese und höre, aber die alten Zeiten seiner Heimatstadt interessierten ihn nicht. Sonst hätte er wissen müssen, daß die Herrschaft der 39 Schöffen erst 1228 eingeführt wurde, fast gleichzeitig mit der Niederlassung der Franziskaner in Gent. Noch keine drei Menschenalter bestand das rollierende System von je 13 amtierenden Schöffen, die einander in drei Gruppen ablösten und sich nur bei Todesfällen durch Zuwahl ergänzten. Genug, daß es so war und ein Mißstand war; denn die Schöffen kamen nur aus der patrizischen Oberschicht, einem Kreis von höchstens 2000 Menschen in einer Stadt von etwa 50 000 Einwohnern, davon vielleicht 12 000 Wehrfähigen. Das oligarchische Regiment der Schöffen in Gericht und Verwaltung war weniger anstößig als die finanziellen Folgen, die jedermann spürte. Bisher waren meist direkte Steuern erhoben worden, die jeden gleich belasteten; aber eine indirekte Getränkesteuer traf flämische Normalverbraucher von Bier und Met ungleich härter als wohlhabende Weintrinker. Und dieses »Böse Geld«, Ungeld, diente nicht dem Stadthaushalt, sondern den Vergnügungen eines landfremden Fürsten. Bei einem Jahresetat zwischen 50 000 und 110 000 Pfund und hoher Verschuldung fiel der Aufwand für Philipps des Schönen Bewirtung gewaltig ins Gewicht. Zudem hatten von der teuren Königshuld nur die Schöffen und Herren einen Vorteil; sie hielten es mit den Franzosen, taten es ihnen in jenem adligen Luxus gleich, den zur selben Zeit Joinville verdammte, bezahlten aber ihre Schulden nicht selbst und mißbrauchten ihre Gerichtsbefugnisse zu finanziellem Druck. Ihnen gegenüber befand sich die Gemeinde in ähnlicher Lage wie der Franziskanerkonvent am Ort, ein Haufe von Habenichtsen vor der Tür der Prasser.

Die außenpolitischen Verwicklungen bewegten den treuen Flamen weniger; völkisch dachte er nicht. Seit 1297 hatte sich Flanderns Landesherr Guido im Bund mit Edward I. von England gegen Philipp den Schönen gewandt, freilich auch zu Hause gegen Erbansprüche seines Neffen Johann von Avesnes kämpfen müssen; im Mai 1300 war Guido unterlegen, und Gent, nächst Paris die größte Stadt nördlich der Alpen, kam unter direkte französische Herrschaft. Das war kein Umsturz für die Bürger; schon die Grafen von Flandern hatten seit dem 12. Jahrhundert als ihre städtischen Vertreter Baillis, bezahlte Beamte, eingesetzt, die das Schöffenkollegium kontrollierten. Wenn nun zusätzlich als oberster Bailli Jacques de Saint-Pol, Onkel der französischen Königin, auftrat, so mußte sich erst erweisen, was seine hochmütigen Reden an der Praxis änderten. Der König selbst war leichtsinnig und leutselig, aber am Rittergehabe hatte der Frater weniger auszusetzen als später sein Landsmann Commynes. Besser sanguinische Fürsten als geizige Notabeln.

Denn Gents politische Führungsschicht hatte auch die wirtschaftliche Zwingherrschaft inne. Sie besaß seit dem 12. Jahrhundert allen Grund und Boden und lebte weithin von Mieteinnahmen. Ferner stellte sie die Tuchhändler und Tuchverleger, die aus England Wolle importierten, etwa 23 000 Webern und Walkern Arbeit gaben und die Fertigware, vor allem Scharlachtuch, exportierten. Die Herren verfügten also über Rohstoffe, Maschinen und Märkte; sie zahlten den Arbeitern Löhne, die sie durch Mieten und indirekte Steuern gleich wieder abschöpften. Damit verriet die Herrenschicht das Grundprinzip der Stadtgemeinde, das Gemeinwohl. Der Annalist betont denn auch, daß die Patrizier nicht einmal miteinander eine Gemeinschaft bilden, weder in der Tracht noch im Verhalten. Wenn es ernst wird, verkriecht sich fast die Hälfte in den Privathäusern aus Stein, die in Gent vielfach Festungen gleichen. Nur ihre Gegenspieler erscheinen fast durchweg in einem Kollektivsingular.

Die Gemeinde tritt dem König in einheitlicher Tracht entgegen und ruft ihm wie aus einem Mund ihre Forderung zu. Die Gemeinde steht wie ein Mann auf und schlägt die Bedrücker tot; sie nimmt in ihrer Wut auf das Lebensrecht gefangener Herren sowenig Rücksicht wie das Fußvolk bei Azincourt. Die Gemeinde wählt nach der Verfassungsänderung die Schöffen, als täte sie es mit einstimmigem Zuruf. Zwar weiß unser Bettelmönch, daß die Gemeinde aus Dutzenden von Zünften besteht, deren Sprecher seit 1302 zu Schöffen gewählt werden; aber er sagt es nicht. Schon die Nachbargemeinde Brügge beurteilt er realistischer. Bei der »Brügger Mette« am 17. Mai 1302, dem offenen Aufstand gegen die Franzosen, erwähnt derselbe Annalist Anführer, den Weber Peter Koninck und den Metzger Jan Breydel. Doch die Gemeinde Gent besteht für den Franziskaner nur aus jenen Namenlosen, die im Dunkeln lebten. Am hellichten Sonntag rief man sie zusammen, um ihnen zu drohen, aber miteinander konnten sie nur in der Dämmerung reden. Bei den Turnieren standen sie bloß am Straßenrand, aber wenn die Stadtglocke Sturm läutete, mußten sie als Miliz ihre Armbrüste aus den Wohnungen holen.

Für Müßiggänger & Erben sollten sie täglich arbeiten, wurden aber mit dem Tod bedroht, wenn sie einen Tag streikten.

Natürlich sind damit wie bei Balle und Froissart Stimmungen, nicht Fakten bezeichnet. Die Masse der Genter geht zwar zur Arbeit, das heißt in Fabrikschuppen, und arbeitet nicht dort, wo sie wohnt. Aber sie lebt trotzdem nicht ärmlich, kann sich wie die Herren in neue Kleider werfen, wenn hoher Besuch kommt, trinkt viel Bier und Met und plagt sich nicht zu Tode wie die Weber und Walker von Lincoln. Die Genter leben von der Wirtschaftsblüte ihrer Stadt recht behäbig, wie unser Bettelmönch, der seine Annalen bloß niederschrieb, weil er »eines Tages mit Geschäften nicht überhäuft war«. Die Genter Weber und Walker waren keine Entrechteten und kümmerten sich nicht um Entrechtete, schon nicht um die 7000 unzünftigen Parias in der Stadt. Und um die Bauern? Gleichmütig meldet der Annalist, daß am 28. Juni 1301 bei einer Prozession zur Bauernkirchweih in Hautem eine Schlägerei stattfand, bei der Genter verprügelt wurden; daraufhin sei »die Gemeinde von Gent« in Waffen ausgezogen und habe das Dorf niedergebrannt. Nach der Verfassungsänderung von 1302 werden sich die Weber, dann die Walker um kein Haar sozialer verhalten als die Herren zuvor; im Gezänk der Gruppen wird schließlich die politische Autonomie und Wirtschaftskraft der Stadtgemeinde untergehen. Unser Mönch konnte das noch nicht wissen, denn er starb wohl 1310, vor den nächsten Umstürzen von 1319, 1325, 1337, 1345.

Vielleicht hätte er es bemerken können, wenn er die alten Zeiten genauer betrachtet hätte. In Gent entstand seit dem 10. Jahrhundert um die Grafenburg – den späteren Gravensteen, in den 1302 die Herren flüchten – eine Kaufmannssiedlung in ähnlichen Formen wie die Freiburger Gründung, mit den Hauptkomponenten Markt und Genossenschaft. Trotz aller politischen Verschiebungen ringsum war die Gemeinde aufgeblüht, solange sich die Wirtschaftsinteressen einzelner Gruppen, des Patriziats und der Zünfte, den sozialen Konventionen des Stadtfriedens beugten. In den Jahrhunderten seitdem hatte sich die Stadtwirtschaft differenziert und versachlicht, aber nicht gefestigt. Einige waren reich und seßhaft geworden, andere nicht. Wenn nun die städtische Ordnung zur Herrschaft der Reichen entartete, mußte Genossenschaft zur Parole der Armen werden, die den Markt nicht beherrschten. Dann kam es auf dem Marktplatz, wie Augustin von der antiken Stadt sagt, zu blutigem Streit. Man hätte es aus der Geschichte lernen können, wenigstens als Historiker.

48 Verteidigung der Stadt

49 Vor dem Stadttor

KOMMUNEN

Freiburg und Gent gehören verschiedenen Geschichtslandschaften an. Freiburg blieb immer mit den Wiesen und Wäldern seines Umlands verbunden, auch wenn ihm der Silber- und Erzbergbau im Südschwarzwald Bedeutung für den Regionalhandel verlieh und Freiburger Silber 1265 sogar in Troyes zu haben war. Demgegenüber war Gent, zehnmal so volkreich, von Anfang an in das europäische Fernhandelsnetz eingespannt, durch Import englischer Wolle und Export der verarbeiteten Tuche bis nach Italien. Im späten 13. Jahrhundert war Gent der größte Tuchproduzent Westeuropas. Viel schärfer als Freiburg distanzierte sich Gent von seinem bäuerlichen Umland, was sich auch in der weiter entwickelten Wehrhoheit äußerte. Sie hing ihrerseits mit unterschiedlichen politischen Organisationsformen an Schelde und Dreisam zusammen, mit der größeren Macht königlicher oder landesherrlicher Gewalt im deutschen Reich. Hierbei spielten auch zeitliche Wandlungen mit. Was bei der Gründungsstadt Freiburg im 12. Jahrhundert erst in Ansätzen erschien, war in der gewachsenen Stadt Gent im 14. Jahrhundert voll ausgebildet. Die städtischen Ballungsräume haben sich inzwischen verdichtet; das hat zu verstärkten sozialen Spannungen, auch zu verfeinerten Verwaltungsordnungen geführt. An die gerichtlichen Kompetenzen der Marktgeschworenen und Schöffen haben sich vielerlei andere Funktionen angeschlossen, die das Leben des einzelnen Bürgers immer detaillierter regeln; von der Bodenpacht zur Getränkesteuer ist ein ziemlich weiter Weg. Die persönlichen Bindungen der Anfänge sind erschlafft; umstritten ist nicht mehr das Erbrecht eines Zugewanderten, sondern der Wahlproporz institutionalisierter Gruppen. Aus dem Schwurverband der Bürger ist die kommunale Körperschaft geworden.

Dennoch umspielen die räumlichen und zeitlichen Varianten ein gemeinsames Grundmuster. Beide Stadtgemeinden sind Personenverbände, die keine adlige Führergestalt dulden und nur wechselnde Beauftragte kompakter Gruppen kennen. Freiburg und Gent bilden rechtliche Sonderbezirke, in denen städtische Marktwirtschaft kontinuierlich ablaufen soll; sie haben diese Vorrechte ihren Stadtherren nicht abgetrotzt, sondern mit ihnen zusammen formuliert. Allerdings vergeben die Fürsten ihre Zugeständnisse leichteren Herzens an den Rändern politischer Verbände; die Länder der Zähringer Herzöge und der Grafen von Flandern sind keine Kernzonen der Machtballung. Die kommunale Freiheit hängt von der großen Politik nicht so unmittelbar ab wie die Wirtschaftsblüte; die Gemeinde Gent verhandelt mit dem französischen König so selbstbewußt wie die Freiburger Gründerväter mit dem Zähringer. Völlig autonom waren beide Städte nicht; der herzogliche Vogt und der königliche Bailli saßen mitten in den Gemeinden. Anderswo, wie in Italien oder 1112 in Köln, konstituierte sich die Bürgergemeinde allerdings als Schwurverband gegen den Stadtherrn, meist den Bischof, der in Freiburg und Gent nicht am Ort saß; immerhin war auch in Bischofsstädten das Ziel nicht Souveränität von Institutionen, sondern Privilegierung von Personen.

Privilegierung vor allem gegenüber adligen und bäuerlichen Lebensformen: Bürger wollen weder rings um sich schlagen wie Herren noch am Ort still halten wie Knechte. Ihre Freiheit gründet auf dem Frieden, zu dessen Schutz sie die Stadtmauer bauen, und auf dem Recht, das sie aus einem Zugeständnis des Fürsten zum allgemein verbindlichen Stadtrecht fortbilden. Denn der städtische Verband der Gleichberechtigten erstrebt eine umfassendere Lebensgemeinschaft, als es die Landgemeinde will und kann. Die Bindung des Einzelmenschen an Familie, Haus und Nachbarschaft wird nicht aufgehoben, aber in größere Verbände einbezogen, deren Mitglieder weder Urahn noch Grundstücksgrenze gemeinsam haben. Diese Verbände fordern nicht bündische Freiwilligkeit, sondern rechtliches Verhalten, das sich erzwingen läßt. Nicht nur für jeden das Seine, sondern von allen dasselbe. Die Verhaltensweisen bedürfen keiner archaischen Rechtssymbole, sie richten sich nach »Willkür«, das heißt nach der Verabredung, von der Dante spricht. Auch wenn sie bald von den Bürgern selbst schriftlich festgehalten werden, sind sie zeitlich kaum festgelegt. Was in Freiburg 1120 »für lange Zeit« gelten soll, bleibt kein Jahrhundert lang unangetastet, und was in Gent 1302 als das »seit alten Zeiten« Bestehende beseitigt wird, ist kein Jahrhundert alt. Diese Lebensform ist rational; Vergleichbares soll gleich gehandhabt werden, menschliches Verhalten berechenbar sein. Man spürt es bis in die nivellierende Sprache der Städter hinein. Denn die Kommune ist nicht nur ein Rechtskreis; sie setzt sich im Stadtbild sichtbare kulturelle Wahrzeichen. Der Stadtturm von Gent ist so hoch wie der Münsterturm von Freiburg, und noch das profane Bauwerk weist zum Himmel; auch die Genter Kommune hat religiöse Aspekte.

So unbekümmert die Freiburger und Genter alle wirtschaftlichen Grenzen überschreiten, ihre Gemeinden sind umgrenzt. Beide Städte suchen im Umland Territorien zu gründen und in ihnen als Landesherren zu regieren; sie schaffen keinen Bund von Kantonen wie die Schweizer Bauern, sondern zerschlagen Landgemeinden wie der Stadtstaat Lucca. Zu anderen Städten unterhalten sie neben wirtschaftlichen auch rechtliche Beziehungen. Wenn sich die Freiburger nach Kölner Kaufmannsrecht richten oder die Berner das Freiburger Stadtrecht übernehmen, mögen daraus weitverzweigte Filiationen entstehen, im Fall des Magdeburger Stadtrechts bis nach Kleinpolen. Doch im Altsiedelland überwiegt die Konkurrenz; Genter und Brügger schließen sich gegen Frankreich zusammen, streiten sich aber 1304 im Angesicht des gemeinsamen Feindes um Vortritt in der Schlacht. Gegen solche Rivalität der Mitglieder haben Städtebünde meist zu kämpfen, wenn sie sich nicht wie die Hanse auf Wirtschaftsinteressen konzentrieren.

Was nach außen trennt, muß im Innern verbunden bleiben. Die kommunale Genossenschaft lebt davon, daß in ihren Mauern politische Herrschaft und wirtschaftliche Konkurrenz nicht überhandnehmen. Auch das soziale Gleichgewicht ist labil in einer »Demokratie der Privilegierten«, wie Henri Pirenne die mittelalterliche Stadt genannt hat. Nur der täglich neu einzuübende Grundsatz der Gleichberechtigung Privilegierter im Bezirk der Stadtmauern schützt die Bürger vor wirtschaftlichen Schwankungen auf den Märkten und politischen Veränderungen in den Residenzen. Ob allerdings die bürgerliche Mentalität diesen Grundsatz festzuhalten vermochte, ist die Frage.

DELIKATESSE

Als Auftakt zur lateinischen Lebensbeschreibung von Thomas Becket schilderte um 1180 dessen früherer Kaplan William Fitzstephan die Stadt London, ihre Kirchen, Burgen, Gärten und Schulen und fuhr fort:

»Die in den einzelnen Gewerben Tätigen, die Warenverkäufer, die Lohnarbeiter, alle verteilen sich jeden Morgen je nach ihren Tätigkeiten auf verschiedene Stellen. Außerdem gibt es in London am Flußufer, dort wo auf Schiffen und in Weinkellern Weine zu kaufen sind, eine öffentliche Küche. Da kann man täglich je nach Jahreszeit Lebensmittel finden, ganze Gerichte, Gebratenes, Gebackenes, Geröstetes, Gesottenes, große und kleine Fische, zäheres Fleisch für die Armen, für die Reichen feineres von Wild und großen und kleinen Vögeln. Wenn reisemüde Freunde unerwartet einen Bürger besuchen und nicht hungrig warten wollen, bis neues Essen gekauft und gekocht ist und bis ›die Diener Wasser für die Hände und in Körbchen Brote reichen‹ (Vergil), dann läuft man eben schnell zum (Themse-)Ufer und hat da alles Begehrenswerte zur Hand. So unübersehbar die Menge der Krieger und Reisenden ist, die bei jeder Tages- und Nachtzeit die Stadt betritt oder verlassen will, alle wenden sich, wenn sie mögen, hierher, damit die einen nicht zu lange fasten und die anderen nicht ohne Frühstück davonziehen; und jeder labt sich auf seine Art. Wer wählerisch für sich sorgen möchte, braucht nicht nach Stören, afrikanischem Geflügel oder ionischen Schnepfen zu suchen, wenn ihm die Leckerbissen vorgesetzt werden, die man hier findet. Diese öffentliche Küche ist in der Tat für die Gemeinde höchst bequem und für feine Lebensart dienlich. Deshalb heißt es in Platons Gorgias (?), neben der Heilkunst sei die Kochkunst schmeichelndes Abbild für ein Viertel der feinen Lebensart.

Gleich draußen vor einem der Tore liegt in der Vorstadt ein flaches Feld, das auch so heißt *(Smoothfield,* heute Smithfields). Da gibt es jeden Freitag, wenn nicht gerade ein besonders hoher Festtag ist, den berühmten Zuchtpferdemarkt zu sehen. Zum Schauen und Kaufen kommen die gerade in der Stadt Weilenden hinaus, Grafen, Barone, Ritter und sehr viele Bürger. Es macht Freude, die Zelter zu betrachten, wie sie in weichem Paßgang schreiten und beide Beine einer Seite zugleich in sozusagen folgsamem Takt heben und senken. Dann Pferde, die mehr für Waffenträger taugen, härter im Schritt, aber dafür schnell; sie heben und setzen die Beine in sozusagen widersprechendem Takt. Dann edle Fohlen, noch nicht an den Zaum gewöhnt, ›sie schlenkern die weichen Glieder in hohen Sprüngen‹ (Vergil). Dann Lastpferde mit kräftigen und lebhaften Gliedmaßen; dann wertvolle Streitrösser von feiner Gestalt und edler Statur, mit zuckenden Ohren, steilem Hals und feisten Keulen. Bei ihrem Gang achten die Käufer zuerst auf den sanfteren Schritt, dann auf den schnelleren Galopp mit sozusagen entgegengesetztem Takt; die Vorderbeine werden etwa gleichzeitig abgehoben und aufgesetzt, ähnlich die Hinterbeine. (Es folgt die Beschreibung eines Pferderennens.) Anderswo stehen gesondert die Kostbarkeiten der Bauern: Ackergeräte, Schweine mit langen Flanken, Kühe mit strotzenden Eutern, ›Ochsen von beträchtlicher Größe und wollige Schafe‹ (Vergil). Da stehen auch Stuten, für Pflug, Wagen und Karren brauchbar; manche sind hochträchtig, andere haben gefohlt, und ausgelassene Füllen folgen ihnen unzertrennlich.

Zu dieser Stadt bringen Kaufleute aus allen Völkern unter dem Himmel gern zu Schiff ihre Handelswaren. ›Der Araber schickt Gold, der Sabäer Spezereien und Weihrauch, der Skythe Waffen; Palmenöl kommt vom waldreichen, fetten Boden Babylons; der Nil sendet Edelsteine. Die Serer bringen Purpurgewänder, die Gallier ihre Weine‹ (Vergil), Norweger und Russen bunte, graue und Zobel-Pelze. Nach glaubwürdigen Geschichtswerken ist London viel älter als die Stadt Rom. Beide wurden von den gleichen trojanischen Vätern gegründet, aber London durch Brutus früher als Rom durch Remus und Romulus. Von daher haben sie noch die gleichen alten Gesetze und gemeinsamen Einrichtungen. Wie Rom ist London in Bezirke eingeteilt; anstelle der Konsuln besitzt es Sheriffs, die jährlich wechseln; es hat einen würdigen Senat und kleinere Behörden, in den Straßen Abzugskanäle und Wasserleitungen; für die Prozeßarten, erwägende, beweisende, richtende, hat es zuständige Stellen und besondere Gerichtshöfe; es hat an festgesetzten Tagen seine Versammlungen.

In keiner Stadt sind, wie ich meine, die Bräuche gefälliger: bei Besuch der Kirchen, Einhaltung von Gottes Geboten, Feier von Festtagen, Verteilung von Almosen, Aufnahme von Gästen, Gestaltung von Verlobungen, Vereinbarung von Ehen, Feier von Hochzeiten, Ausrichtung von Gastmählern, Unterhaltung von Gästen, sogar bei Besorgung von Trauerzügen und Beerdigung von Toten. Die einzigen Gebrechen Londons sind maßlose Trunksucht von Dummköpfen und häufige Brände. Im übrigen sind fast alle Bischöfe, Äbte und Großen von England sozusagen Bürger und Einwohner der Stadt London, denn sie haben hier ihre prächtigen Häuser; dorthin ziehen sie sich zurück, dort treiben sie reichen Aufwand, wenn sie vom Herrn König oder von ihrem Erzbischof zu Synoden oder Hoftagen in die Stadt entboten werden oder ihren eigenen Geschäften nachgehen.«

Wie Sallust, der im *Jugurthinischen Krieg* den Schauplatz Afrika beschrieben hat, will Fitzstephan London schildern, wo Thomas Becket geboren wurde. Der Vergleich hinkt stark, denn Mittelpunkt von Beckets Wirken war nicht London, sondern Canterbury. In Wahrheit singt der Kaplan das Loblied seines eigenen Lebenskreises. Indem er das London des 12. Jahrhunderts mit den Vokabeln Vergils schmückt, verfärbt er vielleicht Details zeitgenössischer Wirklichkeit, trifft aber den Kern mittelalterlichen Bürgerstolzes: Unsere Stadt ist mit dem Rom der Kaiserzeit vergleichbar. (Auch Petrarca denkt bei der Beschreibung Roms vor allem an die Kaiserzeit.) Rom wird noch überboten, denn daß ein Enkel des Trojaners Aeneas mit Namen Brutus England besiedelt und Britannien benannt habe, war seit dem 8. Jahrhundert fast Gemeingut englischer Geschichtsschreibung; warum sollte er nicht gleich die Residenzstadt angelegt haben? Williams Hauptbeweis, kennzeichnend für die Mentalität des Stadtbürgers, ist die Verfassungsgeschichte. Was William davon andeutet, ist wirklich alt, freilich nur angelsächsischen Ursprungs: die Volksversammlung, die dreimal jährlich unter Vorsitz der beiden Sheriffs, königlicher Vollzugsbeamter, tagt, und die Einteilung in 24 Bezirke, deren Aldermen als Richter fungieren.

Wer aus Freiburg und Gent kommt, vermißt ein aktuelleres Datum, den Schwurverband der Londoner Bürger von 1141 zur Verteidigung der um 1132 zugestandenen freien Wahl von Sheriff und Richter; keine Silbe auch über die bestehenden Zünfte, etwa der Goldschmiede, Weber, Bäcker. Der regierende König Heinrich II. gestattet seinen Bürgern keine Selbstverwaltung; folglich träumt unser Autor nicht von ihr. Seine Stadt zeichnet sich durch prunkvolle Bauten aus, an der Spitze die Paulskathedrale als Bischofssitz, danach der Tower östlich vor der Stadtmauer, Wahrzeichen normannischer Königsmacht, und zwei Meilen westlich der Stadt der Königspalast von Westminster. London ist nicht geradezu Königsresidenz, aber Reichshauptstadt; Stadtpaläste des Hochadels beweisen es. Nur die Häuser der Mächtigen sind aus Stein gebaut; die meisten Bürger wohnen noch in Holzhäusern mit Strohdächern. Das erklärt die Brandgefahr, die William ärgerlich findet, eine Hauptplage mittelalterlicher Städte. Wenige Jahre später, 1189, wird es anläßlich eines Judenpogroms zum nächsten Großbrand von London kommen. Inzwischen leben aber auch gewöhnliche Bürger angenehm. Es ist Platz für Gärten, Felder und Mühlen; dank der Anfänge einer Kanalisation sind die Straßen halbwegs sauber und nicht wie in Dörfern voller Unrat und Ungeziefer. Mehr braucht der geistliche Spaziergänger nicht von der Stadtverwaltung zu sagen; das Herr-

lichste an London ist nicht bequemes Wohnen, sondern das Menschen-
gedränge auf Straßen und Märkten.

Wir schätzen Londons Einwohnerzahl auf vielleicht 20 000; William,
vom Zahlenrausch gepackt, redet von allein 80 000 wehrfähigen Männern. Zurückziehen können sich Magnaten vom Land; Städter wie William lieben die spritzige Atmosphäre der Großstadt. Von der Kehrseite,
dem reizbaren Klima, von Neid, Plünderung und Mord unter den Dichtge-
drängten will Fitzstephan nichts sehen; gar wirtschaftliche Spannungen
zwischen Händlern aus der Ferne und Bauern aus der Nähe, zwischen
Warenverkäufern und Lohnarbeitern verschwinden in der geselligen Betriebsamkeit. Volksküche und Pferdemarkt sind zuerst Treffpunkte vieler
Menschen von draußen und drinnen. Die Menschenmenge ist keine
Masse. Zwar essen alle Bevölkerungsschichten Englands viel und gern
Fleisch, aber der Arme kauft kein Wildbret. Zwar können alle Kreise Tiere
als Helfer brauchen, aber der Bauer kauft kein Streitroß. Für jeden
Geschmack und Geldbeutel ist gesorgt, aber eines schickt sich nicht für
alle. Für alle ist die Augenweide, der Anblick von erlesenen Tieren und
Speisen. Daß die Kaufleute aus Brügge, Köln, La Rochelle und Nowgorod
nicht nur Lebensmittel, vorwiegend Weine, einführen, sondern auch
Rohstoffe ausführen, ist der Erwähnung nicht wert; den wichtigsten
Exportartikel, Schafwolle, nennt William nur zufällig, weil Vergil Schafe
wollig findet. Der fast mitleidige Seitenblick auf die Kostbarkeiten der
Bauern vergißt, woher die Brote in den Körbchen kommen.

Sicher nicht aus asketischer Weltfremdheit, denn William ist kein
Heiliger wie sein toter Erzbischof. Er freut sich an preziösen Vokabeln
und exotischen Zitaten, Seidengewändern und Pelzen, Jagdhunden und
Jagdfalken, an Bier und Wein; wenn er die bürgerliche Trunksucht tadelt,
wirkt er zunächst nicht sehr glaubwürdig. Sie gehört doch wohl in
London wie in Lincoln zur Ausrichtung von Gastmählern und Unterhaltung von Gästen, vor allem in Gilden und Bünden. Aber William möchte
nicht wie Berthold von Regensburg gegen Völlerei predigen; sein Gegen-
argument heißt nicht Enthaltsamkeit und Gesundheit, sondern *Civilitas*,
feine Lebensart, höfische Lebensform. Die Londoner Bürger, die nach
Smithfields pilgern, wollen kein Rindfleisch, sondern Streitrösser sehen;
an Fastensonntagen tummeln sich ihre ehrgeizigen Sprößlinge bei Turnieren zu Pferd und lächeln über ländliche Hahnenkämpfe der Schulju-
gend. Bei den Bauern stehen allenfalls Stuten; Statussymbol der Herren

ist das Pferd. Londoner Bürgern wird der höfische Stil täglich vorgeführt, durch Adlige, die ihre Stadthäuser besuchen und die jüngeren Söhne bürgerlich aufwachsen lassen, und vor allem durch den König. Als Becket in die Verbannung ging, biederte sich William Fitzstephan beim König an; vermutlich trat er nach dem Mord im Dom ganz in den Hofdienst über. Seine Entscheidung ist symptomatisch für einen Grundzug englischen Städtelebens.

Die Bürger bilden hier keine privilegierte Körperschaft; dafür ist in der Stadt der König, im Umland die Gruppe der Barone zu mächtig. Statt dessen verbündet sich die Stadt mit dem Symbol des ganzen Landes, dem König, und wird später in seinem Parlament für ganz England mitarbeiten. Auch finanziell erstrebt das Bürgertum keine Autarkie; es zahlt seine Steuern an den König, und Vollbürger ist, wer sie erschwingen und Almosen für die Armen geben kann. Die Städter heben sich hier wie anderswo, sogar hochmütiger als andere, von den Landleuten ab, aufgrund einer andersartigen, nämlich sozialen Privilegierung: Großbürger stehen dem Adel durch feine Lebensart nahe. In London gibt sich die ganze Welt ein Stelldichein, auch die Zahl der Ansässigen ist unübersehbar. Doch vornehmer Anstand ist seit den Tagen des Trojaners Brutus immer nur bei wenigen gewesen. Die höfische Ästhetik trennt die Elite des Bürgertums von bäurischer Plumpheit durch eine Wand, die fester als jede Stadtmauer steht.

ZUDRINGLICHKEIT

Ein Fortsetzer der lateinischen Kosmas-Chronik, Geistlicher des Prager Domkapitels, hielt um 1283 die Bedrängnisse und Wirren fest, denen Böhmen nach dem Sieg Rudolfs von Habsburg über König Ottokar II. ausgesetzt war, vor allem die Hungersnot von 1282:

»Deshalb müssen wir jetzt noch von den ärmeren Leuten in Böhmen reden, die an Hab und Gut großen Überfluß hatten, alles durch Plünderung und Raub verloren, mit den Bedürftigen an den Türen betteln mußten und vor Hunger starben. Von schwerem Hunger geplagt, liefen die Armen in der Stadt Prag durch die Gassen, auf die Plätze, in die Bürgerhäuser und bettelten um Almosen. Und weil die Zahl der Armen schon zu groß geworden war, konnten ihnen die Reicheren nicht genug Almosen austeilen. So kehrten sie abends um, litten Hunger wie die Hunde und murrten vor Mangel. Da erfüllte sich das Wort Davids: ›Sie werden ums Essen betteln gehen, und wenn sie nicht satt geworden sind, werden sie murren‹ (Psalm 58, 15–16). Es bettelten auch unendlich viele Meister und Handwerker verschiedener Gewerbe, von denen einige ein Vermögen im Wert von 100 Mark Silber besessen hatten. Den einen hatte man das alles geraubt, andere hatten es mit ihrer Familie aufgebraucht und verkauften von ihren Frauen Armspangen, Ohrgehänge, Halsbänder und allen Schmuck, der zu gepflegter Frauenkleidung gehörte. Sie wollten damit den Hunger vertreiben und Gesundheit und Leben behalten; aber viele von ihnen hatten schließlich all ihren Besitz aufgezehrt, gingen mit den Bedürftigen an den Türen betteln und starben eines jämmerlichen Todes.

Zwar hatten alle Armen die Erlaubnis, Bürgerhäuser zum Betteln um Almosen zu betreten; aber dann kamen unzählige Bettler aus den Dörfern in die Stadt Prag, und weil es zuviele waren, fingen sie an, Töpfe vom Feuer zu stehlen mitsamt den Speisen, die für die Bürger zum Essen bereitet wurden. Anderswo entwendeten sie allen Hausrat, den sie an sich reißen konnten; das schadete ihnen und erbitterte alle. So wurde denn von da an allen Armen das Betreten der Häuser verboten, und man nahm sie in der Stadt und draußen nicht mehr zum Übernachten auf, weil aus ihren scheußlichen Taten den Bürgern viel Übles erwuchs. Einige Arme, die man vor den Stadtmauern zum Übernachten aufgenommen hatte, standen nachts auf, brachten den Hauswirt und seine Familie um, nahmen die besten Sachen mit und verschwanden. Dies und ähnliches kam an den meisten Orten vor.

In *Obora* nahm eine Bettlerin zur Übernachtung in ihre Hütte eine arme Frau mit, die an Wertsachen nichts bei sich trug als fünf Scheiben Brot in einem Beutel; die Kleidung, die sie auf dem Leibe trug, war keine zwei Eier wert. Trotzdem wurde die Hauswirtin vom Teufel und vom übermächtigen Hunger dazu gebracht, daß sie die Schlafende zur Nachtzeit mit dem Beil wie ein Schwein abschlachtete und einen Mord beging. Diese Hauswirtin hatte einen Sohn von zwölf Jahren, der unter Einwirkung des bösen Feindes zum Mittäter dieses Verbrechens wurde. Aber Gottes Vorsehung läßt solche Verbrechen nicht ungerächt hingehen. Es war nämlich der Karfreitag (27. 3.), an dem das entsetzliche Verbrechen begangen wurde, und diesen ganzen Tag über ziehen die Christgläubigen fromm von einer Kirche zur anderen. Im Vorbeigehen sahen zufällig ein paar Frauen, wie die Leiche, mit einem Strick umwickelt, zum Grab an der Sankt Johanniskirche gezogen wurde, wo man damals die Toten begrub. Weil der schändliche Sohn der verruchten Mutter die Leiche nicht fortziehen konnte, traten die besagten Frauen herzu; sie wollten sich um Christi willen am Trauergeleit beteiligen und gaben sich Mühe, nach Kräften zu helfen und das begonnene Werk durchzuführen. Aber eine von ihnen, die besonders verständig war, sah die blutüberströmte Leiche und wunderte sich gewaltig; denn sie bedachte, daß menschliche Leiber bei natürlichem Tod keineswegs von Blut triefen. Die besagten Frauen gingen nun beiseite und überlegten in ziemlich weitschweifiger Verhandlung, was da zu tun sei; währenddessen entzog sich die Anstifterin des Frevels, die Mutter des Jungen, der die Leiche am Strick zog, dem drohenden Tod durch die Flucht. Der Junge aber wurde von den Frauen festgehalten und dem Stadtrichter übergeben. Der Richter erfuhr durch das Geständnis des Knaben die Wahrheit und verurteilte ihn nach den irdischen Gesetzen zum Tod durch den Strang.«

Der unbekannte Prager Domherr hat, wie er schreibt, in seinen Tagen mehr Qual miterlebt, als in den Büchern steht, und wird damit nicht so elegant wie Boccaccio fertig. Man liest doch, auch in der Chronik des Kosmas, vom Goldenen Zeitalter der ländlichen Urgeschichte, in dem die Menschen einfältig miteinander lebten. Erst in unseren eisernen Zeiten haben Handel und Wandel unter die Sterblichen Ehrgeiz und Neid gebracht; Jagd nach Besitz hat die Welt vergiftet. Ähnliche Klagen voll Sehnsucht nach dem verlorenen Paradies stimmt um 1275/80 der *Rosenroman* des Jean de Meung an; aber der Prager Chronist zitiert spätantikes Dekadenzgefühl nicht bloß aus der Literatur, er ist daran krank seit König Ottokars Unglück und Ende. Der Přemyslide hatte Städte und Deutsche gefördert und bei Landsleuten als Goldkönig, bei Feinden als Eisenkönig in höchstem Ansehen gestanden. Nun war er gefallen, sein unmündiger Sohn Wenzel II. abhängig von Ottokars Schwager, dem Markgrafen Otto von Brandenburg, sein stolzes Land vom Streit zwischen Habsburg und Brandenburg zerrissen und von Söldnerbanden geplündert. Sie schändeten sogar den Domschatz auf der Prager Burg mit Eisenfäusten. Wo war der Glanz über dem goldenen Prag geblieben, und

wer war schuld daran? Vielleicht der Ehrgeiz der Mächtigen, und Horaz
mochte recht haben, daß es die Kleinen büßen müssen, wenn die Könige
rasen; vielleicht die Hartherzigkeit der Deutschen, die wie Fliegen und
Fledermäuse kamen; vielleicht die Trägheit der Geistlichen, die ihre
Einkünfte aus Dörfern bezogen und bei der städtischen Seelsorge versagten. Hungersnot ist Strafe Gottes, aber wofür, das wird erst beim Jüngsten
Gericht offenbar. Weit schrecklicher ist die Gewißheit, daß die Geschlage-
nen, die Prager Bürger, unschuldig sind. Oder sollte Gott sie etwa züchtigen, weil er sie besonders liebt? Sind sie nicht noch im Unglück anständige Christen voll arglosen Mitleids?

Die reichen Kaufherren, unter ihnen viele Deutsche, sind im Umland
begütert und in ihren behäbigen Stadthäusern nicht so schnell auszu-
plündern und auszuhungern. Sie haben den Friedensbezirk ihres Hauses
geöffnet und bewirten Arme, wie es Valdes in Lyon getan hat. Die
hochspezialisierten Handwerker, auch unter ihnen einige Deutsche, haben ebenfalls ihren städtischen Wohnsitz, mindestens eine Hütte; die
Grundstücke des kleinen Mannes sind Schmuckstücke, die freilich der
Teuerung und Plünderung rasch zum Opfer fallen. Auch dann lassen sie
sich nicht in den Sog der Entwurzelung ziehen; noch wenn sie die
Schande des Bettelns auf sich nehmen müssen, bleiben sie ehrbar und
tasten Hab und Gut reicher Nachbarn nicht an. Das Chaos kommt erst
mit Bettlern aus den Dörfern, Leuten, die in Prag niemand kennt; sie
bestehlen und erschlagen ihre Wohltäter und bringen sich sogar gegenseitig um, draußen am Waldrand (das meint der tschechische Name *Obora*).
Sie sind fast wie schweifende Tiere, ohne Wohnsitz und Mitgefühl. Der
Chronist erwähnt einen Fall von Kannibalismus, wie er bei mittelalterlichen Hungersnöten manchmal vorkam, vergißt aber nicht hinzuzufügen,
daß die entmenschte Tochter, die ihre Mutter kochte, in einem Dorf bei
Saaz zu Hause war. Auf dem Land sind die Zeiten der Unschuld vorbei;
wir Städter sind doch bessere Menschen.

Noch auf dem Höhepunkt der Katastrophe wahrt Prag bürgerliche
Ordnung, durch Hausverbot für lichtscheue Elemente und Sorge für
einwandfreies Begräbnis der Opfer. Der Johannisfriedhof war einer von
den acht Begräbnisplätzen, die der Stadtrat herrichten ließ, wie es Florentiner Behörden bei der Pest 1348 taten. Fromme Frauen, die am Karfreitag wohl den Weg der zwei Marien zu Christi Grablege nachvollziehen,
verrichten noch an der wildfremden Leiche den Liebesdienst der Bestat-

tung, den städtische Bruderschaften ihren Mitgliedern erweisen; offenbar können sich die armen Hinterbliebenen nicht einmal Leichenträger leisten. Als den Bürgersfrauen die schreckliche Wahrheit dämmert, laufen sie nicht entsetzt davon, sondern beraten miteinander; nach allem erregten Hin und Her sind sie doch entschlossen genug, um Gott und der Stadtjustiz bei der Sühne des Verbrechens zu helfen. Die Menschen sterben wie die Fliegen, nach Schätzung des Chronisten 8000 in einem halben Jahr; aber Ordnung muß sein.

Das Prag des 13. Jahrhunderts ist mit mindestens 20 000 Einwohnern die größte Siedlung nördlich der Alpen und östlich des Rheins, aber eine Kommune ist diese Residenzstadt nicht. Der Stadtrichter, der den Zwölfjährigen hängen läßt wie einen Erwachsenen, ist vom König eingesetzt und hat nicht einmal bürgerliche Schöffen als Beisitzer. Nach außen ist die Gemeinde zwar durch Mauern, aber nicht durch Privilegien abgegrenzt. Im Innern bilden die Dutzende von Pfarreien die deutlichsten Einheiten. Zünftische Gruppierungen sind schwach, ständische Unterscheidungen unscharf. Wenn Handwerker ein Vermögen von 100 Mark ersparten, könnte das heißen, daß sie die Besitzgrenze der Patrizier erreichten; dann besäßen sie deren Vorrechte, zum Beispiel Waffentragen, Zeugenfähigkeit für einzelne Delikte bei Gericht, Kleiderluxus für die Frauen. Die Grenze zwischen Handwerkern und Habenichtsen ist erst recht fließend. Es gibt in allen Städten »Berufs-Arme«, die sich den Lebensunterhalt nicht durch eigene Arbeit sichern können, von wandernden Klerikern über Handwerksgesellen und Tagelöhnern bis zu Bettlern; doch sind sie keine proletarische Gemeinschaft, auch wenn sie mancherorts 40 Prozent der Gesamtbevölkerung ausmachen. In dieses Dunkel kann fast jeder schnell als »Saison-Armer« versinken, wie unser Fall zeigt. Wie gewöhnlich war die Prager Hungersnot von 1282 Höhepunkt einer mehrjährigen Krise, die 1280 mit schneereichem Winter und anschließenden Überschwemmungen begonnen hatte – wir kennen das vom Niederrhein 873. Sofort stiegen die Lebensmittelpreise: für einen Pfennig vorher 50 Eier, jetzt zwei. Zunächst mögen die meisten die Teuerung aus Reserven abfangen; aber wegen des Hungers wird die nächste Wintersaat vernachlässigt, und im Jahr darauf sind die Scheuern der Bauern und die Schatullen der Handwerker leer. Wenn nun im überfüllten Prag zur rapide gestiegenen Zahl der Stadtarmen obendrein die Landarmen durchgefüttert werden sollen, ist die planende Weisheit der Fernhändler und

Stadtväter am Ende. Dann sorgt jeder mit bäuerlichem Mißtrauen für seine Familie, daß ihm der Suppentopf nicht vom Herd gestohlen wird.

Solche Zusammenbrüche beleuchten die Schwäche mittelalterlicher Marktwirtschaft, deren internationaler Austausch mehr Delikatessen als Grundnahrungsmittel beschafft und deren Substrat die lokale Landwirtschaft bleibt; sie enthüllen auch die Schwäche der Stadtgemeinde, die in allgemeinen politischen Katastrophen die Gleichberechtigung der Privilegierten nicht einmal innerhalb der Stadtmauern durchhalten kann. Und doch ist in Prag, nach Ansicht des Domherrn, noch eine Bürgergesinnung intakt, die Boccaccio zwei Menschenalter später in der wirtschaftlich und politisch stabileren Kommune Florenz vermißt. Sie schließt Prag, so offen es zum Umland ist, streng zusammen: Ehrbarkeit und Anstand in allen Lebenslagen, bis zum bitteren Ende.

ANSTAND

Keine mittelalterliche Stadt glich der anderen; auch London und Prag sahen trotz etwa gleicher Einwohnerzahlen verschieden aus. Die Hafenstadt London war als Umschlagsplatz für den kontinentalen Fernhandel auf weiträumigeren Austausch eingestellt als Prag, das abseits der großen Handelsstraßen und Flußwege lag. Zwar überwogen in London nicht die Reichen, in Prag nicht die Armen, doch traten dort Kaufherren, hier Handwerker stärker hervor. Politisch begann das Königtum Heinrichs II. in England Adel und Bürgertum in einen größeren Verband zu integrieren, während in Böhmen nach Ottokars II. Tod wieder einmal innere Spannungen und Eingriffe von außen die Prosperität störten. Solche Fakten färbten auf die Bürgermentalität ab; in London meint man den Glanz einer blühenden Metropole, in Prag das Elend einer sterbenden Massensiedlung zu spüren. Viel davon geht freilich auf die Blickrichtung der beiden Zeugen zurück, die manches verfehlte. Als Weltgeistliche im Dienst von Krone oder Mitra sahen sie ihre Städte von oben herab, identifizierten sich mindestens nicht ebenso wie Salimbene oder der Annalist von Gent mit den Stadtbürgern. Das lag jedoch auch an den Städten; London und Prag waren Haupt- und Residenzstädte und schon deshalb nicht zuerst Wirtschaftszentren von Handel und Handwerk oder Kommunalverbände von Patriziat und Zünften. Aber an bürgerlicher

Denkweise standen sie anderen Städten nicht nach; die gemeinsamen Grundzüge dieser Mentalität wurden hier sogar besonders kraß sichtbar.

Was mittelalterliche Bürger fasziniert, ist das geregelte Zusammenleben vieler Menschen auf engem Raum. Er ist in London und Prag durch die Stadtmauer begrenzt, doch sind die Vorstädte bereits über das Weichbild hinausgewachsen; irgendwann wird man den Mauerring erweitern müssen. Aber Hauptsache ist zunächst nicht das Beieinanderwohnen der Ansässigen. Was beim Mainzer Hoffest 1184 für drei Festtage zu sehen war, ist in der Großstadt Alltag: In endloser Prozession strömen zu den Stadttoren Unzählige herein, berühmte Hochadlige und namenloser Pöbel. Die Stadt empfängt sie alle gastfreundlich und gibt ihnen vorübergehend Obdach und Nahrung. Die wichtigste Symbolfigur der mittelalterlichen Stadt ist der Gastwirt der *Gesta Romanorum* mit Brot, Wein und Zimmerschlüsseln, der Gastwirt Chaucers. Die Städter sehen mit Stolz, wie sich tagsüber auf ihren weiten Märkten und in ihren engen Gassen Fremde aller Länder und Schichten drängen; hier bedient sie der Händler mit Waage, Elle und Börse und der Handwerker mit Hammer, Zange und Schreibtafel, um materielle Bedürfnisse und Gelüste zu befriedigen. Und für Ordnung sorgt der Stadtknecht.

In Nacht- und Notzeiten schließen sich freilich die Stadttore schnell; dann regiert auch unter den Ansässigen nicht mehr Urbanität. Die Städte umfassen schon im Frieden keine riesigen Wohngebiete, sondern unterschiedliche Bezirke, fast besondere Dörfer mit eigenen Pfarrkirchen, Bünden, Friedhöfen, Brunnen und Wochenmärkten; man wohnt nicht einfach in London oder Prag, sondern in Southwark oder Smithfields, beim Altstädter Markt oder auf der Kleinseite. Es gibt noch keine City um Guildhall oder Altstädter Rathaus herum. In den Stadtvierteln stehen Paläste und Hütten dicht nebeneinander; die Topographie des vornehmen West End, des ärmlichen East End gilt noch nicht. Um so deutlicher unterscheiden sich die Nachbarn voneinander. Ob jemand Wildbret ißt und seiner Frau einen Pelz schenkt, hängt vom Vermögen ab, und zwar weniger von Bargeld und Schmuck, die rasch ihren Wert verlieren, als von Grundstücken und Häusern mit beständigem Wert. Die Gattin des Valdes nimmt, wenn sie wählen muß, lieber Liegenschaften als Barschaft. Das heißt, daß auch die Bürger im Ernstfall bäuerlich denken; Tauschwerte sind Wechsel auf eine unsichere Zukunft, aber was man hat, das hat man.

Hier liegt auch der Berührungspunkt mit adligem Denken. Vom Stolz auf edles Geblüt und kriegerische Leistung gehen die Bürger nicht aus; Handarbeit wird in der Stadt nicht wie beim Adel als ehrenrührig empfunden. Aber es heißt die mittelalterliche Stadt stark idealisieren, wenn man sie als Leistungsgemeinschaft empfindet. Hier arbeitet man nicht für das Einkommen, sondern für das Auskommen, nicht für Investitionen, sondern für den Konsum. Der Franziskaner von Gent und der Domherr von Prag kritisieren das Prassen auf fremde Kosten und den Ehrgeiz des Besitzwillens, aber nicht die bürgerliche Mentalität; sie ist wie bei dem Pariser Großbürger von 1393 auf behäbigen Verzehr des ehrbar Erworbenen bedacht. Wer sich dabei Aufwand leisten kann, rückt dem Adel nahe, der sich seiner Potenz ja auch nicht schämt. Wer lang hat, läßt lang hängen. Ehrenrührig ist in der Stadt nur der Bettel, das Leben auf Kosten anderer; daran haben sogar städtische Bettelorden nichts ändern können. Deshalb ist der Minderbemittelte auch minderberechtigt; er ist kein erbgesessener Vollbürger, nur Beisasse. Aus dem Vermögen eines jeden ergibt sich, was jedem ansteht.

Diese Mentalität paßt schlecht zu ökonomischer Rationalität der Zwecke und zu sozialer Gleichberechtigung der Privilegierten, aber sie stabilisiert inmitten aller Schwankungen von Wirtschaft und Gesellschaft die bürgerliche Lebensform. Sie erzwingt öffentlichen Anstand in jeder Situation, nicht eigentlich durch Berufung auf gute alte Sitten; denn Bräuche können wechseln, Familien auch. Die Kontinuität stammt aus der jeweiligen Konvention der Öffentlichkeit. Solange jemand reich ist, erweist er seinen Erfolg durch Aufwand, den er verdient hat, und durch Hilfe für Schwache, auf die sie Anspruch haben. Wer arm ist, erweist seine Würde durch redliche Arbeit und bemüht sich, das Lebensnotwendige selbst zu verdienen und anderen nicht zur Last zu fallen. Was jedem ansteht, überwacht eine öffentliche Neugier, die rücksichtsloser als im Dorf bis in die familiäre Häuslichkeit vordringt. Sie beobachtet genau, wieviel das Pferd kostet, das der Nachbar kauft, und wie oft die Nachbarin am Karfreitag zur Kirche geht.

Die bürgerliche Denkart hat zwar eine religiöse, karitative Neigung, doch ist auch sie auf Sammlung und Darstellung von Verdiensten gerichtet. Es ist eine Denkart, die Kreditfähigkeit erträumt. Sie äußert sich in der Großzügigkeit des Kaufherrn anders als in der Gewissenhaftigkeit des Handwerkers; aber die seriöse Haltung zeigt sich bei der Bewirtung

des Gastfreunds wie bei der Bestrafung des Verbrechers. Dahinter ver-
birgt sich Angst vor der Zukunft, denn die Mitbürger werden einen
Gestrauchelten gnadenlos liegenlassen, wenn er sich nicht selbst aufhilft;
aber wenigstens auf die Maßstäbe der öffentlichen Meinung wird man
sich immer verlassen können. Der bürgerliche Lebenskreis des Mittelalters ist weit spannungsreicher als der bäuerliche, zumal er bäuerliche
und adlige Lebensformen in sich aufgenommen hat. Er ist auch jünger als
Adel und Bauerntum, denn er hat sich erst während des Mittelalters
ausgebildet. Aber neuzeitlicher ist er nicht. *Burgenses* sind keine Bour-
geois; ihre Mitbürger hindern sie daran, die Zukunft vorwegzunehmen.

ADLIGE UND FÜRSTEN

GEFOLGSCHAFT

Ein altenglisches Epos schildert die Schlacht bei Maldon am 10., wahrscheinlicher am 11. August 991, in der Zeit König Aethelreds II. von England; dabei fiel Earl Byrhtnoth von Essex mit seinen Mannen im Kampf gegen eine Schar norwegischer Wikinger.

»Nun kam ein kriegsharter Mann heran, hob Waffe und Schutzschild und ging auf den Kämpfer (Byrhtnoth) los. Ebenso entschlossen ging der Earl auf den Kerl zu; jeder sann auf Böses für den anderen. Da warf der Seekrieger den Speer aus dem Süden, so daß der Herr der Krieger verwundet wurde. Doch stieß er mit dem Schild dagegen, daß der Schaft brach und die Speerspitze herausfiel. Der Haudegen wurde wütend; mit dem Speer stach er nach dem stolzen Wiking, der ihm die Wunde beigebracht hatte. Der Kämpe war erfahren; er ließ seinen Speer durch des jungen Mannes Hals dringen und führte die Hand so, daß er dem Räuber das Leben nahm. Dann schoß er schnell auf einen anderen, dem das Panzerhemd zerbrach; an der Brust, durch die Kettenringe hindurch, war er verwundet; beim Herzen stand ihm die tödliche Spitze. Immer vergnügter wurde der Earl; der tapfere Mann lachte und sagte Gott Dank für dieses Tagewerk, das ihm der Herrgott gab.
Nun sandte einer der Wikingkrieger den Wurfspieß aus der Hand, ließ ihn aus der Faust fliegen, daß er den Weg durch die edlen Mannen Aethelreds nahm. Neben ihm (Byrhtnoth) stand ein halbwüchsiger Junge, unerfahren im Kampf, der ganz kühn nach dem blutigen Speer des Kämpfers griff: Wulfstans Sohn, der junge Wulfmaer. Er ließ den sehr harten Speer wieder zurückfliegen. Die Spitze drang ein, so daß am Boden der Mann lag, der seinen Herrn schlimm getroffen hatte. Nun ging ein gewappneter Mann auf den Earl zu; er wollte den Schatz des Kämpfers nehmen, Ringe und Schmuckschwert erbeuten. Da zog Byrhtnoth das Schwert aus der

Scheide, das breite, mit schimmernder Klinge, und hieb auf das Panzerhemd. Zu schnell hinderte ihn einer der Wikinger, er lähmte den Arm des
Earls. Da fiel das Schwert mit dem Goldgriff zu Boden, er konnte das harte
Schwert nicht mehr halten, die Waffe nicht führen. Doch nun nahm er das
Wort, der eisgraue Kämpe, spornte die Jungen an und befahl, tapfer zusammen voranzuschreiten. Dann konnte er nicht länger fest auf den Füßen
stehen; er blickte zum Himmel: ›Ich danke dir, Herrscher der Völker, für
alle die Freuden, die ich auf der Welt erfuhr. Jetzt, gütiger Herr, ist es für
mich am nötigsten, daß du meinem Geist Glück verleihst, daß meine Seele
zu dir wandern und unter deinen Schutz, Fürst der Engel, in Frieden gehen
kann. Ich bitte dich, daß ihr die Höllenfeinde nicht schaden dürfen.‹

Dann erschlugen ihn die heidnischen Krieger, und auch die beiden
Kämpfer, die bei ihm standen; Aelfnoth und Wulfmaer fielen beide, nahe
bei ihrem Herrn gaben sie das Leben hin. Nun zogen sich diejenigen aus
dem Kampf zurück, die da nicht bleiben wollten. Zuerst ergriffen die
Söhne Oddas die Flucht: Godric ließ vom Kampf und verließ den wacke-
ren Mann, der ihm oft viele Rösser geschenkt hatte. Er sprang auf das
Pferd, das seinem Herrn gehörte, auf die Satteldecke, auf die er kein
Anrecht hatte, und seine beiden Brüder galoppierten mit ihm: Godwin
und Godwig kümmerten sich nicht um den Kampf, gingen von der
Schlacht weg, suchten den Wald, flohen in seinen Schutz und bargen ihr
Leben. Es waren mehr Männer, als es irgendwie recht war, wenn sie aller
Gunsterweise gedachten, die er ihnen zuliebe getan hatte. Daß es so
käme, hatte ihm Offa schon eines Tages vorher gesagt, als er beim
Treffpunkt Rat hielt: daß viele da tapfere Reden führten, die nachher in
der Not nicht durchhalten würden.

Der Führer des Volkes war gefallen, der Earl Aethelreds. Alle seine
Herdgenossen sahen, daß ihr Herr tot lag. Da gingen stolze Mannen nach
vorn, furchtlose Männer eilten eifrig herbei. Sie alle wollten eines von
zweien: entweder das Leben lassen oder den lieben Herrn rächen. So trieb
Aelfrics Sohn sie nach vorn; der Krieger, jung an Wintern, meldete sich zu
Wort; Aelfwin sprach und sagte tapfer: ›Denkt an die Reden, die wir oft
beim Met hielten, als wir auf der Bank saßen, Helden zu Hause, und mit
Schwüren von hartem Streit um uns warfen. Jetzt kann sich erweisen, wer
kühn ist. Ich will meine adlige Abkunft allen kundtun: Ich kam aus großem Geschlecht in Mercia. Mein Großvater wurde Ealdhelm geheißen, ein
kluger *Ealdorman,* in der Welt erfolgreich. Die Mannen unter diesem Volk

sollen mir nicht vorwerfen, ich wollte aus diesem Aufgebot weggehen und die Heimat aufsuchen, jetzt, wo mein Führer daliegt, erschlagen im Kampf. Das grämt mich am meisten, denn er war mir beides, mein Verwandter und mein Herr.‹ Dann ging er nach vorn, auf Kampf erpicht.«

Die Schlacht bei Maldon hat wirklich stattgefunden; ein Eintrag der *Angelsächsischen Chronik* bezeugt es unabhängig von unserem Epos. Olaf Tryggvasson kam 991 mit 93 Schiffen, also 3–5000 Mann nach England und ankerte schließlich an der Ostküste bei Maldon. »Ealdorman Byrhtnoth kam ihnen mit seinem Aufgebot entgegen und kämpfte mit ihnen, und sie erschlugen den Ealdorman da und behaupteten die Walstatt.« Byrhtnoth war seit 956 *Ealdorman,* eine Art Großgraf von Essex und einer der führenden Adligen des Reiches; wir wissen, daß er von überragender Körpergröße und 991 tatsächlich weißhaarig war, vielleicht 65jährig, aber ungebeugt. Wir kennen auch einige Adlige seiner Umgebung, so den jungen Wulfmaer, dessen Familie in der Nähe von Maldon Land besaß und mit Byrhtnoth verwandt war. Aelfwin läßt sich gleichfalls identifizieren. Sein Großvater Ealdhelm war von 940 bis 951 *Ealdorman* von Mercia gewesen; sein Vater Aelfric war 983 im Amt gefolgt, doch 985 verbannt worden. Deshalb erzählte der Aelfwin unseres Gedichts vom Großvater mehr als vom Vater und suchte in Essex Unterschlupf. Auch er war mit Byrhtnoth verwandt, dessen Familie aus Mercia stammte und dort viel Besitz hatte.

Natürlich ist nicht jede Einzelheit des Epos buchstäblich wahr; auch manches, was wir gern wüßten, sagt es nicht. So wird unter den als Dänen bezeichneten Wikingern, die in Wahrheit Norweger waren, kein Führer genannt, und so bleibt offen, ob der berühmte Tryggvasson selbst mit Byrhtnoth die Klinge kreuzte. Man erfährt fast nichts vom Verlauf der Schlacht, von Aufstellung und Bewegungen der Heere, von ihrer Größe und Gliederung. Gelehrter Scharfsinn hat neuerdings wenigstens Byrhtnoths Schlachtplan rekonstruiert, der sich nach dem Gelände, nach Ebbe und Flut und der Schwerfälligkeit des Bauernaufgebots richtete; jetzt kann man sich vorstellen, daß der Kampf von etwa 16.30 bis 20.30 Uhr gedauert haben mag. Unser Dichter war vermutlich nicht dabei und stützte sich auf Erzählungen von Überlebenden; sie waren wohl so widersprüchlich wie die Berichte von der Schlacht bei Azincourt. Um so kräftiger konnte der Dichter wenige Jahre danach die Akzente setzen, und er beschrieb den Krieg nicht wie Thomas Basin als Getümmel und Gemetzel, als Orgie der Wut und der Angst. Er blickte auf Helden und ihr Verhalten beim Sterben. Der Held seines Gedichts, das möglicherweise erst im späten 11. Jahrhundert in Worcester zu Pergament kam, war offenbar weder der Earl noch das Bauernvolk, das in Aelfwins Rede nur nebenbei erwähnt wird, sondern die adlige Gefolgschaft. In ihrem Kreis darf man den namenlosen Dichter vermuten.

In der Halle des Earls haben sich junge Adlige aus Nah und Fern versammelt zu einem Bund von Freiwilligen, als seine Herdgenossen und Gefolgsleute. Der Alte gibt ihnen Speise und Met, Rösser und Waffen; sie führen ein sorgloses Leben, das an die Stimmung in der Königshalle Edwins von Northumbrien erinnert. Aber anders als in Bedas Darstellung gipfelt das Dasein der Mannen nicht im Augenblick des Beisammenseins; die prahlerischen Schwüre fiebern dem Augenblick der Bewährung entgegen. Im Ernstfall führen die adligen Herren beim Kriegsrat das große Wort; das Aufgebot der freien Bauern folgt ihnen stumm. Die Herren kommen hoch zu Roß, doch ist das Pferd nur schnelles Transportmittel; vor der Schlacht läßt Byrhtnoth die Pferde abseits führen, damit niemand flieht. Noch wird der Steigbügel nicht ausgenutzt, der dem Reiter für Schwerthieb und Lanzenstoß festen Halt gibt; Adlige kämpfen wie Bauern zu Fuß, auch 1066 in der Schlacht bei Hastings. Ihre Rüstung stammt von Schmieden wie denen von *Alnecestre,* ist aber noch nicht so eisern wie auf dem Gemälde der *Gesta Romanorum.* Schutzwaffen sind der Lindenschild, der Helm und für die Reichen das Panzerhemd, Angriffswaffen sind der Speer und für den Nahkampf das Schwert, hier schon wie im Epos vom Cid die kostbarste Waffe; die fränkische Axt aus Chlodwigs Zeit ist noch nicht verschwunden, aber veraltet.

Der Kampf löst sich in Einzelgefechte auf; der Heerführer ficht mitten im Getümmel und geht sogar selbst voraus. Wenn er fällt, ist das Gefecht verloren. Deshalb scharen sich um ihn die Tapfersten vom Gefolge; sie vergelten seine Freigebigkeit mit ihrem Leben. Byrhtnoth hat kaum Zwangsgewalt, wenn er bittet und befiehlt; er muß überreden und mitreißen. Die Helden des Epos reden länger, als es das Kampfgewühl in Wirklichkeit zuließe; doch die weise und tapfere Rede des Führers ist unentbehrlich, in Maldon wie in Azincourt. Byrhtnoth begeistert die Seinen auch durch überlegenes Handeln, eben noch grimmig, dann lachend; er trifft mit sicherer Hand die tödliche Stelle beim Gegner und erinnert sich im

Tod aller Freuden dieser Welt, stets ohne Zaudern. Sein Vorbild zwingt die Adligen, es ihm gleichzutun; sie müssen jetzt ihr edles Geblüt und ihre kühnen Reden vor allem Volk durch Taten beweisen. Wenn die Schlacht verloren ist, fliehen die Bauern, und nicht nur sie; Oddas drei Söhne gehören zur adligen Gefolgschaft des Earls. Ist es Zufall, daß ihre Familie in historischen Quellen nicht begegnet? Der Dichter nennt sie, damit Schande über sie und ihre Nachfahren komme. Die Ausharrenden können nicht mehr siegen, aber bevor sie sterben, werden sie sich blutig rächen, damit ihre Eide halten und rühmendes Andenken erwerben.

Die Feinde sind kriegserfahren und hart. Der Dichter erkennt ihren Mut an, aber er achtet sie nicht; sie sind noch namenloser als die Bauern. Sie kamen als beutelüsterne Räuber aus der Fremde, während Earl und Gefolgschaft in Treue zum König die Heimat verteidigen; sie sind überdies abscheuliche Heiden, während der Earl vertraulich mit dem Herrgott sprechen darf. Gewiß ist Byrhtnoth kirchlich gesonnen; seine Landschenkungen an neu reformierte Benediktinerklöster erhielten in Winchester, Ramsey und Ely seinen Namen und Todestag über Jahrhunderte lebendig. Aber adlige Frömmigkeit dankt Gott für reichen Grundbesitz und erschlagene Feinde; ihr Grundgefühl ist herrische Freude. Der allmächtige Gott ist ja selbst ein gütiger Herr, Herrscher der Völker, Feldherr der himmlischen Heere und belohnt seine Getreuen wie ein Herr sein Gefolge. Darum ist der Tod in der Schlacht schön; der Tapfere sichert sich auf Erden bleibenden Nachruhm und im Himmel einen Platz in der Halle des Allerhöchsten, vielleicht sogar Siege über die Höllenfeinde.

Die *Angelsächsische Chronik* meldet, daß nach der Niederlage von Maldon Erzbischof Sigeric von Canterbury Frieden vermittelte und König Aethelred sich zu Tributzahlungen an die Wikinger bereitfand. Der Vertrag, dessen Wortlaut erhalten blieb, regelte den friedlichen Austausch zwischen Menschen, Rechten, Schiffen und Waren. Wir sind geneigt, daraus zu folgern, daß König und Prälat klüger handelten als die Draufgänger von Maldon und daß die Toten dort umsonst gefallen sind; es fällt uns auch nicht leicht zu übersehen, daß die Schlacht neben Adligen namenlose Opfer forderte. Aber die Frage, ob sich der Blutzoll gelohnt hat, wäre bei den Zeitgenossen auf Unverständnis gestoßen. Wenn neben dem alten und lebenssatten Byrhtnoth die halbwüchsigen Jungen Wulfmaer und Aelfwin für ein Jahrtausend in Lied und Sage weiterleben, hat sich ihr Sterben gelohnt; denn genau dafür haben sie miteinander gelebt.

VERRAT

In der lateinischen Lebensbeschreibung König Ludwigs VI. von Frankreich erzählte um 1144 Abt Suger von Saint-Denis die Schauergeschichte der Burg La Roche-Guyon, die zwischen dem französischen und dem englisch-normannischen Machtbereich lag. Die Ereignisse fielen vermutlich in den Mai 1109.

»Über dem Ufer der breiten Seine liegt auf einer steilen Bergnase eine wilde und unedle Burg, die Guido-Fels heißt. An der Oberfläche sieht man nichts von ihr; sie ist in den hohen Felsen hineingehauen. Der ehrgeizige Baumeister errichtete zum Berghang hin nur wenige und kümmerliche Öffnungen, im gespaltenen Felsen aber ein höchst geräumiges Haus. Man kann es für eine Höhle von Zauberern halten, in der vielleicht apollinische Orakel erteilt werden, oder für die Höhle, von der Lukan redet ... Vielleicht geht von da ein Weg zur Hölle. Eigentümer dieser finsteren, Gott und den Menschen verhaßten Burg war Guido, ein gut begabter junger Mann, der die Geschlechterkette durchbrach, sich von der Bosheit seiner Vorfahren fernhielt und ein ehrenhaftes Leben ohne elende Raubgier zu führen beschloß. Aber das Unheil des verfluchten Platzes trat ihm dazwischen; der Verrat eines Scheusals von Schwager zerschlug ihn; auf unvermutete Art verlor er Burg und Leben. Sein Schwager Wilhelm, Normanne von Herkunft, war ein Verräter ohnegleichen; er galt als sein Vertrauter und bester Freund, noch nachdem er Unheil gebrütet und Niedertracht geboren hatte. Eines Sonntags am frühen Morgen fand er günstige Gelegenheit zum Verrat. Mit den besonders Frommen, die als erste zu der an Guidos Haus im gespaltenen Fels angrenzenden Kirche kamen, fand auch er sich ein, doch in anderer Absicht als sie, im Panzer, aber mit Umhang, von einer Handvoll Verräter begleitet, und während die anderen beteten, tat auch er eine Weile so, als bete er. Er hatte sich nach dem Zugang umgesehen, auf dem er zu Guido hineinkommen konnte, und stürzte zu der Tür, durch die Guido eilends die Kirche betrat. (Guido und seine Kinder werden erschlagen, seine Frau bleibt halb tot liegen.)

Nachdem der Verbrecher Wilhelm sie wie die Schweine hinausgeschafft hatte, war er endlich wie eine Bestie an Menschenblut satt und hielt inne. Er bewundert die Stärke der Felsen mehr als sonst und lobt sie; er überlegt sich, immerhin ziemlich spät, wie er als mächtiger Räuber im Umkreis herrschen und den Franzosen und Normannen nach Wunsch Furcht einjagen kann. Dann streckt er seinen verrückten Kopf zum Fenster hinaus und ruft die einheimischen Bauern der Herrschaft; ohne Güter zu besitzen, macht er ihnen böse Versprechungen, wenn sie zu ihm halten. Kein einziger ist hinaufgegangen. Das Gerücht von diesem gewaltigen Verbrechen verbreitet sich rasch und erschüttert am nächsten Morgen nicht nur die Nachbarschaft, sondern auch das Hinterland. Besonders gründlich wurden dadurch die Herren der Landschaft Vexin, tatkräftige und waffentüchtige Männer, aufgeschreckt, und jeder sammelte mit allen Kräften Truppen zu Pferd und zu Fuß; denn sie fürchteten, daß der großmächtige König der Engländer Heinrich (I.) den Verrätern zu Hilfe komme. Sie eilen zu dem Fels, umstellen den Berghang mit viel Reitern und Fußvolk, damit niemand hinein- oder herauskommt, und riegeln mit ihrer Hauptmacht den Weg in Richtung der Normannen ab, damit sie keine Hilfe senden können. Inzwischen schicken sie zu König Ludwig (VI.), melden die Verschwörung und erbitten seine Anweisungen.

Er befiehlt kraft königlicher Majestät die ausgesucht schmachvollste Todesstrafe und sagt für den Notfall seinen Beistand zu. Nachdem das Heer einige Tage gelagert hatte und sich von Tag zu Tag vergrößerte, packte den Unhold die Angst. Auf Anweisung des Teufels bemerkte er, was er nach dessen Rat angerichtet hat, ruft einige Herren vom höheren Adel des Vexin und legt ihnen mit vielen Versprechungen dar, wie er auf dem Fels friedlich bleiben, sich mit ihnen verbünden und dem König der Franzosen aufs beste dienen wolle. Sie wiesen das Angebot zurück und drängten auf Rache für seinen Verrat. Dadurch brachten sie den schon Verzagenden so weit, daß er ihnen die besetzte Burg überlassen wollte, wenn sie ihm die Zuweisung irgendeiner Herrschaft eidlich zusicherten und freien Abzug gewährten. Dieser Eid wurde geleistet und dann eine Anzahl Franzosen eingelassen.

Aber wegen der besagten Herrschaft verzögerte sich der Abzug, und als am anderen Morgen außer denen, die geschworen hatten, noch einige hineinkamen und ihnen immer neue folgten, machten die draußen zunehmenden Lärm. Sie schreien fürchterlich, die drinnen sollten die Verräter ausliefern; entweder täten sie es, oder sie verfielen als Mitwisser der gleichen Strafe wie die Verräter. Die geschworen haben, weigern sich, der verwegenen Drohung nachzugeben; da dringen die, die nicht geschworen haben, mit überlegenen Kräften auf sie ein, greifen sie mit den Schwertern an und metzeln fromm die Unfrommen nieder. Den einen verstümmeln sie die Glieder, andere weiden sie gar lieblich aus; sie vollführen an ihnen alle erdenklichen Grausamkeiten und halten sie noch für zu milde. Zweifellos beschleunigte die Hand Gottes diese schnelle Rache, denn sie wurden lebend oder tot aus den Fenstern geworfen und blieben, mit zahllosen Pfeilen wie Igel gespickt, auf den Lanzenspitzen in der Luft schwankend hängen, als wolle die Erde sie nicht aufnehmen.«

Suger breitete die Affäre aus, obwohl sie die Geschicke weder des Autors noch seines Helden direkt berührte. Allerdings lag La Roche-Guyon 1109 für Ludwig wie für Suger am Lebensweg. Der König hatte, wohl im März, in der Normandie mit dem englischen König Heinrich über das Grenzgebiet verhandelt, besonders über die nahe bei La Roche-Guyon liegende Burg Gisors, und war nach Südosten davongezogen. Suger war bis 1109 in der Normandie als Verwalter von Klostergütern tätig gewesen und wurde dann von seinem Abt im Südwesten eingesetzt, wo er Ludwig bald bei der Niederwerfung des Adligen Hugo du Puiset half. Zwei Eindrücke beherrschten König und Mönch, die straffe Feudalordnung in der englischen Normandie und die wilde Adelsanarchie an den Säumen der französischen Krondomäne. In der Grafschaft Vexin besaß Sugers Abtei Saint-Denis Ländereien; hier war Ludwig Graf, und der Graf von Vexin war einer der Vögte von Saint-Denis. Was hier geschah, konnte die gemeinsame Zukunft von Krone und Abtei gefährden. Deshalb ist Sugers Parteinahme blind; der benediktinische Berater des Königs, aus kleinsten Verhältnissen aufgestiegen, haßt den selbstherrlichen Adel zutiefst.

Seine Andeutungen zeigen, daß er Geschichte und Topographie der Burg gut kennt. Ein Guido von La Roche-Guyon, wohl der Vater des Ermordeten, fungierte 1077 als Vasall des Grafen Simon von Vexin, hatte aber auch von Graf Hugo von Dammartin Länder zu Lehen. König Philipp I. nahm die Grafschaft Vexin spätestens 1081 an sich; doch Guido machte sich wie andere Königsvasallen selbständig und öffnete seine Burgen 1097 dem englischen König Wilhelm II., als gehörten Guido die Lehen zu eigen. Das meint Suger, wenn er von der Raubgier der Vorfahren spricht. Ihr Wahrzeichen ist die Burg selbst, offenbar ohne Zustimmung des Landesherrn ausgebaut und aus dem Tal auf den Berg gerückt, wie es im 11. Jahrhundert üblich wurde. La Roche-Guyon prunkt nicht wie das fürstliche

Gisors mit einem weithin sichtbaren Turm aus Stein, mit malerischem Innenhof und Brunnen, mit Trutzmauern. Archäologisch läßt sich der Wehrbau von 1109 nicht fassen, weil um 1190 an derselben Stelle eine neue Burg aus Stein mit massigem Bergfried entstand. Doch fanden sich Gänge und Höhlen in dem steilen Kreidefelsen sowie Erdwerke, die die Bergnase an der einzigen von oben zugänglichen Stelle schützen; sie würden zu Sugers Beschreibung passen, die das eng an den Fels geschmiegte Haus wie eine Teufelshöhle erscheinen läßt. Die Burg lag uneinnehmbar an exponierter Stelle, keine hundert Meter von der Seine entfernt, die hier eine Schleife macht, unmittelbar über der Straße Paris–Rouen, die sich zwischen Fels und Fluß durchzwängte. Dort unten dürfte auf Rufweite der Herrenhof gelegen haben, wo die Bauern saßen.

Die Burg war nicht nur »Hochburg« lokaler Herrschaft, auch Sitz des adligen Geschlechts. Den Leitnamen Guido führte der Vater, der Sohn und noch um 1200 der Burgherr; die Burg selber führt ihn bis heute. Die Geschlechterkette ist dem Mönch Suger so zuwider wie die Adelsherrschaft, denn Geschlecht bedeutet Blut und tierische Wildheit, wie für Abt Guibert von Nogent zur selben Zeit. Fast wundert sich Suger, daß das Raubnest eine Burgkapelle besitzt, in die zur Frühmesse nicht bloß Bauern von drunten, auch Herr, Frau und Kinder von droben kommen. Aber der patriarchalische Sonntagsfriede gehört überall zum feudalen Alltag; er verspricht gemeinsame Sicherheit auf Sichtweite durch den Schutz der Mauern und vielleicht durch Gottes Segen. Suger hat freilich recht, daß Herrschaft und Geschlecht eher Krieg als Frieden fördern. Der böse Schwager muß den Gottesfrieden brechen, wenn er Guido waffenlos finden will, und seine eigenen Neffen totschlagen, wenn er die Burg erben will. Wilhelm träumt nicht eigentlich von dieser Burg, deren militärischen Wert er erst nachher erkennt, sondern allgemein von Herrschaft, das heißt Landbesitz im Umkreis, Kontrolle von Straßen und Flüssen, Versorgung durch die Bauern drunten. Und sobald er Herr auf La Roche-Guyon ist, kann er Herrschaft erlangen.

Deshalb nehmen ihn die adligen Herren des Vexin ernst, obwohl der Verwandtenmörder aus der Fremde mit niemandem versippt ist, und fühlen sich durch den ihm gegebenen Eid mehr als durch den Befehl des Königs gebunden. Im Feudalsystem ist der Burgherr der stärkste Mann, ob Graf oder Ministeriale, ob belehnt oder nicht. Der Wechsel des Burgherrn stört das ohnedies labile Gleichgewicht zwischen den Herren der

Landschaft und ist doppelt gefährlich im Grenzland; denn der englische König könnte, wenn ihn einer riefe, alle niederzwingen, der französische vielleicht auch, wenn ihn einer verriete. Darum rufen sie ihre ritterlichen Vasallen zu Pferd und ihre Bauern zu Fuß zusammen, um den neuralgischen Punkt abzuriegeln. Gegen die feuerfeste Burg an dem fast senkrechten Fels richten Lanzen der Ritter, Pfeile der Bauern, auch Rammwerkzeuge nichts aus. Man muß also die Burg aushungern, alle Zufahrtswege besetzen, Entsatz verhindern und dann abwarten. Im Burgkeller liegen wohl Lebensmittelvorräte, und ein Ziehbrunnen gibt Wasser; aber die Burg hält sich nie isoliert. Sie braucht Nachbarburgen, Straßen und Wege, insbesondere wehrwillige Bauern, nach denen Wilhelm schreit. Nicht Mauern, Menschen machen die Burg zum Mittelpunkt der Landschaft, in der Frühzeit hier wie in Huttens Spätzeit. Wilhelm begreift, daß er mindestens die adligen Standesgenossen braucht, und feilscht mit ihnen. Das ist der gewöhnliche Lauf solcher Kriege: Sie erfordern keine Massenheere, nur ein paar hundert Mann; sie dauern nicht lang, meist ein paar Wochen; sie entscheiden sich nicht in dramatischen Schlachten, sondern in zähem Verhandeln. Denn es geht in diesen Kriegen um Herrschaft, das heißt um Stützpunkte im Land, von denen Menschen abhängig sind; es geht nicht um Ausrottung adliger Herren.

Folgerichtig durchbrechen Nichtadlige die Vereinbarung; vielleicht sind es Pfarrer mit Gemeindewehren, die dem König auch beim Sturm auf die Burg Le Puiset am tatkräftigsten helfen. Sie kämpfen unritterlich mit Pfeil und Bogen, vielleicht mit Axt und Keule, und halten nichts von adliger Standessolidarität, Ehrenwort und freiem Abzug; sie wollen Blut sehen und können sich dafür auf den König berufen. Auch das ist mittelalterlicher Krieg; er verrät nicht nur Verräter, er erschlägt auch Anführer von gestern. Diesem Blutrausch verfällt Suger noch ein Menschenalter danach; in den bestialischen Szenen am Ende sieht er nicht wie Basin die Spiegelung der Metzelei vom Anfang, sondern die Hand Gottes über den Völkern. Er denkt fast wie Gregor von Tours: Feinde des Königs müssen schaurig sterben, denn sie sind Feinde Gottes. Suger beschreibt Ludwig den Dicken als Muster eines ritterlichen Herrschers; das heißt, er kämpft mit denselben Mitteln wie seine adligen Gegner. Wenn uns Heutigen mittelalterliche Kriege als human erscheinen, verkennen wir die Ursachen ihrer geringen Vernichtungskraft; sie liegen in der mangelhaften Technik des Tötens und in der geringen Zahl von Herren und Herrschaftszentren.

KRIEG

In dem Jahrhundert zwischen beiden Gefechten hat sich das Gesicht des Krieges gewandelt. Das 10. Jahrhundert hatte es noch mit Einbrüchen von Landesfeinden zu tun; seit den Kreuzzügen des 11. Jahrhunderts befinden sich die Ritterheere in der Offensive. Wachsende Königsmacht hemmt Gewalt zwischen einheimischen Herren und führt Kriege vor allem gegen einzelne Störenfriede. Deshalb werden im 10. Jahrhundert noch Schlachten auf freiem Feld und zwischen Aufgeboten zu Fuß gefochten; der Kampf des 12. Jahrhunderts konzentriert sich auf einen befestigten Fleck Erde. Freilich waren schon die Wohnsitze angelsächsischer Earls im 7. Jahrhundert durch Holz- und Erdwerke befestigt, und umgekehrt kennt noch das 15. Jahrhundert die offene Feldschlacht, wie Azincourt; aber in diesen Zeiten kämpft und lebt die adlige Kriegerschar mit dem Fürsten und für den Verband des Reiches. Was sich bei Maldon ankündigt, ist bei La Roche-Guyon ausgebildet: Krieg wird zum adligen Spiel, fast zum Selbstzweck eines kleinen Kreises von Herren.

Auf dem Kampfplatz sind sie nicht unter sich; die Bauern, vor denen sie sich in Maldon nicht bloßstellen möchten, sind auch beim Sturm auf la Roche-Guyon dabei. Doch Helden des Stücks sind die Krieger von Beruf, und sie unterscheiden sich von den Bauern durch zwei Hauptmerkmale, die das Gemälde der *Gesta Romanorum* am Ritter hervorhebt: Sie sind beritten und vollständig gerüstet. Ob das Pferd nur zur Fortbewegung oder als Streitroß verwendet wird, es gibt dem Reiter beim Marsch und beim Kampf Überlegenheit über den Mann zu Fuß. Dasselbe gilt für Waffen aus Eisen, die schwerer treffen und besser schützen als Kriegsgerät aus Holz und Leder. Die Eisenwaffen entfalten größte Wirkung zusammen mit dem Pferd, das dem Krieger Last abnimmt und Kraft zugibt. Eisenwaffen und Pferde erfordern jedoch zum einen wirtschaftliche Verfügung über Waffenschmiede und Pferdezüchter, Handwerker und Bauern, zum andern ständige körperliche Übung und die dafür nötige Zeit. Sie taugen daher nur für Freigestellte, für Herren.

Im Frieden räkeln sie sich auf den Bänken von Byrhtnoths Halle und schmieden Pläne zur Überrumpelung von La Roche-Guyon; aber der faule Friede ist nur Vorspiel für den Krieg. Seiner Vorbereitung dient die Jagd, wie sie Notker vom Hof Karls des Großen erzählt, und das Turnier, wie es Gislebert von Mons beim Mainzer Hoffest erlebt. Das gemeinsame Leben

50 FELDSCHLACHT

51 NACHBARBURGEN

schweißt die Adligen zusammen, am Hof des frühen und späten Mittelalters mit dem Fürsten, im Hochmittelalter miteinander. Die Gefolgsleute Byrhtnoths sind noch ihrem Earl verpflichtet, und die Herren des Vexin befragen schon ihren König, aber die lebenswichtige Entscheidung treffen beide Gruppen ohne Befehl, durch Absprache: ob sie die Schlacht nach dem Tod des Earls fortsetzen, ob sie gegen den Befehl des Königs freien Abzug gewähren. Der Konsens läßt sich nicht erzwingen; einige reiten aus der Schlacht, einige schwören nicht mit. Trotzdem halten beide Gruppen zusammen, und zwar nicht, weil sie miteinander versippt sind, sondern weil sie sich einem Bund von Freiwilligen mit hohen Maßstäben, einer Elite von Herren zugehörig fühlen. Ein Ritter ohne Furcht und Tadel hat keine Furcht, weil er den Tadel fürchtet. Deshalb will Wulfmaer nicht in die Heimat fliehen, wollen die Herren im Vexin nicht der Drohung weichen.

Der Zusammenhalt bewährt sich im Kampf, auf den er zielt. Weder das letzte Gefecht von Maldon noch die anfängliche Belagerung von La Roche-Guyon bedürfen eines Schlachtplans, den ein Feldherr sich ausdächte; jeder Herr weiß, wo sein Platz ist. Was sie miteinander verbindet, auch wenn sie gegeneinander kämpfen, ist die Einhaltung von Spielregeln, die auf der Freude am Krieg beruhen. Sie geben auch dem Gegner eine Chance zu gewinnen: Byrhtnoth macht zu Beginn der Schlacht am Strand den Norwegern Platz, damit sie Fuß fassen können. Doch sind die Regeln nicht idealistisch: Die Herren im Vexin lassen sich auf den Eid ein, weil sie nur so in die Burg gelangen. Schließlich steht viel auf dem Spiel: vielleicht fassen die Norweger in England Fuß, brechen die Engländer ins Vexin ein. Krieg verschafft Herrschaft, zum Beispiel goldene Beute oder eine feste Burg, jedenfalls Mittel, um andere Menschen gefügig zu machen. Aber Herrschaft ist nie endgültig, reicht nur bis zur nächsten Machtprobe, und die läßt nie lange auf sich warten; den Earl Byrhtnoth schützt sein Alter so wenig davor wie den Burgherrn Guido seine Verwandtschaft. Der Ausgang ist immer ungewiß, im Grund ein Gottesurteil. Wenn Suger die Hand Gottes zitiert, sagt er dasselbe, was Byrhtnoth den Norwegern zuruft: »Gott allein weiß, wer die Walstatt behaupten kann.« Alle wagen das tödliche Spiel, weil sein Ausgang offen ist.

Deshalb brauchen Adlige keine inhaltliche Begründung für Krieg. Bei Maldon wollen sie nicht den süßen Tod fürs Vaterland sterben, sondern ihrem toten Herrn wiedergeben, was er ihnen schenkte. In La Roche-

Guyon wollen sie nicht Thron und Altar verteidigen, sondern dem Standesgenossen halten, was sie versprachen. Verlaß ist dabei freilich auf niemanden, auf die Hand Gottes so wenig wie auf den Gehorsam der Bauern; die adligen Gegner sind leicht heidnische Räuber oder perfide Mörder. Auch unter Freunden sind Feiglinge oder Verräter; keiner weiß, ob sein Heldentod von einem Freund besungen oder von einem Feind verhöhnt wird. Aber weil Krieg so unberechenbar ist, vergessen die Herren, daß er Mittel zum Zweck ist und daß ihre Freistellung für den Krieg dem Frieden ihres Landes und seiner Bewohner dient. Krieg heißt dann, das Leben verschwenderisch riskieren, mit einer Begeisterung, zu der die Lebensfreude des sterbenden Byrhtnoth und der Blutrausch von La Roche-Guyon gehören. Vernünftig oder christlich ist diese Haltung nicht, aber sie befriedigt ein Bedürfnis, das mit Notwehr und Lebenssicherung unvereinbar und doch tief verwurzelt ist, gerade in bedrohten Lagen: das gegenwärtige, vielfach bedingte Leben aufs Spiel zu setzen und das Schicksal herauszufordern, hier und jetzt.

RÄUBER

Aus Katalonien stammt ein lateinisches Dekret für religiöse Waffenruhe von 1033. Es ist nur in einer lückenhaften Abschrift von 1766 erhalten; möglicherweise wurden einige Sätze schon im späten 11. Jahrhundert verunechtet. Aber im ganzen ist der Text authentisch:

»Dies ist der Friedensschluß, der von den Bischöfen, Äbten, Grafen, Vizegrafen, anderen Großen und sonstigen gottesfürchtigen Christen im Jahr der Fleischwerdung des Herrn 1033 bekräftigt wurde: Vom heutigen Tag an darf niemand in eine Kirche und in Gebäude einbrechen, die auf 30 Schritt im Umkreis einer Kirche gelegen sind oder sein werden; ausgenommen sind Bischof, Graf oder Erzdiakon, denen diese Kirche untersteht, wenn sie einen Menschen herausholen, der wegen des Friedens oder der Waffenruhe Gottes exkommuniziert ist. In diesen Schutz stellen wir aber nicht Kirchen, in denen Schanzen und Befestigungen angelegt wurden. Kirchen jedoch, in denen Räuber oder Diebe Beute oder Diebesgut angehäuft haben oder von wo sie übeltätig ausziehen und wohin sie zurückkehren, sollen solange sicher sein, bis die Klage über die

Übeltat vor den zuständigen Bischof oder seinen Sitz kommt. (Es folgen
Bestimmungen über das weitere Sühneverfahren.)

Ferner wurde verordnet, daß niemand einen Geistlichen, der keine
Waffen trägt, oder Mönche oder Nonnen angreifen oder schädigen darf.
Niemand darf die Gemeinschaften von Kanonikern oder Mönchen plündern oder bei ihnen einbrechen. Wer es tut, soll solange exkommuniziert
sein, bis er Sühne dafür geleistet hat. Ebenso bestätigen wir, daß in
diesem Bistum oder in anderen niemand das Vorgenannte tun darf mit
Stuten und ihren Füllen bis zu einem halben Jahr, mit Ochsen, Kühen
und ihren Jungen, mit Eseln, Schweinen und ihren Jungen, mit Schafen,
Widdern und ihren Jungen, mit Ziegenböcken, Geißen und ihren Jungen.
Wenn freilich ein Heer von Kriegern auf dem Feldzug beherbergt worden
ist, sollen sie für alles, was das Heer dort an Nahrung genommen hat,
nicht wegen Friedensbruch Buße zahlen, ausgenommen für Widder,
Schafe, Ziegenböcke, Geißen, Ochsen, Kühe und deren Junge. Niemand
darf die Gebäude von Landleuten oder Geistlichen, die keine Waffen
tragen, anzünden oder zerstören. Er darf auf keine Weise einen Bauern
oder eine Bäuerin festnehmen, ihnen ihre Kleider wegnehmen, sie verwunden, verstümmeln, töten oder ihnen das Wachs oder den Bienenschwarm nehmen; in diese Vorschrift beziehen wir auch Maultiere und
Mauleselinnen ein, die sich beim Pflügen unter dem Joch befinden.
Niemand darf irgendeines Menschen Ernte verbrennen oder Olivenbäume fällen. Jeder, der diesen Frieden, den wir vorgeschrieben haben, bricht
und binnen 15 Tagen nicht vollständig Wiedergutmachung leistet, muß
nach Ablauf der 15 Tage doppeltes Sühnegeld zahlen; von dem Doppelten soll der Bischof die eine Hälfte bekommen und der Graf die andere.

Einen Vertrag des Herrn, den die Ungebildeten *Tregua* nennen, haben
die vorgenannten Bischöfe (Lücke, wohl mit Namen) ebenfalls bestätigt ...
(es folgt eine Aufzählung von rund 140 kirchlichen Festtagen, für die die
Tregua gelten soll.) Aber nicht nur die vorgenannten Bischöfe haben die
besagten Festtage für diese *Tregua* bestätigt, sondern auch die vorherge-
henden (Lücke, wohl mit Namen der Grafen) haben sie vom Sonnenuntergang bis zum Sonnenaufgang anderntags zu halten befohlen. Wer nun
innerhalb dieser *Tregua* jemandem etwas Böses tut, soll ihm doppeltes
Sühnegeld zahlen und dann durch die Kaltwasserprobe am Bischofssitz
doppelt Wiedergutmachung leisten. Wenn einer innerhalb dieser *Tregua*
freiwillig einen Menschen tötet, ist mit Zustimmung aller Christen festge-

setzt, daß er für alle Tage seines Lebens mit Verbannung bestraft wird. Mit jedem aber, der den vorgenannten Frieden und den vorgeschriebenen Vertrag des Herrn, der *Tregua* heißt, gut wahrt und einhält, wird der Gott des Friedens und allen Trostes (2. Korintherbrief 1, 3) sein und die Gnade seines Segens über ihn ausschütten, und durch diese Vorschrift kann er die Vergebung aller seiner Sünden erlangen.

Über jene Menschen aber, die die vorgenannte *Tregua* brechen oder verletzen und im besagten Bistum *Ausona* oder wo sie wohnten als exkommuniziert gelten sollen, mögen der Zorn und die Ungnade Gottes kommen. Solche Leute sollen bei gläubigen Christen keine Gemeinschaft oder Freundschaft finden, sondern ihr Teil mit den Gottlosen haben, wie geschrieben steht: ›Kein Friede den Gottlosen, spricht der Herr‹ (Jesaja 48, 22). Obendrein sollen sie exkommuniziert und von den heiligen Kirchen Gottes ausgeschlossen sein. Und wenn einer von ihnen in dieser Bosheit stirbt, soll kein Priester, Diakon oder sonstwer es wagen, ihn zu bestatten. Die vorgenannten Bischöfe haben zudem für die in diese Verträge, das heißt *Tregue,* Eintretenden das Verbot ausgesprochen, daß während der Adventszeit, der Fastenzeit und der Bittage vor Himmelfahrt keiner es wage, eine Burg oder Schutzwehr zu bauen, wenn er nicht 20 Tage vor Beginn der *Tregue* damit angefangen hat.«

Die Versammlung tagte wahrscheinlich in *Ausona,* das damals auch schon Vich hieß und unter Bischof Oliba zwischen 1018 und 1046 geistlicher Mittelpunkt Kataloniens war; sicher hat Oliba unseren Beschluß angeregt. Weil bei den Festtagen auch die der Dompatrone Eulalia von Barcelona und Felix von Gerona eigens aufgeführt sind, dürften deren Bischöfe Guadallo und Petrus Roger dabeigewesen sein, vielleicht noch der vierte katalanische Oberhirte, Ermengol von Urgel. Damit ist der Kreis der beteiligten Grafen abgesteckt: Berenguer Ramon I. von Barcelona, vielleicht Ermengol II. von Urgel, jedenfalls die Grafen von Besalú-Cerdaña. Denn aus deren Haus stammte Bischof Oliba; der alte Graf Guifred von Cerdaña war sein Bruder, der junge Wilhelm von Besalú sein Neffe. Es stand in Vich nicht anders als in Rom, wo 1033 ein Graf von Tusculum auf dem Papstthron saß; auch in Böhmen war 1068 Bischofspolitik Adelspolitik. Zwischen Bischöfen und Grafen herrschte Einvernehmen. Oliba nahm vorher, um 1020, die Gräfin von Barcelona und nachher, 1043, die Grafen von Besalú und Cerdaña aus, als er Adlige verurteilte, die Kirchengüter geplündert hatten. Denn die Grafen waren unentbehrlich für den Schutz von Benediktinerklöstern und Klerikergemeinschaften, die Oliba teils selbst leitete, teils förderte.

Die schöne Eintracht des grundbesitzenden Hochadels richtet sich gegen eine Gruppe ohne Namen, die Waffen trägt, keine Grundherrschaft geerbt hat und sich nicht in feudale Abhängigkeit fügt; man möchte sie hier schon niederen Adel nennen, lateinisch *Milites*. Dieses Wort erscheint im Text nicht bei den Vertragschließenden nach den Großen, sondern bei der Privilegierung des gräflichen Heeresaufgebots; während der Landesverteidigung dürfen Krieger für Transport und Verpflegung Stuten, Esel und Schweine requirieren, was ihnen sonst verboten wird. Vor kurzem noch waren solche Heereszüge nötig gewesen, zuletzt waren 1003 die Mohammedaner Südspaniens in Katalonien eingefallen; aber seit dem katalanischen Gegenstoß, der 1010 bis Córdoba führte, herrschte im Grenzsaum der spanischen Mark ziemliche Ruhe. Neues Land wurde von Bauern gerodet und besiedelt; Adlige bauten in dieses Land Dutzende von Burgen, ohne den schwachen Grafen von Barcelona zu fragen. Leidtragende waren die weitverstreuten Liegenschaften der Bistümer und Domkapitel, der Abteien und Kanonien, freilich nur mittelbar; direkt traf der Ehrgeiz des niederen Adels die kleinen Bauern, die gezwungen wurden, schutzlose Freiheit gegen beschirmte Hörigkeit einzutauschen.

Aktionsfähige Landgemeinden bestanden nicht; Bauernwehren bildeten sich erst seit 1038 aus, um den Frieden zu schützen. Fürs erste konnten die Bauern nur in Scharen zur Versammlung von 1033 in die Bischofsstadt strömen und ihre Klagen vorbringen. In den ländlichen Alltag Altkataloniens läßt unser Text tief blicken: Vom Acker weg wurde Bauern das Zugvieh genommen; Kleider wurden ihnen vom Leib gerissen, Höfe verwüstet, Ernten verbrannt. Dahinter wird die Vehemenz des adligen Willens zur Macht sichtbar: Der Herr zu Pferd kann sich mit Schwert und Schild gegen jedermann schützen; gegen ihn kann sich niemand schützen. Seine Kraft ist sein Recht; er besorgt sich den Lebensunterhalt nicht durch knechtische Arbeit oder höfischen Dienst für Bischof und Graf. Er nimmt sich, was er vorfindet, und kümmert sich nicht darum, wie danach noch Landwirtschaft möglich ist.

Katalonien lebt von Getreide- und Olivenanbau, von Kleintierhaltung fast ohne Pferde, von Bienenzucht. Neben den Klöstern bestehen einige Kleinstädte wie Vich, in denen Bischöfe und Grafen residieren; wirtschaft-

lich bedeuten sie so wenig, daß unser Dokument den Schutz der Kaufleute und ihrer Waren vergißt. Oliba forderte zwar Marktschutz, aber an
Marktorte wie Freiburg im Breisgau war hier noch nicht zu denken. Auch
andere Reisende, etwa Pilger, kamen nicht in Betracht. Alle Macht beruht
auf Landbesitz und Landwirtschaft. Als einzige Steinbauten überragen
Kirchen die Lehmhütten; sie sind zum Schutz der Bauern, etwa bei
Sarazenenüberfällen, vielfach zu Wehrkirchen ausgebaut. Jetzt werden
sie, auch wegen ihres Asylrechts, von Adligen als Burgen mißbraucht,
wenigstens solange, bis der Räuber genug Bauern zum Burgenbau zwingen kann. Spätestens hierbei meldet sich der Widerstand anderer Adliger
in der Umgebung; sie müssen Burgenbau, also Herrschaftsgründung,
blutig verhindern, es kommt zu Adelsfehden.

Darauf bezieht sich die Zweiteilung des Dokuments von Vich. Der
erste Teil will nach Art älterer Gottesfrieden wehrlose Gruppen, vor allem
Geistliche und Bauern, und ihren Besitz vor dem Zugriff von Adligen
schützen; der zweite Teil, für den hier 1033 zum ersten Mal der Ausdruck
Treuga Dei gebraucht wird, greift in Fehden von Adligen miteinander ein,
indem er eine befristete Waffenruhe verkündet. Die Gottesfrieden waren
Sache der Bischöfe gewesen, und andere Sanktionen als Kirchenstrafen
wurden kaum angedroht. Die Waffenruhe aber wird von den Grafen
mitgetragen, hier werden auch strengere Strafen wie die Verbannung
ausgesprochen. Freilich, wenn ein Schwyzer Bauer oder ein Freiburger
Bürger jemanden erschlägt, kommt er nicht mit Verbannung davon; aber
einen bewaffneten Adligen zu fangen, ist schwer. Auch die Geistlichen
von Vich tauchen keinen, sie hätten ihn denn; erst dann können sie das
Gottesurteil der Kaltwasserprobe versuchen, das die Schuld des Verdächtigen danach feststellt, ob er gebunden im Wasser untersinkt oder nicht.
Im Grund hat dieser wie jeder Bund von Freiwilligen nur eine Sanktion,
den Ausschluß aus der Gemeinschaft.

Diese Drohung, in Vich kräftig ausgestoßen, ist wirksam. Denn auch
der ungebärdigste Adlige raubt und mordet für seine Sippe und legt auf
das Urteil der Verwandten Wert. Sie verzichten ungern auf den Ehrenplatz in der Dorfkirche und das feierliche Begräbnis in der Familien-
gruft; denn darauf beruht ihr Ansehen bei Bauern. Und sie sind emp-
fänglich für höfische Geselligkeit, für die adlige Rangliste mit ihren
zeremoniösen Nuancen zwischen Graf, Vizegraf, Baron und Ritter; denn
darauf beruht ihr Ansehen bei Standesgenossen, wie die Infanten im

Epos vom Cid wissen. Man wird also künftig Prälaten und Bauern ungeschoren zu Sonntagsmesse und Kirchweihfest ziehen lassen. Man wird sich vielleicht auch an die Zusatzbestimmung halten, die unserem Text fehlt, daß jede Woche von Donnerstag bis Sonntag die Waffen ruhen sollen. Dann bleiben im Jahr keine drei Monate »Werktage« für die Arbeit mit dem Schwert; doch ein Angegriffener wird sich immer verteidigen dürfen, nicht wahr? Aber rasch wächst dabei eine Adelsgemeinschaft zusammen, die solche Regelungen nicht mehr braucht und Selbsthilfe durch Adelsfehde nicht mehr wünscht. In Katalonien treten seit etwa 1040 zweiseitige Nichtangriffspakte und Absprachen über Burghuten zwischen Adligen an die Stelle ohnmächtiger Gerichtsurteile auf Hoftagen. Im Abendland läuft die Gottesfriedensbewegung des Adels auf die Szene von Clermont 1095 und die Kreuzzüge hinaus; in Katalonien schafft sie Zusammenarbeit.

Bald nach 1033 beginnen die landwirtschaftlichen Erträge rund um Vich zu steigen. Intensiver Landesausbau begründet feste Zellen, in denen Bauern ihre Herren ernähren und Herren ihre Bauern beschützen und richten. Von unten auf werden kleine Friedens- und Rechtsbezirke errichtet, solange die Fürsten, hier die Grafen von Barcelona, keine großflächigen feudalen Verbände zustande bringen. Diese Methode der Herrschaftsbildung bewährte sich überall, noch 1359 in Kleinpolen bei dem Bund des Ritters Johann Gladisch mit Neusiedlern, freilich nicht mehr 1518 auf Ulrich von Huttens Burg in Franken. Das Bündnis zwischen Adel und Bauerntum blieb so spannungsreich wie zur Zeit Thegans von Trier; aber es verhinderte wenigstens, daß der Bauer auf dem Feld von fremden Adligen ausgeraubt wurde und daß der Adlige im Blutrausch der Fehden mit seinesgleichen umkam. Dieses Bündnis, auf eine Burg gegründet und auf eine Landschaft begrenzt, ermöglichte Herrschaft anstelle von Raub und Mord und übte patriarchalische Konventionen von Fürsorge und Zutrauen ein. Daß Adlige gerade als Herren auch Diener waren, lernten sie allerdings nicht von ohnmächtigen Bauern, sondern erst von übermächtigen Fürsten.

AMTMÄNNER

Der Lütticher Domherr Levold von Northof schickte um 1357 seiner lateinischen *Chronik der Grafen von der Mark* Mahnungen an Graf Engelbert III. voraus. Besondere Sorgfalt empfahl er ihm bei der Auswahl und Kontrolle seiner Amtmänner:

»Unter anderen, lebenden und toten Amtmännern sind es drei, die mir jetzt in lebendiger Erinnerung sind und deren Werke heute noch zu sehen sind: Ritter Ludolf von Bönen, Ritter Rutger von Altena und Gerhard von Plettenberg, der noch am Leben ist. Ludolf hat nämlich, wie der Bericht der Alten bezeugt, unter Graf Adolf (I., 1194–1249) für dessen Nutzung die Burg Mark mit ihrem Zubehör von einem Rabodo von der Mark käuflich erworben (1198), die Burg Blankenstein neu erbaut (1226) und der Grafschaft durch Kauf viele Besitzungen und Rechte zugebracht. Auch der Drost Rutger von Altena, dessen Wandel und Werke ich kannte, war ein treuer und tüchtiger Verwalter von Nutz und Ehre seines Herrn. Unter Graf Eberhard (II., 1277–1308) hat er im Krieg gegen den Kölner Erzbischof (Sigfrid) Burg und Herrschaft Waldenburg von Herrn Hunold von Plettenberg mit eigenem Geld zur Nutzung für den Grafen gekauft und befestigt (1296). Er hat die Stadt (Berg-)Neustadt gegründet und gesichert (1301); er hat die Burg Schwarzenberg gesichert und dort einen starken Turm gebaut (1301).
Wie nützlich und treu sodann der Drost Gerhard von Plettenberg in seinem Amt war, das bekunden seine Werke. In dem Gebiet, das ihm anvertraut war, hat er Eure Rechte gewahrt, von Untertanen keine Geschenke gefordert und sich so verhalten, daß er bei allen, die er leitet, beliebt ist. Er hat die Burg Schwarzenberg und die Stadt (Berg-)Neustadt, die der Ritter Rutger zu gründen angefangen hatte, weiter und vollends befestigt, dieser Stadt eine neue Burg gegeben und vieles andere Nützliche dort getan. Er hat auch Burg (Neuen-)Rade mit der anliegenden Stadt ganz neu erbaut und gesichert (1353) und dort für die Nutzung durch die Burg viele Güter ringsum erworben, auch sonst mit Mühlen und Fischteichen dort viel Nützliches getan. Derselbe Gerhard hat ferner Burg Klusenstein gebaut und gesichert (1353). Bei alledem ist zu betonen, daß von diesen drei Amtmännern, also Herrn Ludolf von Bönen, Ritter Rutger von Altena und dem erwähnten Gerhard, keiner in seiner Amtszeit eine

Befestigung für sich gebaut hat, wie es heutzutage Amtmänner tun, die manchmal die Burgen ihres Herrn einstürzen und verfallen lassen. ...

Bisher hat die berühmte Vielzahl und Tüchtigkeit ritterbürtiger Männer, an denen die Grafschaft bekanntlich sehr reich ist, die Grafschaft gestärkt und geziert. Dieselbe Vielzahl Ritterbürtiger aber würde, wenn sie untereinander geteilt wären, für das Land geradezu lebensgefährlich werden, wenn etwa eine Gruppe sich wider die andere in Streit und Fehde erhöbe. Da würden auch die Untertanen verarmen, weil sie keine Sicherheit mehr hätten. Dazu will ich euch (den Adligen des Landes) einen Vorfall ins Gedächtnis rufen, den ich persönlich zusammen mit mehreren von euch sah und hörte; ihr könnt daraus eine Lehre ziehen, um den erwähnten Gefahren vorzubeugen.

Als nämlich Herr Graf Adolf (II.) guten Andenkens, der Vater unseres Herrn Grafen Engelbert (III.), gestorben war (1347), verlangte Junker Eberhard von der Mark, damals noch Propst zu Münster, in der Nonnenkirche zu Hörde von den dort anwesenden Herrn Grafen (Johann) von Kleve und Herrn Grafen Engelbert für sich einen Anteil an der Grafschaft; eine stattliche Menge von Burgmannen, anderen Rittern, Ritterbürtigen und Bürgern aus der Grafschaft Mark war dabei. Die anwesenden Burgmannen, anderen Ritter und Ritterbürtigen wurden darüber um Rat und Hilfe ersucht; auf Wunsch der erwähnten Parteien zogen sie sich zurück, faßten miteinander einmütigen Ratschluß, kamen wieder und antworteten durch den Mund ihres Sprechers, Herrn Johann von Limburg, dem Herrn Grafen von Kleve und dem Junker von der Mark, der damals noch nicht Ritter war. Und zwar baten und rieten sie, daß nach Rat und Zustimmung der beiderseitigen Freunde, die dafür heranzuziehen seien, dem Junker Eberhard derjenige Anteil an den Gütern und Einkünften der Grafschaft Mark überwiesen werde, der angemessen sei und ihn mit Fug zufriedenstellen könne und müsse. Dies baten und rieten sie. Aber daß die Grafschaft Mark mit Burgen, Befestigungen und Gerichtsrechten zerrissen und geteilt würde, dem stimmten sie nicht zu, sondern wollten, daß die Grafschaft ungeteilt bleibe und ihre Regierung bei einem einzigen Grafen verbleibe, dem sie Treue zu halten verpflichtet seien. So oder ähnlich habe ich es dort gehört; ich kann mich noch entsinnen.«

Der fast 80jährige Levold hatte Anlaß zur Besorgnis; der 24jährige Graf Engelbert war zwar in Lüttich sein Schüler gewesen, verließ sich aber mehr auf die »natürliche Anlage« des Hochadels als auf Erziehung. Levold rügte ihn, er solle seinen Dienern und dem Volk freundlicher begegnen, aber der selbstherrliche Graf nahm es sich nicht zu Herzen. Levold ließ seine Chronik auf der Stammburg des Grafenhauses, Altena, bei einem verwandten Ritter verwahren; er ahnte schon, daß der Graf die Weisheiten seines Dieners nicht würdigen werde. Denn gleich vielen deutschen Territorialfürsten der Zeit betrachtete Engelbert die Grafschaft als persönliches Eigentum, das er beliebig vererben, teilen, verkaufen könne, und seine adligen Diener als private Untertanen, die ihm zu gehorchen hätten. Demgegenüber beharrte Levold auf zwei überpersönlichen Konstanten der Grafschaft: politischer Kontinuität und ständischer Verflechtung.

Der Abschnitt über die Amtmänner umreißt knapp und genau die Phasen der politischen Entwicklung. Um 1161 von der kölnischen Lehensburg Altena im Lennetal ausgehend, setzten sich die Grafen im späten 12. Jahrhundert weiter nördlich an Lippe und Ruhr fest. Die Burgen Adolfs I., Mark und Blankenstein, sicherten noch für Kurköln die Flanken eines Territoriums, das nach außen nicht geschlossen war und intern zwischen 1175 und 1262 durch Familienzwist und Erbteilungen erschüttert wurde. Der Adelssprecher von 1347, Johann von Limburg, stammte noch aus einem abgespaltenen Zweig der Grafenfamilie. Eberhard II. begann im späten 13. Jahrhundert wieder mit der Ausweitung in siegreichem Kampf gegen Kurköln und dessen Recht auf Burgenbau. Levold läßt die nördlichen Erwerbungen um Dortmund und Hörde beiseite, erwähnt jedoch die Ausdehnung im Süden, ins Sauerland, die den Höhepunkt märkischer Burgenpolitik bedeutete. Die Burgen von 1353 schirmten schließlich das Lennetal nach Osten zur Grafschaft Arnsberg ab; jetzt stand aber der Ausbau von Kleinstädten im Blickpunkt.

Im Gefolge dieser Erwerbungen verdichtete sich die Verwaltung. Im späten 13. Jahrhundert schufen einzelne Adlige als Drosten, als Verwaltungsbeamte und Richter, örtliche Zentren gräflicher Herrschaft. Die Herkunftsnamen bezeugen lokale Verflechtungen; Bönen liegt unweit von der Burg Mark. Danach bildeten sich überall um eine Burg oder ummauerte Stadt abgegrenzte Bezirke, »Ämter«, deren Leiter noch immer adlige Herren waren. Der Graf allein bestellte und kontrollierte diese

Amtmänner. Sie trugen die innere Ordnung der Grafschaft recht persönlich, ohne Stützung durch eine zentrale Verwaltung; Rutger von Altena zahlte aus eigener Tasche und rechnete erst am Ende der Amtszeit vor dem Grafen ab. Die patriarchalischen Zustände waren so sehr auf die Person des Grafen zugeschnitten, daß er in den Irrtum verfallen konnte, vor dem Levold warnt, als gehöre ihm auch das Land privat.

Die Grafenfamilie selbst ist wie in politische Kontinuitäten, so in ständische Verbindungen eingespannt. Wenn sie seit dem ausgehenden 12. Jahrhundert die Bischofsstühle von Köln, Münster, Osnabrück, Lüttich mit Verwandten besetzt, tut sie es nicht persönlichem Wohlleben zuliebe, sondern um Schlüsselstellungen zu kontrollieren; auf solche Weise ist Levold 1314 Domherr in Lüttich geworden, auch nicht bloß, um für sein Grafenhaus zu beten. Heiratsverbindungen dienen ebenfalls weitschauenden Planungen. Wenn bei der Erbauseinandersetzung 1347 der Graf von Kleve mitspricht, kommt das daher, daß seine Nichte den Grafen Adolf II. von der Mark geheiratet hat und die Mutter des jungen Engelbert ist. Deshalb wird nachher, 1368, beim Tod Johanns von Kleve ein Bruder Engelberts die Grafschaft Kleve erhalten. Und wäre Engelbert nicht so arrogant, dann würde er selber die Grafschaft Arnsberg erben, deren letzter Inhaber sie 1368 verärgert an Engelberts Feind Kurköln verkaufen wird. Hochadliger Übermut lohnt sich wirklich nur für den Moment, während verbindliche Haltung Stetigkeit verbürgt.

Levold sagt es auch seinen Standesgenossen, lateinisch *Milites,* dem Ministerialenadel, den der zweite Teil des Textes anspricht. Levold war mit den Rittern von Altena verwandt (Rutger war sein Vormund gewesen), wahrscheinlich auch mit den Rittern von Bönen; was er nach dem Bericht der Alten erzählte, kam also aus Familientradition. Diese Geschlechterreihe durch mehr als anderthalb Jahrhunderte war eine Kette des Dienstes. Ein guter Amtmann wirtschaftet nicht mit Bestechungsgeldern und baut keine Burgen für sich, sondern gibt sein Vermögen für den Herrn aus. Darum vertritt er im Notfall die Interessen des Landes auch gegen den Herrn. Die Versammlung von 1347 ist noch kein Zusammentreten der Institution, die man bald Landstände nennt; es fehlen die Prälaten, auch die eben noch erwähnten Stadtbürger sind bei der Beratung nicht dabei. Die Adligen selbst bilden noch nicht die etablierte Ritterschaft, die im 15. Jahrhundert erster und wichtigster Landstand der Grafschaft wird. Sie vertreten ja noch nicht die Interessen ihres hochgeborenen Standes, von denen Thegan von Trier geschwärmt hatte, nicht eine Schichtung von Oben und Unten, sondern das Ganze. Sie verlangen wegen der Sicherheit für alle, auch Bürger und Bauern, und der Zukunft des Landes die Unteilbarkeit der Grafschaft. Die Grafschaft ist hier noch kein abstraktes Staatsgebilde, das sich bloß in Behörden verkörpern würde, auch kein persönliches Eigentum des Grafen mehr, sondern die Gemeinschaft der im Land heimischen Menschen.

In ihr ist der Adel wichtigstes Bindeglied zwischen den Zeiten und Kreisen. Wie Levold die Grafen einschätzt, so auch die Städter. Von ihrer Integrationskraft hält er trotz ihrer wachsenden Geldmacht nicht viel. Denn das gebirgige Süderland ist ländlich und läßt die Verkehrsader des Hellwegs und die Handelsstadt Dortmund am Rand; für Levold sind Städte erweiterte Burgen und Sitze von Amtmännern. Die Gründung der Stadt Hamm 1226, nur zwei Kilometer neben der Burg Mark, paßt nicht in das ritterliche Konzept der Bönen und Altena; Levold erwähnt sie erst später. Nicht Rationalität hält das Land zusammen. Levold ließ zwar 1343 für das Bistum Lüttich ein Lehensbuch anlegen, drängte jedoch in der Grafschaft Mark nicht auf Schriftlichkeit der Verwaltung. Die Grafen sollten wie ihre adligen Berater lesen können, aber Schreiben ist Sache der Geistlichen. Adlige Diener der Grafschaft haben keine spezialistische oder partikularistische Aufgabe; sie sind, ähnlich wie sich später Commynes seine Rolle denkt, durch historische Erfahrungen und genealogische Beziehungen befähigt, dem Zusammenleben Stetigkeit zu geben.

Untereinander sind sie keineswegs gleich; man unterscheidet sie nach Geblüt der Familie, Grundbesitz, feudalem Rang und Titel des Amtes. Der hochgeborene Grafensohn heißt Junker und steht als solcher wie der Ritterbürtige unter dem ansässigen Ritter; der Burgmann ist durch sein Amt höher als andere Ritter gestellt. Die simple Zweiteilung der Stände in Herren und Knechte, sowohl bei Thegan wie bei Balle, ist auf diesen Adel nicht anwendbar. Trotzdem begreift er sich als einheitlicher Lebenskreis, den zwei Kriterien auszeichnen, Geblüt und Dienst. Beide Merkmale vereinigen sich in der Gestalt, die Levold erziehen will, im adligen Amtmann. Von Bauern redet Levold nicht; ihr Verhältnis zum Adel ist völlig anders als das Verhältnis des Adels zum Landesherrn. Der Graf zählt durch Herkunft und ritterliche Lebensweise zum Adel; er kann als Lehen oder als Amt Herrschaft verleihen, aber nicht Knechtschaft verlangen. Denn der Adel ist nicht hilflos; vor der Übermacht des Fürsten schützt ihn die Familie und, weit über Verwandtschaften hinaus, der Zusammenschluß des Adels im Land.

So vergeblich Levold dem Grafen predigte, der Adel hörte auf ihn. Die Grafschaft Mark hat ihre Selbständigkeit schließlich verloren, weil die Zufälle der Geburten, Heiraten, Todesfälle und die Chancen der Pfandschaften, Käufe, Erbgänge die gräfliche Dynastie mobilisierten und in immer neue Kombinationen lockten. Aber die Eigenart der Grafschaft Mark blieb über vier Jahrhunderte bis zu Friedrich dem Großen gewahrt, weil sich der Adel als bodenständige Herrenschicht stabilisierte und den Dienst am Land repräsentierte.

HERRSCHAFT

Zwischen Oliba von Vich und Levold von Northof vollzog sich die Entfaltung mittelalterlicher Adelsherrschaft. Im katalanischen 11. Jahrhundert ging es um einfachste politische Vorfälle, Mord an Bauern, Schutz von Bienenschwärmen. Herrschaft schien nur aus kriegerischer Überlegenheit zu bestehen; politische Ordnung konnte nur befristete Waffenruhe bedeuten. Das Wort führten Hochadlige aus Grafenfamilien, die ihre Einsetzung Karl dem Großen verdankten; doch an diese Vergangenheit, die über zweihundert Jahre zurücklag, wagte niemand zu erinnern. Nur im Namen einer vagen Gemeinschaft gläubiger Christen konnte sich der schwache Hochadel gegen den Herrschaftswillen des niederen Adels wehren. Daß die Räuber selbst sich der Forderung nach Zusammenarbeit beugten, wurde Grundlage der Adelsherrschaft, die im westfälischen 14. Jahrhundert seit langem eingespielt ist. Sie kann sich auf fast zweihundert Jahre Geschichte stützen, und deren Thema heißt nicht mehr Krieg oder Frieden, sondern Spaltung oder Eintracht. Inhalte von Herrschaft sind deutlich unterschiedene Rechte auf diese Mühle und jenen Fischteich; Instrumente der Herrschaft sind eher Münzen als Schwerter. In der vielfältig differenzierten Gesellschaft gibt der ritterliche Dienstadel den Ton an und wendet sich namens der konkreten Gemeinschaft der Landeskinder gegen hochadlige Extravaganzen. Die kleinen Ordnungen haben sich durchgesetzt.

Das Gewicht des Adels hängt mit der geographischen Eigenart der Landschaften zusammen, die man Adelslandschaften nennen könnte. Die

52 Missetaten gottloser Herren

53 Dorf im Schutz der Burg

spanische Mark Altkataloniens ist wie die westfälische Mark Randgebiet politischer Konzentration. Anders als Städtelandschaften sind sie vom Durchgangsverkehr abgewandt, der sich in Barcelona am Mittelmeer, in Dortmund am Hellweg sammelt. Die Marken sind bergig und in Flußtäler aufgefächert, nicht leicht als Flächen zu organisieren, eher von einzelnen Punkten aus zu durchdringen. Keine hauptstädtische Residenz ist Herrschaftszentrum, sondern hier eine Burg auf dem Berg, da eine befestigte Kleinstadt. Solche Landschaften mögen nachher einem Königreich, dem von Aragon oder von Preußen, politisch angegliedert werden, sie bilden noch gegen die Monarchie ein selbstbewußtes Ständewesen aus, das neueren Zeiten leicht als partikularistisch erscheint. Die Einwohner halten ja auch an ihrer regionalen Mundart zäh fest. Als Sprecher der Landschaft wehren sich ihre Adligen gegen jede Nivellierung.

Sie beherrschen Bauern und Land im kleinen Kreis unmittelbar und umfassend, ertragen jedoch über sich keine zentralisierte Macht. Ihren Feudalherren tun sie gemessene Dienste, ohne ihre Unabhängigkeit zu schmälern. Gleichwohl ist Adelsherrschaft nicht ungehemmt; sie wird weniger von oben oder unten eingeengt als von adligen Nachbarn. Erstens bestehen lokale Beschränkungen, denn Adelsherrschaft ist Grundherrschaft. Das Wort *Adel* selbst könnte ursprünglich »Grundbesitz« bedeutet haben. Boden läßt sich nicht beliebig ausdehnen oder transportieren und bindet Grundbesitzer in einen regionalen Horizont; man gehört zum Adel von Mercia oder zum Adel des Vexin, nicht von England oder Frankreich. Zweitens gelten verwandtschaftliche Bindungen, die adliges Verhalten über den Augenblick hinaus bestimmen, auch wenn das materielle Erbe teilbar, verkäuflich oder vergänglich ist. Die Herkunft bewahrt das Erbe der Erfahrungen; man erinnert sich noch, was Großvater Ealdhelm und Vormund Rutger taten. Drittens wirken soziale Beziehungen über die Verwandtschaft hinaus in die ganze Region. Die Tauglichkeit zu Herrschaft und Dienst mag vom gnädigen Fürsten und von zufriedenen Bauern bestätigt werden; täglich bewähren muß sie sich vor den Standesgenossen und ihrer Versammlung. Was den Worten Olibas und Levolds Überzeugungskraft gibt, ist das Treffen von 1033 und von 1347, wo der Adel einmütig über das Geziemende befindet.

Im Zeitraum zwischen Oliba und Levold hat sich allerdings auch das Verhältnis zwischen Adligen und Fürsten durch das Lehnswesen institutionalisiert. Der Herr gibt Land oder Amt an den Vasallen aus und empfängt dafür dessen Treue. Die festgelegten Gesten und Formeln des Lehnswesens schärfen dem einzelnen Adligen erst recht seine Rolle als Herr der Bauern und als Diener des Fürsten ein. Die Treuepflicht der Ritter, von der Levold redet, geht auf den Lehnseid zurück; die Formel »Rat und Hilfe« ruft die Vasallen zum schuldigen Beistand des Herrn. Derlei wäre im Umkreis Olibas noch nicht möglich gewesen; kein Lehnseid verband Byrhtnoths Gefolgschaft. Die feierlichen Zeremonien bestimmten freilich mehr die Höhepunkte adligen Lebens wie das Mainzer Hoffest von 1184; im Alltag kümmerte sich der ältere Guido von La Roche-Guyon um seinen königlichen Lehnsherrn nicht mehr als Ulrich von Huttens Fürst um einen gefangenen Vasallen. Adlige Politik ist so impulsiv und irrational wie adlige Kriegführung; wenn sie trotzdem mehr Kontinuität und Konsequenz als diese entfaltet, verdankt sie es weniger der Unterordnung unter die Fürsten als der Einordnung unter die Standesgenossen.

GROSSMUT

Das lateinische Waltharius-Epos des 9. oder 10. Jahrhunderts behandelt sagenhafte Vorgänge der Völkerwanderungszeit. Der Hunnenkönig Attila hat aus dem germanischen Westen hochadlige Geiseln an seinen Hof verschleppt, den Franken Hagen von Tronje, Hiltgund, die Tochter Heririchs von Burgund, und deren Verlobten Walther, den Sohn Alphers von Aquitanien. Zuerst gelingt Hagen die Flucht; später entkommen auch Walther und Hiltgund mit reichen Hunnenschätzen. Der habgierige Frankenkönig Gunther verlegt ihnen in den Vogesen den Heimweg und zwingt seine Gefolgschaft, endlich sogar Hagen, mit Walther um den Schatz zu kämpfen. Gunther selbst beteiligt sich an den Gefechten nur zögernd. Schließlich sind die meisten tot, die drei Überlebenden Walther, Hagen und Gunther alle verwundet.

»Als dies geschehen war, wurde der Kampf abgebrochen. Jeden überredete seine Verwundung und quälende Atemnot, die Waffen niederzulegen. Wer hätte auch unversehrt davonkommen können, wo zwei großmütige Helden, gleich an Kraft und feurigem Mut, im Kriegsgewitter standen! Nachdem das Ende erreicht war, zierte jeden ein Abzeichen: Da

lagen der Fuß König Gunthers, die Hand Walthers und von Hagen ein
zuckendes Auge (sowie sechs Backenzähne). So, genau so teilten sie die
hunnischen Spangen miteinander! Die Zwei setzten sich hin, denn der
Dritte lag schon da, und wischten mit Blumen den fließenden Blutstrom
ab. Inzwischen rief Alphers Sohn mit lauter Stimme das zaghafte Mädchen herbei; sie kam und verband alle Wunden. Nachdem dies besorgt
war, befahl ihr der Verlobte: ›Nun mische Wein und reiche ihn Hagen
zuerst! Er ist ein rechtschaffener Kämpe, wenn er das Gesetz der Treue
hält. Dann reich ihn mir; ich hatte mehr als die anderen auszuhalten. Ich
will, daß Gunther zuletzt trinkt; er hat sich ja im Waffengang großmüti-
ger Männer als schlaff erwiesen und das Kriegshandwerk nur lau und
matt getrieben.‹ Heririchs Tochter folgte allen seinen Worten. Doch der
Franke, dem der Wein dargeboten wurde, sprach trotz brennenden Dur-
stes: ›Mädchen, bring ihn zuerst Alphers Sohn, deinem Verlobten und
Herrn! Denn ich gebe es zu, er ist tapferer als ich und überragt in Waffen
nicht nur mich, sondern alle.‹

Im Herzen unbesiegt, aber am ganzen Leib erschöpft, spielen hier
schließlich nach vielerlei Kampfgetöse und furchtbaren Schlägen der
stachlige Hagen und der Aquitanier miteinander beim Bechern in närri-
schem Streit. Der Franke sagt: ›Freund, von nun an mußt du Hirsche
jagen, daß du dir aus ihrem Fell immer neue Handschuhe machen lassen
kannst. Doch empfehle ich dir, stopfe den rechten mit weicher Wolle aus;
so kannst du denen, die von der Sache nichts wissen, eine Hand vortäu-
schen. Pah, was meinst du dazu, daß man sehen wird, wie du den Brauch
der Leute brichst? Du mußt ja das Schwert an die rechte Seite gürten
und, wenn dich der Wunsch danach ankommt, um deine Frau in verkehr-
ter Umarmung wahrhaftig die Linke legen. Aber wozu bei Einzelheiten
bleiben: Was du auch fortan zu tun hast, alles muß die linke Hand
machen.‹

Walther erwidert ihm: ›Mich wundert, warum du dich so weit vor-
wagst, einäugiger Franke. Wenn ich Hirsche jage, mußt du dich vor
Eberfleisch hüten. Von jetzt an kannst du deinen Dienern bloß schielend
befehlen und nur mit schrägem Blick die Heldenscharen begrüßen. Aber
ich denke an unsere alte Treue und will dir raten: Wenn du nun nach
Haus und an den Herd kommst, dann laß dir Speckbrei aus Milch und
Mehl bereiten! Der wird dir zugleich Nahrung und Heilung bringen.‹ Mit
diesen Reden erneuern sie wieder den innigen Bund. Sie heben zusam-

men den schwer leidenden König auf und setzen ihn aufs Pferd. Und so trennten sie sich; die Franken kehrten nach Worms zurück, der Aquitanier zog in die Heimat. Dort wurde er voller Freude mit großen Ehren empfangen und hielt nach der Sitte mit Hiltgund öffentlich Hochzeit. Und nach dem Tod seines Vaters herrschte er, von allen geliebt, noch 30 Jahre mit Glück über das Volk. Was für Kriege er weiterhin unternahm und wie große Siege er oft errang, das aufzuzeichnen, sträubt sich der abgestumpfte Griffel.«

Die emsige Suche der Forschung nach Lebenszeit und Umkreis des Verfassers hat außer der vagen Lokalisierung in Süddeutschland noch kein gesichertes Ergebnis gebracht. Ob das Epos in Eichstätt um 885 oder in Sankt Gallen um 925 entstand, wäre den Streit nicht wert, wenn es nicht auf die Folgerung ankäme: Im einen Fall spiegelt Hagens Konflikt zwischen Treue zum Waffenbruder und zum feigen König eine geschichtliche Erfahrung, etwa eines Domherrn angesichts des versagenden Kaisers Karl III.; im anderen Fall hat ein junger Mönch im Blick auf die Ungarngefahr eine alte Heldensage in die Vokabeln von Vergil und Statius gekleidet. Soviel steht fest, daß der geistliche Autor seine Hexameter für ein geistliches Publikum schrieb, doch zugleich Adliger war, mit christlichen Schuldgefühlen angesichts jeder Gewalttat, aber mit ungebrochener Freude an edlem Verhalten. Auf adlige Stilisierung deutet hier wie beim Epos von Maldon bereits die sprachliche Form, das strenge Spiel epischer Poesie. Der adligen Frau wurde der Dichter indes nicht ganz gerecht. Seine Hiltgund ist zwar eine Königstochter von erlesener Schönheit wie die Königin auf dem Gemälde der *Gesta Romanorum,* aber ein furchtsames Geschöpf, das bei jeder Überraschung ängstlich zusammenzuckt, vor Schrecken bleich wird oder aufschreit. Ihr Reich ist der sorgsam gepflegte Haushalt; ihre Aufgabe draußen ist höchstens, Wunden zu heilen, Durst zu stillen und ihrem Herrn wortlos zu gehorchen. So gefügig sind adlige Frauen sonst nicht einmal in der Männerdichtung, etwa im Epos vom Cid, ganz zu schweigen von Brünhild und Kriemhild, den Frauen der Könige Gunther und Attila im Nibelungenlied.

Hier sind Männer unter sich. Sie stammen alle drei aus erlauchten Familien. Gunther und Walther sind königlichen Geblüts, dem Dichter fließen immer wieder die Namen der Väter in die Feder. Von Hagens Vater Hagatheo spricht allerdings nur König Gunther, wenn er den

Widerwilligen in den Kampf treiben will: Auch Hagens Vater habe sich furchtsam und wortreich vor dem Krieg gedrückt. Der Vorwurf fällt jedoch nicht wie im Epos von Maldon auf die Sippe des Gefolgsmanns, sondern auf die Person des Königs zurück; daß er so hämisch redet, kennzeichnet Gunthers Hochmut und Überheblichkeit. Siebenmal heißt ihn die Dichtung übermütig. Töricht nennt er sich den Herrn der Welt und setzt das Leben seiner Gefolgschaft unbedacht aufs Spiel – trotz vornehmen Gebläts ein schlechter König. Sein Mutwille paart sich mit Habgier; den Hunnenschatz will er haben und verdirbt darüber die Menschen, wie Hagen in einem erbitterten Monolog feststellt. König Chlodwig hätte so kurzsichtig nicht gehandelt; Besitz ist Folge, nicht Ursache von Macht. Noch schlimmer als Habgier, die adliger Freigebigkeit widerspricht, ist Gunthers Kleinmut im Kampf, Antithese zu Byrhtnoths tapferem Vorsterben. Dem König werden die Knie weich, wenn seine gefällten Mannen mit den Fersen die Erde trommeln. Nachher, als ihm Walther das Bein abgeschlagen hat, liegt er am Boden und wimmert, zu keinem Wort mehr fähig und von den Männern nicht mehr ins Gespräch gezogen. Sie werden ihn einträchtig aufs Pferd heben, und zu trinken soll er auch haben; aber ein Herr ist das nicht.

Nun sind Herren unter sich, denn Walther und Hagen sind großmütig. Das lateinische *Magnanimus,* schon vorher wiederholt für Walther gebraucht, meint nicht allein Tapferkeit im Kampf, auch gastfreundliches Verhalten Walthers am Hunnenhof und Freigebigkeit, mit der er vor dem Kampf den Franken Teile seines Schatzes anbot. Den Kern adliger Großmut legt aber erst unser Abschnitt frei. Ihre eine Seite ist Anerkennung des Gegners, wenn er treu und tapfer war. Dafür bedarf es weniger Worte, treffender sind Gesten. Wir empfinden heute die Szene um den ersten Schluck als kleinbürgerlich; was besagt es noch, wenn ich rechts gehe oder als erster durch die Tür komme? Damals stellte der Dialog einfach fest, wer der Beste im Kreis war. Nach Hagens Worten erwiderte Walther offenbar nicht mit Einhards affektierter Bescheidenheit, sondern trank als erster. Die zweite Seite der Großmut ist Mißachtung eigenen Leidens. Noch während sie bluten, beginnen sie zu spotten; der Dichter sagt präzise: sie spielen miteinander. Es ist dasselbe Kampfspiel wie vorhin, nur mit Worten. In diesem Spiel mischen sich Ernst und Humor anders als in den Späßen der Bauern bei Petrus Alfonsi oder der Bürger bei Salimbene.

Jeder spricht von der Misere des anderen auf eine stachlige, uns taktlos erscheinende Weise. Der Waffengang hat sie beide zu Invaliden gemacht; sie können sich fortan nicht mehr wie adlige Herren verhalten. Im Kampf führt der eine das Schwert linkshändig, der andere sieht den Gegner nur halb; im Haus hat der eine die Ehefrau, der andere die Diener nicht mehr in der Gewalt. Sie sagen einander, daß alle Mitmenschen ihre Schwäche sehen werden, daß sie im Ansehen gemindert sind. Walthers Händedruck ist schlaff wie weiche Wolle. Hagen kann wegen der fehlenden Zähne kein Wildbret wie Adlige essen und muß Brei mümmeln wie Bauern, die matt am Herd hocken. So reden die beiden, aber da sie miteinander spielen, sagen sie in Wahrheit das Gegenteil: daß es auf Äußerlichkeiten nicht ankommt, sondern auf Haltung, die alle Zufälle des Lebens mit immer gleichem Mut, mit Großmut ausgleicht. Diese Haltung wird Walther zum guten König machen, den sein Volk liebt und die Feinde fürchten; sie wird Hagen weiter in Treue dienen lassen.

Das Wichtigste in diesem spielenden Gespräch ist beiläufig und verdeckt gesagt. Genau dort, wo sie einander ihre höhnischen Ratschläge erteilen, redet Hagen Walther mit »Freund« an, und dieser erinnert ihn an die alte Treue. Mehr Worte braucht es nicht, um den Bund der Freundschaft zu erneuern. Freundschaft heißt da nicht Menschheitsverbrüderung, nicht Staatsaktion wie in Chlodwigs listiger Botschaft an Chloderich, nicht Gedankenaustausch wie in Petrarcas privater Epistel an Giovanni Colonna – nur Respekt vor der edlen Haltung des anderen. In der Zurückhaltung, mit der sich Walther und Hagen trennen, liegt Stolz, von anderer Art als der Stolz des Herrn, mit dem Walther seine Frau nach Aquitanien heimführt, und als der Stolz des Gefolgsmanns, mit dem Hagen seinen König nach Worms geleitet. Auch Hiltgund und Gunther sind stolz, auf Geblüt und Besitz, und beide Attribute passen zum Adel. Aber sie machen ihn nicht aus; mindestens ist das die Mahnung des Dichters an seine adligen Leser. Er dürfte manchen Gunther gekannt haben, aber einen Walther wohl auch. Sonst wüßte er nicht so sicher, daß Übermut zwar mit Kleinmut sehr nah, aber mit Großmut gar nicht verwandt ist.

HOCHMUT

Vielleicht um 1170 erzählte Hugo Falcandus in der lateinischen *Geschichte des Reiches Sizilien* von Großadmiral Majo, der von 1154 bis 1160 für den schwachen König Wilhelm I. den Bösen regierte. Der allmächtige Admiral hatte als Helfer den jungen Adligen Matteo Bonello gewonnen und ihm seine Tochter verlobt. Vor einer Adelsversammlung in Kalabrien verteidigte Matteo 1160 Majos Politik. Als Adelssprecher antwortete ihm Roger von Martirano. Er wunderte sich über Matteos Parteinahme; verständlicher wäre sie bei armen und nichtadligen Leuten, die der Ehrgeiz zu sinnlosen Taten treibe, oder bei Adligen aus verrufenen Familien, die nichts zu verlieren hätten.

»Du aber bist ein junger Mann von höchstem Adel, tadellosem Ruf und stattlichem Vermögen; dir gestattet kein Grund, nach schändlichem Gewinn zu schnappen. Halte dir vor Augen, welche Eltern dich zeugten, dann siehst du ein, daß dir jeder Weg zu Verfehlungen versperrt und die Verachtung des Verbrechens zwingend auferlegt ist. Sogar wenn du niemanden den Verbrechen dieses Verräters begegnen sähest, müßtest du Rächer des Adels sein, den er ganz wild verfolgt. Nun aber siehst du alle einmütig gegen ihn aufgebracht, und du allein nennst ihn schuldlos? Durch die Behauptung seiner Unschuld machst du dich verdächtig und mußt für deinen Ruf Nachteil und Einbuße befürchten. Denn wen soll man für schuldhafter halten als den, der nach dem Blut aller guten Menschen dürstet, allein die als unschädlich Erkannten schädigt und zuletzt dem König trügerisch die Herrschaft stehlen will, durch den er zu dieser Machtstellung gelangte? Du nennst diesen Plan unschädlich? Du billigst dieses Vorhaben? Du bist damit einverstanden, daß man den König ermordet oder der Ehre beraubt, obwohl dich dein Treueid an ihn bindet? Oder daß man ihn absetzt und dieser Schreiber und frühere Ölverkäufer König wird? Aber freilich, wenn er regiert, wirst du der Zweite nach dem König sein, in höchsten Ehren strahlen und dir aussuchen dürfen, welches Gefolge du haben möchtest! So träumst du schon, wenn ich nicht irre, von künftigem Gedeihen. Ach, der Mann hat völlig den Verstand verloren! Nimm an, der König wäre schon abgesetzt, was dann? Glaubst du wirklich, Majo werde regieren? Am selben Tag noch, an dem er die Macht an sich reißt, wird er mit seinem ganzen vertrauten

Anhang zerschmettert, und wenn nirgends ein Schwert zur Hand ist, dann wenigstens mit Steinen.

Nimm hinzu, daß du in Sizilien der einzige bist, dem man noch Tugend zutraut; auf dich allein blicken alle. Was du auch tust, es kann nicht im Dunkeln bleiben. Wähle, ob lieber Tugend oder Verbrechen bekannt werden soll, und schäme dich, die Erwartungen aller zu enttäuschen! Schäme dich, in der ersten verheißungsvollen Jugend die Anfangsgründe böser Schliche zu übernehmen! Verachte einen Schwiegervater, dessen verwandtschaftliche Berührung deinen Adel beflecken wird! Verschmähe, wenn du klug bist, eine Gemahlin, die dir entartete Kinder gebären wird, eine Brut, die durch zwiespältige Herkunft dem Vater unähnlich ist! Öffne dich endlich den Ratschlägen deiner Freunde und rüste dich zu ihrer aller Befreiung! Befreie auch dich und das, was vom Adel noch übrig geblieben ist, und dulde nicht, daß dieses grimmige Ungeheuer sich länger zu unserem Verderben austobt! Man soll es erfahren: Auch wenn er die Tugend durch zahllose Verfolgungen unterdrückt und geschwächt hat, wird es ihr zur Rache für die Verbrechen dennoch nicht an Kühnheit und an rächenden Schwertern fehlen.

Die Sicherheit des Königs selbst, Heil und Freiheit des Reiches liegen in deinen Händen. Denn alle anderen sind durch Ohnmacht dazu verdammt, diese glänzende Tat nicht ausführen zu können; doch dir hat ein gütiges Geschick den höchsten Ruhmesgipfel vorbehalten. Dafür braucht es keine Verzögerung und Verschiebung, kein Abwarten des günstigen Zeitpunkts. Denn er glaubt dich mit Trug und List schon so umstrickt zu haben, daß er niemanden sonst näher ins Vertrauen zieht. Ob du ihm in Waffen oder waffenlos, allein oder von einer Ritterschar umringt begegnest, daraus erwächst ihm keinerlei Furcht oder Argwohn. Darum kannst du ihn, wo immer du willst, gefahrlos niederhauen. Wenn er einmal tot ist, brauchst du nicht zu fürchten, daß er einen Überlebenden hinterließe, der ihn rächte. Ans Werk also, junger Mann, bemühe dich, diese Stufe des Glücks zu erreichen! Wohin dich die Tugend ruft, da folge unerschrocken und versage dem fordernden Glück nicht den Gehorsam! Wenn du uns in zuverlässiger Abmachung diese Tat versprichst, wird, abgesehen von dem unsterblichen Ruhm, den du damit erlangst, auch die dankbare Belohnung des Verdienstes nicht auf sich warten lassen. Denn wir werden mit allen Mitteln fordern und erreichen, daß dir die Gräfin von Catanzaro ehelich vermählt wird. Damit kein Zweifel bleibt, werden wir dir für diese Abmachung Sicherheit bieten, ob du dich nun mit einem heiligen Eid zufriedengeben oder durch eine andere Art Bürgschaft für dich vorsorgen willst. Ich brauche nicht zu sagen, wieviel adliger diese Gräfin ist als du und welche Anträge mächtiger Männer sie zurückgewiesen hat; denn ich denke, das alles weißt du selber.«

Die historischen Fakten sind schnell erzählt, zumal sie von der zeitgenössischen Chronik des Erzbischofs Romuald von Salerno bestätigt werden: Matteo wurde vom kalabrischen Adel, mit dem er verwandt war, leicht umgestimmt, auch weil Clementia von Catanzaro eine der reichsten Erbinnen Kalabriens war und einem Seitenzweig der Königsfamilie entstammte. Am 10. November 1160 ermordete Matteo den vertrauensseligen Majo in Palermo. König Wilhelm mußte dem populären Mörder zunächst vergeben, doch wurde Matteo nun von den Verschwörern dazu gedrängt, Wilhelm selbst abzusetzen. Vor allem wegen Matteos Zögern scheiterte am 9. März 1161 der Aufstand gegen den König; dieser rächte sich ein paar Wochen später, Roger von Martirano und Matteo Bonello wurden geblendet, und wie sie verschwand Clementia von Catanzaro für immer im Kerker. Die ganze Affäre wäre halb so interessant, wenn nicht Hugo Falcandus sie erzählt hätte, mit seiner diabolischen Brillanz und Bosheit.

Was er eigentlich damit sagen will, wissen wir nicht, weil wir nicht ahnen, wer Hugo Falcandus war. Man hat vermutet, er sei mit dem gelehrten Griechen Eugen von Palermo identisch, einem Höfling aus alter Beamtenfamilie, der 1190–94 Admiral von Sizilien und dann Gefangener Kaiser Heinrichs VI. auf dem Trifels war; dort soll er, erst 1195, unseren Text verfaßt haben. Mich überzeugt die These nicht, denn wenn eine Tendenz des Buches unverhüllt hervortritt, ist es der Haß des Autors auf opportunistische Emporkömmlinge und Karrieremacher am Hof in Palermo, auf halb mohammedanische Palasteunuchen und bürgerliche Beamte, wie Eugen einer war und Majo auch. Der Autor sympathisiert jedenfalls mit der adligen Meinung, die er Roger von Martirano in den Mund legt, identifiziert sich allerdings nicht völlig mit ihr. Falcandus geht nicht ganz so weit wie Roger und meint, Majos Vater habe in Bari Öl verkauft; aber schon das ist gehässig, denn Majos Vater war Oberrichter in Bari und Besitzer von Olivenhainen, ein angesehener Mann, der seinen Sohn die Laufbahn der Beamten einschlagen ließ.

Autor und Redner hassen Majo, weil er das Vertrauen des bösen Königs besitzt und die Adligen aus der Nähe des Throns verdrängt hat. Der Verdacht im Stil Thegans von Trier liegt nahe, daß unbändiger Ehrgeiz nicht auf loyalen Königsdienst, sondern auf Königsmord und Tyrannei gerichtet sei; so wollte der Bürgerliche auch durch die Ehe seiner Tochter mit dem adligen Bonello persönliche Macht in erbliche verwandeln. Daß Majo dem vornehmen Schwiegersohn bis zuletzt keine Untreue zutraut, ist dem Autor nur Indiz für Dummheit; Majo jagt Unschädliche, ist aber nicht fähig, die ihm vom König geliehene Macht charismatisch zu handhaben. Der Unedle hat nur Mitläufer, keine Freunde. Hat Bonello, der Majos Mitläufer geworden ist, überzeugtere Freunde? Roger sagt es, Falcandus glaubt es nicht.

Bonello ist ein strahlend schöner junger Mann mit reichem Grundbesitz, voll Körperkraft und Mut, ein Liebhaber ritterlicher Turniere und ein Leichtfuß. Er ist altadlig, aber nicht aus gräflichem Haus; Roger beginnt mit dem Lobpreis von Bonellos höchstem Adel, um ihn am Schluß fühlen zu lassen, daß es vornehmere Familien gibt. So sehr Bonello die Macht des Großadmirals bewundert und von prächtigem Gefolge träumt, sein Ehrgeiz ist noch mehr auf hochadliges Geblüt gerichtet. Falcandus macht dunkle Andeutungen, daß Matteo die Bürgerstochter aus Bari schon lange nicht mehr mochte und mit einer schönen Witwe liebäugelte, der Gräfin von Molise, die eine uneheliche Tochter von König Roger II., dem Begründer der sizilischen Monarchie, gewesen sei. Was man von König Rogers Liebesleben vor 1149 weiß, paßt nicht ganz zu dieser maliziösen Notiz; jedenfalls kennzeichnet sie den flatterhaften Matteo und seinen Minnedienst, und an diesem schwächsten Punkt faßt ihn der Adelssprecher. Hauptargument gegen Majo und seine Tochter ist die Kette des Geblüts, die von adligen Eltern nicht zu entarteten Enkeln abgelenkt werden darf. Niedrige Herkunft zeugt niedrige Gesinnung.

Zum Geblüt kommt Besitz. Er macht den Adel von ehrlosen Zumutungen unabhängig und ist Grundlage für richtigen Königsdienst. Der normannische Adel Süditaliens ist dem Königshaus ja nicht nur durch germanische Herkunft aus der Fremde verbunden, die ihn über das sizilische Völkergemisch erhebt. Die Herren verdanken ihren Grundbesitz Lehen, die ihnen der König gab, und haben ihm dafür als Vasallen Treue geschworen. Sie lassen sich dadurch das Widerstandsrecht gegen einen bösen König nicht schmälern, so wenig wie die Großbauern in

Uppsala 1019. Ihr Dienst bei Hofe wird nie knechtisch sein wie der von abhängigen Beamten, denn sie sind und bleiben freie Herren über ihre Bauern. So sichern sie den König und die Freiheit des Reiches am allerbesten. Denn dieser Kreis kontrolliert sich selbst aufs strengste. Ein Adliger, lateinisch *Nobilis,* ist ein Mann, den jeder kennt. Er kann nichts im geheimen tun, und seine Standesgenossen verzeihen ihm keinen Fehltritt. Die einmütige Zustimmung der Adelsversammlung aber begründet Ruhm für alle Zeiten und schützt den einzelnen vor dem Rad der Fortuna, das sich in Sizilien schneller als anderswo dreht.

Ruhm gründet sich auf Tugend. Das Wort, das uns heute schal klingt, hat in Rogers Rede Saft und Kraft; Tugend ist Charisma des Edelgeborenen, der in allen Lagen sich selbst treu bleibt, das Glück zwingt und mit leichter Hand das Schwerste tut. Tugend kommt, wie Roger einräumt, mitunter bei Nichtadligen vor, blüht aber am schönsten bei Edlen von Geburt. Darum ist eine hochadlige Frau rechter Lohn der Tugend. Das alles sagt Roger und durch ihn Falcandus in tiefem Ernst, ohne allen Zynismus. Falcandus bewundert hochadlige Männer, deren Tugend unbezweifelt, deren Treue ohne Trug und um keinen Preis zu verderben ist. Aber – das macht Rogers Rede so schillernd – Bonello besitzt die Tugend nicht, mit der man ihn lockt. Sonst müßte man ihn nicht auf den Konsens des Adels hinweisen, er würde ihn längst mittragen; man müßte ihm keinen Trug gegen Majo empfehlen und nicht Clementia als Preis anbieten; man müßte einem kühnen Mann nicht ausmalen, daß das Unternehmen gefahrlos ist, und würde einem zuverlässigen Mann nicht mit Bürgschaften kommen.

Die Richtigkeit dieser Deutung erweist sich im Fortgang der Erzählung. Nach dem ersten Treubruch an Majo trauen dem Mörder sogar die Hofeunuchen den zweiten am König zu; sobald er in Palermo die Volksgunst gewonnen hat, wird Bonello hochmütig und verlangt Ehrenvorrechte vor den Eunuchen. Er genießt die Macht über Knechte und verliert sie darüber; er läßt sich hineinziehen in den Teufelskreis zwischen dem Neid der Machtlosen und dem Übermut der Mächtigen – wie Majo. Dem kleinen, aufgeregten Hochmut des adligen Stutzers tritt in Rogers Rede ein großer, gleichmütiger Hochmut gegenüber. Diese längste und ausgefeilteste Rede der Chronik wurde sicher nicht so gehalten, wie sie hier steht; sie will ja mehr, als eine Überredungsszene glaubhaft machen. Sie will adliges Verhalten lehren, das heißt freilich nur zeigen, was der Leser entweder schon hat oder nie lernt. Dieser große Hochmut betrachtet das Auf und Ab der Intrigen und Zufälle, der Eide und Lügen, der gelungenen und gescheiterten Lebensläufe zwar beleidigt, doch überlegen. Tugend des Geblüts überdauert allen Wechsel der Macht, weil man diese kaufen kann, jene nicht.

TUGEND

Offener als alle anderen mittelalterlichen Lebenskreise hat der Adel in Selbstkritik und Selbstlob über sich gesprochen. Zwar stammen unsere Zeugnisse aus der lateinischen Schriftsphäre, die sich der volkssprachlichen Mündlichkeit des Adels nicht leicht bequemte; aber man sollte das Übersetzungsproblem nicht zu schwer nehmen. Zwischen Gregor von Tours und Ulrich von Hutten lernten zahllose Adlige lateinisch schreiben, ohne ihre Herkunft zu vergessen; überdies interpretierte sich der Adel nicht nur in der lateinischen Geschichtsschreibung, sondern auch im Epos, das die Volkssprachen literarisch formte. Adlige Mentalität äußerte sich am klarsten in Reden, die als kritischer Dialog nach der Aktion oder als monologische Überredung zur Aktion auf Handeln zielten. Im Einklang von Reden und Tun besteht geradezu die adlige Lebensform.

Unsere Texte spiegeln sie in örtlicher und zeitlicher Brechung. Auch wenn sich beim Walthariusdichter und bei Falcandus Bodenständigkeit und Weltläufigkeit mischen, macht sich der Unterschied zwischen dem ländlich-sittlichen Süddeutschland und dem städtisch-raffinierten Süditalien im groben oder höflichen Tonfall des Redens bemerkbar. Er bezeichnet auch Stationen in der Geschichte des Adels. Sein frühmittelalterliches Leben war deftig. Krieg wurde von Mann zu Mann geführt, und der Herr schlug selber mit drein. Chlodwig, Gunther und Byrhtnoth waren von ihrer adligen Gefolgschaft umringt, und nur solche kompakten Gruppen beteiligten sich am Streit um Herrschaft. Ihre Mittel und Ziele waren schlicht. Goldene Schätze, die man raubte und hortete, zogen Haudegen an; deren körperliche Überlegenheit begründete Macht über andere Menschen. Adlige Haltung berief sich gern auf geschichtliche Vorbilder und lange Geschlechterketten, mußte sich aber im täglichen Krieg um Herrschaft behaupten. Deshalb war Adel nach außen nicht ständisch scharf begrenzt und im Innern nicht genau gegliedert; Hochadel ließ sich von

Niederadel im Frühmittelalter so wenig unterscheiden wie Sippe von Familie.

Die Differenzierung vollzog sich zugleich mit dem Wandel von Krieg und Herrschaft im 11. Jahrhundert, erkennbar etwa in der Entwicklung vom katalanischen Gottesfrieden zum Epos vom Cid. Adlige hausen nicht mehr am Königshof in Palermo oder Paris, sondern wie Roger von Martirano und Jean de Joinville auf ländlichen Burgen; sie bilden einen geschlossenen Stand, der Neulinge von unten abwehrt, Zumutungen von oben zurückweist und in sich gestuft ist. Der Hinweis auf Geschichte und Geblüt wirkt exklusiv und konservativ, weil jetzt andere Kreise am Streit um Herrschaft teilnehmen, namentlich bürgerliche Verwalter und Schreiber, mit denen sich das Königtum verbündet. Herrschaft achtet jetzt weniger auf Personen als auf Sachen, vererbliche Länder und Rechte; Krieg zielt auf einzelne Punkte und komplizierte Wirkungszusammenhänge. Wenn der Adel jetzt noch mit Levold von Northof die ruhende Mitte des sozialen Gefüges bilden will, braucht er Fingerspitzengefühl und Korpsgeist und muß zu seiner Haltung erst erzogen werden.

Erziehung zur Elite wollen freilich schon die Epen von Waltharius und der Schlacht bei Maldon; sie ist das zentrale Thema adliger Literatur nicht erst seit Chrestien de Troyes. Alle Jahrhunderte des Mittelalters sind sich darin einig, daß vornehmes Geblüt und reicher Besitz zwar Grundlage adliger Haltung sind, sie aber noch nicht formen. Die Habgier des hochgeborenen Gunther und der Ehrgeiz des reichen Bonello sind Gegenbilder zu der Haltung der Mitte und des Maßes, die sich als Treue bezeichnen läßt: Standhalten in allem geschichtlichen Wechsel, Festhalten an dem einmal gegebenen Wort, Überwindung opportunistischer Angst. Treue gedeiht in einem Kreis, der zwar aus weitläufig Verwandten besteht, aber keine Familie ist, sondern ein Bund. Er ist und bleibt ein Männerbund; daran ändern alle ritterlichen Normen nichts. Gewiß haben sich die Akzente verschoben; während die junge Hiltgund von ihrem Vater ungefragt mit Walther verlobt wurde, kann Clementia die Anträge mächtiger Herren abweisen. Dennoch wird Clementia den Adligen heiraten, den ihr die Adelsversammlung bestimmt, und ihr adliges Geblüt ist noch immer Mittel, um männliche Tugend zu vererben. Tugend, *virtus*, ist männlich, denn sie bedeutet »Tauglichkeit« für Krieg und Herrschaft.

Der Bund der Edlen lebt nicht täglich zusammen und kann die vielgestaltigen Vorkommnisse adligen Lebens nicht inhaltlich regeln. Er kann nur die formale Mitte zwischen Extremen einschärfen, zwischen Tyrannei und Knechtschaft: Nur der Freie ist treu, denn er entscheidet selbst, was man ihm zumuten darf und er anderen zumuten kann. Maßvolle Haltung verwirklicht sich in gemessenen Gesten und wird deshalb durch die Formen des Lehnsrechts bestärkt: Höflichkeit beim Umtrunk, Rücksicht beim Turnier. Aber ganz ernst sind diese ritterlichen Formen selten verkörpert; sie bleiben Spiel, mit Waffen oder Worten, um Leben oder Ehre. So viel an ihnen geschichtliche Tradition ist, Wirklichkeit werden sie nur im Augenblick, wenn Herren einander gegenüberstehen. Die adligen Lebensformen stehen mitteninne zwischen banalen Zwängen und utopischen Normen und stützen sich auf Konventionen; das ist ihre Stärke. Sie stiften jedoch nur in einem erlesenen und lockeren Kreis Übereinkunft; das ist ihre Schwäche.

MACHTFÜLLE

Die 1121 im Kloster Peterborough geschriebene Fassung E der altenglischen *Angelsächsischen Chronik* meldet den Tod König Wilhelms des Eroberers von England (am 9. September 1087) und fährt fort:

»Ach, wie eitel und unstet ist der Wohlstand dieser Welt! Er war vorher ein reicher König und Herr über manches Land; nun besaß er von all dem Land nur noch sieben Fußbreit. Er war zuvor mit Gold und Edelsteinen bekleidet; nun lag er zugedeckt mit Erde. Er hinterließ drei Söhne. Robert hieß der älteste, der wurde nach ihm Graf der Normandie. Der zweite hieß Wilhelm (II.), der trug nach ihm den Königshelm in England. Der dritte hieß Heinrich (I.), dem vermachte der Vater unsägliche Schätze. Wenn einer wissen möchte, was für ein Mensch er war, welche Würde er besaß, wieviele Länder er beherrschte, dann wollen wir ihn so beschreiben, wie wir ihn kannten; denn wir sahen ihn und wohnten eine Zeit bei seinem Gefolge.

König Wilhelm, von dem wir reden, war ein sehr kluger Mann, sehr reich und würdevoller und stärker als alle seine Vorgänger. Er war milde zu den guten Menschen, die Gott liebten, und über alle Maßen streng zu den Menschen, die seinem Willen widersprachen. An derselben Stelle, wo ihm Gott gewährte, daß er (1066) England eroberte, baute er ein großes

Münster, siedelte Mönche dort an und gab ihm reiche Güter *(Battle Abbey,* 1067). Zu seinen Zeiten wurde das große Münster in Canterbury gebaut (seit 1067) und sehr viele andere Kirchen in ganz England. Dieses Land war auch sehr reich an Mönchen, die ihr Leben nach Sankt Benedikts Regel führten. Und der Christenglaube war in seinen Tagen so angesehen, daß jedermann, zu welchem Stand er auch gehörte, ihn befolgen konnte, wenn er wollte. Er war auch sehr würdevoll. Dreimal jährlich trug er seinen Königshelm, wenn er gerade in England war: an Ostern trug er ihn in Winchester, an Pfingsten in Westminster, an Weihnachten in Gloucester. Und dann umgaben ihn alle die reichen Männer von ganz England: Erzbischöfe und Bischöfe, Äbte und Grafen, Edle und Ritter.

Er war auch so streng und unerbittlich, daß niemand etwas gegen seinen Willen zu tun wagte. Er hielt Grafen in Fesseln, die gegen seinen Willen gehandelt hatten. Er nahm Bischöfen ihre Bistümer und Äbten ihre Abteien und legte Edle ins Gefängnis. Und schließlich schonte er seinen eigenen Bruder nicht, der Odo hieß. Der war ein sehr reicher Bischof in der Normandie – in Bayeux war sein Bischofssitz – und der erste Mann nach dem König; er hatte eine Grafschaft in England (Kent) und war Meister in diesem Land, wenn der König in der Normandie war. Auch ihn legte er ins Gefängnis (1082). Unter anderen Dingen soll nicht der gute Friede vergessen werden, den er in diesem Land hegte, so daß ein Mann, der etwas bedeutete, unbehelligt mit ganz viel Gold am Leibe durch sein Reich reisen konnte. Und niemand wagte, einen anderen zu erschlagen, gleichgültig, wieviel Böses ihm der andere angetan hatte. Und wenn ein Mann bei einer Frau gegen deren Willen lag, verlor er gleich die Glieder, mit denen er das Spiel getrieben hatte.

Er war Herrscher über England und durchsuchte es in seiner Schläue so genau, daß es keine einzige Hufe innerhalb Englands gab, von der er nicht wußte, wer sie besaß und was sie wert war; und dann hielt er das schriftlich fest *(Domesday Book,* 1086). Wales war ihm untertan, und da baute er Burgen und hatte dieses Volk völlig in der Gewalt. Auch Schottland unterwarf er sich durch seine große Stärke (1072). Das Land Normandie war sein angestammtes Erbe. Er herrschte auch über die Grafschaft, die Maine genannt wird (seit 1073). Und wenn er nur zwei Jahre länger gelebt hätte, hätte er durch seine Klugheit ohne alle Waffengewalt Irland gewonnen.

Wahrlich, in seinen Zeiten hatten die Menschen große Mühsal und sehr viel Ungemach. Burgen ließ er bauen und arme Leute schwer bedrücken. Der König war gar streng und nahm von seinen Untertanen viele Mark in Gold und viele hundert Pfund in Silber. Das nahm er von seinem Volk nach Gewicht, mit viel Unrecht und wenig Bedürfnis. In Geiz war er verfallen und lebte völlig in Habgier. Einen großen Wildbann verordnete er und erließ Gesetze darüber: Wer Hirsch oder Hindin erlegte, mußte geblendet werden. Er verbot die Jagd, wie auf Hirsche, so auch auf Eber. Er liebte das Hochwild so sehr, als wäre er dessen Vater. Auch daß Hasen frei herumlaufen sollten, befahl er. Seine reichen Leute beklagten das, und die armen jammerten darüber. Aber er war so starrsinnig, daß ihn ihrer aller Groll nicht kümmerte. Völlig mußten sie des Königs Willen befolgen, wollten sie Leben, Land, Güter und seine Gunst behalten. Wehe, daß ein Mensch sich so hochmütig benehmen und über alle Menschen erhaben dünken konnte! Der allmächtige Gott schenke seiner Seele Barmherzigkeit und vergebe ihm seine Sünden.«

Der unbekannte Autor gehörte nicht der Abtei Peterborough an, in der seine Chronik nachher mit lokalen Erinnerungen an den Eroberer ausgeweitet wurde; Benediktiner war wohl auch er, vielleicht in Westminster Abbey, wo er den König öfter sehen konnte. Die guten Menschen, die Gott lieben und deshalb die Milde des Königs erfahren, sind Mönche; der Satz über das Ansehen des Christenglaubens meint wohl, daß zu Wilhelms Zeit jeder, auch ein Unfreier, Mönch werden durfte, wenn er wollte. In der Tat brachten Wilhelm und sein Helfer Lanfrank aus der Normandie die Klosterreform nach England mit. Der König selbst tat aber außer der Ausstattung von *Battle Abbey* nicht viel für die Gründung neuer Klöster; der Neubau der Kathedrale von Canterbury ist weniger ihm als Erzbischof Lanfrank zuzuschreiben. Doch an örtlicher Förderung lag dem Chronisten nicht so viel wie an allgemeiner Entfaltung geistlichen Lebens, die zu schützen erste Königspflicht ist. Dazu trägt würdige Feier der kirchlichen Hauptfeste bei, an denen der König die alten Mittelpunkte des Landes aufsucht. Alle drei haben Benediktinerkirchen, die in diesen Jahrzehnten baulich erneuert wurden: Westminster bis 1065, Gloucester seit 1072, Winchester seit 1079. Festkrönungen des Königs und damit verbundene Hoftage und Synoden, von denen später William Fitzstephan schwärmt, dokumentieren jenen Frieden, den der Herrscher allen Menschen guten

Willens sichert. Von diesem Landfrieden spricht der Chronist, wenn er die Wirkungen von Wilhelms Gesetzgebung und Rechtspflege erwähnt. Daß ein Mann, eine Mutter mit Kind, eine Jungfrau unbehelligt durchs Land reisen könne, ist seit Beda ein ewiger Wunschtraum des gepeinigten Mittelalters; Wilhelm machte ihn wahr, ohne mit dem örtlichen Klerus und Adel lang über Gottesfrieden und *Treuga Dei* zu verhandeln.

Der Friede, den alle ersehnten, ließ sich indes nur erhalten, wenn der König rücksichtslos in lokale Herrschaften eingriff. So bereitwillig Wilhelm die Klosterreform unterstützte, so selbstverständlich schröpfte er durch harte Steuern die Abteien; über diese Plünderung und die Habgier des Herrschers klagte der Chronist bitter und mißbilligte auch die Absetzung von Bischöfen und Äbten. So hatte man sich die Kirchenreform nicht vorgestellt. Wilhelm verquickte auf vorgregorianische Weise Königtum und Kirchenherrschaft, weil er keinen Staat im Staate dulden durfte. Wie den Klerus behandelte er den Adel; Burgenbau war Königsprivileg, in der unruhigen Grenzlandschaft Wales ebenso wie in London, wo Wilhelm den Tower errichtete. Daß ein neuer König dafür viel Geld brauchte, also Steuern wie das »Dänengeld« erheben mußte, sah der spätere Mönchschronist Wilhelm von Malmesbury ein; die Zeitgenossen des Eroberers empfanden zuerst die willkürliche Beschränkung alter Freiheit. Der letzte, anklagende Teil des Abschnitts ist in Versen gehalten, gibt also vielleicht eine mündliche, jedenfalls eine volkstümliche Meinung wieder; im volksnahen Predigtstil ist ja die ganze Charakteristik gehalten. Wir hören hier nicht das Urteil eines Gelehrten, sondern Volkes Stimme. Besonders empörend fand man es, daß sich der König durch schriftkundige Reisebeamte genau über die Besitzverhältnisse im Land informierte. Der Autor hatte schon ein paar Seiten vorher zornig vermerkt, er schäme sich aufzuschreiben, was zu tun der König sich nicht geschämt habe: Jeden Ochsen, jede Kuh, jedes Schwein habe er registrieren lassen. Was hatte kleinliches Schriftwesen mit der Würde eines Königs zu tun? Hätte er nicht mindestens so freigebig und großzügig sein müssen wie Earl Byrhtnoth von Essex drei Menschenalter früher?

Fast um von diesem Ärger abzulenken, zählte der Autor wohlgefällig Wilhelms zahlreiche Herrschaftstitel her. Das war doch noch das alte Heerkönigtum, das man zwischen Gregor von Tours und Thorgnyr von Uppsala so oft gerühmt hatte; leider war auch diese auswärtige Machtfülle kein gemeinsames Werk von König und Gefolgschaft, sondern entweder normannische Erbschaft oder selbstherrliche Leistung. Nicht daß sich der Mönch mehr angelsächsische Tradition gewünscht hätte! Wilhelm übernahm davon genug, schon mit der Krönung Weihnachten 1066 in Westminster, wo Edward der Bekenner begraben lag; auch in Gesetzgebung und Rechtsprechung, deren angelsächsische Bestandteile William Fitzstephan hundert Jahre danach für altrömisch halten konnte. Und die Mönche von Peterborough durften noch fast hundert Jahre nach der Schlacht von Hastings ihre Chronik altenglisch weiterschreiben, obwohl die normannische Herrenschicht französisch sprach. Es war das gute Recht des Eroberers, sich mit normannischen Bischöfen und Baronen zu umgeben, den Angelsachsen Grundbesitz zu nehmen und ihn als Lehen an Männer seines Vertrauens neu zu verteilen, schließlich beim Tod frei über die englische Krone zu verfügen; das bekümmerte den Chronisten nicht.

Aber dieser König verhält sich noch anmaßender als Olaf Schoßkönig; er fragt niemanden von den Seinen um Rat, auch die auf Hoftagen Versammelten nicht, wie man es seit König Edwins Zeiten in England gewohnt war. Nicht einmal die nächsten Verwandten zieht er ins Vertrauen und wirft seinen Halbbruder ins Gefängnis; aus welchen Gründen, gibt er nicht bekannt (so daß wir sie bis heute nur erraten können). Er baut Burgen mitten in das Land, das ihn 1066 durch Zuruf als König angenommen hat und ihm 1075 beim Aufstand normannischer Barone die Treue hält. Er sagt nicht, wofür er Gold und Silber braucht und schickt Spione durch das Land, als wären alle Angelsachsen Steuerhinterzieher. Und das Schlimmste: Er schließt fast ein Drittel Englands, das Waldland ist, als Königsforst von der Nutzung durch den gemeinen Mann aus und verjagt die Bewohner der Walddörfer. Er denkt nicht an den Wildschaden auf den Feldern und ist mehr Vater der Hasen als der Armen. Kurzum, König Wilhelm benimmt sich so herrisch wie ein Adliger, aber keine Adelsgesellschaft hält ihn in Schach; sein Stolz ist fast so luziferisch, wie sein Friede paradiesisch ist.

Der angelsächsische Chronist begnügt sich nicht mehr mit der Hoffnung Gregors von Tours, daß die Erfolge des klugen und starken Königs über alle seine Feinde sichtbares Zeichen von Gottes Wohlgefallen sind. Darum lenkt der Schluß unseres Abschnitts zum Anfang zurück: Durch Hybris erworbene Macht zerrinnt schon auf Erden; Wilhelms Leichnam wurde geplündert und von seinem Gefolge fluchtartig verlassen. Örtliche

Willkür adliger Krieger wird durch Machtfülle des einen Königs gezähmt;
das ist gut. Willkür des Herrschers wird erst nachträglich bestraft, durch
Bruch der geschichtlichen Kontinuität hier, Gericht des Allmächtigen
drüben; aber daß inzwischen die Menschen große Mühsal und sehr viel
Ungemach hatten, ist nicht gut. Friede auf Erden erfordert gewiß Strenge
gegen Böswillige, aber Gutwillige sind nicht starrsinnig und selbstherrlich.

PFLICHTERFÜLLUNG

In dem norwegisch geschriebenen *Königsspiegel* eines ungenannten Verfassers, der um 1260 schrieb, belehrt ein Vater seinen Sohn über das
Königsamt:

»Sohn: Nun wird mir durch Eure Darlegung klar, was nach Eurer
Ansicht die Pflicht des Königs ist in der Nacht, wenn die Schlafenszeit
vorüber ist: daß er nachdenkt über sein Reich und sein Volk; und dann
am Morgen: daß er zur Kirche geht und sein Gebet spricht. Ich verstehe
auch, daß diese Tätigkeit so nützlich und notwendig ist, daß sie keinesfalls unterlassen werden darf. Deshalb will ich Euch nun bitten, daß Ihr
mir weiterhin erklärt, was seine Pflicht den Tag über sein soll, so wie Ihr
mir gezeigt habt, was er in der Nacht und am frühen Morgen zu tun hat.
Vielleicht meint Ihr, er habe sich deshalb mit nächtlichen Wachen um
sein Reich zu kümmern, damit er den Tag über um so freier leben könne
nach der Gewohnheit, die, wie ich erfahre, die Könige an den meisten
Orten befolgen, entweder mit Falken auszureiten oder mit Hunden auf
die Jagd zu gehen oder sonst ein Vergnügen vorzunehmen, das, wie ich
höre, jetzt an den meisten Orten als Beschäftigung der Könige gebräuch-
lich ist. Oder meint Ihr, daß er eine andere Beschäftigung hat, wenn er
nach seiner Pflicht handelt, und daß sie diese Vergnügen mehr der
Freude halber betreiben als daß es ihrem Namen entspräche?
Vater: Was diese Frage betrifft, so glaube ich allerdings, daß das
Königtum eher eingesetzt und bestimmt ist zur Sorge für die Notwendigkeiten des ganzen Volkes und des Reiches als zu nichtigem Treiben und
eitlem Vergnügen. Doch ist es dem König nicht verboten, sich gelegentlich ein Vergnügen zu gestatten, mit Falken, Hunden, Rossen oder Waf-

fen, damit er seine Gesundheit bewahre und im Waffengebrauch und in aller Kriegsübung gewandt bleibe. Seine pflichtmäßige Beschäftigung aber ist wirksame Sorge für vernünftige Lenkung des Reiches, für gute Entscheidung aller schweren Anliegen und für Notwendigkeiten aller Art, die ihm vorgetragen werden. Und das sollst du bestimmt wissen, daß es ebenso Pflicht des Königs ist, täglich die Regel des heiligen Gesetzes zu hüten und die Gerechtigkeit der heiligen Urteile zu schützen, wie es Pflicht des Bischofs ist, die richtige Regel der heiligen Messe und des ganzen Gottesdienstes zu bewahren.

Sohn: Ich frage deshalb so eingehend nach diesen Dingen, weil viele denken, die königliche Würde sei für fröhlichen Reichtum und ungehemmtes Vergnügen nach Herzenslust bestimmt. Aber nach Euren Worten erkenne ich nun, daß sich der König immer unter Gottes Joch zu beugen hat. Es wird mir auch klar, daß er jeden Tag eine schwere Last in steter Fürsorge zu tragen hat, die er auf sich nehmen muß für Notwendigkeiten des ganzen Volkes, die ihm vorgetragen werden. Deshalb will ich Euch weiterhin bitten, daß Ihr mir schildert, was nach dem Ende des Gottesdienstes die Beschäftigung des Königs ist.

Vater: Es war einstmals Sitte, als das Königtum eingerichtet wurde und in seiner schönsten Blüte stand, wenn der König keine Feinde zu befürchten hatte und mit seinem Gefolge volle Freiheit genoß, daß er ein prächtiges Haus dazu bestimmte, um darin seinen Hochsitz aufrichten zu lassen, der ihm zum Richterstuhl diente, und den Sitz schön nach aller königlichen Würde zu verzieren. Dann setzte sich der König darauf und überlegte sich, wie prächtig und erhaben er säße. Danach wandte er seine Gedanken darauf, wie er auf einem so prächtigen Sitz so sitzen könnte, daß er nicht in einer schmählichen Weise davon verstoßen würde, wegen Ungerechtigkeit oder Bosheit, Kurzsichtigkeit oder Torheit, allzugroßer Feigheit oder Hochmut oder wegen übergroßer Begehrlichkeit, obgleich er doch schon einen erhabenen Sitz hätte. Nun scheint es mir das Gebotenste, nachdem in der beschriebenen Weise das Königtum von Anfang an eingerichtet war, daß der König auch jetzt noch dieselbe Ordnung festhalte, wie sie einst bestimmt wurde. Wenn der König auf diesen Sitz gelangt, von dem eben die Rede war, und er alle diese Dinge erwogen hat, von denen ich gerade sprach, dann hat er zunächst über die Anliegen der Leute und die Notwendigkeiten zu urteilen, die ihm vorgetragen werden. Während der Zeit aber, da keine dringlichen Nöte vor ihn gebracht werden, soll der König seine Gedanken auf den Ursprung der heiligen Weisheit richten und mit nachdenklicher Aufmerksamkeit alle ihre Wege und Stege erforschen.«

Der Autor dieses bedeutendsten Werkes der altnorwegischen Literatur ist bis heute nicht ermittelt. Sicher ist nur, daß er zum Gefolge König Håkons IV. gehörte, unter dem Norwegen zwischen etwa 1240 und 1260 den Höhepunkt seiner mittelalterlichen Geschichte erreichte. Im Werk des wahrscheinlich geistlichen Verfassers spiegeln sich Håkons wichtigste Errungenschaften. Der König versuchte, seine rauhe, trinkfreudige Gefolgschaft in einen kultivierten Hof westeuropäischen Musters zu verwandeln; seit etwa 1230 wurden französische Ritterepen ins Norwegische übersetzt, die Lehre vom höfischen Benehmen faßte allmählich Fuß. Im Königsspiegel wird sie nachdrücklich vertreten, allerdings ohne die leichtsinnige Betriebsamkeit des Minnewesens und Turniergepränges. Unter Håkon begannen sich ferner die ländlichen Ordnungen Skandinaviens auszuweiten, die wir aus Snorri Sturlusons Berichten über Olaf den Dicken kennen. Mit der Verwurzelung von kirchlicher Hierarchie und städtischem Bürgertum ergab sich auch eine stärkere Schichtung, die den Vorrang des Adels betonte und das Bauerntum abwertete. Der Königsspiegel begrüßt die Erweiterung, aber nicht die Schichtung; er handelt nicht nur vom König und seinen Mannen, auch von den Kaufleuten, Abschnitte über Geistliche und Bauern waren geplant. Schließlich steigerte Håkon seine Königsmacht durch Eingriffe in Schottland, Island und Grönland, durch Gesandtschaften nach Kastilien, Sizilien und Rußland sowie durch Aufzeichnung und Vereinheitlichung der geltenden Landrechte, die dann 1274 durch Håkons Sohn Magnus den Gesetzbesserer abgeschlossen wurde. Der Königsspiegel mißbilligt die militärische und diplomatische Geschäftigkeit, mit der der König über Land und Meer zieht, anstatt auf seinem schöngeschnitzten Thron zu sitzen; aber energisch bejaht der Spiegler das königliche Richteramt.

Aus der *Håkonssaga* des Isländers Sturla Thordarson kennen wir Håkon IV. als höfisch heiteren Herrscher, der vor allem gegen Arme und Bedrückte stets leutselig war; auch seine maßvolle Rechtspflege wurde gerühmt. Doch war er im Zorn grausam und unberechenbar, noch immer nicht anders als Olaf der Dicke. Wie sollte das Land gedeihen, wenn der König launisch war? Daß er der Bauleidenschaft frönt und sich eine prächtige Halle errichtet, nimmt ihm der Autor nicht übel, denn Håkons steinerne Königshalle in Bergen, 1261 fertiggestellt, entspricht tatsächlich alter Tradition. Seit dem altenglischen *Beowulf-Lied* ist die Königshalle selbstverständlicher Rahmen für heitere Gelage des Königsgefolges, die wir aus Bedas Bericht kennen. Auch die Jagd ist nicht grundsätzlich zu verwerfen, die schon Karl der Große, Notkers Anekdote zufolge, als Wehrertüchtigung gepflegt hatte. Dem König steht sogar die Falkenjagd gut an, das vornehmste Waidwerk, das soeben von Håkons Freund Kaiser Friedrich II. schriftlich gelehrt worden ist. Aber Friedrichs Ansicht, daß der König bei der Zähmung des edlen Vogels den Umgang mit Menschen lernen könne, widerstrebt dem Norweger zutiefst. Der König ist kein Herr über Tier und Mensch, sondern hat seine Würde als Lehen von Gott und untersteht wie jeder Kaufmann und Kleriker den Pflichten seines Standes.

Für königliches Verhalten kennt die Bibel geschichtliche Beispiele, gute und böse wie David und Salomon, Pharao und Herodes, denn die Welt ist so alt, daß wenig ganz Neues geschieht. Aber das Studium der Geschichten ist für den König, der Weisheit sucht, kein gelehrter Selbstzweck, sondern Hinweis auf die gegenwärtige Pflicht, die Verwirklichung von Recht und Frieden. Davon hatte vor kurzem, 1231, auch Kaiser Friedrich II. gesprochen; aber anders als in Sizilien ist in Skandinavien noch im 13. wie im 11. Jahrhundert der König kein Gesetzgeber. Die heiligen Gesetze sind wie die Sitte vorgegeben. Doch ihre Anwendung ist schwer und verlangt von Fall zu Fall tiefes Nachdenken; jetzt kann kein Allthing mehr dem König dieses Nachdenken abnehmen. Denn er allein muß sich verantworten vor dem Richterstuhl des ewigen Gottes, dessen Würde er auf Erden verkörpert. Was im allgemeinen Notwendigkeit des Reiches und Volkes ist, steht so fest wie die uralte Ordnung der Schöpfung; aber der König muß den einzelnen Menschen ins Herz sehen, weil er einen Gesetzesbrecher, der in Not handelt, anders bestrafen soll als einen Gewalttätigen. Der königliche Richter schafft Frieden zwischen den Menschen; dann mag Gott auch den anderen Frieden schenken, um den der König oft beten soll: Gott gebe dem Volk guten Frieden und ausreichende Jahresernte ohne alle Bedrohung durch Feinde.

Der König als Richter ist Erzieher seines Volkes, denn es nimmt sich an ihm ein Beispiel. Deshalb muß er nicht selbstherrlich, sondern selbstbeherrscht sein, nicht mutwillig, sondern wohlwollend, nicht launisch, sondern beständig. Nur wenn er die kurzsichtigen Leidenschaften bezwingt, wird er nicht schmählich von seinem Thron gestoßen, sondern vererbt den Frieden durch die Generationen seiner Dynastie. Das ist keine abstrakte Forderung; der Autor hat die norwegischen Bürgerkriege des 12. Jahrhunderts vor Augen und will, indem er vor dem alten Partikularismus der Großbauern warnt, den neuen der Adligen bekämpfen. Daß er an das starke Königtum von Håkons Großvater Sverrir erinnert, soll Monarchie und Primogenitur für Håkons Enkel sichern. Der König unseres Abschnitts mutet wie eine Märchenfigur an: Tagaus, tagein sitzt er auf seinem Richterstuhl und grübelt über die Weisheit nach; wenn Menschen zu ihm kommen, läßt er jedem nach dessen Umständen Recht geschehen und schafft so für alle Frieden. Es ist der Idealkönig des 13. Jahrhunderts; man sieht ihn in Thomas von Aquins Fürstenbuch für das Wohl der Menge sorgen und auf dem Gemälde der *Gesta Romanorum* nachdenklich sitzen. Und im Kreis der europäischen Monarchen standen wirklich einige, die das Rechte verkörperten, alte wie Karl der Große und zeitgenössische wie Ludwig der Heilige. Das war eine Hoffnung für geplagte Untertanen und ein Alptraum für vergnügte Fürsten.

FRIEDE

Zwischen dem 11. und 13. Jahrhundert hat sich die Auffassung vom Königsamt verändert. Wilhelm der Eroberer konnte sich noch wie Chlodwig und Karl der Große als gottähnlicher Herrscher von sakraler Weihe empfinden, als stärkster und klügster Mann seines Umkreises, als unvergleichlich und unnachahmlich. Auch wenn er Gott die Ehre und den Menschen guten Willens den Frieden gab, behielt seine Willkür und Strenge etwas von der Unzugänglichkeit Gottes, der aus den Wolken Blitze schleudert oder Wunden heilt. Der König des 13. Jahrhunderts ist menschlicher geworden und hält das Gleichgewicht zwischen sozialen Gruppen. Er hat nach der gregorianischen Kirchenreform viel an kirchlichen Schutzpflichten und geistlichen Würden eingebüßt, dafür jedoch durch Römisches Recht und Lehnswesen repräsentatives Ansehen gewonnen. Das Amt ist deutlicher von Launen und Vergnügen der Person getrennt, an geltendes Recht und verzweigte Institutionen gebunden. Unter zeitlichem Aspekt ist der König der Angelsächsischen Chronik

54 Sorge für die Bedrängten

55 König Sigmund als Lehensherr (1417)

archaischer als der des Norwegischen Königsspiegels, unter räumlichem
nicht.

Wilhelm kam mit einigen tausend Normannen als Eroberer in ein
fremdes Land und übertraf an Konsequenz und Kraft die einheimischen
Vorgänger. Er brachte in die insularen Traditionen neue Sachlichkeit
durch das Schriftwesen seiner Beamten, feudale Stufung der Lehen und
Dienste, Zuweisung der Rechte und Gerichte, Münzmonopol und Steuer-
politik. Er verdankte seine Macht nur sich selbst und teilte sie mit
niemandem. Wilhelm begann im normannischen England mit dem, was
Friedrich II. im normannischen Sizilien fortsetzte, mit der Konstruktion
des staatlichen Verbandes. Hingegen hatte der norwegische Bauernkönig
nichts zu konstruieren. Er stand inmitten seines Volkes, abhängig von der
nordischen Überlieferung. Handlungsfähig war er nur in seinem vornehmen Gefolge, dessen oberste Tugend Kriegserfahrung war; von Staatsver-
waltung, speziellen Behörden für Gericht und Finanz wußte Håkon IV.
nicht viel mehr als Olaf der Heilige. Das Beispiel mag uns davor warnen,
die Zeitgenossenschaft Friedrichs II. mit Håkon IV. allgemein für verbindlicher zu halten als regionale Traditionen. Königsherrschaft ist von Land
zu Land so verschieden wie Adelsherrschaft.

Gemeinsam ist freilich unseren Zeugnissen, daß sie dem König eine
andere Aufgabe als dem Adel zuweisen, die Wahrung des Friedens, nicht
die Führung des Krieges. Dabei haben Wilhelm und Håkon Züge des
Heerkönigs wie vorher Chlodwig und Karl der Große, nachher Heinrich
V. von England und Karl der Kühne von Burgund. Und ihr Hof besteht
vorwiegend aus adligen Herren, deren Hauptberuf Krieg ist; daran ändern
unsere Autoren, die als Geistliche doch Gefolgsmänner waren, nicht viel.
Aber sie lassen den Fürsten nicht mit seinem Hof allein, nicht in dessen
kriegerischer Kumpanei oder ritterlicher Höflichkeit aufgehen; sie weisen
dem Hof, wie das Gemälde der *Gesta Romanorum,* die Rolle der Beratung
und Stellvertretung zu, mehr nicht. Widerpart und Bezugspunkt für
König und Hof ist vielmehr das Volk, nicht mehr wie im Frühmittelalter
verstanden als Gruppe der vornehmen Sippen, noch nicht wie im Spätmittelalter als Untertanenverband, sondern als Summe der Lebenskreise
im Land, der Adligen und Bauern, der Geistlichen und Bürger. Daß sie
miteinander in Frieden leben können, ist Hauptaufgabe des Königs.

Er stellt dar, was dem Volk fehlt. Er ist reich, darum darf er nicht geizig
sein. Er hat Macht, darum soll er nicht starrsinnig sein. Er ist Herr, darum

muß er zuhören können. Im Kampf ums Dasein muß er friedliche Fülle schaffen, Krönungen und Gottesdienste feiern. Im Schwanken des Alltags muß er Dauer schaffen, Monumente in Stein, Kirchen und Hallen bauen. Er braucht Wahrzeichen, wie sie in Westminster und Bergen entstehen, eine Grablege für die alten und Krönungskirche für die neuen Könige. Auch wenn der König reist, muß er Behörden, Gerichte, Archive am Hauptort halten; auch wenn er stirbt, muß eine feste Erbfolge für das unteilbare Königtum bestehen, wie sie sich in England und Norwegen gerade einspielt. Denn wenn der König nicht immer gegenwärtig und zugänglich ist, verderben Frieden und Recht. Natürlich sind das Träume, und weder Olaf Schoßkönig von Schweden 1019 noch Richard II. von England 1381 waren Traumkönige; aber unsere beiden Autoren wußten solche Normen königlichen Verhaltens auch starrsinnigen und leichtsinnigen Fürsten sehr nahezulegen. Denn das Werk eines Fürsten ist jeden Augenblick bedroht, durch Streit in der eigenen Sippe wie bei Vratislav II. von Böhmen und Engelbert III. von der Mark; durch Aufstände des Adels wie bei Karl dem Dicken und Wilhelm dem Bösen; durch Überfälle von außen wie bei Aethelred von England und Guido von Flandern. Der Fürst braucht den Segen Gottes nicht erst beim Jüngsten Gericht; seine Sünden werden ihm meist schon auf Erden heimgezahlt. Man wird ihm den Thron, sogar das Grab streitig machen, wenn ihn sein Volk nicht liebt und gegen Selbstsucht des Geblüts und Verschwendung des Augenblicks, das heißt gegen den Adel schützt.

Geschichtliche Erfahrungen und Forderungen des Volkes drängten den Fürsten immer weiter aus dem Kreis des Adels hinaus, je großräumiger die politischen Verbände, je unterschiedlicher die sozialen Gruppen wurden. Allmählich bildete sich ein eigener Lebenskreis europäischer Fürsten, der freilich stets locker blieb; ein Friedensbund der Könige wurde nicht daraus. Im fränkischen Frühmittelalter ließ Chlodwig seine Verwandten auf Nachbarthronen umbringen; im westeuropäischen Spätmittelalter führten königliche Vettern einen hundertjährigen Krieg gegeneinander. Stärker wirkte das Vorbild fremder Friedensfürsten, wenn auch der Blick in die zeitgenössische Runde meist wenig Berührungspunkte ergab; Vratislav von Böhmen konnte Wilhelm den Eroberer nicht nachahmen, Håkon von Norwegen nicht Ludwig den Heiligen. Eher lohnte sich der Blick zurück, der freilich wieder Ungleiches verglich, Wilhelm den Eroberer mit Edward dem Bekenner, Håkon mit Salomon. Immerhin ließ sich aus der Geschichte der Könige lernen, was auch das gegenwärtige Volk verlangte, daß Herrschaft der Fürsten Dienst am Frieden sein muß, weil sie Bestand haben soll.

KRÖNUNG

Am Sonntag, 7. August 936 wurde Otto der Große in Aachen zum deutschen König gekrönt. Um 967 schilderte der Mönch Widukind von Korvei den Festakt in seiner lateinischen *Sachsengeschichte:*

»Heinrich (I.), der Vater des Vaterlandes, der größte und beste der Könige war tot. Nun erkor sich das ganze Volk der Franken und Sachsen den schon vorher vom Vater bezeichneten König, seinen Sohn Otto zum Fürsten. Als Ort für die allgemeine Wahl bestimmte man die Pfalz von Aachen. Dieser Ort liegt ganz nahe bei Jülich, das nach seinem Gründer Julius Caesar benannt ist. Nach der Ankunft dort versammelten sich die Herzöge und die vornehmsten Grafen mit der Schar der führenden Krieger in dem Säulenhof, der an die Kirche Karls des Großen angrenzt. Sie setzten den neuen Herrscher auf einen hier errichteten Thron, reichten ihm die Hände, gelobten ihm Treue und Hilfe gegen alle Feinde und machten ihn so nach ihrem Brauch zum König. Während die Herzöge und übrigen Würdenträger das taten, erwartete der Kirchenfürst (Hildebert von Mainz) mit der ganzen Priesterschaft und allem Volk unten in der Kirche den Einzug des neuen Königs.

Als er hereinkam, schritt ihm der Erzbischof entgegen und faßte mit seiner Linken die Rechte des Königs; in seiner Rechten trug er den Krummstab und war angetan mit Leinenrock, Stola, Meßgewand und Mitra. Er schritt bis in die Mitte des Heiligtums und blieb dort stehen. Dann wandte er sich zu dem Volk, das im Umkreis stand; denn in dieser Kirche, die rund gebaut ist, waren unten und oben Säulengänge. Er stand so, daß er von allem Volk gesehen werden konnte, und rief: ›Seht, hier führe ich zu euch den von Gott erwählten, früher vom Reichsherrn Heinrich bezeichneten und jetzt von allen Fürsten zum König gemachten Otto. Wenn ihr dieser Wahl zustimmt, so hebt zum Zeichen dafür die Rechte zum Himmel!‹ Darauf hob das ganze Volk die Rechte in die Höhe und wünschte mit kräftigem Zuruf dem neuen Herrscher Glück. Dann schritt der Erzbischof mit dem König, der ein eng anliegendes Gewand nach Frankenart trug, hinter den Altar, auf dem die königlichen Herrschaftszeichen lagen, das Schwert mit dem Wehrgehenk, der Mantel mit den Armspangen, der Stab mit dem Zepter und die Krone.

Damals hieß der oberste Bischof Hildebert. Er war Franke dem Geschlecht, Mönch dem Stand nach, im Kloster Fulda erzogen und ausgebildet und nach Verdienst zu solchem Ansehen gelangt, daß er zum Abt dieses Klosters bestellt und dann zur Würde des Erzbischofs auf dem Stuhl zu Mainz erhoben wurde. Er war ein Mann von wunderbarer Heiligkeit und hochberühmt wegen der natürlichen Weisheit seines Geistes, darüber hinaus wegen seiner literarischen Bildung. Unter anderen Gnadengaben soll er den Geist der Weissagung besessen haben. Vorher hatten sich die Bischöfe, nämlich der Trierer (Ruodbert) und der Kölner (Wichfrid), gestritten, wer den König weihen dürfe; der eine erhob Anspruch darauf, weil sein Bistum älter und gewissermaßen vom heiligen Apostel Petrus gegründet sei, der andere, weil Aachen zu seiner Diözese gehöre. Deshalb meinten sie, daß ihnen die Ehre dieser Weihehandlung zukomme. Doch dann traten sie beide vor der allbekannten Heiligkeit Hildeberts zurück.

Er also trat zum Altar, nahm das Schwert mit dem Gehenk, wandte sich zum König und sprach: ›Nimm dieses Schwert und vertreibe damit alle Feinde Christi, die barbarischen Heiden und die schlechten Christen, da dir durch göttliche Vollmacht alle Gewalt im ganzen Frankenreich übergeben ist, zur festen Sicherung des Friedens für alle Christen.‹ Dann nahm er Spangen und Mantel, bekleidete ihn damit und sagte: ›Dieses Gewand, dessen Enden bis zum Boden hinabreichen, möge dich ermahnen, daß du im Eifer für den Glauben glühen und in der Friedenswahrung bis zum Ende aushalten sollst.‹ Darauf nahm er Zepter und Stab und sprach: ›Durch diese Zeichen ermahnt, halte die Untertanen in väterlicher Zucht und reiche die barmherzige Hand vor allem den Dienern Gottes, den Witwen und Waisen. Niemals fehle deinem Haupt das Öl des Erbarmens, auf daß du jetzt und künftig mit ewigem Preis gekrönt werdest.‹ Dann wurde er von den beiden Erzbischöfen Hildebert und Wichfrid (von Köln) mit heiligem Öl gesalbt und mit der goldenen Krone gekrönt. Nach ordnungsgemäßem Vollzug der Weihe wurde er von den gleichen Erzbischöfen zu dem Thron geführt, zu dem man über Wendeltreppen hinaufstieg. Der Thron war zwischen zwei wunderschönen Marmorsäulen so aufgestellt, daß Otto dort alle sehen und von allen gesehen werden konnte.

Nun wurde das *Tedeum* gesungen und das Meßopfer gefeiert. Dann stieg der König herab und ging zur Pfalz. Er trat zu dem Marmortisch, der mit königlichem Prunk gedeckt war, und setzte sich mit den Erzbischöfen und allem Volk; die Herzöge taten Tischdienst. Der Lothringerherzog Giselbert, zu dessen Machtbereich Aachen gehörte, hatte (als Kämmerer) die Oberaufsicht; Eberhard (Frankenherzog, als Truchseß) besorgte den Tisch, Hermann der Franke (Schwabenherzog) überwachte die Schenken, Arnulf (Bayernherzog, als Marschall) sorgte für die Reiterschaft und für Wahl und Absteckung des Lagers. Der Sachsenführer Sigfrid aber, der zweite Mann nach dem König, ehedem Schwager des Königs (Heinrichs I.) und nun mit dem König (Otto) verwandt, verwaltete währenddessen Sachsen, damit inzwischen kein feindlicher Überfall vorkäme; er hatte den jüngeren Heinrich (Ottos Bruder) als Zögling bei sich. Der König aber beehrte danach jeden Fürsten in königlicher Freigebigkeit mit einem angemessenen Geschenk und entließ die Menge höchst leutselig.«

Widukind war 936 zwölf Jahre alt; ausgeschlossen ist es nicht, daß er unter dem Volk im Münster stand. Aber er kann nicht alle Einzelheiten behalten, muß sie zudem literarisch überformt haben. Doch wer ihm auch von diesem Krönungstag erzählte, Widukind gab den Sinn der Zeremonie noch dreißig Jahre nachher so wieder, wie er gemeint gewesen war, als zeitlos gegenwärtiges Bild, in dem liturgische Symbolik und politische Wirklichkeit von Ottos Königtum Gestalt gewinnen sollten. Widukind hat verstanden, warum die Krönung im fränkischen Aachen stattfand, wenn er die Namen des ersten »Kaisers« Caesar und des Sachsensiegers Karl einfließen läßt und auf Hildeberts fränkische Herkunft und Ottos fränkische Tracht hinweist: Die Sachsenherrscher wollen sich in die fränkische Überlieferung stellen, gerade in Aachen, das französischem Einfluß nahe liegt und mit Lothringen soeben, 925, in den Verband der deutschen Stämme eingetreten ist. Von politischen Hintergründen sagt Widukind allerdings wenig, und auch dies war Absicht der Feier selbst; von Spannungen, Krisen, Widerständen sollte an diesem Sommersonntag nichts zu spüren sein.

Die Designation Ottos durch seinen Vater, wahrscheinlich 929, ging nicht reibungslos vonstatten, weil Otto nicht der einzige, nicht einmal der älteste Königssohn war; wenige Jahre nach der Aachener Krönung rebellierten Ottos Brüder Thankmar und Heinrich gegen diese Thronfolgeordnung. Widukind kennt die Spannungen in der Königsfamilie, überläßt aber dem Leser die Feststellung, daß Ottos Brüder in Aachen nicht mitfeierten. Er sagt auch nichts Näheres von der Vorwahl, mit der die Großen des Reiches, hier »Volk« genannt, die Designation Ottos bestätigten. Wieder muß sich erst der Leser fragen, warum nur Sachsen und Franken wählten und was die Bayern meinten, die noch 919 ihren Herzog Arnulf gegen Ottos Vater selber zum König erhoben hatten. Wir sehen sie friedlich um den neuen König geschart, als wäre es nicht das erste Mal gewesen, daß alle deutschen Herzöge zusammenkamen. Man ahnt, daß zuvor Streit auch zwischen Herzögen und Bischöfen ausgebrochen sein muß, wer Otto auf den Karlsthron setzen dürfe. Noch Heinrich hatte 919 die Bischöfe nicht an der Königserhebung beteiligen wollen; auch diesmal kam es nicht zur Einigung, sondern zum Kompromiß der zweimaligen Thronsetzung. Die Diskussionen um den Vortritt der Bischöfe untereinander sind zwar bei Widukind erwähnt, aber bloß um zu zeigen, daß der Würdigste und Heiligste die Weihe vollzog, ein prophetisch begabter Mönch in der Tradition des heiligen Bonifatius, der in der Krönung schon die ganze Größe von Ottos Lebenswerk angelegt sah. So urteilt auch die moderne Forschung, aus anderem Grund. Denn nur ein großer Herrscher konnte alle Spannungen beschwichtigen, alle Forderungen ineinanderfügen und aus den disparaten Teilen ein eindrucksvolles Ganzes machen, schon bei seiner Krönung.

So aktiv der 24jährige Otto die Feier vorbereitet haben muß, an diesem Tag sehen wir ihn nur gravitätisch schreiten und sitzen; wir hören von ihm kein einziges Wort und vernehmen bloß am Ende, wie er die statuarische Würde durch leutseliges Lächeln mildert. Er ist Gegenstand aller Gesten und Riten; die feierliche Aktivität im Umkreis erweist den Unbewegten als Fürsten. Die ganze Szene ist Zeichen, hierarchischer als heim Hoffest in Mainz: Der Herr mit den Seinen. Die drei Akte zeigen die Aspekte seiner Herrschaft sinnenfällig und beinahe wortlos. Der erste, weltliche Akt findet unter freiem Himmel statt, im westlichen Vorhof der Pfalzkirche, wo, möglicherweise über der Grabplatte Karls des Großen, ein Thron aufgestellt ist. Hier nehmen nur Herren vom Adel teil, die kriegerische Elite des Reiches. Wenn sie Otto »die Hand geben«, geben sie sich als Vasallen ihrem Lehnsherrn in die Hand; sie leisten ihm Mannschaft und schwören ihm Treue gegen alle Feinde. Ihre Thronsetzung erinnert noch an die Schilderhebung des Königs in Chlodwigs Zeit. Hier manifestiert sich das Reich als kämpferische Aristokratie mit monarchischer Spitze.

Das »Volk«, nun die Menge der Nichtadligen, stimmt erst drinnen in der Kirche der Fürstenwahl zu, so wie es 1068 in Dobenina der Bischofswahl zustimmen soll; aber in Aachen erhebt sich kein Gemurmel, sondern der einhellige Ruf, mit dem sich eine Menschenmenge zur Gemeinschaft macht. Indem der Kreis die Hände hebt, grüßt er nicht nur den Herrn, sondern gelobt ihm Gehorsam. Sprecher des Volkes ist ein Bischof, kein Herzog; erst recht unterstreicht die folgende kirchliche Weihe nicht den adligen Krieg, sondern den Frieden für das Volk als Königsamt. Widukind, dessen ganzes Geschichtswerk den Frieden als höchstes Ziel des Gemeinwesens preist, spitzt diese Tendenz zu, indem er die konstituierenden Akte, die Salbung zu Beginn und die Krönung am Ende, miteinander verquickt und nur nebenbei erwähnt. Der Bruch ist an der Stelle spürbar, wo der Erzbischof scheinbar noch Zepter und Stab überreicht und doch schon vom Öl des Erbarmens spricht, das sich auf die Salbung bezieht. Die Krone ist bei Widukind noch nicht Symbol für überpersönliche Dauer des Königtums; er will aufschreiben, was dieser Mann Otto als König zu tun hat. Das Schwert gemahnt an den Heidenkrieg, doch darüber geht Widukind schnell hinweg; mehr liegt ihm an der Bestrafung der Übeltäter und Verbrecher, denn alle Gewalt muß den Frieden sichern. Immerhin gehört hier das Schwert noch zum Königsornat, wie auch in Mainz 1184; erst der gemalte König der *Gesta Romanorum* hat es ganz an seinen Ritter abgegeben. Zepter und Stab symbolisieren eindeutig die Aufgaben im Innern, Bestrafung der Bösen und Schutz der Wehrlosen. Hierbei werden, wie im Gottesfrieden von Vich 1033, Kirche und Volk, Glaubenseifer und Friedenswahrung ineins gesetzt. Denn im Gottesvolk hat nur ein Friedensfürst wie David Platz; an den alttestamentlichen Friedenskönig erinnert ja die sakrale Salbung, die den Herrscher zu geistlichem Rang erhebt.

Der dritte Akt scheint an den ersten, weltlichen anzuknüpfen, doch ist das Festmahl eine kultische Speisegemeinschaft, an der bevorzugt die beim kirchlichen Akt Handelnden, Erzbischöfe und Volk, teilhaben. Hier erfüllt der Herr sein Amt als Spender allen Wohlbehagens für die Seinen, so wie Konrad I. im Klosterspeisesaal 911. Der kostbare Marmor, der überreiche Tafelschmuck, am Ende die freigebigen Geschenke lassen, wie bei Barbarossas Hoffest in Mainz, die Schöpferkraft des Fürsten sichtbar werden. Erst das Festmahl vereint den Adel mit Volk und Kirche; die Herzöge bedienen den König bei Tisch, als wären sie ständige Aufwärter bei Hof. Aber die Festpfalz ist keine Residenz, und Otto wird Magdeburg, nicht Aachen zum Hauptort seiner Herrschaft machen. Auch der Ort ist nur Zeichen für die unteilbare Einheit des Reiches in seinen Stämmen. Selbst wer in Sachsen auf Wache gegen die Slawen steht, sitzt in Aachen mit zu Tisch.

Das Zeremoniell dieses Tages versammelt alles Geschiedene festlich um den von Gott Erwählten. Jedermann sieht den Lothringer und den Bayern beim Tischdienst und weiß jetzt, daß die deutschen Stämme zusammengehören. Jedermann empfindet die Abfolge von Designation nach Geblütsrecht, Fürstenwahl, allgemeiner Volkswahl, kirchlicher Weihe als Zusammenfassung aller Stände. Jedermann bemerkt, daß der Einklang zwischen Adel, Volk und Kirche, zwischen feudalen, germanischen und christlichen Bräuchen sich in dem siegreichen Friedensfürsten verwirklicht. Allerdings weiß auch fast jeder, daß diese Harmonie kein alltäglicher Zustand ist und daß auf diesen Sonntag, den Percy Ernst Schramm den ersten glücklichen Tag in der deutschen Geschichte genannt hat, dunklere Tage folgen werden. Widukinds anschließende Kapitel zeigen Otto schon im Konflikt mit Böhmen und Ungarn, auch mit dem Franken Eberhard, der eben noch das vornehmste Hofamt besorgt hatte. Doch diese Diskrepanz zwischen Festtag und Alltag bemächtigt sich des Fürsten nicht ganz; sein Lebenslauf bleibt täglich von Zeremonien eingeschnürt. Sie sind nicht nur Schaustellung, auch Darstellung einer heute vergessenen Weisheit. Zeremoniöse Würde ist nämlich eine recht wirksame Fessel, die selbst den Mächtigsten zu Frieden und Gehorsam zwingt. Sie fordert Beständigkeit und schafft Überlieferung. Sechshundert Jahre lang, bis 1531, sind die deutschen Könige mit Herzögen, Bischöfen und Volk nach Aachen zur Krönung gezogen, weil es Otto der Große getan hat.

ZWEIKAMPF

Im Krieg um Süditalien und Sizilien schlug 1282 König Karl I. von Anjou seinem Gegner Peter III. von Aragon eine Entscheidung durch Fürstenzweikampf vor. Man kam überein, daß die Könige, jeder von 100 Rittern begleitet, am 1. Juni 1283 auf neutralem, englischem Boden in Bordeaux, vor dem englischen König Edward I. als Schiedsrichter, miteinander kämpfen würden; dem Sieger sollte das umstrittene Reich gehören. Bald wurde gemunkelt, der Plan sei eine Finte Karls und sein Neffe, König Philipp III. von Frankreich, wolle Peter in Bordeaux überwältigen; der englische König wage sich deshalb nicht zum Kampfplatz und widerrate dem Aragonesen den Weg in die Falle. Papst Martin IV., dem Anjou nahestehend, protestierte energisch gegen das Duell, um Peter zu diskriminieren. Trotzdem begab sich Peter von Aragon incognito mit nur vier Begleitern auf die Reise. Am frühen Montagmorgen, 1. Juni 1283, wurde in Bordeaux dem Seneschall der Guyenne und Vertreter des englischen Königs, Jean d'Agrilly, bestellt, daß ihn ein Ritter des Königs von Aragon sofort sprechen wolle; er möge zum Kampfplatz einen Notar und sechs Ritter mitbringen.

»Und als der Seneschall auf den Platz kam, ritt der König ihm und seinen Begleitern schnell entgegen und grüßte ihn im Namen des Königs von Aragon; der Seneschall gab ihm den Gruß sehr höflich zurück. ›Herr Seneschall‹, sagte er zu ihm, ›ich bin hier vor Euch für den Herrn König von Aragon erschienen, denn heute ist der Tag, zu dem er und König Karl eidlich versprochen haben, sich auf diesem Platz einzufinden. Und so frage ich Euch, ob Ihr den Herrn König von Aragon, wenn er heute hierher kommt, sichern könnt.‹ Der Seneschall sagte: ›Mein Herr, ich antworte Euch von seiten meines Herrn, des Königs von England, und meinerseits kurz, daß ich ihn nicht sichern könnte. Von seiten Gottes und des Königs von England halten wir ihn vielmehr für entschuldigt und erklären ihn für gut und redlich und seines Eides quitt. Denn wir könnten ihm wirklich keine Sicherheit gewähren, sondern wissen zuverlässig, daß, wenn er hierher käme, ihn und seine Begleiter nichts vor dem Tod bewahren könnte; denn der König von Frankreich und König Karl sind mit 12 000 Mann bewaffneter Reiter hier. Da könnt Ihr verstehen, wie wenig Sicherheit ihm mein Herr, der König von England, und ich für ihn gewähren könnten.‹ – ›Dann möge es‹, sagte der König von Aragon, ›Euch, Seneschall, gefallen, darüber eine Urkunde anzufertigen und sie dem Schreiber aufzutragen.‹ Das wolle er tun, sagte der Seneschall und gab dem Notar den Auftrag.

Sogleich schrieb der Notar alles auf, was der Seneschall gesagt hatte. Und als er zu der Frage an den König kam, wie er heiße, sagte der König zum Seneschall: ›Seneschall, bürgt Ihr mir und diesen meinen sämtlichen Begleitern für Sicherheit?‹ – ›Ja, mein Herr‹, sagte er, ›auf Ehrenwort meines Herrn, des Königs von England, und auf mein eigenes.‹ Da schlug der Herr König den Helm zurück und sagte zu ihm: ›Seneschall, kennt Ihr mich?‹ Da betrachtete ihn der Seneschall und merkte, daß es der König von Aragon selbst war. Er wollte vom Pferd springen und ihm den Fuß küssen; der König duldete das nicht, sondern ließ ihn im Sattel bleiben. Und dann gab er ihm die Hand; der Seneschall küßte sie ihm und sagte: ›Ach, Herr, was habt Ihr da getan!‹ Der König sprach: ›Ich bin hierhergekommen, um meinen Schwur zu halten. Laßt den Notar hier alles genau aufschreiben, was Ihr gesagt habt und was ich sagen werde: daß ich persönlich erschienen bin und den ganzen Platz umrundet habe.‹ Und dann spornte er das Pferd an und ritt über den gesamten Platz, ganze Bahn und halbe Bahn, in Gegenwart des Seneschalls und der anderen Anwesenden, und währenddessen schrieb der Notar alles auf, was dazugehörte, zur Rechtfertigung des Königs von Aragon. Und wahrhaftig, der besagte Herr König sprengte fortwährend über den Platz. Er schlug ihn überall mit den Hufen, den Jagdspieß in der Hand, und alle sagten: ›Herr Gott, was ist das für ein Ritter! Noch nie wurde ein Ritter geboren, der Vergleichbares unternahm.‹

Nachdem er das ganze Feld vielmals durchmessen hatte, während der Notar schrieb, ritt er zur Kapelle, stieg ab, hielt das Pferd am Zügel, betete zu Gott und sprach die Gebete, die dafür angemessen waren; er lobte und pries Gott, der ihm diesen Tag schenkte, um seinen Schwur zu erfüllen. Nach dem Ende des Gebetes kehrte er zum Seneschall und zur übrigen Gesellschaft zurück. Und der Notar hatte alles Nötige geschrieben, las es in Gegenwart aller vor und beglaubigte es. Und als er das tat, fragte der König den Seneschall dreimal, ob er Sicherheit gewähren wolle, um den Kampf vollends auszufechten. Und der antwortete mit Nein. Und alles das wurde aufgeschrieben, und wie er herrschaftlich auf seinem Roß, den Jagdspieß in der Hand, über den gesamten Platz ritt, ganze Bahn und halbe Bahn und Wechsel durch die Bahn, und wie er zur Kapelle beten ging. ... Und dann nahmen sie Abschied voneinander, und der Herr König ritt mit der Gnade Gottes davon und nahm den Weg nach Kastilien.«

Unser Berichterstatter ist ganz Partei. Es ist der Söldnerführer Ramon Muntaner, der nach einem wilden Leben für die Krone Aragon seit 1325 eine katalanische Chronik schrieb, fast eine Geschichte aragonesischen Soldatenlebens. Im Jahr 1283 war der 18jährige Muntaner mit Peter III. schon persönlich bekannt, stand auch wohl in seinen Diensten; doch von dem Ereignis in Bordeaux wußte er bloß durch Hörensagen und aus der Notariatsurkunde, die er zitierte. Muntaner kannte aus Dutzenden von Schlachten die Wirklichkeit des Krieges, die blutrünstige und beutegierige Guerillataktik seiner Kriegsknechte, der Almogavaren, die bis nach Sizilien und Griechenland berüchtigt waren; er war sich auch darüber klar, daß König Peter unritterlich kämpfte, Überfälle bei Nacht und Nebel, überraschende Tricks und Rückzüge liebte. So nüchtern wie Peter sah Muntaner, daß die Herausforderung zum Zweikampf aus der absterbenden Welt der schönen ritterlichen Fiktion kam.

Karl von Anjou, der Bruder Ludwigs des Heiligen, verstand zwar mit schmutzigen Realitäten umzugehen, wie wir dem Brief des Sieneser Bankiers Tolomei von 1265 entnehmen können, aber er liebte nun einmal ritterliche Turniere und Ritterromane. Aus ihnen stammt der Gedanke des Fürstenzweikampfes. König Alexander von Makedonien hatte mit dem Inderkönig Porus, Kaiser Heraklius von Konstantinopel mit dem Perserkönig Chosroes, der sagenhafte König Artus in der Bretagne und der nicht minder idealisierte Karl der Große in Spanien persönlich die Klinge mit Feinden gekreuzt; so sollte auch jetzt der Streit der Könige entschieden werden, durch ein ritterlich verabredetes Gefecht zwischen Gleichrangigen, unter gleichen Bedingungen, vor einem königlichen Schiedsrichter. Der Montag war der Wochentag, an dem man mit Vorliebe Turniere abhielt, und eine Art Turnier war auch dies.

Trotzdem war ein Fürstenzweikampf etwas Neues. Natürlich hatten immer Fürsten in Schlachten mitgefochten; dabei war zum Beispiel Peters Großvater Peter II. 1213 gefallen und Karls Bruder Ludwig IX. 1250 in Gefangenschaft geraten. Aber Einzelkämpfe hatten Herrscher bisher nicht ausgetragen, denn sie waren keine Ritter, sondern verfügten über ritterliche Vasallen, die für sie stritten. Seit dem 12. Jahrhundert empfanden sich freilich auch Könige als Ritter, weshalb sich Barbarossa 1184 auf dem Mainzer Turnierrasen tummelte; aber wenig später waren die Fürsten des Vasallendienstes ihrer Ritter schon nicht mehr sicher. Das Ringen um das staufische Südreich wurde zwischen Karl und Peter bereits mit Söldnerheeren, nicht mehr mit adligen Herren geführt. Aber der Kampf ging doch auch um die Sympathien des süditalienischen Adels, also um den schönen Schein ritterlichen Verhaltens, in den schon Matteo Bonello unglücklich verliebt gewesen war. In Aragon hatte zudem der König die vornehmsten Adligen persönlich in den Ritterstand aufzunehmen, mußte also Ritter sein und noch einige der Kapriolen beherrschen, die uns aus dem katalanischen Gottesfrieden von 1033 geläufig sind. Darum wurde das Fürstenduell verabredet.

Hinterher, noch im Juni 1283, bezeichnete Karl von Anjou seinen Gegner öffentlich als wortbrüchig und ehrlos. Man habe Peter kurz vor dem Termin in der Nähe von Bordeaux gesichtet, er hätte also erscheinen können; aber Karl habe mit seinen 100 Rittern den ganzen Tag vergeblich auf dem Kampfplatz gewartet. Das ist richtig, der Notar hat nämlich auch das beglaubigt. Die Zeitgenossen wurden durch die widersprüchlichen Urkunden verwirrt; dabei hatte man bloß, wie es bei Duellabsprachen schon früher vorgekommen war, »vergessen«, die Tageszeit auszumachen. So konnte Peter zu nachtschlafender Zeit auf dem Platz seine Urkunde abholen und lautlos abziehen; hinterher kam Karl und nahm seine Bescheinigung in Empfang. Seltsam, daß die Gegner angeblich nur vier Pfeilschußweiten voneinander entfernt waren und sich dennoch verfehlten; aber sie mußten sich verfehlen. Nicht aus persönlicher Feigheit; daß es beiden Männern nicht an Mut, ja Tollkühnheit mangelte, ist einwandfrei erweisbar. Doch sie waren nicht nur Ritter, sondern Fürsten, und ein Fürst duellierte sich nicht, schon gar nicht in den Jahren, da der ritterliche Edward I. von England seinem Adel sogar Turniere verbot.

Selbst in der höfischen Artus-Epik, etwa in Chrestiens *Yvain,* sieht man den König im Kreis der Artusrunde auf dem Thron sitzen; er bewegt sich kaum. Ein König, der etwas unternehmen möchte, muß seine Krone ablegen und sich verkleiden; Peter von Aragon tut es. Er weiht in sein Vorhaben nur die Begleiter ein und zieht die Kleidung des einen, eines Pferdehändlers an. Er kann seine zuvor feierlich ernannten 100 Ritter nicht mitnehmen; denn wenn man bei Hofe erführe, wohin der König reitet, würde man ihn daran hindern. Der König in einer Erbmonarchie, der sich in persönliche Gefahr begibt, bringt Elend über sein Volk. Die Landstände, denen Peter dann im September 1283 große Zugeständnisse machen muß, sind überdies derselben Meinung wie 1347 die Adelsversammlung der Grafschaft Mark, daß der Fürst nicht allein das Reich verkörpert und sich in seine Amtspflichten zu fügen hat. Mögen die von Muntaner formulierten Reden auch nicht gehalten worden sein, der Schreck des Seneschalls war jedenfalls echt: Ein Fürst ohne Gefolge, im Kaufmannsrock, ein König bei einem dummen Jungenstreich!

Aber auch der Seneschall, durch sein Ehrenwort in eine fatale Lage gebracht, ist nicht bloß Beamter, sondern Ritter, höflich in den Umgangsformen und, wenn nicht alles täuscht, hingerissen von dem Mut Peters, der sich und sein Land sehenden Auges in höchste Gefahr bringt. Denn wenn Karl von Anjou zufällig ebenfalls früh zum Kampfplatz zöge, würde man sich zwar ritterlich schlagen; aber der Aragonese käme selbst als Sieger nicht durch Feindesland nach Hause, und Aragon müßte für seinen König maßlose Lösegelder zahlen. Wie würde der Papst triumphieren, der den Aragonesen bereits exkommuniziert und väterlich gewarnt hatte! Es hieß schon Gott versuchen, daß Peter seinen Eid buchstäblich hielt. Hinterher ist man klüger; Muntaner vertraut ohnedies darauf, daß Gott stets mit dem Haus Aragon ist und kein Franzosenheer und keine Bannbulle seinem tapferen König ein Haar krümmen kann: Herr Gott, was ist das für ein Ritter! Die Begeisterung bei gekrönten Häuptern schlug so hohe Wellen, daß nach diesem ersten Fürstenzweikampf im romanischen Spätmittelalter über dreißig weitere ausgemacht wurden; noch der spanische Herrscher Karl V. bot 1536 dem französischen König Franz I. zur Entscheidung des weltpolitischen Gegensatzes zwischen Habsburg und Valois den Zweikampf an. Nach ihrer Selbsteinschätzung könnten Fürsten als Repräsentanten ihrer Staaten noch persönlich deren Schicksale entscheiden und ihren Völkern das Elend des Krieges ersparen. In Wahrheit sind die Staaten längst zu eigenen Verbänden jenseits der fürstlichen Personen geworden; darum hat kein einziges dieser Fürstenduelle stattgefunden. Der König kämpft inmitten seines Volkes wie Heinrich V. bei Azincourt. Auch unser Duell wurde schließlich ausgetragen, nur nicht zwischen den Fürsten, als zwei Jahre später Frankreich mit Heeresmacht in Aragon einbrach und geschlagen wurde.

Man kann den Fürstenzweikampf als leere Schaustellung und internationale Komödie abtun, wie es Huizinga tat; man kann daran aber auch ermessen, wozu das Zeremoniell die Mächtigsten dieser Erde zwingt. Muntaner meint, Peter von Aragon habe immer nur das Nützliche tun und allen Übermut lassen wollen. Aber hier stand er unter doppeltem Zugzwang. Er mußte seine Ehre wahren, seine Tapferkeit beweisen, koste es, was es wolle; sonst verlor er in der europäischen Adelswelt jedes Ansehen, also Macht. Und er mußte den angebotenen Zweikampf vermeiden, sich dem französischen Zugriff entziehen, koste es wieder, was es wolle; sonst verlor Aragon in der europäischen Staatenwelt jeden Spielraum, also Macht. Die Kampfwette zwischen zwei Kriegern und die Spannung zwischen zwei Königreichen liegen schon weit auseinander; verbinden kann man sie nur formal, durch eine Zeremonie, die uns lächerlich vorkommt. Aber daß der König von Aragon im Kleid eines Pferdehändlers beim Morgendämmern eilig über den Rasen von Bordeaux reitet, damit es ein Notar aufschreibe, ist alles andere als ein Spaß. Es ist ein Beispiel für die Macht der Lebensformen.

WÜRDE

Ein Mönch, der eine festliche Krönung beschreibt, achtet auf andere Vorgänge als ein Soldat, der ein fehlgehendes Duell beobachtet. Da aber beide Zeugen das zeremoniöse Verhalten von Fürsten behandeln, repräsentieren sie auch verschiedene Entwicklungsstufen europäischer Politik. Für das 10. Jahrhundert war die Krönung ein politisches Ereignis ersten Ranges, schon gar für eine junge Dynastie wie die sächsische, die mit Hilfe der Zeremonie selbst die Spannungen zwischen regionalen Stämmen und ihren Führungsgruppen überwinden mußte. Demgemäß wirkte die Aachener Krönung fast wie ein patriarchalisches Familienfest, heute würde man sagen: innenpolitisch. Auch Muntaner freute sich noch an der Königskrönung von Peters Enkel 1328, die seiner Chronik einen farbenprächtigen Abschluß gab, doch hier bedeutete das Ritual nur Schaugepränge einer längst etablierten Dynastie, die über ihre Vielzahl von Reichen sicher verfügte und mehr außenpolitische Sorgen hatte; denn die Expansion der Krone stieß nördlich der Pyrenäen und östlich der Balearen auf denselben kapetingisch-angiovinischen Gegner. Schon Otto der Große traf sich mit ausländischen Königen, so 948 in Ingelheim mit

Ludwig IV. von Frankreich; aber das geschah in einer Kirche, im Beisein von über dreißig Bischöfen, mit feierlichen Gebeten. Zur sakralen Gemessenheit trat persönliche Leidenschaft; wenn Otto mit dem Kalifen oder dem Basileus verhandelte, schickte er geistliche Herren von höchst eigenwilligem Temperament. Die Fürsten von 1283 haben ihre Begegnung geschäftsmäßig kühl durch routinierte Gesandte vorbereitet und brauchen am Kampfplatz zwar eine Kapelle, aber keine Geistlichen mehr, sondern zuerst Notare zum Mitschreiben. Seit der gregorianischen Reform ist das Königtum weltlicher und sachlicher geworden.

Verändert hat sich auch der Sinn der Zeremonien. Für die Ottonen gaben liturgische Formeln, Herrschaftszeichen, Gesten politische Wirklichkeit wieder, das Verhalten von König und Volk. Jeder kann den König sehen, der König kennt seine Großen, sie finden in seiner Pfalz alle Platz. Wenn sie ihm die Hand geben, verpflichten sie sich damit, ihm künftig treu zu helfen; sein Geschenk belohnt ihren Dienst angemessen. Zwischen Form und Absicht zeremoniösen Verhaltens besteht kein Abstand; jeder meint, was er tut, und wer es nicht tun will, bleibt fern. So stiftet Zeremoniell Gemeinschaft. Für die Aragonesen des 13. Jahrhunderts verkörpert die Krone noch Gemeinschaft, denn die Menschenmengen sind auf keine andere Weise mehr überschaubar und nicht an einer Stelle zu versammeln. Zeremonien können für den Zusammenhalt des Reiches noch so bedeutsam sein, daß Peters III. Urenkel als König den Beinamen »der Zeremoniöse« trägt. Doch jetzt verdeckt formvollendetes Verhalten eher die wahren Absichten. Wenn Peter dem Seneschall die Hand gibt, verpflichtet ihn das zu nichts; im ritterlichsten Tonfall erschleicht sich der Verkleidete ein Ehrenwort; seine dreimalige Frage stellt er erst, nachdem er weiß, daß sie ihn nichts kostet. Dieses Zeremoniell stiftet Distanz; oft lügt man, wenn man höflich ist.

Aber in beiden Situationen und im Mittelalter überhaupt sind Zeremonien unentbehrlich, weil sich alle Politik zwischen Menschen abspielt. Herrschaftszeichen, Staatssymbolik und zeremoniöse Verhaltensweisen können politische Zusammenhänge erst herstellen, auch darstellen, sogar unterstellen; in allen Fällen wirken sie auf die Wirklichkeit gestaltend ein, weil sie etwas sinnenfällig machen, was auf andere Weise nicht einmal benennbar wäre. Man kann im Mittelalter nicht »Staat« im modernen Sinn sagen; aber man braucht Wort und Sache nicht, wenn man den Mann sieht, der inmitten seiner Getreuen auf dem Thron sitzt.

56   THRONENDER FÜRST

57   DER PLANET MARS ALS KÖNIG

Man kann nicht »Souveränität« sagen; aber man kann den Mann über den Platz reiten sehen, der nur Gott und sich selbst verpflichtet ist und sich keiner Drohung beugt. »Staat« und »Souveränität« sind abstrakt, Fürsten sind Menschen. Sie heißen Otto oder Peter, und bald heißen in ihren Ländern viele so. Der Nimbus geistlicher Weihe oder irdischer Macht entrückt sie zwar vertraulichem Umgang; neben König Ludwig den Heiligen setzt man sich nicht auf Tuchfühlung. Trotzdem ist der mittelalterliche Fürst nicht göttlich wie ein spätantiker Kaiser oder ein frühneuzeitlicher Monarch, auch nicht gottähnlich wie ein byzantinischer Basileus oder ein islamischer Kalif. Er ordnet sich in menschliche Zusammenhänge ein, in drei vor allem.

Erstens Einordnung in das eigene Volk. Wie sich Otto in Aachen mit weltlichen und geistlichen Großen umgibt, so wird Peter auf Freudenfesten von Hochadel und Niederadel, Prälaten und Städtern umringt, nachdem er aus Bordeaux zurückgekommen ist. Man läßt ihn in Aragon die Ratlosigkeit spüren, die sein plötzliches Verschwinden ausgelöst hat, wie man in Sachsen die Leutseligkeit dankbar vermerkt, mit der Otto der Menge begegnet. Deren Sprecher heißen »Volk«, auch wenn sie den oberen Ständen angehören, denn erst zusammen mit dem König sind sie ein Volk. Indem der Fürst gegen die Feinde das Schwert würdig schwingt, bewahrt er seinem Volk den Frieden; das wird Otto vor Augen gestellt, das will auch Peter. Zweitens Einordnung in die zeitgenössische Runde der Fürsten. Das Aachener Krönungszeremoniell antwortet überbietend auf westfränkische und französische Bräuche und entlehnt byzantinische Riten; Peter von Aragon stellt sich durch den Ritt in Bordeaux auf die Stufe des mächtigsten Königshauses seiner Zeit, des französischen. Es gibt keine Familie der Könige, weil das abendländische Mittelalter keinen Vater anerkennt; der Kaiser ist es sowenig wie der Papst. Die Würde eines Fürsten mag sich in der Heiratspolitik zeigen: Otto verheiratet seine Schwester mit dem französischen König, Peters Schwester ist mit dem König von Frankreich vermählt. Doch familiäre Verbindung bekundet weniger Versöhnung als Rivalität. Würdevoller zu sein als alle mitlebenden Fürsten, ist der Ehrgeiz Chlodwigs und Karls des Kühnen. Dieser Ehrgeiz zwingt jedoch zu bewährtem Verhalten. Daher drittens Einordnung in die Geschichte. Otto verweist auf Karl den Großen und David, die Kontrahenten von 1283 berufen sich auf Heraklius und Alexander den Großen; Ottonen und Aragonesen geben ihrerseits den Anstoß zur Nachahmung bis hin zu Kaiser Karl V. Historische Würde verhindert, was schon der Blick auf das eigene Volk und auf die Gevattern hemmt, die Naivität des Serenissimus. Denn Würde will mehr als bloße Form; sie greift nach dem Beinamen, den Alexander und Karl schon lange trugen und den Otto zu Lebzeiten, Peter im 16. Jahrhundert erhielt, nach Größe.

SUCHE NACH WEISHEIT

Die dem Mönchsbischof Asser von Sherborne zugeschriebene lateinische Biographie des Königs Alfred von Wessex beschreibt ausführlich die kulturellen Ambitionen des Fürsten um 890:

»Inmitten von Kriegen und häufigen Behinderungen des irdischen Lebens, inmitten heidnischer Angriffe und täglicher Leibesbeschwerden bemühte sich der König persönlich doch stets unablässig und nach Kräften darum, das Steuer des Reiches zu führen, jede Art des Waidwerks zu pflegen, alle seine Goldschmiede und Künstler sowie Falkner, Habichtwärter und Hundeführer anzuleiten, Bauwerke über alles Herkommen seiner Vorgänger hinaus durch neue Kunstgriffe ehrwürdiger und kostbarer zu gestalten, sächsische Bücher durch andere vorlesen und vor allem sächsische Lieder auswendig lernen zu lassen. Er pflegte auch täglich den Gottesdienst, das heißt die Messe zu hören, einige Psalmen, Gebete und die kanonischen Stundengebete für Tag und Nacht zu sprechen und häufig, wie schon gesagt, von seinem Gefolge unbemerkt des Nachts Kirchen zum Beten aufzusuchen. Ferner war er beim Almosengeben eifrig und freigebig gegen Bedürftige und Fremde aus allen Stämmen und brachte allen Menschen einzigartige Liebenswürdigkeit und Freundlichkeit entgegen; auch an der Erforschung unbekannter Dinge beteiligte er sich einsichtig. Viele Franken, Friesen, Gallier, (skandinavische) Heiden, Briten, Schotten und Bretonen hatten sich seiner Herrschaft freiwillig unterworfen, und zwar Adlige und Nichtadlige; die alle regierte er seiner Würde gemäß wie seinen eigenen Stamm; er liebte und ehrte sie und machte sie reich an Geld und Macht. Oft hörte er emsig und aufmerksam die Heilige Schrift, ebenso Gebete von einheimischen Vorlesern oder, wenn sie zufällig anderswoher kamen, auch von ausländischen. In bewundernswerter Zuneigung liebte er ferner seine Bischöfe

und den ganzen Priesterstand, seine Grafen und Edlen sowie die Dienstmannen und alle Angehörigen der Hofhaltung. Deren Söhne, die im
königlichen Haushalt aufgezogen wurden, schätzte er nicht geringer als
seine eigenen; neben allem anderen hielt er sie stets persönlich bei Tag
und Nacht zu gutem Lebenswandel und literarischer Ausbildung an.

Doch als fände er bei alledem keinen Trost und litte an keiner anderen
Störung von innen und außen, klagte er bei Tag und Nacht, in Besorgnis
und Trauer vor dem Herrn und allen, die ihm in vertraulicher Liebe
verbunden waren, und seufzte ständig schwer darüber, daß ihn der
allmächtige Gott ohne Kenntnis in der göttlichen Weisheit und den
Freien Künsten gelassen habe. Darin glich er dem frommen, hochangesehenen und steinreichen Hebräerkönig Salomon, der allen irdischen
Ruhm und Reichtum verschmähte und von Gott zuerst Weisheit verlangte; er fand sie alle beide, Weisheit und irdischen Ruhm, wie geschrieben
steht: ›Suchet zuerst das Reich Gottes und seine Gerechtigkeit, dann wird
euch dies alles dazugegeben werden‹ (Matthäus 6, 33). Gott blickt immer
mitten ins Herz, ermuntert alle guten Gedanken und Bestrebungen und
sorgt großzügig dafür, daß man die gewünschten Güter auch erhält; denn
nie würde er jemanden zu gutem Wollen ermuntern, wenn er das, was
jeder gut und recht zu haben wünscht, nicht auch freigebig besorgte. Gott
ermunterte ihn im Herzen, nicht von außen, wie geschrieben steht: ›Ich
will hören, was der Herrgott in mir spricht‹ (Psalm 84, 9).

Er suchte immer, wenn er konnte, für seine guten Gedanken Helfer,
die ihn in der gewünschten Weisheit unterstützen könnten, damit er das
Begehrte erreiche. Er machte es wie die ungemein kluge Biene, die im
Sommer am frühen Morgen aus den vertrauten Waben aufsteigt, in
raschem Flug durch die unsicheren Lüfte zieht, sich auf vielen verschiedenen Blüten von Gräsern, Kräutern, Sträuchern niederläßt, das ihr
besonders Zusagende aussucht und nach Hause trägt. So richtete auch er
seine geistigen Augen immer wieder in die Ferne und suchte draußen,
was er drinnen, das heißt in seinem eigenen Reich nicht hatte. Gott aber
ertrug seine gutwillige und vollberechtigte Klage nicht länger und schickte dem Wohlwollen des Königs zum Trost einige Leuchten, nämlich den
Bischof Werfrid von Worcester, der in der Heiligen Schrift hochgelehrt
war und auf Befehl des Königs die Bücher der *Dialoge* Papst Gregors mit
seinem Schüler Petrus zum ersten Mal aus dem Lateinischen ins Sächsische – bisweilen sinngemäß, stets durchsichtig und höchst stilvoll –

übersetzte; weiter den Erzbischof Plegmund von Canterbury, aus Mercia stammend, einen ehrwürdigen und mit Weisheit begabten Mann; ferner die gelehrten Priester und Kapläne Aethelstan und Werwulf, aus Mercia gebürtig.

König Alfred hatte diese vier aus Mercia zu sich gerufen und zeichnete sie im Reich der Westsachsen durch viele Ehren und Vollmachten aus, von denen abgesehen, die Erzbischof Plegmund und Bischof Werfrid in Mercia schon besaßen. Durch ihrer aller Gelehrsamkeit und Weisheit wurde das Verlangen des Königs unablässig gesteigert und erfüllt. Denn bei Tag und Nacht, immer wenn er etwas Zeit hatte, ließ er sich von ihnen Bücher vorlesen; stets mußte er einen von ihnen um sich haben. Dadurch bekam er Kenntnis von fast allen Büchern, obwohl er selber in den Büchern noch nichts erkennen konnte. Denn er hatte noch nicht lesen gelernt.«

Vielleicht wurde das Buch wirklich, wie es behauptet, 893 von Alfreds Zeitgenossen und Helfer Asser verfaßt, vielleicht auch erst von einem Zeitgenossen und Helfer Edwards des Bekenners, etwa dem aus Lothringen herübergekommenen Bischof Leofric von Exeter, der 1072 starb. Wie nah oder wie fern der Autor seinem Helden steht, dieses Leben eines Königs macht dem geistlichen Verfasser tiefen Eindruck, obwohl es nichts von mönchischer Beschaulichkeit an sich hat. Der Bischof möchte Alfreds Bemühungen gar zu gern ganz in die fromme Gelehrsamkeit seines eigenen Lebenskreises herüberziehen, wie es den Helfern Ludwigs des Frommen zu Thegans Mißvergnügen gelang; aber Gottesdienst, Chorgebet, Bibellesung und Meditation genügten Alfred nicht, und sein Biograph versteht es. Denn er legt seinem Buch als Muster die Lebensbeschreibung Karls des Großen von Einhard zugrunde, wie schon Alfred sich Karl den Großen zum Lebensmuster nahm. Daß Alfred nächtlich Kirchen besuchte und als Erwachsener noch Latein lernte, hat in Einhards Werk ebenso Parallelen wie die Förderung von Kirchenbau und Kirchenkunst. Aber zu Alfreds Karlsnachahmung gehörte auch die Pflege von Jagd und volkssprachlichen Liedern, die Freude an fremden Besuchern und gelehrten Diskussionen.

Alfred ahmte indes Karl nicht sklavisch nach; sonst würde man ihm seit dem 16. Jahrhundert nicht Karls Beinamen »der Große« zugestehen. Der Angelsachse war kränklicher, sensibler, geistig beweglicher als der

kraftstrotzende Franke. Intellektuelle Neugier wurde in dem kaum siebenjährigen Jungen durch zwei Romreisen geweckt, die ihm die Blickweite seiner späteren Schriften vorzeichneten. In der Politik zog er nie die
weiten Kreise Karls; er hatte Wessex und die Reste des angelsächsischen
England gegen die dänische Invasion zu verteidigen, und es gelang ihm
mit Mühe. Was er für die Befriedung seines Reiches tat, hatte allerdings
länger Bestand als Karls ausgreifende Entwürfe; Alfreds Ordnung der
Grafschaften, seine Sammlung von Gesetzen aus Wessex, Mercia und
Kent, sein Ausbau von Heer und Flotte zur Landesverteidigung, das alles
hielt bis zur normannischen Eroberung 1066 stand und machte Wessex
zum Mittelpunkt Englands. Mit diesen Aufgaben der Friedenswahrung,
mit dem Umstand einer würdevollen Hofhaltung hätte der König die 52
Lebensjahre, die ihm beschieden waren, leicht ausgefüllt.

Was ihn darüber hinaus umtrieb, hielt er in seiner Muttersprache
selbst schriftlich fest. Die alten Klöster des Nordens, durch Beda berühmt,
waren zerfallen; plündernde Dänen besorgten den Rest. Die Vorfahren
hatten Gelehrsamkeit hinterlassen, doch jetzt verstand fast niemand
mehr alte Bücher. Dabei enthielten sie nicht nur akademisches Wissen,
sondern Kenntnisse, die die Menschen brauchen, Lebensweisheit. Alfred
ließ nur solche Bücher aus dem Lateinischen übersetzen, die Lebensformen einüben. Gregors des Großen *Dialoge* und sein Buch *Hirtensorge*
sollten den angelsächsischen Bischöfen die Erziehung der Laien erleichtern. Das Trostbuch des Boethius und die Selbstgespräche Augustins
sollten dem Einzelmenschen in aller Drangsal Festigkeit des Lebenswan-
dels vermitteln. Die historischen Schriften von Orosius und Beda sollten
der Gemeinschaft von Kirche und Reich die Wege erhellen, die sie
gekommen war. In Alfreds Zeit wurde auch mit der *Angelsächsischen
Chronik* begonnen, die für Spätere die gegenwärtigen Ereignisse festhielt;
geographische Exkurse, die in das Werk des Orosius eingeschoben wurden, stellten den Lesern ihre jetzige Umwelt vor Augen. Lesen sollten
nach Alfreds Wunsch alle freigeborenen Angelsachsen lernen, um diese
Lebensweisheit der Bücher zu erfahren.

Bücher wirken aber nicht für sich, selbst wenn sie, wie im Frühmittelalter fast immer, laut vorgelesen werden und sich dem Gehör einprägen;
Alfred braucht Menschen, die nach den Büchern greifen und ihnen
zuhören. Deshalb sorgt er für Schulen am Königshof und für die Schüler;
ihr Lebenswandel ist so wichtig wie ihre Ausbildung. Auch die vier

Gelehrten aus Mercia errichten kein Forschungszentrum der Theologie, sondern helfen durch Übersetzung und Erziehung an andere weitergeben, was sich an ihren Domschulen noch lebendig erhalten hat. Alfred läßt sich von ihnen belehren, weil er die Mitte geistigen Lebens sein muß; was er vormacht, ahmen alle anderen nach. Er ist kein Kultusminister, der über Schreibtische regiert; Tag und Nacht lebt er mit seinem Gefolge zusammen, bienenfleißig auch des Nachts, wenn andere schlafen. Denn er hat nicht viel Zeit und sitzt nicht so nachdenklich da wie König Edwin von Northumbrien oder der Fürst des Norwegischen Königsspiegels. Alfreds Weisheit erlernt und bewährt sich im Miteinanderleben. Nur in Gemeinschaft des Volkes und aller seiner Stände vom Bischof bis zum Hofdiener kann der König über die Grenzen seiner Lebenszeit und seines Stammes hinaus Zukunft gestalten.

Es fällt Alfred nicht leicht, die gesuchte Mitte einzuhalten, insbesondere zwischen der adligen Lebensführung, die er bei Kriegern und Jägern pflegt, und der gebildeten Lebensführung, die ihn zu Klerikern und Schülern zieht; die eine beschränkt sich auf volkssprachliche Gegenwart und Aktivität, die andere auf lateinische Vergangenheit und Kontemplation. Indem Alfred aber beiden Kreisen zugehört, vereint er sie, als Verkörperung ausgleichender Weisheit und als Schöpfer einer angelsächsischen Schriftsprache, ja der englischen Kultur. Frühmittelalterliche Kultur bestand nämlich nicht, wie moderne Ausstellungsbesucher meinen, aus Goldschmuck, Kapitellen und Prachthandschriften, sondern aus Menschen, die all dies auf gemeinsamer Suche nach Weisheit schufen. Ihr Repräsentant war und ist König Alfred der Große.

VERSUCH ZUR HARMONIE

Don Juan Manuel gab zwischen 1330 und 1335 in seiner kastilischen Beispielsammlung *El Conde Lucanor* ein Beispiel für das beste Verhalten des Fürsten:

»Eines Tages sprach Graf Lucanor zu seinem Rat Patronio folgendermaßen: ›Ihr wißt, Patronio, daß ich ein sehr großer Waidmann bin und viele neue Jagden aufgebracht habe, die niemand vor mir unternahm. Auch habe ich an den Fesseln und Hauben (für Jagdfalken) einige sehr nützliche Verbesserungen anbringen lassen, die man vorher nicht kannte. Und nun sprechen diejenigen, die mir Übles nachreden wollen, auf spöttische Art von mir. Wenn sie den Cid Ruy Díaz oder den Grafen Fernán González (923–970) wegen ihrer vielen Schlachtensiege rühmen oder den heiligen und glückseligen König Don Fernando (III., 1217–1252) wegen seiner vielen bedeutenden Eroberungen preisen, dann loben sie auch mich und sagen, daß ich sehr gute Leistungen vollbracht, nämlich dies und das an den Hauben und Fesseln hinzugetan habe. Weil ich aber einsehe, daß mir solches Lob mehr zum Schimpf als zum Ruhm gereicht, bitte ich Euch, mir zu raten, wie ich mich verhalten soll, damit man mich nicht wegen meiner guten Erfindungen noch verspottet.‹ – ›Herr Graf Lucanor‹, sagte Patronio, ›damit Ihr seht, wie Ihr Euch da am besten verhaltet, möchte ich Euch gern erzählen, was einem Mauren widerfuhr, der König von Córdoba war.‹ Der Graf fragte ihn, was denn das gewesen sei.

Herr Graf‹, sagte Patronio, ›in Córdoba war einmal ein König, der hieß al-Hakam (II., 961–976). Obwohl er seine Herrschaft recht gut führte, gab er sich keine Mühe, außerdem noch ehrenhafte und hochberühmte Dinge zu tun, wie gute Könige sie tun wollen und sollen. Denn Könige sind nicht nur verpflichtet, ihr Reich zu hüten; sondern wer ein guter König sein will, sollte auch solche Dinge tun, die seine Macht rechtmäßig vermehren, und so handeln, daß er im Leben von den Leuten hoch gepriesen wird und nach dem Tod ein ruhmreiches Andenken an seine bedeutenden Taten hinterläßt. Doch jener König kümmerte sich nicht darum, sondern bloß um Schmauserei, Behaglichkeit und müßiges Daheimsitzen. Es geschah eines Tages, als er wieder einmal faulenzte, daß vor ihm ein Instrument gespielt wurde, das bei den Mauren sehr beliebt war und Dudelsack heißt. Der König hörte zu und merkte, daß es nicht so gut klang, wie es sollte. Er nahm den Dudelsack und tat an der Unterseite, rechts von den anderen Öffnungen, noch ein Luftloch hinzu; seitdem klingt der Dudelsack viel besser als zuvor.

Das war zwar eine gute Sache für den Dudelsack, aber keine große Tat, wie sie einem König anstand, und so begannen die Leute, diese Leistung auf spöttische Art zu loben, und sagten, wenn sie jemanden foppen wollten: *A hede ziat al-Hakim,* das soll heißen: Das ist die Zutat des Königs al-Hakam. Dieses Sprichwort erklang im ganzen Land, so daß es schließlich auch dem König zu Ohren kam, und er fragte, warum es die Leute zitierten. Obwohl sie es ihm verhehlen wollten, setzte er ihnen so zu, daß sie es ihm sagen mußten. Nachdem er das gehört hatte, bekümmerte es ihn tief. Weil er aber ein sehr guter König war, mochte er es diejenigen nicht entgelten lassen, die das Sprichwort im Mund führten, sondern nahm sich im Herzen vor, noch eine Zutat zu machen, für die ihn die Leute notgedrungen rühmen müßten.

Damals war die Moschee von Córdoba noch nicht vollendet; deshalb tat dieser König die ganze Arbeit hinzu, die noch daran fehlte, und vollendete den Bau. Das ist die größte, vollkommenste und herrlichste Moschee, die die Mauren in Spanien besaßen, und jetzt ist es Gott sei Dank eine Kirche und heißt Santa Maria von Córdoba, denn der heilige König Don Fernando weihte sie der heiligen Maria, als er Córdoba (1236) den Mauren entriß. Und nachdem jener König die Moschee vollendet und eine so bedeutende Zutat gemacht hatte, sagte er, wenn man ihn bisher aus Spott gelobt habe wegen seiner Zutat zum Dudelsack, dann müsse man ihn fortan mit Recht rühmen wegen seiner Zutat zur Moschee von Córdoba. Seitdem wurde er tatsächlich hoch gepriesen, und der frühere Hohn verwandelte sich unterdes in Ruhm. Noch heutzutage sagen die Mauren, wenn sie eine bedeutende Tat rühmen wollen: Das ist die Zutat al-Hakams.

Und Ihr, Herr Graf, wenn Euch das höhnische Lob für Eure Zutat zu den Hauben und den Fesseln und dem anderen Jagdzeug Kummer und Sorge macht, dann seid darauf bedacht, einige große, bedeutende, herrliche Taten zu vollbringen, wie sie großen Männern anstehen. Dann müssen die Leute notgedrungen Eure bedeutenden Taten rühmen, so wie sie jetzt zum Spott Eure Zutat zum Jagdzeug loben.‹ Der Graf fand diesen Rat gut, handelte danach und fuhr sehr gut damit. Und Don Juan begriff, daß dies ein gutes Beispiel war; deshalb ließ er es in dieses Buch eintragen und machte die folgenden Verse dazu:

> Wenn du ein Gutes getan hast, was allerdings nicht eben groß war,
> Tu etwas Großes dazu; damit machst du das Gute unsterblich.«

Die Erzählung wäre nur ein Exempel mit Nutzanwendung im Stil des Petrus Alfonsi, wenn sie nicht insgeheim von der Selbsteinschätzung des fürstlichen Verfassers handelte. Don Fernando, den Juan Manuel hier rühmt, ist nämlich sein Großvater Ferdinand der Heilige, der die Kronen von Kastilien und Leon wiedervereinte und den Mohammedanern Córdoba und Sevilla abnahm. Er beendete 1248 siegreich die Reconquista, die zur Zeit des Cid mit der Einnahme von Juans Geburtsort Toledo 1085 zögernd begonnen hatte. Zwar ließ Ferdinands offizielle Heiligsprechung bis 1671 auf sich warten, aber für die Kastilier stand fest, daß der König durch den Kampf gegen die Feinde des Christenglaubens auch die Himmelskrone errungen hatte. Die größte spanische Moschee mit dem Schwert der Gottesmutter zu weihen, war eine königliche Tat.

Juan Manuel war überzeugt, daß sich Ferdinands Segen auf ihn vererbt habe, denn auch er kämpfte tapfer gegen die Mauren; als Statthalter im halb unabhängigen Grenzland Murcia war er ein kleiner König und ein tatendurstiger Politiker, den die Zeitgenossen »den Ungestümen« nannten. Der adlige Krieger liebte wie sein Lucanor die Jagd, besonders mit Falken, weil sie Edelgeborene für den Kampf erzog; über diese Jagd schrieb Juan Manuel ein eigenes Buch, in dem er sich einiger Erfindungen rühmte. Lucanor ist also ein Spiegelbild seines Erfinders. Aber wie können die Leute über Juan Manuel spotten, der doch nicht nur im Kleinen auf der Jagd, sondern im Großen, im Krieg, seinen Mann gestanden hat, besser als König Alfons XI., den der über 50jährige Autor unentwegt bekämpft? Sicher hatte sich Ferdinands Segen nicht auf seine gekrönten Nachfahren übertragen. Schon sein Sohn, Juans Onkel Alfons X., hatte die Reconquista nicht fortführen können, in Nordafrika Niederlagen hinnehmen müssen, und im Land waren ihm die Infanten über den Kopf gewachsen, sein Sohn Sancho voran. Man hatte Alfons gewarnt: Ein König müsse ausführen, was er anfange, und bedeutende Taten vollbringen. Er vermochte es nicht, konnte nur 1282, in Juans Geburtsjahr, den aufsässigen Sohn Sancho verfluchen und enterben, aber dessen Thronfolge nicht verhindern. Nun saß der Enkel des Verfluchten auf dem Thron; das mußte böse enden.

Fast möchte man Juan zustimmen. Kastilien fand nach Abschluß der Reconquista keine neue Aufgabe, wie sie Peter III. den Aragonesen mit der Expansion ins östliche Mittelmeer stellte. Allerdings waren es hochadlige Herren vom Schlag Juans, die das Land in Ständekämpfe stürzten und das Zusammenwachsen von Krone und Volk verhinderten. Diese Feudalherren verlangten vom König zuerst adlig-kriegerisches Verhalten wie in alten Zeiten; Juan Manuel selbst legte seine Lehren am liebsten dem Grafen Fernán González in den Mund, einem wüsten Haudegen, der sich mit seinem König nicht minder hart um Ruhm und Ehre raufte als mit dem Kalifen al-Hakam. Juan hätte es nicht verstanden, daß sich in seinem Jahrhundert ein Bauernkönig wie Kasimir III. von Polen durch Landesausbau den Beinamen des Großen erwerben konnte; war denn das Nützliche groß? Und doch sah auch Juan nicht im Kriegsruhm die Erfüllung eines Fürstenlebens.

Der Kalif al-Hakam II. verbiß sich nicht in die Gefechte mit Fernán González. Er war ein Gelehrter und brachte eine Bibliothek von 400 000 Bänden zusammen. Faul und genüßlich war er nicht, eher ein frommer Asket, anfangs aus Liberalität milde, doch dann höchst wachsam gegen muslimische Scheichs und kastilische Grafen. So wurde er ein Friedensfürst; das machte ihn für Juan Manuel noch nicht groß, obwohl er ihn einen guten König nannte. Die Geschichte mit dem Dudelsack ist sonst, auch in mohammedanischen Quellen, nicht bezeugt, jedoch möglich, da al-Hakam Kunst und Musik besonders liebte. Der Ausbau der Moschee von Córdoba auf ihre heutige riesige Länge war in der Tat sein Werk. Im 13. Jahrhundert ließ Ferdinand III. diese Moschee nochmals erweitern, übrigens auch die Kathedralen von Toledo und Burgos beginnen. Denkmäler der Kultur also können die Größe eines Fürsten begründen. Man beachte, wie der Autor den Kalifen dabei vorgehen läßt. Seine Würde verbietet es ihm, auf das Gerede der Leute zu reagieren; er zieht nicht wie Alfred Berater hinzu, Philosophen vielleicht, die ihm zur Selbsterkenntnis verhelfen. Der Fürst braucht sich nicht innerlich zu wandeln; er muß nur im Herzen einen Entschluß fassen und dann seine Befehle geben. Erst wenn das Werk vollendet steht, begreift alle Welt die Größe des königlichen Gedankens; danach mag man darüber reden. Dann stiftet der Ruhm des schweigenden Fürsten Gemeinschaft im Volk, so wie vorher der Spott über ihn das ganze Land verband.

Nicht nur steinerne Monumente zählen. Juans Onkel Alfons X. hatte den Beinamen *el Sabio* erhalten, was nicht so sehr »der Weise« als »der Gelehrte« bedeutet. Die von ihm angeregten astronomischen Tafeln vermaßen für alle Zeiten die Orte von Sonne, Mond und Planeten; die unter ihm begonnenen Chroniken steckten Kastiliens Ort in der Weltgeschichte ab; sein Gesetzbuch, der *Libro del Fuero,* war ein Markstein der Rechtsgeschichte seit Justinian und der kastilischen Prosaliteratur; mit seinen Mariengesängen in galizischer Sprache wurde Alfons als Lyriker bahnbrechend. Gewiß soll ein König nicht nur von der Gottesmutter singen, sondern auch für sie siegen, und darin lag die Schwäche Alfons des Gelehrten. Wenn nun aber ein fürstlicher Krieger am Ende seines Lebens zur Feder griff und das klassische Meisterwerk der kastilischen Prosa des Mittelalters schrieb – war das nicht die Zutat Juan Manuels? Spätmittelalterliche Kultur bestand ja nicht in der Erfindung zerbrechlicher Spitzbögen und gedrechselter Verse, sondern in der geschmackvollen Darstellung einer Lebensharmonie, die die Menschenmenge nur bestaunen, nicht erreichen kann.

GRÖSSE

Wir sehen mittelalterliche Fürsten oft um Frieden kämpfen und Recht verkünden, oft geistliche und adlige Würde zelebrieren; aber wir hören sie selten über ihr Selbstverständnis und ihren Platz im geistigen Leben reden. Ihre Mentalität äußert sich vornehmlich in Taten, Gesten und Haltungen; sie fragen viele Menschen um Rat, aber wenn sie sprechen, sind es Befehle. Unsere Zeugen belehren uns, warum die Fürsten so schweigsam sind: Ihre nächste Umgebung, die aus gelehrten Bischöfen und kriegerischen Adligen besteht, verlangt von ihnen viel mehr als Gespräche und Gelage, mehr als Lebensformen. Wer für alle leben muß, ist einsam, obwohl er nie allein ist. Denn die Größe, die von ihm gefordert wird, kann nur aus seinem Herzen kommen, nicht aus dem Frieden, den er für alle sichern, und der Würde, die er vor allen zeigen muß.

Der frühmittelalterliche König vereinigte in seiner Person alle Lebensbereiche und Lebenskreise. Deshalb war er bei Tag und Nacht aktiv und kümmerte sich um alles, Goldschmiedekunst und Falkenzucht, Liturgie und Marine. Wollte er nicht in Betriebsamkeit ersticken, so brauchte er Abstand zu seinen Aktionen, eine Kontemplation, die das ganze Leben ergründete und der Religion nahekam. Doch mußte sie zu einer Haltung führen, die für die Mitmenschen vorbildlich sein konnte; sie sollte erzieherisch wirken und nachgeahmt werden. Denn nur so versammelte sich jenseits familiärer und lokaler Gruppen ein Verband, der in die Zukunft wirkte. Als Vorbilder dieses fürstlichen Selbstverständnisses boten sich alttestamentliche Könige wie Salomon an, als Interpreten Bischöfe. Der spätmittelalterliche König repräsentierte in seinem Amt nur noch die

Mitte, nicht mehr das Ganze des Volkes, das ihn ständisch gestaffelt umgab. Er brauchte sich nicht auf alle Fertigkeiten zu verstehen und konnte Fachleuten selten Ratschläge geben. Wenn er für seine Person nicht in Bequemlichkeit versinken wollte, brauchte er Abstand von allem Gewöhnlichen und fand ihn bei preziösen Kunstwerken, die seinen Geschmack bildeten und seine Haltung unnachahmlich und unnahbar machten. Denn nur so verkörperte sich jenseits ständischer, rechtlicher, sprachlicher und völkischer Verbände die Gemeinschaft, die man später »Staat« nennen würde. Vorbilder für diese Haltung fanden sich am ehesten in der antiken oder islamischen Geschichte, und ihre Interpreten waren vor allem Literaten.

Einhellig forderten alle mittelalterlichen Zeugen vom Fürsten das, was der Name *Fürst* besagt: Er sollte herausragen, jedenfalls über seine Mitmenschen, möglichst über die Reihe seiner Vorgänger, vielleicht sogar über seine Nachfolger. Vor allem mußte er die wichtigsten Lebenskreise seiner Umgebung vereinigen, den adlig-aktiven, den geistlich-kontemplativen, den bürgerlich-nützlichen. Das gelang nur, wenn sich der Fürst in keinen dieser Kreise integrieren ließ. Am nächsten stand er sicher den Adligen; trotz Alfreds Tränen war Grundhaltung des Fürsten die Heiterkeit, Freundlichkeit, Festlichkeit adligen Lebens. Nur wurde sie durch den Zwang zu Frieden und Würde über das Spiel des Augenblicks und die Geselligkeit der Herren hinausgehoben. Karl der Große und Friedrich Barbarossa haben sie unter unseren Beispielen wohl am eindrucksvollsten gezeigt. Seltener ist der heilige König, denn Olaf der Heilige und Ferdinand der Heilige waren zuerst adlige Krieger wie andere; nur Ludwig der Heilige kommt der Forderung nahe. Der nüchterne Bürger- und Bauernkönig ist im Spätmittelalter nicht ganz vereinzelt; Kasimir III. von Polen und Ludwig XI. von Frankreich repräsentieren ihn. Trotz solcher Varianten ist die Schwankungsbreite fürstlicher Lebensformen klein, denn gefordert wird stets die alle anderen Menschen überragende Haltung, die das Heil der Gesamtheit verbürgt. Natürlich wird diese Norm immer nur teilweise verwirklicht; deshalb kritisiert man im Mittelalter den einzelnen König heftig – sogar Thegan tut es –, das Königtum nie – sogar Johann Balle tut es nicht.

Hier sind wir dem Grundgedanken des Gemäldes in den *Gesta Romanorum* auf die Spur gekommen. Was mittelalterliche Lebenskreise, Gruppen und Verbände annähernd im Gleichgewicht hält, ist nicht die extreme Spannung zwischen einem hierarchischen oder feudalen Gottesgnadentum und einem aristokratischen oder demokratischen Widerstandsrecht, sondern der labile Bund zwischen einem König, der geschichtliche Konstanz verbürgt, und einer Vielzahl sich wandelnder Gemeinschaften. Solange Bauern, Bürger, Adlige, Geistliche, Gelehrte noch nicht als Zweckverbände, sondern als Lebenskreise von Menschen zusammenspielten und sich überschnitten, brauchten sie den Fürsten, der über ihnen stand und dabei als Person zur Institution, zum Standbild wurde.

GEISTLICHE UND GEBILDETE

KIRCHENFÜRST

Im Mai 676 schickte Hausmeier Ebroin von Neustrien ein Heer zu der burgundischen Bischofsstadt Autun. Wenige Jahre danach, vor 693, beschrieb ein Mönch des dortigen Klosters Sankt Symphorian die Vorgänge in seinen lateinischen *Taten und Leiden des heiligen Bischofs und Märtyrers Leodegar:*

»Der Mann Gottes Leodegar blieb, um sein Volk aufzurichten, in seiner Stadt sitzen; als er merkte, daß sich der Vorstoß der Feinde gegen ihn richtete, konnte er es nicht über sich bringen, die Schritte fliehend weiterzulenken, sondern erwartete unbesorgt um sich das Urteil des Herrn. Sein Gesinde und die Geistlichen und Gläubigen bedrängten ihn zwar, er solle die Schätze, die er dort selber gesammelt hatte, wegbringen und sich entfernen, damit auf die Nachricht davon die Feinde abließen, die Stadt zu verderben und ihn zu verfolgen; aber er stimmte diesem Rat durchaus nicht zu. Er rief sie vielmehr sofort in die Schatzkammer, bezeichnete alles, was er dazu beigebracht hatte, und fuhr mit folgenden Worten fort: ›Brüder, alles, was ihr seht, habe ich hier getreulich für die allgemeine Zierde, so gut ich konnte, gesammelt, solange mich Gott in der Huld der Erdenmenschen stehen ließ. Jetzt aber sind die Erdenmenschen über mich vielleicht deshalb erzürnt, weil uns der Herr in die Huld des Himmels zu rufen geruht. Wozu soll ich nun von hier wegbringen, was ich doch nicht mit in den Himmel nehme? Wenn es euch recht ist, entschließe ich mich also lieber dazu, diese Schätze zum Nutzen der Armen zu verwenden als mit dem häßlichen Gepäck hierhin und dorthin durch die Welt zu irren. Wir wollen den heiligen Laurentius nachahmen, der mit vollen Händen an die Armen austeilte und dessen Gerechtigkeit dafür in alle Ewigkeit bestehen bleibt und dessen Haupt glorreich erhöht ist.‹ Sogleich befahl er dem Küster, die silbernen Schüsseln und ganz viele sonstige Gefäße hinauszuwerfen und Silberschmiede mit Hämmern zu holen, die alles in Stücke brechen sollten; die Stücke ließ er durch Gläubige an die Armen austeilen. Was dann noch für kirchliche Zwecke geeignet war, überwies er dem Kirchengerät. Mit diesem Silber half er fürwahr der Armut vieler in den Männer- und Frauenklöstern des Stadt- und Landbezirks auf. Da waren unter den Anwesenden keine Witwen, Waisen oder Armen insgemein, die von seiner Freigebigkeit nicht Trost erhalten hätten.

Erfüllt vom Geist der Weisheit sprach nun der Mann des Herrn zu den Brüdern folgende Worte: ›Brüder, ich habe beschlossen, auf überhaupt nichts Weltliches mehr bedacht zu sein und geistliche Wertlosigkeit mehr als den irdischen Feind zu fürchten. Ein Erdenmensch kann, wenn er von Gott Vollmacht dazu erhält, verfolgen, verhaften, plündern, brandstiften und töten, und wir können diesem Schicksal auf keine Weise ausweichen. Und wenn wir hier vorübergehend der Züchtigung ausgeliefert werden, wollen wir nicht verzweifeln, sondern uns lieber auf die künftige Vergebung freuen. Befestigen wir also die Seele mit Tugenden und zugleich die Stadt mit Wachposten, damit beider Feinde keinen Zugang finden, durch den sie Gefahr bringen können.‹ Er setzte also das gesamte Volk dieser Stadt in Bewegung, hielt ein dreitägiges Fasten und eine Prozession mit dem Kreuzzeichen und mit Heiligenreliquien rund um die Stadtmauern, und bei jeder Toreinfahrt warf er sich zu Boden und rief unter Tränen den Herrn an, wenn er ihn zum Leiden rufe, möge er das ihm anvertraute Volk nicht in Gefangenschaft geraten lassen; und so ist es dann wirklich geschehen.

Aus Furcht vor den Feinden zogen Leute von allen Seiten um die Wette in die Stadt; die Torwege wurden durch Erdwälle fest abgeriegelt und die Bollwerke überall der Reihe nach befestigt. Dann ließ der Mann des Herrn alle in die Kirche kommen und bat alle zusammen um Verzeihung; wenn er irgend jemanden von ihnen, wie es vorkommt, im Eifer rechten Handelns gescholten oder durch Worte verletzt habe, sollten sie ihm Verzeihung gewähren. Der Mann Gottes wußte ja, als er den Leidensweg betrat, daß das Martyrium nichts nützt, wenn nicht zuvor das Herz von dunklen Flecken gereinigt und von der Liebe hell erleuchtet ist. Kein Anwesender besaß ein so eisernes Herz, daß er, auch wenn er schwer verletzt gewesen wäre, nicht alle Herzensbosheit fromm hätte fallen lassen. Bald danach wurde die Stadt von dem Heer umringt: und am gleichen Tag kämpften beide Scharen tapfer bis zum Abend. Aber da die Stadt von starker Feindesmacht eingeschlossen war und die Feinde sie Tag und Nacht wie Hunde lautgebend umkreisten, überdachte der Mann des Herrn die der Stadt drohende Gefahr. Er ließ allen Kampf auf den Mauern einstellen und wandte sich mit folgender Ermahnung an sein Volk: ›Hört bitte auf, gegen die anderen zu kämpfen! Wenn sie nur meinetwegen hierhergekommen sind, bin ich bereit, persönlich ihren Wunsch zu erfüllen und ihre Wut zu besänftigen.‹« (Nach einigen Verhandlungen stellte sich Leodegar den Feinden und wurde geblendet, später enthauptet.)

Über die blutigste Phase des Mittelalters, den Zerfall des merowingischen Frankenreiches im späten 7. Jahrhundert, unterrichten uns kaum Geschichtswerke, aber viele Heiligenlegenden. Deren Helden sind nicht mehr asketische Einsiedler, wie sie frühchristliche Hagiographie als Verkörperung von Heiligkeit beschrieben und noch Jonas von Susa am Beispiel des Iren Kolumban verherrlicht hatte, sondern regierende Bischöfe im Frankenreich. Diese Bischöfe kamen aus vornehmsten Familien, trieben als Prälaten Machtpolitik und materiellen Aufwand und wurden dennoch von ihren Zeitgenossen als Heilige verehrt – vielleicht gerade deshalb. Zum Lobpreis Leodegars hatte wenigstens unser anonymer Autor goldene Anlässe, denn der Bischof hatte die Reliquien des Klosterheiligen Symphorian feierlich erheben und in ein prunkvolles Grab betten lassen und der Abtei kostbare Altargeräte geschenkt. Abt Hermenar freilich hatte derweilen so erfolgreich gegen Leodegar intrigiert, daß er sein Amtsnachfolger wurde. Zu seiner Rechtfertigung regte er die Abfassung der Legende an und bemühte sich, die Reliquien des Märtyrers für die Bischofskirche von Autun zu erhalten. Sie hätte dadurch an Kraft gewonnen und wäre der nächsten Belagerung weniger ohnmächtig preisgegeben. Heiligkeit bedeutete den Zeitgenossen jedenfalls konkrete Macht unter Menschen; darum konnten sie sich einen heiligen Bischof nicht als ohnmächtigen Pilger und Fremdling auf Erden denken.

Ein rechter Bischof stammte aus altadliger und steinreicher Familie. Im ersten Satz meldet die Legende stolz, daß Leodegar »aus irdischem Adel edel geboren« wurde, als Neffe des ungewöhnlich mächtigen Bischofs Dido von Poitiers und Bruder des Grafen Warin von Paris. Zu Beginn seiner geistlichen Laufbahn fungierte Leodegar als Richter, wegen seiner Strenge gefürchtet. Die energische Königin Balthild zog ihn an den Hof, als sie zwischen 657 und 664 zusammen mit dem Hausmeier Ebroin die Einheit des neustrisch-burgundischen Reiches noch einmal zu erzwingen suchte. Als sich in Autun zwei Bewerber mit Waffen um den Bischofsstuhl stritten, setzte Balthild kurzerhand Leodegar als Bischof ein, damit er Ordnung schaffe. Es gelang ihm rasch, durch unverhüllt dargestellte Macht. Er ließ die Kathedrale restaurieren, Fußboden, Vorhalle, Taufkapelle, er stiftete Goldteppiche und gleißende Altargeräte hinein und hatte stets Silberschmiede bei der Hand. Mit seinen geistlichen »Brüdern« feierte er Gottesdienste voller Kerzenglanz und Weihrauchduft. Er füllte die Schatzkammer mit Edelmetallen, von denen man im Land neidisch raunte. Daß er von der Mutter ausgedehnten Grundbesitz geerbt, von Balthild weiteren erhalten hatte, mehrte sein Ansehen. Der Bischof sprach mit seinen Gläubigen herrisch verletzend, wie vom Pferd herab; niemand nahm es ihm übel oder wagte es, sich darüber zu wundern. Denn was konnte damals Nächstenliebe heißen?

In diesen wüsten Jahrzehnten wurde vom Bischof nicht Sanftmut und Demut gefordert; er mußte Herr und Schützer seiner Diözese sein. Deshalb ließ Leodegar die römischen Stadtmauern von Autun ausbessern; man sieht, daß es nützlich war. Im Notfall strömten die Bauern aus schutzlosen Dörfern in die befestigte Stadt. Gott mußte gnädig gestimmt werden, daher hier wie bei Naturkatastrophen Prozessionen mit Kreuz und Reliquien; aber die Feinde waren Menschen, daher Ausbau der Bollwerke. Kein Bischof konnte seinen Sprengel schützen, wenn er sich auf ihn beschränkte; Leodegars hochadlige Herkunft machte ihn zum Sprecher der burgundischen Großen am Königshof, und er nahm die Chance rücksichtslos wahr. Sobald Ebroin um 664 Balthild in ein von ihr gegründetes Kloster abgeschoben hatte, wurde Leodegar Ebroins Hauptrivale im Kampf um die Macht über das westliche Frankenreich. Leodegar rief gegen Ebroin Balthilds Sohn Childerich II. von Austrien ins Land und beherrschte ihn zeitweise. Dann freilich fiel der hochmütige Prälat bei dem König, der selbständig regieren wollte, in Ungnade und traf in der Klosterverbannung in Luxeuil den entmachteten Ebroin wieder. Childerich wurde 675 auf der Jagd – wie einst König Sigibert – erschlagen, von einem Adligen, der möglicherweise Leodegar nahestand. Nun brach der Machtkampf zwischen Ebroin und Leodegar von neuem aus, und deshalb wurde Autun belagert. An der Spitze des Heeres stand, fast selbstverständlich, ebenfalls ein Bischof, Desiderius von Chalon; auch die Nachbarbischöfe von Clermont und Valence bekämpften um ihrer Diözesen willen Leodegar von Autun.

Dieser wollte sich anfangs bis zum Äußersten verteidigen und verschloß sich starrsinnig den Warnungen seiner bedrohten Untertanen. Sein Eifer rechten Handelns mußte ihm wie früher Chlodwig die Huld Gottes, ja den Platz im Himmel sichern; da würde Gott auch die Verteidigung Autuns gelingen lassen. Deshalb beides zugleich: Schuldbekenntnis und Schanzenbau. Erst der Anblick der starken Feindmacht ließ ihn zweifeln, doch seine einsame Entscheidung war nun von derselben fürstlichen Unbedingtheit wie zuvor: Leodegar würde sich in die Hände Gottes geben und dann, wenn ihn die Feinde erschlügen, als Märtyrer im Himmel thronen. Die innere Wandlung äußerte sich in Befehlen an die Untertanen und in Taten, nicht in Meditationen. Die Legende ließ jetzt eine Serie von Wundern geschehen, zu denen der regierende Bischof nicht recht Zeit gefunden hatte. Bei all seinem Reichtum und Grundbesitz hatte Leodegar kein Kloster gegründet, wie es Ebroin in Soissons tat, und stand doch Kolumbans Klosterwesen nicht bloß während des Zwangsaufenthalts in Luxeuil nahe. Auch seine Fürsorge für Arme schöpfte erst aus dem Vollen, wenn sich die gehäuften Schätze nicht mehr politisch nutzen ließen. Verfasser und Leser der Legende fanden es nicht erstaunlich; ein Bischof, der nach Selbstheiligung und Nächstenliebe strebte, tat es anders als ein Mönch.

Nicht erst neuzeitlicher Spiritualismus rümpfte über diesen Bischofstyp die Nase; man muß nur lesen, was um 1260 die berühmteste Sammlung von Heiligenleben, die *Legenda aurea,* über Leodegar schrieb. Ihr Verfasser, der Dominikaner Jacobus a Voragine, wurde 1286 selber Erzbischof. Aber er erwähnte weder Leodegars adlige Herkunft noch die Ernennung durch die Königin noch die Ausstattung der Kathedrale; sein Leodegar ist vielmehr ein freundlicher und sanfter Christ, der am liebsten im Kloster dem Herrn dienen möchte und nur widerwillig ins Bischofsamt zurückkehrt. Als ihn Ebroins Soldaten verfolgen, flieht er im Ornat … So sah ein heiliger Bischof des 13. Jahrhunderts aus; in dem nur äußerlich christianisierten Frankenreich waren andere Tugenden vonnöten, die des adligen Herrn und Richters. Der Adel, der das vorchristliche Charisma des Gebluts einbüßte, fand im Bischofsamt neue Legitimation für Herrschaft; von Leodegar führte der Weg zur politischen Religiosität Thegans von Trier. Vollends wenn hohe Herren von ihren Feinden ermordet wurden, also mit der Gloriole frühchristlicher Märtyrer umgeben waren, erschienen sie als Beschützer des Landes, ihre Reliquien als mächtige Helfer; man denke an den Wenzelskult in Prag. Leodegar wurde Patron von Autun, auch von Luzern; die elsässische Herzogsfamilie der Etichonen brüstete sich, mit ihm blutsverwandt zu sein. So wirkte der heilige Adel der Herkunft weit in die Zukunft.

Daß Leodegar fromm war, kann nur bestreiten, wer seine Epoche nicht kennt. Deren Frömmigkeit achtete allein auf Gott, der hüben Reichtum, drüben Glorie schenkte; die Gemeinde der Gläubigen war nur Gegenstand, nicht Träger frommen Verhaltens. Männer wie Leodegar glaubten, als Kirchenfürsten das Reich Gottes auf Erden erst schaffen zu müssen, und fanden es nicht mehr wie Augustin in der Pilgerschar der Gotteskinder; man begreift sie beim Blick über die traurigen Reste Autuns, das in spätrömischer Zeit über 50 000 Einwohner beherbergt hatte. Wer das langsame Anwachsen der alten Römerstädte im Frühmittelalter bemerkt, wird das Werk dieser streitbaren Bischöfe nicht geringschätzen; sie schufen im Innern eine rohe Ordnung, nach außen einen prekären Schutz, kein Reich Gottes, aber Zuflucht für Menschen.

OBERHIRTE

Vor 1100 begann der Benediktiner Eadmer von Christ Church Aufzeichnungen über das Leben seines Erzbischofs Anselm von Canterbury, mit dem er fast täglich zusammenlebte; abgeschlossen wurde das lateinische Buch *Vom Leben und Wandel des Erzbischofs Anselm* einige Jahre nach dessen Tod 1109.

»Er bewahrte sich aber in allen Dingen und gegen alle Menschen ein reines Gewissen. Von seinen Lasten erholte er sich ein wenig und schöpfte großen Trost, wenn er sich in die Klausur der Mönche begeben und bei ihnen über die Erfordernisse ihrer Lebensweise reden konnte. Er wies einmal selber darauf hin, als er ihrem Kapitel vorsaß und nach dem Brauch sehr offen über diese Dinge sprach. Da beschloß er seine Rede mit leichtem Humor und einer heiteren Anspielung: ›Wenn der Uhu bei seinen Jungen in der Höhle hockt, freut er sich und hat es auf seine Weise gut; aber unter Raben, Krähen und anderen Vögeln wird er überfallen und zerfleischt und hat es ganz schlecht. So geht es mir. Denn wenn ich bei euch bin, habe ich es gut; das ist der liebste Trost meines Lebens.

Aber wenn ich fern von euch unter Weltleuten wandle, zerreißt mich der Andrang verschiedener Streitfälle von allen Seiten und quälen mich weltliche Geschäfte, die ich nicht mag. In diesem Zustand habe ich es schlecht und fürchte mich mit Zittern vor dem ungeheuren Schaden, den dieses Dasein für meine Seele bringen kann.‹ Obwohl er, wie gesagt, scherzend begonnen hatte, brach er beim Sprechen in bitterste Tränen aus und sagte: ›Aber bitte erbarmt ihr euch meiner, meine Freunde, erbarmt wenigstens ihr euch meiner, denn die Hand des Herrn hat mich getroffen‹ (Hiob 19, 21). Weil er sich in solchen Gesprächen sehr erholte, seufzte er tief, wenn sie aufhörten. Gott ist mein Zeuge, daß ich ihn oft wahrhaftig beteuern hörte, lieber wolle er in der Mönchsgemeinschaft wie einer von den Knaben unter der Rute des Lehrers beben als vor den zusammenströmenden Leuten auf dem Bischofsstuhl thronen und die Oberhirtensorge für ganz Britannien tragen.

Vielleicht wird jemand sagen: Wenn er es so gut und erfreulich fand, bei den Mönchen zu leben, warum wohnte er dann mit seinem Gefolge nicht dauernd in Canterbury? Darauf antworte ich: Wenn ihm das nur möglich gewesen wäre, hätte es ihm viel Trost bedeutet. Aber es war ihm verwehrt, teils durch die Entfernung seiner Landgüter, teils durch das herkömmliche Verhalten seiner Amtsvorgänger, teils durch die Vielzahl von Menschen, ohne die er nach seiner bischöflichen Stellung und dem Landesbrauch nicht leben durfte. Das alles zwang ihn, auf seinen Landgütern herumzureisen und sich dort aufzuhalten. Wenn er übrigens ständig in Canterbury gewohnt hätte, wären seine Eigenleute damit belastet worden, Lebensmittel in die Stadt zu bringen; wenn sie außerdem, wie es oft geschah, von ihren Aufsehern vielfältig bedrückt wurden und nie jemanden zur Hand gehabt hätten, bei dem sie sich beschweren konnten, wären sie immer schlimmer bedrückt worden und gänzlich zugrunde gegangen.

Immer und überall aber begleiteten ihn seine Mönche und Geistlichen, ganz abgesehen von denen, die aus verschiedenen Gegenden bei ihm zusammenströmten und selten ausblieben. Denn er nahm alle, die zu ihm kamen, mit freundlicher Bereitwilligkeit auf und antwortete jedem treffend, je nach seinem Anliegen. Da konnte man die einen sehen, die in biblische Texte und Fragen verstrickt waren und die er rasch durch eine vernünftige Auslegung aufklärte; die anderen, die in sittlichen Urteilen schwankten, belehrte er ebenso eifrig; den Dritten, die Mangel am Notwendigen litten, gab er, was sie brauchten, und linderte die Not. Diese Freigebigkeit half nicht allein der Armut von Mönchen oder Geistlichen auf, sondern erstreckte sich auch auf alle bedürftigen Laien, die ihn um Hilfe baten; der fromme Vater half ihnen nach Kräften, bisweilen über seine Kräfte. …

Doch verschiedene Wirrungen und Ängste unterbrachen seine Ruhe und zwangen ihn, an Fernliegendes zu denken: Oft hatte er zu leiden wegen der Kirchenländereien, die einige Bösewichter, vom König unbehindert, unrechtmäßig besetzten; dann wegen der Steuerforderungen, die das ganze Reich, aber vor allem seine Eigenleute maßlos brandschatzten; dann wegen der Bedrückung von Klöstern, die er nicht beseitigen konnte und die ihm täglich gemeldet wurde; auch wegen vieler anderer Dinge dieser Art. Dazu kamen noch diejenigen, die ihn, bevor er Bischof wurde, unterwürfig geliebt, ihm geholfen und von ihrer Habe bereitwillig das Erlesenste gegeben hatten; jetzt baten sie ihn einmal um Kirchenländereien, dann wieder fragten sie nach Pferden, dann wollten sie Geld, dann dieses und jenes, wonach sie gerade Verlangen trugen. Und so sah man diejenigen, die das Erbetene bekamen, in seiner Gegenwart Zufriedenheit und Freude heucheln und ihm Rückzahlung und Dienste versprechen, und die anderen wie umgewandelt seine Ehre schmähen, seine Leute nach Kräften bekämpfen und wüste Drohungen ausstoßen. Er aber wußte sich in seiner Geduld selbst zu beherrschen, war friedfertig zu denen, die den Frieden haßten, und antwortete seinen Widersachern stets mit Worten der Milde und des Friedens, denn er wollte ihre Bosheit im Guten überwinden. Aber das, was seiner Kirche künftig zum Schaden gereichen konnte, durfte er keinesfalls gleichmütig ertragen oder nachlässig hinnehmen.«

Ob Anselm ein guter, gar ein heiliger Bischof gewesen sei, wurde nach seinem Tod im Kathedralkloster von Canterbury heftig diskutiert. Die Jüngeren unter den etwa hundert Mönchen meinten, für die Privilegien der Kathedrale und die Erhaltung ihres Grundbesitzes habe er weniger geleistet als sein Vorgänger Lanfrank. Auch Eadmer, Wortführer von Anselms Verteidigern, gestand zu, daß Anselm zu milde und vertrauensselig regiert habe. Eben diese Erwartung hatte 1093 dazu geführt, daß König Wilhelm II. im Einvernehmen mit den Bischöfen den landfremden Anselm zum Erzbischof beförderte; ähnliche Überlegungen hatte 1068

Vratislav II. bei der Besetzung des Prager Bischofsstuhls angestellt. Der berühmte Gelehrte Anselm, inzwischen 60jährig, würde sich in die Querelen englischer Kirchenpolitik nicht allzu eigenmächtig einmischen. Ein Politiker war er in der Tat nicht, aber er hatte Grundsätze und verfocht sie gegen König und Amtsbrüder unnachgiebig. Daß dies für einen Bischof nicht Pflichterfüllung genug war, spürte Anselm rasch; unser Ausschnitt dürfte seine Gewissensnöte bald nach der Weihe von 1093 wiedergeben.

Der Erzbischof von Canterbury war der größte geistliche Grundbesitzer Englands und verfügte über hundert Ritterlehen; er stand in feudalen Pflichten gegenüber der Krone, die das Kirchengut wie schon unter Wilhelm dem Eroberer kräftig besteuerte. Zudem waren auf den Kirchengütern Tausende von Eigenleuten tätig, die gegen Übergriffe von Nachbarn geschützt werden mußten; Anselm stand in weit größerem Maßstab dieselben Streitigkeiten durch, über die Ulrich von Hutten später klagte. Der Erzbischof besaß viel materielle Macht und wurde deshalb umlagert. Er brauchte viele Helfer, geistliche Juristen und Laien für die Ökonomie. Seinen Tageslauf mußte er nicht nach mönchischen Regeln, sondern nach kirchenfürstlichem Herkommen einrichten. Er war eingezwängt in die Tradition der Erzdiözese, auf der ein halbes Jahrtausend Geschichte lastete, und mußte bei jedem Schritt zugleich die fernste Zukunft dieser Institution offenhalten. Und inmitten widerstreitender Interessen einsame Entschlüsse von historischem Gewicht zu treffen, war Anselms Lebensziel nicht.

Er stammte aus hochadligem, verfallendem Haus in Piemont und war vermutlich vom Vater für eine kirchenpolitische Laufbahn bestimmt gewesen; der 13jährige Anselm widersetzte sich und wollte Gelehrter, das hieß damals Mönch werden. Deshalb verließ er um 1056 Familie und Heimat und zog in das normannische Kloster Bec, das Hauskloster Wilhelms des Eroberers, wo damals Anselms Landsmann Lanfrank die Klosterschule leitete. Anselm schwankte noch eine Weile, ob er als Einsiedler in der Fremde oder als Herr auf seinen Gütern christlich leben solle, denn christliches Leben hieß seit Rather von Verona nicht schon benediktinisches Leben. Das mönchische Dasein, zu dem er sich entschloß, paßte nicht immer zu seinen gelehrten Neigungen; Eadmer berichtet, wie Anselm beim Nachdenken über seinen Gottesbeweis vom gemeinsamen Gottesdienst und Chorgebet abgelenkt wurde. Aber er war kein einsamer Grübler und liebte die Diskussion, kleidete auch die meisten seiner scholastischen Schriften in Dialogform. Noch die Treue seines Schülers Eadmer, der fast dreißig Jahre jünger und sonst kein Freund von Ausländern war, verrät die Begabung des Mönchserziehers, der Heranwachsende ohne Rute aufzuwecken verstand. Darum lag ihm die Aussprache im Mönchskreis von Canterbury so sehr am Herzen. Zum Ärger der Mitbischöfe und der Weltkleriker förderte er als Erzbischof vor allem die Klöster und das regeltreue Zusammenleben der Mönche. Ein vorbildlicher Mönch ohne Zweifel, aber ein guter Bischof?

Anselms Antwort war einfach: Er fühlte sich zum Regieren unfähig, gehorchte aber als Mönch dem Befehl seiner Oberen. Sie befahlen ihm immer wieder, ein höheres Amt zu übernehmen, das des Priors, des Abtes, des Erzbischofs, weil ein Mönch um der Rettung seiner Seele willen nicht den Dienst für andere vernachlässigen dürfe. Zuletzt befahl Papst Urban II. persönlich dem Erzbischof auszuharren. Und was Rom seit der gregorianischen Kirchenreform wollte, war auch Anselms Lebensziel: ein geistliches Dasein, befaßt mit Ergründung der Heiligen Schrift, Verwirklichung sittlicher Normen und Hilfe für die Armen, also ein Leben ohne Eigentum, Ehrgeiz und Heuchelei. Weltliches Dasein hingegen, wie es der englische König, die Mehrzahl der Bischöfe und adligen Herren zu führen schien, war auf Machtkampf und Heuchelei gegründet. Davon mußte sich die Kirche lösen, wenn sie Christus und den Aposteln nachfolgen wollte; sie mußte mönchisch und geistlich werden. Deshalb brachte Anselm die englische Kirche insgesamt zu engem Anschluß an die römische Kurie und hielt den Konflikt mit dem englischen Königtum durch. Insofern setzte der Erzbischof nur fort, was der Mönch begonnen hatte: in der geistlichen Gemeinschaft vorbildlich leben, allen helfen, für alle nachdenken. In den ersten Jahren des Episkopats entstand Anselms Hauptwerk *Warum Gott Mensch wurde*.

Der Vater der Scholastik war kein trockener Theologe. Seinen Höhenflügen konnten die Mönche nicht immer folgen, aber der Vergleich mit dem Uhu und seinen Jungen zeigt, womit Anselm auch schlichte Gemüter bezauberte: Er fühlte sich unter ihnen wohl und ließ es sie merken; und wie er schrieb und sprach, so lebte er. Als Kirchenpolitiker siegte er nicht eigentlich bei dem Kompromiß, der 1106 den englischen Investiturstreit abschloß; aber auch ein stärkerer Machtmensch auf Anselms Erzstuhl, Thomas Becket, konnte die Bindung der englischen Kirche an das Königtum nicht ganz lösen. Als Kirchenfürst machte der Gelehrte keine stattliche Figur; es wirkt unglaubhaft, wenn ihm der treue Eadmer magische Wunderkräfte frühmittelalterlicher Heiliger glaubte zuschreiben zu müssen. Anselms Leben verkörperte vielmehr einen neuen Typ des Bischofs, ja ein neues Selbstverständnis der Kirche. In einem Reich, das nicht von dieser Welt ist, kann nur Herrscher sein, wer nicht von blinder Machtgier besessen ist, sondern den Menschen durch dialogisches Denken und dienende Liebe hilft, eine Gemeinschaft der Pilger zu bilden. Eadmer begriff das sowenig wie Thomas Becket. Auf dessen Betreiben wurde Anselm 1163 heiliggesprochen; die Kanonisation war eine neue Kampfansage der Hierarchie an die Krone, ein neuer Edelstein in der Mitra. Deshalb wurde Anselms Heiligenschein alsbald überstrahlt von der Märtyrerkrone Beckets, zu der es noch Chaucer hinzog. Anselm war sogar für Jacobus a Voragine in der *Legenda aurea* nur als gelehrter Mönch erwähnenswert; als Bischof stand der 34. Oberhirte von Canterbury in einer langen Reihe. Mehr wollte Anselm selbst nicht.

BISCHÖFE

Ein mittelalterlicher Bischof ist in seinem Bistum Stellvertreter Christi, Nachfolger der Apostel, Repräsentant der Kirche. Er muß vorbildlich sein wie ein Fürst, und wie ein Fürst steht er seinem Volk allein gegenüber. Es gliedert sich in zwei ungleiche Hälften, in den Klerus der Weltpriester und Mönche, die vom Bischof Weihegewalt empfangen und mit ihm die Sakramente verwalten, und in das Laienvolk, dem die belehrende, richtende und fürsorgende Herrschaft des Oberhirten gilt. Um seine religiösen Aufgaben zu erfüllen, muß der Klerus wirtschaftlich freigestellt sein, durch Abgaben, Spenden und Stiftungen des Laienvolks; diese materiellen Güter müssen sachgemäß verwaltet und gewahrt werden. Schon diese Aufgabe erfordert vom Bischof Talente der Menschenführung, Diplomatie und Verwaltung; erst recht ist die Lenkung des Laienvolkes Herrscheramt. Darum stammen mittelalterliche Bischöfe gewöhnlich aus dem Adel; Thegans Forderung ist bei Leodegar wie bei Anselm erfüllt und gilt für Teile des katholischen Episkopats noch lange danach. Im Bistum Bamberg wurde der erste Nichtadlige 1842 Bischof, und bis 1918 wurden solche Bischöfe in Bayern wenigstens nachträglich geadelt. Die Nähe zur

Herrschaft prägte den Lebensgang eines Bischofs: Wie Leodegar, so verdankte noch Anselm seine Würde weder päpstlicher Ernennung noch kanonischer Wahl, sondern dem König, und doch kämpften dann beide gegen die weltliche Zentralgewalt. Dennoch waren beide Bischöfe nicht schlechthin Fürsten; ihr Verhalten stand in der Spannung zwischen geistlichem, jenseitsgerichtetem Denken und irdischem, diesseitsbezogenem Handeln, und es kennzeichnet mittelalterliche Bischöfe, daß sie diese Spannung aushalten mußten.

Die Akzente in diesem Spannungsfeld wurden weniger durch die Persönlichkeit des Prälaten als durch die Erwartungen seiner Gemeinde variiert. Der frühmittelalterliche Bischof residierte wie Gregor von Tours oder Isidor von Sevilla in einer alten Stadt und war an sie, besonders an die Kathedrale gebunden. In dieser Stadt war er meist auch politisch und militärisch verantwortlich, denn Friedenswahrung hieß damals Abwehr feindlicher Heere. Durch Kollegialorgane am Ort und vollends durch den fernen Papst kaum kontrolliert, faßte der Bischof impulsive Entscheidungen über Wohl und Wehe seines Bistums. Das Gottesreich war am Ort gegenwärtig; von draußen kamen böse Feinde für Leib und Seele. Um sie fernzuhalten, sorgte der Bischof für Verbindung zu Königshof und Landadel; er nutzte seine Sippenbindungen wie Oliba von Vich und vererbte, dem Zölibat zum Trotz, den Bischofssitz möglichst an Verwandte und Freunde, damit politische Kontinuität gedeihe. Zwischen adligem Charisma und christlicher Heiligkeit war die Differenz gering und der Kampf erbittert; daraus entsprang Leodegars Dilemma zwischen dem Krieg um Adelsherrschaft und der Ohnmacht des friedfertigen Gottesvolkes.

Der Bischof des frühen 12. Jahrhunderts stand in einer Kirche, die von der Reform Papst Gregors VII. verwandelt worden war. Sie begriff sich als geistliche Gemeinschaft, namentlich der Geistlichen, löste sich aus der Welt unheiliger Fürsten und Krieger und orientierte sich am Vorbild weltferner Mönche. Ein Bischof war als Glied dieses Verbandes nicht mehr souverän; seine Rechte wurden durch päpstlichen Primat, Ansprüche der Domkapitel und Exemtionen der Klöster beschnitten. Sein Amt war, insbesondere in weiträumigen Diözesen des Nordens, weniger auf die Bischofsstadt konzentriert als auf ländliche Besitzungen angewiesen, überhaupt örtlich wenig verwurzelt; Anselm besaß in England keine Verwandten; die Landessprache war nicht seine Muttersprache. Das Schwergewicht der lateinischen Institution Kirche wirkte sich in Kämpfen

58   Gottes Haus als Zuflucht

59   Heiligsprechung im Münster (1415)

gegen die Könige aus; doch hatten sie selbst den Landfrieden so weit gesichert, daß kirchliche Friedenswahrung jetzt mehr den Schutz vor fürstlichen und adligen Rechtsbrüchen betraf und geregeltes Verhalten der miteinander lebenden Gruppen erstrebte. Daraus erwuchs Anselms Dilemma zwischen der Behauptung kirchlicher Rechte und verständnisvoller Gesprächsbereitschaft.

Die Spannung zwischen weltlicher Macht und geistlicher Liebe trat nur bei bedeutenden Bischöfen zutage. Leodegar und Anselm hatten Amtsbrüder neben und gegen sich, die den Frieden ihrer Seele und ihrer Diözese durch würdevolles Verhalten wahrten. Das hieß Politik im Hofdienst, gemächliche Verwaltung der Besitzungen, schnelle Visitationen auf dem Land, gründliche Verschönerung der städtischen Kirchen, liebevolle Ausgestaltung der Liturgie, viel erbauliche Predigt und etwas Armenfürsorge. Nicht von jedem Bischof wurde das Äußerste gefordert; aber es ist schwer vorstellbar, daß der standesbewußte Thegan von Trier um seiner Gemeinde willen vom Thron herabgestiegen wäre wie Leodegar, auch daß dem Oberhirten des Valdes, Guichard von Lyon, der Weg die Thronstufen hinauf so sauer geworden wäre wie Anselm. Nur wer sich nicht mit der Würde des Amtes begnügte, erfüllte seine Aufgabe wirklich, doch dann ließen ihn die Konventionen der Amtsvorgänger und Amtsbrüder im Stich. Dann mußte der Mann unter der Mitra ein Leben voll schwerer Spannungen führen, das seiner Gemeinde vorbildlich diente. An der Aufgabe, das Gottesvolk seines Bistums als Gemeinde zu versammeln, ja zu verkörpern, konnte ein Bischof um so leichter scheitern, als er nicht der einzige Geistliche unter Laien war. Auch wenn er an Weihe und Würde alle überragte, an Selbstheiligung konnte ihn jeder Mönch, an Nächstenliebe jeder Vikar übertreffen. Nur wo der Bischof mitten unter seinen Geistlichen und Mönchen stand, war seine Gemeinde mehr als ein ständisch gestufter Verband und wurde Bürgerschaft Gottes im Sinn Augustins.

WEIHEGEWALT

Am 25. Oktober 745 wurde vor der römischen Konsistorialsynode, die unter Vorsitz von Papst Zacharias im Lateran tagte, ein lateinisches Schreiben des Erzbischofs Bonifatius verlesen. Darin heißt es:

»Nachdem Ihr, ehrwürdiger Vater, mir Unwürdigem befohlen habt, in der Kirchenprovinz der Franken, auch auf deren eigenen Wunsch, Konzil und Synode der Priester zu leiten, möchte ich Euch mitteilen, daß ich seitdem viele Beleidigungen und Verfolgungen erlitt, fast durchweg seitens falscher Priester, abtrünniger Presbyter oder Diakone und unzüchtiger Geistlicher. Die größte Last hatte ich aber mit zwei ganz schlimmen und offenkundigen Ketzern, die Gott und dem katholischen Glauben Hohn sprachen. Der eine, der Aldebert heißt, ist Gallier von Herkunft, der andere, der Klemens heißt, Ire von Herkunft; sie unterscheiden sich in der Art ihres Irrtums, gleichen sich aber in der Schwere ihrer Sünden. Ich beschwöre Eure apostolische Macht: Bemüht Euch, meine Wenigkeit gegen sie zu beschützen und zu unterstützen und durch Eure schriftliche Stellungnahme das Volk der Franken und Gallier zurechtzuweisen. Sie sollen nicht mehr dem Geschwätz der Ketzer und den nichtigen Wundern und Zeichen des Antichrist-Vorläufers folgen, sondern sich zu den kirchenrechtlichen Ordnungen und zum Weg der wahren Lehre bekehren. Und diese zwei Ketzer sollen auf Euer Geheiß in den Kerker geschickt werden, wenn Euch das gerecht erscheint, nachdem ich Euch ihr Leben und ihre Lehre dargelegt habe. ... Denn ihretwegen leide ich Verfolgungen, Feindseligkeiten und Schmähungen vieler Leute, und die Gemeinde Christi wird in Glauben und rechter Lehre behindert.

Die Leute sagen nämlich, ich hätte ihnen mit Aldebert einen hochheiligen Apostel weggenommen, einen Schutzhelfer, Fürbitter, Wundertäter und Zeichenwirker entzogen. Doch Eure Heiligkeit möge seinen Lebenslauf hören und nach dem Ertrag beurteilen, ob er mit Schafskleidern angetan, aber inwendig ein reißender Wolf war (Matthäus 7, 15) oder nicht. In seinen jungen Jahren behauptete der Schwindler, daß ihm ein Engel des Herrn in Menschengestalt aus Ländern am Ende der Welt Reliquien von wunderbarer und doch ungesicherter Heiligkeit gebracht habe und daß er seitdem von Gott alles habe erreichen können, was er verlangte. Aufgrund dieser Vorspiegelung fand er dann, wie es der Apostel Paulus vorausgesagt hat, ›Eingang in viele Häuser und fesselte schwache Frauen an sich, die mit Sünden beladen waren und sich von allerlei Gelüsten leiten ließen‹ (2. Timotheus 3, 6); er gewann auch eine Menge Bauern, die sagten, er sei ein Mann von apostolischer Heiligkeit und habe viele Zeichen und Wunder getan.

Dann brachte er unwissende Bischöfe dazu, ihn gegen die Vorschriften des Kirchenrechts ohne Einschränkung zu weihen. Dann verstieg er sich zu solchem Hochmut, daß er sich den Aposteln Christi gleichstellte. Er verschmähte. es, eine Kirche zu Ehren eines Apostels oder Märtyrers zu weihen, und fragte, was die Menschen denn mit dem Besuch der heiligen Apostelgräber (in Rom) wollten. Danach weihte oder, um es richtiger zu sagen, beschmutzte er Kapellen zu seinen eigenen Ehren. Er errichtete kleine Kreuze und Kapellen auf Feldern, bei Quellen, oder wo es ihm paßte, und ließ dort öffentliche Andachten feiern, bis die Menge der Leute die anderen Bischöfe verachtete, die alten Kirchen verließ, an solchen Orten Versammlungen feierte und sagte: ›Die Verdienste des heiligen Aldebert werden uns helfen.‹ Er ließ seine Nägel und Haare verehren und zusammen mit den Reliquien des heiligen Apostelfürsten Petrus umhertragen. Schließlich tat er, was wohl die größte Freveltat und Gotteslästerung war. Wenn nämlich die Leute kamen, sich vor ihm niederwarfen und ihre Sünden beichten wollten, sagte er ihnen: ›Ich kenne alle eure Sünden, denn eure Geheimnisse sind mir bekannt. Ihr braucht nicht zu beichten, eure vergangenen Sünden sind euch vergeben. Geht unbesorgt und losgesprochen in Frieden heim!‹ In seinem Verhalten, Auftreten und Lebenswandel ahmte er alles das nach, was das heilige Evangelium als Taten von Schwindlern bezeugt.

Der andere Ketzer, der Klemens heißt, führt Streit gegen die katholische Kirche, verweigert und bekämpft Rechtsordnungen der Gemeinden Christi und lehnt Schriften und Lehren der heiligen Väter Hieronymus, Augustin und Gregor ab. In eigensinniger Mißachtung von Synodalurteilen behauptet er, auch nachdem ihm unter dem Bischofsnamen im Ehebruch zwei Söhne geboren wurden, könne er nach christlichem Recht Bischof sein. Er führt jüdische Bräuche ein, indem er es für rechtens hält, daß ein Christ nach Wunsch die Witwe seines verstorbenen Bruders zur Frau nimmt (5. Buch Moses 25, 5). Er bekämpft den Glauben der heiligen Väter, indem er sagt, daß der Gottessohn Christus beim Abstieg zur Hölle alle im Höllenkerker Gefangenen befreit habe, Gläubige wie Ungläubige, Gottesdiener wie Götzenanbeter. Er stellt noch viele andere entsetzliche Behauptungen über Gottes Gnadenwahl auf, die dem katholischen Glauben widersprechen. Deshalb bitte ich Euch, Ihr möchtet durch Eure Briefe den Herzog Karlmann veranlassen, auch diesen Ketzer in Gewahrsam zu nehmen, damit er nicht Satans Samen weiter ausstreue und etwa ein räudiges Schaf die ganze Herde anstecke.«

Der Angelsachse Bonifatius war als 40jähriger aus dem Bannkreis Bedas und benediktinischer Klosterkultur aufgebrochen, um verwandte Germanenstämme auf dem Kontinent zu bekehren und die fränkische Landeskirche zu reformieren; an die Stelle der Selbstherrlichkeit, die wir aus Leodegars Zeit kennen, sollte die römische Ordnung des heiligen Petrus und seines Nachfolgers treten. Aber Hochadel und Episkopat im Frankenreich sträubten sich gegen eine straffe Organisation, die den Hausmeiern Karlmann und Pippin und dem Papst zugute kam. Bonifatius suchte vor allem den Klerus durch regelmäßige Synoden zu einer rechtlich geordneten Gemeinschaft in Glaubenslehre und Lebenswandel zu erziehen. Auf der Reformsynode von Soissons hatte er 744 Aldebert verurteilen lassen und in Klosterhaft gesteckt; aber Aldebert war ausgebrochen, dachte nicht an Unterwerfung und fand Hilfe bei Bischöfen, die ihn zum Bischof weihten, und Adligen, die ihn Kirchen bauen und weihen ließen. Gegen diesen Bund lokaler Reaktion sollten nun Papst und Hausmeier helfen. Papst Zacharias, der letzte Grieche auf dem Stuhl Petri, tat, was er konnte; er ließ sich Beweismaterial vorlegen, Aldeberts Lebenslauf und einen angeblichen Brief Jesu, den Aldebert vorwies. Das relativ milde Urteil der römischen Synode beendete freilich die Affäre nicht; wie sie ausging, bleibt undeutlich, und nur eine späte Quelle will wissen, daß Aldebert lange im Kloster Fulda gefangen gelebt habe und bei neuerlicher Flucht von Schweinehirten erschlagen worden sei.

Die feindseligen Andeutungen der Synodalakten geben kein klares Bild von Aldebert und Klemens, lassen aber erraten, wie ländliche Priester im 8. Jahrhundert lebten. Der bedeutendere ist Aldebert. Auf der römischen Synode und in der neueren Forschung hat man ihn für halb verrückt erklärt; das vereinfachte das kirchenrechtliche Verfahren, umging aber – wie später im Fall Johann Balle – die Hauptfrage, warum der Irre Widerhall fand. In seinem Lebenslauf berichtet Aldebert, daß er von niederem Stand, aber schon bei der Geburt durch Gottes Gnadenwahl ausgezeichnet worden sei. Der Segen Gottes ist der Adel der kleinen Leute. Aldeberts Sprache klingt in der lateinischen Fassung grammatikalisch fehlerhaft, fast schon altfranzösisch im Rhythmus, stilistisch unbeholfen; es ist eine unter Bauern gesprochene Sprache. Sie bedient sich holzschnittartiger Formeln, mit Vorliebe exotischer Vokabeln und geheimnisvoller Engelnamen. Der Erzengel Michael soll den in Jerusalem vom Himmel gefallenen Brief Jesu an die Menschen weitergegeben haben; ein solcher Luftpostbote brachte Aldebert auch wundertätige Reliquien, vielleicht aus Brendans irischem Umkreis. Durch unmittelbare Verbindung mit jenseitigen Mächten und fernen Ländern wurde Aldebert Mittler zwischen Himmel und Erde.

Er fand in Neustrien, vornehmlich in den Dörfern um Soissons, bei Bauern und Frauen viel Zulauf, weil die ländliche Seelsorge verkümmert war; adlige Bischöfe in den Städten hatten anderes zu tun. Aldebert war einer jener Wanderbischöfe oder Chorbischöfe ohne Amtssitz und Sprengel, mit denen die Iren im Frankenreich missioniert hatten; ihre Domäne war das flache Land. Aldebert lehrt eine bäuerliche Religion ohne Geschichte, auch wenn seine Autorität in Schriftkenntnis wurzelt, wie die Agobards von Lyon. Da er kein Amtsträger, sondern Heilbringer ist, braucht er Tradition und Hierarchie nicht; als geweihter Bischof ist er unmittelbarer Nachfolger der Apostel. Den Petruskult, der schon im spätantiken Gallien gefeiert und durch Bonifatius und die Angelsachsen noch verstärkt wurde, lehnt Aldebert ab, weil die Verehrung des Apostelfürsten Bindung an römische, städtische Tradition bedeutet.

Er heiligt lieber Äcker, Wiesen und Quellen, wie es das Landvolk bis in unser Jahrhundert liebt. Die Bauerngemeinde soll sich auf freiem Feld, wo sie täglich arbeitet, versammeln und miteinander beten; das verbindet Menschen mit Gott und miteinander enger als sakramentale Prozeduren. Wozu die Beichte der armen Bauern und der kleinen Frauen? Man glaubt es dem Priester, der aus ihrem Lebenskreis stammt, daß er ihre Alltagssünden auch ohne Magie auswendig weiß. Der Geweihte des Herrn verschafft bedrängten Seelen Frieden ohne Umweg. Sie trauen ihm sogar physische Heilwirkung zu; eine spätere Quelle spricht von Aldeberts Wunderheilungen an Kranken, Lahmen und Blinden. Wer weiß, ob er sich nicht auch auf Wetterzauber versteht! Fränkischen Bauern wie denen von Nully und um Lyon liegt der Spott fern, mit dem Städter im Jahrhundert Salimbenes über Wundertäter und deren Reliquien herziehen; in der täglichen Plage des Bauernlebens ist der Seelsorger oft einziger Helfer, unter vielen Laien der einzige Geistliche.

Welche Gefahren ein selbstherrlicher Landpriester heraufbeschwört, zeigt sich bei dem irischen Wanderbischof Klemens, der im austrasischen Reichsteil Karlmanns wirkte. Beim Volk fand er wenig Resonanz und war ein theologischer Eigenbrötler, von fern durch Gedanken des irischen

Priesters Pelagius berührt, der Gottes Gnade als natürliche Mitgift der Menschen ansah. Das sinnenfrohe Leben des Volkes war keine Sünde; auch der Geistliche hatte eine Frau, vermutlich die Witwe seines Bruders, und zwei Söhne. Konnten sie nicht eines Tages Bischöfe sein? Am Ende kommen alle in den Himmel, Heiden und Christen, Fromme und Laxe. Auch dies rechtfertigte bäuerliches Verhalten, zuvörderst allerdings die Schwächen des Priesters. Weil Klemens kein apostolisches Leben führte, bestrafte die römische Synode ihn härter als Aldebert. Kirchenrechtliche Vorschriften über das Zölibat richteten trotzdem wenig aus; noch der Pfarrer im Dorf des Einochs war verheiratet. Und die Gestalt des lüsternen Geistlichen, der dann listig für seinen Bankert sorgt, blieb selbst nach der gregorianischen Reform lebendig, nicht erst in Boccaccios Dichtung, auch in bischöflichen Visitationsprotokollen. Solche Priester genossen in ihrer Gemeinde wenig Achtung, denn kreatürliche Schwäche verstand sich von selbst; was man vom Seelsorger forderte, war ein Vorbild, das den Weg zum Himmel wies und ging. Diese Wünsche der Laien führten nicht direkt zu der rechtlichen Sonderstellung eines straff geordneten Klerus, die Bonifatius anstrebte, halfen aber mit bei Durchsetzung des Priesterzölibats und Absonderung der Geweihten von den Laien. Wer die Brücke zu einer reineren Welt schlagen wollte, mußte nicht nur mehr wissen als andere, er mußte auch mehr für andere tun. Das wußten der angelsächsische Prälat und sein gallischer Rebell.

SEELSORGE

In der lateinischen Sammlung von 746 Wundergeschichten, die der rheinische Zisterzienser Caesarius von Heisterbach um 1223 schrieb, ist die umfangreichste die Lebensgeschichte des Kölner Dechants Ensfrid, der am 27. März 1193 gestorben war. Ihr erstes Viertel lautet:

»Ensfrid war aus dem Bistum Köln gebürtig, ein einfacher und gerader Mann und ungewöhnlich mildtätig. Ich weiß nicht, wie er vor der Priesterweihe lebte und was er als junger Mann tat. Aber ich entnehme seinen folgenden Taten, daß sein Mitleid mit den Jahren ständig wuchs. Daß er von gelehrigem Verstand und lernbegierig war, hat der Erfolg bestätigt. Er hatte schon in jungen Jahren einen so guten Grund gelegt, daß er, wie ich von ihm hörte, als junger Mann eine Schule leitete und sehr viele durch Wort und Beispiel nicht nur zum Lernen, sondern, was mehr wert ist, zum guten Leben heranbildete. Nach der Priesterweihe übernahm er die Leitung der Kirche in Siegburg; das war eine gute, das heißt an Darreichungen fette Pfarrei, wo er sein Wissen durch die Tat bewährte. Kein Pilger blieb draußen, dem Wanderer stand seine Tür offen. Den Witwen war er ein Vater, den Waisen ein Tröster, den Sündern eine Feile. Weil in seinem Haus mehrere Schüler aufgezogen wurden und er von taubengleicher Einfalt war, sagte er einst, als die Kirschen reif waren, zu seinem Kellner: ›Guter Mann, erlaube den Jungen, auf die Bäume zu steigen und Kirschen zu essen, soviel sie wollen und können; du brauchst ihnen keine andere Nahrung zu geben, denn nichts essen sie lieber.‹ Das sagte er nicht etwa aus Geiz, sondern in großer Herzensmilde. Einige Tage ging es so, und die Jungen freuten sich, wie Jungen eben sind, über die Erlaubnis; dann sagte der Kellner zum Pfarrer: ›Ja, Herr, wenn die Jungen nicht noch andere Nahrung bekommen, werden sie rasch abmagern.‹ Da stimmte er ihm sofort zu.

Danach wurde er in Köln bei der Kirche Sankt Andreas Stiftsherr und bald darauf wegen seines verdienstlichen Lebens zum Dechant befördert. Sein Leben war auch sonst untadelig und von vorbildlicher Sittenreinheit, aber am meisten verlegte er sich auf Mildtätigkeit. In der Sankt-Paulus-Pfarrei, die zur Andreaskirche gehört, gab es keine arme Witwe, deren Häuschen er nicht kannte und die er nicht mit seinen Almosen besuchte. Von seinem Tisch erhielten die Bettler an der Tür so viel Brot, aus seinen Händen ging so viel Geld in den Opferstock Christi, das heißt in die Hände der Armen, daß sich darüber viele wunderten, die seine Jahreseinkünfte kannten. Er hatte einen Verwandten namens Friedrich, der an derselben Kirche Stiftsherr und seines Amtes Stiftskellner war. Der pflegte den Onkel öfter wegen seiner wahllosen Freigebigkeit zu rügen und wurde umgekehrt von ihm wegen seiner übertriebenen Sparsamkeit gescholten. Sie führten nämlich einen gemeinsamen Haushalt, und das war für Friedrich ziemlich beschwerlich, denn alles, was der Dechant greifen konnte, gab er heimlich den Armen.

Einmal erhielt Friedrich von Amts wegen viele schwere Schweine; er ließ sie schlachten, Schinken daraus machen und sie als Reserve für den Bedarfsfall in der Küche aufhängen. Der Dechant betrachtete sie häufig und mißgönnte ihnen, daß sie da hingen. Da er keinen davon seinem

Verwandten abbitten konnte oder wollte, dachte er sich eine heilige List aus, eine fromme List, eine höchst denkwürdige List. Jedesmal, wenn er merkte, daß niemand in der Küche war, schlich er sich hinein, und zuweilen, wenn sich die Gelegenheit ergab, schickte er die Diener hinaus. Dann stieg er mit einer Leiter auf den Hängeboden und schnitt alle Schinken auf der Seite, mit der sie zur Mauer hingen, bis fast zur Mitte durch. Nur den vordersten Schinken ließ er ganz, damit man die Schnitte in den anderen nicht sah. Das tat er viele Tage lang und verteilte das abgeschnittene Fleisch an Witwen, Arme und Waisen. Wie zu erwarten, wird der häusliche Diebstahl schließlich entdeckt, der Dieb gesucht und ziemlich schnell gefunden. Der Kleriker tobt, der Dechant schweigt. Als nun der andere sich beschwerte, er habe die Pfründe der Stiftsherren und den Vorrat für ein ganzes Jahr vertan, bemühte sich der heilige Mann, ihn zu beruhigen, so gut er konnte, und sagte: ›Guter Neffe, es ist doch besser, daß du mäßigen Schaden leidest, als daß die Armen Hungers sterben. Der Herr wird es dir schon erstatten.‹ Daraufhin war Friedrich versöhnt und schwieg.

Ein andermal ging Ensfrid nach Sankt Gereon; ich glaube, es war am Festtag dieses Märtyrers (10. 10.). Ein Armer folgte ihm mit zudringlichem Geschrei, und weil Ensfrid nichts bei sich hatte, was er ihm geben konnte, ließ er den Schüler, der ihm folgte, einstweilen vorausgehen. Er trat beiseite in einen Winkel bei der Kirche der seligen Gottesmutter Maria, wo am Palmsonntag die Bischöfe dem Volk gewöhnlich den Ablaß erteilen; und weil er sonst nichts ausziehen konnte, band er vor den Augen des Armen seine Hose auf und ließ sie fallen. Der Bettler hob sie auf und ging erfreut davon. Der heilige Mann wollte sein gutes Werk verheimlichen, aber auf Gottes Wink wurde es bei dieser Gelegenheit ans Licht gebracht, um Späteren ein Beispiel zu sein. Er kam von Sankt Gereon heim und setzte sich an den Kamin; als er nicht wie sonst den Pelz ablegte, um sich zu wärmen, sagte Friedrich zu ihm: ›Legt den Pelz ab und wärmt Euch!‹ Es war nämlich kalt, und er war ein alter Mann. Er antwortete: ›Das ist nicht nötig.‹ Da entgegnete Friedrich: ›Ich glaube gar, Ihr habt keine Hose an‹; er vermutete es, weil der Dechant errötet war. Schließlich gestand er, sie sei ihm heruntergerutscht; von dem guten Werk sagte er nichts. Über diese Antwort lachte der Kleriker, und durch ihn ist das Ganze bekannt geworden.«

Das Buch des Caesarius wimmelt von spektakulären Wundern, aber unsere lange Erzählung bringt zum Schluß nur ein ganz kleines: Ein Stiftsherr von Sankt Andreas litt unter schwerem Kopfweh, betete an Ensfrids Grab und wurde seine Schmerzen los. Das ganz große Wunder ist die Lebensform eines Mannes, den Caesarius gut gekannt hat. Denn während er seit 1188 in der Stiftsschule von Sankt Andreas das Lesen lernte, war Ensfrid Dechant. Als einmal der Scholaster einen schreienden Schüler verprügelte, tat sich die Tür auf und herein stürmte atemlos Ensfrid, ging wie ein Löwe mit dem Stock auf den Lehrer los und herrschte ihn an, er habe die Zöglinge zu lehren und nicht zu töten; das hat dem etwa 10jährigen Caesarius, der dabeisaß, tiefen Eindruck gemacht. Später sammelte er über den alten Dechant Anekdoten und machte daraus eine Lebensgeschichte, was er in seinem Buch sonst kaum tat. Mit den *Wunderdialogen,* die an Gregors des Großen *Dialoge* anknüpften, wollte der Novizenmeister Caesarius den in die Zisterze Heisterbach Eintretenden ohne viel Theologie zeigen, wie ein Christ zu leben hat. Er fand viele negative Beispiele, gerade von bequemen, geizigen und lüsternen Stiftsherren, und Ensfrids Vorbild. Der Dechant wußte (Caesarius vermerkt es mit grimmiger Genugtuung), daß die Mehrzahl seiner Amtsbrüder nicht wegen verdienstlichen Lebens, sondern durch Beziehungen in ihre Pfründen gekommen war und Festbankette, Weinabende am Kamin und saftige Witze höher als Chorgebet und Seelsorge schätzte.

Auch Ensfrid hatte Beziehungen, vielleicht durch landadlige Verwandtschaft; sonst hätte er nicht so jung um 1160 die reiche Servatiuspfarrei im Marktort Siegburg erhalten, wäre nicht so rasch um 1176 in Sankt Andreas Dechant geworden und hätte seinen Neffen nicht so leicht im Stift untergebracht. Er hielt Verbindung zu den Mächtigen, etwa zum Domdechant Graf Adolf von Altena und Mark, der dann 1193 Kölner Erzbischof wurde. Wie die adligen Domherren sahen ihn die vornehmen Benediktiner von Sankt Pantaleon gern bei ihren Festmessen und anschließenden Mahlzeiten. Er selber lud lieber kleinere Leute zu Gast, den Pfarrer Eberhard von Sankt Jakob, durchreisende Mönche, Kölner Bürger und deren Frauen und Arme, die beim Pfründenschinken vom Land und bei städtischen Zinsgänsen und -hühnern mitschmausten. Es ging gesellig zu in dem großen Haus, das er mit dem Neffen zusammen bewohnte und kurz vor dem Tod einem anderen Stiftsherrn verkaufte (der Erlös ging den gewohnten Weg). Die rund 15 Kanoniker lebten, aßen und schliefen nicht mehr alle zusammen, wie es der Stiftsgründer, Erzbischof Bruno, im 10. Jahrhundert vorgesehen hatte. Zwar sollte in Ensfrids Zeit, 1178, der gemeinsame Schlafsaal wiedererrichtet werden, doch weiß man nicht, ob es dazu kam. Die älteren Stiftsherren wohnten jedenfalls in Kurien, gesonderten Häusern, mit ihrem Dienstpersonal.

Sie feierten Gottesdienst und Chorgebet miteinander, und Ensfrid sorgte streng dafür, daß sie wenigstens dabei nicht fernblieben. Bei der Diözesanverwaltung war das Stift nicht wie das Domkapitel beteiligt; auch die Seelsorgepflichten waren geringfügig. Denn die Stadt war inzwischen säuberlich in Pfarrbezirke eingeteilt, und nur die Pfarrei der Pauluskirche nebenan war einem Stiftsherrn zugewiesen. Man feierte die Feste der Nachbarkirchen mit, wie am Gereonstag, als der Dechant mit einem Ministranten an Sankt Maria Ablaß vorbeikam. Als Prediger scheint Ensfrid nicht hervorgetreten zu sein, doch war er als Beichtvater bei bürgerlichen Honoratioren der Nachbarschaft beliebt. Unter ihnen waren Fernhändler wie jene zwei, die für eine Altardecke in Sankt Andreas ein Eisbärenfell aus Norwegen besorgten. Weiter betreute das Stift die Schule, in der Caesarius lesen lernte; in Köln brauchten nicht wie in Siegburg die Pfarrer geistlichen Nachwuchs heranzubilden. Hinzu kam, daß um 1200 die Andreaskirche ihr spätromanisches Langschiff erhielt und Ensfrid eine Zeitlang als Kustos Spenden für den Bau einzutreiben hatte; auch auf die Lebensmittelversorgung der Stiftsherren warf der Dechant gelegentlich ein Auge. Man sieht, das Leben eines Stiftsgeistlichen bestand aus vielerlei Geschäftigkeit, blieb freilich im Kreis der Standesgenossen. Er besaß Laufbahnen und Rangstufen, bis in die Anrede hinein, die dem Älteren mit »Ihr« entgegenkam, und schloß sich nach außen, gegen die Laien, zu einem hierarchischen Stand ab. Die hochwürdigen Herren wurden allenthalben respektiert; noch der frechste Junge scheute sich, aus dem Pfarrgarten Kirschen zu holen.

Daß Ensfried die Standesschranken beiseite schob, war das Wunder dieses Mannes, das man verniedlichen würde, wenn man ihn mit Albert Hauck als Verkörperung der Gutmütigkeit bezeichnen wollte. Gutmütig war er keineswegs zu seinen Confratres, die über ihn nur verstohlen lachten oder schimpften; daß er die Bedürfnisse der Schwachen rigoros über die Solidarität seines Standes stellte, war gewiß nicht naiv. Köln war mit vielleicht 40 000 Einwohnern die größte deutsche Stadt und beherbergte den schweren Reichtum der Richerzeche, wohlhabende Handwerkszünfte und Scharen von Armen. Sie hungerten nicht alle still wie verschämte Witwen; sie schrien auf den Straßen hinter Passanten her und umringten einen Weichherzigen, wo er sich blicken ließ. Sie wollten kein Eisbärenfell und freuten sich über eine getragene Hose, aber sie baten nicht, sie forderten so unverschämt wie die Armen in Prag 1282. Wohin führte es, wenn sich ein Stiftsdechant zu ihnen gesellte?

Es führte unter anderem zu einer Bemerkung, die im heiligen Köln mitten in der größten Bauperiode stattlicher Kirchen viel Staub aufwirbelte und an eine gleichzeitige Äußerung von Petrus Cantor in Paris erinnert. Als die Leute den Reliquienschatz von Sankt Andreas besichtigt hatten und ihr Scherflein für die Kirche geben sollten, sagte ihnen Ensfrid: »Gute Leute, ihr seht wohl, wie großartig hier die Baulichkeiten entworfen sind, und tut gut daran, wenn ihr dafür eure Almosen gebt; aber besser und sicherer legt ihr sie bei den Armen an.« Der Mönch Caesarius spürte mit tiefer Sympathie, wie hier ohne alle gelehrte Erörterung »Kirche« definiert wurde, weder als Gebäude aus Stein noch als Hierarchie der Geistlichen, sondern als das, was Caesarius *Fraternitas* nannte, Bruderschaft mit den Schwachen.

PRIESTER

Die Priester Aldebert und Ensfrid galten schon unter ihresgleichen nicht als typische Repräsentanten des Standes und lassen sich schwer miteinander vergleichen. Vielleicht liegt es weniger an den Personen als an Lebensform und Geschichte des Priestertums, daß es so verschiedenartige Gestalten hervorbrachte. Im 8. Jahrhundert wurde die Kirche vom grundbesitzenden Adel beherrscht, der nicht nur die Bischofsstühle besetzte, sondern auch Grund und Boden für Kirchen gab. In diesem Eigenkirchenwesen waren Priester vom Grundherrn ebenso abhängig wie Bauern und gewannen nur als Geweihte des Herrn Ansehen, als Heilsbringer, die durch übersinnliche Begnadung irdische Nöte überwanden. Priester lebten wie Adlige und Bauern ortsgebunden und ländlich, meist ohne Standesgenossen; der Erzbischof in der fernen Stadt übersah die unfertige Pfarreiorganisation nicht. Doch konnte der Priester charismatische Herrschaft über einfache Seelen gewinnen, die sich ihm zu Füßen warfen und sich durchschaut fühlten; gewöhnlich blieb diese Wirkung auf den Kirch-

60 OPFERNDER PRIESTER

61 SEELSORGER, ARMERSÜNDER UND HENKER

turmshorizont beschränkt. Ein Wanderprediger wie Aldebert erzielte freilich ungewohnte Effekte von Massenbegeisterung, die zu den bischöflichen Bemühungen um Zusammenfassung des Klerus in Konflikt gerieten; doch so hoch schwangen sich frühmittelalterliche Priester selten auf.
Meist erhoben sie sich wie Klemens kaum über bäuerliche Lebensformen
und fielen allenfalls durch lateinische Schriftkenntnis auf. Priesterliches
Verhalten wurde eher an rechtlichen und liturgischen als an moralischen
Normen gemessen; Seelsorge bot nur einfachste Tröstungen für menschliche Schwäche und Krankheit, und von Erziehung der Laien war nichts
zu merken.

In der Stadt des 12. Jahrhunderts wohnten die Menschen viel dichter
als auf dem Dorf zusammen; ihre Beziehungen zueinander waren weniger auf die Grundsätze von Herrschaft und Knechtschaft als auf die
Gegensätze zwischen Reichtum und Armut gestellt. In diesem Kreis lebte
der Klerus als rechtlich und moralisch gefestigte Institution, in sich
gegliedert und durch Ehelosigkeit zu einem Männerbund ohne lokale
Bindung zusammengeschlossen. Städtische Geistliche zehrten noch vorwiegend von ländlichen Einkünften, in einer Absonderung, die drohnen-
haften Luxus und elitären Hochmut förderte. Sie trieb Priester wie
Ensfrid in die Opposition, zu dem Versuch, soziale Spannungen durch
Erziehung und Fürsorge zu mildern. Die Seelsorge in der Stadt war
weniger magisch oder liturgisch orientiert; sie sprach Einzelmenschen an
und ließ sie sich aussprechen; sie konnte nicht befehlen und mußte
überzeugen. Nicht viele nahmen allerdings so wie Ensfrid Kinder und
Arme für vollwertig und gingen ihnen ungeschützt entgegen. Die Mehrzahl fügte sich wie der Neffe Friedrich gern in geordnete Verhältnisse; sie
gaben Geistlichen materielles Auskommen und begrenzte Tätigkeiten
und verlangten lediglich würdevolles und unauffälliges Dasein, das sich
um keinen Preis lächerlich machte.

Es kennzeichnet Aldebert und Ensfrid als Außenseiter, daß sie sich der
Alltagsnöte ihrer Gemeinde annahmen, ohne Auftrag der Oberen. Das
brüderliche Leben des Priesters in der Gemeinde, von dem das Frühchristentum ausgeht und zu dem moderne Kirchen hinstreben, ist im Mittelalter schwierig; denn es zieht den Hirten leicht in das animalische Dasein
seiner Schafe und nimmt ihm den Rückhalt seiner Mitpriester. Es fordert
das fast Unmögliche; man sieht es an der Statistik mittelalterlicher
Heiliger. Daß der Ketzer Aldebert nie heiliggesprochen wurde, versteht

sich, aber er stand auch dank seiner niederen Herkunft und seines ländlichen Bezirks außerhalb des Blickfelds. Unter den knapp 130 Menschen des 8. Jahrhunderts, die heiliggesprochen wurden, gehörten 97 Prozent dem Adel an; die meisten waren Diözesanbischöfe oder, in weitem Abstand, Benediktinermönche; Bonifatius war beides. Ensfrid brachte es zur Seligsprechung, blieb aber ein Ausnahmefall. In seinem 12. Jahrhundert kamen von 290 Heiliggesprochenen rund 10 Prozent aus Mittel- und Unterschichten; aber Bischöfe und Mönche stellten immer noch 55 Prozent, Diözesanpriester nur 12 Prozent. Die soziale Schichtung der Heiligen verschob sich also, die kirchliche nicht. Weltpriester hatten stets zwei Leitbilder vor Augen, die sie von ihrer Gemeinde abzogen, das bischöfliche und das mönchische.

Nach beiden Richtungen wurde das Priestertum gelockt. Wichtigste Versuchung war nicht der Umgang mit Frauen, sondern die geistliche Macht über Mitmenschen, die Laufbahn durch die herrschaftlich geordnete Hierarchie der Prälaten, die Behauptung rechtlicher Positionen. Wer dieser Versuchung widerstand, wurde durch die lateinische Bildung zur asketischen Selbstheiligung geführt, zur Genossenschaft der Mönche, zur Pflege mystischer Inbrunst. Noch unsere Berichte über Weltpriester urteilten entweder aus bischöflicher oder mönchischer Perspektive, und sie bestimmte auch die Karriere eines Priesters. Zwar suchten sich überall im Abendland so wie in Freiburg 1120 die Laien der Gemeinde ein Mitspracherecht bei Wahl und Absetzung ihrer Seelsorger zu sichern, sie konnten es aber nirgends lange behaupten. Zum Geistlichen wurde niemand geboren; man wurde ausgesucht, erzogen, zugelassen, geweiht, entweder durch einen Prälaten oder durch eine Mönchsgemeinschaft. Der Weltpriester, der nicht in einem Stift unter Standesgenossen, sondern unter bäuerlichen oder bürgerlichen Laien leben wollte, mußte sich seinen Weg allein suchen. Mancher reifte an diesem Dilemma wie Aldebert und Ensfrid zur eigenwilligen Gestalt, die ihre Gläubigen verehrten; die meisten strebten wie Friedrich nach oben oder fielen wie Klemens nach unten.

ORDENSREGEL

Der Benediktinerabt Regino von Prüm, der 908 im Trierer Exil eine lateinische Weltchronik schrieb, hielt sich für die Zeit zwischen Christi Geburt und Karls des Großen Tod an ältere Geschichtswerke. Nur für eine längere Episode läßt sich keine Quelle nachweisen; sie handelt von dem Hausmeier Karlmann, dem Helfer des Bonifatius:

»Im Jahr der Fleischwerdung des Herrn 746 machte sich Karlmann nach Rom auf, nahm dort die Tonsur und baute auf dem Berg Soracte ein Kloster zu Ehren des heiligen Silvester. Da blieb er eine Weile, dann ging er (747) ins Kloster des heiligen Benedikt in Cassino und wurde dort Mönch. Von diesem heiligen Mann erzählt man eine vorbildliche Geschichte, die denkwürdig ist. Solange er in Rom in dem selbstgebauten Kloster lebte, wurde er von allen hoch verehrt und gepriesen, wegen seines königlichen Adels und mehr noch wegen seiner Verachtung für irdische Herrschaft und diesseitigen Ruhm. Von Gott erfüllt, fürchtete er den Beifall der Menschen, und nachdem er schon so viel für Christus aufgegeben hatte, beschloß er, lieber die Flucht zu ergreifen als der Ruhmsucht zu erliegen. Er vertraute sich nur einem zuverlässigen Genossen an, dessen unbedingte Treue er von Jugend auf erprobt hatte. Mit ihm entfloh er des Nachts, ohne daß es jemand merkte, und gelangte zum Monte Cassino. An Gütern für leibliche Bedürfnisse trug er gar nichts bei sich; nackt folgte er Christus nach. Er klopfte nach dem Brauch an die Klosterpforte und bat um eine Unterredung mit dem Abt des Klosters (Petronax von Brescia). Sowie er vor den Abt kam, warf er sich zu Boden, beteuerte, daß er ein Mörder und aller Verbrechen schuldig sei, und bat um Barmherzigkeit und einen Platz für Buße. Der Abt merkte, daß er ein Ausländer war, und fragte ihn nach Heimat und Volk; da gestand er, daß er Franke sei und das Frankenland wegen seiner Freveltaten verlassen habe; er wolle das Exil gern auf sich nehmen, um nur die himmlische Heimat nicht zu verlieren.

Der geistliche Vater gewährte seine Bitte und ließ ihn zusammen mit seinem Genossen in der Zelle der Novizen aufnehmen; dort sollte er sich nach der Regelvorschrift erproben, und zwar besonders streng, weil er einem barbarischen und unbekannten Volk angehörte. So hielt sich der Abt an das Wort des Apostels: ›Prüfet die Geister, ob sie aus Gott sind‹ (1.

Johannesbrief 4, 1). Er bewährte sich in aller Geduld und wurde nach Ablauf eines Jahres zusammen mit seinem Genossen in die Gemeinschaft aufgenommen; er legte die Gelübde der Beständigkeit, der mönchischen Lebensführung und des Gehorsams nach der Regel des heiligen Benedikt ab. Mit den Brüdern begann er untadelig zu leben und war in allen guten Eigenschaften stark. Es geschah aber, daß er nach dem Brauch für eine Woche zum Küchendienst eingeteilt wurde. Das tat er zwar willig, machte aber aus Unwissenheit vieles falsch. Da gab ihm der Koch, vom Wein erhitzt, eine Ohrfeige und sagte: ›Sollst du so den Brüdern dienen?‹ Darauf erwiderte er unbewegt mit sanfter Miene: ›Der Herr und Karlmann mögen dir verzeihen, Bruder.‹ Er hatte nämlich seinen Namen niemandem verraten, um nicht daran erkannt zu werden. Als er bei der Zubereitung von Lebensmitteln wieder einen Fehler machte, wurde er vom Koch erneut geschlagen und wünschte ihm dasselbe wie zuvor. Als er aber zum dritten Mal vom Koch hart gezüchtigt wurde, entrüstete sich darüber sein unzertrennlicher Reisegefährte und konnte es nicht mehr ertragen, daß ein so großer Mann von einem so gemeinen Menschen so schmählich behandelt wurde. Er packte die Mörserkeule, mit der man das Brot zerstampfte, das in den Kohl für die Brüder gegeben werden sollte, schlug auf den Koch mit aller Kraft ein und sagte: ›Gott soll dir nicht vergeben, du nichtswürdiger Knecht, und Karlmann nicht verzeihen!‹

Die Brüder hörten es und regten sich arg darüber auf, daß sich der Ausländer, den man aus Barmherzigkeit aufgenommen hatte, einer solchen Tat erdreistete; sogleich wurde er in Gewahrsam genommen, und am nächsten Tag sollte seine Frechheit noch härter bestraft werden. Am folgenden Morgen wurde er aus der Haft vorgeführt und vor den gesamten Konvent gestellt. Auf die Frage, warum er die Hand gegen einen Diener der Brüder zu heben gewagt habe, antwortete er: ›Weil ich sah, daß der allernichtswürdigste Knecht den allerbesten und edelsten Mann, den ich unter den Lebenden kenne, nicht nur mit Worten beschimpft, sondern sogar mit Schlägen bedenkt.‹ Sie gerieten in heftige Wut, daß er den Ausländer höher als alle anderen stellte, und fragten, was für einer denn der da sei, daß er alle an Wert und Adel übertreffe, und warum er nicht wenigstens den Abt des Klosters ausgenommen habe. Da konnte er in seiner Notlage nicht geheimhalten, was Gott jetzt offenlegen wollte, und sagte: ›Er ist Karlmann, der frühere Frankenkönig, der aus Liebe zu Christus Herrschaft und Ruhm der Welt verlassen hat; aus dieser hohen

Stellung hat er sich so weit gedemütigt, daß ihn jetzt die gemeinsten Leute nicht bloß beleidigen, sondern sogar prügeln dürfen.‹

Nun erhoben sie sich zitternd von den Sitzen, fielen Karlmann zu Füßen, baten für die Mißachtung um Verzeihung und versicherten, das hätten sie nicht gewußt. Er warf sich seinerseits zu Boden und begann unter Tränen zu leugnen, das sei nicht wahr, er sei nicht Karlmann, sondern ein Sünder und Mörder; sein Genosse habe sich das nur in Angst und Schrecken vor der begangenen Sünde ausgedacht. Was half es? Alle erkannten ihn und brachten ihm hohe Achtung und Ehrfurcht entgegen. Diese Geschichte konnten wir nicht unerwähnt lassen; jetzt wollen wir zum Thema der Chronik zurückkehren.«

Die ersten zwei Sätze sind wörtlich aus den *Fränkischen Reichsannalen* übernommen; alles Folgende erfuhr Regino »aus der Erzählung Älterer«. Wie konnte die Klostersage fünf Menschenalter nach ihrer Entstehung noch so erzählt werden, als schildere sie Gegenwart? Die Mönche in Trier lebten 908 nach derselben Ordensregel Benedikts wie die Mönche auf dem Monte Cassino 747; dort, im Mutterkloster der Benediktiner, hatte er sie seit 529 aufgeschrieben. Da steht in Kapitel 66, daß an der Klosterpforte ein verständiger Mönch sitzt, der Besucher zum Vater Abt führt. In Kapitel 58 ist geregelt, daß neu Eintretende ein Jahr lang in der Novizenzelle zusammen leben, essen und schlafen, um sich in aller Geduld zu bewähren; da ist Johannes zitiert, die drei Gelübde bei der endgültigen Aufnahme sind verzeichnet. In Kapitel 35 ist der Wochendienst in der Küche behandelt. Jeder Benediktiner weiß, daß nach Kapitel 40 der Koch nicht betrunken sein darf, weil er ohne Sondergenehmigung höchstens einen Viertelliter Wein täglich erhält. Nach Kapitel 70 darf sich der Koch nicht herausnehmen, einen Mitbruder zu schlagen; nach Kapitel 46 sind für Bestrafung von Fehlern in der Küche allein Abt und Konvent zuständig.

Auch Karls namenloser Begleiter verstößt gegen die Ordensregel. Er darf ebenfalls niemanden schlagen. Verpönt ist nach Kapitel 69 die Parteinahme für einen Mitmönch, »auch wenn beide noch so eng durch Blutsverwandtschaft verbunden wären«. Bei dem Schimpfwort vom nichtswürdigen Knecht klingt allen Benediktinern der Satz aus Benedikts Prolog im Ohr, daß wir Menschen allzumal vor dem Herrgott nichtswürdige Knechte sind. Nach Kapitel 2 darf, weil alle Mönche in Christus eins sein sollen, im Kloster der Freigeborene dem Unfreien in keiner Weise vorgezogen werden. Endlich hätte Karlmanns Begleiter nach Kapitel 67 nicht von Dingen sprechen dürfen, die er außerhalb des Klosters erfuhr, »denn das richtet die schlimmste Verwüstung an«. Da der Zwischenfall das Zusammenleben gefährdet, muß der Abt nach Kapitel 3 den Konvent einberufen, um die Brüder anzuhören; über die Strafe muß der Abt dann allein entscheiden. Wahrscheinlich wird der Keulenschwinger für kürzer oder länger vom Essen, vielleicht auch vom Chordienst der Gemeinschaft ausgeschlossen, und die übrigen Mönche dürfen nicht mit ihm sprechen. Körperliche Züchtigung wäre erst im Wiederholungsfall für hartnäckige Sünder angebracht.

Aber davon berichtet die Sage nicht mehr, denn der Klosterfriede wird auf andere Weise gerettet, durch Karlmann, den Mustermönch. So schildert ihn noch im 11. Jahrhundert der Klosterchronist Leo von Ostia, als christusförmig in seiner Fürsorge für Klosterschafe, seiner Sanftmut gegen Räuber, seinem Gehorsam gegen den Vater Abt. Dieselben Züge bestimmen schon Reginos Bild von Karlmann. Er unterwirft sich nach Kapitel 5 bedingungslos dem Gehorsam. Er verhält sich nach Kapitel 71 sanftmütig gegen den Tadler. Er hat nach Kapitel 33 mit der Armut des Mönches Ernst gemacht und will von allem draußen nichts mehr wissen. Deshalb ist er ja aus Rom geflohen, wo ihn fränkische Rompilger störten. Er betrachtet sich nach Kapitel 7 als den allerletzten und geringsten, nicht wie sein Gefolgsmann als den allerbesten und edelsten Menschen. Diese Regeltreue überwindet die schwankenden Leidenschaften des Einzelmenschen und der Gemeinschaft: die Grausamkeit, mit der Karlmann 746 in Cannstatt den Aufstand des alemannischen Adels niedergeworfen hat, und die Scham, mit der er sich jetzt weinend verleugnen möchte; die anfängliche Überheblichkeit der Mitmönche gegen den Ausländer und ihre schließliche Unterwürfigkeit vor dem Fürsten. Was inmitten solcher menschlichen Fehler richtiges und christliches Verhalten ist, das läßt sich nicht anhand abstrakter Tugendkataloge lernen, sondern nur im Umgang mit Menschen täglich neu erproben und einüben. Die ganze Sage ist also ein Lehrstück für benediktinisches Verhalten, das Generationen von Novizen als Beispiel dienen kann.

Der Adlige Regino will damit noch mehr. Sein Heimatkloster Prüm wurde 721 von Bertrada, einer Verwandten der Hausmeier gegründet und dann Hauskloster der Karolinger; hier starb 855 Kaiser Lothar I. als Mönch. Das Kaisergeschlecht, dessen Aufstieg Regino darstellt, schützte die Blüte des Mönchtums; der Glanz des alten Bündnisses wird heute offenkundig in der Zerstörung des karolingischen Imperiums durch Ungarn und Normannen und in der Bedrängnis der Klöster, die wie Prüm unter lokalen Adelsintrigen leiden. Adlige Machthaber kommen rasch durch das Schwert um, wenn sie nicht zu Karlmanns Selbstbeherrschung fähig sind. Der Befehlsgewohnte weiß, ohne seine fürstliche Haltung preiszugeben, unbedingt zu gehorchen; denn der Kampf gegen irdisches Chaos ist dem Kampf gegen den Fürsten der Finsternis nächstverwandt. Wie die Größe des Fürsten, so kann die Regeltreue der Mönche auf Erden ein Stück Ewigkeit, Stabilität bewahren.

Regino hat die Episode verklärt. Zu seiner Zeit wurden die Bestimmungen Benedikts über unbedingte Armut und Gleichstellung von Adligen und Knechten kaum mehr befolgt; schon das Kloster von 747 setzte Benedikts Werk nicht mehr geradlinig fort. Dazwischen lagen Zerstörung des Monte Cassino durch die Langobarden um 577, Exil in Rom zur Zeit Gregors des Großen, mühsamer Neubeginn unter Petronax seit 718, Besuche angelsächsischer und fränkischer Helfer des Bonifatius. Willibald, nachmals Bischof von Eichstätt, hatte seit 729 zehn Jahre lang auf dem Monte Cassino gelebt, und 747/48, während unsere Episode spielte, sandte Bonifatius drei Mönche aus Fulda für ein Jahr dorthin. Petronax, 747 immer noch Abt, kannte also Angelsachsen und Franken längst. Sein Kloster war nicht mehr die einsame Insel von damals, sondern liturgisch, kulturell und politisch vielfältig mit dem barbarischen Ausland verflochten. Darum fielen ja die Mönche dem Karolinger erschrocken zu Füßen; darum galt der Adlige im Kloster mehr als der Unfreie. Paulus Diaconus, der sein Geschichtswerk um 790 an Ort und Stelle schrieb, meldete, daß Petronax Mönche »adligen oder mittleren Standes« um sich gesammelt habe. Der nichtsnutzige Koch war in diesem Kreis schon mehr Diener als Bruder; Thegans Ständelehre galt schon.

Trotzdem erzählte man adligen Novizen immer wieder die Geschichte vom König, der sich als Mönch ohrfeigen ließ. Das Benediktinerkloster war noch immer eine Gemeinschaft für sich, eine Familie unter dem Vater Abt, aber ohne Frauen und Blutbande, eine Gemeinde der dauernd Zusammenwohnenden, aber ohne wirtschaftliche Sorgen und Gelüste, ein Bund von Freiwilligen, aber ohne private Spielräume; mit einem Wort, eine Elite, die das ganze Leben forderte und formte und mit ihrer rücksichtslosen Exklusivität den Adel besonders anzog. In Reginos Erzählung kommen die Prunkstücke benediktinischer Klosterkultur nicht vor: schöne Kirchen wie bei Gervasius von Canterbury, fromme Gottesdienste wie bei Guibert von Nogent, Schulen und Schreibstuben wie bei Richer von Reims. Statt dessen sehen wir wie bei Ekkehard von Sankt Gallen den alltäglichen Vollzug stabiler Regeln mitmenschlichen Verhaltens ohne starre Formalität. Nicht Virtuositäten auf religiösem oder kulturellem Gebiet, sondern diese Regeln haben das kleine Buch Benedikts von Nursia zum grundlegenden Werk des Mittelalters gemacht und seinen Orden bis heute lebendig erhalten.

ORDENSREFORM

Dem heiligen Bonaventura, Generalminister des Franziskanerordens, werden – meines Erachtens mit Recht – lateinische *Erörterungen von Problemen der Minderbrüder-Regel* zugeschrieben, die um 1260 im Pariser Streit um die Rechte der Bettelorden entstanden. Ein Abschnitt stellt die Frage, aus welchen Gründen religiöse Orden in ihrem geistlichen Eifer erschlaffen und gleichzeitig ihr Zeremoniell ausbauen.

»Ich antworte: Alles, was sein Dasein nicht sich selbst verdankt, neigt zu Verfall und Nichtsein, wenn es nicht von dem gehalten wird, der ihm das Dasein gibt; so auch jeder Orden und jeder Mensch. Daher fallen nicht nur die Orden der Mönche, sondern auch die der Bischöfe, Weltpriester und Laien, überhaupt alle Stände stark ab, wenn man ihren gewöhnlichen Zustand an dem mißt, was im Anfang war. Denn damals waren alle Gläubigen so vollkommen und heilig, wie wir sie heute selten sehen, Apostelgeschichte 4, 32: ›Die Menge der Gläubigen war ein Herz und eine Seele‹ usw. Obwohl nun einst alle zusammen gut und heilig waren, gibt es jetzt weit mehr Heilige in der Kirche Gottes; aber weil die Bösen in der Mehrheit sind, kommen in der Menge der anderen die Heiligen nicht zum Vorschein. Wahre Heiligkeit besteht ja auch nicht in körperlicher Betätigung, sondern in geistigen Vorzügen, und sie lassen sich von außen nur schwach, an gewissen bezeichnenden Taten erkennen. Heilige suchen auch nicht die Blicke und das Lob der Menschen, sondern verbergen das Gute, das sie vor anderen voraushaben. Deshalb sieht es so aus, als gäbe es jetzt in der Kirche oder in den Orden wenig Heilige.

Die gewöhnlichsten Gründe aber, warum eine Gemeinschaft von Mönchen verfällt, sind unter anderem folgende. Ein Grund ist die Menge der Eintretenden, denn die Vielen sind nicht so leicht zu lenken wie die Wenigen, so wie ein großes Schiff schwerer zu steuern ist als ein kleines, und wo viele Köpfe sind, sind viele Hirne, die nicht alle zu einem Sinn gebracht werden können. Zweitens: Weil diejenigen, die anfangs den Orden in Blüte hielten, wegsterben oder körperlich schwach werden, können sie den Jüngeren nicht mehr wie früher hochragende Beispiele von Strenge geben. Die Neuen, die ihre ersten Taten nicht gesehen haben, ahmen sie nur in denen nach, die sie jetzt an ihnen sehen, und werden unter dem Vorwand maßvoller Unterscheidung schlaff; sie schonen sich, um sich nicht wie die Alten zu ruinieren. Und weil sie die inneren Vorzüge, die die Alten einmal hatten, nicht wahrnehmen, werden die Jungen in allem nachlässig; sie strengen sich äußerlich nicht an und eignen sich keine inneren Vorzüge an. Weil ihnen jetzt die Alten auch nicht mehr mit gutem Beispiel vorangehen können, scheuen sie sich, die Jungen mit Worten zurechtzuweisen, denn die sagen sonst wohl: ›Das sind ja gute Worte, die sie uns sagen, aber Taten haben sie nicht aufzuweisen‹ und werden so noch unsicherer.

Ein dritter Grund ist, daß niemand lehren kann, was er nicht gelernt hat. Wenn nun diese Jungen in die Ordensleitung kommen, ziehen sie bloß solche heran, wie sie selber sind. Dann wird ein Bruder von früher vollends zur Märchengestalt, nicht mehr zum Vorbild. Ja, sie halten sich für um so besser als Frühere, je weniger sie die Vorzüge der Vollkommenen wahrnehmen. Solange sie in formaler Zucht ein paar Äußerlichkeiten bei Chorgebet oder Einzugsprozession oder dergleichen aufrechterhalten, wagen sie zu behaupten, daß der Orden noch nie in so gutem Zustand gewesen sei. Ein vierter Grund ist, daß sich allmählich ungute Bräuche einschleichen, die sogleich von anderen nachgeahmt werden. Und wenn jemand in frommem Eifer sie ablehnt, verteidigen andere sie frech: Warum sie denn nicht dürften, was anderen erlaubt sei? Und wenn der Brauch sich durch die Gewöhnung erst einmal als bequem herausstellt, wird er wie ein Gesetz gehalten und ist fortan kaum mehr auszurotten. Auch wenn die Leiter derlei nicht lieben, übersehen sie es doch geflissentlich, um kein größeres Unheil heraufzubeschwören und mit den Brüdern friedlich zu leben. Sobald ein derartiger Brauch erträglich geworden ist, wird in seinem Gefolge noch ein zweiter eingeführt, als ob er mit dem ersten zusammenhinge, und wenn der neue zugelassen wird, muß auch der alte hingenommen werden.

Ein fünfter Grund ist die Beschäftigung mit häufig auftauchenden weltlichen Geschäften. Sie macht das Herz zwiespältig, löscht die Leidenschaft der frommen Hingabe, verändert den Lebenswandel, trägt ins Herz Anlässe zum Laster und verwickelt die Mönche in immer neue Schwierigkeiten. Dann können sie nicht mehr wirksam auf ihre Besserung sinnen und denken schließlich dauernd an lauter Äußerlichkeiten. Das Auge ihres Gewissens wird blind, und wahllos suchen sie nach Gründen für Beschäftigungen, auch wenn es keine gibt, so wie der geblendete Samson im Kerker eine Mühle drehte, Richter 16, 21. … Aus diesen und anderen Gründen verfällt der Zustand des Ordenslebens; er wird nicht bloß schlechter, sondern fast verzweifelt und ließe sich kaum je reformieren, wenn es Gott nicht anders fügte. Weil aber denen, die Gott lieben, alles zum Guten gereicht, kann das, was im Allgemeinen nicht eintritt, im Besonderen geschehen. Wer Fortschritte machen will, wendet den Schaden anderer zu seinem Vorteil.«

Es klingt abstrakt und spekulativ, was der neben Thomas von Aquin bedeutendste Philosoph und Theologe des Mittelalters vom Ordensleben schreibt; aber in der kühlen Sprache des Gelehrten sind persönliche Erfahrungen eines Mönchs der zweiten Generation niedergelegt. Als der Ordensgründer Franz von Assisi 1226 starb, war der Arztsohn Bonaventura erst fünf Jahre alt. Als er 1243 in den Pariser Franziskanerkonvent eintrat, litt der Orden noch unter der turbulenten Phase, die Ordensgeneral Elias von Cortona, einer der Weggenossen Franzens, eingeleitet hatte, um einen mächtigen und gelehrten Orden alten Stils zu schaffen. Als Bonaventura 1257 selbst Ordensgeneral wurde, hatte er gegen die Richtung seines Vorgängers Johannes von Parma zu kämpfen, die zwar Rückkehr zu den ursprünglichen Idealen des Gründers forderte, aber an ihre Verwirklichung im bestehenden Orden nicht mehr glaubte und auf eine künftige Kirche der Armen im Geist hoffte. Dieser Gruppe standen die ältesten noch lebenden Gefährten des heiligen Franz nahe, Bruder Leo und Bruder Aegidius, die jede Entwicklung des Ordens für Niedergang hielten. Aegidius kanzelte den Ordensgeneral persönlich ab, weil ihm die gelehrte Tendenz des Ordens höchlich mißfiel: Ein altes Mütterchen, das Liebe habe, sei mehr wert als ein großer Magister, der die Natur der Dinge kenne. Aber wie sollte jetzt, ein halbes Jahrhundert danach, noch das Feuer der ersten Stunde brennen, nachdem aus den 12 Gefährten des Jahres 1210 im Jahr 1260 rund 17 500 Franziskaner geworden waren?

Das war die Bevölkerung einer mittelalterlichen Großstadt, aber sie wohnten nicht in einem Kloster zusammen. Ihr Kloster war die Welt, vor allem die der Städte. Sie wollten, um Liebe zu zeigen, ihren Mitmenschen nahe sein und wünschten keinen Grundbesitz, keine Stabilität. Ihren Unterhalt wollten sie sich bei Laien erbetteln und in städtischen Mauerringen geschützt leben. Wie konnte man sie da vor Beschäftigung mit weltlichen Dingen bewahren? Der Orden besaß zwar seit 1223 eine Verfassung, aber sie ging nicht ins einzelne; sie kannte Zentralinstanzen, Generalminister und Generalkapitel, aber weder kontinuierliche Leitung noch ausgewogene Kontrollen, wie Zisterzienser und Dominikaner sie eingeführt hatten. Wer also wachte darüber, daß sich keine unguten Bräuche einschlichen, erst in einem Konvent, dann im nächsten? Die Leiter wollten friedlich mit den Brüdern zusammenleben und der charismatischen Freiheit der Liebe keine hierarchischen Fesseln anlegen; aber was ist Liebe ohne Strenge, was ist Mönchsdasein ohne Lebensform?

Bonaventura weiß, daß die Franziskaner kein Orden alten Stils sein können. Zu Beginn seiner Schrift sagt er, Franz von Assisi habe sich nicht wie Benediktiner mit der Selbstheiligung in klösterlicher Gemeinschaft begnügt, nicht wie Weltpriester mit der Seelsorge für Mitmenschen. Er habe beide Aufgaben in einem Orden vereint und eine dritte hinzugenommen, die kontemplative Versenkung in Gott, die bislang von Einsiedlern geübt worden sei. Bonaventura nahm diese dritte Aufgabe nicht weniger ernst als der alte Bruder Aegidius, der nur noch der Beschaulichkeit lebte; bloß führte Bonaventuras Meditation in sprachlich formulierte, gedanklich kontrollierte Mystik. Sowohl die monastische wie die pastorale Aufgabe der Geistlichen gipfelte im Studium, das in sich Askese und Caritas vereinen sollte. Dies war die wichtigste Antwort Bonaventuras auf das Dilemma seines Ordens, Einübung der Innerlichkeit, die sich nicht auf zeremonielles Verhalten stützt und keiner formalen Regel bedarf. Allerdings tritt sie nicht als Vorbild für andere zutage, und Bonaventura hat mit seinem Hinweis auf die Heiligenstatistik recht; die benediktinischen Jahrhunderte des Frühmittelalters weisen weit mehr Mönchsheilige auf als das franziskanische Jahrhundert; Bonaventura selbst kam erst 1482 zur Ehre der Altäre.

Dennoch war damit nicht der Rückzug ins stille Kämmerlein gemeint, den dann Thomas von Kempen mit ähnlichen Worten wie Bonaventura lehrte. Im Juni 1260 gab Bonaventura seinem Orden auf dem Generalkapitel von Narbonne zwar keine neue Grundordnung, aber straffere Leitung und Kontrolle, damit im Wandel der Formen und Aufgaben die Eintracht des Ordens gewahrt werden könne. In die Geschichte aber war und blieb der Orden gebannt; Bonaventuras Geschichtsauffassung hob wie die Anselms von Havelberg die Unausweichlichkeit der jeweiligen Gegenwart hervor. Was Franziskus begonnen hatte und wovon seine alten Gefährten noch schwärmten, das war inzwischen so unerreichbar entrückt wie die Gemeinschaft der Urkirche. Auch die Flucht in eine erträumte Geistkirche der Zukunft war versperrt, denn die Zukunft blieb ungewiß, solange man sie nicht jetzt zu gestalten suchte. Irdische Institutionen sind unvollkommen und vorläufig; der Durchbruch zum paradiesischen und endzeitlichen Frieden ist vorerst nur für den Einzelmenschen möglich, der sich in Gott versenkt. Aber Gott lenkt auch die Geschichte des Ordens und schenkt ihm Reformen. Reform heißt für Bonaventura Verwirklichung des noch nie Dagewesenen nach uraltem Muster. Das Wort wurde zum Leitbegriff spätmittelalterlichen Ordensverständnisses: Jede Idee, die sich in einer Gemeinschaft verkörpert, wird dabei vergröbert, gerade wenn sie Erfolg hat; deshalb muß der Orden immer wieder auf die ursprüngliche Idee zurückgreifen, sie aber unter veränderten Umständen immer anders verwirklichen.

Es klingt absurd, daß Bonaventura von Verfall und Reform spricht, während sich sein Orden stürmisch ausbreitet und seine Missionare wie Wilhelm von Rubruk bis zu den Mongolen wandern, während Berthold von Regensburg das Stadtvolk aufrüttelt und Salimbenes Chronik das Stadtvolk faszinierend darstellt. Der Umgang mit Weltleuten hat nicht die Franziskaner lau, sondern die Laien fromm gemacht. Aber in der Tat ist diese Explosion beängstigend, weil sie nicht ruhige Entfaltung von der Gründung eines Heiligen in die Gemeinschaft vieler Asketen erlaubt. Weil die Franziskaner keine geradlinige Geschichte haben und keine geschlossene Gemeinschaft bilden, fehlt ihnen der Halt einer gemeinsamen Lebensform; sie muß in jeder Situation neu geschaffen werden, in der Krankenstube anders als auf dem Katheder, bei der Inquisition der Ketzer anders als bei der Mission der Heiden. Die Franziskaner hoffen, die ganze Welt zu umspannen, und fürchten, an der Welt zu scheitern.

Aber sie können weder zur urchristlichen Kommune zurückkehren noch sich in mystische Individualität zurückziehen; auch Bonaventura predigt ihnen brüderliche Liebe hier und heute, Liebe zu Gott und zum Nächsten als einzige Lebensform.

MÖNCHE

Man hätte sich Karlmann als Bischof vom Schlag Leodegars vorstellen können; dem Fürsten, der sich als Mörder prügeln ließ, war der Widerspruch zwischen weltlicher Herrschaft und geistlicher Ohnmacht vertraut. Bonaventura hätte ein Weltpriester wie Ensfrid werden können; die Spannung zwischen tätiger Nächstenliebe und geistlicher Beschaulichkeit war dem Gelehrten nicht fremd, der sich geduldig über die Liebe belehren ließ. Der Eintritt ins Kloster aber stellte beide vor ein anderes Dilemma. Sie mußten hier nicht als einzelne Spannungen aushalten oder austragen, sondern ihr persönliches Verhalten einer Gemeinschaft unterordnen, die als ganze zur Welt in striktem Gegensatz stand. Der Rückzug aus der Welt in eine rein geistliche Elite war indes nicht die ganze Nachfolge Christi. Man konnte zwar das Kloster als Muster für geregeltes Zusammenleben betrachten und *Ordo* schlechthin sagen, wenn man »Mönchsorden« meinte; man konnte das Zusammenleben der Mönche als Vorbild christlicher Religion ansehen und *Religio* schlechthin sagen, wenn man »Ordensleben« meinte; man konnte glauben, geformtes Leben, *Vitae forma,* sei nur unter Mönchen möglich. Aber ging der Auftrag der Christen nicht dahin, die Welt der Laien christusförmig zu machen? Durfte man die Laien sich selbst überlassen?

Weil der mönchische Protest gegen die Welt stets zugleich die Erziehung der Laien auf sich nehmen mußte, sind die Unterschiede zwischen Benediktinern und Franziskanern Stationen eines Weges, den die Mönchsorden selbst gebahnt haben. Die Welt des frühen Mittelalters, halb heidnisch, in örtliche Gruppen zerfallend, ländlich und adlig, rief einen christlichen Protest hervor, der sich ähnlicher Mittel bediente. Das Benediktinerkloster war eine ortsfeste, nach draußen abgeschlossene Gründung, die sich selbst ernährte, Grundbesitz brauchte und Naturalwirtschaft trieb. Ihre Ordnung war wie die bäuerlich-adlige von Brauch, Ritus und Form bestimmt, von Regeln behutsamen Verhaltens, von

Liturgie und Gebet, von väterlicher Autorität des Abtes. Adlige Haltung des Gehorchens antwortete auf die Zersplitterung adligen Befehlens draußen; der Hektik der Macht begegnete im Kloster die Stabilität der Weisheit. Der Kreis umfaßte selten mehr als hundert Mönche, die einander genau kannten; Neulinge wurden nur zögernd zugelassen, besonders wenn sie wie Karlmann aus dem barbarischen Ausland kamen. Auf diese exklusive Weise konnten die Benediktiner überall zwischen Italien und England Adlige an sich ziehen und erziehen.

Die Franziskanerkonvente reagierten auf die völlig verwandelte Welt dichtbesiedelter Städte, in denen sie sich einnisteten. Auf bürgerliches Streben nach Reichtum antwortete die Forderung nach Armut und Bettel, auf die Festigung der Verfassungen ringsum der Ruf nach permanenter Reform. Die Mittel des Protestes waren zeitgenössisch: Die Franziskaner stützten sich nicht auf isolierte Zellen, sondern auf offene Häuser, nicht auf ländlichen Grundbesitz, sondern auf städtische Geldspenden, nicht auf väterliche Ordnung, sondern auf brüderliche Liebe. Die geistliche Innerlichkeit wandte sich ohne schützende Form von Verhaltensregeln den Nöten der Laien zu. Der Orden umfaßte Tausende von Brüdern, die einander kaum mehr kannten, zog ständig Neulinge an und fragte nicht nach der Nationalität; der Italiener Bonaventura fand Heimat im Pariser Konvent. Mit dieser expansiven Methode gewannen die Franziskaner in ganz Europa Mitbürger für die Nachfolge Christi.

Für das Wichtigste wiegen die fünfhundert Jahre Abstand zwischen Karlmann und Bonaventura nicht schwer: Mittelalterliche Mönchsorden konnten geistliche Bedürfnisse des Augenblicks nicht nur in sittliche Normen übersetzen, sondern in Lebensgemeinschaften verkörpern, weil sie Bruderschaften von Freiwilligen bildeten, die den ganzen Menschen forderten. Dadurch rissen sie die Laien aus den Verflechtungen ihres Alltags in größere Zusammenhänge des Miteinanderlebens und erzwangen immer wieder die Absage an verkrustete Einrichtungen, die Prüfung herkömmlicher Bräuche. Nicht allen Orden gelang solche gesellige und geschichtliche Wirkung, aber immer neue Gründungen versuchten sie. Der Wettstreit der vielen Orden um die jeweils Besten und das jeweils Nötigste war hart und traf manche abseitige und überstürzte Planung tödlich, zumal im Hintergrund die großen Gegenspieler der Mönche, die Einsiedler, zu allen Zeiten viele Freunde fanden.

Noch gründlicher als den Alltag der Laien verwandelte die mönchische

Herausforderung das Leben der Geistlichen, der Bischöfe und Weltpriester. Ihr Stand war nach außen durch priesterliche Weihe, kanonisches
Recht, lateinische Sprache abgeschlossen und einheitlich; der Weg vom
Vikar zum Papst ließ sich als Laufbahn begreifen. Es waren die Mönche,
die diese Eintracht zerschlugen, indem sie den Maßstab setzten: Die
mönchische Gemeinschaft der Geistlichen war christlicher als die Herrschaft des Bischofs über Geistliche und Laien, christlicher als die Einsamkeit des Priesters unter den Laien. Dieser Maßstab drang im Klerus
weithin durch; nachdem die Benediktsregel dem geweihten Priester im
frühmittelalterlichen Kloster keinerlei Vorrang eingeräumt hatte, erhob
die spätmittelalterliche Kirche mit Vorliebe Bettelmönche zu Bischöfen
und Päpsten. So kam es nicht wie in der orthodoxen Kirche des Mittelalters zu einer säuberlichen Ständegliederung zwischen Bischof, Priester
und Mönch, sondern zu einem in sich dissonanzenreichen Kreis der
Geistlichen, dem labilsten, aber auch dynamischsten aller mittelalterlichen Lebenskreise. Den Mönchen verdankte das Mittelalter neben der
Dynamisierung weiter die Rationalisierung geschichtlichen Lebens.
Schon die Mönchsphilosophen Anselm von Canterbury und Bonaventura
verweisen auf diesen Zusammenhang, der das Leben der Geistlichen
nicht einfacher machte; mindestens war Dichtung mit Predigt, Vernunft
mit Offenbarung, Fachausbildung mit Herzensbildung erst noch zu ver-
söhnen.

HOFPOETEN

Im Frühjahr 796 beschrieb der aus Spanien stammende Diakon Theodulf
in einem lateinischen Gedicht mit Distichen den Aachener Hof Karls des
Großen. Zuerst schilderte er den König, dem das Poem gewidmet ist,
dann die königliche Familie und einige der Höflinge, die in der Pfalz um
den Thron stehen:

> »Dabei soll auch der Erzbischof (Hildebald von Köln) sein, frohlockend
> im Herzen, mit gütiger Miene; er zeige ein heiteres Gesicht und habe ein
> frommes Gemüt. Seine aufrechte Treue, seine hohe Würde und sein
> argloser Sinn mögen ihn für dich, König Christus, bestimmen. Er stehe
> bereit, um Trank und Speise des Königs zu segnen und wenn der König

zugreifen möchte, wird es der Bischof auch mögen. Zugegen sei ferner Flaccus (Horaz, gemeint ist Alkuin), die Zierde unserer Sänger, der in lyrischem Vers vieles laut zu künden vermag. Er ist ein gewaltig Gelehrter, auch klangreich als Dichter, ein Meister im Denken, auch ein Meister im Werk. Er hole fromme Glaubenssätze aus Heiligen Schriften hervor; er lockere die Fesseln des Verses durch einen freundlichen Scherz. Die Fragen des Flaccus seien teils leicht verständlich, teils schwer, jetzt die weltliche Kunst, dann die himmelhohe betreffend. Möge unter den vielen, die sich um Auflösung mühen, der König der einzige sein, der die Rätsel des Flaccus richtig zu lösen versteht!

Mit kräftiger Stimme, regsamem Geist und geschliffener Rede sei auch Riculf (Erzbischof von Mainz) dabei, durch Kunst und durch Treue berühmt. Selbst wenn er sich in fernem Gebiet aufgehalten hat, kehrt er doch nicht mit leeren Händen zurück. – Ein liebliches Ständchen würde ich dir bringen, lieber Homer (Angilbert), wenn du nicht abwesend wärst; aber weil du es bist, darum schweigt meine Muse. – Nicht fehlen möge die kunstfertige Person Erchambalds, dessen zuverlässige Hand sich der doppelten Schreibtafel bedient. An seiner Seite baumelnd, möge sie flugs in seine gelenkigen Hände wandern, die Worte aufnehmen und lautlos wiedergeben. – Auch Lentulus möge teilnehmen, um süßes Obst aufzutischen. Früchte trage er in Körben, Treue in der Herzensburg. Lebhaft sind seine Sinne, alles sonst ist langsam. Sei flinker, braver Lentulus, mit den Worten und den Beinen! – Nardulus (Einhard) flitze in ständigem Laufe hierhin und dorthin; emsig kommt und geht wie die Ameise sein Schritt. In seinem kleinen Hause wohnt ein großer Wirt; die Schächte in der schmalen Brust hüten ausgedehnte Schätze. Er möge jetzt Bücher, dann Kunstprobleme wälzen, dann auch die Pfeile bereiten, um den Iren (Scottus, gemeint ist Cadac) zu töten.

Solange der am Leben bleibt, möchte ich ihm jene Art von Küssen geben, die der grimmige Wolf dir, du langohriger Esel, verabreicht. Eher säugt ein Hund die Hasen oder ein böser Wolf die Lämmer, eher läuft vor der ängstlichen Maus eine Katze davon, als daß der Gote (Theodulf selbst) mit dem Iren fromme Friedensbünde schließt; wenn er sie doch einmal schließen möchte, ist es bloß Wind. Er wird entweder seine Strafe bekommen oder sich verflüchtigen, ganz ähnlich dem Südwind. Damit aus ihm etwas anderes wird, braucht er ja wirklich nur Scottus zu sein. Denn nimm ihm einen kleinen Buchstaben, den dritten im Alphabet, der zufällig in seinem Namen als zweiter steckt, der in *Caelum* als erster vorkommt, in *Scando* als zweiter, in *Ascensus* als dritter, in *Amicitia* als vierter; nimm ihm den Buchstaben, den er arg verstümmelt und wie den Anfangsbuchstaben von *Salvus* benutzt, und dann ist er zweifellos das, was er sagt (Sottus/Dummkopf). – Dabei möge auch der stattliche Diakon Fridugis in Gesellschaft mit Osulf stehen, beide kunstverständig, beide hochgelahrt. Wenn sich Nardus (Einhard) und Erchambald mit Osulf zusammentäten, könnten sie drei Beine eines Tisches sein. Fetter ist dieser als jener, einer dünner als der andere, aber die höhere Meßkunst ergab, daß sie gleichwertig sind.

Vom früchtereichen Sitz komme der kunstfertige Menalkas (der Truchseß Audulf) herbei und wische aus der gewölbten Stirn mit der Hand den Schweiß, so oft er beim Hereintreten, von Scharen der Bäcker und Köche umringt, der Versammlung das Rechte zuteil werden läßt. Er ordne alles geschickt und trage Gerichte und Speisen vor den Ehrenthron des Königs. Herbei eile auch der gewaltige Mundschenk Eppinus (Eberhard); in den Händen trage er schöne Gläser und köstliche Weine. Nun mögen sie sich nach Aufforderung rings um die königlichen Tafeln setzen, und von der Himmelsmitte werde ihnen die Gabe des Frohsinns beschert. Auch Vater Albinus (Alkuin) möge dasitzen, um fromme Worte von sich zu geben und Speisen freudig mit Hand und Mund zu sich zu nehmen. Ob er die Gläser mit Bacchus-Trank oder mit Ceres-Saft zu füllen befiehlt? Vielleicht mag er beides, damit er noch besser doziert und besser seine Flöte ertönt, wenn er die Schächte der gelehrten Brust berieselt.«

Theodulf befindet sich fern vom Hof, doch sendet er sein Gedicht, damit es herumgereicht und nach dem Essen im kleinen Kreis vorgelesen werde, dem König zur Huldigung, den Edlen zum Ergötzen, dem Iren zum Ärger. So reiht sich das Poem in das Treiben bei Hofe ein und spiegelt den Hörern, was sie soeben erleben. Uns bleibt einiges dunkel, was nur der Augenschein erhellen könnte. Erchambald und Osulf sind ebenso kleinwüchsig wie Einhard, das hören wir; doch müßten wir noch ihren Leibesumfang kennen, um hellauf lachen zu können wie die Tischrunde. Wir müßten von Hildebald mehr wissen, um zu ermessen, ob er wirklich so frommen und arglosen Gemütes war. Der Erzkaplan und Erzbischof, der das Tischgebet bei Hof zu sprechen hatte, war Karls Hauptberater in kirchlichen Fragen und von seiner hohenpriesterlichen Würde durchdrungen. Daß er trotzdem Speis und Trank nicht verschmähte, bestärkt den Verdacht auf mokante Untertöne.

Nicht alle Höflinge erscheinen im Zwielicht. Riculf, ehedem Hofgeistlicher und seit 787 Erzbischof, wird so freundlich angesprochen wie die vornehmen Laien Angilbert und Einhard. Angilbert ist gerade nach Rom unterwegs, um dem Papst Leo III. Karls Geschenke aus dem frisch erbeuteten Avarenschatz zu bringen. Einhard wird fast liebevoll geneckt; wie Angilbert steht er dem Herzen des Königs zu nahe, als daß ihn Theodulf verhöhnen möchte. Er behandelt die politischen Helfer Karls schonend, auch den Kanzler Erchambald, Leiter der schriftlichen Verwaltungsarbeit. Ähnlich sanft werden der kahlköpfige Kämmerer Meginfred, der Truchseß Audulf und der Mundschenk Eberhard angefaßt, hohe Herren, die neben Hofämtern vorwiegend militärische Funktionen erfüllen. Wer mit Lentulus gemeint ist, weiß man nicht; Theodulfs Spott über den treuherzigen Mann *(Lentus* heißt »langsam«) könnte einen Gelehrten aus Alkuins Schule betreffen.

Fast ordnet Theodulf die Hofleute so wie die heutige Forschung. Eine Gruppe fränkischer Adliger dient dem König zum Teil seit Jahrzehnten politisch und militärisch. Daneben steht die Gruppe der Gelehrten, die Karl seit den 780er Jahren aus der Fremde heranzog, die aber inzwischen seltener kommt; man vermißt einige Italiener im Kreis, Petrus von Pisa, Paulus Diaconus, Paulinus von Aquileia. Noch im Jahr des Gedichts erhält Alkuin die Abtei Sankt Martin in Tours und wird ein paar Jahre danach dorthin übersiedeln; im nächsten Jahr 797 wird Theodulf selbst als Bischof nach Orléans gehen. An den Platz der älteren Hofgelehrten treten ihre fränkischen Schüler, die wie Angilbert und Einhard mit der Feder umgehen können und zugleich praktisch-politische Funktionen wahrnehmen. Was wir mit ansehen, ist keine Wachablösung, aber ein allmählicher Szenenwechsel, bis in materielle Umstände hinein. Seit 794 hat Karl die Aachener Pfalz zur Dauerresidenz bestimmt; die riesige Avarenbeute hat ihm 795 eine Ausweitung der Hofhaltung erlaubt. Immer mehr Menschen drängen an den Hof und leben dort recht angenehm. Karl spendet ihnen Speise und Trank, den Vertrauten obendrein Bistümer und Abteien.

Weil Theodulf wie Alkuin und Cadac zu den gelehrten Anwärtern auf solche Belohnungen zählt, ist sein Urteil über die geistlichen Tischgenossen schärfer. Karl bedient sich ihrer Hilfe für vielerlei; sie sind Herolde seines Ruhms, Ratgeber für theologische und pädagogische Fragen, Lehrer der Hofschule und anregende Gesprächspartner. An der Tafel sitzen nicht bloß Dichter und Gelehrte einer »Hofakademie«, sondern der König, seine Familie, seine Großen, und alle beteiligen sich an der Konversation. Sie ist nicht immer blitzschnell oder tiefschürfend. Bei seinem Rätsel darf Theodulf nicht voraussetzen, daß jeder Zuhörer auf Anhieb die Pointe begreift. Man plaudert über weltliche und geistliche Dinge, bleibt nie zu lang bei einem Thema, hört nie lange einem Dozenten zu, verquickt aber spielerisch Dichtung und Gelehrsamkeit, Bildung und Geselligkeit. Der König selbst sorgt, so ernst es ihm mit der Bildung seines Hofes ist, für leichte Form. Er thront im Mittelpunkt, doch sogar über ihn als stolzen Rätsellöser darf man einmal schmunzeln. Er bezieht sich in die Runde mit ein, schon durch den Beinamen David, auf den er hier hört. Diese Beinamen, alle aus alttestamentlicher oder klassischer Tradition entnommen, wirken zwar verspielt, tun aber den hohen Anspruch des Kreises kund, der sich mit den Heroen der Weltliteratur mißt. Beim täglichen Gebrauch schaffen solche Übernamen eine Atmosphäre stilisierter Vertraulichkeit zwischen Eingeweihten. Dennoch ist der Kreis kein Freundschaftsbund und keine Bruderschaft; die Literaten sorgen für Spannungen.

Das hohe Pathos des Gedichts erlaubt ironische Übertreibung, besonders bei der Darstellung Alkuins. Der etwa 65jährige Angelsachse, aus Bedas Klosterschulen hervorgegangen, ist für den vielleicht 20 Jahre jüngeren Theodulf ein Orakel. Ständig redet er und fördert aus dem Zettelkasten seiner Belesenheit immer neue Zitate, Rätsel, Witze zutage. Er spricht laut und trinkt viel, sogar Bier und Wein durcheinander, und mutet sich etwas viel zu. Kann er allen alles sein, wenn er ein Schulmeister ist? Von seinen angelsächsischen Schülern Fridugis und Osulf wagt, wie es scheint, keiner im Beisein des empfindlichen Meisters den Mund aufzutun. Immerhin ist Alkuin von väterlicher Würde. Sarkastisch aber ist die Invektive gegen Cadac; sie nutzt sogar unschuldige Schwächen, wie daß der Ire den Doppelkonsonanten *sc* nicht richtig sprechen kann. Cadacs Gelehrsamkeit ist kraus und konfus, mehr für windige Diskussionen als für gediegene Arbeit zu brauchen. Freilich ist die Wonne nicht zu überhören, mit der sich Theodulf in den Zank mit Cadac stürzt, gewiß zum Entzücken des Hofes. Daß Theodulfs Haß nicht todernst ist, läßt er

selber durchblicken, indem er Kampfpausen zugibt; das Spiel soll niemanden ermüden. Weit davon entfernt, die Runde zu sprengen, halten
solche Händel den Kreis in vergnüglicher Bewegung.

Die meisten Wortführer sind Geistliche, doch wäre Theodulfs Gedicht
in einen Kreis mönchischer Asketen undenkbar; man vergegenwärtige
sich die Stimmung im Kapitelsaal von Monte Cassino 747 oder im
Speisesaal von Sankt Gallen 911. Dort sind Dichtung und Gelehrsamkeit
weniger ineinander verflochten als bei Hof, die Gelehrten strenger und
subtiler, die Dichter liturgischer und bescheidener. Auch bei Hofe darf
sich niemand ausleben, doch hindert ihn nicht die Regel der Gemeinschaft, sondern der Spott der Rivalen. Hier kommen und gehen Menschen
aus verschiedensten Ländern; wer heute noch den Platz nahe beim Thron
genießt, mag morgen schon verdrängt sein. Was tut ein Dichter, der nur
Worte machen kann, in diesem Spannungsfeld? Theodulf will nicht wie
Einhard Erinnerung stiften, nur Gegenwart durchleuchten; der Dichter,
der bei seiner Arbeit stets Inhalt und Form miteinander verschränkt, sieht
die Widersprüche zwischen dem Verhalten der Menschen und ihrem
Anspruch besonders scharf. Aber er kehrt sich nicht wie fromme Mönche
enttäuscht von dieser eitlen Menschenwelt ab; er versucht, sich und
andere zu einer Heiterkeit zu erziehen, der Ironie und Sarkasmus vertraut
sind. Wer diese kritische Zuversicht durchhalten will, kann keine Theater-
rolle spielen; Theodulf gehört zu den wenigen Männern am Karlshof, für
die wir keinen Beinamen kennen. Es war Distanz, was ihn für andere
unentbehrlich machte.

VAGANTEN

An den Kölner Erzbischof Rainald von Dassel richtete zwischen 1162 und
1165 der unbekannte Dichter, den man Archipoeta nennt, ein lateinisches
Gedicht in gereimten Hexametern:

»Sieh, hier habe ich Verse, nachdem ich auf deinen Ruf zurückgekehrt
bin. Heiter sei deine Stirn, wenn der Dichter seine Verse vorträgt.

Niemand leugnet, daß Salerno ewig zu rühmen ist; dort strömt wegen
der Krankheiten alle Welt zusammen. Man darf die Gelehrsamkeit von
Salerno nicht verachten, ich gebe es zu, obwohl mir jener arglistige

Menschenschlag verhaßt ist. Was ich dort erlitten habe, läßt sich nicht vollständig beschreiben. Schon vorher war ich von Fieber gequält und von übermächtigem Schmerz beschwert; hier kam ich so sehr von Kräften, daß man meinte, ich könne es nicht überleben. Und mir sagten die Ärzte, als sie die Anzeichen sahen: ›Dichter, jetzt geht es zu Ende, du wirst nicht leben bleiben, sondern mußt sterben‹ (vgl. Jesaja 38, 1). Aber schließlich schlug die Arznei dieses Fieber doch in die Flucht. Wie matt ich war, kann dir die Gesichtsfarbe bezeugen; wenn ich nicht irre, ist die Blässe noch immer im Antlitz zu sehen.

Ich wollte weise werden und als Arzt gelten; darüber bin ich töricht geworden und zum Betteln gezwungen. Jetzt bin ich Gefährte der Bettler, nicht mehr der Ärzte. Nackt und verwildert erscheine ich allen als Narr. Wegen des schäbigen Tuchs bin ich wertlos und einem Landstreicher gleich. Aber nicht das Spiel hat mich entblößt, nicht ein Dieb mich geplündert. Nur um leben zu können, bin ich so um den Mantel gekommen; um leben zu können, habe ich die Kleider versetzt, die Götter sind meine Zeugen.

Während der Rückkehr habe ich aus dem Mund allen Volkes erfahren, daß du das Deine verschenkst, allein aus Liebe zur Milde. In der ganzen Welt stehst du im Wohlgeruch großer Güte, du Helfer des Kaisers (Barbarossa), besonderer Ehrung wert. Zu dir kommt der Arme, dich preist jeder Notleidende deshalb, weil du ein fröhlicher und heiterer Geber bist (vgl. 2. Korintherbrief 9, 7). Den Elenden bist du ein Vater voller Freundlichkeit; es gibt wirklich keine Tugend, der du fremd wärst. Während jeder von der Habsucht der Bischöfe Schlechtes sagt, heben alle überall dich lobend und rühmend hervor. Jenseits der Alpen bist du so angesehen wie hier; durch Taten übertriffst du deinen Ruf und wirst von deinem Ruhm nicht übertroffen.

Bester Mann, dessen Schwester und Freundin Minerva ist, mit deren Hilfe du alles gut regierst in einem Volk, das doch dreist ist: Gib den Armen so und sammle Verdienste im Himmel so, daß du nicht den anderen alles schenkst, sondern hebe es für mich auf! Milder Mann, der du vor einem Armen niemals den Beutel zuschnürst, zeig mir, wie freigebig du bist, durch ein reichliches Geschenk. Dann will ich als dein Dichter Gesänge und Gedichte für dich schreiben; mein letztes Wort sei das löbliche Wort: Ich gebe, du gibst.«

Das Gedicht weicht räumlicher und zeitlicher Festlegung aus. Da der Dichter auf Befehl des Erzbischofs zurückgekehrt ist, wartet er wohl in Köln darauf, Rainald seine Verse mündlich vortragen zu dürfen; aber vielleicht schickt er sie ihm irgendwohin. Nicht die Tafelrunde in der Kölner Bischofspfalz bildet die Szenerie, sondern im ersten Teil das Gewimmel in Salerno, im zweiten der weite Weg zwischen Salerno und Köln. Der Dichter ist dauernd unterwegs; nur vom augenblicklichen Quartier hängt es ab, ob Deutschland »hier« und Italien »jenseits der Alpen« liegt oder umgekehrt. Auch zeitlich ist der Dichter auf Wanderschaft und hält keinen festlichen Höhepunkt fest, keinen Einschnitt zwischen vergangener Enttäuschung und unbestätigter Hoffnung. Er sucht Mitmenschen, die ihm ähnlich wären, und Gemeinschaften, in denen er zu Hause wäre, aber er findet sie nirgends und nie. Er hat, wie er anderswo sagt, sein Haus nicht auf Felsen gebaut und gleicht dem Blatt, das der Wind verweht.

Das wenige, was der Archipoeta von seinem Leben sagt, skizziert ein Schicksal, das die besten Chancen des 12. Jahrhunderts durchgespielt hat. Er wuchs, wahrscheinlich in Deutschland, in einer kriegserfahrenen Ritterfamilie auf; aber das adlige Kriegshandwerk mißfiel ihm. Vielmehr fühlte er sich als Scholar, der wie Anselm von Canterbury das Schwert mit der Feder vertauschte; aber Mönch wie Anselm mochte er nicht werden, eher wohl Weltkleriker. Zunächst muß er in einer geistlichen Schule gründlich Latein gelernt und klassische Dichter studiert haben, auch in der *Ars dictandi*, der Fertigkeit eleganten Briefstils, ausgebildet worden sein. Aber an Lehrer und Mitschüler band ihn keine Erinnerung, und Kanzleischreiber wurde er nicht. Dann widmete er sich wohl der Theologie, von der er mehr als Bibelzitate verstand; vielleicht trieb er diese Studien in Oberitalien, etwa in der kaisertreuen Stadt Pavia, die er gut kannte. Doch von geistlicher Gelehrsamkeit distanzierte er sich ebenso wie von bürgerlicher Gewinnsucht; er wandte sich spöttisch gegen die dreisten Stadtgemeinden, die mit ihrer Freiheit prahlten, wo jeder Kaiser sein und keiner Steuern zahlen wollte.

Die nächste Etappe war vielleicht der Weg nach Salerno zu der Medizinschule, die seit dem späten 10. Jahrhundert für die Erfahrung ihrer praktischen Ärzte berühmt war. Man bezeichnet sie gern als erste abendländische Universität, obwohl wir von ihrer korporativen Ordnung noch für das 12. Jahrhundert nichts wissen. Als der Archipoeta dort ankam, pflegte man neben der praktischen schon theoretische Medizin; zunächst wurden noch Kompendien aus der eigenen Schulerfahrung kommentiert, bald auch griechische und arabische Lehrbücher durchgenommen. Damals begann Salerno zwischen praktischen Ärzten, *Medici*, und aus Büchern gebildeten, *Physici*, zu unterscheiden, aber noch studierten beide Gruppen gemeinsam, wie denn auch der Arzt auf dem Gemälde der *Gesta Romanorum* Buch und Instrumente trägt. Die Verbindung von Praxis und Theorie führte Salerno auf den Gipfel medizinischen Ruhms; der Dichter wünschte sich, in diese Gemeinschaft der Lebensklugen zu gelangen.

Aber sein Studium mißglückte. Einige diagnostische Kenntnisse der *Medici* besaß er und achtete auf Fieber, Blässe, Pulsschlag, Husten, Schwindsucht; doch bis zur Naturphilosophie der *Physici* drang er nicht vor. Er wurde nicht Kollege, sondern Patient der berühmten Ärzte und erfuhr die Kunst von Diagnose und Therapie nur als isoliertes Objekt, vermutlich wegen Malaria. Den sterbenden Dichter von auswärts plünderten Wirte, vielleicht auch Ärzte; Kranksein war in der mondänen Stadt teurer als Studieren. Er hatte nichts zuzusetzen und geriet in Gesellschaft der Bettler, so sehr er sich schämte; sie werden in Salerno kaum unaufdringlicher gewesen sein als in Köln beim Dechant Ensfrid. Die Notgemeinschaft der Bettler scheint den Archipoeta aufgenommen zu haben; sie wußte am besten, daß italienische Bischöfe geizig waren, und verwies den Hungernden an den Landsmann Rainald, der als Barbarossas Erzkanzler für Italien oft im Land war. Doch unter Bettlern fühlte sich der Dichter nicht heimisch; sie verstanden seine lateinischen Verse nicht, und in der Not war sich jeder selbst der Nächste. So wünschte auch er von den Almosen das meiste, mehr als die anderen. Er war kein Tor und Narr, er konnte nicht nur nehmen, auch geben. Aber wer braucht schon einen Poeten?

Rainald von Dassel, der selbst in Paris studiert hatte, erfüllte an dem verbummelten Studenten nicht nur die Bischofspflicht der Armenfürsorge. Er gab ihm Kleider, auch schöne pelzbesetzte, Pferde, Geld und nahm ihn in Dienst. Der Erzdichter, dem vielleicht der Erzkanzler und Erzbischof den klingenden Titel verlieh, hatte den Ruhm des fröhlichen Gebers zu verbreiten, den Gott und der Kaiser, Minerva und der Pöbel liebten. Er sollte auch Barbarossas Italienpolitik dichterisch verklären, aber er erfüllte Rainald nicht jeden politischen Wunsch und wagte, ihn auch an ein

Kölner Unrecht zu erinnern. Er zog seinem Herrn bis Burgund nach, blieb aber Vagabund, ohne Hofamt in Köln, ohne festen Sitz, ohne Sitzfleisch des Beamten. Er bekannte sich zu dem unsteten Dasein, das ihm der geistliche Hof verübelte; mehrfach mußte er sich für seine Freude an Augenblicksgenüssen, an Weib, Wein und Würfel rechtfertigen. Daß er sein Leben nicht formen konnte und verschwenden wollte, mochte man an einem Götterjüngling bewundern; aber der Erzdichter hatte schon das dreißigste Lebensjahr hinter sich, ein Leben für ein paar Verse.

Sein Latein war so schwerelos, seine Verskunst so geschmeidig, daß die Zeitgenossen seine Gedichte gern abschrieben, am liebsten die persönlichsten. Er erfindet eigentlich nichts und beschreibt sein Leben, wie es ist, schwankend zwischen Süße und Bitterkeit, Heiterkeit und Schwermut. Man braucht ihm nicht jede lustige Übertreibung und jede Anwandlung von Trübsinn aufs Wort zu glauben, um bei ihm die Wahrheit über den Erdenmenschen zu erfahren. Er durchschaut die Konventionen aller Lebenskreise, denn er hat bei allen hospitiert, und entdeckt die Menschennatur, die sich hinter dem peniblen Ernst zeitgenössischer Institutionen versteckt, hinter der Gelehrsamkeit von Kirche und Universität, hinter der Verwaltung von Reich und Kommune. Inmitten aller Sachzwänge und Lebensnormen legt dieses formlose Leben, in formvollendete Sprache gebracht, den Rohstoff bloß, aus dem Geschichte gemacht wird, den kranken Menschen und sein bißchen Glück.

DICHTER

Theodulf von Orléans und der Archipoeta vertreten beileibe nicht die ganze mittelalterliche Dichtung, weder zeitlich noch thematisch. Die ausgewählten Verse lassen nichts von zwei wichtigen Gattungen erkennen, deren eine älter als das Mittelalter war und zur Zeit des Archipoeta allmählich ausklang, deren andere im 12. Jahrhundert voll einsetzte und das Mittelalter weit überdauerte: die lateinische Hymnendichtung und Dramatik, die im Kreis der Geistlichen gedieh und Gott und die Heiligen pries, und die volkssprachliche Lyrik und Epik, die von Adel und Bürgertum gepflegt wurde und Liebe, Krieg und Natur besang. Zwischen beiden Gruppen von Dichtern und Dichtungen stehen unsere Zeugen etwa in der Mitte. Nach ihrem Ausbildungsgang sind sie Geistliche, nach ihrer Herkunft Adlige; sie schreiben für einen Fürsten und einen Bischof. Zwischen allen Lebenskreisen entfalten sie eine besondere Lebensform, die des Dichters.

Sie hat sich im Lauf des Mittelalters gewandelt. Bei den Dichtungen am Hof Karls des Großen schlägt die geistliche Denkart noch durch. Sogar der Spötter Theodulf schrieb einen Hymnus zur Palmsonntagsprozession, der noch im Spätmittelalter eifrig gesungen wurde. Auch dogmatische Prosawerke sind von Alkuin und Theodulf überliefert. Am Hof wurden fromme Themen erörtert und geistliche Würden respektiert. Dennoch war die Tischrunde kein Mönchskonvent; dabei saßen Laien, die Latein verstanden, doch praktische Politiker waren und irdische Themen besprachen. Zwischen Poesie und Prosa, Kunst und Wissenschaft verwischten sich die Grenzen. So viel die geistlichen Autoren auch schrieben, höfische Bildung lebte von Gespräch, Streit und Rätsel. Solche Dialoge, nicht immer taktvoll, aber geschliffen, verbanden die Dichter um so mehr mit dem Hof, als sie auch für andere Pflichten taugten, für gottesdienstliche Repräsentation und Erziehung Schreibkundiger. Trotz aller Fluktuation bildete sich eine lokale Gruppe von Dichtern, weil der Hof – noch im Wessex Alfreds – weit und breit einziges Bildungszentrum war.

Der Archipoeta entlehnte aus Bibel und Hymnen einige Floskeln, stand aber der adligen Liebeslyrik näher als liturgischen Gesängen. Seine Gedichte handelten mit sicherem Geschmack und in makelloser Form von der Leiblichkeit des Menschen, auf künstlerisch leichte, nicht auf medizinisch gelehrte Weise. Dichtung und Wissenschaft, Poesie und Prosa traten im 12. Jahrhundert auseinander, nur im Bereich religiöser Hymnen nicht, in dem sich die Gelehrten Abaelard und Thomas von Aquin hervortaten. Ein Poet fand, soweit er lateinisch dichtete, außerhalb der Kirche wenig Publikum und brillierte nicht in einem Gesprächskreis von Kennern. Er schrieb seine Verse auf, andere schrieben sie ab; man las sie. Aber sie kamen weit durch das Land, denn Europa besaß inzwischen viele Bildungsstätten. Dichter lebten jedoch nicht mehr als Gruppe und fanden keine integrierende Aufgabe. Der Archipoeta zog daraus wie sein französischer Geistesverwandter Villon die Konsequenz, indem er sich in die Nähe der Außenseiter, der Bettler und Spieler stellte.

Was beiden Gedichten gemeinsam ist, findet sich in der Literatur des Mittelalters nicht oft, daß nämlich Dichter ihre eigene Lebensform zum Thema ihrer Werke machen. Wir kennen zwar den Wirkungskreis des

Waltharius-Epos und des Einochs-Schwanks, der Romane Chrestiens und der Novellen Boccaccios, aber von ihrem Selbstverständnis sprechen Autoren selten. Es ist kein Zufall, daß bewußte Aussagen eher von lateinischen als von volkssprachlichen, eher von höfischen als von mönchischen oder städtischen Dichtern kommen. Denn solche Dichtung zwingt zur Distanz von Werk und Publikum. Der lateinische Dichter ist schon durch seine Vorbildung aus dem Alltag herausgerückt. Sprachliche und literarische Meisterschaft im lateinischen Medium erfordert lange Ausbildung in den Freien Künsten und mühsame Arbeit. Wer sie leistet, für den sind Bacchus und Minerva Zeitgenossen; er steht mit einem Fuß in der römischen Antike. Man pflegt an den »Renaissancen« der Karolinger- und der Stauferzeit die Nachahmung des klassischen Altertums hervorzuheben, sollte aber auch bedenken, daß sie die Dichter aus dem Horizont ihres eigenen Lebenskreises herausheben. Renaissance verschafft Abstand zur Gegenwart und gedeiht deshalb am besten dort, wo die Gegenwart am souveränsten gemeistert wird. Die festliche Heiterkeit des karolingischen und des staufischen Hofes hängt mit der lateinischen Distanz der Dichter zusammen.

Ein höfischer Dichter arbeitet nicht auf dem Feld wie der Bauer und schützt sich nicht mit dem Schwert wie der Adlige; als Geistlicher drängt er sich nicht zur Herrschaft des Bischofs und zum Gehorsam des Mönchs. Er lebt in einem freien, fast luftleeren Raum und weiß es. Theodulf und der Archipoeta schreiben gern von materiellen Genüssen des Lebens, von reichlichem Essen und schönen Kleidern; denn sie verstehen sich nicht von selbst. Für Lebensunterhalt und Muße ist man von dem väterlichen Gönner abhängig, muß ihm aber geistige Selbständigkeit beweisen; Lob und Kritik stehen dicht beieinander. Gemeinschaft kommt nur vorübergehend zustande, zumal höfische Dichter nicht in ihrer Heimat leben. In Aachen treffen Spanier und Iren aufeinander; in Köln ist der Erzdichter nicht so heimisch wie in Pavia und Vienne. Für den Mäzen schafft der fremde Poet eine Aura universaler Macht; für sich selbst vertritt er den Abstand vom lokalen Kleinkram.

Einige Grundzüge dichterischer Existenz treten in der höfischen Situation besonders klar hervor, gelten aber allgemein. Die poetische Abwendung vom Hier und Jetzt ist der Haltung des geistlichen Asketen verwandt, doch nicht gleich. Dem Dichter dient sie nicht dazu, den Menschen zu überwinden, sondern ihn zu entdecken. Unsere Zeugen beobachten mit leidenschaftlicher Genauigkeit, wie Menschen miteinander umgehen. Sie lehren nicht wie die Philosophen: so ist der Mensch. Sie sprechen ungern im Indikativ, als wüßten sie noch nicht, ob sie die Wahrheit getroffen haben. Menschliches Verhalten ist nie einfach aus Lebensbedingungen oder Lebenskreisen zu erklären; es spielt mit und zwischen ihnen. Zwischen dem Goten Theodulf und dem Iren Cadac, zwischen dem Landstreicher Archipoeta und dem Erzbischof Rainald findet in den Gedichten ein Spiel statt, das durch geschichtliche Umstände noch nicht entschieden ist und durch soziale Zugehörigkeiten nicht zu entscheiden ist. Es gibt mehr Bewegungsfreiheit zwischen Menschen, als unsere Wirklichkeit sich träumen läßt.

DISKUSSION

Peter Abaelard erzählte in der lateinischen *Geschichte meiner Mißgeschicke* um 1133, was sich um 1113 in Laon ereignet hatte:

> »Danach kehrte ich nach Franzien zurück, vor allem, um Theologie hinzuzulernen; damals war mein obenerwähnter Lehrer Wilhelm (von Champeaux) schon auf den Bischofsstuhl von Châlons erhoben. Als größte Autorität in diesem Fach galt seit alters sein Lehrer Anselm von Laon. Zu diesem alten Mann ging ich also. Aber er hatte seinen Ruf mehr durch langjährige Übung als durch Intelligenz oder Gedächtnis erworben. Wenn jemand mit einer Frage bei ihm anklopfte und unschlüssig eintrat, kam er noch unschlüssiger wieder heraus. Vor den Augen von Hörern war er ja eine wunderbare Erscheinung, aber angesichts von Fragestellern war er eine Null. Seine Wortgewandtheit war erstaunlich, doch der Sinngehalt war armselig und unbegründet. Wenn er ein Feuer entzündete, füllte er sein Haus mit Rauch, anstatt es mit Licht zu erleuchten. Von weitem sah er aus wie ein stattlicher Baum in vollem Laub, aber wer näherkam und genauer zusah, fand ihn unfruchtbar. Als ich nun zu ihm gekommen war, um die Frucht zu pflücken, merkte ich, daß er jener Feigenbaum war, den der Herr verfluchte (Matthäus 21, 19), oder jene alte Eiche, mit der Lukan den Pompeius vergleicht: ›Er steht noch als Schatten eines großen Namens, wie eine erhabene Eiche im fruchtbaren Feld.‹ Als ich das sicher wußte, blieb ich nicht mehr lange

geruhsam in seinem Schatten liegen; allmählich besuchte ich seine Vorlesungen immer seltener.

Das nahmen mir seine damaligen Meisterschüler übel, als ob ich damit den großen Lehrer geringschätzte. Deswegen hetzten sie ihn heimlich gegen mich auf; durch ihre üblen Einflüsterungen machten sie ihn neidisch auf mich. Eines Tages nun, nach einer privaten Disputation, standen wir Studenten noch beisammen und machten unsere Witze. Da stellte mir einer, um mich zu reizen, die Frage, was ich von der Lesung der Heiligen Schrift hielte, nachdem ich mich bisher nur mit philosophischen Schriften befaßt hatte. Ich erwiderte, die eifrige Teilnahme an dieser Lesung sei sicher sehr zuträglich, weil man da etwas für das Seelenheil erfahre; es wundere mich aber gewaltig, daß Gebildete, wenn sie Bibelauslegungen verstehen wollten, nicht mit diesen Schriften selbst oder Erläuterungen auskämen und weitere Anleitung bräuchten. Die meisten, die dabeistanden, lachten mich aus und fragten, ob ich das könnte und anzupacken wagte. Ich antwortete, daß ich zu einem Versuch bereit wäre, wenn sie wollten. Da lachten sie noch mehr und schrien: ›Und ob wir wollen! Wir suchen den Ausleger eines ungebräuchlichen Schrifttextes heraus, geben ihn Euch, und dann wollen wir sehen, wie Ihr Euer Versprechen haltet!‹ Alle einigten sich auf eine ganz unverständliche Stelle im Propheten Ezechiel. Ich nahm den Ausleger an mich und lud sie gleich für den nächsten Tag zur Vorlesung ein. Nun gaben sie mir gute Ratschläge, die ich gar nicht haben wollte, und sagten, bei einer so schweren Aufgabe dürfe man nichts überstürzen; als Anfänger müsse ich ziemlich lange sorgfältig arbeiten, um die Auslegung bis ins kleinste auszufeilen und abzustützen. Ich antwortete erbost, es sei meine Gewohnheit nicht, durch Übung etwas auszurichten, sondern durch Intelligenz, und fügte hinzu, sie sollten entweder sofort nach meinem Willen zur Vorlesung kommen oder ich würde das Ganze bleiben lassen.

An meiner ersten Vorlesung nahmen nur wenige teil, denn alle hielten es für lächerlich, daß ich die Sache so schnell wie ein erfahrener Fachmann der Bibelkunde anpackte. Doch allen, die zuhörten, gefiel diese Vorlesung sehr; sie lobten sie ganz begeistert und drängten mich, die Auslegung in der Methode meiner Vorlesung fortzusetzen. Das sprach sich herum, und alle, die nicht dabeigewesen waren, kamen zur zweiten und dritten Vorlesung um die Wette gelaufen und waren ganz erpicht, den Anfang meiner Auslegungen vom ersten Tag nachzuschreiben. Darüber wurde nun der alte Mann von gewaltigem Neid gepackt, und nachdem man ihn schon vorher, wie gesagt, durch Sticheleien gegen mich gereizt hatte, fing er nun an, mich in der Bibelkunde genau so zu verfolgen, wie es mein guter Wilhelm in der Philosophie getan hatte. Damals galten in der Schule des alten Mannes zwei als die Meisterschüler, Alberich von Reims und der Lombarde Lotulf (von Novara). Je mehr sie von sich eingenommen waren, desto wütender waren sie auf mich. Nachher hat sich herausgestellt, daß vor allem aufgrund ihrer Einflüsterungen der alte Mann die Fassung verlor. Ohne sich zu schämen, verbot er mir, die begonnene Auslegung an seiner Lehrstätte fortzusetzen, und zwar unter dem Vorwand, bei meiner Unerfahrenheit in diesem Fach könne mir dabei leicht ein Irrtum unterlaufen, und der bleibe dann an ihm hängen. Als das die Studenten erfuhren, waren sie über diese offenkundige Verleumdung aus Neid äußerst empört, denn das war noch nie bei jemandem anders vorgekommen. Je offensichtlicher die Verleumdung war, desto ehrenvoller war sie für mich, und die Verfolgung steigerte meinen Ruhm.«

Der Autor war ein alter Mann, über 50jährig, mißliebiger Abt eines verkommenen Klosters in der Bretagne, am Ende der Welt. Aus der glänzenden Laufbahn, die dem Ritterssohn vor zwanzig Jahren an den Kathedralen von Paris, Tours oder Laon bevorstand, war nichts geworden, und Abaelard fragte sich nach dem Grund. Von seiner hervorragenden Intelligenz und Lehrbefähigung war er noch immer überzeugt, und unverdächtige Beobachter wie Johann von Salisbury bestätigen diese Selbsteinschätzung. Daß Abaelard seine Überlegenheit arrogant zur Schau trug, sahen freilich kluge Zeitgenossen wie Otto von Freising auch: »Er war so anmaßend und nur auf seine eigene Intelligenz eingeschworen, daß er sich von der Höhe seines Geistes kaum dazu herabließ, seinen Lehrern zuzuhören.« Der alternde Abaelard begriff selbst, daß ihm sein Hochmut zum Verhängnis geworden war, denn er hatte den Neid der Mitmenschen herausgefordert. Aus dieser Erkenntnis suchte er nun zu lernen; er zog sich nicht in die Autonomie des genialen Individuums zurück, sondern versuchte seit 1136 noch einmal sein Glück in den Pariser Diskussionen. Ein einsamer Denker in ländlicher Zurückgezogenheit war er nicht; auch was er hier erzählt, ist nicht pure Selbstbespiegelung, sondern die Entstehung eines neuen Lebenskreises, der Universität.

In Laon stoßen nicht bloß ein seniler, vielleicht 63jähriger Patriarch und ein frisches, immerhin schon 34jähriges Originalgenie zusammen, sondern zwei wissenschaftliche Methoden. Anselm kommt aus der Klosterschule Anselms von Canterbury und leitet in Laon die Domschule. Er hat die Erkenntnisse der Frühscholastik bereits rezipiert und liest die Bibel nicht mehr nach Mönchsart als Spiegel für Gotterkenntnis und Selbsterkenntnis. Er stellt an den Bibeltext, etwa der Psalmen oder der Paulusbriefe, gelehrte Fragen, *Quaestiones* dogmatischer, moralischer, rechtlicher, philologischer Art. Um sie zu beantworten, zieht er die Schriften von Kirchenvätern und karolingischen Theologen heran. Die Texte stimmen auf Anhieb so wenig zueinander wie die Kommentare; Anselm sucht sie so zu differenzieren und zu harmonisieren, daß sie auf seine Fragen Auskunft geben.

Damit will er Weltpriestern eine *Regula vivendi* geben, einen Leitfaden ethischen Verhaltens in der Praxis. Er trägt in der Vorlesung seine Fragen und Antworten den schweigenden Studenten vor, die seine mündlichen Kommentare nachschreiben. Daraus entstehen eigene Bücher wie die *Glossa ordinaria,* ein fortlaufender Bibelkommentar, an dem neben Anselm andere Mitglieder seiner Schule arbeiten und der rasch zum wichtigsten Handbuch des neuen Faches Bibelkunde wird. Der friedfertige Anselm fördert die gelehrte Zusammenarbeit mehr, als Abaelard wahrhaben möchte. Wer die Heilige Schrift verstehen will, braucht viele Hilfsmittel, das hatte schon Isidor von Sevilla gewußt; die Arbeit darf sich nicht in Spezialstudien zersplittern, wenn sie Priester heranbilden will, die Gottes Wort verstehen und es befolgen. Deshalb herrscht an Anselms Domschule geistliche Eintracht. Von seinem Schüler Alberich rühmt der Zeitgenosse Hugo Primas, er habe in Reims, wo er 1121 Domschulmeister wurde, eine Atmosphäre des Friedens geschaffen, wo nicht der eine leugnete, was der andere behauptete, sondern alle gemeinsam den einen Glauben bekannten.

Auch Abaelard hat an Domschulen studiert, zuletzt in Paris bei Wilhelm von Champeaux, aber in einem anderen Fachbereich. Früh hat ihn die Dialektik gefesselt, die Königin der Wissenschaften, der er später das erste große Lehrbuch widmet. Sie gehört zum sprachlich-literarischen Zweig der Freien Künste, der den Gebrauch des Lateinischen einübt, und soll die Kunst des Dialogs schulen. Schon Abaelards Lehrer zogen dazu die aristotelische Kunst logischen Argumentierens heran, die Boethius dem Abendland vermittelt hatte. Dialektik wurde zur Sprachlogik, auf alle Texte anwendbar, auch durch heidnische Dichter und Philosophen gestützt. Es kommt nicht von ungefähr, daß Abaelard neben eine Anspielung auf das Matthäusevangelium ein Zitat des altrömischen Dichters Lukan setzt. Wenn er nach Laon kommt, will er die vertraute dialektische Methode auf biblische Texte anwenden lernen. Auch er will die Bibel verständlich machen, nur nicht im Zusammenhang der patristischen Tradition und nicht mit praktischem Ziel, sondern so, daß der Text durch systematische Diskussion seiner sprachlichen Zusammenhänge eindeutig definiert wird. Auf ähnlich philosophische Weise, nicht nur anhand der Bibel, möchte Abaelard das ethische Verhalten des Menschen begründen; auch über Ethik als eigenes Studiengebiet schreibt Abaelard das erste Standardwerk und gibt ihm den sokratischen Titel *Erkenne dich selbst!* Abaelard will im Grund dasselbe wie Anselm, den Weg vom geschriebenen Wort zum menschlichen Verhalten aufklären und festigen; aber der Primat der analytischen Erkenntnis, den Abaelard behauptet, führt in Laon zum Bruch. Abaelards kämpferisches Temperament fordert den Konflikt geradezu heraus; sein Lieblingswort »gewaltig« spricht Bände, um Nuancen sorgt er sich nicht.

Der Kampf wird weniger um abstrakte Prinzipien als um Studenten geführt. Sie haben sich in Anselms Methode eingearbeitet; Abaelard bescheinigt ihnen, fast ohne Ironie, daß ihr Seelenheil dabei gedeiht. Doch sie sind keine frommen Schafe, treiben gern Possen und spielen jede Mutprobe mit Feuereifer durch. Sie haben schon gelernt, die Sentenzen der Kirchenväter kritisch miteinander zu vergleichen, Fragen zu stellen und Einwände zu berücksichtigen: nur hängen sie an den alten Büchern der Ausleger und blicken gläubig zur Erfahrung ihres Meisters auf. Auch Abaelard ist aus der Bretagne nach Laon gereist, weil er den berühmtesten Fachmann hören will; aus demselben Grund kam Lotulf sogar aus Italien. Man studiert hier nicht, um Lehrstoffe zu beherrschen und Prüfungen abzulegen, man will Methoden des Redens und Verhaltens einüben; wenn Abaelard sie einleuchtender als Anselm darstellt, laufen die Studenten um die Wette zu ihm über. Sie besuchen die Domschule freilich nicht aus reinem Wissensdrang, denn Studierte können wie Anselm von Canterbury Karriere machen; Wilhelm von Champeaux wird 1113 Bischof von Châlons, Alberich von Reims 1136 Erzbischof von Bourges. Aber dafür sollte man sich an mehreren Schulen umgesehen haben, an einer veralteten jedenfalls nicht bleiben.

Anselm von Laon und seine Meisterschüler müssen den Triumph des Fachfremden verhindern, sonst ist es um ihren Zulauf geschehen. Der Domscholaster ist zudem für die im Bistum gelehrte Theologie verantwortlich. Doch den Siegeszug Abaelards kann er nicht bremsen; er setzt sich nur anderswo, in der Großstadt Paris fort. Dort werden sich im 12. Jahrhundert langsam institutionelle Ordnungen ausbilden, die der dialektischen Methode und ihrer scholastischen Lehrweise das Gehäuse geben; dann wird sich die Universität Paris konstituieren. Ihr Thema bleibt das von Abaelard angeschlagene: systematische Diskussion von Texten, um kritische Intelligenz zu wecken und zu üben. Aber wozu eigentlich? Für die Bewältigung des Alltags war die Methode Anselms von Laon nützlicher, die auf Herkommen und Erfahrung achtete und zu Seelenfrieden und Nächstenliebe führte.

Gelehrtes Verhalten ist für keinen mittelalterlichen Lebenskreis unmittelbar dienlich, wenn es die Geistlichen in Unfrieden stürzt und den Unfrieden draußen ignoriert. Kein Leser von Abaelards Buch kann ahnen, was Abt Guibert von Nogent ausführlich erzählt, daß Laon, eine Mittelstadt von ein paar tausend Einwohnern, im Jahr zuvor, 1112, eine andere Auseinandersetzung erlebt hat, den Freiheitskampf der Bürgerkommune gegen ihren Bischof, der dabei erschlagen wurde; Anselm von Laon verschaffte ihm wenigstens ein Begräbnis. Abaelard verhielt sich nicht ganz unpolitisch und pflegte Beziehungen zu König Ludwig VI. und zu Graf Theobald IV. von Blois; aber von der Auseinandersetzung zwischen König und Graf berichtet Abt Suger von Saint-Denis engagiert, Abaelard nicht einmal andeutungsweise. Gelehrsamkeit isoliert von Geschichte und Gesellschaft weit radikaler als Dichtung. Abaelard hat es schmerzhaft erfahren, daß er nirgends zu Hause ist, muß aber seinen Weg weitergehen. Selbsterkenntnis bringt das Hin und Her des Lebenslaufes in einen Zusammenhang; sie lehrt den Kritiker, sein früheres hochmütiges Verhalten zu revidieren und die Reaktionen der Mitmenschen für künftige Pläne nutzbar zu machen. Sie läßt ihn begreifen, daß er im permanenten Dialog seiner Mitmenschen keinen Monolog führen darf. Das eine macht ihn zum bedeutendsten Autobiographen, das andere zum einflußreichsten Lehrer des Jahrhunderts; beides stellt ihn mitten hinein in Geschichte und Gesellschaft.

DISZIPLIN

Die ältesten erhaltenen Statuten der Juristen-Universität Bologna von 1317/47 schrieben für den Studienbetrieb Lateinisch folgendes vor:

»Um vorteilhaft für diejenigen zu sorgen, die in Bologna studieren wollen, setzen wir fest, daß das Studium jedes Jahr am 10. Oktober beginnen muß, und zwar an diesem Tag, wenn kein Festtag ist, andernfalls am nächstfolgenden. Zuerst sollen die Dekretisten anfangen, am folgenden Tag, wenn kein Festtag ist, alle anderen. Zur Verschiebung des Studienbeginns haben Rektoren und Räte keine Befugnis; dafür können auch die Universitätsversammlungen keinesfalls auf Antrag eines Professors oder eines anderen einberufen werden. Wir wollen, daß nach der Rede des Dekretisten die Rektoren und Räte aufgrund ihres Eides und alle anderen Studenten aufgrund des Anstands sogleich bei der Dominikanerkirche zusammenkommen und dort die Messe zum Heiligen Geist mit Erwähnung der glorreichen Jungfrau (Maria) hören. ... Wir verfügen, daß die ordentlichen und außerordentlichen Professoren ihre Vorlesungen zusammenhängend halten und keine Ferien nach Belieben machen, sondern die Vorlesungen nur an denjenigen Tagen, dann aber ganz ausfallen lassen, die die Universität als Feiertage festsetzt und die durch den Generalpedell bekanntzumachen sind. ...

Weil es förderlich ist, den Professoren Dauer, Stunde und Verfahren für die Vorlesungen anzugeben, setzen wir fest, daß der erste Tag, an dem die Professoren nach dem Beginn des Dekretisten-Professors anfangen, ihnen bei den Punkten nicht angerechnet wird, wegen der Einleitung, auch wenn sie bis zum Text kommen. Auch der zweite Tag soll ihnen nicht angerechnet werden, wegen der Zeitnot, in die die Professoren durch die Verlesung der Statuten beim ersten Punkt kommen. Ferner verfügen wir, daß kein Professor des Kirchen- oder Zivilrechts seine Vorlesungen am Morgen anfangen darf, bevor die Glocke von San Pietro mit dem Primläuten aufgehört hat. Bevor sie aufhört, muß er in den Hörsälen oder deren Umkreis anwesend sein. Nachdem sie aufgehört hat, muß er sofort anfangen, bei Strafe von neun Bologneser Schilling für jeden Verstoß. Über das Ende des Terzläutens von San Pietro hinaus kann und darf er seine Vorlesung nicht halten, fortsetzen oder abschließen, auch keinerlei Erklärungen beim Lesen aufheben, um sie nach

diesem Glockenzeichen noch zu verbessern, vorzulesen oder abzuschlie-
ßen. Auch alle Studenten müssen sofort hinausgehen, bei Strafe von zehn
Schilling für jeden Verstoß und jeden Betroffenen. Die außerordentlichen
Professoren, die zur Nonzeit lesen, sollen erst anfangen, wenn das Non-
läuten bei San Pietro zu Ende ist, und bis zum Karneval sollen sie beim
Vesperläuten hinausgehen. In der Fastenzeit aber sollen sie hinausgehen,
wenn bei den Dominikanern zum Essen geläutet worden ist. Ausgenommen sind die außerordentlichen Vorlesungen über das Neue Digest oder
das *Infortiatum,* die danach in angemessener Frist noch abgeschlossen
werden können. Nach Ostern sollen sie am Ende des zweiten Läutens
hinausgehen. Wenn sie an einem Fasttag oder aus anderem Grund zur
Terzzeit hineingehen, müssen sie zur Nonzeit hinausgehen.

Wir setzen auch fest, daß alle aktiven Professoren unmittelbar nach
der Lesung eines Kapitels oder Gesetzes die Erläuterungen lesen müssen,
wenn nicht der Zusammenhang der Kapitel oder Gesetze ein anderes
Vorgehen empfiehlt; die Entscheidung darüber binden wir ihnen auf ihr
Gewissen, durch den Eid, den sie geleistet haben. Bei der Entscheidung,
ob sie sie nicht lesen, sollen sie dem Geschrei der Studenten nicht
nachgeben. Jetzt setzen wir fest, daß die ordentlichen und außerordentlichen Professoren bis zu den neu abgeschätzten Punkten kommen müssen, nach dem unten beschriebenen Verfahren. Und damit sie die Punkte
richtig einhalten, bestimmen wir, daß jeder ordentliche Professor des
Kirchen- oder Zivilrechts in den 15 Tagen vor dem Michaelsfest (29. 9.)
bei einem von den Rektoren auszuwählenden Bankier 25 Bologneser
Pfund hinterlegen muß. (Es folgen Angaben über die Höhe der Buße für
jeden nicht erreichten Punkt und über die Abführung der Bußgelder.)
Wir verfügen, daß die Professoren am Ende jedes Punkts den Studenten
den Abschnitt ankündigen müssen, mit dem sie weitermachen werden;
mit dem Abschnitt, den sie angefangen haben, müssen sie bis zum Ende
des Punktes fortfahren. Wenn es nützlich erscheint, wegen des Vergleichs
von Erläuterungen oder Texten, einen Abschnitt der Vorlesung mit einem
anderen Abschnitt zusammenzunehmen, muß das der Professor den
Studenten in der vorangehenden Vorlesung sagen, damit sich diejenigen
darauf vorbereiten können, die das wollen, bei Strafe von fünf Bologneser Schilling für den zuwiderhandelnden Professor bei jedem Verstoß.
Wir befehlen, daß dieses Statut zu Studienbeginn in den einzelnen
Hörsälen bekanntgegeben wird.

Weil die Studenten das, was die Professoren nicht lesen, meistens nicht wichtig nehmen und infolgedessen nicht wissen, setzen wir fest, daß bei den Punkten kein Professor ein Kapitel, eine Dekretale, ein Gesetz oder einen Paragraphen übergehen darf. Wenn er es getan hat, muß er das Ausgelassene beim folgenden Punkt nachholen. Wir setzen ferner fest, daß nichts Schwieriges, sei es Dekretale oder Dekret, Gesetz oder Paragraph, bis zum Ende der Vorlesung aufgehoben wird, wenn durch solche Verschiebung die Wahrscheinlichkeit eintritt, daß das Glockenzeichen zum Hinausgehen die Erledigung des Abschnitts verhindert.«

»Wir« – das ist eine Kommission aus einem Professor und 14 studentischen Räten. Der Professor ist der berühmte, Petrarca nahestehende Kirchenrechtler Johannes Andreae, der die Statuten zusammenstellt und noch bei ihrer Revision 30 Jahre später gefragt wird; im Jahr danach, 1348, stirbt er fast 80jährig – an der Pest. Die weniger zählebigen Räte setzen sich paritätisch aus beiden Universitäten zusammen, nämlich den Studentenverbänden »Diesseits der Berge« und »Jenseits der Berge«. Unter den sieben italienischen Studenten des ersteren befindet sich kein Bolognese, dafür ein regierender Bischof aus dem Grafenhaus Collalto, ein nachmaliger Bischof aus der Mailänder Visconti-Dynastie, ein Prior aus der Florentiner Bankiersfamilie Bardi. Bei den nordalpinen Ausländern fungieren Erzdiakone, Domherren, Domscholaster aus England, Frankreich, Schweiz, Schlesien und Ungarn. Diese Studenten sind Herren in Amt und Würden, mit dem Adelsprädikat *Dominus* anzureden, vermutlich in reifem Alter stehend. Sie studieren in Bologna zur speziellen Weiterbildung für ihre Laufbahn und haben die Elementarausbildung in den Freien Künsten hinter sich. Fächer der Theologie und Philosophie finden nur am Rand Platz, bei den Dominikanern, in deren Konvent der Ordensgründer begraben liegt. An den Universitäten von Bologna obliegt man vielmehr der vornehmsten und im Spätmittelalter wichtigsten Wissenschaft, der Jurisprudenz.

Sie gliedert sich in zwei Fachbereiche, die miteinander verzahnt, aber je eigenen Professoren zugewiesen sind, kanonisches Kirchenrecht und römisches Zivilrecht. Letzteres wird in Bologna seit über zweihundert Jahren anhand des justinianischen *Corpus iuris civilis* erforscht und gelehrt; im Mittelpunkt stehen die Digesten, eine Sammlung römischen Juristenrechts, die auf drei Lehrveranstaltungen aufgeteilt ist: das Alte

Digest (Buch 1 bis 24, 2), das vormittags in den ordentlichen Vorlesungen behandelt wird, das *Infortiatum* (Buch 24, 3 bis 38, 3) und das Neue Digest (Buch 38, 4 bis 50), die am Nachmittag in außerordentlichen Vorlesungen gelehrt werden. Der kirchenrechtliche Unterricht stützt sich auf das *Corpus iuris canonici;* dessen Kern ist das um 1140 in Bologna durch Gratian zusammengestellte *Decretum,* das von den Dekretisten vorzutragen ist. Hinzu kommen Kodifikationen späterer päpstlicher Entscheidungen, die Dekretalen, in mehreren Büchern. Auch hier werden die ordentlichen Teile vormittags, die außerordentlichen nachmittags gelesen.

Beide Corpora sind keine Gesetzbücher, sondern unübersichtliche Sammlungen von Grundsatz- und Einzelentscheidungen; sie wurden von Justinian und Gratian angelegt, um in den Wirrwarr eine halbwegs systematische Ordnung zu bringen. Aber als Rechtslehrbücher sind sie nur verwendbar mit Erläuterungen, »Glossen«, die auf Parallelen und Gegenmeinungen hinweisen und Einzelfälle verallgemeinern oder eingrenzen. Für das römische Recht liegt die *Glossa ordinaria* seit dem frühen 13. Jahrhundert vor; für die neuesten Dekretalensammlungen hat soeben Andreae die maßgebenden Glossen verfaßt. Damit sind zwei Jahrhunderte rechtswissenschaftlicher Exegese abgeschlossen; die Fächer lassen sich zusammenhängend und übersichtlich lehren. Das tut Bologna in dem Augenblick, als man sich andernorts von der Glossierung autoritativer Texte abwendet zu systematisch geordneten Kommentaren, die überdies derzeit geltendes, etwa kommunales Recht stärker berücksichtigen. Junge Universitäten, die die Wendung von der scholastischen Theorie zur Rechtspraxis fördern, machen Bologna den Vorrang in der Jurisprudenz streitig; sogar die *Gesta Romanorum* haben inzwischen sitzenden Juristen mit Buch reitende Richter mit Zuchtrute beigegeben. Was Bologna gegen solche Neuerungen unternimmt, heißt Disziplin.

Die Zahl der Bologneser Studenten ist wegen auswärtiger Verlockungen rückläufig; schon zwei Menschenalter vor Andreae schwärmten Professoren von alten Zeiten, als Tausende zu ihren Füßen saßen. Einige Tausend sind es aber immer noch, vor allem Ausländer, in deren Heimat keine Universität besteht. Die Zahl der Professoren ist ebenfalls geschrumpft. Nicht jeder Promovierte hält weiter Vorlesungen, zumal die alte Sitte aus der Mode kommt, daß der Dozent von Hörgeldern seiner Schüler lebt. Bologneser Professoren erhalten von der Stadtgemeinde festes Gehalt, 100 Pfund oder mehr im Jahr. Andreae, der bettelarm angefangen hatte, ist davon reich geworden. Solche besoldeten Stellen sind begehrt und selten; im späten 14. Jahrhundert vergibt Bologna sechs für Kirchenrechtler, zwölf für Zivilrechtler. Andreae, Vater von sieben ehelichen und einigen anderen Kindern, sorgt für seine Sippe und bringt einen Sohn und einen Schwiegersohn auf Lehrstühlen am Ort unter. Die meisten Professoren sind wie Andreae Bürger der Stadtgemeinde, Haus- und Grundbesitzer; sie lesen in ihren Wohnungen oder Mietshäusern, denn eigene Gebäude besitzt die Universität, eine Vereinigung auswärtiger Studenten, noch nicht. Nur Vollversammlungen finden in der Dominikanerkirche statt.

Weil Professoren und Studenten verschiedenen Gemeinden angehören, ist der Unterricht unpersönlich. Eigene studentische Aufpasser kontrollieren die Einhaltung der Statuten; jeder Verstoß kostet Professoren und Studenten Geld. Noch regiert nicht der Uhrzeiger; die Vorlesungen, die je zwei bis drei Stunden dauern, richten sich nach den Domglocken und dem kirchlichen Rhythmus der Gebetsstunden und Festzeiten. Aber von klösterlicher Beschaulichkeit merkt man in der 60 000 Einwohner zählenden Großstadt nicht viel. Zeit, Geld, Effizienz beherrschen das Studium. Der Professor hat jeweils binnen 14 Tagen den nächsten Punkt zu erreichen, das heißt einen festgesetzten Abschnitt im Rechtstext; er liest vom 11. Oktober bis zum 8. September wie eine Maschine, oft im Zweijahrestakt. Die Studenten haben nicht viel Zeit, im Hörsaal Geschrei zu machen; sie besuchen die Vorlesungen der Reihe nach, mehrere nebeneinander, dazu nachmittags Repetitionen, die einzelne Punkte des Stoffes gründlich vornehmen, außerdem Disputationen. Ferner müssen sie in höheren Semestern, was Abaelard nicht durfte, eigene Lehrveranstaltungen halten. Wenn sie sechs bis zehn Jahre lang die verschiedenen Fächer gehört und gelehrt haben, machen sie das gefürchtete Doktorexamen und entschwinden. Am Ort bleibt das Kollegium der Professoren, das bei Prüfung der Studenten und Ergänzung des Lehrkörpers freie Hand behält, ansonsten aber unter strenger studentischer Kontrolle steht.

Trotzdem ist die Universität Bologna eine Gemeinschaft wie die Domschule von Laon, sogar mit weniger Spannungen, denn Abläufe, Methoden und Themen sind genau geregelt. Überraschungen sind verboten; die Statutenänderungen 1347 bleiben geringfügig, noch in die Neufassung von 1432 werden unsere Abschnitte teilweise wörtlich, nur mit weiteren

Präzisierungen übernommen. Warum kann eine solche Menschenmaschine so lange funktionieren? Drei Ursachen tragen dazu bei. Erstens ist die Universität eine Gemeinschaft auf Termin, an der die meisten Mitglieder nur einige Jahre teilhaben. Der Faktor Zeit wirkt in Gestalt von Stundenplänen, nicht von Generationskonflikten. Texte und Methoden sind von geschichtlichen Bedingungen gereinigt; wenn Bologneser Juristen »heute« sagen, meinen sie manchmal die Zeit Kaiser Justinians vor acht Jahrhunderten. Zweitens ist die Universität eine spezialisierte Gemeinschaft, sie kümmert sich nicht um Familie und Versorgung des Professors, um nationale und ständische Herkunft des Studenten, sondern ausschließlich um systematische Ergründung vorgegebener lateinischer Texte. Diese Methode prägt einen Menschentyp der Sachlichkeit, der für Scherze des Professors Boncompagno und Emotionen des Studenten Abaelard nur müdes Lächeln übrig hätte. Drittens ist die Universität als Lehrstätte des Rechts das Muster einer rechtlich selbständigen Institution. Bei der Formulierung der Statuten sprechen päpstlicher Stadtherr und Bischof, Kaiser und Stadtgemeinde nicht mit; die Universität ist wohl die autonomste Einrichtung des Mittelalters. Für jeden Intellektuellen ist diese Herauslösung aus Geschichte und Gesellschaft verlockend, aber Selbstzweck ist sie nicht. Zu der unerhörten Freiheit nach außen gehört rabiate innere Disziplin. Für das immer schwieriger werdende Zusammenleben der Menschen in Gemeinden und Verbänden bietet juristische Schulung die besten Chancen übersichtlicher Ordnung; wie Andreae für Bologna wichtige politisch-juristische Missionen übernimmt, so tun es seine Schüler nach dem Examen in ihren Diözesen und Kommunen. Der vorübergehende Rückzug aus Geschichte und Gesellschaft dient auf lange Sicht den historischen und sozialen Erfordernissen des Spätmittelalters.

GELEHRTE

Das Spektrum mittelalterlicher Gelehrsamkeit wird durch den Philosophen Abaelard und den Juristen Andreae nicht in der ganzen Breite dargestellt. Im Lebenskreis der Bauern und Adligen gedeihen die Wissenschaften freilich schlecht, denn sie brauchen Schutz und Muße; um so häufiger finden sie an Fürstenhöfen Raum, wo der Philologe Alkuin und der Arzt Petrus Alfonsi leben. Am meisten Platz bieten geistliche Gemeinschaften, für Bischöfe wie Isidor von Sevilla und Thomas Basin, für Mönche wie Beda und Thomas von Aquin. Trotzdem vertragen sich die Erfordernisse gelehrten Verhaltens schlecht mit bischöflicher Aktivität und mönchischer Inbrunst; Anselm von Canterbury und Bonaventura mußten es erfahren. Deshalb schält sich aus geistlichen Institutionen allmählich ein eigener Lebenskreis der Gelehrten heraus, und für ihn und seine Geschichte sind Abaelard und Andreae repräsentativ.

Das Leben Abaelards war geistlich, ja mönchisch, fügte sich jedoch nicht mehr in den Rahmen der Askese; die Liebe zu Heloise kündigt eine Diesseitigkeit gelehrten Lebens an, die vom institutionellen Rahmen der Domschule kaum mehr gehemmt wird. Das 12. Jahrhundert fragt nach dem Eigenwert des Menschen; deshalb werden philosophische Texte und Methoden bevorzugt, Bildungsziel ist der geformte Charakter. Abaelards Autobiographie drückt nach Form und Inhalt dieses Streben aus. Gelehrsamkeit ist Bildung, mündliches Gespräch zwischen einem erfahrenen Lehrer und einer überschaubaren Zahl persönlicher Schüler; sie benötigen wenig Bücher, keine Gebäude und Satzungen. Der originelle, auch eitle Gelehrte zieht durch seine Persönlichkeit Schüler aus vielen Ländern und Schichten an; sie zählen wie der ritterliche Archipoeta und noch der Bauer Robert de Sorbon nicht alle zu den Reichen und erwarten nicht alle eine akademische Stellung. Aber sie versorgen wirtschaftlich ihren Lehrer, ziehen ihm wohl auch nach, wenn er den Standort wechselt. Die Lebensgemeinschaft mit seinen Schülern trägt den unsteten Gelehrten.

Andreae ist Laie, Familienvater, von der Gemeinde besoldet. Er braucht eine umfangreiche, kostspielige Bibliothek und hat das Wanderleben der Scholaren aufgegeben. Wie er sind seine Studenten meist wohlsituierte Männer, nicht mehr aus allen Schichten, vorerst noch aus vielen Ländern. Im Lauf des 14. Jahrhunderts verliert die Gemeinschaft der Lehrenden und Lernenden allerdings ihren internationalen Zuschnitt, begibt sich in den Dienst von Fürsten und Kommunen und bildet lokale Eliten aus. Das 14. Jahrhundert fragt vor allem nach den Beziehungen zwischen den Menschen; infolgedessen stehen juristische Methoden und Texte im Mittelpunkt, Bildungsziel ist der spezialisierte Fachmann. Andreaes Statuten spiegeln diese Tendenz in Schreibweise und Gedankengang. Gelehrsamkeit ist Ausbildung, Einübung sachgerechten Denkens nach Stundenplan. Der nüchterne, mitunter farblose Gelehrte gehört

62 Der Psalmist mit der Bibel

63 Rechtsgelehrte beim Studium

einem Kollegium an, in dem persönliche Rivalitäten durch Arbeitsteilung neutralisiert sind. Die Schüler bilden ihre eigene gegliederte Korporation; ihre Zusammenarbeit mit den Lehrern ist zeitlich und inhaltlich beschränkt.

Abaelard und Andreae stehen also am Anfang und am Ende einer Entwicklung, die den Gelehrten zum Lehrer macht und ihn gleichzeitig in eine eigene Gemeinschaft mit den Lernenden zieht. Beda hingegen dient seiner Abtei, Levold von Northof seinem Domkapitel nicht allein als Lehrer und Gelehrter. Die Universität ist zwar, ähnlich wie ein Mönchsorden, ein freiwilliger Zusammenschluß von Menschen, die sonst nicht an einem Ort zusammenkämen; aber sie fordert und formt die Menschen, die sie erzieht, weniger umfassend als geistliche Gemeinschaften sonst. Freilich greift sie durch intellektuelle Zucht und internationale Anziehungskraft auch über alle lockeren Bruderschaften und Bünde hinaus. Von der Umgebung distanziert sie sich am schärfsten dadurch, daß ihre Ränge nicht nach Herkunft und Reichtum, sondern nach geprüfter intellektueller Leistung vergeben werden und daß ihre Angehörigen wirtschaftlich nicht produktiv sind, sondern nur konsumieren. Zwischen der äußeren Abhängigkeit von geistlicher Pfründe oder städtischem Gehalt und dem Selbstbewußtsein des Originalgenies oder der Körperschaft zeigt sich jene Spannung, die mittelalterliche Gelehrsamkeit überhaupt kennzeichnet.

Sie ist erstens sprachlich orientiert. Zum Gelehrten wird man durch Sprachunterricht erzogen; als Gelehrter erzieht man durch Vorlesung. Sprachloser Schmerz, namenlose Freude, wortlose Geste, unbenennbare Stimmung sollen das Verhalten nicht beherrschen. Alles, was ist, muß sich aussprechen lassen. Bei dieser Betonung umständlichen Redens kommt das entschiedene Zupacken zu kurz; König Alfons der Gelehrte ist darüber gescheitert. Auf Veränderung der Lebensbedingungen und Gestaltung einer besseren Zukunft ist diese Gelehrsamkeit nicht bedacht. Sie ist zweitens lateinisch orientiert, das heißt auf eine Sprache der Vergangenheit, die jedoch nicht als geschichtliche Stufe, sondern als klassisches Vorbild gilt. Was Boethius für die Philosophie, das ist Justinian für die Jurisprudenz; wenn Dante über die Sprache seiner Tage schreiben will, tut er es in der Sprache Ciceros. An der Universität Paris können spanische mit dänischen Gelehrten diskutieren, aber sie sprechen über spekulative Grammatik. Auf Erkenntnis geschichtlicher Wandlungen und Unterschiede ist diese Gelehrsamkeit nicht erpicht. Sie ist drittens scholastisch orientiert, das heißt auf schulmäßige Einübung genormter Methoden festgelegt, die alle Lebenserfahrung auf allgemeine Begriffe bringt. Bonifatius kann über seinen Widersacher nicht reden, ohne ihn als biblischen Typ zu klassifizieren; Bonaventura ordnet seine franziskanischen Erlebnisse einem Satz von Dasein und Nichtsein unter. Das Besondere und Konkrete kommt dieser Gelehrsamkeit nicht nahe.

Und doch kann diese Distanzierung vom geschichtlichen und gesellligen Alltag dort wirksam werden, wo sie Menschen bildet. Dann lehrt sie hinter dem Chaos der Einzelheiten, Entwicklungen und Bedingungen auf Zusammenhänge achten, die sich allmählich geschichtlich verwirklichen können. Die Gefahren gelehrten Verhaltens zeigen sich in der selbstgefälligen Diskussion der Koryphäen ebenso wie in der opportunistischen Disziplin nach Diktat. Gelehrte führen ein sekundäres, unverbindliches Leben; ihre Texte haben, wie man seit Kosmas von Prag öfter sagt, eine Nase aus Wachs, die sich nach Willkür biegen läßt. Aber wenigstens die bedeutenden Gelehrten, Abaelard und Andreae so gut wie Beda und der norwegische Königsspiegel, wissen, daß sie weniger durch ihre Bücher als durch ihre Schüler wirken.

ZÖGLINGE

Um 990 verfaßte der englische Benediktiner Aelfric Grammaticus für seine Klosterschüler in Winchester oder Cerne bei Dorchester ein lateinisches *Kolloquium,* von dem hier Anfang und Schluß wiedergegeben sind:

»Wir Jungen bitten dich, Lehrer, daß du uns richtig Latein reden lehrst, denn wir sind ungelehrt und reden fehlerhaft. – Worüber wollt ihr denn reden? – Was kümmert es uns, worüber wir reden, wenn es nur eine richtige und nützliche Rede ist, nicht dummes oder schlimmes Zeug. – Wollt ihr beim Unterricht geschlagen werden? – Es ist uns lieber, daß wir geschlagen werden, damit wir etwas lernen, als daß wir nichts können. Aber wir wissen, daß du sanft bist und uns keine Schläge geben willst, außer wenn wir dich dazu zwingen. – Nun frage ich dich, worüber willst du mit mir reden? Was ist deine Arbeit? – Ich bin ein Mönch, der die Gelübde abgelegt hat, und singe jeden Tag die sieben Stundengebete mit den Brüdern und bin mit Lektüre und Gesang beschäftigt, aber zwischendurch möchte ich doch in lateinischer Sprache reden lernen. – (Es folgt eine Diskussion über andere Berufe; der Lehrer beschließt sie:) Ob du Priester bist oder Mönch, Laie oder Krieger, übe dich darin und sei, was du bist. Denn es ist ein großer Schaden und eine Schande für den Menschen, wenn er nicht sein will, was er ist und was er sein soll. Nun, Jungen, wie gefällt euch dieses Gespräch? –

Es gefällt uns schon gut, aber du sprichst sehr tiefgründig und redest über unsere Altersstufe hinweg; sprich doch nach unserer Einsicht mit uns, daß wir verstehen können, was du sagst. – Dann frage ich euch, warum ihr so fleißig lernt. – Weil wir nicht wie die dummen Tiere sein wollen, die nichts kennen als Gras und Wasser. – Und was wollt ihr sein? – Wir wollen weise sein. – In welcher Weisheit? Wollt ihr wetterwendisch sein, tausendfältig im Lügen, schlau im Reden, schlau, verschlagen, schön redend und übel denkend, süßen Worten ergeben und im Innern Arglist nährend, wie ein Grab mit aufgemalter Fassade, innen voller Gestank (Matthäus 23, 27)? – Solche Weise wollen wir nicht sein, denn der ist nicht weise, der sich durch Verstellung selbst betrügt. – Und wie wollt ihr sein? – Wir wollen einfach sein ohne Heuchelei und weise, um das Böse fernzuhalten und das Gute zu tun. Aber du redest auch jetzt noch zu tiefgründig mit uns, als daß unsere Altersstufe es fassen könnte; sprich doch auf unsere Art mit uns, nicht so tiefgründig! –

Ich will tun, wie ihr es erbittet. Du, Junge, was hast du heute gemacht? – Viel habe ich getan. Heute nacht, als ich das Zeichen hörte, stand ich vom Bett auf und ging hinaus in die Kirche und sang mit den Brüdern die Nokturn. Danach sangen wir die Litanei von allen Heiligen und das Morgenlob, nachher die Prim und die sieben Psalmen mit den Litaneien und die Frühmesse. Dann die Terz, und wir feierten die Tagesmesse. Nachher sangen wir die Sext und aßen und tranken und schliefen, und wieder standen wir auf und sangen die Non, und jetzt sind wir hier bei dir und bereit zu hören, was du uns sagen willst. – Wann wollt ihr Vesper und Komplet singen? – Wenn es Zeit ist. – Bist du heute geschlagen worden? – Nein, denn ich habe mich vorsichtig verhalten. – Und wie steht es mit deinen Genossen? – Was fragst du das mich? Ich traue mich nicht, dir unsere Geheimnisse zu verraten. Jeder weiß selber, ob er geschlagen wurde oder nicht. –

Was ißt du den Tag über? – Jetzt esse ich noch Fleisch, weil ich ein

Junge bin, der unter der Rute lebt. – Was ißt du außerdem? – Kohl und Eier, Fisch und Käse, Butter und Bohnen, überhaupt alles Saubere esse ich und sage Dank dafür. – Da bist du sehr gierig, wenn du alles ißt, was dir vorgesetzt wird. – So gefräßig bin ich nicht, daß ich alle Arten von Speisen bei einer einzigen Mahlzeit essen kann. – Aber wie machst du es denn? – Manchmal esse ich von dieser Speise, manchmal von einer anderen, immer mit Maßen, wie es sich für einen Mönch gehört, nicht mit Gefräßigkeit, denn ich bin kein Schlemmer. – Und was trinkst du? – Bier, wenn ich es habe, oder Wasser, wenn ich kein Bier habe. – Trinkst du denn keinen Wein? – So reich bin ich nicht, daß ich mir Wein kaufen kann; Wein ist auch kein Getränk für Jungen und Dumme, sondern für Greise und Weise. – Wo schläfst du? – Im Schlafsaal mit den Brüdern. – Wer weckt dich zur Nokturn? – Manchmal höre ich das Zeichen und stehe auf; manchmal weckt mich mein Lehrer unsanft mit der Rute. –

Nun, ihr tüchtigen Jungen und liebenswerten Schüler, euer Erzieher ermahnt euch: Gehorcht den heiligen Regeln der Zucht und benehmt euch anständig an jedem Ort! Geht gutwillig hin, wenn ihr die Kirchenglocken hört, und zieht hinein zum Beten; verbeugt euch demütig vor den heiligen Altären und stellt euch ordentlich auf; singt einträchtig miteinander und betet für eure Fehler; zieht dann ohne Unfug wieder hinaus zum Kloster oder zur Schule!«

Dies ist keine Tonbandaufnahme eines zufällig erlauschten Nachmittagsgesprächs der Schüler mit ihrem Lehrer. Aelfric stellt nämlich Fragen, deren Antwort er besser als die Schüler kennt. Er läßt seine Zöglinge keinen Augenblick allein, von der Nokturn, im Winter etwa um 2 Uhr nachts, bis zur Komplet, gegen 19 Uhr abends. Er betet und singt mit ihnen in der Kirche, ißt mit ihnen im Speisesaal, erteilt ihnen zweimal täglich mehrstündigen Unterricht und ist der einzige, der sie schlagen darf. In Wirklichkeit ist der »Dialog« vom Lehrer allein verfaßt und dient einem doppelten Zweck: Die Schüler sollen lernen, korrekt Latein zu reden und sich wie Mönche zu verhalten. Der Lehrer sagt ihnen ihre Rollen vor, sie schreiben sie auf und lernen sie auswendig; dann wird das Gespräch wie ein Theaterstück aufgeführt – ein Hörspiel, wenn man so will, kein Interview.

Freilich kann Aelfric den Klosterschülern, die sieben bis 15 Jahre alt sind, nur Sätze in den Mund legen, die ihrer Altersstufe und ihrer Rolle im Kloster nicht widersprechen, denn er muß sie zur Verinnerlichung und Vertiefung des Vorgesagten bewegen und ihren Horizont und Sprachschatz zugrunde legen, wenn er ihn erweitern will. Wahrscheinlich gab er zu den lateinischen Sätzen mündlich altenglische Erläuterungen; er schrieb auch die Vorreden seiner gelehrten Bücher gern zweisprachig, auf König Alfreds Spuren. Ein anderer Klosterlehrer verfertigte im frühen 11. Jahrhundert zu Aelfrics lateinischem Text eine altenglische Übersetzung, wieder für die Hand des Lehrers. Das Verfahren war im Klosterunterricht üblich; süddeutsche Schulen benutzten im späten 8. Jahrhundert lateinisch-althochdeutsche Paralleltexte aus der Benediktsregel, ebenfalls um Neulingen die lateinische, mönchische Lebensform nahezubringen.

Ungewöhnlich ist das Geschick, mit dem Aelfric auf jugendliche Gemüter eingeht. Sie sind in den festen Tageslauf des Klosters eingespannt, feiern Gottesdienste, Chorgebete und Mahlzeiten des Konvents mit, halten nicht länger Mittagsschlaf als die Erwachsenen, und während diese arbeiten, haben die Jungen Unterricht. Für Freizeit und Spiel bleibt fast keine Zeit. In eine solche Gemeinschaft kann sich ein Kind nur dann ohne Schaden einleben, wenn es einem eigenen Bund der Gleichaltrigen zugewiesen wird, der Korpsgeist entwickelt. Nur selten spricht unser Schüler in der Einzahl; »ich bin ein Mönch«, das gilt für die anderen auch. Sonst herrscht das »Wir«, aus dem keiner vorlaut heraustritt. Aelfric billigt offenbar die Regel, daß keiner aus der Schule plaudert, auch dem Lehrer gegenüber. Die Jungen lügen nicht, aber sie haben ihre Geheimnisse. Sie dürfen sogar den Lehrer kritisieren, wenn er zu erwachsen redet, und duzen ihn wie ihresgleichen. Sie sind ja schon Brüder der erwachsenen Mönche, sogar mit Vorrechten wie Fleischkost, freilich auch mit Unarten. Sobald der Lehrer wegsieht, wird selbst in der Kirche Unfug getrieben, und dann setzt es Schläge; aber die Strafe trifft den einzelnen Missetäter, selten die Gruppe.

Ihr Platz im Kloster muß den Kindern als außergewöhnlich erscheinen. Alle anderen sollen bleiben, was sie sind; Klosterschüler sollen wachsen. Sie kommen aus Laienkreisen, in denen Lebensunterhalt, »Gras und Wasser«, wichtiger als Bildung ist. Aelfric erinnert sie an die Berufe draußen, an Bauern, Hirten, Jäger, Fischer, Schuster, Bäcker, Köche, Schmiede, Zimmerleute; auch im Kloster müssen Arbeiten wie Karlmanns Küchendienst getan werden. Doch über weltliche Sorgen sollen die Kinder nicht nachdenken, sich keinen Extrawein kaufen, selbst wenn sie es können. Jetzt sind sie noch ungelehrt und dumm, aber nicht mehr lange. Aelfric sagt ihnen zweimal, also mit voller Absicht, Sätze, die sie nicht verstehen, und legt ihnen nahe, daß Einsicht nur eine Frage der Übung und des Alters ist. Einmal werden sie alt und weise sein, so weise, wie es sich König Alfred wünschte. Der Weg dahin ist hart, aber einfach; er führt über Sprachlehre und Liturgie. Der Mönch lernt richtig Latein sprechen, fehlerfrei, in der Aussprache klar, in der Konstruktion sauber. Er braucht dieses Latein täglich beim Gebet und beim Umgang mit Brüdern. Im Kloster wird nicht leise gelesen oder gebetet, sondern vernehmlich, das heißt gemeinsam. Der Mönch konstruiert auch sein Verhalten unter Mitmönchen so einfach und ohne Heuchelei, daß zwischen Lebensform und Eigenwillen kein Mißklang bleibt.

Das Streben nach diesem Ziel zu wecken, ist Aelfrics oberste Absicht. Sein Text zeugt selbst für die Neublüte benediktinischen Klosterlebens in England seit dem späten 10. Jahrhundert. Man mußte nach den Wikingereinfällen wieder einmal von vorn beginnen, wie Beda drei Jahrhunderte zuvor; aus einer verrohten Umwelt, in der zur selben Zeit die Schlacht bei Maldon stattfand, mußte man Menschen herausziehen, die nicht im Alltag untergingen. Der mönchische Alltag barg andere Gefahren als der weltliche, besonders für Kinder, die als »Oblaten« in zartem Alter von ihren Eltern dem Mönchtum geweiht worden waren. Sie brauchten sich für das Kloster nicht zu entscheiden und kannten bald nichts anderes mehr. Leicht wurden sie satt und bequem, ließen andere für sich arbeiten und sonnten sich in ihrer geistlich-gelehrten Würde – lateinische Verse zum Wein. Daß Klosterschüler dabei nicht stehenbleiben dürfen, prägt ihnen Aelfric ein: Sie müssen mit den Arbeitenden draußen ein prosaisches Kolloquium führen, den anderen sagen, was sie sind, und selber ein Leben lang unterwegs bleiben. Denn der Mönch ist ein Zögling.

STREBER

Am 13. August 1363 entschied Papst Urban V. in Avignon über die Bittschrift eines spanischen Klerikers. Man weiß über den Fall nur, was das päpstliche Supplikenregister enthält:

»Eurer Heiligkeit bringt Euer ergebener Alfonso Pérez von Astudillo, Subdiakon im Bistum Palencia und im Kirchenrecht graduiert, folgende

Bitte vor. Früher studierte er zusammen mit anderen Gefährten und Scholaren an den Schulen in der Stadt Palencia und befolgte nach der Gewohnheit der Studienanstalt die Regel, mit ihnen Latein zu sprechen. Der Bittsteller hatte das Amt inne, die Einhaltung dieser Regel zu überwachen; und wenn einer von den erwähnten Scholaren in der Muttersprache redete, mußte er dafür einen bestimmten Geldbetrag als Buße zahlen. Eines Tages zeigte nun der Bittsteller einen der vorgenannten Gefährten an, weil er in der Muttersprache redete. Ein anderer von diesen Scholaren kam dazu und tadelte den Bittsteller, er solle niemanden anzeigen. Der Bittsteller antwortete, er glaube nichts Unrechtes zu tun, weil er mit der Überwachung dieser Regel beauftragt worden sei; unbeschadet der Rede des anderen werde er niemanden bei einer derartigen Anzeige ausnehmen. Der Tadler jedoch hielt sich nicht in seinen Grenzen; vom bösen Feind angestiftet, zückte er plötzlich ein Schwert und wollte den Bittsteller töten. Doch der Bittsteller hielt den linken Arm als Schutzschild vor den Kopf, wurde aber beim ersten Streich an der linken Hand verstümmelt.

Da der besagte Bittsteller sich bei den geschilderten Vorfällen sonst nichts zuschulden kommen ließ, bittet er Eure Heiligkeit darum, unbeschadet des vorgenannten Defektes barmherzig verfügen zu wollen, daß er eine einfache Stelle, gegebenenfalls auch an einer Bischofskirche, übernehmen und behalten darf, wenn sie ihm ansonsten ordnungsgemäß übertragen wird. Eure Heiligkeit hat neulich (dem Bittsteller) an der Kirche von Astudillo im genannten Bistum eine einfache Stelle, die gewöhnlich Patrimonialstelle heißt, im Wert von acht Goldgulden und ferner an der Kirche Santa Maria von Montoro im Bistum Córdoba eine zweite einfache Stelle reserviert; sie wird hoffentlich frei, sobald Juan Fernández von Valdearnedo den Besitz eines ganzen Anteils an der Kirche von Burgos unangefochten erlangt hat. Der Bittsteller ist bereit, auf alle diese Stellen gänzlich zu verzichten, wenn er den unangefochtenen – usw. und mit den sonstigen angemessenen Klauseln; auf diese Patrimonialstelle freilich nur mit päpstlichem Befehl, wenn anderweitig für den Bittsteller gesorgt worden ist.

Genehmigt, aber nicht an einer Bischofskirche. B. Ohne weitere Lesung. Genehmigt. B. Gegeben in Avignon, 13. August, Jahr 1.«

Der Lebensplan des Alfonso Pérez ist ohne viel Phantasie zu rekonstruieren. Gebürtig ist er aus Astudillo, einem der kastilischen Krone gehörigen Dorf knapp 30 Kilometer nordöstlich der Bischofsstadt Palencia. Daß er dem kleinen Landadel entstammte, ist nicht auszuschließen, aber eher war er ein braver Bauernjunge, dessen Talente dem Dorfpfarrer auffielen. Ausgebildet wurde er entweder im Pfarrhaus, so wie es bei Ensfrid in Siegburg üblich war, oder gleich an der Domschule. Hochschulbildung war allerdings für die Priesterweihe nicht nötig, das Weihe-Examen war milde, der Bildungsstand spätmittelalterlicher Landpriester entsprechend niedrig. Als Alfonso in Palencia Kirchenrecht studierte, ging sein Ehrgeiz jedenfalls weiter. Das Studium von Gratians *Decretum,* Teil I, Abschnitt 38 bestätigte ihm, was er schon wußte, daß kirchenrechtliche Ausbildung zu höheren Kirchenämtern befähigte. Palencia war dafür der nächstgelegene, nicht der beste Platz. Diese Mittelstadt erlebte zwar seit 1321 den Neubau ihrer Kathedrale, fiel aber sonst, auch als Bildungsstätte, weit hinter die größeren Nachbarstädte Valladolid und Salamanca zurück. Die Domschule von Palencia war einmal berühmt gewesen; an ihr hatte der heilige Dominikus studiert, und König Alfons VIII. von Kastilien hatte sie vor 1214 zum *Studium generale,* zur Volluniversität erhoben. Die Berufung ausländischer Lehrer für Theologie, Kirchenrecht, Logik und Grammatik konnte jedoch den Fortbestand dieser ältesten Universität Spaniens nicht lange sichern. Ferdinand der Heilige und Alfons der Gelehrte förderten die jüngeren Universitäten Salamanca und Valladolid, und Palencia sank seit der Mitte des 13. Jahrhunderts auf die Stufe eines *Studium particulare* zurück, einer regionalen Lehranstalt für einige Fachbereiche, vorwiegend für Grammatik und Kirchenrecht.

Wer hier studierte, kam aus der Nachbarschaft und sprach Kastilisch. Wenn die Schule verlangte, daß die Studenten miteinander Latein reden sollten, tat sie es nicht, um internationale Verständigung zu gewährleisten, sondern um die geistliche Standessprache einzuüben, wohl auch, um mit der Universität Salamanca Schritt zu halten. Denn dort schrieben die frühesten erhaltenen Satzungen 1411 vor, was sicher schon lange im Schwang war, daß auf Verlangen der Universitätsbehörden bei Sitzungen und Diskussionen nur lateinische Wortmeldungen zugelassen werden durften. Für Studenten in Palencia kostete es Anstrengung genug, lateinische Bücher und Vorlesungen zu verstehen; miteinander sprachen Landsleute aus Nachbardörfern selbstverständlich in dem Dialekt, den inzwischen Don Juan Manuel literaturfähig gemacht hatte. Eine lateinische Supplik an kirchliche Obere würde man sich mit den vorgeschriebenen Formeln und Klauseln notfalls durch Erfahrenere schreiben lassen, und wie korrekt man die lateinische Messe sang, merkten die Bauern sowieso nicht. Andere Funktionen hatte die Bildungssprache für das Leben eines Landgeistlichen kaum mehr. Unentbehrlich war ihre Beherrschung lediglich in größeren Städten, geistlichen Kollegien und Behörden, von denen Alfonso träumte. Er mußte schon recht strebsam und rechtsbeflissen sein, wenn er aus der Schule plauderte und Anzeige erstattete.

Die Scholaren von Palencia standen nicht unter der Rute eines Klosterlehrers; sie wohnten auch nicht in einem Kolleg unter Aufsicht zusammen wie in größeren Universitätsstädten. Ein Kolleg wie das in Paris von Robert de Sorbon gegründete bestand in Palencia nicht: erst später nahm das Spital 40 arme Scholaren auf. So dürften die Scholaren über die Stadt verstreut privat zur Miete gewohnt haben. Mit Stadtbürgern kamen sie schnell in Streit, denn diese Gruppe kraftstrotzender, unverheirateter, unproduktiver Männer paßte sich dem Alltag fleißiger Familienväter nicht an. Sie trug Meinungsverschiedenheiten am liebsten wie Adelsfehden aus, so 1442 in Siena, wo eine Rotte geistlicher Studenten aus Córdoba gegen portugiesische Kommilitonen eine Straßenschlacht lieferte und einen Priester totschlug. Längst war deshalb auch in Spanien den Studenten öffentliches Waffentragen verboten, erst recht das Mitführen von Waffen in Hörsälen; Auseinandersetzungen sollten geistig bleiben. Doch wenn sich ein stolzer Spanier einem Verräter gegenübersah, schlug er nicht erst bei Gratian nach, was daraus folgen würde. Wer die Waffe zückte, setzte seine geistliche Laufbahn aufs Spiel, wenigstens wenn er keine mächtigen Verwandten oder Gönner besaß. Ein geistlicher Student von Salamanca hatte beim Duell einem Kommilitonen zwei Finger abgeschlagen; er war ein Vertrauter des Erzbischofs Albornoz von Toledo, erhielt am 17. Februar 1343 von Papst Klemens VI. in Avignon Dispens und bekam eine Domherrenpfründe in Palencia.

Eines schickt sich nicht für alle. Immerhin sorgte man für den pflichteifrigen Alfonso, der ja kein Schwert gezückt hatte; er empfing die erste höhere Weihe zum Subdiakon und eine Patrimonialstelle, das heißt, den Lebensunterhalt, der für die Weihe nachzuweisen war. Acht Gulden jährlich waren wenig, auch wenn es sich im heimischen Dorf billiger lebte als in einer fremden Stadt. In Pavia kostete um diese Zeit der jährliche Unterhalt einer Person rund 20 Gulden, ein juristisches Buch durchschnittlich 25 Gulden, ein Exemplar des *Decretum Gratiani* bis zu 100 Gulden. Selbst wenn Alfonso auskam, weiter kam er so nicht. Wenn er nicht wie Johann Balle bei den Bauern bleiben wollte, mußte er sich um mehrere einträgliche Pfründen bemühen. Alfonso dachte an eine Domherrenstelle, wie sie jetzt seinem Vorgänger in Montoro für Burgos in Aussicht stand. Aber solche Pfründen waren dünn gesät, die Konkurrenz war hart, und einem Mitbewerber würde gewiß der Abschnitt III, 6, 2 aus dem Dekretalenbuch Gregors IX. einfallen, wonach ein Priester, dem unverschuldet ein Teil der Hand abgeschlagen wurde, seine Ämter behalten, aber keine Messe mehr zelebrieren durfte; denn erstens wäre er zu unsicher und zweitens sähe es nicht schön aus. So wandte sich Alfonso denn nach Avignon, wo vor knapp einem Jahr Urban V. Papst geworden war, der beste unter den Avignon-Päpsten, früher Professor des Kirchenrechts, eifriger Förderer spanischer Universitäten und studierter Kleriker.

Das Ergebnis, vom Papst eigenhändig mit seinem Signaturbuchstaben B abgezeichnet, war korrekt, aber enttäuschend. Ein Domherr, der dem Volk von Palencia, Burgos oder Córdoba mit verstümmelter Hand Hostie und Kelch zeigte, bot wirklich keinen erbaulichen Anblick. Indes ist der Verdacht schwer abzuweisen, daß es dem Subdiakon vom Land in der riesigen Papststadt an Fürsprache fehlte. Denn fünf Tage später, am 18. August 1363, genehmigte der Papst sichtlich schweren Herzens, aber der Intervention König Peters I. von Kastilien nachgebend, daß der zwölfjährige Sohn eines Hofbeamten zu den 13 Dompfründen, die er schon besaß, eine weitere in Sevilla erhalten könne. Daß Kinder für den Empfang von Pfründen ungeeignet seien, steht im gleichen Dekretalenbuch, fast auf derselben Seite wie die Bestimmung über Verstümmelte. Was weiter aus dem Subdiakon von Astudillo wurde, weiß ich nicht; bei späteren Pfründenverleihungen im Umkreis von Palencia und Salamanca taucht sein Name in bisher gedruckten Quellen nicht wieder auf.

Der strebsame junge Mann hatte seinen Lebensplan auf das Kirchenrecht gegründet, in der avignonesischen Epoche, die die Kirche tatsächlich zur Rechtsanstalt werden ließ. Er übersah nur das Wichtigste, daß sich auf Rechtsansprüche kein Lebenskreis beschränkt. Ein solcher Kreis des Zusammenlebens war die spätmittelalterliche Papstkirche nur für diejenigen Geistlichen, die Erzbischöfe oder Könige zu Freunden hatten. Alfonso Pérez gehörte einem anderen, regionalen Kreis an, dem seiner

Mitstudenten in Palencia, aber er wußte es nicht. Denn erzogen war er zur Gemeinschaft mit lateinischen Handschriften des Kirchenrechts. Sicher nahm er die Normen dieser Bücher ernst und führte ein Leben ohne Schliche und Kniffe, freilich auch ohne Farbe und Wärme. Wäre er weniger bieder gewesen, dann hätte ihm die Legende vom berühmtesten Studenten in Palencia zu denken gegeben. Nach der *Legenda aurea* brach im Land eine große Hungersnot aus, während der heilige Dominikus in Palencia studierte; da verkaufte er seine Handschriften, gab den Erlös den Armen und antwortete auf die Frage, in welchem Buch er am meisten studiert habe: »Im Buch der Liebe.« Aber das war fast zweihundert Jahre her und bloß noch eine Legende.

SCHÜLER

Mönche und Priester sind nicht die einzigen Menschen im Mittelalter, die Schulen besuchen. Schulung ist auch, was der Wikinger Hrani Olaf dem Dicken oder ein Schneidermeister von Lincoln seinem Lehrling beibringt; nur wird hier regellos, fast wortlos Praxis eingeübt. Und wenn hie und da eigene Schulen für Adlige und Bürger errichtet wurden, standen sie unter ähnlichen Leitgedanken wie die Klosterschule von Winchester oder die Domschule von Palencia; wahrscheinlich hospitierten dort einige Adlige, hier manche Bürger, um geregelte Schriftbildung zu erwerben. Schule als Institution und soziale Gruppe stand nicht allen Geistlichen zur Verfügung, zum Beispiel dem jungen Guibert von Nogent nicht; aber wo sie bestand, war sie geistlich orientiert und organisiert. Für die Schule als Lebenskreis und für dessen Entwicklung sind Klosterschule und Domschule beispielhaft.

In der englischen Klosterschule war das frühmittelalterliche Menschenbild maßgebend, das durch Sittlichkeit geprägt wurde. Der Schüler sollte sich zuchtvoll seiner Gruppe einordnen und nur einen inneren Erziehungsprozeß durchmachen; auf Verinnerlichung richtete sich jede Äußerlichkeit von Sprache, Tageslauf und Studiengang. Die Klosterschule bot nicht zuerst formalisiertes Schriftwissen, sondern lebende Vorbilder in Gestalt des gütigen Lehrers und seiner abgeklärten Mitbrüder; sie übte vor allem das Miteinanderreden und -schweigen ein. Durch Auswendiglernen schulte sie Gedächtnis und Habitus; schließlich ging das Gelernte in

64 Erörterung und Überredung

65 Brave und ungezogene Schüler

Fleisch und Blut über. Auch die Strafen, ehrenrührige Schläge, wollten den ganzen Menschen treffen und formen. Der so gebildete Junge fand seinen Lebenskreis später an Ort und Stelle, in der Klausur unter gleich disziplinierten Mitmönchen, in einem exklusiven Bund. Diese Erziehung zur Konzentration beherrschte das Schulwesen etwa bis zur gregorianischen Kirchenreform, die auch auf diesem Sektor mit Expansionen begann. Die Ausweitung der Bildung auf gelehrte Subtilität und poetische Stilisierung half anderen Schulformen als der mönchischen zum Durchbruch, an Universitäten und Höfen, wo Abaelard und der Archipoeta wirkten.

Die kastilische Domschule spiegelt demgegenüber das reduzierte Menschenbild des Spätmittelalters. Es wurde durch Rechtlichkeit bestimmt, Einhaltung von Verfahrensweisen in unüberschaubaren Verbänden. Die Schüler lernten schriftliches Fachwissen zum Nachschlagen, das nicht den ganzen Menschen betraf und ihn keiner Gruppe integrierte, aber dem einzelnen eine spezielle Laufbahn irgendwo anders ermöglichte. Der Verband, in den die Scholaren hineinwuchsen, war die Kirche im allgemeinen, die ihnen in keinem Lehrer persönlich begegnete. Der Lebenskreis der Schule blieb vorübergehend und locker; auch Strafen, hier meist Geldbußen, trafen nur äußerlich. Anstelle weiser Lebensführung wurde soziale Geltung angestrebt; sie erzog die Schüler zu ehrgeizigem Wettbewerb, bei dem ein jeder mit sich allein blieb, wenn ihn nicht Familie oder Gemeinde kräftig unterstützte.

Klosterschule und Domschule unterscheiden sich vom Zirkel der Hofpoeten und von der gelehrten Diskussionsrunde dadurch, daß sie kein Selbstzweck sind, sondern Geistliche für ihre späteren Lebensaufgaben Selbstheiligung oder Seelsorge vorbereiten. Sie sind Lebenskreise auf Zeit und gruppieren die Zöglinge im Blick auf Zukunft. Die Themen und Methoden der Schule sind sprachlich, lateinisch, scholastisch wie unter Gelehrten; diese Distanz vom Alltag verwischt alle Konturen von geschichtlichem Herkommen und sozialer Herkunft. Die Schule ist der wichtigste Katalysator sozialen Aufstiegs im Mittelalter; ein Bauernjunge wie Robert de Sorbon, ein Schifferssohn wie Nikolaus von Kues kann durch Leistung die Bedingungen seines Lebenskreises überwinden, zumal sich in der geistlichen Schule Menschen aus verschiedenen Lebenskreisen treffen. Es sind auch Menschen verschiedener Altersstufen, denn mittelalterliche Schulen kennen noch kaum Jahrgangsklassen.

Die Schule kann ihre Zöglinge nur für kurze Zeit gegen den Alltag abschirmen, gibt ihnen aber für die Dauer besondere Verhaltensweisen mit. Sie erzieht alle Geistlichen und Gebildeten zu richtigem Reden und Schreiben, zu ständiger Selbstkontrolle an formulierten und geschriebenen Normen, zu einem schulgerechten Verhalten, wie es im Buch steht. Ob dieses Buch die *Regula sancti Benedicti* oder das *Decretum Gratiani* ist, es zwingt zu rationalem Verhalten vor allem im Kreis derer, die dasselbe Buch unter dem Arm tragen. Sie bilden miteinander ganz und gar keine verschworene Gemeinschaft, weil sie einander nicht als Menschen hinnehmen können, wie sie sind; sie messen ihresgleichen wie sich selber an der Norm. Ein kompakter Lebenskreis der Gebildeten kann auch deshalb nicht entstehen, weil sie alle für vitale Lebensbedürfnisse auf Unterstützung von außen angewiesen sind, meist auf geistliche Stellen. Aber so geistlich die Schulen sind, die Gebildeten, die sie durchlaufen haben, sind nicht mehr schlichtweg Geistliche, die ihre tägliche Pflicht tun.

Denn sie geben weiter, was sie in der Schule gelernt haben: daß der Mensch formbar ist. Die irdische Welt mag ein Jammertal sein, über das nur die Tröstungen des Glaubens hinweghelfen; der Mensch mag so unvollkommen bleiben wie alles Irdische. Aber Bildung kann wenigstens das Zusammenleben der Menschen erleichtern. Mittelalterliche Dichter, Gelehrte und Schüler kritisieren immer wieder die hergebrachten Zustände und Lebensformen und führen sie auf ihren Grund, den formbaren Menschen zurück. Kritik ist noch nicht Form; deshalb stehen die Büchermenschen hart am Rand des Scheiterns. Die Alternative der *Gesta Romanorum* gilt für sie tatsächlich: Vielleicht sitzen sie eines Tages auf Armsesseln als vornehme Räte neben dem König; aber vielleicht bleiben sie auch als Außenseiter am Rand der Gesellschaft stehen, mit struppigen und verwirrten Haaren. Wahrscheinlich haben sie hier wie dort dieselbe Aufgabe: durch ihre Distanz anderen Menschen den Zusammenschluß zu erleichtern.

AUSSENSEITER UND EXOTEN

AUSSÄTZIGE

Kurz nach 1190 stellte der altfranzösische Versroman *Tristan und Isolde* des bretonischen Dichters Berol die Vorbereitungen dar, die König Marc in seiner Hauptstadt Lancien für die Hinrichtung seiner Gemahlin Isolde wegen Ehebruchs traf.

»Isolde wurde zum Scheiterhaufen geführt; von Leuten war sie ganz umgeben, die alle kreischen und alle schreien und die Verräter des Königs verfluchen. Tränen fließen ihr das Gesicht hinab; in ein enges Gewand aus dunklem Brokat war die Dame gekleidet, und mit einem feinen Goldfaden war es zugenäht. Das Haar fällt ihr bis auf die Füße, mit einem Goldfädchen hatte sie es durchflochten. Wer ihren Leib und ihr Gesicht sieht, müßte ein gar böses Herz haben, wenn er nicht Mitleid mit ihr fühlte. Ganz eng sind ihr die Arme gefesselt.

Einen Kranken gab es in Lancien, der hieß Ivein mit Namen; furchtbar war er entstellt. Er war herbeigelaufen, um sich dieses Gerichtsverfahren anzusehen. Mit ihm waren gut hundert Gefährten gekommen, mit ihren Krücken, mit ihren Stöcken. Noch nie habt ihr so viel Häßlichkeit, Buckligkeit und Entstellung gesehen. Jeder hielt seine Klapper. Dem König schreien sie mit schriller Stimme zu: ›Herr, du willst Gericht halten, deine Frau auf diese Weise verbrennen. Das ist eine große Sache. Aber wenn ich überhaupt etwas weiß, dann das: Dieses Gericht wird nicht lange dauern. Sehr schnell wird dieses große Feuer sie verbrannt und dieser Wind die Asche zerstreut haben. Dies Feuer wird zusammenfallen, mit dieser Glut wird dieses Gericht bald zu Ende sein. Solches Gericht werdet Ihr über sie halten. Aber wenn Ihr mir glauben wollt, wie wäre es, wenn sie den Tod herbeisehnte und leben bliebe, und zwar in Schande? Wenn jeder, der von ihr sprechen hörte, dich für edler als sie hielte? König, möchtest du das so machen?‹

Der König hört ihn und antwortet so: ›Wenn du mich ohne Trug belehrst, wie sie leben bleiben kann, und zwar in Schande, so werde ich dir Dank wissen, das glaube mir, und wenn du willst, so nimm von meinem Eigentum. Noch ist kein so schmerzhaftes und grimmiges Vorgehen genannt worden, daß derjenige, der jetzt das allerschlimmste auszusuchen verstünde, nicht allzeit meine Huld genießen sollte, bei Gott dem König!‹ Ivein erwiderte: ›Wie ich es meine, will ich dir kurz und bündig sagen. Seht, hier habe ich hundert Gefährten, überlaß uns Isolde, sie soll uns gemeinsam gehören. Ein schlimmeres Ende nahm noch nie eine Dame. Herr, in uns brennt so große Hitze, daß es unter dem Himmel keine Dame gibt, die den Umgang mit uns auch nur einen Tag ertragen könnte; die Tücher kleben uns am Leib. Bei dir pflegte sie in Ehren zu leben, in buntem und grauem Pelzwerk und in Freuden. Gute Weine hatte sie da kennengelernt, in großen Sälen aus dunklem Marmor. Wenn Ihr sie uns Aussätzigen überlaßt, sobald sie da unsere niedrigen Hütten sieht und einen Besen (?) nehmen und mit uns schlafen muß, Herr, wird sie statt deiner schönen Gerichte nur Brocken und Stücke haben, die man uns an die Türen schickt. Bei dem Herrn, der da oben wohnt, sobald sie unseren Hof erblickt, wird sie so trostlose Zustände sehen, daß sie lieber sterben als leben möchte. Da wird die Schlange Isolde wohl merken, daß sie böse gehandelt hat; lieber möchte sie auf einem Scheiterhaufen verbrannt worden sein.‹

Der König hörte ihn, stand auf und regte sich lange Zeit nicht. Gut hat er verstanden, was Ivein sagt. Er läuft zu Isolde, er packt sie bei der Hand. Sie schreit: ›Herr, Gnade! Ehe Ihr mich ihm überlaßt, verbrennt mich hier!‹ Der König übergibt sie Ivein, und der nimmt sie. Wohl hundert Kranke standen bei ihm, die scharen sich alle um ihn. Alle, die das Kreischen und Schreien hören, alle packt Mitleid mit ihr. Wer auch immer darüber betrübt ist, Ivein ist fröhlich. Isolde geht fort, Ivein führt sie geradewegs den Sand hinunter, mit ihm zieht der Haufe der anderen Aussätzigen, keiner ohne seine Krücke ...«

Die gespenstische Episode gehört nicht zum Kernbestand der Tristansage und fehlt bei empfindsameren Dichtern wie dem Bretonen Thomas und Gottfried von Straßburg; auch für Berol ist sie Beiwerk. Die Aussätzigen laufen nämlich dem versteckten Tristan in die Arme, der Isolde ihnen sofort entreißt und in den Wald entführt. Die Kranken wehren sich mit ihren Krücken, doch der edle Tristan will keinen von ihnen berühren, verwunden oder töten. Der groteske Kampf zwischen Ritter und Lumpen-kerlen wird nicht ausgesponnen. Daß deren Anführer denselben Namen wie Chrestiens Löwenritter trägt, verrät die Absicht des Dichters, weniger Handlungen als Haltungen zu kontrastieren. Wir haben soeben Isolde bewundert, ihren schlanken Leib, ihr langes Haar, ihre kostbar schlichte Kleidung und ihre stolze Zurückhaltung; nun tritt der Königin massierte Gemeinheit und Schamlosigkeit entgegen. Die Aussätzigen kommen dem König mit dem plumpen »Du«, das Isolde nicht gebraucht; wenn Ivein redet, sagt er »Wir«, und das Geschrei der Hundert lautet »Ich«. Den Gemeinen ist alles gemein, Leiden, Gier, Habe und Weiber.

Die Krankheit wird nur taktvoll angedeutet; daß es Lepra ist, erfährt der Leser ziemlich spät. Erraten kann er es, denn das Mittelalter kennt die Symptome: Lepra krümmt den Körper, entstellt und verkrüppelt die Glieder, macht die Stimme schrill und kreischend, erzeugt Phasen fiebri-ger Hitze. Noch deutlicher sind die sozialen Abzeichen: Krücken und Stöcke, vor allem die Holzklappern, mit denen jeder Leprose sein Kom-men von weitem melden muß, und die Unterkunft am Rand der Siedlun-gen, im Sondersiechenhaus. Die Krankheit ist unheilbar, aber langwierig; bevor man an ihr stirbt, muß man Jahrzehnte mit ihr leben. Das unter-scheidet die Lepra von der Pest und macht sie dem Mittelalter besonders unheimlich. Kranke dürfen nur noch mit Kranken verkehren; aus der Gesellschaft sind sie ausgestoßen. Sie können zwar als Landstreicher zu jedem Spektakel wandern, um zu betteln, aber niemand rührt sie an; Almosen stellt man ihnen bloß vor die Tür. In die Häuser wie Prager Bettler kommen sie nicht, auch Kirchen und Märkte sind ihnen verschlos-sen. Keine Polizei braucht die Unberührbaren zu überwachen, denn die Abwehrfront der Gesunden ist lückenlos. Aussätzige können, wie es ihnen der König anbietet, Eigentum erwerben, aber arbeiten dürfen sie nicht; sie sind auf Mildtätigkeit der Gesunden angewiesen.

Seitdem die Kreuzzüge im 12. Jahrhundert die Lepra aus dem Orient eingeschleppt haben, kann sie jeden Menschen treffen, und Heilmittel sind unbekannt. Wenn der eine krank wird, der andere nicht, muß Gott die Hand im Spiel haben, anders als bei der Pest, die fast alle schlägt. Der Angesteckte ist sündig, der Aussatz seine Buße; so hatte schon Gregor der Große in der Erkrankung neidischer Mönche die Strafe Gottes gesehen. Zur gleichen Zeit wie Berol, um 1195, dichtete Hartmann von Aue die Geschichte vom armen Heinrich, einem Adligen, dem sein Hochmut den

Aussatz eingebracht hat; Hartmann sagt *Miselsucht*. Die Wörter *Mezel, Mésel, Misel* gehen auf ein lateinisches *Misellus* zurück, das Armut und Elend ausdrückt, doch Geringschätzung einschließt. Nicht jedem Aussätzigen hat Sünde das Herz zerfressen; Heinrich bewahrt im Elend die edle Gesinnung und heißt bei Hartmann arm, weil er bemitleidenswert ist. Der gewöhnliche Leprose ist freilich boshaft bis ins Mark. Hinter Iveins Rede wittert der König zunächst einen Betrug. Im Fortgang des Romans verkleidet sich Tristan als bettelnder Aussätziger, um Isolde heimlich nahezukommen und ihre adligen Feinde durch boshafte Lügen in einen Sumpf zu locken. Aussätzige sind vor allem schamlos. Ivein sagt es, daß bei ihnen keine Königin edel sein, Dame bleiben kann. Der provenzalische Versroman *Jaufre* gibt um 1225 eine weit realistischere Beschreibung von Leprosen als Berol; diese ekelhafte Häßlichkeit verweist nicht auf das Groteske oder Wunderliche im höfischen Roman, sondern auf das Teuflische im Menschen. Von den Aussätzigen im *Jaufre* vergewaltigt der eine ein wunderschönes Mädchen, der andere schlachtet unschuldige Kinder, um sich in ihrem Blut gesund zu baden. Auch bei Hartmann von Aue könnte das Blut eines jungfräulichen Mädchens den Aussatz heilen; nur der Edelmut des Kranken verhindert das Blutopfer, nach dem gemeine Aussätzige gieren. Blut bedeutet für sie nicht Abstammung und Haltung, sondern Hitze und Wollust. Aussatz ist unsittlich; deshalb ist Isoldes Auslieferung an die Miselsüchtigen die angemessene Strafe für Ehebruch.

Alle erwähnten Zeugnisse sind höfische Dichtungen, die den Aussätzigen nur als Stereotyp des Untermenschen zeichnen. Wie es dem einzelnen Erkrankten wirklich ging, darüber schweigen alle Quellen. Vielleicht reagierten manche auf die Aussetzung tatsächlich mit Mißachtung aller gesitteten Hemmungen, aber wahrscheinlich ist das nicht. Die ihnen zugeschriebene Rolle der Asozialen stammt von den Gesunden. Das ist um so erstaunlicher, als das Mittelalter die Patrone der Aussätzigen liebte, den Dulder Hiob und den armen Lazarus. Wie hat ihn Berthold von Regensburg glücklich gepriesen! Doch die Wirklichkeit der *Lazzaroni* sah anders aus. Nachdem das 12. und 13. Jahrhundert Tausende von Leprosenhäusern und frommen Stiftungen errichtet hatte, beschuldigte das 14. Jahrhundert die Aussätzigen, bei der südfranzösischen Hungersnot 1321 auf Anstiften von Juden die Brunnen vergiftet zu haben. Aussätzige sind Sündenböcke, die sich kaum wehren können; sie sind unentbehrlich, weil sie alles Abstoßende im Menschen plastisch verkörpern und damit anderen vom Halse schaffen. Nachdem die Absperrungsmaßnahmen seit dem 14. Jahrhundert zu wirken begannen und die Lepra allmählich ausstarb, mußten andere Gruppen diese sozialhygienische Rolle übernehmen, zunächst Hexen und Zauberer, später Geisteskranke; aber ihnen sah man die Verderbtheit nicht so augenscheinlich an.

Der eigentlichen Herausforderung der Lepra ist wenigstens einer nicht ausgewichen. Die Legendensammlung *Fioretti di San Francesco* berichtet von einem frechen Aussätzigen, der Gott verfluchte, weil er ihm Frieden und Gut genommen und die stinkende Krankheit gegeben habe. Franz von Assisi wusch den vom Teufel besessenen Leprosen eigenhändig und heilte ihm Leib und Seele. Denn Franz sah auch im verachteten Kranken den Mitmenschen. Dazu war freilich nur fähig, wer seinen Lebenskreis nicht für den einzig gesunden hielt, und wer konnte das schon? Uns heutige Europäer kümmert die Lepra in Afrika, wo sie noch wütet, selten anders als in der mittelalterlichen Mischung aus Mitleid und Abscheu.

MÖRDER

In der mittelhochdeutschen Lebensbeschreibung des Dominikaners Heinrich Seuse wird eine Begegnung erzählt, die 1327 oder 1330 in der Umgebung von Köln stattgefunden haben könnte:

»Einst kam er aus den Niederlanden und wanderte rheinaufwärts. Er hatte einen jungen Begleiter, der gut zu Fuß war. So kam es eines Tages, daß er dem Begleiter nicht mehr folgen konnte, denn er war sehr müde und schwach geworden. Der Begleiter ging voraus, ungefähr ein halbe Meile weit. Der Bruder (Seuse) blickte zurück, ob er jemanden sähe, mit dem er durch den Wald gehen könne. Er war schon ganz nahe am Wald, und es war spät am Tag. Der Wald war groß und bedrohlich, denn viele Menschen waren darin ermordet worden. Er blieb vor dem Wald stehen und wartete, ob jemand käme. Da kamen zwei Menschen heran, die schritten rasch zu; es waren eine junge schöne Frau und ein ganz unheimlicher langer Mann mit einem Spieß und einem langen Messer, der trug eine schwarze Jacke. Der Bruder erschrak vor dem schrecklichen Aussehen des Mannes und blickte sich um, ob er noch jemanden kommen sähe. Aber er sah niemanden. Da dachte er: ›Du lieber Gott, was sind das für Leute! Wie kann ich bei Tag durch diesen langen Wald kommen, und wie wird es mir heute ergehen?‹ Dann bekreuzigte er sich und wagte es.

Als sie tief in den Wald hineingekommen waren, trat die Frau zu ihm und fragte ihn, wer er sei und wie er heiße. Er sagte es. Sie sprach: ›Lieber Herr, dem Namen nach kenne ich Euch gut. Bitte, nehmt mir die Beichte ab.‹ Sie fing an, beichtete und sagte dann: ›Ach, edler Herr, ich muß Euch klagen, daß es mir sehr schlimm ergangen ist. Seht Ihr den Mann, der hinter uns geht? Der ist ein richtiger Mörder, er bringt die Leute hier in diesem Wald und anderswo um, nimmt ihnen Geld und Kleider ab und verschont niemanden auf Erden. Er hat mich betrogen und von meinen ehrbaren Verwandten entführt; jetzt muß ich seine Frau sein.‹ Der Bruder erschrak so über diese Worte, daß er fast ohnmächtig geworden wäre, und blickte sich ganz ängstlich um, ob er jemanden sähe oder hörte oder ob er auf irgendeinem Weg entrinnen könnte. Er sah und hörte aber niemanden in dem finsteren Wald, nur den Mörder, der ihm folgte. Er dachte: ›Wenn du wegläufst, wo du so müde bist, hat er dich schnell eingeholt und schlägt dich tot; wenn du schreist, hörte es niemand in dieser Wildnis und du kommst auch um.‹ Er sah ganz trübselig nach oben und sagte: ›O Gott, wie wird es mir heute ergehen? Ach Tod, ach Tod, wie nahe bist du mir!‹

Als die Frau gebeichtet hatte, ging sie zu dem Mörder zurück, redete ihm heimlich zu und sagte: ›Nun, lieber Freund, geh hin und beichte auch! Bei uns zu Hause haben sie das Vertrauen zu ihm, daß Gott den, der bei ihm beichtet, niemals im Stich lassen wird, auch wenn er noch so sündig ist. Darum tu es, vielleicht hilft dir seinetwegen Gott bei deinem letzten Seufzer.‹ Wie sie so miteinander flüsterten, erschrak der Bruder vollends und dachte: ›Jetzt bist du verraten.‹ Der Mörder sagte nichts und kam heran. Als der arme Bruder sah, daß der Mörder mit dem Spieß auf ihn zutrat, erschrak und zitterte er am ganzen Leib und dachte: ›So, nun bist du verloren.‹ Denn er wußte nicht, was sie miteinander geredet hatten. Nun war die Gegend so, daß neben dem Wald der Rhein hinabfloß und der schmale Weg auf dem Uferrand hinlief. Der Mörder richtete es so ein, daß der Bruder auf der Wasserseite gehen mußte und er auf der Waldseite. Wie der Bruder zitternden Herzens daherging, begann der Mörder zu beichten und erzählte ihm alle Totschläge und Morde, die er jemals begangen hatte. Vor allem schilderte er ihm eine schreckliche Mordtat, wobei dem Bruder fast das Herz stillstand. Der Mörder sagte: ›Ich kam einst in diesen Wald her, um zu morden, so wie diesmal auch. Da begegnete mir ein ehrbarer Priester, dem beichtete ich. Der ging hier neben mir wie Ihr jetzt auch. Und als die Beichte fertig war, zog ich dieses Messer heraus, das ich bei mir trage, erstach ihn damit und stieß ihn über den Uferrand hinab in den Rhein.‹

Bei diesen Worten und Gebärden des Mörders erbleichte der Bruder, und ein so tödlicher Schrecken durchfuhr ihn, daß ihm der kalte Angstschweiß über das Gesicht und den Leib hinab lief. Er verzagte und verstummte; alle seine Sinne vergingen ihm und immer wieder blickte er zur Seite, ob ihn der Mörder mit demselben Messer erstäche und auch hinabstieße. Da er vor Angst gleich niedersinken wollte und nicht mehr weiterkonnte, blickte er ganz ängstlich zurück wie ein Mensch, der dem Tod entrinnen möchte. Die Frau sah sein jammervolles Gesicht, sprang hinzu, fing den Niedersinkenden mit den Armen auf, hielt ihn fest und sagte: ›Guter Herr, fürchtet Euch nicht, er bringt Euch nicht um.‹ Der Mörder sagte: ›Viel Gutes habe ich von Euch gehört, das soll Euch heute zugute kommen. Ich will Euch leben lassen. Bittet Gott, daß er mir armem Mörder Euretwegen bei meiner letzten Reise helfe.‹ Unterdessen waren sie aus dem Wald herausgekommen. Der Begleiter des Bruders saß dort vor dem Wald unter einem Baum und erwartete ihn. Der Mörder und seine Gefährtin gingen vorüber. Der Bruder schleppte sich zu seinem Begleiter und fiel zu Boden; er zitterte am ganzen Leib wie einer, den das Fieber schüttelt, und lag reglos, ich weiß nicht wie lang. Als er zu sich kam, stand er auf und ging seinen Weg zu Ende. Er bat Gott mit Ernst und innerem Seufzen für den Mörder, daß ihm Gott das Vertrauen zugute kommen lasse, das er zu dem Bruder faßte, und ihn bei seinem letzten Seufzer nicht verdamme. Da erhielt er von Gott solche Antwort, daß er nicht mehr zweifeln konnte, der Mörder werde zu den Erlösten gehören und von Gott nicht mehr getrennt werden um seines Vertrauens willen.«

Das umstrittene Problem, ob Seuse die Lebensbeschreibung selbst verfaßt oder nur redigiert habe, ist hier zweitrangig gegenüber der Frage, ob man die Erzählung vom Mörder einem so bedeutenden Schriftsteller wie Seuse zutrauen dürfe. Misch hat sie eine Schauergeschichte genannt, eine unwahrscheinliche Erfindung von vulgärem Geschmack, ohne religiösen

Gehalt, Seuses unwürdig. Geschmack hin, Gehalt her: Der Vorfall lag im Rahmen dessen, was einem Bettelmönch der Zeit widerfahren konnte und was wir sonst vom Verhalten Seuses wissen. Zudem ist der Text nicht so simpel, wie er sich gibt; wie ein höfischer Roman beschreibt er das spannende Abenteuer eines unbehausten Menschen und blickt dabei wie eine Franziskuslegende auf die Leiden des wahren Christen. Wie das Buch betont, war Seuse vielen Verfolgungen seiner Mitmönche und Mitbürger ausgesetzt; er wurde als Dieb, Betrüger, Brunnenvergifter verdächtigt, von seinem Orden wegen Häresieverdachts zur Rechenschaft gezogen und gemaßregelt. Nach Jugendjahren im Konstanzer Dominikanerkloster hatte er zwischen etwa 1324 und 1327 in Köln bei Meister Eckhart studiert und war mystischer Sonderlehren bezichtigt worden; vor einem Ordenskapitel in Antwerpen oder Maastricht mußte er sich verantworten, und wohl auf dem Rückweg traf er den Mörder. Seuse war selbst fast ein Außenseiter; zwar hatte er den Ordensvorschriften gemäß einen Reisebegleiter bei sich, doch der ließ den müden, damals schon herzkranken Mann im Stich.

Noch im Spätmittelalter und an rheinischen Hauptverkehrsstraßen lagen so unheimliche Wälder wie im Märchen von Hänsel und Gretel. Seuse wollte nicht allein gehen wie sein junger Begleiter und schloß sich sogar Verdächtigen an; wenn der lange schwarze Kerl auch wie der Teufel aussah, die hübsche junge Frau neben ihm bewies doch, daß er kein Menschenfeind war. Warum die beiden unstet durch die Wälder irrten, war unschwer zu erraten. Der Mann war ein ehrbarer Bürger gewesen, der nicht jeden duzte, wohl in einer der rheinischen Städte, wo Seuse gepredigt hatte; irgendeine hitzige Unbedachtheit hatte ihn mit den Gesetzen in Konflikt gebracht und vogelfrei gemacht. Aber er wollte nicht allein leben und holte sich aus der Nachbarschaft die Frau, die nicht aus Todesangst mit ihm ging. Sie hatte Einfluß auf ihn, sogar noch Hoffnung für ihn; sie liebte ihn. Da galt auch sie als ehrlos und konnte daheim bei den ehrbaren Verwandten nicht bleiben, bei ihrem Pfarrer nicht beichten; vielleicht war sie wie die Räuberbraut der Helmbrecht-Dichtung nicht kirchlich getraut. Sie empfand ihr Dasein als schuldhaft und wäre gern heimgekehrt; aber Ehrbare kennen keine Gnade.

Dem Mörder ergeht es ähnlich. Sein Leben als Menschenjäger würde ihn wenig von adligen Strauchrittern unterscheiden; doch weil er keine Kumpane hat, plagt ihn das böse Gewissen, ähnlich wie einst den Hausmeier Karlmann, als er ins Kloster ging. Aber diesen hier nimmt niemand zur Buße auf. Wohin die letzte Reise eines Mörders geht, weiß er; vor dem Beil des Henkers rettet ihn vorerst nur die Flucht. Aber vielleicht hat Gott mit einem armen Sünder mehr Erbarmen als Menschen in ihrer lieblosen Gerechtigkeit. Er beichtet in der Hoffnung, daß seine Frau recht haben könnte. Zwar fühlt er sich wohl nicht als Held des kleinen Mannes, wie der Räuberhauptmann Robin Hood, von dem volkstümliche Balladen umgehen; aber wie Robin Hood spielt auch dieser Verfemte gern Richter über die gestörte Weltordnung. Er wollte wohl zum zweiten Mal zusehen, wie ein selbstgerechter Pfaffe mit dem Leben abschloß; den ersten hatte er aus purem Haß erstochen, sogar ohne ihm die Soutane zu nehmen, doch wohl, weil ihn der Beichtvater kalt abgekanzelt hatte. Aber dieser Dominikaner erwies sich als frommer Mann, der anderen Gutes tat; er verdiente die Gnade des Mörders vornehmlich damit, daß er um sein bißchen Leben zitterte. Seuse spielte im Angesicht des Todes nicht den Rechtschaffenen ohne Furcht und Tadel; noch sein Bericht gibt eine schonungslose Psychologie der Angst, wie man sie in Ritterromanen und Heiligenlegenden nicht findet.

Dennoch war das, was der Dominikaner tat, ungewöhnlich. Seine Ordensgenossen, die über ketzerische Sonderlinge als Inquisitoren zu Gericht saßen, hätten sich strenger an den Buchstaben des Kirchenrechts gehalten. Es mochte hingehen, daß die Beichte im Wald und nicht im Beichtstuhl, vor einem hergelaufenen Bettelmönch und nicht vor dem zuständigen Pfarrer abgelegt wurde; aber Priestermord war eine Reservatsünde, deren Absolution nur der Bischof erteilen durfte. Die Beichte des Mörders war demnach ungültig. Hätte er doch den Beichtvater niedergestochen! Dann wäre Seuse wie sein Ordensbruder Petrus Martyr schnurstracks in den Himmel gekommen. Aber so? Man kann sich das Kopfschütteln im Konvent vorstellen, als Seuse oder sein Begleiter das Abenteuer erzählte. Gott hätte dem Mörder auf dieselbe Weise vergeben wie Christus dem Schächer am Kreuz? Ein Priestermörder käme in den Himmel? Wie geschmacklos!

Seuse erzählt die Begebenheit, um die Allmacht von Gottes Liebe und die Ohnmacht des gebrechlichen Menschen zu zeigen, und stellt dabei die penetrante, in der Tat vulgäre Frage, was wohl der ehrbare Leser täte, wenn ihm ein gefallener Mitmensch begegnete. Einem Mörder bringt man kein Mitleid entgegen wie einem Kranken, denn nicht Gott hat ihn

geschlagen; er hat sich an die Stelle Gottes gesetzt und zur Personifika-
tion des Todes gemacht. Der Schwarze verschont niemanden auf Erden.
Was dazu antreibt, andere Menschen zu töten, haben wir inzwischen oft
gehört, in La Roche-Guyon 1109, in Prag 1282, in Palencia 1363: der
Teufel stiftet Mörder an. Auch in deutschen Städten ist gegen seine
Einflüsterung niemand gefeit, sonst spräche das Freiburger Stadtrecht
nicht so ausführlich über Mord und Totschlag. Mittelalterlicher Haß auf
Mörder nährt sich mehr aus der Angst vor dem Töten als vor dem
Getötetwerden. Seuse, dies Häuflein Elend, wird verschont, weil er weiß,
daß er im Grund so beschädigt und verächtlich wie der Mörder ist; er hört
ihn an und wird nachher dem Mann, der außerhalb jedes Gesetzes steht,
den Pakt halten. Vor Gott sind wir alle Mörder, das vergessen Menschen
in Konventen und Kommunen gern; sie müßten sich in das Dickicht der
Seele und der Wälder wagen, um zu begreifen, daß sich ihre bürgerliche
Ehrbarkeit und die Verbrechen der Ausgestoßenen so gut ergänzen wie
zwei Einäugige. Erst dann verstünden sie den Brückenschlag zwischen
Schwäche und Vertrauen durch seufzende Liebe.

VERFEMTE

Große Krankheiten haben ihre Geschichte wie Kapitalverbrechen; in den
Xantener Annalen wird schneller gestorben und gemordet als bei Berol
und Seuse. Dafür ist die Verfemung von Kranken und Verbrechern
unerbittlicher geworden, und das ist gewiß Fortschritten medizinischer
und juristischer Hygiene zuzuschreiben; doch sie erklären nicht alles. Das
Frühmittelalter ächtet noch keine besonderen Gruppen von Kranken und
Verbrechern, weil es Menschen einfach danach einordnet, ob sie die
heimische Wir-Gruppe verteidigen oder angreifen. Angehörige der Feind-
welt sind als solche geächtet und rechtlos; Gott schlägt sie mit schlimmen
Krankheiten, der Teufel stiftet sie zu schweren Verbrechen an, doch sind
das nur zweitrangige Symptome ihrer Bosheit. Ob Elephantiasis wie bei
den Neidern aus Valcastoriana oder Epilepsie wie bei dem rebellischen
Karl dem Dicken, ob Homosexualität wie bei König Ragnachar oder
Giftmischerei wie bei Grimald von Benevent, das macht wenig Unterschied. Alle bösen Feinde haben ihrerseits verschworene Freunde, so daß
sie nicht als Außenseiter gelten. Einen ähnlichen Status nehmen im

ganzen Mittelalter die Fremden ein, die weder als Freunde noch als Feinde der eigenen Gruppe zu klassifizieren sind. Die fernen Länder und Gruppen, aus denen sie kommen, bekennen sich zu ihnen, und meistens tun sie sich zu eigenen Gruppen zusammen, wie Kaufleute, Pilger oder Studenten. Mit Hilfe solcher Bündnisse erlangen Fremde einen prekären, aber institutionalisierten Schutz; sie können Freunde oder Feinde werden, sind indes keine Außenseiter. Mit Verfemten steht es anders. Ihr Umkreis kennt sie mit Namen und weiß, woher sie stammen; auch ferner Wohnende erkennen sie sofort an äußeren Abzeichen. Dagegen gibt es keinen Schutz, kaum eine Gemeinschaft der Verfemten. Derartige Gruppen von Ausgestoßenen brandmarkt das Mittelalter, wenn mich nicht alles täuscht, erst seit dem Zeitalter der Kreuzzüge.

Vordergründig lassen sich Aussätzige von Verbrechern unterscheiden, denn Kranke leben in Gemeinschaften, für deren Betreuung Bünde wie Johanniter oder Hospitaliter sorgen. Doch lehrt Berols Schilderung, daß die Aussätzigen untereinander lediglich eine Notgemeinschaft primitivster Bedürfnisse und Konventionen einhalten. Sie ist kein Schwurverband wie eine Bürgergemeinde, die auf Gedeih und Verderb zusammenhält; Berols Leprosen hätten sich auch miteinander um Isoldes Besitz gierig gerauft. Der Mörder Seuses ist ein Einzelgänger, der keiner Räuberbande angehört und nur tötet, um selbst am Leben zu bleiben. Doch lebt auch er nicht ganz allein; seine Geliebte ist nicht seine Spießgesellin, wenn sie ihn einen Betrüger nennt. So schrumpfen die Unterschiede zwischen Leprosen und Mörder zusammen. Beide sind aufgrund einer vergangenen Situation, Ansteckung oder Totschlag, aus ihrem früheren Lebenskreis ausgeschlossen und finden keinen neuen; sie haben das Urteil der Verfemung angenommen. Der eine bekennt offen seine Mißachtung jeglicher Reinheit; der andere demonstriert zynisch seine Verachtung fremden Lebens. Beide tragen die Zeichen ihrer Infamie, Klapper und schwarzes Wams, offen zur Schau und nennen sich selbst brandmarkend »Aussätzige« und »Mörder«.

Nicht alle Verfemten sind gleich radikal ausgestoßen; unsere Zeugnisse legen Abstufungen nahe, wenn sie ein Gegenbild vom edlen Außenseiter zeichnen. Der ritterliche Tristan wird schwer verfolgt und muß sich in die Lumpen der Aussätzigen hüllen; der Bettelmönch Seuse wird von Verbrechern höflicher als von seinesgleichen behandelt. Dennoch bleiben für Ritter und Mönch die Normen des Lebenskreises intakt, ja sie verwirklichen in der Einsamkeit das Gruppenideal wie der wahnsinnige Yvain in Chrestiens

66 Jesus heilt Aussätzige

67 Verbrecher, Hexe, Abdecker

Roman und der besinnliche Mönch im Erbauungsbuch des Thomas von Kempen. Leprosen und Mörder aber haben keine Normen und Ideale, kaum Konventionen. Das unterscheidet sie auch von den verfemten Berufen des Mittelalters, etwa von Henkern und Totengräbern, Müllern und Hirten, Dirnen und Spielleuten. Man hat nachweisen wollen, daß diese Berufe in vorchristlichen Kulten magische Wertschätzung genossen hätten, die dann im christlichen Mittelalter in Abscheu umgeschlagen sei. Beim Blick auf den Abdecker Einochs und die Teufelsschmiede von *Alnecestre* bietet sich eine andere Erklärung an: Von Berufs wegen verfemt ist, wer ungewöhnliche Arbeit tut und im Umkreis nur wenige seinesgleichen antrifft; wenn er Genossen finden will, muß er wandern. Immerhin bilden verfemte Berufe im Mittelalter meistens eigene Gilden und Bünde, also Ansätze zu Lebenskreisen. Aussätzige und Mörder können dergleichen nicht tun. Bei ihrer Vereinzelung wirkt sicher ein Tabu der Todgeweihten mit, die in einem Zeitalter bedrohten Lebens den kostbarsten Besitz aller gefährden; sie sind viel unheimlicher als Prostituierte oder uneheliche Mütter.

Daß sie weder ökonomisch freigestellt sind wie Ritter und Mönche, noch ihren Lebensunterhalt selbst erwerben wie Dirnen und Spielleute, rückt Aussätzige und Mörder in nächste Nähe der Bettler und Landstreicher, mit denen unsere Texte sie fast gleichsetzen. Der eine bettelt um Brocken und Stücke an den Türen, der andere raubt in diesem Wald und anderswo seinen Opfern Geld und Kleider. Dennoch bleiben beträchtliche Unterschiede. Städtische Bettler haben in Lyon 1173 und in Prag 1282 ihr festes Revier, eine Hütte am Ort und Zutritt zu Bürgerhäusern; der Kölner Dechant und der Schneider von Lincoln treffen »ihre« Bettler fast täglich. Und unter Landstreichern herrscht beinahe eine Internationale, an die der Archipoeta sich halten kann. Auch hier überall festere Zusammenschlüsse anstelle der Isolierung von Aussätzigen und Mördern. Ihre Verbannung in Siechenhäuser und Wälder hat tiefere Ursachen als soziale und wirtschaftliche Gegensätze, zumal sie nicht nur durch einzelne Initiatoren und mit modischen Schwankungen, sondern durch alle und für immer vollzogen wird. Sie sind für alle Gruppen und Kreise die Personifikation des Unreinen und Zerstörerischen im Menschen und helfen so »den anderen«, die Fiktion vom reinen Leben zur Grundlage sozialen Verhaltens zu machen. Sie geben Anschauungsunterricht für die Strafe, die auf sichtbare Verletzung gesitteter Lebensformen steht: ein Dasein auf Galgenfrist und ohne Widerhall, die Hölle auf Erden.

SONDERLINGE

Im Kloster von Auxerre schrieb der Benediktiner Rodulf der Kahle bis 1046 *Fünf Bücher Geschichten*. Der Schluß des zweiten Buchs handelt von Ketzern um die Jahrtausendwende:

»Um das Ende des 1000. Jahres lebte in Gallien in einem Dorf namens Vertus im Gebiet von Châlons ein gewöhnlicher Mensch mit Namen Leutard, den man, wie der Ausgang der Sache erwiesen hat, für einen Abgesandten Satans halten konnte. Sein hartnäckiger Wahnsinn brach folgendermaßen aus. Er hielt sich einmal allein auf dem Acker auf, um Feldarbeit zu tun. Von der Mühe ermüdet, schlief er ein, und es kam ihm so vor, als dringe durch die geheimen Öffnungen des Leibes ein großer Bienenschwarm in seinen Körper ein. Er brach mit großem Getöse durch seinen Mund wieder aus und beunruhigte ihn mit zahlreichen Stichen. Und als sie ihn lange sehr damit gequält hatten, schienen sie zu ihm zu sprechen und viel Menschenunmögliches vorzuschreiben, was er tun solle.

Endlich stand er zermürbt auf und kam nach Hause. Dort verließ er seine Frau und vollzog, angeblich nach evangelischer Vorschrift, die Scheidung. Dann ging er hinaus, wie um zu beten, betrat die Kirche, packte das Kruzifix und zerschlug das Bild des Erlösers. Alle, die das sahen, wurden von Entsetzen gepackt und glaubten – was auch zutraf –, er werde wahnsinnig. Er selber aber brachte ihnen die Überzeugung bei – Bauern sind ja wankelmütig –, daß er all dies aufgrund einer wunderbaren Offenbarung Gottes vollbringe. Er strömte nun über von allzu vielen Reden, die weder Nutzen noch Wahrheit enthielten; er wollte als Lehrer auftreten und ließ dabei vergessen, was der Meister gelehrt hat. Denn er sagte, den Zehnten zu geben, sei in jeder Hinsicht überflüssig und unnütz. Und wie sich andere Ketzereien, um möglichst behutsam zu täuschen, mit der Heiligen Schrift bemänteln, selbst wenn sie zu ihr im Widerspruch stehen, so behauptete auch dieser Mann, die Propheten hätten teils Nützliches, teils Unglaubliches erzählt.

Er gewann damit das Ansehen eines vernünftigen und frommen Mannes und zog in kurzer Zeit eine beträchtliche Menge Volkes an sich. Der greise Bischof Jebuin, ein grundgelehrter Mann, in dessen Bistum Leutard lebte, erfuhr von der Sache und ließ ihn herbeischaffen. Er fragte ihn nach allem, was er den Berichten zufolge gesagt oder getan hatte. Da begann Leutard, sein nichtsnutziges Gift zu verbergen, und wollte nicht merken lassen, daß er Belege aus der Heiligen Schrift heranzog. Doch der höchst scharfsinnige Bischof hörte heraus, daß das nicht zusammenstimmte, vielmehr schändlich und verdammenswert war. Er legte dar, daß der Mann zu einem wahnsinnigen Ketzer geworden war, brachte das zum Teil getäuschte Volk von dem Wahnsinn ab und festigte es noch gründlicher im katholischen Glauben. Jener aber sah sich besiegt und von der Volksgunst im Stich gelassen und ertränkte sich in einem Brunnen.

Zur selben Zeit brach auch in Ravenna ein ähnliches Unheil aus. Da war nämlich einer namens Vilgard, der unablässig und unverwandt beim Studium der lateinischen Sprache saß – die Italiener haben ja schon immer andere Wissenschaften vernachlässigt, diese aber gepflegt. Vilgard begann sich nun aufgrund seiner gelehrten Kenntnisse stolz aufzublasen und nur noch dümmer aufzutreten. Da nahmen eines Nachts Teufel die Gestalten der Dichter Vergil, Horaz und Juvenal an, erschienen ihm und sagten ihm trügerisch Dank dafür, daß er die Worte ihrer Schriften besonders liebevoll aufgreife und bearbeite; er sei ein begabter Herold ihres Nachruhms. Obendrein versprachen sie ihm, er werde dereinst an ihrem Ruhm teilhaben. Durch diesen Teufelstrug verführt, begann er geschwollen vieles zu dozieren, was dem heiligen Glauben zuwiderläuft; er behauptete, an die Sprüche der Dichter müsse man durch dick und dünn glauben. Schließlich aber wurde er als Ketzer entlarvt und vom Bischof Petrus dieser Stadt verdammt. Von dieser unheilvollen Lehre wurden damals in Italien noch mehr Anhänger entdeckt, die ebenfalls durch Schwert oder Feuer starben. Von der Insel Sardinien, die gewöhnlich an solchen Leuten besonderen Überfluß hat, machten sich zur selben Zeit auch einige auf, die einen Teil des Volkes in Spanien verführten; auch sie wurden von katholischen Männern entfernt. Dieses Vorzeichen paßt zur Weissagung des Johannes, denn er hat gesagt, daß nach Ablauf von 1000 Jahren der Satan losgelassen werde (Apokalypse 20, 7). Davon werden wir gleich im dritten Buch ausführlicher handeln.«

Der etwa 60jährige Rodulf wohnte von Jugend auf in Klöstern, wechselte sie wiederholt und reiste gern; aber er war weder in Châlons noch in Ravenna zugegen, als dort der Ortsbischof Ketzer entdeckte. Er mag seine Informationen von Mönchen erhalten haben, die wie Richer von Reims öfter unterwegs waren; zuverlässig sind sie nicht. In Châlons-sur-Marne regierten zwischen 948 und 1004 wirklich zwei Bischöfe namens Gebuin, aber der letzte Erzbischof von Ravenna, der Petrus hieß, war 971 abgetreten. Rodulf mußte also großzügig verallgemeinern, wenn er eine Häufung von Ketzereien um die Jahrtausendwende feststellen wollte; mit Allgemeinurteilen war er ja nicht kleinlich: Alle Bauern sind wankelmütig, alle Sarden Ketzer, alle Italiener Philologen. So ist Rodulf ein trefflicher Zeuge für mönchische Vorurteile, nicht für historische Fakten. Ketzereien erscheinen ihm als Antithesen zur mönchischen Reformbewegung rund um Cluny, die sich von Emotionen der Laien und Tüfteleien der Gelehrten gleichermaßen fernhält.

Nach tausend Jahren Fesselung könnte der Satan bald losgelassen werden; aber Rodulf predigt keine Weltuntergangsstimmung. Die Jahrtausendwende hat Katastrophen gebracht, Feuersbrünste, Hungersnöte und Epidemien vor allem in Italien; doch dieselben Jahre sahen zahlreiche Reliquienfunde, Krankenheilungen, Kirchenbauten und Pilgerzüge. Die Gegenwart ist für den kluniazensischen Mönch die entscheidende Epoche der Heilsgeschichte, also noch nicht entschieden. Ohne es zuzugeben, ist Rodulf darin mit seinen Widersachern einig, daß jetzt die Christen ihr Leben ändern müssen, nicht nur Priester und Mönche. Bisher waren Rechtgläubigkeit und Irrglaube stets wie zwischen Bonifatius und Aldebert Thema geistlicher Diskussion gewesen; das änderte sich jetzt, weil die Laien nicht mehr mit ritualistischer Frömmigkeit zufrieden waren. Man verlangte von ihnen immer häufiger christliche Haltung unter Mitmenschen; schließlich machten sie ernst mit dem, was ihnen Rather von Verona und andere Geistliche gepredigt hatten.

Der Bauer Leutard war wohl ein Einzelgänger, wie Rodulf ihn darstellt; nur verrückt war er so wenig wie der Bauernbischof Aldebert und der Bauernkaplan Johann Balle. Er erzählte von Bienen auf dem Feld, weil in vielen Legenden Bienen als keusch galten und wunderbare Erleuchtung brachten; vom Kirchenvater Ambrosius sagte man, als Kind seien ihm Bienenschwärme zum Mund ein- und ausgegangen. So plötzlich die ekstatische Vision über den Bauern kam, so gut paßte sie zur zeitgenössischen Sehnsucht nach Überwindung formalen Christseins. Leutard wollte asketisch leben, als er seine Frau verließ, und kritisierte vielleicht deshalb die Propheten; denn das Alte Testament war das Buch des Weltschöpfers. Die sichtbare Kirche taugte nicht viel; Leutards Dorfpfarrer bot den Bauern mindestens keine überzeugende Alternative. Wozu sollten sie, die schon zur Zeit Agobards von Lyon ungern Abgaben für kirchliche Zwecke entrichteten, von den Früchten ihrer Arbeit ein Zehntel an Schmarotzer abgeben? Das Zehntgebot stand im Alten Testament, nicht in der Bergpredigt. Und die Bilder des leidenden Christus in der Kirche dienten eher der Vergötzung als der Nachfolge Jesu. Der »gewöhnliche Mensch« Leutard konnte das lateinische Evangelium sicher nicht besser als der Kaufmann Valdes lesen und dürfte seine Bibelkenntnisse mündlich, vielleicht durch Missionare der balkanischen Bogomilensekte erworben haben; jedenfalls ergriff er das Gehörte eigenwillig, nicht als dogmatische Sätze, sondern als Lebensregeln.

Weil Leutard lebte, wie er redete, erkannten ihn die Bauern als charismatischen Führer an; die Bauerngemeinde brauchte keine Tradition und Organisation, nur ein Vorbild. Freilich war oberste Autorität in Glaubenssachen und gelehrten Fragen der Bischof in der 30 Kilometer entfernten Stadt. Wenn er Leutards Reden für wahnsinnig erklärte, hatte er vom theologischen Standpunkt aus recht, weil sie mehr Emotionen als Dogmen boten und ohne Begründung blieben. Und wenn ein Bischof das sagte, glaubten ihm die Bauern, wie sie Agobard von Lyon geglaubt hatten; Leutard selbst glaubte dem Studierten. Er hatte sich für erleuchtet gehalten und wurde für verrückt erklärt; er hatte ein Beispiel geben wollen und wurde alleingelassen. Sein Mißerfolg bewies ihm selbst die Verblendung; deshalb beging er Selbstmord, was sonst im Mittelalter selten vorkam. Rodulfs triumphierende Moral: Bauern sollen fromm sein, aber unter Aufsicht der Geistlichen, denn die allein kennen die Normen der Heiligen Schrift.

Daß allzuviel Gelehrsamkeit ebenfalls vom Übel ist, zeigt Vilgards Fall. Rodulf zitiert in seinem Buch Vergil, Lukan und Terenz und versucht sich in lateinischen Versen; auch für einen kluniazensischen Mönch ist klassische Bildung unentbehrlich. Aber Selbstzweck darf sie nicht werden. Es ist unklar, was Vilgard mit seinen Dichterzitaten wollte; seine Lebenslehre war gewiß nicht asketisch, eher sinnenfroh, dem Diesseits, der schönen Form, dem irdischen Ruhm zugewandt. Volkstümlich kann sie nicht geworden sein, höchstens ein paar Lateinlehrer italienischer Stadtschulen begeistert haben. Warum Vilgard als erster Ketzer des Mittelalters verbrannt oder enthauptet wurde, bleibt vollends schleierhaft. Rodulfs Nachrichten sind vage genug, um ihm eine fahrige Geste über die halbe Weltkarte zu erlauben; die Weltverschwörung der Ketzer reicht von der Adria bis zum Atlantik. In Wirklichkeit stand Vilgard noch weiter als Leutard von sektiererischer Organisation entfernt und war erst recht ein Sonderling. Er wurde so schnell und gründlich wie Leutard vergessen. Und doch behielt Rodulfs Spürsinn im entscheidenden Punkt recht: Hier lauerten Gefahren, die Bischöfen und Mönchen des 11. Jahrhunderts rasch über den Kopf wuchsen.

Leutard und Vilgard sind erste Vorläufer von Bewegungen, die ein Jahrhundert später die Lebenskreise der Geistlichen und Gebildeten gründlich verändern; die Forschung nennt die eine »Religiöse Bewegung«, die andere »Renaissance des 12. Jahrhunderts«. Beide fordern anhand autoritativer Texte die Überwindung täglichen Schlendrians und alten Herkommens; beide verlangen ein Leben, wie es im Buch steht. Neben Gemeinschaften der Geistlichen treten dann Laien und Gebildete mit dem Anspruch auf, ein frommes und gesittetes Leben zu führen; sie stehen nicht mehr so allein wie Leutard und Vilgard. Im frühen 11. Jahrhundert weiß man davon indes nichts; man kennt geistliche Eliten in Bischofsstädten und Klöstern, die die Kirche verkörpern. Alle anderen Geister stehen im Bund mit dem Satan, sind vom Teufel besessen, Bürger der Höllengemeinde und insofern insgeheim miteinander verbunden. In der unsterblichen Ökumene von Wahn und Dummheit gehen sie unter; eine irdische Geschichte und Gemeinde haben sie nicht.

KONVENTIKEL

Im bedeutendsten *Handbuch der Inquisitionspraxis* beschrieb um 1323 der südfranzösische Dominikaner Bernard Gui auf lateinisch Leben und Lehre der häretischen Beginen von Narbonne:

»Besagte Beginen wohnen in Dörfern und Kleinstädten und haben Häuschen, in denen manche miteinander zusammen wohnen; sie nennen sie gewöhnlich ›Häuser der Armut‹. In diesen Häusern treffen sich öfter an Sonn- und Feiertagen die dort Zusammenwohnenden mit anderen, die sonst einzeln in ihren Häusern bleiben, und mit Vertrauten und Freunden der Beginen. Und dort lesen sie oder lassen sich vorlesen aus den erwähnten Büchlein und Heften in der Volkssprache, aus denen sie ihr

Gift saugen. Allerdings liest man dort auch einiges andere, über die Gebote und die Glaubensartikel, aus Heiligenlegenden und der *Summa von Lastern und Tugenden*. So ahmt die Schule des Teufels unter dem Anschein des Guten nach Art eines Affen in manchem die Schule Christi nach. Dabei müssen doch die Gebote Gottes und die Glaubensartikel der heiligen Kirche öffentlich, nicht heimlich verkündet und erklärt werden, von Leitern und Hirten der Kirche und Lehrern und Verkündern des Gottesworts, nicht von einfachen Laien.

Bemerkenswert ist auch, daß manche von ihnen öffentlich von Tür zu Tür betteln gehen, weil sie angeblich die evangelische Armut kennen. Andere betteln nicht öffentlich, sondern arbeiten und verdienen sich etwas mit ihren Händen und führen ein armes Leben. Darunter sind ziemlich harmlose Leute beiderlei Geschlechts, die die folgenden Irrlehren nicht genau kennen, ja keine Ahnung davon haben. Gleichwohl sind manche steif und fest davon überzeugt, daß die Verurteilung der Beginen unbegründet und unrecht war, die nach dem Urteil von Prälaten und Ketzer-Inquisitoren seit dem Jahr des Herrn 1318 an mehreren Orten der Kirchenprovinz Narbonne ausgesprochen wurde, und zwar in Narbonne, Capestang, Béziers, Lodève, im Bistum Agde, in Lunel/Bistum Maguelonne, ferner in Marseille und in Katalonien. Sie halten diese als Ketzer Verdammten für recht und gut. ...

Ferner unterscheiden sie sozusagen zwei Kirchen, nämlich die fleischliche, womit sie die römische Kirche meinen, die die Menge der Verworfenen betreffe, und die geistliche Kirche, zuständig für jene Männer, die sie Geistliche und Evangelische nennen und die das Leben Christi und der Apostel führen; und diese Kirche halten sie für die ihrige. ... Weiter behaupten sie: Nach Zerstörung der fleischlichen Kirche werden die Mohammedaner kommen, das Land der Christen besetzen und über Narbonne in unsere Gegenden von Frankreich einrücken. Sie werden christliche Frauen mißbrauchen und viele gefangen abführen, um sie zu mißbrauchen. Das wurde nach ihrer Behauptung dem Bruder Petrus Johannis (Olivi) in Narbonne von Gott offenbart. Ferner sagen sie: In der Zeit der Verfolgung durch den Antichrist und die erwähnten Kriege werden die fleischlichen Christen so hart mitgenommen werden, daß sie verzweifelt sagen, Christus würde, wenn er Gott wäre, nicht zulassen, daß Christen so viel schweres Leid erdulden. In ihrer Verzweiflung werden sie vom Glauben abfallen und sterben. Gott aber wird die auserwählten geistlichen Männer verbergen, damit der Antichrist und seine Diener sie nicht finden können. Und dann wird die Kirche auf dieselbe Kopfzahl schrumpfen, mit der die Urkirche gegründet wurde; kaum zwölf werden übrigbleiben. Mit ihnen wird die Kirche neu gegründet werden, und der Heilige Geist wird ihnen in gleicher oder noch größerer Fülle eingegossen wie den Aposteln in der Urkirche; davon war oben schon die Rede.

Ferner sagen sie: Nach dem Tod des Antichrist werden diese geistlichen Männer die ganze Welt zum Glauben Christi bekehren. Die ganze Welt wird so gut und freundlich werden, daß in den Menschen jener Zeit keine Bosheit oder Sünde sein wird, außer vielleicht läßliche Sünden bei einigen. Alles wird allen zur Nutzung gemeinsam sein, und niemand wird einen anderen verletzen oder zur Sünde verleiten, denn ganz große Liebe wird unter den Menschen herrschen, und dann wird eine Herde und ein Hirte sein (Johannes 10, 16). Dieser Zeitraum und Zustand der Menschen wird nach Ansicht einiger von ihnen hundert Jahre lang dauern; dann wird die Liebe nachlassen und die Bosheit sich allmählich wieder einschleichen und schrittweise so anwachsen, daß wegen des Übermaßes an Bosheit Christus beinahe gezwungen sein wird, zum allgemeinen Gericht zu kommen.«

Gui befaßte sich am liebsten mit historischen Studien und schrieb Bücher zur Geschichte seines Ordens, einzelner Klöster, des französischen Königtums, südfranzösischer Grafen- und Bischofsreihen, der Kaiser und Päpste, alle exakt und nüchtern. Auch sein Handbuch zur Inquisition war großenteils Forschungsarbeit; aus älteren Quellen stellte es Kernsätze von Ketzersekten zusammen, damit die Inquisitoren Verdächtige präzise abfragen und einordnen könnten. Nur das Kapitel über die Beginen fiel aus diesem Rahmen. Dafür brauchte Gui keine historische und theologische Literatur; als Inquisitor der Kirchenprovinz Toulouse kannte er beginische Ansichten und Traktätchen aus eigener Erfahrung, vor allem aus einem Verfahren in Pamiers und Toulouse 1322, das mit der Verbrennung von drei Beginen endete. Und was sie lehrten, traf die Überzeugungen des Dominikaners so tief, daß er darüber nicht mit gewohnter Sachlichkeit schreiben konnte; die Feder zitterte ihm vor Zorn. Die Lebensform Christi und der Apostel wäre nicht in der Geschichte der katholischen Kirche verwirklicht? Evangelische Armut würde nicht von den Bettelorden vorgelebt? Die Heilsgeschichte wartete nur auf ein paar spintisierende Laien, um im Paradies auf Erden zu gipfeln? Solche hochmütigen Mutmaßungen konnten nur vom Teufel stammen, der die Kirche Christi zerrütten wollte; er sammelte seine Anhänger in Winkelschulen zu einer Verschwörung von Wahn und Dummheit.

In seiner Erbitterung übersah der Historiker das Auffälligste: Die Beginenbewegung hatte eine Geschichte durchlaufen und war erst durch sie in Träumereien gedrängt worden. Angeregt war sie von dem provenzalischen Franziskaner Petrus Johannis Olivi, der nach Bonaventuras Tod den Streit um radikale Armut im Orden neu entfachte. Als er 1298 in Narbonne gestorben war, sammelten sich um sein Grab Laien des franziskanischen Dritten Ordens, meist Frauen; sie verehrten Olivi als Heiligen und ahmten sein Leben in Armut, Keuschheit und Gemeinschaft nach. Bald wurden, etwa vom Konzil zu Vienne 1311, einzelne Gedanken dieser Beginen kirchlich gerügt, auch einige Sätze Olivis. Die große Verfolgung begann erst am 30. Dezember 1317, als Papst Johannes XXII. in Avignon die »Brüder vom armen Leben« oder Beginen aufs schärfste verurteilte. Er warf ihnen ordensähnliche Lebensform *(Vivendi ritus)*, Kleidung und Wohnung vor und witterte in der laienhaften Fortbildung franziskanischer Bräuche Gefahren für die ganze Kirche. Dabei warf er die südfranzösischen Bünde von Narbonne und Béziers mit ganz andersgearteten italienischen und niederrheinischen Beginengruppen zusammen, als wären sie Teile einer internationalen Organisation. Gleichzeitig ließ der Papst die Schriften Olivis prüfen; sie wurden 1319 von einer Theologenkommission in Avignon und von einem Generalkapitel der Franziskaner in Marseille verurteilt.

Aber nicht Pergamente entschieden die Geschichte der Beginen; der Papst ordnete Inquisitionsprozesse an. Am 6. Mai 1318 wurden in Marseille vier Franziskaner als Ketzer verbrannt, weil sie entgegen päpstlicher Weisung an der strikten Armutsforderung festhielten. Am 14. Oktober 1319 folgten ihnen auf den Scheiterhaufen die ersten drei Laien, also Beginen; daran schlossen sich die weiteren von Gui erwähnten Todesurteile an, denen zum Beispiel in Lunel 17 Beginen zum Opfer fielen. Da wurden heiligmäßige Bettelmönche und fromme Laien ums Leben gebracht; war dieser Papst nicht ein Ketzer, Herodes, Kaiphas, Antichrist, der Christus in seinen Nachfolgern zum zweiten Mal kreuzigen ließ? Die satte Fleischkirche der Verworfenen konnte nicht dauern; Olivis Andeutungen von einer kommenden Geistkirche hatten es vorausgewußt. Um 1330, spätestens 1335 würde die Herrschaft des päpstlichen Antichrist zerstoben sein, wobei die südspanischen Mohammedaner greulich Schützenhilfe leisten würden. Danach konnte die Friedenskirche des Heiligen Geistes und der Beginen auferstehen. Was ihnen jetzt widerfuhr, war nur letzte Gegenwehr teuflischer Mächte; die kleine Elite der Frommen mußte noch einige Jahre durchhalten, dann würde die Machtkirche zerbrechen. Die Mächtigen würden einander gegenseitig ausrotten, ohne daß die Geistchristen einen Finger für den Umsturz rührten. Denn Christus würde mit ihnen sein, Gott sie vor dem Antichrist beschützen und dafür keine Insel der Verheißung brauchen.

Die Beginen wissen, daß sie ohnmächtig sind; aber Gui unterschätzt ihre soziale Kraft. Sie sammeln sich keineswegs in Dörfern, und unter den Verbrannten befindet sich kein einziger Bauer. Wie die Bettelorden sind die Beginenbünde mittelstädtisch, vorwiegend von Handwerkern getragen, von Bürgern, die kein Gelehrtenlatein verstehen, aber lesen und schreiben können. Zu ihrer Lebensform der Armut treibt sie nicht Neid der Besitzlosen, sondern der Widerspruch zwischen Stadtwirtschaft und evangelischer Forderung; sie wollen konsequent leben. Armut bedeutet gewiß Ohnmacht, aber Gemeinschaft bedeutet Hoffnung. Im provenzalischen Gebiet zwischen Marseille und Toulouse, das mittlerweile zur französischen Krondomäne gehört, erwarten sich die Bürger von der Monarchie keinen Schutz vor Feinden; sie helfen sich selbst als Gemeinde im Untergrund, mit geheimen Treffpunkten und Riten, mit eigenen Führern und Diensten. Als soziale Norm haben sie das Evangelium Jesu, als historische Richtlinie die Prognosen Olivis; das genügt, um alle Stürme zu überstehen.

Diese verschworene Gemeinschaft der Liebe wird sich, so glauben sie, bald auf alle Welt ausdehnen, also auch Mohammedaner und Mongolen bekehren, woran die Franziskaner schon lange arbeiten. Ein Friedensreich wird kommen – aber nicht bleiben. Es hätte Gui nachdenklich stimmen müssen, daß die Beginen nicht mehr an Olivis Vermutung glaubten, die künftige Geistkirche werde 6–700 Jahre währen. Länger als drei Menschenalter gedeiht auf Erden kein Paradies, denn die Bosheit liegt nicht bei »den anderen«, sie liegt in jedem Menschen; nur Christus selbst kann ihr ein Ende machen. Die Flammen von Marseille haben sich tief eingebrannt; die Beginen leben brüderlich miteinander, aber ohne Hoffnung, ihre Welt zu reformieren oder zu revolutionieren. Sie blicken auf das Jenseits, wo Ursprung und Ziel aller Menschengeschichte liegen, und verzichten auf den von Bonaventura gewiesenen Weg, vorläufig zu wirken, solange noch Tag ist. Sie sind willig in den Tod gegangen, schließlich die ganze Gemeinde; noch vor 1335 hat die Inquisition die südfranzösischen Beginen ausgerottet, und die verheißene Geistkirche ist nicht gekommen. Der Glaube der Verbrannten wurde von der Geschichte nicht widerlegt, wohl aber ihre Lebensform.

KETZER

Die Zeugen beschreiben zwei verschiedene Formen mittelalterlicher Ketzerei. Die ländlichen Lebensbedingungen des Frühmittelalters bestimmten und beschränkten jede religiöse Aktivität, die nicht wie Aldeberts Wanderpredigt missionarische Bekehrung erstrebte. Leutards Überzeugung vom christlichen Leben unter Bauern konnte sich nicht auf Geschichte, kaum auf Literatur berufen; sie kam wie eine Erleuchtung von außen über den Prediger und seine Gläubigen. Überzeugender als ekstatische Reden wirkten rabiate Aktionen, denn jeder im Dorf kannte ihn seit langem. Die schlagartige Verwandlung eines Menschenlebens versetzte – wie im Fall des Einochs – das Dorf in fieberhafte Erregung; doch weiter als bis zur nächsten Bischofsstadt drang sie nicht. Als das Urteil des Kirchenfürsten gesprochen war, fiel die Bewegung so schnell zusammen, wie sie entstanden war, weil sie keine Gemeinde schuf. Aus der ständischen Schichtung von Herr und Knecht wollte Leutard als Führer nicht heraustreten; über seine Gegenwart sah er nicht hinaus. So blieb sein evangelischen Leben ohne sozialen Zusammenhang und ohne historische Begründung und Folge.

Die städtischen Lebensbedingungen des Spätmittelalters erlaubten den Zusammenschluß freiwilliger Bünde ohne stimmgewaltige Führer und aufsehenerregende Aktionen, der stillen Betrachtung und Caritas zugewandt. Die Überzeugung vom christlichen Leben konnte sich einen Toten zum Vorbild, sein Grab zum Kultort wählen und auf Wunder verzichten. Denn der Bildungsstand gestattete Anknüpfung an literarische Überlieferung; die Verflechtung der Siedlungen schuf ein Netz geistlicher Stützpunkte im Land. Solche Konventikel waren zählebig und überstanden mindestens ein Menschenalter. Darum mußte auf der kirchlichen Gegenseite der fürchterliche Apparat der Inquisition aufgeboten, das Urteil der universalen Instanzen Papst und Konzil eingeholt werden; Gericht und Gewalt mußten jahrzehntelang anstreben, was früher Gespräch und Predigt im Handumdrehen erreicht hatten. Das apostolische Leben der Beginen hatte sozialen Zusammenhang, auch historische Gründe, jedoch keine Folgewirkung.

Die Gruppen, in denen Leutard und Olivi wirken, sind historisch verschieden, aber beide sind Gemeinschaften der Armen im Geist und der Stillen im Land. Ihr Zusammenschluß ist eine Absage an geschichtliche Gestaltung des Lebens. Sie verlangen Enthaltung von feudalen und geschlechtlichen Bindungen, von bürokratischen und finanziellen Ansprüchen, Verzicht auf die Mittel dieser Welt zugunsten eines christusförmigen Lebens. Seßhafte Bauern und Handwerker verstehen Askese nicht als Weltflucht; sie wollen ohne die Privilegierung und Isolierung der Geistlichen in ihrem Lebenskreis Christen sein. Ihre Lebensform ist mit Feldarbeit und Handarbeit vereinbar; ihr Wirkungskreis ist das Dorf oder die Städtelandschaft, wo sie wohnen. Sie ziehen auch Frauen heran und wollen keine Mönche werden; sie wollen keine weitläufige Geschichte machen, sondern örtliche Bruderschaften bilden. Sie melden sich kaum irgendwo schriftlich zu Wort und bleiben Laien. Dadurch fordern sie die Elite der universalen Kirche, die Mönche, heraus, die christliches Leben nur im Rückzug auf abgesonderte, aber kontinuierliche Gemeinschaften der Geistlichen verwirklichen.

Deshalb verstehen die Mönche Ketzerei als Teufelskirche, die im entscheidenden Moment der Gegenwart das Gottesvolk spaltet und vergiftet. Unsere Zeugen können Ketzer zudem nur als Irrlehrer begreifen, die aus Wahn und Dummheit die wahre Lehre des Christenglaubens verfälschen; man vergleicht sie mit geistlichen Demagogen, die wie Aldebert Massen aufputschen, oder mit geistlichen Intellektuellen, die wie Olivi am Schreibtisch Gift mischen. Damit wird die Absicht der Ketzer völlig verfehlt, die keine Dogmatik, sondern christliches Verhalten predigen und sich nur notgedrungen an Büchern orientieren; sie wollen auch keine allumfassende Kirche mittelmäßiger Gläubiger, sondern kleine Bünde begeisterter Heiliger sein. Eben in ihrem hohen Anspruch liegt ihre Schwäche; sie bekämpfen das geschichtliche Leben, anstatt es zu verändern, und suchen eine Lebensform ohne Geschichte.

Für Ketzer und Mönche wurde zum Muster aller Sekten die einzige

häretische Bewegung, die sich eine Organisation mit Bischöfen, Sakra-
menten und Dogmen schuf, die der Katharer, die von den balkanischen
Bogomilen angeregt im 12. und 13. Jahrhundert bei Laien Begeisterung,
bei Geistlichen Entsetzen auslöste. Den einen galt sie als Verwirklichung
einer christlichen Lebensform, den anderen als satanische Gegenkirche
schlechthin: Ihr Name stand Pate für das deutsche Wort *Ketzer*. Die
Katharer besaßen dank ihrer Organisation erheblich größeren politischen
Einfluß als die stilleren Waldenser und konnten sich trotz aller Ketzer-
kreuzzüge und Inquisitionen fast zweihundert Jahre in der Geschichte
halten. Dennoch lehnten sie entschiedener als Leutard und die Beginen
die geschichtliche Welt insgesamt ab; unsere Erde erschien ihnen als
Schöpfung des Teufels, das Leben als Kerkerstrafe, der leibliche Tod als
Befreiung der reinen Seele. Hier war die Lebensverachtung voll entfaltet,
die in Leutards Askese anklang und in der Resignation der Beginen
abklang. Die Katharer gaben die radikalste Antwort auf Gebrechlichkeit
und Gefährdung menschlichen Lebens. Darin bestand nun die große
Herausforderung an das Mittelalter überhaupt, nicht im Leben, sondern
im Tod der Ketzer.

Ist die Bemühung um geschichtliche Kontinuität und soziale Organisation überhaupt sinnvoll, wenn das Menschenleben nichts wert ist? Für
Ketzer, die sich verzweifelt in Brunnen stürzten oder freudig Scheiterhaufen erstiegen, bedurfte es keiner Antwort, wohl aber für ihre Verfolger.
Den Geistlichen und Fürsten, die Ketzer sterben ließen, war das Leben
des einzelnen Menschen wenig wert, weil sie auf Kontinuität und Organisation größerer Verbände bedacht waren. Mit der Sehnsucht nach para-
diesischem Leben in kleinen Bünden fanden Ketzer zwar vorübergehend
Widerhall, sie zerstörten aber die geschichtliche Zukunft aller, wenn sie
die Zeugung kommender Geschlechter und die Mitarbeit an der Umwelt
aufkündigten. Ketzer wurden nicht von allen Geistlichen verfolgt, nicht
von allen Laien verehrt, denn sie verwirklichten den Wunschtraum der
Frömmsten: sich aus allen Verwirrungen des Alltags und der Nachbarn
lösen und in heimlicher Verzückung wie Engel leben. Man mußte diese
Versuchung verteufeln, denn sie war stark genug, um die Erde allen
Teufeln zu überlassen.

PFANDLEIHE

In den 1150er Jahren beschrieb der westfälische Prämonstratenser Hermann von Scheda lateinisch seine allmähliche Wendung vom Judentum zum Christentum. Die wichtigste Etappe fiel etwa in das 20. Lebensjahr des Kölner Juden, 1127 oder 1128:

»Danach kam ich nach Mainz, um mit verschiedenen Kaufmannswaren Handel zu treiben; alle Juden befassen sich ja mit dem Handelsgeschäft. Dort war zu der Zeit der ruhmreiche König Lothar (III.); er hatte bei sich den ehrwürdigen und klugen Mann Ekbert, Bischof der Diözese Münster. Als ihn der König dort zurückhielt und er im Dienst der Reichsgeschäfte länger als vorgesehen verweilte, ging ihm das Geld in den Truhen aus, und er war gezwungen, von mir Silber zu borgen. Von ihm nahm ich aber keine Bürgschaft, was der Judenbrauch erfordert hätte, denn ich hielt die Glaubwürdigkeit eines so bedeutenden Mannes für ein wertvolles Pfand. Als meine Eltern und Freunde das merkten, tadelten sie mich mit recht hartem Vorwurf und sagten, ich sei gar zu nachlässig gewesen, daß ich es gewagt habe, bei irgend jemandem, vor allem bei einem vielbeschäftigten Mann Geld ohne Bürgschaft anzulegen; ich hätte nach der mir wohlbekannten Gewohnheit der Juden ein Pfand im doppelten Wert des Kredits fordern sollen. Deshalb beschlossen sie, daß ich mich zu dem erwähnten Prälaten begeben und so lange bei ihm bleiben solle, bis er mir die ganze Schuld zurückgezahlt hätte. Sie fürchteten aber, daß ich, wie es geschah, beim Aufenthalt unter Christen von ihnen dazu angestiftet würde, mich vom Leben in der Tradition der Väter abzuwenden; deshalb mieteten sie gegen Lohn einen uralten Juden namens Baruch und übergaben mich seiner Erziehung in einsichtiger Sorge. Ich fügte mich also dem Rat meiner Eltern und Freunde und reiste in die Stadt Münster, die der Sitz jenes Bistums ist. Dort fand ich den Bischof vor, forderte die Schuld zurück und sagte, daß ich, ohne sie empfangen zu haben, meinen Eltern nicht unter die Augen zu treten wagte. Er hatte im Augenblick kein Geld, mit dem er die Schuld begleichen konnte, und hielt mich für fast 20 Wochen bei sich fest. In diesem Zeitraum bot dieser gute Hirte nach seiner Gewohnheit öfter den ihm anvertrauten Schafen die Nahrung des Gotteswortes dar, und ich mischte mich unter seine Herde, von der Neugier, der Freundin der Jugend, angelockt und in frecher Anmaßung, denn wegen meines häßlichen Irrglaubens hätte ich eher verdient, zu den Böcken als zu den Schafen gerechnet zu werden. ...

Wie ich dort (im Dom zu Münster) alles recht wißbegierig betrachte, erblicke ich unter verschiedenen Kunstwerken der Plastik und Malerei ein seltsames Gespenst. Ich sehe nämlich ein und denselben Menschen gedemütigt und erhöht, verachtet und verehrt, schimpflich und rühmlich, drunten jämmerlich am Kreuz hängend und droben auf einem Lügengemälde ganz liebenswürdig und vergöttlicht thronend. Ich gestehe es, ich erschrak und vermutete, daß derlei Darstellungen Götzenbilder von der Art seien, wie sie sich die Heidenvölker, von verschiedenen Irrtümern getäuscht, gewöhnlich erdichtet hatten. Daß es sich wirklich so verhalte, davon hatte mich einst die pharisäische Lehre leicht überzeugt. Andererseits fand mein oben erwähnter Erzieher schlau heraus, was ich trieb, und ertappte mich dabei, daß ich oft Versammlungen von Christen besuchte und mich über Kirchenschwellen schlich. Er beschuldigte mich, da ich seiner Obhut anvertraut war, heftig und schwor, daß er alle Albernheiten meiner unerlaubten Neugier meinen Eltern zu Ohren bringen werde. Aber ich überhörte seine Drohungen und Beschuldigungen wie ein Tauber und überließ mich täglich der erwachten Neugier um so mehr, als ich unter der Fürsorge des Bischofs lebte und von allen Geschäften völlig frei war. ...

Danach kam nun das Osterfest, der Bischof zahlte mir die Schuld zurück, und ich kehrte zusammen mit meinem eifersüchtigen Juden in die Hauptstadt Köln zurück, wo ich wohnte. Wie er mir vorher angedroht hatte, kühlten seine Anklagen gegen mich die Liebe meiner Eltern und Freunde erheblich ab; denn er behauptete, ich hätte mich mit solcher Emsigkeit und Vertraulichkeit an die Christen geklammert, daß man mich schon nicht mehr für einen Juden, sondern für einen Christen hätte halten können, wenn ich nicht den Glauben der Väter, bloß noch dem Verhalten nach fromm, heuchlerisch vorgetäuscht hätte. Aber Gott, der Herr der Rache, zahlte ihm rasch die verdiente Strafe für seine boshafte Anklage heim, denn er zerschmetterte ihn nach dem Prophetenwort (Jeremia 17, 18) mit doppelter Vernichtung. Sogleich packte ihn nämlich schwerer Fieberschmerz, binnen 15 Tagen starb er und kam von der irdischen Pein in die ewigen Höllenqualen. So bewies der gerechte Richter durch ein und dieselbe Tat Barmherzigkeit und Wahrheit zugleich: Wahrheit, indem er jenem die verdiente Strafe zumaß; Barmherzigkeit, indem er mich von dessen hinterlistigen Beschuldigungen befreite.«

Hermann schrieb vermutlich kurz nach dem zweiten Kreuzzug, der wie der erste von Judenverfolgungen und Zwangstaufen begleitet war, und wollte anhand seines Schicksals zeigen, wie christliche Geistliche am sichersten Juden bekehren können. Hermann hatte die schrecklichen Tage 1096 nicht miterlebt, als die Kölner Judengemeinde, die älteste und bedeutendste am Rhein, vom Erzbischof evakuiert wurde und das fanatisierte Volk die Kölner Synagoge samt vielen Judenhäusern zerstörte und zahlreiche Juden massakrierte. In Hermanns Kindheit hatten sich die Zustände wieder normalisiert. Der Reichslandfriede Kaiser Heinrichs IV. von 1103 schützte den freien Handel der Juden; in Köln wurden ihre Privilegien der Gemeindeverfassung, Selbstverwaltung und Gerichtsbarkeit nicht geschmälert. Die Stadt vertraute ihnen wie anderen Bürgern Verteidigungsaufgaben an, und im Judenviertel, nahe bei Dom und Rathaus, wurde die Synagoge neu gebaut. Die bürgerliche Oberschicht Kölns respektierte die Juden, die zwar Ungläubige, aber auch Handelspartner waren. Sie trieben Geldgeschäfte, weil die katholische Kirche im Gefolge der gregorianischen Reform ihren Gläubigen nach Lukas 6, 34–35 verbot, Geld auf Gewinn zu leihen. Juden durften es nach Deuteronomium 23, 19–20 gegenüber Fremden, und Geld wurde nun allenthalben in den aufblühenden Städten gebraucht. Für den Fernhandel waren die Juden durch weite Beziehungen vorbereitet; Hermann, der vor der Taufe Juda hieß, erwähnt einen Bruder in Worms, einen Stiefbruder in Mainz.

Dort borgte Bischof Ekbert von dem jungen Juda Geld; der kannte ihn, denn Ekbert war bis 1127 Kölner Domdechant gewesen. Für beide war das Geschäft riskant. Wenn ein hochgestellter Schuldner die Rückzahlung vergaß, war die Judengemeinde gehalten, dem geschädigten Gläubiger zu helfen; Juda setzte also nicht nur sein eigenes Geld aufs Spiel. Freilich konnte auch der Gläubiger mit einem wertvollen Pfand verschwinden; dann war der Schuldner geprellt. Juda überspielte das geschäftlich gebotene Mißtrauen durch eine Geste, denn er war kein Wucherer. Sein Vater David, aus dem hochangesehenen Stamm Levi, hatte ihn in der hebräischen Heiligen Schrift ausbilden lassen; er liebte die scharfsinnige Diskussion der Rabbiner, die der christlichen Frühscholastik nichts an intellektuellem Anspruch nachgab. Wie Juda, so war seine Familie am Seelenheil mindestens ebenso sehr wie am Geschäft interessiert; sonst hätte sie für die Reise nach Münster, wo damals noch keine Judengemeinde bestand, nicht den alten Baruch angemietet. Der Bischof von Münster hätte eher Grund zu religiösem Mißtrauen gehabt; man sah den Umgang von Prälaten mit Juden nicht gern, nachdem die Konsequenz des jüdischen Monotheismus sogar christliche Bischöfe zur Konversion bewogen hatte. Aber auch Ekbert war kein kleiner Geist und wollte keinen Proselyten machen, sondern Adel beweisen, als er Juda in Münster freigebig und freundlich aufnahm.

Was Juda an Ekberts Predigt gefiel, war die tiefsinnige Interpretation des Alten Testaments, die nicht auf rabbinische Weise beim oberflächlichen Wortsinn stehenblieb. Um so mehr empörte ihn wie den Bauern Leutard die grobe Handgreiflichkeit christlicher Kruzifixe und Altargemälde für das Volk, besonders der eben aufkommende Realismus in der Darstellung des Gekreuzigten. Was ihn am Christentum noch mehr ärgerte, sagte er in Münster bei einer Diskussion mit Rupert von Deutz, dem Theologen der Frühscholastik: Die Christen haben keine Liebe, sonst würden sie die Juden nicht wie tote Hunde behandeln; sie haben keine Demut, sonst würden sie sich nicht hochmütig zu Richtern über das mosaische Gottesgesetz machen. So leicht, wie Baruchs schlichtes Gemüt befürchtete, war Juda nicht vom Väterglauben abzubringen; es ging ihm nicht allein um Wahrheit. Er liebte die patriarchalische Strenge von Familie und Gemeinde zu Hause, weil sie Fürsorge war, und beugte sich willig, in einem Alter, da andere längst ihre Eltern verließen. Sein Vater hatte sich eben wieder verheiratet, die Freunde beobachteten ihn kühl; aber da war noch die Gemeinde, die nicht nur auf äußeres Verhalten sah.

Bald kam es mit ihr zum Konflikt wegen Judas Verlöbnis; die Rabbiner forderten Unterwerfung unter die Sitten der Väter oder Ausschluß aus der Synagoge. Juda fügte sich demütig, denn nirgends sonst fand er religiöse Gewißheit, auch wirtschaftliche Sicherheit; dem Verstoßenen hätte man Heimat und Erbteil genommen. Aber die selbstgerechte Härte der Glaubensgenossen, die dem über Baruch zornigen Juda nicht fremd war, verletzte seine Sehnsucht nach vertrauender Liebe. Ekbert hatte ihn einmal in das erste deutsche Prämonstratenserstift Cappenberg mitgenommen; da lebten Kluge und Ungebildete, Adlige und Gemeine wie Wolf und Lamm einträchtig beisammen und erfüllten die Friedensvision des Propheten Jesaja. Ein paar Monate schwankte er noch, dann fand er zwei Kölner Klausnerinnen, die dem Ratlosen ihre Fürbitte bei Gott widmeten. Während ihn die Kölner Judengemeinde immer kälter überwachte und verfolgte, floh er in die Gemeinschaft der Liebe zu den Prämonstratensern nach Cappenberg.

Er floh also aus der geschlossenen jüdischen Gemeinde in eine nicht weniger festgefügte christliche Gemeinschaft. Sein Weg war schwer, aber er führte nicht über Zweifel an Gottes Barmherzigkeit oder der Wahrheit des Glaubens. Juda ließ vorher und nachher den Glauben unangetastet und verachtete eher die leiblichen Bedürfnisse, die Mißtrauen zwischen Menschen säen. Wo sich Juden und Christen auf solchem geistlichen Niveau begegneten, verstanden sie einander leicht darin, daß sinnvolles Leben nur in abgeschirmten Gruppen und in geprägten Formen gedieh. Theologen mochten sich gegenseitig verdammen, Krämer einander mißtrauen; Menschen konnten miteinander leben, wie im Frühmittelalter meist Juden unter Christen gelebt hatten. Denn Außenseiter waren Juden bisher nicht mehr und nicht weniger gewesen als Christen auch.

RITUALMORD

König Jakob II. von Aragon schrieb den Behörden von Saragossa 1294 ein Mandat in lateinischer Sprache, dessen Kanzleiabschrift erhalten ist.

»Jakob usw. an Richter und Geschworene der Stadt Saragossa usw. Von seiten der Judengemeinde der genannten Stadt wurde vor Uns in folgender Sache Klage erhoben und Beweis geführt. Neulich vermißte eine christliche Frau einen Jungen, ihren Sohn; sie ließ ihn, um ihn wiederzufinden, durch die Stadt ausrufen und fand ihn nicht. Da wurde zu verstehen gegeben, daß die Juden der genannten Gemeinde den Jungen entführt hätten. Wie berichtet wird, befahlen daraufhin die Geschworenen der Stadt einem Mann, der sich angeblich auf die Zauberkunst versteht, er solle herausfinden, wo der Junge sei. Er zog ein christliches Mädchen hinzu, das angeblich Ortskenntnisse von den Judenhäusern besaß, und ließ es in ein von ihm vorbereitetes Zauberinstrument hineinblicken. Wie Wir erfuhren, behauptete das Mädchen, es habe eine Christin gesehen, die den Jungen zum Haus eines Juden getragen habe; die Juden hätten ihn in ein Zimmer hinaufgeschafft, ihn enthauptet, aus seinem Körper Leber und Herz herausgenommen und die Leiche im Hof desselben Hauses vergraben. Aufgrund dieser Aussage des Mädchens gingen die Geschworenen mit dem Mädchen zum Haus des genannten Juden und durchsuchten es zusammen mit ihr. Sie gruben oder ließen graben an der Stelle im Haus, wo nach Angabe des Mädchens das Kind vergraben worden war, und fanden nichts von alledem.

Aus diesem Anlaß entstand unter den Christen der Stadt ganz üble Nachrede; sie ging so weit, daß die Juden nirgends mehr unter Christen zu erscheinen wagten. Aus Furcht vor ihnen ließen die Juden an verschiedenen Orten der Reiche Aragon und Navarra nach dem Knaben suchen. Er wurde, wie die Juden versichern, in Calatayud gefunden, in der Gewalt eines Händlers, der im Sklavenhandel tätig war. Der Händler wurde aus diesem Grund verhaftet und versicherte auf Befragen, daß der Junge sein Sohn sei und daß er ihn von einer Frau aus Saragossa gehabt habe. Und als die Auffindung des Knaben den Geschworenen zu Ohren kam, befahlen sie dem Uns gegebenen Bericht zufolge, daß die Frau, von der der Händler angeblich den Jungen hatte, die Wahrheit sagen solle. Die Frau sagte, daß der Junge nicht sein Sohn sei und daß sie nichts von dem wisse, was der Händler sagte.

Was nun hierbei gegen die Juden unternommen wurde, ist ungehörig, insofern dadurch in der Stadt Ärgernis erregt wird, das Unserer Judengemeinde den Untergang bringen könnte, und insofern es unserem Glauben und Gesetz zuwiderläuft, da Zauberkunst und alle Hexereien in unserem Glauben und Gesetz verflucht und verboten sind; und so dürfen Wir ein derartiges Vorgehen nicht unterstützen, weil es in sich grundfalsch ist. Deshalb verkünden und befehlen Wir euch, daß ihr euch über den Hergang dieses Vergehens sorgfältig vergewissert und die schuldig Befundenen bestraft, und zwar so hart, daß ihre Strafe anderen, die Ähnliches unternehmen wollen, für immer eine Lehre sei. Ihr müßt auf diese Art verhindern, daß in der genannten Stadt künftig solche Hexereien ausgeübt und daß gegen die genannten Juden künftig solche Machenschaften versucht werden. Denn das wäre für Uns sehr belastend, und Wir würden es schwer bestrafen. Gegeben zu Barcelona am 16. November im Jahr des Herrn 1294 (durch) Mateo Botella.«

Die Sache lief glimpflich ab, und das Judenmassaker blieb aus, das in Zeiten von Kreuzzügen oder Epidemien unweigerlich entfesselt worden wäre. Aber in Aragon herrschte 1294 Friede. Der umsichtige König hatte das sizilische Abenteuer Peters III. abgeschlossen, für außenpolitische Beruhigung gesorgt und sich dem inneren Ausbau zugewandt; energisch vertrat er die Kronrechte gegenüber den Landständen. Bei der Zentralverwaltung halfen ihm wie seinen Vorgängern jüdische Sekretäre und Ärzte, doch stützte sich Jakob II. weniger als andere Herrscher auf jüdische Steuerpächter und Zolleinnehmer. Wenn er Judengemeinden zurückhaltender als früher privilegierte und Judentaufen intensiver förderte, gab er der wachsenden Judenfeindschaft im Land nach, aber an der Rechtslage ließ er nicht rütteln. Die Juden waren Privateigentum des Königs, zahlten ihm Vermögensabgaben und erhielten von ihm eigene Gemeindeverwaltung und Gerichtsbarkeit. Jakob erinnerte 1292 die Inquisition nachdrücklich daran, daß die Juden keine Ketzer seien und unter königlicher Aufsicht stünden; Stadtgemeinden durften zum Beispiel in Saragossa lediglich bei Mordverdacht von sich aus eine gerichtliche Untersuchung gegen Juden einleiten.

Saragossa war mit annähernd 20 000 Einwohnern die größte Stadt Altaragons und pflegte als Zentrum des aragonischen Safranhandels internationale Beziehungen. Hier wohnten keine Hinterwäldler. Die Judengemeinde war die größte und reichste von Altaragon, um ein Judenviertel konzentriert, aber nicht in einem Ghetto abgekapselt. Die Verordnung des Laterankonzils von 1215, daß Juden einen besonderen Kappenmantel und ein gelbes Abzeichen tragen müßten, war bekannt, wurde jedoch lax gehandhabt. Auch wirtschaftlich standen die Juden nicht abseits; in Saragossa waren sie meist Kleinkrämer und Handwerker aller Branchen, auch Goldschmiede. Die jüdische Oberschicht stand im Fernhandel, hatte indes kein Monopol für Geldgeschäfte mehr. Der einträgliche Menschenhandel, insbesondere mit sarazenischen Kriegsgefangenen, lag ebenfalls nicht vornehmlich in jüdischer Hand, wie unser Beispiel zeigt. Im ganzen herrschte Koexistenz, zumal in Spanien mehr Juden als irgendwo sonst wohnten; in manchen Städten gehörte jeder dritte Einwohner zur Judengemeinde, in allen Ländern der Krone Aragon vielleicht jeder zwanzigste.

Aber sobald ein Kind vermißt wird, zerbricht die heile Welt. Das Volk argwöhnt nicht, daß die Juden den Knaben auf dem Sklavenmarkt teuer

verkauft hätten; das wäre ja verständlich, aber Satans Bosheit ist un-
ergründlich. Juden, ohnedies geschickte Ärzte und Chirurgen, pflegen bei
ihrer Passahfeier Blut und Herz ermordeter Kinder in einer Satansmesse
zu »kommunizieren«, ähnlich wie der Aussätzige im Roman *Jaufre* Kinder
schlachtet. Dieser Verdacht taucht seit 1144, also seit dem zweiten Kreuzzug, überall in Europa auf, in Spanien zuerst 1182, eben in Saragossa. In
Deutschland hat er 1235 zur Hinrichtung von 34 Juden geführt; Kaiser
Friedrich II. hat den Fall untersuchen lassen und 1236 amtlich festgestellt,
daß den Juden nach ihren eigenen Gesetzen in Bibel und Talmud Menschenopfer und Blutvergießen strengstens verboten sind; Papst Innocenz
IV., sonst Friedrichs Todfeind, hat dieses Ergebnis 1247 öffentlich akzeptiert. Aber was hilft hier Vernunft? In England wird 1255 der neunjährige
Hugo von Lincoln ermordet, und da sich weder Täter noch Motiv findet,
macht man die Juden haftbar; noch Chaucer glaubt in den *Canterbury
Tales* an ihre Schuld. Bis 1294 berichten christliche Schriften von rund 30
Fällen jüdischen Ritualmords; allmählich glaubt man an die Verschwörung der Satansdiener. Was Juden in Synagogen tun, sieht der Christ
nicht; ihr Gottesdienst ist heimlich, also unheimlich, nur Teuflisches kann
dort geschehen. Der Argwohn trifft keinen einzelnen, etwa den Besitzer
des verdächtigen Hauses, sondern die Synagoge als ganze; sie ist sata-
nisch.

Der Aberglaube an Ritualmorde und der an Zauberkünste wurzeln in
derselben Kollektivangst vor unmenschlichen Mächten; deshalb handeln
die Stadtväter von Saragossa angemessen, wenn sie den Teufel durch
Beelzebub austreiben wollen, durch Zauberer und Hexen. Gegen ihre
Aussage beweist der Augenschein gar nichts; daß die Leiche nicht gefunden wird, zeigt nur die abgrundtiefe Bosheit der Juden, und erst jetzt
beginnt das Kesseltreiben gegen sie. Die Juden von Saragossa wissen
selbst, daß nur noch die Auffindung des lebenden Knaben ihr Leben
rettet. Bei nüchterner Abschätzung der Erfolgsaussichten hätten sie gar
nicht zu suchen begonnen: Wahrscheinlich hat ein Sklavenhändler das
entführte Kind längst weiterverkauft und hält es nicht in der nächsten
größeren Stadt fest, drei Tagereisen von Saragossa entfernt. Das Unwahrscheinliche geschieht; das Kind wird gefunden, weil die Juden von Calatayud mithelfen. Ihre Gemeinde ist nächst der von Saragossa die größte
und wohlhabendste der Provinz und infolge von Rang- und Steuerstreitig-
keiten nicht gut auf die von Saragossa zu sprechen; einen überörtlichen

68 VERBRENNUNG DES HIERONYMUS VON PRAG (1416)

69 JÜDISCHER PFANDLEIHER

Zusammenschluß der Juden gibt es nicht. Aber bei Pogromgefahr halten alle Juden zusammen, denn ein Massaker macht nie am Stadttor halt.

Hinterher ist alles wie ein böser Spuk verflogen; um den christlichen Kidnapper oder gar den blamierten Hellseher kümmert sich der Volkszorn nicht, das ist Sache der Justizbehörden. Nur dem König ist die Affäre hochwillkommen. Er kann der Inquisition beweisen, wie fromm er ist, indem er die Juden vor Zauberern schützt; er kann die Stadtgemeinde Saragossa demütigen und seine Schutzjuden beruhigen. Er braucht sie für Verwaltung, Finanzen und Handel seines Reiches und zieht sie aus fremden Ländern nach Aragon. Er sucht am Hof in Barcelona alle rivalisierenden Kreise und Gruppen in ein Gefüge zu bringen. Der Fürst hat freilich nachträglich und vorsorglich gut drohen; hätten die Juden das Kind nicht gefunden, die Krone wäre so ohnmächtig gewesen, wie sie dann 1391 bei der gräßlichsten Judenverfolgung Spaniens ist. Die Juden selbst können sich dagegen bloß durch Anlehnung an die Krone und Zusammenarbeit ihrer Gemeinden schützen; allerdings werden kollektive Verdächte durch angstvolle Bündnisse der Verdächtigten nur noch genährt. Die Juden leben noch immer wie im Frühmittelalter unter »den anderen« und sind noch immer nicht in allem wie »die anderen«; es sind die anderen, die sich gewandelt haben.

JUDEN

Wir haben keine mittelalterliche Autobiographie eines begnadigten Verfemten, aber die eines bekehrten Juden, kein Königsmandat zum Schutz von Ketzern, aber viele zum Schutz von Juden. Das ist dafür bezeichnend, daß Juden dem Mittelalter nicht im gleichen Maß als Außenseiter gelten wie Verfemte und Ketzer. Diese Gruppen sind an die Ränder der Siedlungen und Gemeinschaften abgedrängt; auf sie werden Triebe der Lebenszerstörung und Sehnsüchte der Lebensüberwindung abgeschoben, die dem Zusammenleben bedrohlich werden könnten. Die Juden aber sind ein Lebenskreis unter anderen und weithin wie andere, freilich mit einer besonders ausgeprägten Lebensform, mit eigener Geschichte und Gemeinde. Sie halten am mosaischen Gesetz und an talmudischen Bräuchen, an der hebräischen Kultsprache und an der gemeinsamen Abstammung aus dem Gelobten Land fest. Eine ähnlich familiäre Gemeinschaft der Herkunft sind auch die Zigeuner; doch tauchen sie in Europa erst im 15. Jahrhundert auf, auch dann als Nomaden, so daß Zeitgenossen sie zu Landstreichern und Asozialen rechnen. Dies waren die Juden nie; der ewig wandernde Jude ist eine Sagengestalt geblieben. Juden bilden überall lokale Gemeinden von ihresgleichen, mitten in den Städten; jedes Kind weiß, wo Synagoge, Judenhäuser und Judenfriedhof zu finden sind. Bei aller Seßhaftigkeit sind die Juden mobil; zwischen Mainz und Münster, Saragossa und Calatayud halten sie zusammen, stehen aber auch mit allen christlichen Lebenskreisen in lebhaftem Austausch, allerdings vorwiegend wirtschaftlich. Im ganzen verhält man sich ihnen gegenüber wie zu Fremden, zu englischen Kaufleuten in Pavia oder portugiesischen Studenten in Siena.

In der frühmittelalterlichen Phase kleiner Familien und Gemeinden bietet das Zusammenleben mit Juden keine grundsätzlichen Probleme. In der adlig-bäuerlichen Umgebung hüten auch alle anderen Gruppen ihren Rechtsstatus, ihre Bindung an Nachbarn, ihr Mißtrauen gegen Fremde. Wirtschaftlich sind Juden für Fernhandel prädestiniert, doch ist der Wettbewerb auf den kleinen Märkten schwach, und auch andere Berufe stehen Juden ohne Diskriminierung offen. Geistig schlägt der weitgereiste Jude mit seiner Welterfahrung und Bücherweisheit Brücken zwischen zerstreuten Siedlungen, wie es der konvertierte Petrus Alfonsi noch im 12. Jahrhundert zu tun versucht. Juden haben für ihren Umkreis ein persönliches Profil, meist kennt man sie beim Namen. Ein geschlossenes Kollektiv sind sie nur aufgrund ihrer abweichenden Religion; demgemäß stammen die frühesten antisemitischen Haßgesänge von christlichen Theologen. In der Praxis allerdings hält sich der irische Wanderbischof Klemens bei eherechtlichen Fragen gern an das Alte Testament; die patriarchalische, traditionalistische, ritualistische Lebensführung frommer Juden kommt frühmittelalterlicher Mentalität entgegen. Weder der judenfeindliche Theologe Agobard von Lyon noch seine abergläubischen Bauern kommen auf den Gedanken, wandernde Juden zu Sündenböcken zu stempeln. In der Begegnung zwischen Juda von Köln und Ekbert von Münster klingt die frühmittelalterliche Unbefangenheit beiderseits noch nach.

Sie ist seit dem 11. Jahrhundert dahin, nicht erst beim ersten Kreuzzug 1096. Von Judenpogromen des Volkes berichtet zum Jahr 1007 der Kluniazenser Rodulf der Kahle, der auch gegen Ketzer eifert, und hier liegt der Hauptgrund des Umschwungs. Die Christen lernten sich in der

Kirchenreform des 11. Jahrhunderts als abendländisches Gottesvolk begreifen und abgrenzen; seitdem sehen sie in den Juden Anführer des Teufelsvolkes und einen Lebenskreis der Reaktion. Sie haben als Gruppe Beziehungen nach draußen, insbesondere zu spanischen Mohammedanern; Urban II. weist 1095 in Clermont darauf hin, daß auch seldschukische Feinde des Heiligen Landes die jüdische Beschneidung üben. In dieser satanischen Ökumene sind jüdische Synagogen die sichtbarsten Vorposten für Brunnenvergifter, Kindsmörder und Hostienschänder. Zur religiösen Verbandsbildung im großen kommen wirtschaftliche und soziale Differenzierungen im kleinen. Neben asketische Verachtung von Simonie und Wucher tritt Wettbewerb christlicher Kaufleute und Handwerker in städtischen Ballungsräumen; die Berufstätigkeit von Juden wird empfindlich eingeschränkt. Inmitten der Schwurverbände gleichberechtigter Bürger wird die patriarchalische Judengemeinde zum Überbleibsel überwundener Zustände. Daß sie weiterhin in den Städten wohnt, betet und sich bereichert, konfrontiert ihren Umkreis täglich mit seiner eigenen Vergangenheit und provoziert einen Generationskonflikt. Er wird dadurch verschärft, daß sich die Judengemeinde in der Defensive immer traditionalistischer und exklusiver gebärdet; über ihren eigenen Lebenskreis hinaus wirkt sie denn auch nur noch im Bereich gelehrter Überlieferung, in Bibel- und Geschichtsdeutung und Medizin. Jetzt sind auch Juden zu Außenseitern geworden, die das Zusammenleben bedrohen, und zwar gefährlicher als Verfemte und Ketzer, weil die Judenheit dank ihrer Verwurzelung in der ganzen Ökumene und Geschichte eine echte Alternative zur Christenheit sein könnte.

Hier zeigt sich am deutlichsten der genaue Zusammenhang zwischen Ächtung von Außenseitergruppen und Festigung der Christenheit. Solange lokale Gruppen in Essex gegen Wikinger, in Sachsen gegen Slawen, in Valencia gegen Mohammedaner kämpften, konnten sie ihre Feinde nicht in globalen Beziehungen sehen. Erst das Zusammenwachsen der Christenheit im 11. Jahrhundert zog den Gedanken von der Verschwörung aller Außenseiter mit sich. Von ihrer Niedertracht, von Vergewaltigung, Wahnsinn, Satanskult begann man erst hektisch zu träumen, als das prekäre erste Jahrtausend überstanden war und das Abendland seinerseits zum Angriff überging. Das Zusammenleben der Kreise im Innern wurde dadurch nicht einfacher; sie brauchte als Ferment der Komposition einen mindestens imaginären Druck von außen. So hatten die

Außenseitergruppen für die Konsolidierung des mittelalterlichen Gefüges geradezu konstitutive Wirkung, ganz anders als dann in der Neuzeit, wo sie für Ausweitung menschlicher Horizonte, Aufweichung sozialer Grenzen, Erschütterung kollektiver Vorurteile sorgten. Das mittelalterliche Abendland gelangte erst durch Distanzierung von den Außenseitern zur Identifizierung seiner Lebensformen. Dazu trugen allerdings nicht nur die Gruppen am inneren Rand, Verfemte, Ketzer und Juden bei, sondern auch die Reiche am äußeren Rand, Byzantiner, Mohammedaner und Mongolen.

EINLADUNG BEIM BASILEUS

Otto der Große geriet 967 mit dem byzantinischen Kaiser Nikephoros II. Phokas um Capua und Benevent in Streit und wollte den Zwist durch Heirat seines Sohnes Otto II. mit einer byzantinischen Kaisertochter ausräumen, doch scheiterten die Verhandlungen. Otto rückte vor die byzantinische Seestadt Bari, konnte sie aber nicht nehmen und mußte von neuem verhandeln. Er sandte Bischof Liudprand von Cremona nach Konstantinopel, vermutlich mit dem Angebot, beim Zustandekommen der Heirat auf Bari und Süditalien zu verzichten. Am frühen Morgen des Pfingstsonntags, 7. Juni 968, empfing Nikephoros den Bischof zu einer ersten Aussprache; der Basileus brach sie mit der Begründung ab, er müsse jetzt zur Kirche gehen. Liudprand schreibt in seinem Bericht, der die beiden Ottonen anredet:

»Diese *Proeleusis* (Prozession) zu beschreiben, soll mich nicht verdrießen und meine Herren nicht, davon zu hören. Eine beträchtliche Menge von Krämern und nichtadligen Leuten hatte sich bei diesem Fest versammelt, um Nikephoros ehrenvoll zu empfangen. Am Straßenrand vom Palast bis Sankt Sophien standen sie wie Mauern, nicht gerade geziert durch dünne Schildchen und dürftige Spieße. Zusätzlich verunstaltet wurde die Szene dadurch, daß ein Großteil des Pöbels zur Ehrung des Nikephoros barfuß herbeigekommen war; ich glaube, sie meinten, damit seine heilige *Proeleusis* noch mehr zu verherrlichen. Aber auch seine Würdenträger, die mit ihm durch die gemeine barfüßige Menge schritten, waren in riesige, von überaus hohem Alter verschlissene Röcke gekleidet.

Viel anständiger hätte es ausgesehen, wenn sie ihre Alltagskleider anbehalten hätten. Keiner war darunter, dessen Urgroßvater das Staatskleid neu angeschafft hätte. Niemand trug Gold- oder Edelsteinschmuck, nur Nikephoros selbst; doch war der Kaiserornat für die Statur seiner Vorgänger bemessen und geschneidert und ließ ihn nur noch häßlicher erscheinen. Bei Eurem Leben, das mir lieber als mein eigenes ist, ein Prunkkleid Eurer Großen ist über hundertmal so viel wert wie dieser Ornat!

Mich hatte man zur *Proeleusis* auf eine erhöhte Stelle geführt und neben die *Psalten,* das heißt Sänger gestellt. Als nun der Kerl wie ein Ungetüm herankroch, schrien die speichelleckenden *Psalten:* ›Seht, da kommt der Morgenstern, das Morgenrot steigt auf, sein Schein verdunkelt die Sonnenstrahlen, der bleiche Tod der Sarazenen, Nikephoros *Medon,* das heißt Fürst!‹ Und dann sang man: ›*Medonti,* das heißt dem Fürsten, Nikephoros *polla ete,* das heißt viele Jahre! Ihr Völker, ihn flehet an, ihn verehret, beuget die Nacken vor seiner Größe!‹ Viel zutreffender wäre es gewesen, wenn sie gesungen hätten: ›Komm, du ausgeglühte Kohle, mit dem Gang einer Vettel und dem Gesicht eines Waldschrats, du Bauernstrolch, du Bocksfuß mit Hörnern, du borstiger Zwitter, du dummer Bauer, du plumper Barbar, du zottiger Aufrührer aus Kappadokien!‹ Von den verlogenen Gesängen aufgebläht betrat er die Sankt Sophienkirche; seine Herren, die Kaiser, folgten ihm in weitem Abstand und verneigten sich beim Friedenskuß vor ihm bis auf den Boden. Sein Leibwächter steckte in der Kirche mit einem Pfeil, an einem Rohr befestigt, die *Ära* auf, nämlich die fortlaufende Jahreszahl seit seinem Regierungsantritt, und so kennen auch die, die es nicht miterlebt haben, die Ära.

Am gleichen Tag lud er mich zum Essen. Er hielt mich aber nicht für würdig, daß ich irgendeinem seiner Großen vorgesetzt würde; so saß ich auf dem 15. Rang nach ihm, an einem Platz ohne Tischtuch. Von meinen Begleitern saß keiner mit bei Tisch; sie bekamen das Haus, in dem ich tafelte, nicht einmal zu sehen. Die Mahlzeit war recht garstig und anstößig, wie bei Betrunkenen von Öl triefend und mit einer ganz abscheulichen Fischtunke bespritzt; währenddessen wollte er von mir viel über Eure Macht, Eure Reiche und Krieger wissen. Ich gab ihm sachlich und wahrheitsgetreu Auskunft, aber er sagte: ›Du lügst. Die Krieger deines Herrn sind unerfahren im Reiten und unwissend im Fußkampf. Die Größe der Schilde, die Schwere der Panzer, die Länge der Schwerter und die Last der Helme behindert sie bei beiden Kampfarten.‹ Und dann sagte er grinsend: ›Es behindert sie auch die *Gastrimargia,* das heißt Völlerei. Ihr Gott ist der Bauch (Philipper 3, 19), ihr Mut liegt im Rausch, ihre Stärke in der Trunkenheit; Fasten macht sie schwach, Nüchternheit furchtsam. Und auf dem Meer hat dein Herr keine starke Flotte. Ich allein habe tapfere Seeleute; ich kann ihn mit meinen Schiffen angreifen, seine Seestädte zerstören und das Umland der Flüsse verwüsten. Sag mir, kann er wenigstens zu Land mit seiner kleinen Truppe Widerstand leisten? Sein Sohn war dabei, seine Frau (Adelheid) auch; die Sachsen, Schwaben, Bayern, Italiener waren alle bei ihm, und doch verstanden, ja vermochten sie ein einziges Städtchen (Bari), das sich widersetzte, nicht zu nehmen; wie wollen sie erst standhalten, wenn ich komme? Mit mir ziehen so viele Truppen, wie ›Gargara Saatkörner hat und Methymna Weinbeeren, wie der Himmel Sterne hat und das Meer Wellen beim Sturm‹ (Ovid). Ich wollte ihm antworten und eine Widerrede ausspeien, die dieser Blähung angemessen war; doch er ließ mich nicht reden.«

Imponiergehabe als Taktik internationaler Politik ist uns heute wieder vertrauter als den letzten Gelehrtengenerationen, die Liudprands Bericht als Armutszeugnis werteten. Liudprands Diplomatenehre ist schon dadurch gerettet, daß der Bericht offenbar keine Geheimdepesche an das Staatsoberhaupt, sondern eine öffentliche Propagandaschrift ist, 969 geschrieben, als die Verhandlungen wieder gescheitert und die Kämpfe neu ausgebrochen waren. Wo der Feind lächerlich gemacht werden sollte, mußte man übertreiben. Unser Text läßt aber noch durchschimmern, daß die Verhandlungspartner einander mit gespaltenen Empfindungen und Absichten begegneten. Nikephoros empfing den Gesandten des fremden Fürsten streng nach Protokoll, ließ ihn in einen großen Marmorpalast einquartieren, beauftragte seinen Bruder mit ersten Vorgesprächen am übernächsten Tag nach der Ankunft und gab ihm am Tag darauf selbst eine Audienz. Zurücksetzung war es gewiß nicht, daß dafür einer der höchsten Feiertage ausersehen wurde, daß Nikephoros gleich beim ersten Gespräch über den Austausch von Höflichkeiten hinaus Sachfragen anschnitt, dem Gesandten bei den pfingstlichen Zeremonien einen Ehrenplatz verschaffte und ihn am selben Tag zum Essen lud. Auch der 15. Rang bei Tisch war nicht demütigend, wenn vielleicht 300 Gäste kamen und Liudprand dem goldenen Tisch des Kaisers so nahe saß, daß sie miteinander sprechen konnten. Nikephoros erwartete sich einiges von diesem Gesandten, und Liudprand wußte das.

Andererseits konnte der Basileus selbstbewußt auftreten. Der 56jährige Kaiser war zwar keine stattliche und gepflegte Erscheinung wie seine Vorgänger, sondern nach der Beschreibung des Leon Diakonos ein kleiner, stämmiger Mann mit groben Zügen und herkulischer Muskelkraft, doch gerade so der Abgott seiner Soldaten, einer der erfolgreichsten Feldherrn der byzantinischen Geschichte. Seine Reiterei hatte die Mohammedaner 961 in Kreta, 962 in Syrien, 965 in Kleinasien geschlagen und hielt Bulgaren und Russen in Schach; seine Flotte beherrschte das Mittelmeer. Die Soldaten mit den dünnen Schildchen standen in eiserner Zucht; daß sie keine Weichlinge waren, hatte man soeben bei Bari gesehen. Daß sich Otto 962 in Rom zum Kaiser hatte krönen lassen, nahm Byzanz fürs erste hin; doch Gleichstellung der Ottonen mit dem einzig wahren Kaiser der Römer und Hochzeit mit einer Purpurgeborenen entsprach weder byzantinischen Gepflogenheiten noch den derzeitigen Machtverhältnissen. Was den soldatischen Basileus begeistert hätte, wäre gemeinsamer Kampf der christlichen Kaiser gegen die in Süditalien und Sizilien hausenden fatimidischen Mohammedaner gewesen. Aber in diese Richtung zielten Liudprands Instruktionen offenbar nicht. So verhärteten sich die Positionen, zumal der Basileus bald merkte, daß der Bischof nicht nur als Hochzeitsbitter und Friedensengel gekommen war.

Liudprands Hintergedanken kommen an drei Stellen zum Vorschein, wenn er Nikephoros als kappadokischen Aufrührer bezeichnet, ihn mit seinen würdigeren Vorgängern vergleicht und von seinen eigentlichen Herren, den Kaisern spricht. Das war die Achillesferse des Nikephoros. Mit Hilfe seiner Truppen hatte er sich 963 zum Kaiser gemacht; die Witwe seines Vorgängers, die schöne und skrupellose Theophano, hatte den ergrauten Sieger geheiratet und damit legitimiert. Doch in die Ehe brachte sie drei purpurgeborene Kinder, also Thronerben mit, den inzwischen elfjährigen Basileios, den späteren Bulgarentöter, dann den siebenjährigen Konstantin und die fünfjährige Anna, um die Liudprand werben sollte. Nikephoros hatte zwar die Kaiserrechte seiner Stiefkinder anerkannt, aber legitimistischen Kreisen der Hauptstadt war der bäuerische Usurpator ein Dorn im Auge. Er vertrat die robuste Militäraristokratie Kleinasiens und vergrämte verwöhnte Städter und arme Bauern durch harte Gesetze und Geldentwertungen, die Geistlichkeit durch rigorose Zumutungen, gerade weil er persönlich ein asketisches, halb mönchisches Leben führte. Die Sparsamkeit bei Hof und die Unzufriedenheit in der Stadt wurden durch Hungersnot und Teuerung noch gesteigert. Liudprand setzte sich nun mit den Widersachern des Kaisers in Verbindung und tauschte Geschenke und Informationen aus. Daraufhin nannte ihn Nikephoros einen Spion und ließ ihn scharf bewachen. Wir kennen die Ergebnisse: Im nächsten Jahr, 969, wurde Nikephoros ermordet; die Verhandlungen seines Mörders und Nachfolgers mit den Ottonen kamen rasch zum Ziel, vielleicht noch einmal unter Mitwirkung Liudprands. Die Hochzeit Ottos II. mit Theophano, einer anderen, nicht purpurgeborenen Prinzessin, fand 972 statt. Liudprand war also kein Tolpatsch, um so weniger, je mehr er sich dafür ausgab.

Seine Schrift ist ein Pamphlet gegen Nikephoros, nicht gegen Byzanz; doch enthüllt sie auch eine grundsätzliche Ambivalenz der Gefühle und Haltungen gegenüber Ostrom. Liudprand hatte Konstantinopel 949 schon einmal besucht, tief beeindruckt von der Pracht des Kaiserzeremoniells, den raffinierten Mahlzeiten, den Palästen Konstantins des Großen und Justinians Wunderbau der Hagia Sophia. Die größte Stadt der Welt mit mindestens 200 000 Einwohnern begeisterte den Mann aus Pavia; die vornehme griechische Sprache zu kennen, war noch in unserem Text sein Stolz. Er stand auch 968 am Fest Kreuzerhöhung in der Hagia Sophia im Volksgedränge, um der großen dort gehüteten Kreuzpartikel Verehrung zu erweisen. Er wollte sich auch 968 aus Konstantinopel fünf kostbare Purpurgewänder mitnehmen, nicht viel anders als lombardische Höflinge Karls des Großen. Das byzantinische Zeremoniell, das den Kaiser als Erwählten Gottes weit über die Mitmenschen hob, bürgerte sich auch bei den Ottonen ein, schon beim Aachener Einzug Ottos zur Königskrönung 936, erst recht bei der Kaiserkrönung 962. Byzanz war ein ehrwürdiges Vorbild, das inmitten einer provinziellen Welt Kaiserwürde und Stadtkultur der griechisch-römischen Antike bewahrte.

Mittlerweile verblaßte für Liudprand die byzantinische Tradition, infolge der derben Realpolitik des Nikephoros und des Aufstiegs der Ottonen. An Kampfkraft nahmen es die schwerbewaffneten Sachsen mit den leichtfüßigen Griechen auf; auch fürstliche Würde und Kultur war am Ottonenhof heimisch. Ottos Krönungsornat war funkelnagelneu, für ihn selbst geschneidert und noch nicht so altmodisch verschlissen, wie

ihn 1764 der junge Goethe sah. Im Westen gedieh die Tradition adligen
Geblüts; Liudprand durfte sich zu dieser Elite rechnen. Sie blickte ver-
ächtlich auf das städtische Gewimmel von Krämern und Pöbel, auf
kaiserliche Bauern und Schankwirtinnen, auf die Perversion der Fisch-
tunken und Mischweine, der Schleppen und Schnallen, auf die römische
Dekadenz. Trotzdem blieb die Verachtung der Zivilisation gepaart mit
dem Neid der Neulinge. Liudprand sah in Konstantinopel mit eigenen
Augen, daß dieses Reich alter Kultur harte Soldaten wie seit vierhundert
Jahren hervorbrachte; eben jetzt erreichte es eine Ausdehnung wie seit
Justinians Zeiten nicht mehr. Das liturgische Zeremoniell wurde hier
nicht als Last der Vergangenheit empfunden, sondern als Mittel benutzt,
um den gläubigen Gehorsam der Untertanen zu bestärken und ausländische Anmaßungen zu dämpfen. Liudprand hätte gelassener von diesem
Pfingsttag erzählt, wenn die Tradition wirklich abgeschmackt gewesen
wäre. In Wahrheit war er von Byzanz so widerwillig fasziniert wie alle
seine Zeitgenossen.

EINBRUCH BEIM POPEN

Im elsässischen Zisterzienserkloster Pairis bei Kolmar schrieb 1207/08
der Mönch Gunther die Erlebnisse seines Abtes Martin auf, der von 1201
bis 1205 als Leiter eines kleinen deutschen Kontingents am vierten
Kreuzzug teilgenommen hatte. Am 12. April 1204 hatten die Kreuzfahrer
Konstantinopel erstürmt.

»Während nun die Sieger die besiegte Stadt, die sie sich nach Kriegs-
recht zu eigen gemacht hatten, eifrig plünderten, begann Abt Martin
auch, an seine Beute zu denken, und um nicht leer auszugehen, wenn
sich alle anderen bereicherten, entschloß auch er sich, seine geweihten
Hände nach Raub auszustrecken. Aber mit diesen Händen weltliches
Beutegut anzutasten, hielt er für unwürdig und machte sich deshalb
daran, von den Reliquien der Heiligen einen gehörigen Anteil zusammen-
zuscharren; daß es deren dort eine große Menge gab, wußte er. Er nahm
also einen von den zwei Kaplänen mit und suchte in dunkler Vorahnung
bedeutender Dinge eine Kirche auf. Sie genoß hohe Verehrung, weil dort
(Irene) die Mutter des hochberühmten Kaisers Manuel ein vornehmes

Grabmal hatte; den Griechen erschien es als etwas Bedeutendes, während sich die Unseren nichts daraus machten. Dort wurden aus der ganzen Umgebung sehr hohe Geldbeträge in Verwahrung gehalten und auch wertvolle Reliquien, die man aus benachbarten Kirchen und Klöstern in der eitlen Hoffnung auf Sicherheit an diesem Ort zusammengetragen hatte; das hatten schon vor der Eroberung der Stadt die von den Griechen Vertriebenen unseren Leuten mitgeteilt.

In diese Kirche brachen viele von den Pilgern gleichzeitig ein, und die anderen waren gierig mit der Plünderung anderer Dinge, nämlich von Gold, Silber und allen möglichen Wertsachen beschäftigt. Indessen hielt es Martin für das einzig Würdige, einen Gottesraub nur an heiligen Dingen zu begehen, und suchte eine abgesonderte Stelle auf, an der ihm schon die Heiligkeit des Ortes das zu finden verhieß, was er inbrünstig begehrte. Da fand er einen Greis, schön von Angesicht, mit wallendem weißen Bart; er war jedenfalls ein Priester, aber schon nach seiner äußeren Erscheinung unseren Priestern ganz unähnlich. Deswegen hielt ihn auch der Abt für einen Laien und schrie ihn mit sanftem Sinn, aber fürchterlicher Stimme heftig an: ›Los, du heimtückischer Alter, zeig mir die wichtigsten Reliquien, die du verwahrst! Sonst mach dich darauf gefaßt, daß du unverzüglich mit dem Tod bestraft wirst!‹

Der Greis erschrak mehr vor dem Gebrüll als vor den Worten, denn das Gebrüll vernahm er, aber die (deutschen) Worte konnte er nicht verstehen. Er merkte, daß der Abt mit der griechischen Sprache nicht vertraut war, und begann in romanischer Sprache, die er teilweise beherrschte, den Mann zu besänftigen und seinen gar nicht vorhandenen Zorn mit Schmeicheleien zu mildern. Doch nur mühsam rang sich der Abt einige wenige Worte dieser Sprache ab, um dem Greis klarzumachen, was er von ihm verlangte. Der betrachtete Gesicht und Erscheinung des Abtes und fand es erträglicher, daß ein Ordensmann die heiligen Reliquien mit scheuer Ehrfurcht anfaßte, als wenn weltliche Männer sie womöglich mit blutigen Händen befleckten. Er öffnete ihm also eine eisenbeschlagene Truhe und zeigte ihm den begehrenswerten Schatz, der dem Abt Martin willkommener und erwünschter schien als alle Kleinodien Griechenlands. Sowie ihn der Abt erblickte, tauchte er eilig und begehrlich beide Hände hinein. Und da er fest im Gürtel saß, füllte er den Bausch seiner Kutte mit dem heiligen Raub, er und der Kaplan; was er für die wichtigsten Stücke hielt, versteckte er scharfsinnig, und dann ging er sogleich hinaus.

Welche und wie verehrungswürdige Reliquien es sind, die der heilige Räuber an sich nahm, wird angemessener am Schluß dieses kleinen Buches dargelegt werden. Als er nun sozusagen vollgestopft zu den Schiffen eilte, sahen ihn Bekannte und Freunde, die ebenfalls von den Schiffen zum Plündern liefen, und fragten ihn vergnügten Sinns, ob er selber etwas geplündert habe oder womit sonst er so beladen daherkomme. Er aber sprach, wie er immer war, mit fröhlichem Gesicht und freundlichen Worten: ›Man hat uns gut behandelt.‹ Und während sie erwiderten: ›Gott sei Dank!‹, ging er eilends weiter. ... Das erste und wichtigste, fürwahr allerehrwürdigste Stück ist eine Spur vom Blut unseres Herrn Jesus Christus, das zur Erlösung der ganzen Menschheit vergossen wurde. Das zweite ist Holz vom Kreuz des Herrn, an dem sich der Sohn dem Vater für uns aufopferte und als neuer Adam die Schuld des alten Adam beglich. Das dritte ist ein beträchtliches Stück vom heiligen Johannes, dem Vorläufer des Herrn. Das vierte ist ein Arm des heiligen Apostels Jakobus, dessen Andenken in der gesamten Kirche in Ehren gehalten wird. Dann sind dabei Reliquien von anderen Heiligen, deren Namen nun folgen.«

Als der schon totgesagte Abt mit diesen Kostbarkeiten im Juni 1205 ins heimische Kloster zurückkam, war der Jubel groß. Daß er die Reliquien unbehelligt, zuletzt an genuesischen Seeräubern und lombardischen Wegelagerern vorbei nach Pairis brachte, mußte Gottes Wille sein. Martins pfiffige Umsicht hatte gewiß das Ihre dazu getan, aber Menschenwerk war das nicht. Gunther, der früher Domscholaster und Erzieher von Barbarossas Sohn gewesen war, schmunzelte über die naive Erzählung seines Abtes, doch stimmte sie ihn auch nachdenklich: Inmitten aller Schwäche und Bosheit der Menschen ging Gott seine unbegreiflichen Wege. Der vierte Kreuzzug war kein Ruhmesblatt in der Geschichte des katholischen Gottesvolkes. Abt Martin hatte 1201 nur auf päpstlichen Befehl die Beschaulichkeit der Zisterze verlassen und den Kreuzzug gepredigt und begleitet. Er hatte gehofft, man werde auf den venezianischen Schiffen über Ägypten nach Jerusalem vordringen, das Sultan Saladin 1187 den Lateinern entrissen hatte. Aber alles kam ganz anders.

Martin erregte sich über die nichtswürdige Verschlagenheit der Venezianer, die den Kreuzzug angeblich von ihren mohammedanischen Handelspartnern in Ägypten ablenkten und die Kreuzfahrer christliche Ge-

meinden in Dalmatien erobern ließen. Er wollte nach Hause, um diesem
sündhaften Unternehmen zu entgehen, gehorchte aber als Mönch den
Befehlen seiner Oberen, zuletzt des Papstes Innocenz III. persönlich. Als
sich aber die Kreuzflotte nun gar gegen das christliche Konstantinopel
wandte, wich Martin mit vielen anderen aus und fuhr direkt in das
Heilige Land. Dort erlebte er Seuchen, Streit unter den Katholiken,
Angriffe der Mohammedaner; hilfesuchend stieß er am 1. Januar 1204
wieder zu dem Heer, das mittlerweile Konstantinopel belagerte. Es hatte
ein Kreuzzug der Armen und Frommen werden sollen; aber vielleicht
schenkte ihnen Gott Reichtümer? Der französische Teilnehmer Geoffroy
de Villehardouin schreibt, viele Kreuzfahrer seien nach Konstantinopel
gefahren, um einmal die reichen Paläste und hohen Kirchen zu sehen,
auch die vielen Reichtümer, deren es dort mehr als irgendwo anders gebe;
die Byzantiner selbst rühmten sich, in Konstantinopel lägen zwei Drittel
des Weltvermögens. »Von den Reliquien«, schreibt Villehardouin, »darf
man gar nicht erst reden; davon gab es damals in der Stadt so viele wie
im ganzen Rest der Welt.« Konstantinopel war nach Villehardouins Schätzung so groß wie die drei größten Städte Frankreichs zusammen; in der
stark befestigten, luxuriösen Stadt wohnten, wie er meinte, 400 000
Menschen. Seit Jahrhunderten hatte die Gier nach Gold hungrige Nomaden gegen die Mauern von Konstantinopel getrieben und zerschmettert;
konnte es dem Häuflein lateinischer Hungerleider besser glücken?

Aber diese Stadt war in all ihrem Glück sündig, sie blendete und
erdrosselte ihre Kaiser, erst recht ihre lateinischen Gäste. Sie hatte sich
vom gemeinsamen Glauben abgewandt und war dafür 1054 vom päpstlichen Legaten exkommuniziert worden. Gunther kannte die Hauptstreit-
punkte zwischen Katholiken und Orthodoxen: den dogmatischen, ob der
Heilige Geist nur aus Gott Vater oder auch aus Gott Sohn hervorgehe,
und den liturgischen, ob die Eucharistie mit ungesäuertem oder gesäuer-
tem Brot zu feiern sei. Abt Martin urteilte schlichter: Orthodoxe Geistliche sehen richtigen Priestern ganz unähnlich; man könnte sie für Laien
halten, denn sie sind verheiratet und tragen dazu noch Bärte. Schon die
Exkommunikationsbulle von 1054 hatte gerügt: »Sie lassen Haupthaare
und Bärte wachsen und nehmen diejenigen, die ihre Haupthaare scheren
und nach Anordnung der Römischen Kirche die Bärte rasieren, nicht in
ihre Gemeinschaft auf.« Darum ging es eigentlich, um verweigerte Gemeinschaft der Christen, die sich aus Mangel an Liebe an ihre verschiede-

nen Lehrsätze und Lebensformen klammerten. Sie wußten hüben und
drüben, daß Christus sein Blut »zur Erlösung der ganzen Menschheit«
vergoß; aber für Martin war das nur ein Grund, den Schismatikern ihre
kostbaren Reliquien wegzunehmen. Vom Kreuz Christi, das Kaiser Heraklius 628 bei den Persern erbeutete, hatten sie 1187 im Kampf gegen
Saladin schon den größten Teil verloren. Gott zog seine Hand von dieser
üppigen und verderbten Weltstadt.

Sogar Martin merkte, daß an diesem Klischee manches nicht stimmte.
Die korrupten Byzantiner stellten im Notfall ihre Habe unter den Schutz
der Heiligen und der Toten, weil sie auf deren Hilfe und auf die Ehrfurcht
der Kreuzfahrer vertrauten. Kaiserin Irene war selbst Katholikin gewesen,
Tochter des heiligen Königs Ladislaus von Ungarn, und lag in der Kirche
des Pantokrator-Klosters bestattet, das sie mit ihrem Mann Johannes II.
Komnenos gestiftet und mit Krankenhaus und Altersheim versehen hatte.
Dort, im Grabkloster der Komnenen, lag auch ihr Sohn Manuel, der die
Wiedervereinigung der christlichen Kirchen erstrebt, die ritterliche Kultur
des Westens geliebt hatte und in der Mönchskutte gestorben war. War das
alles unchristlich? In den Tagen der Plünderung starben nach Schätzung
Martins mindestens 2000 Byzantiner; der alte Pope brauchte kein
Deutsch zu verstehen, um zu wissen, daß der Tod auf ihn zukam. In der
Hagia Sophia zerschlugen derweilen Kreuzfahrer den Kirchenschatz,
auch wertvolle Reliquiare, und plünderten Kaisergräber, während die
Stadt brannte und die Einwohner flohen. Doch der Priester blieb bei
seiner Truhe. Er war ein gebildeter Mann, anders als Martin, der kein
Wort Griechisch und nur mühsam Französisch sprach; der Pope verstand
sich in der westlichen Barbarensprache auszudrücken. Auf das deutsche
Gebrüll antwortete er leise und behutsam. Er sah sich genauer als der
Räuber sein Gegenüber an und merkte, daß er Geistlicher war. Die in
diesen Tagen geschändete Solidarität der Christen lebte in dem Alten
noch, dem die Verehrung der Reliquien wichtiger als ihr Besitz war. Der
»heimtückische Alte« hat sich in dem halben Jahr, das Martin noch in
Konstantinopel blieb, ein wenig mit dem frommen Räuber angefreundet
und ihn nicht verraten.

Denn Martin mußte den heiligen Raub verstecken – vor seinen Kreuz-
fahrerfreunden. Die Katholiken stritten sich um die Beute, obwohl auf
privates Plündern Todesstrafe stand und der päpstliche Legat die Abliefe-
rung aller Reliquien befahl. Für Reliquienraub drohte ohnedies Exkom-

munikation. Ein Sieg der Rechtschaffenheit war der Triumph des Kreuz-
heeres nicht, und ganz wohl war dem frisch beleibten Abt nicht zumute.
Was er geraubt hatte, waren Unterpfänder des Christenglaubens; sie
machten gegenwärtig, was in den alten Evangelien nur zu lesen stand.
Unter seinen Schätzen waren Erd- und Gesteinsproben aus Bethlehem,
vom Kalvarienberg, vom Heiligen Grab; in ihnen wirkte noch das Wunder
von Christi Leben, Sterben und Auferstehen. Niemand konnte wissen, was
bei dem Gottesraub geschah; es war Christus und den Märtyrern ein
leichtes, den kleinen Abt von Pairis zu zerschmettern.

Aber nichts geschah; Gott segnete also die Armen und Kleinen und
hielt es mit den Sündern. Gott hörte nicht auf die verzweifelte Anklage
des Byzantiners Niketas Choniates gegen »die Männer, die so viel frömmer waren als wir elenden Griechen, so viel gerechter und genauer im
Befolgen der Gebote Christi. ... Im Namen des Kreuzes stürzten sie
ruchlos das Kreuz und schauderten nicht davor zurück, wegen einer
Handvoll Gold und Silber das gleiche Zeichen, das sie auf der Schulter
trugen, mit den Füßen zu zertreten.« Wer konnte begreifen, was Gott im
April 1204 in Konstantinopel wirklich wollte? Die Seelenruhe des jovia-
len Abtes dürfte von dieser Frage nur leicht getrübt worden sein; aber
Gunther von Pairis scheint über sie nachgedacht zu haben. Denn er
dankte Gott für den Frieden in Kloster, Bistum und Reich, für die
Atempause im staufisch-welfischen Thronstreit. Daß Christen friedlich
miteinander lebten, war im deutschen Reich so ungewöhnlich wie im
byzantinischen; zu Siegesfeiern war kein Anlaß.

BYZANTINER

Die grimmige Ironie des Politikers Liudprand und die fröhliche Herablas-
sung des Mönchs Martin entspringen nicht nur persönlichen Stimmungen, sondern geschichtlichen Entwicklungen im westlichen Verhalten
gegenüber Byzantinern. Für den Italiener des 10. Jahrhunderts war Konstantinopel die Stadt des Basileus. Als oberster Heerführer, Staatsmann,
Richter und Gesetzgeber versammelte der Erbe spätrömischer Kaiserherr-
lichkeit in seiner Hand eine Machtfülle, die dem Westen seit der Völkerwanderung abhanden gekommen war. Schon 643 kopierte der Langobardenkönig Rothari, noch 1231 Friedrich II. in Sizilien die Kaisergesetzge-

70 EROBERUNG KONSTANTINOPELS (1204)

71 BYZANTINISCHE POPEN, LAIEN UND MÖNCHE

bung Justinians. Die Prozession 936 in Aachen und 1184 in Mainz erinnert an die *Proeleusis* des Nikephoros. Im Kaiserzeremoniell rund um die Hagia Sophia bekundet sich der Gehorsam der Ostkirche, die den Basileus irenischer verehrt als störrische Kirchenfürsten des Westens ihre Könige. Im Kaiserpalast entfaltet sich weltstädtische Zivilisation, an der ländliche Herren des Westens nur durch Händler von fern teilhaben: Essen mit Gewürzen und Saucen, Kleider aus Seide und Purpur, Wohnen in Marmor und Porphyr. Die Überlegenheit byzantinischer Macht und Kultur wird im Westen nicht zugegeben, aber ausgenützt; byzantinische Prinzessinnen sind bei westlichen Fürsten begehrte Partien, Griechisch-kenntnisse für Diplomaten unerläßlich. Der Okzident setzt der östlichen Autokratie allenfalls die heldische Kampfkraft eines Geblütsadels entgegen, der treu neben seinem Fürsten steht; aber mit Reichweite und Intensität der Kaisermacht kann er nicht wetteifern, denn sie stützt sich auf Einrichtungen, die der Westen nicht hat, stehendes Heer und starke Flotte, Verwaltung der Großstadt und der Provinzen, Industrie und Steuern.

Anders sieht der Lateiner des 13. Jahrhunderts das Ostreich oder vielmehr dessen Hauptstadt; denn seit der Niederlage von 1071 gegen die seldschukischen Türken ist der Großteil des ländlich-soldatischen Kleinasien verloren, das Reich griechischer und städtischer geworden. Die Macht des Basileus wird durch den Adel urbaner Beamter und rustikaler Grundherren beschnitten; Byzanz hat sich feudalisiert und dabei von westlichen, vor allem normannischen Gegnern gelernt. Komnenenkaiser heiraten westliche Königstöchter; Französisch ist am Bosporus geläufiger als Griechisch im Elsaß. Der Aufstieg der westeuropäischen Monarchien und des südeuropäischen Levantehandels hat die Gewichte zwischen West und Ost verschoben; der Hauptgegensatz ist nicht mehr politisch, sondern religiös begründet. Unter päpstlicher Führung tritt das neu geeinte katholische Gottesvolk in Waffen auf, während östliche Patriarchen friedfertig den Balkan missionieren und orthodoxe Mönche ihren Meditationen nachhängen. Gegen das Sendungsbewußtsein des Westens, der das Kreuz als Schwert benutzt, ist die stimmungsvolle Liturgie des Ostens wehrlos; Byzanz hat dem Westen nur noch materielle Werte zu bieten, goldene Ikonen und Reliquiare. Die orthodoxe Kirche überlebt die Demütigung leicht, aber auf dem Thron des Basileus sitzt seit 1204 ein lateinischer Kaiser.

Hinter der neidischen Bewunderung Liudprands und der geheuchelten

Überlegenheit Martins steht eine einzige Grundhaltung, die Haßliebe des abendländischen Mittelalters zu Byzanz. Hier findet es die geschichtlichen Grundlagen seines Zusammenlebens, christliche Kirche und römisches Reich, lebendig fortwirkend, aber fremd geworden. Die Reliquienschätze, sogar die Priesterbärte in Byzanz stammen aus dem Frühchristentum. Im Osten hoben sich von den ersten dogmatischen Häresien die Sätze des rechtgläubigen Glaubensbekenntnisses ab. Aus dem Orient kam fast alles, was Liturgie und Kirchenkunst vermochten; dort gediehen Mystik und Mönchtum früher und länger als im benediktinischen Westen. Wie *Mönch*, *Priester* und *Bischof* kamen das Wort *Kirche* und die Ordnung christlicher Gemeinden aus der Levante. Daß dort die klassische Literatur gepflegt wurde, bewegte westliche Gebildete allerdings weniger als später die Humanisten. Liudprand kannte Ovid und brauchte Homer nicht; Martin ließ Handschriften von Aristoteles und Galen liegen. Hingegen betraf die römische Staatlichkeit von Byzanz wieder unmittelbar lateinische Lebensformen. Zentralverwaltung, bürokratische Stufung der Titel und Dienste, Aufsicht über Handel und Gewerbe wurden im Westen mancherorts angestrebt, wenn auch nirgends kopiert.

Denn die Verwandtschaft der Ursprünge war keine Gemeinschaft der Entwicklungen. Wie es kein abendländischer Kaiser zur Allmacht des Basileus brachte, so erlangte kein orthodoxer Patriarch das Ansehen des Papstes. Ordnungen und Gewichtungen des Zusammenlebens waren verschieden. Aber christliche Kirche und römisches Reich wollten universal sein; Ökumene und Weltreich durften nur ein maßgebendes Zentrum haben. Darum entbrannte der Streit zwischen Ost und West. Die Koexistenz, die noch ottonische Fürsten erträumten, wurde von gregorianischen Päpsten schon bestritten. Byzanz war lebendige Vergangenheit, aber sein alter Reichtum stillte den westlichen Hunger nach Neuem nicht. Die Weltoffenheit des Abendlandes fand erst im Angriff auf die beharrende Festung Byzanz den Mut zur eigenen Tatkraft. Freilich waren die Byzantiner weder Barbaren noch Heiden; wer unbefangener und leiser in Konstantinopel aufgetreten wäre, hätte manches an antiker Weisheit und christlicher Güte gelernt. Anselm von Havelberg entdeckte hier die geschichtliche Bedeutung vielgestaltiger Lebensformen. Aber der eigensinnige Streit um die einzig wahre Lebensform, um des Priesters Bart, ließ es nicht zu einem Dialog unter Brüdern kommen, nur zum Bruderzwist mit schlechtem Gewissen.

GLEICHMUT DES KALIFEN

Abt Johannes von Metz beschrieb nach 974 den Lebenslauf seines toten Freundes Johannes von Gorze. Als junger Mönch hatte dieser im Herbst 953 freiwillig den lebensgefährlichen Auftrag übernommen, dem Kalifen Abd ar-Rahman III. von Córdoba als Antwort auf ein christenfeindliches Schreiben einen Brief Ottos des Großen mit Angriffen auf den Islam zu überreichen. Durch Indiskretionen war der Briefinhalt schon vor Eintreffen des Gesandten in Córdoba ruchbar geworden.

»Deshalb berieten die Vornehmen miteinander und beschlossen, den König (Abd ar-Rahman) zu fragen, ob es ihm schon zur Kenntnis gekommen sei; denn das wußten sie nicht genau. Ein unverbrüchliches Gesetz zwingt sie nämlich dazu, alles, was einmal vor alters dem ganzen Volk vorgeschrieben wurde, aufs genaueste einzuhalten; daran sind König und Volk mit gleicher Strenge gebunden, und jede Übertretung wird mit dem Schwert bestraft. Vergehen der Untertanen ahndet der König, Vergehen des Königs das gesamte Volk. Unter diesen Gesetzen ist das erste und schlimmste, daß niemand irgend etwas gegen ihren Glauben zu sagen wage. Er wird, ob Einheimischer oder Ausländer, ohne jede Ausnahme geköpft. Wenn der König davon hört und das Schwert auch nur bis zum nächsten Tag zurückhält, wird er selbst hingerichtet, und keine Begnadigung ist möglich. Die Vornehmen suchten also den Palast auf, wie sie es dem König durch Boten angezeigt hatten. Denn der Zugang zu ihm ist sehr schwer und nur bei ganz bedeutenden Vorfällen möglich; alles andere wird schriftlich durch Kammersklaven überbracht. Der König schrieb ihnen zurück, davon sei ihm nichts gemeldet worden. Gesandte eines Freundes seien zu ihm geschickt und von seinem Sohn in dessen Haus aufgenommen worden; was sie brächten, habe er noch nicht zur Kenntnis genommen. So wurde die Unruhe der Vornehmen beschwichtigt. Denn das Gerücht war sehr wohl zu ihm gedrungen, und durch heimliche Boten hatte er erfahren, daß es zutraf; doch aus Angst vor den Seinen schlug er auf diese Weise die ganze Angelegenheit nieder. (Durch Mittelsmänner, schließlich mit Todesdrohungen wollte der Kalif den Mönch veranlassen, ohne den Brief zu kommen. Johannes weigerte sich und wurde nicht vorgelassen. Schließlich wurde im Sommer 955 beim Ottonenhof zurückgefragt; Otto erteilte im Februar 956 Weisung an

Johannes, den Brief nicht abzugeben und rasch heimzukehren. Daraufhin fand in Córdoba die fast drei Jahre verzögerte Audienz mit allem Prunk am 21. Juni 956 statt.)

Man kam zu dem Gemach, in dem der König ganz allein wie eine nie oder selten zugängliche Gottheit saß. Ringsum war alles mit auffälligen Teppichen bedeckt; das machte die Fußböden den Wänden gleich. Der König selbst lag auf einem Diwan, in möglichst großartiger Pracht. Denn sie benutzen nicht wie andere Völker Sessel und Stühle, sondern liegen beim Gespräch und beim Essen auf Betten und Pfühlen, ein Bein über das andere geschlagen. Als nun Johannes näherkam, reichte ihm der König das Handinnere zum Kuß. Zum Kuß wird keiner vom Gefolge oder von den Ausländern zugelassen; kleineren und mittleren Herren reicht er den Handrücken; bei ganz Hochstehenden, die er mit besonderem Gepränge empfängt, öffnet er die Hand halb zum Kuß. Ein Stuhl steht bereit; der König winkt mit der Hand, Johannes möge sich setzen. Darauf langes Schweigen beiderseits. Schließlich spricht der König zuerst: ›Ich weiß, daß mir dein Herz sehr lange feindselig war, solange ich dich von meinem Anblick fernhielt. Aber du weißt selbst genau, daß es nicht anders ging. Ich habe deine Stärke und Einsicht erprobt; widrige Umstände haben verzögert, daß ich dich mit dem Brief sah, aber ich möchte dich wissen lassen, daß es nicht aus Haß gegen dich geschehen ist. Jetzt empfange ich dich nicht nur gern, sondern du wirst alles erreichen, was du forderst.‹

Johannes hat uns nachher erzählt, daß er etwas von der Galle, die sich bei der langen Ungewißheit in ihm gegen den König angesammelt hatte, auszuspeien gedachte; doch diese Worte machten ihn plötzlich so sanft, daß seine Seelenruhe nicht größer hätte sein können. So antwortete er im einzelnen: Er könne zwar nicht leugnen, daß er anfangs durch die Schärfe der zahlreichen Botschaften aufgebracht worden sei; doch habe er sich unterdes im stillen immer öfter gedacht, daß man mehr mit vorgetäuschter als wirklicher Absicht so drohend gegen ihn vorgegangen sei; schließlich seien ihm aufgrund der früheren Taten und Reden in dem ganzen dreijährigen Zeitraum auch die Gründe für alle Verzögerungen und Hindernisse aufgegangen, und jetzt sei nichts mehr übriggeblieben, was er als Werk des Hasses gegen sich zu verdächtigen berechtigt wäre. Wenn es derlei jetzt noch irgendwo gebe, habe er es völlig aus seinem Herzen verdrängt und sei nur noch dankbar für die Huld, die ihm der

König in milder Hochherzigkeit entgegengebracht habe; er sei auch dafür dankbar, daß er dabei die hervorragende Mäßigung des königlichen Herzens und die Stärke seiner Beharrlichkeit und ausgewogene Selbstbeherrschung erkannt habe.

Der König wurde dadurch höchst huldvoll gestimmt und wollte über viele Dinge eingehender mit ihm reden; aber Johannes verlangte, daß er zuerst die Geschenke des Kaisers entgegennehme. Als das geschehen war, bat er ihn dringend um die Erlaubnis, auf der Stelle heimzukehren. Der König sprach verwundert: ›Wie wäre eine so plötzliche Trennung möglich? Wir haben so lange Zeit aufeinander gewartet; jetzt haben wir uns kaum gesehen und sollen ungekannt auseinandergerissen werden? Jetzt haben wir uns erst ein einziges Mal getroffen, da hat sich für beide die Kenntnis der Gesinnung nur ein wenig erschlossen; bei der zweiten Begegnung werden wir uns schon besser verstehen; bei der dritten werden sich Verständnis und Freundschaft vollends festigen. Dann sollst du zu deinem Herrn zurückgesandt werden, mit dem ehrenvollen Geleit, das seiner und deiner würdig ist.‹ Dem stimmte Johannes zu.«

Vermutlich lag diesem Text ein Gesandtschaftsbericht Johanns von Gorze zugrunde, der knapper und sachlicher gehalten war. Aber Johannes von Metz schrieb keine Chronik, sondern eine Legende, den Lobgesang auf die Standfestigkeit eines Christenmönchs bei den Ungläubigen. Das entsprach der Vorstellung von spanischen Mohammedanern, die am ottonischen Hof und in deutschen Klöstern überwog. Die hochadlige sächsische Nonne Hrotsvit von Gandersheim dichtete in den Jahren von Johanns Gesandtschaft eine rührende Verslegende über den kriegsgefangenen Galicier Pelagius, der 925 im selben Córdoba auf Befehl desselben Abd ar-Rahman hingerichtet worden war. Hier sind die Mohammedaner ein perfides Volk, das jeden Widerspruch gegen seinen Aberglauben sogleich mit dem Tode bestraft; Abd ar-Rahman ist ein perverser Lüstling, der es auf schöne Christenjünglinge abgesehen hat. In diese Hölle auf Erden konnte sich ein Benediktiner nur aus Sehnsucht nach dem Martyrium begeben, um gegen Sittenverderbnis ein Beispiel zu setzen. So faßte zunächst auch Johannes von Gorze seine Mission auf. Einen Drohbrief des Kalifen beantwortete er beinahe jubelnd, er fürchte den Tod nicht sonderlich, auch wenn man ihm die Gliedmaßen stückweise ausreiße, denn er werde in ein besseres Jenseits gehen.

Allerdings sollte der Gesandte nicht allein im Sinn von Ottos Aachener Krönungsspruch den christlichen Glauben gegen barbarische Heiden bezeugen. Der Kalif sollte Ottos Anspruch auf kaiserliche Repräsentation der ganzen westlichen Christenheit anerkennen und zur Zusammenarbeit bewogen werden. Gemeinsame Interessen in Italien zeichneten sich seit 951 ab. Die dort einbrechenden Fatimiden aus Nordafrika bekämpften den umayyadischen Kalifen von Córdoba ebenso wie den nach der römischen Kaiserkrone strebenden Sachsenkönig. Einem Bündnis standen mohammedanische Seeräuber im Weg, die Abd ar-Rahman gehorchten und von dem Felsennest Garde-Freinet an der Riviera zur Plünderung von halb Frankreich ausschwärmten. Andererseits spielten sich Kontakte des Fernhandels ein, der zum Beispiel slawische Gefangene über Verdun zu den Mohammedanern verfrachtete. Einer dieser christlichen Sklavenhändler aus Verdun geleitete Johannes nach Córdoba. Die Mohammedaner achteten die Immunität fremder Gesandter allgemein und wären diesmal besonders töricht gewesen, wenn sie aus religiösem Fanatismus handfeste Vorteile verspielt hätten. Abd ar-Rahman hatte anderes im Sinn, als Gesandte köpfen zu lassen, und Johannes von Gorze hätte etwas von der weltoffenen Atmosphäre der Kalifenstadt merken können.

Aber es wunderte ihn nicht, daß als Abgesandter des Kalifen ein kluger Jude zu ihm kam; Unglaube hier wie dort. Als danach ein mozarabischer Bischof bei ihm erschien, brauste er auf. Diese Christen unter islamischer Herrschaft paßten sich muslimischen Beschneidungsriten und Speiseverboten an, drückten sich um das Bekenntnis zu Christus und suchten nur Ehrenstellen bei Hof und Prälatenwürden von Satans Gnaden. Johannes kümmerte sich nicht um den orthodoxen Mönch, den der griechische Basileus 951 nach Córdoba entsandt hatte; er half islamischen Naturgelehrten bei der Übersetzung griechischer Bücher. War Neugier nicht auch Teufelswerk? Johannes besuchte den katholischen Gottesdienst in der Martinskirche von Córdoba und sah nicht nach rechts und links, nicht auf die Riesenstadt mit vielleicht 90 000 Einwohnern und den neuen Kalifenpalast mit 4300 Säulen und 1500 vergoldeten Türen. Er warf nur einen flüchtigen Blick auf Teppiche und Diwan, keinen auf das Brunnenbecken im Gemach des Kalifen mit zwölf Tierbildern aus rotem Gold. Götzendienst hier wie in der Moschee, deren Minarett der Kalif neugebaut hatte und an der sein Sohn al-Hakam nachher die berühmte Zutat anbrachte. Nur nebenbei erwähnte Johannes die arabisch-syrische Adelsschicht und die Kammersklaven aus fernen Ländern. Wie dieses Menschengewimmel zusammenlebte, ging ihn nichts an.

Man hatte ihm vor der Audienz nahegelegt, ein Bad zu nehmen, die Haare schneiden zu lassen und ein buntes Festgewand anzuziehen; aber er paßte sich der Landessitte nicht an und lief in seiner schwarzen Kutte durch den märchenhaften Palast. Er schrak erst hoch, als er vor dem Kalifen stand; von der äußeren Erscheinung des 65jährigen Fürsten sagte er so wenig wie von der Verständigung über einen Dolmetscher. Aber in Abd ar-Rahman, dem bedeutendsten Herrscher des islamischen Spanien, begegnete dem Mönch etwas Verblüffendes: ein Mensch, kein Götze. Der Kalif steht wie sein Volk unbedingt unter dem Gesetz des Koran und darf keine Lästerung Allahs und seines Propheten Mohammed dulden; der Kalif ist als Beherrscher der Gläubigen Papst und König in einem, aber zugleich Sklave des Herkommens und der Angst vor den Seinen. Wie sich das zusammenreimt, sieht Johannes nicht. Aber er sieht, daß für ihn ein Stuhl bereitsteht; der Kalif nimmt auf die Sitten des Fremden Rücksicht, der Befehlsgewohnte schweigt und öffnet die Hand zum Kuß. Der Mönch ist schon halb besiegt, denn die wortlose Sprache der Gesten ist ihm vertraut. Die schmeichelnden Worte des Fürsten beschämen Johanns Groll, auch seinen Willen zum Martyrium: nicht Haß, sondern Freundschaft! Johann flüchtet in blumige, halb orientalische Suada und versteckt sich hinter Ottos Befehl zur Heimkehr, aber er spürt, daß die Probe auf seine Standfestigkeit jetzt erst richtig beginnt. Kalif und Mönch bestätigen sich gegenseitig Beharrlichkeit, doch diese Gemeinsamkeit besagt nicht viel: Der Mönch hat im Blick auf die himmlische Glorie seine Unrast gezügelt und die Zeit vergessen; der Kalif hat auf den rechten Zeitpunkt gewartet und sich in den Willen Allahs ergeben. Beide Gesinnungen führen zur gleichen Haltung, zum Gleichmut gegen Wechselfälle und Leidenschaften, zur Selbstbeherrschung. Höher kann der Mönch einen Ungläubigen nicht loben; doch dem Kalifen ist das nicht genug.

Für Johannes ist das Miteinanderleben der Menschen einfach geordnet. Er ist gewohnt, mit anderen zu sprechen, nicht an sie zu schreiben. Sein König reitet durch das Land und redet mit dem Volk; der Thron ist nicht von Sklaven, sondern von Herren umringt; die Adligen haben teil an der Macht. Der König fragt die Seinen um Rat und sagt ihnen dann, was er will; er hamstert keine Gerüchte und schickt keine Schnüffler. Bei diesem offenen Umgang miteinander hängt allerdings viel vom Zufall der Begegnung und von der Leidenschaft des Augenblicks ab. Selbstbeherrschung und Weisheit wohnen in Klöstern bei den Betenden und Betrachtenden, die sich aus dem Gewimmel der Welt zurückgezogen haben; sie müssen mitunter die Weltleute aus ihrem Dickicht befreien. Was Abd ar-Rahman sagt, paßt zu alledem nicht. Die Unruhe des Menschenherzens wird nicht erst im Jenseits gestillt; die Weisheit der Frommen könnte schon auf Erden Frieden stiften, wenn nur Selbstbeherrschte über andere herrschten. Warmherzige Gespräche wären nicht nur über Gott zu führen; man könnte die Gesinnung des Andersgläubigen achten und ihn als Menschen lieben. Man bräuchte die Verschiedenheit von Lebensformen und Lebenskreisen weder aufzugeben noch hervorzuheben, wenn man ihren gemeinsamen menschlichen Grund sähe; dann wäre Freundschaft möglich, auch politische.

Solche Gedanken wirken auf mittelalterliche Menschen irritierend und lähmend; sie haben genug damit zu schaffen, sich selbst zu beherrschen und abzugrenzen. Es mag Zufall sein, daß die Biographie des Johannes von Gorze ein paar Zeilen später mitten im zweiten Gespräch zwischen Kalif und Mönch abbricht. Trotzdem hat der Zufall tiefere Bedeutung; die Begegnung mit dem Islam konnte für einen Augenblick überraschende Horizonte aufreißen, aber keine geschichtlichen und gesellig Zusammenhänge stiften.

WUT DES SULTANS

Am 21. Juli 1453, acht Wochen nachdem die Türken Konstantinopel erobert hatten, schrieb Enea Silvio Piccolomini, damals Bischof seiner Heimatstadt Siena, aus Graz einen eigenhändigen lateinischen Brief nach Rom an Kardinal Nikolaus von Kues:

»Leute, die aus Serbien zu uns kommen, sagen, der Türkenkaiser habe am 31. Mai seine Kriegsmaschinen an die Stadt Konstantinopel herangefahren und drei Sturmangriffe unternommen. Die beiden ersten seien ihm fehlgeschlagen und hätten ihn viele seiner Leute gekostet. Darauf sei er in Wut geraten und habe befohlen, daß seine gesamte Streitmacht – er soll über 200000 Mann in seinem Heer gehabt haben – die Mauern angreife und mit Leitern besteige. Er sei selbst zu den Kämpfern nach vorn gegangen und habe den einen Bestrafung, den anderen Belohnung in Aussicht gestellt. Er habe den dritten Angriff mit aller Macht und höchstem Einsatz geführt, schließlich die Städter mehr ermüdet als geschlagen, die Mauer eines alten Tors gebrochen und die Stadt betreten. Er habe Befehl gegeben, alle Personen beiderlei Geschlechts über sechs Lebensjahren zu töten. Man versichert, daß der Kaiser des neuen Rom gefangen und gleich geköpft wurde. Die Priester und sämtliche Mönche wurden mit verschiedenartigen Martern zerfleischt und getötet. Alles übrige Volk wurde ans Messer geliefert; das Blutvergießen war so groß, daß Ströme von Blut durch die Stadt liefen. ...

Was die Wut der Türken in der Königsstadt anrichten wird, weiß ich nicht; vorstellen kann man es sich leicht. Das Volk, das unserem Glauben feindlich ist, wird dort nichts Heiliges und Reines übriglassen. Es wird die edlen Kirchen entweder zerstören oder gewiß entweihen. ... Das sind ganz wilde Menschen, Feinde der Gesittung und Bildung. Denn die jetzt als Türken Bezeichneten sind keine Abkömmlinge der Teukrer (Trojaner), wie einige meinen, auch nicht der Perser. Das Volk ist mitten aus der Barbarei der Skythen aufgebrochen und saß nach Ansicht eines Reiseschriftstellers früher jenseits des Schwarzen Meeres und der transkaukasischen Berge am Nordmeer. Das Volk ist ehrlos und unbekannt, in allen Arten von Hurerei und Unzucht erfahren, es verehrt Bordelle und frißt alles Greuliche; Wein, Getreide und Salz kennt es nicht. ...

Von Konstantinopel, nicht von Rom haben wir zu sprechen begonnen; daß mit dem Fall dieser Stadt die griechische Bildung untergegangen ist, das beklagen wir und das quält uns. Dieser Verlust ist groß, doch noch weit größer ist der andere, daß wir den christlichen Glauben eingeschränkt und in einen Winkel zusammengedrängt sehen. Denn nachdem er den gesamten Erdkreis gewonnen hatte, ist er jetzt schon aus Asien und Afrika vertrieben und wird in Europa nicht in Ruhe gelassen. Groß ist das Reich, das die Tataren und Türken diesseits von Don und Hellespont, die Sarazenen bei den Spaniern besetzt halten; klein ist das Gebiet, das auf Erden den Namen Christi bewahrt. ...

Was haben wir eigentlich soeben verloren? Doch eine Königsstadt, den Sitz des östlichen Kaiserreiches, die Säule des griechischen Volkes, den Thron des zweiten Patriarchen. Weh, Christenglaube, der du einst weit ausgedehnt warst, wie wirst du nun eingezwängt und geschwächt! Von den vier Hauptpatriarchen (Jerusalem, Alexandria, Konstantinopel, Rom) ist dir nur noch der römische geblieben. Wie kannst du noch stehen, nachdem von den vier Säulen, auf denen das ganze Kirchengebäude ruht, drei weggenommen sind? Von den zwei Augen hast du eines verloren. Wenn sich nicht Gottes Erbarmen nach dir umsieht, bleibt uns wenig Hoffnung auf deine Rettung. Der Türkenkaiser hat sich ja nach dem Sieg über Konstantinopel nicht, wie es nach den Schriftquellen die meisten Alten taten, dem Müßiggang überlassen, sondern gleich die Nachbarstadt Pera angegriffen, die lange Zeit den Genuesen gehörte, und seiner Botmäßigkeit unterworfen. ...

Das ist es, gütiger Vater, was mir beklagenswert und ganz erbärmlich vorkommt und was für die Vergangenheit Grund zur Trauer, für die Zukunft Grund zur Angst gibt. Deswegen trauere ich mit den Trauernden. Die Lage ist schlimm, die Aussicht noch viel schlimmer. Wir haben die Niederlage der Griechen erlebt, nun erwarten wir den Untergang der Lateiner. Das Nachbarhaus ist abgebrannt, jetzt wartet das unsere auf das Feuer. Wer steht denn noch zwischen uns und den Türken? Nur ein wenig Land und ein wenig Wasser trennt uns noch von ihnen. Schon hängt über unseren Nacken der Türkensäbel, und inzwischen führen wir Bürgerkriege, verfolgen Brüder und lassen die Feinde des Kreuzes auf uns eindringen.«

Die ersten Nachrichten vom Untergang der Kaiserstadt trafen am 29. Juni in Venedig ein; in Graz hörte Enea Silvio am 12. Juli davon, man sprach von über 40 000 Toten. Daß die Gerüchte nicht zuverlässig seien, hoffte Enea Silvio selbst bis Anfang August. Die Wirklichkeit sah anders aus; wir wissen es aus Augenzeugenberichten, die Georgios Sphrantzes sammelte, genauer als die verschreckten Serben. Sultan Mehmed II., damals 21jährig, hatte ein Landheer von vielleicht 80 000 Mann und eine große Flotte, die zum türkischen Sieg nicht weniger beitrug als die schweren Kanonen. Gleichwohl gelang den Türken der entscheidende Einbruch nicht vom Meer her, nicht durch zerschossene Tore, sondern im Nahkampf Mann gegen Mann auf den Mauern. Bei diesem Endkampf im Morgengrauen des 29. Mai fiel Kaiser Konstantin XI. im Getümmel; der Sultan ließ nach der Leiche suchen und sie mit gebührenden Ehrenbezeigungen beisetzen. Mehmed hatte seinen ermüdenden Kämpfern nach islamischem Brauch geschworen, die widerspenstige Stadt für drei Tage zur Plünderung freizugeben. Von den höchstens noch 50 000 Einwohnern der verwahrlosten

Stadt wurden die meisten als Sklaven eingefangen, aber zu Massenmorden kam es nicht. Wer Widerstand leistete, wurde freilich niedergemacht; nachher ließ der Sultan auch Hofräte des Basileus hinrichten. Die übrigen Christen flohen vor Beraubung und Versklavung; nach der Plünderung sicherte ihnen der Sultan freie Rückkehr und Religionsausübung zu. Die in der Stadt verbliebenen Bischöfe und Priester wurden nicht gemartert, sondern wählten auf Befehl des Sultans einen neuen Patriarchen. Auch Nonnen waren in ihren Klöstern geblieben und nicht vergewaltigt worden; nicht alle Kirchen wurden in Moscheen verwandelt. Die serbischen Schreckensberichte waren von Angst verzerrt, denn in diesem seit 1389 halb türkischen Vasallenstaat zitterte man vor dem nächsten Feldzug des Eroberers, der 1459 kam und Serbien ganz unterwarf.

Angst vor der Zukunft spricht auch aus den Zeilen des Bischofs. Bisher hatte sich der elegante Humanist wenig um Probleme des Orients gekümmert. Auf dem Basler Konzil hielt er zwar 1436 eine flammende Rede über die Wiedervereinigung der Christen in Ost und West gegen die Türken; doch die Unionsbestrebungen rund um das Konzil von Ferrara und Florenz wurden weit kräftiger durch Eneas Freund gefördert, den Empfänger seines Briefes. Nikolaus von Kues hatte 1437 Konstantinopel besucht und die Schwierigkeiten der Kirchenunion kennengelernt; sie rührten daher, daß Konstantinopel schon einmal Blutbäder erlebt hatte, als 1204 nicht die Mohammedaner, sondern die Katholiken kamen. Die seither anhaltende Schwäche von Byzanz erleichterte den osmanischen Sieg, und zu Fall gebracht wurde Konstantinopel nicht allein durch die Wut eines Gegenkreuzzugs, sondern durch katholische Gleichgültigkeit gegenüber orthodoxen Glaubensbrüdern. Das Gleichnis von den vier Säulen und zwei Augen war schief; der Papst als Patriarch von Rom sah die Schismatiker im Morgenland nicht als gleichberechtigt an. Enea Silvio wußte allerdings aus leidvoller Erfahrung mit Konzilsplänen, daß auch die katholische Christenheit nicht wie eine Säule stand; deshalb weckte die Katastrophe von Konstantinopel in ihm Ängste, die indes Hoffnungen nach sich zogen. Vielleicht einigten sich jetzt gegen die tödliche Bedrohung die zerstrittenen Staaten des Westens zu einem Kreuzzug nach Asien; er würde Europa endlich zu einem christlichen Kontinent zusammenschließen. Nicht von ungefähr knüpften Eneas Formulierungen an die Kreuzzugspredigt Urbans II. von 1095 an; sie hatte übrigens Türken und Perser gleichgesetzt.

Wer wie Enea in habsburgischen Ländern viele Freunde hatte, brauchte keine Bücher zu wälzen, wenn er von Türken sprach. Man kannte sie seit den Niederlagen König Sigmunds bei Nikopolis 1396 und König Wladislaws bei Varna 1444. Daß der Großtürke kein viehischer Barbar war, wußte Enea sehr gut; deshalb schrieb er, inzwischen als Papst Pius II., Ende 1461 einen lateinischen Brief an ihn. Mehmed verstand fünf Fremdsprachen, darunter Lateinisch und Griechisch; Handschriften in beiden Sprachen standen in seiner Serailbibliothek. Er verwahrte im Serail auch christliche Reliquien als Talismane, war den Franziskanern von Pera so wohlgewogen wie europäischen Technikern, wollte keine Kirchen schänden und keine Christen zwangsweise bekehren. Warum also wurde er nicht Christ? Der Papst sprach den Sultan in seinem Brief als einsichtigen und klugen Mann an und suchte ihn mit gelehrten Argumenten in den Bannkreis der europäischen Kultur und der christlichen Kirche zu ziehen. Pius stand dabei unter dem Eindruck einer gelehrten Untersuchung seines besten Freundes Nikolaus von Kues; sie zeigte die Parallelen zwischen Koran und Bibel, zwischen Islam und frühchristlichen Häresien. So mußte sich mit dem Sultan vernünftig diskutieren lassen. Pius sandte seinen Brief nicht ab; der Versuch war sinnlos. Dann aber blieb nur die andere Alternative, die Enea als Bischof schon vertreten hatte, daß man dem Sultan mit dem Schwert entgegentreten mußte; im Grund war der Islam doch ein barbarischer Aberglaube, nicht einmal so respektabel wie Hektor und Darius, die Gegner der klassischen Antike. Zwischen Taufe und Kreuzzug gab es noch für den christlichen Humanisten nichts Drittes, es durfte nichts geben.

Daß dieses Dritte überall, auch in Europa, gedieh, wurde dem Papst bitter bewußt, als ihn die katholischen Renaissancefürsten beim Türkenkreuzzug im Stich ließen. Natürlich gebärdeten sie sich so gläubig wie drüben Mehmed, der in der Hagia Sophia sein Freitagsgebet verrichtete. Im Westen erzählte man sich schaudernd, der Sultan plane, in der Peterskirche in Rom seine Pferde zu füttern; aber näher lag der Verdacht, daß Mehmed als Eroberer des Westens in der Peterskirche sein Freitagsgebet halten und dann eine diesseitige Militärdespotie errichten würde, ohne lang im Koran zu blättern. Denn die abendländische Verquickung von katholischer Religion, römischem Reich und lateinischer Bildung bestand im Islam nicht analog; sie wurde auch im Westen brüchig. Die tiefste Angst des Enea Silvio kam aus dem Zweifel, ob sein Lebensweg vom halb heidnischen Weltmann zum frommen Kirchenfürsten nicht auch umgekehrt gangbar war. Um diesen Weg in die Zukunft zu versperren, baute er noch einmal ein klassisches Feindbild vom Türken auf. Daß der Untergang des katholischen Abendlandes bevorstand, sah Enea Silvio im Juli 1453 richtig; nur waren daran nicht Barbaren am Bosporus schuld, sondern abendländische Spannungen zwischen Geistlichen, Fürsten und Gebildeten, zwischen den Staaten der Christenheit. Sie schienen nur noch durch gemeinsamen Türkenhaß zu überbrücken; aber Haß schlägt keine dauerhafte Brücke. Goethes Spruch läßt sich umdrehen: Orient und Okzident waren nur zu trennen, solange man nicht wagte, sich und andere zu kennen.

MOHAMMEDANER

Der Abt von Metz und der Bischof von Siena suchten aus momentanen Situationen und fragmentarischen Informationen ein überzeitliches und allgemeines Bild der Mohammedaner zu gewinnen; das mußte mißlingen. Johannes von Gorze kam im 10. Jahrhundert aus einem Personenverband, der politisch durch adlige Treue, geistig durch mönchische Zucht zusammengehalten wurde; er konnte die gewohnten Worte »König, Vornehme, Volk« unbefangen übertragen, weil sich im umayyadischen Kalifat von Córdoba ähnliche Lebensformen fanden; hier war über den abbasidischen Umsturz von 750 hinweg viel aus der Zeit des arabischen Propheten erhalten geblieben. Dem Kalifen stand noch die Adelsschicht arabisch-syrischer Herkunft und Sprache zur Seite; diese Oberschicht sah im Koran das Gesetz, das den Alltag bis zum Verbot von Schweinefleisch und Alkohol in Zucht hielt. Freilich wirkten auf die Menge der Untertanen Stadtkultur und Synkretismus der Spätantike profanierend; das begriff ein Sklavenhändler aus Verdun besser als der Mönch aus Gorze. Ihm erschien der Islam zuerst als Religion, als polytheistischer Götzendienst mit absurden Riten und abartiger Sinnlichkeit; seine Bekenner waren ungläubig, deshalb unglaubwürdig, zu allem fähig. Ein Kalif konnte in Gold gefaßt und anderntags enthauptet werden, er konnte Fremde gliedweise zerstückeln lassen oder überschwenglich ans Herz drücken. Beharrlichkeit und Selbstbeherrschung erwartete der Lateiner bei Ungläubigen nicht; er zeigte sie ihnen.

Das fiel ihm um so leichter, weil die Reiche in Andalusien und Sachsen nicht aufeinander angewiesen waren und voneinander weg wuchsen, das eine in die Berberei, das andere ins Slawenland; so blieben die Berührungspunkte zwischen Muslimen und Katholiken selten. Immerhin konnte sich aus solchen Begegnungen ein Klima friedlichen Austauschs entwickeln, noch im Zeitalter der Kreuzzüge. Im 12. Jahrhundert besorgte sich Abt Petrus Venerabilis von Cluny die erste lateinische Koran-Übersetzung; die lateinische Scholastik borgte von mohammedanischen Gelehrten Schriften der griechischen Philosophie und Medizin; Venezianer trieben mit Fatimiden und Mamelucken Ägyptens Handelsgeschäfte. In Zonen ständiger Kontakte an Grenzsäumen hielt sich diese Stimmung, in Spanien, Sizilien, auf dem Balkan; die Anekdote Juan Manuels über al-Hakam ist dafür bezeichnend. Mohammedaner waren zu müßigem Sinnengenuß, aber auch zu kulturellen Höchstleistungen imstande.

In den Kernzonen beider Kulturen wandte sich im 11. Jahrhundert das Blatt, im islamischen Orient durch die Machtergreifung türkischer Militärsklaven, im katholischen Okzident durch den Aufstieg der frommen Ritterschaft. In Kreuzzug und Gegenkreuzzug prallten die Aggressionen aufeinander. Islam und Christenheit traten sich in der zunehmenden Verflechtung am Mittelmeer, nach der Schwächung der Festung Byzanz immer unausweichlicher gegenüber. Die nackte militärische Macht der Barbaren, der Großtürke mit seinen Kanonen wurden zum Schreckgespenst. So dachte nicht erst 1453 der Bischof, so dachten schon 1323 die Beginen von Narbonne: Wenn Mohammedaner das Abendland erobern, schänden sie Kirchen und Frauen, denn den Türken ist nichts heilig, vielleicht nicht einmal der Teufel. Die religiöse Verwandtschaft der Gegner in Monotheismus und Universalismus, Askese und Mystik wird jetzt genauer beobachtet, auch die gemeinsame Wurzel in der antiken Mittelmeerwelt gesehen; doch ist Streit zwischen Erben noch wütender als zwischen Brüdern. Und dem Sultan ist Müßiggang im Harem genauso zuzutrauen wie Blutrausch im Kampf; nur Selbstbeherrschung geht ihm ab.

Der Gesamteindruck des abendländischen Mittelalters von den Mohammedanern ist also sehr einfach: Ihr Verhalten ist völlig unberechenbar und jeder Leidenschaft unterworfen. Diese Einschätzung kommt daher, daß die Lateiner im Islam ihre eigenen stabilisierenden Lebensformen und Lebenskreise nicht wiederfinden. Dabei sind die Unterschiede

72 Heidenvölker vor der Stadt Gottes

73 Türkische Eunuchen und Musikanten

zwischen Bibel und Koran in der Begründung, zwischen Thron und Diwan in der Gestaltung des Zusammenlebens nicht ausschlaggebend; wichtiger ist die Frage nach der Rolle von Adligen, Fürsten und Geistlichen. Der Mohammedaner ist nicht Angehöriger eines Reichsvolkes der Araber oder Türken, er lebt nicht in autonomen Gemeinden, sein sozialer Rang ist nicht erblich. Über einer Masse Menschen steht ein Despot von unbegreiflicher Willkür, von Sklaven umringt. Keine organisierte Kirche hält ihn in Schach und besteht auf Einhaltung klarer Normen durch alle.

Dieses molluskenhafte Gebilde ist nicht Erbfeind der lateinischen Christenheit; dafür ist es viel zu diffus und labil. Der Islam scheint ja keine Geschichte zu haben, sei es, daß er sich starr an das einmal vor alters Vorgeschriebene hält, sei es, daß er eben erst aus der Wüste aufgebrochen ist. Die mohammedanische Herausforderung an die Christenheit ist weniger historischer als geographischer Art: Der Islam verschüttet christliche Vergangenheit in Córdoba und Jerusalem; er setzt abendländischer Dynamik die Beharrungskraft unübersichtlicher Landschaften entgegen. Das mittelalterliche Islambild ist undeutlich, infolge exotischer Ferne zuerst, momentaner Nähe danach. Weil diese Verschwommenheit des Blickfelds in das islamische Gegenüber hineinprojiziert wird, provoziert sie in der lateinischen Christenheit Schwächung des Austauschs und Stärkung der eigenen konstanten und kontrollierten Lebensformen.

MISSION BEIM GROSSCHAN

Aus Akkon schrieb 1255 der flämische Franziskaner Wilhelm von Rubruk einen *Reisebericht* an König Ludwig IX. von Frankreich. Mit ihm zusammen war Wilhelm 1248 ins Heilige Land gezogen. Als er von christlichen Sympathien der Mongolenherrscher hörte, machte er sich 1253 mit einem Empfehlungsschreiben des Königs nach Innerasien auf. Er traf viele Christen, kriegsgefangene Ost- und Mitteleuropäer, westeuropäische Abenteurer wie den Pariser Goldschmied Guillaume Buchier, byzantinische Gesandte, nestorianische Geistliche aus dem Nahen Osten und Zentralasien. Er begegnete noch mehr Andersgläubigen, buddhistischen Mönchen, mohammedanischen Glaubensboten und turko-mongolischen Schamanen aus Süd- und Ostasien, mit denen er Streitgespräche führte.

Die Mongolen schickten ihn von einer Instanz zur nächsten; so landete er Ende 1253 im Lager des Großchans Möngke. Man wußte wenig mit ihm anzufangen, aber der Großchan, der dem Schamanismus noch nahestand und kein Glaubenskämpfer war, empfing ihn zu mehreren Religionsgesprächen. Das letzte fand am Pfingstsonntag, 31. Mai 1254, im Palast des Großchans zu Karakorum statt.

»Am Pfingsttag rief mich Mangu Chan selbst zu sich und auch den (buddhistischen) Götzendiener, mit dem ich diskutiert hatte. Bevor ich hineinging, sagte mir der Dolmetscher, der Sohn von Meister Guillaume, daß wir in unsere Gegenden heimkehren müßten und daß ich nicht widersprechen sollte; denn er hatte es als beschlossene Sache gehört. Als ich vor den Chan kam, mußte ich die Knie beugen und der Götzendiener neben mir mit seinem Dolmetscher auch. Dann sprach der Chan zu mir: ›Nun sagt mir die Wahrheit, ob Ihr neulich, als ich meine Schreiber zu Euch schickte, gesagt habt, ich sei ein Götzendiener.‹ Darauf erwiderte ich: ›Herr, das habe ich nicht gesagt; aber ich werde Euch wörtlich wiedergeben, was ich gesagt habe, wenn es Euch gefällt.‹ Dann berichtete ich, was ich gesagt hatte, und er antwortete: ›Ich dachte es mir wohl, daß Ihr es nicht gesagt habt, denn das war nicht das Wort, das Ihr hättet verwenden müssen; vielmehr hat es Euer Dolmetscher schlecht übersetzt.‹ Und er reichte mir den Stab hin, auf den er sich stützte, und sagte: ›Fürchtet Euch nicht!‹ Ich sagte lächelnd und leise: ›Wenn ich mich fürchtete, wäre ich nicht hergekommen.‹ Er fragte den Dolmetscher, was ich gesagt hätte, und der berichtete es ihm.

Danach fing er an, mir seinen Glauben zu bekennen, und sagte: ›Wir Mongolen glauben, daß es nur einen Gott gibt; durch ihn leben wir, und durch ihn sterben wir, und vor ihm ist unser Herz rechtschaffen.‹ Da sagte ich: ›Er selbst verleiht es, denn ohne sein Geschenk ist das unmöglich.‹ Er fragte, was ich gesagt hätte; der Dolmetscher sagte es ihm. Danach fuhr er fort: ›Aber wie Gott der Hand verschiedene Finger gegeben hat, so hat er den Menschen verschiedene Wege gegeben. Euch hat Gott Schriften gegeben, und ihr Christen haltet sie nicht. In den Schriften findet ihr nicht, daß einer den anderen schelten soll, oder doch?‹ Ich sagte: ›Nein, aber ich habe Euch von Anfang an zu verstehen gegeben, daß ich mit niemandem streiten wollte.‹ Er sagte: ›Ich rede nicht von Euch. Ebenso findet ihr nicht geschrieben, daß ein Mensch um Geld von der Gerechtigkeit abweichen darf.‹ Ich sagte: ›Nein, Herr, und ich bin wahrlich nicht in diese Gegenden gekommen, um Geld zu verdienen, sondern habe das Geld, das man mir gab, zurückgewiesen.‹ Und ein Schreiber war anwesend, der legte Zeugnis ab, daß ich einen Silberbarren und Seidenstoffe abgelehnt hatte. Er sagte: ›Das meine ich nicht. Gott hat also euch Schriften gegeben, und ihr haltet sie nicht; uns aber hat er Weissager gegeben, und wir tun, was sie uns sagen, und leben in Frieden.‹ Bevor er dies herausgebracht hatte, trank er, glaube ich, viermal. (Nun sprach der Chan von Wilhelms Heimkehr, die er wünsche, von Briefen, die er ihm mitgeben wolle, und von Reisekosten, Geleit und Route.)

Danach bat ich ihn um Erlaubnis zu reden. ›Sprich!‹ sagte er. Da sagte ich: ›Herr, wir sind keine Krieger. Wir möchten, daß diejenigen die Herrschaft über die Welt hätten, die sie nach Gottes Willen am gerechtesten lenken. Unser Amt ist es, die Menschen zu lehren, daß sie nach Gottes Willen leben. Dazu sind wir in diese Gegenden gekommen und wären gern hier geblieben, wenn es Euch gefallen hätte. Nachdem es Euch gefällt, daß wir heimkehren, muß es so geschehen. Ich werde heimkehren und Eure Briefe nach besten Kräften und gemäß Euren Befehlen mitnehmen. Bitten möchte ich Eure Großmut darum, daß ich nach Überbringung Eurer Briefe, wenn es Euch gefällt, zu Euch zurückkehren darf, vor allem weil Ihr bei Bolak Eure armen Knechte wohnen habt, die Leute unserer Sprache sind, und sie brauchen einen Priester, der ihnen und ihren Kindern ihre Religion beibringt, und bei ihnen würde ich gern bleiben.‹ Da antwortete er: ›Wenn deine Herren dich zu mir zurückschicken.‹ Da sagte ich: ›Herr, ich kenne die Pläne meiner Herren nicht. Aber ich habe von ihnen Erlaubnis, überallhin zu gehen, wo ich will und wo es nötig wäre, Gottes Wort zu predigen. Und mir scheint, daß es in diesen Gegenden nötig wäre; darum würde ich, ob ich zu Euch als Gesandter geschickt werde oder nicht, hierher zurückkommen, wenn es Euch gefiele.‹

Da schwieg er und saß während einer langen Pause, wie wenn er nachdächte, und der Dolmetscher sagte mir, ich solle nichts weiter reden. Ich wartete denn gespannt, was er antworten würde. Endlich sagte er: ›Du hast eine weite Reise zu machen; stärke dich mit Nahrung, damit du rüstig in dein Land kommen kannst‹ und ließ mir zu trinken geben. Dann ging ich von seinem Angesicht hinweg und kam danach nicht wieder. Wenn ich Gewalt gehabt hätte, wie Moses Zeichen zu wirken, hätte er sich vielleicht gebeugt.«

Wilhelm von Rubruk verdankt seine Berühmtheit zwei Mißverständnissen. Entweder hält man ihn für einen Entdeckungsreisenden, dessen Forscherdrang den Horizont des Mittelalters erweitern wollte, oder für einen Gesandten der Christenheit, der auf ein Bündnis zwischen Katholiken und Mongolen gegen den Islam hinwirken sollte. Beide Motive passen auf andere Zeitgenossen, etwa den italienischen Franziskaner Giovanni del Piano Carpini, der 1245 im Auftrag des Konzils von Lyon zu den Mongolen zog, »um alles zu erforschen und genau zu betrachten«. Wilhelm dagegen reiste nicht als Forscher oder Diplomat, sondern als Missionar. Zwar nahm er einige theologische Bücher mit und achtete unterwegs darauf, ob die Angaben Isidors von Sevilla über asiatische Länder und Monstren zutrafen, aber ein Gelehrter wie Bonaventura war er nicht. Und obwohl man ihm geraten hatte, den Mongolen mit reichen Geschenken zu imponieren, packte er nicht wie gewitzte Weltkinder venezianische Kristallgläser ein, sondern ein paar Leckerbissen, Muskatellerwein und Biskuit, und verstimmte die Steppengewaltigen durch seine Armut. Er wollte wie Berthold von Regensburg allem Volk durch Wort und Tat christliches Verhalten predigen. Aber er machte die Erfahrung des Bonifatius bei den Friesen: Auf den Ohnmächtigen hört keiner.

Die Mongolen glauben ihm zunächst die Ohnmacht nicht. Sie halten »Christen« für den Volksnamen der Europäer, der Bewohner der »Frankenwelt«, einer städtisch-agrarischen Gegend, die zur Eroberung durch die Steppennomaden bestimmt ist. Sie sind von ihrem göttlichen Auftrag zur Welteroberung so überzeugt, daß sie stets auf Gesandte der christlichen Machthaber warten, die sich freiwillig unterwerfen. Wilhelm betont immer wieder, daß er kein Gesandter von Papst oder König ist, sondern in der fremden Welt bleiben will. Aber er freut sich wie ein Kind, wenn er ein Stück Heimat trifft: Unter Menschen, die ihn wie ein Monstrum anstarren, ruft ihm einer einen lateinischen Gruß zu; in der Dsungarei findet er in Bolak deportierte »deutsche« Bergleute, nämlich Krimgoten; in Karakorum kann er sich einen Abend lang mit der Familie des Goldschmieds französisch unterhalten. Die Christenheit, aus der er kommt, ist trotz aller Zersplitterung eine Einheit so gut wie die der turko-mongolischen Steppenvölker, und Wilhelm will sie repräsentieren, nur nicht politisch, sondern religiös. Das begreifen die Mongolen schließlich; aber damit gerät er in zwielichtige Gesellschaft.

Denn die Mongolen kennen eine zweite Bedeutung des Wortes

»Christen«. Das sind alle Kreuzanbeter, Orthodoxe aus dem byzantini-schen Rumpfreich, Nestorianer aus halb Asien, Katholiken aus der Frankenwelt: Gläubige mit eigenem Kalender, merkwürdigen Festtagen und unverständlichen Riten und Gesängen; sie haben ihre Religion aus Büchern. Wilhelm sträubt sich gegen diese Ökumene. Ihn schert es nichts, ob im Moment zwischen dem orthodoxen Basileus Vatatzes und dem König von Frankreich Krieg oder Frieden herrscht; er hat nichts gemein mit den halbheidnischen Riten trunksüchtiger, habgieriger, ver-heirateter Nestorianer-Priester. Aber um der gemeinsamen Sache willen hält er still, brüskiert byzantinische Gesandte nicht und feiert mit Nestorianern Prozessionen und Andachten; römische Bannflüche über Schismatiker würden ja das Vorurteil der Mongolen bestätigen, daß Christen ständig miteinander streiten. Einziges Ergebnis von Wilhelms Selbstüberwindung: Der Großchan hält ihm die Habgier seiner Mitchri-sten vor. Von anderen Kreuzanbetern unterscheidet er sich höchstens durch Bartlosigkeit und Barfüßigkeit. Daß er sich Zwang antut, am Freitag Fleisch ißt, mit Nestorianern Sakramente spendet, vor dem Großchan anbetend beide Knie beugt, fällt niemandem auf, sowenig wie seine Askese. Die Mongolen sind kärgliches Wanderleben in Zelten bei Wind und Wetter gewohnt und wundern sich nicht, wenn Wilhelm während der mörderischen Winterkälte in einem winzigen Zelt aushält. Daß er ihr Hammelfleisch und ihre ekstatischen Trinkgelage nicht schätzt, ist seine Sache.

Der Großchan merkt nicht, wie sich Wilhelm um eine christliche Lebensform jenseits des Ritus, um Übereinstimmung von Wort und Tat bemüht; denn für Mongolen bedeutet Rechtschaffenheit der Lebensfüh-rung, sich nach Knochenorakeln und Visionen der Schamanen zu richten: Wenn Wilhelm es den Schamanen nachtäte wie seine seltsamen Mitchri-sten, fände er mehr Beachtung; er müßte mit Rhabarbertränklein und Weihwasser Kranke heilen, Erfolg weissagen und Unglück wittern, mit Weihrauch und Zaubersprüchen Stürme und Fröste bannen, wie es bei ihm zu Hause vor vierhundert Jahren die Bauern wollten; er müßte Gottes Willen in tote Dinge bannen oder aber mosaische Wunder tun. Das kann er nicht, was kann er denn? Der Großchan blättert in seinen lateinischen Büchern und betrachtet die Miniaturen, aber sie sagen ihm nichts. Möngke und seine Brüder haben kürzlich, 1253, beschlossen, nach Rußland auch Persien und China zu unterwerfen, und da kommt ein

Barfüßer her, der kein schönes Wetter, geschweige denn die Kapitulation der Frankenwelt zuwege bringt. Nun, die Menschen sind verschieden, der Großchan drückt sich höflich aus. Denn der Fremde macht ihm doch einen gewissen Eindruck. Möngke glaubt dem Ohnmächtigen seine Freiheit nicht, er wird schon von den Launen seiner Herren abhängen; aber seine Furchtlosigkeit glaubt er ihm. Daß Wilhelm sich nicht fürchtet, weil ihm irdische Macht gleichgültig ist, kann der Großchan nicht begreifen. Aber er vermeidet ein kaltes Nein und gibt dem Enttäuschten eine symbolische Aufmunterung mit.

Wilhelm wird zu Hause die Mongolen nicht für Reste der Midianiter, höllische Tataren oder Verbündete der Juden erklären, wie es andere lieben. Er wird beschreiben, wie friedlich und ehrlich sie miteinander leben, wie streng sie Lüge und Diebstahl unter ihresgleichen ahnden, wie genügsam sie essen und wohnen. Er wird nicht verschweigen, daß sie gegen Fremde grausam und verschlagen sind, lächerliche Tabus beobachten und sich unerträglichen Hochmut einbilden. Kurz, er wird nicht nur, wie der russische Erzbischof Peter 1245 in Lyon, die mongolische Lebensform darstellen, sondern abendländischen Lebensformen den Spiegel vorhalten. Die Christenheit müßte Streitsucht und Habgier ablegen, meint er. Künftig sollte man keine ohnmächtigen Bettelmönche mehr nach Asien schicken, sondern ehrwürdige Bischöfe, die vom Papst ermächtigt sind. Das setzt voraus, was Wilhelm nicht recht glaubt, daß Kirchenfürsten Gefahren auf sich nehmen und daß ihr Vorbild Mitchristen und Nichtchristen überzeugt. Deshalb hält er mehr von einem bewaffneten Kreuzzug, aber an dessen Voraussetzung glaubt er erst recht nicht: Die Europäer, schreibt er, könnten die ganze Welt erobern, wenn die französischen Bauern so genügsam leben wollten wie die mongolischen Könige. Sie wollen es nicht. So wird sich also Gottes Wille nicht auf der ganzen Erde lehren und verwirklichen lassen; der Großchan wird recht behalten, daß Gott den Menschen verschiedene Lebensformen gegeben hat. Vielleicht schützt sie diese Vielfalt sogar vor der ungerechten Weltherrschaft der Krieger?

PROFIT IN PEKING

Zu Beginn seines italienisch abgefaßten *Handbuchs der Handelspraxis* gab um 1340 in Florenz Francesco Balducci Pegolotti Ratschläge für Chinareisen. Nach Beschreibung der Routen, Stationen und Entfernungen, insgesamt etwa neun Monatsreisen von der Krim bis Peking, handelte er »Von Dingen, die für Kaufleute nötig sind, die die besagte Reise nach *Cathay* (China) machen wollen«:

»Vor allem muß man sich den Bart lang wachsen lassen und sich nicht rasieren. Und in *Tana* (Asow) möge man sich mit Dolmetschern versehen und es nicht darauf anlegen, an der Preisspanne zwischen einem schlechten und einem guten zu sparen, denn ein guter kostet nicht so viel (Textverderbnis, sinngemäß: wie ein habgieriger schlechter, und so sind die besten die billigsten). Und außer den Dolmetschern muß man wenigstens zwei gute Burschen mitnehmen, die die kumanische Sprache gut kennen. Und wenn der Kaufmann eine Frau aus *Tana* mitnehmen will, kann er es tun; wenn er nicht will, muß er es nicht tun. Wenn er doch eine mitnimmt, wird er für einen Mann höheren Standes gehalten, als wenn er keine mitnimmt. Aber wenn er eine mitnimmt, muß sie die kumanische Sprache so gut wie der Bursche kennen. Für die Strecke von *Tana* nach Astrachan muß man sich mit Lebensmitteln für 25 Tage versehen, und zwar mit Mehl und Salzfisch, während man Fleisch in allen Orten unterwegs zur Genüge bekommt. Ähnliches gilt auf der besagten Reise überall beim Übergang von einem Land in ein anderes; je nach den erwähnten Tagereisen muß man sich Mehl und Salzfisch besorgen, während man andere Dinge und vor allem Fleisch genügend findet.

Der Hinweg von *Tana* nach *Cathay* ist bei Tag und bei Nacht völlig sicher, nach den Berichten von Kaufleuten, die ihn benutzt haben. Anders wäre es, wenn ein Kaufmann beim Hin- oder Rückweg auf der Straße stürbe; dann würde alles dem Herrn des Landes gehören, in dem der Kaufmann starb, und die Beamten des Herrn würden alles beschlagnahmen. Dasselbe gilt in *Cathay*. Wenn er allerdings einen Bruder oder vertrauten Gefährten hätte, der sagen könnte, daß er sein Bruder sei, so würde ihm die Habe des Toten übergeben, und auf diese Weise würde die Habe gerettet. Es besteht noch eine andere Gefahr, wenn nämlich der Herr gestorben ist und noch kein anderer Herr ausgerufen ist, der die

Herrschaft übernimmt. In dieser Zwischenzeit sind manchmal ungewohnte Übergriffe gegen Franken und andere fremde Völker vorgekommen –
›Franken‹ nennen sie alle Christen aus den Ländern vom byzantinischen
Reich westwärts –, und dann ist die Straße solange unsicher, bis ein
anderer Herr ausgerufen ist, der nach dem verstorbenen die Herrschaft
übernimmt. *Cathay* ist eine Provinz, wo es viele Länder und viele Siedlungen gibt. Unter anderem ist da eine, die Hauptstadt, wo die Kaufleute
unterkommen und ein Großteil des Handelsverkehrs abgewickelt wird.
Diese Stadt heißt *Chanbalik* (Peking) und hat einen Umfang von 100
Meilen und ist ganz voll mit Leuten und Häusern und Stadtbewohnern.
(Es folgen Schätzungen der Reise und Frachtkosten.)

Man rechnet damit, daß die Straße von *Tana* nach Sarai weniger
sicher ist als die ganze übrige Reise. Aber wenn man zu 60 Mann wäre
und die Straße selbst im schlechtesten Zustand, würde man sich genauso
sicher wie im eigenen Hause bewegen. Wer von Genua oder Venedig aus
zum Weg zum genannten Platz und zur Reise nach *Cathay* aufbre-
chen möchte, täte gut daran, wenn er Leinen lüde und nach Urgendsch
ginge, in Urgendsch dafür Silberbarren kaufte und mit ihnen weiterzöge,
ohne sie in anderer Ware anzulegen; es sei denn, er hätte ein paar Ballen
allerfeinste Leinwand bei sich, die nicht sperrig sind und keine höheren
Transportkosten als andere, gröbere Leinwand machen. Und die Kaufleute können unterwegs ein Pferd oder einen Esel oder ein anderes Reittier
reiten, ganz nach Belieben.

Alles Silber, das die Kaufleute nach *Cathay* einführen, nimmt der Herr
von *Cathay* an sich und legt es in seinen Schatz, und den Kaufleuten, die es
einführen, gibt er dafür Münzen aus Papier, und zwar aus gelbem Papier,
geprägt mit dem Siegel des besagten Herrn, und diese Münzen heißen
Balisci. Mit diesem Geld kann und darf man Seide und jede andere Handelsware und Sache kaufen, die man kaufen möchte. Und alle Landesbe-
wohner sind verpflichtet, es anzunehmen, und man muß für die gekaufte
Ware nicht einmal mehr bezahlen, weil es Papiergeld ist. Und von besagtem
Papiergeld gibt es drei Arten; davon ist eine mehr wert als die andere, je
nachdem ihr Wert durch den Herrn festgesetzt worden ist.« (Abschließend
einige Preise für Chinaseide und Umrechnung asiatischer Maßeinheiten.)

Dieser Klassiker mittelalterlicher Wirtschaftsliteratur verbindet die Erfahrung eines Geschäftsmannes mit der Konsequenz eines Statistikers. Pego-

lotti stand seit spätestens 1310 im Dienst des Florentiner Bankhauses Bardi, das überall zwischen Sevilla und Krakau, London und Konstantinopel Agenten hielt; er selbst leitete von 1317 bis 1321 die Außenstelle der Bank in London, von 1324 bis 1329 die in Zypern. Hier in Famagusta wird er die Kauffahrer gesprochen haben, die aus Genua, auch aus Venedig über das genuesische Pera nach Asow segelten und den Landweg über die Wolgamündung nach Osten nahmen, nördlich am Aralsee vorbei oder südlich über Urgendsch, weiter über Otrar und Almalik, also durch Turkestan, nach Kantschou und Peking. Pegolotti unternahm diese Reise nie; er schrieb sein Buch im Kontor der Firma in Florenz und wertete deren Korrespondenzen aus, Notizen, wie man sie im Brief des Tolomei von der Champagnemesse 1265 auch las. Denn das war Pegolottis Hauptbestreben: Nicht jeder Geschäftsreisende sollte seine Erfahrungen selbst machen und dann geheimhalten, wie es Genueser Asienfahrer taten; man mußte fremde Erfahrungen sammeln, sichten, verallgemeinern, zum Wohle des Profits.

Was ihm nicht dient, notiert der Autor nicht; deshalb wirkt unser Ausschnitt kahl, verglichen mit der farbigen Schilderung Pekings, die der Venezianer Marco Polo 1298 gab, oder mit den Erzählungen des Marokkaners Ibn Battuta, der 1333 ins Land der Goldenen Horde nach Asow, Sarai und Astrachan kam. Marco Polo beschreibt sogar ökonomische Details genauer als Pegolotti, erwähnt die Poststationen und Blockhäuser an den Hauptstraßen, wo Kaufleute übernachten können, und die Karawansereien in Pekings Vorstädten, wo Handeltreibende je eines Volkes zusammenwohnen; er spricht von den 1000 Waggons Rohseide, die täglich in Peking auf den Markt kommen, und von Aussehen, Sorten und Umtausch der Geldscheine. Für Pegolotti sind diese Dinge, die ein Kaufmann in China wissen sollte, sekundär; er handelt von gewinnbringendem Seidenimport. Die eine Ausnahme, der Hinweis auf Pekings Umfang, soll bloß die Bedeutung des Handelsplatzes illustrieren. Sie ist übrigens übertrieben; Augenzeugen begnügen sich mit 40 Meilen Umfang. Aber einen Baedeker liefert Pegolotti nicht, auch kein Handbuch der Staatenkunde, obwohl seine Bemerkungen verraten, daß er die politische Lage in Asien kennt.

Denn die Straße zwischen *Tana* und Sarai, Asowschem Meer und Wolgamündung ist so unsicher, weil sich die Mongolen der Goldenen Horde unter Chan Özbek von den übrigen Mongolenreichen isoliert und den fremdenfeindlichen Islam angenommen haben; es sind dieselben Mongolen, mit denen in diesen Jahren Kasimir III. von Polen kämpft. Hier kann sich ein Mohammedaner wie Ibn Battuta zu Hause fühlen; Christen tun besser, Geleitzüge zu formieren. Die andere Gefahr, daß ein Chan stirbt und Wirren hinterläßt, ist seit 1334 im westlichen Mittelasien stets akut und wächst auch im chinesischen Mongolenreich. Zwischen 1310 und 1333 fanden dort sechs Thronwechsel statt, seit 1328 mit Intermezzi von Bürgerkriegen. Solche Schwankungen führten zu Preissteigerungen, Spekulationsgeschäften und Manipulationen mit Notenumlauf und Geldwert, obwohl das Geldgesetz von 1311 weitergalt. Pegolotti geht auf diese Unsicherheiten nicht ein, weil sie bis 1330 noch keine inflationären Ausmaße erreicht haben; sein Kaufmann wird Papiergeld nicht horten, sondern nur als Zwischenglied in der Kette Leinwand – Silberbarren – Banknoten – Seide verwenden.

Ein Geschäftsreisender lebt in Asien so asketisch wie ein Franziskanermissionar; Pegolotti verliert kein Wort darüber. Wie man sich bei Sommerdürre und Winterfrost kleidet, mit Stutenmilch und Hammelfleisch fertig wird, die Zug- und Reittiere unterwegs versorgt, das sind Erfahrungen, die jeder selbst machen muß. Privatsache ist auch das Seelenheil. Ein paar Seiten vorher hat Pegolotti den rechten Kaufmann ermahnt, in die Kirche zu gehen; aber hier sagt er nicht, daß in Urgendsch ein katholischer Bischof sitzt, in Almalik bis zum Massaker von 1339 ein Franziskanerkonvent besteht und in Peking eine katholische Gemeinde mit drei Kirchen blüht, 1294 von italienischen Franziskanern begründet. Das zu wissen, wäre nicht nur für die Sonntagsmesse nützlich, auch für Krankheit und Tod unterwegs; der lateinische Grabstein einer in Kiangtu 1342 gestorbenen Venezianerin wurde 1951 entdeckt. Aber man ist nicht daheim in Florenz oder Genua; wichtiger ist draußen das Ansehen bei Asiaten, und sie betrachten den Fremden zuerst als Franken, nicht als Christen. Danach wird er sein Verhalten zu Frauen einrichten und nicht zu oft an das sechste Gebot denken. Wenn es nicht ehrenrührig ist, wird er sogar einen Esel reiten, was er zu Hause nie täte.

Weil die Gewinnchancen von der Verständigung mit Handelspartnern abhängen, paßt sich der Reisende oberflächlich der Landessitte an und trägt Bart. Er braucht gute und teure Dolmetscher, auch für die Fährnisse unterwegs; die kumanische Turksprache hilft über die riskanteste Strecke in Mittelasien hinweg. Wo gesicherte Zustände herrschen, nutzt sie der Kaufmann aus. Pegolotti nennt im Vorspruch seines Buches Rechtschaffenheit die erste Tugend eines Kaufmanns; aber hier empfiehlt er bei Todesfällen, daß sich mongolischen Beamten gegenüber der Geschäftsfreund als Bruder des Verstorbenen ausgebe. Das Recht der Nomaden steht eben noch auf der Stufe der Familienklüngel und kennt die komplizierten Abmachungen italienischer Handelsgesellschaften nicht; alle Ordnung hängt in Asien weit stärker als in Italien an Personen. Also sehe jeder zu, daß er auch unter solchen Umständen auf seine Kosten komme, selbstverständlich im Rahmen örtlicher Konventionen.

Ein guter Kaufmann hat keinen Dünkel; Pegolotti bemerkt bei den Mongolen auch Einrichtungen, die seinen heimischen weit überlegen sind, vor allem die militärisch gesicherte *Pax mongolica* auf allen Straßen und die Zentralisation im Steppenreich. Da lauern nicht an jeder Brücke Zöllner, in jedem Wald Räuber. Das Papier, das man in Hangtschou erhält, wird dreißig Tagereisen weiter in Peking ohne Feilschen und Umrechnen in Zahlung genommen. Am Schwarzen Meer gilt dasselbe Recht wie am Gelben Meer, dreihundert Tagereisen entfernt. Gemessen an den zerklüfteten Stadtrepubliken Italiens, den Dutzenden von Münz-, Gewichts- und Rechtssystemen auf kleinstem Raum ist die Städtelandschaft des Fernen Ostens ein Paradies des Welthandels. Marco Polo erklärt den Sachverhalt aus der Mischung mongolischer Militärmacht und chinesischer Stadtkultur, händlerischer Begabung der Mongolen und handwerklicher Geschicklichkeit der Chinesen; Pegolotti erklärt nicht, er nutzt das Vorhandene. Wie er verstanden viele Fernhändler mit der Vielfalt menschlicher Lebensformen zu rechnen. Deshalb vertrug sich das Abendland wirtschaftlich mit dem Fernen Osten leichter als religiös, wenigstens bis 1368, als die Unduldsamkeit der Ming-Dynastie und die Unsicherheit der Transportwege die Märkte Chinas für Fremde verschlossen. Man nahm es in den Handelskontoren des Westens nüchtern zur Kenntnis, zumal hier in der Krise nach dem Bankrott der Bardi 1345 keine großen Importgeschäfte mehr zu machen waren. Gott hatte den Menschen wirklich verschiedene Wege gegeben.

MONGOLEN

Das Abendland betrachtete Mongolen unbefangener und genauer als Byzantiner und Mohammedaner, allerdings nur zwischen 1245 und 1368. Im Frühmittelalter rückten viele nomadische Steppenvölker den seßhaften Bauern des Westens bedrohlich nahe, Hunnen, Avaren, Madjaren; sie erschienen als heidnische Barbaren wie noch die ersten Mongolen. Anläßlich der Mongolenschlacht bei Liegnitz 1241 entwarf Kaiser Friedrich II. in einem Schreiben an König Heinrich III. von England das klassische Barbarenbild: Die Mongolen seien ein Volk barbarischer Herkunft und Lebensweise, von unbekanntem Ursprung und Wohnsitz, ohne Geschichte und Gesetz, Abkömmlinge der Hölle, des *Tartarus,* die Leben und Menschlichkeit nicht achteten; ihr Chan mache sich zum Gott der Erde und wolle die ganze Christenheit vernichten. Derartige Töne klangen noch bis etwa 1260 nach, solange ein mongolischer Angriff auf den Westen zu fürchten war. Bald nach 1368 rückten die Steppenherrscher in ungefährliche Entfernung; die Barbarenrolle fiel den Türken zu, wie der Brief des Enea Silvio von 1453 zeigt. Die gewaltigen Feldzüge Timur Lenks gegen Osmanen, Inder und Chinesen ängstigten die Christenheit nicht, entlasteten sie eher vom türkischen Druck, wurden aber gleichmütig hingenommen. Aus diesem Wechsel von Panikstimmung und Desinteresse fällt nur das Mongolenbild der wenigen Jahrzehnte heraus, in denen sie nicht mehr als Welteroberer gefürchtet, noch nicht als Kaziken ignoriert wurden.

In diesem Jahrhundert wandelten sich die Mongolen stärker als ihre Besucher. Wilhelm von Rubruk nannte die von Dschingis Chan begründete Reichshauptstadt Karakorum 1255 ein Dorf, allenfalls mit Saint-Denis vergleichbar. Die Mongolen waren noch Wanderhirten, Gruppen von Großfamilien, Schamanen. Für den städtischen Bettelmönch ähnelten sie abergläubischen Hinterwäldlern, in manchem den Bauern Agobards von Lyon um 810. Freilich war ihr Machtbereich viel größer als der des heiligen Ludwig von Frankreich; sie begannen, sich in höhere Ordnungen einzuleben, Welthandel, Stadtkultur und Hochreligion. Was für Wilhelm noch Möglichkeit war, sah Pegolotti schon als Wirklichkeit. Die Bekehrung der Großchane zum Christentum ist aussichtslos geworden, weil sich die west- und mittelasiatischen Mongolen dem Islam, die fernöstlichen dem Buddhismus zugewandt haben. Ihre politische Einheit und

militärische Macht ist zerbröckelt; sie haben sich den Wirtsvölkern ange-
paßt und vor allem in China das Nomadenleben aufgegeben. Die neue
»Herrscherstadt« (das heißt *Chanbalik*) Peking, 1264 von Möngkes Bruder und Nachfolger Kubilai auserkoren, wird auch von verwöhnten
Bürgern des christlich-islamischen Mittelmeerraums zu den eindrucksvollsten Städten der Welt gezählt. Trotz der Verfeinerung bleibt die
Großzügigkeit der Steppenherrschaft erhalten, in der inneren Disziplin,
in der Aufgeschlossenheit gegen Fremde.

In der ersten Phase konnte ein Franziskaner den Mongolen vielleicht
Normen der Hochreligion bringen; in der zweiten konnte ein Fernhändler
von ihnen Produkte der Hochkultur holen. Der Westen versuchte beides
nebeneinander: Wilhelm von Rubruk fand in Karakorum schon den
Pariser Goldschmied Buchier an der Arbeit; ein Kaufmann, der sich 1342
nach Pegolottis Rat in Peking aufhielt, traf dort noch den Franziskaner
Marignola aus Florenz bei der Mission. Zwar wollten die Spiritualisten
arm bleiben, um fremde Seelen zu retten, die Materialisten reich werden,
auch wenn es die eigene Seele kostete, aber die ungelöste Spannung
zwischen Sinnenglück und Seelenfrieden brachten beide Gruppen von zu
Hause mit. Und diesen Widerspruch fanden sie in der Fremde nicht vor.
Da herrschte nicht die eine Kirche mit universalem Wahrheitsanspruch,
sondern ein Durcheinander religiöser Gruppen, nicht der Konkurrenzneid
vieler Gemeinden und Verbände, sondern die Einheit eines Großreiches.
Neben Tabus, die der Westen längst überwunden hatte, standen hier
Techniken, von denen er noch träumte; Menschen, die kein Papier lesen
konnten, benutzten Papier als Geld.

Hier versagten alle Vergleiche, die man zwischen den Lebenskreisen
zu Hause und mit Byzantinern und Mohammedanern anstellen konnte.
Überall am Mittelmeer waren seit der Spätantike monotheistische Weltre-
ligion, monarchisches Weltimperium und hochsprachliches Schriftwissen
miteinander verbunden; deshalb kannten die drei Kulturkreise nur Konkurrenz, nicht Koexistenz der Lebensformen. In Byzanz verschmähte
Liudprand von Cremona Gewürze, die er am Ottonenhof nicht bekam;
Martin von Pairis ärgerte sich über Bärte, die er in seinem Kloster nicht
sah. Beim Kalifen las Johannes von Gorze nicht im Koran; dem Sultan
schrieb Enea Silvio über lateinische Bildung. Die verschiedenen Kreise
berufen sich auf dieselbe Geschichte: Im Streit mit Nikephoros greift
Liudprand bis auf Romulus zurück; Enea Silvio führt gegen die Türken

die Trojaner ins Feld. Aber die Herkunft der Mongolen erklärt für Rubruk und Pegolotti nichts; sie gehören nicht in den mediterranen Zusammenhang. Deshalb ist es ihnen gleichgültig, ob ein fränkischer Mönch einen Bart trägt und freitags Fleisch ißt oder ob ein fränkischer Kaufmann einen Esel reitet und eine Konkubine mitbringt.

Wo der Widerpart fehlt, geraten die mittelalterlichen Lebensformen selbst ins Wanken. Auch die Mongolen haben ihre Lebensformen und Vorurteile, die jedoch weniger als die mediterranen auf Traditionen und Institutionen beruhen und darum unmittelbarer zwischen Menschen spielen. Vor allem der Fremde, der hier nichts aufzwingen und nichts wegnehmen kann, muß mit einzelnen Menschen reden. Für keinen unserer hundert Zeugen ist der Dolmetscher so lebenswichtig wie für die beiden letzten. Gespräch und Geste machen bewußt, was zu Hause fast vergessen wird, daß Konventionen nicht zuerst für Normen und Institutionen, für Kirche und Reich, Familie und Gemeinde gelten, sondern für das Zusammenleben von Menschen, auch von Fremden. Denn die Ferne ist weder Alptraum noch Wunschtraum, sondern Lebensraum für Menschen, denen Gott andere Wege gegeben hat. Diese Einsicht wurde bald wieder verschüttet; nach der Entdeckung Amerikas 1492 ließen sich die Europäer nicht mehr mit einem Abschiedstrunk und ein paar Seidenballen nach Hause schicken. Kolumbus steht außerhalb des Mittelalters; Rubruk und Pegolotti gehören noch in das Zeitalter der Christenheit. Missionare und Kaufleute des Spätmittelalters kehren um, in eine brüchig werdende Welt, die nicht mehr die ganze Erde umfaßt. Auf der Ebstorfer Weltkarte hält zur selben Zeit noch Christus den ganzen Erdkreis; doch in Wirklichkeit umschließt schon ein Ring von Exoten die Christenheit, hält ihre Lebensformen zusammen und macht sie zu einer Familie und Gemeinde in einem Winkel der Erde.

SOCIETAS HUMANA

Die abschließende Sichtung der Ergebnisse muß auf die Königsfrage der *Gesta Romanorum* antworten: Wodurch sind mittelalterliche Lebenskreise voneinander unterschieden und miteinander verbunden? Ihre Lebensformen lassen sich nur vage nach dem einfachen Strukturmodell erklären, das die geistliche Ständelehre des Mittelalters aufstellte; es knüpfte an die platonische Dreiteilung menschlicher Grundtriebe an und wies drei Lebenskreisen je eine Aufgabe und Ebene zu. Bauern und Bürger befriedigten die Begehrlichkeit des Menschen, seine vitalen Bedürfnisse; ihr Leben konzentrierte sich auf Wirtschaft und Gewinn. Man konnte sie als Nährstand, Arbeitende, Gehorchende bezeichnen, wie es Thomas von Aquin tat. Adlige und Fürsten nutzten die menschliche Willenskraft zur Sicherung sozialer Konventionen; der Schwerpunkt ihres Daseins war Krieg und Herrschaft, so daß sie Wehrstand, Herrschende, Wirkende genannt werden mochten. Geistliche und Gebildete schließlich übten moralische Normen der Enthaltsamkeit ein und strebten nach Erkenntnis; sie lebten vornehmlich für Religion und Kultur und hießen darum Lehrstand, Betende oder Weise. Dieses Modell, um die Jahrtausendwende ausgebildet, ist für die Aufzählung brauchbar, aber zu statisch und systematisch. Hauptmerkmal mittelalterlicher Lebenskreise ist vielmehr ihre starke Wandlungsfähigkeit und gegenseitige Abhängigkeit. Sie läßt sich deutlicher beschreiben, wenn wir die Entwicklung bis zum 11. Jahrhundert, die dieser Ständelehre ungefähr entspricht, von der spätmittelalterlichen, in den *Gesta Romanorum* gespiegelten abheben.

Im Frühmittelalter lassen sich in der Tat drei vorwiegend ländliche Lebenskreise mit je eigenem Schwerpunkt unterscheiden, Bauern, Adlige, Geistliche, die für Arbeit, Herrschaft, Bildung zuständig sind. Doch umfaßt jeder Lebenskreis auch die anderen Schwerpunkte mit. Bischof Leodegar von Autun ist in seinem Bistum adliger Herr; König Olaf der Dicke ist landwirtschaftlich versiert; die Bauern Agobards von Lyon hüten ihre abergläubische Weisheit. Die Lebenskreise sind also keine spezialisierten

Berufe und Stände, erstrecken sich auf sämtliche Lebenslagen und fordern die Konformität aller Mitglieder, die gemeinsame Lebensform. Sie wird auf dreierlei Weise erzwungen und stabilisiert, innerhalb des Lebenskreises, zwischen den Lebenskreisen, durch Rückbindung an Vergangenheit. Erstens: Jeder Lebenskreis ist überörtlich, nicht mit den kleinen Gruppen der Familien und Gemeinden identisch; die Reichweite nimmt mit der ökonomischen Freistellung zu. Die Bauern von Vertus kommen ein paar Tagereisen bei ihresgleichen herum; Adlige aus Mercia kämpfen schon zusammen mit dem Earl von Essex; vollends Erzbischof Bonifatius holt sich Hilfe in Rom. Soziale Kontrolle ist bei Bauern im Dorf des Einochs am einfachsten, überbrückt aber auch große Entfernungen; der Italiener Anselm beugt sich in Canterbury dem Normalverhalten genauso wie der Aquitanier Walther in den Vogesen. Was den Lebenskreis zusammenhält, ist Wettbewerb um Ansehen und Angst vor Tadel.

Zweitens besteht eine soziale Kontrolle zwischen Lebenskreisen am gleichen Ort. Die Intensität dieses Zusammenhangs nimmt mit der Mobilität des einzelnen Lebenskreises ab. Die Bauern von La Roche-Guyon sind für den Burgherrn täglich auf Rufweite erreichbar; katalanische Adlige lassen sich nur durch regionale Vereinbarung der Fürsten bändigen; der Wanderbischof Aldebert ist weder in Soissons noch in Fulda genau zu kontrollieren. Diese Überwachung wirkt vornehmlich von oben nach unten, über Befehl und Gehorsam; aber die Verhaltensweisen sind so festgelegt, daß sich auch der Herrschende fügt, Olaf Schoßkönig seinen Bauern, Aelfric Grammaticus seinen Schülern. Was die Lebenskreise voneinander trennt, ist Wettbewerb um Vorrecht und Angst vor Anfechtung. Drittens wird das Zusammenleben an geschichtlichen Erfahrungen gemessen, die zu bewährten Traditionen geronnen sind. Alle Lebensformen erscheinen als althergebracht, auch wenn sie es nicht sind. Die Bauern von Uppsala erinnern 1019 an König Eymund, die Mönche von Sankt Gallen 911 an den heiligen Otmar, der adlige Thegan von Trier 837 an Jeroboam von Israel. Diese drei Verstrebungen machen frühmittelalterliche Lebensformen stabil; man denke an den Prototyp eines frühen Lebenskreises, das Benediktinerkloster auf dem Monte Cassino im Jahr 747. Es pflegt internes Gleichgewicht zwischen Abt, Hausmeier, Koch; monastische Querverbindungen zu Römern, Angelsachsen, Franken; Rückbeziehung auf zwei Jahrhunderte benediktinischen Verhaltens.

Seit dem 11. Jahrhundert entwachsen den drei älteren Lebenskreisen drei jüngere der Bürger, Fürsten, Gebildeten, die jene älteren ausweiten, überlagern und umbilden. Von der lokalen Landwirtschaft in Nully hebt sich die mobile Marktwirtschaft in Pavia ab, von den Adelsfehden in Katalonien die fürstliche Ordnung Wilhelms des Eroberers, von der mönchischen Strenge Kolumbans die kritische Distanz Abaelards. Dadurch werden die älteren Kreise in versachlichte Zusammenhänge gestellt, die Arbeit des Bauern Dino durch den Geldhandel der Tolomei, die Politik Levolds von Northof durch das Fürstenrecht Friedrichs II., die Meditation Bonaventuras durch die Unrast des Archipoeta. Die neuen Lebenskreise bleiben allerdings von den älteren abhängig; Bauern ernähren die Städter, Adlige tun die Dienste der Fürsten, Gelehrte sitzen auf geistlichen Pfründen. Das führt zu Beschwernissen und Klagen der Bauern von Kent 1381, der Ritter von der Mark 1347, des Subdiakons von Astudillo 1363. Die Schwerpunkte aller Lebenskreise werden enger begrenzt. Es hagelt Proteste, wenn der Bürger Valdes geistlich leben will; der Vikar Johann Balle, der Feldarbeit tut, ist ein Ärgernis für die Geistlichkeit; wehe dem Bauern Helmbrecht, der Ritter werden möchte!

In wachsenden Spannungen lassen sich Lebensformen nicht mehr leicht stabilisieren und kontrollieren; es geschieht jetzt auch auf dreifache, aber andere Weise. Erstens schließen sich die neuen Lebenskreise mit Vorliebe in großen Städten zusammen, wo Fürsten, Bürger und Gelehrte den Ton angeben: London, Prag, Barcelona. Anstelle von Herkommen und Befehl regeln hier Vereinbarung zwischen Gleichen und öffentliche Meinung das Verhalten der einzelnen. Das Muster dafür gibt der Schwurverband der Bürger. Die zunächst freiwilligen Bünde verpflichten die ihnen Beigetretenen weit sachlicher, detaillierter, schriftlicher als früher: Allmendenutzung der Freiburger Bürger 1120, Formalitäten des Fürstenduells in Bordeaux 1283, Vorlesungsthemen der Bologneser Professoren 1317. Bünde ähnlicher Art entstehen auch in älteren Kreisen, die Bauerngemeinden Ostfalens und der Schweiz, die Adelsversammlungen des Vexin und Kalabriens, die Konzilien von Lyon und Konstanz. Was den einzelnen Lebenskreis zusammenhält, ist immer noch Wettbewerb um Ansehen und Angst vor Tadel; nur ist der Zwang zur Gleichförmigkeit und die Gefahr der Rebellion gewachsen. Zweitens müssen die Beziehungen zwischen den Lebenskreisen autoritativer, bürokratischer, institutioneller als früher geordnet werden. Kristallisationspunkt dieser Bestrebungen ist der Hof des Fürsten. Er spricht jedem Kreis sein Recht zu wie Friedrich II. und Ludwig IX.; er balanciert die Interessen aus wie Jakob II. von Aragon und Kasimir III. von Polen; er vereint das Volk zum Kampf gegen Fremde wie Ferdinand der Heilige und Heinrich V. von England. In solchen monarchischen Verbänden wird das Verhalten der Menschen durch Befehl und Gehorsam geregelt; doch werden jetzt nicht mehr einzelne Lebenskreise, sondern diese Verbände voneinander durch Wettbewerb um Vorrecht und Angst vor Anfechtung getrennt. Daraus entspringen Anonymität und Massenpsychose.

Drittens werden die Regeln des Zusammenlebens jetzt seltener aus der Geschichte, häufiger aus zeitlosen Abstraktionen gewonnen, vor allem unter dem Einfluß der Gelehrten. Abaelard verwirft das gläubige Verhalten des Schülers zum Lehrer als herkömmlich; ein Ritter, der sich wie Peter III. von Aragon benahm, ward noch nie geboren; ein Bewohner von Prag hat 1282 mehr miterlebt, als in den Büchern steht. Die Erwartungen richten sich eher auf die Zukunft, die freilich keine sicheren Maßstäbe gibt. Überhaupt sind alle Lebensformen labil geworden; als Prototyp eines spätmittelalterlichen Lebenskreises mag die Stadt Gent 1302 dienen. Die straffe Gemeindeordnung, die selbst den Getränkekonsum steuert, weckt die Empörung der Überwachten; kein Fürst kann dann den blutigen Haß zwischen Arm und Reich, Stadt und Land schlichten; der Umsturz richtet sich gegen eine Stadtverfassung, die aus alten Zeiten stammen soll, doch hält die neu eingeführte auch nicht lang. Um die Lebensformen noch intakt zu halten, bedarf es daher zusätzlicher Antriebe von Wettbewerb und Angst, des Aufbaus einer Gegenwelt, die angeblich alles gesittete Leben zerstören will. Gegen sie müssen sich alle reinen und wahren Christen zusammenschließen, im Wettbewerb um Frieden. Der Traum von der einigen Christenheit wendet sich gegen Außenseiter, die als satanische Weltverschwörer diffamiert werden, auch gegen die Konkurrenten rund um das Mittelmeer und deren Verständnis von Kirche und Reich. Der Wettbewerb um die rechten Lebensformen und die Angst vor Invasionen enden allerdings in Ratlosigkeit, sobald ersichtlich wird, daß sich die Welt nicht um die Christenheit dreht. Zusammen mit der Spannung zerbrechen dann die auf ihr beruhenden Lebensformen selbst. Statt dessen erstarken rein konstruierte Gebilde, die Jacob Burckhardt am treffendsten benannt hat: Das Verhalten der Menschen in kleinen Gruppen orientiert sich immer mehr an der Entwicklung des Individuums, das in großen Verbänden immer mehr am Staat als Kunstwerk.

Auf der Schwelle zwischen den Zeiten und Zuständen steht ein Philosoph, der dem König der *Gesta Romanorum* auf die Frage nach der Interdependenz der Lebenskreise hätte antworten können. Nikolaus von Kues schrieb zwischen 1440 und 1444 in Deutschland ein Buch *Mutmaßungen,* nicht für einen König, sondern für seinen Lehrer und Freund Kardinal Giuliano Cesarini. Dieser hatte auf dem Basler Konzil die Eintracht der Christenheit festigen wollen und organisierte jetzt ihren Kreuzzug gegen die vordringenden Türken. Es scheint, als blickte der Kusaner an der Wirklichkeit vorbei, wenn er in dem Kapitel »Vom Menschen« geometrische Kreise und Zonen konstruiert, neuplatonische Kraftlinien und Lichtstrahlen von Gott zur Materie einzeichnet und die platonischen Schichten von Begehrlichkeit, Willen und Erkenntnis übereinanderlegt. Doch in diesem Glasperlenspiel tauchen die Länder zwischen Mittelmeer und Rhein, die Geschichtsepochen vom alten Ägypten bis zur deutschen Gegenwart und die wichtigsten mittelalterlichen Lebenskreise auf:

»Wenn du aber Übereinstimmungen und Unterschiede sämtlicher Menschen mit deinen Mutmaßungen fassen willst, so beachte die Gestalt des Alls und greife aus diesem größeren Kreis die Menschheit heraus. Dann siehst du innerhalb dieser Menschheit losgelöstere, beschauliche Menschen, die hauptsächlich in geistigen und ewigen Bereichen leben und sich sozusagen im obersten Himmel der Menschheit befinden; sie sind, als der besinnliche Teil der Menschheit, frei für die Betrachtung des Wahren. Es gibt auch andere, die als der klug überlegende Teil der Menschheit die niederen, gleichsam sinnlichen Bereiche leiten. Die Ersten, die Weisen, sind wie ganz helle und reine Leuchten, die das Bild der geistigen, unvergänglichen Welt in sich tragen. Die Letzten, die Sinnenmenschen, folgen wie Tiere der Begierde und dem Genuß. Die Mittleren erhalten von den Oberen Anteil an der herabfließenden Klarheit und stehen über den Unteren. In der Einheit und Gesamtheit der Menschheit müssen sich diese drei Gruppen allgemein auf die Vielzahl der Menschen verteilen. Weiter siehst du nun im Bereich von Religion oder Betrachtung drei feinere Unterschiede. Denn eine Reihe von Menschen hat daran in hoher und edler Weise teil, oberhalb aller Klugheit und Sinnlichkeit. Eine andere Reihe schränkt Religion gewissermaßen auf Klugheit ein, wie die unterste auf Sinnlichkeit. Wie du auf diesem Weg siehst, wohnt allen

Menschen von Natur aus eine arteigene Religiosität inne, die ein höheres, unsterbliches Ziel verheißt; doch haben, wie du aus dem Ganzen entnehmen kannst, die Bewohner dieser Welt daran auf mannigfache Weise teil. Deswegen erwarten die Ersten, Losgelösteren, die an der Religion auf mehr besinnliche Weise oberhalb aller Klugheit und Sinnlichkeit teilhaben, ein Leben, dessen Erhabenheit alle Fassungskraft von Klugheit und Sinnen übersteigt. Die anderen aber führen die Glückseligkeit in die Grenzen der Klugheit zurück und setzen als Ziel die Kenntnis und den Genuß der Dinge; die Dritten sehen es völlig widersinnig in sinnlichen Vergnügungen. Die erste Gruppe läßt sich noch weiter dreifach unterteilen, ebenso die zweite und dritte.

Auf diesem Weg siehst du schrittweise die allgemeinste Übereinstimmung und Verschiedenheit aller Menschen, hinsichtlich der Religion im dritten Himmel, hinsichtlich der Herrschaft im zweiten, hinsichtlich der Unterordnung im untersten. Obwohl aber diese Gruppen der Menschheit im Allgemeinen überall und unaufhörlich bestehen, erfahren sie doch im Besonderen Veränderungen, denn die genaue Wahrheit können wir nur durch Mutmaßungen erfassen. So wird also die Einheit jener besinnlichen Religion in mannigfacher Verschiedenheit verwirklicht, fließend gemäß der fließenden Vielheit der Herrschenden des zweiten Himmels. Ebenso besteht die Einheit der Herrschaft, die man auch rationelle Einheit der Menschheit nennen kann, nur unbeständig und in mannigfacher Verschiedenheit, aufgrund der fließenden Vielheit der sinnlichen Untertanen. Beachte auch, daß Religion oder Herrschaft zwar eine Zeit lang in einer Nation dieser Welt als feststehend erscheinen, es aber genau genommen nicht sind. Man sieht den Rheinstrom lange Zeit beständig fließen, aber niemals bleibt er im selben Zustand; einmal ist er unruhiger, dann klarer, einmal im Anschwellen, dann im Fallen. So kann man zwar zutreffend sagen, daß er schon größer, auch kleiner war und allmählich vom größeren zum kleineren Wasserstand gesunken ist; aber genau so, wie er jetzt ist, war er bestimmt noch nie. So fließt auch die Religion zwischen der geistlichen und der weltlichen Richtung unbeständig hin und her. Dasselbe gilt von der Herrschaft; sie pendelt fortwährend zwischen größerem und kleinerem Gehorsam.

Du kannst auch die Mannigfaltigkeit aller Bewohner dieser Welt nach Körperzustand, Gestalt, Fehlern und Gebräuchen, feinem oder plumpem Verhalten mutmaßend erfassen. Dazu setze den Kreis des Alls als Grenz-

linie für die Bewohner, die Norden, Süden, Osten und Westen umfängt;
dabei nimm den Süden als oberen, den Norden als unteren Teil und die
Mitte als Weltmitte. Dann gibt es vom Norden zum Süden einen Aufstieg
der Menschheit und vom Süden zum Norden einen Abstieg. So liegt die
Stärke aller Menschen, die im obersten Himmel am Erdkreis teilhaben,
mehr in der Besinnlichkeit, die der Mittleren in der Klugheit, die der
Unteren mehr in der Sinnlichkeit. In unseren nördlichen Gegenden geht
also die Besinnlichkeit mehr in Mächtigkeit und Sinnlichkeit unter, so
daß die Menschen sinnenhaft sind. In der mittleren Gegend wirkt die
Besinnlichkeit in der Klugheit, in der dritten steht sie mehr für sich.
Daher überwogen in den Gegenden Indiens und Ägyptens die besinnliche
Religion und die zweckfreien mathematischen Wissenschaften; in Griechenland, bei Nordafrikanern und Römern gediehen Dialektik, Rhetorik
und Rechtswissenschaften; in den anderen, weiter nördlichen Gegenden
die sinnlichen Fertigkeiten des Handwerks. Doch haben alle Gegenden
notwendigerweise Männer, die auf ihre Art in diesen sämtlichen Bereichen erfahren sind, denn es ist ja ein und dieselbe Menschennatur, an der
alle auf mannigfache Weise teilhaben.«

Sie sind wiederzuerkennen, die weisen Geistlichen und Gebildeten, die
klugen Fürsten und Adligen, die sinnlichen Handwerker und Bauern.
Aber ein Gruppenbild wie auf dem Gemälde der *Gesta Romanorum*
stellen sie nicht dar. Denn kein Lebenskreis kann sich isolieren, sie
wirken alle aufeinander ein, die Besinnlichen auf die Tätigen, die Untertanen auf die Herren. Ferner haben in jedem Lebenskreis alle Bereiche
von der Religion bis zur Sinnlichkeit Platz, wenn auch mit verschiedenen
Akzenten; die Religion der Geistlichen ist edler als die der Bauern. Weiter
sind alle Lebenskreise überregional; der Mathematiker Nikolaus am
Rhein lernt seine Ziffern bei Indern und Arabern, Italiener können sich
am deutschen Handwerk ein Beispiel nehmen. Schließlich sind an jedem
Ort die Formen des Zusammenlebens immer im Fluß; der deutsche
Klerus hat sich weit in weltliche Herrschaft hineinziehen lassen und
braucht geistliche Reform, die indes keinen früheren Zustand reproduzie-
ren kann. Aus alledem spricht die Lebenserfahrung des Autors; der
Schifferssohn von der Mosel, der nach Konstantinopel reist und Kardinal
wird, verkörpert selbst noch einmal den Wirkungszusammenhang wand-
lungsfähiger Lebenskreise, den er beschreibt.

Aber er reißt sie aus ihren mittelalterlichen Widerlagern, aus der Überschaubarkeit von Raum, Zeit und Gemeinschaft. Die irdische Welt blickt nicht mehr wie auf der Ebstorfer Weltkarte nach Osten, von wo Christus und die Sonne kommen, sondern nach einem Süden, hinter dem nur der Horizont des Weltalls liegt. Dort im Süden gedieh die höchste Lebensform von Religion und Kultur, in den heute mohammedanischen Ländern Indien und Ägypten. Von Christenheit ist nicht die Rede, obwohl der Empfänger der *Mutmaßungen* im Kampf gegen die Türken steht und 1444 auf der Flucht vor ihnen umkommen wird. Die Türken kommen aus dem byzantinisch-römischen, mittelmeerischen Zentrum der Staatsklugheit; für die Kernräume des Mittelalters nördlich der Alpen bleibt nur der zweifelhafte Primat der Technik. Sie sind in die Ecke gedrängt; den Autor scheint das nicht zu stören. Die Zeit gipfelt nicht mehr wie für Beda im Augenblick; die Hochblüte orientalischer Religion wird in eine unbestimmte Vergangenheit, vermutlich vor Christi Geburt gerückt. Das ständige Fließen und Schwanken der Zeit läßt keine Höhepunkte mehr zu, nur noch ein Mehr oder Weniger. Und der radikalste Bruch mit dem Mittelalter: Man kann keine menschlichen Gemeinschaften mehr abgrenzen. Nikolaus findet nicht mehr viel von dem, was Geistliche und Gebildete, Fürsten und Adlige, Bürger und Bauern jeweils an ihresgleichen bindet. Gebräuche und Verhalten hängen nicht von sozialer Einübung, sondern von der Geographie ab; Pascal wird sagen, daß drei Grad Polhöhe die ganze Jurisprudenz umstürzen. Nikolaus redet von Religion als dem Menschen arteigen, von Nationen dieser Welt mit vielen Bewohnern, von Fertigkeiten und dem Genuß der Dinge; doch all dies verkörpert sich nicht mehr in Lebensformen. Denn der eigentliche, ganze Mensch ist gottähnlich und unsichtbar. An der einen Menschennatur, die sich zwischen Kosmos und Individuum dehnt, haben lebende Menschen nur mutmaßlich mehr oder weniger teil. Wenn sich das Allgemeine nur noch in Fragmenten sehen läßt, nicht mehr im Verhalten von Menschen zueinander verkörpert, ist das Mittelalter vorbei.

NACHWORT: MITTELALTER

NACHRUFE

Wir reden so selbstverständlich vom Mittelalter, daß wir den negativen Klang des Wortes leicht überhören oder mißdeuten. Es ist kein Selbstzeugnis derer, die ihre Eigenart kennzeichnen wollten, wie die Worte Moderne, Neuzeit, Renaissance, Reformation, Aufklärung, Romantik; von den Erfindern dieser Worte wurde *Mittelalter* als Inbegriff der Gegenwelt geprägt: Finsteres Mittelalter, Zustände wie im Mittelalter. Petrarca begann damit, als er seine Gegenwart ein noch nicht überwundenes *Medium tempus* der Finsternis zwischen dem Glück der Antike und der erhofften Renaissance nannte. Das war noch mittelalterlich empfunden, denn diese Epoche selbst verstand sich nie als Zeitalter der Geschichtsmitte, sondern als Übergang, von Christi Kreuzestod zu seiner Wiederkehr am Jüngsten Tag; wie Beda dachten alle, die ihre Jahre nach Christi Geburt zählten. In dieser Vorläufigkeit reichten Einschnitte nicht tief. Die Eroberung Roms wurde von Augustin, der Untergang Konstantinopels von Enea Silvio mit Betroffenheit, aber nicht als Geschichtsepoche erlebt. Beda und Olivi konnten sich Menschen des Jahres 2000 als ihre Zeitgenossen denken; Nikolaus von Kues erwartete das Ende seiner und unserer Welt für das 18. Jahrhundert. Erst wir Modernen haben das Mittelalter nachträglich zur Epoche gemacht.

Deshalb ist das Mittelalter in der Neuzeit ständig umstritten, wobei es nie auf eine Jahreszahl des Anfangs und Endes ankam, sondern immer auf den Inhalt dieser Epoche, die sich selbst so undeutlich abgrenzte. Wenn wir die Definition des Mittelalters schon nachholen müssen, sollten wir sie an der modernen Wurzel des Wortes fassen, an dem Wunsch, sich dieser ungegliederten, unvernünftigen, kindlichen Welt gegenüberzustellen. Was moderne Menschen am Mittelalter fremd anmutet, kritisierten schon im 16. Jahrhundert Humanisten und Reformatoren an ihren Vorgängern. Sie definierten damals Mittelalter noch nicht gelehrt; sie wiesen es entrüstet von sich. Das tat zum Beispiel Erasmus von Rotterdam 1509 im Londoner Haus seines Freundes Thomas Morus, als er der Torheit folgende Rede in den Mund legte:

»Deren (der Theologen) Glück teilen jene, die sich gewöhnlich Religiosen und Mönche nennen. Beide Bezeichnungen sind grundfalsch, denn ein Großteil von ihnen hat mit Religion gar nichts zu tun, und allerorten begegnet man niemandem häufiger als ihnen. Ich könnte mir kein erbärmlicheres Leben als das ihre denken, wenn ich (die Torheit) ihnen nicht auf vielerlei Weise zu Hilfe käme. Alle Welt verwünscht nämlich diese Menschensorte so gründlich, daß man sogar eine zufällige Begegnung ganz überzeugt für ein böses Vorzeichen hält; aber sie selber schmeicheln sich, großartige Leute zu sein. Zunächst halten sie es für den Gipfel der Frömmigkeit, wenn sie sich mit Bildung, überhaupt nicht abgeben und nicht einmal lesen können. Ferner leiern sie ihre Psalmen, genau abgezählt, aber unverstanden, mit Eselsstimmen in den Kirchen herunter und bilden sich dabei noch ein, das Ohr der Gottheit mit reicher Lust zu umschmeicheln. Manche sind auch darunter, die Schmutz und Bettelhaftigkeit großspurig zur Schau stellen; an den Türen betteln sie mit großem Gebrüll um Brot, ja sie lärmen überall herum, in allen Kneipen, Postkutschen und Fährbooten; den anderen Bettelbrüdern bringen sie damit beträchtliche Verluste bei. Und auf diese Art stellen uns die liebreizenden Kerle mit Schmutz, Unwissenheit, Tölpelhaftigkeit und Unverschämtheit nach ihrer Meinung das Leben der Apostel vor Augen.

Das Erfreulichste ist aber, daß sie alles genau nach Vorschrift tun, als ob sie mathematische Formeln dafür besäßen, deren Mißachtung Sünde wäre. Da kommt es darauf an, wieviele Knoten die Sandale, welche Farbe der Gürtel haben muß, wieviele Unterschiede das Gewand aufzuweisen hat, aus welchem Stoff und wieviele Halme breit der Gürtel sein muß, wie Zuschnitt und Scheffelinhalt der Kutte sein müssen, wieviele Finger die Tonsur breit sein muß, wieviele Stunden man schlafen muß. Dabei sieht doch jeder, daß die erstrebte Gleichförmigkeit wegen der großen körperlichen und geistigen Verschiedenheit ganz ungleich ausfallen muß. Trotzdem verachten sie wegen dieser Possen nicht nur andere Stände, sondern schätzen sich auch gegenseitig gering. Menschen, die apostolische Liebe gelobt haben, führen gewaltige Tragödien auf, um ein Gewand, das anders gegürtet ist, um eine Farbe, die ein bißchen zu dunkel geraten ist.«

Sie sind bis zur Unkenntlichkeit verzerrt, die Benediktiner vom Monte Cassino beim Chorgebet in der Kirche, beim Verlesen der Ordensregel im Kapitelsaal; die Franziskaner Bonaventuras auf Missionsreise nach Asien, beim Betteln in der Stadt. Aber die Karikatur ist insofern treffend, als sie die verschiedenen Formen des Mönchtums zusammenzieht und die scholastische Gelehrsamkeit hinzunimmt, die nach Erasmus in barbarischem Latein lautstark Unsinn redet. Der Zusammenhang zwischen geistlichem und gebildetem Lebenskreis ist ebenso richtig beobachtet wie die Spannung innerhalb des einzelnen Lebenskreises, Wettbewerb um die Volksgunst und Angst vor dem Alleinsein. Erasmus kennt seinen Gegner; er will nicht wie Bonaventura einzelne Versager unter Mönchen und Gelehrten anprangern, sich auch nicht wie Valdes zu einer neuen Lebensnorm bekennen, sondern die geistlich-gelehrte Lebensform selbst angreifen, das gleichförmige Verhalten der Frommen und Weisen. Sie verkünden zwar ethische Normen von apostolischer Armut und Nächstenliebe, verwirklichen aber bloß eingeübte Konventionen, die im Grund nur animalische Bedürfnisse befriedigen und deshalb bäurisch wirken.

Der christliche Humanist mißachtet die historischen Entwicklungen, weil ihm die Lebensformen der Kirche noch täglich zu Leihe rücken, wie ein ungefüger Block aus finsterer Vergangenheit, der den Weg zur Zukunft versperrt. Erasmus kämpft für die Selbstbestimmung des christlichen Individuums. Wie Cicero und Augustin gebraucht er das Wort Lebensform, *Vitae forma,* in der Einzahl und meint damit im *Handbüchlein eines christlichen Streiters* von 1501 die Bildung des rechten Christen, der seine Gesinnung nach Christus ausrichtet. Er wendet sich in allen Lebenslagen den Mitmenschen zu, aber äußerliche Formeln sozialen Verhaltens sind ihm ein Greuel; sie behindern christliche Verinnerlichung gründlicher, als Thomas von Kempen ahnte. Lebensform hat mit Lebenskreisen nichts zu tun. Um materiellen Unterhalt zu beschaffen, müssen die Menschen einen Lebenskreis wählen; Erasmus spricht meist von Lebensweisen, *Vitae genera,* in der Mehrzahl und denkt im *Altmännergespräch* von 1518 an Hofmann, Krieger, Handwerker, Kaufmann, Priester, auch Mönch. Aber sie sind keine platonischen Lebensmuster, man kann sie wechseln, an ihnen wachsen oder verderben, ohne daß sie das Herz formen. Wir stehen in der Tradition des Erasmus, wenn wir im religiösen und geistigen Bereich alles Formale und Materielle verschmähen.

Schon im Mittelalter waren die Lebenskreise der Geistlichen und

Gebildeten die dynamischsten und kritischsten gewesen, die zur Erschütterung hergebrachter Lebensformen das meiste beitrugen; es ist historisch konsequent, daß Männer aus diesen Kreisen wie Erasmus und Luther als erste eine mittelalterliche Lebensform zerschlugen. Die katholische Kirche machte sich im Zeitalter des Jesuitenordens und des Trienter Konzils viel von den Forderungen der Humanisten und Reformatoren zu eigen und stieß mehr mittelalterliche Formalitäten ab, als der moderne Laie weiß. Er nennt ja gern alles Klerikale mittelalterlich und tut damit beiden Gebilden unrecht. Das Wort *Klerus* stammt wie die meisten kirchlichen Ordnungen aus der griechischen Antike und hat das Mittelalter überlebt; in der Kirchengeschichte gehört das Mittelalter zu den frommen, nicht zu den klerikalen Zeiten. Mittelalterlich war nur das Übergewicht des Ritus in der Kirche mit allen Begleiterscheinungen, bei denen Erasmus die Klosterschule der Benediktiner und das Spital der Johanniter zu erwähnen vergaß; aber gewiß gehörten dazu auch hierarchische Eitelkeit und plumpe Vertraulichkeit. Der abergläubische Mönch im verwinkelten Kloster, der zwischen Erasmus und Voltaire als Repräsentant des finsteren Mittelalters verschrien wurde, stand nur für eine besondere Gemeinschaftsform, die der Orden, spiegelte jedoch wirklich ein Stück Mittelalter, die Tyrannei der Lebensformen.

Bei der nächsten Kehrtwendung der europäischen Geschichte eröffnete sich ein völlig anderer Aspekt des Mittelalters, ein sehnsüchtiger Blick in blaue Fernen. Edmund Burke schrieb 1790 in London seine *Betrachtungen über die Revolution in Frankreich.* Tief erschütterte ihn die Nachricht, daß die Pariser Revolutionäre am 6. Oktober 1789 die Königin Marie-Antoinette von Frankreich gedemütigt hatten:

»Ich hätte geglaubt, zehntausend Schwerter müßten aus ihren Scheiden fahren, um einen Blick zu bestrafen, der sie zu beschimpfen drohte. Aber die Zeiten der Rittersitte sind dahin. Das Jahrhundert der Sophisten, der Ökonomisten und der Rechenmeister ist an ihre Stelle getreten, und der Glanz von Europa ist ausgelöscht auf ewig. Niemals, niemals werden wir sie wiedersehen, diese edelmütige Ergebenheit an Rang und Geschlecht, diese stolze Unterwürfigkeit, diesen würdevollen Gehorsam, diese Dienstbarkeit der Herzen, die selbst in Sklavenseelen den Geist und die Gefühle einer erhabenen Freiheit hauchte. Der unerkaufte Reiz des Lebens, die wohlfeile Verteidigung der Nationen, die Pflanzschule männlicher Gesinnungen und heroischer Tagen ist dahin. Sie ist dahin, diese Feinheit des Ehrgefühls, diese Keuschheit des Stolzes, die einen Schimpf wie eine Wunde fühlte, die den Mut befeuerte, indem sie die Wildheit niederschlug, die alles adelte, was sie berührte, und unter der das Laster selbst seine halbe Schrecklichkeit einbüßte, indem es seine ganze Roheit verlor.

Dies aus Meinungen und Gefühlen zusammengebaute System hatte seinen Ursprung in den Ritterbegriffen des Mittelalters, und die Grundsätze desselben haben, obgleich unter wechselnden Gestalten, weil sie dem Wechsel der menschlichen Angelegenheiten folgten, eine lange Reihe von Generationen hindurch bis auf das Zeitalter, worin wir leben, ihre Farbe und ihren Einfluß behalten. Sollte dieses System jemals gänzlich ausgerottet werden, der Verlust würde wahrlich sehr groß sein. Ihm hat das neuere Europa seinen eigentümlichen Charakter zu danken und das, wodurch es sich in allen seinen mannigfaltigen Regierungsformen durchgängig von den Staaten Asiens und selbst von den berühmtesten Staaten der alten Welt unterschieden, und vielleicht zu seinem Vorteil unterschieden hat. Es war dieses System, das, ohne Verwirrung in die Gesellschaft zu bringen, den Geist einer edlen Gleichheit erzeugte und diese Gleichheit durch alle Stufen des bürgerlichen Lebens hindurchführte. Es war dieses System, das Könige zu Gesellschaftern herabstimmte und Privatleute zu Gefährten für Könige erhob. Ohne Zepter und Rute unterwarf es seiner Herrschaft den Übermut der Macht und Größe, nötigte Regenten, sich in das sanfte Joch der gesellschaftlichen Achtung zu schmiegen, zwang finstere Allgewalt, ihre Knie vor den Grazien zu beugen, und machte den unumschränkten Beherrscher, der schon über den Gesetzen thronte, zu einem Untertan im Reich der Sitte.«

Es fällt auch diesmal schwer, sie wiederzuerkennen, die Gefolgsmänner Byrhtnoths auf dem Schlachtfeld von Maldon mit ihrer prahlerischen Lust am Töten; die Ritter Ludwigs des Heiligen auf dem Anger von Corbeil mit ihrem dünkelhaften Gehabe. Trotzdem ist das Ölgemälde insofern porträtähnlich, als es die verschiedenen Formen mittelalterlichen Adels zusammenfaßt und das Fürstentum hinzunimmt, das nach Burke Ruhe, Frieden und Sicherheit im Reich gewährleistet. Die Verklammerung des adligen mit dem fürstlichen Lebenskreis ist ebenso richtig wiedergegeben wie die Spannung innerhalb des einzelnen Lebenskreises, Wettbewerb um die Macht und Angst vor dem Tadel. Auch Burke weiß, was er will; er rühmt nicht wie Levold von Northof diesen oder jenen vorbildlichen Ritter oder König, auch nicht wie Hugo Falcandus adlige Tugend, sondern die adlig-fürstliche Lebensform selbst, das gleichförmige Verhalten der Krieger und Herrscher. Sie predigen keine ethischen Normen vom Kampf zwischen Askese und Laster, sondern verwirklichen sie durch eingeübte Sitten und Gesten, deren Würde und Zucht alle rohen Instinkte bändigt und deshalb graziös wirkt.

Der konservative Politiker überzeichnet die historischen Kontinuitäten, weil ihm die Revolution den Halt aller staatlichen Ordnungen zu zerschlagen droht. Burke kämpft für die Erhaltung des Staates als Kunstwerk. Er spricht nicht mehr von Lebensformen, nachdem das Wort seit Erasmus seinen Plural verloren hat, sondern von *habits of life,* Verhaltensweisen sozialen Lebens. Sie tragen nicht allein die Geselligkeit, sondern weit über alle Lehren Chrestiens de Troyes hinaus die europäischen Regierungsformen und Verfassungen. Burke erinnert ein paar Seiten später daran, wie ritterlich England 1356 den königlichen Gefangenen Johann den Guten von Frankreich aufgenommen hat; er heißt jedoch nicht alles Mittelalterliche gut, den dicken Rost des Aberglaubens nicht, auch die Anmaßung der päpstlichen Gewalt nicht, die in ihrem Mittagsglanz Throne zu stürzen suchte. Rittersitte aber hält in allem geschichtlichen Wandel das aufgeklärte Staatensystem Europas im Gleichgewicht. Burke spricht ungern von »Mittelalter«, er nennt das Rittertum *ancient* und erhebt es damit in den Rang des Klassischen. Diese Ausweitung verschmilzt die Zeithorizonte und stiftet eine Gemeinschaft derer, die heute leben, mit denen, die gelebt haben, und mit denen, die noch leben werden.

Es ist folgerichtig, daß die Verteidiger des *ancien régime* sich auf die adlig-fürstliche Lebensform beriefen, denn die Lebenskreise der Adligen und Fürsten hatten schon im Mittelalter das meiste zur Festigung sozialer Verhaltensweisen getan. Aristokratische Familien formten zudem das öffentliche Leben dreihundert Jahre länger und beharrlicher als kinderlose Geistliche. Man kann die höfische Gesellschaft im Versailler Schloß Ludwigs XIV. geradezu als äußerste Zuspitzung einer mittelalterlichen Lebensform auf einen Menschen und einen Ort bezeichnen. Die revolutionären Bürger nannten dieses Leben der Privilegierten nicht ohne Grund mittelalterlich, mit Vorliebe *feudal.* Das Wort ist wie das Lehnswesen und die Adelsgesellschaft mittelalterlichen Ursprungs. Trotzdem erhielt es auch nach der Revolution nicht den abwertenden Beigeschmack von *klerikal*. Denn bürgerliche Ökonomen und Rechenmeister verzichteten sowenig wie Londoner Bürger von 1180 auf vornehme Verhaltensweisen; das Essen im feudalen Schloßhotel schmeckt ihnen noch heute besser als im gutbürgerlichen Restaurant. Wir stehen in Burkes Tradition, wenn wir im gesellschaftlichen Bereich auf gesittetes Benehmen und Umgangsformen Wert legen. Burke vergaß zu sagen, daß Adlige und Fürsten des Mittelalters nur höflich sein konnten, weil sie durch die Arbeit der Bauern und Bürger für feinere Geselligkeit freigestellt wurden; aber gewiß gehörten zu dieser Lebensform auch Treue und Würde, Sorge für die Schwachen und festliche Heiterkeit. Der edle Ritter auf seiner starken Burg, der von Burke bis heute als Repräsentant des romantischen Mittelalters gepriesen wurde, stand wieder nur für die besondere Gemeinschaftsform der Orden, spiegelte aber ein wirkliches Stück Mittelalter, den Segen der Lebensformen.

Ironie und Pathos zeichneten einseitige Bilder vom Mittelalter, weil die Literaten Erasmus und Burke nicht Geschichte erforschen, sondern das Verhalten eines autonomen Christen oder eines standesbewußten Europäers lehren wollten. So verzerrend ihre Leidenschaft im einzelnen wirkte, sie traf im ganzen noch den Lebensnerv des Mittelalters; denn dessen Lebensformen hatten ebenso vital und konkret Geschichte gemacht. Diese Geschichte ging mehr um das Verhalten von Menschen zueinander als um die Anwendung von Abstraktionen auf Menschen. Seither hatten sich die Gewichte bereits verschoben, denn Individuum und Staat waren Abstraktionen, die sich allerdings noch in Menschen, nicht mehr in vielen, doch in einzelnen, verkörperten. Das hat sich seit der Französischen Revolution, im Jahrhundert der Rechenmeister gründlich geändert.

OBDUKTIONEN

Die Zeitspanne zwischen der Französischen Revolution und dem Zweiten Weltkrieg setzte auf Abstraktion und Sachlichkeit und verlor das Interesse für Lebensformen in Geschichte und Gegenwart. Das ist merkwürdig, denn dies war doch das Jahrhundert der Geschichtsforschung, die sich mit besonderer Liebe dem Mittelalter zuwandte und die Mehrzahl unserer Quellentexte einem breiten Publikum zugänglich machte. Und dies war auch das Jahrhundert des Bürgertums, das seine siegreiche Lebensform bewußt kultivierte, etwa im Biedermeier, von dem man 1855 spottete, damals habe Deutschland noch im Schatten kühler Sauerkrautköpfe gemütlich gegessen und das übrige Gott und dem Bundestag anheimgestellt. Aber das war es eben: Als Staat und Gesellschaft, Gesellschaft und Gemeinschaft auseinandertraten, wurden Lebensformen privat; wie alt oder neu sie auch waren, geschichtlich wirksam wurden sie dann nicht mehr. Und als sich Gegenwart und Vergangenheit, Lebensklugheit und Wissenschaft voneinander trennten, konnte Geschichte nicht mehr als Lehrmeisterin des Lebens, nur noch als Gegenstand gelehrter Untersuchung fungieren. Was dabei von den mittelalterlichen Lebensformen übrigblieb, sei an den drei beliebtesten Historikern der Epoche demonstriert.

Gustav Freytags *Bilder aus der deutschen Vergangenheit* schilderten 1867 anhand ausgewählter und übersetzter Quellen das Mittelalter als frühbürgerliches Zeitalter. Daß noch im 18. Jahrhundert zwei Drittel aller Deutschen Bauern waren, wußte Freytag, doch von Bauerngemeinde, ländlichem Brauchtum, gar von Spannungen zwischen Dorf und Stadt schrieb er nicht. Helmbrechts Anlauf zum Ritterleben mußte scheitern, denn die Zukunft gehörte dem Bund von Bürgern und Bauern gegen adlige Ausbeuter. Aus feudaler Abhängigkeit hat die französische Revolution die Bauern erlöst und sie zu freien Bürgern in ihrem Staat gemacht; aus ihrer technischen und intellektuellen Rückständigkeit wird sie die industrielle Revolution mit Sämaschinen und Gedichtbänden von Goethe herausreißen. Die bäuerliche Lebensform ist nicht untergegangen, geht aber in die bürgerliche über.

Die bürgerliche Lebensform blühte in den mittelalterlichen Kreisen der tüchtigen Handwerker, der redlichen Kaufmänner und der über Handschriften gebeugten Gelehrten. Sie sorgten für Stabilität und ständische Ordnung: »Alles Menschenleben, vom Kaiser bis zum fahrenden Bettler, von der Geburt bis zum Tode, vom Morgen bis zur Nacht ist durch festes Zeremoniell, sinnvollen Brauch, stehende Formeln eingehegt.« Freytag gebraucht dafür selten den Ausdruck *Lebensformen.* Jedenfalls ist ihre Blütezeit mit der Revolution beendet. Jetzt wird das Bürgertum aus einer Kaste zum Volk; das Leben der Kleinen verwandelt sich zum bloßen Bild und Ausschnitt eines unsichtbaren größeren Ganzen. Das Volk besitzt Seele, Herzschlag, höhere geistige Persönlichkeit und baut sich nun als höchstes irdisches Besitztum sein eigenes Haus, den Staat. Geschichte spielt sich nicht mehr in kleinen sozialen Gruppen ab, sondern in leitenden Ideen, politischen Potenzen und industriellen Prozessen. Historische Lebensformen aber werden für den engagierten Publizisten zweitrangig, weil er das Recht des Lebenden behauptet, alle Vergangenheit nach dem Bedürfnis und den Forderungen seiner eigenen Zeit zu deuten.

Dieses Bekenntnis verband Freytag noch mit Erasmus und Burke; es war veraltet, weil inzwischen Geschichte als Wissenschaft den revolutionären Bruch mit der Vergangenheit vollendet hatte. Der Historiker konnte seine Gegenwart nur noch dadurch deuten, daß er sich aus ihr zurückzog. Jacob Burckhardts *Kultur der Renaissance in Italien* gab 1860 das Beispiel. Der Basler Bürger mißtraute dem modernen Großstaat und seiner Allmacht, dem ökonomischen Leistungswillen und seiner Hektik, den städtischen Massen und der Einsamkeit des Individuums. Darum beschrieb er die Anfänge dieser Entwicklung im italienischen 14.–16. Jahrhundert: den rationalen Staat als Kunstwerk, den Übergang von ländlichen Lebenskreisen in urbane Gesellschaft der höher Gebildeten, die Entfaltung des Individuums aus halbwacher Kindesbefangenheit. Bei der Ausgleichung der Stände zwischen Fürsten, Adligen und Bürgern entwickelten sich bewußte, spielerische und kunstvolle *Formen des Daseins*. Aber Lebensformen waren das nicht, und Burckhardt nannte sie nicht so; denn die Lebensbedingungen des Alltags, die Schwierigkeiten der Bauern, die Anfänge von Industrie und Kapitalwirtschaft sollten draußen bleiben.

Der Niederländer John Huizinga ergänzte 1919 Burckhardts Bild in seinem *Herbst des Mittelalters* für das burgundische und französische 14. und 15. Jahrhundert. Er zeichnete die tiefen Schatten der politischen und sozialen Wirklichkeit ein; dabei erschien ihm, anders als Burckhardt, das Spätmittelalter nicht als Ankündigung des Kommenden, sondern als Absterben dessen, was dahingeht. Er nannte dieses Absterbende gern *Lebens- und Geistesformen;* dabei dürfte ihn schon im ersten Weltkrieg das Gefühl geleitet haben, das er im zweiten 1941 formulierte, daß die Geschichte nach der Französischen Revolution keine Form mehr besitze, die man als Drama oder Gemälde darstellen oder dem Gedächtnis einprägen könne. Es war der Kontrast zur Gegenwart, der Huizinga dazu verführte, Lebensformen vornehmlich in Malerei und Dichtung zu suchen und als stilisiertes Spiel jenseits der chaotischen Wirklichkeit zu verstehen.

Die Bücher von Freytag, Burckhardt und Huizinga konnten das Mittelalterbild der gebildeten Stände bis heute bestimmen, weil sie trotz aller gelehrten Distanz von Gegenwart und Gegenstand die Grundvorstellung ihres Jahrhunderts von Zeit und Gemeinschaft ins Mittelalter hineintrugen. Sie betrachteten die deutschen, italienischen und französischen Kernräume des Mittelalters jeweils für sich, das heißt auf den Nationalstaat der Moderne bezogen; und sie stellten diese Verbände in den Fluß der Entwicklung, das heißt unter die Frage, wieviel Zukunft unsere Vergangenheit habe, was sie noch nicht und wir nicht mehr besäßen. Diese nationale und chronologische Verengung hat in der Forschung den mittelalterlichen Lebensformen den Garaus gemacht; denn sie beruhten auf ganz anderen Grundlagen von Zeitgefühl und Gemeinschaftsbildung.

Diese Grundlagen freizulegen, gelang erst 1939/40 dem Franzosen Marc Bloch in seinem Buch *Die feudale Gesellschaft.* Unter dem Eindruck des Zweiten Weltkriegs, der französischen Résistance gegen die Deutschen, des Zusammenbruchs von Nationalstaat und Entwicklungskonzept begriff Bloch Geschichte neu als Wissenschaft vom Zusammenleben der Menschen in ihrer Zeit. Er schnitt den chronologischen Leitfaden der Historie entzwei. »Die Menschen gleichen mehr ihrer Zeit als ihrem Vater«, zitierte er als arabisches Sprichwort und hätte auch Dante dafür anführen können. Er grenzte das ausgewählte Fragment der Vergangenheit zeitlich scharf ab und warf kaum einen Blick auf die Zeit vor dem 9., nur einen kurzen auf die nach dem 13. Jahrhundert. Hingegen weitete er den räumlichen Horizont entschlossen auf das gesamte Abendland aus, ja im typologischen Vergleich sogar bis zum mittelalterlichen Japan. Daß sich in dieser Gleichzeitigkeit viel Ungleichzeitiges zusammenfand, nahm Bloch in Kauf, weil er das Miteinanderleben der Menschen in ihren Lebensbedingungen und Lebenskreisen untersuchen wollte. Bei den *Conditions de vie* ging es ihm um Lebensdauer und Krankheiten, Bevölkerungsdichte und Reisegeschwindigkeit; er achtete auch auf die Mentalität, auf Zeitgefühl, Emotionen, Verhältnis zu Gewohnheit und Schriftlichkeit. Als Lebenskreis erkannte Bloch allerdings nur den Adel an, die einzige geschlossene *Classe sociale.* Sie habe ihre eigene Lebensweise, *Genre de vie,* entwickelt; alle anderen Gruppen hätten sich auf den Adel bezogen. Vor allem die Geistlichen hätten ganz verschiedene Lebensweisen, *Modes de vie, Formes de vie,* geführt. Die Bauern seien keine homogene Gruppe gewesen, die Bürger erst später dazu geworden.

Neuere Strukturanalysen des Mittelalters haben erwiesen, daß Bloch den zeitlichen Rahmen zu eng zog und ihn zu einseitig auf den Adel bezog. Otto Brunner zeigte 1958, daß das soziale Gefüge des Abendlands schon im Frühmittelalter geschaffen wurde und in tragenden Teilen bis ins 18. Jahrhundert intakt blieb. Der Adel hat es mitgestaltet, aber nie allein beherrscht; vor allem Bauerntum und Fürstentum hielten ihm die Balance. Herbert Grundmann deckte 1965 die Dynamik der religiösen und geistigen Bewegungen auf, die das Mittelalter schon im Beginn aus der ersehnten Beharrung drängten und es über sich selbst hinaus in die Neuzeit trieben. Dabei führten Geistliche und Gelehrte das Wort, unter ihnen viele Außenseiter; sie hoben das abendländische Mittelalter auch von seinen byzantinischen und islamischen Zeitgenossen ab. Das Feld der Untersuchung muß demnach zeitlich, räumlich und sozial weiter ausgedehnt werden, als Bloch wollte. Es darf indes nicht mit Denkmodellen aus der Mechanik bearbeitet werden, denn geschichtliche Zeit ist keine dynamische Bewegung, menschliche Gemeinschaft kein statisches Gefüge. Ihren konkreten Sinn erhalten solche abstrakten Begriffe erst, wenn sie in das Verhalten miteinander lebender Menschen zurückübersetzt werden, wie es Bloch schon getan hatte.

Daran halte ich fest, auch gegenüber heutigen Versuchen, aus der biologischen Verhaltensforschung Erklärungsmodelle für menschliche Lebensformen zu gewinnen. Vermutlich verhalten sich Menschen manchmal ähnlich wie Pflanzen und Tiere, die sich ihrer Umwelt anpassen; aber im Mittelalter ist die Umwelt des Menschen der Mensch, und dessen Lebensformen lassen sich nicht auf Reize und Reaktionen reduzieren. Ihre Grundfigur ist das Gespräch; daß Dialoge in unseren Zeugnissen so breiten Raum einnahmen, ist kein Zufall. Im Miteinanderreden wurden Regeln sozialen Verhaltens eingeübt und nachgeprüft, auf eine Weise, die weder vor dem Mittelalter noch nachher so unmittelbar Geschichte gemacht hat. Ich behaupte nicht, daß Lebensformen das Ganze der mittelalterlichen Gesellschaft ausmachen; ich behaupte nur, daß sie den Zusammenhang dieses Ganzen sichtbar machen. Ich glaube auch nicht, daß Lebensformen die menschliche Geschichte aller Zeiten und Zonen bestimmen; ich glaube allerdings, daß sie eine Bedingung ihres Gelingens sichtbar machen.

ERGEBNISSE

Was macht die Untersuchung der Lebensformen vom Zusammenhang der mittelalterlichen Gesellschaft sichtbar? Um nicht am Ende doch in moderne Abstraktionen zu verfallen, gebe ich das Wort dem bedeutendsten Geschichtsphilosophen des Mittelalters, der es als Aufgabe des Weisen bezeichnete, durch das Sichtbare das Unsichtbare zu begreifen, aber dabei stets im konkreten Bereich menschlichen Miteinanderlebens blieb. Otto von Freising vereinigte als Bischof und Zisterzienser, als Gelehrter und Seelsorger, als Sohn eines Markgrafen und Onkel Barbarossas die wichtigsten Lebenskreise des Mittelalters in seiner Person. Er hat 1146 die Weltgeschichte von Adams Schöpfung bis zum Jüngsten Gericht nachdenklich betrachtet und kommt an den Punkt, wo er von seiner eigenen Gegenwart und Umwelt sprechen muß. Da schreibt er:

»Seither bekommen wir nicht nur vorderhand Wirren zu spüren, sondern sehen auch mit Grausen voraus, daß aus diesen und anderen Gründen noch größere über uns kommen werden. Denn zwischen unserem (deutschen) Reich und dem der Ungarn steht ein heftiger Ausbruch bevor; schon rüstet jenes ein Heer, und dieses besticht viele von den Unseren mit Geld. Aus Polen hört man von einem beklagenswerten Zwist zwischen drei Brüdern, den Landesfürsten, in Lothringen von unaufhörlichem Kampf zwischen mächtigen Männern. Bei uns (in Bayern) aber tritt eine so abscheuliche Verwirrung zutage, daß man nicht nur während des übrigen Jahres alles durch Raub und Brand in Unordnung bringt, sondern sich nicht einmal scheut, in den Fast- und Bußtagen zu wüten, entgegen göttlichen und menschlichen Gesetzen. Überhaupt bedrückt uns die Erinnerung an vergangene, der Andrang gegenwärtiger und die Furcht vor zukünftigen Wechselfällen so sehr, daß wir das Todesurteil, das in uns ist, annehmen und des Lebens selbst überdrüssig werden möchten (vgl. 2. Korintherbrief 1, 8–9). Vor allem müßten wir ja wegen der Menge unserer Sünden und der bodenlosen Unverschämtheit der höchst verworrenen Zeit glauben, daß die Welt nicht lange Bestand haben kann, wenn sie nicht gestützt würde durch die Verdienste der Heiligen, der wahren Bürger von Gottes Bürgerschaft, deren mannigfaltige und wohlgeordnete Bünde auf der ganzen Welt zahlreich in Blüte stehen.
Ich habe nun recht und schlecht die Reihenfolge der wandelbaren

Dinge durchmustert, von Adam bis zum derzeitigen Jahr; es ist seit der Fleischwerdung des Herrn das 1146., seit Gründung der Stadt Rom das 1918., das neunte Konrads (III.), der seit Augustus der 93. Herrscher ist, und das zweite von Papst Eugen III. Ich habe mich auf das vielfältige Elend der Sterblichen eingelassen; aber nun wäre es wohl unangemessen, die verschiedenen Mönchsorden schweigend zu übergehen, deren Heiligkeit, wie gesagt, vor dem allerbarmenden Richter die Bosheit der Welt erträglich macht. Damit wollen wir der Verwirrung so großer Übel als Grenz- und Wendepunkt die ausgezeichneten Taten klardenkender Männer entgegenstellen.

Es gibt Geistliche und Laien, die besonnen, fromm und gerecht ihr Eigentum nicht als ihren Besitz betrachten und barmherzig für die Bedürfnisse der Brüder sorgen. Von ihnen abgesehen gibt es verschiedene Gruppen von Heiligen, die nach evangelischer Vorschrift auf ihre eigenen Wünsche, Vermögen, Verwandten verzichten, durch Abtötung des Leibes immerfort das Kreuz tragen und voll Sehnsucht nach dem Himmel Christus folgen. Von ihnen wohnen die einen in Städten und Burgen, in Dörfern und auf dem Land mit den Nächsten zusammen und vermitteln ihnen durch Wort und Vorbild die Richtschnur rechten Lebens. Andere verschmähen zwar das Zusammenleben mit Menschen nicht, sind aber mehr auf Ruhe bedacht, meiden die Menge, wollen allein für Gott frei sein und begeben sich in verborgene Wälder und abgelegene Gegenden. ... Sie leben miteinander, ›ein Herz und eine Seele‹ (Apostelgeschichte 4, 32), in Klöstern oder Stiften. Gleichzeitig legen sie sich zum Schlafen nieder, einmütig erheben sie sich zum Gebet, gemeinsam essen sie in einem Haus. Tag und Nacht sind sie mit Beten, Lesen und Arbeiten so unermüdlich und umsichtig beschäftigt, daß sie es für Frevel halten, auch nur einen Bruchteil der Stunden ohne fromme Tätigkeit verstreichen zu lassen, ausgenommen den Augenblick, wo sie den müden Gliedern auf kargem Reisiglager oder grober Decke Ruhe gönnen.«

Der 34jährige Otto, der zwölf Jahre später starb, kannte die Kürze des Menschenlebens. Biblische Patriarchen hatten vor der Sintflut 600 Jahre und länger gelebt; der letzte Kaiser, Lothar III., war 1137 als alter Mann mit 62 Jahren gestorben, »eine klägliche Erinnerung an die *Humana condicio*«. Die irdische Zeit hat keine Richtung und wälzt sich wie ein Fieberkranker in häufigen *Revolutiones* hin und her. Vom familiären

Zusammenhalt ist in den Tagen der Bruderkämpfe wenig zu spüren, noch weniger von Kontinuität der Sippen. Der zeitliche Horizont öffnet sich in einer Schneise rund 6600 Jahre zurück zu Hebräern und Orientalen; das genügt, um die ewigen Verwirrungen des Augenblicks zu durchschauen und sich vor der Zukunft zu fürchten. Der räumliche Gesichtskreis reicht bis zum Alten Orient, doch ist das Morgenland heute in den Schatten getreten; die Geschichte ist ins Abendland fortgeschritten – ein Reflex auf den Landesausbau des europäischen Kontinents. Doch zeigt der Blick auf östliche Gemeinden, daß die Bändigung der Umwelt menschliches Leben nicht für immer sichert. Babylon beherbergte in biblischen Zeiten 100 000 Krieger oder mehr; heute ist die Stadt nach Augenzeugenberichten auf zehn Meilen wüst und leer. Auch zwischen westlichen Gemeinden, etwa in Italien, herrscht Krieg.

Das Abendland kennt größere Verbände als Familien und Gemeinden mit älterer Tradition, vor allem die christliche Kirche und das römische Reich. Beide gehen auf die Zeit Christi und des Augustus zurück, beide bestehen noch heute; aber sie halten die Menschen nicht im Zaum. Ihr 700jähriges Einvernehmen ist im Zeitalter Gregors VII. zerbrochen. Nun erheben zwar kirchliche Gottesfrieden und kaiserliche Landfrieden volltönende Ansprüche, Recht und Frieden zu schützen, aber der Wettbewerb um Macht und Besitz, die Angst vor Raub und Brand sind dadurch nicht einzudämmen. Durch Traditionen und Institutionen können die Menschen nicht zum Wettbewerb der Brüderlichkeit und zur Angst vor Eigensucht bewogen werden; dafür bedarf es der Bürgerschaft Gottes. Aber sie ist für Otto nicht mehr der große Pilgerzug durch alle Zeiten und in einem Verband wie für sein Vorbild Augustin.

Societas humana bildet sich im Zusammenleben mit den Nächsten. Das sind nicht die bäuerlichen Nachbarn, sondern Menschen verschiedener Lebenskreise, Fürsten und Adlige, Stadtbürger und Landbewohner, zwischen ihnen überall Geistliche und Gelehrte. Otto denkt nicht nur an sein Zisterzienserkloster als derartigen Bund von Brüdern; er kommt aus dem gelehrten Kreis von Abaelards Schule und geht in den höfischen Kreis Barbarossas. Alle Bünde sind mannigfach gegliedert und haben nicht ein und dieselbe Lebensform; man meint schon herauszuhören, was gleich danach Ottos Amtsbruder Anselm von Havelberg schreibt. Jede Gemeinschaft wird durch eine Lebensform zusammengehalten. Sie befriedigt vitale Bedürfnisse, freilich nur für bescheidene Ansprüche und ohne große Arbeitsteilung. Sie verwirklicht auch ethische Normen, jedoch nicht von irgendeiner hohen Metaphysik unterstützt. Die Verhaltensregeln mögen alt sein; Otto läßt die Benediktsregel anklingen. Aber seine Zisterzienser sind kein alter Orden, sowenig wie die Kartäuser, die er besonders rühmt. Auch das Kloster lebt nicht von Traditionen und Institutionen, es lebt in seiner Gegenwart und erfüllt die Zeit so, daß jeder Augenblick zum Geschenk an die Menschen wird.

Sicher überschätzt Otto von Freising die elitären Bünde, denen er angehört; trotzdem sagt er deutlicher als jeder moderne Historiker oder Soziologe, warum das Mittelalter eine Zeit verwirklichter und wirksamer Lebensformen war: weil es Geschichte als Zusammenleben von Menschen bewältigen wollte. Die religiöse Begründung beflügelte diesen Willen, denn Christentum hieß damals nicht ein Gefüge überlieferter Lehren und Einrichtungen, sondern Nachfolge Jesu Christi; sein Leben war höchste Lebensform. Sie mußte in jeder Gegenwart und Umwelt neu übersetzt werden in eine Vielfalt humaner Lebensformen. Damit sind zwei naheliegende moderne Fehlurteile abgewiesen: daß die mittelalterliche Gesellschaft von Traditionen oder von Institutionen beherrscht worden sei.

Der Soziologe David Riesman schrieb 1950, das Mittelalter könne in der abendländischen Geschichte als eine Epoche bezeichnet werden, in der die meisten Menschen traditionsgeleitet waren; dieses Merkmal sei allen archaischen Kulturen, auch Hindus, Chinesen und Arabern gemeinsam. Aber das abendländische Mittelalter paßt zu diesen traditionsgeleiteten Kulturen nicht, denn es kann sich auf die Stabilität einer einheitlichen Tradition nicht verlassen. Die Lebensbedingungen des Mittelalters gleichen allerdings den von Riesman für traditionsgeleitete Gesellschaften angegebenen: niedrige Lebenserwartung, Konzentration auf Familie und Sippe, mündliche Überlieferung, kurze Erziehung, Verklammerung von Alt und Jung sowie Wohnwelt und Arbeitswelt, dünne Besiedlung, agrarische Wirtschaft, Spannung zwischen ungestilltem Hunger und ungeregelter Fortpflanzung. Die Sehnsucht nach stabilisierenden Traditionen ist vor allem im Frühmittelalter groß. Aber mittelalterliche Überlieferungen sind schon im Frühmittelalter heterogen und widersprüchlich; auf sie kann man nicht bauen. Alle Lebenskreise müssen immer wieder in der kleinen Gemeinschaft und für den Augenblick, durch Konventionen entscheiden, welche Traditionen gelten sollen. Sie verstehen sich nie von selbst.

Ähnliches gilt von Institutionen. Der Anthropologe Arnold Gehlen beschrieb 1960 Institutionen als Einrichtungen und Ordnungen zur gemeinsamen Bewältigung der Lebenszwecke und zur Entlastung des Zusammenlebens von vitalen Selbstverständlichkeiten. Sie träten dem einzelnen Menschen als Muster entgegen, in die er sich einzuordnen habe, um für höhere und feinere Zwecke frei zu werden. Dem Mittelalter sind die von Gehlen genannten Institutionen Sitte, Recht, Ehe, Eigentum wohlvertraut; man kann auch ständische, sprachliche, völkische, kirchliche Verbände als solche Institutionen verstehen. Aber gerade am Mittelalter scheitert Gehlens Formel vom »Zeitalter der Könige«, dessen Institutionengefüge fünftausend Jahre lang menschliche Spannungen stabilisiert und menschliches Verhalten vorhersehbar gemacht haben soll; erst in den letzten zweihundert Jahren hätte der Subjektivismus des Industriezeitalters die Lebensformen dieser uralten Hochkultur abgebaut und die Menschen in Unsicherheit gestürzt. Hier werden Zustände, die zwar noch vorindustriell, aber schon neuzeitlich sind, mit urtümlichen vermengt, als lägen dazwischen nicht tausend Jahre Mittelalter. In das Zeitalter der Könige gehört das Mittelalter nicht mehr und noch nicht; die Vielgestalt und Wandlungsfähigkeit mittelalterlicher Lebenskreise verhindert den Aufbau eines Institutionengefüges. Verhaltensmuster treten im Mittelalter den Menschen nicht als selbständige und selbstverständliche Gebilde entgegen, werden nicht durchgreifend versachlicht und entwickeln nur schwache Organisationen und Apparate; die wirksamsten Institutionen dienen nicht der Entlastung von Bedürfnissen, sondern der Verstärkung von Emotionen gegen Außenseiter. Im Spätmittelalter berufen sich immer mehr Verbände auf solche Verhaltensmuster; aber welche von ihnen Vorrang haben, muß immer wieder in kleinen Gruppen und für kurze Momente, durch Konventionen entschieden werden. Infolgedessen wird das Zusammenleben der Menschen nicht von Selbstverständlichkeiten entlastet; das Mittelalter ist eine mühsame Zeit, in der man sich auch über das Selbstverständliche immer erst verständigen muß und für Verfeinerung, Arbeitsteilung und Fortschritt wenig Zeit behält.

Darin unterscheidet sich das abendländische Mittelalter vom neuzeitlichen Europa, besonders von der Epoche seit der Französischen Revolution, in der Institutionalisierung und Versachlichung immer mehr überhandgenommen haben. Die Lebensbedingungen wurden dadurch unermeßlich verbessert, die Lebenskreise unendlich kompliziert. An die

Stelle von Lebensformen traten soziale Institutionen, allesamt universal in ihrem Anspruch, speziell in ihrer Zielsetzung, effizient in ihren Apparaten: Kirchen und Konfessionen, Nationalstaaten und Staatensysteme, Parteien und Klassen, Marktsysteme, Ideologien. Menschen begegnen einander immer häufiger nur noch als Funktionäre solcher Institutionen; dabei sehe ich wenig Unterschied zwischen der Apathie in pluralistischen und der Hysterie in totalitären Organisationen. In das vieldimensionale Gewirr eindimensionaler Institutionen passen lebendige Menschen nicht hinein, weil ihre kurzen Geschichten und kleinen Gemeinschaften hinter dem abstrakten Entwurf vom Menschen allemal zurückbleiben. Die entscheidende Frage an die weitergehende Geschichte lautet seit 1945 jedenfalls, ob Einrichtungen, die Anspruch auf die Menschen erheben und das Gelingen ihres Lebens antizipieren, sie nicht unter den Sachzwängen einer geplanten Zukunft zerbrechen.

Eine Bedingung für das künftige Gelingen menschlicher Geschichte könnte bei der Untersuchung mittelalterlicher Lebensformen sichtbar werden. Bis heute ist Geschichte nicht deshalb gelungen, weil metahumane Institutionen die Unsterblichkeit vorwegnahmen, sondern weil sich jeweils Menschen zusammentaten, um in ihrer Gegenwart Not abzuwenden. Gegenwart dauerte, solange die Not bestand. Die Nöte haben sich dank der Arbeit früherer Generationen gewandelt, aber an Not fehlt es nie. Um ihrer Herr zu werden, bedarf es der Konvention, der Übereinkunft der Lebenden, nicht der Flucht in Vergangenheit oder Zukunft. Die Lebenden können kein fremdes Leben wiederholen und sollten keines überholen; sie müssen in ihrer Zeit bleiben, ohne sich durch die Aufregungen des Augenblicks polarisieren zu lassen. Der Selbstbesinnung dient die Frage, wie fremde Menschen in ihrer Zeit miteinander umgingen. Wer so fragt, erhält nur leise Antworten in fremden Sprachen; aber wer auf sie hört, versteht auch seine Zeitgenossen.

Wer dieses Buch gelesen hat, wird sich nicht ins Mittelalter zurückwünschen, nicht als Bauer am Rand des Verhungerns, nicht als Fürst im Zwang des Zeremoniells, nicht als Geistlicher unter der Spannung der Skrupel. Näher als ihre Geduld wird ihm vielleicht das Ungestüm der Geschäftsleute, Adligen oder Gelehrten liegen; doch wird er auch sie nicht beneiden. Die Wege, die sie alle zur Formung ihres Lebens fanden, sind die unseren nicht mehr. Aber das Ziel, das sie aneinander band, verbindet uns noch mit dem Mittelalter, und es liegt heute in weiterer

Ferne als damals: die gemeinsame Einübung verschiedener Lebensformen, die der Erinnerung an vergangene, dem Andrang gegenwärtiger und der Furcht vor zukünftigen Wechselfällen einen Grenz- und Wendepunkt entgegensetzt. Was die heute Handelnden und Planenden gern vergessen, wird sich der Betrachter der Geschichte eingeprägt haben: daß das scheinbar so einfache Zusammenleben der Mitmenschen unsäglich mühsam ist, daß aber die Flucht vor ihnen mit dem Tod bestraft wird. Der Leser wird vielleicht nicht die nächste Revolution abwarten, um mit der Einsicht ernst zu machen, die bei der letzten Katastrophe eines ihrer Opfer formulierte. Der Geistliche Dietrich Bonhoeffer sah 1943/44 im Gefängnis, ähnlich wie tausend Jahre früher Rather von Verona, das Zusammenleben der Menschen in allzu sonntäglichem Licht. Dennoch hatte er recht:

»Ich sehe allein auf den Menschen und auf seine Aufgabe, mit anderen Menschen zu leben, und erblicke in dem Gelingen dieser Aufgabe gerade die Erfüllung des menschlichen Lebens und der Geschichte. Was deinem Lehrer ein Unglück scheint, ist in meinen Augen das einzige Glück der Menschen. Sie brauchen nicht mit Ideen und Prinzipien und Glaubenssätzen und Moralen zu leben, sondern sie dürfen miteinander leben, einander begegnend und gerade darin einander ihre eigentlichen Aufgaben zuweisend. Nur dieses Leben ist fruchtbar und menschlich.«

ANHANG

QUELLEN UND LITERATUR

ABKÜRZUNGEN

AKG	Archiv für Kulturgeschichte
ATB	Altdeutsche Textbibliothek
CdT	Collection de textes pour servir à l'étude et à l'enseignement de l'histoire
CHF	Les classiques de l'histoire de France au moyen âge
CSEL	Corpus scriptorum ecclesiasticorum latinorum
DA	Deutsches Archiv für Erforschung des Mittelalters
FSGA	Freiherr-vom-Stein-Gedächtnisausgabe, Mittelalterliche Reihe
FSTI	Fonti per la storia d'Italia
GdV	Die Geschichtsschreiber der deutschen Vorzeit
HJb	Historisches Jahrbuch der Görresgesellschaft
HZ	Historische Zeitschrift
KTRM	Klassische Texte des romanischen Mittelalters in zweisprachigen Ausgaben
MGH	Monumenta Germaniae Historica
MGH SrG	Scriptores rerum Germanicarum in usum scholarum
MIÖG	Mitteilungen des Instituts für österreichische Geschichtsforschung
PL	Patrologiae cursus completus, Series latina, hrsg. von Jacques-Paul Migne
RBS	Rerum Britannicarum medii aevi scriptores
RDE	Rowohlts deutsche Enzyklopädie
RSJB	Recueil de la Société Jean Bodin
SMBO	Studien und Mitteilungen zur Geschichte des Benediktinerordens und seiner Zweige
VuF	Vorträge und Forschungen, hrsg. vom Konstanzer Arbeitskreis für mittelalterliche Geschichte
WaG	Die Welt als Geschichte
WdF	Wege der Forschung
ZGO	Zeitschrift für die Geschichte des Oberrheins
ZKG	Zeitschrift für Kirchengeschichte
ZRG	Zeitschrift der Savigny-Stiftung für Rechtsgeschichte

VORWORT: LEBENSFORMEN

Forderungen S. 9

Cicero: De officiis I, 11-12 u. 22, hrsg. von *Karl Atzert,* M. Tullii Ciceronis scripta quae manserunt omnia 48, 4. Aufl., Leipzig 1963, S. 5 und 8-9; Vom pflichtgemäßen Handeln, übers. von Karl Atzert, München 1959. – *Augustin:* De civitate Dei XIX, 4, 5 u. 7, hrsg. von *Emanuel Hoffmann,* CSEL 40, 2, Wien 1900, S. 373, 380 f., 383; Bekenntnisse und Gottesstaat, übers. von Joseph Bernhart, Stuttgart 1930. – Zur Geschichte der Anthropologie *Michael Landmann* u. a.: De homine, Der Mensch im Spiegel seines Gedankens, Freiburg 1962; *Wilhelm Emil Mühlmann:* Geschichte der Anthropologie, 2. Aufl., Frankfurt 1968.

Variationen S. 15

Platon: Politeia IX, 7 u. X, 15, hrsg. von *James Adam:* The Republic of Plato Bd. 2, 2. Aufl., Cambridge 1965, St. 581 C, 618 A-C. – *Cicero:* De finibus bonorum et malorum III, 23, hrsg. von *Th. Schiche,* M. Tullii Ciceronis scripta quae manserunt omnia 43, Leipzig 1966, S. 97. – *Augustin:* Epistula 157, 20, hrsg. von *Al. Goldbacher,* CSEL 44, Wien 1904, S. 469. – *Rather von Verona:* Praeloquia, hrsg. von *Jacques-Paul Migne,* PL 136, Paris 1881, Sp. 145-344. – *Anselm von Havelberg:* De una forma credendi et multiformitate vivendi, hrsg. von *Jacques-Paul Migne,* PL 188, Paris 1890, Sp. 1141-1160. – Annales de Burton 1245, hrsg. von *Henry Richards Luard:* Annales monastici Bd. 1, RBS 36, London 1864, S. 273. – Eine moderne Wortgeschichte von »Lebensformen« fehlt.

Folgerungen S. 20

Quellensammlungen: *George Gordon Coulton:* Life in the Middle Ages, Selected, translated, and annotated, 4 Bde., 2. Aufl., Cambridge 1928; *Jeremy duQuesnay Adams:* Patterns of Medieval Society, Englewood Cliffs 1969. – Archäologische Funde: *Dietrich W. H. Schwarz:* Sachgüter und Lebensformen, Einführung in die materielle Kulturgeschichte des Mittelalters und der Neuzeit, Berlin 1970. – Bilder: Morgen des Abendlandes, Von der Antike zum Mittelalter, hrsg. von *David Talbot Rice,* München 1965; Blüte des Mittelalters, hrsg. von *Joan Evans,* München 1966. – Zu Utrechtpsalter und Hausbuch vgl. S. 775. Längsschnitte für einzelne Länder: *Charles-Victor Langlois:* La vie en France au moyen âge de la fin du XIIe au milieu du XIVe siècle, 4 Bde., 2. Aufl., Paris 1926-28; *Joan Evans:* Das Leben im mittelalterlichen Frankreich, Köln 1960. – *Gianluigi Barni* u. *Gina Fasoli:* L'Italia nell' alto medioevo, Società e Costume 3, Turin 1971; *Antonio Viscardi* u. *Gianluigi Barni:* L'Italia nell' età comunale, Società e Costume 4, Turin

1966. – *Louis Francis Salzman:* English Life in the Middle Ages, Oxford 1926. – *Adolf Waas:* Der Mensch im deutschen Mittelalter, 2. Aufl., Graz 1966.

Querschnitte für einzelne Phasen: *Wolfram von den Steinen:* Der Kosmos des Mittelalters von Karl dem Großen zu Bernhard von Clairvaux, 2. Aufl., Bern 1967; *Jacques Le Goff:* Das Hochmittelalter, Fischer-Weltgeschichte 11, Frankfurt 1965; derselbe: Kultur des europäischen Mittelalters, München 1970. – Unter den chronologischen Längsschnitten steht einer Strukturanalyse am nächsten *Gerd Tellenbach:* Die Germanen und das Abendland bis zum Beginn des 13. Jahrhunderts, in: Saeculum-Weltgeschichte Bd. 4, Freiburg 1967, S. 158–401; Die Grundlegung der späteren Weltstellung des Abendlandes, ebenda Bd. 5, Freiburg 1970, S. 69–239. – Vgl. zu S. 689 *Brunner.*

CONDICIO HUMANA

Condicio humana S. 31

Gesta Romanorum 36, hrsg. von *Hermann Oesterley,* Berlin 1872, S. 334 f.; Die Taten der Römer, übers. von Johann Georg Theodor Grässe u. Hans Eckart Rübesamen, München 1962. – Vorlagen und Parallelen: *Lloyd William Daly* u. *Walther Suchier:* Altercatio Hadriani Augusti et Epicteti Philosophi, Urbana 1939; Bibliotheca mundi seu Speculum maius Vincentii Burgundi Bd. 3, Douai 1624, Sp. 96 f. – Zur modernen Verwendung von »Lebensformen« *Wilhelm Wundt:* Ethik, Eine Untersuchung der Tatsachen und Gesetze des sittlichen Lebens, 3 Bde., 4. Aufl., Stuttgart 1912; *Johan Huizinga:* Herbst des Mittelalters, Studien über Lebens- und Geistesformen des 14. und 15. Jahrhunderts in Frankreich und in den Niederlanden, 10. Aufl., Stuttgart 1969; vgl. zu S. 353 *Spranger* und *Flitner.*

ZEIT UND LEBENSLAUF

Augenblicke S. 37

Beda: Historia ecclesiastica gentis Anglorum II, 12–14, hrsg. von *Charles Plummer:* Venerabilis Baedae opera historica Bd. 1, Oxford 1896, S. 110–114; Bede's Ecclesiastical History of the English People, übers. von Bertram Colgrave u. Roger Aubrey Baskerville Mynors, Oxford 1969. – Zum Werk *Wilhelm Levison:* Bede as Historian, in: *W. L.:* Aus rheinischer und fränkischer Frühzeit, Düsseldorf 1948, S. 347–382; *Giosué Musca:* Beda storico, Bari 1970. – Zur Weltalterlehre *Roderich Schmidt:* Aetates mundi, Die Weltalter als Gliederungsprinzip der Geschichte, in: ZKG 67 (1956) 288–317; *Anna-Dorothee v. den Brincken:* Studien zur lateinischen

Weltchronistik bis in das Zeitalter Ottos von Freising, Düsseldorf 1957. – Zur Missionierung Englands *Karl Hauck:* Von einer spätantiken Randkultur zum karolingischen Europa, in: Frühmittelalterliche Studien 1 (1967) 3–93. Vgl. zu S. 438 *Stenton.*

Ruinen S. 43

Petrarca: Familiarum rerum VI, 2, hrsg. von *Vittorio Rossi,* Edizione nazionale delle opere di Francesco Petrarca Bd. 11, Florenz 1934, S. 56–59. Legenda aurea vgl. zu S. 517. – Zum Text *Theodor Ernst Mommsen:* Der Begriff des »Finsteren Zeitalters« bei Petrarca, in: Zu Begriff und Problem der Renaissance, hrsg. von *August Buck,* WdF 204, Darmstadt 1969, S. 151–179. Zum Partner *Stephen L. Forte:* John Colonna O. P., Life and Writings, in: Archivum Fratrum Praedicatorum 20 (1950) 369–414. – Zum Geschichtsbild *Franco Simone:* Il Petrarca e la sua concezione ciclica della storia, in: Arte e Storia, Studi in onore di Leonello Vincenti, Turin 1965, S. 387–428. – Zur Lage Roms *Eugenio Duprè Theseider:* Roma dal comune di popolo alla signoria pontificia 1252–1377, Bologna 1952.

Zeit S. 50

Zur Zeitmessung *Philippe Wolff:* Le temps et sa mesure au moyen âge, in: Annales 17 (1962) 1141–1145; *Klaus Maurice:* Von Uhren und Automaten, Das Messen der Zeit, München 1968. Zur Zeitvorstellung *Sven Stelling-Michaud:* Quelques aspects du problème du temps au moyen âge, in: Schweizer Beiträge zur allgemeinen Geschichte 17 (1959) 7–30; *Jacques Le Goff:* Au moyen âge: Temps de l'Eglise et temps du marchand, in: Annales 15 (1960) 417–433; History and the Concept of Time, Middletown 1966. – Zur Geschichtsschreibung *Fritz Ernst:* Zeitgeschehen und Geschichtschreibung, in: WaG 17 (1957) 137–189. Zu den Geschichtslehren *Herbert Grundmann:* Die Grundzüge der mittelalterlichen Geschichtsanschauungen, in: Geschichtsdenken und Geschichtsbild im Mittelalter, hrsg. von *Walther Lammers,* WdF 21, Darmstadt 1961, S. 418–429. – Zum archaischen Zeitbild *Edmund Ronald Leach:* Zwei Aufsätze über die symbolische Darstellung der Zeit, in: Kulturanthropologie, hrsg. von *Wilhelm Emil Mühlmann* u. *Ernst W. Müller,* Köln 1966, S. 392–408.

Vorfahren S. 52

Edictus ceteraeque Langobardorum leges, hrsg. von *Friedrich Bluhme,* MGH Fontes iuris Germanici antiqui 2, Hannover 1869, S. 1 f.; Die Gesetze der Langobarden, übers. von Franz Beyerle, 2. Aufl., Witzenhausen 1962. Paulus Diaconus vgl. zu S. 169. – Zur Ahnentafel *Georg Baesecke:* Über germanisch-deutsche Stammtafeln und Königslisten, in: Germanisch-Romanische Monatsschrift

24 (1936) 161–181; *Karl Hauck:* Lebensnormen und Kultmythen in germanischen Stammes- und Herrschergenealogien, in: Saeculum 6 (1955) 186–223. – Zur langobardischen Geschichte *Reinhard Wenskus:* Stammesbildung und Verfassung, Das Werden der frühmittelalterlichen gentes, Köln 1961; *Ludwig Schmidt:* Geschichte der deutschen Stämme bis zum Ausgang der Völkerwanderung: Die Ostgermanen, 2. Aufl., München 1969.

Nachkommen S. 57

Die Chronik *Johanns von Winterthur,* hrsg. von *Friedrich Baethgen,* MGH SrG Nova series 3, 2. Aufl., Berlin 1955, S. 199 f. – Zum Werk *Friedrich Baethgen:* Franziskanische Studien, in: *F. B.:* Mediaevalia Bd. 2, Stuttgart 1960, S. 319–362. – Zur Geschichte von Estavayer *Adolf Gasser:* Die territoriale Entwicklung der Schweizerischen Eidgenossenschaft 1291–1797, Aarau 1932. – Zur Rechtslage *Hans Hirsch:* Die hohe Gerichtsbarkeit im deutschen Mittelalter, 2. Aufl., Darmstadt 1958; *Louis Carlen:* Rechtsgeschichte der Schweiz, Bern 1968.

Familie S. 61

Zur Familienstruktur *Karl Schmid:* Zur Problematik von Familie, Sippe und Geschlecht, Haus und Dynastie beim mittelalterlichen Adel, in: ZGO 105 (1957) 1–62; *Philippe Ariès:* L'enfant et la vie familiale sous l'ancien régime, Paris 1960.

Vergewaltigung S. 64

Poema de mio Cid Vers 2540–2554, 2697–2762, hrsg. von *Ramón Menéndez Pidal,* Clásicos Castellanos 24, 11. Aufl., Madrid 1966, S. 241 f., 248–251; El Cantar de mio Cid, übers. von Hans-Jörg Neuschäfer, KTRM 4, München 1964. – Zum Werk *Ramón Menéndez Pidal:* Das Spanien des Cid Bd. 2, München 1937. – Zur Geschichte *Walther Kienast:* Zur Geschichte des Cid, in: DA 3 (1939) 57–114.

Versorgung S. 69

Le Ménagier de Paris I, 7, hrsg. von *Jérôme Pichon,* Bd. 1, Paris 1846, S. 168–171. Paralleltext: *Lotharius Cardinalis* (Innocentius III.): De miseria humane conditionis, hrsg. von *Michele Maccarone,* Lugano 1955, S. 23. – Zum Werk *Eileen Power:* Medieval People, 9. Aufl., London 1950. – Zur Sozialgeschichte *Marcelin Defourneaux:* La vie quotidienne au temps de Jeanne d'Arc, Paris 1952.

Frau S. 73

Zur Lage der Frau *Karl Bücher:* Die Frauenfrage im Mittelalter, 2. Aufl., Tübingen 1910; *Heinrich Finke:* Die Frau im Mittelalter, Kempten 1913; *Marie-Louise*

Portmann: Die Darstellung der Frau in der Geschichtschreibung des früheren Mittelalters, Basel 1958. – Zur Bevölkerungsgeschichte hier wie im folgenden *Wilhelm Karl Prinz von Isenburg:* Historische Genealogie, München 1940; *Josiah Cox Russell:* Late Ancient and Medieval Population, Philadelphia 1958; Bevölkerungsgeschichte Europas, Mittelalter bis Neuzeit, hrsg. von *Carlo M. Cipolla* u. *Knut Borchardt,* München 1971.

Trotziger Junge S. 75

Snorri Sturluson: Heimskringla, Olaf Tryggvasson 44 u. 60 und Olaf helga 1–4, hrsg. von *Finnur Jónsson,* Bd. 1, Kopenhagen 1893, S. 341 f., 372 f.; Bd. 2, Kopenhagen 1895, S. 3–6; Königsbuch, übers. von Felix Niedner, 2 Bde., Thule 14–15, Jena 1922. – Zum Geschichtsbild *Siegfried Beyschlag:* Snorri Sturluson, Heidnisches Erbe und christliches Mittelalter im Geschichtsdenken Altislands, in: Saeculum 7 (1956) 310–320. – Zur Jugend bei den Nordgermanen *Wilhelm Grönbech:* Kultur und Religion der Germanen, 2 Bde., 6. Aufl., Darmstadt 1961; *Jacqueline Simpson:* Everyday Life in the Viking Age, London 1967.

Braves Kind S. 80

Guibert de Nogent: De vita sua I, 3–5, hrsg. von *Georges Bourgin,* CdT, Paris 1907, S. 8–15. – Zum Werk *Georg Misch:* Geschichte der Autobiographie Bd. 3, 1, Frankfurt 1959; *John F. Benton:* Self and Society in Medieval France, The Memoirs of Abbot Guibert of Nogent, New York 1970. – Zur Jugend im Hochmittelalter *Ariès,* vgl. zu S. 61; *Urban Tigner Holmes:* Medieval Children, in: Journal of Social History 2 (1968/69) 164–172.

Jugend S. 85

Zur Lage der Jugend *Walter Hornstein:* Jugend in ihrer Zeit, Geschichte und Lebensformen des jungen Menschen in der europäischen Welt, Hamburg 1966; *Heinrich Feilzer:* Jugend in der mittelalterlichen Ständegesellschaft. Ein Beitrag zum Problem der Generationen, Wien 1971. – Zum Generationskonflikt *Jan Hendrik van den Berg:* Metabletica, Über die Wandlung des Menschen, Grundlinien einer historischen Psychologie, Göttingen 1960; *Georges Duby:* Dans la France du Nord-Ouest au XIIe siècle: Les »jeunes« dans la société aristocratique, in: Annales 19 (1964) 835–846.

Kaisers Hoftag S. 89

Gislebert de Mons: Chronicon Hanoniense 109, hrsg. von *Léon Vanderkindere,* Brüssel 1904, S. 154–157, 161–163. – Zum Werk *Fernand Vercauteren:* Note sur

Gislebert de Mons, rédacteur de chartes, in: MIÖG 62 (1954) 238-253; *Hans Patze:* Adel und Stifterchronik, Frühformen territorialer Geschichtsschreibung im hochmittelalterlichen Reich, in: Blätter für deutsche Landesgeschichte 100 (1964) 8-81; 101 (1965) 67-128. – Zum Mainzer Hoffest *Wilhelm von Giesebrecht:* Geschichte der deutschen Kaiserzeit Bd. 6, Leipzig 1895; *Josef Fleckenstein:* Friedrich Barbarossa und das Rittertum, in: Festschrift für Hermann Heimpel Bd. 2, Göttingen 1972, S. 1023-41. – Zur Geschichte des Hennegaus *John Allyne Gade:* Luxemburg in the Middle Ages, Leiden 1951.

Schnapphahns Hochzeit S. 94

Wernher der Gartenaere: Helmbrecht Vers 1463-1621, hrsg. von *Kurt Ruh,* ATB 11, 8. Aufl., Tübingen 1968, S. 59-65; Deutsche Erzählungen des Mittelalters, übers. von Ulrich Pretzel, München 1971. – Zum Werk *Fritz Martini:* Das Bauerntum im deutschen Schrifttum von den Anfängen bis zum 16. Jahrhundert, Halle 1944. – Zu den Hochzeitsbräuchen *Jacob Grimm:* Deutsche Rechtsaltertümer, Bd. 1, 4. Aufl., Leipzig 1899.

Höhepunkte S. 98

Zur Geschichte der Feste *Erik Hornung:* Geschichte als Fest, Zwei Vorträge zum Geschichtsbild der frühen Menschheit, Libelli 246, Darmstadt 1966; *Richard Alewyn* u. *Karl Sälzle:* Das große Welttheater, Die Epoche der höfischen Feste in Dokument und Deutung, RDE 92, Hamburg 1959; *Heinz Biehn:* Feste und Feiern im alten Europa, München 1962.

Zufälliger Reichtum S. 100

Unibos Strophe 4-29, hrsg. u. übers. von *Karl Langosch:* Waltharius – Ruodlieb – Märchenepen, Lateinische Epik des Mittelalters mit deutschen Versen, 3. Aufl., Basel 1967, S. 252-259. – Zum Werk *Josef Müller:* Das Märchen vom Unibos, Diss. phil., Jena 1934; *Karl Langosch:* Unibos, in: Die deutsche Literatur des Mittelalters, Verfasserlexikon Bd. 4, Berlin 1953, Sp. 634-638; Nachtrag Bd. 5, Berlin 1955, Sp. 1103. – Zur geschichtlichen Lage nicht recht überzeugend *Bernhard Schmeidler:* Kleine Forschungen in literarischen Quellen des 11. Jahrhunderts, in: Historische Vierteljahrschrift 20 (1920/21) 129-149. – Über Abdecker und Hirten *Werner Danckert:* Unehrliche Leute, Die verfemten Berufe, Bern 1963.

Freiwillige Armut S. 106

Chronicon universale Anonymi Laudunensis, hrsg. von *Alexander Cartellieri* u. *Wolf Stechele,* Leipzig 1909, S. 20-22, 28 f. – Zum Werk hyperkritisch *Kurt-Victor*

Selge: Die ersten Waldenser, 2 Bde., Berlin 1967. Zur religiösen Lage: Vaudois languedociens et Pauvres catholiques, Cahiers de Fanjeaux 2, Toulouse 1967; *Christine Thouzellier:* Catharisme et Valdéisme en Languedoc à la fin du XIIe et au début du XIIIe siècle, 2. Aufl., Paris 1969. – Zur Sozialgeschichte *Arthur Kleinclausz* u. a.: Histoire de Lyon Bd. 1, Lyon 1939; *Horst Bitsch:* Das Erzstift Lyon zwischen Frankreich und dem Reich im Hohen Mittelalter, Göttingen 1971.

Wendepunkte S. 110

Zu Reichtum und Armut *Karl Bosl:* Potens und Pauper, in: *K. B.:* Frühformen der Gesellschaft im mittelalterlichen Europa, München 1964, S. 106–134; Povertà e ricchezza nella spiritualità dei secoli XI e XII, Convegni del Centro di studi sulla spiritualità medievale 8, Todi 1969. – Zum Fortunabild *Howard R. Patch:* The Goddess Fortuna in Mediaeval Literature, London 1967; *Klaus Heitmann:* Fortuna und Virtus, Eine Studie zu Petrarcas Lebensweisheit, Köln 1958. – Zur Mentalität *Paul Rousset:* Recherches sur l'émotivité à l'époque romane, in: Cahiers de civilisation médiévale 2 (1959) 53–67.

Von Gott geschlagen S. 113

Annales Xantenses 873, hrsg. von *Bernhard von Simson,* MGH SrG 12, Hannover 1909, S. 31–33; Quellen zur karolingischen Reichsgeschichte, übers. von Reinhold Rau, Bd. 2, FSGA 6, Darmstadt 1961. – Zum Werk *Heinz Löwe:* Studien zu den Annales Xantenses, in: DA 8 (1951) 59–99. Zur Geschichte *Ernst Dümmler:* Geschichte des ostfränkischen Reiches Bd. 2, 2. Aufl., Leipzig 1887. – Zur Epilepsie *Owsei Temkin:* The Falling Sickness, A History of Epilepsy from the Greeks to the Beginnings of Modern Neurology, Baltimore 1945. Zu den Hungersnöten *Fritz Curschmann:* Hungersnöte im Mittelalter, Ein Beitrag zur deutschen Wirtschaftsgeschichte des 8. bis 13. Jahrhunderts, Leipzig 1900.

Von Menschen verlassen S. 118

Giovanni Boccaccio: Il Decamerone, Introduzione, hrsg. von *Charles Southward Singleton,* Bd. 1, Scrittori d'Italia 97, Bari 1955, S. 9–11, 14–17; Das Dekameron, übers. von Karl Witte u. Helmut Bode, München 1952. – Zum Werk *Erich Auerbach:* Mimesis, Dargestellte Wirklichkeit in der abendländischen Literatur, 5. Aufl., Bern 1971; *Giorgio Padoan:* Mondo aristocratico e mondo comunale nell' ideologia e nell' arte di Giovanni Boccaccio, in: Studi sul Boccaccio, hrsg. von *Vittorio Branca,* Bd. 2, Florenz 1964, S. 81–216. Zur Geschichte *Gene A. Brucker:* Florentine Politics and Society 1343–1378, Princeton 1962. – Zur Pest am besten *Leonard Fabian Hirst:* The Conquest of Plague, A Study of the Evolution of Epidemiology, Oxford 1953. Über die Katastrophenlage insgesamt *Elisabeth Car-*

pentier: Autour de la peste noire: Famines et épidémies dans l'histoire du XIVe siècle, in: Annales 17 (1962) 1062–1092.

Tod S. 124

Zur Heilkunde *Alastair Cameron Crombie:* Von Augustinus bis Galilei, Die Emanzipation der Naturwissenschaft, Köln 1959. Zum Spitalwesen *Dieter Jetter:* Geschichte des Hospitals Bd. 1, Wiesbaden 1966. – Zur Lebenserwartung *Creighton Gilbert:* When Did a Man in the Renaissance Grow Old? in: Studies in the Renaissance 14 (1967) 7–32. Zum Todesgedanken *Alberto Tenenti:* Il senso della morte e l'amore della vita nel Rinascimento in Francia e Italia, Turin 1957.

Nachruhm S. 127

Einhard: Vita Karoli magni, Prolog, hrsg. von *Oswald Holder-Egger,* MGH SrG 25, 6. Aufl., Hannover 1911, S. 1–2; Quellen zur karolingischen Reichsgeschichte, übers. von Reinhold Rau, Bd. 1, FSGA 5, Darmstadt 1955 (schlecht). – Zum Werk *Siegmund Hellmann:* Einhards literarische Stellung, in: *S. H.:* Ausgewählte Abhandlungen zur Historiographie und Geistesgeschichte des Mittelalters, Darmstadt 1961, S. 159–229; *Helmut Beumann:* Topos und Gedankengefüge bei Einhard, in: *H. B.:* Ideengeschichtliche Studien zu Einhard und anderen Geschichtsschreibern des früheren Mittelalters, 2. Aufl., Darmstadt 1969, S. 1–14. – Zu Karls Nachruhm: Karl der Große, Lebenswerk und Nachleben, hrsg. von *Wolfgang Braunfels,* Bd. 4, Düsseldorf 1967.

Nachrede S. 131

Philippe de Commynes: Mémoires V, 9, hrsg. von *Joseph Calmette,* Bd. 2, CHF 5, Paris 1925, S. 154–158; Memoiren, übers. von Fritz Ernst, Stuttgart 1952. – Zum Werk *Jean Dufournet:* La destruction des Mythes dans les Mémoires de Ph. de Commynes, Genf 1966. Zur Geschichte *Hermann Heimpel:* Karl der Kühne und der burgundische Staat, in: Festschrift für Gerhard Ritter, Tübingen 1950, S. 140–160; *Laetitia Boehm:* Geschichte Burgunds, Stuttgart 1971.

Erinnerung S. 135

Zur Rolle der Erinnerung *Alfred Heuß:* Verlust der Geschichte, Göttingen 1959; *Hanno Helbling:* Der Mensch im Bild der Geschichte, Berlin 1969; *Maurice Halbwachs:* Das kollektive Gedächtnis, Stuttgart 1967. – Zur Grablege *Karl Heinrich Krüger:* Königsgrabkirchen der Franken, Angelsachsen und Langobarden bis zur Mitte des 8. Jahrhunderts, München 1971. – Zu den Herrschaftszeichen *Percy Ernst Schramm* u. *Florentine Mütherich:* Denkmale der deutschen Könige und Kaiser, München 1962; vgl. zu S. 501 *Schramm.*

RAUM UND UMWELT

Insel der Seligen S. 138

Navigatio sancti Brendani abbatis 1, hrsg. von *Carl Selmer,* Notre Dame 1959, S. 4-8. Zum Text *Richard Hennig:* Terrae incognitae, Eine Zusammenstellung und kritische Bewertung der wichtigsten vorcolumbischen Entdeckungsreisen Bd. 2, 2. Aufl., Leiden 1950; *Carl Selmer:* Die Herkunft und Frühgeschichte der Navigatio Sancti Brendani, in: SMBO 67 (1956) 5-17. – Zur Ideallandschaft *Ernst Robert Curtius:* Europäische Literatur und lateinisches Mittelalter, 7. Aufl., Bern 1969. – Zur Pilgerbewegung *Bernhard Kötting:* Peregrinatio religiosa, Wallfahrten in der Antike und das Pilgerwesen in der alten Kirche, Münster 1950. – Zur Geschichte *Ludwig Bieler:* Irland, Wegbereiter des Mittelalters, Olten 1961.

Erdkreis S. 144

Abbildungen und Texte bei *Konrad Miller:* Mappae mundi, Die ältesten Weltkarten Heft 5, Stuttgart 1896. Zur Karte *Walter Rosien:* Die Ebstorfer Weltkarte, Hannover 1952; *Werner Ohnsorge:* Zur Datierung der Ebstorfer Weltkarte, in: *W. O.:* Konstantinopel und der Okzident, Darmstadt 1966, S. 252-279. – Zur Kartographie *Anna-Dorothee v. den Brincken:* Mappa mundi und Chronographia, Studien zur imago mundi des abendländischen Mittelalters, in: DA 24 (1968) 118-186; dieselbe: »... ut describeretur universus orbis«, Zur Universalkartographie des Mittelalters, in: Miscellanea mediaevalia, hrsg. von *Albert Zimmermann,* Bd. 7, Berlin 1970, S. 249-278.

Raum S. 149

Zur Grenze *Frederick Jackson Turner:* The Frontier in American History, hrsg. von *Ray Allen Billington,* New York 1962; *Paul Bonenfant:* A propos des limites médiévales, in: Eventail de l'histoire vivante, Hommage à Lucien Febvre Bd. 2, Paris 1953, S. 73-79; zugespitzt *Archibald R. Lewis:* The Closing of the Mediaeval Frontier 1250-1350, in: Speculum 33 (1958) 475-483. – Zur Streckenmessung *Henri Michel* u. *Paul Adolf Kirchvogel:* Messen über Zeit und Raum, Meßinstrumente aus 5 Jahrhunderten, Stuttgart 1965; *Richard Vieweg:* Kleine Kulturgeschichte der Metrologie, in: DIN-Mitteilungen 47 (1968) 2-11. – Zur Raumnutzung *Hugo Hassinger:* Geographische Grundlagen der Geschichte, 2. Aufl., Freiburg i. B. 1953. Zur Utopie *František Graus:* Social Utopias in the Middle Ages, in: Past and Present 38 (1967) 3–19; *Ferdinand Seibt:* Utopie im Mittelalter, in: HZ 208 (1969) 555–594.

Bildungsreise S. 151

Richer: Historiae IV, 50, hrsg. von *Robert Latouche,* Bd. 2, CHF 17, Paris 1937, S. 224–230; Vier Bücher Geschichte, übers. von Wilhelm Wattenbach, GdV 37, 2. Aufl., Leipzig 1891. – Zum Werk *Max Manitius:* Geschichte der lateinischen Literatur des Mittelalters Bd. 2, München 1923. – Zur Medizin in Chartres *Heinrich Schipperges:* Die Schulen von Chartres unter dem Einfluß des Arabismus, in: Sudhoffs Archiv für Geschichte der Medizin und der Naturwissenschaften 40 (1956) 193–210. Zum Straßenverkehr *Jean Hubert:* Les routes du moyen âge, in: Les routes de France depuis les origines jusqu'à nos jours, Paris 1959, S. 25–56; *Albert C. Leighton:* Transport and Communication in Early Medieval Europe A. D. 500–1100, Newton Abbot 1972.

Pilgerfahrt S. 156

Chaucer: The Canterbury Tales, Prolog Vers 1–34, 747–774, 790–804, hrsg. von *Fred Norris Robinson:* The Works of Geoffrey Chaucer, 2. Aufl., Cambridge-Mass. 1957, S. 17, 24 f.; Die Canterbury Tales, übers. von Adolf von Düring u. Lambert Hoevel, Köln 1969. – Zum Werk *Muriel Bowden:* A Commentary on the General Prologue to the Canterbury Tales, 2. Aufl., New York 1967; *Dieter Mehl:* Erscheinungsformen des Erzählers in Chaucers »Canterbury Tales«, in: Chaucer und seine Zeit, hrsg. von *Arno Esch,* Tübingen 1968, S. 189–206. – Zur Geschichte *May McKisack:* The Fourteenth Century 1307–1399, The Oxford History of England 5, Oxford 1959. Zum Straßenverkehr *Jean Jules Jusserand:* English Wayfaring Life in the Middle Ages, 4. Aufl., London 1950.

Verkehr S. 160

Zur Sozialgeschichte *Marjorie Rowling:* Everyday Life of Medieval Travellers, London 1971. Über Reisegeschwindigkeiten *Yves Renouard:* Information et transmission des nouvelles, in: L'histoire et ses méthodes, hrsg. von *Charles Samaran,* Paris 1961, S. 95–142. Über Verkehrsmittel *Wilhelm Treue:* Achse, Rad und Wagen, 5000 Jahre Kultur- und Technikgeschichte, München 1965. – Zum Pilgerwesen *Raymond Oursel:* Les pèlerins du moyen âge, Les hommes, les chemins, les sanctuaires, Paris 1963; *Vera* u. *Hellmut Hell:* Die große Wallfahrt des Mittelalters, Tübingen 1964. Über den Menschen als Wanderer *Gerhart B. Ladner:* Homo viator: Mediaeval Ideas on Alienation and Order, in: Speculum 42 (1967) 233–259.

Klosterbau S. 163

Jonas: Vita Columbani I, 30, hrsg. von *Bruno Krusch,* MGH SrG 37, Hannover 1905, S. 220–222; Die Chronik Fredegars usw., übers. von Otto Abel, GdV 11, 3. Aufl., Leipzig 1888 (gekürzt). – Zum Werk *Friedrich Prinz:* Frühes Mönchtum im Frankenreich, München 1965; *Serafino Prete:* La »Vita S. Columbani« di Jonas e il suo Prologus, in: Rivista di storia della chiesa in Italia 22 (1968) 94–111. – Zur Geschichte *Ludo Moritz Hartmann:* Geschichte Italiens im Mittelalter Bd. 2, 2, Gotha 1903. – Zur Wirtschaft Bobbios *Ludo Moritz Hartmann:* Zur Wirtschaftsgeschichte Italiens im frühen Mittelalter, Analekten, Gotha 1904; Codice diplomatico del monastero di San Colombano di Bobbio, hrsg. von *Carlo Cipolla,* Bd. 1, FSTI 52, Rom 1918.

Dorfplanung S. 167

Urkunden und erzählende Quellen zur deutschen Ostsiedlung im Mittelalter, hrsg. u. übers. von *Herbert Helbig* u. *Lorenz Weinrich,* Bd. 2, FSGA 26, Darmstadt 1970, S. 334–339. – Zum Vorgang *Gotthold Rhode:* Die Ostgrenze Polens, Politische Entwicklung, kulturelle Bedeutung und geistige Auswirkung Bd. 1, Köln 1955; *Walter Kuhn:* Die Erschließung des südlichen Kleinpolen im 13. und 14. Jahrhundert, in: Zeitschrift für Ostforschung 17 (1968) 401–480. – Zur Geschichte *Gotthold Rhode:* Kleine Geschichte Polens, Darmstadt 1965. Zur Kolonisation *Rudolf Kötzschke* u. *Wolfgang Ebert:* Geschichte der ostdeutschen Kolonisation, 2. Aufl., Leipzig 1944.

Siedlung S. 172

Zur Siedlungsgeschichte: The Cambridge Economic History of Europe, Bd. 1 The Agrarian Life of the Middle Ages, hrsg. von *Michael M. Postan,* 2. Aufl., Cambridge 1966; vgl. zu S. 369 *Slicher van Bath* und *Duby.* – Zur Bedeutung des Landes *Theodor Mayer:* Mittelalterliche Studien, Gesammelte Aufsätze, Lindau 1959; *Otto Brunner:* Land und Herrschaft, Grundfragen der territorialen Verfassungsgeschichte Österreichs im Mittelalter, 5. Aufl., Wien 1965. – Zur Bevölkerungsvermehrung vgl. zu S. 73 *Russell* und *Cipolla.*

Heimweh S. 175

Paulus Diaconus: Historia Langobardorum IV, 37, hrsg. von *Georg Waitz,* MGH SrG 48, Hannover 1878, S. 164–166; Paulus Diakonus, übers. von Otto Abel, GdV 15, 2. Aufl., Leipzig 1888. – Zum Werk *Wilhelm Levison* u. *Heinz Löwe:* Deutschlands Geschichtsquellen im Mittelalter, Vorzeit und Karolinger Heft 2, Weimar 1953. Zur Geschichte vgl. zu S. 163 *Hartmann.* – Zum Haus *Hildegard Dölling:*

Haus und Hof in westgermanischen Volksrechten, Münster 1958; *Karl Kroeschell:* Haus und Herrschaft im frühen deutschen Recht, Göttingen 1968.

Platzangst S. 179

Ulrichs von Hutten Schriften, hrsg. von *Eduard Böcking,* Bd. 1, Leipzig 1859, S. 201–203 Brief Nr. 90; Deutsche Schriften, übers. von Peter Ukena u. Dietrich Kurze, München 1970. – Zu dem Brief *Hajo Holborn:* Ulrich von Hutten, Göttingen 1968. – Zum adligen Landleben grundlegend *Otto Brunner:* Adeliges Landleben und europäischer Geist, Leben und Werk Wolf Helmhards von Hohberg 1612–1688, Salzburg 1949.

Haus S. 183

Zum Hauswesen *Edmund Meier-Oberist:* Kulturgeschichte des Wohnens im abendländischen Raum, Hamburg 1956; *Josef Dünninger:* Hauswesen und Tagewerk, in: Deutsche Philologie im Aufriß, hrsg. von *Wolfgang Stammler,* Bd. 3, 2. Aufl., Berlin 1962, Sp. 2781–2884. – Zur Hauswirtschaft *Otto Brunner:* Das »Ganze Haus« und die alteuropäische »Ökonomik«, in: *O. B.:* Neue Wege der Verfassungs- und Sozialgeschichte, 2. Aufl., Göttingen 1968, S. 103–127.

Liebesmahl S. 185

Ekkehard: Casus sancti Galli 14 u. 16, hrsg. von *Gerold Meyer von Knonau,* St. Gallische Geschichtsquellen Bd. 3, St. Gallen 1877, S. 56–58, 60–67; Die Geschichten des Klosters St. Gallen, übers. von Hanno Helbling, GdV 102, Köln 1958. – Zum Werk *Hans Frieder Haefele:* Untersuchungen zu Ekkehards IV. Casus sancti Galli, in: DA 17 (1961) 145–190; 18 (1962) 120–170. – Zur Klosterwirtschaft *Wolfgang Sörrensen:* Gärten und Pflanzen im Klosterplan, in: Studien zum St. Galler Klosterplan, hrsg. von *Johannes Duft,* St. Gallen 1962, S. 193–277. Zur Geschichte *Rolf Sprandel:* Das Kloster St. Gallen in der Verfassung des karolingischen Reiches, Freiburg i. B. 1958.

Völlerei S. 189

Berthold von Regensburg: Vollständige Ausgabe seiner Predigten, hrsg. von *Franz Pfeiffer* u. *Kurt Ruh,* Bd. 1, Berlin 1965, S. 430–434 Predigt 27. – Zum Werk *Ernst Wolfgang Keil:* Deutsche Sitte und Sittlichkeit im 13. Jahrhundert nach den damaligen deutschen Predigern, Dresden 1931; *Dieter Richter:* Die deutsche Überlieferung der Predigten Bertholds von Regensburg, Untersuchungen zur geistlichen Literatur des Spätmittelalters, München 1969. – Zur Sozialgeschichte *Karl Bosl:* Die Sozialstruktur der mittelalterlichen Residenz- und Fernhandelsstadt Regensburg, Die Entwicklung ihres Bürgertums vom 9. bis 14. Jahrhundert

(Abhandlungen der Bayerischen Akademie der Wissenschaften, Philos.-Hist. Klasse, Neue Folge 63), München 1966. – Zur Lasterlehre *Heinrich Fichtenau:* Askese und Laster in der Anschauung des Mittelalters, Wien 1948.

Ernährung S. 194

Über Nahrungsmittel *Kurt Hintze:* Geographie und Geschichte der Ernährung, Leipzig 1934; *Heinrich Eduard Jacob:* 6000 Jahre Brot, Hamburg 1954; Pour une histoire de l'alimentation, hrsg. von *Jean Jacques Hémardinquer,* Paris 1970. – Zu den Tischsitten *Günther Schiedlausky:* Essen und Trinken, Tafelsitten bis zum Ausgang des Mittelalters, München 1956.

Alltagskittel S. 198

Notker Balbulus: Gesta Karoli Magni imperatoris II, 17, hrsg. von *Hans Frieder Haefele,* MGH SrG Nova series 12, Berlin 1959, S. 86–88; Quellen zur karolingischen Reichsgeschichte, übers. von Reinhold Rau, Bd. 3, FSGA 7, Darmstadt 1960. – Zum Werk *Hans Frieder Haefele:* Studien zu Notkers Gesta Karoli, in: DA 15 (1959) 358–392; *Heinz Löwe:* Das Karlsbuch Notkers von St. Gallen und sein zeitgeschichtlicher Hintergrund, in: Schweizerische Zeitschrift für Geschichte 20 (1970) 269–302. – Zum Orienthandel *Étienne Sabbe:* L'importation des tissus orientaux en Europe occidentale au haut moyen âge, in: Revue belge de philologie et d'histoire 14 (1935) 811–848, 1261–1288; *Robert Sabatino Lopez:* Mohammed and Charlemagne, A Revision, in: Bedeutung und Rolle des Islam beim Übergang vom Altertum zum Mittelalter, hrsg. von *Paul Egon Hübinger,* WdF 202, Darmstadt 1968, S. 65–104.

Standestracht S. 202

Jean de Joinville: Histoire de Saint Louis 6, hrsg. von *Natalis de Wailly,* Paris 1868, S. 12 f.; Das Leben des heiligen Ludwig, übers. von Eugen Mayser u. Erich Kock, Düsseldorf 1969. – Zum Werk *Gaston Paris:* Jean Sire de Joinville, in: Histoire littéraire de la France Bd. 32, Paris 1898, S. 291–459. – Zur sozialen Schichtung *Edmond Faral:* La vie quotidienne au temps de Saint Louis, Paris 1938; *Ludwig Buisson:* König Ludwig IX. der Heilige und das Recht, Studie zur Gestaltung der Lebensordnung Frankreichs im hohen Mittelalter, Freiburg i. B. 1954.

Kleidung S. 208

Zur Sozialgeschichte *Franz Kiener:* Kleidung, Mode und Mensch, Versuch einer psychologischen Deutung, München 1956; *René König* u. *Peter W. Schuppisser:*

Die Mode in der menschlichen Gesellschaft, 2. Aufl., Zürich 1961. - Zur Kulturge-schichte *Liselotte Constanze Eisenbart:* Kleiderordnungen der deutschen Städte zwischen 1350 und 1700, Ein Beitrag zur Kulturgeschichte des deutschen Bürger-tums, Göttingen 1962.

Bär als Hirte S. 210

Gregor der Große: Dialogi III, 15, hrsg. von *Umberto Moricca,* FSTI 57, Rom 1924, S. 169-172; Vier Bücher Dialoge, übers. von Joseph Funk, Bibliothek der Kirchen-väter II, 3, München 1933. - Zum Werk *Wolfram von den Steinen:* Heilige als Hagiographen, in: *W. v. d. S.:* Menschen im Mittelalter, Bern 1967, S. 7-31. - Zur Tierauffassung *August Nitschke:* Tiere und Heilige, in: Dauer und Wandel der Geschichte, Festgabe für Kurt von Raumer, Münster 1966, S. 62-100.

Fuchs im Hühnerhof S. 214

Le Roman de Renart V, 611-698, hrsg. von *Ernest Martin,* Bd. 1, Straßburg 1882, S. 177-179; übers. von Helga Jauß-Meyer, KTRM 5, München 1965. Paralleltext: Der Physiologus, übers. von Otto Seel, Zürich 1960. - Zum Werk und seiner Tierauffassung *Hans Robert Jauß:* Untersuchungen zur mittelalterlichen Tierdich-tung, Tübingen 1959.

Natur S. 218

Zum Naturgefühl *Wilhelm Ganzenmüller:* Das Naturgefühl im Mittelalter, Leip-zig 1914; *Jean Leclercq:* Wissenschaft und Gottverlangen, Zur Mönchstheologie des Mittelalters, Düsseldorf 1963. - Zu Wald und Jagd *Richard B. Hilf* u. *Fritz Röhrig:* Wald und Weidwerk in Geschichte und Gegenwart, 2 Bde., Potsdam 1933-38; *Marianne Stauffer:* Der Wald, Zur Darstellung und Deutung der Natur im Mittelalter, Bern 1959. - Zur Tierdeutung *Wolfram von den Steinen:* Homo Caelestis, Das Wort der Kunst im Mittelalter, 2 Bde., Bern 1965. - Zur modernen Auffassung *Adolf Portmann:* Das Tier als soziales Wesen, 2. Aufl., Frankfurt 1969.

Teufelsschmiede S. 222

Chronicon abbatiae de Evesham, hrsg. von *William Dunn Macray,* RBS 29, London 1863, S. 24-26. - Paralleltexte: Brendanslegende, vgl. zu S. 138; Wielands-sage, in: Die Geschichte Thidreks von Bern, übers. von Fine Erichsen, Thule 22, Jena 1924; *Aelfric Grammaticus,* vgl. zu S. 564; *Bartholomaeus Anglicus:* De rerum proprietatibus XVI, 45, hrsg. von *Georg Barthold Pontanus,* Frankfurt 1601, S. 739. - Zur Ortsgeschichte *Philip Styles* u. a.: The Victoria History of the County of Warwick Bd. 3, London 1945. - Zum Eisengewerbe *H. R. Schubert:* History of the British Iron und Steel Industry from c. 450 B. C. to A. D. 1775, London 1957; *Rolf Sprandel:* Das Eisengewerbe im Mittelalter, Stuttgart 1968. – Zur Einschätzung der Schmiede *Mircea Eliade:* Schmiede und Alchemisten, Stuttgart 1960. Zur Einschätzung der Bergleute *Georg Schreiber:* Der Bergbau in Geschichte, Ethos und Sakralkultur, Köln 1962.

Dombaumeister S. 227

Gervasius von Canterbury: Tractatus de combustione et reparatione Cantuariensis ecclesiae, hrsg. von *William Stubbs:* The Historical Works of Gervase of Canterbury Bd. 1, RBS 73, London 1879, S. 6 f., 19–21. – Paralleltext: *Petrus Cantor:* Verbum abbreviatum 86, hrsg. von *Jacques-Paul Migne,* PL 205, Paris 1890, Sp. 255–258. – Zum Text *Otto Lehmann-Brockhaus:* Lateinische Schriftquellen zur Kunst in England, Wales und Schottland vom Jahre 901 bis zum Jahre 1307, 5 Bde., München 1955–60. – Zur Baukunst *Konrad Escher:* Englische Kathedralen, München 1929; *Otto von Simson:* Die gotische Kathedrale, Beiträge zu ihrer Entstehung und Bedeutung, Darmstadt 1968. – Zur Bautechnik *Douglas Knoop* u. *Gwylim P. Jones:* The Mediaeval Mason, An Economic History of English Stone Building in the Later Middle Ages and Early Modern Times, Manchester 1933; *John Harvey:* English Mediaeval Architects, London 1954. – Zur Sozialgeschichte *Arnold Hauser:* Sozialgeschichte der mittelalterlichen Kunst, RDE 45, Hamburg 1957; *Jean Gimpel:* Les bâtisseurs de cathédrales, Paris 1958.

Technik S. 233

Zur Technikgeschichte *Charles Singer* u. a.: A History of Technology Bd. 2, Oxford 1956; *Wilhelm Treue:* Kulturgeschichte der Schraube von der Antike bis zum 18. Jahrhundert, München 1955; *Lynn White jr.:* Die mittelalterliche Technik und der Wandel der Gesellschaft, München 1968. – Zur Auffassung der Arbeit *Franz Steinbach:* Der geschichtliche Weg des arbeitenden Menschen in die soziale Freiheit und politische Verantwortung, in: Collectanea Franz Steinbach, hrsg. von Franz Petri u. Georg Droege, Bonn 1967, S. 742–775; *Vaclav Husa:* Homo faber, Der Mensch und seine Arbeit, Die Arbeitswelt in der bildenden Kunst des 11. bis 17. Jahrhunderts, Wiesbaden 1971; vgl. zu S. 369 *Wolff.*

MENSCH UND GEMEINSCHAFT

Königslist S. 238

Gregor von Tours: Libri Historiarum II, 40 u. 42, hrsg. von *Bruno Krusch* u. *Wilhelm Levison,* MGH Scriptores rerum Merovingicarum 1, 1, 2. Aufl., Hannover 1951, S. 89–93; Zehn Bücher Geschichten, übers. von Rudolf Buchner, Bd. 1, FSGA 2, Darmstadt 1955. – Zum Werk *Siegmund Hellmann:* Studien zur mittelalterlichen Geschichtschreibung I. Gregor von Tours, in: *S. H.:* Ausgewählte Abhandlungen zur Historiographie und Geistesgeschichte des Mittelalters, Darmstadt 1961, S. 57–99; *Auerbach,* vgl. zu S. 118. – Zur Geschichte *Erich Zöllner:* Geschichte der Franken bis zur Mitte des 6. Jahrhunderts, München 1970. – Zum Menschenbild *Jean-Pierre Bodmer:* Der Krieger der Merowingerzeit und seine Welt, Zürich 1957; *Irmgard Blume:* Das Menschenbild Gregors von Tours in den Historiarum libri decem, Diss. phil., Erlangen 1970.

Schelmenstreiche S. 243

Salimbene de Adam: Cronica 1233, hrsg. von *Giuseppe Scalia,* Bd. 1, Scrittori d'Italia 232, Bari 1966, S. 109–111; Die Chronik, übers. von Alfred Doren, GdV 93, Leipzig 1914. – Zum Werk *Nino Scivoletto:* Fra Salimbene da Parma e la storia politica e religiosa del secolo XIII, Bari 1950; *Baethgen,* vgl. zu S. 57. – Zur Geschichte *Carl Sutter:* Johann von Vicenza und die italienische Friedensbewegung im Jahre 1233, Freiburg i. B. 1891; *André Vauchez:* Une campagne de pacification en Lombardie autour de 1233, in: Mélanges d'archéologie et d'histoire 78 (1966) 503–549. – Zum Menschenbild *Cinzio Violante:* Motivi e carattere della Cronica di Salimbene, in: Annali della Scuola Normale Superiore di Pisa II, 22 (1953) 108–154.

Mitmenschen S. 250

Eine Geschichte des mittelalterlichen Menschenbildes fehlt. Beste Vorarbeiten *Wolfram von den Steinen:* Menschendasein und Menschendeutung im früheren Mittelalter, in: HJb 77 (1958) 188–213; derselbe: Der Mensch in der ottonischen Weltordnung, in: Deutsche Vierteljahresschrift für Literaturwissenschaft und Geistesgeschichte 38 (1964) 1–23; derselbe: Menschen im Mittelalter, Bern 1967. Andere Aspekte bei *Walter Ullmann:* The Individual and Society in the Middle Ages, London 1967. – Über Lachen und Weinen *Helmuth Plessner,* Philosophische Anthropologie, Frankfurt 1970.

Wahnsinn S. 252

Chrestien de Troyes: Yvain Vers 2774–2858, hrsg. von *Wendelin Foerster,* 4. Aufl., Halle 1912, S. 77–79; übers. von Ilse Nolting-Hauff, KTRM 2, München 1962. – Zum Werk *Erich Köhler:* Ideal und Wirklichkeit in der höfischen Epik, Studien zur Form der frühen Artus- und Graldichtung, Tübingen 1956; *Jean Frappier:* Chrétien de Troyes, L'homme et l'oeuvre, 2. Aufl., Paris 1968. – Über Wilde Männer *Richard Bernheimer:* Wild Men in the Middle Ages, A Study in Art, Sentiment, and Demonology, Cambridge-Mass. 1952. Über Einsiedler *Herbert Grundmann:* Deutsche Eremiten, Einsiedler und Klausner im Hochmittelalter, in: AKG 45 (1963) 60–90.

Besinnung S. 257

De imitatione Christi I, 20, hrsg. von *Léon M. J. Delaissé:* Le manuscrit autographe de Thomas a Kempis et »l'Imitation de Jésus-Christ«, Paris 1956, S. 204–207; Die Nachfolge Christi von *Thomas von Kempen,* übers. von Adolph Pfister, Freiburg i. B. 1904. – Zum Werk und zur Devotio moderna *Regnerus Richard Post:* The Modern Devotion, Confrontation with Reformation and Humanism, Leiden 1968. – Zur Mystik *Friedrich-Wilhelm Wentzlaff-Eggebert:* Deutsche Mystik zwischen Mittelalter und Neuzeit, Einheit und Wandlung ihrer Erscheinungsformen, 2. Aufl., Tübingen 1947; Altdeutsche und altniederländische Mystik, hrsg. von *Kurt Ruh,* WdF 23, Darmstadt 1964.

Einzelmensch S. 262

Zur Autobiographie *Georg Misch:* Geschichte der Autobiographie Bd. 2–4, Frankfurt 1955–69; *Hans Martin Klinkenberg:* Versuche und Untersuchungen zur Autobiographie bei Rather von Verona, in: AKG 38 (1956) 265–314. – Zur Rolle der Persönlichkeit *Heinz Löwe:* Von der Persönlichkeit im Mittelalter, in: Geschichte in Wissenschaft und Unterricht 2 (1951) 522–538; *Karl Schmid:* Über das Verhältnis von Person und Gemeinschaft im früheren Mittelalter, in: Frühmittelalterliche Studien 1 (1967) 225–249. – Zur Wortgeschichte *Hans Rheinfelder:* Das Wort »Persona«, Geschichte seiner Bedeutungen mit besonderer Berücksichtigung des französischen und italienischen Mittelalters, Halle 1928.

Hospitalbrüder S. 265

Cartulaire général de l'ordre des Hospitaliers de S. Jean de Jérusalem, hrsg. von *Joseph Delaville Le Roulx,* Bd. 1, Paris 1894, S. 425–429 Statut Nr. 627. – Zum Text *Edwin James King:* The Rule, Statutes, and Customs of the Hospitallers 1099–1310, London 1934; *Carl H. C. Flugi van Aspermont:* De Johanniter-Orde in het Heilige Land 1100–1292, Assen 1957. – Zur Geschichte *Hans Prutz:* Die Geistlichen Ritterorden, Ihre Stellung zur kirchlichen, politischen, gesellschaftlichen und wirtschaftlichen Entwicklung des Mittelalters, Berlin 1908; *Jonathan Riley-Smith:* The Knights of St. John in Jerusalem and Cyprus c. 1050–1310, London 1967. – Zur Medizingeschichte fehlerhaft, aber unentbehrlich *Ignazio Pappalardo:* Storia sanitaria dell' Ordine Gerosolimitano di Malta dalle origini al presente, Rom 1958.

Gildenbrüder S. 271

Gild of the Tailors of Lincoln, übers. von *Toulmin Smith:* English Gilds, Early English Text Society 40, Oxford 1870, S. 182–184; hier auch die Paralleltexte. – Zur Ortsgeschichte *Francis Hill:* Medieval Lincoln. Cambridge 1965. – Zur Wirtschaftslage demnächst *Eleonora Mary Carus-Wilson:* The Rise of the English Cloth Industry, Ford Lectures Oxford 1965. – Zum Gildenwesen *Émile Coornaert:* Les ghildes médiévales (Ve–XIVe siècles), Définition – Evolution, in: Revue historique 199 (1948) 22–55, 208–243; *Sylvia L. Thrupp:* The Gilds, in: The Cambridge Economic History of Europe, Bd. 3 Economic Organization and Policies in the Middle Ages, hrsg. von *Michael M. Postan,* Cambridge 1965, S. 230–280.

Bünde S. 276

Zur Geschichte der Bünde noch immer unentbehrlich *Otto von Gierke:* Das deutsche Genossenschaftsrecht, 4 Bde., Berlin 1868–1913; *Gennaro Maria Monti:* Le confraternite medievali dell' alta e media Italia, 2 Bde., Venedig 1927; *Jeanne Deschamps:* Les confréries au moyen âge, Thèse jur., Bordeaux 1958. – Über Heiliggeist-Bruderschaften *Pierre Duparc:* Confréries du Saint-Esprit et communautés d'habitants au moyen âge, in: Revue historique de droit français et étranger IV, 36 (1958) 349–367, 558–585.

Herren S. 278

Thegan: Vita Hludowici imperatoris 20, hrsg. von *Georg Heinrich Pertz,* in: MGH Scriptores Bd. 2, Hannover 1829, S. 595 f.; Quellen zur karolingischen Reichsgeschichte, übers. von Reinhold Rau, Bd. 1, FSGA 5, Darmstadt 1955. – Zum Werk *Heinz Löwe:* Deutschlands Geschichtsquellen im Mittelalter, Vorzeit und Karolinger Heft 3, Weimar 1957. – Zur sozialen Praxis *Aloys Schulte:* Der Adel und die deutsche Kirche im Mittelalter, Studien zur Sozial-, Rechts- und Kirchengeschichte, 3. Aufl., Darmstadt 1958. Zur Ständetheorie *Bernhard Langer:* Die Lehre von den Ständen im frühen Mittelalter, Diss. phil., Würzburg 1953.

Knechte S. 283

Jean Froissart: Chroniques II, 212, hrsg. von *Gaston Raynaud,* Bd. 10, Société de l'histoire de France 282, Paris 1897, S. 94–97; Sagen und Geschichten aus dem alten Frankreich und England, übers. von Werner u. Maja Schwartzkopff, München 1925. – Zum Werk *Maurice Wilmotte:* Froissart, Brüssel 1944; *Stephen G. Nichols:* Discourse in Froissart's Chroniques, in: Speculum 39 (1964) 279–287. – Zum Bauernaufstand *Theodora Büttner:* Die sozialen Kämpfe in London während des englischen Bauernaufstandes 1381, in: Städtische Volksbewegungen im 14. Jahrhundert, hrsg. von *Erika Engelmann,* Berlin 1960, S. 116–142; *Richard B. Dobson:* The Peasants' Revolt of 1381, London 1970.

Stände S. 288

Zur Geschichte der Ständelehre *Wilhelm Schwer:* Stand und Ständeordnung im Weltbild des Mittelalters, Die geistes- und gesellschaftsgeschichtlichen Grundlagen der berufsständischen Idee, 2. Aufl., Paderborn 1952. Zur Forderung nach Freiheit *Herbert Grundmann:* Freiheit als religiöses, politisches und persönliches Postulat im Mittelalter, in: HZ 183 (1957) 23–53. – Zur tatsächlichen Gesellschaftsentwicklung grundlegend *Karl Bosl:* Frühformen der Gesellschaft im mittelalterlichen Europa, Ausgewählte Beiträge zu einer Strukturanalyse der mittelalterlichen Welt, München 1964; zusammenfassend *Georges Duby:* Des sociétés médiévales, Paris 1971. – Zur dualistischen Organisation pointiert *Claude Lévi-Strauss:* Strukturale Anthropologie, Frankfurt 1967.

Widerstandsrecht S. 291

Snorri Sturluson: Heimskringla, Olaf helga 80, hrsg. von *Finnur Jónsson,* Bd. 2, Kopenhagen 1895, S. 142–144; vgl. zu S. 72. – Paralleltext: *Adam von Bremen:* Gesta Hammaburgensis ecclesiae pontificum IV, 22, hrsg. von *Bernhard Schmeidler,* MGH SrG 2, 3. Aufl., Hannover 1917, S. 252 f. – Zum Königsbrauch *Kai Olivecrona:* Das Werden eines Königs nach altschwedischem Recht, Lund 1947; *Jan de Vries:* Das Königtum bei den Germanen, in: Saeculum 7 (1956) 289–309. – Zur geschichtlichen Lage *Ingvar Andersson:* Schwedische Geschichte, München 1950; *Lucien Musset:* Les peuples scandinaves au moyen âge, Paris 1951. – Zum frühmittelalterlichen Königtum: Das Königtum, seine geistigen und rechtlichen Grundlagen, hrsg. von *Theodor Mayer,* VuF 3, 3. Aufl., Darmstadt 1969. Zur frühmittelalterlichen Rechtsauffassung *Gerhard Köbler:* Das Recht im frühen Mittelalter, Untersuchungen zu Herkunft und Inhalt frühmittelalterlicher Rechtsbegriffe im deutschen Sprachgebiet, Köln 1971.

Gesetzbuch S. 295

Constitutiones regni Siciliae, Prooemium, hrsg. von *Jean-Louis-Alphonse Huillard-Bréholles:* Historia diplomatica Friderici secundi Bd. 4, 1, Paris 1854, S. 2–5; Kaiser Friedrich II. in Briefen und Berichten seiner Zeit, übers. u. hrsg. von *Klaus J. Heinisch,* Darmstadt 1968. – Zum Gesetzbuch demnächst *Hermann Dilcher:* Die sizilianische Gesetzgebung Kaiser Friedrichs II., Quellen der Konstitutionen von Melfi und ihrer Novellen; vgl. vorerst Protokoll des Konstanzer Arbeitskreises für mittelalterliche Geschichte Nr. 162 vom 16. 3. 1971. – Zur geschichtlichen Lage *Ernst Kantorowicz:* Kaiser Friedrich der Zweite, 2 Bde., Berlin 1928–31; Stupor mundi, Zur Geschichte Friedrichs II. von Hohenstaufen, hrsg. von *Gunther Wolf,* WdF 101, Darmstadt 1966. – Zum hochmittelalterlichen Königtum *Ernst H. Kantorowicz:* The King's Two Bodies, A Study in Mediaeval Political Theology, Princeton 1957. Zur hochmittelalterlichen Rechtsauffassung *Sten Gagnér:* Studien zur Ideengeschichte der Gesetzgebung, Stockholm 1960.

Rechte S. 300

Zur Rolle des Rechts *Fritz Kern:* Recht und Verfassung im Mittelalter, Libelli 3, Tübingen 1952; derselbe: Gottesgnadentum und Widerstandsrecht im früheren Mittelalter, Zur Entwicklungsgeschichte der Monarchie, 2. Aufl., Darmstadt 1954. Zur Revision von Kerns Thesen vor allem *Karl Kroeschell:* Recht und Rechtsbegriff im 12. Jahrhundert, in: Probleme des 12. Jahrhunderts, hrsg. von *Theodor Mayer,* VuF 12, Konstanz 1968, S. 309–335.

Vaterland S. 304

Cosmas von Prag: Chronica Boemorum II, 23–24, hrsg. von *Bertold Bretholz,* MGH SrG Nova series 2, 2. Aufl., Berlin 1955, S. 115–117; Chronik von Böhmen, übers. von Georg Grandaur, GdV 65, 2. Aufl., Leipzig 1895. – Zum Werk *Dušan Třeštík:* Kosmova Kronika, Prag 1968. Zur geschichtlichen Lage *František Graus:* Böhmen zwischen Bayern und Sachsen, Zur böhmischen Kirchengeschichte des 10. Jahrhunderts, in: Historica 17 (1969) 5–42; Handbuch der Geschichte der böhmischen Länder, hrsg. von *Karl Bosl,* Bd. 1, Stuttgart 1967. – Zum Nationalbewußtsein *František Graus:* Die Bildung eines Nationalbewußtseins im mittelalterlichen Böhmen, in: Historica 13 (1966) 5–49.

Erbfeind S. 308

Thomas Basin: Libri historiarum I, 8–9, hrsg. von *Charles Samaran:* Th. B., Histoire de Charles VII Bd. 1, CHF 15, Paris 1933, S. 38–44. – Zum Autor *Adalbert Maurice:* Thomas Basin évêque de Lisieux, Dieppe 1953. Zur geschichtlichen Lage

James Hamilton Wylie: The Reign of Henry the Fifth Bd. 2, Cambridge 1919; *Philippe Contamine:* Azincourt, Paris 1964; *Harold F. Hutchison:* Henry V, A Biography, London 1967. – Zur Geschichte der »Krone«: Corona regni, Studien über die Krone als Symbol des Staates im späteren Mittelalter, hrsg. von *Manfred Hellmann,* WdF 3, Darmstadt 1961. Zum Nationalbewußtsein *Hans Kohn:* Die Idee des Nationalismus, Ursprung und Geschichte bis zur Französischen Revolution, Heidelberg 1950.

Völker S. 314

Zur Rolle des Nationalismus *Johan Huizinga:* Wachstum und Formen des nationalen Bewußtseins in Europa bis zum Ende des 19. Jahrhunderts, in: *Johan Huizinga:* Im Bann der Geschichte, 2. Aufl., Basel 1943, S. 131–212; *Paul Kirn:* Aus der Frühzeit des Nationalgefühls, Studien zur deutschen und französischen Geschichte sowie zu den Nationalitätenkämpfen auf den britischen Inseln, Leipzig 1943. Nationalism in the Middle Ages, hrsg. v. *Charles Leon Tipton,* New York 1972. – Zur internationalen Zusammenarbeit *Gerd Tellenbach:* Vom Zusammenleben der abendländischen Völker im Mittelalter, in: Festschrift für Gerhard Ritter, Tübingen 1950, S. 1–60; *François Louis-Ganshof:* Le moyen âge, Histoire des relations internationales 1, 4. Aufl., Paris 1968.

Latein S. 317

Isidorus Hispalensis: Etymologiae sive origines IX, 1, hrsg. von *Wallace Martin Lindsay,* Bd. 1, Oxford 1911 (unpaginiert). – Zum Werk *Jacques Fontaine:* Isidore de Séville et la culture classique dans l'Espagne wisi-gothique, 2 Bde., Paris 1959. Zur Geschichte *Dietrich Claude:* Adel, Kirche und Königtum im Westgotenreich, Sigmaringen 1971. – Zur Sprachauffassung *Arno Borst:* Das Bild der Geschichte in der Enzyklopädie Isidors von Sevilla, in: DA 22 (1966) 1–62.

Dialekte S. 321

Dante Alighieri: De vulgari eloquentia I, 9, hrsg. von *Pier Vincenzo Mengaldo,* Padua 1968, S. 13–16; Über das Dichten in der Muttersprache, übers. von Franz Dornseiff u. Joseph Balogh, Darmstadt 1925. – Zum Werk *Hans Wilhelm Klein:* Latein und Volgare in Italien, Ein Beitrag zur Geschichte der italienischen Nationalsprache, München 1957. Zur Geschichte: Dante Alighieri, mit Beiträgen von *Hans Rheinfelder* u. a., Würzburg 1966. – Zur Sprachauffassung *Arno Borst:* Dantes Meinungen über Ursprung und Vielfalt der Sprachen, in: Jahrbuch der Akademie der Wissenschaften in Göttingen 1966, S. 15–24.

Sprachen S. 326

Zur Sozialgeschichte der Sprache *Arno Borst:* Der Turmbau von Babel, Geschichte der Meinungen über Ursprung und Vielfalt der Sprachen und Völker, 6 Bde., Stuttgart 1957-63. - Zur Rolle des Lateinischen *Herbert Grundmann:* Litteratus - illitteratus, Der Wandel einer Bildungsnorm vom Altertum zum Mittelalter, in: AKG 40 (1958) 1-65. Zu den Volkssprachen *Philippe Wolff:* Sprachen, die wir sprechen, Ihre Entstehung aus dem Lateinischen und Germanischen, Von 100 bis 1500 n. Chr., München 1971. - Zur Rolle der Schrift *Heinrich Fichtenau:* Mensch und Schrift im Mittelalter, Wien 1946; *Fritz Rörig:* Mittelalter und Schriftlichkeit, in: WaG 13 (1953) 29-41.

Kreuzzug S. 329

Robertus monachus: Historia Iherosolimitana I, 1-2, in: Recueil des historiens des croisades, Historiens occidentaux Bd. 3, Paris 1866, S. 727-729. Zum Werk fehlt eine neuere Untersuchung. - Zur Rede Urbans II. *Dana Carleton Munro:* The Speech of Pope Urban II. at Clermont, in: American Historical Review 11 (1905/06) 231-242; *Alfons Becker:* Papst Urban II. 1088-1099, bisher nur Bd. 1, Stuttgart 1964. - Zum Jerusalembild *Sibylle Mähl:* Jerusalem in mittelalterlicher Sicht, in: WaG 22 (1962) 11-26. Zum Kreuzzugsgedanken *Carl Erdmann:* Die Entstehung des Kreuzzugsgedankens, Stuttgart 1935. - Zur Geschichte der Kreuzzüge *Hans Eberhard Mayer:* Geschichte der Kreuzzüge, 2. Aufl., Stuttgart 1968; *Kenneth M. Setton* u. a.: A History of the Crusades, 2 Bde., 2. Aufl., Madison 1969.

Konzil S. 335

Ulrich von Richental: Chronik des Konstanzer Konzils, hrsg. von *Michael Richard Buck,* Stuttgart 1882, S. 121-123. - Zum Werk *Otto Feger:* Die Konzilchronik des Ulrich Richental, in: *Ulrich Richental:* Das Konzil zu Konstanz Bd. 2, Starnberg 1964, S. 21-36. Zur geschichtlichen Lage: Die Welt zur Zeit des Konstanzer Konzils, hrsg. von *Theodor Mayer,* VuF 9, Konstanz 1965. - Zur Papstwahl *Karl August Fink:* Die Wahl Martins V., in: Das Konzil von Konstanz, Beiträge zu seiner Geschichte und Theologie, hrsg. von *August Franzen* u. *Wolfgang Müller,* Freiburg i. B. 1964, S. 138-151. Andere Berichte in: Acta Concilii Constanciensis, hrsg. von *Heinrich Finke* u. a., Bd. 2 u. 4, Münster 1923-28. - Zur Geschichte der Konzilien *Karl Joseph von Hefele* u. *Henri Leclercq:* Histoire des conciles d'après les documents originaux, 8 Bde., Paris 1907-21; *Brian Tierney:* Foundations of the Conciliar Theory, Cambridge 1955.

Gottesvolk S. 340

Zur Geschichte des Gedankens vom Gottesvolk *Nils Alstrup Dahl:* Das Volk Gottes, Eine Untersuchung zum Kirchenbewußtsein des Urchristentums, 2. Aufl., Darmstadt 1963; *Richard Wallach:* Das abendländische Gemeinschaftsbewußtsein im Mittelalter, Leipzig 1928; *Paul Rousset:* La notion de Chrétienté aux XIe et XIIe siècles, in: Le moyen âge 69 (1963) 191–203; *Friedrich Kempf:* Das Problem der Christianitas im 12. und 13. Jahrhundert, in: HJb 79 (1960) 104–123; *Werner Fritzemeyer:* Christenheit und Europa, Zur Geschichte des europäischen Gemeinschaftsgefühls von Dante bis Leibniz, München 1931.

Condicio humana S. 344

Thomas von Aquin: De regimine principum I, 1, hrsg. von *Joseph Mathis,* Turin 1924, S. 1 f.; Über die Herrschaft der Fürsten, übers. von Friedrich Schreyvogl, Stuttgart 1971. Ich halte mich an die kongenialere Übersetzung von *Martin Grabmann:* Thomas von Aquin, Persönlichkeit und Gedankenwelt, 7. Aufl., München 1946, S. 163 f. – Zu Werk und Autor *Wilhelm Berges:* Die Fürstenspiegel des hohen und späten Mittelalters, Stuttgart 1938; *Marie-Dominique Chenu:* Das Werk des hl. Thomas von Aquin, Heidelberg 1960.

SOCIETAS HUMANA

Societas Humana S. 353

Gesta Romanorum 178, hrsg. von *Hermann Oesterley,* Berlin 1872, S. 579 f.; vgl. zu S. 29. – Zur mittelalterlichen Schachliteratur *Frederick Tupper:* Types of Society in Medieval Literature, New York 1926. – Zur modernen Definition von »Lebensform« *Eduard Spranger:* Lebensformen, Geisteswissenschaftliche Psychologie und Ethik der Persönlichkeit, 8. Aufl., Tübingen 1950; *Wilhelm Flitner:* Die Geschichte der abendländischen Lebensformen, München 1967. Vgl. zu S. 31 *Wundt* und *Huizinga.*

BAUERN UND BÜRGER

Hörige S. 359

Breve de Nuviliaco, hrsg. von *Auguste Longnon:* Polyptyque de l'abbaye de Saint-Germain des Prés Bd. 2, Paris 1886–95, S. 158–161. Zum Werk ebenda Bd. 1, Paris 1895. – Zur Wirtschaft des Klosters *Marie de La Motte-Colas:* Les possessions territoriales de l'abbaye de Saint-Germain-des-Prés du début du IXe au début du XIIe siècle, in: Mémorial du XIVe centenaire de l'abbaye de Saint-Germain-des-Prés, Paris 1959, S. 49–80. – Zum bäuerlichen Rechtsstatus *Charles Verlinden:* L'esclavage dans l'Europe médiévale Bd. 1, Brügge 1955; *Charles-Edmond Perrin:* Le servage en France et en Allemagne au moyen âge, in: X Congresso Internazionale di Scienze Storiche, Relazioni Bd. 3, Florenz 1955, S. 213–245. – Zur frühmittelalterlichen Landwirtschaft: Agricoltura e mondo rurale in Occidente nell' alto medioevo, Settimane di Studio 13, Spoleto 1966; *White,* vgl. zu S. 233.

Pächter S. 364

Ildebrando Imberciadori: Mezzadria classica toscana con documentazione inedita dal IX al XIV secolo, Florenz 1951, S. 137–139. – Zur Wirtschaft Luccas *Guglielmo Lera:* Lucca città da scoprire, Lucca 1968; angekündigt ist *Thomas Blomquist:* An Economic and Social History of Medieval Lucca. – Zum bäuerlichen Rechtsstatus *Romolo Caggese:* Classi e comuni rurali nel medio evo italiano, Saggio di storia economica e giuridica, 2 Bde., Florenz 1907–08. – Zur toskanischen Landwirtschaft *Emilio Sereni:* Storia del paesaggio agrario italiano, 2. Aufl., Bari 1962; *Gino Luzzatto:* Storia economica d'Italia, Il medioevo, 2. Aufl., Florenz 1963.

Landwirtschaft S. 369

Zur Wirtschaftsgeschichte *Bernard H. Slicher van Bath:* The Agrarian History of Western Europe A. D. 500–1850, London 1963; *Postan,* vgl. zu S. 165. Zur Sozialgeschichte fundamental *Georges Duby:* Rural Economy and Country Life in the Medieval West, London 1968. – Zur Veränderung des Klimas *Emmanuel Le Roy Ladurie:* Histoire du climat depuis l'an Mil, Paris 1967. – Zur Geschichte der Arbeit *Philippe Wolff* u. *Frédéric Mauro:* Histoire générale du travail Bd. 2, Paris 1960; vgl. zu S. 233 *Steinbach* und *Husa.*

Nachbarn S. 373

Sachsenspiegel, Landrecht II, 46, 1 – 56, 1, hrsg. von *Karl August Eckhardt,* MGH Fontes iuris Germanici antiqui Nova series 1, 1, 2. Aufl., Göttingen 1955, S. 169–175; *Eike von Repgow:* Der Sachsenspiegel, übers. von Hans Christoph Hirsch, Berlin 1936. – Zum Werk *Erik Wolf:* Große Rechtsdenker der deutschen Geistesgeschichte, 4. Aufl., Tübingen 1963, S. 1–29. – Zur Dorfgemeinde an der Elbe: Die Anfänge der Landgemeinde und ihr Wesen, hrsg. von *Theodor Mayer,* Bd. 2, VuF 8, Konstanz 1964, vor allem die Beiträge von *Buchda, Schlesinger* und *Schwineköper.* – Zur dörflichen Rechtsgeschichte *Karl Siegfried Bader:* Studien zur Rechtsgeschichte des mittelalterlichen Dorfes, 2 Bde., Weimar 1957–62; *Louis Carlen:* Das Recht der Hirten, Zur Rechtsgeschichte der Hirten in Deutschland, Österreich und der Schweiz, Innsbruck 1970.

Eidgenossen S. 378

Bundesbrief der drei Orte Uri, Schwyz und Nidwalden, hrsg. von *Traugott Schieß:* Quellenwerk zur Entstehung der Schweizerischen Eidgenossenschaft I, 1, Aarau 1933, S. 778–783 Nr. 1681; Quellen zur Geschichte des deutschen Bauernstandes im Mittelalter, übers. von Günther Franz, FSGA 31, Darmstadt 1967. – Zum Brief *Emanuel Peter La Roche:* Das Interregnum und die Entstehung der Schweizerischen Eidgenossenschaft, Bern 1971; *Hans Conrad Peyer:* Die Entstehung der Eidgenossenschaft, in: Handbuch der Schweizer Geschichte Bd. 1, Zürich 1972, S. 161–238. – Zur Landgemeinde in der Schweiz: Die Anfänge der Landgemeinde und ihr Wesen, hrsg. von *Theodor Mayer,* Bd. 1, VuF 7, Konstanz 1964, vor allem der Beitrag von *Kläui; Werner Röllin:* Siedlungs- und wirtschaftsgeschichtliche Aspekte der mittelalterlichen Urschweiz bis zum Ausgang des 15. Jahrhunderts, Zürich 1969. – Zur Geschichte des Schiedsgerichts *Josef Engel:* Zum Problem der Schlichtung von Streitigkeiten im Mittelalter, in: XIIe Congrès International des Sciences Historiques, Rapports Bd. 4, Wien 1965, S. 111–129.

Landgemeinden S. 382

Zur Geschichte *Theodor Mayer:* Vom Werden und Wesen der Landgemeinde, in: Die Anfänge (vgl. zu S. 373) Bd. 2, S. 465–495; *Karl Bosl:* Eine Geschichte der deutschen Landgemeinde, in: Frühformen (vgl. zu S. 288) S. 425–439; *Helen Maud Cam:* The Community of the Vill, in: Lordship and Community in Medieval Europe, hrsg. von *Fredric L. Cheyette,* New York 1968, S. 256–267. – Zur Soziologie *René König:* Grundformen der Gesellschaft: Die Gemeinde, RDE 79, Hamburg 1958.

Aberglaube S. 385

Agobard von Lyon: Liber contra insulsam vulgi opinionem de grandine et tonitruis 1–2, 13, 15–16, hrsg. von *Jacques-Paul Migne,* PL 104, Paris 1864, Sp. 147 f., 155–158. – Zu Werk und Autor *Hans Liebeschütz:* Wesen und Grenzen des karolingischen Rationalismus, in: AKG 33 (1951) 17–44; *Egon Boshof:* Erzbischof Agobard von Lyon, Leben und Werk, Köln 1969. – Zur Geschichte *Heinrich Fichtenau:* Das karolingische Imperium, Soziale und geistige Problematik eines Großreiches, Zürich 1949; *Ottorino Bertolini:* Carlomagno e Benevento, in: Karl der Große, Lebenswerk und Nachleben, hrsg. von *Wolfgang Braunfels,* Bd. 1, Düsseldorf 1965, S. 609–671. – Zum frühmittelalterlichen Aberglauben *Lynn Thorndike:* A History of Magic and Experimental Science Bd. 1, New York 1923; *Victor Stegemann:* Hagel, in: Handwörterbuch des deutschen Aberglaubens, hrsg. von *Hanns Bächtold-Stäubli,* Bd. 3, Berlin 1931, Sp. 1304–1320.

Bauernschläue S. 390

Petrus Alfonsi: Disciplina clericalis 19, hrsg. von *Alfons Hilka* u. *Werner Söderhjelm,* Helsingfors 1911, S. 27 f. – Neufassung Gesta Romanorum 106, hrsg. von *Hermann Oesterley,* Berlin 1872, S. 436–438. – Zum Werk *Eberhard Hermes:* Petrus Alfonsi, Die Kunst vernünftig zu leben, Zürich 1970; abschätzig *Max Manitius:* Geschichte der lateinischen Literatur des Mittelalters Bd. 3, München 1931. Zur Gattung der Exempla *J. Th. Welter:* L'exemplum dans la littérature religieuse et didactique du moyen âge, Paris 1927. – Zur Geschichte *Robert S. Smith:* Spain, in: The Cambridge Economic History (vgl. zu S. 172) Bd. 1, S. 432–448.

Mißtrauen S. 394

Zur mittelalterlichen Beurteilung der Bauern fehlt eine moderne Studie; einen Ersatz bietet *Hilde Hügli:* Der deutsche Bauer im Mittelalter, dargestellt nach den deutschen literarischen Quellen vom 11. bis 15. Jahrhundert, Bern 1929. – Zur bäuerlichen Mentalität unkritisch *A. l'Houet:* Psychologie des Bauerntums, 3. Aufl., Tübingen 1935; einseitig *Siegfried Epperlein:* Bauernbedrückung und Bauernwiderstand im hohen Mittelalter, Berlin 1960.

Handwerker S. 396

Instituta regalia et ministeria camere regum Longobardum et honorancie civitatis Papie 8–14, 17–19, hrsg. von *Adolf Hofmeister,* in: MGH Scriptores Bd. 30, 2, Hannover 1934, S. 1454–1457. – Zum Werk *Arrigo Solmi:* L'amministrazione finanziaria del regno italico nell' alto medio evo, Pavia 1932. Zur Ortsgeschichte *Pietro Vaccari:* La posizione e la funzione storica della città di Pavia nel medio evo, in: Archivio storico lombardo 91/92 (1964/65) 337–361; Pavia capitale del regno, Atti del IV Congresso Internazionale di Studi sull' Alto Medioevo, Spoleto 1969. – Zur Sozial- und Wirtschaftsgeschichte *Cinzio Violante:* La società milanese nell' età precomunale, Bari 1953. – Zum Wirtschaftsstil des Handwerks *Rudolf Wissell:* Des alten Handwerks Recht und Gewohnheit, 2 Bde., Berlin 1929; 2. Aufl., Bd. 1, Berlin 1971; *Reinald Ennen:* Zünfte und Wettbewerb, Möglichkeiten und Grenzen zünftlerischer Wettbewerbsbeschränkungen im städtischen Handel und Gewerbe des Spätmittelalters, Köln 1971.

Händler S. 401

Lettere volgari del secolo XIII scritte da Senesi, hrsg. von *Cesare Paoli* u. *Enea Piccolomini,* Bologna 1871, S. 49, 52 f., 55–58 Nr. 7. Zu dem Brief *Adolf Schaube:* Ein italienischer Kursbericht von der Messe von Troyes aus dem 13. Jahrhundert, in: Zeitschrift für Sozial- und Wirtschaftsgeschichte 5 (1897) 248-308; *Robert Sabatino Lopez* u. *Irving W. Raymond:* Medieval Trade in the Mediterranean World, New York 1955. Zur Ortsgeschichte *Ernesto Sestan:* Siena avanti Montaperti, in: Bullettino Senese di Storia Patria III, 20 (1961) 28-74. – Zur Handels- und Geldgeschichte *Adolf Schaube:* Handelsgeschichte der romanischen Völker des Mittelmeergebiets bis zum Ende der Kreuzzüge, München 1906; *Carlo M. Cipolla:* Money, Prices, and Civilization in the Mediterranean World, 5th to 17th Century, New York 1967. – Zum Wirtschaftsstil des Handels *Armando Sapori:* Le marchand italien au moyen âge, Paris 1952; *Jacques Le Goff:* Marchands et banquiers du moyen âge, 2. Aufl., Paris 1962; *Erich Maschke:* Das Berufsbewußtsein des mittelalterlichen Fernkaufmanns, in: Beiträge zum Berufsbewußtsein des mittelalterlichen Menschen, hrsg. von *Paul Wilpert,* Miscellanea Mediaevalia 3, Berlin 1964, S. 306-335.

Marktwirtschaft S. 406

Zur Geschichte: The Cambridge Economic History of Europe, Bd. 2 Trade and Industry in the Middle Ages, hrsg. von *Michael Postan* u. *Edwin Ernest Rich,* Cambridge 1952; La foire, RSJB 5, Brüssel 1953; *Wolff,* vgl. zu S. 369; I problemi della civiltà comunale, hrsg. von *Cosimo Damiano Fonseca,* Bergamo 1971, besonders die Beiträge von *Lopez* und *Sapori.* – Zur Soziologie *Max Weber:* Wirtschaft und Gesellschaft, Grundriß der verstehenden Soziologie, hrsg. von *Johannes Winckelmann,* Köln 1964, vor allem S. 923-1033.

Geschworene S. 409

Herzog Konrads Privilegien für die Stadt Freiburg i. B., hrsg. von *Aloys Schulte,* in: ZGO 40 (1886) 193-199. Zum Text mit Verbesserungen *Walter Schlesinger:* Das älteste Freiburger Stadtrecht, Überlieferung und Inhalt, in: ZRG Germanistische Abteilung 83 (1966) 63-116. – Zur Ortsgeschichte *Theodor Mayer:* Die Zähringer und Freiburg im Breisgau, in: *Theodor Mayer:* Mittelalterliche Studien, Lindau 1959, S. 365-379; Freiburg im Mittelalter, hrsg. von *Wolfgang Müller, Bühl* 1970. – Zur deutschen Stadtverfassung *Walter Schlesinger:* Beiträge zur deutschen Verfassungsgeschichte des Mittelalters Bd. 2, Göttingen 1963; *Hans Planitz:* Die deutsche Stadt im Mittelalter, Von der Römerzeit bis zu den Zunftkämpfen, 2. Aufl., Graz 1965.

Verschwörer S. 415

Annales Gandenses 1301-02, hrsg. von *Hilda Johnstone:* Annals of Ghent, London 1951, S. 12 f., 17 f., 25. Zum Text die Einleitung von *Johnstone.* – Zur Ortsgeschichte *Hans van Werveke:* Gent, Schets van een sociale geschiedenis, Gent 1947;

Willem Pieter Blockmans: Studien naar de sociale strukturen te Brugge, Kortrijk en Gent in de 14e en 15e eeuw, Löwen 1970. - Zur flämischen Stadtverfassung *Jan A. Van Houtte* u. a.: Algemene Geschiedenis der Nederlanden Bd. 2, Utrecht 1950; *John Gilissen:* Les villes en Belgigue, Histoire des institutions administratives et judiciaires des villes belges, in: La ville Bd. 1, RSJB 6, Brüssel 1954, S. 531-603.

Kommunen S. 422

Zur Geschichte *Henri Pirenne:* Les villes et les institutions urbaines, 2 Bde., 5. Aufl., Brüssel 1939; *Edith Ennen:* Die europäische Stadt des Mittelalters, Göttingen 1972; Die Stadt des Mittelalters, hrsg. von *Carl Haase,* bisher 2 Bde., WdF 243-244, Darmstadt 1969-72. - Zur Struktur: Untersuchungen zur gesellschaftlichen Struktur der mittelalterlichen Städte in Europa, hrsg. von *Theodor Mayer,* VuF 11, Konstanz 1966; *Otto Brunner:* Stadt und Bürgertum in der europäischen Geschichte, in: Neue Wege (vgl. zu S. 183) S. 213-224.

Delikatesse S. 424

Willelmus filius Stenkamp: Vita sancti Thomae, hrsg. von *James Craigie Robertson:* Materials for the History of Thomas Becket Bd. 3, RBS 67, London 1877, S. 5-8. Zum Text *Frank Stenton:* Norman London, in: Social Life in Early England, hrsg. von *Geofrey Barraclough,* London 1960, S. 179-207. - Zur Sozialgeschichte *Martin Weinbaum:* Verfassungsgeschichte Londons 1066-1268. Stuttgart 1929; *Gwyn A. Williams:* Medieval London, From Commune to Capital, London 1963. Zum Londoner Alltag um 1180 *Urban Tigner Holmes:* Daily Living in the Twelfth Century, Madison 1952. - Zur Geschichte Englands *Austin Lane Poole:* From Domesday Book to Magna Charta 1087-1216, The Oxford History of England 3, 2. Aufl., Oxford 1955.

Zudringlichkeit S. 429

Annales Pragenses III, hrsg. von *Josef Emler.* Fontes rerum Bohemicarum 2, Prag 1875, S. 356-358; Die Fortsetzungen des Cosmas von Prag, übers. von Georg Grandaur, GdV 66, Leipzig 1895. - Zum Text *František Graus:* Přemysl Otakar II., sein Ruhm und sein Nachleben, in: MIÖG 79 (1971) 57-110. - Zur Sozialgeschichte *Jaroslav Mezník:* Der ökonomische Charakter Prags im 14. Jahrhundert, in: Historica 17 (1969) 43-91; *František Graus:* Struktur und Geschichte, Drei Volksaufstände im mittelalterlichen Prag, Sigmaringen 1971. - Zur Geschichte Böhmens *Bosl,* vgl. zu S. 304; *Jiří Kejř:* Zwei Studien über die Anfänge der Städteverfassung in den böhmischen Ländern, in: Historica 16 (1969) 81-142.

Anstand S. 434

Zur bürgerlichen Mentalität *Lewis Mumford:* Die Stadt, Geschichte und Ausblick, Köln 1961; *František Graus:* Au bas moyen âge: Pauvres des villes et pauvres des campagnes, in: Annales 16 (1961) 1053–1065; *José Luis Romero:* Ensayos sobre la burguesía medieval, Buenos Aires 1961; *Fritz Rörig:* Die europäische Stadt und die Kultur des Bürgertums im Mittelalter, 4. Aufl., Göttingen 1964.

ADLIGE UND FÜRSTEN

Gefolgschaft S. 438

The Battle of Maldon Vers 130–225, hrsg. von *Eric V. Gordon,* London 1937, S. 51–56. Zum Werk die Einleitung von *Gordon.* Angelsächsische Chronik vgl. zu S. 461. – Zur Geschichte der Schlacht *O. Duncan Macrae-Gibson:* How Historical is »The Battle of Maldon«? in: Medium Aevum 39 (1970) 89–107. – Zur geschichtlichen Lage *Frank Stenton:* Anglo-Saxon England, The Oxford History of England 2, 3. Aufl., Oxford 1971. – Zur Gefolgschaft *Walter Schlesinger:* Beiträge zur deutschen Verfassungsgeschichte des Mittelalters Bd. 1, Göttingen 1963; *František Graus:* Herrschaft und Treue, in: Historica 12 (1966) 5–44. – Zur Waffentechnik *Heribert Seitz:* Blankwaffen, Ein waffenhistorisches Handbuch Bd. 1, Braunschweig 1965; *White,* vgl. zu S. 233. Zur Geschichte der Schlachten *John Frederick Charles Fuller:* The Decisive Battles of the Western World and Their Influence upon History Bd. 1, London 1954.

Verrat S. 443

Suger: Vita Ludovici Grossi regis 17, hrsg. von *Henri Waquet,* CHF 11, Paris 1929, S. 112–120. – Zur Burg *Pierre Héliot* u. *Jean Vallery-Radot: Le* donjon de La Roche-Guyon, in: Mémoires de la Société historique et archéologique de l'arrondissement Pontoise et du Vexin 58 (1962) 9–20. – Zur geschichtlichen Lage *Robert Barroux:* L'abbé Suger et la vasallité du Vexin en 1124, in: Le moyen âge 64 (1958) 1–26; *Jean-François Lemarignier:* Le gouvernement royal aux premiers temps capétiens 987–1108, Paris 1965. – Zur Adelsgesellschaft *Georges Duby:* La société aux XIe et XIIe siècles dans la région mâconnaise, 2. Aufl., Paris 1971. – Zur Burgentechnik *José-Federico Finó:* Forteresses de la France médiévale, Construction – Attaque – Défense, Paris 1967. Zur Geschichte der Burgen *Bodo Ebhardt:* Der Wehrbau Europas im Mittelalter, 2 Bde., Berlin 1939–58.

Krieg S. 448

Zur Geschichte der Kriegskunst *Jan Frans Verbruggen:* De Krijgskunst in West-Europa in de Middeleeuwen, Brüssel 1954; *John Beeler:* Warfare in Feudal Europe 730 - 1200, Ithaca 1971. - Zum Krieg als Wettkampf *Johan Huizinga:* Homo ludens, Vom Ursprung der Kultur im Spiel, RDE 21, Hamburg 1956; *Kurt-Georg Cram:* Iudicium belli, Zum Rechtscharakter des Krieges im deutschen Mittelalter, Münster 1955. - Zur Sozialgeschichte des Krieges *Rainer Wohlfeil:* Ritter - Söldnerführer - Offizier, Versuch eines Vergleiches, in: Festschrift Johannes Bärmann Bd. 1, Wiesbaden 1966, S. 45-70.

Räuber S. 451

Beschluß eines katalanischen Konzils von 1033, hrsg. von *Hartmut Hoffmann:* Gottesfriede und Treuga Dei, Stuttgart 1964, S. 260-262. Zum Text ebenda. Zu Oliba *Anselm M. Albareda:* Noves dades sobre la familia de l'abat Oliva, in: Analecta Sacra Tarraconensia 28 (1955) 341-353. - Zur geschichtlichen Lage *Ramon d'Abadal:* La Pre-Catalunya, in: Història dels Catalans, hrsg. von *Ferran Soldevila,* Bd. 2, Barcelona 1961, S. 601-991; *Odilo Engels:* Schutzgedanke und Landesherrschaft im östlichen Pyrenäenraum (9.-13. Jahrhundert), Münster 1970. - Zur Gottesfriedensbewegung *Bernhard Töpfer:* Volk und Kirche zur Zeit der beginnenden Gottesfriedensbewegung in Frankreich, Berlin 1957; *Hoffmann,* s. o. - Zum katalanischen Adel *Enrique Bagué:* La sociedad en Cataluña, Aragón y Navarra en los primeros siglos medievales, in: Historia de España y America, hrsg. von *Jaime Vicens Vives,* Bd. 1, Barcelona 1961, S. 374-431; *Archibald R. Lewis:* The Development of Southern French and Catalan Society 718-1050, Austin 1965; *Pierre Bonnassie:* Les conventions féodales dans la Catalogne du Xle siècle, in: Annales du Midi 80 (1968) 529-561.

Amtmänner S. 457

Levold von Northof: Die Chronik der Grafen von der Mark, hrsg. von *Fritz Zschaeck,* MGH SrG Nova series 6, 2. Aufl., Berlin 1955, S. 6 f., 11 f.; übers. von Hermann Flebbe, GdV 99, Münster 1955. - Zum Werk *Albert Werminghoff:* Drei Fürstenspiegel des 14. und 15. Jahrhunderts, in: Geschichtliche Studien, Albert Hauck zum 70. Geburtstage, Leipzig 1916, S. 152-176; *Flebbe,* s. o. - Zur geschichtlichen Lage *Uta Vahrenhold-Huland:* Grundlagen und Entstehung des Territoriums der Grafschaft Mark, Dortmund 1968. - Zur Territorienbildung: Der deutsche Territorialstaat im 14. Jahrhundert, hrsg. von *Hans Patze,* 2 Bde., VuF 13-14, Sigmaringen 1970-71. Zum Ständestaat *Otto Hintze:* Feudalismus - Kapitalismus, hrsg. von *Gerhard Oestreich,* Göttingen 1970; *Herbert Helbig:* Der wettinische Ständestaat, Untersuchungen zur Geschichte des Ständewesens und der landständischen Verfassung in Mitteldeutschland bis 1485, Münster 1955. – Zum deutschen Adel: Deutscher Adel 1430–1555, hrsg. von *Hellmuth Rössler,* Darmstadt 1965.

Herrschaft S. 462

Zur Adelsherrschaft *Gerd Tellenbach:* Les classes dirigeantes, Moyen âge: Zur Erforschung des mittelalterlichen Adels, in: XIIe Congrès International des Sciences Historiques, Rapports Bd. 1, Wien 1965, S. 317–337; *Brunner,* vgl. zu S. 172; *Robert Boutruche:* Seigneurie et féodalité, 2 Bde., Paris 1968–70. – Zum Lehnswesen *Heinrich Mitteis:* Lehnrecht und Staatsgewalt, Untersuchungen zur mittelalterlichen Verfassungsgeschichte, Weimar 1933; *François-Louis Ganshof:* Was ist das Lehnswesen? 3. Aufl., Darmstadt 1970.

Großmut S. 465

Waltharius Vers 1396–1452, hrsg. von *Karl Strecker,* in: MGH Poetae latini Bd. 6, 1, Weimar 1951, S. 81–83; übers. von Karl Strecker u. Peter Vossen, Berlin 1947. – Zum Werk *Walter Berschin:* Ergebnisse der Waltharius-Forschung seit 1951, in: DA 24 (1968) 16–45; Waltharius und Walthersage, Eine Dokumentation der Forschung, hrsg. von *Emil Ploss,* Hildesheim 1969. – Zur Geschichte *Karl Leyser:* The German Aristocracy from the Ninth to the Early Twelfth Century, in: Past and Present 41(1968) 25–53. – Zur Mentalität *Hatto Kallfelz:* Das Standesethos des Adels im 10. und 11. Jahrhundert, Diss. phil., Würzburg 1960.

Hochmut S. 470

Hugo Falcandus: Historia, hrsg. von *G. B. Siragusa,* FSTI 22, Rom 1897, S. 33–35. Zum Werk *Evelyn Mary Jamison:* Admiral Eugenius of Sicily, His Life and Work, London 1957; mit Recht kritisch *Hartmut Hoffmann:* Hugo Falcandus und Romuald von Salerno, in: DA 23 (1967) 116–170. – Zur Geschichte *Ferdinand Chalandon:* Histoire de la domination normande en Italie et en Sicile, 2 Bde., Paris 1907; ungenau, aber brillant *John Julius Norwich:* Die Normannen in Sizilien 1130–1194, Wiesbaden 1971. – Zur Mentalität *Gina Fasoli:* Lineamenti di una storia della cavalleria, in: Studi di storia medievale e moderna in onore di Ettore Rota, Rom 1958, S. 81–93.

Tugend S. 475

Zur aristokratischen Mentalität *Karl Bosl:* Die Gesellschaft in der Geschichte des Mittelalters, 2. Aufl., Göttingen 1969; Ritterliches Tugendsystem, hrsg. von *Günter Eifler,* WdF 56, Darmstadt 1970. – Zum Rittertum *Johanna Maria van Winter:*

Rittertum, Ideal und Wirklichkeit, München 1969; *Richard Barber:* The Knight and Chivalry, New York 1970; demnächst Das Rittertum im Mittelalter, hrsg. von *Arno Borst,* WdF 349, Darmstadt ca. 1973.

Machtfülle S. 477

Anglo-Saxon Chronicle E, millesimo 1086, hrsg. von *Cecily Anderson Clark:* The Petersborough Chronicle 1070-1154, 2. Aufl., Oxford 1970, S. 11-14. Zum Werk *Dorothy Whitelock:* The Anglo-Saxon Chronicle, 2. Aufl., London 1965, S. XI-XXIX. – Zur Geschichte *David Charles Douglas:* Wilhelm der Eroberer, Der normannische Angriff auf England, Stuttgart 1966; *Karl Schnith:* Die Wende der englischen Geschichte im 11. Jahrhundert, in: HJb 86 (1966) 1-53. – Zum Königtum *Percy Ernst Schramm:* Geschichte des englischen Königtums im Lichte der Krönung, 2. Aufl., Weimar 1970.

Pflichterfüllung S. 482

Konungs skuggsjá 55, hrsg. von *Finnur Jónsson,* Bd. 1, Kopenhagen 1920, S. 229-231; Der Königsspiegel Konungsskuggsjá, übers. von Rudolf Meissner, Halle 1944. – Zum Werk *Berges,* vgl. zu S. 344. – Über Håkon: Hakonssaga, übers. von Felix Niedner: Norwegische Königsgeschichten Bd. 2, Thule 18, Jena 1925. Zur Geschichte *Andreas Holmsen:* Norges historie fra de eldste tider til 1660, 3. Aufl., Oslo 1961.

Friede S. 486

Zur Verfassungsgeschichte des Königtums *Heinrich Mitteis:* Der Staat des hohen Mittelalters, Grundlinien einer vergleichenden Verfassungsgeschichte des Lehnszeitalters, 8. Aufl., Weimar 1968. – Zur Geschichte des Friedensgedankens *Bernhard Töpfer:* Das kommende Reich des Friedens, Zur Entwicklung chiliastischer Zukunftshoffnungen im Hochmittelalter, Berlin 1964. Zur Beziehung zwischen Fürst und Volk *František Graus:* Littérature et mentalité médiévales: Le roi et le peuple, in: Historica 16 (1969) 5-79.

Krönung S. 490

Widukind von Korvei: Rerum gestarum Saxonicarum libri II, 1-2, hrsg. von *Paul Hirsch,* MGH SrG 60, 5. Aufl., Hannover 1935, S. 63-67; Quellen zur Geschichte der sächsischen Kaiserzeit, übers. von Albert Bauer u. Reinhold Rau, FSGA 8, Darmstadt 1971. – Zum Werk *Helmut Beumann:* Widukind von Korvei, Untersuchungen zur Geschichtsschreibung und Ideengeschichte des 10. Jahrhunderts, Weimar 1950. Zur Geschichte *Josef Fleckenstein:* Das Reich der Ottonen im 10.

Jahrhundert, in: Gebhardt Handbuch der Deutschen Geschichte, hrsg. von *Herbert Grundmann,* Bd. 1, 9. Aufl., Stuttgart 1970, S. 217-283. - Zur Szene *Percy Ernst Schramm:* Ottos I. Königskrönung in Aachen, in: *P. E. S.:* Kaiser Könige und Päpste, Gesammelte Aufsätze zur Geschichte des Mittelalters Bd. 3, Stuttgart 1969, S. 33-58.

Zweikampf S. 496

Ramon Muntaner: Crònica 90, hrsg. von *Enrique Bagué* u. *Miquel Coll i Alentorn,* Bd. 2, Barcelona 1951, S. 71-74; Chronik, übers. von Karl Fr. W. Lanz, Bd. 1, Leipzig 1842. - Zum Werk *Roger Sablonier:* Krieg und Kriegertum in der Crònica des Ramon Muntaner, Eine Studie zum spätmittelalterlichen Kriegswesen aufgrund katalanischer Quellen, Bern 1971. - Zur Geschichte *Percy Ernst Schramm:* Der König von Aragon, Seine Stellung im Staatsrecht 1276-1410, in: HJb 74 (1955) 99-123; *August Nitschke:* Der sizilische Adel unter Karl von Anjou und Peter von Aragon, in: Quellen und Forschungen aus italienischen Archiven und Bibliotheken 45 (1965) 241-273. - Zur Szene *Ferran Soldevila:* Jaume I - Pere el Gran, Els grans reis del segle XIII, Barcelona 1955; *Werner Goez:* Über Fürstenzweikämpfe im Spätmittelalter, in: AKG 49 (1967) 135-163.

Würde S. 501

Zur Staatssymbolik grundlegend *Percy Ernst Schramm:* Herrschaftszeichen und Staatssymbolik, Beiträge zu ihrer Geschichte vom 3. bis zum 16. Jahrhundert, 3 Bde., Stuttgart 1954-56. Zur Krone vgl. zu S. 308 *Hellmann.* - Zur Rolle des Zeremoniells exemplarisch *Norbert Elias:* Die höfische Gesellschaft, Untersuchungen zur Soziologie des Königtums und der höfischen Aristokratie, Neuwied 1969.

Suche nach Weisheit S. 505

Asser: De rebus gestis Aelfredi 76-77, hrsg. von *William Henry Stevenson,* Oxford 1904, S. 59-63. Zum Werk *Vivian Hunter Galbraith:* Who wrote Asser's Life of Alfred? in: *V. H. G.:* An Introduction to the Study of History, London 1964, S. 88-128; *Dorothy Whitelock:* The Genuine Asser, Reading 1968. - Zur Geschichte *Henry Royston Loyn:* Alfred the Great, London 1967; *Stenton,* vgl. zu S. 438. - Zur Beziehung zwischen Fürst und Literatur *Ralph H. C. Davis:* Alfred the Great: Propaganda and Truth, in: History 56 (1971) 169-182; allgemein *Reto Raduolf Bezzola:* Les origines et la formation de la littérature courtoise en Occident 500-1200, 5 Bde., Paris 1958-63.

Versuch zur Harmonie S. 509

Don Juan Manuel: El Conde Lucanor 41, hrsg. von *Eduardo Juliá,* Madrid 1933, S. 227–231; Der Graf Lucanor, übers. von Arnald Steiger, Zürich 1944. – Zum Werk *Berges,* vgl. zu S. 344; Estudios sobre Juan Manuel, hrsg. von *Antonio Doddis Miranda* u. *Germán Sepúlveda Durán,* 2 Bde., Santiago de Chile 1957; mir unzugänglich ist *Leonard Bloom:* The Character of Don Juan Manuel as Revealed in His Writings, in: Kentucky Foreign Languages Quarterly 17 (1970). – Zur Geschichte *Percy Ernst Schramm:* Kastilien zwischen Frankreich-England-Deutschland-Italien, in: *P. E. S.:* Kaiser, Könige und Päpste Bd. 4, 1, Stuttgart 1970, S. 378–419. Zu al-Hakam vgl. zu S. 646 *Lévi-Provençal.* – Zur Beziehung zwischen Fürst und Baukunst exemplarisch *Howard M. Colvin* u. a.: The History of the King's Works, 2 Bde., London 1963 für England.

Größe S. 514

Zur fürstlichen Mentalität *Philipp Wolff-Windegg:* Die Gekrönten, Sinn und Sinnbilder des Königtums, Stuttgart 1958; *Percy Ernst Schramm:* »Mythos« des Königtums, in: *P. E. S.:* Kaiser, Könige und Päpste Bd. 1, Stuttgart 1968, S. 68–78. – Zur Beurteilung von Fürsten *Gerhart B. Ladner:* Greatness in Mediaeval History, in: The Catholic Historical Review 50 (1964) 1–26, einseitig auf Heiligkeit insistierend. Wichtiger sind Beinamen; dazu *Andreas Wrackmeyer:* Studien zu den Beinamen der abendländischen Könige und Fürsten bis zum Ende des 12. Jahrhunderts, Diss. phil., Marburg 1936; populär, aber materialreich *Reinhard Lebe:* War Karl der Kahle wirklich kahl? Über historische Beinamen, Berlin 1969.

GEISTLICHE UND GEBILDETE

Kirchenfürst S. 517

Gesta et passio sancti Leudegarii 21–23, hrsg. von *Bruno Krusch,* in: Corpus Christianorum, Series latina Bd. 117, Turnhout 1957, S. 556–560. – Paralleltext: *Jacobus a Voragine:* Legenda aurea 148, hrsg. von *Theodor Graesse,* 3 Aufl., Breslau 1890, S. 660–662. – Zum Werk *Bruno Krusch:* Die älteste Vita Leudegarii, in: Neues Archiv der Gesellschaft für ältere deutsche Geschichtskunde 16 (1891) 563–596. – Zur kirchlichen Lage *Albert Hauck:* Kirchengeschichte Deutschlands Bd. 1, 7. Aufl., Leipzig 1952; *Hans von Schubert:* Geschichte der christlichen Kirche im Frühmittelalter, 2. Aufl., Darmstadt 1962. Zur politischen Lage *Eugen Ewig:* Die fränkischen Teilreiche im 7. Jahrhundert, in: Trierer Zeitschrift für Geschichte und Kunst 22 (1953) 85–144. – Zur frühmittelalterlichen Hagiographie *František Graus:* Volk, Herrscher und Heiliger im Reich der Merowinger, Studien zur Hagiographie der Merowingerzeit, Prag 1965; *Friedrich Prinz:* Heiligenkult und Adelsherrschaft im Spiegel merowingischer Hagiographie, in: HZ 204 (1967) 529-544.

Oberhirte S. 522

Eadmer: De vita et conversatione Anselmi II, 8-9 u. 14, hrsg. von *Richard William Southern:* The Life of St. Anselm Archbishop of Canterbury, London 1962, S. 70-72, 81 f.; Das Leben des heiligen Anselm von Canterbury, übers. von Günther Müller, München 1923. – Zum Werk *Misch,* vgl. zu S. 80; *Richard William Southern:* Saint Anselm und His Biographer, A Study of Monastic Life and Thought, Cambridge 1963. – Zur kirchlichen Lage *Norman F. Cantor:* Church, Kingship, and Lay Investiture in England 1089-1135, Princeton 1958. Zur geistigen Lage *Étienne Gilson:* Der Geist der mittelalterlichen Philosophie, Wien 1950; *Richard William Southern:* Gestaltende Kräfte des Mittelalters, Das Abendland im 11. und 12. Jahrhundert, Stuttgart 1960. – Zur hochmittelalterlichen Hagiographie *Joseph de Ghellinck:* L'essor de la littérature latine au XIIe siècle, 2. Aufl., Brüssel 1955; beispielhaft *Theodor Wolpers:* Die englische Heiligenlegende des Mittelalters, Tübingen 1964.

Bischöfe S. 527

Zur Geschichte der Hierarchie *Hans Erich Feine:* Kirchliche Rechtsgeschichte, Die katholische Kirche, 4. Aufl., Köln 1964; *Richard William Southern:* Western Society and the Church in the Middle Ages, Harmondsworth 1970. – Zur bischöflichen Mentalität exemplarisch *Wolfram von den Steinen:* Bernward von Hildesheim über sich selbst, in: *Wolfram von den Steinen:* Menschen im Mittelalter, Bern 1967, S. 121-149.

Weihegewalt S. 530

Akten der römischen Synode vom Jahre 745, hrsg. von *Michael Tangl:* Die Briefe des heiligen Bonifatius und Lullus, MGH Epistolae selectae 1, 2. Aufl., Berlin 1955, S. 110-112 Nr. 59; Briefe des Bonifatius, übers. von Reinhold Rau, FSGA 4 b, Darmstadt 1968. – Paralleltexte: Vitae sancti Bonifatii archiepiscopi Moguntini, hrsg. von *Wilhelm Levison,* MGH SrG 57, Hannover 1905. – Zur Geschichte *Theodor Schieffer:* Winfried-Bonifatius und die christliche Grundlegung Europas, Freiburg i. B. 1954; *Eugen Ewig:* Der Petrus- und Apostelkult im spätrömischen und fränkischen Gallien, in: ZKG 71 (1960) 215-251. – Zum Leben der Wanderprediger *Jeffrey Burton Russell:* Saint Boniface and the Eccentrics, in: Church History 33 (1964) 235-247.

Seelsorge S. 535

Caesarius von Heisterbach: Dialogus miraculorum VI, 5, hrsg. von *Joseph Strange,* Bd. 1, Köln 1851, S. 345-347; Wunderbare und denkwürdige Geschichten aus den Werken des Cäsarius von Heisterbach, übers. von Alexander Kaufmann, in: Annalen des Historischen Vereins für den Niederrhein 47 (1888) 1-228. - Zum Werk *Mathilde Hain:* Lebendige Volkssage im »Dialogus miraculorum« des Caesarius von Heisterbach, in: Archiv für mittelrheinische Kirchengeschichte 2 (1950) 130-140. - Zur Geschichte *Therese Adler:* Die Verfassungsgeschichte des Stiftes S. Andreas in Köln, Diss. phil., Bonn 1922; *Wilhelm Neuss* u. *Friedrich Wilhelm Oediger:* Geschichte des Erzbistums Köln Bd. 1, Köln 1964. - Zum Leben der Kanoniker: La vita comune del clero nei secoli XI e XII, Settimana di Studio Mendola 1959, 2 Bde., Mailand 1962.

Priester S. 540

Zur Geschichte: Der priesterliche Dienst, hrsg. von *Herbert Vorgrimler,* bisher 4 Bde., Quaestiones disputatae 46-49, Freiburg i. B. 1970-72. Zur Heiligenstatistik *Katherine* u. *Charles H. George:* Roman Catholic Sainthood and Social Status, A Statistical and Analytical Study, in: The Journal of Religion 35 (1955) 85-98; *Pierre Delooz:* Sociologie et canonisations, Lüttich 1969. - Zur Pfarrerwahl *Dietrich Kurze:* Pfarrerwahlen im Mittelalter, Ein Beitrag zur Geschichte der Gemeinde und des Niederkirchenwesens, Köln 1966.

Ordensregel S. 544

Regino von Prüm: Chronicon, hrsg. von *Friedrich Kurze,* MGH SrG 50, Hannover 1890, S. 41-43; Die Chronik, übers. von Ernst Dümmler, GdV 27, 2. Aufl., Leipzig 1890. - Paralleltext: Benedicti Regula, hrsg. von *Rudolph Hanslik,* CSEL 75, Wien 1960; Die Regel St. Benedikts, übers. von Basilius Steidle, Beuron 1952. - Zum Werk *Heinz Löwe:* Regino von Prüm und das historische Weltbild der Karolingerzeit, in: Geschichtsdenken (vgl. zu S. 50) S. 91-134; *Karl Ferdinand Werner:* Zur Arbeitsweise des Regino von Prüm, in: WaG 19 (1959) 96-116. - Zur Ordensgeschichte *Philibert Schmitz:* Geschichte des Benediktinerordens, 4 Bde., Einsiedeln 1947-60. Zur Situation von Monte Cassino *Heinrich Suso Brechter:* Die Frühgeschichte von Montecassino nach der Chronik Leos von Ostia, in: Liber Floridus, Paul Lehmann zum 65. Geburtstag, St. Ottilien 1950, S. 271-286; *Gregorio Penco:* La prima diffusione della Regola di s. Benedetto, in: Commentationes in Regulam s. Benedicti, hrsg. von *Basilius Steidle,* Rom 1957, S. 321-345; *Hartmut Hoffmann:* Die älteren Abtslisten von Montecassino, in: Quellen und Forschungen aus italienischen Archiven und Bibliotheken 47 (1967) 224-354.

Ordensreform S. 549

Determinationes quaestionum circa regulam Fratrum Minorum I, 19, in: Doctoris seraphici s. *Bonaventurae* opera omnia Bd. 8, Quaracchi 1898, S. 349 f. – Zum Werk *Sophronius Clasen:* Der hl. Bonaventura und das Mendikantentum, Ein Beitrag zur Ideengeschichte des Pariser Mendikantenstreites 1252–72, Werl 1940, der die Echtheitsfrage offen läßt. – Zur Ordensgeschichte *François de Sessevalle:* Histoire générale de l'ordre de Saint François, Le moyen âge, 2 Bde., Paris 1935–37; *Rosalind B. Brooke:* Early Franciscan Government, Elias to Bonaventure, Cambridge 1959. – Zu Bonaventuras Denken *Étienne Gilson:* Die Philosophie des heiligen Bonaventura, 2. Aufl., Darmstadt 1960; *Joseph Ratzinger:* Die Geschichtstheologie des heiligen Bonaventura, München 1959.

Mönche S. 554

Zur Geschichte *David Knowles:* Geschichte des christlichen Mönchtums, Benediktiner, Zisterzienser, Kartäuser, München 1969. – Zur Mentalität *Walter Nigg:* Vom Geheimnis der Mönche, Zürich 1953.

Hofpoeten S. 556

Theodulf: Ad Carolum regem Vers 125–196, hrsg. von *Ernst Dümmler,* in: MGH Poetae latini Bd. 1, Berlin 1881, S. 486–488 Nr. 25; Einführung in das lateinische Mittelalter, übers. von Horst Kusch, Bd. 1, Darmstadt 1957. – Zum Werk *Bernhard Bischoff:* Theodulf und der Ire Cadac-Andreas, in: *B. B.:* Mittelalterliche Studien Bd. 2, Stuttgart 1967, S. 19–25; *Dieter Schaller:* Vortrags- und Zirkulardichtung am Hof Karls des Großen, in: Mittellateinisches Jahrbuch 6 (1970) 14–36. – Zum Karlshof *Josef Fleckenstein:* Karl der Große und sein Hof, in: Karl der Große, Lebenswerk und Nachleben, hrsg. von *Wolfgang Braunfels,* Bd. 1, Düsseldorf 1965, S. 24–50; *Wolfram von den Steinen:* Karl und die Dichter, ebenda Bd. 2, Düsseldorf 1965, S. 63 – 94.

Vaganten S. 561

Archipoeta: En habeo versus, hrsg. von *Heinrich Watenphul* u. *Heinrich Krefeld:* Die Gedichte des Archipoeta, Heidelberg 1958, S. 65 f. Nr. 6; Hymnen und Vagantenlieder, übers. von Karl Langosch, 2. Aufl., Darmstadt 1958. – Zum Dichter *Karl Langosch:* Profile des lateinischen Mittelalters, Geschichtliche Bilder aus dem europäischen Geistesleben, Darmstadt 1965. – Über Salerno *Paul Oskar Kristeller:* The School of Salerno, Its Development and its Contribution to the History of Learning, in: *Paul Oskar Kristeller:* Studies in Renaissance Thought and Letters, Rom 1956, S. 495–551. Zur Geschichte: Beiträge zur Geschichte Italiens im 12. Jahrhundert, hrsg. vom Konstanzer Arbeitskreis für mittelalterliche Geschichte, Sigmaringen 1971. – Zum Vagantenwesen *Martin Bechthum:* Beweggründe und Bedeutung des Vagantentums in der lateinischen Kirche des Mittelalters, Jena 1941.

Dichter S. 565

Zur Hymnendichtung *Josef Szövérffy:* Die Annalen der lateinischen Hymnendichtung, 2 Bde., Berlin 1964-65. Zur Liebesdichtung: Der deutsche Minnesang, hrsg. von *Hans Fromm,* WdF 15, 4. Aufl., Darmstadt 1969; Der provenzalische Minnesang, hrsg. von *Rudolf Baehr,* WdF 6, Darmstadt 1967. - Zur Geschichte der lateinischen Dichtung *Karl Hauck:* Mittellateinische Literatur, in: Deutsche Philologie im Aufriß, hrsg. von *Wolfgang Stammler,* Bd. 2, 2. Aufl., Berlin 1960, Sp. 2555-2624; *Karl Langosch:* Lateinisches Mittelalter, Einleitung in Sprache und Literatur, Darmstadt 1963.

Diskussion S. 568

Abaelard: Historia calamitatum, hrsg. von *Jacques Monfrin,* 3. Aufl., Paris 1967, S. 67-70; Die Leidensgeschichte und der Briefwechsel mit Heloisa, übers. von Eberhard Brost, 2. Aufl., Heidelberg 1954. - Zum Werk *Misch,* vgl. zu S. 80; *Mary Martin McLaughlin:* Abelard as Autobiographer: The Motives and Meaning of his »Story of Calamities«, in: Speculum 42 (1967) 463-488. Zur Stelle *Ermenegildo Bertola:* Le critiche di Abelardo ad Anselmo di Laon ed a Guglielmo di Champeaux, in: Rivista di filosofia neo-scolastica 52 (1960) 495-522. - Zu Abaelards Denken *Leif Grane:* Peter Abaelard, Philosophie und Christentum im Mittelalter, Göttingen 1969; *Jean Jolivet:* Arts du langage et théologie chez Abélard, Paris 1969. - Zur Bibelauslegung *Beryl Smalley:* The Study of the Bible in the Middle Ages, 2. Aufl., Oxford 1952. Zum Schulwesen *Philippe Delhaye:* L'organisation scolaire au XIIe siècle, in: Traditio 5 (1947) 211-268; *Peter Classen:* Die Hohen Schulen und die Gesellschaft im 12. Jahrhundert, in: AKG 48 (1966) 155-180.

Disziplin S. 574

Statuta 43-45, hrsg. von *Carlo Malagola:* Statuti delle Università e dei Collegi dello Studio Bolognese, Bologna 1888, S. 40-43. Zum Text *Heinrich Denifle:* Die Statuten der Juristen-Universität Bologna vom Jahre 1317-1347, in: Archiv für Literatur- und Kirchengeschichte des Mittelalters 3 (1887) 196-397. - Zu Andreae *Johann Friedrich von Schulte:* Die Geschichte der Quellen und Literatur des kanonischen Rechts Bd. 1, Stuttgart 1875. - Zur Jurisprudenz *Francesco Calasso:* Medio evo del diritto Bd. 1, Mailand 1954; *Sven Stelling-Michaud:* L'université de Bologne et la pénétration des droits romain et canonique en Suisse aux XIIIe et XIVe siècles, Genf 1955 - Zum Universitätswesen *Laetitia Boehm:* Libertas scolastica und negotium scholare, Entstehung und Sozialprestige des akademischen Standes im Mittelalter, in: Universität und Gelehrtenstand 1400-1800, hrsg.

von *Hellmuth Rössler* u. *Günther Franz,* Limburg 1970, S. 15-61; *Arno Borst:* Krise und Reform der Universitäten im frühen 14. Jahrhundert, in: Konstanzer Blätter für Hochschulfragen 30 (1971) 47-62.

Gelehrte S. 579

Zur Geschichte der Universität *Hastings Rashdall:* The Universities of Europe in the Middle Ages, 3 Bde., 2. Aufl., Oxford 1936; *Helene Wieruszowski:* The Medieval University: Masters, Students, Learning, Princeton 1966. – Zur Mentalität *Jacques Le Goff:* Les intellectuels au moyen âge, Paris 1957. Zur Gelehrsamkeit exemplarisch *Jan Pinborg:* Die Entwicklung der Sprachtheorie im Mittelalter, Münster 1967.

Zöglinge S. 583

Aelfric: Colloquium, hrsg. von *George Norman Garmonsway,* London 1939, S. 18 f., 41-49. Zum Autor *Marguerite-Marie Dubois:* Aelfric – Sermonnaire, docteur et grammarien, Paris 1943. – Zur Klostergeschichte *David Knowles:* The Monastic Order in England, A History of its Development from the Times of St. Dunstan to the Fourth Lateran Council, 2. Aufl., Cambridge 1963. – Zum frühmittelalterlichen Bildungswesen veraltet, aber unersetzt *Franz Anton Specht:* Geschichte des Unterrichtswesens in Deutschland von den ältesten Zeiten bis zur Mitte des 13. Jahrhunderts, Stuttgart 1885; neu ansetzend *Detlef Illmer:* Formen der Erziehung und Wissensvermittlung im frühen Mittelalter, München 1971.

Streber S. 587

Bulario de la Universidad de Salamanca 1219-1549, hrsg. von *Vicente Beltran de Heredia,* Bd. 1, Salamanca 1966, S. 388 Nr. 103. Paralleltexte ebenda Bd. 2-3, Salamanca 1966-67. – Zum Supplikenwesen *Peter Herde:* Beiträge zum päpstlichen Kanzlei- und Urkundenwesen im 13. Jahrhundert, 2. Aufl., Kallmünz 1967. – Zur Universitätsgeschichte *Candido Maria Ajo G. y Sáinz de Zúñiga:* Historia de las universidades hispanicas Bd. 1, Madrid 1957. Zum Kollegwesen exemplarisch *Astrik L. Gabriel:* Student Life in Ave Maria College, Mediaeval Paris, Notre Dame 1955. – Zum spätmittelalterlichen Bildungswesen *Friedrich Wilhelm Oediger:* Über die Bildung der Geistlichen im späten Mittelalter, Leiden 1953.

Schüler S. 592

Zur Geschichte der Bildung *Wilhelm Wühr:* Das abendländische Bildungswesen im Mittelalter. München 1950; *Rudolf Limmer:* Pädagogik des Mittelalters, Mallersdorf 1958; *Ariès,* vgl. zu S. 61; *Johannes Spörl:* Der Bildungsweg im Zeitalter Dantes, in: Deutsches Dante-Jahrbuch 40 (1963) 43-70. Exemplarisch *Astrik L. Gabriel:* Vinzenz von Beauvais, Ein mittelalterlicher Erzieher, Frankfurt 1967.

AUSSENSEITER UND EXOTEN

Aussätzige S. 596

Berol: Tristan und Isolde Vers 1141–1232, hrsg. u. übers. von *Ulrich Mölk,* KTRM 1, München 1962, S. 60–65. – Paralleltexte: Der arme Heinrich von *Hartmann von Aue,* hrsg. von *Hermann Paul* u. *Ludwig Wolff,* ATB 3, 14. Aufl., Tübingen 1972; Jaufre, Ein altprovenzalischer Abenteuerroman des 13. Jahrhunderts, hrsg. von *Hermann Breuer,* Göttingen 1925, S. 78 f. – Zum Werk *Bruno Panvini:* La leggenda di Tristano e Isotta, Studio critico, Florenz 1951; *Peter Noble:* L'influence de la courtoisie sur le Tristan de Béroul, in: Le moyen âge 75 (1969) 467–477. – Zur Krankheitsgeschichte *Paul Remy:* La lèpre, thème littéraire au moyen âge, in: Le moyen âge 52 (1946) 195–242. Zur Sozialgeschichte der Kranken *Michel Foucault:* Wahnsinn und Gesellschaft, Frankfurt 1969; *Henri Hubert Beek:* Waanzin in de middeleeuwen, Haarlem 1969.

Mörder S. 600

Heinrich Seuse: Leben 26, hrsg. von *Karl Bihlmeyer:* Heinrich Seuse, Deutsche Schriften, Stuttgart 1907, S. 78–81; Deutsche mystische Schriften, übers. von Georg Hofmann, Darmstadt 1966. – Zum Werk *Julius Schwietering:* Zur Autorschaft von Seuses Vita, in: Altdeutsche Mystik (vgl. zu S. 257) S. 309–323; *Georg Misch:* Geschichte der Autobiographie Bd. 4, 1, Frankfurt 1967. Zum Lebenslauf: Heinrich Seuse, Studien zum 600. Todestag, hrsg. von *Ephrem M. Filthaut,* Köln 1966. – Zur Sozialgeschichte der Verbrecher *Maurice Keen:* The Outlaws of Medieval Legend, London 1961; *Yvonne Lanhers:* Crimes et criminels au XIVe siècle, in: Revue historique 240 (1968) 325–338.

Verfemte S. 605

Zur Geschichte der Fremden: L'étranger, 2 Bde., RSJB 9–10, Brüssel 1958. Zur Geschichte der verfemten Berufe *Danckert,* vgl. zu S. 97; *Christian Helfer:* Henker-Studien, in: AKG 46 (1964) 334–359; 47 (1965) 96–117. – Zur Soziologie der Außenseiter *Howard S. Becker:* Outsiders, Studies in the Sociology of Deviance, New York 1963.

Sonderlinge S. 609

Radulfus Glaber: Historiarum libri II, 11–12, hrsg. von *Maurice Prou:* Raoul Glaber, CdT, Paris 1886, S. 49 f. – Zum Werk *Margarete Vogelgsang:* Der cluniacensische Chronist Rodulfus Glaber, in: SMBO 67 (1956) 25–38, 277–297; 71 (1960) 151–185; *Paolo Lamma:* Momenti di storiografia cluniacense, Rom 1961. –

Zur Ketzerei des Frühmittelalters *Ilarino da Milano:* Le eresie popolari del secolo XI nell' Europa occidentale, in: Studi Gregoriani, hrsg. von *Giovanni Battista Borino,* Bd. 2, Rom 1947, S. 43–89; *Jeffrey Burton Russell:* Dissent and Reform in the Early Middle Ages, Berkeley 1965.

Konventikel S. 613

Bernardus Guidonis: Practica officii inquisitionis V, 4, hrsg. von *Guillaume Mollat:* B. Gui, Manuel de l'inquisiteur Bd. 1, CHF 8, Paris 1926, S. 114–116, 144, 150–152. Zu Werk und Quellen *Antoine Dondaine:* Le Manuel de l'Inquisiteur 1230–1330, in: Archivum Fratrum Praedicatorum 17 (1947) 85–194. – Zur spätmittelalterlichen Ketzerei *Raoul Manselli:* Spirituali e Beghini in Provenza, Rom 1959; *Gordon Leff:* Heresy in the Later Middle Ages, The Relation of Heterodoxy to Dissent, 2 Bde., Manchester 1967.

Ketzer S. 618

Zur Geschichte *Herbert Grundmann:* Religiöse Bewegungen im Mittelalter, 2. Aufl., Darmstadt 1961; derselbe: Ketzergeschichte des Mittelalters, Göttingen 1963. – Zu den Katharern *Arno Borst:* Die Katharer, Stuttgart 1953; *Raoul Manselli:* L'eresia del male, Neapel 1963. – Zur Psychologie: Massenwahn in Geschichte und Gegenwart, hrsg. von *Wilhelm Bitter,* Stuttgart 1965. Zur Sozialgeschichte: Hérésies et sociétés dans l'Europe pré-industrielle, hrsg. von *Jacques Le Goff,* Paris 1968.

Pfandleihe S. 621

Hermannus quondam Judaeus: Opusculum de conversione sua 2 u. 7, hrsg. von *Gerlinde Niemeyer,* MGH Quellen zur Geistesgeschichte 4, Weimar 1963, S. 72 f., 75 f., 93 f. – Zum Werk *Misch,* vgl. zu S. 80; *Bernhard Blumenkranz:* Jüdische und christliche Konvertiten im jüdisch-christlichen Religionsgespräch des Mittelalters, in: Judentum im Mittelalter, hrsg. von *Paul Wilpert,* Miscellanea Mediaevalia 4, Berlin 1966, S. 264–282. – Zur Geschichte *Zvi Asaria:* Die Juden in Köln von den ältesten Zeiten bis zur Gegenwart, Köln 1959; Monumenta Judaica, 2000 Jahre Geschichte und Kultur der Juden am Rhein, hrsg. von *Konrad Schilling,* 2. Aufl., Köln 1964.

Ritualmord S. 625

Die Juden im christlichen Spanien, hrsg. von *Fritz Baer,* Bd. I, 1, Berlin 1929, S. 152–154 Nr. 138. – Zur Situation *Fritz Baer:* Studien zur Geschichte der Juden im Königreich Aragonien während des 13. und 14. Jahrhunderts, Berlin 1913;

J. Lee Shneidman: Protection of Aragon Jewry in the 13th Century, in: Revue des études juives 121(1962) 49–58. – Zur Geschichte *Yitzhak Baer:* A History of the Jews in Christian Spain, 2 Bde., Philadelphia 1966; *Hermann Kellenbenz:* Die wirtschaftliche Bedeutung und soziale Stellung der sephardischen Juden im spätmittelalterlichen Spanien, in: Judentum im Mittelalter (vgl. zu S. 620) S. 99–127.

Juden S. 630

Zur Gesamtentwicklung: Kirche und Synagoge, Handbuch zur Geschichte von Christen und Juden, hrsg. von *Karl Heinrich Rengstorf* u. *Siegfried von Kortzfleisch,* Bd. 1, Stuttgart 1968. – Zur frühmittelalterlichen Phase *Bernhard Blumenkranz:* Juifs et chrétiens dans le monde occidental 430–1096, Paris 1960; *Lea Dasberg:* Untersuchungen über die Entwertung des Judenstatus im 11. Jahrhundert, Paris 1965. – Zur spätmittelalterlichen Phase *Joshua Trachtenberg:* The Devil and the Jews, The Medieval Conception of the Jew and its Relation to Modern Antisemitism, New Haven 1943; *Léon Poliakov:* The History of Anti-Semitism Bd. 1, London 1965.

Einladung beim Basileus S. 633

Liudprand: Relatio de legatione Constantinopolitana 9–11, hrsg. von *Joseph Bekker:* Die Werke Liudprands von Cremona, MGH SrG 41, 3. Aufl., Hannover 1915, S. 180–182; Quellen zur Geschichte der sächsischen Kaiserzeit, übers. von Albert Bauer u. Reinhold Rau, FSGA 8, Darmstadt 1971. – Zum Werk *Martin Lintzel:* Studien über Liudprand von Cremona, in: *M. L.:* Ausgewählte Schriften Bd. 2, Berlin 1961, S. 351–398. Zur ottonischen Politik *Percy Ernst Schramm:* Kaiser Basileus und Papst in der Zeit der Ottonen, in: *Percy Ernst Schramm:* Kaiser, Könige und Päpste Bd. 3, Stuttgart 1969, S. 200–245. – Zur byzantinischen Situation *Gustave Schlumberger:* Un empereur byzantin au dixième siècle: Nicéphore Phocas, 2. Aufl., Paris 1923. Zum Zeremoniell *Otto Treitinger:* Die oströmische Kaiser- und Reichsidee nach ihrer Gestaltung im höfischen Zeremoniell, 2. Aufl., Darmstadt 1956.

Einbruch beim Popen S. 638

Gunther von Pairis: Historia Constantinopolitana 19 u. 24, hrsg. von *Paul Édouard Didier Riant:* Exuviae sacrae Constantinopolitanae Bd. 1, Genf 1877, S. 104–106, 120; Die Geschichte der Eroberung von Konstantinopel, übers. von Erwin Assmann, GdV 101, Köln 1956. Zum Werk die Einleitung von *Assmann.* – Paralleltexte: *Villehardouin:* La conquête de Constantinople, hrsg. von *Edmond Faral,* 2 Bde., CHF 18–19, 2. Aufl., Paris 1961; *Choniates,* in: Die Kreuzfahrer erobern Konstantinopel, übers. von Franz Grabler, Byzantinische Geschichtsschreiber 9, Graz 1958. – Zur venezianischen Politik *Roberto Cessi:* Venezia e la quarta crociata, in: Archivio veneto 81 (1951) 1–52. – Zur byzantinischen Situation *Charles M. Brand:* Byzantium Confronts the West 1180–1204, Cambridge-Mass. 1968. Zur Kirche *Hans-Georg Beck:* Kirche und theologische Literatur im byzantinischen Reich, München 1959.

Byzantiner S. 643

Zur Beziehung Byzanz–Abendland *Jürgen Fischer:* Oriens – Occidens – Europa, Begriff und Gedanke »Europa« in der späten Antike und im frühen Mittelalter, Wiesbaden 1957; *Werner Ohnsorge:* Abendland und Byzanz, Darmstadt 1958; derselbe: Konstantinopel und der Okzident, Darmstadt 1966; *Deno John Geanakoplos:* Byzantine East and Latin West: Two Worlds of Christendom in Middle Ages and Renaissance, New York 1966. – Zur Geschichte und Struktur von Byzanz: The Byzantine Empire, hrsg. von *Joan Mervyn Hussey,* 2 Bde., The Cambridge Medieval History 4, Cambridge 1966–67.

Gleichmut des Kalifen S. 647

Johannes von Metz: Vita Johannis abbatis Gorziensis 120 u. 133–134, hrsg. von *Georg Heinrich Pertz,* in: MGH Scriptores Bd. 4, Hannover 1841, S. 371, 376. – Paralleltext: Passio sancti Pelagii, hrsg. von *Paul von Winterfeld:* Hrotsvithae opera, MGH SrG 34, 2. Aufl., Berlin 1965, S. 52–62. – Zum Werk *Wilhelm Wattenbach* u. *Robert Holtzmann:* Deutschlands Geschichtsquellen im Mittelalter, Die Zeit der Sachsen und Salier Bd. 1, 3. Aufl., Darmstadt 1967. Zur ottonischen Politik *Hagen Keller:* Das Kaisertum Ottos des Großen im Verständnis seiner Zeit, in: DA 20 (1964) 325–388. – Zu Abd ar-Rahman *Évariste Lévi-Provençal:* Histoire de l'Espagne musulmane Bd. 2, 2. Aufl., Paris 1950. Zur islamischen Situation *Maurice Lombard:* L'Islam dans sa premiere grandeur (VIIIe–XIe siècle), Paris 1971.

Wut des Sultans S. 652

Der Briefwechsel des *Eneas Silvius Piccolomini,* hrsg. von *Rudolf Wolkan,* Bd. 3, 1, Fontes rerum austriacarum, Diplomataria et acta 68, Wien 1918, S. 207–213; Enea Silvio Piccolomini, Ausgewählte Texte aus seinen Schriften, übers. von Berthe Widmer, Basel 1960. – Zu Eneas Islamverständnis: Enea Silvio Piccolomini, Papa Pio II, hrsg. von *Domenico Maffei,* Siena 1968, besonders die Beiträge von *Babinger* und *Gaeta.* – Zur türkischen Situation *Franz Babinger:* Mehmed der Eroberer und seine Zeit, 2. Aufl., München 1959; *Steven Runciman:* The Fall of Constantinople 1453, Cambridge 1965.

Mohammedaner S. 657

Zur Beziehung Islam–Abendland *Richard William Southern:* Western Views of Islam in the Middle Ages, Cambridge-Mass. 1962, ergänzungsbedürftig; *Aziz Suryal Atiya:* Kreuzfahrer und Kaufleute, Die Begegnung von Christentum und Islam, Stuttgart 1964; *Paul Egon Hübinger:* Die lateinische Christenheit und der Islam im Mittelalter, in: Bericht über die 26. Versammlung deutscher Historiker in Berlin 1964, Stuttgart 1965, S. 20–24; *Norman Daniel:* Islam and the West, The Making of an Image, 2. Aufl., Edinburgh 1966. – Zu Geschichte und Struktur des Islam *Hans Heinrich Schaeder:* Der Mensch in Orient und Okzident, Grundzüge einer eurasiatischen Geschichte, München 1960; *Gustave Edmund von Grunebaum:* Der Islam im Mittelalter, Zürich 1963.

Mission beim Großchan S. 660

Wilhelm von Rubruk: Itinerarium *34,* hrsg. von *Anastasius van den Wyngaert:* Sinica Franciscana Bd. 1, Quaracchi 1929, S. 297–300; Reise zu den Mongolen 1253–1255, übers. von Friedrich Risch, Leipzig 1934. – Zum Werk *Chrysologus Schollmeyer:* Die missionarische Sendung des Fraters Wilhelm von Rubruk, in: Ostkirchliche Studien 4 (1955) 138–146; *Pedro de Anasagasti* u. a.: A Fray Guillermo de Rubruck, in: Misiones Franciscanas 39 (1955) 226–272. – Zur Entdeckungsgeschichte *Richard Hennig:* Terrae incognitae Bd. 3, 2. Aufl., Leiden 1953; *Taeke Jansma:* Oost-westelijke Verkenningen in de 13e eeuw, Leiden 1959. Zur Missionsgeschichte *Oscar Halecki:* Diplomatie pontificale et activité missionaire en Asie aux XIIIe – XVe siècles, in: XIIe Congrès International des Sciences Historiques, Rapports Bd. 2, Wien 1965, S. 5–32. – Zur mongolischen Politik *Bertold Spuler* u. a.: Geschichte Mittelasiens, Leiden 1966; derselbe: Geschichte der Mongolen nach östlichen und europäischen Zeugnissen des 13. und 14. Jabrhunderts, Zürich 1968.

Profit in Peking S. 666

Francesco Balducci Pegolotti: La pratica della mercatura, hrsg. von *Allan Evans,* Cambridge-Mass. 1936, S. 21–23. Zum Werk die Einleitung von *Evans.* – Zur Handelsgeschichte *Robert Sabatino Lopez:* Nuove luci sugli Italiani in Estremo Oriente prima di Colombo, in: Studi Colombiani Bd. 3, Genua 1951, S. 337–398; *Luciano Petech:* Les marchands italiens dans l'empire mongol, in: Journal asiatique 250 (1962) 549–574. – Zur Missionsgeschichte *John J. Saunders:* The Decline and Fall of Christianity in Medieval Asia, in: The Journal of Religious History 5 (1968) 93–104. – Zur mongolischen Wirtschaft *Herbert Franke:* Geld und Wirtschaft in China unter der Mongolenherrschaft, Leipzig 1949.

Mongolen S. 671

Zur Beziehung Mongolen–Abendland *Henry Yule* u. *Henri Cordier:* Cathay and the Way Thither, 4 Bde., 2. Aufl., London 1913–16; *Jean Richard:* The Mongols and the Franks, in: The Journal of Asian History 3 (1969) 45–57. – Zu Geschichte und Struktur der Mongolenreiche *Bertold Spuler:* Les Mongols dans l'histoire, Paris 1961.

Societas humana S. 674

Nikolaus von Kues: De coniecturis II, 15, hrsg. u. übers. von *Josef Koch* u. *Winfried Happ,* Philosophische Bibliothek 268, Hamburg 1971, S. 172–178. Zum Werk *Josef Koch:* Der Sinn des zweiten Hauptwerks des Nikolaus von Kues De coniecturis, in: Nicolò da Cusa, hrsg. von Facoltà di Magistero dell' Università di Padova, Florenz 1962, S. 101–123.

NACHWORT: MITTELALTER

Nachrufe S. 683

Erasmus: Encomion moriae, hrsg. von *Jean Leclerc:* Desiderii Erasmi Roterodami opera omnia Bd. 4, Leiden 1703, Sp. 471; Auswahl aus seinen Schriften, übers. von Anton Gail, Düsseldorf 1948. – *Edmund Burke:* Reflections on the Revolution in France, Everyman's Library 460, London 1964, S. 73 f.; Betrachtungen über die französische Revolution, übers. von Lore Iser, Frankfurt 1967. – Zur Nachwirkung des Mittelalters *Marcel Beck:* Finsteres oder romantisches Mittelalter? Aspekte der modernen Mediävistik, Zürich 1950.

Obduktionen S. 689

Gustav Freytag: Bilder aus der deutschen Vergangenheit, in: *Gustav Freytag:* Gesammelte Werke Bd. 17–21, Leipzig 1888. – *Jacob Burckhardt:* Die Kultur der Renaissance in Italien, hrsg. von *Werner Kaegi:* Jacob Burckhardt, Gesamtausgabe Bd. 5, Berlin 1930. – *Johan Huizinga:* Über eine Formverwandlung der Geschichte seit der Mitte des 19. Jahrhunderts, in: *Johan Huizinga:* Im Bann der Geschichte, 2. Aufl., Basel 1943, S. 107–128; vgl. zu S. 29. – *Marc Bloch:* La société féodale, 2 Bde., Paris 1939–40. – *Otto Brunner:* Inneres Gefüge des Abendlandes, in: Historia mundi, hrsg. von *Fritz Valjavec,* Bd. 6, Bern 1958, S. 319–385. *Herbert Grundmann:* Über die Welt des Mittelalters, in: Propyläen-Weltgeschichte, Summa historica, hrsg. von *Golo Mann* u. a., Berlin 1965, S. 363–446. – Zur Erforschung des Mittelalters *Heinrich Ritter von Srbik:* Geist und Geschichte vom deutschen Humanismus bis zur Gegenwart, 2 Bde., München 1950–51.

Ergebnisse S. 694

Otto von Freising: Chronica VII, 34–35, hrsg. von *Adolf Hofmeister,* MGH SrG 45, 2. Aufl., Hannover 1912, S. 367–370; Chronik, übers. von Adolf Schmidt, FSGA 16, Darmstadt 1960. – Zur Tradition *David Riesman* u. a.: Die einsame Masse, Eine Untersuchung der Wandlungen des amerikanischen Charakters, RDE 72–73, Hamburg 1958; ähnlich *Peter R. Hofstätter:* Einführung in die Sozialpsychologie, 4. Aufl., Stuttgart 1966. – Zur Institution *Arnold Gehlen:* Anthropologische Forschung, RDE 138, Hamburg 1961; teilweise verwandt *Helmut Schelsky* u. a.: Zur Theorie der Institution, Düsseldorf 1970. – *Dietrich Bonhoeffer:* Zwei Gespräche aus dem Romanversuch 1943-44, hrsg. von *Eberhard Bethge:* Dietrich Bonhoeffer, Gesammelte Schriften Bd. 3, München 1960, S. 506 f.

ZEITTAFEL

Die Zahlen am Ende jedes Eintrags verweisen auf Seiten des Buches.

LITERATURNACHWEIS

Für die freundliche Genehmigung zum Abdruck diverser Übersetzungen dankt der Verlag nachstehend in Klammern aufgeführten Verlagen beziehungsweise den Herausgebern und Übersetzern. Der Autor hat sich vorbehalten, die Übersetzungen gegebenenfalls nach seinen Vorstellungen anhand der fremdsprachigen Originaltexte zu überarbeiten.

Don Juan Manuel: Der Graf Lucanor, übers. v. Arnold Steiger, Zürich 1944 (Artemis)

Wernher der Gartenaere, in: Deutsche Erzählungen des Mittelalters, übers. v. Ulrich Pretzel, München 1971 (C. H. Beck'sche Verlagsbuchhandlung)

Cosmas: Chronik von Böhmen, übers. v. Georg Grandaur, GdV 65, Leipzig 1895 (Böhlau, Köln)

Salimbene de Adam: Die Chronik, übers. v. Alfred Doren, GdV 93, Leipzig 1914 (Böhlau, Köln)

Levold von Northof: Die Chronik der Grafen von der Mark, übers. v. Hermann Flebbe, GdV 99, hrsg. v. Karl Langosch, Münster 1955 (Böhlau, Köln)

Gunther von Pairis: Die Geschichte der Eroberung von Konstantinopel, übers. v. Erwin Assmann, GdV 101, hrsg. v. Karl Langosch, Köln 1956 (Böhlau)

Ekkehard IV.: Die Geschichten des Klosters St. Gallen, übers. v. Hanno Helbling, GdV 102, hrsg. v. Karl Langosch, Köln 1958 (Böhlau)

Froissart, in: Sagen und Geschichten aus dem alten Frankreich und England, übers. v. Werner und Maja Schwartzkopff, München 1925 (F. Bruckmann)

Theodulf, in: Horst Kusch/Engelberg: Einführung in das lateinische Mittelalter, Bd. 1, Berlin 1957 (Deutscher Verlag der Wissenschaften)

Snorri Sturluson: Königsbuch, übers. v. Felix Niedner, 2 Bde, Jena 1922 (Eugen Diederichs, Düsseldorf/Köln)

Berol: Tristan und Isolde, hrsg. u. übers. v. Ulrich Mölk, KTRM 1, hrsg. v. Hans Robert Jauß u. Erich Köhler, München 1962 (Wilhelm Fink)

Chrestien de Troyes: Yvain, übers. v. Ilse Nolting-Hauff, KTRM 2, hrsg. v. Hans Robert Jauß u. Erich Köhler, München 1962 (Wilhelm Fink)

El Cantar de mio Cid, übers. v. Hans-Jörg Neuschäfer, KTRM 4, hrsg. v. Hans Robert Jauß u. Erich Köhler, München 1964 (Wilhelm Fink)

Le Roman de Renart, übers. v. Helga Jauß-Meyer, KTRM 5, hrsg. v. Hans Robert Jauß u. Erich Köhler, München 1965 (Wilhelm Fink)

Cicero: Vom pflichtgemäßen Handeln, übers. v. Karl Atzert, München 1959 (Wilhelm Goldmann, Goldmanns GELBE Taschenbücher, Bd. 534)

Eike von Repgow: Der Sachsenspiegel, übers. v. Hans Christoph Hirsch, Berlin 1936 (Walter De Gruyter & Co.)

Geoffrey Chaucer: Die Canterbury Tales, übers. v. Adolf v Düring u. Lambert Hoevel, Köln 1969 (Jakob Hegner)

Thomas von Kempen: Die Nachfolge Christi, übers. v. Adolph Pfister, Freiburg i. B. 1904 (Herder)

Gesta Romanorum. Die Taten der Römer, übers. v. Johann Georg Theodor Grässe u. Hans Eckart Rübesamen, München 1962 (Wilhelm Heyne)

Gregor der Große: Vier Bücher Dialoge, übers. v. Joseph Funk, 2. Bd., Bibliothek der Kirchenväter, Zweite Reihe, Bd. 3, München 1933 (Kösel)

Martin Grabmann: Thomas von Aquin, 8. Aufl. München 1949 (Kösel)

Augustin: Bekenntnisse und Gottesstaat, übers. v. Joseph Bernhart, Stuttgart 1930 (Alfred Kröner)

Philippe de Commynes: Memoiren, übers. v. Fritz Ernst, Stuttgart 1952 (Alfred Kröner)

Nikolaus von Kues: De coniecturis, übers. v. Josef Koch u. Winfried Happ, Philosophische Bibliothek 268, Hamburg 1971 (Felix Meiner)

Der Königsspiegel Konungsskuggsjá, übers. v. Rudolf Meissner, Halle 1944 (Max Niemeyer, Tübingen)

Heinrich Seuse: Deutsche mystische Schriften, übers. v. Georg Hofmann, Düsseldorf 1966 (Patmos)

Joinville: Das Leben des heiligen Ludwig, übers. v. Eugen Mayser u. Erich Kock, Düsseldorf 1969 (Patmos)

Dante Alighieri: Über das Dichten in der Muttersprache, übers. v. Franz Dornseiff u. Joseph Balogh, Darmstadt 1925 (Otto Reichl)

Abaelard: Die Leidensgeschichte und der Briefwechsel mit Heloisa. Übertragen und hrsg. von Eberhard Brost. Verlag Lambert Schneider: Heidelberg. 4. Aufl., 1979

Berthe Widmer: Enea Silvio Piccolomini – Papst Pius II., Biographie und ausgewählte Texte aus seinen Schriften, hrsg.v. der Historischen u. Antiquarischen Gesellschaft zu Basel, Basel 1960 (Schwabe & Co)

Erasmus: Auswahl aus seinen Schriften, übers. v. Anton Gail, Düsseldorf 1948 (Schwann)

Edmund Burke: Betrachtungen über die französische Revolution, übers. v. Lore Iser, Frankfurt 1967 (Suhrkamp)

Waltharius, übers. v. Karl Strecker u. Peter Vossen, Berlin 1947 (Weidmannsche Verlagsbuchhandlung, T. H. R. Reimer, Zürich)

Giovanni Boccaccio: Das Dekameron, übers. v. Karl Witte u. Helmut Bode, München 1952 (Winkler)

Ulrich von Hutten: Deutsche Schriften, übers. v. Peter Ukena u. Dietrich Kurze, München 1970 (Winkler)

Einhard und Thegan, in: Quellen zur karolingischen Reichsgeschichte, Bd. 1, übers. v. Reinhold Rau, FSGA 5, hrsg. v. Rudolf Buchner, Darmstadt 1955 (Wissenschaftliche Buchgesellschaft)

Gregor von Tours: Zehn Bücher Geschichten, Bd. 1, übers. v. Rudolf Buchner, FSGA 2, hrsg. v. Rudolf Buchner, Darmstadt 1955 (Wissenschaftliche Buchgesellschaft)

Notker Balbulus, in: Quellen zur karolingischen Reichsgeschichte, Bd. 3, übers. v. Reinhold Rau, FSGA 7, hrsg. v. Rudolf Buchner, Darmstadt 1960 (Wissenschaftliche Buchgesellschaft)

Otto von Freising: Chronik, hrsg. v. W. Lammers, übers. v. Adolf Schmidt, FSGA 16, hrsg. v. Rudolf Buchner, Darmstadt 1960 (Wissenschaftliche Buchgesellschaft)

Annales Xantenses, in: Quellen zur karolingischen Reichsgeschichte, Bd. 2, übers. v. Reinhold Rau, FSGA 6, hrsg. v. Rudolf Buchner, Darmstadt 1961 (Wissenschaftliche Buchgesellschaft)

Quellen zur Geschichte des deutschen Bauernstandes im Mittelalter, übers. v. Günther Franz, FSGA 31, hrsg. v. Rudolf Buchner, Darmstadt 1967 (Wissenschaftliche Buchgesellschaft)

Briefe des Bonifatius, übers. v. Reinhold Rau, FSGA 4b, hrsg. v. Rudolf Buchner, Darmstadt 1968 (Wissenschaftliche Buchgesellschaft)

Urkunden und erzählende Quellen zur deutschen Ostsiedlung im Mittelalter, Bd. 2, hrsg. u. übers. v. Herbert Helbig u. Lorenz Weinrich, FSGA 26, hrsg. v. Rudolf Buchner, Darmstadt 1970 (Wissenschaftliche Buchgesellschaft)

Liudprand und Widukind, in: Quellen zur Geschichte der sächsischen Kaiserzeit, übers. v. Albert Bauer u. Reinhold Rau, FSGA 8, hrsg. v. Rudolf Buchner, Darmstadt 1971 (Wissenschaftliche Buchgesellschaft)

Archipoeta, in: Hymnen und Vagantenlieder, übers. v. Karl Langosch, 2. Aufl. Darmstadt 1958 (Wissenschaftliche Buchgesellschaft)

Unibos, in: Waltharius – Ruodlieb – Märchenepen, Lateinische Epik des Mittelalters mit deutschen Versen, hrsg. u. übers. v. Karl Langosch, Darmstadt 1967 (Wissenschaftliche Buchgesellschaft)

Klaus J. Heinisch: Kaiser Friedrich II. in Briefen und Berichten seiner Zeit, Darmstadt 1968 (Wissenschaftliche Buchgesellschaft)

BILDERNACHWEIS

Für die freundliche Genehmigung zum Abdruck der unten aufgeführten Abbildungen dankt der Verlag nachstehend in Klammern genannten Verlagen, beziehungsweise Bibliotheken und Eigentümern.

Abkürzungen:

BF   Der Bilderschmuck der Frühdrucke, hrsg. von Albert Schramm, Bd. 15, Karl W. Hiersemann, Leipzig 1932, mit Holzschnitten von Erhard Reuwich. (Anton Hiersemann, Stuttgart)

HB   Das Mittelalterliche Hausbuch, nach dem Originale im Besitze des Fürsten von Waldburg-Wolfegg-Waldsee, hrsg. von Helmuth Th. Bossert u. Willy F. Storck, Leipzig 1912. (Franz Ludwig Fürst zu Waldburg-Wolfegg)

RC   Ulrich Richental, Das Konzil zu Konstanz MCDXIV-MCDXVIII, Konstanz 1964. (Josef Keller, Starnberg; Jan Thorbecke KG, Sigmaringen)

UP   The Illustrations of the Utrecht Psalter, hrsg. von Ernest Theodore De Wald, Princeton 1932. (Bibliothek der Rijksuniversiteit, Utrecht)

Die Zahl nach der Abkürzung bezeichnet bei BF die Nummer der Abbildung, sonst stets das Blatt der Original-Handschrift. Die Psalmen bei UP sind nach der lateinischen Vulgata gezählt.

Bild 1   UP 34 b zu Psalm 60, 7
Bild 2   HB 16 a Der Planet Merkur und seine Kinder
Bild 3   UP 15 a zu Psalm 26, 10
Bild 4   HB 16 a Der Planet Merkur und seine Kinder
Bild 5   UP 58 a zu Psalm 101, 19
Bild 6   HB 20 b Die Vorbereitung zum Turnier
Bild 7   UP 15 a zu Psalm 26, 2
Bild 8   HB 15 a Der Planet Venus und seine Kinder
Bild 9   UP 62 b zu Psalm 106, 37
Bild 10   HB 14 a Der Planet Sonne und seine Kinder
Bild 11   UP 57 b zu Psalm 100, 8
Bild 12   RC 61 b zum Leichenbegängnis des Kardinals von Bari

Bild 13   UP 82 b zu Psalm 148, 9–10
Bild 14   UP 73 b zu Psalm 127, 2–4
Bild 15   Ebstorfer Weltkarte nach einer Reproduktion aus: »Historischer Verein
            für Niedersachsen«, Hannover 1891 (Staatsbibliothek Preußischer Kul-
            turbesitz, Kartenabteilung, Berlin)
Bild 16   UP 36 a zu Psalm 64, 10–14
Bild 17   HB 17 a Der Planet Mond und seine Kinder
Bild 18   UP 59 b zu Psalm 103, 15
Bild 19   HB 24 b Der Liebesgarten
Bild 20   UP 49 b zu Psalm 84, 13
Bild 21/22 HB 18 b Das Badehaus
Bild 23   UP 59 b zu Psalm 103, 21
Bild 24   HB 22 b Die Hirschhetzjagd
Bild 25   UP 35 b zu Psalm 63, 4
Bild 26   HB 35 a Das Bergwerk
Bild 27   UP 49 b zu Psalm 84, 13
Bild 28   HB 17 a Der Planet Mond und seine Kinder
Bild 29   UP 7 a zu Psalm 12, 1
Bild 30   HB 22 a Das Scharfrennen
Bild 31   UP 73 a zu Psalm 124, 3
Bild 32   HB 11 a Der Planet Saturn und seine Kinder
Bild 33   UP 30 a zu Psalm 51, 2
Bild 34   HB 12 a Der Planet Jupiter und seine Kinder
Bild 35   UP 45 a zu Psalm 77, 1–8
Bild 36   HB 52 a Der Heereszug
Bild 37   UP 25 a zu Psalm 42, 3
Bild 38/39 HB 35 b In der Schmelzhütte
Bild 40   UP 90 b zum Athanasianischen Glaubensbekenntnis
Bild 41   RC 19 b zur Ankunft des Königs in Konstanz
Bild 42   UP 73 b zu Psalm 127, 2
Bild 43   HB 11 a Der Planet Saturn und seine Kinder
Bild 44   UP 73 b zu Psalm 127, 2
Bild 45   HB 13 a Der Planet Mars und seine Kinder
Bild 46   UP 6 b zu Psalm 11, 7
Bild 47   HB 16 a Der Planet Merkur und seine Kinder
Bild 48   UP 34 a zu Psalm 59, 11
Bild 49   HB 19 b Das Weiherhaus
Bild 50   UP 34 a zu Psalm 59, 6
Bild 51   HB 3 a Die Gaukler
Bild 52   UP 30 b zu Psalm 52, 5

PERSONENVERZEICHNIS

(† 1021/22) 293, 294, 295, 300, 481, 489, 675

Oliba, Bischof von Vich († 1046) 453, 454, 455, 462, 464, 465, 528

Olivi, Petrus Johannis, Franziskaner († 1298) 614, 616, 617, 618, 619, 683

Orosius, Paulus, span. Priester († nach 418) 508

Osmanen, Dynastie in Kleinasien (1300–1922) 671

Osulf, angelsächs. Hofkaplan (795) 558, 560

Otmar, Abt von Sankt Gallen († 759) 186, 187, 188, 675

Otto I. der Große, Kaiser († 973) 92, 99, 490, 492, 493, 494, 495, 501, 502, 504, 505, 633, 636, 637, 647, 649, 651

Otto II., Kaiser († 983) 633, 637

Otto IV., Kaiser († 1218) 144

Otto V. der Lange, Markgraf von Brandenburg († 1299) 431

Otto, Bischof von Freising († 1158) 570, 694, 695, 696, 697

Otto I., Herzog von Mähren († 1086) 304, 305, 306, 307

Ottobuono Fieschi s. Hadrian V.

Ottokar II. Premysl, König von Böhmen († 1278) 429, 431, 434

Ovid, röm. Dichter († um 17) 223, 635, 646

Özbek, Chan der Goldenen Horde († 1340) 668

Paganelli, Pietro, Bürger von Lucca (1342) 365

Pantaleon von Nikomedia, Märtyrer († 304) 538

Pascal, Blaise, Philosoph († 1662) 681

Patronio, Rat in der Dichtung 509, 510

Paulinus, Patriarch von Aquileia († 802) 559

Paulinus, Bischof von York († 644) 37, 38, 39, 40

Paulus, Apostel († um 64) 16, 43, 84, 281, 531

Paulus Diaconus, Benediktiner († 799?) 54, 55, 175, 177, 178, 179, 183, 184, 198, 389, 548, 559

Pegolotti, Francesco Balducci, Bankier in Flo-

renz († nach 1346) 666, 667, 668, 669, 670, 671, 672, 673

Pelagius, irischer Geistlicher († nach 418) 535

Pelagius, Märtyrer in Córdoba († 925) 649

Pérez, Alfonso, Subdiakon von Astudillo (1363) 587, 588, 590, 591

Peter II. der Katholische, König von Aragon († 1213) 498

Peter III. der Große, König von Aragon und Sizilien († 1285) 220, 496, 497, 498, 499, 500, 501, 502, 504, 505, 512, 627, 677

Peter IV. der Zeremoniöse, König von Aragon († 1387) 502

Peter I. der Grausame, König von Kastilien († 1369) 591

Peter, russischer Erzbischof (1245) 19, 665

Petrarca, Francesco, Dichter († 1374) 43, 45, 46, 47, 48, 50, 51, 52, 53, 137, 248, 323, 357, 427, 469, 576, 683

Petronax von Brescia, Abt von Monte Cassino († 750?) 544, 548

Petrus, Apostel († 64?) 39, 43, 48, 84, 163, 281, 491, 506, 532, 533

Petrus Venerabilis, Abt von Cluny († 1156) 658

Petrus Roger, Bischof von Gerona († 1051) 453

Petrus Alfonsi, Arzt aus Huesca († um 1140) 390, 392, 393, 394, 396, 468, 511, 580, 631

Petrus Cantor, Domkantor von Paris († 1197) 232, 540

Petrus, Diakon von Pisa († vor 799) 559

Petrus VI., Erzbischof von Ravenna († nach 971) 611

Petrus Diaconus, Kardinaldiakon in Rom († um 605) 506

Petrus Martyr von Verona, Dominikaner († 1252) 604

Petrus de Vinea, kaiserl. Großhofrichter († 1249) 297, 298

Pharahild, Heilige in Flandern (7./8. Jh.) 417

Pharao, ägypt. Königstitel 485

Philipp, Graf von Flandern († 1191) 89, 91, 254

Bitte beachten Sie
die folgenden Seiten

Ein sensationelles Buch:
Die beiden Hauptkontrahenten
des Kalten Krieges in Berlin,
CIA-Chef David Murphy und sein
KGB-Gegenspieler Sergej
Kondraschow, haben sich
zusammengesetzt und –
gestützt auf einschlägige
Dokumente und die eigene
Erinnerung – die dramatische
Spionagegeschichte jener Jahre
wie ein Puzzle rekonstruiert.
Ob Berlin-Blockade oder
17.-Juni-Aufstand, Otto-John-
Affäre oder Mauerbau –
hier erzählen Insider, wie alles
wirklich gewesen ist.

George Bailey
Sergej A. Kondraschow
David E. Murphy
Die unsichtbare Front
Der Krieg der Geheimdienste
im geteilten Berlin

ULLSTEIN TASCHENBUCH

Wie kommt ein Mensch dazu, scheinbar ohne Motiv in Serie zu morden, sich bestialisch an sei-nen Opfern zu vergehen und gar ihr Fleisch zu essen? Diese erstmalig gesammelten Fallstudien liefern eine fundierte und weitgehend vollständige Typologie des Serienmörders aus allen Teilen der Welt. Vorgestellt werden Täter, die, abstoßend und faszinierend zugleich, mitten unter uns leben und berühmt-berüchtigte Filme wie »Das Schweigen der Lämmer«, »Copykill«, »Sieben« oder »Psycho« inspirierten. Unter Berücksichtigung neuer soziologischer und kriminal-psychologischer Forschungen dokumentieren Peter und Julia Murakami die zentralen Elemente einer unfassbaren Verbrechensart. Mit vielen Querverweisen, großem Index und umfangreichen Literaturangaben.

Peter & Julia Murakami

Lexikon der Serienmörder

450 Fallstudien einer patholo-gischen Tötungsart

Originalausgabe

ULLSTEIN TASCHENBUCH